LEIS **PENAIS** E **PROCESSUAIS PENAIS** comentadas

MÁRCIO ALBERTO GOMES SILVA

LEIS PENAIS E PROCESSUAIS PENAIS comentadas

2ª edição
Revista, ampliada
e atualizada

2022

EDITORA *Jus*PODIVM
www.editorajuspodivm.com.br

EDITORA
JusPODIVM
www.editorajuspodivm.com.br

Rua Canuto Saraiva, 131 – Mooca – CEP: 03113-010 – São Paulo – São Paulo
Tel: (11) 3582.5757 • Contato: https://www.editorajuspodivm.com.br/sac

Copyright: Edições *Jus*PODIVM

Diagramação: Equipe *Jus*PODIVM

Capa: Maitê Coelho e Cendi Coelho *(cendicoelho@gmail.com)*

Silva, Márcio Alberto Gomes.

S586l Leis Penais e Processuais Penais Comentadas - 21 Leis mais cobradas em Concursos Públicos para Carreiras Policiais (2022) / Silva, Márcio Alberto Gomes Silva – 2ª. ed. rev. ampl. e atual. – São Paulo: Editora Juspodivm, 2022.

832 p.

Bibliografia
ISBN 978-85-442-3837-0

1. Leis Penais 2. Processuais Penais Comentadas. I. Silva, Márcio Alberto Gomes Silva. II. Título.

CDD 341.43

Apresentação

A obra é especialmente voltada aos profissionais das carreiras policiais e aos estudantes que nelas desejam ingressar (sem descurar da sua utilização pelas demais carreiras jurídicas).

São 21 leis penais e processuais penais comentadas (as que, na minha percepção, têm maior incidência em concursos públicos).

Procurei desenvolver uma linguagem clara, permeada por muitos exemplos, tabelas e questões comentadas de concursos públicos, para fixação da matéria estudada.

Além dos entendimentos doutrinários e jurisprudenciais consagrados, o leitor vai encontrar minhas ideias acerca dos dispositivos mais relevantes das leis avaliadas (inclusive com propostas inéditas), de forma a contribuir com o necessário debate jurídico.

Boa leitura!

Sumário

1

Lei 7.210/84 – Execução Penal

- **Pressuposto da execução penal:** a execução penal tem o objetivo de materializar o comando constante em sentença penal condenatória ou absolutória imprópria: i) aplicação de pena (privativa de liberdade ou não); ou ii) imposição de medida de segurança (tratamento ambulatorial ou internação em hospital de custódia e tratamento psiquiátrico). Destarte, o pressuposto da execução penal é a **aplicação de pena ou medida de segurança**.

- **Sistema vicariante:** o Brasil adotou o sistema vicariante, que não permite a aplicação simultânea das duas sanções penais para o mesmo caso e pessoa (ou se aplica pena ou medida de segurança).

- **Objetivo da execução penal:** o objetivo da execução penal é punir e humanizar (teoria mista, que afirma que a pena tem o objetivo de retribuir, prevenir o crime e ressocializar).

- **Natureza da execução penal:** a execução penal tem **natureza jurisdicional**, em que pese a atividade administrativa nela desenvolvida.

- **Expressões importantes:** algumas expressões importantes:

Expressão	Comentário
Exequente	É o Estado (o juiz procede, de ofício, à expedição de guia para cumprimento da pena ou da medida de segurança imposta em sentença – vide artigos 105, 147 e 171 da LEP).
Executado	É o condenado (lembre que nenhuma pena passará da pessoa do condenado, nos termos do inciso XLV do artigo 5° da CF).

Expressão	Comentário
Execução provisória (em benefício do réu)	É possível em relação ao preso cautelar (prisão preventiva), quando o processo já transitou em julgado para a acusação (em face da proibição da *reformatio in pejus*).

- **Execução provisória:** sobre a execução provisória de pena (em benefício do condenado), vide Súmulas 716 e 717 do STF:

> Súmula 716/STF – Admite-se a progressão de regime de cumprimento da pena ou a aplicação imediata de regime menos severo nela determinada, antes do trânsito em julgado da sentença condenatória.
>
> Súmula 717/STF – Não impede a progressão de regime de execução da pena, fixada em sentença não transitada em julgado, o fato de o réu se encontrar em prisão especial.

- **Execução provisória da pena em face de decisão condenatória proferida por tribunal de segundo grau:** em 2016, o Supremo Tribunal Federal decidiu pela possibilidade de execução provisória da sentença condenatória depois de decisão de tribunal de 2º grau. Eis a ementa do HC 126292/SP, relatado pelo Ministro Teori Zavascki:

> CONSTITUCIONAL. HABEAS CORPUS. PRINCÍPIO CONSTITUCIONAL DA PRESUNÇÃO DE INOCÊNCIA (CF, ART. 5°, LVII). SENTENÇA PENAL CONDENATÓRIA CONFIRMADA POR TRIBUNAL DE SEGUNDO GRAU DE JURISDIÇÃO. EXECUÇÃO PROVISÓRIA. POSSIBILIDADE. 1. A execução provisória de acórdão penal condenatório proferido em grau de apelação, ainda que sujeito a recurso especial ou extraordinário, não compromete o princípio constitucional da presunção de inocência afirmado pelo artigo 5°, inciso LVII da Constituição Federal. 2. Habeas corpus denegado (STF, HC 126292/SP, Tribunal Pleno, relator Ministro Teori Zavascki, julgado em 17/02/2016).

O relator assentou em seu voto:

> A execução da pena na pendência de recursos de natureza extraordinária não compromete o núcleo essencial do pressuposto da não-culpabilidade, na medida em que o acusado foi tratado como inocente no curso de todo o processo ordinário criminal, observados os direitos e as garantias a ele inerentes, bem como respeitadas as regras probatórias e o modelo acusatório atual. Não é incompatível com a garantia constitucional autorizar, a partir daí, ainda que cabíveis ou pendentes de julgamento de recursos extraordinários, a produção dos efeitos próprios da responsabilização criminal reconhecida pelas instâncias ordinárias.

Contudo, julgando as ADC 43, 44 e 54, o Supremo Tribunal Federal, em nova viragem jurisprudencial, decidiu não ser possível execução provisória de condenação em face de decisão condenatória de segundo grau (o artigo 283 do CPP foi declarado constitucional, para afastar a prisão decorrente de decisão condenatória recorrível de segunda instância – o dispositivo não admitia e nem admite, na sua atual redação determinada pelo Pacote Anticrime, essa possibilidade de privação de liberdade):

> PENA – EXECUÇÃO PROVISÓRIA – IMPOSSIBILIDADE – PRINCÍPIO DA NÃO CULPABILIDADE. Surge constitucional o artigo 283 do Código de Processo Penal, a condicionar o início do cumprimento da pena ao trânsito em julgado da sentença penal condenatória, considerado o alcance da garantia versada no artigo 5°, inciso LVII, da Constituição Federal, no que direciona a apurar para, selada a culpa em virtude de título precluso na via da recorribilidade, prender, em execução da sanção, a qual não admite forma provisória (ADC 43, Relator(a): MARCO AURÉLIO, Tribunal Pleno, julgado em 07/11/2019, PROCESSO ELETRÔNICO DJe-270 DIVULG 11-11-2020 PUBLIC 12-11-2020).

- **Execução provisória de comando condenatório no Pacote Anticrime:** o Pacote Anticrime findou autorizando a execução provisória de decisão condenatória oriunda do tribunal do júri (decisão condenatória de primeiro grau que impõe pena igual ou superior a 15 anos de reclusão), em alteração operada no artigo 492 do CPP (que seguiu precedentes do STF acerca do tema):

> Art. 492. (...)
> I – (...)
> e) mandará o acusado recolher-se ou recomendá-lo-á à prisão em que se encontra, se presentes os requisitos da prisão preventiva, ou, no caso de condenação a uma pena igual ou superior a 15 (quinze) anos de reclusão, determinará a provisória das penas, com expedição do mandado de prisão, se for o caso, sem prejuízo do conhecimento de recursos que vierem a ser interpostos;
> (...)
>
> § 3° O presidente poderá, excepcionalmente, deixar de autorizar a execução provisória das penas de que trata a alínea e do inciso I do caput deste artigo, se houver questão substancial cuja resolução pelo tribunal ao qual competir o julgamento possa plausivelmente levar à revisão da condenação.
>
> § 4° A apelação interposta contra decisão condenatória do Tribunal do Júri a uma pena igual ou superior a 15 (quinze) anos de reclusão não terá efeito suspensivo.

§ 5º Excepcionalmente, poderá o tribunal atribuir efeito suspensivo à apelação de que trata o § 4º deste artigo, quando verificado cumulativamente que o recurso:

I – não tem propósito meramente protelatório; e

II – levanta questão substancial e que pode resultar em absolvição, anulação da sentença, novo julgamento ou redução da pena para patamar inferior a 15 (quinze) anos de reclusão.

§ 6º O pedido de concessão de efeito suspensivo poderá ser feito incidentemente na apelação ou por meio de petição em separado dirigida diretamente ao relator, instruída com cópias da sentença condenatória, das razões da apelação e de prova da tempestividade, das contrarrazões e das demais peças necessárias à compreensão da controvérsia.

Eis precedente da 1ª Turma do Supremo Tribunal Federal sobre o tema (no sentido da alteração legislativa promovida pela Lei 13.964/19):

Direito Constitucional e Penal. Habeas Corpus. Duplo Homicídio, ambos qualificados. Condenação pelo Tribunal do Júri. Soberania dos veredictos. Início do cumprimento da pena. Possibilidade. 1. A Constituição Federal prevê a competência do Tribunal do Júri para o julgamento de crimes dolosos contra a vida (art. 5º, inciso XXXVIII, d). Prevê, ademais, a soberania dos veredictos (art. 5º, inciso XXXVIII, c), a significar que os tribunais não podem substituir a decisão proferida pelo júri popular. 2. Diante disso, não viola o princípio da presunção de inocência ou da não culpabilidade a execução da condenação pelo Tribunal do Júri, independentemente do julgamento da apelação ou de qualquer outro recurso. Essa decisão está em consonância com a lógica do precedente firmado em repercussão geral no ARE 964.246-RG, Rel. Min. Teori Zavascki, já que, também no caso de decisão do Júri, o Tribunal não poderá reapreciar os fatos e provas, na medida em que a responsabilidade penal do réu já foi assentada soberanamente pelo Júri. 3. Caso haja fortes indícios de nulidade ou de condenação manifestamente contrária à prova dos autos, hipóteses incomuns, o Tribunal poderá suspender a execução da decisão até o julgamento do recurso. 4. Habeas corpus não conhecido, ante a inadequação da via eleita. Não concessão da ordem de ofício. Tese de julgamento: "A prisão de réu condenado por decisão do Tribunal do Júri, ainda que sujeita a recurso, não viola o princípio constitucional da presunção de inocência ou não-culpabilidade." (HC 118770, Relator(a): MARCO AURÉLIO, Relator(a) p/ Acórdão: ROBERTO BARROSO, Primeira Turma, julgado em 07/03/2017, PROCESSO ELETRÔNICO DJe-082 DIVULG 20-04-2017 PUBLIC 24-04-2017).

Saliento que há precedente do Superior Tribunal de Justiça negando a aplicação do comando legal que admite a execução provisória da sentença recorrível oriunda do tribunal do júri:

> PROCESSO PENAL. HABEAS CORPUS. HOMICÍDIO QUALIFICADO. EXECUÇÃO PROVISÓRIA DA PENA PRIVATIVA DE LIBERDADE. PENA IGUAL OU SUPERIOR A 15 ANOS DE RECLUSÃO. ART. 492, I, "E", DO CPP. IMPOSSIBILIDADE. ENTENDIMENTO DO SUPREMO TRIBUNAL FEDERAL NÃO ALTERADO. JULGAMENTO DO RE N. 1.235.340 NÃO CONCLUÍDO. ORDEM CONCEDIDA. 1. O Supremo Tribunal Federal decidiu, nas ADCs n. 43, 44 e 54, pela constitucionalidade do art. 283 do Código de Processo Penal. Assim, ressalvadas as hipóteses em que estão presentes os requisitos para a decretação da prisão preventiva ou temporária, é constitucional a regra que prevê o esgotamento de todas as possibilidades de recurso para que então seja iniciado o cumprimento definitivo da pena. 2. Não se desconhece que a possibilidade de execução provisória nas condenações proferidas pelo Tribunal do Júri, com pena igual ou superior a 15 anos de reclusão, está sendo apreciada pelo Supremo Tribunal Federal, no Recurso Extraordinário n. 1.235.340 – Tema n. 1.068, contudo, o julgamento ainda não foi concluído. 3. Dessa forma, mantém-se o entendimento, nesta Corte Superior, pela impossibilidade de execução provisória da pena, ainda que em condenação proferida pelo Tribunal do Júri com reprimenda igual ou superior a 15 anos de reclusão. Precedentes. 4. Habeas corpus concedido (HC 649.103/ES, Rel. Ministro Antonio Saldanha Palheiro, Sexta Turma, julgado em 03/08/2021, DJe 12/08/2021).

- **Proibição de execução provisória de pena restritiva de direitos:** o Superior Tribunal de Justiça sumulou o entendimento de que não é possível execução provisória de pena restritiva de direitos:

> Súmula 643/STJ – A execução de pena restritiva de direitos depende do trânsito em julgado da condenação.

O entendimento é decorrente do artigo 147 da Lei de Execução Penal:

> **Art. 147. Transitada em julgado a sentença que aplicou a pena restritiva de direitos, o Juiz da execução, de ofício ou a requerimento do Ministério Público, promoverá a execução, podendo, para tanto, requisitar, quando necessário, a colaboração de entidades públicas ou solicitá-la a particulares.**

- **Competência para execução da pena:** quanto à competência para execução de pena de condenado pela Justiça Federal, Militar ou Eleitoral quando recolhido a estabelecimento penitenciário sujeito à administração estadual, vide **Súmula 192/STJ – Compete ao Juízo das Execuções Penais do Estado a execução das penas impostas a sentenciados pela Justiça Federal, Militar ou Eleitoral, quando recolhidos a estabelecimentos sujeitos à administração estadual.**

- **Individualização da pena:** a pena é individualizada em três momentos: i) pelo legislador (em abstrato, atendendo ao critério de proporcionalidade); ii) pelo juiz (sentenciando no caso concreto); iii) pelo juízo das execuções (na execução da pena).

Nesse contexto, a classificação do condenado é importante para a correta individualização da pena (na fase de execução), de forma a assegurar os princípios da personalidade e proporcionalidade da pena.

A classificação do condenado demanda análise do artigo 6º da LEP:

> **Art. 6º A classificação será feita por Comissão Técnica de Classificação que elaborará o programa individualizador da pena privativa de liberdade adequada ao condenado ou preso provisório.**

A composição da Comissão Técnica é informada no artigo 7º da LEP:

> **Art. 7º A Comissão Técnica de Classificação, existente em cada estabelecimento, será presidida pelo diretor e composta, no mínimo, por 2 (dois) chefes de serviço, 1 (um) psiquiatra, 1 (um) psicólogo e 1 (um) assistente social, quando se tratar de condenado à pena privativa de liberdade.**
>
> **Parágrafo único. Nos demais casos a Comissão atuará junto ao Juízo da Execução e será integrada por fiscais do serviço social.**

- **Exame criminológico:** o exame criminológico é **obrigatório** para o condenado a **regime fechado** e **facultativo** ao condenado em **regime semiaberto** (devendo ser determinado neste caso por decisão fundamentada do juízo das execuções), nos termos do artigo 8º da LEP:

> **Art. 8º O condenado ao cumprimento de pena privativa de liberdade, em regime fechado, será submetido a exame criminológico para a obtenção dos elementos necessários a uma adequada classificação e com vistas à individualização da execução.**

Parágrafo único. Ao exame de que trata este artigo poderá ser submetido o condenado ao cumprimento da pena privativa de liberdade em regime semiaberto.

- **Sobre a identificação do perfil genético**[1]: é importante a leitura do artigo 9º-A da LEP (que trata de identificação genética obrigatória de presos condenados) – o presidente da República havia vetado alterações aprovadas pelo Poder Legislativo no bojo do Pacote Anticrime, mas o Congresso Nacional derrubou os vetos:

Art. 9º-A. O condenado por crime doloso praticado com violência grave contra a pessoa, bem como por crime contra a vida, contra a liberdade sexual ou por crime sexual contra vulnerável, será submetido, obrigatoriamente, à identificação do perfil genético, mediante extração de DNA (ácido desoxirribonucleico), por técnica adequada e indolor, por ocasião do ingresso no estabelecimento prisional.

§ 1º A identificação do perfil genético será armazenada em banco de dados sigiloso, conforme regulamento a ser expedido pelo Poder Executivo.

§ 1º-A. A regulamentação deverá fazer constar garantias mínimas de proteção de dados genéticos, observando as melhores práticas da genética forense.

§ 2º A autoridade policial, federal ou estadual, poderá requerer ao juiz competente, no caso de inquérito instaurado, o acesso ao banco de dados de identificação de perfil genético.

§ 3º Deve ser viabilizado ao titular de dados genéticos o acesso aos seus dados constantes nos bancos de perfis genéticos, bem como a todos os documentos da cadeia de custódia que gerou esse dado, de maneira que possa ser contraditado pela defesa.

§ 4º O condenado pelos crimes previstos no caput deste artigo que não tiver sido submetido à identificação do perfil genético por ocasião do ingresso no estabelecimento prisional deverá ser submetido ao procedimento durante o cumprimento da pena.

§ 5º A amostra biológica coletada só poderá ser utilizada para o único e exclusivo fim de permitir a identificação pelo perfil genético, não estando autorizadas as práticas de fenotipagem genética ou de busca familiar.

§ 6º Uma vez identificado o perfil genético, a amostra biológica recolhida nos termos do caput deste artigo deverá ser correta e

---

1. Sobre o tema, vide Resolução 16, de 11 de fevereiro de 2022, do Ministério da Justiça e Segurança Pública.

imediatamente descartada, de maneira a impedir a sua utilização para qualquer outro fim.

§ 7º A coleta da amostra biológica e a elaboração do respectivo laudo serão realizadas por perito oficial.

§ 8º Constitui falta grave a recusa do condenado em submeter-se ao procedimento de identificação do perfil genético.

O estudo do dispositivo revela que a lei determina a identificação do perfil genético como efeito automático decorrente de condenação pela prática de crime doloso praticado com violência grave contra a pessoa, crime contra a vida, contra a liberdade sexual ou por crime sexual contra vulnerável.

A constitucionalidade do dispositivo, contudo, é discutida, em face do direito a não autoincriminação (inciso LXIII do artigo 5º da CF e artigo 8º, inciso II, "g", da Convenção Americana sobre os Direitos Humanos).

O artigo (em sua redação anterior ao Pacote Anticrime) teve sua constitucionalidade questionada no Supremo Tribunal Federal nos autos do RE 973837, relator Ministro Gilmar Mendes, com repercussão geral reconhecida pela Corte. O relator cita decisões do Tribunal Europeu dos Direitos Humanos para demonstrar a relevância dos debates em torno do tema (penso que o dispositivo é constitucional, na medida em que se trata, apenas e tão somente, de determinação legal de identificação criminal compulsória, desapegada de investigações/processos específicos em andamento em desfavor do condenado):

> Em Van der Velden contra Holanda, 29514/05, decisão de 7.12. 2006, o Tribunal considerou que o método de colheita do material por esfregação de cotonete na parte interna da bochecha é invasivo à privacidade. Também avaliou como uma intromissão relevante na privacidade a manutenção do material celular e do perfil de DNA. Quanto a esse aspecto, remarcou-se não se tratar de métodos neutros de identificação, na medida em que podem revelar características pessoais do indivíduo. No entanto, a Corte avaliou que a adoção da medida em relação a condenados era uma intromissão proporcional, tendo em vista o objetivo de prevenir e investigar crimes. No caso S. e MARPER contra Reino Unido (decisão de 4.12.2008), o Tribunal afirmou que a manutenção, por prazo indeterminado, dos perfis genéticos de pessoas não condenadas, viola o direito à privacidade, previsto no art. 8º da Convenção Europeia de Direitos Humanos.
>
> Por outro lado, no caso Peruzzo e Martens contra Alemanha (30562/04 e 30566/04, decisão de 4 de dezembro de 2008), considerou-se manifestamente infundada a alegação de que a manutenção, em bancos de dados estatais, de perfis genéticos de condenados por crimes graves violaria o direito à privacidade.

Saliento que, a partir da entrada em vigor do Pacote Anticrime, passa a constituir falta grave a negativa do condenado em se submeter a coleta de DNA para alimentação do banco de dados de perfis genéticos (§ 8º do artigo 9º-A da LEP).

Confira como era e como ficou o artigo 9º-A da LEP (depois da derrubada dos vetos ao Pacote Anticrime pelo Congresso Nacional):

Artigo 9°-A antes da derrubada dos vetos	Artigo 9°-A depois da derrubada dos vetos
Art. 9°-A. Os condenados por crime praticado, dolosamente, com violência de natureza grave contra pessoa, ou por qualquer dos crimes previstos no art. 1° da Lei n° 8.072, de 25 de julho de 1990, serão submetidos, obrigatoriamente, à identificação do perfil genético, mediante extração de DNA – ácido desoxirribonucleico, por técnica adequada e indolor.	**Art. 9°-A.** O condenado por crime doloso praticado com violência grave contra a pessoa, bem como por crime contra a vida, contra a liberdade sexual ou por crime sexual contra vulnerável, será submetido, obrigatoriamente, à identificação do perfil genético, mediante extração de DNA (ácido desoxirribonucleico), por técnica adequada e indolor, por ocasião do ingresso no estabelecimento prisional.
§ 1° A identificação do perfil genético será armazenada em banco de dados sigiloso, conforme regulamento a ser expedido pelo Poder Executivo.	§ 1° A identificação do perfil genético será armazenada em banco de dados sigiloso, conforme regulamento a ser expedido pelo Poder Executivo.
§ 1°-A. A regulamentação deverá fazer constar garantias mínimas de proteção de dados genéticos, observando as melhores práticas da genética forense.	§ 1°-A. A regulamentação deverá fazer constar garantias mínimas de proteção de dados genéticos, observando as melhores práticas da genética forense.
§ 2° A autoridade policial, federal ou estadual, poderá requerer ao juiz competente, no caso de inquérito instaurado, o acesso ao banco de dados de identificação de perfil genético.	§ 2° A autoridade policial, federal ou estadual, poderá requerer ao juiz competente, no caso de inquérito instaurado, o acesso ao banco de dados de identificação de perfil genético.
§ 3° Deve ser viabilizado ao titular de dados genéticos o acesso aos seus dados constantes nos bancos de perfis genéticos, bem como a todos os documentos da cadeia de custódia que gerou esse dado, de maneira que possa ser contraditado pela defesa.	§ 3° Deve ser viabilizado ao titular de dados genéticos o acesso aos seus dados constantes nos bancos de perfis genéticos, bem como a todos os documentos da cadeia de custódia que gerou esse dado, de maneira que possa ser contraditado pela defesa.
§ 4° O condenado pelos crimes previstos no *caput* deste artigo que não tiver sido submetido à identificação do perfil genético por ocasião do ingresso no estabelecimento prisional deverá ser submetido ao procedimento durante o cumprimento da pena.	§ 4° O condenado pelos crimes previstos no *caput* deste artigo que não tiver sido submetido à identificação do perfil genético por ocasião do ingresso no estabelecimento prisional deverá ser submetido ao procedimento durante o cumprimento da pena.

Artigo 9°-A antes da derrubada dos vetos	Artigo 9°-A depois da derrubada dos vetos
§ 5° (VETADO) § 6° (VETADO) § 7° (VETADO) § 8° Constitui falta grave a recusa do condenado em submeter-se ao procedimento de identificação do perfil genético.	§ 5° A amostra biológica coletada só poderá ser utilizada para o único e exclusivo fim de permitir a identificação pelo perfil genético, não estando autorizadas as práticas de fenotipagem genética ou de busca familiar. § 6° Uma vez identificado o perfil genético, a amostra biológica recolhida nos termos do caput deste artigo deverá ser correta e imediatamente descartada, de maneira a impedir a sua utilização para qualquer outro fim. § 7° A coleta da amostra biológica e a elaboração do respectivo laudo serão realizadas por perito oficial. § 8° Constitui falta grave a recusa do condenado em submeter-se ao procedimento de identificação do perfil genético.

- **Assistência:** significa garantir a assistência fornecida pelo Estado ao preso (seja condenado ou provisório).

A assistência se estende, ainda, ao egresso, nos termos do artigo 10 da LEP:

> **Art. 10. A assistência ao preso e ao internado é dever do Estado, objetivando prevenir o crime e orientar o retorno à convivência em sociedade.**
> **Parágrafo único. A assistência estende-se ao egresso.**

O objetivo da assistência é a prevenção do crime (evitar a reincidência). Indubitavelmente a assistência contribui para ressocialização do condenado – sobre o tema, é relevante a leitura da Resolução 96 do CNJ.

Nos termos do artigo 11 da LEP:

> **Art. 11. A assistência será:**
> **I – material;**
> **II – à saúde;**
> **III -jurídica;**
> **IV – educacional;**
> **V – social;**
> **VI – religiosa.**

Assistência	Comentários
Material	A assistência material consiste no fornecimento de alimentação, vestuário e instalações higiênicas (artigos 12 e 13 da LEP).
À saúde	A assistência à saúde consiste em atendimento médico, farmacêutico e odontológico (artigo 14 da LEP). O desrespeito a tal direito tem fundamentado autorização de prisão domiciliar. Nos termos do artigo 43 da LEP o preso pode contratar médico de sua confiança. Saliento que o § 4º do artigo 14 da LEP (incluído pela Lei 14.326/22) assegurou "tratamento humanitário à mulher grávida durante os atos médico-hospitalares preparatórios para a realização do parto e durante o trabalho de parto, bem como à mulher no período de puerpério, cabendo ao poder público promover a assistência integral à sua saúde e à do recém-nascido".
Jurídica	A assistência jurídica (artigos 15 e 16 da LEP) se destina a presos sem dinheiro para custear advogado (a defesa deve ser materializada pela Defensoria Pública – que, nos termos do artigo 16 da LEP, deveria estar dentro e fora dos estabelecimentos penais) – vide direito de entrevista reservada no artigo 41, IX, da LEP.
Educacional	A assistência educacional é tratada pelos artigos 17 a 21-A da LEP. A LEP fala na obrigatoriedade do ensino de 1º grau e na implantação do ensino médio (regular ou supletivo) nas prisões. É preciso lembrar que o estudo funciona como remição de pena (artigos 126 e seguintes da LEP – 1 dia de pena a cada 12 horas de estudos divididas em 3 dias, com possibilidade de acréscimo de 1/3 em face de conclusão de ensino fundamental, médio ou superior durante o cumprimento da pena).
Social	A assistência social está nos artigos 22 e 23 da LEP e tem por objetivo amparar o preso e prepará-lo para retorno à sociedade (objetiva a ressocialização do preso).
Religiosa	A assistência religiosa está no artigo 24 da LEP e deve ser interpretada nos termos do artigo 5º, VI, da CF (que preceitua o direito à liberdade de crença).
Ao egresso[2]	A assistência ao egresso é tratada pela LEP nos artigos 25[3] e 27[4].

2. Art. 26. Considera-se egresso para os efeitos desta Lei:
I – o liberado definitivo, pelo prazo de 1 (um) ano a contar da saída do estabelecimento;
II – o liberado condicional, durante o período de prova.

3. Art. 25. A assistência ao egresso consiste:
I – na orientação e apoio para reintegrá-lo à vida em liberdade;

- **Trabalho do preso:** o trabalho do preso se destina a educar e produzir.

O trabalho é remunerado (a remuneração não pode ser inferior a 3/4 do salário mínimo[5]) e a remuneração deve se destinar a: i) indenização dos

---

II – na concessão, se necessário, de alojamento e alimentação, em estabelecimento adequado, pelo prazo de 2 (dois) meses.
Parágrafo único. O prazo estabelecido no inciso II poderá ser prorrogado uma única vez, comprovado, por declaração do assistente social, o empenho na obtenção de emprego.

4. Art. 27. O serviço de assistência social colaborará com o egresso para a obtenção de trabalho.
5. O Supremo Tribunal Federal considerou **recepcionado** o caput do artigo 29 da LEP nos autos da ADPF 336:
DIREITO CONSTITUCIONAL E DIREITO PENITENCIÁRIO. EXECUÇÃO PENAL. TRABALHO DO PRESO. REMUNERAÇÃO INFERIOR AO SALÁRIO MÍNIMO. ARTIGO 29, CAPUT, DA LEI DE EXECUÇÃO PENAL. ALEGADA VIOLAÇÃO AOS PRINCÍPIOS DA DIGNIDADE HUMANA (ARTIGO 1º, III, DA CRFB) E DA ISONOMIA (ARTIGO 5º, CAPUT, DA CRFB), BEM ASSIM AO DIREITO AO SALÁRIO MÍNIMO (ARTIGO 7º, IV, DA CRFB). CONTROLE JUDICIAL DE POLÍTICAS PÚBLICAS. PRINCÍPIO DEMOCRÁTICO (ARTIGO 1º, CAPUT, DA CRFB). BUSCA DO PLENO EMPREGO (ARTIGO 170, VIII, DA CRFB). INDIVIDUALIZAÇÃO DA PENA NA FASE DE EXECUÇÃO (ARTIGO 5º, XLVI, DA CRFB). EFEITOS DA POLÍTICA DE SALÁRIO MÍNIMO. INCERTEZA EMPÍRICA. AUTOCONTENÇÃO JUDICIAL. TRABALHO DO CONDENADO. NATUREZA DE DEVER. FINALIDADES EDUCATIVA E PRODUTIVA. ARTIGOS 28, CAPUT, 31 E 39, V, DA LEI DE EXECUÇÃO PENAL. PENA PRIVATIVA DE LIBERDADE. RESTRIÇÕES NATURAIS AO EXERCÍCIO DO TRABALHO. POTENCIAL REPERCUSSÃO NEGATIVA NA REMUNERAÇÃO DA MÃO DE OBRA. DISTINÇÃO ENTRE O TRABALHO DO PRESO E O DOS EMPREGADOS EM GERAL. LEGITIMIDADE. CARÊNCIAS BÁSICAS DO DETENTO ATENDIDAS PELO ESTADO (ARTIGOS 12 E SEGS. DA LEP). BENEFÍCIO DA REMIÇÃO DE PENA PELO TRABALHO. CONFORMIDADE COM REGRAS MÍNIMAS DAS NAÇÕES UNIDAS PARA O TRATAMENTO DE PRISIONEIROS DE 2015. INEXISTÊNCIA DE LESÃO AOS PRECEITOS FUNDAMENTAIS APONTADOS. ADPF JULGADA IMPROCEDENTE. 1. O trabalho do preso, cuja remuneração é fixada em três quartos do salário mínimo o patamar base de remuneração do trabalho do preso (artigo 29, caput, da Lei de Execução Penal) deve ser analisada não apenas sob a ótica da regra do salário mínimo (artigo 7º, IV, da CRFB), mas também de outros vetores constitucionais, como a busca do pleno emprego (artigo 170, VIII, da CRFB) e a individualização da pena na fase de execução (artigo 5º, XLVI, da CRFB). 2. O controle judicial de políticas públicas deve preservar o âmbito de liberdade interpretativa do legislador em homenagem ao princípio democrático (artigo 1º, caput, da CRFB), ante a ubiquidade e a indeterminação semântica caracterizadoras do texto constitucional, porquanto a multiplicidade de vetores estabelecidos pelo constituinte, a serem promovidos com igual importância pelas instâncias democráticas, obriga o Parlamento à realização de escolhas políticas em matérias que normalmente carecem de certeza empírica quanto aos seus impactos na promoção daqueles valores constitucionais. 3. A margem de conformação do Parlamento aos ditames constitucionais na formulação de políticas públicas é ampla, máxime quando não há consenso científico sobre os efeitos da mesma adotada em relação ao bem-estar social, o que sói ocorrer no exame do salário mínimo quanto à distribuição da riqueza entre os trabalhadores e ao eventual aumento nos índices de desemprego. Literatura: ENGBOM, Niklas; MOSER, Christian. "Earnings Inequality and the Minimum Wage: Evidence from

Brazil". CESifo Working Paper nº 6393, mar. 2017, p. 40; NEUMARK, David; WASCHER, William. Minimum Wages and Employment, Foundations and Trends in Microeconomics, vol. 3, nº. 1+2, pp 1-182, 2007. 4. A pessoa em cumprimento de pena privativa de liberdade, por isso não está sujeita ao regime da Consolidação das Leis do Trabalho, bem como que será remunerada por tabela previamente fixada, em valor não inferior a três quartos do salário mínimo (respectivamente, artigos 28, § 2º, e 29, caput, da Lei de Execução Penal). 5. O trabalho do condenado constitui um dever, obrigatório na medida de suas aptidões e capacidade, e possui finalidades educativa e produtiva, nos termos dos artigos 28, caput, 31 e 39, V, da Lei de Execução Penal, em contraste com a liberdade para trabalhar e prover o seu sustento garantida aos que não cumprem pena prisional pelo artigo 6º da Constituição. 6. O cumprimento da pena privativa de liberdade gera restrições naturais ao exercício do trabalho, com potencial repercussão negativa na remuneração da mão de obra, o que se extrai do peculiar regime jurídico a que se submetem os trabalhadores presos, a saber: (i) necessidade de implantação de oficinas de trabalho, por empregadores privados, referentes a setores de apoio dos presídios (artigo 34, § 2º, da LEP); (ii) a finalidade de formação profissional do condenado (artigo 34 da LEP), ainda que não produza benefício econômico para terceiros; (iii) a aquisição pelo poder público, com dispensa da concorrência pública, dos bens ou produtos do trabalho prisional, sempre que não for possível ou recomendável realizar-se a venda a particulares (artigo 35 da LEP); (iv) a necessidade de observância das cautelas contra a fuga e em favor da disciplina no trabalho externo (artigo 36 da LEP); (v) a possibilidade de revogação da autorização de trabalho externo se o preso tiver comportamento contrário aos requisitos de aptidão, disciplina e responsabilidade, bem assim quando praticar fato definido como crime ou for punido por falta grave (artigo 37, parágrafo único, da LEP) etc. 7. A legitimidade da diferenciação entre o trabalho do preso e o dos empregados em geral na política pública de limites mínimos de remuneração é evidenciada pela distinta lógica econômica do labor no sistema executório penal, que pode até mesmo ser subsidiado pelo Erário, de modo que o discrímen promove, em vez de violar, o mandamento de isonomia contido no artigo 5º, caput, da Constituição, no seu aspecto material. 8. A autorização legal para a percepção de remuneração inferior ao salário mínimo no trabalho do preso é acompanhada de medidas compensatórias, quais sejam: (i) é fixado um patamar mínimo de três quartos do salário mínimo, percentual razoável para configurar uma justa remuneração pelo trabalho humano, nos termos definidos democraticamente pelo Parlamento; (ii) são impostos ao Estado deveres de prestação material em relação ao interno, a fim de garantir o atendimento de todas as suas carências básicas; e (iii) concede-se ao preso o benefício da remição da pena, na proporção de 1 (um) dia de redução da sanção criminal para cada 3 (três) dias de trabalho. 9. O salário mínimo, na dicção do artigo 7º, IV, da Constituição, visa satisfazer as necessidades vitais básicas do trabalhador e as de sua família "com moradia, alimentação, educação, saúde, lazer, vestuário, higiene, transporte e previdência social", ao passo que o preso, conforme previsão legal, já deve ter atendidas pelo Estado boa parte das necessidades vitais básicas que o salário mínimo objetiva atender, tais como educação (artigos 17 e seguintes da LEP), alojamento (artigo 88 da LEP), saúde (artigo 14 da LEP), alimentação, vestuário e higiene (artigo 12 da LEP). 10. A disciplina do trabalho do preso no Brasil também está em conformidade com as normas internacionais que regem o tema, porquanto o acordo sobre as regras mínimas das Nações Unidas para o tratamento de prisioneiros de 2015 (denominadas "regras de Mandela"), aprovado por Resolução da Comissão sobre Prevenção de Crime e Justiça Criminal de Viena, determina seja "estabelecido sistema justo de remuneração do trabalho dos presos" (Regra 103.1), em contraste com outras disposições do mesmo diploma que exigem condições não menos vantajosas que aquelas que a lei disponha para os trabalhadores livres (v. g., Regra 101.2). 11. O soldo daqueles que exercem serviço militar obrigatório pode ser inferior ao salário mínimo definido nacionalmente, sem que isso implique lesão aos princípios da dignidade humana (artigo 1º, III, da CRFB) e da dados causados pelo crime; ii) assistência à própria família; iii) pequenas despesas pessoais; e iv) na constituição de pecúlio, em caderneta de poupança, que lhe será entregue quando da saída do estabelecimento penal (é possível, ainda, ressarcimento do Estado quanto às despesas de manutenção do condenado).

Veja os artigos 28 e 29 da LEP:

> **Art. 28. O trabalho do condenado, como dever social e condição de dignidade humana, terá finalidade educativa e produtiva.**
>
> **§ 1° Aplicam-se à organização e aos métodos de trabalho as precauções relativas à segurança e à higiene.**
>
> **§ 2° O trabalho do preso não está sujeito ao regime da Consolidação das Leis do Trabalho.**
>
> **Art. 29. O trabalho do preso será remunerado, mediante prévia tabela, não podendo ser inferior a 3/4 (três quartos) do salário mínimo.**
>
> **§ 1° O produto da remuneração pelo trabalho deverá atender:**
>
> **a) à indenização dos danos causados pelo crime, desde que determinados judicialmente e não reparados por outros meios;**
>
> **b) à assistência à família;**
>
> **c) a pequenas despesas pessoais;**
>
> **d) ao ressarcimento ao Estado das despesas realizadas com a manutenção do condenado, em proporção a ser fixada e sem prejuízo da destinação prevista nas letras anteriores.**
>
> **§ 2° Ressalvadas outras aplicações legais, será depositada a parte restante para constituição do pecúlio, em Caderneta de Poupança, que será entregue ao condenado quando posto em liberdade.**

---

isonomia (artigo 5º, caput, da CRFB), ou à regra do artigo 7º, IV, da Carta Magna: RE 570177, Relator Min. RICARDO LEWANDOWSKI, Tribunal Pleno, julgado em 30/4/2008. Súmula vinculante 6 deste Supremo Tribunal Federal. 12. O patamar mínimo diferenciado de remuneração aos presos previsto no artigo 29, caput, da Lei de Execução Penal não representa violação aos princípios da dignidade humana (artigo 1º, III, da CRFB) e da isonomia (artigo 5º, caput, da CRFB), sendo inaplicável à hipótese a garantia de salário mínimo prevista no artigo 7º, IV, da Constituição. 13. As normas insculpidas nos artigos 1º, III, 5º, caput, e 7º, IV, da Carta Magna caracterizam preceitos fundamentais, autorizando o ajuizamento de Arguição de Descumprimento de Preceito Fundamental quando apontada violação direta à Carta Magna e atendido o teste da subsidiariedade. Precedentes: ADPF 388, Relator Min. GILMAR MENDES, Tribunal Pleno, julgado em 9/3/2016; ADPF 33 MC, Relator Min. GILMAR MENDES, Tribunal Pleno, julgado em 29/10/2003). 14. Arguição de Descumprimento de Preceito Fundamental julgada improcedente (ADPF 336, Relator(a): LUIZ FUX, Tribunal Pleno, julgado em 01/03/2021, PROCESSO ELETRÔNICO DJe-088 DIVULG 07-05-2021 PUBLIC 10-05-2021).

O trabalho é obrigatório ao condenado a pena privativa de liberdade, na medida de suas aptidões e capacidade (artigo 31 da LEP).

Ainda sobre o trabalho do preso:

Dica	Comentário/artigo
Atente que o trabalho é facultativo para o preso por crime político.	Art. 200. O condenado por crime político não está obrigado ao trabalho.
Observe que o trabalho obrigatório do preso não se confunde com a pena de trabalhos forçados, vedada pela CF/88.	Art. 31. O condenado à pena privativa de liberdade está obrigado ao trabalho na medida de suas aptidões e capacidade. Parágrafo único. (...).
Para o preso provisório o trabalho é facultativo e só pode ser executado dentro do estabelecimento prisional.	Art. 31. (...) Parágrafo único. Para o preso provisório, o trabalho não é obrigatório e só poderá ser executado no interior do estabelecimento.
A jornada normal de trabalho não será inferior a seis, nem superior a oito horas, com descanso nos domingos e feriados.	Art. 33. A jornada normal de trabalho não será inferior a 6 (seis) nem superior a 8 (oito) horas, com descanso nos domingos e feriados. Parágrafo único. Poderá ser atribuído horário especial de trabalho aos presos designados para os serviços de conservação e manutenção do estabelecimento penal.
Presos que cumprem pena em regime fechado ou semiaberto podem receber autorização para trabalho externo (trata-se de autorização administrativa e não judicial – atribuição do diretor do estabelecimento, nos termos do artigo 37 da LEP). Para o trabalho externo devem ser observados dois requisitos: i) aptidão, disciplina e responsabilidade (requisito subjetivo); ii) cumprimento mínimo de 1/6 da pena (requisito objetivo). A autorização para trabalho externo será revogada (também pelo diretor do estabelecimento) se o condenado praticar fato definido como crime, for punido com falta grave ou se faltar com o dever de disciplina e responsabilidade.	Art. 36. O trabalho externo será admissível para os presos em regime fechado somente em serviço ou obras públicas realizadas por órgãos da Administração Direta ou Indireta, ou entidades privadas, desde que tomadas as cautelas contra a fuga e em favor da disciplina. § 1º O limite máximo do número de presos será de 10% (dez por cento) do total de empregados na obra. § 2º Caberá ao órgão da administração, à entidade ou à empresa empreiteira a remuneração desse trabalho. § 3º A prestação de trabalho à entidade privada depende do consentimento expresso do preso. Art. 37. A prestação de trabalho externo, a ser autorizada pela direção do estabelecimento, dependerá de aptidão, disciplina e responsabilidade, além do cumprimento mínimo de 1/6 (um sexto) da pena.

Dica	Comentário/artigo
	Parágrafo único. Revogar-se-á a autorização de trabalho externo ao preso que vier a praticar fato definido como crime, for punido por falta grave, ou tiver comportamento contrário aos requisitos estabelecidos neste artigo.
É importante a leitura da Súmula 40/STJ.	Súmula 40/STJ – Para obtenção dos benefícios de saída temporária e trabalho externo, considera-se o tempo de cumprimento da pena no regime fechado.

Cumpre deixar claro que não há incompatibilidade entre a Lei 8.072/90 (crimes hediondos) e o trabalho externo.

- **Deveres do condenado:** os deveres do condenado grafados no artigo 39 da LEP:

> **Art. 39. Constituem deveres do condenado:**
>
> **I – comportamento disciplinado e cumprimento fiel da sentença;**
>
> **II – obediência ao servidor e respeito a qualquer pessoa com quem deva relacionar-se;**
>
> **III – urbanidade e respeito no trato com os demais condenados;**
>
> **IV – conduta oposta aos movimentos individuais ou coletivos de fuga ou de subversão à ordem ou à disciplina;**
>
> **V – execução do trabalho, das tarefas e das ordens recebidas;**
>
> **VI – submissão à sanção disciplinar imposta;**
>
> **VII – indenização à vítima ou aos seus sucessores;**
>
> **VIII – indenização ao Estado, quando possível, das despesas realizadas com a sua manutenção, mediante desconto proporcional da remuneração do trabalho;**
>
> **IX – higiene pessoal e asseio da cela ou alojamento;**
>
> **X – conservação dos objetos de uso pessoal.**
>
> **Parágrafo único. Aplica-se ao preso provisório, no que couber, o disposto neste artigo.**

- **Direitos do preso:** nos termos dos incisos III e XLIX do artigo 5º da Constituição Federal:

> Art. 5º (...)
>
> III – ninguém será submetido a tortura nem a tratamento desumano ou degradante.

(...)
XLIX – é assegurado aos presos o respeito à integridade física e moral.

Os direitos dos condenados e presos provisórios estão grafados no artigo 41 da LEP:

Art. 41 – Constituem direitos do preso:
I – alimentação suficiente e vestuário;
II – atribuição de trabalho e sua remuneração;
III – Previdência Social;
IV – constituição de pecúlio;
V – proporcionalidade na distribuição do tempo para o trabalho, o descanso e a recreação;
VI – exercício das atividades profissionais, intelectuais, artísticas e desportivas anteriores, desde que compatíveis com a execução da pena;
VII – assistência material, à saúde, jurídica, educacional, social e religiosa;
VIII – proteção contra qualquer forma de sensacionalismo;
IX – entrevista pessoal e reservada com o advogado;
X – visita do cônjuge, da companheira, de parentes e amigos em dias determinados;
XI – chamamento nominal;
XII – igualdade de tratamento salvo quanto às exigências da individualização da pena;
XIII – audiência especial com o diretor do estabelecimento;
XIV – representação e petição a qualquer autoridade, em defesa de direito;
XV – contato com o mundo exterior por meio de correspondência escrita, da leitura e de outros meios de informação que não comprometam a moral e os bons costumes.
XVI – atestado de pena a cumprir, emitido anualmente, sob pena da responsabilidade da autoridade judiciária competente.
Parágrafo único. Os direitos previstos nos incisos V, X e XV poderão ser suspensos ou restringidos mediante ato motivado do diretor do estabelecimento.

É importante, ainda, a leitura das **Regras Mínimas das Nações Unidas para o Tratamento de Reclusos (Regras de Nelson Mandela)** – Resolução 70/175 da Assembleia-Geral da ONU.

- **Disciplina:** segundo artigo 44 da LEP, a disciplina consiste na colaboração com a ordem, na obediência às determinações das autoridades e seus agentes e no desempenho de trabalho:

> **Art. 44. A disciplina consiste na colaboração com a ordem, na obediência às determinações das autoridades e seus agentes e no desempenho do trabalho.**
>
> **Parágrafo único. Estão sujeitos à disciplina o condenado à pena privativa de liberdade ou restritiva de direitos e o preso provisório.**

É preciso lembrar que a LEP está submetida ao princípio da legalidade e da anterioridade, de forma que não pode haver falta ou sanção disciplinar sem expressa e anterior previsão legal ou regulamentar, na forma do artigo 45:

> **Art. 45. Não haverá falta nem sanção disciplinar sem expressa e anterior previsão legal ou regulamentar.**
>
> **§ 1° As sanções não poderão colocar em perigo a integridade física e moral do condenado.**
>
> **§ 2° É vedado o emprego de cela escura.**
>
> **§ 3° São vedadas as sanções coletivas.**

O condenado precisa ser cientificado das normas regulamentares (artigo 46 da LEP):

> **Art. 46. O condenado ou denunciado, no início da execução da pena ou da prisão, será cientificado das normas disciplinares.**

O poder disciplinar será exercido ao diretor do estabelecimento, na forma do artigo 47 da LEP:

> **Art. 47. O poder disciplinar, na execução da pena privativa de liberdade, será exercido pela autoridade administrativa conforme as disposições regulamentares.**

Nas faltas leves e médias, não há comunicação do juízo das execuções por falta de previsão legal. Nas faltas graves, há necessidade de representação da autoridade administrativa ao juízo das execuções na forma do parágrafo único do artigo 48 da LEP:

Art. 48. Na execução das penas restritivas de direitos, o poder disciplinar será exercido pela autoridade administrativa a que estiver sujeito o condenado.

Parágrafo único. Nas faltas graves, a autoridade representará ao Juiz da execução para os fins dos artigos 118, inciso I, 125, 127, 181, §§ 1°, letra d, e 2° desta Lei.

Faltas disciplinares: as faltas disciplinares podem ser classificadas em leves, médias e graves. No item 79 da Exposição de Motivos da LEP, as faltas leves e médias e suas sanções são confiadas ao legislador local:

> 79. O Projeto confia a enumeração das faltas leves e médias, bem como respectivas sanções, ao poder discricionário do legislador local. As peculiaridades de cada região, o tipo de criminalidade, mutante quanto aos meios e modos de execução, a natureza do bem jurídico ofendido e outros aspectos sugerem tratamentos disciplinares que se harmonizem com as características do ambiente.

Tal disposição foi grafada no artigo 49 da LEP:

Art. 49. As faltas disciplinares classificam-se em leves, médias e graves. A legislação local especificará as leves e médias, bem assim as respectivas sanções.

Parágrafo único. Pune-se a tentativa com a sanção correspondente à falta consumada.

As faltas graves são descritas no artigo 50 da LEP (há nova falta grave enxertada pelo Pacote Anticrime no inciso VIII):

Art. 50. Comete falta grave o condenado à pena privativa de liberdade que:

I – incitar ou participar de movimento para subverter a ordem ou a disciplina;

II – fugir;

III – possuir, indevidamente, instrumento capaz de ofender a integridade física de outrem;

IV – provocar acidente de trabalho;

V – descumprir, no regime aberto, as condições impostas;

VI – inobservar os deveres previstos nos incisos II e V, do artigo 39, desta Lei.

VII – tiver em sua posse, utilizar ou fornecer aparelho telefônico, de rádio ou similar, que permita a comunicação com outros presos ou com o ambiente externo.

VIII – recusar submeter-se ao procedimento de identificação do perfil genético.

Parágrafo único. O disposto neste artigo aplica-se, no que couber, ao preso provisório.

As faltas graves para o condenado a pena restritiva de direitos estão grafadas no artigo 51 da LEP:

Art. 51. Comete falta grave o condenado à pena restritiva de direitos que:

I – descumprir, injustificadamente, a restrição imposta;

II – retardar, injustificadamente, o cumprimento da obrigação imposta;

III – inobservar os deveres previstos nos incisos II e V, do artigo 39, desta Lei.

A prática de crime doloso também constitui falta grave, nos termos do artigo 52 da LEP.

Sobre a prática de falta grave, leia as seguintes Súmulas do Superior Tribunal de Justiça:

Súmula 441/STJ – A falta grave não interrompe o prazo para obtenção de livramento condicional.

Súmula 526/STJ – O reconhecimento de falta grave decorrente do cometimento de fato definido como crime doloso no cumprimento da pena prescinde do trânsito em julgado de sentença penal condenatória no processo penal instaurado para apuração do fato.

Súmula 533/STJ – Para o reconhecimento da prática de falta disciplinar no âmbito da execução penal, é imprescindível a instauração de procedimento administrativo pelo diretor do estabelecimento prisional, assegurado o direito de defesa, a ser realizado por advogado constituído ou defensor público nomeado.

Súmula 534/STJ – A prática de falta grave interrompe a contagem do prazo para a progressão de regime de cumprimento de pena, o qual se reinicia a partir do cometimento dessa infração.

Súmula 535/STJ – A prática de falta grave não interrompe o prazo para fim de comutação de pena ou indulto.

Acerca da Súmula 533/STJ, é preciso trazer à baila decisão tomada pelo Supremo Tribunal Federal no tema 941 da Repercussão Geral, com fixação da seguinte tese: **"A oitiva do condenado pelo Juízo da Execução Penal, em audiência de justificação realizada na presença do defensor e do Ministério Público, afasta a necessidade de prévio Procedimento Administrativo Disciplinar (PAD), assim como supre eventual ausência ou insuficiência de defesa técnica no PAD instaurado para apurar a prática de falta grave durante o cumprimento da pena".**

Eis o julgado do Pretório Excelso:

> Processual penal. Recurso extraordinário. Execução penal. Prévio procedimento administrativo disciplinar para o reconhecimento de falta grave. Desnecessidade. Audiência em juízo na qual assegurados o contraditório e a ampla defesa. Provimento do Recurso. 1. O Supremo Tribunal Federal tem entendido que a oitiva do condenado pelo Juízo da Execução Penal, em audiência de justificação realizada na presença do defensor e do Ministério Público, afasta a necessidade de prévio Procedimento Administrativo Disciplinar (PAD), assim como supre eventual ausência ou insuficiência de defesa técnica no PAD instaurado para apurar a prática de falta grave durante o cumprimento da pena. 2. No sistema de jurisdição una, o procedimento judicial conta com mais e maiores garantias que o procedimento administrativo, razão pela qual o segundo pode ser revisto judicialmente, prevalecendo a decisão judicial sobre a administrativa. 3. Por outro lado, em um sistema congestionado como o da Execução Penal, qualquer atividade redundante ou puramente formal significa desvio de recursos humanos da atividade principal do Juízo, inclusive e notadamente a de assegurar os benefícios legais para que ninguém permaneça no cárcere por período superior à condenação. 4. Desse modo, a apuração de falta grave em procedimento judicial, com as garantias a ele inerentes, perante o juízo da Execução Penal não só é compatível com os princípios do contraditório e da ampla defesa (art. 5°, LIV e LV, da CF) como torna desnecessário o prévio procedimento administrativo, o que atende, por igual, ao princípio da eficiência de que cuida o art. 37 da Constituição Federal. 5. Provimento do Recurso com a afirmação da seguinte tese: "A oitiva do condenado pelo Juízo da Execução Penal, em audiência de justificação realizada na presença do defensor e do Ministério Público, afasta a necessidade de prévio Procedimento Administrativo Disciplinar (PAD), assim como supre eventual ausência ou insuficiência de defesa técnica no PAD instaurado para apurar a prática de falta grave durante o cumprimento da pena" (RE 972598, Relator(a): ROBERTO BARROSO, Tribunal Pleno, julgado em 04/05/2020,

PROCESSO ELETRÔNICO REPERCUSSÃO GERAL – MÉRITO DJe-196 DIVULG 05-08-2020 PUBLIC 06-08-2020).

- **Regime Disciplinar Diferenciado (RDD):** o Regime Disciplinar Diferenciado está previsto no artigo 52 da LEP (o dispositivo foi alterado pelo Pacote Anticrime):

> **Art. 52. A prática de fato previsto como crime doloso constitui falta grave e, quando ocasionar subversão da ordem ou disciplina internas, sujeitará o preso provisório, ou condenado, nacional ou estrangeiro, sem prejuízo da sanção penal, ao regime disciplinar diferenciado, com as seguintes características:**
>
> **I – duração máxima de até 2 (dois) anos, sem prejuízo de repetição da sanção por nova falta grave de mesma espécie;**
>
> **II – recolhimento em cela individual;**
>
> **III – visitas quinzenais, de 2 (duas) pessoas por vez, a serem realizadas em instalações equipadas para impedir o contato físico e a passagem de objetos, por pessoa da família ou, no caso de terceiro, autorizado judicialmente, com duração de 2 (duas) horas;**
>
> **IV – direito do preso à saída da cela por 2 (duas) horas diárias para banho de sol, em grupos de até 4 (quatro) presos, desde que não haja contato com presos do mesmo grupo criminoso;**
>
> **V – entrevistas sempre monitoradas, exceto aquelas com seu defensor, em instalações equipadas para impedir o contato físico e a passagem de objetos, salvo expressa autorização judicial em contrário;**
>
> **VI – fiscalização do conteúdo da correspondência;**
>
> **VII – participação em audiências judiciais preferencialmente por videoconferência, garantindo-se a participação do defensor no mesmo ambiente do preso.**
>
> **§ 1º O regime disciplinar diferenciado também será aplicado aos presos provisórios ou condenados, nacionais ou estrangeiros:**
>
> **I – que apresentem alto risco para a ordem e a segurança do estabelecimento penal ou da sociedade;**
>
> **II – sob os quais recaiam fundadas suspeitas de envolvimento ou participação, a qualquer título, em organização criminosa, associação criminosa ou milícia privada, independentemente da prática de falta grave.**
>
> **§ 2º (Revogado).**
>
> **§ 3º Existindo indícios de que o preso exerce liderança em organização criminosa, associação criminosa ou milícia privada, ou que tenha atuação criminosa em 2 (dois) ou mais Estados da Federação, o regime disciplinar diferenciado será obrigatoriamente cumprido em estabelecimento prisional federal.**

§ 4º Na hipótese dos parágrafos anteriores, o regime disciplinar diferenciado poderá ser prorrogado sucessivamente, por períodos de 1 (um) ano, existindo indícios de que o preso:

I – continua apresentando alto risco para a ordem e a segurança do estabelecimento penal de origem ou da sociedade;

II – mantém os vínculos com organização criminosa, associação criminosa ou milícia privada, considerados também o perfil criminal e a função desempenhada por ele no grupo criminoso, a operação duradoura do grupo, a superveniência de novos processos criminais e os resultados do tratamento penitenciário.

§ 5º Na hipótese prevista no § 3º deste artigo, o regime disciplinar diferenciado deverá contar com alta segurança interna e externa, principalmente no que diz respeito à necessidade de se evitar contato do preso com membros de sua organização criminosa, associação criminosa ou milícia privada, ou de grupos rivais.

§ 6º A visita de que trata o inciso III do caput deste artigo será gravada em sistema de áudio ou de áudio e vídeo e, com autorização judicial, fiscalizada por agente penitenciário.

§ 7º Após os primeiros 6 (seis) meses de regime disciplinar diferenciado, o preso que não receber a visita de que trata o inciso III do caput deste artigo poderá, após prévio agendamento, ter contato telefônico, que será gravado, com uma pessoa da família, 2 (duas) vezes por mês e por 10 (dez) minutos.

O RDD tem sua gênese na Resolução 26 da Secretaria de Administração Penitenciária do Estado de São Paulo (houve insurgência quanto à constitucionalidade da medida, vez que esta trata de falta grave e tal matéria deveria ser regulada apenas por lei ordinária – ainda assim, o TJ/SP julgou constitucional a resolução em testilha).

Apenas no ano de 2003, depois da morte de juízes da execução em São Paulo e no Espírito Santo, foi aprovada a Lei 10.792/03, que alterou a LEP para nela fazer constar o RDD.

Veja-se que não é necessário aguardar o trânsito em julgado da sentença penal condenatória para entender que houve prática de falta grave pelo apenado em face do cometimento de crime doloso.

O artigo 60 da LEP permite o isolamento preventivo, no interesse da disciplina e da averiguação do fato (decretado pelo diretor do estabelecimento, pelo prazo improrrogável de 10 dias) e a inclusão preventiva do preso em RDD (também por 10 dias, por despacho do juiz da execução).

A colocação do preso em RDD **preventivo** pode ser feita pelo juízo das execuções sem prévia oitiva do MP ou da defesa:

> **Art. 60. A autoridade administrativa poderá decretar o isolamento preventivo do faltoso pelo prazo de até dez dias. A inclusão do preso no regime disciplinar diferenciado, no interesse da disciplina e da averiguação do fato, dependerá de despacho do juiz competente.**
>
> **Parágrafo único. O tempo de isolamento ou inclusão preventiva no regime disciplinar diferenciado será computado no período de cumprimento da sanção disciplinar.**

O juiz das execuções não pode determinar, de ofício, a inclusão de preso em RDD. Ao Ministério Público, de igual forma, não cabe requerer tal inclusão. O requerimento para inclusão do preso em RDD é do diretor do estabelecimento penal ou de outra autoridade administrativa (Secretário de Segurança Pública ou de Administração Penitenciária, por exemplo).

Feito o pedido ao juízo das execuções, o Ministério Público e a defesa devem ser instados a se manifestar e o juiz prolatará decisão em 15 dias.

- **Sanções:** as sanções estão descritas no artigo 53 da LEP:

> **Art. 53. Constituem sanções disciplinares:**
>
> **I – advertência verbal;**
>
> **II – repreensão;**
>
> **III – suspensão ou restrição de direitos (artigo 41, parágrafo único);**
>
> **IV – isolamento na própria cela, ou em local adequado, nos estabelecimentos que possuam alojamento coletivo, observado o disposto no artigo 88 desta Lei.**
>
> **V – inclusão no regime disciplinar diferenciado.**

O rol de sanções é taxativo[6] e o diretor do estabelecimento pode aplicar as sanções previstas nos incisos I a IV retro:

---

6. 10) O rol do art. 50 da Lei de Execuções Penais (Lei n. 7.210/1984), que prevê as condutas que configuram falta grave, é taxativo, não possibilitando interpretação extensiva ou complementar, a fim de acrescer ou ampliar o alcance das condutas previstas (tese 10 da edição 145 da jurisprudência em teses do STJ).

Art. 54. As sanções dos incisos I a IV do art. 53 serão aplicadas por ato motivado do diretor do estabelecimento e a do inciso V, por prévio e fundamentado despacho do juiz competente.

§ 1º A autorização para a inclusão do preso em regime disciplinar dependerá de requerimento circunstanciado elaborado pelo diretor do estabelecimento ou outra autoridade administrativa.

§ 2º A decisão judicial sobre inclusão de preso em regime disciplinar será precedida de manifestação do Ministério Público e da defesa e prolatada no prazo máximo de quinze dias.

A sanção deve ser individualizada e proporcional à falta praticada:

Art. 57. Na aplicação das sanções disciplinares, levar-se-ão em conta a natureza, os motivos, as circunstâncias e as consequências do fato, bem como a pessoa do faltoso e seu tempo de prisão.

Parágrafo único. Nas faltas graves, aplicam-se as sanções previstas nos incisos III a V do art. 53 desta Lei.

Art. 58. O isolamento, a suspensão e a restrição de direitos não poderão exceder a trinta dias, ressalvada a hipótese do regime disciplinar diferenciado.

Parágrafo único. O isolamento será sempre comunicado ao Juiz da execução.

Será preciso materializar procedimento administrativo, com observância do direito do preso à ampla defesa (inclusive técnica):

Art. 59. Praticada a falta disciplinar, deverá ser instaurado o procedimento para sua apuração, conforme regulamento, assegurado o direito de defesa.

Parágrafo único. A decisão será motivada.

As sanções são alternativas (sendo vedado a aplicação cumulativa).

É preciso lembrar que a prática de falta grave pode ensejar:

Consequência (falta grave)	Artigo
Interrupção do prazo para obtenção da progressão de regime	Art. 112 (...) § 6° O cometimento de falta grave durante a execução da pena privativa de liberdade interrompe o prazo para a obtenção da progressão no regime de cumprimento da pena, caso em que o reinício da contagem do requisito objetivo terá como base a pena remanescente.

Consequência (falta grave)	Artigo
Revogação de autorização de saída temporária	Art. 125. O benefício será automaticamente revogado quando o condenado praticar fato definido como crime doloso, for punido por falta grave, desatender as condições impostas na autorização ou revelar baixo grau de aproveitamento do curso. Parágrafo único. A recuperação do direito à saída temporária dependerá da absolvição no processo penal, do cancelamento da punição disciplinar ou da demonstração do merecimento do condenado.
Perda de parte dos dias remidos[7]	Art. 127. Em caso de falta grave, o juiz poderá revogar até 1/3 (um terço) do tempo remido, observado o disposto no art. 57, recomeçando a contagem a partir da data da infração disciplinar.
Revogação do livramento condicional, no caso de crime praticado durante a vigência do benefício[8].	Art. 140. A revogação do livramento condicional dar-se-á nas hipóteses previstas nos artigos 86 e 87 do Código Penal. Parágrafo único. Mantido o livramento condicional, na hipótese da revogação facultativa, o Juiz deverá advertir o liberado ou agravar as condições.
A conversão de pena restritiva de direito em privativa de liberdade.	Art. 181. A pena restritiva de direitos será convertida em privativa de liberdade nas hipóteses e na forma do artigo 45 e seus incisos do Código Penal. § 1º A pena de prestação de serviços à comunidade será convertida quando o condenado: (...) d) praticar falta grave;

7. O artigo 127 da LEP determinava perda de todos os dias remidos em face da prática de falta grave. O Supremo Tribunal Federal, na Súmula Vinculante 9, entendeu recepcionado o dispositivo em sua redação original. Agora (alteração operada pela Lei 12.433/11), o artigo 127 fala na perda de até 1/3 dos dias remidos em face da prática de falta grave. Saliento que o Superior Tribunal de Justiça admite aplicação retroativa da nova redação do artigo 127 da LEP (*novatio legis in mellius*): "8) A nova redação do art. 127 da Lei de Execução Penal – LEP, que prevê a limitação da perda dos dias remidos a 1/3 (um terço) do total no caso da prática de falta grave, deve ser aplicada retroativamente por se tratar de norma penal mais benéfica" (tese 8 da edição 145 da jurisprudência em teses do STJ).

8. Importante ler a **Súmula 617/STJ – A ausência de suspensão ou revogação do livramento condicional antes do término do período de prova enseja a extinção da punibilidade pelo integral cumprimento da pena.**

Consequência (falta grave)	Artigo
Obsta concessão de livramento condicional (só será possível deferimento da benesse, se o condenado não tiver praticado falta grave nos últimos 12 meses). – artigo 83, III, do Código Penal;	Art. 83 – O juiz poderá conceder livramento condicional ao condenado a pena privativa de liberdade igual ou superior a 2 (dois) anos, desde que: (...) III – comprovado: (...) b) não cometimento de falta grave nos últimos 12 (doze) meses;

Tomando o conhecimento da prática de falta grave, o juiz das execuções deverá designar audiência de justificação, com possibilidade do preso se manifestar e com manifestação do Ministério Público e da defesa, reconhecendo ou não, a seguir a falta grave e as consequências do reconhecimento.

Não há previsão de recurso contra a decisão do diretor do estabelecimento em apuração de falta grave (em que pese ser possível utilizar remédios constitucionais).

Independência (mitigada ou relativa) das instâncias: o Superior Tribunal de Justiça, analisando caso concreto, decidiu que apesar da independência das instâncias penal e administrativa, o sistema precisa se manter coerente. Calcado nessa premissa, o Tribunal da Cidadania anulou falta grave depois da absolvição do réu em processo criminal, mesmo tendo sido a absolvição fundamentada na ausência de provas (informativo 712/STJ, grifo meu):

> AGRAVO REGIMENTAL EM EMBARGOS DE DECLARAÇÃO EM HABEAS CORPUS. AGRAVO EM EXECUÇÃO. FALTA GRAVE. INDEPENDÊNCIA MITIGADA DAS INSTÂNCIAS. WRIT INDEFERIDO LIMINARMENTE. EMBARGOS DE DECLARAÇÃO REJEITADOS. AGRAVO REGIMENTAL PROVIDO. 1. A absolvição criminal só afasta a responsabilidade administrativa quando restar proclamada a inexistência do fato ou de autoria. 2. Embora não se possa negar a independência entre as esferas - segundo a qual, em tese, admite-se repercussão da absolvição penal nas demais instâncias apenas nos casos de inexistência material ou de negativa de autoria -, não há como ser mantida a incoerência de se ter o mesmo fato por não provado na esfera criminal e por provado na esfera administrativa. Precedente. **3. Em hipóteses como a dos autos, em que o único fato que motivou a penalidade administrativa resultou em absolvição no âmbito criminal, ainda que por ausência de provas,**

a autonomia das esferas há que ceder espaço à coerência que deve existir entre as decisões sancionatórias. 4. Agravo regimental provido a fim de determinar o cancelamento da falta grave apurada no Procedimento Administrativo Disciplinar n. 41/2017 (E-21/934137/2011) e de todos os efeitos dela decorrentes (AgRg nos EDcl no HC 601.533/SP, Rel. Ministro SEBASTIÃO REIS JÚNIOR, SEXTA TURMA, julgado em 21/09/2021, DJe 01/10/2021).

- **Recompensas:** os artigos 55 e 56 da LEP tratam das recompensas:

> **Art. 55. As recompensas têm em vista o bom comportamento reconhecido em favor do condenado, de sua colaboração com a disciplina e de sua dedicação ao trabalho.**
>
> **Art. 56. São recompensas:**
>
> **I – o elogio;**
>
> **II – a concessão de regalias.**
>
> **Parágrafo único. A legislação local e os regulamentos estabelecerão a natureza e a forma de concessão de regalias.**

- **Estabelecimentos penais:** os estabelecimentos penais se destinam ao condenado, ao submetido a medida de segurança, ao preso provisório e ao egresso (artigo 82 da LEP). Importante, nessa toada, a leitura do inciso XLVIII do artigo 5º da Constituição Federal:

> Art. 5º (...)
> XLVIII – a pena será cumprida em estabelecimentos distintos, de acordo com a natureza do delito, a idade e o sexo do apenado;

Veja o artigo 82 da LEP, com atenção ao recolhimento da mulher e do maior de sessenta anos de idade:

> **Art. 82. Os estabelecimentos penais destinam-se ao condenado, ao submetido à medida de segurança, ao preso provisório e ao egresso.**
>
> **§ 1º A mulher e o maior de sessenta anos, separadamente, serão recolhidos a estabelecimento próprio e adequado à sua condição pessoal.**
>
> **§ 2º – O mesmo conjunto arquitetônico poderá abrigar estabelecimentos de destinação diversa desde que devidamente isolados.**

Os estabelecimentos penais são:

Estabelecimento	Destinação
Penitenciária	Cumprimento de pena de reclusão em regime fechado (artigo 87 da LEP).
Colônia agrícola ou industrial	Cumprimento de pena em regime semiaberto (artigo 91 da LEP).
Casa do albergado	Cumprimento de pena em regime aberto ou à pena de limitação de final de semana (artigo 93 da LEP).
Centro de observação	Destinada à realização de exames gerais e criminológicos (artigo 96 da LEP).
Hospitais de custódia e tratamento psiquiátrico	Internação de inimputáveis e semi-imputáveis (artigo 99 da LEP).
Cadeia pública	Destinada aos presos provisórios (artigo 102 da LEP).

Veja o artigo 83 da LEP:

Art. 83. O estabelecimento penal, conforme a sua natureza, deverá contar em suas dependências com áreas e serviços destinados a dar assistência, educação, trabalho, recreação e prática esportiva.

§ 1° Haverá instalação destinada a estágio de estudantes universitários.

§ 2º Os estabelecimentos penais destinados a mulheres serão dotados de berçário, onde as condenadas possam cuidar de seus filhos, inclusive amamentá-los, no mínimo, até 6 (seis) meses de idade.

§ 3º Os estabelecimentos de que trata o § 2º deste artigo deverão possuir, exclusivamente, agentes do sexo feminino na segurança de suas dependências internas.

§ 4º Serão instaladas salas de aulas destinadas a cursos do ensino básico e profissionalizante.

§ 5º Haverá instalação destinada à Defensoria Pública.

O § 2º do artigo 83 da LEP respeita o quanto determinado pelo inciso L do artigo 5º da Constituição Federal:

Art. 5° (...)

L – às presidiárias serão asseguradas condições para que possam permanecer com seus filhos durante o período de amamentação.

Sobre separação de presos provisórios e definitivos:

Art. 84. O preso provisório ficará separado do condenado por sentença transitada em julgado.

§ 1º Os presos provisórios ficarão separados de acordo com os seguintes critérios:

I – acusados pela prática de crimes hediondos ou equiparados;

II – acusados pela prática de crimes cometidos com violência ou grave ameaça à pessoa;

III – acusados pela prática de outros crimes ou contravenções diversos dos apontados nos incisos I e II.

§ 2º O preso que, ao tempo do fato, era funcionário da Administração da Justiça Criminal ficará em dependência separada.

§ 3º Os presos condenados ficarão separados de acordo com os seguintes critérios:

I – condenados pela prática de crimes hediondos ou equiparados;

II – reincidentes condenados pela prática de crimes cometidos com violência ou grave ameaça à pessoa;

III – primários condenados pela prática de crimes cometidos com violência ou grave ameaça à pessoa;

IV – demais condenados pela prática de outros crimes ou contravenções em situação diversa das previstas nos incisos I, II e III.

§ 4º O preso que tiver sua integridade física, moral ou psicológica ameaçada pela convivência com os demais presos ficará segregado em local próprio.

Art. 85. O estabelecimento penal deverá ter lotação compatível com a sua estrutura e finalidade.

Parágrafo único. O Conselho Nacional de Política Criminal e Penitenciária determinará o limite máximo de capacidade do estabelecimento, atendendo a sua natureza e peculiaridades.

Art. 86. As penas privativas de liberdade aplicadas pela Justiça de uma Unidade Federativa podem ser executadas em outra unidade, em estabelecimento local ou da União.

§ 1º A União Federal poderá construir estabelecimento penal em local distante da condenação para recolher os condenados, quando a medida se justifique no interesse da segurança pública ou do próprio condenado.

§ 2º Conforme a natureza do estabelecimento, nele poderão trabalhar os liberados ou egressos que se dediquem a obras públicas ou ao aproveitamento de terras ociosas.

§ 3º Caberá ao juiz competente, a requerimento da autoridade administrativa definir o estabelecimento prisional adequado para

abrigar o preso provisório ou condenado, em atenção ao regime e aos requisitos estabelecidos.

- **Penitenciária:** o artigo 87 da LEP afirma que a penitenciária é destinada a quem é condenado à pena de reclusão em regime fechado.

Veja os artigos 88 e 89 da LEP:

Art. 88. O condenado será alojado em cela individual que conterá dormitório, aparelho sanitário e lavatório.

Parágrafo único. São requisitos básicos da unidade celular:

a) salubridade do ambiente pela concorrência dos fatores de aeração, insolação e condicionamento térmico adequado à existência humana;

b) área mínima de 6,00m2 (seis metros quadrados).

Art. 89. Além dos requisitos referidos no art. 88, a penitenciária de mulheres será dotada de seção para gestante e parturiente e de creche para abrigar crianças maiores de 6 (seis) meses e menores de 7 (sete) anos, com a finalidade de assistir a criança desamparada cuja responsável estiver presa.

Parágrafo único. São requisitos básicos da seção e da creche referidas neste artigo:

I – atendimento por pessoal qualificado, de acordo com as diretrizes adotadas pela legislação educacional e em unidades autônomas; e

II – horário de funcionamento que garanta a melhor assistência à criança e à sua responsável.

Art. 90. A penitenciária de homens será construída, em local afastado do centro urbano, à distância que não restrinja a visitação.

- **Colônia agrícola ou industrial:** destina-se, como dito supra, ao condenado a regime semiaberto:

Art. 91. A Colônia Agrícola, Industrial ou Similar destina-se ao cumprimento da pena em regime semiaberto.

Art. 92. O condenado poderá ser alojado em compartimento coletivo, observados os requisitos da letra a, do parágrafo único, do artigo 88, desta Lei.

Parágrafo único. São também requisitos básicos das dependências coletivas:

a) a seleção adequada dos presos;

b) o limite de capacidade máxima que atenda os objetivos de individualização da pena.

- **Casa de albergado:** destinada ao condenado em regime aberto ou a quem cumpre pena de limitação de final de semana:

Art. 93. A Casa do Albergado destina-se ao cumprimento de pena privativa de liberdade, em regime aberto, e da pena de limitação de fim de semana.

Art. 94. O prédio deverá situar-se em centro urbano, separado dos demais estabelecimentos, e caracterizar-se pela ausência de obstáculos físicos contra a fuga.

Art. 95. Em cada região haverá, pelo menos, uma Casa do Albergado, a qual deverá conter, além dos aposentos para acomodar os presos, local adequado para cursos e palestras.

Parágrafo único. O estabelecimento terá instalações para os serviços de fiscalização e orientação dos condenados.

- **Centro de observação:** destinado a materialização de exames gerais e o criminológico:

Art. 96. No Centro de Observação realizar-se-ão os exames gerais e o criminológico, cujos resultados serão encaminhados à Comissão Técnica de Classificação.

Parágrafo único. No Centro poderão ser realizadas pesquisas criminológicas.

Art. 97. O Centro de Observação será instalado em unidade autônoma ou em anexo a estabelecimento penal.

Art. 98. Os exames poderão ser realizados pela Comissão Técnica de Classificação, na falta do Centro de Observação.

- **Hospital de custódia e tratamento psiquiátrico:** destinado ao inimputável ou ao semi-imputável sujeitos a medida de segurança:

Art. 99. O Hospital de Custódia e Tratamento Psiquiátrico destina-se aos inimputáveis e semi-imputáveis referidos no artigo 26 e seu parágrafo único do Código Penal.

Parágrafo único. Aplica-se ao hospital, no que couber, o disposto no parágrafo único, do artigo 88, desta Lei.

Art. 100. O exame psiquiátrico e os demais exames necessários ao tratamento são obrigatórios para todos os internados.

Art. 101. O tratamento ambulatorial, previsto no artigo 97, segunda parte, do Código Penal, será realizado no Hospital de Custódia e Tratamento Psiquiátrico ou em outro local com dependência médica adequada.

- **Cadeia Pública:** destinada aos presos provisórios:

Art. 102. A cadeia pública destina-se ao recolhimento de presos provisórios.

Art. 103. Cada comarca terá, pelo menos 1 (uma) cadeia pública a fim de resguardar o interesse da Administração da Justiça Criminal e a permanência do preso em local próximo ao seu meio social e familiar.

Art. 104. O estabelecimento de que trata este Capítulo será instalado próximo de centro urbano, observando-se na construção as exigências mínimas referidas no artigo 88 e seu parágrafo único desta Lei.

Sobre presos provisórios, leia o item 4 do artigo 5º da Convenção Americana de Direitos Humanos (Pacto de San José da Costa Rica):

> Artigo 5° – Direito à integridade pessoal
>
> (...)
>
> 4. Os processados devem ficar separados dos condenados, salvo em circunstâncias excepcionais, e devem ser submetidos a tratamento adequado à sua condição de pessoas não condenadas.

- **Execução de pena privativa de liberdade:** a execução penal da pena privativa de liberdade inicia efetivamente com a expedição de guia de recolhimento. A guia de recolhimento (extraída pelo escrivão e assinada por este e pelo juiz), conterá:

Art. 106. A guia de recolhimento, extraída pelo escrivão, que a rubricará em todas as folhas e a assinará com o Juiz, será remetida à autoridade administrativa incumbida da execução e conterá:

I – o nome do condenado;

II – a sua qualificação civil e o número do registro geral no órgão oficial de identificação;

III – o inteiro teor da denúncia e da sentença condenatória, bem como certidão do trânsito em julgado;

IV – a informação sobre os antecedentes e o grau de instrução;

V – a data da terminação da pena;

VI – outras peças do processo reputadas indispensáveis ao adequado tratamento penitenciário.

- **Superveniência de doença mental:** aqui é importante a leitura do artigo 26 do Código Penal (inimputabilidade em face da doença mental), do artigo 152 do CPP (crise de instância) e do artigo 108 da LEP. Isso porque, diante da doença mental, temos algumas possibilidades: i) a inimputabilidade pela doença mental (aferida no tempo do crime); ii) a superveniência de doença mental no curso do processo; iii) a superveniência de doença mental durante a execução da pena.

Art. 26 – É isento de pena o agente que, por doença mental ou desenvolvimento mental incompleto ou retardado, era, ao tempo da ação ou da omissão, inteiramente incapaz de entender o caráter ilícito do fato ou de determinar-se de acordo com esse entendimento.

Parágrafo único – A pena pode ser reduzida de um a dois terços, se o agente, em virtude de perturbação de saúde mental ou por desenvolvimento mental incompleto ou retardado não era inteiramente capaz de entender o caráter ilícito do fato ou de determinar-se de acordo com esse entendimento.

Art. 152. Se se verificar que a doença mental sobreveio à infração o processo continuará suspenso até que o acusado se restabeleça, observado o § 2° do art. 149.

§ 1º O juiz poderá, nesse caso, ordenar a internação do acusado em manicômio judiciário ou em outro estabelecimento adequado.

§ 2° O processo retomará o seu curso, desde que se restabeleça o acusado, ficando-lhe assegurada a faculdade de reinquirir as testemunhas que houverem prestado depoimento sem a sua presença.

Art. 108. O condenado a quem sobrevier doença mental será internado em Hospital de Custódia e Tratamento Psiquiátrico.

- **Extinção da pena:** o artigo 107 do Código Penal traz em seu bojo as causas extintivas da punibilidade. Já o artigo 109 da LEP afirma que:

Art. 109. Cumprida ou extinta a pena, o condenado será posto em liberdade, mediante alvará do Juiz, se por outro motivo não estiver preso.

- **Regimes de cumprimento de pena:** é o juízo da condenação quem estipula o regime inicial de cumprimento de pena. Nesse contexto, é importante ler o artigo 33 do Código Penal:

> Art. 33 – A pena de reclusão deve ser cumprida em regime fechado, semi-aberto ou aberto. A de detenção, em regime semi-aberto, ou aberto, salvo necessidade de transferência a regime fechado.
>
> § 1° – Considera-se:
>
> a) regime fechado a execução da pena em estabelecimento de segurança máxima ou média;
>
> b) regime semi-aberto a execução da pena em colônia agrícola, industrial ou estabelecimento similar;
>
> c) regime aberto a execução da pena em casa de albergado ou estabelecimento adequado.
>
> § 2° – As penas privativas de liberdade deverão ser executadas em forma progressiva, segundo o mérito do condenado, observados os seguintes critérios e ressalvadas as hipóteses de transferência a regime mais rigoroso:
>
> a) o condenado a pena superior a 8 (oito) anos deverá começar a cumpri-la em regime fechado;
>
> b) o condenado não reincidente, cuja pena seja superior a 4 (quatro) anos e não exceda a 8 (oito), poderá, desde o princípio, cumpri-la em regime semi-aberto;
>
> c) o condenado não reincidente, cuja pena seja igual ou inferior a 4 (quatro) anos, poderá, desde o início, cumpri-la em regime aberto.
>
> § 3° – A determinação do regime inicial de cumprimento da pena far-se-á com observância dos critérios previstos no art. 59 deste Código.
>
> § 4º O condenado por crime contra a administração pública terá a progressão de regime do cumprimento da pena condicionada à reparação do dano que causou, ou à devolução do produto do ilícito praticado, com os acréscimos legais.

Se houver condenação por mais de um crime, o regime será ditado pela soma ou unificação de penas, nos termos do artigo 111 da LEP:

Art. 111. Quando houver condenação por mais de um crime, no mesmo processo ou em processos distintos, a determinação do regime de cumprimento será feita pelo resultado da soma ou

unificação das penas, observada, quando for o caso, a detração ou remição.

Parágrafo único. Sobrevindo condenação no curso da execução, somar-se-á a pena ao restante da que está sendo cumprida, para determinação do regime.

- **Progressão de regime:** o Brasil adotou o sistema progressivo (ou inglês). Acerca da progressão de regimes, é importante a leitura do artigo 112 do LEP:

Art. 112. A pena privativa de liberdade será executada em forma progressiva com a transferência para regime menos rigoroso, a ser determinada pelo juiz, quando o preso tiver cumprido ao menos:

I – 16% (dezesseis por cento) da pena, se o apenado for primário e o crime tiver sido cometido sem violência à pessoa ou grave ameaça;

II – 20% (vinte por cento) da pena, se o apenado for reincidente em crime cometido sem violência à pessoa ou grave ameaça;

III – 25% (vinte e cinco por cento) da pena, se o apenado for primário e o crime tiver sido cometido com violência à pessoa ou grave ameaça;

IV – 30% (trinta por cento) da pena, se o apenado for reincidente em crime cometido com violência à pessoa ou grave ameaça;

V – 40% (quarenta por cento) da pena, se o apenado for condenado pela prática de crime hediondo ou equiparado, se for primário;

VI – 50% (cinquenta por cento) da pena, se o apenado for:

a) condenado pela prática de crime hediondo ou equiparado, com resultado morte, se for primário, vedado o livramento condicional;

b) condenado por exercer o comando, individual ou coletivo, de organização criminosa estruturada para a prática de crime hediondo ou equiparado; ou

c) condenado pela prática do crime de constituição de milícia privada;

VII – 60% (sessenta por cento) da pena, se o apenado for reincidente na prática de crime hediondo ou equiparado;

VIII – 70% (setenta por cento) da pena, se o apenado for reincidente em crime hediondo ou equiparado com resultado morte, vedado o livramento condicional.

§ 1° Em todos os casos, o apenado só terá direito à progressão de regime se ostentar boa conduta carcerária, comprovada pelo

diretor do estabelecimento, respeitadas as normas que vedam a progressão.

§ 2º A decisão do juiz que determinar a progressão de regime será sempre motivada e precedida de manifestação do Ministério Público e do defensor, procedimento que também será adotado na concessão de livramento condicional, indulto e comutação de penas, respeitados os prazos previstos nas normas vigentes.

§ 3º No caso de mulher gestante ou que for mãe ou responsável por crianças ou pessoas com deficiência, os requisitos para progressão de regime são, cumulativamente:

I – não ter cometido crime com violência ou grave ameaça a pessoa;

II – não ter cometido o crime contra seu filho ou dependente;

III – ter cumprido ao menos 1/8 (um oitavo) da pena no regime anterior;

IV – ser primária e ter bom comportamento carcerário, comprovado pelo diretor do estabelecimento;

V – não ter integrado organização criminosa.

§ 4º O cometimento de novo crime doloso ou falta grave implicará a revogação do benefício previsto no § 3º deste artigo.

§ 5º Não se considera hediondo ou equiparado, para os fins deste artigo, o crime de tráfico de drogas previsto no § 4º do art. 33 da Lei nº 11.343, de 23 de agosto de 2006.

§ 6º O cometimento de falta grave durante a execução da pena privativa de liberdade interrompe o prazo para a obtenção da progressão no regime de cumprimento da pena, caso em que o reinício da contagem do requisito objetivo terá como base a pena remanescente.

§ 7º O bom comportamento é readquirido após 1 (um) ano da ocorrência do fato, ou antes, após o cumprimento do requisito temporal exigível para a obtenção do direito.

O Pacote Anticrime determinou observância de porcentagens de cumprimento de pena para que seja autorizada a progressão de regime. A única fração que permaneceu íntegra, foi a da progressão da mulher gestante ou que for mãe ou responsável por crianças ou pessoas com deficiência (inciso III do § 3º do artigo 112 da LEP).

É importante, ainda, a leitura do § 4º do artigo 33 do Código Penal (progressão de regime em face de condenação por crime contra a administração pública):

Art. 33 (...)

> § 4º O condenado por crime contra a administração pública terá a progressão de regime do cumprimento da pena condicionada à reparação do dano que causou, ou à devolução do produto do ilícito praticado, com os acréscimos legais.

A Lei 12.850/13 (§ 5º do artigo 4º) permite a progressão de regime ainda que não adimplido o requisito objetivo (em caso de colaboração premiada posterior à sentença):

> Art. 4º (...)
>
> § 5º Se a colaboração for posterior à sentença, a pena poderá ser reduzida até a metade ou será admitida a progressão de regime ainda que ausentes os requisitos objetivos.

Eis tabela com dicas sobre o tema:

Dica	Observação
A LEP deixou de exigir parecer prévio da Comissão Técnica de Classificação para progressão de regime. Não é obrigatório, de igual sorte, materialização de exame criminológico para progressão do regime fechado para o semiaberto (o juiz pode determinar sua confecção, em decisão fundamentada).	–
Não é admitida progressão por salto	Súmula 491/STJ – É inadmissível a chamada progressão *per saltum* de regime prisional.
A competência para decidir sobre a progressão é do juízo das execuções (alínea 'b' do inciso III do artigo 66 da LEP).	Art. 66. Compete ao Juiz da execução: (...) III – decidir sobre: (...) b) progressão ou regressão nos regimes;
Caso o preso seja transferido, o processo de execução deve ser remetido ao juízo agora competente para acompanhar a execução da pena.	–
Caso o condenado pratique falta grave, restará impossibilitada a progressão (e o prazo será interrompido).	Súmula 534/STJ – A prática de falta grave interrompe a contagem do prazo para a progressão de regime de cumprimento de pena, o qual se reinicia a partir do cometimento dessa infração.

Dica	Observação
Sobre a limitação do artigo 75 do Código Penal (teto de 40 anos para cumprimento de pena privativa de liberdade) e a progressão de regime, leia a Súmula 715/STF.	Súmula 715/STF – A pena unificada para atender ao limite de trinta anos de cumprimento, determinado pelo art. 75 do Código Penal, não é considerada para a concessão de outros benefícios, como o livramento condicional ou regime mais favorável de execução.
Sobre a inexistência de vaga no regime semiaberto, leia a Súmula Vinculante 56.	Súmula Vinculante 56 – A falta de estabelecimento penal adequado não autoriza a manutenção do condenado em regime prisional mais gravoso, devendo-se observar, nessa hipótese, os parâmetros fixados no RE 641.320/RS. No RE 641.320/RS, o STF decidiu que: "Havendo déficit de vagas, deverão ser determinados: (i) a saída antecipada de sentenciado no regime com falta de vagas; (ii) a liberdade eletronicamente monitorada ao sentenciado que sai antecipadamente ou é posto em prisão domiciliar por falta de vagas; (iii) o cumprimento de penas restritivas de direito e/ou estudo ao sentenciado que progride ao regime aberto".

- **Inconstitucionalidade do regime integralmente fechado:** a Lei 8.072/90 criou o regime integralmente fechado, que foi julgado **inconstitucional** pelo STF no bojo do HC 82.959/SP, relatado pelo Ministro Marco Aurélio.

O legislador, então, modificou a Lei 8.072/90, por meio da Lei 11.464/07, determinando o regime inicialmente fechado para os crimes hediondos (a lei criou, ainda, prazos diferenciados para progressão de regime – hoje revogados pelo Pacote Anticrime). No HC 111.840/ES, relatado pelo Ministro Dias Toffoli, o STF reconheceu a **inconstitucionalidade** do regime inicialmente fechado.

Nesta toada, importante a leitura da Súmula Vinculante 26 e a Súmula 471 do STJ:

> Súmula Vinculante 26 – Para efeito de progressão de regime no cumprimento de pena por crime hediondo, ou equiparado, o juízo da execução observará a inconstitucionalidade do art. 2º da Lei nº 8.072, de 25 de julho de 1990, sem prejuízo de avaliar se o

condenado preenche, ou não, os requisitos objetivos e subjetivos do benefício, podendo determinar, para tal fim, de modo fundamentado, a realização de exame criminológico.

Súmula 471/STJ – Os condenados por crimes hediondos ou assemelhados cometidos antes da vigência da Lei n. 11.464/2007 sujeitam-se ao disposto no art. 112 da Lei n. 7.210/1984 (Lei de Execução Penal) para a progressão de regime prisional.

Para progressão do regime semiaberto para o aberto, cumpre observar:

Art. 113. O ingresso do condenado em regime aberto supõe a aceitação de seu programa e das condições impostas pelo Juiz.

Art. 114. Somente poderá ingressar no regime aberto o condenado que:

I – estiver trabalhando ou comprovar a possibilidade de fazê-lo imediatamente;

II – apresentar, pelos seus antecedentes ou pelo resultado dos exames a que foi submetido, fundados indícios de que irá ajustar-se, com autodisciplina e senso de responsabilidade, ao novo regime.

Parágrafo único. Poderão ser dispensadas do trabalho as pessoas referidas no artigo 117 desta Lei.

Art. 115. O Juiz poderá estabelecer condições especiais para a concessão de regime aberto, sem prejuízo das seguintes condições gerais e obrigatórias:

I – permanecer no local que for designado, durante o repouso e nos dias de folga;

II – sair para o trabalho e retornar, nos horários fixados;

III – não se ausentar da cidade onde reside, sem autorização judicial;

IV – comparecer a Juízo, para informar e justificar as suas atividades, quando for determinado.

Art. 116. O Juiz poderá modificar as condições estabelecidas, de ofício, a requerimento do Ministério Público, da autoridade administrativa ou do condenado, desde que as circunstâncias assim o recomendem.

Sobre a prisão albergue domiciliar, leia o artigo 117 da LEP (não confunda esta com a prisão domiciliar que substitui a prisão preventiva – artigos 317, 318, 318-A e 318-B do CPP):

Art. 117. Somente se admitirá o recolhimento do beneficiário de regime aberto em residência particular quando se tratar de:

I – condenado maior de 70 (setenta) anos;

II – condenado acometido de doença grave;

III – condenada com filho menor ou deficiente físico ou mental;

IV – condenada gestante.

É possível o monitoramento eletrônico de condenado a regime aberto em prisão albergue domiciliar (inciso IV do artigo 146-B da LEP). Nesse sentido, vide decisões do Superior Tribunal de Justiça (Quinta e Sexta Turmas – em casos concretos nos quais houve aplicação da Súmula Vinculante 56):

> EXECUÇÃO PENAL. HABEAS CORPUS SUBSTITUTIVO DE RECURSO PRÓPRIO. NÃO CABIMENTO. REGIME ABERTO. PRISÃO DOMICILIAR COM MONITORAMENTO ELETRÔNICO. POSSIBILIDADE. OBSERVÂNCIA DAS ORIENTAÇÕES DA SÚMULA VINCULANTE N. 56 DO STF. CONSTRANGIMENTO ILEGAL NÃO VERIFICADO. HABEAS CORPUS NÃO CONHECIDO. I - A Terceira Seção desta Corte, seguindo entendimento firmado pela Primeira Turma do col. Pretório Excelso, sedimentou orientação no sentido de não admitir habeas corpus substitutivo de recurso adequado, situação que implica o não conhecimento da impetração, ressalvados casos excepcionais em que, configurada flagrante ilegalidade, seja possível a concessão da ordem de ofício. II - Assente nesta eg. Corte Superior que, sobre a aplicação da Súmula Vinculante n. 56, em relação à falta de vagas no regime aberto, "sendo certo que a prisão domiciliar monitorada, verificada no caso dos autos, não se afigura mais penosa do que aquela que o paciente vivenciaria no cumprimento da pena em regime aberto"(AgRg no HC n. 691963/RS, Sexta Turma, Rel. Min. Sebastião Reis Junior, DJe de 22/10/2021). III - Tendo em vista o caso concreto sob exame, na ausência de estabelecimento adequado para o cumprimento da pena privativa de liberdade em regime aberto, em virtude de déficit de vagas, pode o d. Juízo da Execução deferir a prisão domiciliar, em substituição ao recolhimento em casa de albergado ou estabelecimento congênere, com monitoramento eletrônico, desde que este se mostre necessário e adequado. Habeas corpus não conhecido (HC 698.332/RJ, Rel. Ministro Jesuíno Rissato (Desembargador convocado do TJDFT), Quinta Turma, julgado em 23/11/2021, DJe 26/11/2021).

> AGRAVO REGIMENTAL EM HABEAS CORPUS. EXECUÇÃO PENAL. PROGRESSÃO AO REGIME ABERTO. MANUTENÇÃO DA PRISÃO DOMICILIAR MONITORADA FIXADA NO REGIME ANTERIOR

(SEMIABERTO HARMONIZADO). INEXISTÊNCIA DE ILEGALIDADE. SOLUÇÃO QUE ENCONTRA GUARIDA NOS PARÂMETROS REFERENCIADOS NA SÚMULA VINCULANTE 56. PRECEDENTES DO STJ. INEXISTÊNCIA DE OFENSA AO SISTEMA PROGRESSIVO. 1. A manutenção do monitoramento eletrônico ao apenado agraciado com a progressão ao regime aberto não implica constrangimento ilegal, pois atende aos parâmetros referenciados na Súmula Vinculante 56. 2. Não há falar em ofensa ao sistema progressivo, pois a observância desse princípio se dá mediante a análise das condições às quais o apenado estaria submetido caso cumprisse a pena em estabelecimento prisional adequado, sendo certo que a prisão domiciliar monitorada, verificada no caso dos autos, não se afigura mais penosa do que aquela que o paciente vivenciaria no cumprimento da pena em regime aberto. 3. No, caso as circunstâncias estabelecidas permitem o deslocamento do paciente até o trabalho e o monitoramento estabelecido traduz a vigilância mínima necessária para aferir o cumprimento de pena fora de estabelecimento prisional, não constituindo meio físico apto a impedir a fuga do agravante, razão pela qual não destoa dos parâmetros estabelecidos para o cumprimento da pena em Casa de Albergado. 4. Se a solução jurídica estabelecida no julgamento do RE n. 641.320/RS e replicada na Súmula Vinculante 56/STF buscou, de um lado, evitar o excesso na execução, de outro, acabou por equiparar, em muitos casos, as condições de cumprimento da pena em regime semiaberto e aberto, consequência essa inarredável. 5. Agravo regimental improvido (AgRg no HC 691.963/RS, Rel. Ministro Sebastião Reis Júnior, Sexta Turma, julgado em 19/10/2021, DJe 22/10/2021).

Admissibilidade de prisão domiciliar para condenadas a regime fechado ou semiaberto: a leitura atenta do artigo 117 da LEP revela que a prisão domiciliar só é admitida para quem cumpre pena em regime aberto. Contudo, o Superior Tribunal de Justiça, admite, excepcionalmente, a benesse em relação a condenada a regime fechado ou semiaberto, analisado o caso concreto (informativo 728/STJ). Confira o julgado:

RECURSO EM HABEAS CORPUS. EXECUÇÃO PENAL. EXECUÇÃO DE PENA PRIVATIVA DE LIBERDADE DE 9 ANOS DE RECLUSÃO. REGIME INICIAL FECHADO. CONDENAÇÃO PELA PRÁTICA DOS CRIMES DE TRÁFICO DE DROGAS E ASSOCIAÇÃO PARA O TRÁFICO. PRETENSÃO DE CONCESSÃO DE PRISÃO DOMICILIAR. PACIENTE GENITORA DE CRIANÇAS DE 6 E 2 ANOS DE IDADE. POSSIBILIDADE. CARACTERIZADA INEFICIÊNCIA ESTATAL EM DISPONIBILIZAR VAGA À RECORRENTE EM ESTABELECIMENTO PRISIONAL PRÓPRIO E ADEQUADO À SUA CONDIÇÃO PESSOAL, DOTADOS DE ASSISTÊNCIA MÉDICA PRÉ-NATAL E PÓS-PARTO, BERÇÁRIOS

E CRECHES. ARTS. 82, § 1º, E 83, § 2º, DA LEP. PRESÍDIO FEMININO MAIS PRÓXIMOS DISTANTE 230 KM DA RESIDÊNCIA. CONVIVÊNCIA E AMAMENTAÇÃO IMPOSSIBILITADA. PROTEÇÃO INTEGRAL À CRIANÇA. PRIORIDADE. HC COLETIVO STF N. 143.641/SP. PRECEDENTES DO STJ. LIMINAR DEFERIDA. PARECER MINISTERIAL PELA CONCESSÃO DA ORDEM, EM MENOR EXTENSÃO, A FIM DE QUE A CORTE DE JUSTIÇA SEJA INSTADA A EXAMINAR O MÉRITO DO WRIT IMPETRADO NAQUELA INSTÂNCIA NO TOCANTE À TESE ALEGADA NA INICIAL DA AÇÃO MANDAMENTAL. ILEGALIDADE MANIFESTA EVIDENCIADA. RECURSO PROVIDO. 1. A Suprema Corte, no julgamento do HC Coletivo n. 143.641/SP, concedeu a ordem para determinar a substituição da prisão preventiva pela domiciliar [...] de todas as mulheres presas, gestantes, puérperas ou mães de crianças e deficientes, [...] excetuados os casos de crimes praticados por elas mediante violência ou grave ameaça, contra seus descendentes ou, ainda, em situações excepcionalíssimas, as quais deverão ser devidamente fundamentadas (HC n. 143.641/ SP, Ministro Ricardo Lewandowski, Segunda Turma do STF, DJe 9/10/2018). Precedentes do STJ no mesmo sentido. 2. Ademais, o CPP (com as alterações promovidas pela Lei nº 13.769/2018) passou a prever a substituição da prisão preventiva por domiciliar à mulher gestante, mãe ou responsável por crianças ou pessoas com deficiência, desde que não tenha cometido crime com violência ou grave ameaça e o delito não tenha sido cometido o crime contra seu filho ou dependente, facultando, ainda, a aplicação de medidas cautelares (arts. 318-A e 318-B do CPP). 3. No entanto, a execução de condenação definitiva em prisão domiciliar, em regra, somente é admitida ao reeducando do regime aberto, desde que seja maior de 70 anos, portador de doença grave, ou mulher gestante ou mãe de menor ou deficiente físico ou mental (art. 117 da LEP). Porém, excepcionalmente, se admite a concessão do benefício às presas dos regimes fechado e semiaberto quando verificado pelo juízo da execução penal, no caso concreto - em juízo de ponderação entre o direito à segurança pública e a aplicação dos princípios da proteção integral da criança e da pessoa com deficiência -, que tal medida seja proporcional, adequada e necessária e que a presença da mãe seja imprescindível para os cuidados da criança ou pessoa com deficiência, salvo se a periculosidade e as condições pessoais da reeducanda indiquem que o benefício não atenda os melhores interesses da criança ou pessoa com deficiência. 4. Outrossim, a jurisprudência desta Corte tem se orientado no sentido de que deve ser dada uma interpretação extensiva tanto ao julgado proferido pelo Supremo Tribunal Federal no Habeas Corpus coletivo n. 143.641, que somente tratava de prisão preventiva de mulheres gestantes ou mães de crianças de até 12 anos, quanto ao art. 318-A do Código de Processo Penal, para autorizar também a concessão de prisão domiciliar às rés em execução provisória ou definitiva da pena, ainda que em regime fechado (Rcl n. 40.676/SP, Ministro Reynaldo Soares da Fonseca, Terceira Seção, DJe 1º/12/2020). 5. Essa possibilidade, concessão de prisão domiciliar regulada no art. 117 da LEP, em qualquer momento do cumprimento da pena, ainda que em regime fechado, desde que excepcionalidade do caso concreto imponha, tem sido reconhecida por esta Corte Superior. Precedentes das Turmas da Terceira Seção. 6. Também a Suprema Corte tem admitido, em situações absolutamente excepcionais, a concessão de prisão domiciliar a regimes mais severos de execução penal, a exemplo das ordens implementadas nas hipóteses em que o condenado estiver acometido de doença grave, a demandar tratamento específico, incompatível com o cárcere ou impassível de ser oferecido pelo Estado (AgR na AP n. 996, Ministro Edson Fachin, Segunda Turma, DJe 29/9/2020). 7. In casu, verifica-se que a recorrente se enquadra nos termos definidos no HC Coletivo n. 143.641/SP, isto é, mulher em vias de ser presa, mãe de criança de 6 e 2 anos de idade (fl. 20), não sendo caso de crimes praticados por ela mediante violência ou grave ameaça contra seus descendentes. 8. Outrossim, também, caracterizada a ineficiência estatal em disponibilizar vaga à recorrente em estabelecimento prisional próprio e adequado à sua condição pessoal, dotados de assistência médica pré-natal e pós-parto, berçários e creches para seus filhos (arts. 82, § 1º, e 83, § 2º, da LEP), especialmente, porque o presídio com capacidade para presas do sexo Feminino mais próximo da residência da Paciente fica localizado aproximadamente 230 km de distância, fato que impossibilitaria o contato da Paciente para amamentação e demais cuidados ao recém-nascido (fl. 208). 9. Recurso em habeas corpus provido, confirmando-se a liminar, para permitir que a recorrente possa cumprir pena em regime domiciliar, com monitoração eletrônica, sem prejuízo da fixação de outras medidas cautelares, a critério do Juízo a quo, a serem implementadas pelo Juízo da Execução penal competente, referente à condenação proferida na Ação Penal n. 0034937-03.2017.8.13.0487 da 2ª Vara Cível, Criminal e da Infância e da Juventude da comarca de Pedra Azul/MG (RHC 145.931/MG, Rel. Ministro SEBASTIÃO REIS JÚNIOR, TERCEIRA SEÇÃO, julgado em 09/03/2022, DJe 16/03/2022).

- **Regressão de regime:** o sistema de cumprimento de pena no Brasil é progressivo (a progressão depende de requisitos objetivo e subjetivo – decurso de tempo e bom comportamento). Entretanto, caso o sentenciado apresente comportamento contrário aos fins da execução (pratique falta grave, cometa crime doloso ou sofra condenação que impossibilite o regime anterior), haverá regressão de regime.

Há entendimento doutrinário minoritário que não admite a chamada regressão por salto (sair do regime aberto para o regime fechado) - veja que o artigo 118 da LEP aparentemente permite a regressão por salto (entendimento majoritário):

> **Art. 118. A execução da pena privativa de liberdade ficará sujeita à forma regressiva, com a transferência para qualquer dos regimes mais rigorosos, quando o condenado:**
>
> **I – praticar fato definido como crime doloso ou falta grave;**
>
> **II – sofrer condenação, por crime anterior, cuja pena, somada ao restante da pena em execução, torne incabível o regime (artigo 111).**
>
> **§ 1° O condenado será transferido do regime aberto se, além das hipóteses referidas nos incisos anteriores, frustrar os fins da execução ou não pagar, podendo, a multa cumulativamente imposta.**
>
> **§ 2° Nas hipóteses do inciso I e do parágrafo anterior, deverá ser ouvido previamente o condenado.**
>
> **Art. 119. A legislação local poderá estabelecer normas complementares para o cumprimento da pena privativa de liberdade em regime aberto (artigo 36, § 1°, do Código Penal).**

Eis tese do Superior Tribunal de Justiça sobre o tema (edição 146 da jurisprudência em teses):

> 18) A prática de falta grave durante a execução permite a regressão de regime de pena per saltum (art. 118, I, da LEP), sendo desnecessária a observância da forma progressiva estabelecida no art. 112 da mesma lei.

▪ **Regressão em face de não pagamento de pena de multa (impossibilidade):** como a pena de multa constitui dívida de valor, não é possível regressão de regime em caso de multa não paga.

▪ **Regressão cautelar:** é possível a regressão cautelar, independente de oitiva prévia do sentenciado (para regressão definitiva, deve-se ouvir o condenado na presença de defesa técnica).

▪ **Regressão para regime mais gravoso que o imposto na sentença:** é possível (segundo entende o Superior Tribunal de Justiça) regressão para regime mais rigoroso que o imposto na sentença condenatória executada (vide tese 3 da edição 144 da jurisprudência em teses do STJ):

3) O cometimento de falta grave durante a execução penal autoriza a regressão do regime de cumprimento de pena, mesmo que seja estabelecido de forma mais gravosa do que a fixada na sentença condenatória (art. 118, I, da Lei de Execução Penal – LEP), não havendo falar em ofensa à coisa julgada.

- **Autorização de saída:** constitui gênero do qual são espécies: i) a permissão de saída (artigos 120 e 121 da LEP); e ii) a saída temporária (artigos 122 a 125 da LEP).

- **Permissão de saída:** a permissão de saída se funda em razões de cunho humanitário e é possível aos presos em regime fechado e semiaberto (importante salientar que o rol do artigo 120 é taxativo, que a saída é concedida mediante escolta e que não há prazo definido para saída):

> **Art. 120. Os condenados que cumprem pena em regime fechado ou semi-aberto e os presos provisórios poderão obter permissão para sair do estabelecimento, mediante escolta, quando ocorrer um dos seguintes fatos:**
>
> **I – falecimento ou doença grave do cônjuge, companheira, ascendente, descendente ou irmão;**
>
> **II – necessidade de tratamento médico (parágrafo único do artigo 14).**
>
> **Parágrafo único. A permissão de saída será concedida pelo diretor do estabelecimento onde se encontra o preso.**
>
> **Art. 121. A permanência do preso fora do estabelecimento terá a duração necessária à finalidade da saída.**

- **Saída temporária:** a saída temporária é possível ao condenado a regime semiaberto, sem vigilância, nas hipóteses do artigo 122 da LEP (saliento que o Pacote Anticrime vedou saída temporária para o condenado pela prática de crime hediondo com resultado morte):

> **Art. 122. Os condenados que cumprem pena em regime semi-aberto poderão obter autorização para saída temporária do estabelecimento, sem vigilância direta, nos seguintes casos:**
>
> **I – visita à família;**
>
> **II – frequência a curso supletivo profissionalizante, bem como de instrução do 2° grau ou superior, na Comarca do Juízo da Execução;**

III – participação em atividades que concorram para o retorno ao convívio social.

§ 1° A ausência de vigilância direta não impede a utilização de equipamento de monitoração eletrônica pelo condenado, quando assim determinar o juiz da execução.

§ 2° Não terá direito à saída temporária a que se refere o caput deste artigo o condenado que cumpre pena por praticar crime hediondo com resultado morte.

O tempo máximo da saída é 7 dias, podendo ser renovada 4 vezes por ano – são então 5 vezes no total (artigo 124 da LEP).

No artigo 123 da LEP estão os requisitos da saída temporária:

Art. 123. A autorização será concedida por ato motivado do Juiz da execução, ouvidos o Ministério Público e a administração penitenciária e dependerá da satisfação dos seguintes requisitos:

I – comportamento adequado;

II – cumprimento mínimo de 1/6 (um sexto) da pena, se o condenado for primário, e 1/4 (um quarto), se reincidente;

III – compatibilidade do benefício com os objetivos da pena.

Impõe ler, ainda, os artigos 124 e 125 da LEP:

Art. 124. A autorização será concedida por prazo não superior a 7 (sete) dias, podendo ser renovada por mais 4 (quatro) vezes durante o ano.

§ 1º Ao conceder a saída temporária, o juiz imporá ao beneficiário as seguintes condições, entre outras que entender compatíveis com as circunstâncias do caso e a situação pessoal do condenado:

I – fornecimento do endereço onde reside a família a ser visitada ou onde poderá ser encontrado durante o gozo do benefício;

II – recolhimento à residência visitada, no período noturno;

III – proibição de frequentar bares, casas noturnas e estabelecimentos congêneres.

§ 2º Quando se tratar de frequência a curso profissionalizante, de instrução de ensino médio ou superior, o tempo de saída será o necessário para o cumprimento das atividades discentes.

§ 3º Nos demais casos, as autorizações de saída somente poderão ser concedidas com prazo mínimo de 45 (quarenta e cinco) dias de intervalo entre uma e outra.

Art. 125. O benefício será automaticamente revogado quando o condenado praticar fato definido como crime doloso, for punido por falta grave, desatender as condições impostas na autorização ou revelar baixo grau de aproveitamento do curso.

Parágrafo único. A recuperação do direito à saída temporária dependerá da absolvição no processo penal, do cancelamento da punição disciplinar ou da demonstração do merecimento do condenado.

Leia, em arremate, a **Súmula 40/STJ – Para obtenção dos benefícios de saída temporária e trabalho externo, considera-se o tempo de cumprimento da pena no regime fechado.**

- **Remição:** trata-se da redução do tempo de pena a cumprir em face do trabalho ou do estudo. A remição é declarada pelo juízo das execuções, ouvido o Ministério Público, nos termos da alínea "c" do inciso III do artigo 66 e do 67 da LEP.

- **Remição pelo trabalho:** a remição pelo trabalho se destina ao preso em regime fechado ou semiaberto (não se aplica ao condenado a regime aberto[9], nem a quem está em livramento condicional).

Para cada 3 dias trabalhados, deve ser abatido 1 dia de pena (o horário de trabalho não pode ser inferior a 6 horas, nem superior a 8 horas diárias e há descanso em domingos e feriados).

O atestado deve ser fornecido pelo diretor do estabelecimento carcerário:

Art. 129. A autoridade administrativa encaminhará mensalmente ao juízo da execução cópia do registro de todos os condenados que estejam trabalhando ou estudando, com informação dos dias

---

9. RECURSO ORDINÁRIO EM HABEAS CORPUS. EXECUÇÃO PENAL. REMIÇÃO PELO TRABALHO. ART. 126 DA LEP. INVIABILIDADE DE CONCESSÃO DO BENEFÍCIO AOS CONDENADOS QUE CUMPREM PENA EM REGIME ABERTO. PRECEDENTES. RECURSO IMPROVIDO. 1. A jurisprudência desta Corte é firme quanto à inviabilidade de concessão do benefício da remição pelo trabalho aos condenados que cumprem regime aberto (art. 126 da LEP). Precedentes. 2. Recurso improvido (RHC 117075, Relator(a): TEORI ZAVASCKI, Segunda Turma, julgado em 06/11/2013, PROCESSO ELETRÔNICO DJe-227 DIVULG 18-11-2013 PUBLIC 19-11-2013).

de trabalho ou das horas de frequência escolar ou de atividades de ensino de cada um deles.

§ 1º O condenado autorizado a estudar fora do estabelecimento penal deverá comprovar mensalmente, por meio de declaração da respectiva unidade de ensino, a frequência e o aproveitamento escolar.

§ 2º Ao condenado dar-se-á a relação de seus dias remidos.

É possível horário especial para os serviços de conservação e manutenção do estabelecimento penal.

- **Remição pelo estudo:** esta forma de remição já era admitida antes da inclusão formal de tal possibilidade na LEP[10].

Nos termos do artigo 126 da LEP, é possível remir 1 dia de pena a cada 12 horas de estudo, divididas em 3 dias:

Art. 126. O condenado que cumpre a pena em regime fechado ou semiaberto poderá remir, por trabalho ou por estudo, parte do tempo de execução da pena.

§ 1º A contagem de tempo referida no caput será feita à razão de:

I – 1 (um) dia de pena a cada 12 (doze) horas de frequência escolar – atividade de ensino fundamental, médio, inclusive profissionalizante, ou superior, ou ainda de requalificação profissional – divididas, no mínimo, em 3 (três) dias;

II – 1 (um) dia de pena a cada 3 (três) dias de trabalho.

§ 2º As atividades de estudo a que se refere o § 1º deste artigo poderão ser desenvolvidas de forma presencial ou por metodologia de ensino a distância e deverão ser certificadas pelas autoridades educacionais competentes dos cursos frequentados.

§ 3º Para fins de cumulação dos casos de remição, as horas diárias de trabalho e de estudo serão definidas de forma a se compatibilizarem.

§ 4º O preso impossibilitado, por acidente, de prosseguir no trabalho ou nos estudos continuará a beneficiar-se com a remição.

§ 5º O tempo a remir em função das horas de estudo será acrescido de 1/3 (um terço) no caso de conclusão do ensino fundamental,

10. Súmula 341 do STJ – A frequência a curso de ensino formal é causa de remição de parte do tempo de execução de pena sob regime fechado ou semiaberto.

médio ou superior durante o cumprimento da pena, desde que certificada pelo órgão competente do sistema de educação.

§ 6º O condenado que cumpre pena em regime aberto ou semiaberto e o que usufrui liberdade condicional poderão remir, pela frequência a curso de ensino regular ou de educação profissional, parte do tempo de execução da pena ou do período de prova, observado o disposto no inciso I do § 1º deste artigo.

§ 7º O disposto neste artigo aplica-se às hipóteses de prisão cautelar.

§ 8º A remição será declarada pelo juiz da execução, ouvidos o Ministério Público e a defesa.

É possível a remição cumulativa (pelo trabalho e pelo estudo) se os horários forem compatíveis. Nesse sentido, decisão do Supremo Tribunal Federal:

> RECURSO ORDINÁRIO EM HABEAS CORPUS. PRETENDIDA CUMULAÇÃO DE REMIÇÃO DA PENA POR ESTUDO E TRABALHO REALIZADOS DE FORMA CONCOMITANTE. POSSIBILIDADE. INDEPENDÊNCIA ENTRE OS LIMITES MÁXIMOS DIÁRIOS DE JORNADA DE TRABALHO (OITO HORAS) E DE FREQUÊNCIA ESCOLAR (QUATRO HORAS). RECURSO ORDINÁRIO PROVIDO. I – É permitida a remição da pena em decorrência de realização concomitante de trabalho e estudo, desde que haja compatibilidade de horário. II – Há independência entre os limites máximos diários de jornada de trabalho (oito horas) e de frequência escolar (quatro horas), podendo o condenado, em razão de trabalho e estudo, cumular a remição da pena, contanto que não sejam ultrapassados referidos limites, individualmente considerados. III – Recurso ordinário em habeas corpus provido, para determinar ao Juízo da Unidade Regional de Departamento Estadual de Execução Criminal da comarca de São Paulo/SP que aprecie o pedido formulado pela recorrente de remição da pena por estudo e trabalho realizados de forma concomitante, com observância dos limites máximos diários de jornada de trabalho e de frequência escolar, individualmente considerados (RHC 187940, Relator(a): NUNES MARQUES, Segunda Turma, julgado em 08/03/2021, PROCESSO ELETRÔNICO DJe-066 DIVULG 08-04-2021 PUBLIC 09-04-2021).

Os dias remidos são computados como pena cumprida, nos termos do artigo 128 da LEP:

Art. 128. O tempo remido será computado como pena cumprida, para todos os efeitos.

Discute-se doutrinariamente se é possível determinar judicialmente a remição caso o estabelecimento não disponibilize condições para que os presos trabalhem. A jurisprudência não admite a remição ficta/virtual – vide decisões do Superior Tribunal de Justiça e do Supremo Tribunal Federal:

> EMBARGOS DE DECLARAÇÃO NO AGRAVO REGIMENTAL NOS EMBARGOS DE DECLARAÇÃO NO AGRAVO EM RECURSO ESPECIAL. RECEBIMENTO COMO AGRAVO REGIMENTAL. AUSÊNCIA DOS VÍCIOS DO ART. 619 DO CPP. EXECUÇÃO PENAL. REMIÇÃO DA PENA. CÁLCULO COM BASE NOS DIAS TRABALHADOS. OMISSÃO DO ESTADO. REMIÇÃO FICTA. NÃO CABIMENTO. INCIDÊNCIA DA SÚMULA N. 83 DO STJ. AGRAVO REGIMENTAL DESPROVIDO. 1. A remição da pena pelo trabalho se dá por dias trabalhados, não por horas, exigindo-se, em relação a cada dia, o mínimo de 6 e o máximo de 8 horas, nos termos dos arts. 33 e 126, § 1°, da Lei de Execução Penal. 2. Para a remição, deve-se considerar o trabalho efetivamente cumprido. Assim, a omissão do Estado em impossibilitar a realização de atividades laborais não autoriza a remição ficta ou automática. 3. Não se conhece de recurso especial pela divergência, quando a orientação do STJ se firmou no mesmo sentido da decisão recorrida (Súmula n. 83 do STJ). 4. Embargos de declaração recebidos como agravo regimental, ao qual se nega provimento (EDcl no AgRg nos EDcl no AREsp 1697170/SP, Rel. Ministro JOÃO OTÁVIO DE NORONHA, QUINTA TURMA, julgado em 23/03/2021, DJe 29/03/2021)
>
> Execução Penal. Habeas Corpus originário. Remição ficta ou virtual da pena. Impossibilidade. Ausência de ilegalidade ou abuso de poder. 1. A remição da pena pelo trabalho configura importante instrumento de ressocialização do sentenciado. 2. A orientação jurisprudencial do Supremo Tribunal Federal é no sentido de que a remição da pena exige a efetiva realização de atividade laboral ou estudo por parte do reeducando. Precedentes. 3. Não caracteriza ilegalidade flagrante ou abuso de poder a decisão judicial que indefere a pretensão de se contar como remição por trabalho período em relação ao qual não houve trabalho. 4. Habeas Corpus denegado (HC 124520, Relator(a): Min. MARCO AURÉLIO, Relator(a) p/ Acórdão: Min. ROBERTO BARROSO, Primeira Turma, julgado em 15/05/2018, PROCESSO ELETRÔNICO DJe-127 DIVULG 26-06-2018 PUBLIC 27-06-2018).

Nos termos do artigo 127 da LEP, perde-se 1/3 dos dias remidos em face da prática de falta grave:

> **Art. 127. Em caso de falta grave, o juiz poderá revogar até 1/3 (um terço) do tempo remido, observado o disposto no art. 57, recomeçando a contagem a partir da data da infração disciplinar.**

Impõe-se prévia oitiva da defesa e do Ministério Público antes da decretação da perda dos dias remidos.

- **Livramento condicional:** é a antecipação da liberdade do condenado mediante condições impostas pelo juiz. Trata-se de direito público subjetivo do reeducando e é decisão tomada pelo **juízo da execução**, ouvidos o Ministério Público, o Conselho Penitenciário e a defesa (artigo 131 da Lei de Execução Penal).

- **Pacote Anticrime:** a Lei 13.964/19 alterou o livramento condicional. Foi incluído no inciso III do artigo 83 do Código Penal a necessidade de comprovação, pelo condenado, do não cometimento de falta grave nos últimos 12 meses para obtenção do benefício. A expressão "comportamento satisfatório" ou substituída por "bom comportamento durante a execução da pena":

Redação anterior	Redação determinada pelo Pacote Anticrime
Art. 83. (...) III – comprovado comportamento satisfatório durante a execução da pena, bom desempenho no trabalho que lhe foi atribuído e aptidão para prover à própria subsistência mediante trabalho honesto;	Art. 83. (...) III – comprovado: a) bom comportamento durante a execução da pena; b) não cometimento de falta grave nos últimos 12 (doze) meses; c) bom desempenho no trabalho que lhe foi atribuído; e d) aptidão para prover a própria subsistência mediante trabalho honesto;

É preciso que se diga que a inclusão do novo requisito objetivo para obtenção do livramento condicional não afetou a Súmula 441/STJ[11]. O fato de o condenado só poder usufruir a benesse se não tiver praticado falta grave nos últimos 12 meses não quer dizer que a prática da falta interrompe o prazo para obtenção do livramento (a interrupção é apenas do prazo para obtenção da progressão de regime, na forma da Súmula 534/STJ[12]).

A Lei 13.964/19 incluiu, ainda, nova hipótese de vedação da concessão do benefício (alteração implementada na LEP): condenado primário pela prática de crime hediondo ou equiparado com resultado morte.

Eis tabela que analisa a benesse:

Condenado	Quantidade de pena cumprida	Requisito subjetivo	Requisito objetivo	Requisito subjetivo adicional se o crime for doloso, cometido com violência ou grave ameaça à pessoa
Não reincidente em crime doloso	Mais de 1/3	Comprovado bom comportamento durante a execução da pena, não ter cometido falta grave nos últimos 12 meses, bom desempenho no trabalho que lhe foi atribuído e aptidão para prover à própria subsistência mediante trabalho honesto	Tenha reparado, salvo efetiva impossibilidade de fazê-lo, o dano causado pela infração.	Constatação de condições pessoais que façam presumir que o liberado não voltará a delinquir.
Reincidente em crime doloso	Mais da metade	Comprovado bom comportamento durante a execução da pena, não ter cometido falta grave nos últimos 12 meses, bom desempenho no trabalho que lhe foi atribuído e aptidão para prover à própria subsistência mediante trabalho honesto	Tenha reparado, salvo efetiva impossibilidade de fazê-lo, o dano causado pela infração.	Constatação de condições pessoais que façam presumir que o liberado não voltará a delinquir.

11. Súmula 441/STJ – A falta grave não interrompe o prazo para obtenção de livramento condicional.
12. Súmula 534/STJ – A prática de falta grave interrompe a contagem do prazo para a progressão de regime de cumprimento de pena, o qual se reinicia a partir do cometimento dessa infração.

Pela prática de crime hediondo ou equiparado a hediondo	Mais de 2/3	Comprovado bom comportamento durante a execução da pena, não ter cometido falta grave nos últimos 12 meses, bom desempenho no trabalho que lhe foi atribuído e aptidão para prover à própria subsistência mediante trabalho honesto	Tenha reparado, salvo efetiva impossibilidade de fazê-lo, o dano causado pela infração.	Constatação de condições pessoais que façam presumir que o liberado não voltará a delinquir.
Reincidente específico em crime hediondo ou equiparado a hediondo ou condenado primário pela prática de crime hediondo ou equiparado, com resultado morte	Não faz jus ao benefício	–	–	–

- **Infrações diversas:** o livramento será concedido levando-se em conta a soma das condenações impostas ao sentenciado, na forma do artigo 84 do Código Penal[13].

- **Condições:** as condições impostas por ocasião do livramento condicional podem ser classificadas em **obrigatórias** e **facultativas**, na forma do artigo 132 da Lei de Execução Penal:

Condições obrigatórias	Condições facultativas
Obter ocupação lícita, dentro de prazo razoável se for apto para o trabalho.	Não mudar de residência sem comunicação ao Juiz e à autoridade incumbida da observação cautelar e de proteção.
Comunicar periodicamente ao Juiz sua ocupação.	Recolher-se à habitação em hora fixada.
Não mudar do território da comarca do Juízo da execução, sem prévia autorização deste.	Não frequentar determinados lugares

13. Art. 84 – As penas que correspondem a infrações diversas devem somar-se para efeito do livramento.

▪ **Revogação:** os artigos 86 e 87 do Código Penal tratam da revogação do livramento condicional, que pode ser **obrigatória** ou **facultativa**:

Revogação obrigatória (artigo 86 do CP)	Revogação facultativa (artigo 87 do CP)
Se o liberado vem a ser condenado a pena privativa de liberdade, em sentença irrecorrível por crime cometido durante a vigência do benefício;	Se o liberado deixar de cumprir qualquer das obrigações constantes da sentença.
Se o liberado vem a ser condenado a pena privativa de liberdade, em sentença irrecorrível por crime anterior, se a soma/unificação de penas impedir o benefício (na forma do artigo 84 do CP).	Se o liberado for irrecorrivelmente condenado, por crime ou contravenção, a pena que não seja privativa de liberdade.

O artigo 88 do Código Penal deixa claro que se o benefício for revogado, não poderá ser novamente concedido e que não se desconta do tempo de pena o período em que o condenado esteve solto (exceto se a revogação resultar de condenação por crime praticado antes da benesse).

Se o beneficiado estiver sendo processado por crime cometido na vigência do livramento condicional, o artigo 89 do Código Penal determina que o juiz não declare extinta a pena enquanto não transitar em julgado a sentença relacionada à prática de tal delito (o praticado durante a vigência do benefício).

▪ **Suspensão:** a suspensão do livramento condicional é tratada pelo artigo 145 da Lei de Execução Penal:

> **Art. 145. Praticada pelo liberado outra infração penal, o Juiz poderá ordenar a sua prisão, ouvidos o Conselho Penitenciário e o Ministério Público, suspendendo o curso do livramento condicional, cuja revogação, entretanto, ficará dependendo da decisão final.**

É preciso que o juízo das execuções suspenda (diante da prática de novo crime durante o período de prova) ou extinga (em face do trânsito em julgado de sentença condenatória que impôs pena privativa de liberdade, por exemplo) o livramento condicional no curso do período de prova. Caso não o faça e o período de prova finde, deve ser declarada a extinção da punibilidade (informativo 319/STJ):

A questão consistiu na extinção da punibilidade nos casos em que transcorre o período do livramento condicional sem expressa suspensão ou revogação do benefício diante da prática de crime nesse interregno. Na espécie, três meses após o término do período de prova do livramento, foi juntada aos autos da execução a folha de antecedentes criminais atualizada do paciente, informando o cometimento de crime durante aquele período. Ao prosseguir o julgamento pela Turma, houve empate na votação, prevalecendo a decisão mais favorável ao paciente, reafirmando entendimento anterior majoritário no sentido de que, se o livramento condicional não foi suspenso por medida cautelar durante o período de prova, impõe-se a declaração da extinção da pena imposta, não se mostrando possível a revogação do benefício. Note-se que essa tese foi defendida no parecer do MP. Entretanto, para a Min. Maria Thereza de Assis Moura, em seu voto-vista vencido, se, durante a vigência do livramento condicional, o liberado é acusado da prática de novo delito, ocorre a prorrogação automática do prazo até que se verifique o trânsito em julgado da nova ação penal, e a extinção da punibilidade não pode, nesse caso, ser declarada na pendência da ação penal sob pena de violação do art. 89 do CP, ainda que o conhecimento do novo delito, durante o período de prova do livramento, tenha-se dado após o término da sentença. Precedente citado: HC 33.752-RJ, DJ 23/10/2006. HC 25.727-RJ, Rel. Min. Paulo Gallotti, julgado em 8/5/2007.

O entendimento acima desenhado desembocou na edição da Súmula 617/STJ – **A ausência de suspensão ou revogação do livramento condicional antes do término do período de prova enseja a extinção da punibilidade pelo integral cumprimento da pena.**

- **Extinção:** caso o livramento não seja revogado até seu término, o juiz declarará extinta a pena, na forma dos artigos 90 do Código Penal e 146 da Lei de Execuções Penais.

- **Súmula 715/STF:** vide Súmula/715/STF – **A pena unificada para atender ao limite de trinta anos[14] de cumprimento, determinado pelo art. 75 do Código Penal, não é considerada para a concessão de outros benefícios, como o livramento condicional ou regime mais favorável de execução.**

Sobre o verbete acima transcrito, é importante salientar que, uma vez observada a Súmula 715/STF para a concessão do livramento condicional, o período de prova ao qual deverá ser submetido o condenado deve

14. O limite orçado pelo artigo 75 do Código Penal agora é 40 anos, por força do Pacote Anticrime.

observar o teto do artigo 75 do Código Penal. Confira julgado do Superior Tribunal de Justiça sobre o tema (informativo 712/STJ):

> PENAL. EXECUÇÃO PENAL. LEI DE EXECUÇÃO PENAL LEP. RECURSO ESPECIAL DO MINISTÉRIO PÚBLICO. 1) VIOLAÇÃO AO ART. 75 DO CÓDIGO PENAL - CP. INOCORRÊNCIA. PERÍODO DE PROVA DO LIVRAMENTO CONDICIONAL QUE DEVE SE ENCERRAR E SER COMPUTADO COMO CUMPRIMENTO DE PENA PRIVATIVA DE LIBERDADE CASO ATINGIDO O LIMITE TEMPORAL DO ART. 75 DO CP. PRINCÍPIOS DA ISONOMIA E DA RAZOABILIDADE. 1.1.) ANÁLISE TOPOGRÁFICA. 2) DURAÇÃO DO LIVRAMENTO CONDICIONAL QUE NÃO SE CONFUNDE COM REQUISITO OBJETIVO PARA CONCESSÃO DO REFERIDO INSTITUTO. 3) RECURSO ESPECIAL DESPROVIDO. 1. Com o norte dos princípios da isonomia e da razoabilidade, pode-se afirmar que o instituto do livramento condicional deve produzir os mesmos efeitos para quaisquer dos apenados que nele ingressem e tais efeitos ao apenado não devem ser alterados no decorrer do período de prova, ressalvado o regramento legal a respeito da revogação, devendo o término do prazo do livramento condicional coincidir com o alcance do limite do art. 75 do CP. Um dia em livramento condicional corresponde a um dia em cumprimento de pena privativa de liberdade, exceto em hipótese de revogação, observado o disposto no art. 88 do CP e 141 da LEP. 1.1. Uma análise topográfica da LEP ampara uma interpretação no sentido de que o livramento condicional configura forma de cumprimento das penas privativas de liberdade, embora as condicionantes sejam restritivas de liberdade. 2. Cumpre ressaltar que a consideração do período de prova para alcance do limite do art. 75 do CP não se confunde com o requisito objetivo para obtenção do direito ao livramento condicional. Em termos práticos, o Juiz da Execução Penal, para conceder o livramento condicional, observará a pena privativa de liberdade resultante de sentença(s) condenatória(s) (Súmula n. 715 do Supremo Tribunal Federal - STF). Alcançado o requisito objetivo para fins de concessão do livramento condicional, a duração dele (o período de prova) será correspondente ao restante de pena privativa de liberdade a cumprir, limitada ao disposto no art. 75 do CP. 3. Recurso especial desprovido (REsp 1922012/RS, Rel. Ministro JOEL ILAN PACIORNIK, QUINTA TURMA, julgado em 05/10/2021, DJe 08/10/2021).

Jurisprudência em teses do Superior Tribunal de Justiça: eis edições da jurisprudência em teses do STJ importantes sobre o tema execução penal:

EDIÇÃO 7 DA JURISPRUDÊNCIA EM TESES – FALTA GRAVE EM EXECUÇÃO PENAL I

1) Após a vigência da Lei n. 11.466, de 28 de março de 2007, constitui falta grave a posse de aparelho celular ou de seus componentes, tendo em vista que a *ratio essendi* da norma é proibir a comunicação entre os presos ou destes com o meio externo.

2) A prática de fato definido como crime doloso no curso da execução penal caracteriza falta grave, independentemente do trânsito em julgado de eventual sentença penal condenatória. (Tese julgada sob o rito do art. 543-C do CPC/73 – Tema 655)

3) Diante da inexistência de legislação específica quanto ao prazo prescricional para apuração de falta grave, deve ser adotado o menor lapso prescricional previsto no art. 109 do CP, ou seja, o de 3 anos para fatos ocorridos após a alteração dada pela Lei n. 12.234, de 5 de maio de 2010, ou o de 2 anos se a falta tiver ocorrido até essa data.

4) Para o reconhecimento da prática de falta disciplinar, no âmbito da execução penal, é imprescindível a instauração de procedimento administrativo pelo diretor do estabelecimento prisional, assegurado o direito de defesa, a ser realizado por advogado constituído ou defensor público nomeado. (Tese julgada sob o rito do art. 543-C do CPC/73 – Tema 652)

5) A prática de falta grave pode ensejar a regressão cautelar do regime prisional sem a prévia oitiva do condenado, que somente é exigida na regressão definitiva.

6) O cometimento de falta grave enseja a regressão para regime de cumprimento de pena mais gravoso.

7) A prática de falta grave interrompe a contagem do prazo para a obtenção do benefício da progressão de regime.

8) Com o advento da Lei n. 12.433, de 29 de junho de 2011, o cometimento de falta grave não mais enseja a perda da totalidade do tempo remido, mas limita-se ao patamar de 1/3, cabendo ao juízo das execuções penais dimensionar o *quantum*, segundo os critérios do art. 57 da LEP.

9) A falta grave não interrompe o prazo para obtenção de livramento condicional. (Súmula n. 441/STJ)

10) A prática de falta grave não interrompe o prazo para aquisição do indulto e da comutação, salvo se houver expressa previsão a respeito no decreto concessivo dos benefícios.

EDIÇÃO 12 DA JURISPRUDÊNCIA EM TESES – REMIÇÃO DE PENA

1) Há remição da pena quando o trabalho é prestado fora ou dentro do estabelecimento prisional, uma vez que o art. 126 da Lei de Execução Penal não faz distinção quanto à natureza do trabalho ou quanto ao local de seu exercício.

2) O tempo remido pelo apenado por estudo ou por trabalho deve ser considerado como pena efetivamente cumprida para fins de obtenção dos benefícios da execução, e não simplesmente como tempo a ser descontado do total da pena.

3) Não há remição da pena na hipótese em que o condenado deixa de trabalhar ou estudar em virtude da omissão do Estado em fornecer tais atividades.

4) Nos regimes fechado e semiaberto, a remição é conferida tanto pelo trabalho quanto pelo estudo, nos termos do art. 126 da Lei de Execução Penal.

5) No regime aberto, a remição somente é conferida se há frequência em curso de ensino regular ou de educação profissional, sendo inviável o benefício pelo trabalho.

6) A remição pelo estudo pressupõe a frequência a curso de ensino regular ou de educação profissional, independentemente da sua conclusão ou do aproveitamento satisfatório.

7) A decisão que reconhece a remição da pena, em virtude de dias trabalhados, não faz coisa julgada nem constitui direito adquirido.

8) Cabe ao juízo da execução fixar a fração aplicável de perda dos dias remidos na hipótese de cometimento de falta grave, observando o limite máximo de 1/3 (um terço) do total e a necessidade de fundamentar a decisão em elementos concretos, conforme o art. 57 da Lei de Execução Penal.

9) A nova redação do art. 127 da Lei de Execução Penal, que prevê a limitação da perda dos dias remidos a 1/3 (um terço) do total no caso da prática de falta grave, deve ser aplicada retroativamente por se tratar de norma penal mais benéfica.

EDIÇÃO 144 DA JURISPRUDÊNCIA EM TESES – FALTA GRAVE EM EXECUÇÃO PENAL II

1) Faltas graves cometidas em período longínquo e já reabilitadas não configuram fundamento idôneo para indeferir o pedido de progressão de regime, para que os princípios da razoabilidade e da ressocialização da pena e o direito ao esquecimento sejam respeitados.

2) O cometimento de falta de natureza especialmente grave constitui fundamento idôneo para decretação de perda dos dias remidos na fração legal máxima de 1/3 (art. 127 da Lei N. 7.210/1984 – Lei de Execução Penal).

3) O cometimento de falta grave durante a execução penal autoriza a regressão do regime de cumprimento de pena, mesmo que seja estabelecido de forma mais gravosa do que a fixada na sentença condenatória (art. 118, I, da Lei de Execução Penal – LEP), não havendo falar em ofensa à coisa julgada.

4) Quando não houver regressão de regime prisional, é dispensável a realização de audiência de justificação no procedimento administrativo disciplinar para apuração de falta grave.

5) A prática de falta grave durante o cumprimento da pena não acarreta a alteração da data-base para fins de saída temporária e trabalho externo.

6) A posse de fones de ouvido no interior do presídio é conduta formal e materialmente típica, configurando falta de natureza grave, uma vez que viabiliza a comunicação intra e extramuros.

7) É prescindível a perícia de aparelho celular apreendido para a configuração da falta disciplinar de natureza grave do art. 50, VII, da Lei n. 7.210/1984.

8) O reconhecimento de falta grave prevista no art. 50, III, da Lei n. 7.210/1984 dispensa a realização de perícia no objeto apreendido para verificação da potencialidade lesiva, por falta de previsão legal.

9) É imprescindível a confecção do laudo toxicológico para comprovar a materialidade da infração disciplinar e a natureza da substância encontrada com o apenado no interior de estabelecimento prisional.

10) A posse de drogas no curso da execução penal, ainda que para uso próprio, constitui falta grave.

EDIÇÃO 145 DA JURISPRUDÊNCIA EM TESES – FALTA GRAVE EM EXECUÇÃO PENAL III

1) A decisão proferida pela autoridade administrativa prisional em processo administrativo disciplinar – PAD que apura o cometimento de falta grave disciplinar no âmbito da execução penal é ato administrativo, portanto, passível de controle de legalidade pelo Poder Judiciário.

2) A decisão que reconhece a prática de falta grave disciplinar deverá ser desconstituída diante das hipóteses de arquivamento de inquérito policial ou de posterior absolvição na esfera penal, por inexistência do fato ou negativa de autoria, tendo em vista a atipicidade da conduta.

3) No processo administrativo disciplinar que apura a prática de falta grave, não há obrigatoriedade de que o interrogatório do sentenciado seja o último ato da instrução, bastando que sejam respeitados o contraditório e a ampla defesa, e que um defensor esteja presente.

4) A palavra dos agentes penitenciários na apuração de falta grave é prova idônea para o convencimento do magistrado, haja vista tratar-se de agentes públicos, cujos atos e declarações gozam de presunção de legitimidade e de veracidade.

5) No processo administrativo disciplinar instaurado para apuração de falta grave supostamente praticada no curso da execução penal, a inexistência de defesa técnica por advogado na oitiva de testemunhas viola os princípios do contraditório e da ampla defesa e configura causa de nulidade do PAD.

6) A ausência de defesa técnica em procedimento administrativo disciplinar instaurado para apuração de falta grave em execução penal viola os princípios do contraditório e da ampla defesa e enseja nulidade absoluta do PAD.

7) É dispensável nova oitiva do apenado antes da homologação judicial da falta grave, se previamente ouvido em procedimento administrativo disciplinar, em que foram assegurados o contraditório e a ampla defesa.

8) A nova redação do art. 127 da Lei de Execução Penal – LEP, que prevê a limitação da perda dos dias remidos a 1/3 (um terço) do total no caso da prática de falta grave, deve ser aplicada retroativamente por se tratar de norma penal mais benéfica.

9) O reconhecimento de falta grave no curso da execução penal justifica a perda de até 1/3 do total de dias trabalhados pelo apenado até a data do ato de indisciplina carcerária, ainda que não haja declaração judicial da remição, consoante a interpretação sistemática e teleológica do art. 127 da LEP.

10) O rol do art. 50 da Lei de Execuções Penais (Lei n. 7.210/1984), que prevê as condutas que configuram falta grave, é taxativo, não possibilitando interpretação extensiva ou complementar, a fim de acrescer ou ampliar o alcance das condutas previstas.

EDIÇÃO 146 DA JURISPRUDÊNCIA EM TESES – FALTA GRAVE EM EXECUÇÃO PENAL IV

1) É necessária a individualização da conduta para reconhecimento de falta grave praticada pelo apenado em autoria coletiva, não se admitindo a sanção coletiva a todos os participantes indistintamente.

2) A imposição da falta grave ao executado em razão de conduta praticada por terceiro, quando não comprovada a autoria do reeducando, viola o princípio constitucional da intranscendência (art. 5º, XLV, da Constituição Federal).

3) A desobediência aos agentes penitenciários configura falta de natureza grave, a teor da combinação entre os art. 50, VI, e art. 39, II e V, da Lei de Execuções Penais.

4) A inobservância do perímetro estabelecido para monitoramento de tornozeleira eletrônica configura falta disciplinar de natureza grave, nos termos dos art. 50, VI, e art. 39, V, da LEP.

5) A utilização de tornozeleira eletrônica sem bateria suficiente configura falta disciplinar de natureza grave, nos termos dos art. 50, VI, e art. 39, V, da LEP.

6) O rompimento da tornozeleira eletrônica configura falta disciplinar de natureza grave, a teor dos art. 50, VI e art. 146-C da Lei n. 7.210/1989 – LEP.

7) A fuga configura falta grave de natureza permanente, porquanto o ato de indisciplina se prolonga no tempo, até a recaptura do apenado.

8) O marco inicial da prescrição para apuração da falta grave em caso de fuga é o dia da recaptura do foragido.

9) A falta grave pode ser utilizada a fim de verificar o cumprimento do requisito subjetivo necessário para a concessão de benefícios da execução penal.

10) A prática de falta grave no curso da execução penal constitui fundamento idôneo para negar a progressão de regime, ante a ausência de preenchimento do requisito subjetivo.

11) O cometimento de falta disciplinar de natureza grave no curso da execução penal justifica a exigência de exame criminológico para fins de progressão de regime.

12) Os efeitos da prática de outra infração penal, no curso do livramento condicional, submetem-se às regras próprias deste benefício e, portanto, não se confundem com os consectários legais da falta grave.

13) A falta disciplinar grave impede a concessão do livramento condicional, por evidenciar a ausência do requisito subjetivo relativo ao comportamento satisfatório durante o resgate da pena, nos termos do art. 83, III, do Código Penal – CP.

14) O cometimento de falta grave é motivo idôneo para o indeferimento do benefício da saída temporária, por ausência de preenchimento do requisito subjetivo.

15) A falta grave disciplinar deve ser sopesada pelo órgão jurisdicional na análise do requisito subjetivo para fins de concessão de trabalho externo, nos termos do art. 37 da LEP.

16) Consoante previsão dos art. 50, VI, e art. 39, V, da LEP, configura falta grave a recusa pelo condenado à execução de trabalho interno regularmente determinado pelo agente público competente, não havendo que se confundir o dever de trabalho, referendado pela Convenção Americana de Direitos Humanos (art. 6°), com a pena de trabalho forçado, vedada pela Constituição Federal – art. 5°, XLVIII, c.

17) A falta disciplinar de natureza grave praticada no período estabelecido pelos decretos presidenciais que tratam de benefícios executórios impede a concessão de indulto ou de comutação da pena, ainda que a penalidade tenha sido homologada após a publicação das normas.

18) A prática de falta grave durante a execução permite a regressão de regime de pena *per saltum* (art. 118, I, da LEP), sendo desnecessária a observância da forma progressiva estabelecida no art. 112 da mesma lei.

Questões de concurso público: veja como a lei estudada já foi cobrada em concursos públicos.

1. **(Delegado de Polícia Civil/PA/2021)** Considerando as recentes alterações legislativas, assinale a alternativa correta sobre a Lei de Execução Penal.

A) O cometimento de falta grave durante a execução da pena privativa de liberdade interrompe o prazo para a obtenção da progressão no regime de cumprimento da pena, caso em que o reinício da contagem do requisito objetivo terá como base a pena remanescente.

B) O regime disciplinar diferenciado não será aplicado aos presos provisórios, mas para os condenados, nacionais ou estrangeiros, que apresentem alto risco para a ordem e a segurança do estabelecimento penal ou da sociedade.

C) A ausência de vigilância direta impede a utilização de equipamento de monitoração eletrônica pelo condenado, quando assim determinar o juiz da execução.

D) A autorização para saída temporária do condenado será concedida por prazo não superior a catorze dias, podendo ser renovada por mais seis vezes durante o ano.

E) A pena privativa de liberdade será executada em forma progressiva com a transferência para regime menos rigoroso, a ser determinada pelo juiz, quando o preso tiver cumprido ao menos vinte por cento da pena, se o apenado for primário e o crime tiver sido cometido sem violência à pessoa ou grave ameaça.

2. (Delegado de Polícia Civil/PA/2021) Assinale a alternativa correta considerando as disposições da Lei de Execução Penal (Lei nº 7.210/1984).

A) O isolamento, a suspensão e a restrição de direitos não poderão exceder a trinta dias, ressalvada a hipótese do regime disciplinar diferenciado.

B) A autoridade administrativa poderá decretar o isolamento preventivo do faltoso pelo prazo de até quinze dias.

C) O mandato dos membros do Conselho Nacional de Política Criminal e Penitenciária terá duração de três anos, renovado um terço a cada ano.

D) Se, intimado pessoalmente ou por edital com prazo de trinta dias, o réu não comparecer injustificadamente à audiência admonitória, a suspensão ficará sem efeito e será executada imediatamente a pena.

E) Os estabelecimentos penais destinados a mulheres serão dotados de berçário, onde as condenadas possam cuidar de seus filhos, inclusive amamentá-los, no mínimo, até dois anos de idade.

3. (Delegado de Polícia Federal/2018) Julgue o item que se segue, relativos a execução penal, desarmamento, abuso de autoridade e evasão de dívidas.

( ) Preso provisório não pode ser submetido ao regime disciplinar diferenciado.

4. (Delegado de Polícia Federal/2018) Em cada item a seguir, é apresentada uma situação hipotética, seguida de uma assertiva a ser julgada com base na legislação de regência e na jurisprudência dos tribunais superiores a respeito de execução penal, lei penal no tempo, concurso de crimes, crime impossível e arrependimento posterior.

( ) Diogo, condenado a sete anos e seis meses de reclusão pela prática de determinado crime, deve iniciar o cumprimento da pena no regime semiaberto. Todavia, na cidade onde se encontra, só há estabelecimento prisional adequado para a execução da pena em regime fechado. Nessa situação, o juiz poderá determinar que Diogo inicie o cumprimento da pena no regime fechado.

5. (Delegado de Polícia Civil/MA/2018) Quanto ao instituto da remição na fase de execução da pena, assinale a opção correta.

A) A remição da pena pelo estudo, quando o condenado for autorizado a estudar fora do estabelecimento penal, independerá de aproveitamento satisfatório, bastando a comprovação da frequência escolar.

B) A remição da pena pelo estudo é prevista no ordenamento pátrio apenas por construção jurisprudencial.

C) O benefício da remição da pena será suspenso no caso de o condenado, por acidente, ficar impossibilitado para o trabalho ou o estudo.

D) É possível o acréscimo de um terço do tempo a remir no caso de conclusão, durante o cumprimento da pena, do ensino fundamental, médio ou superior.

E) O tempo remido não será considerado para a obtenção do benefício do indulto.

6. **(Delegado de Polícia Civil/SC/2014)** De acordo com o Código de Penal e com relação ao cumprimento da pena em regime fechado, analise as afirmações a seguir a assinale a alternativa correta.

I. O condenado fica sujeito a trabalho no período diurno e a isolamento durante o repouso noturno.

II. O trabalho será em comum dentro do estabelecimento, na conformidade das aptidões ou ocupações anteriores do condenado, desde que compatíveis com a execução da pena.

III. O trabalho externo é inadmissível.

IV. O trabalho externo é admissível, desde que o condenado frequente cursos supletivos profissionalizantes, de instrução de segundo grau ou superior.

A) Apenas I, II e III estão corretas.

B) Apenas I e II estão corretas.

C) Apenas II, III e IV estão corretas.

D) Todas as afirmações estão corretas.

E) Todas as afirmações estão incorretas.

7. (Delegado de Polícia Civil/PB/2022) Considerando o estabelecido na Lei de Execução Penal e a jurisprudência do STJ e STF acerca da matéria, assinale a opção correta.

A) Representa violação ao princípio da dignidade humana, previsto na Constituição Federal, o pagamento de salário inferior ao mínimo aos presos que trabalhem durante a execução da pena.

B) As faltas disciplinares classificam-se em leves, médias e graves, punindo-se a tentativa com a sanção correspondente à falta consumada.

C) O reconhecimento de falta grave consistente na prática de crime doloso no curso da execução penal exige o trânsito em julgado da condenação, sob pena de violação do princípio da presunção de inocência.

D) É ilegal a regra do juízo da execução que impede o ingresso em estabelecimento prisional de pessoa que esteja cumprindo pena em regime carcerário aberto ou em gozo de livramento condicional.

E) Por se tratar de infração penal sem previsão de privação de liberdade, a posse de drogas para uso pessoal no interior de estabelecimento prisional é considerada falta de média gravidade.

Gabarito comentado:

Questão	Reposta	Comentário
1	Letra A	Vide § 6° do artigo 112 da LEP.
2	Letra A	Vide artigo 58 da LEP.

3	ERRADA	Vide § 1° do artigo 52 da LEP.
4	ERRADA	Vide Súmula Vinculante 56.
5	Letra D	Vide § 5° *do artigo 129 da LEP.*
6	Letra B	Vide § 1° do artigo 34 do CP e artigo 32 da LEP.
7	Letra B	Vide artigo 49 da LEP.

Quesitos criados pelo autor da obra: confira algumas questões por mim criadas para orientar seus estudos.

1. É possível remição cumulativa de pena (pelo trabalho e pelo estudo)? 'A' cometeu crime de latrocínio. Nesse contexto, pergunta-se: é possível que 'A' obtenha saída temporária no decorrer da execução penal? A prática de falta grave interrompe o prazo para a progressão de regime? A prática de falta grave interrompe o prazo para obtenção de livramento condicional?

RESPOSTA: É possível remição cumulativa de pena pelo trabalho e pelo estudo. Vide decisão do STF sobre o tema:

> RECURSO ORDINÁRIO EM HABEAS CORPUS. PRETENDIDA CUMULAÇÃO DE REMIÇÃO DA PENA POR ESTUDO E TRABALHO REALIZADOS DE FORMA CONCOMITANTE. POSSIBILIDADE. INDEPENDÊNCIA ENTRE OS LIMITES MÁXIMOS DIÁRIOS DE JORNADA DE TRABALHO (OITO HORAS) E DE FREQUÊNCIA ESCOLAR (QUATRO HORAS). RECURSO ORDINÁRIO PROVIDO. I – É permitida a remição da pena em decorrência de realização concomitante de trabalho e estudo, desde que haja compatibilidade de horário. II – Há independência entre os limites máximos diários de jornada de trabalho (oito horas) e de frequência escolar (quatro horas), podendo o condenado, em razão de trabalho e estudo, cumular a remição da pena, contanto que não sejam ultrapassados referidos limites, individualmente considerados. III – Recurso ordinário em habeas corpus provido, para determinar ao Juízo da Unidade Regional de Departamento Estadual de Execução Criminal da comarca de São Paulo/SP que aprecie o pedido formulado pela recorrente de remição da pena por estudo e trabalho realizados de forma concomitante, com observância dos limites máximos diários de jornada de trabalho e de frequência escolar, individualmente considerados (RHC 187940, Relator(a): NUNES MARQUES, Segunda Turma, julgado em 08/03/2021, PROCESSO ELETRÔNICO DJe-066 DIVULG 08-04-2021 PUBLIC 09-04-2021).

Não. A saída temporária é vedada aos condenados pela prática de crime hediondo que resultam em morte (grifo meu):

> Art. 122. Os condenados que cumprem pena em regime semi-aberto poderão obter autorização para saída temporária do estabelecimento, sem vigilância direta, nos seguintes casos:
>
> I – visita à família;
>
> II – frequência a curso supletivo profissionalizante, bem como de instrução do 2° grau ou superior, na Comarca do Juízo da Execução;
>
> III – participação em atividades que concorram para o retorno ao convívio social.

§ 1º A ausência de vigilância direta não impede a utilização de equipamento de monitoração eletrônica pelo condenado, quando assim determinar o juiz da execução.

§ 2º Não terá direito à saída temporária a que se refere o caput deste artigo o condenado que cumpre pena por praticar crime hediondo com resultado morte.

Sobre a prática de falta grave, é importante ler e memorizar a tabela abaixo (com a falta grave há interrupção do prazo para progressão de regime, mas não há interrupção do prazo para obtenção do livramento condicional, na forma da Súmula 441/STJ – **A falta grave não interrompe o prazo para obtenção de livramento condicional**):

Consequência (falta grave)	Artigo
Interrupção do prazo para obtenção da progressão de regime	Art. 112 (...) § 6º O cometimento de falta grave durante a execução da pena privativa de liberdade interrompe o prazo para a obtenção da progressão no regime de cumprimento da pena, caso em que o reinício da contagem do requisito objetivo terá como base a pena remanescente.
Revogação de autorização de saída temporária	Art. 125. O benefício será automaticamente revogado quando o condenado praticar fato definido como crime doloso, for punido por falta grave, desatender as condições impostas na autorização ou revelar baixo grau de aproveitamento do curso. Parágrafo único. A recuperação do direito à saída temporária dependerá da absolvição no processo penal, do cancelamento da punição disciplinar ou da demonstração do merecimento do condenado.
Perda de parte dos dias remidos[15]	Art. 127. Em caso de falta grave, o juiz poderá revogar até 1/3 (um terço) do tempo remido, observado o disposto no art. 57, recomeçando a contagem a partir da data da infração disciplinar.

15. O artigo 127 da LEP determinava perda de todos os dias remidos em face da prática de falta grave. O Supremo Tribunal Federal, na Súmula Vinculante 9, entendeu recepcionado o dispositivo em sua redação original. Agora (alteração operada pela Lei 12.433/11), o artigo 127 fala na perda de até 1/3 dos dias remidos em face da prática de falta grave. Saliento que o Superior Tribunal de Justiça admite aplicação retroativa da nova redação do artigo 127 da LEP (*novatio legis in mellius*): "8) A nova redação do art. 127 da Lei de Execução Penal – LEP, que prevê a limitação da perda dos dias remidos a 1/3 (um terço) do total no caso da prática de falta grave, deve ser aplicada retroativamente por se tratar de norma penal mais benéfica" (tese 8 da edição 145 da jurisprudência em teses do STJ).

Consequência (falta grave)	Artigo
Revogação do livramento condicional, no caso de crime praticado durante a vigência do benefício[16].	Art. 140. A revogação do livramento condicional dar-se-á nas hipóteses previstas nos artigos 86 e 87 do Código Penal. Parágrafo único. Mantido o livramento condicional, na hipótese da revogação facultativa, o Juiz deverá advertir o liberado ou agravar as condições.
A conversão de pena restritiva de direito em privativa de liberdade.	Art. 181. A pena restritiva de direitos será convertida em privativa de liberdade nas hipóteses e na forma do artigo 45 e seus incisos do Código Penal. § 1° A pena de prestação de serviços à comunidade será convertida quando o condenado: (...) d) praticar falta grave;
Obsta concessão de livramento condicional (só será possível deferimento da benesse, se o condenado não tiver praticado falta grave nos últimos 12 meses). – artigo 83, III, do Código Penal;	Art. 83 – O juiz poderá conceder livramento condicional ao condenado a pena privativa de liberdade igual ou superior a 2 (dois) anos, desde que: (...) III – comprovado: (...) b) não cometimento de falta grave nos últimos 12 (doze) meses;

16. Importante ler a **Súmula 617/STJ – A ausência de suspensão ou revogação do livramento condicional antes do término do período de prova enseja a extinção da punibilidade pelo integral cumprimento da pena.**

2

Lei 7.492/86 – Crimes contra o Sistema Financeiro Nacional

Art. 1º Considera-se instituição financeira, para efeito desta lei, a pessoa jurídica de direito público ou privado, que tenha como atividade principal ou acessória, cumulativamente ou não, a captação, intermediação ou aplicação de recursos financeiros (Vetado) de terceiros, em moeda nacional ou estrangeira, ou a custódia, emissão, distribuição, negociação, intermediação ou administração de valores mobiliários.
Parágrafo único. Equipara-se à instituição financeira:
I – a pessoa jurídica que capte ou administre seguros, câmbio, consórcio, capitalização ou qualquer tipo de poupança, ou recursos de terceiros;
II – a pessoa natural que exerça quaisquer das atividades referidas neste artigo, ainda que de forma eventual.

- **Conceito de instituição financeira:** é importante ler o artigo 1º da Lei 7.492/86, para conhecer o conceito de instituição financeira.

Trata-se de norma penal explicativa que permite interpretação autêntica.

- **Recursos de terceiros:** instituição financeira opera recurso de terceiros. Por isso o crime de agiotagem é crime contra a economia popular (Lei 4.595/65) e não contra o sistema financeiro nacional.

Art. 2° Imprimir, reproduzir ou, de qualquer modo, fabricar ou pôr em circulação, sem autorização escrita da sociedade emissora, certificado, cautela ou outro documento representativo de título ou valor mobiliário:

Pena – Reclusão, de 2 (dois) a 8 (oito) anos, e multa.

Parágrafo único. Incorre na mesma pena quem imprime, fabrica, divulga, distribui ou faz distribuir prospecto ou material de propaganda relativo aos papéis referidos neste artigo.

- **Bem jurídico tutelado:** o bem jurídico tutelado pelo tipo (assim como todos os delitos da Lei 7.492/86) é a higidez (e fiabilidade) do sistema financeiro nacional.

- **Sujeito ativo:** o crime é próprio (praticado pelas pessoas listadas no seu artigo 25):

> Art. 25. São penalmente responsáveis, nos termos desta lei, o controlador e os administradores de instituição financeira, assim considerados os diretores, gerentes (Vetado).
>
> § 1° Equiparam-se aos administradores de instituição financeira (Vetado) o interventor, o liqüidante ou o síndico.
>
> § 2° Nos crimes previstos nesta Lei, cometidos em quadrilha ou co-autoria, o co-autor ou partícipe que através de confissão espontânea revelar à autoridade policial ou judicial toda a trama delituosa terá a sua pena reduzida de um a dois terços.

- **Sujeito passivo:** a vítima é o Estado. Indiretamente, pode-se falar que eventuais pessoas físicas e jurídicas prejudicadas pela prática descrita no tipo.

- **Análise do tipo:** o crime tipificado no artigo 2° da Lei 7.492/86 é misto, alternativo ou de conteúdo variado. Eis as condutas proibidas:

Artigo 2° da Lei 7.492/86		
Imprimir	Sem autorização escrita da sociedade emissora	Certificado
Reproduzir		Cautela
Fabricar		Documento representativo de título ou valor mobiliário
Por em circulação		

Há no parágrafo único do dispositivo figura equiparada, que pune as seguintes condutas (trata-se, de igual sorte, de tipo misto, alternativo ou de conteúdo variado):

Parágrafo único do artigo 2° da Lei 7.492/86	
Imprimir	Prospecto ou material de propaganda relativo aos papéis referidos neste artigo.
Fabricar	
Divulgar	
Distribuir	
Fazer distribuir	

Penso que se o agente perpetrar uma das condutas descritas no caput e, após, uma das condutas listadas no parágrafo único do artigo 2º da Lei 7.492/86, restará perpetrado apenas um crime (não há concurso de delitos).

- **Elemento subjetivo:** o crime tipificado no artigo 2º da Lei 7.492/86 é doloso (não se admite modalidade culposa). O delito não reclama especial fim de agir.

- **Classificação quanto ao resultado naturalístico:** o delito é formal (classificação quanto ao resultado naturalístico), vez que não reclama a efetiva demonstração de que houve prejuízo em da emissão, sem autorização da sociedade emissora, de certificado, cautela ou documento representativo de título ou valor mobiliário.

- **Ação penal:** pública incondicionada.

- **Sanção penal:** reclusão, de 2 (dois) a 8 (oito) anos, e multa.

O crime não admite suspensão condicional do processo (artigo 89 da Lei 9.099/95) nem fiança arbitrada pelo delegado de polícia.

Admite-se, contudo, acordo de não persecução penal (na forma do artigo 28-A do Código de Processo Penal).

- **Competência:** a competência para julgar o crime analisado (assim como todos tipificados na Lei 7.492/86) é da Justiça Federal (inciso VII do artigo 109 da Constituição Federal e artigo 26 do mandamento estudado).

Art. 3º Divulgar informação falsa ou prejudicialmente incompleta sobre instituição financeira:

Pena – Reclusão, de 2 (dois) a 6 (seis) anos, e multa.

- **Bem jurídico tutelado:** o bem jurídico tutelado pelo tipo (assim como todos os delitos da Lei 7.492/86) é a higidez (e fiabilidade) do sistema financeiro nacional.

- **Sujeito ativo:** o crime estudado é comum (pode ser cometido por qualquer pessoa).

- **Sujeito passivo:** a vítima é o Estado. Indiretamente, pode-se falar que eventuais pessoas físicas e jurídicas prejudicadas pela prática descrita no tipo.

- **Análise do tipo:** a conduta proibida no tipo é **divulgar** (que significa disseminar, publicar, espalhar ou propagar) informação falsa ou prejudicialmente incompleta sobre instituição financeira.

- **Elemento subjetivo:** o crime tipificado no artigo 3º da Lei 7.492/86 é doloso (não se admite modalidade culposa). O delito não reclama especial fim de agir.

- **Classificação quanto ao resultado naturalístico:** o delito é crime instantâneo, formal (classificação quanto ao resultado naturalístico) e de perigo abstrato (classificação quanto ao resultado jurídico).

Destarte, materializada intencionalmente a conduta proibida no tipo, consumado estará o delito estudado, independentemente da existência de prejuízo efetivo (o crime protege a fiabilidade do sistema financeiro, que não admite disseminação de informações falsas – estas podem "mascarar" a real saúde financeira da instituição e ludibriar o mercado).

Por se tratar de crime instantâneo, não há necessidade de disseminação reiterada de informações falsas para a consumação do delito.

- **Ação penal:** pública incondicionada.

- **Sanção penal:** reclusão, de 2 (dois) a 6 (seis) anos, e multa.

O crime não admite suspensão condicional do processo (artigo 89 da Lei 9.099/95), nem fiança arbitrada pelo delegado de polícia.

Admite-se, contudo, acordo de não persecução penal (artigo 28-A do Código de Processo Penal).

- **Competência:** a competência para julgar o crime analisado (assim como todos tipificados na Lei 7.492/86) é da Justiça Federal (inciso VII do artigo 109 da Constituição Federal e artigo 26 do mandamento estudado).

Art. 4º Gerir fraudulentamente instituição financeira:

Pena – Reclusão, de 3 (três) a 12 (doze) anos, e multa.

Parágrafo único. Se a gestão é temerária:

Pena – Reclusão, de 2 (dois) a 8 (oito) anos, e multa.

- **Aspectos introdutórios:** o artigo 4º da Lei 7.492/86 pune dois crimes distintos: i) **gestão fraudulenta** (emprego de ardil para maquiar a real situação da instituição); e ii) **gestão temerária** (gestão arriscada, que ultrapassa os limites da prudência).

- **Bem jurídico tutelado:** o bem jurídico tutelado pelo tipo (assim como todos os delitos da Lei 7.492/86) é a higidez do sistema financeiro nacional.

- **Sujeito ativo:** os delitos de gestão fraudulenta e gestão temerária são próprios (praticados por quem administra a instituição financeira – vide artigo 25 da Lei 7.492/86).

- **Sujeito passivo:** a vítima é o Estado. Indiretamente, pode-se falar que eventuais pessoas físicas e jurídicas prejudicadas pela gestão fraudulenta/temerária podem, também, figurar como vítimas.

- **Análise do tipo:** a conduta proibida no *caput* do artigo 4º da Lei 7.492/86 é **gerir** (prática de atos de administração) **fraudulentamente** (ludibriar, induzir ou manter em erro alguém) instituição financeira. Significa, destarte, que há emprego de ardil na gestão para, por exemplo, fraudar os balanços (de forma a ludibriar clientes e acionistas).

O conceito de instituição financeira é fornecido pelo artigo 1º do mandamento legal aqui estudado (por isso o tipo é norma penal em branco homogênea homovitelina).

O crime de **gestão temerária** (parágrafo único do artigo 4º da Lei 7.492/86) pressupõe ações/omissões arriscadas, que extrapolam os limites da prudência. Gabriel Habib[1] ensina que "nesta modalidade de gestão não há fraude, mas, sim, uma conduta de administração que gera um grau de risco à instituição financeira, como a concessão de um empréstimo sem a exigência de garantia".

- **Princípio da insignificância (inadmissibilidade):** não é possível aplicação do princípio da insignificância (já que os crimes protegem a higidez do sistema financeiro nacional). Nesse sentido, precedente do Superior Tribunal de Justiça (grifo nosso):

> RECURSO ESPECIAL. PENAL. CRIME CONTRA O SISTEMA FINANCEIRO NACIONAL. GESTÃO FRAUDULENTA. ART. 4.º, CAPUT, DA LEI N.º 7.492/86. PRINCÍPIO DA INSIGNIFICÂNCIA. INAPLICABILIDADE. DESCARACTERIZADA A MÍNIMA OFENSIVIDADE DA CONDUTA. RECURSO MINISTERIAL PROVIDO. 1. O crime de gestão fraudulenta, previsto no art. 4.º, caput, da Lei n.º 7.492/86, é classificado como formal e visa tutelar a credibilidade do mercado e a proteção ao investidor. Sistematicamente, busca-se a estabilidade e a higidez do Sistema Financeiro Nacional, para cumprir a finalidade de "promover o desenvolvimento equilibrado do País e a servir aos interesses da coletividade" (art. 192 da Constituição Federal). **2. O Estado é o sujeito passivo principal do delito, e os eventuais prejuízos às instituições financeiras não são relevantes para a adequação típica, o que descaracteriza a mínima ofensividade da conduta do agente para a exclusão de sua tipicidade.** 3. Recurso especial provido (REsp 1015971/PR, Rel. Ministra Laurita Vaz, Quinta Turma, julgado em 27/03/2012, DJe 03/04/2012).

- **Elemento subjetivo:** os crimes são dolosos (não se admite modalidade culposa). Os delitos não reclamam especial fim de agir.

Reforço que mesmo o crime de gestão temerária é doloso.

- **Classificação quanto ao resultado naturalístico:** os delitos são de perigo concreto (classificação quanto ao resultado jurídico) e formais (classificação quanto ao resultado naturalístico), vez que não reclamam a efetiva demonstração de que houve prejuízo (seja na gestão fraudulenta, seja na gestão temerária).

---

1. HABIB, Gabriel. **Leis Penais Especiais**, editora Juspodivm, 10ª edição, p. 1023.

Os crimes de gestão fraudulenta e temerária não são habituais (basta um ato isolado para consumação) – o Superior Tribunal de Justiça fala em **crimes habituais impróprios** (o que significa que um só ato é suficiente para a consumação, mas a prática de vários atos não significa prática de crimes em concurso, mas crime único – grifo meu):

> HABEAS CORPUS. GESTÃO TEMERÁRIA. CONCURSO DE CRIMES. IMPOSSIBILIDADE. DELITO HABITUAL IMPRÓPRIO. REITERAÇÃO QUE NÃO CONSTITUI A PRÁTICA DE NOVOS DELITOS. RESSALVA DO ENTENDIMENTO PESSOAL DESTE RELATOR. ORDEM CONCEDIDA. **1. Com a ressalva de entendimento pessoal, a jurisprudência desta Corte firmou a compreensão de que no delito habitual impróprio ou acidentalmente habitual, entre os quais se insere a gestão temerária, um único ato é capaz de consumar o crime, muito embora a reiteração de atos não constitua delito autônomo, mas mero desdobramento dessa habitualidade, de modo que a reiteração não corresponde ao concurso de crimes. 2. Na espécie, mesmo com a existência de contratos de financiamentos distintos, os quais, de per si, foram firmados em nítida gestão temerária, impõe-se o reconhecimento de um único crime, conforme precedentes específicos desta Corte e do STF relativos ao caso.** Assim, diante da existência de condenação, com trânsito em julgado, em uma das ações penais deflagradas contra o paciente, devem ser extintas as demais que estejam em tramitação. 3. Ordem concedida para a fim de extinguir a Ação Penal n. 2005.61.81.009007-6, que resultou na condenação autônoma do paciente pelo crime de gestão temerária. Registre-se que essa extinção acaba por acarretar a desconstituição da sentença e do acórdão condenatório (HC 444.389/SP, Rel. Ministro Rogerio Schietti Cruz, Sexta Turma, julgado em 22/09/2020, DJe 30/09/2020).

Compartilhamento direto de dados da instituição financeira (possibilidade): o Superior Tribunal de Justiça entendeu não ter existido violação de sigilo bancário no encaminhamento de movimentações financeiras da instituição creditícia diretamente ao Ministério Público (independentemente de prévia decisão judicial) em caso criminal relacionado ao delito aqui estudado (informativo 731/STJ).

No caso citado, depois de recebida notícia de crime, o Ministério Público requereu quebra de sigilo bancário ao juízo competente para complementar os dados inicialmente fornecidos. Eis o julgado:

> RECURSO EM HABEAS CORPUS. CRIMES CONTRA O SISTEMA FINANCEIRO (LEI N° 7.492/86), PECULATO LAVAGEM DE DINHEIRO (LEI N° 9.613/98) E ORGANIZAÇÃO CRIMINOSA (LEI N° 12.850/13). INCOMPETÊNCIA DA JUSTIÇA FEDERAL. CRIMES CONTRA O

SISTEMA FINANCEIRO NACIONAL. UTILIZAÇÃO DE RECURSOS FINANCEIROS ORIUNDOS DO FUNDO CONSTITUCIONAL DE FINANCIAMENTO DO NORDESTE (FNE). COMPETÊNCIA DA JUSTIÇA FEDERAL. ENQUADRAMENTO DAS CONDUTAS IMPUTADAS COMO CRIMES CONTRA O SISTEMA FINANCEIRO NACIONAL. POSSIBILIDADE. ILICITUDE DAS PROVAS. VIOLAÇÃO AO SIGILO DE DADOS BANCÁRIOS. NÃO OCORRÊNCIA. NOTÍCIA-CRIME PROVENIENTE DE PROCEDIMENTO DISCIPLINAR INTERNO. INFORMAÇÕES DE MOVIMENTAÇÕES FINANCEIRAS DA PRÓPRIA INSTITUIÇÃO BANCÁRIA. ACESSO AOS DADOS AUTORIZADO POR DECISÃO JUDICIAL. BUSCA E APREENSÃO. FUNDAMENTAÇÃO PER RELATIONEM. QUESTÃO NÃO APRECIADA NA ORIGEM. AUSÊNCIA DE PRESTAÇÃO JURISDICIONAL. 1. Nos termos do art. 109, VI, da Constituição, a prática de crimes contra o sistema financeiro e a ordem econômico-financeira é da competência da Justiça Federal, nos casos determinados em lei. 2. A jurisprudência desta Corte entende que, se o gerente de uma agência bancária detiver poderes reais de gestão, é-lhe possível a imputação do crime previsto no art. 4º da Lei n. 7.492/86. No caso, há indícios de que o recorrente detinha poderes de gestão na instituição financeira, pois foi apontado que era responsável pela aprovação de propostas de concessão de crédito, além de possuir autorização para manipulação de operações de crédito, como desembolso e liquidação de operações de crédito. 3. Não há falar-se em ilicitude das provas por violação ao sigilo de dados bancários, em razão do compartilhamento de dados pela instituição bancária ao Ministério Público, por não se tratar de informações bancárias sigilosas relativas à pessoa do investigado, senão de movimentações financeiras da própria instituição, sem falar que, após o recebimento da notícia-crime, o Ministério Público requereu ao juízo de primeiro grau a quebra do sigilo bancário e o compartilhamento pelo Banco do Nordeste de todos os documentos relativos à apuração relacionada aos autos do ora recorrente, o que foi deferido, havendo, portanto, autorização judicial. 4. Conforme destacou o Ministério Público Federal em seu parecer, "as alegadas informações sigilosas não são os dados bancários do investigado, e sim, conforme destacou o magistrado de origem em sua decisão e nas informações prestadas a fls. 901 (e-STJ), as informações e registros relacionados à sua atividade laboral como funcionário do Banco do Nordeste do Brasil S/A, que, em procedimento investigativo interno, "verificou, outrossim, que os recursos liberados terminaram tendo destinação estranha à sua finalidade. E tudo isso mediante análise de rotinas próprias da instituição financeira, com mecanismos de controle como a verificação das operações realizadas pelo servidor com sua senha, e dos emails institucionais, os quais não estão resguardados pela proteção da intimidade, pois o email funcional é fornecido como ferramenta de trabalho e serve ao empregador para acompanhar índices importantes do funcionário, como metas de produtividade, tempo de trabalho e conteúdo acessado". 5. A matéria relativa à nulidade das decisões que decretaram as medidas cautelares de buscas e apreensão, sob a alegação de utilizarem fundamentação per relationem, embora submetidas ao Tribunal de origem, não foram analisadas, configurando negativa de prestação jurisdicional. 6. Recurso em habeas corpus parcialmente provido, para que o Tribunal de origem aprecie a matéria contida no tópico 2.4 da petição inicial do habeas corpus de fls. 2/58, como entender de Direito (RHC 147.307/PE, Rel. Ministro OLINDO MENEZES (DESEMBARGADOR CONVOCADO DO TRF 1ª REGIÃO), SEXTA TURMA, julgado em 29/03/2022, DJe 01/04/2022).

- **Ação penal:** Pública incondicionada.
- **Sanção penal:** o crime de gestão fraudulenta é punido com reclusão, de 3 (três) a 12 (doze) anos, e multa.

Este não admite suspensão condicional do processo (artigo 89 da Lei 9.099/95) nem fiança arbitrada pelo delegado de polícia. Admite-se, contudo, acordo de não persecução penal (artigo 28-A do Código de Processo Penal).

O crime de **gestão temerária** é punido com reclusão, de 2 (dois) a 8 (oito) anos, e multa. Este não admite suspensão condicional do processo (artigo 89 da Lei 9.099/95) nem fiança arbitrada pelo delegado de polícia. Admite-se, contudo, acordo de não persecução penal (artigo 28-A do Código de Processo Penal).

- **Competência:** a competência para julgar os crimes estudados (assim como todos tipificados na Lei 7.492/86) é da Justiça Federal (inciso VII do artigo 109 da Constituição Federal e artigo 26 do mandamento estudado).

- **Conflito aparente de normas:** Gabriel Habib[2] aponta 3 diferenças importantes entre os crimes aqui estudados e o delito tipificado no inciso IX do artigo 3º da Lei 1.521/51:

Critérios diferenciadores	Artigo 4° da Lei 7.492/86	Inciso IX do artigo 3° da Lei 1.521/51
Bem jurídico protegido	Sistema financeiro nacional	Economia popular

2. HABIB, Gabriel. Op. cit., p. 1027.

Enumeração de instituições financeiras	Qualquer instituição financeira (artigo 1° da Lei 7.492/86)	As abarcadas no dispositivo
Classificação quanto ao resultado naturalístico	Crime formal	Crime material

Eis o crime contra economia popular citado:

> Art. 3°. São também crimes desta natureza:
>
> (...)
>
> IX – gerir fraudulenta ou temerariamente bancos ou estabelecimentos bancários, ou de capitalização; sociedades de seguros, pecúlios ou pensões vitalícias; sociedades para empréstimos ou financiamento de construções e de vendas e imóveis a prestações, com ou sem sorteio ou preferência por meio de pontos ou quotas; caixas econômicas; caixas Raiffeisen; caixas mútuas, de beneficência, socorros ou empréstimos; caixas de pecúlios, pensão e aposentadoria; caixas construtoras; cooperativas; sociedades de economia coletiva, levando-as à falência ou à insolvência, ou não cumprindo qualquer das cláusulas contratuais com prejuízo dos interessados;

Art. 5° Apropriar-se, quaisquer das pessoas mencionadas no art. 25 desta lei, de dinheiro, título, valor ou qualquer outro bem móvel de que tem a posse, ou desviá-lo em proveito próprio ou alheio:

Pena – Reclusão, de 2 (dois) a 6 (seis) anos, e multa.

Parágrafo único. Incorre na mesma pena qualquer das pessoas mencionadas no art. 25 desta lei, que negociar direito, título ou qualquer outro bem móvel ou imóvel de que tem a posse, sem autorização de quem de direito.

- **Bem jurídico tutelado:** o bem jurídico tutelado pelo tipo (assim como todos os delitos da Lei 7.492/86) é a higidez do sistema financeiro nacional.

- **Sujeito ativo:** o delito tipificado no artigo 5º da Lei 7.492/86 é próprio (praticado por uma das pessoas listadas no artigo 25 desta).

- **Sujeito passivo:** a vítima é o Estado. Indiretamente, pode-se falar que eventuais pessoas físicas e jurídicas prejudicadas pela gestão fraudulenta/temerária podem, também, figurar como vítimas.

- **Análise do tipo:** as condutas proibidas no *caput* do artigo 5º da Lei 7.492/86 são **apropriar-se** de dinheiro, título, valor ou qualquer bem móvel de que tem a posse ou **desviar** qualquer destes em proveito próprio ou alheio.

A apropriação pressupõe posse lícita do bem e ulterior prática de ato típico de proprietário. O desvio significa dar destinação diversa da correta.

O parágrafo único do artigo estudado traz em seu bojo figura equiparada, que consiste em negociar direito, título ou qualquer outro bem móvel ou imóvel de que tem a posse, sem autorização de quem de direito (a figura equiparada também se traduz em crime próprio, vez que só pode ser perpetrada pelas pessoas listadas no artigo 25 da Lei 7.492/86).

- **Objeto material:** o objeto material do crime estudado é o dinheiro, título, valor ou qualquer bem móvel sob responsabilidade da instituição financeira.
- **Elemento subjetivo:** o crime é doloso (não se admite modalidade culposa). O delito não reclama especial fim de agir (tanto a infração descrita no *caput*, quanto a figura equiparada do parágrafo único).
- **Classificação quanto ao resultado naturalístico:** o crime aqui estudado é material e se consuma com a apropriação ou desvio do dinheiro, título, valor ou qualquer outro bem móvel por parte de pessoa listada no artigo 25 da Lei 7.492/86 (em relação ao desvio, a consumação se dá com este, mesmo que o agente ou terceiro não chegue a auferir efetiva vantagem).

Entendo que a figura equiparada (tipificada no parágrafo único do artigo 5º da Lei 7.492/86) se traduz em crime formal, sendo suficiente para sua consumação a negociação do direito, título ou qualquer outro bem móvel ou imóvel de que tem a posse, sem a autorização de quem de direito (vale dizer, a consumação deste crime independe de qualquer benefício auferido pelo agente na operação não autorizada).

- **Ação penal:** pública incondicionada.
- **Sanção penal:** reclusão, de 2 (dois) a 6 (seis) anos, e multa.

O crime tipificado no artigo 5º da Lei 7.492/86 não admite suspensão condicional do processo (artigo 89 da Lei 9.099/95) nem fiança arbitrada pelo delegado de polícia.

Admite-se, contudo, acordo de não persecução penal (artigo 28-A do Código de Processo Penal).

▪ **Competência:** a competência para julgar o crime estudado (assim como todos tipificados na Lei 7.492/86) é da Justiça Federal (inciso VII do artigo 109 da Constituição Federal e artigo 26 do mandamento estudado).

▪ **Conflito aparente de normas:** o delito tipificado no artigo 5º da Lei 7.492/86 é especial em relação aos de apropriação indébita (artigo 168 do Código Penal):

Artigo 5° da Lei 7.492/86	Artigo 168 do Código Penal
Art. 5° Apropriar-se, quaisquer das pessoas mencionadas no art. 25 desta lei, de dinheiro, título, valor ou qualquer outro bem móvel de que tem a posse, ou desviá-lo em proveito próprio ou alheio: Pena – Reclusão, de 2 (dois) a 6 (seis) anos, e multa. Parágrafo único. Incorre na mesma pena qualquer das pessoas mencionadas no art. 25 desta lei, que negociar direito, título ou qualquer outro bem móvel ou imóvel de que tem a posse, sem autorização de quem de direito.	Art. 168 – Apropriar-se de coisa alheia móvel, de que tem a posse ou a detenção: Pena – reclusão, de um a quatro anos, e multa. Aumento de pena § 1° – A pena é aumentada de um terço, quando o agente recebeu a coisa: I – em depósito necessário; II – na qualidade de tutor, curador, síndico, liquidatário, inventariante, testamenteiro ou depositário judicial; III – em razão de ofício, emprego ou profissão.

Art. 6° Induzir ou manter em erro, sócio, investidor ou repartição pública competente, relativamente a operação ou situação financeira, sonegando-lhe informação ou prestando-a falsamente:

Pena – Reclusão, de 2 (dois) a 6 (seis) anos, e multa.

▪ **Aspectos introdutórios:** o crime tipificado no artigo 6º da Lei 7.492/86 é conhecido como estelionato financeiro.

▪ **Objeto jurídico:** o bem jurídico tutelado pelo tipo (assim como todos os delitos da Lei 7.492/86) é a higidez do sistema financeiro nacional.

▪ **Sujeito ativo:** o delito tipificado no artigo 6º da Lei 7.492/86 é próprio (praticado por uma das pessoas listadas no artigo 25 da Lei 7.492/86).

▪ **Sujeito passivo:** as vítimas estão especificadas no próprio tipo: o sócio, o investidor ou a repartição pública.

▪ **Análise do tipo:** as condutas proibidas no artigo 6º da Lei 7.492/86 são (trata-se de tipo misto, alternativo ou de conteúdo variado):

Artigo 6º da Lei 7.492/86			
Induzir ao erro	Sócio, investidor ou repartição pública competente	relativamente a operação ou situação financeira	sonegando-lhe informação
Manter em erro			prestando-a (a informação) falsamente

Induzir significa conduzir ao erro. O autor do fato ludibria a vítima seja sonegando-lhe informação (conduta omissiva), seja prestando informação falsa (conduta comissiva).

Manter em erro quer dizer que a vítima não foi, a princípio, ludibriada pelo autor do fato, mas este decidiu, deliberadamente, sustentar o equívoco (seja sonegando informação, seja reforçando a percepção errônea que a vítima tinha por meio da prestação de informação falsa).

A informação (sonegada ou prestada falsamente) se refere a operação ou situação financeira real da instituição.

▪ **Elemento subjetivo:** o crime é doloso (não se admite modalidade culposa). O delito não reclama especial fim de agir.

▪ **Classificação quanto ao resultado naturalístico:** o crime aqui estudado é formal e se consuma quando as condutas proibidas são perpetradas. Se o mesmo agente induzir vítima a erro e, após, a mantiver em erro prestando-lhe nova informação falsa (ou sonegando informação), haverá prática de um só crime (já que o tipo é misto, alternativo ou de conteúdo variado).

Não há necessidade de que exista efetivo prejuízo em face da prática de qualquer das condutas proibidas para a consumação do delito aqui estudado.

▪ **Ação penal:** pública incondicionada.

▪ **Sanção penal:** reclusão, de 2 (dois) a 6 (seis) anos, e multa.

O crime tipificado no artigo 6º da Lei 7.492/86 não admite suspensão condicional do processo (artigo 89 da Lei 9.099/95) nem fiança arbitrada pelo delegado de polícia.

Admite-se, contudo, acordo de não persecução penal (artigo 28-A do Código de Processo Penal).

- **Competência:** a competência para julgar o crime estudado (assim como todos tipificados na Lei 7.492/86) é da Justiça Federal (inciso VII do artigo 109 da Constituição Federal e artigo 26 do mandamento estudado).

- **Conflito aparente de normas:** o crime tipificado no artigo 6º da Lei 7.492/86 é especial em relação ao delito de estelionato (artigo 171 do Código Penal) – transcrevo apenas parte de julgado do Superior Tribunal de Justiça sobre o tema:

> PENAL E PROCESSUAL PENAL. CRIME CONTRA O SISTEMA FINANCEIRO. ART. 6° DA LEI 7.492/86. INDUZIR OU MANTER EM ERRO INVESTIDOR. ESTELIONATO. CONFLITO APARENTE DE NORMAS PENAIS. CRITÉRIO DA ESPECIALIDADE. ABALO DA CONFIANÇA INERENTE ÀS RELAÇÕES NEGOCIAIS NO MERCADO IMOBILIÁRIO. DOSIMETRIA DA PENA. CONDUTA SOCIAL E PERSONALIDADE. FUNDAMENTAÇÃO INIDÔNEA. CIRCUNSTÂNCIAS E CONSEQUÊNCIAS DO CRIME GRAVOSAS. DELITO PRATICADO EM DIVERSOS PAÍSES. ORGANIZAÇÃO ESTRUTURADA. DIVERSAS VÍTIMAS. ATENUANTE INOMINADA. NÃO INCIDÊNCIA. CRIME CONTINUADO. IMPOSSIBILIDADE. DELITOS DE ESPÉCIES DISTINTAS. ART. 288 DO CP. SUPERVENIÊNCIA DA PRESCRIÇÃO. RECURSO PARCIALMENTE CONHECIDO E, NESSA EXTENSÃO, PROVIDO. 1. O art. 6° da Lei 7.492/86 prevê como crime contra o Sistema Financeiro Nacional a conduta de induzir ou manter em erro sócio, investidor ou repartição pública competente, relativamente a operação ou situação financeira, sonegando-lhes informação ou prestando-a falsamente. 2. Há clara distinção em relação ao delito de estelionato. O delito do art. 6° da Lei 7.492/86 constitui crime formal (não é necessária a ocorrência de resultado, eventual prejuízo econômico caracteriza mero exaurimento), e não material; não prevê o especial fim de agir do sujeito ativo (para si ou para outrem); não exige, como elemento obrigatório, o meio fraudulento (artifício, ardil, etc.), apenas a prestação de informação falsa ou omissão de informação verdadeira. 3. Eventual conflito aparente de normas penais resolve-se pelo critério da especialidade do delito contra o Sistema Financeiro (art. 6° da Lei 7.492/86) em relação ao estelionato (art. 171 do CP). (...) (REsp 1405989/SP, Rel. Ministro SEBASTIÃO REIS JÚNIOR, Rel. p/ Acórdão Ministro Nefi Cordeiro, Sexta Turma, julgado em 18/08/2015, DJe 23/09/2015).

Art. 7° Emitir, oferecer ou negociar, de qualquer modo, títulos ou valores mobiliários:

I – falsos ou falsificados;

II – sem registro prévio de emissão junto à autoridade competente, em condições divergentes das constantes do registro ou irregularmente registrados;

III – sem lastro ou garantia suficientes, nos termos da legislação;

IV – sem autorização prévia da autoridade competente, quando legalmente exigida:

Pena – Reclusão, de 2 (dois) a 8 (oito) anos, e multa.

- **Objeto jurídico:** o bem jurídico tutelado pelo tipo (assim como todos os delitos da Lei 7.492/86) é a higidez do sistema financeiro nacional.

- **Sujeito ativo:** o delito tipificado no artigo 7º da Lei 7.492/86 é próprio (praticado por uma das pessoas listadas no artigo 25 da Lei 7.492/86).

- **Sujeito passivo:** a vítima é o Estado. Indiretamente, pode-se falar que eventuais pessoas físicas e jurídicas prejudicadas pela prática delitiva aqui estudada.

- **Análise do tipo:** eis as condutas proibidas no artigo 7º da Lei 7.492/86 são (trata-se de tipo misto, alternativo ou de conteúdo variado):

Artigo 7° da Lei 7.492/86			
Emitir	de qualquer modo	títulos ou valores mobiliários	falsos ou falsificados.
Oferecer			sem registro prévio de emissão junto à autoridade competente, em condições divergentes das constantes do registro ou irregularmente registrados.
Negociar			sem lastro ou garantia suficientes, nos termos da legislação.
			sem autorização prévia da autoridade competente, quando legalmente exigida.

- **Elemento subjetivo:** o crime é doloso (não se admite modalidade culposa). O delito não reclama especial fim de agir.

- **Classificação quanto ao resultado naturalístico:** o crime aqui estudado é formal e se consuma quando as condutas proibidas são perpetradas. Caso se verifique prática de mais de uma conduta criminosa num mesmo contexto, haverá prática de um só crime (já que, como dito, o tipo é misto, alternativo ou de conteúdo variado).

Não há necessidade de que exista efetivo prejuízo em face da prática de qualquer das condutas proibidas para a consumação do delito aqui estudado.

- **Ação penal:** pública incondicionada.

- **Sanção penal:** reclusão, de 2 (dois) a 8 (oito) anos, e multa.

O crime tipificado no artigo 7º da Lei 7.492/86 não admite suspensão condicional do processo (artigo 89 da Lei 9.099/95) nem fiança arbitrada pelo delegado de polícia.

Admite-se, contudo, acordo de não persecução penal (artigo 28-A do Código de Processo Penal).

- **Competência:** a competência para julgar o crime estudado (assim como todos tipificados na Lei 7.492/86) é da Justiça Federal (inciso VII do artigo 109 da Constituição Federal e artigo 26 do mandamento estudado).

> **Art. 8º Exigir, em desacordo com a legislação (Vetado), juro, comissão ou qualquer tipo de remuneração sobre operação de crédito ou de seguro, administração de fundo mútuo ou fiscal ou de consórcio, serviço de corretagem ou distribuição de títulos ou valores mobiliários:**
>
> **Pena – Reclusão, de 1 (um) a 4 (quatro) anos, e multa.**

- **Bem jurídico tutelado:** o bem jurídico tutelado pelo tipo (assim como todos os delitos da Lei 7.492/86) é a higidez do sistema financeiro nacional.

- **Sujeito ativo:** o delito tipificado no artigo 8º da Lei 7.492/86 é próprio (praticado por uma das pessoas listadas no artigo 25 da Lei 7.492/86).

- **Sujeito passivo:** a vítima é o Estado. Indiretamente, pode-se falar que eventuais pessoas físicas e jurídicas prejudicadas pela prática delitiva aqui estudada.

- **Análise do tipo:** a conduta proibida no artigo 8º da Lei 7.492/86 é **exigir**, em desacordo com a legislação, juro, comissão ou qualquer tipo de remuneração sobre operação de crédito ou de seguro, administração de fundo mútuo ou fiscal ou de consórcio, serviço de corretagem ou distribuição de títulos ou valores mobiliários.

- **Elemento subjetivo:** o crime é doloso (não se admite modalidade culposa). O delito não reclama especial fim de agir.

- **Classificação quanto ao resultado naturalístico:** o crime é formal e se consuma com a exigência, em desacordo com a legislação, de juro, comissão ou qualquer tipo de remuneração sobre as operações enumeradas no tipo (ainda que o valor exigido não seja efetivamente pago).

- **Ação penal:** pública incondicionada.

- **Sanção penal:** reclusão, de 1 (um) a 4 (quatro) anos, e multa.

O crime tipificado no artigo 8º da Lei 7.492/86 admite suspensão condicional do processo (artigo 89 da Lei 9.099/95), fiança arbitrada pelo delegado de polícia (artigo 322 do Código de Processo Penal) e acordo de não persecução penal (artigo 28-A do Código de Processo Penal).

- **Competência:** a competência para julgar o crime estudado (assim como todos tipificados na Lei 7.492/86) é da Justiça Federal (inciso VII do artigo 109 da Constituição Federal e artigo 26 do mandamento estudado).

Art. 9º Fraudar a fiscalização ou o investidor, inserindo ou fazendo inserir, em documento comprobatório de investimento em títulos ou valores mobiliários, declaração falsa ou diversa da que dele deveria constar:

Pena – Reclusão, de 1 (um) a 5 (cinco) anos, e multa.

- **Bem jurídico tutelado:** o bem jurídico tutelado pelo tipo (assim como todos os delitos da Lei 7.492/86) é a higidez do sistema financeiro nacional.

- **Sujeito ativo:** o delito tipificado no artigo 9º da Lei 7.492/86 é próprio (praticado por uma das pessoas listadas no artigo 25 da Lei 7.492/86).

- **Sujeito passivo:** a vítima é o Estado e o(s) investidor(es) lesado(s).

- **Análise do tipo:** a conduta proibida no artigo 9º da Lei 7.492/86 é fraudar: i) a fiscalização; ou ii) o investidor. O autor do fato ludibria (a fiscalização ou o investidor) inserindo ou fazendo inserir, em documento comprobatório de investimento em títulos ou valores mobiliários, declaração falsa ou diversa da que dele deveria constar (trata-se de crime especial em relação ao delito de falsidade ideológica, tipificado no artigo 299 do Código Penal).

- **Elemento subjetivo:** o crime é doloso (não se admite modalidade culposa). O delito não reclama especial fim de agir.

- **Classificação quanto ao resultado naturalístico:** o crime é formal e se consuma com a fraude (inserção em um dos documentos listados no artigo estudado de declaração falsa ou diversa da que dele devia constar), independentemente de qualquer vantagem auferida pelo autor do delito ou de prejuízo da vítima.

- **Ação penal:** pública incondicionada.

- **Sanção penal:** reclusão, de 1 (um) a 5 (cinco) anos, e multa.

O crime tipificado no artigo 9º da Lei 7.492/86 admite suspensão condicional do processo (artigo 89 da Lei 9.099/95) e acordo de não persecução penal (artigo 28-A do Código de Processo Penal).

- **Competência:** a competência para julgar o crime estudado (assim como todos tipificados na Lei 7.492/86) é da Justiça Federal (inciso VII do artigo 109 da Constituição Federal e artigo 26 do mandamento estudado).

Art. 10. Fazer inserir elemento falso ou omitir elemento exigido pela legislação, em demonstrativos contábeis de instituição financeira, seguradora ou instituição integrante do sistema de distribuição de títulos de valores mobiliários:

Pena – Reclusão, de 1 (um) a 5 (cinco) anos, e multa.

- **Bem jurídico tutelado:** o bem jurídico tutelado pelo tipo (assim como todos os delitos da Lei 7.492/86) é a higidez do sistema financeiro nacional.

- **Sujeito ativo:** o delito tipificado no artigo 10 da Lei 7.492/86 é próprio (praticado por uma das pessoas listadas no artigo 25 da Lei 7.492/86).

- **Sujeito passivo:** a vítima é o Estado. Indiretamente, pode-se falar que eventuais pessoas físicas e jurídicas prejudicadas pela prática delitiva aqui estudada.

- **Análise do tipo:** são duas as condutas proibidas alternativas: i) uma comissiva (fazer inserir elemento falso); e ii) outra omissiva (omitir elemento exigido pela legislação). A ação ou a omissão criminosa gravita em torno dos demonstrativos contábeis de instituição financeira, seguradora ou instituição integrante do sistema de distribuição de títulos de valores mobiliários.

Trata-se de tipo especial em relação ao crime de falsidade ideológica (artigo 299 do Código Penal).

- **Elemento subjetivo:** o crime é doloso (não se admite modalidade culposa). O delito não reclama especial fim de agir.

- **Classificação quanto ao resultado naturalístico:** o crime é formal e se consuma com a prática de uma das condutas proibidas alternativas, independentemente de qualquer vantagem auferida pelo autor do delito ou de prejuízo da vítima.

- **Ação penal:** pública incondicionada.

- **Sanção penal:** reclusão, de 1 (um) a 5 (cinco) anos, e multa.

O crime tipificado no artigo 10 da Lei 7.492/86 admite suspensão condicional do processo (artigo 89 da Lei 9.099/95) e acordo de não persecução penal (artigo 28-A do Código de Processo Penal).

- **Competência:** a competência para julgar o crime estudado (assim como todos tipificados na Lei 7.492/86) é da Justiça Federal (inciso VII do artigo 109 da Constituição Federal e artigo 26 do mandamento estudado).

Art. 11. Manter ou movimentar recurso ou valor paralelamente à contabilidade exigida pela legislação:

Pena – Reclusão, de 1 (um) a 5 (cinco) anos, e multa.

- **Bem jurídico tutelado:** o bem jurídico tutelado pelo tipo (assim como todos os delitos da Lei 7.492/86) é a higidez do sistema financeiro nacional.
- **Sujeito ativo:** o delito tipificado no artigo 11 da Lei 7.492/86 é próprio (praticado por uma das pessoas listadas no artigo 25 da Lei 7.492/86).
- **Sujeito passivo:** a vítima é o Estado. Indiretamente, pode-se falar que eventuais pessoas físicas e jurídicas prejudicadas pela prática delitiva aqui estudada.
- **Análise do tipo:** são duas as condutas proibidas alternativas: i) uma permanente (manter); e ii) instantânea (movimentar). As condutas gravitam em torno recurso ou valor paralelos à contabilidade exigida pela legislação.

A existência desse "caixa dois" (valores que não são contabilizados) prejudica a fiscalização fazendária e pode significar porta de entrada para prática de outros delitos (como o crime de sonegação fiscal).

- **Elemento subjetivo:** o crime é doloso (não se admite modalidade culposa). O delito não reclama especial fim de agir.
- **Classificação quanto ao resultado naturalístico:** o crime é formal e se consuma com a prática de uma das condutas proibidas alternativas, independentemente de qualquer vantagem auferida pelo autor do delito ou de prejuízo de outrem.
- **Ação penal:** pública incondicionada.
- **Sanção penal:** reclusão, de 1 (um) a 5 (cinco) anos, e multa.

O crime tipificado no artigo 11 da Lei 7.492/86 admite suspensão condicional do processo (artigo 89 da Lei 9.099/95) e acordo de não persecução penal (artigo 28-A do Código de Processo Penal).

▪ **Competência:** a competência para julgar o crime estudado (assim como todos tipificados na Lei 7.492/86) é da Justiça Federal (inciso VII do artigo 109 da Constituição Federal e artigo 26 do mandamento estudado).

> **Art. 12. Deixar, o ex-administrador de instituição financeira, de apresentar, ao interventor, liqüidante, ou síndico, nos prazos e condições estabelecidas em lei as informações, declarações ou documentos de sua responsabilidade:**
>
> **Pena – Reclusão, de 1 (um) a 4 (quatro) anos, e multa.**

▪ **Bem jurídico tutelado:** o bem jurídico tutelado pelo tipo (assim como todos os delitos da Lei 7.492/86) é a higidez do sistema financeiro nacional.

▪ **Sujeito ativo:** o delito tipificado no artigo 12 da Lei 7.492/86 é próprio (cometido por ex-administrador de instituição financeira).

▪ **Sujeito passivo:** a vítima é o Estado. Indiretamente, pode-se falar que eventuais pessoas físicas e jurídicas prejudicadas pela prática delitiva aqui estudada.

▪ **Análise do tipo:** trata-se de crime omissivo próprio. A conduta proibida é deixar de apresentar declarações ou documentos de sua responsabilidade ao interventor, liquidante, ou síndico, nos prazos e condições estabelecidas em lei as informações, declarações ou documentos de sua responsabilidade.

▪ **Elemento subjetivo:** o crime é doloso (não se admite modalidade culposa – assim, caso a documentação legalmente exigida não seja apresentada no prazo por negligência, não há crime). O delito não reclama especial fim de agir.

▪ **Classificação quanto ao resultado naturalístico:** o crime é formal e se consuma com a prática intencional da conduta omissiva descrita no tipo (descumprimento da norma mandamental), independentemente de qualquer vantagem auferida pelo autor do delito ou de prejuízo de outrem.

▪ **Ação penal:** pública incondicionada.

- **Sanção penal:** reclusão, de 1 (um) a 4 (quatro) anos, e multa.

O crime tipificado no artigo 12 da Lei 7.492/86 admite suspensão condicional do processo (artigo 89 da Lei 9.099/95), fiança arbitrada pela autoridade policial (artigo 322 do Código de Processo Penal) e acordo de não persecução penal (artigo 28-A do Código de Processo Penal).

- **Competência:** a competência para julgar o crime estudado (assim como todos tipificados na Lei 7.492/86) é da Justiça Federal (inciso VII do artigo 109 da Constituição Federal e artigo 26 do mandamento estudado).

Art. 13. Desviar (Vetado) bem alcançado pela indisponibilidade legal resultante de intervenção, liquidação extrajudicial ou falência de instituição financeira.

Pena – Reclusão, de 2 (dois) a 6 (seis) anos, e multa.

Parágrafo único. Na mesma pena incorra o interventor, o liqüidante ou o síndico que se apropriar de bem abrangido pelo caput deste artigo, ou desviá-lo em proveito próprio ou alheio.

- **Bem jurídico tutelado:** o bem jurídico tutelado pelo tipo (assim como todos os delitos da Lei 7.492/86) é a higidez do sistema financeiro nacional.

- **Sujeito ativo:** o delito tipificado no artigo 13 da Lei 7.492/86 é comum no caput e próprio no parágrafo único (figura equiparada).

- **Sujeito passivo:** a vítima é o Estado. Indiretamente, pode-se falar que eventuais pessoas físicas e jurídicas prejudicadas pela prática delitiva aqui estudada.

- **Análise do tipo:** a conduta proibida no caput é **desviar** bem alcançado pela indisponibilidade legal resultante de intervenção, liquidação extrajudicial ou falência de instituição financeira.

No parágrafo único (figura equiparada), há duas condutas proibidas alternativas: i) a **apropriação**; ou ii) o **desvio**, por parte do interventor, do liquidante ou o síndico, de bem abrangido pelo caput do artigo.

- **Elemento subjetivo:** o crime é doloso (não se admite modalidade culposa). O delito não reclama especial fim de agir.

- **Classificação quanto ao resultado naturalístico:** o crime é material e se consuma com a efetiva apropriação ou desvio, por parte do autor do fato, do bem indisponível (em razão de intervenção, liquidação extrajudicial ou falência de instituição financeira).

- **Ação penal:** pública incondicionada.
- **Sanção penal:** reclusão, de 2 (dois) a 6 (seis) anos, e multa.

O crime tipificado no artigo 13 da Lei 7.492/86 admite acordo de não persecução penal (artigo 28-A do Código de Processo Penal).

- **Competência:** a competência para julgar o crime estudado (assim como todos tipificados na Lei 7.492/86) é da Justiça Federal (inciso VII do artigo 109 da Constituição Federal e artigo 26 do mandamento estudado).

> **Art. 14. Apresentar, em liquidação extrajudicial, ou em falência de instituição financeira, declaração de crédito ou reclamação falsa, ou juntar a elas título falso ou simulado:**
>
> **Pena – Reclusão, de 2 (dois) a 8 (oito) anos, e multa.**
>
> **Parágrafo único. Na mesma pena incorre o ex-administrador ou falido que reconhecer, como verdadeiro, crédito que não o seja.**

- **Bem jurídico tutelado:** o bem jurídico tutelado pelo tipo (assim como todos os delitos da Lei 7.492/86) é a higidez do sistema financeiro nacional.

- **Sujeito ativo:** o delito tipificado no artigo 14 da Lei 7.492/86 é próprio (praticado por uma das pessoas listadas no artigo 25 da Lei 7.492/86).

- **Sujeito passivo:** a vítima é o Estado. Indiretamente, pode-se falar que eventuais pessoas físicas e jurídicas prejudicadas pela prática delitiva aqui estudada.

- **Análise do tipo:** as condutas proibidas alternativas são: i) **apresentar**, em liquidação extrajudicial, ou em falência de instituição financeira, declaração de crédito ou reclamação falsa; ou ii) **juntar**, em liquidação extrajudicial, ou em falência de instituição financeira, título falso ou simulado.

No parágrafo único (figura equiparada), pune-se o ex-administrador ou falido que **reconhecer**, como verdadeiro, crédito que não o seja.

- **Elemento subjetivo:** o crime é doloso (não se admite modalidade culposa). O delito não reclama especial fim de agir.

- **Classificação quanto ao resultado naturalístico:** o crime é formal e se consuma com a prática, pelo autor, de uma das condutas alternativas descritas no tipo (independentemente de causação de prejuízo a outrem).

- **Ação penal:** pública incondicionada.

- **Sanção penal:** reclusão, de 2 (dois) a 8 (oito) anos, e multa.

O crime tipificado no artigo 14 da Lei 7.492/86 admite acordo de não persecução penal (artigo 28-A do Código de Processo Penal).

- **Competência:** a competência para julgar o crime estudado (assim como todos tipificados na Lei 7.492/86) é da Justiça Federal (inciso VII do artigo 109 da Constituição Federal e artigo 26 do mandamento estudado).

> **Art. 15. Manifestar-se falsamente o interventor, o liquidante ou o síndico, (Vetado) à respeito de assunto relativo a intervenção, liquidação extrajudicial ou falência de instituição financeira:**
>
> **Pena – Reclusão, de 2 (dois) a 8 (oito) anos, e multa.**

- **Bem jurídico tutelado:** o bem jurídico tutelado pelo tipo (assim como todos os delitos da Lei 7.492/86) é a higidez do sistema financeiro nacional.

- **Sujeito ativo:** o delito tipificado no artigo 15 da Lei 7.492/86 é próprio (praticado pelo interventor, liquidante ou síndico).

- **Sujeito passivo:** a vítima é o Estado. Indiretamente, pode-se falar que eventuais pessoas físicas e jurídicas prejudicadas pela prática delitiva aqui estudada.

▪ **Análise do tipo:** a conduta proibida é a **manifestação falsa** do interventor, do liquidante ou do síndico, a respeito de assunto relativo a intervenção, liquidação extrajudicial ou falência de instituição financeira.

▪ **Elemento subjetivo:** o crime é doloso (não se admite modalidade culposa). O delito não reclama especial fim de agir.

▪ **Classificação quanto ao resultado naturalístico:** o crime é formal e se consuma com a prática, pelo autor, da conduta proibida descrita no tipo (independentemente de causação de prejuízo a outrem).

▪ **Ação penal:** pública incondicionada.

▪ **Sanção penal:** reclusão, de 2 (dois) a 8 (oito) anos, e multa.

O crime tipificado no artigo 15 da Lei 7.492/86 admite acordo de não persecução penal (artigo 28-A do Código de Processo Penal).

▪ **Competência:** a competência para julgar o crime estudado (assim como todos tipificados na Lei 7.492/86) é da Justiça Federal (inciso VII do artigo 109 da Constituição Federal e artigo 26 do mandamento estudado).

> **Art. 16. Fazer operar, sem a devida autorização, ou com autorização obtida mediante declaração (Vetado) falsa, instituição financeira, inclusive de distribuição de valores mobiliários ou de câmbio:**
>
> **Pena – Reclusão, de 1 (um) a 4 (quatro) anos, e multa.**

▪ **Bem jurídico tutelado:** o bem jurídico tutelado pelo tipo (assim como todos os delitos da Lei 7.492/86) é a higidez do sistema financeiro nacional.

▪ **Sujeito ativo:** trata-se de crime comum (que pode ser cometido por qualquer pessoa).

▪ **Sujeito passivo:** a vítima é o Estado. Indiretamente, pode-se falar que eventuais pessoas físicas e jurídicas prejudicadas pela prática delitiva aqui estudada.

▪ **Análise do tipo:** a conduta proibida é **fazer operar** (fazer funcionar), sem a devida autorização, ou com autorização obtida mediante declaração falsa, instituição financeira, inclusive de distribuição de valores mobiliários ou de câmbio.

Com o fito de atestar a prática do delito aqui estudado, é importante que a autoridade policial requisite ao Banco Central do Brasil informações sobre a existência ou não de autorização para funcionamento da instituição financeira alvo da investigação (já que este é competente para conceder tal autorização, na forma do inciso X do artigo 10 da lei 4.595/64).

Outras diligências investigativas, como levantamento de campo para atestar o funcionamento da instituição, apreensão de propagandas e identificação de "clientes" são vivamente recomendadas.

- **Elemento subjetivo:** o crime é doloso (não se admite modalidade culposa). O delito não reclama especial fim de agir.

- **Classificação quanto ao resultado naturalístico:** o crime é formal e se consuma com o funcionamento (início das atividades) da instituição financeira sem a devida autorização ou com autorização obtida mediante declaração falsa (independentemente de causação de prejuízo a outrem).

Trata-se de crime permanente, sendo possível prender em flagrante delito o autor do fato se a instituição financeira em situação irregular estiver em pleno funcionamento no momento da abordagem. Nesse sentido, julgado do Tribunal Regional Federal da 4ª Região (o Areópago, contudo, entende que o crime aqui estudado é de mera conduta e não formal, como acima defendido – grifo meu):

> DIREITO PENAL E PROCESSUAL. CRIME CONTRA O SISTEMA FINANCEIRO NACIONAL. ART.16 C/C ART. 1°, II, DA LEI N° 7.492/86. FAZER OPERAR SEM A DEVIDA AUTORIZAÇÃO, INSTITUIÇÃO FINANCEIRA. TIPICIDADE. CRIME PERMANENTE E DE MERA CONDUTA. OPERAÇÃO ESQUIFE. REALIZAÇÃO DE CÂMBIO ILEGAL POR PESSOAS FÍSICAS. PROVAS. ERRO DE PROIBIÇÃO. ART. 21 DO CP. INOCORRÊNCIA. CONDENAÇÃO DE 06 ACUSADOS. MEDIDA IMPOSITIVA. DOSIMETRIA. EXAME. PENA NO MÍNIMO LEGAL. RESTRITIVAS DE DIREITOS. AFASTAMENTO DA PRESTAÇÃO PECUNIÁRIA. APLICAÇÃO DA REGRA DO ART. 44, § 2° DO CP. EXECUÇÃO PROVISÓRIA DA PENA. POSSIBILIDADE. 1. O objetivo do tipo penal descrito no art. 16 da Lei 7.492/86 é o de proteger a higidez do Sistema Financeiro Nacional, rechaçando a atuação de instituições financeiras no País que não tenham a prévia autorização do Banco Central para funcionar. Assim, independentemente do efetivo

prejuízo causado pela conduta dos agentes, a Lei nº 7.492/86 tem como objetivo primário a proteção do sistema financeiro nacional, mas não pode ignorar a confiança depositada nas operações praticadas pelas instituições financeiras, protegendo-as, ainda que secundariamente. 2. A fraude requerida pelo tipo diz respeito à licença a que se referem os arts. 10, inciso X, "d", e 18 da Lei nº 4.595/64, ou seja, a autorização prévia de funcionamento concedida pelo Banco Central do Brasil às instituições financeiras. **3. É crime de mera conduta e de natureza permanente, na medida em que a execução se alonga no tempo, supondo a reiteração com habitualidade da conduta proibida, ou seja; basta tão somente que o agente se faça passar como instituição financeira clandestina com o fito de realizar operações de captação ou administração de seguros, câmbio, consórcio, capitalização ou qualquer tipo de poupança, ou recursos de terceiros, sem a devida autorização dos órgãos competentes.** 4. Esta Corte já firmou o entendimento de que a pessoa física pode equiparar-se à instituição financeira quando houver captação, intermediação ou aplicação de recursos financeiros de terceiros, ainda que de forma eventual. 5. Para a configuração do tipo penal inserto no art. 16 da LCSFN não há necessidade de que o agente ou grupo de pessoas possuam estabelecimento físico (*commerciun locus*) onde façam funcionar instituição financeira desautorizada. Nos tempos modernos, registre-se, até pelo meio virtual (internet) é possível a implementação de uma atividade similar à margem da lei. 5. No caso concreto, após longo período de tempo de atividade investigatória no bojo da Operação Esquife foram colhidos diversos elementos probatórios, tais como interceptações telefônicas, filmagens e prisão em flagrante, apontando que alguns dos réus desta ação penal, efetivamente fizeram operar instituição financeira sem a devida autorização com a conduta de realizar câmbio ilegal de moeda estrangeira e nacional na cidade de Uruguaiana/RS. 6. O argumento defensivo de fragilidade da prova indiciária mostra-se improcedente, porquanto mediante o crivo judicial conjugado das interceptações telefônicas, filmagens e dos testemunhos prestados sob o contraditório, restaram sobejamente comprovadas a materialidade delitiva, autoria e dolo no tocante a seis dos denunciados. 7. O agente incorre no erro de proibição, quando faz um juízo equivocado sobre aquilo que lhe é permitido fazer na vida em sociedade. 8. No caso dos autos, é inadmissível que os réus acreditassem ser lícita, a costumeira atividade de fazer câmbio ilegal como pessoa física. Afasta-se, portanto, a tese de erro de proibição, quando exsurge dos autos que a despeito das constantes notícias veiculadas pelos órgãos de comunicação a respeito de pessoas que são presas por fazer operar instituição financeira ao arrepio da legislação, ficou comprovado que seis dos réus participaram ativamente durante aproximadamente dois anos na operação de aparato típico ao de uma instituição

> financeira. 9. Em reexame das provas solicitado pelo Ministério Público em relação às condutas de dois recorridos, constata-se ser imperiosa a sua condenação, pois efetivamente fizeram operar de forma desautorizada instituição financeira por equiparação, ao realizar câmbio de numerário nacional e estrangeiro na cidade de Uruguaiana/RS no período indicado na denúncia. 10. Dosimetria. Apenamento de 04 (quatro) corréus mantido nos termos operados no primeiro grau, uma vez que, em estrita obediência ao disposto no art. 68 do Código Penal, o ilustre julgador singular devidamente fundamentou e individualizou todas as etapas da dosimetria, tendo fixado as privativas de liberdade e multa nos termos do estabelecido no estatuto Repressivo. 11. As sanções corporais foram corretamente substituídas por restritivas de direitos, afastando-se nesta instância a prestação pecuniária, no tocante a um dos réus, em face da previsão contida no art. 44, § 2° do CP. 12. Execução provisória da pena autorizada, conforme entendimento firmado pelo STF (HC 126.292). Súmula 122 TRF4. (TRF4, ACR 5025721-66.2014.4.04.7100, Sétima Turma, Relatora Salise Monteiro Sanchotene, juntado aos autos em 14/09/2017).

O Tribunal Regional Federal da 5ª Região também entende que o crime aqui estudado é permanente (transcrevo apenas parte da ementa – grifo meu):

> (...) 1. **Nos crimes permanentes, como o do artigo 16 da Lei n.° 7.492/86**, o prolongamento no tempo do momento da consumação é inerente ao próprio tipo penal, não podendo ser utilizado para exasperar a pena-base. Da mesma forma, verifica-se que a manutenção em erro dos possíveis clientes da instituição financeira é resultado lógico da conduta, razão pela qual não pode caracterizar circunstância desfavorável ao réu. (...) (TRF5, Processo: 00101337120114058300, Apelação Criminal, Desembargador Federal Leonardo Augusto Nunes Coutinho (Convocado), 4ª Turma, Julgamento: 08/05/2018, publicação: 18/05/2018).

- **Compatibilidade dos crimes dos artigos 5º e 16 da Lei 7.492/86:** o Superior Tribunal de Justiça entende que há compatibilidade na imputação conjunta dos crimes tipificados nos artigos 5º e 16 da Lei 7.492/86:

> RECURSO ESPECIAL. DIREITO PENAL. SISTEMA FINANCEIRO NACIONAL. ART. 5° DA LEI N. 7.492/1986. APROPRIAÇÃO INDÉBITA E DESVIO. CONSÓRCIO. SOCIEDADE EM CONTA DE PARTICIPAÇÃO. ATUAÇÃO NO SISTEMA FINANCEIRO NACIONAL SEM AUTORIZAÇÃO PELO BACEN. FATO TÍPICO. COMPATIBILIDADE COM O CRIME DE OPERAÇÃO DE INSTITUIÇÃO FINANCEIRA SEM AUTORIZAÇÃO. ART. 16 DA LEI N. 7.492/1986. I – O recorrido operou sociedade em conta de participação, cujo objeto social consistia

> na formação de um fundo financeiro coletivo destinado a compra, reforma ou construção de imóveis. O recorrido, como sócio ostensivo, em nome próprio e sob sua própria e exclusiva responsabilidade, captava clientes (sócios participantes ou ocultos), os quais, após o pagamento mensal de aproximadamente 6 (seis) parcelas, seriam contemplados, sem sorteio, com uma carta de crédito para aquisição do bem ou serviço pretendido. Centenas de clientes pagaram boletos bancários emitidos em favor da sociedade sem jamais receberem qualquer contrapartida. II – O delito previsto no art. 5° da Lei 7.492/1986 não pressupõe, como elemento normativo do tipo legal, a atuação do agente, no mercado financeiro pátrio, na qualidade de instituição financeira formal e materialmente constituída. Doutrina. Precedentes III – O art. 1° da Lei 7.492/86 explicita interpretação legislativa que confere espectro amplo ao conceito de "instituição financeira" para fins penais e, em especial, para os delitos contra o Sistema Financeiro Nacional. IV – São consideradas instituição financeira as pessoas física ou jurídica que exercem, de forma habitual ou não, ainda que à margem do controle do Banco Central, as atividades de consórcio, seguros, poupanças, investimentos, entre outras. Conceito restritivo, que limite a aplicação da norma penal apenas a pessoas jurídicas autorizadas pelo Banco Central, deixa de fora grande número de situações de risco ou lesões ao bem jurídico tutelado. V – Por conferir maior grau de proteção ao bem jurídico tutelado e por se encontrar em consonância com precedentes do STF e do STJ, conclui-se pela tipicidade da conduta do recorrido, nos termos do art. 5°, caput, da Lei 7.492/86. VI – No âmbito da instituição que opere no mercado sem a autorização do Banco Central podem ocorrer outros crimes financeiros, em concurso formal ou material. Afastar os demais crimes porque o funcionamento da instituição não se dá de forma regular caracteriza privilégio àqueles que atuam à margem da legalidade. Os tipos penais do art. 5° e 16 da Lei 7.492/86 não são incompatíveis entre si, pois, enquanto o art. 5° diz respeito à confiança dos negócios praticados no Sistema Financeiro, o art. 16 trata do funcionamento irregular, a fim de desestimular a proliferação de pessoas que atuam sem a devida autorização. Doutrina. Precedentes. Recurso especial provido (REsp 1536393/PR, Rel. Ministro Felix Fischer, Quinta Turma, julgado em 07/11/2017, DJe 13/11/2017).

- **Ação penal:** pública incondicionada.
- **Sanção penal:** reclusão, de 1 (um) a 4 (quatro) anos, e multa.

O crime tipificado no artigo 16 da Lei 7.492/86 admite suspensão condicional do processo (artigo 89 da Lei 9.099/95), fiança arbitrada pela autoridade policial (artigo 322 do CPP) e acordo de não persecução penal (artigo 28-A do Código de Processo Penal).

- **Competência:** a competência para julgar o crime estudado (assim como todos tipificados na Lei 7.492/86) é da Justiça Federal (inciso VII do artigo 109 da Constituição Federal e artigo 26 do mandamento estudado).

> **Art. 17. Tomar ou receber crédito, na qualidade de qualquer das pessoas mencionadas no art. 25, ou deferir operações de crédito vedadas, observado o disposto no art. 34 da Lei nº 4.595, de 31 de dezembro de 1964:**
>
> **Pena – Reclusão, de 2 (dois) a 6 (seis) anos, e multa.**
>
> **Parágrafo único. Incorre na mesma pena quem:**
>
> **I – em nome próprio, como controlador ou na condição de administrador da sociedade, conceder ou receber adiantamento de honorários, remuneração, salário ou qualquer outro pagamento, nas condições referidas neste artigo;**
>
> **II – de forma disfarçada, promover a distribuição ou receber lucros de instituição financeira.**

- **Bem jurídico tutelado:** o bem jurídico tutelado pelo tipo (assim como todos os delitos da Lei 7.492/86) é a higidez do sistema financeiro nacional.

- **Sujeito ativo:** o delito tipificado no artigo 17 da Lei 7.492/86 é próprio (praticado por uma das pessoas listadas no artigo 25 da Lei 7.492/86).

- **Sujeito passivo:** a vítima é o Estado. Indiretamente, pode-se falar que eventuais pessoas físicas e jurídicas prejudicadas pela prática delitiva aqui estudada.

- **Análise do tipo:** Gabriel Habib[3] ressalta que a intenção do legislador foi "impedir qualquer espécie de simulação em relação às pessoas do art. 25 e a instituição financeira, tendo em vista que essa simulação poderia resultar em um desvio de ativos da instituição financeira".

As condutas proibidas alternativas (o tipo é misto) são: i) **tomar** (que significa contrair) crédito; ii) **receber** crédito; ou iii) **deferir** operações de

---

3. HABIB, Gabriel. Op. cit. p. 1043.

crédito vedadas. O tipo pune, nesta toada, as pessoas listadas no artigo 25 da Lei 7.492/86 (trata-se de crime próprio) que tomam ou recebem crédito na instituição financeira ou que deferem (autorizam) operações de crédito vedadas (vide artigo 34 da Lei 4.595/64[4]).

---

4. Art. 34. É vedado às instituições financeiras realizar operação de crédito com a parte relacionada.
I – (revogado);
II – (revogado);
III -(revogado);
IV – (revogado);
V – (revogado);
§ 1º (Revogado).
§ 2º (Revogado).
§ 3º Considera-se parte relacionada à instituição financeira, para efeitos deste artigo:
I – seus controladores, pessoas físicas ou jurídicas, nos termos do art. 116 da Lei nº 6.404, de 15 de dezembro de 1976;
II – seus diretores e membros de órgãos estatutários ou contratuais;
III – o cônjuge, o companheiro e os parentes, consanguíneos ou afins, até o segundo grau, das pessoas mencionadas nos incisos I e II deste parágrafo;
IV – as pessoas físicas com participação societária qualificada em seu capital; e
V – as pessoas jurídicas:
a) com participação qualificada em seu capital;
b) em cujo capital, direta ou indiretamente, haja participação societária qualificada;
c) nas quais haja controle operacional efetivo ou preponderância nas deliberações, independentemente da participação societária; e
d) que possuírem diretor ou membro de conselho de administração em comum.
§ 4º Excetuam-se da vedação de que trata o caput deste artigo, respeitados os limites e as condições estabelecidos em regulamentação:
I – as operações realizadas em condições compatíveis com as de mercado, inclusive quanto a limites, taxas de juros, carência, prazos, garantias requeridas e critérios para classificação de risco para fins de constituição de provisão para perdas prováveis e baixa como prejuízo, sem benefícios adicionais ou diferenciados comparativamente às operações deferidas aos demais clientes de mesmo perfil das respectivas instituições;
II – as operações com empresas controladas pela União, no caso das instituições financeiras públicas federais;
III – as operações de crédito que tenham como contraparte instituição financeira integrante do mesmo conglomerado prudencial, desde que contenham cláusula contratual de subordinação, observado o disposto no inciso V do art. 10 desta Lei, no caso das instituições financeiras bancárias;
IV – os depósitos interfinanceiros regulados na forma do inciso XXXII do caput do art. 4º desta Lei;
V – as obrigações assumidas entre partes relacionadas em decorrência de responsabilidade imposta a membros de compensação e demais participantes de câmaras ou prestadores de serviços de compensação e de liquidação autorizados pelo Banco Central do Brasil ou pela Comissão de Valores Mobiliários e suas respectivas contrapartes em operações conduzidas no âmbito das referidas câmaras ou prestadores de serviços; e
VI – os demais casos autorizados pelo Conselho Monetário Nacional.
§ 5º Considera-se também realizada com parte relacionada qualquer operação que caracterize negócio indireto, simulado ou mediante interposição de terceiro, com o fim de realizar operação vedada nos termos deste artigo.

Há figuras equiparadas (parágrafo único) relacionadas: i) ao controlador ou administrador da sociedade que, em nome próprio, **conceder** ou **receber** adiantamento de honorários, remuneração, salário ou qualquer outro pagamento nas condições referidas no artigo; ou ii) de forma disfarçada, **promover** a distribuição ou **receber** lucros de instituição financeira.

O objetivo é o mesmo do caput: evitar simulações que desviem ativos da instituição financeira.

- **Elemento subjetivo:** o crime é doloso (não se admite modalidade culposa). O delito não reclama especial fim de agir.

- **Classificação quanto ao resultado naturalístico:** o crime é formal e se consuma com a prática de uma das condutas proibidas listadas no tipo (independentemente de causação de prejuízo a outrem).

- **Ação penal:** pública incondicionada.

- **Sanção penal:** reclusão, de 2 (dois) a 6 (seis) anos, e multa.

O crime tipificado no artigo 17 da Lei 7.492/86 admite acordo de não persecução penal (artigo 28-A do Código de Processo Penal).

- **Competência:** a competência para julgar o crime estudado (assim como todos tipificados na Lei 7.492/86) é da Justiça Federal (inciso VII do artigo 109 da Constituição Federal e artigo 26 do mandamento estudado).

> **Art. 18. Violar sigilo de operação ou de serviço prestado por instituição financeira ou integrante do sistema de distribuição de títulos mobiliários de que tenha conhecimento, em razão de ofício:**
>
> **Pena – Reclusão, de 1 (um) a 4 (quatro) anos, e multa.**

- **Revogação tácita:** o crime aqui estudado foi tacitamente revogado pelo artigo 10 da Lei Complementar 105/01:

> Art. 10. A quebra de sigilo, fora das hipóteses autorizadas nesta Lei Complementar, constitui crime e sujeita os responsáveis à pena

§ 6º O Conselho Monetário Nacional disciplinará o disposto neste artigo, inclusive a definição de operação de crédito, de limites e de participação qualificada.

de reclusão, de um a quatro anos, e multa, aplicando-se, no que couber, o Código Penal, sem prejuízo de outras sanções cabíveis.

Parágrafo único. Incorre nas mesmas penas quem omitir, retardar injustificadamente ou prestar falsamente as informações requeridas nos termos desta Lei Complementar.

Art. 19. Obter, mediante fraude, financiamento em instituição financeira:

Pena – Reclusão, de 2 (dois) a 6 (seis) anos, e multa.

Parágrafo único. A pena é aumentada de 1/3 (um terço) se o crime é cometido em detrimento de instituição financeira oficial ou por ela credenciada para o repasse de financiamento.

- **Bem jurídico tutelado:** o bem jurídico tutelado pelo tipo (assim como todos os delitos da Lei 7.492/86) é a higidez do sistema financeiro nacional.

- **Sujeito ativo:** trata-se de crime comum (pode ser perpetrado por qualquer pessoa).

- **Sujeito passivo:** a vítima é o Estado e a instituição financeira lesada.

- **Análise do tipo:** a conduta proibida no tipo é **obter** (alcançar), mediante fraude, financiamento em instituição financeira.

Segundo Gabriel Habib, financiamento é modalidade de empréstimo com vinculação específica ao custeio de algo determinado (declarado no contrato que o concede). Se houve fraude, mas o empréstimo não conta com essa finalidade específica (crédito consignado, empréstimo pessoal, dentre outros), o crime perpetrado pelo agente será o de estelionato (artigo 171 do Código Penal). Eis julgado do Superior Tribunal de Justiça nesse sentido (ressaltando, ainda, a inadmissibilidade de princípio da insignificância em relação aos crimes contra o sistema financeiro nacional):

> AGRAVO REGIMENTAL NO AGRAVO EM RECURSO ESPECIAL. CRIMES CONTRA O SISTEMA FINANCEIRO NACIONAL. FINANCIAMENTO FRAUDULENTO. ART. 19 DA LEI N. 7.492/86. 1) PRINCÍPIO DA INSIGNIFICÂNCIA. INAPLICABILIDADE. 2) DESCLASSIFICAÇÃO PARA O DELITO DO ART. 171 DO CÓDIGO PENAL – CP. DESCABIDO PARA FINANCIAMENTO INCONTROVERSO. 3) AGRAVO REGIMENTAL DESPROVIDO. 1. "Firmou-se a jurisprudência desta Corte no sentido de que inaplicável o princípio da insignificância aos crimes contra o sistema financeiro, tendo em vista a necessidade

de maior proteção à sua estabilidade e higidez (AgRg no AREsp 975.414/TO, Rel. Ministro SEBASTIÃO REIS JÚNIOR, SEXTA TURMA, DJe 30/05/2017). Precedentes" (REsp 1580638/RS, Rel. Ministro NEFI CORDEIRO, SEXTA TURMA, julgado em 22/8/2017, DJe 31/8/2017). 2. "Em outras palavras, se a fraude é praticada para a obtenção de qualquer tipo de empréstimo, a conduta caracteriza o delito de estelionato; todavia, se a fraude é destinada ao específico objetivo de obtenção de financiamento se está diante do crime contra o sistema financeiro nacional. Precedentes" (AgRg no CC 151.973/MG, Rel. Ministro RIBEIRO DANTAS, TERCEIRA SEÇÃO, julgado em 8/8/2018, DJe 15/8/2018). 2.1. No caso concreto, sendo incontroverso que houve obtenção de financiamento para aquisição de veículo, descabida a desclassificação para o delito do art. 171 do CP. 3. Agravo regimental desprovido (AgRg no AREsp 1717393/MS, Rel. Ministro Joel Ilan Paciornik, Quinta Turma, julgado em 04/05/2021, DJe 07/05/2021).

Eis mais um julgado nesse sentido (grifo meu):

PROCESSO PENAL. AGRAVO REGIMENTAL NO CONFLITO DE COMPETÊNCIA. JUSTIÇA FEDERAL X JUSTIÇA ESTADUAL. ESTELIONATO OU CRIME CONTRA O SISTEMA FINANCEIRO. NÃO CARACTERIZAÇÃO, NESTE MOMENTO PROCESSUAL, DE CRIME FEDERAL. FRAUDE BANCÁRIA. CONDUTA PRATICADA SEM DESTINAÇÃO ESPECÍFICA DE OBTENÇÃO DE FINANCIAMENTO. AGRAVO NÃO PROVIDO. 1. No caso em exame, trata-se "de representação criminal aforada pelo Banco do Brasil S/A, por meio da qual comunica a suposta prática dos crimes previstos nos artigos 171, caput, 298 e 299, todos do Código Penal. Segundo consta, a representada Josy Aparecida Prado, usando documentos de clientes do Banco do Brasil, forjou contratos para obtenção de recursos do PRONAF – Programa Nacional de Fortalecimento da Agricultura Familiar". **2. Há muito firmou-se jurisprudência nesta Corte Superior acerca do tema, consolidando o entendimento de que "Para configurar o crime contra o Sistema Financeiro Nacional, previsto no art. 19 da Lei n° 7.492/1986, é preciso que o agente obtenha, mediante fraude, financiamento em instituição financeira, contrato que tem como característica o fato de possuir destinação específica, vinculado à comprovação da aplicação dos recursos, diferente do que ocorre com o empréstimo pessoal. Precedentes." (CC 119.304/SE, Rel. Ministro MARCO AURÉLIO BELLIZZE, TERCEIRA SEÇÃO, DJe 04/12/2012). 3. Em outras palavras, se a fraude é praticada para a obtenção de qualquer tipo de empréstimo, a conduta caracteriza o delito de estelionato; todavia, se a fraude é destinada ao específico objetivo de obtenção de financiamento se está diante do crime contra o sistema financeiro nacional. Precedentes.** 4. No caso em exame, a conduta ora investigada, neste momento processual, não se amolda inequivocamente a crime contra o Sistema Financeiro Nacional. 5. Agravo regimental não provido (AgRg no CC 151.973/MG, Rel. Ministro Ribeiro Dantas, Terceira Seção, julgado em 08/08/2018, DJe 15/08/2018).

- **Elemento subjetivo:** o crime é doloso (não se admite modalidade culposa). O delito não reclama especial fim de agir.
- **Classificação quanto ao resultado naturalístico:** o crime é material e se consuma com a obtenção, mediante fraude, do financiamento.
- **Causa de aumento de pena:** o parágrafo único do artigo estudado encerra majorante (aumento de 1/3) se o crime é cometido em detrimento de instituição financeira oficial ou por ela credenciada para o repasse de financiamento.
- **Ação penal:** pública incondicionada.
- **Sanção penal:** reclusão, de 2 (dois) a 6 (seis) anos, e multa.

O crime tipificado no artigo 19 da Lei 7.492/86 admite acordo de não persecução penal (artigo 28-A do Código de Processo Penal).

- **Competência:** a competência para julgar o crime estudado (assim como todos tipificados na Lei 7.492/86) é da Justiça Federal (inciso VII do artigo 109 da Constituição Federal e artigo 26 do mandamento estudado).

Art. 20. Aplicar, em finalidade diversa da prevista em lei ou contrato, recursos provenientes de financiamento concedido por instituição financeira oficial ou por instituição credenciada para repassá-lo:

Pena – Reclusão, de 2 (dois) a 6 (seis) anos, e multa.

- **Bem jurídico tutelado:** o bem jurídico tutelado pelo tipo (assim como todos os delitos da Lei 7.492/86) é a higidez do sistema financeiro nacional.
- **Sujeito ativo:** trata-se de crime comum (pode ser perpetrado por qualquer pessoa).
- **Sujeito passivo:** a vítima é o Estado e a instituição financeira lesada.
- **Análise do tipo:** a conduta proibida no tipo é **aplicar** em finalidade diversa da prevista em lei ou contrato, recursos provenientes de

financiamento concedido por instituição financeira oficial ou por instituição credenciada para repassá-lo.

No tipo estudado, não há fraude na obtenção do financiamento (que é obtido regularmente). A fraude ocorre depois, com a aplicação do numerário concedido (que é empregado em finalidade diversa da contratualmente estipulada).

- **Elemento subjetivo:** o crime é doloso (não se admite modalidade culposa). O delito não reclama especial fim de agir.
- **Classificação quanto ao resultado naturalístico:** o crime é material e se consuma com a aplicação dos recursos obtidos com o financiamento em finalidade diversa da contratualmente estipulada.
- **Ação penal:** pública incondicionada.
- **Sanção penal:** reclusão, de 2 (dois) a 6 (seis) anos, e multa.

O crime tipificado no artigo 20 da Lei 7.492/86 admite acordo de não persecução penal (artigo 28-A do Código de Processo Penal).

- **Competência:** a competência para julgar o crime estudado (assim como todos tipificados na Lei 7.492/86) é da Justiça Federal (inciso VII do artigo 109 da Constituição Federal e artigo 26 do mandamento estudado).

Art. 21. Atribuir-se, ou atribuir a terceiro, falsa identidade, para realização de operação de câmbio:

Pena – Detenção, de 1 (um) a 4 (quatro) anos, e multa.

Parágrafo único. Incorre na mesma pena quem, para o mesmo fim, sonega informação que devia prestar ou presta informação falsa.

- **Bem jurídico tutelado:** o bem jurídico tutelado pelo tipo (assim como todos os delitos da Lei 7.492/86) é a higidez do sistema financeiro nacional.
- **Sujeito ativo:** trata-se de crime comum (pode ser perpetrado por qualquer pessoa).
- **Sujeito passivo:** a vítima é o Estado e eventuais lesados pela operação de câmbio.

- **Análise do tipo:** as condutas alternativas proibidas no tipo são: i) **atribuir-se**; ou ii) **atribuir a terceiro,** falsa identidade, para realização de operação de câmbio.

O crime estudado é especial em relação ao crime de falsa identidade, tipificado no artigo 307 do Código Penal.

Há figura equiparada (parágrafo único) relacionada a quem, para o mesmo fim (operação de câmbio): i) **sonega** informação que devia prestar (crime omissivo próprio); ou ii) **presta** informação falsa (crime comissivo). A figura equiparada é especial em relação ao crime de falsidade ideológica (artigo 299 do Código Penal).

- **Elemento subjetivo:** o crime é doloso (não se admite modalidade culposa). O delito reclama especial fim de agir, posto que a conduta proibida deve ser perpetrada para realização de operação de câmbio.

- **Classificação quanto ao resultado naturalístico:** o crime é formal e se consuma com a prática de uma das condutas alternativas descritas no tipo (independentemente da materialização efetiva da operação de câmbio pretendida ou de obtenção de vantagem).

- **Ação penal:** pública incondicionada.
- **Sanção penal:** detenção, de 1 (um) a 4 (quatro) anos, e multa.

O crime tipificado no artigo 21 da Lei 7.492/86 admite suspensão condicional do processo (artigo 89 da Lei 9.099/95), fiança arbitrada pela autoridade policial (artigo 322 do Código de Processo Penal) e acordo de não persecução penal (artigo 28-A do Código de Processo Penal).

- **Competência:** a competência para julgar o crime estudado (assim como todos tipificados na Lei 7.492/86) é da Justiça Federal (inciso VII do artigo 109 da Constituição Federal e artigo 26 do mandamento estudado).

Art. 22. Efetuar operação de câmbio não autorizada, com o fim de promover evasão de divisas do País:

Pena – Reclusão, de 2 (dois) a 6 (seis) anos, e multa.

Parágrafo único. Incorre na mesma pena quem, a qualquer título, promove, sem autorização legal, a saída de moeda ou divisa para o exterior, ou nele mantiver depósitos não declarados à repartição federal competente.

- **Bem jurídico tutelado:** o bem jurídico tutelado pelo tipo (assim como todos os delitos da Lei 7.492/86) é a higidez do sistema financeiro nacional.

- **Sujeito ativo:** trata-se de crime comum (pode ser perpetrado por qualquer pessoa).

- **Sujeito passivo:** a vítima é o Estado.

- **Análise do tipo:** a conduta proibida no tipo é **efetuar** operação de câmbio não autorizada, com o fim de promover evasão de divisas do País.

Há figura equiparada (parágrafo único) relacionada a quem, a qualquer título: i) **promove**, sem autorização legal, a saída de moeda ou divisa para o exterior; ou ii) nele **mantém** depósitos não declarados à repartição federal competente.

- **Elemento subjetivo:** o crime é doloso (não se admite modalidade culposa). O delito reclama especial fim de agir, posto que a conduta proibida deve ser perpetrada para promover evasão de divisas.

- **Classificação quanto ao resultado naturalístico:** o crime é formal e se consuma com a prática de uma das condutas alternativas descritas no tipo – *caput* ou figura equiparada – independentemente da saída das divisas do país ou da obtenção de qualquer vantagem.

- **Princípio da insignificância (inaplicabilidade):** não é possível aplicar ao delito em testilha o princípio da insignificância – informativo 578/STJ:

> **Nos casos de evasão de divisas praticada mediante operação do tipo "dólar-cabo", não é possível utilizar o valor de R$ 10 mil como parâmetro para fins de aplicação do princípio da insignificância.** Conforme entendimento adotado pelo STF na AP 470, as transações conhecidas como operações "dólar-cabo" – nas quais são efetuados pagamentos em reais no Brasil, com o objetivo de disponibilizar, por meio de quem recebe tal pagamento, o respectivo montante em moeda estrangeira no exterior – preenchem os elementos do delito de evasão de divisas, na forma do art. 22, parágrafo único, primeira parte, da Lei n. 7.492/1986, que tipifica a conduta daquele que, "a qualquer título, promove, sem autorização legal, a saída de moeda ou divisa para o exterior". As regras que disciplinam a transferência internacional de valores – e que, portanto, estabelecem o significado de saída de divisa ou moeda sem autorização legal – são diversas

em relação à saída física e à saída eletrônica. Para bem compreender tais diferenças, transcreve-se integralmente o art. 65 da Lei n. 9.069/1995, com a redação vigente à época dos fatos: "Art. 65. O ingresso no País e a saída do País, de moeda nacional e estrangeira serão processados exclusivamente através de transferência bancária, cabendo ao estabelecimento bancário a perfeita identificação do cliente ou do beneficiário. § 1º Excetua-se do disposto no *caput* deste artigo o porte, em espécie, dos valores: I – quando em moeda nacional, até R$ 10.000,00 (dez mil reais); II – quando em moeda estrangeira, o equivalente a R$ 10.000,00 (dez mil reais); III – quando comprovada a sua entrada no País ou sua saída do País, na forma prevista na regulamentação pertinente. § 2º O Conselho Monetário Nacional, segundo diretrizes do Presidente da República, regulamentará o disposto neste artigo, dispondo, inclusive, sobre os limites e as condições de ingresso no País e saída do País da moeda nacional. § 3º A não observância do contido neste artigo, além das sanções penais previstas na legislação específica, e após o devido processo legal, acarretará a perda do valor excedente dos limites referidos no § 1º deste artigo, em favor do Tesouro Nacional". O referido dispositivo excetua apenas o porte, em espécie, do valor de até R$ 10 mil ou o equivalente em moeda estrangeira, além de remeter ao estabelecimento de outras hipóteses, na forma prevista na regulamentação pertinente. Assim, não prospera a tese de que deve ser considerado atípico o envio de moeda ou divisas ao exterior se o volume de cada operação não exceder a R$ 10 mil. Isso porque, em primeiro lugar, ressalvada a hipótese do porte de valores em espécie, o ingresso no país e a saída do país, de moeda nacional e estrangeira "serão processados exclusivamente através de transferência bancária, cabendo ao estabelecimento bancário a perfeita identificação do cliente ou do beneficiário" (art. 65, *caput*, da Lei n. 9.069/1995). Ou seja, a legislação excepcionou, em relação ao valor inferior a R$ 10 mil (ou seu equivalente em moeda estrangeira), apenas a saída física de moeda. No caso de transferência eletrônica, saída meramente escritural da moeda, a lei exige, de forma exclusiva, o processamento através do sistema bancário, com perfeita identificação do cliente ou beneficiário. Além disso, no caso da transferência clandestina internacional, por meio de operações do tipo "dólar-cabo" ou equivalente, existe uma facilidade muito grande na realização de centenas ou até milhares de operações fragmentadas sequenciais. É muito mais simples do que a transposição física, por diversas vezes, das fronteiras do país com valores inferiores a R$ 10 mil. Admitir a atipicidade das operações do tipo "dólar-cabo" com valores inferiores a R$ 10 mil é fechar a janela, mas deixar a porta aberta para a saída clandestina de divisas **(REsp 1.535.956-RS, Rel. Min. Maria Thereza de Assis Moura, julgado em 1/3/2016, DJe 9/3/2016).**

- **Dólar-cabo:** trata-se de uma das formas de perpetrar o crime de evasão de divisas. Nesse cenário, há entrega de dinheiro ao doleiro, que deposita o valor equivalente no exterior – não há saída física do dinheiro, mas meramente escritural.

- **Ação penal:** pública incondicionada.

- **Sanção penal:** reclusão, de 2 (dois) a 6 (seis) anos, e multa.

O crime tipificado no artigo 22 da Lei 7.492/86 admite acordo de não persecução penal (artigo 28-A do Código de Processo Penal).

- **Competência:** a competência para julgar o crime estudado (assim como todos tipificados na Lei 7.492/86) é da Justiça Federal (inciso VII do artigo 109 da Constituição Federal e artigo 26 do mandamento estudado).

Art. 23. Omitir, retardar ou praticar, o funcionário público, contra disposição expressa de lei, ato de ofício necessário ao regular funcionamento do sistema financeiro nacional, bem como a preservação dos interesses e valores da ordem econômico-financeira:

Pena – Reclusão, de 1 (um) a 4 (quatro) anos, e multa.

- **Bem jurídico tutelado:** o bem jurídico tutelado pelo tipo (assim como todos os delitos da Lei 7.492/86) é a higidez do sistema financeiro nacional.

- **Sujeito ativo:** trata-se de crime próprio (só pode ser praticado por funcionário público).

- **Sujeito passivo:** a vítima é o Estado e eventuais lesados pela prática delitiva.

- **Análise do tipo:** as condutas alternativas proibidas no tipo são: i) **omitir** (crime omissivo próprio); ii) **retardar** (crime omissivo próprio); ou iii) **praticar** (crime comissivo), o funcionário público, contra disposição expressa de lei, ato de ofício necessário ao regular funcionamento do sistema financeiro nacional, bem como a preservação dos interesses e valores da ordem econômico-financeira.

Trata-se de crime especial em relação ao delito de prevaricação (tipificado no artigo 319 do Código Penal).

- **Elemento subjetivo:** o crime é doloso (não se admite modalidade culposa). O delito não reclama especial fim de agir.

- **Classificação quanto ao resultado naturalístico:** o crime é formal e se consuma com a prática de uma das condutas alternativas descritas no tipo (independentemente de qualquer consequência lesiva a terceiro).

- **Ação penal:** pública incondicionada.

- **Sanção penal:** reclusão, de 1 (um) a 4 (quatro) anos, e multa.

O crime tipificado no artigo 23 da Lei 7.492/86 admite suspensão condicional do processo (artigo 89 da Lei 9.099/95), fiança arbitrada pela autoridade policial (artigo 322 do Código de Processo Penal) e acordo de não persecução penal (artigo 28-A do Código de Processo Penal).

- **Competência:** a competência para julgar o crime estudado (assim como todos tipificados na Lei 7.492/86) é da Justiça Federal (inciso VII do artigo 109 da Constituição Federal e artigo 26 do mandamento estudado).

Art. 24. (VETADO).

Art. 25. São penalmente responsáveis, nos termos desta lei, o controlador e os administradores de instituição financeira, assim considerados os diretores, gerentes (Vetado).

§ 1° Equiparam-se aos administradores de instituição financeira (Vetado) o interventor, o liquidante ou o síndico.

§ 2° Nos crimes previstos nesta Lei, cometidos em quadrilha ou coautoria, o coautor ou partícipe que através de confissão espontânea revelar à autoridade policial ou judicial toda a trama delituosa terá a sua pena reduzida de um a dois terços.

- **Sujeitos ativos dos crimes tipificados na Lei 7.492/86:** o presente artigo revela os possíveis sujeitos ativos dos delitos estudados.

- **Denúncia em crime societário:** a denúncia em crimes societários (crimes de gabinete) não pode ser genérica (há necessidade de, ao menos, **nexo de imputação** que possibilite exercício do contraditório e da ampla defesa).

Nexo de imputação, segundo Gabriel Habib, quer dizer "a vinculação mínima entre a conduta do agente e o delito praticado, que significa descrever como o agente concorreu para a prática do delito"[5].

▪ **Causa de diminuição de pena:** existe possibilidade negocial no § 2º do artigo 25 da Lei 7.492/86 caso o crime seja cometido em associação criminosa (a lei ainda fala "quadrilha") ou coautoria e o coautor ou partícipe, por meio de confissão espontânea, revele à autoridade policial ou judicial "toda a trama delituosa" (isso redunda na diminuição de pena de 1/3 a 2/3).

Art. 26. A ação penal, nos crimes previstos nesta lei, será promovida pelo Ministério Público Federal, perante a Justiça Federal.

Parágrafo único. Sem prejuízo do disposto no art. 268 do Código de Processo Penal, aprovado pelo Decreto-lei nº 3.689, de 3 de outubro de 1941, será admitida a assistência da Comissão de Valores Mobiliários – CVM, quando o crime tiver sido praticado no âmbito de atividade sujeita à disciplina e à fiscalização dessa Autarquia, e do Banco Central do Brasil quando, fora daquela hipótese, houver sido cometido na órbita de atividade sujeita à sua disciplina e fiscalização.

▪ **Competência:** a Constituição Federal dispõe, no inciso VII do artigo 109, que a competência para julgamento dos crimes contra o sistema financeiro será da Justiça Federal. Tal determinação é repetida na própria Lei 7.492/86 – no artigo 26.

Art. 27. Quando a denúncia não for intentada no prazo legal, o ofendido poderá representar ao Procurador-Geral da República, para que este a ofereça, designe outro órgão do Ministério Público para oferecê-la ou determine o arquivamento das peças de informação recebidas.

▪ **Ação penal pública subsidiária da pública:** o artigo 27 da Lei 7.492/86 trata da chamada ação penal pública subsidiária da pública (se a denúncia não for intentada no prazo legal, eventual ofendido poderá

5. HABIB, Gabriel. Op. cit. p. 1063.

instar o Procurador-Geral da República para que este a ofereça, designe outro agente ministerial para oferecer ou arquive as peças de informação recebidas).

Art. 28. Quando, no exercício de suas atribuições legais, o Banco Central do Brasil ou a Comissão de Valores Mobiliários – CVM, verificar a ocorrência de crime previsto nesta lei, disso deverá informar ao Ministério Público Federal, enviando-lhe os documentos necessários à comprovação do fato.

Parágrafo único. A conduta de que trata este artigo será observada pelo interventor, liqüidante ou síndico que, no curso de intervenção, liqüidação extrajudicial ou falência, verificar a ocorrência de crime de que trata esta lei.

▪ **Comunicação de crime ao Ministério Público:** o artigo prevê a obrigação de comunicação de crime contra o sistema financeiro nacional ao Ministério Público (dever relacionado ao Banco Central do Brasil ou à Comissão de Valores Mobiliários).

Art. 29. O órgão do Ministério Público Federal, sempre que julgar necessário, poderá requisitar, a qualquer autoridade, informação, documento ou diligência, relativa à prova dos crimes previstos nesta lei.

Parágrafo único O sigilo dos serviços e operações financeiras não pode ser invocado como óbice ao atendimento da requisição prevista no caput deste artigo.

Art. 30. Sem prejuízo do disposto no art. 312 do Código de Processo Penal, aprovado pelo Decreto-lei nº 3.689, de 3 de outubro de 1941, a prisão preventiva do acusado da prática de crime previsto nesta lei poderá ser decretada em razão da magnitude da lesão causada (Vetado).

▪ **Prisão preventiva:** como cárcere cautelar que é, a decretação da prisão preventiva deve ser levada a cabo pelo juízo competente (atendendo a representação da autoridade policial ou requerimento do Ministério Público) apenas quando restar demonstrada sua necessidade (*periculum libertatis*). Qualquer interpretação que signifique automaticidade na decretação da medida extrema deve ser prontamente rechaçada.

Art. 31. Nos crimes previstos nesta lei e punidos com pena de reclusão, o réu não poderá prestar fiança, nem apelar antes de ser recolhido à prisão, ainda que primário e de bons antecedentes, se estiver configurada situação que autoriza a prisão preventiva.

- **Inafiançabilidade:** em que pese disposição legal, penso que tal artigo não foi recepcionado pela Constituição Federal de 1988 (que considerou inafiançáveis apenas os crimes hediondos, equiparados a hediondos, o racismo e a ação de grupos armados, civis ou militares, contra a ordem constitucional e o Estado Democrático – incisos XLII, XLIII e XLIV do artigo 5º da Carta da República[6]). A análise do artigo 323 do Código de Processo Penal[7] reforça o meu pensar (nele não há menção à inafiançabilidade dos crimes contra o sistema financeiro nacional).

- **Proibição de apelação em liberdade:** a vedação relacionada ao manejo de apelação em liberdade deve ser tida como tacitamente revogada. Nosso sistema processual penal rechaça o encarceramento automático (decorrente de prolação de sentença penal condenatória recorrível). Caso seja necessário (análise da situação concreta) e exista pedido, o juiz pode decretar a prisão preventiva do réu no bojo da sentença.

---

6. Art. 5º (...)
XLII – a prática do racismo constitui crime inafiançável e imprescritível, sujeito à pena de reclusão, nos termos da lei;
XLIII – a lei considerará crimes inafiançáveis e insuscetíveis de graça ou anistia a prática da tortura, o tráfico ilícito de entorpecentes e drogas afins, o terrorismo e os definidos como crimes hediondos, por eles respondendo os mandantes, os executores e os que, podendo evitá-los, se omitirem;
XLIV – constitui crime inafiançável e imprescritível a ação de grupos armados, civis ou militares, contra a ordem constitucional e o Estado Democrático.
7. Art. 323. Não será concedida fiança:
I – nos crimes de racismo;
II – nos crimes de tortura, tráfico ilícito de entorpecentes e drogas afins, terrorismo e nos definidos como crimes hediondos;
III – nos crimes cometidos por grupos armados, civis ou militares, contra a ordem constitucional e o Estado Democrático;
IV – (revogado);
V – (revogado).

Art. 32. (VETADO).

§ 1º (VETADO).

§ 2º (VETADO).

§ 3º (VETADO).

Art. 33. Na fixação da pena de multa relativa aos crimes previstos nesta lei, o limite a que se refere o § 1º do art. 49 do Código Penal, aprovado pelo Decreto-lei nº 2.848, de 7 de dezembro de.1940, pode ser estendido até o décuplo, se verificada a situação nele cogitada.

- **Pena de multa:** o dispositivo reza que o valor do dia-multa previsto no § 1º do art. 49 do Código Penal (mínimo de 1/30 e máximo de 5 vezes o valor do salário mínimo vigente ao tempo do fato) pode ser aumentado até o décuplo.

Questões de concurso público: veja como a lei estudada já foi cobrada em concursos públicos.

1. (Delegado de Polícia Federal/2021) Com base na Lei n.º 7.492/1986, que diz respeito aos crimes contra o Sistema Financeiro Nacional, e na Lei n.º 8.137/1990, que se refere aos crimes contra a ordem econômica, tributária e as relações de consumo, julgue o item que se segue.

( ) A gestão fraudulenta e a gestão temerária de instituição financeira são crimes afiançáveis.

2. (Delegado de Polícia Federal/2021) Com base na Lei n.º 7.492/1986, que diz respeito aos crimes contra o Sistema Financeiro Nacional, e na Lei n.º 8.137/1990, que se refere aos crimes contra a ordem econômica, tributária e as relações de consumo, julgue o item que se segue.

( ) Todos os crimes cometidos contra o sistema financeiro nacional que estiverem previstos na Lei n.º 7.492/1986 são de competência da justiça federal.

3. (Delegado de Polícia Federal/2021) Com base na Lei n.º 7.492/1986, que diz respeito aos crimes contra o Sistema Financeiro Nacional, e na Lei n.º 8.137/1990, que se refere aos crimes contra a ordem econômica, tributária e as relações de consumo, julgue o item que se segue.

( ) É vedada a intercepção de comunicações telefônicas no caso de crime de operação de câmbio não autorizada com o objetivo de promover a evasão de divisas, em decorrência das penas cominadas para o crime.

4. (Delegado de Polícia Federal/2018) Acerca de execução penal, de crimes de abuso de autoridade, de crimes contra a criança e o adolescente e de crimes contra o Sistema Financeiro Nacional, julgue o item que se segue.

( ) Em se tratando de crimes praticados por administrador ou gestor de pessoa jurídica de direito privado contra o Sistema Financeiro Nacional, a ação penal se processa mediante queixa oferecida pelo Banco Central do Brasil ou pela Comissão de Valores Mobiliários.

5. (Delegado de Polícia Federal/2018) Julgue o item que se segue, relativos a execução penal, desarmamento, abuso de autoridade e evasão de dívidas.

( ) Segundo entendimento do STF, a configuração do crime de evasão de divisas pressupõe a saída física de moeda nacional ou estrangeira do território nacional sem o conhecimento da Receita Federal do Brasil e do Banco Central do Brasil.

6. (Delegado de Polícia Civil/RN/2009) Paulo e Pedro, ambos funcionários públicos, em coautoria, retardaram, contra disposição expressa de lei, ato de ofício necessário ao regular funcionamento do Sistema Financeiro Nacional.

Com base nessa situação hipotética, assinale a opção correta.

A) Paulo e Pedro praticaram o delito de prevaricação.

B) Os objetos jurídicos do delito praticado são a credibilidade do sistema financeiro e a proteção ao investidor.

C) O delito em espécie pode ser punido tanto na forma culposa como na dolosa.

D) No delito em questão, se Paulo, em confissão espontânea, revelar à autoridade policial ou judicial toda a trama delituosa, terá a sua pena reduzida pela metade.

E) A ação penal, no crime em comento, será promovida pelo MP estadual, perante a justiça estadual

Gabarito comentado:

Questão	Reposta	Comentário
1	CERTA	Apesar do quanto grafado no artigo 31 da Lei 7.492/86: **"Art. 31. Nos crimes previstos nesta lei e punidos com pena de reclusão, o réu não poderá prestar fiança, nem apelar antes de ser recolhido à prisão, ainda que primário e de bons antecedentes, se estiver configurada situação que autoriza a prisão preventiva"**, penso que a assertiva está correta, na forma do artigo 323 do CPP (que não contempla crimes contra o sistema financeiro nacional como inafiançáveis).
2	CERTA	Vide artigo 26 da Lei 7.492/86: **"Art. 26. A ação penal, nos crimes previstos nesta lei, será promovida pelo Ministério Público Federal, perante a Justiça Federal. Parágrafo único. Sem prejuízo do disposto no art. 268 do Código de Processo Penal, aprovado pelo Decreto-lei nº 3.689, de 3 de outubro de 1941, será admitida a assistência da Comissão de Valores Mobiliários – CVM, quando o crime tiver sido praticado no âmbito de atividade sujeita à disciplina e à fiscalização dessa Autarquia, e do Banco Central do Brasil quando, fora daquela hipótese, houver sido cometido na órbita de atividade sujeita à sua disciplina e fiscalização".**
3	ERRADA	A pena do crime de evasão de divisas é de reclusão (há, destarte, possibilidade de decretação de interceptação telefônica, na forma do artigo 2º da Lei 9.296/96): **"Art. 22. Efetuar operação de câmbio não autorizada, com o fim de promover evasão de divisas do País: Pena – Reclusão, de 2 (dois) a 6 (seis) anos, e multa".**
4	ERRADA	Vide artigo 26 da Lei 7.492/86.
5	ERRADA	O crime de evasão de divisas (artigo 22 da Lei 7.492/86) pode ser cometido sem que saída física (mas apenas escritural) do dinheiro.
6	Letra B	Vide comentários ao artigo 23 da Lei 7.492/86.

3

Lei 7.716/89 – Racismo

- **Crime inafiançável, imprescritível e punido com pena de reclusão:** o crime de racismo, segundo determinação da Constituição de 1988 (inciso XLII do artigo 5º da Carta da República) é inafiançável, imprescritível e punido com pena de reclusão:

> Art. 5º (...)
>
> XLII – a prática do racismo constitui crime inafiançável e imprescritível, sujeito à pena de reclusão, nos termos da lei.

O dispositivo se traduz em mandado de criminalização (determinação do legislador constituinte para que o legislador infraconstitucional regulamente a figura criminosa observando as linhas gerais traçadas no Texto Maior).

- **Ação penal:** os crimes previstos na Lei de Racismo (Lei 7.716/89) são de ação penal pública incondicionada.

> **Art. 1º Serão punidos, na forma desta Lei, os crimes resultantes de discriminação ou preconceito de raça, cor, etnia, religião ou procedência nacional.**
>
> **Art. 2º (VETADO).**

- **Formas de discriminação: o artigo 1º da Lei 7.716/89 pune a discriminação** relacionada a: i) raça; ii) cor; iii) etnia; iv) religião; e v) procedência nacional.

Destarte, para que se pense na prática de crime de racismo, é preciso observar um dos cinco conteúdos discriminatórios citados, materializado na forma descrita em uma das condutas criminosas dos artigos 3º a 14.

Os crimes listados nesses artigos reclamam **segregação** e são cometidos contra vítimas **individualizadas** (a seguir veremos que o crime tipificado no artigo 20 da lei estudada, ao revés, não requer individualização de sujeito passivo para que seja perpetrado).

- **ADO 26 e MI 4733:** A leitura atenta do artigo 1º da Lei 7.716/89 revela que **não há figura típica expressamente relacionada à discriminação por motivo de idade, deficiência ou orientação sexual.** Contudo, o Supremo Tribunal Federal, no julgamento da Ação Direta de Inconstitucionalidade por Omissão 26 e do Mandado de Injunção 4733, assentou:

> O Tribunal, por unanimidade, conheceu parcialmente da ação direta de inconstitucionalidade por omissão. Por maioria e nessa extensão, julgou-a procedente, com eficácia geral e efeito vinculante, para: a) reconhecer o estado de mora inconstitucional do Congresso Nacional na implementação da prestação legislativa destinada a cumprir o mandado de incriminação a que se referem os incisos XLI e XLII do art. 5° da Constituição, para efeito de proteção penal aos integrantes do grupo LGBT; b) declarar, em consequência, a existência de omissão normativa inconstitucional do Poder Legislativo da União; c) cientificar o Congresso Nacional, para os fins e efeitos a que se refere o art. 103, § 2°, da Constituição c/c o art. 12-H, *caput*, da Lei n° 9.868/99; d) dar interpretação conforme à Constituição, em face dos mandados constitucionais de incriminação inscritos nos incisos XLI e XLII do art. 5° da Carta Política, para enquadrar a homofobia e a transfobia, qualquer que seja a forma de sua manifestação, nos diversos tipos penais definidos na Lei n° 7.716/89, até que sobrevenha legislação autônoma, editada pelo Congresso Nacional, seja por considerar-se, nos termos deste voto, que as práticas homotransfóbicas qualificam-se como espécies do gênero racismo, na dimensão de racismo social consagrada pelo Supremo Tribunal Federal no julgamento plenário do HC 82.424/RS (caso Ellwanger), na medida em que tais condutas importam em atos de segregação que inferiorizam membros integrantes do grupo LGBT, em razão de sua orientação sexual ou de sua identidade de gênero, seja, ainda, porque tais comportamentos de homotransfobia ajustam-se ao conceito de atos de discriminação e de ofensa a direitos e liberdades fundamentais daqueles que compõem o grupo vulnerável em questão; e e) declarar que os efeitos da interpretação conforme a que se refere a alínea "d" somente se aplicarão a partir da data em que

se concluir o presente julgamento, nos termos do voto do Relator, vencidos os Ministros Ricardo Lewandowski e Dias Toffoli (Presidente), que julgavam parcialmente procedente a ação, e o Ministro Marco Aurélio, que a julgava improcedente. Em seguida, por maioria, fixou-se a seguinte tese: **1. Até que sobrevenha lei emanada do Congresso Nacional destinada a implementar os mandados de criminalização definidos nos incisos XLI e XLII do art. 5º da Constituição da República, as condutas homofóbicas e transfóbicas, reais ou supostas, que envolvem aversão odiosa à orientação sexual ou à identidade de gênero de alguém, por traduzirem expressões de racismo, compreendido este em sua dimensão social, ajustam-se, por identidade de razão e mediante adequação típica, aos preceitos primários de incriminação definidos na Lei nº 7.716, de 08/01/1989, constituindo, também, na hipótese de homicídio doloso, circunstância que o qualifica, por configurar motivo torpe (Código Penal, art. 121, § 2º, I, "in fine"); 2. A repressão penal à prática da homotransfobia não alcança nem restringe ou limita o exercício da liberdade religiosa, qualquer que seja a denominação confessional professada, a cujos fiéis e ministros (sacerdotes, pastores, rabinos, mulás ou clérigos muçulmanos e líderes ou celebrantes das religiões afro-brasileiras, entre outros) é assegurado o direito de pregar e de divulgar, livremente, pela palavra, pela imagem ou por qualquer outro meio, o seu pensamento e de externar suas convicções de acordo com o que se contiver em seus livros e códigos sagrados, bem assim o de ensinar segundo sua orientação doutrinária e/ou teológica, podendo buscar e conquistar prosélitos e praticar os atos de culto e respectiva liturgia, independentemente do espaço, público ou privado, de sua atuação individual ou coletiva, desde que tais manifestações não configurem discurso de ódio, assim entendidas aquelas exteriorizações que incitem a discriminação, a hostilidade ou a violência contra pessoas em razão de sua orientação sexual ou de sua identidade de gênero; 3. O conceito de racismo, compreendido em sua dimensão social, projeta-se para além de aspectos estritamente biológicos ou fenotípicos, pois resulta, enquanto manifestação de poder, de uma construção de índole histórico-cultural motivada pelo objetivo de justificar a desigualdade e destinada ao controle ideológico, à dominação política, à subjugação social e à negação da alteridade, da dignidade e da humanidade daqueles que, por integrarem grupo vulnerável (LGBTI+) e por não pertencerem ao estamento que detém posição de hegemonia em uma dada estrutura social, são considerados estranhos e diferentes, degradados à condição de marginais do ordenamento jurídico, expostos, em consequência de odiosa inferiorização e de perversa estigmatização, a uma injusta e lesiva situação de exclusão do sistema geral de proteção do direito**, vencido o Ministro Marco Aurélio, que não subscreveu a tese proposta. Não participaram, justificadamente, da fixação da tese, os Ministros Roberto Barroso e Alexandre de Moraes. Plenário, 13.06.2019.

Nos autos das ações citadas, o Pretório Excelso decidiu, destarte, que a **homofobia** e a **transfobia** constituem formas de **discriminação racial**. O entendimento, a meu ver, além de impactar o crime de racismo (Lei 7.716/89) também afeta os crimes de injúria qualificada e de tortura-discriminação (vez que os crimes tipificados no § 3º do artigo 140 do Código Penal e na alínea c do inciso I do artigo 1º da Lei 9.455/97 fazem referência à discriminação racial).

Com todas as vênias, penso que o Pretório Excelso admitiu nos julgados citados analogia *in malam partem* e foi além da sua competência jurisdicional ao permitir imputação de crime de racismo em face da discriminação resultante de homofobia e transfobia. Houve claro atropelo ao princípio da legalidade.

Art. 3º Impedir ou obstar o acesso de alguém, devidamente habilitado, a qualquer cargo da Administração Direta ou Indireta, bem como das concessionárias de serviços públicos.

Pena: reclusão de dois a cinco anos.

Parágrafo único. Incorre na mesma pena quem, por motivo de discriminação de raça, cor, etnia, religião ou procedência nacional, obstar a promoção funcional.

- **Classificação:** trata-se de crime próprio (perpetrado por funcionário público ou por empregado de concessionária de serviço público), doloso (todos os tipos da Lei 7.716/89 reclamam especial fim de agir, consistente na discriminação relacionada a raça, cor, etnia, religião ou procedência nacional), alternativo (misto ou de conteúdo variado) e formal (a consumação ocorre com a prática de uma das condutas proibidas, não sendo necessário demonstrar que a vítima sofreu qualquer prejuízo).

O crime é inafiançável e imprescritível, mas admite acordo de não persecução penal (artigo 28-A do Código de Processo Penal).

- **Condutas proibidas:** as condutas alternativas proibidas no tipo são: i) **impedir** (evitar); ou ii) **obstar** (atrapalhar, dificultar) o acesso de alguém, devidamente habilitado, a qualquer cargo da Administração Direta ou Indireta, bem como das concessionárias de serviços públicos.

O objetivo do tipo é evitar odiosa discriminação (segregação) que inviabilize o acesso de pessoas devidamente habilitadas a cargos da Administração Direta ou Indireta ou aos quadros de concessionárias de serviços público.

- **Figura equiparada:** há no parágrafo único figura equiparada que pune quem, por motivo de discriminação de raça, cor, etnia, religião ou procedência nacional, obstar a promoção funcional. Aqui a vítima já faz parte da Administração Direta ou Indireta ou integra os quadros de concessionária de serviços públicos e tem sua promoção obstada em razão de prática racista.

> **Art. 4º Negar ou obstar emprego em empresa privada.**
>
> **Pena: reclusão de dois a cinco anos.**
>
> **§ 1º Incorre na mesma pena quem, por motivo de discriminação de raça ou de cor ou práticas resultantes do preconceito de descendência ou origem nacional ou étnica:**
>
> **I – deixar de conceder os equipamentos necessários ao empregado em igualdade de condições com os demais trabalhadores;**
>
> **II – impedir a ascensão funcional do empregado ou obstar outra forma de benefício profissional;**
>
> **III – proporcionar ao empregado tratamento diferenciado no ambiente de trabalho, especialmente quanto ao salário.**
>
> **§ 2º Ficará sujeito às penas de multa e de prestação de serviços à comunidade, incluindo atividades de promoção da igualdade racial, quem, em anúncios ou qualquer outra forma de recrutamento de trabalhadores, exigir aspectos de aparência próprios de raça ou etnia para emprego cujas atividades não justifiquem essas exigências.**

- **Classificação:** trata-se de crime próprio (cometido pelo responsável, na empresa privada, pela admissão ou não de funcionários), doloso (todos os tipos da Lei 7.716/89 reclamam especial fim de agir, consistente na discriminação relacionada a raça, cor, etnia, religião ou procedência nacional), alternativo (misto ou de conteúdo variado) e formal (a consumação ocorre com a prática de uma das condutas proibidas, não sendo necessário demonstrar que a vítima sofreu qualquer prejuízo).

O crime é inafiançável e imprescritível, mas admite acordo de não persecução penal (artigo 28-A do Código de Processo Penal).

- **Condutas proibidas:** as condutas alternativas proibidas no tipo são: i) **negar** (recusar); ou ii) **obstar** (atrapalhar, dificultar) emprego em empresa privada.

O objetivo do tipo é evitar que a discriminação (segregação) inviabilize o acesso de alguém ao mercado de trabalho.

- **Figuras equiparadas:** há no figuras equiparadas (§ 1º), que punem quem (por motivo de discriminação de raça ou de cor ou práticas resultantes do preconceito de descendência ou origem nacional ou étnica): i) **deixar** de conceder os equipamentos necessários ao empregado em igualdade de condições com os demais trabalhadores; ii) **impedir** a ascensão funcional do empregado ou obstar outra forma de benefício profissional; ou iii) **proporcionar** ao empregado tratamento diferenciado no ambiente de trabalho, especialmente quanto ao salário.

- **Penas de multa e prestação de serviços à comunidade:** o § 2º do artigo 4º da Lei 7.716/89 determina cumulação das penas de: i) multa; e ii) de prestação de serviços à comunidade (incluindo atividades de promoção da igualdade racial) a quem, em anúncios ou qualquer outra forma de recrutamento de trabalhadores, exigir aspectos de aparência próprios de raça ou etnia para emprego cujas atividades não justifiquem essas exigências.

Art. 5º Recusar ou impedir acesso a estabelecimento comercial, negando-se a servir, atender ou receber cliente ou comprador.
Pena: reclusão de um a três anos.

- **Classificação:** trata-se de crime próprio (perpetrado por funcionário ou responsável pelo estabelecimento comercial), doloso (todos os tipos da Lei 7.716/89 reclamam especial fim de agir, consistente na discriminação relacionada a raça, cor, etnia, religião ou procedência nacional), alternativo (misto ou de conteúdo variado) e formal (a consumação ocorre com a prática de uma das condutas proibidas, não sendo necessário demonstrar que a vítima sofreu qualquer prejuízo).

O crime é inafiançável e imprescritível, mas admite suspensão condicional do processo (artigo 89 da Lei 9.099/95) e acordo de não persecução penal (artigo 28-A do Código de Processo Penal).

- **Condutas proibidas:** as condutas alternativas proibidas no tipo são: i) **recusar**; ou ii) **impedir** (evitar) acesso a estabelecimento comercial, negando-se a servir, atender ou receber cliente ou comprador.

O objetivo do tipo é evitar que a discriminação (segregação) impeça alguém de frequentar estabelecimentos comerciais (joalherias, concessionárias de veículos, lojas de departamento, dentre outros) abertos ao público em geral.

> **Art. 6º Recusar, negar ou impedir a inscrição ou ingresso de aluno em estabelecimento de ensino público ou privado de qualquer grau.**
>
> **Pena: reclusão de três a cinco anos.**
>
> **Parágrafo único. Se o crime for praticado contra menor de dezoito anos a pena é agravada de 1/3 (um terço).**

- **Classificação:** trata-se de crime próprio (perpetrado pelo funcionário do estabelecimento responsável pela inscrição/ingresso do aluno no estabelecimento de ensino), doloso (todos os tipos da Lei 7.716/89 reclamam especial fim de agir, consistente na discriminação relacionada a raça, cor, etnia, religião ou procedência nacional), alternativo (misto ou de conteúdo variado) e formal (a consumação ocorre com a prática de uma das condutas proibidas, não sendo necessário demonstrar que a vítima sofreu qualquer prejuízo).

O crime é inafiançável e imprescritível, mas admite acordo de não persecução penal (artigo 28-A do Código de Processo Penal) quando não há incidência da majorante descrita no seu parágrafo único.

- **Condutas proibidas:** as condutas alternativas proibidas no tipo são: i) **recusar**; ii) **negar**; ou iii) **impedir** a inscrição ou ingresso de aluno em estabelecimento de ensino público ou privado de qualquer grau.

O objetivo do tipo é evitar que a segregação impeça alguém de frequentar o estabelecimento de ensino de sua preferência. É odioso negar a alguém o direito à educação motivado por discriminação racial.

- **Causa de aumento de pena:** há majorante (aumento de 1/3) no parágrafo único do artigo 6º da Lei 7.716/89 se o crime for praticado contra menor de dezoito anos.

Art. 7° Impedir o acesso ou recusar hospedagem em hotel, pensão, estalagem, ou qualquer estabelecimento similar.
Pena: reclusão de três a cinco anos.

- **Classificação:** trata-se de crime comum (na elementar impedir) ou próprio (nas elementares impedir ou recusar atendimento), doloso (todos os tipos da Lei 7.716/89 reclamam especial fim de agir, consistente na discriminação relacionada a raça, cor, etnia, religião ou procedência nacional), alternativo (misto ou de conteúdo variado) e formal (a consumação ocorre com a prática de uma das condutas proibidas, não sendo necessário demonstrar que a vítima sofreu qualquer prejuízo).

O crime é inafiançável e imprescritível, mas admite acordo de não persecução penal (artigo 28-A do Código de Processo Penal).

- **Condutas proibidas:** as condutas alternativas proibidas são: i) **impedir** o acesso (não deixar que a vítima sequer entre no estabelecimento); ou ii) **recusar** hospedagem (essa conduta alternativa pressupõe que a vítima tenha entrado no estabelecimento e que o agente tenha negado sua hospedagem em virtude de discriminação) em hotel, pensão, estalagem, ou qualquer estabelecimento similar.

Desde a mais humilde pensão até o hotel mais luxuoso são acessíveis a quem se propõe a pagar o valor da diária cobrada. Nesta senda, o objetivo do tipo é evitar que a discriminação (segregação) impeça alguém de se hospedar onde deseja.

Art. 8° Impedir o acesso ou recusar atendimento em restaurantes, bares, confeitarias, ou locais semelhantes abertos ao público.
Pena: reclusão de um a três anos.

- **Classificação:** trata-se de crime comum (na elementar impedir) ou próprio (nas elementares impedir ou recursar atendimento), doloso (todos os tipos da Lei 7.716/89 reclamam especial fim de agir, consistente na discriminação relacionada a raça, cor, etnia, religião ou procedência nacional), alternativo (misto ou de conteúdo variado) e formal (a consumação ocorre com a prática de uma das condutas proibidas, não sendo necessário demonstrar que a vítima sofreu qualquer prejuízo).

O crime é inafiançável e imprescritível, mas admite suspensão condicional do processo (artigo 89 da Lei 9.099/95) e acordo de não persecução penal (artigo 28-A do Código de Processo Penal).

- **Condutas proibidas:** as condutas alternativas proibidas são: i) **impedir** o acesso (não deixar que a vítima sequer entre no estabelecimento); ou ii) **recusar** atendimento em restaurantes, bares, confeitarias, ou locais semelhantes abertos ao público.

O objetivo do tipo é evitar que a discriminação (segregação) impeça alguém de frequentar restaurantes, bares, confeitarias e estabelecimentos similares.

> **Art. 9º Impedir o acesso ou recusar atendimento em estabelecimentos esportivos, casas de diversões, ou clubes sociais abertos ao público.**
>
> **Pena: reclusão de um a três anos.**

- **Classificação:** trata-se de crime comum (na elementar impedir) ou próprio (nas elementares impedir ou recursar atendimento), doloso (todos os tipos da Lei 7.716/89 reclamam especial fim de agir, consistente na discriminação relacionada a raça, cor, etnia, religião ou procedência nacional), alternativo (misto ou de conteúdo variado) e formal (a consumação ocorre com a prática de uma das condutas proibidas, não sendo necessário demonstrar que a vítima sofreu qualquer prejuízo).

O crime é inafiançável e imprescritível, mas admite suspensão condicional do processo (artigo 89 da Lei 9.099/95) e acordo de não persecução penal (artigo 28-A do Código de Processo Penal).

- **Condutas proibidas:** as condutas alternativas proibidas são: i) **impedir** o acesso (não deixar que a vítima sequer entre no local); ou ii) **recusar** atendimento em estabelecimentos esportivos, casas de diversões, ou clubes sociais abertos ao público.

O objetivo do tipo é evitar que a discriminação (segregação) impeça alguém de praticar atividades esportivas ou de ter momentos de lazer (em boates, por exemplo).

Art. 10. Impedir o acesso ou recusar atendimento em salões de cabeleireiros, barbearias, termas ou casas de massagem ou estabelecimento com as mesmas finalidades.

Pena: reclusão de um a três anos.

- **Classificação:** trata-se de crime comum (na elementar impedir) ou próprio (nas elementares impedir ou recursar atendimento), doloso (todos os tipos da Lei 7.716/89 reclamam especial fim de agir, consistente na discriminação relacionada a raça, cor, etnia, religião ou procedência nacional), alternativo (misto ou de conteúdo variado) e formal (a consumação ocorre com a prática de uma das condutas proibidas, não sendo necessário demonstrar que a vítima sofreu qualquer prejuízo).

O crime é inafiançável e imprescritível, mas admite suspensão condicional do processo (artigo 89 da Lei 9.099/95) e acordo de não persecução penal (artigo 28-A do Código de Processo Penal).

- **Condutas proibidas:** as condutas alternativas proibidas são: i) **impedir** o acesso (não deixar que a vítima sequer entre no local); ou ii) **recusar** atendimento em salões de cabeleireiros, barbearias, termas ou casas de massagem ou estabelecimento com as mesmas finalidades.

Art. 11. Impedir o acesso às entradas sociais em edifícios públicos ou residenciais e elevadores ou escada de acesso aos mesmos:

Pena: reclusão de um a três anos.

- **Classificação:** trata-se de crime comum (pode ser perpetrado por qualquer pessoa), doloso (todos os tipos da Lei 7.716/89 reclamam especial fim de agir, consistente na discriminação relacionada a raça, cor, etnia, religião ou procedência nacional) e formal (a consumação ocorre com a prática de uma das condutas proibidas, não sendo necessário demonstrar que a vítima sofreu qualquer prejuízo).

O crime é inafiançável e imprescritível, mas admite suspensão condicional do processo (artigo 89 da Lei 9.099/95) e acordo de não persecução penal (artigo 28-A do Código de Processo Penal).

▪ **Conduta proibida:** a conduta proibida é **impedir** o acesso às entradas sociais em edifícios públicos ou residenciais e elevadores ou escada de acesso aos mesmos.

É prática abominável obstar o acesso de pessoas a entradas sociais, elevadores ou escadas por motivo de discriminação racial.

Art. 12. Impedir o acesso ou uso de transportes públicos, como aviões, navios barcas, barcos, ônibus, trens, metrô ou qualquer outro meio de transporte concedido.
Pena: reclusão de um a três anos.

▪ **Classificação:** trata-se de crime comum (pode ser perpetrado por qualquer pessoa), doloso (todos os tipos da Lei 7.716/89 reclamam especial fim de agir, consistente na discriminação relacionada a raça, cor, etnia, religião ou procedência nacional), alternativo (misto ou de conteúdo variado) e formal (a consumação ocorre com a prática de uma das condutas proibidas, não sendo necessário demonstrar que a vítima sofreu qualquer prejuízo).

O crime é inafiançável e imprescritível, mas admite suspensão condicional do processo (artigo 89 da Lei 9.099/95) e acordo de não persecução penal (artigo 28-A do Código de Processo Penal).

▪ **Condutas proibidas:** as condutas alternativas proibidas são: i) **impedir** o acesso (vedar a entrada da vítima no meio de transporte); ou ii) **uso** de transportes públicos, como aviões, navios barcas, barcos, ônibus, trens, metrô ou qualquer outro meio de transporte concedido.

O uso de transportes públicos ou concedido é acessível a quem se dispuser a pagar o preço cobrado (e o usuário tem a liberdade de escolher, dentro do seu orçamento, o meio de transporte de sua preferência).

Art. 13. Impedir ou obstar o acesso de alguém ao serviço em qualquer ramo das Forças Armadas.
Pena: reclusão de dois a quatro anos.

- **Classificação:** trata-se de crime próprio (perpetrado por integrante das forças armadas), doloso (todos os tipos da Lei 7.716/89 reclamam especial fim de agir, consistente na discriminação relacionada a raça, cor, etnia, religião ou procedência nacional), alternativo (misto ou de conteúdo variado) e formal (a consumação ocorre com a prática de uma das condutas proibidas, não sendo necessário demonstrar que a vítima sofreu qualquer prejuízo).

O crime é inafiançável e imprescritível, mas admite acordo de não persecução penal (artigo 28-A do Código de Processo Penal).

- **Condutas proibidas:** as condutas alternativas proibidas no tipo são: i) **impedir** (evitar); ou ii) **obstar** (atrapalhar, dificultar) o acesso de alguém ao serviço em qualquer ramo das Forças Armadas (Exército, Marinha ou Aeronáutica).

O objetivo do tipo é evitar odiosa discriminação (segregação) que inviabilize o acesso de alguém aos quadros das Forças Armadas.

Art. 14. Impedir ou obstar, por qualquer meio ou forma, o casamento ou convivência familiar e social.
Pena: reclusão de dois a quatro anos.

- **Classificação:** trata-se de crime comum (pode ser praticado por qualquer pessoa), doloso (todos os tipos da Lei 7.716/89 reclamam especial fim de agir, consistente na discriminação relacionada a raça, cor, etnia, religião ou procedência nacional), alternativo (misto ou de conteúdo variado) e formal (a consumação ocorre com a prática de uma das condutas proibidas, não sendo necessário demonstrar que a vítima sofreu qualquer prejuízo).

O crime é inafiançável e imprescritível, mas admite acordo de não persecução penal (artigo 28-A do Código de Processo Penal).

- **Condutas proibidas:** as condutas alternativas proibidas no tipo são: i) **impedir** (evitar); ou ii) **obstar** (atrapalhar, dificultar), por qualquer meio ou forma (crime de forma livre), o casamento ou convivência familiar e social.

O objetivo do tipo é evitar odiosa discriminação (segregação) que inviabilize/obste o casamento ou a convivência familiar e social.

Penso que se o agente impedir/obstar união estável de outrem por discriminação relacionada a raça, cor, etnia, religião ou procedência nacional, há prática do crime de racismo aqui estudado, porque houve óbice à "convivência familiar".

Art. 15 (VETADO).

Art. 16. Constitui efeito da condenação a perda do cargo ou função pública, para o servidor público, e a suspensão do funcionamento do estabelecimento particular por prazo não superior a três meses.

Art. 17 (VETADO).

Art. 18. Os efeitos de que tratam os arts. 16 e 17 desta Lei não são automáticos, devendo ser motivadamente declarados na sentença.

- **Efeitos da condenação:** os efeitos da condenação **descritos no artigo 16 da Lei 7.716/89 não** são automáticos e devem ser motivadamente declarados na sentença penal condenatória (tal qual determinado pelo artigo 18).

Os efeitos podem ser assim sintetizados:

Efeitos da condenação	
Condenado servidor público	**perda do cargo ou função pública**
Condenado particular	**suspensão do estabelecimento por prazo não superior a três meses**

Art. 20. Praticar, induzir ou incitar a discriminação ou preconceito de raça, cor, etnia, religião ou procedência nacional.

Pena: reclusão de um a três anos e multa.

§ 1° Fabricar, comercializar, distribuir ou veicular símbolos, emblemas, ornamentos, distintivos ou propaganda que utilizem a cruz suástica ou gamada, para fins de divulgação do nazismo.

Pena: reclusão de dois a cinco anos e multa.

§ 2º Se qualquer dos crimes previstos no caput é cometido por intermédio dos meios de comunicação social ou publicação de qualquer natureza:

Pena: reclusão de dois a cinco anos e multa.

§ 3º No caso do parágrafo anterior, o juiz poderá determinar, ouvido o Ministério Público ou a pedido deste, ainda antes do inquérito policial, sob pena de desobediência:

I – o recolhimento imediato ou a busca e apreensão dos exemplares do material respectivo;

II – a cessação das respectivas transmissões radiofônicas, televisivas, eletrônicas ou da publicação por qualquer meio;

III – a interdição das respectivas mensagens ou páginas de informação na rede mundial de computadores.

§ 4º Na hipótese do § 2º, constitui efeito da condenação, após o trânsito em julgado da decisão, a destruição do material apreendido.

- **Classificação:** trata-se de crime comum (pode ser praticado por qualquer pessoa), doloso (todos os tipos da Lei 7.716/89 reclamam especial fim de agir, consistente na discriminação relacionada a raça, cor, etnia, religião ou procedência nacional), alternativo (misto ou de conteúdo variado) e de mera conduta.

O *caput* do artigo 20 da Lei 7.716/89 é crime inafiançável e imprescritível, mas admite suspensão condicional do processo (artigo 89 da Lei 9.099/95) e acordo de não persecução penal (artigo 28-A do Código de Processo Penal).

- **Condutas proibidas:** as condutas alternativas proibidas no caput são: i) **praticar**; ii) **induzir** (levar pessoa determinada a praticar racismo); ou iii) **incitar** (incentivar pessoas não determinadas a praticar racismo) a discriminação ou preconceito de raça, cor, etnia, religião ou procedência nacional.

- **Injúria qualificada x racismo:** na injúria qualificada, tipificada no § 3º do artigo 140 do Código Penal, há crime contra a honra (ofensa à honra subjetiva) de uma vítima específica (o autor do fato se utiliza de expressão discriminatória que ofende a dignidade/decoro). Já no crime de racismo, tipificado no caput artigo 20 da Lei 7.716/89, o ataque não é voltado a pessoa determinada.

▪ **Injúria qualificada (injúria racial) como crime imprescritível:** o Superior Tribunal de Justiça entendeu que a injúria racial é modalidade de crime de racismo e, por isso, imprescritível, inafiançável e punida com pena de reclusão (grifo meu):

> PROCESSUAL PENAL. AGRAVO REGIMENTAL NO AGRAVO EM RECURSO ESPECIAL. TEMPESTIVIDADE COMPROVADA. AGRAVO CONHECIDO. INJÚRIA RACIAL. CRIME IMPRESCRITÍVEL. OFENSA A DISPOSITIVO CONSTITUCIONAL. IMPOSSIBILIDADE. USURPAÇÃO DE COMPETÊNCIA. MATÉRIA ANALISADA, EM CASO ANÁLOGO, PELO STF. AGRAVO REGIMENTAL PARCIALMENTE PROVIDO E INDEFERIDO O PEDIDO DE EXTINÇÃO DA PUNIBILIDADE. 1. Comprovada a republicação da decisão de inadmissão do recurso especial, é reconsiderada a decisão que julgou intempestivo o agravo. **2. Nos termos da orientação jurisprudencial desta Corte, com o advento da Lei n.9.459/97, introduzindo a denominada injúria racial, criou-se mais um delito no cenário do racismo, portanto, imprescritível, inafiançável e sujeito à pena de reclusão** (AgRg no AREsp 686.965/DF, Rel. Ministro ERICSON MARANHO (DESEMBARGADOR CONVOCADO DO TJ/SP), SEXTA TURMA, julgado em 18/08/2015, DJe 31/08/2015). 3. A ofensa a dispositivo constitucional não pode ser examinada em recurso especial, uma vez que compete exclusivamente ao Supremo Tribunal Federal o exame de matéria constitucional, o qual já se manifestou, em caso análogo, refutando a violação do princípio da proporcionalidade da pena cominada ao delito de injúria racial. 4. Agravo regimental parcialmente provido para conhecer do agravo em recurso especial mas negar-lhe provimento e indeferir o pedido de extinção da punibilidade. (AgRg no AREsp 734.236/DF, Rel. Ministro Nefi Cordeiro, Sexta Turma, julgado em 27/02/2018, DJe 08/03/2018).

Na linha do tempo, o Supremo Tribunal Federal, instado a se manifestar, entendeu que a matéria era afeta à análise do Superior Tribunal de Justiça:

> DIREITO PENAL. AGRAVO INTERNO. RECURSO EXTRAORDINÁRIO COM AGRAVO. CRIME DE INJÚRIA RACIAL. IMPRESCRITIBILIDADE. MATÉRIA INFRACONSTITUCIONAL AMPLAMENTE ANALISADA NA ORIGEM. NEGATIVA MONOCRÁTICA DE SEGUIMENTO. MANUTENÇÃO DA DECISÃO. DESPROVIMENTO DO AGRAVO. 1. Como afirmado na decisão monocrática ora atacada, os fatos foram detida e profundamente apreciados nas instâncias ordinárias. De modo que não se pode rediscutir a matéria sem revolver os fatos para que se chegue à conclusão diversa da encontrada pelo Superior Tribunal de Justiça. De se salientar que não se trata de manter a decisão, com exame da questão de fundo, mas da impossibilidade de proceder à revisão nesta via recursal. 2. Por

> outro lado, como também explicitado na decisão, a questão relativa à imprescritibilidade é insuscetível de reapreciação por se tratar de matéria infraconstitucional, objeto de profunda análise pelo Superior Tribunal de Justiça, órgão constitucionalmente vocacionado para o exame da matéria. 3. recurso de agravo em recurso extraordinário que se mostra inadmissível, na medida em que, para se chegar à conclusão diversa do acórdão recorrido, seria necessária a análise da legislação infraconstitucional pertinente, o que é inviável em recurso extraordinário. Precedentes: ARE 1.003.873, Rel. Min. Gilmar Mendes; ARE 717.165 AgR, Rel. Min. Dias Toffoli; AI 768.779, Rel. Min. Cezar Peluso; AI 792.585, Rel. Min. Ayres Britto. 4. Agravo a que se nega provimento. (ARE 983531 AgR, Relator(a): Min. Roberto Barroso, Primeira Turma, julgado em 21/08/2017, PROCESSO ELETRÔNICO DJe-197 DIVULG 31-08-2017 PUBLIC 01-09-2017).

No ano de 2022, contudo, o Supremo Tribunal Federal decidiu enfrentar o tema e seguiu a mesma linha do Superior Tribunal de Justiça (imprescritibilidade da injúria racial):

> HABEAS CORPUS. MATÉRIA CRIMINAL. INJÚRIA RACIAL (ART. 140, § 3°, DO CÓDIGO PENAL). ESPÉCIE DO GÊNERO RACISMO. IMPRESCRITIBILIDADE. DENEGAÇÃO DA ORDEM. 1. Depreende-se das normas do texto constitucional, de compromissos internacionais e de julgados do Supremo Tribunal Federal o reconhecimento objetivo do racismo estrutural como dado da realidade brasileira ainda a ser superado por meio da soma de esforços do Poder Público e de todo o conjunto da sociedade. 2. O crime de injúria racial reúne todos os elementos necessários à sua caracterização como uma das espécies de racismo, seja diante da definição constante do voto condutor do julgamento do HC 82.424/RS, seja diante do conceito de discriminação racial previsto na Convenção Internacional Sobre a Eliminação de Todas as Formas de Discriminação Racial. 3. A simples distinção topológica entre os crimes previstos na Lei 7.716/1989 e o art. 140, § 3°, do Código Penal não tem o condão de fazer deste uma conduta delituosa diversa do racismo, até porque o rol previsto na legislação extravagante não é exaustivo. 4. Por ser espécie do gênero racismo, o crime de injúria racial é imprescritível. 5. Ordem de habeas corpus denegada (HC 154248, Relator(a): Edson Fachin, Tribunal Pleno, julgado em 28/10/2021, PROCESSO ELETRÔNICO DJe-036 DIVULG 22-02-2022 PUBLIC 23-02-2022).

O entendimento do STJ e do STF criou uma situação curiosa: a injúria racial findou se tornando um crime imprescritível de ação penal pública condicionada a representação da vítima. Como não houve enfrentamento efetivo dessa inconsistência, apesar de imprescritível, a injúria racial está sujeita à decadência (causa extintiva da punibilidade prevista no inciso IV do artigo 107 do Código Penal – prazo de seis meses contado a partir do conhecimento, pela vítima, da autoria delitiva) e à renúncia. Para corrigir essa situação, penso que os Areópagos devem passar a interpretar que a injúria racial se pune mediante ação penal pública incondicionada.

- **Competência em caso de racismo praticado pela internet:** caso a prática de racismo seja materializada por meio da internet, a consumação (e, portanto, a competência) será do local de onde partiram as postagens (Justiça Federal – se demonstrada a internacionalidade):

> PENAL. CONFLITO DE COMPETÊNCIA. CRIME DE RACISMO PRATICADO POR INTERMÉDIO DE MENSAGENS TROCADAS EM REDE SOCIAL DA INTERNET. USUÁRIOS DOMICILIADOS EM LOCALIDADES DISTINTAS. INVESTIGAÇÃO DESMEMBRADA. CONEXÃO INSTRUMENTAL. EXISTÊNCIA. COMPETÊNCIA FIRMADA PELA PREVENÇÃO EM FAVOR DO JUÍZO ONDE AS INVESTIGAÇÕES TIVERAM INÍCIO. 1. A competência para processar e julgar o crime de racismo praticado na rede mundial de computadores estabelece-se pelo local de onde partiram as manifestações tidas por racistas. Precedente da Terceira Seção. 2. No caso, o procedimento criminal (quebra de sigilo telemático) teve início na Seção Judiciária de São Paulo e culminou na identificação de alguns usuários que, embora domiciliados em localidades distintas, trocavam mensagens em comunidades virtuais específicas, supostamente racistas. O feito foi desmembrado em outros treze procedimentos, distribuídos a outras seções judiciárias, sob o fundamento de que cada manifestação constituía crime autônomo. 3. Não obstante cada mensagem em si configure crime único, há conexão probatória entre as condutas sob apuração, pois a circunstância em que os crimes foram praticados – troca de mensagens em comunidade virtual – implica o estabelecimento de uma relação de confiança, mesmo que precária, cujo viés pode facilitar a identificação da autoria. 4. Caracterizada a conexão instrumental, firma-se a competência pela prevenção, no caso, em favor do Juízo Federal de São Paulo – SJ/SP, onde as investigações tiveram início. Cabendo a este comunicar o resultado do julgamento aos demais juízes federais para onde os feitos desmembrados foram remetidos, a fim de que restituam os autos, ressalvada a existência de eventual sentença proferida (art. 82 do CPP). 5. Conflito conhecido para declarar a competência do Juízo Federal da 9ª Vara Criminal da Seção Judiciária de São Paulo, o suscitante. (CC 116.926/SP, Rel. Ministro Sebastião Reis Júnior, Terceira Seção, julgado em 04/02/2013, DJe 15/02/2013).

- **Figura qualificada:** se o crime tipificado no caput do artigo 20 da Lei 7.716/89 é cometido por intermédio dos meios de comunicação social ou publicação de qualquer natureza (publicação de livro, panfleto, postagem em rede social, por exemplo), a pena será de 2 (dois) a 5 (cinco anos) e multa.

Nesta situação (crime de racismo cometido por intermédio de meio de comunicação ou publicação de qualquer natureza), o juiz poderá (de ofício[1], atendendo a pedido do Ministério Público ou representação da autoridade policial) determinar (sob pena da prática de crime de desobediência): i) o recolhimento imediato ou a busca e apreensão dos exemplares do material respectivo; ii) a cessação das respectivas transmissões radiofônicas, televisivas, eletrônicas ou da publicação por qualquer meio; iii) a interdição das respectivas mensagens ou páginas de informação na rede mundial de computadores.

Transitada em julgado a sentença condenatória, constituirá efeito automático (*ex lege*) a destruição do material de cunho racista apreendido (§ 4º do artigo 20 da Lei 7.716/89).

- **Figura qualificada:** o § 1º do artigo 20 da Lei 7.716/89 pune com pena de reclusão de 2 (dois) a 5 (cinco) anos e multa quem **fabricar** (produzir), **comercializar** (vender), **distribuir** (espalhar, entregar gratuitamente) ou **veicular** (dar publicidade) símbolos, emblemas, ornamentos, distintivos ou propaganda que utilizem a cruz suástica ou gamada, para fins de divulgação do nazismo.

Trata-se de crime comum (pode ser cometido por qualquer pessoa), doloso (há exigência de especial fim de agir – divulgação do nazismo), misto (alternativo ou de conteúdo variado), de mera conduta e de perigo abstrato.

1. Com o fito de resguardar a imparcialidade do magistrado para julgamento futuro do caso criminal, entendo que é de bom tom que este se abstenha de terminar as providências estudadas de ofício (a inércia do Poder Judiciário é importante para que a autoridade judiciária mantenha o necessário distanciamento do fato supostamente criminoso praticado, evitando juízo de valor antecipado acerca deste).

O delito admite acordo de não persecução penal (artigo 28-A do Código de Processo Penal).

▪ **Tabela para memorização:** confira tabela sobre a Lei 7.717/89 para facilitar a memorização:

Lei 7.716/89	
O crime de racismo é	Inafiançável, imprescritível e punido com pena de reclusão.
Ação penal	Pública incondicionada
Formas de discriminação previstas na Lei 7.716/89	Raça, cor, etnia, religião e procedência nacional
Racismo social	Decidido pelo Supremo Tribunal Federal, nos autos da ADO 26 e do MI 4733 – a homofobia e a transfobia passaram a ser considerados conteúdos discriminatórios raciais
Homicídio motivado pela homofobia/ transfobia	Qualificado pelo motivo torpe (ADO 26 e MI 4733)
O discurso religioso é considerado crime de racismo?	Não, desde que não constitua discurso de ódio.
Injúria racial	Crime imprescritível (STF e STJ)
Diferença entre racismo (artigo 20 da Lei 7.717/89 e injúria qualificada)	O crime de racismo não é dirigido contra pessoa determinada, a injúria sim.

Questões de concurso público: veja como a lei estudada já foi cobrada em concursos públicos.

1. (Delegado de Polícia Federal/2004) O item a seguir, é apresentado uma situação hipotética, seguida de uma assertiva a ser julgada.

( ) Pedro pediu em casamento Carolina, que tem 16 anos de idade, e ela aceitou. O pai de Carolina, porém, negou-se a autorizar o casamento da filha, pelo fato de o noivo ser negro. Todavia, para não ofender Pedro, solicitou a Carolina que lhe dissesse que o motivo da sua recusa era o fato de ele ser ateu. Nessa situação, o pai de Carolina cometeu infração penal.

2. (Delegado de Polícia Civil/GO/2018) Dispõe a Lei n. 7.716/1989, que define os crimes resultantes de preconceito de raça ou de cor, que ficará sujeito às penas de multa e de prestação de serviços à comunidade, incluindo atividades de promoção da igualdade racial, quem:

A) Exigir aspectos de aparência próprios de raça ou etnia para emprego cujas atividades não justifiquem essas exigências, em anúncios ou qualquer outra forma de recrutamento de trabalhadores.

B) Recusar ou impedir acesso a estabelecimento comercial, negando-se a servir, atender ou receber cliente ou comprador.

C) Recusar, negar ou impedir a inscrição ou ingresso de aluno em estabelecimento de ensino público ou privado de qualquer grau.

D) Impedir o acesso ou recusar atendimento em restaurantes, bares, confeitarias, ou locais semelhantes abertos ao público.

E) Impedir a ascensão funcional do empregado ou obstar outra forma de benefício profissional, por motivo de discriminação de raça ou de cor ou práticas resultantes do preconceito de descendência ou origem nacional ou étnica.

---

3. (Delegado de Polícia Civil/BA/2018) A respeito da Lei n° 7.716/89, com as alterações da Lei n° 9.459/97 (tipificação dos crimes resultantes de preconceito de raça ou de cor), assinale a alternativa correta.

A) Os crimes nela previstos, sem exceção, são praticados mediante dolo.

B) Não tipifica crimes resultantes de discriminação ou preconceito de religião, sendo específica a crimes de preconceito de raça, cor, etnia e procedência nacional.

C) O crime de negar ou impedir a inscrição ou ingresso de aluno em estabelecimento de ensino, previsto no art. 6º, é específico a instituições públicas.

D) Prevê como efeito automático da condenação a perda do cargo ou função pública, para o agente servidor público.

E) Prevê como causa de aumento de pena, geral a todos os crimes, a prática em detrimento de menor de 18 (dezoito) anos.

---

4. (Delegado de Polícia Civil/GO/2017) Uma jovem de vinte e um anos de idade, moradora da região Sudeste, inconformada com o resultado das eleições presidenciais de 2014, proferiu, em redes sociais na Internet, diversas ofensas contra nordestinos. Alertada de que estava cometendo um crime, a jovem apagou as mensagens e desculpou-se, tendo afirmado estar arrependida. Suas mensagens, porém, têm sido veiculadas por um sítio eletrônico que promove discurso de ódio contra nordestinos. No que se refere à situação hipotética precedente, assinale a opção correta, com base no disposto na Lei n.° 7.716/1989, que define os crimes resultantes de preconceito de raça e cor.

A) Independentemente de autorização judicial, a autoridade policial poderá determinar a interdição das mensagens ou do sítio eletrônico que as veicula.

B) Configura-se o concurso de pessoas nessa situação, visto que o material produzido pela jovem foi utilizado por outra pessoa no sítio eletrônico mencionado.

C) O crime praticado pela jovem não se confunde com o de injúria racial.

D) Como se arrependeu e apagou as mensagens, a jovem não responderá por nenhum crime.

E) A conduta da jovem não configura crime tipificado na Lei n.° 7.716/1989.

5. (Delegado de Polícia Civil/PR/2013) Quantos aos crimes de racismo definidos na Lei nº 7.716/1989, assinale a alternativa correta.

A) A incitação pública ao racismo constitui delito de incitação ao crime definido no Art. 286 do Código Penal, não havendo na referida Lei disposição sobre tal conduta.

B) No caso de incitação ou induzimento ao preconceito racial praticado através da rede mundial de computadores, poderá o juiz determinar a interdição da mensagem ou página de informação.

C) São crimes de ação penal pública condicionada, dependendo de representação da vítima para propositura da ação penal.

D) A injúria qualificada pelo preconceito racial é crime definido na referida Lei, não se aplicando o crime de injúria definido no Art. 140 do Código Penal.

E) Não constitui crime definido na referida Lei o empregador que, motivado pelo preconceito racial, não conceder os equipamentos necessários ao empregado em igualdade de condições com os demais trabalhadores.

6. (Delegado de Polícia Civil/PB/2022) No que concerne às disposições estabelecidas na Lei n.º 7.716/1989 e decisões do STF acerca dos crimes nela previstos, assinale a opção correta.

A) Em decorrência de vedação constitucional, não será concedida liberdade provisória aos presos em flagrante por prática de racismo, com ou sem fiança.

B) O conceito de racismo, segundo os tribunais superiores, não engloba condutas homofóbicas, dada a inexistência de previsão legal nesse sentido.

C) Admite-se a substituição da pena privativa de liberdade por restritivas de direitos, se preenchidos os requisitos do Código Penal.

D) Se os crimes previstos nesse dispositivo legal forem praticados por servidor público no exercício de suas funções, a perda do cargo é efeito automático da condenação.

E) O crime de racismo é imprescritível e punido com reclusão, devendo as condenações decorrentes de sua prática ser cumpridas em regime inicialmente fechado.

Gabarito comentado:

Questão	Reposta	Comentário
1	CERTA	Vide artigo 14 da Lei 7.716/89.
2	Letra A	Vide § 2° do artigo 4° da Lei 7.716/89.
3	Letra A	De fato, todos os crimes tipificados na Lei 7.717/89 são dolosos.
4	Letra C	Como não há vítima determinada, o crime perpetrado foi o tipificado no artigo 20 da Lei 7.716/89.
5	Letra B	Vide inciso III do § 3° do artigo 20 da Lei 7.716/89.

6	Letra C	Não há óbice à substituição de pena em caso de condenação pela prática do crime de racismo.

Quesitos criados pelo autor da obra: confira questões por mim criadas para orientar seus estudos.

1. A idade e a deficiência física são conteúdos discriminatórios previstos na Lei 7.716/89? O crime de racismo é hediondo ou equiparado a hediondo? A perda do cargo público prevista na Lei 7.716/89 é efeito automático da condenação? Há crime na conduta de comercializar emblemas da cruz suástica para fins de divulgação do nazismo?

RESPOSTA: Não. Os conteúdos discriminatórios previstos na Lei 7.716/89 são: raça, cor, etnia, religião e procedência nacional. O STF, no julgamento da ADO 26 e do MI 4733 incluiu a homofobia e a transfobia como conteúdos discriminatórios raciais. O crime de racismo é imprescritível, inafiançável, sujeito a pena de reclusão e de ação penal pública incondicionada, mas não é categorizado como hediondo ou equiparado a hediondo. A perda do cargo público prevista no artigo 16 da Lei 7.716/89 não é efeito automático da condenação (vide artigo 18 do mesmo mandamento legal). Há crime previsto no § 1° do artigo 20 da Lei 7.716/89:

> Art. 16. Constitui efeito da condenação a perda do cargo ou função pública, para o servidor público, e a suspensão do funcionamento do estabelecimento particular por prazo não superior a três meses.
>
> Art. 18. Os efeitos de que tratam os arts. 16 e 17 desta Lei não são automáticos, devendo ser motivadamente declarados na sentença.
>
> Art. 20. Praticar, induzir ou incitar a discriminação ou preconceito de raça, cor, etnia, religião ou procedência nacional.
>
> Pena: reclusão de um a três anos e multa.
>
> § 1° Fabricar, comercializar, distribuir ou veicular símbolos, emblemas, ornamentos, distintivos ou propaganda que utilizem a cruz suástica ou gamada, para fins de divulgação do nazismo.
>
> Pena: reclusão de dois a cinco anos e multa.
>
> § 2° Se qualquer dos crimes previstos no caput é cometido por intermédio dos meios de comunicação social ou publicação de qualquer natureza:
>
> Pena: reclusão de dois a cinco anos e multa.
>
> § 3° No caso do parágrafo anterior, o juiz poderá determinar, ouvido o Ministério Público ou a pedido deste, ainda antes do inquérito policial, sob pena de desobediência:
>
> I – o recolhimento imediato ou a busca e apreensão dos exemplares do material respectivo;
>
> II – a cessação das respectivas transmissões radiofônicas, televisivas, eletrônicas ou da publicação por qualquer meio;
>
> III – a interdição das respectivas mensagens ou páginas de informação na rede mundial de computadores.
>
> § 4° Na hipótese do § 2°, constitui efeito da condenação, após o trânsito em julgado da decisão, a destruição do material apreendido.

4

Lei 7.960/89 – Prisão temporária

▪ **Introdução:** a prisão temporária é uma espécie de prisão cautelar (ou provisória), criada pela Lei 7.960/89.

Trata-se de cláusula de reserva de jurisdição (só pode ser decretada pelo Poder Judiciário).

O cárcere só pode ser determinado no curso de inquérito policial. Destarte, recebida a exordial acusatória, a custódia temporária deve ceder (caso não tenha sido convertida em prisão preventiva):

> HABEAS CORPUS. HOMICÍDIO DUPLAMENTE MAJORADO. PRISÃO TEMPORÁRIA. INVESTIGAÇÃO CRIMINAL. ENCERRAMENTO. OFERECIMENTO E RECEBIMENTO DA DENÚNCIA. DESNECESSIDADE DA CUSTÓDIA. CONSTRANGIMENTO ILEGAL EVIDENCIADO. 1. Uma vez oferecida e recebida a denúncia, desnecessária a preservação da custódia temporária do paciente, cuja finalidade é resguardar a integridade das investigações criminais. 2. Habeas corpus concedido a fim de, confirmando a liminar anteriormente deferida, revogar a custódia temporária do paciente[1].

Art. 1º Caberá prisão temporária:

I – quando imprescindível para as investigações do inquérito policial;

1. STJ, 5ª Turma, HC 158.060/PA, rel. Min. Jorge Mussi, julgado em 02/09/2010, DJe em 20/09/2010.

II – quando o indicado não tiver residência fixa ou não fornecer elementos necessários ao esclarecimento de sua identidade;

III – quando houver fundadas razões, de acordo com qualquer prova admitida na legislação penal, de autoria ou participação do indiciado nos seguintes crimes:

a) homicídio doloso (art. 121, caput, e seu § 2°);

b) sequestro ou cárcere privado (art. 148, caput, e seus §§ 1° e 2°);

c) roubo (art. 157, caput, e seus §§ 1°, 2° e 3°);

d) extorsão (art. 158, caput, e seus §§ 1° e 2°);

e) extorsão mediante sequestro (art. 159, caput, e seus §§ 1°, 2° e 3°);

f) estupro (art. 213, caput, e sua combinação com o art. 223, caput, e parágrafo único);

g) atentado violento ao pudor (art. 214, caput, e sua combinação com o art. 223, caput, e parágrafo único);

h) rapto violento (art. 219, e sua combinação com o art. 223 caput, e parágrafo único);

i) epidemia com resultado de morte (art. 267, § 1°);

j) envenenamento de água potável ou substância alimentícia ou medicinal qualificado pela morte (art. 270, caput, combinado com art. 285);

l) quadrilha ou bando (art. 288), todos do Código Penal;

m) genocídio (arts. 1°, 2° e 3° da Lei n° 2.889, de 1° de outubro de 1956), em qualquer de sua formas típicas;

n) tráfico de drogas (art. 12 da Lei n° 6.368, de 21 de outubro de 1976);

o) crimes contra o sistema financeiro (Lei n° 7.492, de 16 de junho de 1986).

p) crimes previstos na Lei de Terrorismo.

- **Requisitos:** a maioria da doutrina entendia ser necessária a cumulação dos incisos I e III ou II e III do artigo 1º da Lei 7.960/89[2] para decretação da medida extrema. Em verdade, era possível construir 5 entendimentos acerca do tema:

2. O entendimento prevalente limita o alcance da prisão temporária (e isso, a meu sentir, é correto), que só pode ser decretada quando há investigação de crime listado no inciso III do artigo 1º da Lei 7.960/89 ou que seja considerado hediondo (artigo 1º da Lei 8.072/90) ou equiparado a hediondo (tráfico de drogas, tortura ou terrorismo).

Ordem	Entendimento	Defensores
1	Os incisos do artigo 1° são alternativos (basta a presença de um deles para que seja possível decretar a medida extrema).	Tourinho Filho e Júlio Mirabete
2	A prisão temporária só pode ser decretada se estiverem presentes os três incisos (que são cumulativos).	Antonio Scarance Fernandes
3	Cumulação dos incisos I e III ou II e III do artigo 1° da Lei 7.960/89 (entendimento majoritário).	Damásio E. de Jesus e Antônio Magalhães Gomes Filho
4	A prisão temporária só pode ser decretada se houver incidência de um dos incisos do artigo 1° da Lei 7.960/89 (alternativamente) e, além disso, se concorrerem os motivos que autorizam a decretação da prisão preventiva (artigo 312 do CPP).	Vicente Greco Filho
5	Sugestiono uma quinta interpretação – a prisão temporária só pode ser decretada com a conjugação dos incisos I e III do artigo 1° da Lei 7.960/89 ou quando presentes todos os incisos do mesmo artigo e lei (incisos I, II e III do artigo 1° da Lei 7.960/89). Entendo, destarte, que o inciso I do artigo 1° nunca pode ficar fora da fundamentação da decretação da medida extrema, vez que admitir o contrário seria consagrar hipótese de decretação da custódia independente da necessidade concreta da medida.	Posição defendida na primeira edição desta obra (Márcio Alberto Gomes Silva).

O Supremo Tribunal Federal, contudo, julgando as ADI 3360 e 4109, decidiu que a decretação da prisão temporária depende da observância dos seguintes requisitos (cumulativos): 1) imprescindibilidade para as investigações do inquérito policial (art. 1º, I, Lei 7.960/1989) (*periculum libertatis*), constatada a partir de elementos concretos, e não meras conjecturas, vedada a sua utilização como prisão para averiguações, em violação ao direito a` não autoincriminação, ou quando fundada no mero fato de o representado não possuir residência fixa (inciso II); 2) quando houver fundadas razões de autoria ou participação do indiciado nos crimes previstos no art. 1º, III, Lei 7.960/1989 (*fumus comissi delicti*), vedada a analogia ou a interpretação extensiva do rol previsto no dispositivo; 3) quando for justificada em fatos novos ou contemporâneos que fundamentem a medida (art. 312, § 2º, CPP); 4) quando a medida for adequada a` gravidade concreta do crime, às circunstâncias do fato e às condições pessoais do indiciado (art. 282, II, CPP); 5) quando não for suficiente a imposição de medidas cautelares diversas, previstas nos arts. 319 e 320 do CPP (art. 282, § 6º, CPP).

Eis o julgado (em virtude da relevância, transcrevo a ementa completa):

> AÇÃO DIRETA DE INCONSTITUCIONALIDADE. LEI 7.960/1989. PRISÃO TEMPORÁRIA. CONSTITUCIONALIDADE. ART. 5°, INCISOS LXI E LVII, DA CF. NECESSIDADE DE DECISÃO JUDICIAL DEVIDAMENTE FUNDAMENTADA. ART. 93, INCISO IX, DA CF. PRAZO IMPRÓPRIO DE 24 HORAS PARA A DECRETAÇÃO DA PRISÃO. INTERPRETAÇÃO CONFORME A CONSTITUIÇÃO FEDERAL. ART. 1°, INCISO III, DA LEI 7.960/1989. ROL DE NATUREZA TAXATIVA. PRINCÍPIO DA LEGALIDADE ESTRITA. ART. 5°, INCISO XXXIX, DA CF. ART. 1°, INCISO I, DA LEI 7.960/1989. EXIGÊNCIA DE ELEMENTOS CONCRETOS. PRINCÍPIO DA PRESUNÇÃO DE INOCÊNCIA. ART. 1°, INCISO II, DA LEI 7.960/1989. MERA AUSÊNCIA DE ENDEREÇO FIXO. VEDAÇÃO DE DECRETAÇÃO DE PRISÃO TEMPORÁRIA. NECESSIDADE DE OCORRÊNCIA DE FATOS NOVOS OU CONTEMPORÂNEOS QUE JUSTIFIQUEM A ADOÇÃO DA MEDIDA. ART. 312, § 2°, CPP. APLICABILIDADE À PRISÃO TEMPORÁRIA. VEDAÇÃO DE DECRETAÇÃO DA PRISÃO TEMPORÁRIA SOMENTE COM A FINALIDADE DE INTERROGATÓRIO. DIREITO À NÃO AUTOINCRIMINAÇÃO. ART. 282, INCISO II, E § 6°, DO CPP. DISPOSITIVOS APLICÁVEIS À PRISÃO TEMPORÁRIA. PRINCÍPIO DA PROPORCIONALIDADE. PRISÃO CAUTELAR COMO ULTIMA RATIO DO SISTEMA PROCESSUAL PENAL. INTELIGÊNCIA DO ART. 5°, INCISO LXVI, DA CF. PROCEDÊNCIA PARCIAL. I – A Constituição Federal autoriza que o legislador ordinário preveja modalidade de prisão cautelar voltada a assegurar o resultado útil da investigação criminal, como é o caso da prisão temporária, desde que respeitado o princípio da presunção de não culpabilidade. Inteligência do art. 5°, incisos LXI e LVII, da Constituição Federal. II – Não viola a Constituição Federal a previsão legal de decretação de prisão temporária quando presentes fundados indícios da prática dos crimes de quadrilha, atual associação criminosa, e contra o sistema financeiro (alíneas "l" e "o" do inciso III do art. 1° da Lei 7.960/89). Cuida-se de opção do legislador, dentro do seu legítimo campo de conformação, com o escopo de conferir especial atenção a determinados crimes que em seu entender merecem maior necessidade de prevenção. III – A prisão temporária não é medida de caráter compulsório, já que sua decretação deve se dar mediante decisão judicial

devidamente fundamentada em elementos aptos a justificar a imposição da medida. Inteligência do art. 2°, caput e § 2°, da Lei 7.960/1989, bem como art. 93, inciso IX, da CF. IV – O prazo de 24 horas previsto no § 2° do art. 2° da Lei 7.960/1989 é compatível com a Constituição Federal. Trata-se de prazo impróprio a ser observado conforme o prudente arbítrio do Magistrado competente para a decretação da medida. V – A decretação da prisão temporária reclama sempre a presença do inciso III do art. 1° da Lei 7.960/1989. O dispositivo, ao exigir a presença de fundadas razões de autoria ou participação do indiciado nos crimes nele previstos, evidencia a necessidade do fumus comissi delicti, indispensável para a decretação de qualquer medida cautelar. Rol de crimes de natureza taxativa, desautorizada a analogia ou a interpretação extensiva, em razão dos princípios da legalidade estrita (art. 5°, inciso XXXIX, da CF) e do devido processo legal substantivo (art. 5°, inciso LXV, CF). VI – A decretação da prisão temporária exige também a presença do inciso I do art. 1° da Lei de regência. O inciso, ao dispor que a prisão temporária pode ser decretada somente quando for imprescindível para as investigações do inquérito policial, traz a necessidade de demonstração do periculum libertatis do representado, requisito indispensável para a imposição de prisões cautelares por força do princípio constitucional da presunção de inocência que obsta a antecipação de penas. Exigência de fundamentação calcada em elementos concretos, e não em simples conjecturas. Precedentes desta Corte. VII – O inciso II do art. 1° da Lei 7.960/1989 mostra-se dispensável ou, quando interpretado isoladamente, inconstitucional. Não se pode decretar a prisão temporária pelo simples fato de o representado não possuir endereço fixo. A circunstância de o indiciado não possuir residência fixa deve evidenciar de modo concreto que a prisão temporária é imprescindível para a investigação criminal (inciso I do art. 1° da Lei em comento). VIII – A prisão temporária deve estar fundamentada em fatos novos ou contemporâneos à decretação da medida (art. 312, § 2°, CPP). Ainda que se cuide de dispositivo voltado à prisão preventiva, a regra é consequência lógica da cautelaridade das prisões provisórias e do princípio constitucional da não culpabilidade. IX – É vedada a decretação da prisão temporária somente com a finalidade de interrogar o indiciado, porquanto ninguém pode ser forçado a falar ou a produzir prova contra si. Doutrina. Inteligência das Arguições de Descumprimento de Preceito Fundamental n.° 395 e n.° 444, rel. Min. Gilmar Mendes, Plenário, STF, julgadas em 14/06/2018. X – A decretação da prisão temporária deve observar o previsto no art. 282, inciso II, do CPP. Trata-se de regra geral a incidir sobre todas as modalidades de medida cautelar, as quais, em atenção ao princípio da proporcionalidade, devem observar a necessidade e a adequação da medida em vista da gravidade do crime, das circunstâncias do fato e das condições pessoais do representado.

> XI – O disposto no art. 282, § 6°, do CPP também deve ser atendido para a decretação da prisão temporária. Em razão do princípio constitucional da não culpabilidade, a regra é a liberdade; a imposição das medidas cautelares diversas da prisão a exceção; ao passo que a prisão, qualquer que seja a sua modalidade, a exceção da exceção, é dizer, a ultima ratio do sistema processual penal. Inteligência do art. 5°, inciso LXVI, da CF. XII – O art. 313 do CPP cuida de dispositivo específico para a prisão preventiva não aplicável à prisão temporária, porquanto, no caso desta, o legislador ordinário, no seu legítimo campo de conformação, já escolheu os delitos que julgou de maior gravidade para a imposição da prisão (inciso III do art. 1° da Lei 7.960/89). Entender de modo diverso implicaria confusão entre os pressupostos de decretação das prisões preventiva e temporária, bem como violação aos princípios da legalidade e da separação entre os poderes. XIII – Procedência parcial para conferir interpretação conforme a Constituição Federal ao art. 1° da Lei 7.960/1989 e fixar o entendimento de que a decretação de prisão temporária autoriza-se quando, cumulativamente: 1) for imprescindível para as investigações do inquérito policial (art. 1°, I, Lei 7.960/1989) (periculum libertatis), constatada a partir de elementos concretos, e não meras conjecturas, vedada a sua utilização como prisão para averiguações, em violação ao direito a` não autoincriminação, ou quando fundada no mero fato de o representado não possuir residência fixa (inciso II); 2) houver fundadas razões de autoria ou participação do indiciado nos crimes previstos no art. 1°, III, Lei 7.960/1989 (fumus comissi delicti), vedada a analogia ou a interpretação extensiva do rol previsto no dispositivo; 3) for justificada em fatos novos ou contemporâneos que fundamentem a medida (art. 312, § 2°, CPP); 4) a medida for adequada a` gravidade concreta do crime, às circunstâncias do fato e às condições pessoais do indiciado (art. 282, II, CPP); 5) não for suficiente a imposição de medidas cautelares diversas, previstas nos arts. 319 e 320 do CPP (art. 282, § 6°, CPP) (ADI 3360, Relator(a): CÁRMEN LÚCIA, Relator(a) p/ Acórdão: EDSON FACHIN, Tribunal Pleno, julgado em 14/02/2022, PROCESSO ELETRÔNICO DJe-084 DIVULG 02-05-2022 PUBLIC 03-05-2022).

Entendo ser perfeitamente possível a decretação da prisão temporária em relação a crime hediondo ou equiparado a hediondo que não conste na lista do inciso III do artigo 1º da Lei 7.960/89 (ressalva ao item 2 da lista de requisitos cumulativos estabelecidos pelo STF). A ressalva se justifica vez que a autorização legal para decretação da prisão temporária nesse caso não vem da Lei 7.960/89 e sim da Lei 8.072/90 (§ 4º do artigo 2º).

- **Revogação de crimes da lista do inciso III do artigo 1º:** saliento que foram revogados os crimes listados nas alíneas "g" (atentado violento ao pudor – revogado pela Lei 12.015/09) e "h" (rapto violento – revogado pela Lei 11.106/05).

Doutra banda, a nomenclatura (e a própria estrutura) do crime mencionado na alínea "l" (quadrilha ou bando) mudou por força da Lei 12.850/13 (o crime se chama, desde então, associação criminosa).

- **Tabela explicativa:** eis o resumo dos requisitos (e dos prazos) para decretação da prisão temporária:

Prisão temporária (requisitos e prazo)	
Periculum libertatis (incisos I e II)	Imprescindibilidade da prisão para as investigações do inquérito policial
	Quando o indiciado não tiver residência fixa ou não fornecer elementos necessários ao esclarecimento de sua identidade
Fumus comissi delicti (inciso III)	Fundadas razões, de acordo com qualquer prova admitida na legislação penal, de autoria ou participação do indiciado em um dos crimes listados no inciso, de crime hediondo ou equiparado a hediondo
Prazos	5 dias (prorrogáveis por igual período) – artigo 2° da Lei 7.960/89
	30 dias (prorrogáveis por igual período – crimes hediondos ou equiparados a hediondos) – § 4° do artigo 2° da Lei 8.072/90
Requisitos para a decretação da temporária segundo o STF (ADI 3360 e 4109)	1) for imprescindível para as investigações do inquérito policial (art. 1°, I, Lei 7.960/1989) (*periculum libertatis*), constatada a partir de elementos concretos, e não meras conjecturas, vedada a sua utilização como prisão para averiguações, em violação ao direito à não autoincriminação, ou quando fundada no mero fato de o representado não possuir residência fixa (inciso II); 2) houver fundadas razões de autoria ou participação do indiciado nos crimes previstos no art. 1°, III, Lei 7.960/1989 (*fumus comissi delicti*), vedada a analogia ou a interpretação extensiva do rol previsto no dispositivo; 3) for justificada em fatos novos ou contemporâneos que fundamentem a medida (art. 312, § 2°, CPP); 4) a medida for adequada à gravidade concreta do crime, às circunstâncias do fato e às condições pessoais do indiciado (art. 282, II, CPP); 5) não for suficiente a imposição de medidas cautelares diversas, previstas nos arts. 319 e 320 do CPP (art. 282, § 6°, CPP).

Art. 2º A prisão temporária será decretada pelo Juiz, em face da representação da autoridade policial ou de requerimento do Ministério Público, e terá o prazo de 5 (cinco) dias, prorrogável por igual período em caso de extrema e comprovada necessidade.

- **Legitimidade:** a legitimidade para pleitear prisão temporária é do delegado de polícia (por meio de representação) ou do membro do Ministério Público (por meio de requerimento).

A prisão temporária não pode ser decretada de ofício pelo juiz.

- **Prazo:** o prazo da prisão temporária é de 5 dias, podendo ser prorrogado por mais 5 dias pelo magistrado, atendendo a representação do delegado de polícia ou requerimento do Ministério Público (em caso de extrema e comprovada necessidade).

Se o crime investigado for hediondo ou equiparado a hediondo, o prazo da prisão temporária será de 30 dias prorrogáveis por igual período, nos termos do § 4º do artigo 2º da Lei 8.072/90[3].

Art. 2º (...)

§ 1º Na hipótese de representação da autoridade policial, o Juiz, antes de decidir, ouvirá o Ministério Público.

- **Parecer prévio do Ministério Público:** caso o pedido de prisão seja elaborado pelo delegado de polícia, via representação, o Ministério Público deve ser instado a se manifestar.

Por óbvio, o parecer ministerial não é vinculante (mas meramente opinativo). Ou seja, ainda que o Ministério Público oferte parecer entendendo que a prisão não deve ser decretada, o juiz pode, tranquilamente, determinar a medida extrema, atendendo à representação da autoridade policial.

---

3. Art. 2º (...)
§ 4º A prisão temporária, sobre a qual dispõe a Lei nº 7.960, de 21 de dezembro de 1989, nos crimes previstos neste artigo, terá o prazo de 30 (trinta) dias, prorrogável por igual período em caso de extrema e comprovada necessidade.

Art. 2º (...)

§ 2º O despacho que decretar a prisão temporária deverá ser fundamentado e prolatado dentro do prazo de 24 (vinte e quatro) horas, contadas a partir do recebimento da representação ou do requerimento.

- **Decisão fundamentada:** a prisão temporária, como acentuado supra, é cárcere decorrente de ordem escrita e fundamentada de autoridade judiciária (cláusula de reserva de jurisdição). A decisão deve ser prolatada em até 24 horas contadas a partir do recebimento da representação ou requerimento (o prazo é impróprio e não há consequência legalmente estabelecida para a sua inobservância).

Penso que o artigo 315 do Código de Processo Penal[4] (modificado pelo Pacote Anticrime) é o norte a ser observado pelo magistrado na fundamentação da decisão que decreta a medida extrema (o dispositivo trata da decretação de prisão preventiva, mas pode ser tranquilamente utilizado para balizar a decisão que determina a prisão temporária).

Art. 2º (...)

§ 3º O Juiz poderá, de ofício, ou a requerimento do Ministério Público e do Advogado, determinar que o preso lhe seja apresentado,

---

4. Art. 315. A decisão que decretar, substituir ou denegar a prisão preventiva será sempre motivada e fundamentada.
§ 1º Na motivação da decretação da prisão preventiva ou de qualquer outra cautelar, o juiz deverá indicar concretamente a existência de fatos novos ou contemporâneos que justifiquem a aplicação da medida adotada.
§ 2º Não se considera fundamentada qualquer decisão judicial, seja ela interlocutória, sentença ou acórdão, que:
I – limitar-se à indicação, à reprodução ou à paráfrase de ato normativo, sem explicar sua relação com a causa ou a questão decidida;
II – empregar conceitos jurídicos indeterminados, sem explicar o motivo concreto de sua incidência no caso;
III – invocar motivos que se prestariam a justificar qualquer outra decisão;
IV – não enfrentar todos os argumentos deduzidos no processo capazes de, em tese, infirmar a conclusão adotada pelo julgador;
V – limitar-se a invocar precedente ou enunciado de súmula, sem identificar seus fundamentos determinantes nem demonstrar que o caso sob julgamento se ajusta àqueles fundamentos;
VI – deixar de seguir enunciado de súmula, jurisprudência ou precedente invocado pela parte, sem demonstrar a existência de distinção no caso em julgamento ou a superação do entendimento.

solicitar informações e esclarecimentos da autoridade policial e submetê-lo a exame de corpo de delito.

- **Exame de corpo de delito:** o juiz poderá, de ofício ou a requerimento do Ministério Público ou do advogado, determinar a apresentação do preso, solicitar informações e esclarecimentos da autoridade policial ou determinar exame de corpo de delito (tudo com o objetivo de assegurar respeito aos direitos fundamentais do detido).

Sugestiono que o delegado de polícia sempre determine realização de exame de corpo de delito no detido depois do cumprimento da ordem de prisão (mesmo que a autoridade judiciária não o tenha ordenado), sempre com o fito de demonstrar que o direito à integridade física do indiciado foi respeitado (ou para consignar exatamente quais foram as eventuais lesões decorrentes da necessidade do uso da força em caso de resistência à ordem de prisão por parte do detido).

Art. 2° (...)

§ 4° Decretada a prisão temporária, expedir-se-á mandado de prisão, em duas vias, uma das quais será entregue ao indiciado e servirá como nota de culpa.

- **Nota de culpa (mandado):** decretada a medida extrema, o mandado será expedido em duas vias. Quando do cumprimento da prisão, o detido deverá apor seu ciente em uma das vias e outra lhe será entregue e servirá como nota de culpa. É importante que a ciência seja datada, para que se tenha baliza acerca da data da libertação do preso.

A entrega do mandado de prisão ao detido é providência importante, na medida em que este conhecerá o(s) motivo(s) da decretação da medida extrema e seu prazo (5 ou 30 dias, a depender do crime investigado). Não se deve admitir que alguém seja privado de sua liberdade sem conhecer as razões que ensejaram a mitigação do seu direito ambulatorial.

Art. 2° (...)

§ 4°-A O mandado de prisão conterá necessariamente o período de duração da prisão temporária estabelecido no caput deste artigo, bem como o dia em que o preso deverá ser libertado.

▪ **Período de duração da prisão:** o § 4º-A foi enxertado no artigo 2º da Lei 7.960/89 pela Lei 13.869/19 (Lei de Abuso de Autoridade). O dispositivo determina que o período de duração da prisão temporária conste expressamente no mandado judicial.

É preciso também fazer constar o dia da libertação do detido (em verdade, só se saberá exatamente o dia da libertação do preso quando o mandado for cumprido). Para que seja respeitado o mandamento legal, o policial responsável pelo cumprimento da ordem deve escrever na via do preso (sua nota de culpa) o dia da sua libertação.

Penso ser possível que a prisão temporária seja decretada por tempo inferior ao legalmente estabelecido ou que o delegado de polícia liberte o detido antes do advento do prazo consignado no mandado, comunicando ao magistrado que a prisão deixou de ser imprescindível ao inquérito policial (soluções mais benéficas para o indiciado).

> **Art. 2º (...)**
> **§ 5º A prisão somente poderá ser executada depois da expedição de mandado judicial.**

▪ **Execução da privação da liberdade:** só é possível efetivamente encarcerar o indicado depois da expedição do mandado.

Não existe em nosso ordenamento jurídico a chamada "prisão para averiguação". As modalidades de prisão cautelar/provisória (que admitem mitigação do direito de locomoção antes do trânsito em julgado de sentença penal condenatória) são: a) flagrancial (há forte tendência doutrinária a categorizar a prisão em flagrante como cárcere pré-cautelar[5]); b) temporária; ou c) preventiva.

Destarte, só é possível limitar o direito ambulatorial do indiciado em face da decretação de prisão temporária, depois da expedição do respectivo

5. Isso porque a prisão em flagrante é muito efêmera (dura pouco tempo com esse rótulo), vez que em até 24 horas o detido será apresentado para realização de audiência de custódia (artigo 310 do Código de Processo Penal) e nesta ou ele ganhará a liberdade (relaxamento da prisão ou concessão da liberdade provisória com ou sem fiança) ou o encarceramento, caso mantido, mudará de nomenclatura (conversão da prisão em flagrante em prisão preventiva).

mandado judicial (não é possível, por óbvio, que o suspeito seja privado de sua liberdade e, só então, seja representada a prisão temporária ao juízo competente para "legalizar" a situação do detido).

Art. 2º (...)

§ 6º Efetuada a prisão, a autoridade policial informará o preso dos direitos previstos no art. 5º da Constituição Federal.

- **Avisos de Miranda:** cumprido o mandado judicial de prisão, o preso deve ser informado dos seus direitos (ao silêncio, a não autoincriminação, de constituir, querendo, advogado, dentre outros).

É importante, nesta senda, que qualquer entrevista (ainda que informal) ou oitiva do indiciado detido só seja materializada depois do cumprimento da formalidade exigida no dispositivo aqui estudado.

Art. 2º (...)

§ 7º Decorrido o prazo contido no mandado de prisão, a autoridade responsável pela custódia deverá, independentemente de nova ordem da autoridade judicial, pôr imediatamente o preso em liberdade, salvo se já tiver sido comunicada da prorrogação da prisão temporária ou da decretação da prisão preventiva.

- **Libertação do detido:** a Lei 13.869/19 alterou o § 7º do artigo 2º da Lei 7.960/89. Decorrido o prazo da prisão sem que tenha sido prorrogada a prisão temporária ou sem que tenha sido decretada a prisão preventiva (conversão da temporária em preventiva), o preso deve ser colocado em liberdade (independentemente da expedição de alvará de soltura).

- **Crime de abuso de autoridade:** constitui crime de abuso de autoridade prolongar a prisão temporária, sem motivo justo e excepcionalíssimo, deixando de promover a soltura do indiciado depois de esgotado o prazo estampado na ordem judicial (inciso IV do parágrafo único do artigo 12 da Lei 13.869/19[6]).

6. Art. 12. (...)
Pena – detenção, de 6 (seis) meses a 2 (dois) anos, e multa.

Por óbvio, para que seja praticado crime de abuso de autoridade, é preciso que se verifique a existência do especial fim de agir consignado no § 1º do artigo 1º da Lei 13.869/19:

> Art. 1º (...)
>
> § 1º As condutas descritas nesta Lei constituem crime de abuso de autoridade quando praticadas pelo agente com a finalidade específica de prejudicar outrem ou beneficiar a si mesmo ou a terceiro, ou, ainda, por mero capricho ou satisfação pessoal.
>
> Art. 2º (...)

§ 8º Inclui-se o dia do cumprimento do mandado de prisão no cômputo do prazo de prisão temporária.

▪ **Inclusão do dia do cumprimento do mandado no cômputo do prazo:** o prazo da prisão temporária deve ser contado computando o dia do cumprimento do mandado judicial (ainda que o mandado seja cumprido nos últimos minutos do dia), nos termos do § 8º do artigo 2º da Lei 7.960/89 (incluído pela Lei 13.869/19).

Art. 3º Os presos temporários deverão permanecer, obrigatoriamente, separados dos demais detentos.

▪ **Separação de presos:** como a prisão temporária tem, em regra, prazo muito exíguo, os presos temporários devem ser mantidos separados dos demais detentos (facilitando a identificação e liberação do indiciado, depois de findo o prazo de cárcere).

Art. 5º Em todas as comarcas e seções judiciárias haverá um plantão permanente de vinte e quatro horas do Poder Judiciário e do

Parágrafo único. Incorre na mesma pena quem:

(...)

IV – prolonga a execução de pena privativa de liberdade, de prisão temporária, de prisão preventiva, de medida de segurança ou de internação, deixando, sem motivo justo e excepcionalíssimo, de executar o alvará de soltura imediatamente após recebido ou de promover a soltura do preso quando esgotado o prazo judicial ou legal.

Ministério Público para apreciação dos pedidos de prisão temporária.

- **Plantão do Poder Judiciário e do Ministério Público:** o artigo 5º da Lei 7.960/89 determina que em todas as comarcas (Justiça Estadual) e seções judiciárias (Justiça Federal) deve existir plantão de 24 horas do Poder Judiciário e do Ministério Público para apreciar os pedidos de prisão temporária.

- **Síntese dos parágrafos do artigo 2º, artigo 3º e artigo 5º da Lei 7.960/89:** para revisar os dispositivos estudados, leia a tabela abaixo:

Comando legal	Dispositivo	Comentários
Caso o pedido de prisão seja elaborado pelo delegado de polícia, o Ministério Público deve ser instado a se manifestar.	§ 1º do artigo 2º da Lei 7.960/89	O parecer do agente ministerial é opinativo, não vinculando a decisão final do magistrado acerca da decretação ou não do cárcere representado pelo delegado de polícia.
O despacho que decreta a prisão temporária será sempre fundamentado (trata-se de cárcere decorrente de ordem escrita e fundamentada de autoridade judiciária) e deve ser prolatado em até 24 horas depois do pedido.	§ 2º do artigo 2º da Lei 7.960/89	O dispositivo cumpre ditame constitucional constante no inciso LXI do artigo 5º da Constituição Federal (que reclama decisão escrita e fundamentada de autoridade judiciária para que exista privação de liberdade).
O juiz poderá, de ofício ou a requerimento do MP ou advogado, determinar a apresentação do preso, solicitar informações da autoridade policial ou determinar exame de corpo de delito.	§ 3º do artigo 2º da Lei 7.960/89	O dispositivo objetiva, principalmente, proteger a integridade física do detido, garantindo que ele não seja submetido a tortura ou qualquer tratamento desumano/degradante.
Cópia do mandado de prisão deve ser entregue ao preso e servirá de nota de culpa.	§ 4º do artigo 2º da Lei 7.960/89	A entrega da cópia do mandado faz com que o detido saiba qual o juízo responsável pela decretação da sua prisão, qual crime está sendo apurado, o prazo de duração do cárcere, dentre outros dados relevantes.

Comando legal	Dispositivo	Comentários
O mandado de prisão conterá necessariamente o período de duração da prisão temporária, bem como o dia em que o preso deverá ser libertado.	§ 4°-A do artigo 2° da Lei 7.960/89 – inserido pela Lei 13.869/19	A duração da prisão temporária (5 ou 30 dias, a depender do crime investigado) deve estar consignada no mandado. Para que seja possível consignar no mandado o dia da libertação, é preciso conhecer o dia do cumprimento da ordem (o prazo só se iniciará quando o mandado for cumprido). Penso que a autoridade policial responsável pelo cumprimento da ordem deve consignar no mandado o dia da libertação do preso (o dia do encarceramento conta como primeiro dia do prazo).
A prisão só pode ser executada depois da expedição do mandado.	§ 5° do artigo 2° da Lei 7.960/89	Não é possível deter o investigado/indiciado para só depois "formalizar" a prisão. Só é possível encarcerar depois que a prisão é decretada e o mandado é expedido.
O preso deve ser informado dos seus direitos.	§ 6° do artigo 2° da Lei 7.960/89	É cumprir os "avisos de Miranda". O preso deve ser informado do seu direito ao silêncio, de não produzir prova contra si, de constituir advogado, dentre outros.
Decorrido o prazo contido no mandado de prisão, a autoridade responsável pela custódia deverá, independentemente de nova ordem da autoridade judicial, pôr imediatamente o preso em liberdade, salvo se já tiver sido comunicada da prorrogação da prisão temporária ou da decretação da prisão preventiva.	§ 7° do artigo 2° da Lei 7.960/89 – modificado pela Lei 13.869/19	Não é preciso expedição de alvará de soltura para a libertação do detido encarcerado em face da decretação de prisão temporária.
Constitui crime de abuso de autoridade manter o preso temporário detido por mais tempo que o determinado na ordem judicial.	Artigo 12, inciso IV, da Lei 13.869/19	Por óbvio, é preciso que a conduta seja dolosa (e impregnada pelo especial fim de agir consignado no § 1° do artigo 1° da Lei 13.869/19).

Comando legal	Dispositivo	Comentários
O dia do cumprimento do mandado de prisão se inclui no cômputo do prazo de prisão temporária.	§ 8º do artigo 2º da Lei 7.960/89 – incluído pela Lei 13.869/19	Como já salientado supra, o prazo da prisão temporária inclui o dia do cumprimento do mandado.
Os presos temporários devem ser mantidos separados dos demais detentos.	Artigo 3º	-
Em todas as comarcas deve existir plantão de 24 horas do Judiciário e do Ministério Público para apreciar os pedidos de prisão temporária.	Artigo 5º	-

Questões de concurso público: veja como a lei estudada já foi cobrada em concursos públicos.

1. **(Delegado de Polícia/RN/2021)** Aberto inquérito para apurar a prática do crime de roubo majorado pela restrição da liberdade da vítima, na forma do Art. 157, §2º, V, do Código Penal, praticado em 05/01/2021, a autoridade policial, presentes fundados indícios de autoria, entendeu ser imprescindível às investigações a decretação da prisão temporária do indiciado Henrique, ainda que esse possua residência fixa. Diante da situação apresentada, a prisão temporária do agente:

A) poderá ser decretada pelo juiz, ainda que de ofício, pelo prazo inicial máximo de cinco dias;

B) poderá ser decretada pelo juiz, mediante representação, pelo prazo inicial de trinta dias;

C) não poderá ser decretada, por não se tratar de crime hediondo ou previsto no rol da legislação aplicável;

D) não poderá ser decretada pelo juiz, pois o acusado possui residência fixa;

E) poderá ser decretada pelo juiz, por representação do delegado, dispensada a manifestação do Ministério Público.

2. **(Delegado de Polícia Civil/GO/2018)** Sobre a prisão, tem-se o seguinte:

A) A prisão temporária, presentes os seus requisitos, poderá ser decretada no curso da ação penal.

B) A Constituição da República Federativa do Brasil prevê a incomunicabilidade do preso durante o estado de defesa.

C) Nos crimes hediondos, a prisão temporária tem, em regra, a duração de trinta dias.

D) Após a alteração legislativa promovida pela Lei n. 12.403, de 2011, é possível a decretação de prisão preventiva pelo juiz, de ofício, durante a investigação penal.

E) É causa de revogação da prisão preventiva o extrapolamento, pela autoridade policial, do prazo de conclusão do inquérito policial.

---

3. (Delegado de Polícia Civil/SP/2018) A prisão temporária é cabível

A) Quando imprescindível para as investigações do inquérito policial nos crimes, entre outros, de latrocínio e epidemia com resultado morte, pelo prazo de trinta dias, prorrogável por igual período em caso de extrema e comprovada necessidade.

B) Quando imprescindível para as investigações do inquérito policial nos crimes, entre outros, de latrocínio e roubo, pelo prazo de trinta dias, prorrogável por igual período em caso de extrema e comprovada necessidade.

C) Quando imprescindível para as investigações do inquérito policial ou instrução processual, nos crimes, entre outros, de latrocínio e sequestro ou cárcere privado, pelo prazo de trinta dias, prorrogável por igual período em caso de extrema e comprovada necessidade.

D) Quando imprescindível para as investigações do inquérito policial ou instrução processual, nos crimes, entre outros, de latrocínio e roubo, pelo prazo de trinta dias, prorrogável por igual período em caso de extrema e comprovada necessidade.

E) Quando imprescindível para as investigações do inquérito policial, decretada de ofício pelo magistrado ou a requerimento do Delegado de Polícia, nos crimes, entre outros, de latrocínio e estupro, pelo prazo de trinta dias, prorrogável por igual período em caso de extrema e comprovada necessidade.

---

4. (Delegado de Polícia/MA/2018) Considere que, no curso de determinada investigação, a autoridade policial tenha representado ao competente juízo pela prisão temporária do indiciado. Nessa situação,

A) A prisão requerida apenas poderá ser decretada para se inquirir o indiciado, devendo a autoridade policial, após o ato, representar pela sua soltura.

B) Mesmo que a autoridade policial não tivesse requerido a prisão temporária, o juiz poderia tê-la decretado de ofício.

C) Caso se trate de crime hediondo, o prazo máximo da prisão eventualmente decretada será de noventa dias.

D) A prisão não poderá ser decretada após a fase inquisitória da persecução penal.

E) Decretada a prisão temporária, o inquérito policial deverá ser concluído no prazo máximo de dez dias.

---

5. (Delegado de Polícia Civil/GO/2016) Com relação à prisão temporária, assinale a opção correta.

A) A prisão temporária poderá ser decretada pelo juiz de ofício ou mediante representação da autoridade policial ou requerimento do Ministério Público.

B) Conforme o STJ, a prisão temporária não pode ser mantida após o recebimento da denúncia pelo juiz.

C) São três os requisitos indispensáveis para a decretação da prisão temporária, conforme a doutrina majoritária: imprescindibilidade para as investigações; existência de indícios de autoria ou participação; e indiciado sem residência fixa ou identificação duvidosa.

D) É cabível a prisão temporária para a oitiva do indiciado acerca do delito sob apuração, desde que a liberdade seja restituída logo após a ultimação do ato.

E) A prisão temporária poderá ser decretada tanto no curso da investigação quanto no decorrer da fase instrutória do competente processo criminal.

---

6. (Delegado de Polícia Civil/PE/2016) Considerando-se que João tenha sido indiciado, em inquérito policial, por, supostamente, ter cometido dolosamente homicídio simples, e que Pedro tenha sido indiciado, em inquérito policial, por, supostamente, ter cometido homicídio qualificado, é correto afirmar que, no curso dos inquéritos,

A) Se a prisão temporária de algum dos acusados for decretada, ela somente poderá ser executada depois de expedido o mandado judicial.

B) João e Pedro podem ficar presos temporariamente, sendo igual o limite de prazo para a decretação da prisão temporária de ambos.

C) O juiz poderá decidir sobre a prisão temporária de qualquer um dos acusados ou de ambos, independentemente de ouvir o MP, sendo suficiente, para tanto, a representação da autoridade policial.

D) O juiz poderá decretar, de ofício, a prisão temporária de Pedro mas não a de João.

E) O juiz poderá decretar, de ofício, a prisão temporária de João e de Pedro.

---

7. (Delegado de Polícia Civil/PE/2016) Considerando a doutrina majoritária e o entendimento dos tribunais superiores, assinale a opção correta a respeito da prisão.

A) O flagrante diferido que permite à autoridade policial retardar a prisão em flagrante com o objetivo de aguardar o momento mais favorável à obtenção de provas da infração penal prescinde, em qualquer hipótese, de prévia autorização judicial.

B) Para a admissibilidade de prisão temporária exige-se, cumulativamente, a presença dos seguintes requisitos: imprescindibilidade para as investigações, não ter o indiciado residência fixa ou não fornecer dados esclarecedores de sua identidade e existência de indícios de autoria em determinados crimes.

C) Configura crime impossível o flagrante denominado esperado, que ocorre quando a autoridade policial, detentora de informações sobre futura prática de determinado crime, se estrutura para acompanhar a sua execução, efetuando a prisão no momento da consumação do delito.

D) Havendo conversão de prisão temporária em prisão preventiva no curso da investigação policial, o prazo para a conclusão das investigações, no âmbito do competente inquérito policial, iniciar-se-á a partir da decretação da prisão preventiva.

E) Havendo mandado de prisão registrado no Conselho Nacional de Justiça (CNJ), a autoridade policial poderá executar a ordem mediante certificação em cópia do documento, desde que a diligência se efetive no território de competência do juiz processante.

8. (Delegado de Polícia/RO/2014) A ordem ou o "comando implícito de soltura" é característica peculiar de uma prisão cautelar, no caso, a prisão:

A) Preventiva decorrente de conversão.

B) Em flagrante.

C) Temporária.

D) Preventiva decretada no curso do processo.

E) Domiciliar decretada no curso do processo.

9. (Delegado de Polícia Civil/SC/2014) Analise os crimes a seguir, identifique os passíveis de decretação de prisão temporária quando houver fundadas razões de autoria ou participação do indiciado e assinale a alternativa correta.

I – Homicídio de qualquer natureza e tráfico de drogas.

II – Sequestro, cárcere privado e estupro.

III – Extorsão mediante sequestro e crimes contra o sistema financeiro.

IV – Furto, roubo e extorsão.

A) Apenas I, II e III estão corretos.

B) Apenas I e III estão corretos.

C) Apenas II e III estão corretos.

D) Apenas III e IV estão corretos.

E) Todos estão corretos.

10. (Delegado de Polícia Civil/PR/2013) Em relação à prisão temporária, considere as afirmativas a seguir.

I. O prazo da prisão temporária é de cinco dias, sem prorrogação.

II. O despacho que decretar a prisão temporária deverá ser fundamentado.

III. Decorrido o prazo de cinco dias de detenção, o preso deverá ser posto imediatamente em liberdade, salvo se já tiver sido decretada sua prisão preventiva.

IV. A prisão temporária pode ser decretada se for imprescindível para as investigações do inquérito policial.

Assinale a alternativa correta.

A) Somente as afirmativas I e II são corretas.

B) Somente as afirmativas I e IV são corretas.

C) Somente as afirmativas III e IV são corretas.

D) Somente as afirmativas I, II e III são corretas.

E) Somente as afirmativas II, III e IV são corretas.

---

11. (Delegado de Polícia Civil/PR/2007) A Lei 7.960/89 dispõe sobre a prisão temporária. Sobre esse instituto, considere as seguintes afirmativas:

1. A prisão temporária será decretada pelo juiz, em face da representação da autoridade policial ou de requerimento do Ministério Público ou do ofendido e seu representante legal.

2. O juiz poderá, de ofício, ou a requerimento do Ministério Público e do advogado, determinar que o preso lhe seja apresentado, solicitar informações e esclarecimentos da autoridade policial e submetê-lo a exame de corpo de delito.

3. A prisão temporária terá o prazo de 15 dias, prorrogável por igual período em caso de extrema e comprovada necessidade.

4. A prisão temporária para os crimes hediondos terá o prazo de 30 dias, prorrogável por igual período em caso de extrema e comprovada necessidade. Assinale a alternativa correta.

A) As afirmativas 1, 2, 3 e 4 são verdadeiras.

B) Somente as afirmativas 2, 3 e 4 são verdadeiras.

C) Somente as afirmativas 1 e 3 são verdadeiras.

D) Somente as afirmativas 3 e 4 são verdadeiras.

E) Somente as afirmativas 2 e 4 são verdadeiras.

---

12. (Delegado de Polícia Civil/BA/2008) Sobre prisões, é incorreto o que se afirma em:

A) A prisão temporária só pode ser decretada por autoridade judiciária, em face da representação da autoridade policial ou de requerimento do Ministério Público.

B) A prisão temporária pode ser decretada por ser imprescindível para as investigações durante a fase inquisitorial.

C) A soltura do investigado, findo o prazo da prisão temporária, será imediata, independentemente de ordem judicial.

D) O prazo da prisão temporária é de cinco dias não prorrogáveis.

E) O despacho que decretar ou denegar a prisão preventiva será sempre fundamentado.

---

13. (Delegado de Polícia Civil/AP/2010) Relativamente ao tema ***prisão temporária***, analise as afirmativas a seguir:

I. A prisão temporária será decretada pelo Juiz, em face da representação da autoridade policial ou de requerimento do Ministério Público, e terá o prazo de 5 (cinco) dias. A prorrogação dispensará nova decisão judicial, devendo entretanto a autoridade policial colocar o preso imediatamente em liberdade findo o prazo da prorrogação.

II. Ao decretar a prisão temporária, o Juiz poderá, de ofício, determinar que o preso lhe seja apresentado, solicitar esclarecimentos da autoridade policial e submeter o preso a exame de corpo de delito.

III. Os presos temporários deverão permanecer, obrigatoriamente, separados dos demais detentos.

Assinale:

A) Se somente a afirmativa I estiver correta.

B) Se somente a afirmativa II estiver correta.

C) Se somente a afirmativa III estiver correta.

D) Se somente as afirmativas II e III estiverem corretas.

E) Se todas as afirmativas estiverem corretas.

---

14. (Delegado de Polícia Civil/AP/2010) Eduardo Souza é um conhecido estelionatário que falsifica documentos para obtenção de benefícios previdenciários estaduais falsos (pensões de funcionários públicos estaduais).

Numa fiscalização de rotina, funcionários do setor de controladoria e auditoria da secretaria de fazenda estadual identificaram um grande número de benefícios com valores semelhantes e documentações idênticas, concedidos na mesma data para pessoas com nomes muito parecidos (Fernando Souza, Ferdinand Souza, Hernandes Souza, Hernando Souza, Ernani Souza, Ernesto Souza, Ernã Souza, Fernnando Souza, etc.). Desconfiados, checaram a documentação e desconfiaram da sua validade.

De posse desses documentos, os funcionários dirigem-se à polícia que instaura inquérito para apuração dos crimes de estelionato qualificado, falsificação de documento público e uso de documento falso. Durante as investigações, o laudo pericial confirma tratar-se de falsificações muito parecidas e todos os indícios (provas testemunhais e filmagens, entre outras) e apontam para Eduardo, o qual é indiciado de forma indireta, já que não foi localizado.

O Delegado de Polícia considera que é imprescindível a prisão de Eduardo para as investigações do inquérito policial (mesmo porque Eduardo não possui residência fixa) e decide representar pela prisão temporária do indiciado.

Considerando a narrativa acima, assinale a alternativa correta.

A) O Delegado deve dirigir sua representação ao promotor de justiça, não podendo faze-lo diretamente ao juiz, sugerindo que ele requeira ao juiz competente a decretação da prisão temporária, que tem como finalidade justamente assegurar a investigação do inquérito policial, adequando-se perfeitamente à hipótese narrada.

B) O Delegado deve dirigir sua representação ao juiz competente, requerendo a decretação da prisão temporária, que tem como finalidade justamente assegurar a investigação do inquérito policial, adequando-se perfeitamente à hipótese narrada. O juiz poderá decidir sem ouvir o Ministério Público.

C) O Delegado deve dirigir sua representação ao Ministério Público, requerendo a decretação da prisão preventiva, que tem como finalidade justamente assegurar a investigação do inquérito policial, adequando-se perfeitamente à hipótese narrada.

D) O Delegado deve dirigir sua representação ao promotor de justiça, não podendo fazê-lo diretamente ao juiz, sugerindo que ele requeira ao juiz competente a decretação da prisão preventiva, obrigando-se contudo a demonstrar qual das hipóteses presentes no art. 312 do Código Processual Penal se amolda à hipótese narrada.

E) O Delegado deve dirigir sua representação ao juiz competente, requerendo a decretação da prisão preventiva, obrigando-se contudo a demonstrar qual das hipóteses presentes no art. 312 do Código Processual Penal se amolda à hipótese narrada.

---

15. (Delegado de Polícia Civil/PB/2009) Considerando a lei que regulamenta a prisão temporária, assinale a opção correta.

A) Pode ser decretada a prisão temporária em qualquer fase do IP ou da ação penal.

B) A prisão temporária pode ser decretada por intermédio de representação da autoridade policial ou do membro do MP, assim como ser decretada de ofício pelo juiz competente.

C) O prazo da prisão temporária, que em regra é de 5 dias, prorrogáveis por igual período, é fatal e peremptório, de modo que, esgotado, o preso deve ser imediatamente posto em liberdade, não podendo ser a prisão convertida em preventiva.

D) Quando a prisão temporária for requerida pela autoridade policial, por intermédio de representação, não haverá necessidade de prévia oitiva do MP, devendo o juiz decidir o pedido formulado no prazo máximo de 24 horas.

E) Não cabe prisão temporária nas contravenções nem em crimes culposos.

Gabarito comentado:

Questão	Reposta	Comentário
1	Letra B	Trata-se de crime hediondo, portanto a prisão temporária deve ser decretada pelo prazo de 30 dias, na forma do § 4° do artigo 2° da Lei 8.072/90.
2	Letra C	Vide § 4° do artigo 2° da Lei 8.072/90.
3	Letra A	Os crimes de latrocínio e epidemia com resultado morte são hediondos, na forma da alínea "c" do inciso II e do inciso VII do artigo 1° da Lei 8.072/90.
4	Letra D	A prisão temporária só pode ser decretada no curso do inquérito policial.
5	Letra B	A prisão temporária é cárcere que só tem espaço no curso do inquérito policial.
6	Letra A	Vide § 5° do artigo 2° da Lei 7.960/89.
7	Letra D	O prazo para conclusão do inquérito policial não é afetado pela decretação da prisão temporária.

8	Letra C	Vide § 7° do artigo 2° da Lei 7.960/89.
9	Letra C	Vide alíneas "b", "e", "f" e "o" do inciso III do artigo 1° da Lei 7.960/89.
10	Letra E	Vide §§ 2° e 7° do artigo 2° e inciso I do artigo 1° da Lei 7.960/89.
11	Letra E	Vide § 2° do artigo 2° da Lei 7.960/89 e § 4° do artigo 2° da Lei 8.072/90.
12	Letra D	Vide *caput* do artigo 2° da Lei 7.960/89.
13	Letra D	Vide § 3° do artigo 2° da Lei 7.960/89 e artigo 3° do mesmo mandamento legal.
14	Letra E	O crime narrado no enunciado não admite decretação de prisão temporária.
15	Letra E	Só se admite decretação de prisão temporária em face da prática dos crimes listados no inciso III do artigo 1° da Lei 7.960/89, hediondos ou equiparados a hediondos.

Quesitos criados pelo autor da obra: confira algumas questões por mim criadas para orientar seus estudos.

1. MARCOS, PEDRO e JUDITE, de forma estável e permanente, decidiram praticar crimes de furtos simples. No bojo do inquérito policial que investiga esses casos criminais, será possível ao delegado de polícia representar a prisão temporária do trio? Caso seja possível, qual será o prazo de cárcere? Passado o tempo prescrito na ordem de prisão, será preciso expedição de alvará de soltura para que eles sejam soltos? E se os crimes praticados pelo trio fossem de furto qualificado pelo uso de explosivo, haveria modificação relacionada ao prazo do cárcere temporário?

RESPOSTA: Sim, em face da prática do crime de associação criminosa (artigo 288 do Código Penal) – o delito em testilha figura na lista de crimes que permitem prisão temporária do inciso III do artigo 1° da Lei 7.960/89. A prisão será decretada por 5 dias, prorrogáveis por igual período. Não será preciso expedir alvará de soltura. Os presos serão soltos tão logo o prazo de prisão escoe, sob pena de crime de abuso de autoridade. Se os crimes forem de furto qualificado pelo uso de explosivo (como se trata de crime hediondo), o prazo do cárcere será de 30 dias prorrogáveis por igual período (§ 4° do artigo 2° da Lei 8.072/90).

2. 'A' foi preso temporariamente pela prática de crime de extorsão (caput do artigo 158 do Código Penal). Qual o prazo da prisão? É necessário expedição de alvará de soltura para que 'A' seja libertado após o escoamento do prazo?

RESPOSTA: como o crime investigado não é hediondo/equiparado a hediondo, o prazo da prisão será de 5 dias. Caso o prazo de prisão se escoe, o preso deve ser libertado, sem a necessidade de expedição de alvará de soltura. Confira tabela sobre a prisão temporária:

Prisão temporária (requisitos e prazo)	
Periculum libertatis (inciso I e II)	Imprescindibilidade da prisão para as investigações do inquérito policial
	Quando o indiciado não tiver residência fixa ou não fornecer elementos necessários ao esclarecimento de sua identidade
Fumus comissi delicti (inciso III)	Fundadas razões, de acordo com qualquer prova admitida na legislação penal, de autoria ou participação do indiciado em um dos crimes listados no inciso, de crime hediondo ou equiparado a hediondo
Prazos	5 dias (prorrogáveis por igual período) – artigo 2° da Lei 7.960/89
	30 dias (prorrogáveis por igual período – crimes hediondos ou equiparados a hediondos) – § 4° do artigo 2° da Lei 8.072/90
Requisitos para a decretação da temporária segundo o STF (ADI 3360 e 4109)	1) for imprescindível para as investigações do inquérito policial (art. 1°, I, Lei 7.960/1989) (*periculum libertatis*), constatada a partir de elementos concretos, e não meras conjecturas, vedada a sua utilização como prisão para averiguações, em violação ao direito à não autoincriminação, ou quando fundada no mero fato de o representado não possuir residência fixa (inciso II); 2) houver fundadas razões de autoria ou participação do indiciado nos crimes previstos no art. 1°, III, Lei 7.960/1989 (*fumus comissi delicti*), vedada a analogia ou a interpretação extensiva do rol previsto no dispositivo; 3) for justificada em fatos novos ou contemporâneos que fundamentem a medida (art. 312, § 2°, CPP); 4) a medida for adequada à gravidade concreta do crime, às circunstâncias do fato e às condições pessoais do indiciado (art. 282, II, CPP); 5) não for suficiente a imposição de medidas cautelares diversas, previstas nos arts. 319 e 320 do CPP (art. 282, § 6°, CPP).

Confira também os parágrafos do artigo 2° da Lei 7.960/89 e o artigo 3°:

Tema	Dispositivo legal
Necessidade de manifestação prévia do Ministério Público	Art. 2° (...) § 1° Na hipótese de representação da autoridade policial, o Juiz, antes de decidir, ouvirá o Ministério Público.
Necessidade de fundamentação da decisão e prazo	Art. 2° (...) § 2° O despacho que decretar a prisão temporária deverá ser fundamentado e prolatado dentro do prazo de 24 (vinte e quatro) horas, contadas a partir do recebimento da representação ou do requerimento.
Apresentação do detido ao juiz	Art. 2° (...) § 3° O Juiz poderá, de ofício, ou a requerimento do Ministério Público e do Advogado, determinar que o preso lhe seja apresentado, solicitar informações e esclarecimentos da autoridade policial e submetê-lo a exame de corpo de delito.

Nota de culpa	Art. 2º (...) § 4º Decretada a prisão temporária, expedir-se-á mandado de prisão, em duas vias, uma das quais será entregue ao indiciado e servirá como nota de culpa.
Mandado com duração da prisão	Art. 2º (...) § 4º-A O mandado de prisão conterá necessariamente o período de duração da prisão temporária estabelecido no caput deste artigo, bem como o dia em que o preso deverá ser libertado.
Necessidade de expedição de mandado para execução da prisão	Art. 2º (...) § 5º A prisão somente poderá ser executada depois da expedição de mandado judicial.
Comunicação dos direitos do detido	Art. 2º (...) § 6º Efetuada a prisão, a autoridade policial informará o preso dos direitos previstos no art. 5º da Constituição Federal.
Desnecessidade de alvará de soltura	Art. 2º (...) § 7º Decorrido o prazo contido no mandado de prisão, a autoridade responsável pela custódia deverá, independentemente de nova ordem da autoridade judicial, pôr imediatamente o preso em liberdade, salvo se já tiver sido comunicada da prorrogação da prisão temporária ou da decretação da prisão preventiva.
Início da contagem do prazo de prisão	Art. 2º (...) § 8º Inclui-se o dia do cumprimento do mandado de prisão no cômputo do prazo de prisão temporária.
Separação de presos	Art. 3º Os presos temporários deverão permanecer, obrigatoriamente, separados dos demais detentos.

5

Lei 8.072/90 – Crimes Hediondos

▪ **Mandado de criminalização:** a Constituição Federal assevera, no inciso XLIII do artigo 5º que (trata-se de mandado de criminalização – ordens dirigidas ao legislador infraconstitucional, para que este regulamente certos delitos na forma determinada pelo Texto Magno):

> Art. 5º (...)
>
> XLIII – A lei considerará crimes inafiançáveis e insuscetíveis de graça ou anistia a prática de tortura, o tráfico ilícito de entorpecentes e drogas afins, o terrorismo e os definidos como crimes hediondos, por eles respondendo os mandantes, os executores e os que, podendo evitá-los, se omitirem.

O dispositivo constitucional foi regulamentado pela Lei 8.072/90.

▪ **Sistemas para aferição da hediondez:** existem três sistemas de classificação dos crimes hediondos, que podem ser assim resumidos:

Sistema	Comentário
Legal	O legislador fixa, em rol taxativo, quais crimes serão considerados hediondos.
Judicial	Cabe ao juiz, analisando o caso concreto, definir se o crime será considerado hediondo ou não.
Misto	O legislador cria critérios objetivos para determinar se um crime é hediondo ou não e através deles o juiz, caso a caso, verifica a natureza hedionda da conduta.

Adotamos o **sistema legal**, para definição dos crimes hediondos. Destarte, o rol dos crimes hediondos é taxativo (apenas os que aparecem na listagem da Lei 8.072/90 são considerados como tal).

- **Cláusula salvatória:** é a possibilidade do juiz, no caso concreto, não considerar o crime como sendo hediondo, apesar do delito constar na lista taxativa da lei (em face da adoção do sistema legal, não há possibilidade de manejo de cláusula salvatória no Brasil).

- **Crimes equiparados a hediondos:** os crimes equiparados a hediondos são o terrorismo, o tráfico de drogas e a tortura (estão listados no mesmo mandado de criminalização que trata dos crimes hediondos – inciso XLIII do artigo 5º da Constituição Federal).

É possível memorizar os crimes equiparados a hediondos por meio da expressão "**TER TRATOR**" (terrorismo, tráfico de drogas e tortura):

TER	Terrorismo
TRA	Tráfico de drogas
TOR	Tortura

Sobre os crimes equiparados a hediondos:

Crime equiparado a hediondo	Comentários
Terrorismo	O terrorismo é definido na Lei 13.260/16. Eis o artigo 2º do mandamento legal: Art. 2º O terrorismo consiste na prática por um ou mais indivíduos dos atos previstos neste artigo, por razões de xenofobia, discriminação ou preconceito de raça, cor, etnia e religião, quando cometidos com a finalidade de provocar terror social ou generalizado, expondo a perigo pessoa, patrimônio, a paz pública ou a incolumidade pública.

Crime equiparado a hediondo	Comentários
Tráfico de drogas	Os crimes relacionados ao tráfico de drogas estão previstos na Lei 11.343/06. O tráfico privilegiado (causa de diminuição de pena prevista no § 4º do artigo 33 da Lei 11.343/06) e a associação para o tráfico de drogas (artigo 35 da mesma lei) **não são crimes equiparados a hediondos** – a Súmula 512/STJ[1] foi revogada (o Superior Tribunal de Justiça[2] findou seguindo a interpretação do Supremo Tribunal Federal[3], que não considera o crime de tráfico privilegiado equiparado a hediondo). O Pacote Anticrime inseriu o entendimento jurisprudencial na Lei de Execução Penal: Art. 112 (...) § 5º Não se considera hediondo ou equiparado, para os fins deste artigo, o crime de tráfico de drogas previsto no § 4º do art. 33 da Lei nº 11.343, de 23 de agosto de 2006.
Tortura	O crime de tortura é descrito na Lei 9.455/97. A tortura por omissão (tortura imprópria, prevista no § 2º do artigo 2º da Lei 9.455/97) **não é crime equiparado a hediondo.**

1. Súmula 512/STJ – A aplicação da causa de diminuição de pena prevista no art. 33, § 4º, da Lei 11.343/2006 não afasta a hediondez do crime de tráfico de drogas (**verbete cancelado**, como dito).
2. PENAL. AGRAVO REGIMENTAL NO HABEAS CORPUS. EXECUÇÃO PENAL. PACIENTE CONDENADO POR TRÁFICO PRIVILEGIADO E POR TRÁFICO PREVISTO NO CAPUT DO ART. 33 DA LEI N. 11.343/2006. REINCIDÊNCIA ESPECÍFICA AFASTADA. LIVRAMENTO CONDICIONAL PASSÍVEL DE SER CONCEDIDO. 1. Após o Supremo Tribunal Federal julgar o HC n. 118.533/MS, afastando o caráter hediondo do tráfico de drogas praticado na forma do art. 33, § 4º, da Lei n. 11.343/2006, a Terceira Seção desta Corte, no julgamento da Pet n. 11.796/DF, determinou a revisão do entendimento consolidado no julgamento do Recurso Especial n. 1.329.088/RS, admitido como representativo de controvérsia, a fim de acolher a tese segundo a qual o tráfico ilícito de drogas na sua forma privilegiada (art. 33, § 4º, da Lei n. 11.343/2006) não é crime equiparado a hediondo, com o consequente cancelamento do enunciado n. 512 da Súmula do Superior Tribunal de Justiça. 2. Ademais, "esta Corte Superior de Justiça consolidou entendimento no sentido de afastar a reincidência específica em relação ao tráfico privilegiado e o tráfico previsto no caput do art. 33

Art. 1º São considerados hediondos os seguintes crimes, todos tipificados no Decreto-Lei nº 2.848, de 7 de dezembro de 1940 – Código Penal, consumados ou tentados:

- **Crimes hediondos:** como dito supra, em face da adoção do sistema legal de aferição da hediondez, o artigo 1º da Lei 8.072/90 se traduz em lista fechada.

É importante notar que só são hediondos os crimes da lista previstos no **Código Penal** (crimes idênticos capitulados no Código Penal Militar **não são hediondos** por expressa determinação legal).

A hediondez alcança os crimes em suas formas consumada e tentada.

Art. 1º (...)

I - homicídio (art. 121), quando praticado em atividade típica de grupo de extermínio, ainda que cometido por um só agente, e homicídio qualificado (art. 121, § 2º, incisos I, II, III, IV, V, VI, VII, VIII e IX)[4];

- **Homicídio:** são hediondos o homicídio simples praticado em atividade típica de grupo de extermínio, ainda que cometido por um só agente e o homicídio qualificado[5]:

---

da Lei de Drogas" (HC n. 471.013/SP, relator o Ministro Reynaldo Soares da Fonseca, Quinta Turma, DJe de 16/10/2018). 3. Agravo regimental a que se nega provimento (AgRg no HC 455.227/SP, Rel. Ministro Antonio Saldanha Palheiro, Sexta Turma, julgado em 13/11/2018, DJe 26/11/2018).

3. HABEAS CORPUS. CONSTITUCIONAL, PENAL E PROCESSUAL PENAL. TRÁFICO DE ENTORPECENTES. APLICAÇÃO DA LEI N. 8.072/90 AO TRÁFICO DE ENTORPECENTES PRIVILEGIADO: INVIABILIDADE. HEDIONDEZ NÃO CARACTERIZADA. ORDEM CONCEDIDA. 1. O tráfico de entorpecentes privilegiado (art. 33, § 4º, da Lei n. 11.313/2006) não se harmoniza com a hediondez do tráfico de entorpecentes definido no caput e § 1º do art. 33 da Lei de Tóxicos. 2. O tratamento penal dirigido ao delito cometido sob o manto do privilégio apresenta contornos mais benignos, menos gravosos, notadamente porque são relevados o envolvimento ocasional do agente com o delito, a não reincidência, a ausência de maus antecedentes e a inexistência de vínculo com organização criminosa. 3. Há evidente constrangimento ilegal ao se estipular ao tráfico de entorpecentes privilegiado os rigores da Lei n. 8.072/90. 4. Ordem concedida (HC 118533, Relator(a): CÁRMEN LÚCIA, Tribunal Pleno, julgado em 23/06/2016, PROCESSO ELETRÔNICO DJe-199 DIVULG 16-09-2016 PUBLIC 19-09-2016).
4. Redação determinada pela Lei 14.344/22 (Lei Henry Borel).
5. A Lei 14.344/22 (Lei Henry Borel) inseriu no § 2º do artigo 121 do Código Penal nova modalidade de homicídio qualificado, quando praticado: "IX - contra menor de 14 (quatorze) anos".

Sobre o crime de homicídio, é possível sintetizar 3 dicas importantes:

Dica	Comentário
1	**Todo** homicídio qualificado é crime hediondo (o legislador criou, no Pacote Anticrime, nova modalidade de homicídio qualificado – **homicídio qualificado com emprego de arma de fogo de uso restrito ou proibido** – o presidente da República vetou o dispositivo, mas o Congresso Nacional derrubou o veto, tendo a novel qualificadora sido promulgada e entrado em vigor – inciso VIII do § 2° do artigo 121 do Código Penal).
2	O **único** homicídio simples que é crime hediondo é o cometido em atividade típica de grupo de extermínio, ainda que por um só agente.
3	O **homicídio qualificado-privilegiado** não é crime hediondo (em face do impacto axiológico da motivação na hediondez[6]). Tal figura ocorre quando o homicídio é privilegiado (considerado o aspecto subjetivo – incidência de uma das causas de diminuição do § 1° do artigo 121 do Código Penal) e, ao mesmo tempo, qualificado (incidência de qualificadora de cunho objetivo, no § 2° do artigo 121 do Código Penal).

Art. 1° (...)

I-A – lesão corporal dolosa de natureza gravíssima (art. 129, § 2º) e lesão corporal seguida de morte (art. 129, § 3º), quando praticadas contra autoridade ou agente descrito nos arts. 142 e 144 da Constituição Federal, integrantes do sistema prisional e da Força Nacional de Segurança Pública, no exercício da função ou em decorrência dela, ou contra seu cônjuge, companheiro ou parente consanguíneo até terceiro grau, em razão dessa condição;

6. PENAL. HABEAS CORPUS SUBSTITUTIVO DE RECURSO ORDINÁRIO. ART. 121, § 1º E § 2º, INCISO IV, C/C ART. 14, INCISO II, AMBOS DO CÓDIGO PENAL. CRIME NÃO ELENCADO COMO HEDIONDO. PENA-BASE FIXADA ACIMA DO MÍNIMO LEGAL. CIRCUNSTÂNCIAS JUDICIAIS DESFAVORÁVEIS. REGIME PRISIONAL SEMIABERTO. DIREITO DE APELAR EM LIBERDADE. I – **Por incompatibilidade axiológica e por falta de previsão legal, o homicídio qualificado-privilegiado não integra o rol dos denominados crimes hediondos (Precedentes).** II – Sendo desfavoráveis as circunstâncias judiciais (CP, art. 59) na fixação da pena-base, é apropriado o regime prisional semiaberto para o cumprimento da reprimenda, muito embora a pena aplicada ao paciente, se considerada somente seu quantum, permitisse a fixação do regime inicial aberto (Precedentes). III – Ante a fixação do regime semiaberto como o inicial de cumprimento da pena, deverá o réu aguardar o julgamento do recurso de apelação em liberdade, se por outro motivo não estiver preso (Precedentes). Ordem parcialmente concedida a fim de fixar o regime semiaberto como inicial para cumprimento da reprimenda penal, bem como para que o paciente aguarde o julgamento do recurso de apelação em liberdade, devendo ser expedido o respectivo alvará de soltura, salvo se por outro motivo estiver preso (HC 153.728/SP, Rel. Ministro FELIX FISCHER, QUINTA TURMA, julgado em 13/04/2010, DJe 31/05/2010).

- **Lesão corporal:** a Lei 13.142/15 enxertou no artigo 1º da Lei 8.072/90 o inciso I-A, que categoriza como hediondas a **lesão corporal dolosa gravíssima** (§ 2º do artigo 129 do Código Penal[7]) e a **lesão corporal seguida de morte** (§ 3º do artigo 129 do Código Penal[8]) quando estas forem **funcionais** (causa de aumento de pena prevista no § 12 do artigo 129 do Código Penal[9]).

Há discussão acerca da incidência da causa de aumento relacionada à lesão funcional quando esta é cometida contra filho adotivo de agente ou autoridade descrito nos artigos 142 e 144 da Constituição Federal, integrantes do sistema prisional e da Força Nacional de Segurança Pública, em razão dessa condição. Isso porque o parentesco, nessa hipótese não é consanguíneo. Duas são as correntes: i) em face da proibição da analogia *in malam partem* não é possível imposição da qualificadora; ii) como a Constituição Federal determina que filhos não podem ser discriminados, impõe-se a qualificadora (§ 6º do artigo 227 da Carta da República[10]). Penso ser esta última a interpretação correta.

Penso, de igual sorte, ser possível incidência da causa de aumento em testilha quando a vítima é aposentada (desde que o crime tenha sido perpetrado em razão da função).

---

7. Art. 129 (...)
   § 2º Se resulta:
   I – Incapacidade permanente para o trabalho;
   II – enfermidade incurável;
   III perda ou inutilização do membro, sentido ou função;
   IV – deformidade permanente;
   V – aborto:
   Pena – reclusão, de dois a oito anos.
8. Art. 129 (...)
   § 3º Se resulta morte e as circunstâncias evidenciam que o agente não quís o resultado, nem assumiu o risco de produzí-lo:
   Pena – reclusão, de quatro a doze anos.
9. Art. 129 (...)
   § 12. Se a lesão for praticada contra autoridade ou agente descrito nos arts. 142 e 144 da Constituição Federal, integrantes do sistema prisional e da Força Nacional de Segurança Pública, no exercício da função ou em decorrência dela, ou contra seu cônjuge, companheiro ou parente consanguíneo até terceiro grau, em razão dessa condição, a pena é aumentada de um a dois terços.
10. Art. 227 (...)
    § 6º Os filhos, havidos ou não da relação do casamento, ou por adoção, terão os mesmos direitos e qualificações, proibidas quaisquer designações discriminatórias relativas à filiação.

Em arremate, entendo ser possível incidência da qualificadora estudada quando a vítima é guarda municipal (a Guarda Municipal é citada no § 8º do artigo 144 da Constituição Federal[11]).

Art. 1° (...)

II – roubo:

a) circunstanciado pela restrição de liberdade da vítima (art. 157, § 2°, inciso V);

b) circunstanciado pelo emprego de arma de fogo (art. 157, § 2°-A, inciso I) ou pelo emprego de arma de fogo de uso proibido ou restrito (art. 157, § 2°-B);

c) qualificado pelo resultado lesão corporal grave ou morte (art. 157, § 3°);

- **Roubo:** antes da entrada em vigor da Lei 13.964/19, apenas o latrocínio era crime hediondo. Com o Pacote Anticrime, passaram a ser considerados hediondos as seguintes modalidades de roubo:

Roubo	Dispositivo
Circunstanciado pela restrição de liberdade da vítima	Artigo 157, § 2°, inciso V
Circunstanciado pelo emprego de arma de fogo	Artigo 157, § 2°-A, inciso I
Circunstanciado pelo emprego de arma de fogo de uso proibido ou restrito	Artigo 157, § 2°-B
Qualificado pelo resultado lesão corporal grave	Artigo 157, § 3°, inciso I
Qualificado pela morte	Artigo 157, § 3°, inciso II

Em relação ao latrocínio, é importante lembrar que este só ocorre quando a morte é resultado da **violência** empregada no roubo. Eis tabela que trata da consumação do delito em questão:

11. Art. 144 (...)
§ 8º Os Municípios poderão constituir guardas municipais destinadas à proteção de seus bens, serviços e instalações, conforme dispuser a lei.

Morte	Subtração	Latrocínio
SIM	SIM	Consumado
SIM	NÃO	Consumado (Súmula 610 STF)
NÃO	SIM	Tentado
NÃO	NÃO	Tentado

É importante, ainda, a leitura das Súmulas 610 e 603, ambas do Supremo Tribunal Federal:

> Súmula 603/STF – A competência para o processo e julgamento de latrocínio é do juiz singular e não do tribunal do júri.
>
> Súmula 610/STF – Há crime de latrocínio, quando o homicídio se consuma, ainda que não realize o agente a subtração de bens da vítima.

Art. 1º (...)

III – extorsão qualificada pela restrição da liberdade da vítima, ocorrência de lesão corporal ou morte (art. 158, § 3º);

- **Extorsão qualificada pela restrição da liberdade da vítima, ocorrência de lesão corporal ou morte:** extorsão é crime formal, nos termos da Súmula 96 do Superior Tribunal de Justiça[12].

Antes do Pacote Anticrime, discutia-se se o chamado sequestro-relâmpago (crime de extorsão qualificada – artigo 158, § 3º, do Código Penal) com resultado morte podia ser considerado crime hediondo (já que a Lei 8.072/90 afirmava que apenas a extorsão qualificada pela morte tipificada no § 2º do artigo 158 do Código Penal era considerado hediondo).

Parte da doutrina afirmava não ser crime hediondo, vez que foi adotado o sistema legal para definição dos crimes hediondos e o § 3º do artigo 158 do Código Penal não havia sido apontado expressamente como crime hediondo pela Lei 8.072/90. Noutra banda, havia doutrinadores que afirmavam que a Lei 8.072/90 classificava como crime hediondo a extorsão

12. Súmula 96/STJ – O crime de extorsão consuma-se independentemente da obtenção da vantagem indevida.

qualificada pela morte e o sequestro-relâmpago com resultado morte é modalidade de extorsão qualificada pela morte (tal constatação faria com que o sequestro-relâmpago com resultado morte fosse considerado crime hediondo, mesmo sem que existisse menção expressa ao § 3º do artigo 158 do Código Penal no inciso III do artigo 1º da Lei 8.072/90).

Certamente a celeuma vai continuar. Com o Pacote Anticrime o crime de **"extorsão qualificada pela restrição da liberdade da vítima, ocorrência de lesão corporal ou morte (art. 158, § 3º)"** foi alçado à condição de crime hediondo. Ocorre que o legislador não lembrou de manter o § 2º do artigo 158 do Código Penal no inciso III do artigo 1º da Lei 8.072/90. Prevejo, nesta senda, existência de entendimento doutrinário levantando a bandeira da ocorrência de *novatio legis in mellius* em relação à extorsão qualificada pela morte tipificada no referido § 2º do artigo 158 do Código Penal (que o crime de extorsão qualificado pela morte da vítima tipificado neste dispositivo teria deixado de ser hediondo, porque a menção a este desapareceu do inciso III do artigo 1º da Lei 8.072/90).

Art. 1º (...)
IV – extorsão mediante seqüestro e na forma qualificada (art. 159, caput, e §§ 1º, 2º e 3º);

- **Extorsão mediante sequestro e na forma qualificada:** todas as formas do delito de extorsão mediante sequestro (artigo 159 do Código Penal) são consideradas crime hediondo.

O crime de extorsão mediante sequestro (crime permanente) se consuma quando há a privação da liberdade da vítima, com a intenção de exigir preço pelo resgate da mesma a ser pago por terceiro (ainda que esse preço não venha a ser pago), vez que o delito é formal.

Art. 1º (...)
V – estupro (art. 213, caput e §§ 1º e 2º);

- **Estupro:** o crime de estupro (tipificado no artigo 213 do Código Penal), passou a ser de ação pública incondicionada a partir da entrada em vigor da Lei 13.718/18 (que alterou o artigo 225 do Código Penal).

Todas as modalidades do crime de estupro são consideradas crime hediondo (simples e qualificado).

> **Art. 1°. (...)**
> **VI – estupro de vulnerável (art. 217-A, caput e §§ 1º, 2º, 3º e 4º);**

- **Estupro de vulnerável:** a prática do crime tipificado no artigo 217-A do Código Penal não reclama violência ou grave ameaça. A vulnerabilidade descrita no tipo é de natureza objetiva (§ 5º do artigo 217-A do Código Penal, incluído pela Lei 13.718/18[13]), nos termos da Súmula 593 do Superior Tribunal de Justiça[14].

> **Art. 1° (...)**
> **VII – epidemia com resultado morte (art. 267, § 1º).**

- **Epidemia com resultado morte:** trata-se do § 1º do artigo 267 do Código Penal:

> Art. 267 – Causar epidemia, mediante a propagação de germes patogênicos:
> Pena – reclusão, de dez a quinze anos.
> § 1° – Se do fato resulta morte, a pena é aplicada em dobro.

> **Art. 1° (...)**
> **VII-B – falsificação, corrupção, adulteração ou alteração de produto destinado a fins terapêuticos ou medicinais (art. 273, *caput* e § 1º, § 1º-A e § 1º-B, com a redação dada pela Lei nº 9.677, de 2 de julho de 1998).**

---

13. Art. 217-A (...)
§ 5º As penas previstas no caput e nos §§ 1º, 3º e 4º deste artigo aplicam-se independentemente do consentimento da vítima ou do fato de ela ter mantido relações sexuais anteriormente ao crime.

14. Súmula 593/STJ – O crime de estupro de vulnerável se configura com a conjunção carnal ou prática de ato libidinoso com menor de 14 anos, sendo irrelevante eventual consentimento da vítima para a prática do ato, sua experiência sexual anterior ou existência de relacionamento amoroso com o agente.

▪ **Falsificação, corrupção, adulteração ou alteração de produto destinado a fins terapêuticos ou medicinais:** trata-se do crime tipificado no artigo 273 do Código Penal:

> Art. 273 – Falsificar, corromper, adulterar ou alterar produto destinado a fins terapêuticos ou medicinais:
>
> Pena – reclusão, de 10 (dez) a 15 (quinze) anos, e multa.
>
> § 1° – Nas mesmas penas incorre quem importa, vende, expõe à venda, tem em depósito para vender ou, de qualquer forma, distribui ou entrega a consumo o produto falsificado, corrompido, adulterado ou alterado.
>
> § 1°-A – Incluem-se entre os produtos a que se refere este artigo os medicamentos, as matérias-primas, os insumos farmacêuticos, os cosméticos, os saneantes e os de uso em diagnóstico.
>
> § 1°-B – Está sujeito às penas deste artigo quem pratica as ações previstas no § 1° em relação a produtos em qualquer das seguintes condições:
>
> I – sem registro, quando exigível, no órgão de vigilância sanitária competente;
>
> II – em desacordo com a fórmula constante do registro previsto no inciso anterior;
>
> III – sem as características de identidade e qualidade admitidas para a sua comercialização;
>
> IV – com redução de seu valor terapêutico ou de sua atividade;
>
> V – de procedência ignorada;
>
> VI – adquiridos de estabelecimento sem licença da autoridade sanitária competente.

Saliento que o Supremo Tribunal Federal, nos autos do RE 979962 (tema 1003 da repercussão geral), reconheceu a inconstitucionalidade do preceito secundário do inciso I do § 1º-B do artigo 273. Eis a tese fixada:

> É inconstitucional a aplicação do preceito secundário do art. 273 do Código Penal, com redação dada pela Lei n° 9.677/98 (reclusão, de 10 a 15 anos, e multa), à hipótese prevista no seu § 1°-B, I, que versa sobre a importação de medicamento sem registro no órgão de vigilância sanitária. Para esta situação específica, fica repristinado o preceito secundário do art. 273, na redação originária (reclusão, de 1 a 3 anos, e multa).

Em face desse entendimento, o crime tipificado no inciso I do § 1º-B do artigo 273 do Código Penal passou a admitir acordo de não persecução penal (artigo 28-A do CPP), suspensão condicional do processo (artigo 89 da Lei 9.099/95) e fiança arbitrada pela autoridade policial (artigo 322 do CPP). Nesta senda, penso que o delito em testilha deve deixar de ser considerado hediondo (não é crível que um crime hediondo admita tais benesses).

Art. 1º (...)

VIII – favorecimento da prostituição ou de outra forma de exploração sexual de criança ou adolescente ou de vulnerável (art. 218-B, caput, e §§ 1º e 2º).

- **Favorecimento da prostituição ou de outra forma de exploração sexual de criança ou adolescente ou de vulnerável:** trata-se do crime tipificado no artigo 218-B do Código Penal:

> Art. 218-B. Submeter, induzir ou atrair à prostituição ou outra forma de exploração sexual alguém menor de 18 (dezoito) anos ou que, por enfermidade ou deficiência mental, não tem o necessário discernimento para a prática do ato, facilitá-la, impedir ou dificultar que a abandone:
>
> Pena – reclusão, de 4 (quatro) a 10 (dez) anos.
>
> § 1º Se o crime é praticado com o fim de obter vantagem econômica, aplica-se também multa.
>
> § 2º Incorre nas mesmas penas:
>
> I – quem pratica conjunção carnal ou outro ato libidinoso com alguém menor de 18 (dezoito) e maior de 14 (catorze) anos na situação descrita no caput deste artigo;
>
> II – o proprietário, o gerente ou o responsável pelo local em que se verifiquem as práticas referidas no caput deste artigo.

Saliento que a figura equiparada do inciso I do § 2º do artigo 218-B não reclama existência de "intermediador". Se a "negociação" for feita pelo "cliente" diretamente com a adolescente prostituída, haverá prática do crime aqui estudado. Nesse sentido, precedente do Superior Tribunal de Justiça (informativo 690):

> AGRAVO REGIMENTAL NO AGRAVO EM RECURSO ESPECIAL. FAVORECIMENTO DA PROSTITUIÇÃO OU DE OUTRA FORMA DE EXPLORAÇÃO SEXUAL DE CRIANÇA OU ADOLESCENTE OU DE VULNERÁVEL – ART. 218-B, §2, I, DO CÓDIGO PENAL. "CLIENTE". PRESCINDIBILIDADE DA FIGURA DO INTERMEDIADOR. SITUAÇÃO DE EXPLORAÇÃO SEXUAL. AUSÊNCIA DE PROVAS. SÚMULA N. 7/STJ. AGRAVO DESPROVIDO. 1. O art. 218-B, § 2º, inciso I, do Código Penal, na situação de exploração sexual, não exige a figura do terceiro intermediador. É lícito concluir que a norma traz uma

espécie de presunção relativa de vulnerabilidade das pessoas menores de 18 e maiores de 14 anos. Assim, quem, se aproveitando da idade da vítima, oferece-lhe dinheiro em troca de favores sexuais está a explorá-la sexualmente, pois se utiliza da sexualidade de pessoa ainda em formação como mercancia. 2. O Tribunal de origem anotou haver provas da conduta e da idade da vítima. Superar essa conclusão quanto à existência de provas exigiria necessariamente o revolvimento de dados fático-probatórios. Óbice da Súmula n. 7/STJ. 3. Agravo desprovido (AgRg no AREsp 1477816/ES, Rel. Ministro RIBEIRO DANTAS, QUINTA TURMA, julgado em 13/04/2021, DJe 16/04/2021).

Art. 1° (...)

IX – furto qualificado pelo emprego de explosivo ou de artefato análogo que cause perigo comum (art. 155, § 4°-A).

- **Furto qualificado pelo emprego de explosivo ou de artefato análogo que cause perigo comum:** o Pacote Anticrime alçou à categoria de crime hediondo o furto qualificado pelo emprego de explosivo ou de artefato análogo que cause perigo comum (certamente para reprimir com mais assertividade criminosos que explodem agências bancárias e caixas eletrônicos, normalmente durante a madrugada, com o fito de subtrair o numerário armazenado nos cofres/caixas).

Curiosamente, o roubo majorado pela destruição ou rompimento de obstáculo mediante o emprego de explosivo ou de artefato análogo que cause perigo comum (inciso II do § 2º-A do artigo 157 do Código Penal) e o furto (qualificado) de explosivos (§ 7º do artigo 155 do Código Penal) não foram considerados crimes hediondos pela Lei 13.964/19:

Art. 155 (...)

§ 4°-A A pena é de reclusão de 4 (quatro) a 10 (dez) anos e multa, se houver emprego de explosivo ou de artefato análogo que cause perigo comum.

Art. 1° (...)

Parágrafo único. Consideram-se também hediondos, tentados ou consumados:

I – o crime de genocídio, previsto nos arts. 1°, 2° e 3° da Lei n° 2.889, de 1° de outubro de 1956;

II – o crime de posse ou porte ilegal de arma de fogo de uso proibido, previsto no art. 16 da Lei n° 10.826, de 22 de dezembro de 2003;

III – o crime de comércio ilegal de armas de fogo, previsto no art. 17 da Lei n° 10.826, de 22 de dezembro de 2003;

IV – o crime de tráfico internacional de arma de fogo, acessório ou munição, previsto no art. 18 da Lei n° 10.826, de 22 de dezembro de 2003;

V – o crime de organização criminosa, quando direcionado à prática de crime hediondo ou equiparado.

- **Crimes hediondos previstos em leis extravagantes:** o parágrafo único do artigo 1º da Lei 8.072/90 enumera os delitos previstos em leis especiais que são considerados crimes hediondos.

A lista foi ampliada pelo Pacote Anticrime (Lei 13.964/19).

O crime de genocídio permaneceu classificado como hediondo no inciso I.

No inciso II, avista-se grave falha. É que o crime tipificado no artigo 16 da Lei 10.826/03 era considerado hediondo na redação anterior ao Pacote Anticrime[15]. Agora, com a redação determinada pela Lei 13.964/19, apenas o crime de posse/porte de arma de fogo de uso **proibido** será crime hediondo. O legislador "esqueceu" de listar o crime de posse/porte de arma de fogo de uso restrito como hediondo.

Considerando que o conceito de arma de uso proibido é diferente do conceito de arma de fogo de uso restrito[16], não resta dúvida de que houve

15. O Superior Tribunal de Justiça entendia que até as figuras equiparadas previstas no antigo parágrafo único do artigo 16 da Lei 10.826/03 (hoje § 1º) eram hediondas – HC 526916/SP, rel. Min. Nefi Cordeiro, j. 01/10/2019, AgRg no HC 460.910/PR, rel. Ministro Jorge Mussi, Quinta Turma, julgado em 21/11/2019, DJe 28/11/2019, HC 554.485/SP, rel. Ministro Ribeiro Dantas, Quinta Turma, julgado em 11/02/2020, DJe 14/02/2020 e AgRg no REsp 1806651/RO, rel. Ministro Joel Ilan Paciornik, Quinta Turma, julgado em 13/04/2020, DJe 16/04/2020. Em sentido contrário, considerando que as figuras equiparadas não eram crimes hediondos mesmo antes do Pacote Anticrime – HC 525.249/RS, Rel. Ministra Laurita Vaz, Sexta Turma, julgado em 15/12/2020, DJe 18/12/2020 e HC 575.933/SP, Rel. Ministra Laurita Vaz, Sexta Turma, julgado em 15/12/2020, DJe 18/12/2020.

16. Nos termos do parágrafo único do artigo 3º do Anexo I do Decreto 10.030/19: **Armas de fogo de uso restrito:** as armas de fogo automáticas, de qualquer tipo ou calibre, semiautomáticas ou de repetição que sejam: a) não portáteis; b) de porte, cujo calibre nominal, com a utilização de munição

novatio legis in mellius em relação ao crime de posse/porte de arma de fogo de uso restrito (que deixou, a partir da entrada em vigor do Pacote Anticrime de ser crime hediondo). O Superior Tribunal de Justiça adotou essa interpretação (confira tese da edição 185 da jurisprudência em teses da Corte):

> 7) Após alterações promovidas pelo Pacote Anticrime na Lei n. 8.072/1990, o crime de porte ou posse de arma de fogo de uso permitido com numeração, marca ou qualquer outro sinal de identificação raspado, suprimido ou adulterado deixou de ser equiparado a hediondo.

Os incisos III e IV do parágrafo único do artigo 1º da Lei 8.072/90 (com redação determinada pelo Pacote Anticrime) impuseram a hediondez aos crimes de comércio ilegal de armas de fogo (artigo 17 da Lei nº 10.826/03) e de tráfico internacional de arma de fogo, acessório ou munição (artigo 18 da Lei 10.826/03).

Por fim, o inciso V do parágrafo único do artigo 1º da Lei 8.072/90 (com redação determinada Lei 13.964/19) considerou hediondo o crime de organização criminosa (artigo 2º da Lei 12.850/13), quando direcionado à prática de crime hediondo ou equiparado.

Art. 2º Os crimes hediondos, a prática da tortura, o tráfico ilícito de entorpecentes e drogas afins e o terrorismo são insuscetíveis de:

I – anistia, graça e indulto;

- **Vedação da concessão de anistia, graça e indulto:** os crimes hediondos são insuscetíveis de anistia, graça e indulto (causas extintivas da punibilidade, na forma do inciso II do artigo 107 do Código Penal).

---

comum, atinja, na saída do cano de prova, energia cinética superior a mil e duzentas libras-pé ou mil seiscentos e vinte joules; ou c) portáteis de alma raiada, cujo calibre nominal, com a utilização de munição comum, atinja, na saída do cano de prova, energia cinética superior a mil e duzentas libras-pé ou mil seiscentos e vinte joules. **Armas de fogo de uso proibido:** a) as armas de fogo classificadas como de uso proibido em acordos ou tratados internacionais dos quais a República Federativa do Brasil seja signatária; e b) as armas de fogo dissimuladas, com aparência de objetos inofensivos.

Existe discussão acerca da admissibilidade do indulto humanitário em relação aos condenados pela prática de crimes hediondos e equiparados e hediondos. O tema pressupõe análise do choque entre o inciso III do artigo 1º[17] (princípio da dignidade da pessoa humana) e o inciso XLIII do artigo 5º (vedação da concessão de graça e anistia para condenados pela prática de crimes hediondos e equiparados a hediondos), ambos da Constituição Federal.

O entendimento dos Pariatos oscila (ora admitindo, ora inadmitindo a benesse). Penso ser excepcionalmente possível que o decreto presidencial admita o benefício (pondero que o princípio da dignidade da pessoa humana, um dos fundamentos da República Federativa do Brasil, deve prevalecer em face da vedação genérica de concessão de anistia/indulto/graça prevista na Carta da República). Eis alguns julgados sobre o tema:

- **Pela inadmissibilidade do indulto humanitário:**

  AGRAVO REGIMENTAL NO HABEAS CORPUS. EXECUÇÃO PENAL. HOMICÍDIO QUALIFICADO. INDULTO HUMANITÁRIO. IMPOSSIBILIDADE. EXPRESSA VEDAÇÃO CONSTITUCIONAL. ART. 5.º, INCISO XLIII, DA CARTA MAGNA. PRECEDENTES. AGRAVO DESPROVIDO. 1. O julgamento monocrático da causa, por óbvio, afasta a possibilidade de sustentação oral no julgamento do writ e não representa ofensa ao princípio da colegialidade, em virtude da possibilidade de interposição do agravo regimental, como na espécie. 2. Trata-se, no caso, de condenação por crime hediondo – homicídio qualificado –, o qual, por expressa vedação constitucional (art. 5.º, inciso XLIII, da Constituição Federal), não pode ser objeto de indulto (até mesmo o humanitário). 3. É certo que a competência para conceder indulto é privativa do Presidente da República, nos termos do art. 84, inciso XII, da Constituição da República. Contudo, esta elevada atribuição está submetida à observância dos ditames legais e constitucionais, de forma que não pode o decreto concessivo incidir sobre hipóteses vedadas pela Carta Magna. Precedentes desta Corte Superior e do Supremo Tribunal Federal. 4. Cumpre anotar que, em razão da gravidade do estado de saúde do Apenado, e tendo em vista a precariedade

17. Art. 1º A República Federativa do Brasil, formada pela união indissolúvel dos Estados e Municípios e do Distrito Federal, constitui-se em Estado Democrático de Direito e tem como fundamentos:
(...)
III – a dignidade da pessoa humana.

do sistema prisional, o Juízo das Execuções deferiu a prisão domiciliar mediante monitoração eletrônica. 5. Agravo desprovido (AgRg no HC 538.858/PE, Rel. Ministra Laurita Vaz, Sexta Turma, julgado em 19/05/2020, DJe 02/06/2020).

- **Pela admissibilidade do indulto humanitário:**

AGRAVO REGIMENTAL. HABEAS CORPUS. EXECUÇÃO PENAL. INDULTO HUMANITÁRIO. CRIME HEDIONDO. ART. 1°, VII, "A", E ART. 8°, PARÁGRAFO ÚNICO, DO DECRETO 6.706/2008. POSSIBILIDADE. REQUISITOS LEGAIS PREENCHIDOS. PRETENSÃO DE SIMPLES REFORMA. DECISÃO MANTIDA POR SEUS PRÓPRIOS FUNDAMENTOS. 1. Mantidos os fundamentos da decisão agravada, porquanto não infirmados por razões eficientes, é de ser negada simples pretensão de reforma. 2. Agravo regimental desprovido (AgRg no HC 419.354/SP, Rel. Ministra MARIA THEREZA DE ASSIS MOURA, SEXTA TURMA, julgado em 20/02/2018, DJe 26/02/2018).

EXECUÇÃO PENAL. HABEAS CORPUS. (1) IMPETRAÇÃO SUBSTITUTIVA DE RECURSO ESPECIAL. IMPROPRIEDADE DA VIA ELEITA. (2) INDULTO HUMANITÁRIO. CRIME HEDIONDO. ART. 1°, IX, ALÍNEAS "B" E "C", C.C ART. 8°, § 1°, DO DECRETO 7.420/2010. POSSIBILIDADE. REQUISITOS LEGAIS. COMPROVAÇÃO. PRECEDENTES. (3) WRIT NÃO CONHECIDO. ORDEM CONCEDIDA DE OFÍCIO. 1. É imperiosa a necessidade de racionalização do emprego do habeas corpus, em prestígio ao âmbito de cognição da garantia constitucional, e, em louvor à lógica do sistema recursal. In casu, foi impetrada indevidamente a ordem como substitutiva de recurso especial. 2. O Decreto Presidencial 7.420/2010, em seu art. 8°, § 1°, permite a concessão de indulto ao condenado por crime hediondo, desde que preenchidos os requisitos do art. 1°, inciso IX, letra "c", o que se verifica no caso. 3. Writ não conhecido. Ordem concedida de ofício para restabelecer a decisão que concedeu ao paciente o indulto, com fundamento no Decreto n.° 7.420/2010 (HC 253.952/MT, Rel. Ministra MARIA THEREZA DE ASSIS MOURA, SEXTA TURMA, julgado em 12/11/2013, DJe 02/12/2013).

Art. 2° Os crimes hediondos, a prática da tortura, o tráfico ilícito de entorpecentes e drogas afins e o terrorismo são insuscetíveis de:

(...)

II – fiança.

- **Inafiançabilidade:** em que pese inafiançáveis, os crimes hediondos são suscetíveis da concessão de liberdade provisória. Isso porque o inciso II do artigo 2º da Lei 8.072/90 foi alterado pela Lei 11.464/07 (vide informativo 493/STF):

> Liberdade Provisória: Lei 11.464/2007 e Crime Hediondo – 1
> Com o advento da Lei 11.464/2007, que alterou a redação do art. 2°, II, da Lei 8.072/90, tornou-se possível a concessão de liberdade provisória aos crimes hediondos ou equiparados, nas hipóteses em que ausentes os fundamentos previstos no art. 312 do CPP. Tendo em conta esse entendimento, bem como verificada a falta de motivação idônea para a prisão do paciente, a Turma conheceu, em parte, de habeas corpus e, na parte de que conheceu, deferiu-o para determinar que seja expedido alvará de soltura em favor do paciente, salvo se por outro motivo deva permanecer custodiado. Na espécie, o paciente, preso em flagrante pela suposta prática de homicídio qualificado (CP, art. 121, § 2°, IV), tivera a segregação mantida pela sentença de pronúncia que, reportando-se aos fundamentos do decreto de prisão preventiva, negara pedido de liberdade provisória com base no art. 2°, II, da Lei 8.072/90 e por reputar presentes os requisitos do art. 312 do CPP, a saber: garantia da ordem pública e da aplicação da lei penal. HC 92824/SC, rel. Min. Joaquim Barbosa, 18.12.2007. (HC-92824).
> Liberdade Provisória: Lei 11.464/2007 e Crime Hediondo – 2
> Inicialmente, asseverou-se que a Lei 11.464/2007 expressamente suprimiu a proibição à liberdade provisória que constava do art. 2°, II, da Lei 8.072/90, tendo permanecido apenas o termo "fiança" ("Art. 2°. Os crimes hediondos ... são insuscetíveis de: ... II – fiança."). Em seguida, afastado o óbice à concessão do referido benefício de liberdade provisória, considerou-se que a gravidade em abstrato do crime não seria, por si só, justificativa hábil para a decretação da custódia preventiva embasada na ameaça à ordem pública. Ademais, ressaltou-se que a jurisprudência do STF é no sentido de que o perigo de reiteração criminosa e a periculosidade do agente devem ser analisados no caso concreto, podendo caracterizar-se como razões legitimadoras da prisão cautelar. No ponto, aduziu-se que o paciente é primário, possui bons antecedentes e exerce ocupação lícita e que não fora demonstrada a necessidade concreta de sua prisão. Alguns precedentes citados: HC 83865/SP (DJU de 7.12.2007); HC 89183/MS (DJU de 25.8.2006); HC 85268/SP (DJU de 15.4.2005); HC 85868/RJ (DJU de 15.12.2006). HC 92824/SC, rel. Min. Joaquim Barbosa, 18.12.2007. (HC-92824).

É importante, nesta toada, lembrar que o Pacote Anticrime proibiu concessão de liberdade provisória ao agente reincidente, que integra organização criminosa armada ou milícia, ou que porta arma de fogo de uso restrito (novel § 2º do artigo 310 do Código de Processo Penal[18]). Penso que tal inserção é inconstitucional (vez que introduziu na lei hipótese de vedação automática/abstrata da concessão de liberdade provisória).

Art. 2º (...)

§ 1º A pena por crime previsto neste artigo será cumprida inicialmente em regime fechado.

- **Regime inicial de cumprimento de pena (fechado):** a Lei 8.072/90 determinava em sua redação original (§ 1º do artigo 2º) que o condenado por crime hediondo ou equiparado a hediondo deveria cumprir a pena integralmente no regime fechado (era vedada a progressão de regime). Contudo, o Supremo Tribunal Federal, ao julgar o HC 82.959/SP, em 2006 (relator Ministro Marco Aurélio), reconheceu a inconstitucionalidade da impossibilidade de progressão de regime.

O legislador, no ano de 2007, editou a Lei 11.464/07 e impôs regime **inicialmente fechado** aos condenados por crimes hediondos ou equiparados (a progressão de regime se daria com o cumprimento de 2/5 da pena para primários ou cumprimento de 3/5 da pena para reincidentes). É importante salientar, contudo, que o Supremo Tribunal Federal julgou ser inconstitucional tal previsão:

> Habeas corpus. Penal. Tráfico de entorpecentes. Crime praticado durante a vigência da Lei nº 11.464/07. Pena inferior a 8 anos de reclusão. Obrigatoriedade de imposição do regime inicial fechado. Declaração incidental de inconstitucionalidade do § 1º do art. 2º da Lei nº 8.072/90. Ofensa à garantia constitucional da individualização da pena (inciso XLVI do art. 5º da CF/88). Fundamentação necessária (CP, art. 33, § 3º, c/c o art. 59). Possibilidade de fixação, no caso em exame, do regime semiaberto para o início de cumprimento da pena privativa de liberdade. Ordem concedida. 1. Verifica-se que o delito foi praticado em 10/10/09, já na vigência da Lei nº 11.464/07, a qual instituiu a obrigatoriedade da imposição do regime inicialmente fechado aos crimes hediondos

18. Art. 310. (...)
§ 2º Se o juiz verificar que o agente é reincidente ou que integra organização criminosa armada ou milícia, ou que porta arma de fogo de uso restrito, deverá denegar a liberdade provisória, com ou sem medidas cautelares.

e assemelhados. 2. Se a Constituição Federal menciona que a lei regulará a individualização da pena, é natural que ela exista. Do mesmo modo, os critérios para a fixação do regime prisional inicial devem-se harmonizar com as garantias constitucionais, sendo necessário exigir-se sempre a fundamentação do regime imposto, ainda que se trate de crime hediondo ou equiparado. 3. Na situação em análise, em que o paciente, condenado a cumprir pena de seis (6) anos de reclusão, ostenta circunstâncias subjetivas favoráveis, o regime prisional, à luz do art. 33, § 2°, alínea b, deve ser o semiaberto. 4. Tais circunstâncias não elidem a possibilidade de o magistrado, em eventual apreciação das condições subjetivas desfavoráveis, vir a estabelecer regime prisional mais severo, desde que o faça em razão de elementos concretos e individualizados, aptos a demonstrar a necessidade de maior rigor da medida privativa de liberdade do indivíduo, nos termos do § 3° do art. 33, c/c o art. 59, do Código Penal. 5. Ordem concedida tão somente para remover o óbice constante do § 1° do art. 2° da Lei n° 8.072/90, com a redação dada pela Lei n° 11.464/07, o qual determina que "[a] pena por crime previsto neste artigo será cumprida inicialmente em regime fechado". Declaração incidental de inconstitucionalidade, com efeito ex nunc, da obrigatoriedade de fixação do regime fechado para início do cumprimento de pena decorrente da condenação por crime hediondo ou equiparado (HC 111840, Relator: Dias Toffoli, Tribunal Pleno, julgado em 27/06/2012, PROCESSO ELETRÔNICO DJe-249 DIVULG 16-12-2013 PUBLIC 17-12-2013).

- **Progressão de regime:** o Pacote Anticrime revogou expressamente o § 2º do artigo 2º da Lei 8.072/90, que determinava o cumprimento de 2/5 da pena (condenado primário) e de 3/5 (condenado reincidente) para progressão de regime em relação ao condenado pela prática de crime hediondo.

Com a entrada em vigor da Lei 13.964/19, a progressão de regime em relação a condenados pela prática de crimes hediondos fica assim regulada (alterações promovidas na Lei de Execução Penal) – a tabela expressa apenas a progressão relacionada à prática de crimes hediondos (por óbvio, se o crime hediondo foi praticado antes da entrada em vigor do Pacote Anticrime e esse for mais gravoso para o condenado, não haverá aplicação retroativa da Lei 13.964/19 e continuarão sendo aplicados os índices de 2/5 e 3/5 previstos no revogado § 2º do artigo 2º da Lei 8.072/90):

Progressão de regime depois do Pacote Anticrime	
40% da pena	Se o apenado primário for condenado pela prática de crime hediondo ou equiparado
50% da pena	Se o apenado for: a) condenado pela prática de crime hediondo ou equiparado, com resultado morte, se for primário, vedado o livramento condicional; b) condenado por exercer o comando, individual ou coletivo, de organização criminosa estruturada para a prática de crime hediondo ou equiparado; ou c) condenado pela prática do crime de constituição de milícia privada.
60% da pena	Se o apenado for reincidente na prática de crime hediondo ou equiparado (reincidência específica, como se verá alhures)
70% da pena	Se o apenado for reincidente em crime hediondo ou equiparado com resultado morte, vedado o livramento condicional

É importante salientar a necessidade da leitura da Súmula 471 do Superior Tribunal de Justiça e da Súmula Vinculante 26 (para condenados pela prática de crime hediondo antes da entrada em vigor da Lei 11.464/07):

> Súmula 471/STJ – Os condenados por crimes hediondos ou assemelhados cometidos antes da vigência da Lei n. 11.464/2007 sujeitam-se ao disposto no artigo 112 da Lei 7.210/1984 (Lei de Execução Penal) para a progressão de regime prisional.
>
> Súmula Vinculante 26 – Para efeito de progressão de regime no cumprimento de pena por crime hediondo, ou equiparado, o juízo da execução observará a inconstitucionalidade do art. 2° da Lei n° 8.072, de 25 de julho de 1990, sem prejuízo de avaliar se o condenado preenche, ou não, os requisitos objetivos e subjetivos do benefício, podendo determinar, para tal fim, de modo fundamentado, a realização de exame criminológico.

- **Progressão de regime em crime hediondo ou equiparado de condenado reincidente (reincidência genérica):** tema de especial relevo é a progressão de regime em crime hediondo/equiparado quando o condenado é reincidente (e a reincidência é genérica). Essa relevância se deve ao fato de que a Lei 13.964/19 especificou no inciso VII do artigo 112 da Lei de Execução Penal que a progressão mais gravosa (cumprimento de 60% da pena) só é aplicável ao reincidente **específico** em crime hediondo/equiparado. Antes do Pacote Anticrime, a Lei 8.072/90 não reclamava reincidência específica para imposição do índice mais gravoso de 3/5 da pena para progressão do reincidente.

A mudança acabou sendo benéfica (por exigir reincidência específica para imposição de lapso maior de cumprimento de pena), vez que há clara lacuna quando o réu é reincidente, mas o primeiro crime por ele perpetrado não é hediondo/equiparado (reincidência genérica). Diante da lacuna (e da impossibilidade de interpretação extensiva ou analogia *in malam partem*), a única alternativa possível é exigir, nesta situação, o cumprimento de 40% da pena (com utilização do inciso V do artigo 112 da Lei de Execução Penal) – saliento que tal índice deve retroagir para alcançar os reincidentes (desde que a reincidência seja genérica) que cometeram crime hediondo/equiparado antes da entrada em vigor do Pacote Anticrime (que aqui funcionará como *novatio legis in mellius*). Estes devem progredir de regime cumpridos 2/5 da pena (40%).

O mesmo raciocínio deve ser adotado quando há reincidência genérica em crime hediondo com resultado morte (a progressão de regime deve se dar observando o percentual de 50% – a exigência do percentual de 70% só deve ser exigido do reincidente específico em crime hediondo resultando em morte).

Sintetizo a realidade anterior e posterior ao Pacote Anticrime por meio de tabelas:

Progressão de regime pela prática de crime hediondo/equiparado com base na Lei 8.072/90 (pré-Pacote Anticrime)

Condenação com trânsito em julgado	Nova condenação	Progressão de regime
Crime não hediondo/ equiparado	Crime hediondo/ equiparado	3/5 da pena
Crime hediondo/ equiparado	Crime hediondo/ equiparado	3/5 da pena

Progressão de regime pela prática de crime hediondo/equiparado com base na Lei 13.964/19 (pós-Pacote Anticrime)

Condenação com trânsito em julgado	Nova condenação	Progressão de regime
Crime não hediondo/ equiparado	Crime hediondo/ equiparado	40% da pena

Crime hediondo/ equiparado	Crime hediondo/ equiparado	60% da pena
Crime não hediondo/ equiparado	Crime hediondo/ equiparado com resultado morte	50% da pena
Crime hediondo/ equiparado com resultado morte	Crime hediondo/ equiparado com resultado morte	70% da pena

Eis o entendimento do Superior Tribunal de Justiça acerca do tema (transcrevo julgados da 5ª e 6ª Turmas):

> AGRAVO REGIMENTAL NO HABEAS CORPUS. PROGRESSÃO DE REGIME. REINCIDÊNCIA. LEI N. 13.964/2019. POSSIBILIDADE DE APLICAÇÃO DOS PERCENTUAIS PREVISTOS NOS INCISOS N. V E VI DO ART. 112 DA LEI N. 7.210/84, CONFORME O CASO. PRECEDENTES. RECURSO DESPROVIDO. 1. Ambas as Turmas com competência para matéria penal no Superior Tribunal de Justiça possuem orientação consolidada no sentido de que o condenado por crime hediondo e reincidente em crime comum deve resgatar, no mínimo, 40% da pena de prisão para que, preenchidos os demais requisitos legais, tenha direito à progressão de regime. Precedentes. 2. Agravo regimental desprovido (AgRg no HC 637.203/AC, Rel. Ministro JOEL ILAN PACIORNIK, QUINTA TURMA, julgado em 13/04/2021, DJe 16/04/2021).

> AGRAVO REGIMENTAL NO HABEAS CORPUS. EXECUÇÃO PENAL. PROGRESSÃO DE REGIME. PLEITO DE RETIFICAÇÃO DO CÁLCULO DA PENA. ART. 112, VII, DA LEI DE EXECUÇÃO PENAL (INCLUÍDO PELA LEI N. 13.964/2019). PACOTE ANTICRIME. REINCIDÊNCIA ESPECÍFICA EM CRIME HEDIONDO. NÃO APLICAÇÃO. APENADO CONDENADO POR CRIME HEDIONDO E REINCIDÊNCIA NÃO ESPECÍFICA. OMISSÃO LEGISLATIVA. ANALOGIA IN BONAM PARTEM. APLICAÇÃO DO INCISO V. DO ART. 112 DA LEP. CONSTRANGIMENTO ILEGAL VERIFICADO. AGRAVO IMPROVIDO. 1. Firmou-se nesta Superior Corte de Justiça entendimento no sentido de que, nos termos da legislação de regência, mostra-se irrelevante que a reincidência seja específica em crime hediondo para a aplicação da fração de 3/5 na progressão de regime, pois não deve haver distinção entre as condenações anteriores (se por crime comum ou por delito hediondo) (AgRg no HC n. 494.404/MS, Ministro REYNALDO SOARES DA FONSECA, QUINTA TURMA, DJe 20/5/2019)" (AgRg no HC 521.434/SP, Rel. Ministro SEBASTIÃO REIS JÚNIOR, SEXTA TURMA, julgado em 01/10/2019, DJe 08/10/2019). 2. Ocorre que a alteração promovida pela Lei n. 13.964/2019 (Pacote Anticrime) no art. 112 da Lei de Execuções Penais, ao estabelecer novos lapsos para a progressão de regime, deixou de abranger a

situação característica do paciente (condenado por crime hediondo e reincidente não específico). 3. Não há como aplicar de forma extensiva e prejudicial ao paciente o percentual de 60% previsto no inciso VII do art. 112 da LEP, que trata sobre os casos de reincidência de crime hediondo ou equiparado, merecendo, ante a omissão legislativa, o uso da analogia in bonam partem para aplicar o percentual de 40%, previsto no inciso V. 4. Agravo regimental improvido (AgRg no HC 633.650/SP, Rel. Ministro OLINDO MENEZES (DESEMBARGADOR CONVOCADO DO TRF 1ª REGIÃO), SEXTA TURMA, julgado em 04/05/2021, DJe 07/05/2021).

Vide teses do Superior Tribunal de Justiça sobre o tema (edição 184 da jurisprudência em teses):

1) Após a entrada em vigor do Pacote Anticrime, reconhece-se a retroatividade do patamar estabelecido no art. 112, V, da Lei n. 7.210/1984, àqueles apenados que, embora tenham cometido crime hediondo ou equiparado sem resultado morte, não sejam reincidentes em delito de natureza semelhante.

2) Após a entrada em vigor do Pacote Anticrime, o condenado por crime hediondo ou equiparado com resultado morte, que seja reincidente genérico, deverá cumprir ao menos 50% da pena para a progressão de regime prisional, pelo uso da analogia *in bonam partem*.

Art. 2º (...)

§ 3º Em caso de sentença condenatória, o juiz decidirá fundamentadamente se o réu poderá apelar em liberdade.

- **Apelação em face da condenação pela prática de crime hediondo:** em caso de sentença condenatória, o juiz decidirá fundamentadamente se o réu poderá apelar em liberdade (§ 3º do artigo 2º da Lei 8.072/90).

A fundamentação deve ter em mira o artigo 315 do Código de Processo Penal (com a redação determinada pelo Pacote Anticrime), vez que o cárcere a ser mantido ou decretado é a prisão preventiva:

Art. 315. A decisão que decretar, substituir ou denegar a prisão preventiva será sempre motivada e fundamentada.

§ 1º Na motivação da decretação da prisão preventiva ou de qualquer outra cautelar, o juiz deverá indicar concretamente a existência de fatos novos ou contemporâneos que justifiquem a aplicação da medida adotada.

§ 2º Não se considera fundamentada qualquer decisão judicial, seja ela interlocutória, sentença ou acórdão, que:

I – limitar-se à indicação, à reprodução ou à paráfrase de ato normativo, sem explicar sua relação com a causa ou a questão decidida;

II – empregar conceitos jurídicos indeterminados, sem explicar o motivo concreto de sua incidência no caso;

III – invocar motivos que se prestariam a justificar qualquer outra decisão;

IV – não enfrentar todos os argumentos deduzidos no processo capazes de, em tese, infirmar a conclusão adotada pelo julgador;

V – limitar-se a invocar precedente ou enunciado de súmula, sem identificar seus fundamentos determinantes nem demonstrar que o caso sob julgamento se ajusta àqueles fundamentos;

VI – deixar de seguir enunciado de súmula, jurisprudência ou precedente invocado pela parte, sem demonstrar a existência de distinção no caso em julgamento ou a superação do entendimento.

Art. 2º (...)

§ 4º A prisão temporária, sobre a qual dispõe a Lei nº 7.960, de 21 de dezembro de 1989, nos crimes previstos neste artigo, terá o prazo de 30 (trinta) dias, prorrogável por igual período em caso de extrema e comprovada necessidade.

▪ **Prisão temporária:** a prisão temporária (Lei 7.960/89) para crimes hediondos ou equiparados a hediondos tem prazo diferenciado (30 dias com possibilidade de prorrogação por mais 30 dias), na forma do § 4º do artigo 2º da Lei 8.072/90.

Como dito supra (confira comentários à Lei 7.960/89), o Supremo Tribunal Federal, julgando as ADI 3360 e 4109, decidiu que a decretação da prisão temporária depende da observância dos seguintes requisitos (cumulativos): 1) imprescindibilidade para as investigações do inquérito policial (art. 1º, I, Lei 7.960/1989) (*periculum libertatis*), constatada a partir de elementos concretos, e não meras conjecturas, vedada a sua utilização como prisão para averiguações, em violação ao direito a` não autoincriminação, ou quando fundada no mero fato de o representado não possuir residência fixa (inciso II); 2) quando houver fundadas razões de autoria ou participação do indiciado nos crimes previstos no art. 1º, III, Lei 7.960/1989 (*fumus comissi delicti*), vedada a analogia ou a interpretação extensiva do rol previsto no dispositivo; 3) quando for justificada em fatos novos ou contemporâneos que fundamentem a medida (art. 312,

§ 2º, CPP); 4) quando a medida for adequada a` gravidade concreta do crime, às circunstâncias do fato e às condições pessoais do indiciado (art. 282, II, CPP); 5) quando não for suficiente a imposição de medidas cautelares diversas, previstas nos arts. 319 e 320 do CPP (art. 282, § 6º, CPP).

Já salientei supra que entendo ser perfeitamente possível a decretação da prisão temporária em relação a crime hediondo ou equiparado a hediondo que não conste na lista do inciso III do artigo 1º da Lei 7.960/89 (ressalva ao item 2 da lista de requisitos cumulativos estabelecidos pelo STF). A ressalva se justifica porque a autorização legal para decretação da prisão temporária nesse caso não vem da Lei 7.960/89 e sim da Lei 8.072/90 (§ 4º do artigo 2º).

Confira tabela explicativa:

Prisão temporária (requisitos e prazo)	
Periculum libertatis (inciso I e II)	Imprescindibilidade da prisão para as investigações do inquérito policial
	Quando o indiciado não tiver residência fixa ou não fornecer elementos necessários ao esclarecimento de sua identidade
Fumus comissi delicti (inciso III)	Fundadas razões, de acordo com qualquer prova admitida na legislação penal, de autoria ou participação do indiciado em um dos crimes listados no inciso, de crime hediondo ou equiparado a hediondo
Prazos	5 dias (prorrogáveis por igual período) – artigo 2° da Lei 7.960/89
	30 dias (prorrogáveis por igual período – crimes hediondos ou equiparados a hediondos) – § 4° do artigo 2° da Lei 8.072/90
Requisitos para a decretação da temporária segundo o STF (ADI 3360 e 4109)	1) for imprescindível para as investigações do inquérito policial (art. 1°, I, Lei 7.960/1989) (*periculum libertatis*), constatada a partir de elementos concretos, e não meras conjecturas, vedada a sua utilização como prisão para averiguações, em violação ao direito à não autoincriminação, ou quando fundada no mero fato de o representado não possuir residência fixa (inciso II); 2) houver fundadas razões de autoria ou participação do indiciado nos crimes previstos no art. 1°, III, Lei 7.960/1989 (*fumus comissi delicti*), vedada a analogia ou a interpretação extensiva do rol previsto no dispositivo; 3) for justificada em fatos novos ou contemporâneos que fundamentem a medida (art. 312, § 2°, CPP); 4) a medida for adequada à gravidade concreta do crime, às circunstâncias do fato e às condições pessoais do indiciado (art. 282, II, CPP); 5) não for suficiente a imposição de medidas cautelares diversas, previstas nos arts. 319 e 320 do CPP (art. 282, § 6°, CPP).

Art. 3º A União manterá estabelecimentos penais, de segurança máxima, destinados ao cumprimento de penas impostas a condenados de alta periculosidade, cuja permanência em presídios estaduais ponha em risco a ordem ou incolumidade pública[19].

▪ **Estabelecimento penal de segurança máxima:** o artigo 3º da Lei 8.072/90 determina que a União mantenha estabelecimentos penais de segurança máxima destinados ao cumprimento de penas impostas a condenados de alta periculosidade.

▪ **Livramento condicional:** o livramento condicional pode ser obtido pelo condenado pela prática de crime hediondo ou equiparado desde que cumpridos mais de 2/3 da pena, se o condenado não for reincidente específico na prática de delito dessa natureza e se o condenado não tiver praticado crime hediondo/equiparado com resultado morte (ainda que primário), na forma do inciso V do artigo 83 do Código Penal:

Condenado	Quantidade de pena cumprida	Requisito subjetivo	Requisito objetivo	Requisito subjetivo adicional se o crime for doloso, cometido com violência ou grave ameaça à pessoa
Não reincidente em crime doloso	Mais de 1/3	Comprovado bom comportamento durante a execução da pena, não ter cometido falta grave nos últimos 12 meses, bom desempenho no trabalho que lhe foi atribuído e aptidão para prover à própria subsistência mediante trabalho honesto	Tenha reparado, salvo efetiva impossibilidade de fazê-lo, o dano causado pela infração.	Constatação de condições pessoais que façam presumir que o liberado não voltará a delinquir.

19. É importante a leitura da Lei 11.671/08, alterada pelo Pacote Anticrime.

Condenado	Quantidade de pena cumprida	Requisito subjetivo	Requisito objetivo	Requisito subjetivo adicional se o crime for doloso, cometido com violência ou grave ameaça à pessoa
Reincidente em crime doloso	Mais da metade	Comprovado bom comportamento durante a execução da pena, não ter cometido falta grave nos últimos 12 meses, bom desempenho no trabalho que lhe foi atribuído e aptidão para prover à própria subsistência mediante trabalho honesto	Tenha reparado, salvo efetiva impossibilidade de fazê-lo, o dano causado pela infração.	Constatação de condições pessoais que façam presumir que o liberado não voltará a delinquir.
Pela prática de crime hediondo ou equiparado a hediondo	Mais de 2/3	Comprovado bom comportamento durante a execução da pena, não ter cometido falta grave nos últimos 12 meses, bom desempenho no trabalho que lhe foi atribuído e aptidão para prover à própria subsistência mediante trabalho honesto	Tenha reparado, salvo efetiva impossibilidade de fazê-lo, o dano causado pela infração.	Constatação de condições pessoais que façam presumir que o liberado não voltará a delinquir.
Reincidente específico em crime hediondo ou equiparado a hediondo ou condenado primário pela prática de crime hediondo ou equiparado, com resultado morte	Não faz jus ao benefício	-	-	-

▪ **Alteração de penas:** o artigo 6º da Lei 8.072/90 alterou as penas de vários tipos penais (não há sentido na análise, porquanto outras modificações se sucederam e tornaram o estudo anacrônico).

▪ **Delação eficaz:** o artigo 7º da Lei 8.072/90 incluiu no artigo 159 do Código Penal (extorsão mediante sequestro) causa de diminuição de pena (1/3 a 2/3) outorgada ao coautor que noticiar a prática delitiva à autoridade, facilitando a libertação do sequestrado (§ 4º do artigo 159).

A redação determinada pela Lei 8.072/90 condicionava a minorante à delação eficaz feita por integrante de quadrilha ou bando (hoje associação criminosa), quando essa agremiação criminosa praticava crime de extorsão mediante sequestro. O dispositivo foi alterado pela Lei 9.269/96 e agora outorga a benesse quando há mero concurso de pessoas.

Art. 8º Será de três a seis anos de reclusão a pena prevista no art. 288 do Código Penal, quando se tratar de crimes hediondos, prática da tortura, tráfico ilícito de entorpecentes e drogas afins ou terrorismo.

Parágrafo único. O participante e o associado que denunciar à autoridade o bando ou quadrilha, possibilitando seu desmantelamento, terá a pena reduzida de um a dois terços.

▪ **Qualificadora do crime de associação criminosa:** o artigo 8º da Lei 8.072/90 traz em seu bojo figura qualificada do crime tipificado no artigo 288 do Código Penal e a delação eficaz (possibilidade de redução da pena aplicada ao participante ou associado que denunciar a associação criminosa ao aparelho estatal, possibilitando seu desmantelamento).

▪ **Identificação criminal de condenados pela prática de crime hediondo:** o artigo 9º-A da Lei de Execução Penal (incluído pela Lei 12.654/12 e alterado pelo Pacote Anticrime) determinava a identificação do perfil genético do condenado pela prática de crime doloso com violência de natureza grave contra pessoa ou por crime hediondo. Contudo, com a derrubada dos vetos à Lei 13.964/19, o *caput* do dispositivo agora determina a identificação criminal obrigatória de condenado por crime doloso praticado com violência grave contra a pessoa, bem como por crime contra a vida, contra a liberdade sexual ou por crime sexual contra vulnerável. Ainda assim, decidi comentar, brevemente, o artigo:

> Art. 9º-A. O condenado por crime doloso praticado com violência grave contra a pessoa, bem como por crime contra a vida, contra a liberdade sexual ou por crime sexual contra vulnerável, será submetido, obrigatoriamente, à identificação do perfil genético, mediante extração de DNA (ácido desoxirribonucleico), por técnica adequada e indolor, por ocasião do ingresso no estabelecimento prisional.
>
> § 1º A identificação do perfil genético será armazenada em banco de dados sigiloso, conforme regulamento a ser expedido pelo Poder Executivo.
>
> § 1º-A. A regulamentação deverá fazer constar garantias mínimas de proteção de dados genéticos, observando as melhores práticas da genética forense.
>
> § 2º A autoridade policial, federal ou estadual, poderá requerer ao juiz competente, no caso de inquérito instaurado, o acesso ao banco de dados de identificação de perfil genético.
>
> § 3º Deve ser viabilizado ao titular de dados genéticos o acesso aos seus dados constantes nos bancos de perfis genéticos, bem como a todos os documentos da cadeia de custódia que gerou esse dado, de maneira que possa ser contraditado pela defesa.
>
> § 4º O condenado pelos crimes previstos no caput deste artigo que não tiver sido submetido à identificação do perfil genético por ocasião do ingresso no estabelecimento prisional deverá ser submetido ao procedimento durante o cumprimento da pena.
>
> § 5º A amostra biológica coletada só poderá ser utilizada para o único e exclusivo fim de permitir a identificação pelo perfil genético, não estando autorizadas as práticas de fenotipagem genética ou de busca familiar.
>
> § 6º Uma vez identificado o perfil genético, a amostra biológica recolhida nos termos do caput deste artigo deverá ser correta e imediatamente descartada, de maneira a impedir a sua utilização para qualquer outro fim.
>
> § 7º A coleta da amostra biológica e a elaboração do respectivo laudo serão realizadas por perito oficial.
>
> § 8º Constitui falta grave a recusa do condenado em submeter-se ao procedimento de identificação do perfil genético.

Saliento que tramita no Supremo Tribunal Federal o RE 973837, sob relatoria do Ministro Gilmar Mendes, cuja repercussão geral foi reconhecida pelo Plenário, no qual se discute a constitucionalidade da coleta de perfil genético determinada pelo artigo acima transcrito.

Há, basicamente, dois entendimentos acerca do artigo sobredito: i) os que o entendem inconstitucional alegam que o dispositivo atropela o direito a não autoincriminação (obrigaria o condenado a produzir prova contra si); ii) os que defendem sua constitucionalidade afirma o artigo determina mera identificação criminal obrigatória (que não é voltada à solução de crime pretérito específico). Entendo correta a segunda linha de pensamento.

- **Saída temporária:** o Pacote Anticrime proibiu o benefício de saída temporária ao condenado que cumpre pena por praticar crime hediondo com resultado morte (alteração no artigo 122 da LEP determinada pela Lei 13.964/19):

> Art. 122 (...)
>
> § 2° Não terá direito à saída temporária a que se refere o caput deste artigo o condenado que cumpre pena por praticar crime hediondo com resultado morte.

- **Prioridade no julgamento:** o artigo 394-A do Código de Processo Penal (incluído pela Lei 13.285/16) determinou prioridade de tramitação em todas as instâncias aos processos que apurem prática de crimes hediondos:

> Art. 394-A. Os processos que apurem a prática de crime hediondo terão prioridade de tramitação em todas as instâncias.

- **Revisão de pontos importantes da lei em tabela:** confira tabela com pontos importantes da Lei 8.072/90 para revisão:

Lei de crimes hediondos (Lei 8.072/90)	
Qual o sistema adotado no Brasil para aferição da hediondez?	Sistema **legal** (lista fechada de crimes hediondos, determinada pela lei). Há ainda os sistemas judicial e misto.
Crimes hediondos previstos no Código Penal (tentados ou consumados)	Homicídio (art. 121), quando praticado em atividade típica de grupo de extermínio, ainda que cometido por um só agente, e homicídio qualificado (art. 121, § 2°, incisos I, II, III, IV, V, VI, VII, VIII e IX);
	Lesão corporal dolosa de natureza gravíssima (art. 129, § 2º) e lesão corporal seguida de morte (art. 129, § 3º), quando praticadas contra autoridade ou agente descrito nos arts. 142 e 144 da Constituição Federal, integrantes do sistema prisional e da Força Nacional de Segurança Pública, no exercício da função ou em decorrência dela, ou contra seu cônjuge, companheiro ou parente consanguíneo até terceiro grau, em razão dessa condição;

Crimes hediondos previstos no Código Penal (tentados ou consumados)	Roubo: a) circunstanciado pela restrição de liberdade da vítima (art. 157, § 2°, inciso V); b) circunstanciado pelo emprego de arma de fogo (art. 157, § 2°-A, inciso I) ou pelo emprego de arma de fogo de uso proibido ou restrito (art. 157, § 2°-B); c) qualificado pelo resultado lesão corporal grave ou morte (art. 157, § 3°);
	Extorsão qualificada pela restrição da liberdade da vítima, ocorrência de lesão corporal ou morte (art. 158, § 3°);
	Extorsão mediante sequestro e na forma qualificada (art. 159, *caput*, e §§ l°, 2° e 3°);
	Estupro (art. 213, *caput* e §§ 1° e 2°);
	Estupro de vulnerável (art. 217-A, *caput* e §§ 1°, 2°, 3° e 4°);
	Epidemia com resultado morte (art. 267, § 1°).
	Falsificação, corrupção, adulteração ou alteração de produto destinado a fins terapêuticos ou medicinais (art. 273, *caput* e § 1°, § 1°-A e § 1°-B, com a redação dada pela Lei n° 9.677, de 2 de julho de 1998).
	Favorecimento da prostituição ou de outra forma de exploração sexual de criança ou adolescente ou de vulnerável (art. 218-B, *caput*, e §§ 1° e 2°).
	Furto qualificado pelo emprego de explosivo ou de artefato análogo que cause perigo comum (art. 155, § 4°-A).
Crimes hediondos previstos em leis extravagantes	O crime de genocídio, previsto nos arts. 1°, 2° e 3° da Lei n° 2.889, de 1° de outubro de 1956;
	O crime de posse ou porte ilegal de arma de fogo de uso proibido, previsto no art. 16 da Lei n° 10.826, de 22 de dezembro de 2003;
	O crime de comércio ilegal de armas de fogo, previsto no art. 17 da Lei n° 10.826, de 22 de dezembro de 2003;
	O crime de tráfico internacional de arma de fogo, acessório ou munição, previsto no art. 18 da Lei n° 10.826, de 22 de dezembro de 2003;
	O crime de organização criminosa, quando direcionado à prática de crime hediondo ou equiparado.

Os crimes hediondos e os equiparados a hediondos são insuscetíveis de	Anistia, graça e indulto
	Fiança (apesar de inafiançáveis, são suscetíveis de concessão de liberdade provisória sem fiança)
Qual regime inicial de cumprimento de pena imposto ao condenado por crime hediondo/ equiparado?	A Lei 8.072/90 impôs regime inicialmente fechado, mas este já foi reconhecido inconstitucional pelo Supremo Tribunal Federal.
Como se dá a progressão de regime quando o réu é condenado por crime hediondo?	Se o apenado for condenado pela prática de crime hediondo ou equiparado, se for primário ou se a reincidência não for específica – **cumprimento de 40% da pena**
	Se o apenado for: a) condenado pela prática de crime hediondo ou equiparado, com resultado morte, se for primário, vedado o livramento condicional; b) condenado por exercer o comando, individual ou coletivo, de organização criminosa estruturada para a prática de crime hediondo ou equiparado; ou c) condenado pela prática do crime de constituição de milícia privada – **cumprimento de 50% da pen**a
Como se dá a progressão de regime quando o réu é condenado por crime hediondo?	Se o apenado for reincidente na prática de crime hediondo ou equiparado (reincidência específica) – **cumprimento de 60% da pena**
	Se o apenado for reincidente em crime hediondo ou equiparado com resultado morte (reincidência específica), vedado o livramento condicional – **cumprimento de 70% da pena**
Qual o prazo de prisão temporária quando o crime investigado é hediondo/equiparado a hediondo?	30 dias prorrogáveis por igual período

Questões de concurso público: veja como a lei estudada já foi cobrada em concursos públicos.

1. (Delegado de Polícia Civil/RR/2003) Relativamente ao tráfico ilícito e uso indevido de substâncias entorpecentes e aos crimes hediondos, julgue o item a seguir.

Considere a seguinte situação hipotética.

Lucas, sob o domínio de violenta emoção, logo em seguida a injusta provocação de seu desafeto, efetuou, de surpresa, disparos de revólver pelas costas da vítima, matando-a.

( ) Nessa situação, Lucas responderá pela prática do crime de homicídio privilegiado--qualificado, que é hediondo.

---

2. **(Delegado de Polícia Civil/RR/2003)** Relativamente ao tráfico ilícito e uso indevido de substâncias entorpecentes e aos crimes hediondos, julgue o item a seguir.

( ) O crime de associação para o tráfico ilícito de entorpecentes foi revogado pela Lei dos Crimes Hediondos.

---

3. **(Delegado de Polícia Federal/2018)** Acerca de execução penal, de crimes de abuso de autoridade, de crimes contra a criança e o adolescente e de crimes contra o Sistema Financeiro Nacional, julgue o item que se segue.

( ) O crime de estupro praticado contra criança ou adolescente é insuscetível de fiança.

---

4. **(Delegado de Polícia Federal/2018)** Em cada item que se segue, é apresentada uma situação hipotética seguida de uma assertiva a ser julgada com relação a crime de tortura, crime hediondo, crime previdenciário e crime contra o idoso.

( ) Paula, proprietária de uma casa de prostituição, induziu e passou a explorar sexualmente duas garotas de quinze anos de idade. Nessa situação, o crime praticado por Paula é hediondo e, por isso, insuscetível de anistia, graça e indulto.

---

5. **(Delegado de Polícia Civil/PI/2018)** Acerca dos Crimes hediondos, marque a alternativa CORRETA.

A) São considerados hediondos o Infanticídio e o Estupro.

B) A tentativa de homicídio simples ou de homicídio qualificado constituem-se crimes hediondos.

C) É possível a liberdade provisória aos autores de crimes hediondos e equiparados.

D) Dependendo da gravidade do crime, é cabível ao juiz classificar o crime como hediondo.

E) Tratando-se de crime hediondo ou equiparado, o condenado por crime de tortura, em qualquer modalidade, deverá iniciar o cumprimento da pena em regime fechado.

---

6. **(Delegado de Polícia Civil/BA/2018)** Considere o seguinte caso hipotético.

A Força Nacional está atuando legalmente em Salvador. O civil "X", irmão de um Policial Militar do Estado de São Paulo que integra a Força Nacional, residente na referida cidade, se envolveu em acidente de trânsito sem vítimas, ao abalroar o veículo do condutor "Y". Após se identificar como irmão do Militar do Estado integrante da Força Nacional, foi violentamente agredido por "Y", que confessou ter assim agido apenas por saber dessa condição. As agressões provocaram lesões corporais gravíssimas no civil "X". Diante do exposto, é correto afirmar que o crime praticado por "Y"

A) Não é considerado hediondo, pois a legislação contempla apenas o crime de homicídio doloso perpetrado contra o Militar do Estado.

B) É considerado hediondo, apenas por se tratar de uma lesão corporal dolosa de natureza gravíssima, independentemente da condição da eventual vítima.

C) Não é considerado hediondo, pois a legislação não contempla lesão corporal dolosa de natureza gravíssima como crime hediondo.

D) É considerado hediondo, pois o civil "X" foi vítima de lesão corporal dolosa de natureza gravíssima apenas por ser irmão de Militar do Estado em razão de sua função.

E) Somente seria considerado hediondo se o crime de lesão corporal dolosa de natureza gravíssima fosse perpetrado contra o próprio Militar do Estado em razão de sua função.

7. (Delegado de Polícia Civil/AC/2017) Sobre o crime de extorsão mediante sequestro, é correto afirmar que:

A) A consumação do crime do art. 159 do CP se opera com a exigência de uma vantagem como condição ou preço do resgate, o que faz com que o delito seja doutrinariamente classificado como crime formal.

B) O crime é hediondo mesmo em sua forma simples, dispensando a verificação de resultados morte ou lesão corporal de natureza grave para a incidência da Lei nº8.072, de 1990.

C) O concurso de pessoas é uma das circunstâncias qualificadoras concernentes ao crime de extorsão mediante sequestro, nos mesmos moldes do furto e diferentemente do que ocorre no roubo, no qual a pluralidade de agentes tem a natureza de causa de aumento da pena.

D) Há, no art. 159 do Código Penal, previsão expressa de delação premiada, determinando diminuição da pena ao participante que revelar o crime à autoridade, permitindo a libertação do sequestrado ou a recuperação do produto ou do proveito do crime.

E) Ocorre a forma qualificada da extorsão mediante sequestro, entre outras hipóteses, quando a restrição à liberdade da vítima dura mais de quinze dias, mas nunca em tempo inferior.

8. (Delegado de Polícia Civil/AL/2012) No que concerne aos aspectos processuais das leis penais extravagantes e às inovações legais havidas no sistema processual penal, julgue o item a seguir.

( ) A prisão temporária para os crimes hediondos e equiparados, em função da gravidade objetiva dessas infrações penais, é de 30 dias, prorrogável por igual período em caso de extrema e comprovada necessidade.

9. (Delegado de Polícia Civil/PB/2022) Considerando as disposições penais e processuais penais estabelecidas na Lei n.º 8.072/1990 (Lei de Crimes Hediondos) e a jurisprudência dos tribunais superiores acerca da matéria, assinale a opção correta.

A) Os crimes hediondos e equiparados estão listados na Constituição Federal, não dispondo o legislador ordinário de liberdade para ampliar tal rol.

B) Os crimes hediondos são insuscetíveis de anistia, graça, indulto, liberdade provisória e fiança.

C) O prazo de prisão temporária para os crimes hediondos e equiparados é de 30 dias, não sendo admitida prorrogação, porque ele já é ampliado em relação ao regramento da Lei n.° 7.960/1989.

D) Se associação criminosa destinada à prática de crimes hediondos for desmantelada em razão de informações fornecidas por participante ou associado do grupo criminoso, este receberá perdão judicial.

E) O rol de crimes hediondos inclui o roubo qualificado por lesão corporal grave, porém não abrange o homicídio simples, salvo se praticado em atividade típica de grupo de extermínio.

Gabarito comentado:

Questão	Reposta	Comentário
1	ERRADA	O homicídio privilegiado-qualificado (incidência de uma das hipóteses subjetivas de privilégio em qualificadora objetiva) não é crime hediondo.
2	ERRADA	O crime de associação para o tráfico de drogas é tipificado no artigo 35 da Lei 11.343/06 não foi revogado pela Lei de Crimes Hediondos. Ele apenas não tem essa natureza.
3	CERTA	O crime de estupro, qualquer que seja a vítima, é crime hediondo e, como tal, é inafiançável.
4	CERTA	O crime de favorecimento à prostituição de ou de outra forma de exploração sexual de criança ou adolescente ou de vulnerável (art. 218-B, caput, e §§ 1° e 2°) é crime hediondo (na forma do inciso VIII do artigo 1° da Lei 8.072/90) e, como tal, insuscetível de anistia, graça e indulto.
5	Letra C	Os crimes hediondos são inafiançáveis, mas é possível concessão de liberdade provisória sem fiança (inclusive na audiência de custódia).
6	Letra D	Vide inciso I-A do artigo 1° da Lei 8.072/90.
7	Letra B	Vide inciso IV do artigo 1° da Lei 8.072/90.
8	CERTA	Vide § 4° do artigo 2° da Lei 8.072/90.
9	Letra E	Vide alínea 'c' do inciso II e inciso I do artigo 1° da Lei 8.072/90.

Quesitos criados pelo autor da obra: confira algumas questões por mim criadas para orientar seus estudos.

1. Há algum homicídio simples que pode ser considerado crime hediondo? O homicídio privilegiado/qualificado é crime hediondo?

RESPOSTA: Sim, o homicídio cometido em atividade típica de grupo de extermínio, ainda que por um só agente. Não, segundo entende a doutrina e a jurisprudência (haverá homicídio privilegiado/qualificado quando houver privilégio e incidência de qualificadora de natureza objetiva).

2. Quais os sistemas para aferição da hediondez? Qual o adotado no Brasil?

RESPOSTA: Sistema legal (lista fechada de crimes hediondos, determinada pela lei), judicial (o juiz decidindo, caso a caso, qual crime deve ser considerado hediondo) e misto (partindo de parâmetros legais, o juiz decide acerca da hediondez). Adotamos o sistema legal.

3. O sequestro relâmpago com resultado morte é crime hediondo? Imagine que indivíduo primário praticou crime hediondo. Ele deve cumprir qual porcentagem de pena para progredir de regime prisional?

RESPOSTA: A antiga divergência doutrinária foi superada em relação ao crime de sequestro relâmpago com resultado morte (em face do Pacote Anticrime). O crime em questão é hediondo. A progressão de regime se dará depois de cumpridos 40% da pena. Confira tabela:

Progressão de regime depois do Pacote Anticrime	
16% da pena	Se o apenado for primário e o crime tiver sido cometido sem violência à pessoa ou grave ameaça
20% da pena	Se o apenado for reincidente em crime cometido sem violência à pessoa ou grave ameaça
25% da pena	Se o apenado for primário e o crime tiver sido cometido com violência à pessoa ou grave ameaça
30% da pena	Se o apenado for reincidente em crime cometido com violência à pessoa ou grave ameaça
40% da pena	Se o apenado for condenado pela prática de crime hediondo ou equiparado, se for primário
50% da pena	a) Condenado pela prática de crime hediondo ou equiparado, com resultado morte, se for primário, vedado o livramento condicional; b) condenado por exercer o comando, individual ou coletivo, de organização criminosa estruturada para a prática de crime hediondo ou equiparado; ou c) condenado pela prática do crime de constituição de milícia privada

60% da pena	Se o apenado for reincidente na prática de crime hediondo ou equiparado
70% da pena	Se o apenado for reincidente em crime hediondo ou equiparado com resultado morte, vedado o livramento condicional

Mesmo com o Pacote Anticrime, ainda é possível progressão de regime de cumprimento de pena na forma do § 3º do artigo 112 da LEP:

1/8 da pena	Mulher gestante ou que for mãe ou responsável por crianças ou pessoas com deficiência, desde que cumpridos os requisitos cumulativos do § 3º do artigo 112 da LEP.

As tabelas seguintes sintetizam a progressão de regime quando se observa reincidência envolvendo crime hediondo:

Progressão de regime pela prática de crime hediondo/equiparado com base na Lei 8.072/90 (pré-Pacote Anticrime)

Condenação com trânsito em julgado	Nova condenação	Progressão de regime
Crime não hediondo/ equiparado	Crime hediondo/equiparado	3/5 da pena
Crime hediondo/equiparado	Crime hediondo/equiparado	3/5 da pena

Progressão de regime pela prática de crime hediondo/equiparado com base na Lei 13.964/19 (pós-Pacote Anticrime)

Condenação com trânsito em julgado	Nova condenação	Progressão de regime
Crime não hediondo/ equiparado	Crime hediondo/equiparado	40% da pena
Crime hediondo/equiparado	Crime hediondo/equiparado	60% da pena

6

Lei 8.137/90 – Crimes contra a Ordem Tributária, Econômica e contra as Relações de Consumo

- **Notas introdutórias:** a Lei 8.137/90 tipifica os crimes contra a ordem tributária, ordem econômica e contra as relações de consumo.

Art. 1º Constitui crime contra a ordem tributária suprimir ou reduzir tributo, ou contribuição social e qualquer acessório, mediante as seguintes condutas:

I – omitir informação, ou prestar declaração falsa às autoridades fazendárias;

II – fraudar a fiscalização tributária, inserindo elementos inexatos, ou omitindo operação de qualquer natureza, em documento ou livro exigido pela lei fiscal;

III – falsificar ou alterar nota fiscal, fatura, duplicata, nota de venda, ou qualquer outro documento relativo à operação tributável;

IV – elaborar, distribuir, fornecer, emitir ou utilizar documento que saiba ou deva saber falso ou inexato;

V – negar ou deixar de fornecer, quando obrigatório, nota fiscal ou documento equivalente, relativa a venda de mercadoria ou prestação de serviço, efetivamente realizada, ou fornecê-la em desacordo com a legislação.

Pena – reclusão de 2 (dois) a 5 (cinco) anos, e multa.

Parágrafo único. A falta de atendimento da exigência da autoridade, no prazo de 10 (dez) dias, que poderá ser convertido em horas em razão da maior ou menor complexidade da matéria ou da dificuldade quanto ao atendimento da exigência, caracteriza a infração prevista no inciso V.

▪ **Classificação:** crime comum (pode ser perpetrado por qualquer pessoa), doloso (o crime de sonegação fiscal exige especial fim de agir – intenção de suprimir ou reduzir tributo[1]), material (nos incisos I a IV) e formal (no inciso V).

O delito admite acordo de não persecução penal (artigo 28-A do Código de Processo Penal).

▪ **Crime material (incisos I a IV do artigo 1º da Lei 8.137/90) e formal (inciso V do artigo 1º da mesma lei):** os crimes tipificados nos incisos I a IV do artigo 1º da Lei 8.137/90 são materiais e só se consumam com a constituição definitiva do crédito tributário, nos termos da Súmula Vinculante 24. Já o crime tipificado no inciso V do artigo 1º da mesma lei é formal.

Eis o verbete:

> Súmula Vinculante 24 – Não se tipifica crime material contra a ordem tributária, previsto no art. 1º, incisos I a IV, da Lei 8.137/1990, antes do lançamento definitivo do tributo.

Nesse sentido (de que os delitos tipificados nos incisos I a IV do artigo 1º da Lei 8.137/90 são materiais e que o crime tipificado no inciso V do artigo 1º da mesma lei é formal), teses do Superior Tribunal de Justiça (edição 90 da jurisprudência em teses):

> 4) Os delitos tipificados no art. 1º, I a IV, da Lei n. 8.137/90 são materiais, dependendo, para a sua consumação, da efetiva ocorrência do resultado.
>
> 5) A constituição regular e definitiva do crédito tributário é suficiente à tipificação das condutas previstas no art. 1º, I a IV, da Lei n. 8.137/90, conforme a súmula vinculante n. 24/STF.
>
> 10) O delito do art. 1º, inciso V, da Lei n. 8.137/90 é formal e prescinde do processo administrativo-fiscal para o desencadeamento da persecução penal, não se sujeitando aos termos da súmula vinculante n. 24 do STF.

---

1. Esse não é o entendimento do Superior Tribunal de Justiça. O Tribunal da Cidadania entende que o crime de sonegação fiscal demanda apenas dolo genérico (vide tese 7 da edição 90 da sua jurisprudência em teses):
7) O tipo penal do art. 1º da Lei n. 8.137/90 prescinde de dolo específico, sendo suficiente a presença do dolo genérico para sua caracterização.

- **Envio de dados à polícia e ao Ministério Público pela Receita Federal:** é perfeitamente possível (e não demanda ordem judicial prévia) o envio de dados (da constituição definitiva do crédito tributário) pela Receita Federal à polícia e ao Ministério Público, para que sejam tomadas as providências necessárias no âmbito processual penal. Nesse sentido, tese do Superior Tribunal de Justiça:

> 5) O envio dos dados sigilosos pela Receita Federal à Polícia ou ao Ministério Público, após o esgotamento da via administrativa, com a constituição definitiva de crédito tributário, decorre de mera obrigação legal de se comunicar às autoridades competentes a possível prática de ilícito, o que não representa ofensa ao princípio da reserva de jurisdição.

No mesmo sentido, entendimento do Supremo Tribunal Federal (teses fixadas no bojo do RE 1.055.941, relatado pelo Ministro Dias Toffoli):

> 1 – É constitucional o compartilhamento dos relatórios de inteligência financeira da UIF e da íntegra do procedimento fiscalizatório da Receita Federal do Brasil, que define o lançamento do tributo, com os órgãos de persecução penal, para fins criminais, sem a obrigatoriedade de prévia autorização judicial, devendo ser resguardado o sigilo das informações em procedimentos formalmente instaurados e sujeitos a posterior controle jurisdicional.
>
> 2 – O compartilhamento pela UIF e pela Receita Federal do Brasil, referente ao item anterior, deve ser feito unicamente por meio de comunicações formais, com garantia de sigilo, certificação do destinatário e estabelecimento de instrumentos efetivos de apuração e correção de eventuais desvios.

É preciso salientar, contudo, que o Superior Tribunal de Justiça entendeu não ser possível a requisição direta (sem autorização judicial), pelo Ministério Público, de dados fiscais (informativo 724/STJ). Diante da importância do julgado (oriundo da Terceira Seção), transcrevo o seu inteiro teor (inclusive para seja possível distinguir comunicação de possível crime decorrente de fiscalização e requisição direta feita por agente ministerial para instruir persecução penal):

> O Supremo Tribunal Federal, ao julgar o Recurso Extraordinário 1.055.941/SP, em sede de repercussão geral, firmou a orientação de que é constitucional o compartilhamento dos relatórios de inteligência financeira da UIF e da íntegra do procedimento fiscalizatório da Receita Federal do Brasil - em que se define o lançamento do tributo - com os órgãos de persecução penal para fins criminais sem prévia autorização judicial, devendo ser

resguardado o sigilo das informações em procedimentos formalmente instaurados e sujeitos a posterior controle jurisdicional (Tema 990).

Da leitura desatenta da ementa do julgado, poder-se-ia chegar à conclusão de que o entendimento consolidado autorizaria a requisição direta de dados pelo Ministério Público à Receita Federal, para fins criminais. No entanto, a análise acurada do acórdão demonstra que tal conclusão não foi compreendida no julgado, que trata da Representação Fiscal para fins penais, instituto legal que autoriza o compartilhamento, de ofício, pela Receita Federal, de dados relacionados a supostos ilícitos tributários ou previdenciários após devido procedimento administrativo fiscal.

Assim, a requisição ou o requerimento, de forma direta, pelo órgão da acusação à Receita Federal, com o fim de coletar indícios para subsidiar investigação ou instrução criminal, além de não ter sido satisfatoriamente enfrentada no julgamento do Recurso Extraordinário n. 1.055.941/SP, não se encontra abarcada pela tese firmada no âmbito da repercussão geral em questão. Ainda, as poucas referências que o acórdão faz ao acesso direto pelo Ministério Público aos dados, sem intervenção judicial, é no sentido de sua ilegalidade.

Em um estado de direito não é possível se admitir que órgãos de investigação, em procedimentos informais e não urgentes, solicitem informações detalhadas sobre indivíduos ou empresas, informações essas constitucionalmente protegidas, salvo autorização judicial.

Uma coisa é órgão de fiscalização financeira, dentro de suas atribuições, identificar indícios de crime e comunicar suas suspeitas aos órgãos de investigação para que, dentro da legalidade e de suas atribuições, investiguem a procedência de tais suspeitas. Outra, é o órgão de investigação, a polícia ou o Ministério Público, sem qualquer tipo de controle, alegando a possibilidade de ocorrência de algum crime, solicitar ao COAF ou à Receita Federal informações financeiras sigilosas detalhadas sobre determinada pessoa, física ou jurídica, sem a prévia autorização judicial.

Assim, é ilegal a requisição, sem autorização judicial, de dados fiscais pelo Ministério Público (informações do inteiro teor do RHC 82.233-MG, Rel. Min. Sebastião Reis Júnior, Terceira Seção, por maioria, julgado em 09/02/2022).

- **Aplicação da Súmula Vinculante 24 a fatos ocorridos antes de sua publicação:** é possível aplicação do verbete a fatos havidos antes da sua publicação (trata-se de consolidação de interpretação jurisprudencial). Nesse sentido, tese 6 da edição 90 da jurisprudência em teses do Superior Tribunal de Justiça:

> 6) É possível a aplicação da súmula vinculante n. 24/STF a fatos ocorridos antes da sua publicação por se tratar de consolidação da interpretação jurisprudencial e não de caso de retroatividade da lei penal mais gravosa.

▪ **Início da contagem do prazo prescricional e independência das esferas penal e administrativo-tributária:** em relação aos crimes materiais contra a ordem tributária (incisos I a IV do artigo 1º da Lei 8.137/90), o prazo prescricional se inicia apenas com a constituição do crédito tributário (já que é nesse momento que o crime se consuma). Nesse sentido, tese 8 da edição 90 da jurisprudência em teses do Superior Tribunal de Justiça:

> 8) O prazo prescricional, para os crimes previstos no art. 1°, I a IV, da Lei n. 8.137/90, inicia-se com a constituição definitiva do crédito tributário.

Doutra banda, é preciso consignar que eventual implemento de prescrição tributária não afeta a persecução penal (se o crédito chegou a ser definitivamente constituído), vez que a esfera penal é independente da esfera administrativo-tributária. Nesse sentido, tese 9 da edição 90 da jurisprudência em teses do Superior Tribunal de Justiça:

> 9) A constituição regular e definitiva do crédito tributário é suficiente à tipificação das condutas previstas no art. 1°, I a IV, da Lei n. 8.137/90, de forma que o eventual reconhecimento da prescrição tributária não afeta a persecução penal, diante da independência entre as esferas administrativo-tributária e penal.

▪ **Competência:** o processo e julgamento dos crimes contra a ordem tributária depende da competência tributária. Se a sonegação é de imposto de renda (imposto federal), por exemplo, a competência será da Justiça Federal. Se a sonegação é de IPVA (imposto estadual), a competência será da Justiça Estadual. Vide decisão do Superior Tribunal de Justiça sobre o tema (informativo 388/STJ):

> No caso, verifica-se que a denominada "Operação de Olho na Placa" teve por objeto a investigação de empresas de locação de veículos sediadas em São Paulo que registravam seus automóveis no Estado do Paraná com a finalidade de reduzir o valor do IPVA devido, já que a alíquota da exação nesta Unidade Federativa seria de 1%. Contudo o suscitado declinou da competência ao suscitante, entendendo que o delito cometido seria o de falsidade ideológica, pois a empresa em questão, para conseguir registrar o

> veículo, forneceu informação falsa quanto ao endereço na cidade de Curitiba-PR. O Min. Relator entendeu que, pelos elementos dos autos, os supostos agentes praticaram a conduta descrita no art. 299 do CP, com a finalidade de suprimir tributo. Por tal razão, está absorvida a falsidade eventualmente perpetrada, pois teria sido realizada como meio para a consecução do crime-fim (sonegação fiscal). Fixado tal ponto, verifica-se que o crime previsto no art. 1º da Lei n. 8.137/1990 exige, para sua consumação, a ocorrência de efetivo dano ao erário, consistente na redução ou supressão do tributo, classificando-se como delito material. Salientou o Min. Relator que o referido momento consumativo não deve ser confundido com aquele em que a fraude é praticada. *In casu*, observou que o prejuízo decorrente de eventual conduta delituosa será suportado pelo Estado de São Paulo, sede da empresa proprietária do veículo e, por conseguinte, local em que deveria ter sido recolhido o IPVA. Portanto, aplicando-se o disposto no art. 70, *caput*, do CPP, o qual determina que a competência será, de regra, determinada pelo lugar em que se consumar a infração, a Seção conheceu do conflito para declarar a competência do juízo de Direito de São Paulo, o suscitado. Precedentes citados: HC 75.599-SP, DJ 8/10/2007; CC 75.170-MG, DJ 27/9/2007; REsp 705.281-MT, DJ 1º/8/2005, e REsp 172.375-RS, DJ 18/10/1999. CC 102.866-PR, Rel. Min. Jorge Mussi, julgado em 25/3/2009.

Eis tese do Superior Tribunal de Justiça sobre o tema (edição 99 da jurisprudência em teses):

> 1) Compete à justiça estadual processar e julgar os crimes contra a ordem econômica previstos na Lei n. 8.137/1990, salvo se praticados em detrimento do art. 109, IV e VI, da Constituição Federal de 1988.

Por óbvio, caso exista conexão entre sonegação de tributos federais e estaduais, deve prevalecer a competência da Justiça Federal, nos exatos termos da Súmula 122/STJ[2].

A competência em razão do lugar será fixada no local onde ocorrer a constituição definitiva do crédito tributário (em relação aos crimes contra a ordem tributária materiais). Neste sentido, tese do Superior Tribunal de Justiça (edição 90 da sua jurisprudência em teses):

2. Súmula 122/STJ – Compete à Justiça Federal o processo e julgamento unificado dos crimes conexos de competência federal e estadual, não se aplicando a regra do art. 78, II “a” , do CPP.

11) A competência para processar e para julgar os crimes materiais contra a ordem tributária é do local onde ocorrer a consumação do delito por meio da constituição definitiva do crédito tributário.

- **Princípio da consunção:** se o crime de falso é perpetrado como meio para prática da sonegação fiscal, aplica-se o princípio da consunção, devendo o agente ser punido, apenas e tão somente pelo crime de sonegação fiscal (crime-fim). Nesse sentido, julgado do Superior Tribunal de Justiça (grifo meu):

> PENAL E PROCESSUAL PENAL. AGRAVO REGIMENTAL NO RECURSO ESPECIAL. CRIME CONTRA A ORDEM TRIBUTÁRIA. FALSIDADE IDEOLÓGICA E USO DE DOCUMENTO FALSO. PROFISSIONAIS DE SAÚDE. PARTÍCIPES. PRINCÍPIO DA CONSUNÇÃO. AGRAVO DESPROVIDO. **1. "A atual jurisprudência deste Superior Tribunal de Justiça adota o entendimento de que o crime de falso cometido única e exclusivamente com vistas a suprimir ou reduzir tributos é absorvido pelo crime de sonegação fiscal, sendo irrelevante, para tanto, que a apresentação do documento falso perante a autoridade fazendária seja posterior à entrega da declaração de imposto de renda porque apenas materializa a informação falsa antes prestada."** (AgRg no REsp 1.372.457/MG, Rel. Ministra MARIA THEREZA DE ASSIS MOURA, SEXTA TURMA, julgado em 27/08/2013, DJe 10/09/2013). 2. O profissional de saúde que fornece o documento falso, posteriormente utilizado pelo contribuinte junto ao Fisco, com o fim único e exclusivo de suprimir tributos, responde pelo crime tributário. Podendo, nesse caso, haver a incidência do princípio da consunção. Precedentes. 3. Agravo regimental desprovido (AgRg no REsp 1363618/MG, Rel. Ministro Ribeiro Dantas, Quinta Turma, julgado em 15/05/2018, DJe 23/05/2018).

Eis tese do Superior Tribunal de Justiça sobre o tema (edição 99 da jurisprudência em teses):

> 2) Aplica-se o princípio da consunção ou da absorção quando o delito de falso ou de estelionato (crime-meio) é praticado única e exclusivamente com a finalidade de sonegar tributo (crime-fim).

- **Imputação em crimes de gabinete:** quando se observa prática de crime de gabinete (conhecidos como crimes societários), é preciso que a exordial acusatória descreva nexo de imputação (vinculação entre a conduta do agente e o delito praticado), com o fito de viabilizar o exercício do contraditório e da ampla defesa. Nesse sentido, julgado do Supremo Tribunal Federal:

"HABEAS CORPUS" – CRIME CONTRA O SISTEMA FINANCEIRO NACIONAL – RESPONSABILIDADE PENAL DOS CONTROLADORES E ADMINISTRADORES DE INSTITUIÇÕES FINANCEIRAS – LEI Nº 7.492/86 (ART. 25) – DENÚNCIA QUE NÃO ATRIBUI COMPORTAMENTO ESPECÍFICO AO DIRETOR DE CÂMBIO DE INSTITUIÇÃO FINANCEIRA QUE O VINCULE, COM APOIO EM DADOS PROBATÓRIOS MÍNIMOS, AO EVENTO DELITUOSO – INÉPCIA DA DENÚNCIA – PEDIDO DEFERIDO. PROCESSO PENAL ACUSATÓRIO – OBRIGAÇÃO DE O MINISTÉRIO PÚBLICO FORMULAR DENÚNCIA JURIDICAMENTE APTA. O sistema jurídico vigente no Brasil – tendo presente a natureza dialógica do processo penal acusatório, hoje impregnado, em sua estrutura formal, de caráter essencialmente democrático – impõe, ao Ministério Público, a obrigação de expor, de maneira precisa, objetiva e individualizada, a participação das pessoas acusadas da suposta prática da infração penal, a fim de que o Poder Judiciário, ao resolver a controvérsia penal, possa, em obséquio aos postulados essenciais do direito penal da culpa e do princípio constitucional do "due process of law", ter em consideração, sem transgredir esses vetores condicionantes da atividade de persecução estatal, a conduta individual do réu, a ser analisada, em sua expressão concreta, em face dos elementos abstratos contidos no preceito primário de incriminação. O ordenamento positivo brasileiro repudia as acusações genéricas e repele as sentenças indeterminadas. A PESSOA SOB INVESTIGAÇÃO PENAL TEM O DIREITO DE NÃO SER ACUSADA COM BASE EM DENÚNCIA INEPTA. A denúncia – enquanto instrumento formalmente consubstanciador da acusação penal – constitui peça processual de indiscutível relevo jurídico. Ela, antes de mais nada, ao delimitar o âmbito temático da imputação penal, define a própria "res in judicio deducta". A peça acusatória, por isso mesmo, deve conter a exposição do fato delituoso, em toda a sua essência e com todas as suas circunstâncias. Essa narração, ainda que sucinta, impõe-se ao acusador como exigência derivada do postulado constitucional que assegura, ao réu, o exercício, em plenitude, do direito de defesa. Denúncia que não descreve, adequadamente, o fato criminoso e que também deixa de estabelecer a necessária vinculação da conduta individual de cada agente ao evento delituoso qualifica-se como denúncia inepta. Precedentes. PERSECUÇÃO PENAL DOS DELITOS CONTRA O SISTEMA FINANCEIRO – PEÇA ACUSATÓRIA QUE NÃO DESCREVE, QUANTO AO ADMINISTRADOR DE INSTITUIÇÃO FINANCEIRA, QUALQUER CONDUTA ESPECÍFICA QUE O VINCULE AO EVENTO DELITUOSO – INÉPCIA DA DENÚNCIA. – A mera invocação da condição de diretor em instituição financeira, sem a correspondente e objetiva descrição de determinado comportamento típico que o vincule ao resultado criminoso, não constitui fator suficiente apto a legitimar a formulação da acusação estatal ou a autorizar a prolação de decreto judicial condenatório. A circunstância objetiva de alguém

> meramente exercer cargo de direção em instituição financeira não se revela suficiente, só por si, para autorizar qualquer presunção de culpa (inexistente em nosso sistema jurídico-penal) e, menos ainda, para justificar, como efeito derivado dessa particular qualificação formal, a correspondente persecução criminal em juízo. AS ACUSAÇÕES PENAIS NÃO SE PRESUMEM PROVADAS: O ÔNUS DA PROVA INCUMBE, EXCLUSIVAMENTE, A QUEM ACUSA. – Os princípios constitucionais que regem o processo penal põem em evidência o nexo de indiscutível vinculação que existe entre a obrigação estatal de oferecer acusação formalmente precisa e juridicamente apta, de um lado, e o direito individual à ampla defesa, de que dispõe o acusado, de outro. É que, para o acusado exercer, em plenitude, a garantia do contraditório, torna-se indispensável que o órgão da acusação descreva, de modo preciso, os elementos estruturais ("essentialia delicti") que compõem o tipo penal, sob pena de se devolver, ilegitimamente, ao réu, o ônus (que sobre ele não incide) de provar que é inocente. É sempre importante reiterar – na linha do magistério jurisprudencial que o Supremo Tribunal Federal consagrou na matéria – que nenhuma acusação penal se presume provada. Não compete, ao réu, demonstrar a sua inocência. Cabe, ao contrário, ao Ministério Público, comprovar, de forma inequívoca, para além de qualquer dúvida razoável, a culpabilidade do acusado. Já não mais prevalece, em nosso sistema de direito positivo, a regra, que, em dado momento histórico do processo político brasileiro (Estado Novo), criou, para o réu, com a falta de pudor que caracteriza os regimes autoritários, a obrigação de o acusado provar a sua própria inocência (Decreto-lei nº 88, de 20/12/37, art. 20, n. 5). Precedentes (HC 83947, Relator(a): CELSO DE MELLO, Segunda Turma, julgado em 07/08/2007, DJe-018 DIVULG 31-01-2008 PUBLIC 01-02-2008 EMENT VOL-02305-02 PP-00327).

Vide tese do Superior Tribunal de Justiça acerca do tema (edição 176 da jurisprudência em teses):

> 3) Nos crimes societários cometidos no âmbito de aplicação da Lei n. 8.137/1990, admite-se a denúncia geral, a qual, apesar de não individualizar pormenorizadamente as atuações de cada um dos denunciados, demonstra, ainda que de maneira sutil, um liame entre o agir dos sócios ou administradores e a suposta prática delituosa, o que estabelece a plausibilidade da imputação deduzida e permite o exercício da ampla defesa com todos os recursos a ela inerentes.

- **Princípio da insignificância:** é possível aplicação do princípio da insignificância aos crimes contra a ordem tributária que importem em sonegação de impostos federais (até o limite de R$ 20.000,00 em tributos federais elididos). Nesse sentido, vide tese fixada no tema repetitivo 157 do Superior Tribunal de Justiça:

> Incide o princípio da insignificância aos crimes tributários federais e de descaminho quando o débito tributário verificado não ultrapassar o limite de R$ 20.000,00 (vinte mil reais), a teor do disposto no art. 20 da Lei n. 10.522/2002, com as atualizações efetivadas pelas Portarias 75 e 130, ambas do Ministério da Fazenda.

Importante atentar para a tese da edição 174 da jurisprudência em teses do Superior Tribunal de Justiça (inadmissibilidade de reconhecimento do princípio da insignificância em relação a sonegação de tributos estaduais, municipais ou distritais):

> 10) Não se estende aos demais entes federados (Estados, Municípios e Distrito Federal) o princípio da insignificância no patamar estabelecido pela União na Lei n. 10.522/2002 previsto para crimes tributários federais, o que somente ocorreria na existência de legislação local específica sobre o tema.

- **Pagamento integral do débito tributário:** Para enfrentar o tema, é preciso assentar que o entendimento da jurisprudência leva em conta o § 2º do artigo 9ª da Lei 10.684/03 (grifo meu):

> Art. 9º É suspensa a pretensão punitiva do Estado, referente aos crimes previstos nos arts. 1º e 2º da Lei nº 8.137, de 27 de dezembro de 1990, e nos arts. 168A e 337A do Decreto-Lei nº 2.848, de 7 de dezembro de 1940 – Código Penal, durante o período em que a pessoa jurídica relacionada com o agente dos aludidos crimes estiver incluída no regime de parcelamento.
>
> § 1º A prescrição criminal não corre durante o período de suspensão da pretensão punitiva.
>
> **§ 2º Extingue-se a punibilidade dos crimes referidos neste artigo quando a pessoa jurídica relacionada com o agente efetuar o pagamento integral dos débitos oriundos de tributos e contribuições sociais, inclusive acessórios.**

Eis decisão do Superior Tribunal de Justiça que sintetiza esse pensar:

> HABEAS CORPUS. IMPETRAÇÃO EM SUBSTITUIÇÃO AO RECURSO CABÍVEL. UTILIZAÇÃO INDEVIDA DO REMÉDIO CONSTITUCIONAL. VIOLAÇÃO AO SISTEMA RECURSAL. NÃO CONHECIMENTO. 1. A via eleita revela-se inadequada para a insurgência contra o ato apontado como coator, pois o ordenamento jurídico prevê recurso específico para tal fim, circunstância que impede o seu formal conhecimento. Precedentes. 2. O alegado constrangimento ilegal será analisado para a verificação da eventual possibilidade

de atuação ex officio, nos termos do artigo 654, § 2°, do Código de Processo Penal. CRIME CONTRA A ORDEM TRIBUTÁRIA. CONDENAÇÃO TRANSITADA EM JULGADO. PAGAMENTO DO TRIBUTO. CAUSA DE EXTINÇÃO DA PUNIBILIDADE. ARTIGO 9°, § 2°, DA LEI 10.684/2003. COAÇÃO ILEGAL CARACTERIZADA. CONCESSÃO DA ORDEM DE OFÍCIO. 1. Com o advento da Lei 10.684/2003, no exercício da sua função constitucional e de acordo com a política criminal adotada, o legislador ordinário optou por retirar do ordenamento jurídico o marco temporal previsto para o adimplemento do débito tributário redundar na extinção da punibilidade do agente sonegador, nos termos do seu artigo 9°, § 2°, sendo vedado ao Poder Judiciário estabelecer tal limite. 2. Não há como se interpretar o referido dispositivo legal de outro modo, senão considerando que o pagamento do tributo, a qualquer tempo, até mesmo após o advento do trânsito em julgado da sentença penal condenatória, é causa de extinção da punibilidade do acusado. 3. Como o édito condenatório foi alcançado pelo trânsito em julgado sem qualquer mácula, os efeitos do reconhecimento da extinção da punibilidade por causa que é superveniente ao aludido marco devem ser equiparados aos da prescrição da pretensão executória. 4. Habeas corpus não conhecido. Ordem concedida de ofício para declarar extinta a punibilidade do paciente, com fundamento no artigo 9°, § 2°, da Lei 10.684/2003 (HC 362.478/SP, Rel. Ministro Jorge Mussi, Quinta Turma, julgado em 14/09/2017, DJe 20/09/2017).

Percebe-se que o entendimento jurisprudencial (STJ e STF) permite concluir que o pagamento integral dos débitos oriundos da prática do crime de sonegação fiscal feito a qualquer tempo (mesmo depois do trânsito em julgado da sentença condenatória) extingue a punibilidade do agente.

- **Parcelamento do débito tributário:** a pretensão punitiva e a prescrição ficam suspensas se houver parcelamento do débito resultante da sonegação fiscal antes do recebimento da denúncia (na forma do §§ 2º **e 3º do artigo 83 da Lei 9.430/96, com redação determinada pela Lei 12.382/11**):

> Art. 83. A representação fiscal para fins penais relativa aos crimes contra a ordem tributária previstos nos arts. 1º e 2º da Lei nº 8.137, de 27 de dezembro de 1990, e aos crimes contra a Previdência Social, previstos nos arts. 168-A e 337-A do Decreto-Lei nº 2.848, de 7 de dezembro de 1940 (Código Penal), será encaminhada ao Ministério Público depois de proferida a decisão final, na esfera administrativa, sobre a exigência fiscal do crédito tributário correspondente.

§ 1º Na hipótese de concessão de parcelamento do crédito tributário, a representação fiscal para fins penais somente será encaminhada ao Ministério Público após a exclusão da pessoa física ou jurídica do parcelamento.

§ 2º É suspensa a pretensão punitiva do Estado referente aos crimes previstos no caput, durante o período em que a pessoa física ou a pessoa jurídica relacionada com o agente dos aludidos crimes estiver incluída no parcelamento, desde que o pedido de parcelamento tenha sido formalizado antes do recebimento da denúncia criminal.

§ 3º A prescrição criminal não corre durante o período de suspensão da pretensão punitiva.

§ 4º Extingue-se a punibilidade dos crimes referidos no caput quando a pessoa física ou a pessoa jurídica relacionada com o agente efetuar o pagamento integral dos débitos oriundos de tributos, inclusive acessórios, que tiverem sido objeto de concessão de parcelamento.

§ 5º O disposto nos §§ 1º a 4º não se aplica nas hipóteses de vedação legal de parcelamento.

§ 6º As disposições contidas no caput do art. 34 da Lei nº 9.249, de 26 de dezembro de 1995, aplicam-se aos processos administrativos e aos inquéritos e processos em curso, desde que não recebida a denúncia pelo juiz.

É preciso, então, cuidado ao tratar do tema: i) em relação ao pagamento das contribuições devidas (que gera extinção da punibilidade a qualquer tempo), aplica-se o § 2º do artigo 9º da Lei 10.684/03; ii) em relação ao parcelamento das contribuições devidas (que gera suspensão da pretensão punitiva e da prescrição quando feito antes do recebimento da denúncia), aplicam-se os §§ 2º e 3º do artigo 83 da Lei 9.430/96. Neste sentido (convivência harmônica do § 2º do artigo 9º da Lei 10.684/03 com os §§ 2º e 3º do artigo 83 da Lei 9.430/96, com a redação determinada pela Lei 12.382/11 – grifo meu), precedente do Pretório Excelso:

Habeas corpus. Crime contra a ordem tributária. Aplicação do princípio da insignificância. Tese não analisada pelo Superior Tribunal de Justiça. Impossibilidade de conhecimento pela Suprema Corte. Inadmissível supressão de instância. Precedentes. Não conhecimento do writ. Requerimento incidental de extinção da punibilidade do paciente pelo pagamento integral do débito tributário constituído. Possibilidade. Precedente. Ordem concedida de ofício. 1. Não tendo sido analisada pelo Superior Tribunal de Justiça defesa fundada no princípio da insignificância, é inviável a análise originária desse pedido pela Suprema Corte, sob pena de supressão de instância, em afronta às normas constitucionais de competência. 2. Não se conhece do habeas corpus. 3. O pagamento integral de débito – devidamente comprovado nos autos – empreendido pelo paciente em momento anterior ao trânsito em julgado da condenação que lhe foi imposta é causa de extinção de sua punibilidade, conforme opção político-criminal do legislador pátrio. Precedente. **4. Entendimento pessoal externado por ocasião do julgamento, em 9/5/13, da AP nº 516/DF-ED pelo Tribunal Pleno, no sentido de que a Lei nº 12.382/11, que regrou a extinção da punibilidade dos crimes tributários nas situações de parcelamento do débito tributário, não afetou o disposto no § 2º do art. 9º da Lei 10.684/03, o qual prevê a extinção da punibilidade em razão do pagamento do débito, a qualquer tempo.** 5. Ordem concedida de ofício para declarar extinta a punibilidade do paciente (HC 116828, Relator(a): DIAS TOFFOLI, Primeira Turma, julgado em 13/08/2013, PROCESSO ELETRÔNICO DJe-206 DIVULG 16-10-2013 PUBLIC 17-10-2013).

Saliento, contudo, que há tese do Superior Tribunal de Justiça admitindo parcelamento (acarretando suspensão da punibilidade) em momento posterior (edição 90 da jurisprudência em teses):

> 12) O parcelamento integral dos débitos tributários decorrentes dos crimes previstos na Lei n. 8.137/90, em data posterior à sentença condenatória, mas antes do seu trânsito em julgado, suspende a pretensão punitiva estatal até o integral pagamento da dívida (art. 9º da Lei n. 10.684/03 e art. 68 da Lei n. 11.941/09).

Art. 2º Constitui crime da mesma natureza:

I – fazer declaração falsa ou omitir declaração sobre rendas, bens ou fatos, ou empregar outra fraude, para eximir-se, total ou parcialmente, de pagamento de tributo;

II – deixar de recolher, no prazo legal, valor de tributo ou de contribuição social, descontado ou cobrado, na qualidade de sujeito passivo de obrigação e que deveria recolher aos cofres públicos;

III – exigir, pagar ou receber, para si ou para o contribuinte beneficiário, qualquer percentagem sobre a parcela dedutível ou deduzida de imposto ou de contribuição como incentivo fiscal;

IV – deixar de aplicar, ou aplicar em desacordo com o estatuído, incentivo fiscal ou parcelas de imposto liberadas por órgão ou entidade de desenvolvimento;

V – utilizar ou divulgar programa de processamento de dados que permita ao sujeito passivo da obrigação tributária possuir informação contábil diversa daquela que é, por lei, fornecida à Fazenda Pública.

Pena – detenção, de 6 (seis) meses a 2 (dois) anos, e multa.

▪ **Classificação:** crime comum (pode ser perpetrado por qualquer pessoa), doloso (o crime de sonegação fiscal exige especial fim de agir – intenção de suprimir ou reduzir tributo) e formal (não depende, para sua consumação, da constituição definitiva do crédito tributário).

Trata-se de infração de menor potencial ofensivo.

▪ **Especial fim de agir:** como dito supra, o crime tipificado no artigo 2º da Lei 8.137/90 reclama especial fim de agir (informativo 718/STJ). Eis julgado, que cita, inclusive, o entendimento do Supremo Tribunal Federal sobre o tema (RHC 163.334/SC, rel. Min. Roberto Barroso, Tribunal Pleno, DJe 12/11/2020):

> AGRAVO REGIMENTAL NO HABEAS CORPUS. ART. 2°, II, LEI 8.137/1990. AUSÊNCIA DE RECONHECIMENTO DE DOLO ESPECÍFICO NA ORIGEM. ABSOLVIÇÃO RECONHECIDA. ENTENDIMENTO FIRMADO PELO SUPREMO TRIBUNAL FEDERAL. 1. Não se admite sustentação oral no julgamento de agravo regimental, nos termos do art. 159 do RISTJ. 2. Consoante o entendimento do Supremo Tribunal Federal, "o contribuinte que deixa de recolher, de forma contumaz e com dolo de apropriação, o ICMS cobrado do adquirente da mercadoria ou serviço incide no tipo penal do art. 2°, II, da Lei n° 8.137/1990" (RHC 163.334/SC, Rel. Ministro ROBERTO BARROSO, Tribunal Pleno, julgado em 18/12/2019, DJe 12/11/2020). 3. Considerando que no acórdão recorrido apenas evidenciou o dolo genérico, sem, contudo, apontar o dolo de apropriação, deve ser reconhecida a absolvição (AgRg no REsp 1943290/SC, Rel. Ministro RIBEIRO DANTAS, QUINTA TURMA, julgado em 28/09/2021, DJe 04/10/2021) 4. Agravo regimental provido. Concessão do habeas corpus. Absolvição dos agravantes do crime previsto no art. 2°, II, da Lei 8.137/1990 (art. 386, VII - CPP) (AgRg no HC 675.289/SC, Rel. Ministro OLINDO MENEZES (DESEMBARGADOR CONVOCADO DO TRF 1ª REGIÃO), SEXTA TURMA, julgado em 16/11/2021, DJe 19/11/2021).

- **Crime formal:** como dito supra, o crime tipificado no artigo 2º da Lei 8.137/90 é formal. Nesse sentido, tese da edição 174 da jurisprudência em teses do Superior Tribunal de Justiça:

> 3) O crime previsto no art. 2° da Lei n. 8.137/1990 é de natureza formal e prescinde da constituição definitiva do crédito tributário para sua caracterização.

Art. 3° Constitui crime funcional contra a ordem tributária, além dos previstos no Decreto-Lei n° 2.848, de 7 de dezembro de 1940 – Código Penal (Título XI, Capítulo I):

I – extraviar livro oficial, processo fiscal ou qualquer documento, de que tenha a guarda em razão da função; sonegá-lo, ou inutilizá-lo, total ou parcialmente, acarretando pagamento indevido ou inexato de tributo ou contribuição social;

II – exigir, solicitar ou receber, para si ou para outrem, direta ou indiretamente, ainda que fora da função ou antes de iniciar seu exercício, mas em razão dela, vantagem indevida; ou aceitar promessa de tal vantagem, para deixar de lançar ou cobrar tributo ou contribuição social, ou cobrá-los parcialmente.

Pena – reclusão, de 3 (três) a 8 (oito) anos, e multa.

III – patrocinar, direta ou indiretamente, interesse privado perante a administração fazendária, valendo-se da qualidade de funcionário público.

Pena – reclusão, de 1 (um) a 4 (quatro) anos, e multa.

- **Quadros comparativos dos crimes funcionais contra ordem tributária e delitos do Código Penal:** o estudo dos crimes funcionais contra ordem tributária demandam avaliação (e comparação) com alguns delitos tipificados no Código Penal (os crimes tipificados na Lei 8.137/90 devem ser considerados especiais em relação aos delitos tipificados no Código Penal). Para tanto, elaborei as seguintes tabelas:

Artigo 314 do CP	Artigo 337 do CP	Artigo 356 do CP	Inciso I do artigo 3° da Lei 8.137/90
Art. 314 – Extraviar livro oficial ou qualquer documento, de que tem a guarda em razão do cargo; sonegá-lo ou inutilizá-lo, total ou parcialmente: Pena – reclusão, de um a quatro anos, se o fato não constitui crime mais grave.	Art. 337 – Subtrair, ou inutilizar, total ou parcialmente, livro oficial, processo ou documento confiado à custódia de funcionário, em razão de ofício, ou de particular em serviço público: Pena – reclusão, de dois a cinco anos, se o fato não constitui crime mais grave.	Art. 356 – Inutilizar, total ou parcialmente, ou deixar de restituir autos, documento ou objeto de valor probatório, que recebeu na qualidade de advogado ou procurador: Pena – detenção, de seis meses a três anos, e multa.	Art. 3° Constitui crime funcional contra a ordem tributária, além dos previstos no Decreto-Lei n° 2.848, de 7 de dezembro de 1940 – Código Penal (Título XI, Capítulo I): I – extraviar livro oficial, processo fiscal ou qualquer documento, de que tenha a guarda em razão da função; sonegá-lo, ou inutilizá-lo, total ou parcialmente, acarretando pagamento indevido ou inexato de tributo ou contribuição social; Pena – reclusão, de 3 (três) a 8 (oito) anos, e multa.

Artigo 316 do Código Penal	Artigo 317 do Código Penal	Inciso II do artigo 3° da Lei 8.137/90
Art. 316 – Exigir, para si ou para outrem, direta ou indiretamente, ainda que fora da função ou antes de assumi-la, mas em razão dela, vantagem indevida: Pena – reclusão, de dois a oito anos, e multa.	Art. 317 – Solicitar ou receber, para si ou para outrem, direta ou indiretamente, ainda que fora da função ou antes de assumi-la, mas em razão dela, vantagem indevida, ou aceitar promessa de tal vantagem: Pena – reclusão, de 2 (dois) a 12 (doze) anos, e multa.	Art. 3° Constitui crime funcional contra a ordem tributária, além dos previstos no Decreto-Lei n° 2.848, de 7 de dezembro de 1940 – Código Penal (Título XI, Capítulo I): II – exigir, solicitar ou receber, para si ou para outrem, direta ou indiretamente, ainda que fora da função ou antes de iniciar seu exercício, mas em razão dela, vantagem indevida; ou aceitar promessa de tal vantagem, para deixar de lançar ou cobrar tributo ou contribuição social, ou cobrá-los parcialmente. Pena – reclusão, de 3 (três) a 8 (oito) anos, e multa.

Artigo 321 do Código Penal	Inciso III do artigo 3° da Lei 8.137/90
Art. 321 – Patrocinar, direta ou indiretamente, interesse privado perante a administração pública, valendo-se da qualidade de funcionário: Pena – detenção, de um a três meses, ou multa.	Art. 3° Constitui crime funcional contra a ordem tributária, além dos previstos no Decreto-Lei n° 2.848, de 7 de dezembro de 1940 – Código Penal (Título XI, Capítulo I): III – patrocinar, direta ou indiretamente, interesse privado perante a administração fazendária, valendo-se da qualidade de funcionário público. Pena – reclusão, de 1 (um) a 4 (quatro) anos, e multa.

- **Participação de particular:** convém lembrar que os crimes tipificados no artigo 3º da Lei 8.137/90 admitem concurso entre o servidor público e o particular, na forma da parte final do artigo 30 do Código Penal.

Cumpre ler os crimes contra a economia e as relações de consumo e os demais artigos da Lei 8.137/90:

Art. 4° Constitui crime contra a ordem econômica:

I – abusar do poder econômico, dominando o mercado ou eliminando, total ou parcialmente, a concorrência mediante qualquer forma de ajuste ou acordo de empresas;

a) (revogada);

b) (revogada);

c) (revogada);

d) (revogada);

e) (revogada);

f) (revogada);

II – formar acordo, convênio, ajuste ou aliança entre ofertantes, visando:

a) à fixação artificial de preços ou quantidades vendidas ou produzidas;

b) ao controle regionalizado do mercado por empresa ou grupo de empresas;

c) ao controle, em detrimento da concorrência, de rede de distribuição ou de fornecedores.

Pena – reclusão, de 2 (dois) a 5 (cinco) anos e multa.

III – (revogado);

IV – (revogado);

V – (revogado);
VI – (revogado);
VII – (revogado).
Art. 5º (revogado).
Art. 6º (revogado).

- **Classificação:** crime próprio (perpetrado pelo empresário, já que o tipo reclama ajuste de empresas), doloso (o tipo exige especial fim de agir – dominar o mercado ou eliminar a concorrência), formal (consuma-se com o abuso do poder econômico, com o objetivo de dominar o mercado ou eliminar a concorrência, mediante ajuste ou acordo de empresas) e permanente ou instantâneo (a depender da existência ou não de estabilidade do grupo de empresas dispostas a, em conluio, dominar o mercado ou eliminar a concorrência).

Os crimes tipificados no artigo 4º da Lei 8.137/90 admitem acordo de não persecução penal (artigo 28-A do Código de Processo Penal).

- **Crime permanente ou instantâneo (depende da análise do caso concreto):** como dito supra, o crime de formação de cartel pode ser permanente ou instantâneo (depende da análise do caso concreto) – e isso impacta decisivamente a contagem do prazo prescricional. Nesse sentido, julgado do Superior Tribunal de Justiça (informativo 718/STJ):

> DIREITO PENAL E PROCESSUAL PENAL. AGRAVO EM RECURSO ESPECIAL. RECURSOS QUE ULTRAPASSAM A ADMISSIBILIDADE. MÉRITO. CRIME CONTRA A ORDEM ECONÔMICA. CARTEL. ART. 4º, II, DA LEI N. 8.137/90. FORMAL. MOMENTO CONSUMATIVO. NECESSIDADE DA ANÁLISE DOS CASOS CONCRETOS. HIPÓTESE EM QUE SE CONFIGUROU A PERMANÊNCIA DAS CONDUTAS. NOVAS LESÕES AO BEM JURÍDICO OCORRIDAS NO TRANSCURSO DO TEMPO. CRIME PERMANENTE CONFIGURADO. PRESCRIÇÃO. TERMO INICIAL CONTADO DA ÚLTIMA CONDUTA. ART. 111, III, DO CÓDIGO PENAL - CP. AGRAVO CONHECIDO. RECURSO ESPECIAL CONHECIDO E DESPROVIDO. 1. Atendidos os pressupostos de admissibilidade do agravo e do recurso especial. 2. O crime contra a ordem econômica disposto no art. 4º, II, da Lei n. 8.137/90 é formal, ou seja, consuma-se com a simples formação de um acordo visando à dominação do mercado ou à eliminação da concorrência através da prática de uma das condutas descritas em suas alíneas. 3. A respeito do momento consumativo, a doutrina pouco discorre sobre o assunto, gerando conflitos de interpretação

pelos julgadores e causando insegurança jurídica. A classificação automática do crime de formação de cartel como instantâneo ou permanente denota análise prematura sem a investigação pormenorizada dos casos postos a debate. Portanto, devem ser perquiridos os casos concretos. 4. In casu, pontuado que haveria a celebração sucessiva de acordos econômicos anticompetitivos entre os agentes até 2014, caso em que o crime de formação de cartel no mercado de resinas fez-se permanente até essa data. Observa-se que não só a ação inicial se prolongou no tempo, mas também se renovou no decorrer dos anos, a partir dos encontros firmados pelo alto escalão e operacional das empresas, ou, ainda, pelas trocas de informações comercialmente sensíveis entre elas no transcurso do tempo. 5. Enquanto o agente prossegue no proveito de vantagens indevidas ao longo dos anos, produzindo novas lesões ao bem jurídico, permite-se concluir pela permanência da conduta, abrindo azo à contagem do prazo prescricional a partir de cada nova vantagem. 6. No presente caso, deve ser considerada, para fins de definição do termo inicial do lapso prescricional, a data da última conduta praticada pelos agentes (2014), a teor do art. 111, III, do CP. Assim fica mantido o entendimento da Corte de origem de não ocorrência da prescrição, com o afastamento da extinção da punibilidade dos recorrentes e determinação para que o Juízo a quo promova novo juízo de admissibilidade da denúncia. 7. Agravo conhecido. Recurso especial conhecido e desprovido (AREsp 1800334/SP, Rel. Ministro Joel Ilan Paciornik, Quinta Turma, julgado em 09/11/2021, DJe 17/11/2021).

▪ **Intenção de que as empresas, por meio de acordos, ajustes ou alianças objetivem o domínio do mercado:** o Superior Tribunal de Justiça (edição 174 da sua jurisprudência em teses) entende que é necessário que a exordial acusatória demonstre a intenção de que as empresas, por meio de acordos, ajustes ou alianças, objetivavam o domínio do mercado (demonstração do especial fim de agir na denúncia):

> 8) A tipificação do crime de formação de cartel previsto no art. 4°, II, da Lei n. 8.137/1990 exige a demonstração de que as empresas, por meio de acordos, ajustes ou alianças, objetivam o domínio do mercado.

▪ **Competência:** a competência para processar e julgar o crime de cartel é, em regra, da Justiça Estadual. Vide julgado do Superior Tribunal de Justiça nesse sentido (transcrevo apenas parte do julgado):

> 4. A jurisprudência desta Corte Superior possui entendimento no sentido de que os crimes contra a ordem econômica, previstos na Lei n.° 8.137/90, são, em regra, de competência da Justiça Estadual,

salvo se comprovada a efetiva lesão a bens, interesses ou serviços da União, a teor do artigo 109, inciso IV, da Constituição Federal, não demonstrada na espécie, à luz do que se destacou na denúncia (AgRg no HC 269.029/DF, Rel. Ministro MARCO AURÉLIO BELLIZZE, QUINTA TURMA, julgado em 26/11/2013, DJe 04/12/2013).

- **Repercussão interestadual/internacional que exija repressão uniforme:** se houver repercussão interestadual ou internacional que exija repressão uniforme, é possível que a Polícia Federal investigue o crime de cartel, na forma do inciso II do artigo 1º da Lei 10.446/02 (nesse cenário a competência continuará sendo da Justiça Estadual).

Art. 7º Constitui crime contra as relações de consumo:

I – favorecer ou preferir, sem justa causa, comprador ou freguês, ressalvados os sistemas de entrega ao consumo por intermédio de distribuidores ou revendedores;

II – vender ou expor à venda mercadoria cuja embalagem, tipo, especificação, peso ou composição esteja em desacordo com as prescrições legais, ou que não corresponda à respectiva classificação oficial;

III – misturar gêneros e mercadorias de espécies diferentes, para vendê-los ou expô-los à venda como puros; misturar gêneros e mercadorias de qualidades desiguais para vendê-los ou expô-los à venda por preço estabelecido para os demais mais alto custo;

IV – fraudar preços por meio de:

a) alteração, sem modificação essencial ou de qualidade, de elementos tais como denominação, sinal externo, marca, embalagem, especificação técnica, descrição, volume, peso, pintura ou acabamento de bem ou serviço;

b) divisão em partes de bem ou serviço, habitualmente oferecido à venda em conjunto;

c) junção de bens ou serviços, comumente oferecidos à venda em separado;

d) aviso de inclusão de insumo não empregado na produção do bem ou na prestação dos serviços;

V – elevar o valor cobrado nas vendas a prazo de bens ou serviços, mediante a exigência de comissão ou de taxa de juros ilegais;

VI – sonegar insumos ou bens, recusando-se a vendê-los a quem pretenda comprá-los nas condições publicamente ofertadas, ou retê-los para o fim de especulação;

VII – induzir o consumidor ou usuário a erro, por via de indicação ou afirmação falsa ou enganosa sobre a natureza, qualidade do

bem ou serviço, utilizando-se de qualquer meio, inclusive a veiculação ou divulgação publicitária;

VIII – destruir, inutilizar ou danificar matéria-prima ou mercadoria, com o fim de provocar alta de preço, em proveito próprio ou de terceiros;

IX – vender, ter em depósito para vender ou expor à venda ou, de qualquer forma, entregar matéria-prima ou mercadoria, em condições impróprias ao consumo;

Pena – detenção, de 2 (dois) a 5 (cinco) anos, ou multa.

Parágrafo único. Nas hipóteses dos incisos II, III e IX pune-se a modalidade culposa, reduzindo-se a pena e a detenção de 1/3 (um terço) ou a de multa à quinta parte.

- **Crimes contra as relações de consumo:** o artigo 7º da Lei 8.137/90 tipifica os crimes contra as relações de consumo.

Os tipos são comuns (podem ser perpetrados por qualquer pessoa) e dolosos (há, contudo, punição de modalidades culposas no parágrafo único do artigo 7º da Lei 8.137/90).

Os crimes dolosos admitem acordo de não persecução penal (artigo 28-A do Código de Processo Penal).

- **Necessidade de perícia em relação ao crime tipificado no inciso IX do artigo 7º da Lei 8.137/90:** o Superior Tribunal de Justiça entende que é necessário materialização de perícia com o fito de provas a materialidade delitiva do crime tipificado no inciso IX do artigo 7º da Lei 8.137/90 ("vender, ter em depósito para vender ou expor à venda ou, de qualquer forma, entregar matéria-prima ou mercadoria, em condições impróprias ao consumo"), vez que o crime deixa vestígios (artigo 158 do Código de Processo Penal). Eis a tese do Tribunal da Cidadania (edição 99 da sua jurisprudência em teses):

> 9) É indispensável a realização de perícia para a demonstração da materialidade delitiva do crime contra as relações de consumo tipificado no art. 7°, parágrafo único, inciso IX, da Lei n. 8.137/1990.

CAPÍTULO III
Das Multas

Art. 8° Nos crimes definidos nos arts. 1° a 3° desta lei, a pena de multa será fixada entre 10 (dez) e 360 (trezentos e sessenta)

dias-multa, conforme seja necessário e suficiente para reprovação e prevenção do crime.

Parágrafo único. O dia-multa será fixado pelo juiz em valor não inferior a 14 (quatorze) nem superior a 200 (duzentos) Bônus do Tesouro Nacional BTN.

- **Critérios para fixação da pena de multa:** o juiz fixará a pena de multa entre 10 e 360 dias-multa, conforme seja necessário e suficiente para reprovação e prevenção do crime.

O valor de cada dia-multa será fixado entre 14 e 200 BTN – Bônus do Tesouro Nacional.

Art. 9° A pena de detenção ou reclusão poderá ser convertida em multa de valor equivalente a:

I – 200.000 (duzentos mil) até 5.000.000 (cinco milhões) de BTN, nos crimes definidos no art. 4°;

II – 5.000 (cinco mil) até 200.000 (duzentos mil) BTN, nos crimes definidos nos arts. 5° e 6°;

III – 50.000 (cinqüenta mil) até 1.000.000 (um milhão de BTN), nos crimes definidos no art. 7°.

- **Conversão da pena privativa de liberdade em multa:** o artigo 9º da Lei 8.137/90 permite a conversão da pena de detenção ou reclusão em pena de multa, segundo limites nele estabelecidos (em relação aos crimes do artigo 4º e 7º – os delitos dos artigos 5º e 6º foram revogados).

Art. 10. Caso o juiz, considerado o ganho ilícito e a situação econômica do réu, verifique a insuficiência ou excessiva onerosidade das penas pecuniárias previstas nesta lei, poderá diminuí-las até a décima parte ou elevá-las ao décuplo.

CAPÍTULO IV
Das Disposições Gerais

Art. 11. Quem, de qualquer modo, inclusive por meio de pessoa jurídica, concorre para os crimes definidos nesta lei, incide nas penas a estes cominadas, na medida de sua culpabilidade.

Parágrafo único. Quando a venda ao consumidor for efetuada por sistema de entrega ao consumo ou por intermédio de outro em que o preço ao consumidor é estabelecido ou sugerido pelo

fabricante ou concedente, o ato por este praticado não alcança o distribuidor ou revendedor.

Art. 12. São circunstâncias que podem agravar de 1/3 (um terço) até a metade as penas previstas nos arts. 1°, 2° e 4° a 7°:

I – ocasionar grave dano à coletividade;

II – ser o crime cometido por servidor público no exercício de suas funções;

III – ser o crime praticado em relação à prestação de serviços ou ao comércio de bens essenciais à vida ou à saúde.

Art. 13. (Vetado).

Art. 14 (revogado).

Art. 15. Os crimes previstos nesta lei são de ação penal pública, aplicando-se-lhes o disposto no art. 100 do Decreto-Lei n° 2.848, de 7 de dezembro de 1940 – Código Penal.

- **Ação penal:** os crimes tipificados na Lei 8.137/90 são de ação penal pública incondicionada, na forma do artigo 15 do mandamento legal estudado (dispositivo inócuo, posto que bastaria que a lei silenciasse a respeito da ação penal relacionada aos delitos para que já fosse automaticamente entendido que estes são de ação penal pública incondicionada).

Art. 16. Qualquer pessoa poderá provocar a iniciativa do Ministério Público nos crimes descritos nesta lei, fornecendo-lhe por escrito informações sobre o fato e a autoria, bem como indicando o tempo, o lugar e os elementos de convicção.

Parágrafo único. Nos crimes previstos nesta Lei, cometidos em quadrilha ou co-autoria, o co-autor ou partícipe que através de confissão espontânea revelar à autoridade policial ou judicial toda a trama delituosa terá a sua pena reduzida de um a dois terços.

- **Notícia de crime e causa de diminuição de pena:** o caput do artigo 16 da Lei 8.137/90 traz em seu bojo menção à possibilidade de notícia de crime indireta (ou de cognição mediata) – comunicação feita por qualquer pessoa acerca da prática dos crimes listados no mandamento legal.

No parágrafo único do dispositivo, há minorante (redução de 1/3 a 2/3) relacionada ao coparticipante (quando o crime é perpetrado por associação criminosa ou em concurso de pessoas) do crime tipificado na Lei 8.137/90 que, através de confissão espontânea, revelar à autoridade policial ou judicial toda trama delituosa.

Art. 17. Compete ao Departamento Nacional de Abastecimento e Preços, quando e se necessário, providenciar a desapropriação de estoques, a fim de evitar crise no mercado ou colapso no abastecimento.

Art. 18 (revogado).

Art. 19. O caput do art. 172 do Decreto-Lei n° 2.848, de 7 de dezembro de 1940 – Código Penal, passa a ter a seguinte redação:

"Art. 172. Emitir fatura, duplicata ou nota de venda que não corresponda à mercadoria vendida, em quantidade ou qualidade, ou ao serviço prestado.

Pena – detenção, de 2 (dois) a 4 (quatro) anos, e multa".

Art. 20. O § 1° do art. 316 do Decreto-Lei n° 2 848, de 7 de dezembro de 1940 Código Penal, passa a ter a seguinte redação:

"Art. 316. ....

§ 1° Se o funcionário exige tributo ou contribuição social que sabe ou deveria saber indevido, ou, quando devido, emprega na cobrança meio vexatório ou gravoso, que a lei não autoriza;

Pena – reclusão, de 3 (três) a 8 (oito) anos, e multa".

Art. 21. O art. 318 do Decreto-Lei n° 2.848, de 7 de dezembro de 1940 Código Penal, quanto à fixação da pena, passa a ter a seguinte redação:

"Art. 318. ....

Pena – reclusão, de 3 (três) a 8 (oito) anos, e multa".

Art. 22. Esta lei entra em vigor na data de sua publicação.

Art. 23. Revogam-se as disposições em contrário e, em especial, o art. 279 do Decreto-Lei n° 2.848, de 7 de dezembro de 1940 – Código Penal.

- **Modificações operadas no Código Penal:** os artigos 19 a 21 e 23 da Lei 8.137/90 modificaram dispositivos do Caderno Repressivo pátrio (inserções, modificação de preceito secundário e revogação de tipo).

Jurisprudência em teses do Superior Tribunal de Justiça: eis as teses do Tribunal da Cidadania sobre a lei estudada (edições 90, 99, 174 e 176):

EDIÇÃO 90:

1) O expressivo valor do tributo sonegado pode ser considerado fundamento idôneo para amparar a majoração da pena prevista no inciso I do art.12 da Lei n. 8.137/90.

2) É possível que o magistrado, na sentença, proceda à *emendatio libelli*, majorando a pena em razão da causa de aumento prevista no art. 12, I, da Lei n. 8.137/90, quando houver na denúncia expressa indicação do montante do valor sonegado.

3) Nos crimes tributários, o montante do tributo sonegado, quando expressivo, é motivo idôneo para o aumento da pena-base, tendo em vista a valoração negativa das consequências do crime.

4) Os delitos tipificados no art. 1°, I a IV, da Lei n. 8.137/90 são materiais, dependendo, para a sua consumação, da efetiva ocorrência do resultado.

5) A constituição regular e definitiva do crédito tributário é suficiente à tipificação das condutas previstas no art. 1°, I a IV, da Lei n. 8.137/90, conforme a súmula vinculante n. 24/STF.

6) É possível a aplicação da súmula vinculante n. 24/STF a fatos ocorridos antes da sua publicação por se tratar de consolidação da interpretação jurisprudencial e não de caso de retroatividade da lei penal mais gravosa.

7) O tipo penal do art. 1° da Lei n. 8.137/90 prescinde de dolo específico, sendo suficiente a presença do dolo genérico para sua caracterização.

8) O prazo prescricional, para os crimes previstos no art. 1°, I a IV, da Lei n. 8.137/90, inicia-se com a constituição definitiva do crédito tributário.

9) A constituição regular e definitiva do crédito tributário é suficiente à tipificação das condutas previstas no art. 1°, I a IV, da Lei n. 8.137/90, de forma que o eventual reconhecimento da prescrição tributária não afeta a persecução penal, diante da independência entre as esferas administrativo-tributária e penal.

10) O delito do art. 1°, inciso V, da Lei n. 8.137/90 é formal e prescinde do processo administrativo-fiscal para o desencadeamento da persecução penal, não se sujeitando aos termos da súmula vinculante n. 24 do STF.

11) A competência para processar e para julgar os crimes materiais contra a ordem tributária é do local onde ocorrer a consumação do delito por meio da constituição definitiva do crédito tributário.

12) O parcelamento integral dos débitos tributários decorrentes dos crimes previstos na Lei n. 8.137/90, em data posterior à sentença condenatória, mas antes do seu trânsito em julgado, suspende a pretensão punitiva estatal até o integral pagamento da dívida (art. 9° da Lei n. 10.684/03 e art. 68 da Lei n. 11.941/09).

13) A pendência de ação judicial ou de requerimento administrativo em que se discuta eventual direito de compensação de créditos fiscais com débitos tributários decorrentes da prática de crimes tipificados na Lei n. 8.137/90 não tem o condão, por si só, de suspender o curso da ação penal, dada a independência das esferas cível, administrativo-tributária e criminal.

EDIÇÃO 99:

1) Compete à justiça estadual processar e julgar os crimes contra a ordem econômica previstos na Lei n. 8.137/1990, salvo se praticados em detrimento do art. 109, IV e VI, da Constituição Federal de 1988.

2) Aplica-se o princípio da consunção ou da absorção quando o delito de falso ou de estelionato (crime-meio) é praticado única e exclusivamente com a finalidade de sonegar tributo (crime-fim).

3) No contexto da chamada guerra fiscal entre os estados federados, não se pode imputar a prática de crime contra a ordem tributária ao contribuinte que não se vale de artifícios fraudulentos com o fim de reduzir ou suprimir o pagamento dos tributos e que recolhe o Imposto sobre Circulação de Mercadorias e Serviços ICMS segundo o princípio da não-cumulatividade.

4) O processo criminal não é a via adequada para a impugnação de eventuais nulidades ocorridas no procedimento administrativo-fiscal.

5) Eventuais vícios no procedimento administrativo-fiscal, enquanto não reconhecidos na esfera cível, são irrelevantes para o processo penal em que se apura a ocorrência de crime contra a ordem tributária.

6) O pagamento integral do débito tributário, a qualquer tempo, é causa extintiva de punibilidade, nos termos do art. 9°, § 2°, da Lei n. 10.684/2003.

7) A garantia aceita na execução fiscal não possui natureza jurídica de pagamento da exação, razão pela qual não fulmina a justa causa para a persecução penal.

8) A consumação do crime previsto no parágrafo único do art. 1° da Lei n. 8.137/1990 ocorre com a simples inobservância à exigência da autoridade fiscal.

9) É indispensável a realização de perícia para a demonstração da materialidade delitiva do crime contra as relações de consumo tipificado no art. 7°, parágrafo único, inciso IX, da Lei n. 8.137/1990.

10) A malversação dos recursos administrados pela Superintendência do Desenvolvimento da Amazônia – SUDAM se amolda ao tipo penal previsto no art. 2°, IV, da Lei n.° 8.137/90 e não ao do art. 171, § 3°, do Código Penal.

EDIÇÃO 174:

1) A garantia aceita na execução fiscal não possui a natureza jurídica de pagamento do tributo e, portanto, não fulmina a justa causa para a persecução penal dos crimes previstos na Lei n. 8.137/1990, pois não configura hipótese taxativa de extinção da punibilidade ou de suspensão do processo penal.

2) A existência de recurso administrativo para impugnar auto de infração que noticia emissão de notas fiscais em desacordo com a legislação não obsta o prosseguimento de inquérito policial que investiga a prática de suposto crime descrito no inciso V do art. 1° da Lei n. 8.137/1990 (crime formal), em virtude da independência das instâncias.

3) O crime previsto no art. 2º da Lei n. 8.137/1990 é de natureza formal e prescinde da constituição definitiva do crédito tributário para sua caracterização.

4) Para a configuração do crime de apropriação indébita tributária (art. 2º, II, da Lei n. 8.137/1990), basta que o agente deixe de recolher os valores devidos ao fisco de forma consciente (dolo genérico), não sendo necessária a comprovação da intenção de causar prejuízo aos cofres públicos (dolo específico).

5) A conduta de não recolher imposto sobre circulação de mercadorias e prestação de serviços – ICMS em operações próprias ou em substituição tributária enquadra-se formalmente no tipo previsto no art. 2º, II, da Lei n. 8.137/1990 (apropriação indébita tributária), desde que comprovado o dolo de apropriação e a contumácia delitiva.

6) Para a configuração do delito de apropriação indébita tributária (art. 2º, II, da Lei n. 8.137/1990), o fato de o agente registrar, apurar e declarar, em guia própria ou em livros fiscais, o imposto devido não tem o condão de elidir ou exercer nenhuma influência na prática do delito, pois a clandestinidade não é elementar do tipo.

7) O crime de falsificação de documentos para a liberação das parcelas de financiamento de projetos de desenvolvimento da Amazônia, se realizado unicamente como meio para o crime previsto no art. 2º, IV, da Lei n. 8.137/1990, é absorvido por ele, ainda que possua pena mais grave.

8) A tipificação do crime de formação de cartel previsto no art. 4º, II, da Lei n. 8.137/1990 exige a demonstração de que as empresas, por meio de acordos, ajustes ou alianças, objetivam o domínio do mercado.

9) Incide o princípio da insignificância aos crimes tributários federais e de descaminho quando o débito tributário verificado não ultrapassar o limite de R$ 20.000,00 (vinte mil reais), a teor do disposto no art. 20 da Lei n. 10.522/2002, com as atualizações efetivadas pelas Portarias n. 75 e 130, ambas do Ministério da Fazenda. (Tese revisada sob o rito do art. 1.046 do CPC/2015 – TEMA 157).

10) Não se estende aos demais entes federados (Estados, Municípios e Distrito Federal) o princípio da insignificância no patamar estabelecido pela União na Lei n. 10.522/2002 previsto para crimes tributários federais, o que somente ocorreria na existência de legislação local específica sobre o tema.

EDIÇÃO 176:

1) É cabível, no crime previsto no art. 1º, I, da Lei n. 8.137/1990, a criminalização da conduta do sócio-gerente que deixou o quadro societário da empresa antes do lançamento definitivo do crédito tributário, mas que efetivamente praticou o fato típico antes da sua saída.

2) A autoria e a participação no crime do art. 1º, I, da Lei n. 8.137/1990 prescindem de que os agentes integrem o quadro da pessoa jurídica ou o polo passivo do procedimento administrativo-fiscal, ou ainda, que sejam responsáveis pelo cumprimento da obrigação tributária, desde que demonstrado o envolvimento com a prática criminosa (art. 11 da Lei n. 8.137/1990).

3) Nos crimes societários cometidos no âmbito de aplicação da Lei n. 8.137/1990, admite-se a denúncia geral, a qual, apesar de não individualizar pormenorizadamente as atuações de cada um dos denunciados, demonstra, ainda que de maneira sutil, um liame entre o agir dos sócios ou administradores e a suposta prática delituosa, o que estabelece a plausibilidade da imputação deduzida e permite o exercício da ampla defesa com todos os recursos a ela inerentes.

4) Não obstante a hipótese de apenas um dos sócios administradores exercer, rotineiramente, a administração financeira empresarial, há possibilidade de os demais serem considerados autores do crime previsto no art. 1°, I, da Lei n. 8.137/1990, tendo em vista que todos os sócios administradores possuem o dever de evitar o resultado (crime comissivo por omissão), na medida em que aquele não poderia proceder à omissão fraudulenta de recolhimento de tributos e à prestação de informações falsas sem a ciência e o consentimento dos demais.

5) O envio dos dados sigilosos pela Receita Federal à Polícia ou ao Ministério Público, após o esgotamento da via administrativa, com a constituição definitiva de crédito tributário, decorre de mera obrigação legal de se comunicar às autoridades competentes a possível prática de ilícito, o que não representa ofensa ao princípio da reserva de jurisdição.

6) Nos crimes previstos no art. 1°, II e III, da Lei n. 8.137/1990, o oferecimento de denúncias tratando de condutas e fatos distintos, ocorridos sucessivamente, no âmbito de uma mesma empresa sonegadora, não enseja litispendência nem *bis in idem*.

7) Após o lançamento definitivo do crédito tributário, eventual discussão na esfera cível, via de regra, não obsta o prosseguimento da ação penal que apura a ocorrência de crime contra a ordem tributária, diante da independência das instâncias de responsabilização cível e penal.

8) A omissão de receitas e a omissão do dever de prestar informações verdadeiras acerca da empresa são condutas ínsitas ao tipo penal descrito no art. 1°, I, da Lei n. 8.137/1990, não se prestando para negativar as circunstâncias do crime.

9) A majorante do grave dano à coletividade, prevista pelo art. 12, I, da Lei n. 8.137/1990, restringe-se a situações de relevante dano, valendo, analogamente, adotar-se para tributos federais o critério já administrativamente aceito na definição de créditos prioritários.

10) É possível o reconhecimento simultâneo das causas de aumento de pena relativas à continuidade delitiva (art. 71 do CP) e ao grave dano à coletividade (art. 12, I, da Lei n. 8.137/1990), sem que se configure *bis in idem*.

11) É possível o deferimento de medida assecuratória contra pessoa jurídica utilizada para fins de ocultação de bens provenientes da prática de crimes previstos na Lei n. 8.137/1990.

12) Nos crimes do art. 2°, II, da Lei n. 8.137/1990, é possível a exclusão da culpabilidade por inexigibilidade de conduta diversa se ficar comprovada nos autos a crise financeira da empresa.

Questões de concurso público: veja como a lei estudada já foi cobrada em concursos públicos.

1. (Delegado de Polícia Civil/RN/2021) Sávio possui um pequeno comércio de venda de material de escritório. Considerando a situação financeira precária da empresa e procurando reduzir o valor do tributo devido, Sávio praticou uma série de condutas que, em tese, tipificariam o delito do artigo 1°, inciso I, da Lei n° 8.137/1990 (constitui crime contra a ordem tributária suprimir ou reduzir tributo, ou contribuição social e qualquer acessório, mediante as seguintes condutas: inciso I – omitir informação, ou prestar declaração falsa às autoridades fazendárias). Sobre o delito tipificado na referida legislação, e de acordo com a posição da jurisprudência dos Tribunais Superiores, é correto afirmar que:

A) O prazo prescricional começa a contar da data da conduta de omitir informação;

B) É punível quando praticado através de conduta dolosa ou culposa, comissiva ou omissiva;

C) É, em tese, de natureza material, pois somente estará configurado com o lançamento definitivo do tributo;

D) É classificado como formal, restando consumado com a omissão da informação capaz de reduzir o tributo devido;

E) Permite que a expressividade do valor do tributo sonegado possa ser concomitantemente utilizada para elevar a pena base e depois como majorante na terceira etapa ao aplicar a pena.

2. (Delegado de Polícia Federal/2021) Com base na Lei n.° 7.492/1986, que diz respeito aos crimes contra o Sistema Financeiro Nacional, e na Lei n.° 8.137/1990, que se refere aos crimes contra a ordem econômica, tributária e as relações de consumo, julgue o item que se segue.

( ) A jurisprudência dos tribunais superiores não admite mitigação da Súmula Vinculante n.° 24 do STF.

3. (Delegado de Polícia Federal/2021) Com base na Lei n.° 7.492/1986, que diz respeito aos crimes contra o Sistema Financeiro Nacional, e na Lei n.° 8.137/1990, que se refere aos crimes contra a ordem econômica, tributária e as relações de consumo, julgue o item que se segue.

( ) A Súmula Vinculante n.° 24 do STF — que dispõe que não se tipifica crime material contra a ordem tributária, conforme previsto no art. 1.°, incisos I a IV, da Lei n.° 8.137/1990, antes do lançamento definitivo do tributo — não pode ser aplicada a fatos anteriores a sua edição.

4. (Delegado de Polícia Federal/2021) Com base na Lei n.° 7.492/1986, que diz respeito aos crimes contra o Sistema Financeiro Nacional, e na Lei n.° 8.137/1990, que se refere aos crimes contra a ordem econômica, tributária e as relações de consumo, julgue o item que se segue.

( ) Os crimes contra a ordem tributária, a ordem econômica e as relações de consumo previstos na Lei n.° 8.137/1990 submetem-se à ação penal pública incondicionada.

5. **(Delegado de Polícia Federal/2021)** Com relação aos crimes previstos em legislação especial, julgue o item a seguir.

( ) A teoria do domínio do fato permite, isoladamente, que se faça uma acusação pela prática de crimes complexos, como o de sonegação fiscal, sem a descrição da conduta.

6. **(Delegado de Polícia Civil/SE/2018)** A respeito de crimes contra a ordem tributária, ações processuais e penas que lhe são correlatas, julgue o próximo item, de acordo com a Lei n.° 8.137/1990 e alterações.

( ) Pessoa natural tem a prerrogativa de provocar a iniciativa do Ministério Público para que ajuíze ação penal pública em razão da prática de crime contra a ordem tributária de que tiver conhecimento, fornecendo ao Ministério Público, por escrito, as informações necessárias sobre o fato.

7. **(Delegado de Polícia Civil/SE/2018)** A respeito de crimes contra a ordem tributária, ações processuais e penas que lhe são correlatas, julgue o próximo item, de acordo com a Lei n.° 8.137/1990 e alterações.

( ) A pena de multa atribuída a particulares e servidores públicos que praticarem crime de natureza tributária é fixada em dias-multa, sendo o mínimo de dez e o máximo de trezentos e sessenta dias-multa.

8. **(Delegado de Polícia Civil/GO/2018)** Conforme a Lei n. 8.137/1990, constitui crime contra as relações de consumo, que pode ser punido na modalidade culposa, reduzindo-se a pena e a detenção de 1/3 (um terço) ou a de multa à quinta parte, a seguinte conduta:

A) Favorecer ou preferir, sem justa causa, comprador ou freguês, ressalvados os sistemas de entrega ao consumo por intermédio de distribuidores ou revendedores.

B) Elevar o valor cobrado nas vendas a prazo de bens ou serviços, mediante a exigência de comissão ou de taxa de juros ilegais.

C) Induzir o consumidor ou usuário a erro, por via de indicação ou afirmação falsa ou enganosa sobre a natureza, qualidade do bem ou serviço, utilizando-se de qualquer meio, inclusive a veiculação ou divulgação publicitária.

D) Vender, ter em depósito para vender ou expor à venda ou, de qualquer forma, entregar matéria-prima ou mercadoria, em condições impróprias ao consumo.

E) Destruir, inutilizar ou danificar matéria-prima ou mercadoria, com o fim de provocar alta de preço, em proveito próprio ou de terceiros.

Gabarito comentado:

Questão	Reposta	Comentário
1	Letra C	Vide Súmula Vinculante 24 – Não se tipifica crime material contra a ordem tributária, previsto no art. 1°, incisos I a IV, da Lei 8.137/1990, antes do lançamento definitivo do tributo.
2	ERRADA	Vide precedente do STF: **"DIREITO TRIBUTÁRIO. AGRAVO REGIMENTAL EM RECURSO EXTRAORDINÁRIO COM AGRAVO. CRIMES CONTRA A ORDEM TRIBUTÁRIA. TERMO INICIAL. CONSTITUIÇÃO DEFINITIVA DO CRÉDITO TRIBUTÁRIO. INÍCIO DA PERSECUÇÃO PENAL ANTES DO LANÇAMENTO DEFINITIVO DO TRIBUTO. POSSIBILIDADE. MITIGAÇÃO DA SÚMULA VINCULANTE 24. EXCEPCIONALIDADE. MULTA ISOLADA E DE REVALIDAÇÃO. LEGITIMIDADE. CARÁTER CONFISCATÓRIO. REEXAME DE FATOS E PROVAS. IMPOSSIBILIDADE. SÚMULA 279/STF. VIOLAÇÃO AO PRINCÍPIO DO DEVIDO PROCESSO LEGAL. OFENSA REFLEXA. PRECEDENTES. 1. Os crimes contra a ordem tributária pressupõem a prévia constituição definitiva do crédito na via administrativa para fins de tipificação da conduta. A jurisprudência desta Corte deu origem à Súmula Vinculante 24, a qual dispõe: "Não se tipifica crime material contra a ordem tributária, previsto no artigo 1°, incisos I a IV, da Lei n° 8.137/90, antes do lançamento definitivo do tributo". 2. Não obstante a jurisprudência pacífica quanto ao termo inicial dos crimes contra a ordem tributária, o Supremo Tribunal Federal tem decidido que a regra contida na Súmula Vinculante 24 pode ser mitigada de acordo com as peculiaridades do caso concreto, sendo possível dar início à persecução penal antes de encerrado o procedimento administrativo, nos casos de embaraço à fiscalização tributária ou diante de indícios da prática de outros delitos, de natureza não fiscal. 3. O Tribunal de origem, com apoio no acervo fático-probatório e na interpretação da legislação infraconstitucional aplicável à espécie, decidiu pela legitimidade da multa isolada e da multa de revalidação. Para firmar entendimento diverso do acórdão recorrido, seria indispensável o reexame da legislação infraconstitucional e do acervo probatório dos autos, providências vedadas em sede de recurso extraordinário. 4. Esta Corte já decidiu que as alegações de afronta aos princípios da legalidade, do devido processo legal, do contraditório, da ampla defesa, dos limites da coisa julgada e da prestação jurisdicional, quando dependentes de exame de legislação infraconstitucional, configurariam ofensa constitucional indireta. 5. Agravo regimental a que se nega provimento"** (ARE 936653 AgR, Relator(a): ROBERTO BARROSO, Primeira Turma, julgado em 24/05/2016, PROCESSO ELETRÔNICO DJe-122 DIVULG 13-06-2016 PUBLIC 14-06-2016).

Questão	Reposta	Comentário
3	ERRADA	Vide entendimento do STF sobre o tema: **"AGRAVO REGIMENTAL NO RECURSO EXTRAORDINÁRIO. MATÉRIA CRIMINAL. CRIME CONTRA A ORDEM TRIBUTÁRIA. ART. 1°, IV, DA LEI 8.137/90. PRESCRIÇÃO DA PRETENSÃO PUNITIVA NÃO VERIFICADA. TERMO INICIAL. CONSTITUIÇÃO DEFINITIVA DO CRÉDITO. SÚMULA VINCULANTE 24. APLICABILIDADE A FATOS ANTERIORES À SUA EDIÇÃO. POSSIBILIDADE. PRECEDENTES. AGRAVO REGIMENTAL DESPROVIDO. 1. Nos crimes contra a ordem tributária, considerando o teor da Súmula Vinculante 24, o prazo prescricional somente tem início com a constituição definitiva do crédito tributário. 2. O acórdão recorrido está em consonância com a orientação deste Supremo Tribunal Federal, no sentido de que é possível a aplicação da Súmula Vinculante 24 a fatos anteriores à sua edição. 3. Os preceitos constitucionais que regem a aplicação benéfica retroativa da norma penal ao acusado e a irretroatividade da regra mais grave ao acusado (art. 5°, XL, da CR) não são aplicáveis na hipótese de precedentes jurisprudenciais, pois se referem às leis penais. 4. Agravo regimental desprovido"** (RE 1192924 AgR, Relator(a): EDSON FACHIN, Segunda Turma, julgado em 24/08/2020, PROCESSO ELETRÔNICO DJe-231 DIVULG 17-09-2020 PUBLIC 18-09-2020).
4	CERTA	Vide artigo 15 da Lei 8.137/90.
5	ERRADA	Mesmo em crimes de gabinete (societários) não é possível imputação de crime sem descrição de conduta (é preciso nexo de imputação, que viabilize exercício do contraditório e da ampla defesa).
6	CERTA	Vide artigo 16 da Lei 8.137/90.
7	CERTA	Vide artigo 8° da Lei 8.137/90.
8	Letra D	Vide parágrafo único do artigo 7° da Lei 8.137/90.

7

Lei 9.099/95 – Juizados Especiais Criminais

▪ **Introdução:** a Lei 9.099/95 trata do procedimento sumaríssimo (tem fundamento constitucional no inciso I do artigo 98 da Lei Maior[1]). Este é utilizado para processar as infrações penais de menor potencial ofensivo, assim consideradas os crimes que têm pena máxima não superior a 2 anos (artigo 61[2] da Lei 9.099/95, alterado pela Lei 11.313/06 – adequação ao disposto na Lei 10.259/01, que regulamentou os juizados especiais criminais na esfera federal) e as contravenções penais.

▪ **Jurisdição de consenso:** é admitido o uso do procedimento sumaríssimo mesmo para infrações para as quais exista previsão de procedimento especial. É a jurisdição de consenso em contraposição à jurisdição de conflito, tradicional.

1. Art. 98. A União, no Distrito Federal e nos Territórios, e os Estados criarão:
   I – juizados especiais, providos por juízes togados, ou togados e leigos, competentes para a conciliação, o julgamento e a execução de causas cíveis de menor complexidade e infrações penais de menor potencial ofensivo, mediante os procedimentos oral e sumaríssimo, permitidos, nas hipóteses previstas em lei, a transação e o julgamento de recursos por turmas de juízes de primeiro grau;
   (...)
2. Art. 61. Consideram-se infrações penais de menor potencial ofensivo, para os efeitos desta Lei, as contravenções penais e os crimes a que a lei comine pena máxima não superior a 2 (dois) anos, cumulada ou não com multa.

- **Incidência de causa de aumento ou concurso de crimes:** a incidência de causa de aumento de pena que a torne maior que 2 anos exclui a adoção do procedimento sumaríssimo (isso não ocorre caso existam agravantes, porque estas não podem conduzir a pena acima do máximo em abstrato).

De igual sorte, se há concurso de crimes (concurso material, concurso formal ou crime continuado) e a soma de penas ou a exasperação extrapolar o teto de 2 anos, não deve ser aplicado o procedimento sumaríssimo determinado pela Lei 9.099/95. Nesse sentido, tese 10 da edição 96 da jurisprudência em teses do Superior Tribunal de Justiça:

> 10) Na hipótese de apuração de delitos de menor potencial ofensivo, deve-se considerar a soma das penas máximas em abstrato em concurso material, ou, ainda, a devida exasperação, no caso de crime continuado ou de concurso formal, e ao se verificar que o resultado da adição é superior a dois anos, afasta-se a competência do Juizado Especial Criminal.

- **Autoridades com foro por prerrogativa de função:** as autoridades que gozam de foro por prerrogativa de função também são beneficiadas pelos institutos da Lei 9.099/95 (a aplicação se dará no Tribunal competente).

- **Artigo 28 da Lei 11.343/06 x Lei 9.099/95:** sobre o crime tipificado no artigo 28 da Lei 11.343/06, é importante ler as teses 11 e 12 da edição 96 da jurisprudência em teses do Superior Tribunal de Justiça:

> 11) O crime de uso de entorpecente para consumo próprio, previsto no art. 28 da Lei n. 11.343/06, é de menor potencial ofensivo, o que determina a competência do juizado especial estadual, já que ele não está previsto em tratado internacional e o art. 70 da Lei n. 11.343/06 não o inclui dentre os que devem ser julgados pela justiça federal.
>
> 12) A conduta prevista no art. 28 da Lei n. 11.343/06 admite tanto a transação penal quanto a suspensão condicional do processo.

- **Estatuto do Idoso x procedimento sumaríssimo:** o Estatuto do Idoso (artigo 94 da Lei 10.741/03) prevê aplicação do procedimento sumaríssimo aos crimes cometidos contra idosos cuja a pena não ultrapasse 4 anos:

> Art. 94. Aos crimes previstos nesta Lei, cuja pena máxima privativa de liberdade não ultrapasse 4 (quatro) anos, aplica-se o

procedimento previsto na Lei nº 9.099, de 26 de setembro de 1995, e, subsidiariamente, no que couber, as disposições do Código Penal e do Código de Processo Penal.

Aplica-se o procedimento a partir do recebimento da denúncia, não sendo permitida nenhuma medida benéfica da Lei 9.099/95 se a pena máxima do crime cometido contra o idoso ultrapassar 2 anos. Isso porque o Estatuto do Idoso não ampliou o conceito de infração de menor potencial ofensivo. Houve apenas alargamento da adoção do procedimento sumaríssimo em relação ao crime cometido contra o idoso cuja pena máxima não excede 4 anos (para acelerar a punição do autor do fato).

Nessa esteira, é importante a leitura da decisão do Supremo Tribunal Federal nos autos da ADI 3.096:

> AÇÃO DIRETA DE INCONSTITUCIONALIDADE. ARTIGOS 39 E 94 DA LEI 10.741/2003 (ESTATUTO DO IDOSO). RESTRIÇÃO À GRATUIDADE DO TRANSPORTE COLETIVO. SERVIÇOS DE TRANSPORTE SELETIVOS E ESPECIAIS. APLICABILIDADE DOS PROCEDIMENTOS PREVISTOS NA LEI 9.099/1995 AOS CRIMES COMETIDOS CONTRA IDOSOS. 1. No julgamento da Ação Direta de Inconstitucionalidade 3.768/DF, o Supremo Tribunal Federal julgou constitucional o art. 39 da Lei 10.741/2003. Não conhecimento da ação direta de inconstitucionalidade nessa parte. 2. Art. 94 da Lei n. 10.741/2003: interpretação conforme à Constituição do Brasil, com redução de texto, para suprimir a expressão "do Código Penal e". Aplicação apenas do procedimento sumaríssimo previsto na Lei n. 9.099/95: benefício do idoso com a celeridade processual. Impossibilidade de aplicação de quaisquer medidas despenalizadoras e de interpretação benéfica ao autor do crime. 3. Ação direta de inconstitucionalidade julgada parcialmente procedente para dar interpretação conforme à Constituição do Brasil, com redução de texto, ao art. 94 da Lei n. 10.741/2003 (ADI 3096, Relator(a): CÁRMEN LÚCIA, Tribunal Pleno, julgado em 16/06/2010, DJe-164 DIVULG 02-09-2010 PUBLIC 03-09-2010 EMENT VOL-02413-02 PP-00358 RTJ VOL-00216-01 PP-00204)

- **Lei 9.099 x Lei Maria da Penha:** a Lei 11.340/06 (violência doméstica e familiar contra mulher) prevê a não aplicação da Lei 9.099/95, independente da pena (artigo 41 da Lei 11.340/06):

> Art. 41. Aos crimes praticados com violência doméstica e familiar contra a mulher, independentemente da pena prevista, não se aplica a Lei nº 9.099, de 26 de setembro de 1995.

O dispositivo foi declarado constitucional pelo Supremo Tribunal Federal, nos autos da ADC 19 (grifo meu):

> VIOLÊNCIA DOMÉSTICA – LEI Nº 11.340/06 – GÊNEROS MASCULINO E FEMININO – TRATAMENTO DIFERENCIADO. O artigo 1º da Lei nº 11.340/06 surge, sob o ângulo do tratamento diferenciado entre os gêneros – mulher e homem –, harmônica com a Constituição Federal, no que necessária a proteção ante as peculiaridades física e moral da mulher e a cultura brasileira. COMPETÊNCIA – VIOLÊNCIA DOMÉSTICA – LEI Nº 11.340/06 – JUIZADOS DE VIOLÊNCIA DOMÉSTICA E FAMILIAR CONTRA A MULHER. O artigo 33 da Lei nº 11.340/06, no que revela a conveniência de criação dos juizados de violência doméstica e familiar contra a mulher, não implica usurpação da competência normativa dos estados quanto à própria organização judiciária. **VIOLÊNCIA DOMÉSTICA E FAMILIAR CONTRA A MULHER – REGÊNCIA – LEI Nº 9.099/95 – AFASTAMENTO. O artigo 41 da Lei nº 11.340/06, a afastar, nos crimes de violência doméstica contra a mulher, a Lei nº 9.099/95, mostra-se em consonância com o disposto no § 8º do artigo 226 da Carta da República, a prever a obrigatoriedade de o Estado adotar mecanismos que coíbam a violência no âmbito das relações familiares** (ADC 19, Relator(a): MARCO AURÉLIO, Tribunal Pleno, julgado em 09/02/2012, ACÓRDÃO ELETRÔNICO DJe-080 DIVULG 28-04-2014 PUBLIC 29-04-2014).

É importante salientar que a jurisprudência interpreta que a vedação da aplicação da Lei 9.099/95 se refere também à prática de contravenções penais contra mulher, quando há incidência da Lei Maria da Penha, apesar do artigo 41 falar apenas em "crimes". Vide entendimento do Supremo Tribunal Federal:

> VIOLÊNCIA DOMÉSTICA – ARTIGO 41 DA LEI Nº 11.340/06 – ALCANCE. O preceito do artigo 41 da Lei nº 11.340/06 alcança toda e qualquer prática delituosa contra a mulher, até mesmo quando consubstancia contravenção penal, como é a relativa a vias de fato. VIOLÊNCIA DOMÉSTICA – ARTIGO 41 DA LEI Nº 11.340/06 – AFASTAMENTO DA LEI Nº 9.099/95 – CONSTITUCIONALIDADE. Ante a opção político-normativa prevista no artigo 98, inciso I, e a proteção versada no artigo 226, § 8º, ambos da Constituição Federal, surge harmônico com esta última o afastamento peremptório da Lei nº 9.099/95 – mediante o artigo 41 da Lei nº 11.340/06 – no processo-crime a revelar violência contra a mulher (HC 106212, Relator(a): MARCO AURÉLIO, Tribunal Pleno, julgado em 24/03/2011, PROCESSO ELETRÔNICO DJe-112 DIVULG 10-06-2011 PUBLIC 13-06-2011 RTJ VOL-00219-01 PP-00521 RT v. 100, n. 910, 2011, p. 307-327).

Cumpre observar, ainda, a Súmula 536 do Superior Tribunal de Justiça:

> Súmula 536/STJ – A suspensão condicional do processo e a transação penal não se aplicam na hipótese de delitos sujeitos ao rito da Lei Maria da Penha.

▪ **Lei 9.099 x Justiça Militar:** a Lei 9.099/95 não é aplicada no âmbito da Justiça Militar (artigo 90-A da Lei 9.099/95):

> **Art. 90-A. As disposições desta Lei não se aplicam no âmbito da Justiça Militar.**

Nesse sentido, Súmula 9 do Superior Tribunal Militar:

> Súmula 9 – A Lei nº 9.099, de 26.09.95, que dispõe sobre os Juízos Especiais Cíveis e Criminais e dá outras providências, não se aplica à Justiça Militar da União.

Na mesma esteira, entendimento do Supremo Tribunal Federal:

> CRIME MILITAR – PRIMEIRA INSTÂNCIA – JULGAMENTO. Atua no processo-crime militar o Conselho Permanente de Justiça. PROCESSO-CRIME MILITAR – LEI Nº 9.099/1995. É inaplicável ao processo-crime militar a Lei dos Juizados Especiais – Precedente: habeas corpus nº 99.743/RJ[3].

Eis tese do Superior Tribunal de Justiça sobre o tema (edição 96):

> 9) É constitucional o art. 90-A da Lei n. 9.099/95, que veda a aplicação desta aos crimes militares.

▪ **Lei 9.099/95 x crimes cometidos contra a criança e o adolescente:** a Lei 14.344/22 (Lei Henry Borel[4]) inseriu §§ 1º e 2º no artigo 226 do Estatuto da Criança e do Adolescente:

---

3. STF, HC 124899, Relator(a): Min. MARCO AURÉLIO, Primeira Turma, julgado em 01/08/2017, PROCESSO ELETRÔNICO DJe-178 DIVULG 14-08-2017 PUBLIC 15-08-2017.
4. O novel mandamento legal teve *vacatio legis* de 45 dias, a partir da sua publicação oficial (artigo 34).

Art. 226. Aplicam-se aos crimes definidos nesta Lei as normas da Parte Geral do Código Penal e, quanto ao processo, as pertinentes ao Código de Processo Penal.

§ 1º Aos crimes cometidos contra a criança e o adolescente, independentemente da pena prevista, não se aplica a Lei nº 9.099, de 26 de setembro de 1995.

§ 2º Nos casos de violência doméstica e familiar contra a criança e o adolescente, é vedada a aplicação de penas de cesta básica ou de outras de prestação pecuniária, bem como a substituição de pena que implique o pagamento isolado de multa.

Entendo que há três leituras possíveis acerca da modificação legal: i) a inaplicabilidade da Lei 9.099/95 (procedimento sumaríssimo e medidas despenalizadoras) se limita aos crimes praticados contra crianças/adolescentes tipificados no Estatuto da Criança e do Adolescente (tendo em vista a restrição feita no *caput* do artigo 226); ii) não é possível aplicar a Lei 9.099/95 a qualquer crime praticado contra a criança e o adolescente (esteja o crime tipificado ou não no Estatuto da Criança e do Adolescente); iii) não é possível aplicar a Lei 9.099/95 a qualquer crime e qualquer contravenção penal (entendendo-se que a palavra "crimes" se refere a "infrações penais", abarcando, portanto, crimes e contravenções) praticado contra a criança e o adolescente (esteja o crime/contravenção tipificado ou não no Estatuto da Criança e do Adolescente).

Opto pela terceira interpretação. A modificação não prima pela técnica. O legislador não foi feliz em inserir parágrafos em dispositivo que trata especificamente dos crimes tipificados no Estatuto da Criança e do Adolescente (fato gerador de dúvida interpretativa), mas a proteção integral da criança e do adolescente prenunciada pelo artigo 1º da Lei 8.069/90 e o artigo 227 da Carta da República reclamam a interpretação aqui proposta.

Outro ponto: só há referência a crimes (não se fala em contravenções penais). Esta última falha é repetição do equívoco levado a cabo no artigo 41 da Lei 11.340/06 (Lei Maria da Penha) e a solução que proponho é idêntica ao entendimento do Supremo Tribunal Federal quando se debruçou no dispositivo protetivo relacionado à mulher (HC 106212, Relator(a): Marco Aurélio, Tribunal Pleno, julgado em 24/03/2011, PROCESSO ELETRÔNICO DJe-112 DIVULG 10-06-2011 PUBLIC 13-06-2011 RTJ VOL-00219-01 PP-00521 RT v. 100, n. 910, 2011, p. 307-327).

Mais um equívoco (repetição de falta de técnica demonstrada na Lei 11.340/06): não existe "penas de cesta básica" no nosso ordenamento jurídico (as penas previstas no nosso ordenamento jurídico são: privativas de liberdade, restritivas de direitos e multa).

▪ **Causas excluídas do juizado especial criminal:** são excluídas do juizado especial as seguintes causas:

Causas excluídas do JEC	Fundamento legal
Complexas	Artigo 77, § 2°, da Lei 9.099/95
Impossibilidade de citação pessoal (a Lei 9.099/95 não admite citação por edital)	Artigos 18, § 2°, e 66, parágrafo único, ambos da Lei 9.099/95
Crimes militares	Artigo 90-A da Lei 9.099/95
Crimes eleitorais	Seguem para Justiça Eleitoral
Crimes/contravenções contra mulher em situação de violência doméstica (incidência da Lei 11.340/06)	Artigo 41 da Lei 11.340/06
Foro por prerrogativa de função	O Tribunal competente aplicará as medidas despenalizadoras da Lei 9.099/95
Crimes cometidos contra a criança e o adolescente	§ 1° do artigo 226 do ECA

▪ **Princípios:** os juizados especiais são regidos pelos seguintes princípios:

Princípios
Oralidade
Simplicidade[5]
Celeridade
Informalidade
Economia processual

5. Inserido no artigo 62 da Lei 9.099/95 pela Lei 13.603/18.

- **Fase policial:** a Lei 9.099/95 dispensou a confecção de inquérito policial, conformando-se com a lavratura de termo circunstanciado, nos termos do artigo 69 da Lei 9.099/95[6].

Entendo que a atribuição para presidência do feito é do delegado de polícia (na forma do § 1º do artigo 2º da Lei 12.830/13), vez que o termo circunstanciado tem natureza jurídica de procedimento investigativo (substitutivo do inquérito policial em relação à apuração de infrações de menor potencial ofensivo[7]). Essa, contudo, não foi a linha seguida pelo Pretório Excelso nos autos da ADI 3807. Por maioria de votos, o Supremo Tribunal Federal afirmou que o termo circunstanciado não tem natureza jurídica de procedimento investigatório, podendo ser lavrado pelo juiz:

> AÇÃO DIRETA DE INCONSTITUCIONALIDADE. § 3° DO ART. 48 DA LEI N. 11.343/2006. PROCESSAMENTO DO CRIME PREVISTO NO ART. 28 DA LEI N. 11.343/2006. ATRIBUIÇÃO À AUTORIDADE JUDICIAL DE LAVRATURA DE TERMO CIRCUNSTANCIADO E REQUISIÇÃO DOS EXAMES E PERÍCIAS NECESSÁRIOS. CONSTITUCIONALIDADE. INEXISTÊNCIA DE ATO DE INVESTIGAÇÃO. INOCORRÊNCIA DE ATRIBUIÇÃO DE FUNÇÃO DE POLÍCIA JUDICIÁRIA AO PODER JUDICIÁRIO. AÇÃO DIRETA JULGADA IMPROCEDENTE (ADI 3807, Relator(a): Cármen Lúcia, Tribunal Pleno, julgado em 29/06/2020, PROCESSO ELETRÔNICO DJe-201 DIVULG 12-08-2020 PUBLIC 13-08-2020).

O entendimento (a meu ver equivocado) do Pretório Excelso foi repetido na ADI 5637 (com esse julgado, a Suprema Corte referendou a lavratura de termo circunstanciado pela polícia preventiva):

> AÇÃO DIRETA DE INCONSTITUCIONALIDADE. CONSTITUCIONAL. LEI DO ESTADO DE MINAS GERAIS N. 22.257/2016. AUTORIZAÇÃO

---

6. Art. 69. A autoridade policial que tomar conhecimento da ocorrência lavrará termo circunstanciado e o encaminhará imediatamente ao Juizado, com o autor do fato e a vítima, providenciando-se as requisições dos exames periciais necessários.
Parágrafo único. Ao autor do fato que, após a lavratura do termo, for imediatamente encaminhado ao juizado ou assumir o compromisso de a ele comparecer, não se imporá prisão em flagrante, nem se exigirá fiança. Em caso de violência doméstica, o juiz poderá determinar, como medida de cautela, seu afastamento do lar, domicílio ou local de convivência com a vítima.

7. Para análise aprofundada do tema, vide SILVA, Márcio Alberto Gomes. **Eficiência e respeito a direitos fundamentais na atividade investigativa – um discurso possível: pela criação de axiomas que limitem a atuação estatal na busca de uma investigação criminal garantista**, editora Juspodivm, 2022, p. 104/111.

DE LAVRATURA DE TERMO CIRCUNSTANCIADO POR INTEGRANTES DOS ÓRGÃOS DE SEGURANÇA PÚBLICA. POSSIBILIDADE. COMPETÊNCIA CONCORRENTE DOS ESTADOS. AUSÊNCIA DE DESVIO DE FUNÇÕES. AÇÃO DIRETA JULGADA IMPROCEDENTE. 1. A lavratura de termo circunstanciado não configura atividade investigativa, nem é atividade privativa da polícia judiciária. Precedentes. 2. No âmbito da competência concorrente, Estados e Distrito Federal têm competência para definir as autoridades legitimadas para a lavratura do termo circunstanciado. 3. Como não há atribuição privativa de delegado de polícia ou mesmo da polícia judiciária para a lavratura do termo circunstanciado, norma estadual que atribui essa competência à polícia militar não viola a divisão constitucional de funções entre os órgãos de segurança pública. 4. Ação direta julgada improcedente (ADI 5637, Relator(a): Edson Fachin, Tribunal Pleno, julgado em 14/03/2022, PROCESSO ELETRÔNICO DJe-070 DIVULG 08-04-2022 PUBLIC 11-04-2022).

Continuemos. Dispensou-se, como regra, a prisão em flagrante delito e o arbitramento de fiança, desde que: i) o autor do fato seja encaminhado imediatamente ao juizado especial criminal; ou ii) o autor assuma o compromisso de comparecer, quando intimado a tal (conforme parágrafo único do artigo 69 da Lei 9.099/95).

Saliento que não há óbice para instauração de inquérito policial para apuração de infração de menor potencial ofensivo. Caso o delegado de polícia decida instaurar inquérito, não deve ser confeccionado indiciamento do autor do fato.

- **Tabela com resumo:** eis o resumo do quanto estudado:

Observações	Comentários
O artigo 69 da Lei 9.099/95 informa que a autoridade policial que tomar conhecimento da prática de infração de menor potencial ofensivo lavrará termo circunstanciado e **"o encaminhará imediatamente ao Juizado, com o autor do fato e a vítima, providenciando-se as requisições dos exames periciais necessários"**.	O conceito de infração de menor potencial ofensivo é identificado no artigo 61 da Lei 9.099/95: "**Art. 61. Consideram-se infrações penais de menor potencial ofensivo, para os efeitos desta Lei, as contravenções penais e os crimes a que a lei comine pena máxima não superior a 2 (dois) anos, cumulada ou não com multa**".

Natureza jurídica do termo circunstanciado	Entendo que se trata de procedimento investigativo simplificado (substitutivo do inquérito policial e presidido por delegado de polícia). Esse, contudo, não foi o entendimento do STF nos autos das ADI 3807 e 5637 (o termo circunstanciado restou entendido como mero registro de ocorrência): **Ação Direta de Inconstitucionalidade. § 3º do art. 48 da Lei n. 11.343/2006. Processamento do crime previsto no art. 28 da Lei n. 11.343/2006. Atribuição à autoridade judicial de lavratura de termo circunstanciado e requisição dos exames e perícias necessários. constitucionalidade. Inexistência de ato de investigação. Inocorrência de atribuição de função de polícia judiciária ao poder judiciário. Ação Direta julgada improcedente** (ADI 3807, Relator(a): Cármen Lúcia, Tribunal Pleno, julgado em 29/06/2020, processo eletrônico DJe-201 DIVULG 12-08-2020 PUBLIC 13-08-2020). **AÇÃO DIRETA DE INCONSTITUCIONALIDADE. CONSTITUCIONAL. LEI DO ESTADO DE MINAS GERAIS N. 22.257/2016. AUTORIZAÇÃO DE LAVRATURA DE TERMO CIRCUNSTANCIADO POR INTEGRANTES DOS ÓRGÃOS DE SEGURANÇA PÚBLICA. POSSIBILIDADE. COMPETÊNCIA CONCORRENTE DOS ESTADOS. AUSÊNCIA DE DESVIO DE FUNÇÕES. AÇÃO DIRETA JULGADA IMPROCEDENTE. 1. A lavratura de termo circunstanciado não configura atividade investigativa, nem é atividade privativa da polícia judiciária. Precedentes. 2. No âmbito da competência concorrente, Estados e Distrito Federal têm competência para definir as autoridades legitimadas para a lavratura do termo circunstanciado. 3. Como não há atribuição privativa de delegado de polícia ou mesmo da polícia judiciária para a lavratura do termo circunstanciado, norma estadual que atribui essa competência à polícia militar não viola a divisão constitucional de funções entre os órgãos de segurança pública. 4. Ação direta julgada improcedente** (ADI 5637, Relator(a): Edson Fachin, Tribunal Pleno, julgado em 14/03/2022, PROCESSO ELETRÔNICO DJe-070 DIVULG 08-04-2022 PUBLIC 11-04-2022).

Prisão em flagrante (não imposição) e arbitramento de fiança (não exigência)	É importante a leitura do parágrafo único do artigo 69 da Lei 9.099/95: **Art. 69. (...)** **Parágrafo único. Ao autor do fato que, após a lavratura do termo, for imediatamente encaminhado ao juizado ou assumir o compromisso de a ele comparecer, não se imporá prisão em flagrante, nem se exigirá fiança. Em caso de violência doméstica, o juiz poderá determinar, como medida de cautela, seu afastamento do lar, domicílio ou local de convivência com a vítima.**

▪ **Juiz das garantias e Lei 9.099/95:** o Pacote Anticrime enxertou no Código de Processo Penal a figura do juiz das garantias[8]. Trata-se de juiz com competência para atuar na fase pré-processual (sua atuação vai até o recebimento da denúncia ou queixa, quando então o processo deve ser enviado ao juiz da instrução e julgamento).

O artigo 3º-C do Código de Processo Penal (suspenso) determina que o juiz das garantias não atue quando a infração apurada for de menor potencial ofensivo:

> Art. 3º-C. A competência do juiz das garantias abrange todas as infrações penais, exceto as de menor potencial ofensivo, e cessa com o recebimento da denúncia ou queixa na forma do art. 399 deste Código.

▪ **Fase preliminar:** o juiz intimará para a audiência preliminar o autor do fato (e seu defensor, constituído ou nomeado), a vítima e o Ministério Público.

▪ **Composição civil dos danos:** em primeiro lugar (na audiência preliminar), tentar-se-á a **composição civil dos danos** que, se aceita e homologada pelo juízo, **importará em renúncia ao direito de queixa ou representação**, na forma do parágrafo único do artigo 74 da Lei 9.099/95 (é de se anotar que só haverá extinção da punibilidade em relação aos autores do crime que compuserem com a vítima):

---

8. A implementação efetiva do juiz das garantias foi suspensa por decisão do Ministro Luiz Fux, nos autos das ADIN 6.298, 6.299, 6.300 e 6.305.

Art. 74. A composição dos danos civis será reduzida a escrito e, homologada pelo Juiz mediante sentença irrecorrível, terá eficácia de título a ser executado no juízo civil competente.

Parágrafo único. Tratando-se de ação penal de iniciativa privada ou de ação penal pública condicionada à representação, o acordo homologado acarreta a renúncia ao direito de queixa ou representação.

- **Transação penal:** não alcançada a composição civil dos danos (ou se o crime for de ação penal pública incondicionada), poderá ser materializada a **transação penal**, que é uma proposta de aplicação imediata de sanção feita pelo Ministério Público ao autor do fato (apenas no caso de ação penal pública, nos termos do artigo 76 da Lei 9.099/95[9]):

Art. 76. Havendo representação ou tratando-se de crime de ação penal pública incondicionada, não sendo caso de arquivamento, o Ministério Público poderá propor a aplicação imediata de pena restritiva de direitos ou multas, a ser especificada na proposta.

§ 1° Nas hipóteses de ser a pena de multa a única aplicável, o Juiz poderá reduzi-la até a metade.

§ 2° Não se admitirá a proposta se ficar comprovado:

I – ter sido o autor da infração condenado, pela prática de crime, à pena privativa de liberdade, por sentença definitiva;

II – ter sido o agente beneficiado anteriormente, no prazo de cinco anos, pela aplicação de pena restritiva ou multa, nos termos deste artigo;

III – não indicarem os antecedentes, a conduta social e a personalidade do agente, bem como os motivos e as circunstâncias, ser necessária e suficiente a adoção da medida.

§ 3° Aceita a proposta pelo autor da infração e seu defensor, será submetida à apreciação do Juiz.

§ 4° Acolhendo a proposta do Ministério Público aceita pelo autor da infração, o Juiz aplicará a pena restritiva de direitos ou multa,

9. O Superior Tribunal de Justiça entende ser possível transação penal em sede de ação penal privada (não concordo com tal permissivo – parece-me que em ação penal privada, caso frustrada a composição civil dos danos, o querelante deve ser instado a oferecer queixa-crime oralmente, nos termos da Lei 9.099/95).

que não importará em reincidência, sendo registrada apenas para impedir novamente o mesmo benefício no prazo de cinco anos.

§ 5º Da sentença prevista no parágrafo anterior caberá a apelação referida no art. 82 desta Lei.

§ 6º A imposição da sanção de que trata o § 4º deste artigo não constará de certidão de antecedentes criminais, salvo para os fins previstos no mesmo dispositivo, e não terá efeitos civis, cabendo aos interessados propor ação cabível no juízo cível.

- **Mitigação do princípio da obrigatoriedade:** a transação penal se traduz em mitigação do princípio da obrigatoriedade da ação penal pública (orientada pelo princípio da discricionariedade regrada).

- **Direito Penal de 2ª velocidade:** trata-se de Direito Penal de 2ª velocidade (mitigação de direitos fundamentais com imposição de sanção não privativa de liberdade – observe que o suposto autor do fato abre mão do seu direito ao estado de inocência, à ampla defesa e ao contraditório e finda sendo sancionado sem que tenha existido sequer efetivo processo).

- **Transação penal em crimes ambientais:** saliento que a Lei de Crimes Ambientais (artigo 27 da Lei 9.605/98) dispõe que nas infrações de menor potencial ofensivo, a transação penal só pode ser proposta depois de firmada a composição do dano ambiental, salvo em caso de impossibilidade:

> Art. 27. Nos crimes ambientais de menor potencial ofensivo, a proposta de aplicação imediata de pena restritiva de direitos ou multa, prevista no art. 76 da Lei nº 9.099, de 26 de setembro de 1995, somente poderá ser formulada desde que tenha havido a prévia composição do dano ambiental, de que trata o art. 74 da mesma lei, salvo em caso de comprovada impossibilidade.

- **Não aceitação ou não oferta da transação penal:** não sendo aceita ou não sendo possível a transação, o Ministério Público oferecerá denúncia oral (ou queixa pelo ofendido, em se tratando de ação penal privada). O autor do fato já sairá citado (note que há curiosa hipótese de citação antes do recebimento da denúncia/queixa).

- **Súmula vinculante 35:** caso o suposto autor do fato descumpra as cláusulas da transação penal, o Ministério Público pode continuar a persecução penal, seja oferecendo denúncia, seja requisitando instauração de inquérito policial. É o vetor da Súmula Vinculante 35 (a decisão que homologa transação penal, destarte, faz apenas coisa julgada formal e tem natureza *rebus sic stantibus*):

> Súmula Vinculante 35 – A homologação da transação penal prevista no artigo 76 da Lei 9.099/1995 não faz coisa julgada material e, descumpridas suas cláusulas, retoma-se a situação anterior, possibilitando-se ao Ministério Público a continuidade da persecução penal mediante oferecimento de denúncia ou requisição de inquérito policial.

Teses do Superior Tribunal de Justiça: eis as teses do Tribunal da Cidadania sobre transação penal (jurisprudência em teses):

7) A transação penal não tem natureza jurídica de condenação criminal, não gera efeitos para fins de reincidência e maus antecedentes e, por se tratar de submissão voluntária à sanção penal, não significa reconhecimento da culpabilidade penal nem da responsabilidade civil (edição 93).

8) A homologação da transação penal prevista no artigo 76 da Lei n. 9.099/1995 não faz coisa julgada material e, descumpridas suas cláusulas, retoma-se a situação anterior, possibilitando-se ao Ministério Público a continuidade da persecução penal mediante oferecimento de denúncia ou requisição de inquérito policial (edição 93). (Súmula Vinculante n. 35/STF)

9) O prazo de 5 (cinco) anos para a concessão de nova transação penal, previsto no art. 76, § 2º, inciso II, da Lei n. 9.099/95, aplica-se, por analogia, à suspensão condicional do processo (edição 93).

11) Nos casos de aplicação da Súmula n. 337/STJ, os autos devem ser encaminhados ao Ministério Público para que se manifeste sobre a possibilidade de suspensão condicional do processo ou de transação penal (edição 93).

12) A conduta prevista no art. 28 da Lei n. 11.343/06 admite tanto a transação penal quanto a suspensão condicional do processo (edição 96).

▪ **Audiência de instrução e julgamento:** na audiência de instrução e julgamento, depois de se tentar nova conciliação, a defesa tentará convencer o juiz a não receber a denúncia ou queixa, em verdadeira defesa preliminar, na forma do artigo 81 da Lei 9.099/95:

> **Art. 81. Aberta a audiência, será dada a palavra ao defensor para responder à acusação, após o que o Juiz receberá, ou não,**

a denúncia ou queixa; havendo recebimento, serão ouvidas a vítima e as testemunhas de acusação e defesa, interrogando-se a seguir o acusado, se presente, passando-se imediatamente aos debates orais e à prolação da sentença.

§ 1° Todas as provas serão produzidas na audiência de instrução e julgamento, podendo o Juiz limitar ou excluir as que considerar excessivas, impertinentes ou protelatórias.

§ 2° De todo o ocorrido na audiência será lavrado termo, assinado pelo Juiz e pelas partes, contendo breve resumo dos fatos relevantes ocorridos em audiência e a sentença.

§ 3° A sentença, dispensado o relatório, mencionará os elementos de convicção do Juiz.

Caso a exordial acusatória seja rejeitada, caberá recurso de apelação[10] (a ser julgada pela Turma Recursal – composta por 3 juízes em exercício no primeiro grau de jurisdição), com prazo de 10 dias, na forma do artigo 82 da Lei 9.099/95 (a interposição deve ser feita por petição, com apresentação simultânea das razões recursais):

Art. 82. Da decisão de rejeição da denúncia ou queixa e da sentença caberá apelação, que poderá ser julgada por turma composta de três Juízes em exercício no primeiro grau de jurisdição, reunidos na sede do Juizado.

§ 1° A apelação será interposta no prazo de dez dias, contados da ciência da sentença pelo Ministério Público, pelo réu e seu defensor, por petição escrita, da qual constarão as razões e o pedido do recorrente.

§ 2° O recorrido será intimado para oferecer resposta escrita no prazo de dez dias.

§ 3° As partes poderão requerer a transcrição da gravação da fita magnética a que alude o § 3° do art. 65 desta Lei.

§ 4° As partes serão intimadas da data da sessão de julgamento pela imprensa.

10. No procedimento comum ordinário, sumário ou no rito do júri, o recurso cabível no caso de rejeição da denúncia é o recurso em sentido estrito, na forma do inciso I do artigo 581 do Código de Processo Penal (interposição no prazo de 5 dias e juntada das razões em 2 dias, contados da interposição ou do dia em que o escrivão, extraído o traslado, o fizer com vista ao recorrente (artigos 586 e 588, ambos do Código de Processo Penal).

§ 5º Se a sentença for confirmada pelos próprios fundamentos, a súmula do julgamento servirá de acórdão.

Após a manifestação da defesa, o juiz receberá ou não a peça inicial e ouvirá (caso recebida a exordial) a vítima e as testemunhas – primeiro as de acusação, depois as de defesa (ao máximo de 3). O réu é interrogado por último. Após, serão feitos os debates orais e a sentença será prolatada (a sentença dispensará o relatório).

- **Tabela com resumo:** eis o resumo do quanto estudado:

Instituto	Resumo
Composição civil dos danos	Serve para reparar danos patrimoniais/morais decorrentes da prática delitiva e tem como consequência da aceitação com homologação judicial (como dito supra) a renúncia ao direito de queixa ou representação (extinção da punibilidade). É homologada por sentença irrecorrível e se traduz em título executivo judicial.
Transação penal	É orientada pelo princípio da discricionariedade regrada (abrandamento do princípio da obrigatoriedade da ação pública). Trata-se de proposta materializada pelo Ministério Público ao suposto autor do fato, que consiste na aplicação imediata de pena (restritiva de direitos ou multa) para que este não seja processado (o STJ admite transação penal em ação penal privada, em proposta feita pelo ofendido). Deve ter aceitação do autor do fato e do seu defensor técnico. Caso o juiz discorde do Ministério Público em relação ao oferecimento ou não da proposta de transação, deve ser aplicado, por analogia, o 28 do Código de Processo Penal (em sua redação revogada pelo Pacote Anticrime) – acionamento, pelo juízo, do Procurador-Geral de Justiça para reanálise. A sentença que homologa a transação não faz coisa julgada material (Súmula Vinculante 35), não induz reincidência (apenas impede novo benefício no prazo de 5 anos), não consta em certidão de antecedentes criminais e não terá efeitos civis. Contra ela cabe apelação.

Audiência de instrução e julgamento	Depois de se tentar nova conciliação, a defesa tentará convencer o juiz a não receber a denúncia ou queixa, em verdadeira defesa preliminar, na forma do artigo 81 da Lei 9.099/95 (caberá apelação, com prazo de 10 dias, em caso de rejeição exordial acusatória – artigo 82 do mandamento legal estudado). Após, o juiz receberá ou não a peça inicial e ouvirá (caso recebida a inicial) a vítima e as testemunhas – primeiro as de acusação, depois as de defesa (ao máximo de 3). O réu é interrogado por último. Na sequência, serão feitos os debates orais e o juiz prolatará sentença (que dispensará o relatório).

- **Suspensão condicional do processo:** acerca da suspensão condicional do processo, é importante a leitura do artigo 89 da Lei 9.099/95 (proposta pelo Ministério Público ao denunciado caso a pena mínima do crime não ultrapasse 1 ano):

> **Art. 89. Nos crimes em que a pena mínima cominada for igual ou inferior a um ano, abrangidas ou não por esta Lei, o Ministério Público, ao oferecer a denúncia, poderá propor a suspensão do processo, por dois a quatro anos, desde que o acusado não esteja sendo processado ou não tenha sido condenado por outro crime, presentes os demais requisitos que autorizariam a suspensão condicional da pena (art. 77 do Código Penal).**
>
> **§ 1° Aceita a proposta pelo acusado e seu defensor, na presença do Juiz, este, recebendo a denúncia, poderá suspender o processo, submetendo o acusado a período de prova, sob as seguintes condições:**
>
> **I – reparação do dano, salvo impossibilidade de fazê-lo;**
>
> **II – proibição de frequentar determinados lugares;**
>
> **III – proibição de ausentar-se da comarca onde reside, sem autorização do Juiz;**
>
> **IV – comparecimento pessoal e obrigatório a juízo, mensalmente, para informar e justificar suas atividades.**
>
> **§ 2° O Juiz poderá especificar outras condições a que fica subordinada a suspensão, desde que adequadas ao fato e à situação pessoal do acusado.**
>
> **§ 3° A suspensão será revogada se, no curso do prazo, o beneficiário vier a ser processado por outro crime ou não efetuar, sem motivo justificado, a reparação do dano.**

§ 4º A suspensão poderá ser revogada se o acusado vier a ser processado, no curso do prazo, por contravenção, ou descumprir qualquer outra condição imposta.

§ 5º Expirado o prazo sem revogação, o Juiz declarará extinta a punibilidade.

§ 6º Não correrá a prescrição durante o prazo de suspensão do processo.

§ 7º Se o acusado não aceitar a proposta prevista neste artigo, o processo prosseguirá em seus ulteriores termos.

Sobre o *sursis* processual é preciso anotar:

Observação	Comentário
É possível proposta de suspensão condicional do processo ainda que o crime não se traduza em infração de menor potencial ofensivo (é preciso focar na pena mínima, que deve ser igual ou inferior a 1 ano).	Nos termos do caput do artigo 89 da Lei 9.099/95, o instituto é aplicado a crimes "abrangidos ou não por esta lei". Vale dizer que eventual incidência de causa de aumento de pena ou hipótese de concurso de crimes que faça com que a pena mínima (majorada ou somada) alcance patamar maior que o previsto em lei (mais de 1 ano) inviabiliza a proposta de suspensão condicional do processo.
Período de prova	De 2 a 4 anos (*caput* do artigo 89 da Lei 9.099/95).
Requisitos	i) o acusado não pode estar sendo processado; ii) nem pode ter sido condenado por outro crime; iii) presentes as demais condições da suspensão condicional da pena (que o autor do fato não seja reincidente em crime doloso e que a culpabilidade, os antecedentes, a conduta social e personalidade do agente, bem como os motivos e as circunstâncias autorizem a concessão do benefício – artigo 77 do Código Penal).
Aceitação da proposta	Deve ser feita pelo suposto autor do fato e por seu advogado/defensor.
Necessidade de homologação judicial	A proposta deve ser homologada pelo juízo, que fixará as seguintes condições: i) reparação do dano, salvo impossibilidade de fazê-lo; ii) proibição de frequentar determinados lugares; iii) proibição de ausentar-se da comarca onde reside, sem autorização do juiz; iv) comparecimento pessoal e obrigatório a juízo, mensalmente, para informar e justificar suas atividades; v) o juiz poderá especificar outras condições a que fica subordinada a suspensão, desde que adequadas ao fato e à situação pessoal do acusado.

Observação	Comentário
Revogação obrigatória do benefício	O § 3° do artigo 89 da Lei 9.099/95 prevê as hipóteses de revogação obrigatória do *sursis* processual: i) se, no curso do prazo, o beneficiário vier a ser processado por outro crime; ou ii) não efetuar, sem motivo justificado, a reparação do dano.
Revogação facultativa do benefício	O § 4° do artigo 89 da Lei 9.099/95 prevê as hipóteses de revogação facultativa do *sursis* processual: i) se o acusado vier a ser processado, no curso do prazo, por contravenção; ou ii) descumprir qualquer outra condição imposta.
Extinção da punibilidade	O § 5° do artigo 89 da Lei 9.099/95 determina que, expirado o prazo sem revogação, o juiz declarará extinta a punibilidade.
Prescrição	A prescrição restará suspensa durante o prazo de suspensão do processo (§ 6° do artigo 89 da Lei 9.099/95).
Não aceitação da proposta	Se o suposto autor do fato não aceitar a proposta, o processo prosseguirá normalmente (§ 7° do artigo 89 da Lei 9.099/95).

Teses do Superior Tribunal de Justiça: eis as teses do Superior Tribunal de Justiça sobre o tema suspensão condicional do processo:

2) A aceitação pelo paciente do benefício da suspensão condicional do processo, nos termos do art. 89 da Lei n. 9.099/95, não inviabiliza a impetração de *habeas corpus* nem prejudica seu exame, tendo em vista a possibilidade de se retomar o curso da ação penal caso as condições impostas sejam descumpridas (edição 93).

4) Não há óbice a que se estabeleçam, no prudente uso da faculdade judicial disposta no art. 89, § 2°, da Lei n. 9.099/1995, obrigações equivalentes, do ponto de vista prático, a sanções penais (tais como a prestação de serviços comunitários ou a prestação pecuniária), mas que, para os fins do *sursis* processual, se apresentam tão somente como condições para sua incidência (edição 93). Tese julgada sob o rito do art. 543-C do CPC/73 – TEMA 930.

5) A perda do valor da fiança constitui legítima condição do *sursis* processual, nos termos do art. 89, § 2°, da Lei n. 9.099/95 (edição 93).

6) A suspensão condicional do processo e a transação penal não se aplicam na hipótese de delitos sujeitos ao rito da Lei Maria da Penha (edição 93). (Súmula n. 536/STJ)

10) É cabível a suspensão condicional do processo na desclassificação do crime e na procedência parcial da pretensão punitiva (edição 93). (Súmula n. 337/STJ)

11) Nos casos de aplicação da Súmula n. 337/STJ, os autos devem ser encaminhados ao Ministério Público para que se manifeste sobre a possibilidade de suspensão condicional do processo ou de transação penal (edição 93).

1) A Lei n. 10.259/01, ao considerar como infrações de menor potencial ofensivo as contravenções e os crimes a que a lei comine pena máxima não superior a 2 (dois) anos, não alterou o requisito objetivo exigido para a concessão da suspensão condicional do processo prevista no art. 89 da Lei n. 9.099/95, que continua sendo aplicado apenas aos crimes cuja pena mínima não seja superior a 1 (um) ano (edição 96).

2) É cabível a suspensão condicional do processo e a transação penal aos delitos que preveem a pena de multa alternativamente à privativa de liberdade, ainda que o preceito secundário da norma legal comine pena mínima superior a 1 ano (edição 96).

3) A suspensão condicional do processo não é direito subjetivo do acusado, mas sim um poder-dever do Ministério Público, titular da ação penal, a quem cabe, com exclusividade, analisar a possibilidade de aplicação do referido instituto, desde que o faça de forma fundamentada (edição 96).

4) Se descumpridas as condições impostas durante o período de prova da suspensão condicional do processo, o benefício poderá ser revogado, mesmo se já ultrapassado o prazo legal, desde que referente a fato ocorrido durante sua vigência (edição 96). (Tese julgada sob o rito do art. 543-C do CPC/73 – TEMA 920)

5) Opera-se a preclusão se o oferecimento da proposta de suspensão condicional do processo ou de transação penal se der após a prolação da sentença penal condenatória (edição 96).

6) O benefício da suspensão do processo não é aplicável em relação às infrações penais cometidas em concurso material, concurso formal ou continuidade delitiva, quando a pena mínima cominada, seja pelo somatório, seja pela incidência da majorante, ultrapassar o limite de um (01) ano (edição 96). (Súmula n. 243/STJ)

7) A existência de inquérito policial em curso não é circunstância idônea a obstar o oferecimento de proposta de suspensão condicional do processo (edição 96).

8) A extinção da punibilidade do agente pelo cumprimento das condições do *sursis* processual, operada em processo anterior, não pode ser valorada em seu desfavor como maus antecedentes, personalidade do agente e conduta social (edição 96).

Questões de concursos públicos: veja como a lei estudada já foi cobrada em concursos públicos.

1. (Delegado de Polícia Civil/RN/2021) A Lei nº 9.099/1995 dispõe sobre os Juizados Especiais Criminais, próprios para o julgamento dos delitos de menor potencial ofensivo, prevendo regramento e institutos próprios. De acordo com a referida legislação e outras subsequentes:

A) os crimes de menor potencial ofensivo sempre serão julgados no Juizado Especial Criminal;

B) caberá recurso de apelação contra a decisão que rejeitar a denúncia;

C) não será possível a suspensão condicional do processo quando não oferecida ou aceita a transação penal;

D) a sentença deverá, obrigatoriamente, conter relatório, fundamentação e parte dispositiva;

E) consideram-se infrações de menor potencial ofensivo aquelas em que a pena máxima não é superior a dois anos e não possuem a elementar violência ou grave ameaça à pessoa.

---

2. (Delegado de Polícia Civil/SE/2018) A polícia civil de determinado município deflagrou operação a fim de investigar a exploração ilícita de jogo do bicho, promovida pelos denominados banqueiros. Constatou-se que os chamados recolhedores usavam motocicletas para coletar apostas em municípios vizinhos. Identificadas as motocicletas usadas, o Ministério Público estadual requereu a busca e apreensão dos veículos, o que foi deferido pelo juízo competente. Intimado, Antônio, dono de uma das motocicletas e recolhedor de apostas, compareceu à delegacia, ocasião em que firmou compromisso de posterior comparecimento ao juízo criminal e entregou o veículo, após lavratura do competente termo circunstanciado. Na audiência preliminar, o representante do Ministério Público apresentou proposta de transação penal a Antônio: pagamento de dez cestas básicas a uma instituição de caridade. A proposta foi aceita e devidamente homologada pelo juízo. Comprovado o cumprimento da proposta, foi proferida sentença extintiva da punibilidade de Antônio. Na mesma sentença, o magistrado acolheu manifestação do Ministério Público e decretou o confisco da motocicleta de Antônio.

Com referência a essa situação hipotética, julgue o item a seguir, considerando os institutos inerentes à Lei n.° 9.099/1995 e o entendimento dos tribunais superiores acerca da matéria.

( ) A análise negativa das circunstâncias da prática do delito praticado poderia impedir o oferecimento do benefício da transação penal, ainda que preenchidos os requisitos objetivos para a sua concessão.

---

3. (Delegado de Polícia Civil/SE/2018) A polícia civil de determinado município deflagrou operação a fim de investigar a exploração ilícita de jogo do bicho, promovida pelos denominados banqueiros. Constatou-se que os chamados recolhedores usavam motocicletas para coletar apostas em municípios vizinhos. Identificadas as motocicletas usadas, o Ministério Público estadual requereu a busca e apreensão dos veículos, o que foi deferido pelo juízo competente. Intimado, Antônio, dono de uma das motocicletas e recolhedor de apostas, compareceu à delegacia, ocasião em que firmou compromisso de posterior comparecimento ao juízo criminal e entregou o veículo, após lavratura do competente termo circunstanciado. Na audiência preliminar, o representante do Ministério Público apresentou proposta de transação penal a Antônio: pagamento de dez cestas básicas a uma instituição de caridade. A proposta foi aceita e devidamente homologada pelo juízo. Comprovado o cumprimento da proposta, foi proferida sentença extintiva da punibilidade de Antônio. Na mesma sentença, o magistrado acolheu manifestação do Ministério Público e decretou o confisco da motocicleta de Antônio.

Com referência a essa situação hipotética, julgue o item a seguir, considerando os institutos inerentes à Lei n.° 9.099/1995 e o entendimento dos tribunais superiores acerca da matéria.

( ) A homologação de transação penal faz coisa julgada material e, dessa forma, mesmo que cláusulas acordadas sejam descumpridas, inviabiliza a ocorrência de posterior requisição de inquérito policial.

4. (Delegado de Polícia Federal/2018) Em cada item a seguir, é apresentada uma situação hipotética seguida de uma assertiva a ser julgada acerca de procedimentos dos juizados especiais criminais e de apuração de ato infracional.

Em fiscalização de rotina, policiais militares constataram que Rebeca conduzia em seu veículo dois papagaios capturados em floresta próxima, sem licença ou autorização de autoridade competente. Rebeca e os animais foram conduzidos à delegacia de polícia mais próxima. Nessa situação, o delegado deverá apreender os animais e, caso Rebeca se comprometa a comparecer, em dia e horário marcados, perante o juizado especial criminal, ele deverá lavrar termo circunstanciado da ocorrência e conceder liberdade a Rebeca, independentemente de fiança.

5. (Delegado de Polícia Civil/GO/2018) Sobre o processamento dos crimes de menor potencial ofensivo, verifica-se o seguinte:

A) A intimação das partes pode ser feita por qualquer meio idôneo de comunicação, inclusive eletrônico.

B) A homologação da transação penal prevista no artigo 76 da Lei n. 9.099 de 1995 faz coisa julgada material.

C) Não é admitida, nos crimes de menor potencial ofensivo, a realização de perícia criminal.

D) A suspensão condicional do processo será revogada se, no curso do prazo, o beneficiário vier a ser indiciado por outro crime.

E) Sendo caso de denúncia, é imprescindível o retorno dos autos à autoridade policial para instauração do respectivo inquérito.

6. (Delegado de Polícia Civil/BA/2018) Nos termos do art. 69, parágrafo único, da Lei nº 9.099/95, ao autor do fato típico definido como crime de menor potencial ofensivo, após a lavratura do termo circunstanciado, caso se comprometa a comparecer junto ao Juizado Especial Criminal, não se imporá prisão em flagrante,

A) Desde que primário.

B) Desde que imediatamente restitua o prejuízo da vítima.

C) A menos que se trate de reincidente específico.

D) Mas a liberdade pode ser condicionada, pela autoridade policial, ao estabelecimento e à aceitação de imediata pena restritiva de direito.

E) Nem se exigirá fiança.

7. (Delegado de Polícia Civil/MA/2018) Nos juizados especiais criminais, a composição civil dos danos causados por infrações penais

A) Terá a eficácia de título executivo judicial a ser executado no juízo civil competente.

B) Terá a eficácia de título executivo judicial a ser executado no próprio juizado especial criminal.

C) Conduzirá ao perdão do ofendido, quando se tratar de ação penal privada.

D) Conduzirá à extinção da punibilidade do autor do fato, no caso de ação penal pública incondicionada.

E) Conduzirá à decadência, quando se tratar de ação penal pública condicionada a representação.

8. (Delegado de Polícia Civil/MA/2018) Quando, em se tratando de crimes de menor potencial ofensivo em trâmite no juizado especial criminal, o acusado não for encontrado para a citação, o juízo deverá

A) Encaminhar as peças existentes ao juízo comum para a adoção do procedimento previsto em lei.

B) Encaminhar os autos ao MP para que este proceda como entender de direito.

C) Determinar a citação do acusado por edital.

D) Determinar a suspensão do processo e do curso do prazo prescricional até que se proceda à citação pessoal do acusado.

E) Nomear defensor dativo para o acusado e conceder prazo de quinze dias para o oferecimento da defesa.

9. (Delegado de Polícia Civil/MA/2018) Em razão de um procedimento penal instaurado no juizado especial criminal para apurar a contravenção penal de exploração de jogo do bicho, na ocasião da lavratura do termo circunstanciado, foi apreendida a motocicleta de Glauco, servidor público da prefeitura de determinado município, porque, supostamente, ela teria sido utilizada na prática do ilícito. Posteriormente, foi ofertada transação penal pelo representante do MP, prontamente acolhida e integralmente cumprida por Glauco, a quem coube a pena de doação de cinco cestas básicas. Entretanto, a sentença, ao extinguir a punibilidade pelo cumprimento integral das condições pactuadas, decretou a perda da motocicleta em favor da União, por entendê-la proveniente de crime.

Nessa situação hipotética, de acordo com o que dispõe a lei penal sobre os efeitos da condenação,

A) Não caberia a decretação do perdimento da motocicleta, pois não houve condenação penal.

B) A perda da motocicleta em favor da União constituiu efeito automático da homologação da transação penal.

C) O juiz deveria decretar, também, a imediata perda do cargo, considerando-se que o agente era servidor público.

D) Não poderia haver o perdimento do bem se a pena máxima cominada ao tipo fosse de um ano de prisão.

E) Só poderia ter sido decretada a perda do bem — motocicleta — se provado ser proveniente da prática do ilícito.

10. (Delegado de Polícia Civil/MS/2017) Considerando o artigo 60, da Lei nº 9.099/1995, que dispõe:

O Juizado Especial Criminal, provido por juízes togados ou togados e leigos, tem competência para a conciliação, o julgamento e a execução das infrações penais de menor potencial ofensivo, respeitadas as regras de conexão e continência.

Assinale a alternativa correta no que concerne ao procedimento dos Juizados Especiais Criminais.

A) Os conciliadores são auxiliares da Justiça, recrutados entre bacharéis em Direito, excluídos os que exerçam funções na administração da Justiça Criminal.

B) Ao autor do fato que, após a lavratura do termo circunstanciado de ocorrência, for imediatamente encaminhado ao juizado ou assumir o compromisso de a ele comparecer, não se imporá prisão em flagrante, mas a autoridade policial poderá exigir-lhe fiança.

C) Nos crimes de ação penal pública incondicionada, não sendo caso de arquivamento, o Ministério Público deverá propor a aplicação imediata de pena restritiva de direitos ou multa, a ser especificada na proposta de transação penal.

D) Na reunião de processos, perante o juízo comum ou o tribunal do júri, decorrentes da aplicação das regras de conexão e continência, dispensar-se-ão os institutos da transação penal e da composição dos danos civis.

E) No caso de concurso material de crimes, a pena considerada para fins de fixação da competência do Juizado Especial Criminal será o resultado da soma das penas máximas cominadas aos delitos.

---

11. (Delegado de Polícia Civil/PB/2022) Considerando o sistema de juizados especiais criminais, previsto na Lei n. 9.099/1995, e a jurisprudência do STJ e STF sobre a matéria, assinale a opção correta.

A) Tratando-se de crime de ação penal privada ou pública condicionada à representação, a realização de composição civil dos danos entre autor e vítima gera a extinção da punibilidade.

B) A despeito da omissão legislativa, é permitida a realização de transação penal para os crimes de ação penal privada, por se tratar de direito subjetivo do autor do fato.

C) Admite-se transação penal para os crimes dolosos com pena máxima inferior ou igual a 2 anos e para os delitos culposos, independentemente da sanção aplicada.

D) A sentença que homologa a transação penal faz coisa julgada material, e o descumprimento do acordo deve ser resolvido por meio de execução na esfera cível.

E) O procedimento de apuração de infrações de menor potencial ofensivo não admite a realização de exames periciais, haja vista a necessidade de brevidade na conclusão do processo.

Gabarito comentado:

Questão	Reposta	Comentário
1	Letra B	Vide artigo 82 da Lei 9.099/95.
2	CERTA	Vide inciso III do § 2° do artigo 76 da Lei 9.099/95 (entendo que a transação penal não se traduz em direito subjetivo do suposto autor do fato – o Ministério Público a oferece ou não orientado pelo princípio da discricionariedade regrada).
3	ERRADA	Vide Súmula Vinculante 35.

4	CERTA	O artigo 29 da Lei 9.605/98 é infração de menor potencial ofensivo (artigo 61 da Lei 9.099/95).
5	Letra A	Vide artigo 19 da Lei 9.099/95.
6	Letra E	Vide artigo 69 da Lei 9.099/95.
7	Letra A	Vide artigo 74 da Lei 9.099/95.
8	Letra A	Vide parágrafo único do artigo 66 da Lei 9.099/95.
9	Letra A	A decisão que homologa a transação penal não tem natureza condenatória. Vide tese do STJ nesse sentido (edição 93): **"7) A transação penal não tem natureza jurídica de condenação criminal, não gera efeitos para fins de reincidência e maus antecedentes e, por se tratar de submissão voluntária à sanção penal, não significa reconhecimento da culpabilidade penal nem da responsabilidade civil"**.
10	Letra E	Vide tese do STJ nesse sentido (edição 96): **"10) Na hipótese de apuração de delitos de menor potencial ofensivo, deve-se considerar a soma das penas máximas em abstrato em concurso material, ou, ainda, a devida exasperação, no caso de crime continuado ou de concurso formal, e ao se verificar que o resultado da adição é superior a dois anos, afasta-se a competência do Juizado Especial Criminal"**.
11	Letra A	Vide artigo 74 da Lei 9.099/95.

Quesitos criados pelo autor da obra: confira algumas questões por mim criadas para orientar seus estudos.

---

1. A decisão que homologa a transação penal faz coisa julgada material?

RESPOSTA: Não. Leia a Súmula Vinculante 35:

> Súmula Vinculante 35 – A homologação da transação penal prevista no artigo 76 da Lei 9.099/1995 não faz coisa julgada material e, descumpridas suas cláusulas, retoma-se a situação anterior, possibilitando-se ao Ministério Público a continuidade da persecução penal mediante oferecimento de denúncia ou requisição de inquérito policial.

---

2. Quais são as causas excluídas do juizado especial criminal?

RESPOSTA: confira a tabela abaixo:

Causas excluídas do JEC	Fundamento legal
Complexas	Artigo 77, § 2º, da Lei 9.099/95
Impossibilidade de citação pessoal (a Lei 9.099/95 não admite citação por edital)	Artigos 18, § 2º, e 66, parágrafo único, ambos da Lei 9.099/95
Crimes militares	Artigo 90-A da Lei 9.099/95
Crimes eleitorais	Seguem para Justiça Eleitoral
Crimes/contravenções contra mulher em situação de violência doméstica (incidência da Lei 11.340/06)	Artigo 41 da Lei 11.340/06
Foro por prerrogativa de função	O Tribunal competente aplicará as medidas despenalizadoras da Lei 9.099/95

8

Lei 9.296/96 – Interceptação telefônica

▪ **Introdução:** a interceptação telefônica/telemática é regulada pela Lei 9.296/96, segundo permissivo constitucional do inciso XII do artigo 5º da Constituição Federal (trata-se de mitigação do direito constitucional ao sigilo das comunicações telefônicas):

> Artigo 5º. (...)
>
> XII – é inviolável o sigilo da correspondência e das comunicações telegráficas, de dados e das comunicações telefônicas, salvo, no último caso, por ordem judicial, nas hipóteses e na forma que a lei estabelecer para fins de investigação criminal ou instrução processual penal;

▪ **Decretação de ofício x Pacote Anticrime:** com o Pacote Anticrime, penso não ser mais possível decretação, de ofício, da interceptação telefônica pelo juízo criminal (na forma do novel artigo 3º-A do CPP – adoto aqui o critério temporal[1]). Depois da entrada em vigor da Lei 13.964/19, a interceptação telefônica só será decretada pelo juiz (das garantias – alínea "a" do inciso XI do artigo 3º-B do CPP) em face de representação do delegado de polícia ou requerimento do Ministério Público (legitimados para pleitear a medida cautelar probatória, na forma do artigo 3º da Lei 9.296/96):

1. Saliento, outrossim, que o dispositivo foi suspenso por decisão do Supremo Tribunal Federal nos autos de ADI propostas contra o Pacote Anticrime.

Art. 3º A interceptação das comunicações telefônicas poderá ser determinada pelo juiz, de ofício ou a requerimento:

I – da autoridade policial, na investigação criminal;

II – do representante do Ministério Público, na investigação criminal e na instrução processual penal.

Mesmo com suspensão dos dispositivos que gravitam em torno do juiz das garantias, a possibilidade de decretação de interceptação telefônica de ofício pelo magistrado (nos termos do artigo acima transcrito) sempre me pareceu teratológica. O juiz, para garantir sua imparcialidade, deve se manter inerte (a decretação da interceptação telefônica, nesta senda, deveria sempre ser levada a cabo depois de provocação das autoridades legalmente legitimadas: i) delegado de polícia no curso da investigação; ou ii) agente ministerial no curso da investigação criminal ou da instrução processual penal).

- **Requisitos:** para decretação da interceptação, deve ser demonstrada a não ocorrência dos incisos do artigo 2º da Lei 9.296/96 (o legislador optou por tortuosa redação negativa quando tratou dos requisitos para decretação da medida cautelar estudada).

Em síntese, é preciso comprovar: i) que há indícios de autoria/participação em infração penal; ii) que a prova não pode ser colhida por outro meio (trata-se de meio de obtenção de prova de *ultima ratio*); e iii) que o delito apurado é punido com pena de reclusão:

Art. 2º Não será admitida a interceptação de comunicações telefônicas quando ocorrer qualquer das seguintes hipóteses:

I – não houver indícios razoáveis da autoria ou participação em infração penal;

II – a prova puder ser feita por outros meios disponíveis;

III – o fato investigado constituir infração penal punida, no máximo, com pena de detenção.

Parágrafo único. Em qualquer hipótese deve ser descrita com clareza a situação objeto da investigação, inclusive com a indicação e qualificação dos investigados, salvo impossibilidade manifesta, devidamente justificada.

Sintetizando em uma tabela, temos:

Interceptação telefônica	
Permissivo constitucional	Inciso XII do artigo 5º da Constituição Federal (mitigação do direito ao sigilo das comunicações telefônicas)
Natureza jurídica	Medida cautelar probatória (meio de obtenção de prova)
Decretação	Pelo juiz (cláusula de reserva de jurisdição)
Legitimados	Delegado de polícia (no curso da investigação) e Ministério Público (no curso da investigação e durante a instrução processual penal).
Requisitos	Indícios razoáveis de autoria/participação em infração penal punida com pena de reclusão (*fumus comissi delicti*); e demonstração de que a prova não pode ser produzida por outro meio disponível (*periculum in mora*).
Prazo	15 dias (o prazo é prorrogável)

Penso que, como a interceptação das comunicações telefônicas (nos termos do inciso XII do artigo 5º da Carta da República) só pode ser levada a cabo para fins de investigação criminal ou instrução processual penal, é preciso que exista inquérito policial ou processo penal em andamento (não é possível, a meu juízo, decretação de interceptação telefônica antes da instauração formal do inquérito policial).

- **Prazo:** a interceptação telefônica tem prazo de 15 dias, que pode ser renovado quantas vezes houver necessidade (desde que se demonstre a imprescindibilidade da continuidade da medida para o sucesso da investigação) – vide artigo 5º da Lei 9.296/96:

> **Art. 5º A decisão será fundamentada, sob pena de nulidade, indicando também a forma de execução da diligência, que não poderá exceder o prazo de quinze dias, renovável por igual tempo uma vez comprovada a indispensabilidade do meio de prova.**

O prazo começa a correr da implementação da medida e não da data da decisão. Nesse sentido, informativo 480/STJ:

> O prazo de 15 dias previsto no art. 5° da Lei n. 9.296/1996 não se inicia da decisão judicial que autoriza a interceptação telefônica, mas do dia em que a medida é efetivada. Ademais, as escutas podem extrapolar o prazo veiculado na lei sempre que houver comprovada necessidade. O prazo de oito meses mostrou-se indispensável para que a autoridade policial chegasse aos envolvidos no sofisticado esquema de tráfico de drogas, principalmente pela complexidade do feito, pelo número de acusados, pela quantidade de drogas e pela variedade de entorpecentes. Precedentes citados do STF: Inq 2.424-RJ, DJe 26/3/2010; do STJ: HC 50.193-ES, DJ 21/8/2006, e HC 125.197-PR, DJe 24/6/2011. HC 135.771-PE, Rel. Min. Og Fernandes, julgado em 4/8/2011.

Acerca das renovações sucessivas da medida cautelar probatória de interceptação telefônica, o Supremo Tribunal Federal fixou a seguinte tese no tema 661 da sua repercussão geral (RE 625.263/PR, rel. Min. Gilmar Mendes, rel. para o Acórdão Min Alexandre de Moraes, j. 17/03/2022):

> São lícitas as sucessivas renovações de interceptação telefônica, desde que, verificados os requisitos do artigo 2° da Lei n° 9.296/1996 e demonstrada a necessidade da medida diante de elementos concretos e a complexidade da investigação, a decisão judicial inicial e as prorrogações sejam devidamente motivadas, com justificativa legítima, ainda que sucinta, a embasar a continuidade das investigações. São ilegais as motivações padronizadas ou reproduções de modelos genéricos sem relação com o caso concreto (tema 661 da repercussão geral do STF).

- **Procedimentos de interceptação:** os artigos 6º e 7º da Lei 9.296/96 tratam dos procedimentos de interceptação das comunicações telefônicas, que devem ser levados a cabo pela autoridade policial (nesta toada, rechaço a possibilidade da interceptação telefônica ser conduzida, depois de deferida pelo juízo competente pelo Ministério Público ou por polícia preventiva – isso significaria evidente atropelo ao nosso sistema processual penal):

> **Art. 6° Deferido o pedido, a autoridade policial conduzirá os procedimentos de interceptação, dando ciência ao Ministério Público, que poderá acompanhar a sua realização.**
>
> **§ 1° No caso de a diligência possibilitar a gravação da comunicação interceptada, será determinada a sua transcrição.**
>
> **§ 2° Cumprida a diligência, a autoridade policial encaminhará o resultado da interceptação ao juiz, acompanhado de auto**

circunstanciado, que deverá conter o resumo das operações realizadas.

§ 3º Recebidos esses elementos, o juiz determinará a providência do art. 8º, ciente o Ministério Público.

Art. 7º Para os procedimentos de interceptação de que trata esta Lei, a autoridade policial poderá requisitar serviços e técnicos especializados às concessionárias de serviço público.

- **Transcrição de todos os diálogos (desnecessidade):** não é preciso transcrever todos os diálogos captados no curso da interceptação telefônica. Nesse sentido, informativo 404/STJ:

> Não há ofensa ao princípio da ampla defesa no fato de o juiz de primeiro grau não realizar a transcrição dos diálogos decorrentes de interceptação telefônica, pois se disponibilizou para os defensores a mídia na qual todas as conversas encontram-se gravadas. Logo, a Turma, por maioria, negou provimento ao recurso. Precedentes citados: HC 101.808-MT, DJe 4/8/2008, e HC 86.255-DF, DJ 17/12/2007. RHC 20.472-DF, Rel. Min. Maria Thereza de Assis Moura, julgado em 24/8/2009.

- **Fornecimento das ligações captadas no formato reclamado pela defesa (desnecessidade):** o Superior Tribunal de Justiça entende que não é ônus do Estado fornecer as ligações captadas no formato solicitado pela defesa (informativo 731).

No caso analisado pelo Sodalício, todas as ligações interceptadas foram franqueadas à defesa no curso do processo. Esta solicitou, entretanto, que as ligações fossem convertidas em formato específico, o que foi negado pelo Tribunal da Cidadania. Eis o julgado:

> AGRAVO REGIMENTAL NO RECURSO EM HABEAS CORPUS. ORGANIZAÇÃO CRIMINOSA. CONVERSÃO DAS MÍDIAS EM FORMATO REQUERIDO PELA DEFESA. GRAVAÇÕES INTEGRALMENTE DISPONIBILIZADAS. AUSÊNCIA DE CONSTRANGIMENTO ILEGAL. AGRAVO REGIMENTAL NÃO PROVIDO. 1. Como é cediço, o art. 5º, inciso XII, da Constituição Federal assegura a inviolabilidade das comunicações, ressalvando a possibilidade de quebra de sigilo telefônico, por ordem judicial, nas hipóteses e na forma estabelecida pela Lei n. 9.296/1996, para fins de investigação criminal ou instrução processual penal. 2. Neste caso, constata-se que o conteúdo das interceptações telefônicas foi disponibilizado pela defesa, não havendo que se falar em nulidade por ser preferível um formato a outro ou em virtude de os órgãos públicos possuírem

sistema próprio para exame das gravações. Com efeito, os diálogos interceptados estão integralmente disponíveis, em observância aos princípios do contraditório, da ampla defesa e da paridade de armas, não sendo ônus atribuído ao Estado a conversão em formato escolhido pela defesa. 3. Agravo regimental não provido (AgRg no RHC 155.813/PE, Rel. Ministro Reynaldo Soares da Fonseca, Quinta Turma, julgado em 15/02/2022, DJe 21/02/2022).

- **Apensamento da interceptação telefônica ao inquérito ou processo:** a interceptação telefônica correrá em autos apartados e o advogado do investigado/indiciado/réu não terá acesso à medida cautelar probatória enquanto ela estiver em curso (inciso XIV do artigo 7º da Lei 8.906/94[2] e Súmula Vinculante 14[3]).

O parágrafo único do artigo 8º da Lei 9.296/96 trata do momento da apensação da interceptação ao inquérito ou ao processo penal:

> **Art. 8º A interceptação de comunicação telefônica, de qualquer natureza, ocorrerá em autos apartados, apensados aos autos do inquérito policial ou do processo criminal, preservando-se o sigilo das diligências, gravações e transcrições respectivas.**
>
> **Parágrafo único. A apensação somente poderá ser realizada imediatamente antes do relatório da autoridade, quando se tratar de inquérito policial (Código de Processo Penal, art.10, § 1º) ou na conclusão do processo ao juiz para o despacho decorrente do disposto nos arts. 407, 502 ou 538 do Código de Processo Penal.**

Saliento que o Pacote Anticrime determinou que apenas as provas não repetíveis produzida no curso do inquérito policial serão apensadas ao futuro processo, na forma do § 3º do artigo 3º-C do CPP[4] – e a interceptação

---

2. Art. 7º São direitos do advogado:
(...)
XIV – examinar, em qualquer instituição responsável por conduzir investigação, mesmo sem procuração, autos de flagrante e de investigações de qualquer natureza, findos ou em andamento, ainda que conclusos à autoridade, podendo copiar peças e tomar apontamentos, em meio físico ou digital.
3. Súmula Vinculante 14 – É direito do defensor, no interesse do representado, ter acesso amplo aos elementos de prova que, já documentados em procedimento investigatório realizado por órgão com competência de polícia judiciária, digam respeito ao exercício do direito de defesa.
4. Art. 3º-C (...)
§ 3º Os autos que compõem as matérias de competência do juiz das garantias ficarão acautelados na secretaria desse juízo, à disposição do Ministério Público e da defesa, e não serão apensados aos

é exemplo de prova não repetível). Convém lembrar que esse dispositivo (e todos os outros que tratam do juiz das garantias foram suspenso por decisão do Supremo Tribunal Federal nos autos das ADI propostas contra a Lei 13.964/19).

▪ **Captação ambiental de sinais:** o Pacote Anticrime enxertou na Lei 9.296/96 a captação ambiental de sinais eletromagnéticos, ópticos ou acústicos.

O artigo 8º-A da Lei 9.296/96 (com redação determinada pela Lei 13.964/19) reclama prévia autorização judicial para decretação dessa medida cautelar probatória (quando se desejar captar sinais em ambientes não abertos ao público), atendendo a representação do delegado de polícia ou requerimento do Ministério Público (são os legitimados a pugnar pela utilização deste meio de obtenção de provas), quando: i) a prova não puder ser feita por outros meios disponíveis e igualmente eficazes (trata-se de medida de *ultima ratio*); e ii) houver elementos probatórios razoáveis de autoria e participação em infrações criminais cujas penas máximas sejam superiores a 4 anos ou em infrações penais conexas (*fumus comissi delicti*).

▪ **Descrição do local da captação e prazo:** o legislador reclamou que a autoridade policial ou o Ministério Público descreva o local e a forma de instalação do dispositivo de captação ambiental.

O prazo da captação ambiental é de 15 dias, admitidas sucessivas prorrogações, desde que seja comprovada a indispensabilidade do meio de obtenção de prova e quando presente atividade criminal permanente, habitual ou continuada (os requisitos para as prorrogações são cumulativos).

▪ **Uso de drones:** a meu ver, o uso de drones pode ou não ser entendido como captação ambiental de sinais em ambiente fechado (e, nesse caso, demandar autorização judicial prévia). Explico por meio da tabela abaixo:

---

autos do processo enviados ao juiz da instrução e julgamento, ressalvados os documentos relativos às provas irrepetíveis, medidas de obtenção de provas ou de antecipação de provas, que deverão ser remetidos para apensamento em apartado.

Uso de drones para captação de imagens/sons	
Desnecessidade de autorização judicial prévia	Caso o drone seja utilizado para captar imagens (fotos ou vídeos) ou sons em ambientes abertos, não há necessidade de autorização judicial prévia para sua utilização e as imagens e vídeos podem tranquilamente servir como provas das práticas ilícitas investigadas, sem que se possa falar em nulidade.
	O raciocínio é o mesmo (desnecessidade de autorização judicial prévia) se o drone for utilizado para constatar situação flagrancial em ambientes fechados – uma casa, por exemplo (coleta de indícios de que há prática de crime no interior de uma casa antes do ingresso do aparelho policial sem mandado judicial de busca e apreensão).
Necessidade de autorização judicial prévia	Doutra banda, se o drone for utilizado para coleta de imagens (fotos ou vídeos) ou sons em ambientes não abertos ao público (casa, por exemplo) em situações não flagranciais (com o fito de colher material probante para robustecer investigação em andamento, por exemplo), penso que sua utilização tem natureza de captação ambiental de sinais em local fechado e que há necessidade de prévia ordem judicial (o delegado de polícia ou o agente ministerial deve representar/requerer a medida ao juízo competente com base no artigo 8°-A da Lei 9.296/96).

- **Síntese do meio de obtenção de prova:** eis tabela que sintetiza a técnica:

Captação ambiental de sinais eletromagnéticos, ópticos ou acústicos em locais não abertos ao público	Cláusula de reserva de jurisdição (depende de prévia autorização judicial) – natureza jurídica de meio de obtenção de prova
Legitimidade	Delegado de polícia ou Ministério Público
Requisitos	i) quando a prova não puder ser feita por outros meios disponíveis e igualmente eficazes; e ii) houver elementos probatórios razoáveis de autoria e participação em infrações criminais cujas penas máximas sejam superiores a 4 anos ou em infrações penais conexas
Prazo	15 dias

Prorrogação do prazo	Possível sucessivas vezes, desde que seja comprovada a indispensabilidade do meio de obtenção de prova e quando presente atividade criminal permanente, habitual ou continuada

- **Dispositivos vetados (os vetos derrubados pelo Congresso Nacional):** o § 2º do artigo 8º-A da Lei 9.296/96 foi aprovado pelo Poder Legislativo, vetado pelo Presidente da República e o veto foi derrubado pelo Congresso Nacional:

> **Art. 8º-A (...)**
>
> **§ 2º A instalação do dispositivo de captação ambiental poderá ser realizada, quando necessária, por meio de operação policial disfarçada ou no período noturno, exceto na casa, nos termos do inciso XI do caput do art. 5º da Constituição Federal.**

Eis as razões do veto:

> A propositura legislativa, gera insegurança jurídica, haja vista que, ao mesmo tempo em que admite a instalação de dispositivo de captação ambiental, esvazia o dispositivo ao retirar do seu alcance a 'casa', nos termos do inciso XI do art. 5º da Lei Maior. Segundo a doutrina e a jurisprudência do Supremo Tribunal Federal, o conceito de 'casa' deve ser entendido como qualquer compartimento habitado, até mesmo um aposento que não seja aberto ao público, utilizado para moradia, profissão ou atividades, nos termos do art. 150, § 4º, do Código Penal (v. g. HC 82788, Relator: Min. CELSO DE MELLO, Segunda Turma, julgado em 12/04/2005).

Com a derrubada do veto pelo Congresso Nacional, a lei passa a deixar claro a possibilidade de instalação de dispositivo de captação de sinais em compartimento fechado mesmo no período noturno (ou por meio de operação policial disfarçada). A instalação do dispositivo, contudo, não poderá ser feita à noite na casa do investigado/indiciado/réu. A leitura atenta do dispositivo revela que não restou inviabilizada a captação ambiental determinada na casa deste (apenas que a instalação do dispositivo não pode ser levada a cabo à noite).

De igual sorte, o § 4º do artigo 8º-A da Lei 9.296/96 foi vetado, mas o veto foi derrubado pelo Congresso Nacional:

Art. 8º-A (...)

§ 4º A captação ambiental feita por um dos interlocutores sem o prévio conhecimento da autoridade policial ou do Ministério Público poderá ser utilizada, em matéria de defesa, quando demonstrada a integridade da gravação.

Eis as razões do veto:

> A propositura legislativa, ao limitar o uso da prova obtida mediante a captação ambiental apenas pela defesa, contraria o interesse público uma vez que uma prova não deve ser considerada lícita ou ilícita unicamente em razão da parte que beneficiará, sob pena de ofensa ao princípio da lealdade, da boa-fé objetiva e da cooperação entre os sujeitos processuais, além de se representar um retrocesso legislativo no combate ao crime. Ademais, o dispositivo vai de encontro à jurisprudência do Supremo Tribunal Federal, que admite utilização como prova da infração criminal a captação ambiental feita por um dos interlocutores, sem o prévio conhecimento da autoridade policial ou do Ministério Público, quando demonstrada a integridade da gravação (v. g. Inq-QO 2116, Relator: Min. Marco Aurélio, Relator p/ Acórdão: Min. Ayres Britto, publicado em 29/02/2012, Tribunal Pleno).

O dispositivo precisa ser lido com atenção, para não seja construída interpretação equivocada: o legislador apenas afirmou que a captação clandestina (realizada por um interlocutor sem a ciência do outro) pode ser utilizada em matéria defesa. Não houve vedação para utilização da captação clandestina como prova pela acusação (ou no curso do inquérito policial, no sentido de demonstrar a autoria delitiva). É possível construir exemplo elucidativo:

> **SITUAÇÃO HIPOTÉTICA:** com o fito de demonstrar prática de delito por funcionário público, empresário da construção civil faz uso de câmera de vídeo para captar imagem e áudio do servidor exigindo vantagem indevida.
>
> **SOLUÇÃO:** penso que a captação clandestina (feita pelo empresário sem o conhecimento do servidor) pode ser usada como prova no curso do inquérito policial e no futuro processo penal, mesmo depois da derrubada do veto do § 4º do artigo 8º-A da Lei 9.296/96.

Eis o artigo 8º-A da Lei 9.296/96, à completude:

Art. 8º-A. Para investigação ou instrução criminal, poderá ser autorizada pelo juiz, a requerimento da autoridade policial ou do

Ministério Público, a captação ambiental de sinais eletromagnéticos, ópticos ou acústicos, quando:

I – a prova não puder ser feita por outros meios disponíveis e igualmente eficazes; e

II – houver elementos probatórios razoáveis de autoria e participação em infrações criminais cujas penas máximas sejam superiores a 4 (quatro) anos ou em infrações penais conexas.

§ 1° O requerimento deverá descrever circunstanciadamente o local e a forma de instalação do dispositivo de captação ambiental.

§ 2° A instalação do dispositivo de captação ambiental poderá ser realizada, quando necessária, por meio de operação policial disfarçada ou no período noturno, exceto na casa, nos termos do inciso XI do caput do art. 5° da Constituição Federal.

§ 3° A captação ambiental não poderá exceder o prazo de 15 (quinze) dias, renovável por decisão judicial por iguais períodos, se comprovada a indispensabilidade do meio de prova e quando presente atividade criminal permanente, habitual ou continuada.

§ 4° A captação ambiental feita por um dos interlocutores sem o prévio conhecimento da autoridade policial ou do Ministério Público poderá ser utilizada, em matéria de defesa, quando demonstrada a integridade da gravação.

§ 5° Aplicam-se subsidiariamente à captação ambiental as regras previstas na legislação específica para a interceptação telefônica e telemática.

▪ **Gravação que não interessar à prova:** o artigo 9° da Lei 9.296/96 determina que a gravação que não interessar à prova será inutilizada por decisão judicial:

Art. 9° A gravação que não interessar à prova será inutilizada por decisão judicial, durante o inquérito, a instrução processual ou após esta, em virtude de requerimento do Ministério Público ou da parte interessada.

Parágrafo único. O incidente de inutilização será assistido pelo Ministério Público, sendo facultada a presença do acusado ou de seu representante legal.

▪ **Diálogo de interceptado com detentor de foro por prerrogativa de função:** o simples fato de haver diálogo envolvendo detentor de foro por prerrogativa de função com investigado interceptado não demanda imediato encaminhamento do feito à instância superior – nesse sentido, informativo 575/STJ.

Outrossim, se for detectado envolvimento da autoridade com a prática delitiva apurada ou com outro crime conexo ou não com o originalmente investigado (serendipidade), é salutar sustar a interceptação, comunicando o juízo que decretou a medida, para que este remeta o caso à apreciação do tribunal competente, que decidirá onde deverá tramitar a investigação.

- **Interceptação por prospecção:** não é possível materializar interceptação telefônica por prospecção (*fishing expedition*). A Lei 9.296/96 reclama a demonstração indícios razoáveis de autoria/participação em infração penal punida com reclusão (que devem ser claramente indicados na representação do delegado ou no requerimento do Ministério Público).

Admite-se, contudo, descoberta fortuita de provas (serendipidade ou crime achado). Exemplifico:

> **SITUAÇÃO HIPOTÉTICA:** no curso de inquérito policial instaurado para apurar o crime de roubo, o delegado de polícia representou ao juízo competente a decretação de interceptação das comunicações telefônicas do investigado. No curso da medida cautelar probatória, este foi surpreendido vendendo drogas ilícitas.
>
> **SOLUÇÃO:** a prova descoberta fortuitamente (relacionada à prática do crime de tráfico de drogas) poderá ser tranquilamente usada em desfavor do investigado (serendipidade).

- **Ligação em modo viva-voz por determinação da polícia:** é nula a prova resultante de determinação para que investigado coloque seu celular no modo viva-voz (oportunizando que a polícia ouça o conteúdo da conversa durante abordagem):

> PENAL E PROCESSUAL PENAL. RECURSO ESPECIAL. TRÁFICO DE DROGAS. PROVA OBTIDA DE CONVERSA TRAVADA POR FUNÇÃO VIVA-VOZ DO APARELHO CELULAR DO SUSPEITO. DÚVIDAS QUANTO AO CONSENTIMENTO. INEXISTÊNCIA DE AUTORIZAÇÃO JUDICIAL. ILICITUDE CONSTATADA. AUTOINCRIMINAÇÃO. IMPOSSIBILIDADE. DESCOBERTA INEVITÁVEL. INOCORRÊNCIA. PLEITO ABSOLUTÓRIO MANTIDO. RECURSO ESPECIAL DESPROVIDO. 1. O Tribunal de origem considerou que, embora nada de ilícito houvesse sido encontrado em poder do acusado, a prova da traficância foi obtida em flagrante violação ao direito constitucional à não autoincriminação, uma vez que aquele foi compelido a reproduzir, contra si, conversa travada com terceira pessoa pelo sistema viva-voz do celular, que conduziu os policiais à sua residência e culminou com a arrecadação de

todo material estupefaciente em questão. 2. Não se cogita estar diante de descoberta inevitável, porquanto este fenômeno ocorre quando a prova derivada seria descoberta de qualquer forma, com ou sem a prova ilícita, o que não se coaduna com o caso aqui tratado em que a prova do crime dependeu da informação obtida pela autoridade policial quando da conversa telefônica travada entre o suspeito e terceira pessoa. 3. O relato dos autos demonstra que a abordagem feita pelos milicianos foi obtida de forma involuntária e coercitiva, por má conduta policial, gerando uma verdadeira autoincriminação. Não se pode perder de vista que qualquer tipo de prova contra o réu que dependa dele mesmo só vale se o ato for feito de forma voluntária e consciente. 4. Está-se diante de situação onde a prova está contaminada, diante do disposto na essência da teoria dos frutos da árvore envenenada (fruits of the poisonous tree), consagrada no art. 5º, inciso LVI, da Constituição Federal, que proclama a nódoa de provas, supostamente consideradas lícitas e admissíveis, mas obtidas a partir de outras declaradas nulas pela forma ilícita de sua colheita. 5. Recurso especial desprovido (STJ, 5ª Turma, REsp 1630097/RJ, rel. Min. Joel Ilan Paciornik, julgado em 18/04/2017, DJe em 28/04/2017).

- **Acesso a conteúdo sigiloso de terminal móvel:** a polícia não pode ter acesso ao conteúdo de aplicativos de mensagens, fotos e vídeos de telefone do suspeito, sem ordem judicial prévia.

O acesso direto (independentemente de ordem judicial) pode ser feito, contudo, excepcionalmente, nos casos em que a demora na obtenção de um mandado judicial: i) puder trazer prejuízos concretos à investigação; ou ii) acarretar perigo à vítima do delito (grifo meu):

PROCESSO PENAL. NULIDADE. PROVA ILÍCITA. LAUDO PERICIAL ELABORADO EM APARELHO CELULAR SEM AUTORIZAÇÃO JUDICIAL. PESQUISA DE REGISTROS DE CHAMADAS, CONTEÚDO DE AGENDA, MENSAGENS DE TEXTO SMS, ETC. VIOLAÇÃO DO SIGILO DE DADOS. ART. 157 DO CPP. 1. É inequivocamente nula a obtenção de dados existentes em aparelhos de telefonia celular ou em outros meios de armazenamento de dados, sem autorização judicial, **ressalvada, apenas, excepcionalmente, a colheita da prova através do acesso imediato aos dados do aparelho celular, nos casos em que a demora na obtenção de um mandado judicial puder trazer prejuízos concretos à investigação ou especialmente à vítima do delito**. 2. É nulo o laudo pericial elaborado por requisição direta da autoridade policial no curso da investigação, sem autorização judicial, com obtenção de registros de chamadas depois da realização de ampla invasão aos canais de registros pessoais, tais como, agendas, mensagens de sms, etc, em verdadeira

> devassa de dados privados. 3. Ordem concedida para anular o acórdão da apelação e permitir que outro seja proferido, uma vez retirado dos autos o laudo pericial 57/2007. (HC 388.008/AP, Rel. Ministra MARIA THEREZA DE ASSIS MOURA, SEXTA TURMA, julgado em 03/08/2017, DJe 14/08/2017).

Teses do Superior Tribunal de Justiça: acerca do acesso, pela polícia, do conteúdo sigiloso armazenado em telefone celular de investigado, é importante a leitura da tese 19 da edição 69 e da tese 7 da edição 111, ambas da jurisprudência em teses do Superior Tribunal de Justiça:

> 19) São nulas as provas obtidas por meio da extração de dados e de conversas privadas registradas em correio eletrônico e redes sociais (v.g. Whatsapp e Facebook) sem a prévia autorização judicial (edição 69).
>
> 7) É ilícita a prova colhida mediante acesso aos dados armazenados no aparelho celular, relativos a mensagens de texto, SMS, conversas por meio de aplicativos *(WhatsApp)*, e obtida diretamente pela polícia, sem prévia autorização judicial (edição 111).

- **Telefone de vítima morta entregue pela viúva:** caso o terminal móvel da vítima (morta) seja entregue por sua esposa ao delegado de polícia, o acesso aos dados sigilosos é lícito (informativo 617/STJ):

> Não há ilegalidade na perícia de aparelho de telefonia celular pela polícia, sem prévia autorização judicial, na hipótese em que seu proprietário – a vítima – foi morto, tendo o referido telefone sido entregue à autoridade policial por sua esposa (STJ. 6ª Turma. RHC 86.076-MT, Rel. Min. Sebastião Reis Júnior, Rel. Acd. Min. Rogerio Schietti Cruz, julgado em 19/10/2017 (Info 617).

- **Espelhamento de Whatsapp:** no informativo 640/STJ, a Sexta Turma do Tribunal da Cidadania (relatoria da Ministra Laurita Vaz) reconheceu a impossibilidade de espelhamento de Whatsapp (com uso da ferramenta Whatsapp web), nos seguintes termos: i) por se traduzir em possível prova diabólica (aquela muito difícil ou impossível de ser feita pela parte); e ii) por não existir regulamentação do meio de obtenção de prova – seria meio de obtenção de prova híbrido.

O entendimento do Superior Tribunal de Justiça merece sonora crítica. Em primeiro lugar, porque não há óbice à utilização de meio de obtenção de prova não regulamentado pelo aparelho persecutório estatal (desde que não se traduza em meio de coleta de provas que promova atropelo a direito individual). O fato da interceptação via Whatsapp web permitir acesso a mensagens anteriormente enviadas/recebidas pelo investigado não devia causar espanto, já que a quebra de sigilo telemático (acesso aos e-mails enviados e recebidos pelo investigado) também permite acesso semelhante.

Outro ponto: anular a prova simplesmente porque a polícia poderia adulterar ou apagar mensagens parece-me absurdo (expressão de nefasto superdimensionamento de direitos individuais, que nada serve à sociedade). Se seguirmos o mesmo raciocínio do Superior Tribunal de Justiça, não seria admitida a medida cautelar de busca e apreensão, porquanto é possível ao aparelho policial "plantar" ou forjar provas na casa do investigado (prova diabólica), o que é absolutamente teratológico. A decisão se inclina no sentido de dificultar ainda mais o rastreamento de tratativas ilícitas feitas por meio de aplicativos de *smartphones* e contribui para criar um canal de comunicação inacessível aos órgãos de persecução penal.

Eis o julgado aqui criticado:

> Inicialmente, cumpre salientar que, ao contrário da interceptação telefônica, no âmbito da qual o investigador de polícia atua como mero observador de conversas empreendidas por terceiros, no espelhamento via *WhatsApp Web* o investigador de polícia tem a concreta possibilidade de atuar como participante tanto das conversas que vêm a ser realizadas quanto das conversas que já estão registradas no aparelho celular, haja vista ter o poder, conferido pela própria plataforma *online*, de interagir diretamente com conversas que estão sendo travadas, de enviar novas mensagens a qualquer contato presente no celular, e de excluir, com total liberdade, e sem deixar vestígios, qualquer mensagem passada, presente ou futura. Insta registrar que, por mais que os atos praticados por servidores públicos gozem de presunção de legitimidade, doutrina e jurisprudência reconhecem que se trata de presunção relativa, que pode ser ilidida por contra-prova apresentada pelo particular. Não é o caso, todavia, do espelhamento: o fato de eventual exclusão de mensagens enviadas (na modalidade "Apagar para mim") ou recebidas (em qualquer caso) não deixar absolutamente nenhum vestígio nem para o usuário nem para o destinatário, e o fato de tais mensagens excluídas, em razão da criptografia *end-to-end*, não ficarem armazenadas em nenhum servidor, constituem fundamentos suficientes para a conclusão de que a admissão de tal meio de obtenção de prova implicaria indevida presunção absoluta da legitimidade dos atos dos investigadores, dado que exigir contraposição idônea por parte do investigado seria equivalente a demandar-lhe produção de prova diabólica (o que não ocorre em caso de interceptação telefônica, na qual se oportuniza a realização de perícia). Em

segundo lugar, ao contrário da interceptação telefônica, que tem como objeto a escuta de conversas realizadas apenas depois da autorização judicial (*ex nunc*), o espelhamento via *QR Code* viabiliza ao investigador de polícia acesso amplo e irrestrito a toda e qualquer comunicação realizada antes da mencionada autorização, operando efeitos retroativos (*ex tunc*). Em termos técnico-jurídicos, o espelhamento seria melhor qualificado como um tipo híbrido de obtenção de prova consistente, a um só tempo, em interceptação telefônica (quanto às conversas *ex nunc*) e em quebra de sigilo de e-mail (quanto às conversas *ex tunc*). Não há, todavia, ao menos por agora, previsão legal de um tal meio de obtenção de prova híbrido. Por fim, ao contrário da interceptação telefônica, que é operacionalizada sem a necessidade simultânea de busca pessoal ou domiciliar para apreensão de aparelho telefônico, o espelhamento via *QR Code* depende da abordagem do indivíduo ou do vasculhamento de sua residência, com apreensão de seu aparelho telefônico por breve período de tempo e posterior devolução desacompanhada de qualquer menção, por parte da autoridade policial, à realização da medida constritiva, ou mesmo, porventura acompanhada de afirmação falsa de que nada foi feito.

- **Policial que se faz passar pelo investigado e atende a ligação:** se o policial que aborda o suspeito atender ligação dirigida ao terminal móvel deste, fazendo-se passar pelo investigado haverá nulidade da prova, nos termos de decisão da Sexta Turma do Superior Tribunal de Justiça:

> HABEAS CORPUS. TRÁFICO DE DROGAS. SENTENÇA TRANSITADA EM JULGADO. ILICITUDE DA PROVA. AUSÊNCIA DE AUTORIZAÇÃO PESSOAL OU JUDICIAL PARA ACESSAR DADOS DO APARELHO TELEFÔNICO APREENDIDO OU PARA ATENDER LIGAÇÃO. POLICIAL PASSOU-SE PELO DONO DA LINHA E FEZ NEGOCIAÇÃO PARA PROVOCAR PRISÃO EM FLAGRANTE. INEXISTÊNCIA DE PROVA AUTÔNOMA E INDEPENDENTE SUFICIENTE PARA A CONDENAÇÃO. 1. Não tendo a autoridade policial permissão, do titular da linha telefônica ou mesmo da Justiça, para ler mensagens nem para atender ao telefone móvel da pessoa sob investigação e travar conversa por meio do aparelho com qualquer interlocutor que seja se passando por seu dono, a prova obtida dessa maneira arbitrária é ilícita. 2. Tal conduta não merece o endosso do Superior Tribunal de Justiça, mesmo que se tenha em mira a persecução penal de pessoa supostamente envolvida com tráfico de drogas. Cabe ao magistrado abstrair a prova daí originada do conjunto probatório porque alcançada sem observância das regras de Direito que disciplinam a execução do jus puniendi. 3. No caso, a condenação do paciente está totalmente respaldada em provas ilícitas, uma vez que, no momento da abordagem ao veículo em que estavam o paciente, o corréu e sua namorada, o policial atendeu ao telefone do condutor, sem autorização para tanto, e passou-se por ele para fazer a

> negociação de drogas e provocar o flagrante. Esse policial também obteve acesso, sem autorização pessoal nem judicial, aos dados do aparelho de telefonia móvel em questão, lendo mensagem que não lhe era dirigida. 4. O vício ocorrido na fase investigativa atinge o desenvolvimento da ação penal, pois não há prova produzida por fonte independente ou cuja descoberta seria inevitável. Até o testemunho dos policiais em juízo está contaminado, não havendo prova autônoma para dar base à condenação. Além da apreensão, na hora da abordagem policial, de cocaína (2,8 g), de maconha (1,26 g), de celulares e de R$ 642,00 (seiscentos e quarenta e dois reais) trocados, nada mais havia no carro, nenhum petrecho comumente usado na traficância (caderno de anotações, balança de precisão, material para embalar droga, etc.). Somente a partir da leitura da mensagem enviada a um dos telefones e da primeira ligação telefônica atendida pelo policial é que as coisas se desencadearam e deram ensejo à prisão em flagrante por tráfico de drogas e, depois, à denúncia e culminaram com a condenação. 5. Ordem concedida para anular toda a ação penal[5].

Já a Quinta Turma do Superior Tribunal de Justiça, enfrentando situação muito parecida, entendeu ser lícita a prova resultante de ligação atendida por policial que se fez passar pelo suspeito de envolvimento com o tráfico de drogas (em verdade nesse precedente o policial parece não ter interagido com a interlocutora, apenas ouviu o que ela disse e deu prosseguimento à diligência de posse dos dados obtidos na ligação atendida):

> PROCESSO PENAL. HABEAS CORPUS SUBSTITUTIVO DE RECURSO. INADEQUAÇÃO. TRÁFICO DE DROGAS. NULIDADE ABSOLUTA DA CONDENAÇÃO. VIOLAÇÃO DO SIGILO TELEFÔNICO. POLICIAL QUE ATENDEU AO CELULAR DO RÉU. PROVA LÍCITA. NÃO OCORRÊNCIA. NULIDADE POR VIOLAÇÃO DE DOMICÍLIO. CRIME PERMANENTE. JUSTA CAUSA CONFIGURADA. INOCORRÊNCIA DE ILEGALIDADE. HABEAS CORPUS NÃO CONHECIDO. 1. Esta Corte e o Supremo Tribunal Federal pacificaram orientação no sentido de que não cabe habeas corpus substitutivo do recurso legalmente previsto para a hipótese, impondo-se o não conhecimento da impetração, salvo quando constatada a existência de flagrante ilegalidade no ato judicial impugnado. 2. A Constituição Federal de 1988 prevê como garantias ao cidadão a inviolabilidade da intimidade, do sigilo de correspondência, dados e comunicações telefônicas, salvo ordem judicial. 3. A Lei n. 12.965/2014, conhecida como Marco Civil da Internet, em seu art. 7°, assegura aos usuários os direitos para o uso da internet no Brasil, entre eles, o da inviolabilidade da intimidade e da vida privada, do sigilo

5. STJ, HC 511.484/RS, Rel. Ministro SEBASTIÃO REIS JÚNIOR, SEXTA TURMA, julgado em 15/08/2019, DJe 29/08/2019.

do fluxo de suas comunicações pela internet, bem como de suas comunicações privadas armazenadas. 4. A quebra do sigilo do correio eletrônico somente pode ser decretada, elidindo a proteção ao direito, diante dos requisitos próprios de cautelaridade que a justifiquem idoneamente, desaguando em um quadro de imprescindibilidade da providência. (HC 315.220/RS, Rel. Ministra MARIA THEREZA DE ASSIS MOURA, SEXTA TURMA, julgado em 15/09/2015, DJe 09/10/2015). 5. Com o avanço tecnológico, o aparelho celular deixou de ser apenas um instrumento de comunicação interpessoal. Hoje, é possível ter acesso a diversas funções, entre elas, a verificação de mensagens escritas ou audível, de correspondência eletrônica, e de outros aplicativos que possibilitam a comunicação por meio de troca de dados de forma similar à telefonia convencional. 6. No caso em questão, porém, conforme pontuado pelo Tribunal a quo, não houve devassa do conteúdo do celular do acusado preso em flagrante. Ocorreu, em suma, que "(...) na realidade, o telefone de Adriano tocou durante a sua imobilização pelos agentes públicos e, imediatamente, foi atendido por um dos policiais. A partir disso, surgiu a forte suspeita de participação da apelante na conduta criminosa, por ser a interlocutora e iniciar o diálogo antes mencionado". 7. Há jurisprudência desta Corte Superior reconhecendo a legalidade de tal conduta – atender ligação proveniente do celular do acusado durante o flagrante – a uma porque não se verifica quadro de interceptação, pois não estão presentes os requisitos da Lei n. 9.296/1996, a outra pois tem se entendido que em tal cenário há escorreito procedimento policial, a legitimar a ação. A propósito, conferir: HC 55.288/MG, Rel. Ministra ALDERITA RAMOS DE OLIVEIRA (DESEMBARGADORA CONVOCADA DO TJ/PE), SEXTA TURMA, julgado em 2/4/2013, DJe 10/05/2013; AREsp 1.244.804/DF. Ministro JORGE MUSSI, DJe 1/8/2018; e HC 378.775/SP. Ministro REYNALDO SOARES DA FONSECA, DJe 7/12/2017. 8. Segundo jurisprudência firmada nesta Corte, o crime de tráfico de drogas, na modalidade de guardar ou ter em depósito, constitui crime permanente, configurando-se o flagrante enquanto o entorpecente estiver em poder do infrator, incidindo, portanto, a excepcionalidade do art. 5 °, inciso XI, da Constituição Federal. 9. O Pleno do Supremo Tribunal Federal, no julgamento do RE n. 603.616, reafirmou o referido entendimento, com o alerta de que para a adoção da medida de busca e apreensão sem mandado judicial, faz-se necessária a caracterização de justa causa, consubstanciada em razões as quais indiquem a situação de flagrante delito. 10. No caso em exame, a justa causa para a adoção da medida de busca e apreensão sem mandado judicial evidencia-se no fato de que os policiais militares, impulsionados por denúncia anônima sobre a ocorrência de comércio de drogas em determinada residência, já conhecida da guarnição, foram até o local e verificaram que estava, de fato, ocorrendo o comércio ilegal de drogas. Na ocasião, ao avistar os agentes, o corréu, Adriano, empreendeu fuga, sendo, entretanto, capturado com 29 pedras de crack. Ainda, "Durante

> a abordagem, o telefone de Adriano tocou e foi atendido pelo policial, que escutou, do outro lado da linha, uma voz feminina que anunciava a chegada dos policiais e exigia que dispensasse o "bagulho" e fosse ao seu encontro, imaginando, assim, que Adriano não estivesse detido. O policial Rodrigo foi ao local indicado pela mulher, bem próximo de onde foi feita a prisão do agente, e encontrou ela na frente de uma outra residência. A apelante foi conduzida à casa onde ela disse que morava, a qual coincidiu com a moradia em que Adriano foi abordado, o que culminou na descoberta de mais 48 pedras da mesma substância, escondidas atrás de um fogão nos fundos da casa, que estavam embaladas da mesma maneira daquelas encontradas com o corréu". 11. Considerando a natureza permanente do delito de tráfico e estando devidamente registrada a justa causa para ensejar o ingresso dos agentes de polícia no domicílio do réu, como acima destacado, concluo que não se identifica a manifesta ilegalidade sustentada pela defesa. 12. Habeas corpus não conhecido[6].

- **Habilitação de chip da autoridade policial em substituição ao do investigado titular da linha (impossibilidade):** o Superior Tribunal de Justiça entendeu não ser possível habilitação de chip pela autoridade policial em substituição ao do investigado (titular da linha) para que se procedesse à interceptação das conversas travadas (inclusive via Whatsapp), com base na Lei 9.296/96:

> RECURSO ESPECIAL. MANDADO DE SEGURANÇA. QUEBRA DE SIGILO TELEFÔNICO E TELEMÁTICO. ORDEM DE HABILITAÇÃO DE SIMCARD (CHIP) DA AUTORIDADE POLICIAL FEDERAL EM SUBSTITUIÇÃO AO DO TITULAR DA LINHA. PROCEDIMENTO ILEGAL. SEGURANÇA CONCEDIDA. INSURGÊNCIA MINISTERIAL. PRELIMINAR DE ILEGITIMIDADE ATIVA DA OPERADORA TELEFÔNICA. INCIDÊNCIA DA SÚMULA N. 284/STJ. ILEGALIDADE DA INCURSÃO INVESTIGATÓRIA. RECURSO ESPECIAL PARCIALMENTE CONHECIDO E, NESSA EXTENSÃO, DESPROVIDO. 1. Para arguir suposta ilegitimidade ativa da Impetrante do writ originário, o Recorrente aponta como violado o art. 18 do Código de Processo Penal, contudo, em seguida, refere-se ao art. 18 do Código de Processo Civil, transcreve o teor deste, mas anota na transcrição "art. 6.º". Ou seja: não há sequer indicação clara e precisa do artigo de lei supostamente violado, o que obsta a admissão do recurso especial por inescusável deficiência de fundamentação, a atrair a incidência da Súmula n.º 284/STF. Precedentes. 2. Sobre a mesma questão, alega ainda violação ao art. 1.º da Lei n. º 12.016/2009,

6. STJ, HC 446.102/SC, Rel. Ministro Ribeiro Dantas, Quinta Turma, julgado em 04/06/2019, DJe 11/06/2019.

mas sem desenvolver nenhuma tese, limitando-se o Recorrente a afirmar a suposta violação, denotando, mais uma vez, inescusável deficiência de fundamentação, fazendo incidir o óbice da Súmula n.º 284/STF. Precedentes. 3. Ademais, sequer há correspondência entre o argumento da ilegitimidade ativa e o conteúdo normativo do art. 1.º da Lei n.º 12.016/2009, atraindo, novamente, a incidência da Súmula n.º 284/STF. Precedentes. 4. Obiter dictum: a legitimidade ativa da empresa de telefonia foi reconhecida pelo Tribunal a quo não para "proteger direito dos usuários das linhas telefônicas que seriam prejudicados com a interceptação telefônica", como afirmou o Recorrente, mas para discutir a ausência de lei específica para subsidiar a ordem judicial, que determinara inusitada interferência direta na própria prestação do serviço público pela concessionária. 5. No mais, a ordem judicial, endereçada à concessionária de telefonia, consistiu na determinação de viabilizar à autoridade policial a utilização de "SIMCARD" (cartão "SIM", sigla em inglês da expressão Subscriber Identity Module – módulo de identificação do assinante –, comumente referido no Brasil como "chip"), em substituição ao do aparelho celular do usuário investigado, "pelo prazo de 15 (quinze) dias e a critério da autoridade policial, em horários previamente indicados, inclusive de madrugada." 6. Pretendeu-se que a operadora de telefonia, quando acionada, habilitasse o chip do agente investigador, em substituição ao do usuário, a critério da autoridade policial, que teria pleno acesso, em tempo real, às chamadas e mensagens transmitidas para a linha originária, inclusive via WhatsApp. 7. A ação, se implementada, permitiria aos investigadores acesso irrestrito a todas as conversas por meio do WhatsApp, inclusive com a possibilidade de envio de novas mensagens e a exclusão de outras. Se não bastasse, eventual exclusão de mensagem enviada ou de mensagem recebida não deixaria absolutamente nenhum vestígio e, por conseguinte, não poderia jamais ser recuperada para servir de prova em processo penal, tendo em vista que, em razão da própria característica do serviço, feito por meio de encriptação ponta-a-ponta, a operadora não armazena em nenhum servidor o conteúdo das conversas dos usuários. 8. Ao contrário da interceptação telefônica, no âmbito da qual o investigador de polícia atua como mero observador de conversas travadas entre o alvo interceptado e terceiros, na troca do chip habilitado, o agente do estado tem a possibilidade de atuar como participante das conversas, podendo interagir diretamente com seus interlocutores, enviando novas mensagens a qualquer contato inserido no celular, além de poder também excluir, com total liberdade, e sem deixar vestígios, as mensagens no WhatsApp. E, nesse interregno, o usuário ficaria com todos seus serviços de telefonia suspensos. 9. Recurso especial parcialmente conhecido e, nessa extensão, desprovido (REsp 1806792/SP, Rel. Ministra Laurita Vaz, Sexta Turma, julgado em 11/05/2021, DJe 25/05/2021).

- **Crime do artigo 10 da Lei 9.296/96:** o artigo 10 da Lei 9.296/96 (com modificação pela Lei 13.869/19 – Lei de Abuso de Autoridade) é um dos dois crimes tipificados na Lei 9.296/96:

> **Art. 10. Constitui crime realizar interceptação de comunicações telefônicas, de informática ou telemática, promover escuta ambiental ou quebrar segredo da Justiça, sem autorização judicial ou com objetivos não autorizados em lei:**
>
> **Pena – reclusão, de 2 (dois) a 4 (quatro) anos, e multa.**
>
> **Parágrafo único. Incorre na mesma pena a autoridade judicial que determina a execução de conduta prevista no caput deste artigo com objetivo não autorizado em lei.**

- **Classificação:** o delito em testilha é doloso, comum (pode ser praticado por qualquer pessoa, apesar de ser mais factível imaginá-lo sendo praticado pelo delegado de polícia ou pelo agente ministerial, por exemplo), misto, alternativo ou de conteúdo variado.

O crime admite acordo de não persecução penal (artigo 28-A do CPP) e fiança arbitrada pela autoridade policial (artigo 322 do CPP).

- **Condutas proibidas:** nas tabelas abaixo, cindi as condutas proibidas no *caput* do artigo 10 da Lei 9.296/96 para facilitar seu estudo/visualização. Note que são duas as formas de perpetrar o crime analisado: i) realizar a interceptação telefônica/informática/telemática ou promover a escuta ambiental sem autorização judicial; ii) realizar a interceptação telefônica/informática/telemática ou promover a escuta ambiental com autorização judicial, mas com objetivos não autorizados em lei (qualquer objetivo desapegado da coleta de prova com o intuito de instruir inquérito policial ou processo penal se encaixará nessa hipótese criminosa):

Condutas proibidas – artigo 10 da Lei 9.296/96	
Realizar interceptação telefônica	sem autorização judicial
	com autorização judicial, mas com objetivos não autorizados em lei
ou	
Realizar interceptação informática/telemática	sem autorização judicial
	com autorização judicial, mas com objetivos não autorizados em lei

ou	
Promover escuta ambiental	sem autorização judicial
	com autorização judicial, mas com objetivos não autorizados em lei
ou	
Quebrar segredo de justiça	sem autorização judicial
	com autorização judicial, mas com objetivos não autorizados em lei

- **Figura equiparada:** o parágrafo único do artigo 10 da Lei 9.296/96 se traduz em figura equiparada (trata-se de crime próprio, que só pode ser cometido pela autoridade judiciária que determina a execução de conduta prevista no caput deste artigo com objetivo não autorizado em lei). Ao invés de considerar o juiz envolvido na decretação de interceptação telefônica desapegada dos objetivos listados na lei mero partícipe do crime tipificado no caput, o legislador preferiu criar figura equiparada própria para que se considere o magistrado, também, autor do delito. Exemplifico:

> **SITUAÇÃO HIPOTÉTICA:** o delegado de polícia 'A', muito ciumento, decide interceptar o telefone celular da sua esposa, para saber o conteúdo das ligações por ela efetuadas e recebidas. Para tanto, a autoridade policial pede auxílio ao juiz 'B', seu amigo. Ciente das razões que levaram o delegado a representar pela interceptação telefônica, o juiz 'B' a defere pelo prazo de 15 dias.
>
> **SOLUÇÃO:** o delegado de polícia 'A' deve ser considerado autor do crime tipificado no caput do artigo 10 da Lei 9.296/96 (realizou interceptação telefônica com autorização judicial, mas com objetivo não autorizado em lei) e o juiz 'B' deve ser considerado autor do crime tipificado no parágrafo único do mesmo artigo 10 da Lei 9.296/96 (decretou interceptação telefônica com objetivo não autorizado em lei).

- **Pacote Anticrime:** a Lei 13.964/19 enxertou na Lei 9.296/96 a seguinte figura criminosa:

> **Art. 10-A. Realizar captação ambiental de sinais eletromagnéticos, ópticos ou acústicos para investigação ou instrução criminal sem autorização judicial, quando esta for exigida:**
>
> **Pena – reclusão, de 2 (dois) a 4 (quatro) anos, e multa.**

§ 1º Não há crime se a captação é realizada por um dos interlocutores.

§ 2º A pena será aplicada em dobro ao funcionário público que descumprir determinação de sigilo das investigações que envolvam a captação ambiental ou revelar o conteúdo das gravações enquanto mantido o sigilo judicial.

- **Classificação:** o delito em testilha é doloso e próprio (cometido pelo funcionário público que participa da persecução penal – seja investigação ou instrução criminal).

O crime admite acordo de não persecução penal (artigo 28-A do CPP) e fiança arbitrada pela autoridade policial (artigo 322 do CPP).

- **Captação em ambiente não aberto ao público:** por óbvio, só há crime quando a captação reclamar autorização judicial (quando feita em locais fechados, não abertos ao público) e for feita para fins de investigação ou instrução criminal sem dita ordem prévia.

- **Captação clandestina:** o § 1º do artigo 10-A da Lei 9.296/96 (que trata da captação clandestina – feita por um dos interlocutores sem a ciência do outro) encerra causa excludente de ilicitude (exercício regular de direito).

- **Causa de aumento de pena:** o § 2º do artigo 10-A da Lei 9.296/96 encerra majorante (aplicação da pena em dobro) relacionada à conduta do funcionário público que: i) descumprir determinação de sigilo das investigações que envolvam captação ambiental; ou ii) que revelar o conteúdo das gravações enquanto mantido o sigilo judicial.

Teses do Superior Tribunal de Justiça: por fim, é importante a leitura da edição 117 da jurisprudência em teses do Tribunal da Cidadania:

Tese	Comentários
1) A alteração da competência não torna inválida a decisão acerca da interceptação telefônica determinada por juízo inicialmente competente para o processamento do feito.	Trata-se de aplicação da **teoria do juízo aparente**. Correta a tese do Superior Tribunal de Justiça.

Tese	Comentários
2) É admissível a utilização da técnica de fundamentação *per relationem* para a prorrogação de interceptação telefônica quando mantidos os pressupostos que autorizaram a decretação da medida originária.	Fundamentação *per relationem* significa que o juiz se utilizou de argumentos trazidos pelo delegado de polícia ou pelo agente ministerial (alheios, portanto) para deferir o período quinzenal de interceptação das comunicações telefônicas (decretando ou renovando a medida). Em complemento, confira o quanto decidido pelo STJ (informativo 723 – HC 654.131-RS, Rel. Min. Sebastião Reis Júnior, Sexta Turma, por unanimidade, julgado em 16/11/2021, DJe 19/11/2021): "As decisões que deferem a interceptação telefônica e respectiva prorrogação devem prever, expressamente, os fundamentos da representação que deram suporte à decisão - o que constituiria meio apto a promover a formal incorporação, ao ato decisório, da motivação reportada como razão de decidir - sob pena de ausência de fundamento idôneo para deferir a medida cautelar".
3) O art. 6° da Lei n. 9.296/1996 não restringe à polícia civil a atribuição para a execução de interceptação telefônica ordenada judicialmente.	Discordo desse entendimento do Superior Tribunal de Justiça. A interceptação telefônica é meio de obtenção de prova criminal e, como tal, só pode (ou só poderia) ser materializada pela polícia investigativa (Polícias Civis ou Polícia Federal).
4) É possível a determinação de interceptações telefônicas com base em denúncia anônima, desde que corroborada por outros elementos que confirmem a necessidade da medida excepcional.	Recebida notícia anônima de crime, deve a autoridade policial levar a cabo diligências preliminares com o fim de atestar sua verossimilhança. Verificada a procedência das informações, o inquérito deve ser instaurado e resta aberto o caminho para materialização de pleito de interceptação telefônica.
5) A interceptação telefônica só será deferida quando não houver outros meios de prova disponíveis à época na qual a medida invasiva foi requerida, sendo ônus da defesa demonstrar violação ao disposto no art. 2°, inciso II, da Lei n. 9. 296/1996.	Tese autoexplicativa, já que a interceptação telefônica é medida de *ultima ratio*.
6) É legítima a prova obtida por meio de interceptação telefônica para apuração de delito punido com detenção, se conexo com outro crime apenado com reclusão.	Para que seja possível decretação da interceptação telefônica, basta que um dos crimes conexos seja punido com pena de reclusão.
7) A garantia do sigilo das comunicações entre advogado e cliente não confere imunidade para a prática de crimes no exercício da advocacia, sendo lícita a colheita de provas em interceptação telefônica devidamente autorizada e motivada pela autoridade judicial.	Se o advogado se envolve na prática de crime, é possível que ele seja investigado e, presentes os requisitos autorizadores da interceptação telefônica, o meio de obtenção de prova pode ser judicialmente decretado.

Tese	Comentários
8) É desnecessária a realização de perícia para a identificação de voz captada nas interceptações telefônicas, salvo quando houver dúvida plausível que justifique a medida.	Correto o entendimento. Só há necessidade de perícia quando a dúvida é plausível.
9) Não há necessidade de degravação dos diálogos objeto de interceptação telefônica, em sua integralidade, visto que a Lei n. 9.296/1996 não faz qualquer exigência nesse sentido.	A tese já foi comentada supra. Em muitas situações a interceptação das comunicações telefônicas importa na captação de uma quantidade enorme de ligações. Transcrever todos os diálogos (que às vezes duram vários minutos e até horas, sendo que em muitas situações a parte importante da conversa se resume a alguns segundos) seria medida contraproducente.
10) Em razão da ausência de previsão na Lei n. 9.296/1996, é desnecessário que as degravações das escutas sejam feitas por peritos oficiais.	Qualquer policial pode fazer a degravação das ligações interceptadas.

▪ **Tabelas para revisão:** confira duas tabelas para facilitar a revisão do conteúdo estudado:

Interceptação telefônica (Lei 9.296/96)	
Permissivo constitucional	Inciso XII do artigo 5º da Constituição Federal (mitigação do direito ao sigilo das comunicações telefônicas)
Natureza jurídica	Medida cautelar probatória (meio de obtenção de prova)
Decretação	Pelo juiz (cláusula de reserva de jurisdição)
Legitimados	Delegado de polícia (no curso da investigação) e Ministério Público (no curso da investigação e durante a instrução processual penal).
Requisitos	Indícios razoáveis de autoria/participação em infração penal punida com pena de reclusão (*fumus comissi delicti*); e demonstração de que a prova não pode ser produzida por outro meio disponível (*periculum in mora*).
Prazo	15 dias (o prazo é prorrogável)
Início da contagem do prazo	A partir da efetiva implementação da medida
É possível interceptação telefônica por prospecção?	Não
É possível transcrever todos os diálogos captados na interceptação telefônica?	Não

Captação ambiental de sinais eletromagnéticos, ópticos ou acústicos em locais não abertos ao público	Cláusula de reserva de jurisdição (depende de prévia autorização judicial) – natureza jurídica de meio de obtenção de prova
Legitimidade	Delegado de polícia ou Ministério Público
Requisitos	i) quando a prova não puder ser feita por outros meios disponíveis e igualmente eficazes; e ii) houver elementos probatórios razoáveis de autoria e participação em infrações criminais cujas penas máximas sejam superiores a 4 anos ou em infrações penais conexas
Prazo	15 dias
Prorrogação do prazo	Possível sucessivas vezes, desde que seja comprovada a indispensabilidade do meio de obtenção de prova e quando presente atividade criminal permanente, habitual ou continuada
É possível instalar aparelho de captação ambiental de sinais à noite?	Sim (exceto na casa), vide dispositivo legal (§ 2º do artigo 8º-A da Lei 9.296/96): Art. 8º-A (...) § 2º A instalação do dispositivo de captação ambiental poderá ser realizada, quando necessária, por meio de operação policial disfarçada ou no período noturno, exceto na casa, nos termos do inciso XI do *caput* do art. 5º da Constituição Federal.
A captação ambiental de sinais feita por um interlocutor sem a ciência do outro pode ser utilizada em matéria de defesa?	Sim, vide § 4º do artigo 8º-A da Lei 9.296/96: Art. 8º-A (...) § 4º A captação ambiental feita por um dos interlocutores sem o prévio conhecimento da autoridade policial ou do Ministério Público poderá ser utilizada, em matéria de defesa, quando demonstrada a integridade da gravação.

Questões de concurso público: veja como a lei estudada já foi cobrada em concursos públicos.

1. (Delegado de Polícia Federal/2018) Com referência à interceptação de comunicação telefônica, ao crime de tráfico ilícito de entorpecentes, ao crime de lavagem de capitais e a crimes cibernéticos, julgue o seguinte item.

( ) A interceptação da comunicação telefônica poderá ser realizada de ofício pela autoridade policial desde que o IP tenha como objetivo investigar crime hediondo, organização criminosa ou tráfico ilícito de entorpecentes.

2. (Delegado de Polícia Civil/PI/2018) Sabe-se que a interceptação de comunicações telefônicas é, atualmente, prova bastante utilizada em investigação criminal, inclusive, para a própria instrução processual penal. Sobre o tema, marque a alternativa CORRETA.

A) A ordem da interceptação de comunicações telefônicas depende da ordem da autoridade policial e, em seguida, para instrução processual, submete ao juiz competente para validação.

B) A interceptação de comunicações telefônicas tem, mesmo que seja possível outros meios disponíveis, o objetivo de corroborar com os demais meios de prova.

C) Não é permitida a interceptação de comunicações telefônicas quando não houver indícios razoáveis da autoria ou participação em infração penal.

D) É permitida a interceptação de comunicações telefônicas quando o fato investigado constituir infração penal punida com pena de detenção

E) Mesmo que estejam presentes os pressupostos que autorizam a interceptação de comunicações telefônicas, é inadmissível que o pedido seja formulado verbalmente, nem que seja excepcionalmente.

3. (Delegado de Polícia Civil/MT/2017) Acerca dos procedimentos e pressupostos legais da interceptação telefônica, assinale a opção correta.

A) É possível a interceptação telefônica em investigação criminal destinada a apuração de delito de ameaça ocorrido em âmbito doméstico e abrangido pela Lei Maria da Penha.

B) Pode o juiz, excepcionalmente, admitir o pedido de interceptação telefônica feito pela autoridade policial de forma verbal, condicionada a sua concessão à redução do pedido a termo.

C) No curso das investigações e no decorrer da instrução criminal, a interceptação telefônica poderá ser determinada de ofício pelo juiz.

D) Decisão judicial que indefira pedido de interceptação telefônica formulado por autoridade policial será irrecorrível; aquela decisão que indeferir requerimento formulado pelo MP poderá ser impugnada por recurso em sentido estrito.

E) A interceptação telefônica inicialmente realizada sem autorização judicial poderá, mediante consentimento dos interlocutores, ser validada posteriormente pelo juiz da causa.

4. (Delegado de Polícia Civil/AC/2017) Quanto ao número de vezes em que o prazo da interceptação telefônica pode ser renovado, entende a doutrina, bem com o Superior Tribunal de Justiça, em seu mais recente julgado acerca do tema, no início de 2013, que:

A) A renovação só pode ocorrer uma única vez, tendo a interceptação telefônica duração máxima de 30 (trinta) dias.

B) Não é possível haver a renovação da interceptação.

C) A renovação é cabível, desde que não ultrapasse o prazo de 60 (sessenta) dias.

D) O prazo da interceptação pode ser renovado indefinidamente, desde que comprovada a indispensabilidade do meio de prova.

E) A renovação só pode ocorrer uma única vez, porém, quando houver justificação exaustiva do excesso e quando a medida for indispensável, é possível a renovação desde que não ofenda a razoabilidade.

---

5. (Delegado de Polícia Civil/CE/2015) No curso das investigações, a Autoridade Policial toma conhecimento de intenso tráfico de drogas realizado por uma associação em determinada região da cidade e, com vistas à identificação e prisão dos criminosos, intercepta as conversas telefônicas de quatro suspeitos. Com relação a essa conduta, é correto afirmar que a Autoridade Policial

A) Agiu corretamente, considerando que uma vez presentes fortes indícios de autoria e materialidade de delito punido com pena de reclusão, pode a Autoridade Policial determinar a interceptação das conversas telefônicas com base na Lei nº 9.296/96.

B) Incorreu no crime previsto no artigo 10 da Lei nº 9.296/96.

C) Agiu corretamente, considerando que a interceptação de comunicações telefônicas sobrepõe-se e dispensa outros meios de provas.

D) Não agiu corretamente, porque, segundo a lei, somente se autoriza interceptação de comunicação telefônica no curso da instrução processual e não no curso das investigações.

E) Não agiu corretamente, porque deveria ter submetido a análise da necessidade dessa prova ao Ministério Público, buscando autorização com o órgão ministerial.

---

6. (Delegado de Polícia Civil/ES/2013) Quanto à interceptação de comunicações telefônicas, para prova em investigação criminal, é correto afirmar:

A) É impossível a prorrogação do prazo de autorização para a interceptação telefônica, mesmo que sucessivas.

B) Para fundamentar o pedido de interceptação, a lei apenas exige relatório circunstanciado da polícia com a explicação das conversas e da necessidade da continuação das investigações.

C) É exigida a transcrição total das conversas interceptadas.

D) A interceptação telefônica de forma fundamentada, legal e legítima, as informações e provas coletadas dessa diligência não podem subsidiar denúncia com base em crimes puníveis com pena de detenção, mesmo que conexos aos primeiros tipos penais que justificaram a interceptação.

E) Na linha do artigo 6º da Lei nº 9.296/1996, a obrigação de cientificar o Ministério Público das diligências efetuadas não é prioritariamente da polícia.

---

7. (Delegado de Polícia Civil/SP/2012) Sobre a Lei nº 9.296/96 – Interceptação de Comunicações Telefônicas – é correto afirmar que

A) O texto legal não abrange a interceptação do fluxo de comunicações em sistemas de telemática.

B) O pedido de interceptação de comunicação telefônica deverá ser decidido pelo juiz competente no prazo máximo de vinte e quatro horas.

C) A interceptação de comunicações telefônicas será admitida na hipótese de o fato investigado configurar crime apenado, no máximo, com detenção.

D) A gravação que não interessar à prova será inutilizada somente por requerimento da parte interessada, após a instrução do inquérito policial.

E) A interceptação de comunicações telefônicas será admitida somente quando não houver indícios razoáveis de autoria.

Gabarito comentado:

Questão	Reposta	Comentário
1	ERRADA	Interceptação das comunicações telefônicas é cláusula de reserva de jurisdição.
2	Letra C	Vide inciso I do artigo 2º da Lei 9.296/96.
3	Letra B	Vide § 1º do artigo 4º da Lei 9.296/96.
4	Letra D	Essa é a correta interpretação, segundo doutrina e jurisprudência majoritárias, acerca do artigo 5º da Lei 9.296/96.
5	Letra B	O delegado de polícia procedeu à interceptação telefônica sem autorização judicial, houve prática do crime tipificado no artigo 10 da Lei 9.296/96.
6	Letra B	Vide § 2º do artigo 6º da Lei 9.296/96.
7	Letra B	Vide § 2º do artigo 4º da Lei 9.296/96.

Quesitos criados pelo autor da obra: confira algumas questões por mim criadas para orientar seus estudos.

1. É possível interceptação telefônica por prospecção?

RESPOSTA: Não, porque a Lei 9.296/96 exige, no seu artigo 2º, para que seja possível a interceptação telefônica, indícios de autoria/participação em infração penal.

2. É preciso transcrever todos os diálogos captados na interceptação telefônica? Qual prazo da interceptação telefônica e quando ele começa a ser contado?

RESPOSTA: Não – informativo 404/STJ: **Não há ofensa ao princípio da ampla defesa no fato de o juiz de primeiro grau não realizar a transcrição dos diálogos decorrentes de interceptação telefônica, pois se disponibilizou para os defensores a mídia na qual todas as conversas encontram-se gravadas. Logo, a Turma, por maioria, negou provimento ao recurso**. Precedentes citados: HC 101.808-MT, DJe 4/8/2008, e HC 86.255-DF, DJ 17/12/2007. RHC 20.472-DF, Rel. Min. Maria Thereza de Assis Moura, julgado em 24/8/2009.

Prazo de 15 dias, prorrogáveis. O prazo começa a correr da implementação da medida cautelar – informativo 480/STJ: **O prazo de 15 dias previsto no art. 5° da Lei n. 9.296/1996 não se inicia da decisão judicial que autoriza a interceptação telefônica, mas do dia em que a medida é efetivada. Ademais, as escutas podem extrapolar o prazo veiculado na lei sempre que houver comprovada necessidade. O prazo de oito meses mostrou-se indispensável para que a autoridade policial chegasse aos envolvidos no sofisticado esquema de tráfico de drogas, principalmente pela complexidade do feito, pelo número de acusados, pela quantidade de drogas e pela variedade de entorpecentes.** Precedentes citados do STF: Inq 2.424-RJ, DJe 26/3/2010; do STJ: HC 50.193-ES, DJ 21/8/2006, e HC 125.197-PR, DJe 24/6/2011. HC 135.771-PE, Rel. Min. Og Fernandes, julgado em 4/8/2011.

3. A alteração da competência torna inválida a decisão de interceptação telefônica determinada por juízo inicialmente competente?

RESPOSTA: Leia a tese do STJ sobre o tema: **1) A alteração da competência não torna inválida a decisão acerca da interceptação telefônica determinada por juízo inicialmente competente para o processamento do feito.**

4. É admissível utilização da técnica de fundamentação per relationem para prorrogação de interceptação telefônica?

RESPOSTA: Leia a tese do STJ sobre o tema: **2) É admissível a utilização da técnica de fundamentação** per relationem **para a prorrogação de interceptação telefônica quando mantidos os pressupostos que autorizaram a decretação da medida originária.**

5. Quais são os requisitos para realizar captação ambiental de sinais?

RESPOSTA: Vide artigo 8°-A da Lei 9.296/96:

> Art. 8°-A. Para investigação ou instrução criminal, poderá ser autorizada pelo juiz, a requerimento da autoridade policial ou do Ministério Público, a captação ambiental de sinais eletromagnéticos, ópticos ou acústicos, quando:
>
> I – a prova não puder ser feita por outros meios disponíveis e igualmente eficazes; e
>
> II – houver elementos probatórios razoáveis de autoria e participação em infrações criminais cujas penas máximas sejam superiores a 4 (quatro) anos ou em infrações penais conexas.
>
> § 1° O requerimento deverá descrever circunstanciadamente o local e a forma de instalação do dispositivo de captação ambiental.
>
> § 2° (VETADO).
>
> § 3° A captação ambiental não poderá exceder o prazo de 15 (quinze) dias, renovável por decisão judicial por iguais períodos, se comprovada a indispensabilidade do meio de prova e quando presente atividade criminal permanente, habitual ou continuada.
>
> § 4° (VETADO).
>
> § 5° Aplicam-se subsidiariamente à captação ambiental as regras previstas na legislação específica para a interceptação telefônica e telemática.

9

Lei 9.455/97 – Tortura

▪ **Introdução:** A tortura é rechaçada pela Carta da República do Brasil. É direito fundamental do cidadão não ser submetido a tortura (trata-se de direito de primeira geração ou dimensão, vez que significa uma abstenção estatal – faz parte dos chamados direitos de liberdade[1]), tal qual desenhado no inciso III do artigo 5º da Constituição Federal[2].

No plano internacional, o Brasil é signatário da Convenção Interamericana para Prevenir e Punir a Tortura[3] e da Convenção Contra a Tortura e Outros Tratamentos ou Penas Cruéis, Desumanos ou Degradantes[4].

A Convenção Interamericana para Prevenir e Punir a Tortura define-a como (artigo 2º):

> Para os efeitos desta Convenção, entender-se-á por tortura todo ato pelo qual são infligidos intencionalmente a uma pessoa penas ou sofrimentos físicos ou mentais, com fins de investigação criminal, como meio de intimidação, como castigo pessoal, como medida preventiva, como pena ou com qualquer outro fim. Entender-se-á também como tortura a aplicação, sobre uma pessoa, de métodos tendentes a anular a personalidade da vítima, ou a diminuir sua capacidade física ou mental, embora não causem dor física ou angústia psíquica.

1. FOUREAX, Rodrigo. **Segurança Pública**. Salvador: Editora Juspodivm, 2019, p. 20.
2. Art. 5º (...)
   III – ninguém será submetido a tortura nem a tratamento desumano ou degradante.
3. Internalizada no Brasil pelo Decreto 98.386/89.
4. Promulgada no Brasil pelo Decreto 40/91.

> Não estarão compreendidos no conceito de tortura as penas ou sofrimentos físicos ou mentais que sejam unicamente conseqüência de medidas legais ou inerentes a elas, contato que não incluam a realização dos atos ou aplicação dos métodos a que se refere este Artigo.

A Convenção Contra a Tortura e Outros Tratamentos ou Penas Cruéis, Desumanos ou Degradantes afirma, no item 1 do seu artigo 1º:

> 1. Para os fins da presente Convenção, o termo "tortura" designa qualquer ato pelo qual dores ou sofrimentos agudos, físicos ou mentais, são infligidos intencionalmente a uma pessoa a fim de obter, dela ou de uma terceira pessoa, informações ou confissões; de castigá-la por ato que ela ou uma terceira pessoa tenha cometido ou seja suspeita de ter cometido; de intimidar ou coagir esta pessoa ou outras pessoas; ou por qualquer motivo baseado em discriminação de qualquer natureza; quando tais dores ou sofrimentos são infligidos por um funcionário público ou outra pessoa no exercício de funções públicas, ou por sua instigação, ou com o seu consentimento ou aquiescência. Não se considerará como tortura as dores ou sofrimentos que sejam conseqüência unicamente de sanções legítimas, ou que sejam inerentes a tais sanções ou delas decorram.

Tortura é considerado crime contra a humanidade, nos termos da letra 'f' do item 1 do artigo 7º do Estatuto de Roma, que criou o Tribunal Penal Internacional (internalizado no Brasil pelo Decreto 4.388/02).

> Art. 7º
>
> Crimes contra a Humanidade
>
> 1. Para os efeitos do presente Estatuto, entende-se por "crime contra a humanidade", qualquer um dos atos seguintes, quando cometido no quadro de um ataque, generalizado ou sistemático, contra qualquer população civil, havendo conhecimento desse ataque:
>
> (...)
>
> f) Tortura;

As Regras de Nelson Mandela[5] (Regras Mínimas das Nações Unidas para Tratamento de Reclusos) proíbem a tortura de reclusos, já na sua primeira diretiva:

> Regra 1
>
> Todos os reclusos devem ser tratados com o respeito inerente ao valor e dignidade do ser humano. Nenhum recluso deverá ser

5. Resolução 70/175 da Assembleia-Geral, anexo, adotada a 17/12/2015.

> submetido a tortura ou outras penas ou a tratamentos cruéis, desumanos ou degradantes e deverá ser protegido de tais atos, não sendo estes justificáveis em qualquer circunstância. A segurança dos reclusos, do pessoal do sistema prisional, dos prestadores de serviço e dos visitantes deve ser sempre assegurada.

O Protocolo de Istambul (Manual para a investigação e documentação eficazes da tortura e outras penas ou tratamentos cruéis, desumanos ou degradantes das Nações Unidas) esclarece que "nenhuma circunstância excepcional, incluindo a guerra, poderá ser invocada para justificar a tortura".

O mesmo diploma exalta mecanismos para evitar a prática de tortura:

> e) Limitação do recurso à detenção em regime de incomunicabilidade; garantia de que os detidos são mantidos em locais oficialmente reconhecidos como locais de detenção; garantia de que os nomes das pessoas responsáveis pela detenção são inscritos em registos facilmente disponíveis e acessíveis a todos os interessados, incluindo família e amigos; registo do local, hora e data de todos os interrogatórios, juntamente com os nomes de todas as pessoas presentes; e garantia de acesso aos detidos por parte de médicos, advogados e familiares (artigo 11.o da Convenção contra a Tortura; princípios 11 a 13, 15 a 19 e 23 do Conjunto de Princípios sobre Detenção; parágrafos 7, 22 e 37 das Regras Mínimas para o Tratamento dos Reclusos);

Na linha adiante defendida nesse ensaio, o Protocolo de Istambul esclarece:

> g) Garantia de que qualquer declaração que se prove ter sido obtida através da tortura não possa ser invocada como elemento de prova num processo, salvo se for utilizada contra a pessoa acusada da prática de tortura para provar que a declaração foi feita (artigo 15° da Convenção contra a Tortura; artigo 12° da Declaração sobre a Protecção contra a Tortura);

Caso seja detectada prática de tortura, o Manual para a investigação e documentação eficazes da tortura e outras penas ou tratamentos cruéis, desumanos ou degradantes das Nações Unidas propõe a linha de atuação do Estado:

> h) Garantia de que as autoridades competentes do Estado procedem imediatamente a um rigoroso inquérito sempre que existam motivos razoáveis para crer que foi praticado um acto de tortura (artigo 12° da Convenção contra a Tortura; princípios 33 e 34 do Conjunto de Princípios sobre Detenção; artigo 9° da Declaração sobre a Protecção contra a Tortura);
>
> i) Garantia de que as vítimas de tortura dispõem do direito de obter reparação e uma indemnização adequada pelos danos

sofridos (artigos 13° e 14° da Convenção contra a Tortura; artigo 11.o da Declaração sobre a Protecção contra a Tortura; parágrafos 35 e 36 das Regras Mínimas para o Tratamento dos Reclusos);

j) Garantia de que seja instaurado processo penal contra o presumível autor ou autores do acto de tortura caso um inquérito revele indícios da prática de um acto deste tipo. Caso pareçam existir indícios sólidos da aplicação de penas ou tratamentos cruéis, desumanos ou degradantes, o presumível infractor ou infractores deverão ser submetidos a processo penal, disciplinar ou outro processo adequado (artigo 7° da Convenção contra a Tortura; artigo 10° da Declaração sobre a Protecção contra a Tortura).

- **Lei 9.455/97:** tratemos da lei brasileira de enfrentamento à tortura.

O inciso XLIII do artigo 5º da Constituição Federal do Brasil traz em seu bojo mandado de criminalização[6] relacionada aos crimes hediondos e os delitos equiparados a hediondos (dentre eles a tortura). O mandado determina que o legislador infraconstitucional considere a tortura crime inafiançável e insuscetível de graça ou anistia (a ordem foi cumprida pelo legislador infraconstitucional no § 6º do artigo 1º da Lei 9.455/97):

> Art. 5° (...)
>
> XLIII – a lei considerará crimes inafiançáveis e insuscetíveis de graça ou anistia a prática da tortura, o tráfico ilícito de entorpecentes e drogas afins, o terrorismo e os definidos como crimes hediondos, por eles respondendo os mandantes, os executores e os que, podendo evitá-los, se omitirem;

O legislador brasileiro não seguiu a trilha internacional e não se limitou a criminalizar a tortura cometida por agentes públicos (no Brasil, o crime de tortura é, em regra, comum – caso a tortura seja praticada por servidor público, haverá incidência de causa de aumento de pena, na forma do § 4º do inciso I do artigo 1º da Lei 9.455/97).

6. Mandado de criminalização é uma determinação da Carta da República, com linhas gerais dirigidas ao legislador infraconstitucional. Significa dizer que o crime de tortura (equiparado a hediondo porque topicamente situado no mesmo inciso que se refere a tal categoria de delitos) deve ser, no mínimo, inafiançável e insuscetível de anistia e graça (o legislador infraconstitucional, por óbvio, não pode conferir ao indivíduo que praticar crime de tortura tratamento menos rígido que o determinado pela Constituição Federal. Para Rodrigo Foureax, "consistem em comandos constitucionais que obriguem o legislador a criar determinados crimes que visem tutelar bens jurídicos de especial relevância" (op. cit., p. 18).

Analisemos, um a um, os dispositivos da Lei 9.455/97.

> **Art. 1° Constitui crime de tortura:**
>
> **I – constranger alguém com emprego de violência ou grave ameaça, causando-lhe sofrimento físico ou mental:**
>
> **a) com o fim de obter informação, declaração ou confissão da vítima ou de terceira pessoa;**
>
> **b) para provocar ação ou omissão de natureza criminosa;**
>
> **c) em razão de discriminação racial ou religiosa;**

- **Bem jurídico tutelado:** o bem jurídico protegido no inciso I do artigo 1º da Lei 9.455/97 é a incolumidade física e mental das pessoas.
- **Classificação:** trata-se de crime comum (o legislador brasileiro, como dito supra, optou por essa via, não se limitando a criminalizar a prática de tortura por agentes estatais[7]), doloso (as alíneas do inciso I do artigo 1º se traduzem em especiais fins de agir – trata-se, destarte, de crime de tendência interna transcendente), formal (não é necessário, para a consumação das figuras listadas no inciso I do artigo 1º, a ocorrência do resultado pretendido pelo agente), que admite os mais diversos meios de execução (crime de forma livre).
- **Condutas proibidas:** as condutas proibidas pelo inciso I do artigo 1º da Lei 9.455/97 podem ser assim sintetizadas:

<table>
<tr><th colspan="4">Inciso I do artigo 1° da Lei 9.455/97</th></tr>
<tr><td rowspan="3">Constranger alguém</td><td>com emprego de violência</td><td>causando-lhe sofrimento físico</td><td>com o fim de obter informação, declaração ou confissão da vítima ou de terceira pessoa;</td></tr>
<tr><td rowspan="2">com emprego de grave ameaça</td><td rowspan="2">causando-lhe sofrimento mental</td><td>para provocar ação ou omissão de natureza criminosa;</td></tr>
<tr><td>em razão de discriminação racial ou religiosa;</td></tr>
</table>

7. O estudo das Convenções Internacionais das quais o Brasil é signatário demonstram que o norte, em nível mundial, é a criminalização da tortura que conta com participação de agentes estatais (nesse sentido, artigo 3º da Convenção Interamericana para Prevenir e Punir a Tortura).

- **Espécies de tortura no inciso I do artigo 1º:** confira a tabela abaixo:

Classificação	Fim especial de agir	Comentário
Tortura-prova	Obtenção de informação, declaração ou confissão da vítima ou de terceira pessoa.	**Informação** configura dado útil a respeito de algo ou alguém, normalmente transmitida de maneira informal; **confissão** é a admissão de culpa, feita à autoridade competente, reduzida a escrito; **declaração** significa depoimento ou pronunciamento solene, reduzido a escrito. A consumação ocorre mesmo que o agente não obtenha a informação, confissão ou declaração pretendida (crime formal).
Tortura para prática de crime	Provocar ação ou omissão de natureza criminosa.	Não há crime de tortura se o objetivo do agente é que a vítima pratique contravenção penal (a alínea 'b' do inciso I do artigo 1° da Lei 9.455/97 reclamou provocação de ação ou omissão de **natureza criminosa**). O agente deve ser responsabilizado pelo crime de tortura e pelo crime praticado pelo torturado (em concurso material). A vítima fica isenta de pena (afasta-se a culpabilidade, por inexigibilidade de conduta diversa). Exemplifico: **SITUAÇÃO HIPOTÉTICA:** PEDRO ameaçou matar o filho de JOSÉ, gerente de um grande hipermercado, caso esse não efetuasse a subtração de R$ 50.000,00 do cofre do estabelecimento. A grave ameaça gerou sofrimento mental na vítima que, sem saída, findou obedecendo o criminoso. A subtração foi feita e o dinheiro foi entregue a PEDRO. **SOLUÇÃO:** PEDRO cometeu crime de tortura (para prática de crime) e deve ser responsabilizado pelo furto perpetrado por JOSÉ (na condição de autor mediato), em concurso material. JOSÉ ficará isento de pena, porquanto beneficiado pela excludente de culpabilidade da coação moral irresistível (artigo 22 do Código Penal). Trata-se de hipótese de autoria mediata. Obviamente, não há concurso de pessoas entre torturador (autor mediato) e torturado (autor imediato). Apenas o autor mediato (torturador) merece punição, tal qual demonstrado no exemplo acima. O crime de tortura se consuma independentemente da prática do crime pelo torturado (crime formal).

Classificação	Fim especial de agir	Comentário
Tortura-discriminação	Em razão de discriminação racial ou religiosa.	Com o julgamento da Ação Direita de Inconstitucionalidade por Omissão 26 e do Mandado de Injunção 4733, pode-se falar em tortura quando ela é praticada por discriminação em razão da homofobia ou transfobia (já que a Corte Supremo afirmou que estas são formas de discriminação racial). Com a máxima vênia, não concordo com a decisão tomada pelo Pretório Excelso. Parece-me que o Supremo Tribunal Federal findou atropelando o princípio da legalidade, ao afirmar que homofobia/transfobia significam discriminação racial. Qualquer forma de discriminação merece pronta repressão estatal. Ocorre que a ampliação proposta pela Corte Suprema tinha que ser materializada por meio de lei elaborada pelo Congresso Nacional (as ações constitucionais fizeram referência ao crime de racismo, mas o impacto nos crimes de tortura-discriminação e injúria qualificada é evidente). Eis a decisão (grifo meu): O Tribunal, por unanimidade, conheceu parcialmente da ação direta de inconstitucionalidade por omissão. Por maioria e nessa extensão, julgou-a procedente, com eficácia geral e efeito vinculante, para: a) reconhecer o estado de mora inconstitucional do Congresso Nacional na implementação da prestação legislativa destinada a cumprir o mandado de incriminação a que se referem os incisos XLI e XLII do art. 5° da Constituição, para efeito de proteção penal aos integrantes do grupo LGBT; b) declarar, em consequência, a existência de omissão normativa inconstitucional do Poder Legislativo da União; c) cientificar o Congresso Nacional, para os fins e efeitos a que se refere o art. 103, § 2°, da Constituição c/c o art. 12-H, *caput*, da Lei n° 9.868/99; d) dar interpretação conforme à Constituição, em face dos mandados constitucionais de incriminação inscritos nos incisos XLI e XLII do art. 5° da Carta Política, para enquadrar a homofobia e a transfobia, qualquer que seja a forma de sua manifestação, nos diversos tipos penais definidos na Lei n° 7.716/89, até que sobrevenha legislação autônoma, editada pelo Congresso Nacional, seja por considerar-se, nos termos deste voto, que as práticas homotransfóbicas qualificam-se como espécies do gênero racismo, na dimensão de racismo social consagrada pelo Supremo Tribunal

Classificação	Fim especial de agir	Comentário
		Federal no julgamento plenário do HC 82.424/RS (caso Ellwanger), na medida em que tais condutas importam em atos de segregação que inferiorizam membros integrantes do grupo LGBT, em razão de sua orientação sexual ou de sua identidade de gênero, seja, ainda, porque tais comportamentos de homotransfobia ajustam-se ao conceito de atos de discriminação e de ofensa a direitos e liberdades fundamentais daqueles que compõem o grupo vulnerável em questão; e e) declarar que os efeitos da interpretação conforme a que se refere a alínea "d" somente se aplicarão a partir da data em que se concluir o presente julgamento, nos termos do voto do Relator, vencidos os Ministros Ricardo Lewandowski e Dias Toffoli (Presidente), que julgavam parcialmente procedente a ação, e o Ministro Marco Aurélio, que a julgava improcedente. Em seguida, por maioria, fixou-se a seguinte tese: **1. Até que sobrevenha lei emanada do Congresso Nacional destinada a implementar os mandados de criminalização definidos nos incisos XLI e XLII do art. 5° da Constituição da República, as condutas homofóbicas e transfóbicas, reais ou supostas, que envolvem aversão odiosa à orientação sexual ou à identidade de gênero de alguém, por traduzirem expressões de racismo, compreendido este em sua dimensão social, ajustam-se, por identidade de razão e mediante adequação típica, aos preceitos primários de incriminação definidos na Lei n° 7.716, de 08/01/1989, constituindo, também, na hipótese de homicídio doloso, circunstância que o qualifica, por configurar motivo torpe (Código Penal, art. 121, § 2°, I, "in fine"); 2. A repressão penal à prática da homotransfobia não alcança nem restringe ou limita o exercício da liberdade religiosa, qualquer que seja a denominação confessional professada, a cujos fiéis e ministros (sacerdotes, pastores, rabinos, mulás ou clérigos muçulmanos e líderes ou celebrantes das religiões afro-brasileiras, entre outros) é assegurado o direito de pregar e de divulgar, livremente, pela palavra, pela imagem ou por qualquer outro meio, o seu pensamento e de externar suas convicções de acordo com o que se contiver em seus livros e códigos sagrados, bem assim o de ensinar segundo sua orientação doutrinária e/ou teológica, podendo buscar e conquistar prosélitos e praticar os atos de culto e respectiva liturgia, independentemente do espaço, público ou privado, de sua atuação individual ou coletiva, desde que tais manifestações não configurem discurso de ódio, assim entendidas aquelas exteriorizações que incitem a discriminação, a hostilidade ou a violência contra pessoas em razão de sua orientação sexual ou de sua identidade de gênero;**

Classificação	Fim especial de agir	Comentário
		3. O conceito de racismo, compreendido em sua dimensão social, projeta-se para além de aspectos estritamente biológicos ou fenotípicos, pois resulta, enquanto manifestação de poder, de uma construção de índole histórico-cultural motivada pelo objetivo de justificar a desigualdade e destinada ao controle ideológico, à dominação política, à subjugação social e à negação da alteridade, da dignidade e da humanidade daqueles que, por integrarem grupo vulnerável (LGBTI+) e por não pertencerem ao estamento que detém posição de hegemonia em uma dada estrutura social, são considerados estranhos e diferentes, degradados à condição de marginais do ordenamento jurídico, expostos, em consequência de odiosa inferiorização e de perversa estigmatização, a uma injusta e lesiva situação de exclusão do sistema geral de proteção do direito, vencido o Ministro Marco Aurélio, que não subscreveu a tese proposta. Não participaram, justificadamente, da fixação da tese, os Ministros Roberto Barroso e Alexandre de Moraes. Plenário, 13.06.2019.

- **Tortura x abuso de autoridade:** o legislador passou muito perto de revogar tacitamente parte do crime de tortura-prova com o inciso III do artigo 13 da Lei 13.869/19. Eis quadro comparativo dos tipos:

Lei 13.869/19	Lei 9.455/97
Art. 13. Constranger o preso ou o detento, mediante violência, grave ameaça ou redução de sua capacidade de resistência, a: (...) III – produzir prova contra si mesmo ou contra terceiro:	Art. 1º Constitui crime de tortura: I – constranger alguém com emprego de violência ou grave ameaça, causando-lhe sofrimento físico ou mental: a) com o fim de obter informação, declaração ou confissão da vítima ou de terceira pessoa;

É preciso esforço interpretativo para manter hígido o crime de tortura-prova, quando praticado por autoridade contra preso ou detento. Deve ser construída gradação para que exista correto enquadramento típico, usando como baliza a existência ou não de sofrimento físico ou mental. Se a violência ou grave ameaça redunda em sofrimento físico ou mental para vítima e o objetivo da autoridade é a obtenção de confissão, declaração ou informação, tem-se crime de tortura. Caso a violência, a grave ameaça ou a violência imprópria perpetrada por autoridade não gere sofrimento físico ou mental, a vítima esteja presa ou detida, e o objetivo for a obtenção de prova em desfavor desta ou de terceiro, tem-se crime de abuso de autoridade.

A tortura-prova é o único crime possível quando a prática ilícita for perpetrada contra vítima que não esteja presa ou detida ou quando as elementares forem materializadas por particular (sendo necessário, obviamente, causação de sofrimento físico ou mental em face da violência ou grave ameaça empregada pelo autor do fato).

- **Exame de corpo de delito:** se a prática delitiva deixar vestígios (tortura perpetrada com emprego de violência), será necessário materializar exame de corpo de delito (artigo 158 do Código de Processo Penal). Nesse sentido, julgado do Tribunal da Cidadania:

> PENAL E PROCESSUAL. TORTURA. DEFESA TÉCNICA. AUSÊNCIA. REEXAME DE PROVA. SÚMULA 7 DO STJ. PRESENÇA DE VESTÍGIOS DO CRIME IMPUTADO AOS ACUSADOS. EXAME DE CORPO DE DELITO. NECESSIDADE. 1. A despeito de a jurisprudência do STJ assentar ser desnecessária a prévia intimação do acusado para nomear novo advogado em razão da inércia do causídico anterior, a Corte estadual entendeu que a atuação do advogado dativo nomeado foi deficiente, apontando diversas situações de prejuízo à defesa, de modo que rever tal entendimento esbarra na dicção da Súmula 7 do STJ. 2. Reconhecido pelo Tribunal de origem, diante do acervo probatório dos autos, que havia vestígios do crime imputado aos acusados, era de rigor a realização do exame de corpo de delito nas vítimas da suposta tortura (STJ, HC 187.188/SP, rel. Min. Og Fernandes, Sexta Turma, DJe 15/10/2012). 3. Agravo regimental a que se nega provimento (AgRg no REsp 1444376/SE, Rel. Ministro Gurgel de Faria, Quinta Turma, julgado em 28/04/2015, DJe 12/05/2015).

Se a tortura é perpetrada mediante grave ameaça (gerando sofrimento mental) ou mediante violência (gerando sofrimento físico) que não deixa marcas aparentes, o crime finda não deixando vestígios, sendo desnecessário o exame de corpo de delito. Nesse sentido, decisão do Superior Tribunal de Justiça (grifo meu):

> PENAL E PROCESSUAL PENAL. AGRAVO REGIMENTAL NOS EMBARGOS DE DECLARAÇÃO NO AGRAVO EM RECURSO ESPECIAL. CRIME DE TORTURA. ALEGAÇÃO DE AUSÊNCIA DE PROVA DA MATERIALIDADE DO DELITO. PRÁTICA QUE NÃO DEIXOU VESTÍGIOS. EXISTÊNCIA DE OUTRAS PROVAS. SÚMULA 7/STJ.

QUESTÃO DEVIDAMENTE APRECIADA NA DECISÃO AGRAVADA. AGRAVO DESPROVIDO. **1. A parte insiste na ausência de exame de corpo de delito, olvidando que o acórdão recorrido assentou que, no caso, as agressões foram de tal monta que não deixaram vestígios, havendo outras provas a corroborar a efetiva prática delitiva. 2. Em se tratando do crime de tortura e sendo impingido à vítima sofrimento de ordem psicológica e agressões que não deixaram vestígios, é suficiente a sua comprovação por meio de prova testemunhal. Precedentes.** 3. Maiores considerações a respeito, tal como postulado, demandaria aprofundado reexame de matéria fático-probatória, providência vedada nesta Corte, a teor do óbice da Súmula 7/STJ. 4. A questão foi devidamente abordada na decisão agravada, sendo certo que o desacolhimento da pretensão da parte não caracteriza omissão. 5. É inadmissível a apreciação de matéria probatória nesta via, mormente questão nova não submetida ao crivo das instâncias ordinárias, mostrando-se inviável, portanto, a pretendida suspensão do processo. Eventual retratação da vítima deve ser feita por meio de devido procedimento de justificação judicial, a fim de lastrear a competente revisão criminal. 6. Agravo regimental improvido (AgRg nos EDcl no AREsp 44.396/AP, Rel. Ministro Reynaldo Soares da Fonseca, Quinta Turma, julgado em 19/11/2015, DJe 25/11/2015).

Art. 1° Constitui crime de tortura:

(...)

II – submeter alguém, sob sua guarda, poder ou autoridade, com emprego de violência ou grave ameaça, a intenso sofrimento físico ou mental, como forma de aplicar castigo pessoal ou medida de caráter preventivo.

- **Tortura-castigo:** o inciso II do artigo 1º da Lei 9.455/97 se traduz na tortura-castigo.

- **Classificação:** trata-se de crime próprio[3] (exige-se relação de guarda, poder ou autoridade do autor em relação à vítima – o delito é, em

3. Vide informativo 633 do Superior Tribunal de Justiça:
A controvérsia está circunscrita ao âmbito de abrangência da expressão guarda, poder ou autoridade, prevista na figura típica do art. 1º, II, da Lei n. 9.455/1997 (tortura-castigo). De início, cumpre esclarecer que o conceito de tortura, tomado a partir dos instrumentos de direito internacional, tem um viés estatal, implicando que o crime só poderia ser praticado por agente estatal (funcionário público) ou por um particular no exercício de função pública, consubstanciando, assim, crime próprio. A despeito disso, o legislador pátrio, ao tratar do tema na Lei n. 9.455/1997, foi além da concepção estabelecida nos instrumentos internacionais, na medida em que, ao menos no art. 1º, I, ampliou o

verdade, bipróprio) e doloso (há exigência de especial fim de agir – intenção de aplicar castigo ou medido de caráter preventivo[9]).

A esposa e o marido não podem ser vítimas desta figura penal (não há relação de guarda, autoridade ou poder com o consorte).

- **Tortura x maus tratos:** o crime de tortura-castigo se diferencia do crime de maus-tratos (artigo 136 do Código Penal[10]) pela intensidade do sofrimento (elemento normativo do tipo previsto na Lei 9.455/97).
- **Exame de corpo de delito:** se a prática delitiva deixar vestígios (tortura perpetrada com emprego de violência), será necessário materializar exame de corpo de delito (na forma do artigo 158 do Código de Processo Penal).

---

conceito de tortura para além da violência perpetrada por servidor público ou por particular que lhe faça as vezes, dando ao tipo o tratamento de crime comum. A adoção de uma concepção mais ampla do tipo supracitado, tal como estabelecida na Lei n. 9.455/1997, encontra guarida na Convenção contra a Tortura e outros Tratamentos ou Penas Cruéis, Desumanos ou Degradantes, que ao tratar do conceito de tortura estabeleceu –, em seu art. 1º, II –, que: o presente artigo não será interpretado de maneira a restringir qualquer instrumento internacional ou legislação nacional que contenha ou possa conter dispositivos de alcance mais amplo. Ressalta-se, porém, que a possibilidade de tipificar a conduta na forma do art. 1º, II, da referida lei (tortura-castigo), ao contrário da tortura elencada no inciso I, não pode ser perpetrada por qualquer pessoa, pois a circunstância de que a violência ocorra contra vítima submetida à guarda, poder ou autoridade, afasta a hipótese de crime comum, firmando a conclusão de que o crime é próprio. Nítido, pois, que, no referido preceito, há um vínculo preexistente, de natureza pública, entre o agente ativo e o agente passivo do crime. Logo, o delito até pode ser perpetrado por um particular, mas ele deve ocupar posição de garante (obrigação de cuidado, proteção ou vigilância), seja em virtude da lei ou de outra relação jurídica (REsp 1.738.264-DF, Rel. Min. Sebastião Reis Júnior, por maioria, julgado em 23/08/2018, DJe 14/09/2018).

9. *Animus corrigendi.*
10. Art. 136 – Expor a perigo a vida ou a saúde de pessoa sob sua autoridade, guarda ou vigilância, para fim de educação, ensino, tratamento ou custódia, quer privando-a de alimentação ou cuidados indispensáveis, quer sujeitando-a a trabalho excessivo ou inadequado, quer abusando de meios de correção ou disciplina:
Pena – detenção, de dois meses a um ano, ou multa.
§ 1º – Se do fato resulta lesão corporal de natureza grave:
Pena – reclusão, de um a quatro anos.
§ 2º – Se resulta a morte:
Pena – reclusão, de quatro a doze anos.
§ 3º – Aumenta-se a pena de um terço, se o crime é praticado contra pessoa menor de 14 (catorze) anos.

Art. 1º (...)

§ 1º Na mesma pena incorre quem submete pessoa presa ou sujeita a medida de segurança a sofrimento físico ou mental, por intermédio da prática de ato não previsto em lei ou não resultante de medida legal.

- **Tortura da pessoa presa ou sujeita a medida de segurança:** trata-se de crime comum (pode ser praticado por qualquer pessoa). É evidente, contudo, que o delito aqui estudado é, em regra, praticado pelo servidor público responsável pela guarda do preso ou da pessoa submetida a medida de segurança. Em verdade, a qualidade especial é reclamada da vítima (pessoa presa ou sujeita a medida de segurança) e não do autor do fato.

O delito é doloso (não se exige especial fim de agir) e não reclama prática de violência ou grave ameaça contra a pessoa presa ou sujeita a medida de segurança (basta que o ato não previsto em lei ou não resultante de medida legal perpetrado pelo agente importe em sofrimento físico ou mental para a vítima). Exemplifico:

> **SITUAÇÃO HIPOTÉTICA:** JOSÉ, policial penal, determina que o preso JOÃO saia de sua cela à noite e o obriga a tomar banho gelado ao relento, conduta que resultou em sofrimento físico e mental para vítima, que se viu privada de sono e com muito frio durante a madrugada.
>
> **SOLUÇÃO:** JOSÉ deve ser responsabilizado pela prática de crime de tortura.

- **Tortura x abuso de autoridade:** uma vez mais cumpre diferenciar os crimes de tortura e abuso de autoridade (inciso II do artigo 13 da Lei 13.869/19), para que não se imagine revogação tácita do delito tipificado na Lei 9.455/97:

Lei de abuso de autoridade	Lei de tortura
Art. 13. Constranger o preso ou o detento, mediante violência, grave ameaça ou redução de sua capacidade de resistência, a: (...) II – submeter-se a situação vexatória ou a constrangimento não autorizado em lei;	Art. 1º (...) (...) § 1º Na mesma pena incorre quem submete pessoa presa ou sujeita a medida de segurança a sofrimento físico ou mental, por intermédio da prática de ato não previsto em lei ou não resultante de medida legal.

Uma vez mais, a diferença marcante dos tipos é a causação de sofrimento físico ou mental para a vítima, em face da conduta perpetrada pelo agente.

- **Exame de corpo de delito:** se a prática delitiva deixar vestígios (crime não transeunte), será necessário materializar exame de corpo de delito (artigo 158 do Código de Processo Penal).

> **Art. 1° (...)**
>
> **§ 2° Aquele que se omite em face dessas condutas, quando tinha o dever de evitá-las ou apurá-las, incorre na pena de detenção de um a quatro anos.**

- **Tortura por omissão:** a tortura por omissão é conhecida como tortura imprópria e não é considerada crime equiparado a hediondo.

Trata-se de delito doloso, próprio (só pode ser cometido por quem tem o dever de evitar ou apurar a prática de tortura) e omissivo (omissão própria – o agente perpetra o crime ao descumprir a norma mandamental de evitar ou apurar a tortura perpetrada por outrem).

Penso que o crime em questão é forma especial de prática de prevaricação e não deve ser confundido com participação em tortura por ação. Exemplifico:

> **SITUAÇÃO HIPOTÉTICA 1:** JOSÉ, delegado de polícia, combina com o agente de polícia PEDRO o emprego de violência, gerando sofrimento físico, contra o suspeito JOÃO, para que este confesse a prática do crime de tráfico de drogas. Enquanto PEDRO tortura JOÃO nas dependências da delegacia, JOSÉ tranca as portas da unidade policial e aumenta o som da televisão, para que os gritos da vítima sejam abafados.
>
> **SITUAÇÃO HIPOTÉTICA 2:** MARCOS, delegado de polícia, ouve gritos do detido JONAS, que diz estar sendo torturado a confessar a prática de roubo pelos policiais RODRIGO e MARIA. MARCOS nada faz para frear a conduta dos agentes públicos, nem instaura inquérito policial para elucidar os fatos, depois de perceber que JONAS acordou no dia seguinte com vários hematomas.
>
> **SOLUÇÃO:** na **SITUAÇÃO HIPOTÉTICA 1**, o delegado JOSÉ é partícipe do crime de tortura-prova perpetrado pelo agente de polícia PEDRO e ambos devem ser punidos conforme a alínea 'a' do inciso I do artigo 1° da Lei 9.455/97. Na **SITUAÇÃO HIPOTÉTICA 2**, o

delegado MARCOS praticou o crime de tortura imprópria (§ 2° do artigo 1° da Lei 9.455/97) e os policiais RODRIGO e MARIA devem ser responsabilizados pela prática, em coautoria, do crime de tortura-prova (alínea 'a' do inciso I do artigo 1° da Lei 9.455/97).

Art. 1° (...)

§ 3° Se resulta lesão corporal de natureza grave ou gravíssima, a pena é de reclusão de quatro a dez anos; se resulta morte, a reclusão é de oito a dezesseis anos.

- **Figuras qualificadas:** o § 3º do artigo 1º da Lei 9.455/97 traz em seu bojo figuras qualificadas (crimes preterdolosos). Há aqui dolo no antecedente (intenção de torturar) e culpa no consequente (resultado lesão corporal grave/gravíssima ou morte).

Eis os limites abstratos das figuras típicas previstas na Lei de Tortura:

Figura criminosa	Dispositivo	Pena
Tortura-prova	alínea "a" do inciso I do artigo 1°	Reclusão de 2 a 8 anos
Tortura para prática de crime	alínea "b" do inciso I do artigo 1°	Reclusão de 2 a 8 anos
Tortura-discriminação	alínea "c" do inciso I do artigo 1°	Reclusão de 2 a 8 anos
Tortura castigo	§ 1° do artigo 1°	Reclusão de 2 a 8 anos
Tortura imprópria (omissiva)	§ 2° do artigo 1°	Detenção de 1 a 4 anos
Tortura qualificada (resultado lesão corporal grave/gravíssima)	§ 3° do artigo 1°	Reclusão de 4 a 10 anos
Tortura qualificada (resultado morte)	§ 3° do artigo 1°	Reclusão de 8 a 16 anos

- **Tortura qualificada pela morte x homicídio qualificado pela tortura:** o homicídio qualificado pela tortura é diferente de tortura qualificada pela morte (é preciso observar qual o dolo do agente para imputar corretamente a conduta por ele perpetrada). Exemplifico:

SITUAÇÃO HIPOTÉTICA 1: PEDRO, desejando que MARCOS confesse um crime, usa de violência, causando sofrimento físico na vítima. Esta acaba morrendo em face da violência empregada pelo autor do fato.

SITUAÇÃO HIPOTÉTICA 2: JOSÉ, querendo desde o início matar JONAS, prolonga seu sofrimento por meio de vários suplícios. A vítima morre.

SOLUÇÃO: na **SITUAÇÃO HIPOTÉTICA 1**, PEDRO cometeu crime de tortura qualificada pela morte (desejava torturar, mas a vítima acabou morrendo). Na **SITUAÇÃO HIPOTÉTICA 2**, JOSÉ deve responder por homicídio qualificado pela tortura, porquanto queria, desde o início, matar a vítima.

A tortura qualificada pela morte da vítima, como delito preterdoloso que é, não é da competência do Tribunal do Júri (não é crime doloso contra vida).

- **Exame de corpo de delito:** as figuras qualificadas são crimes não transeuntes, daí a necessidade de materialização de exame de corpo de delito (artigo 158 do Código de Processo Penal).

Art. 1° (...)

§ 4° Aumenta-se a pena de um sexto até um terço:

I – se o crime é cometido por agente público;

II – se o crime é cometido contra criança, gestante, portador de deficiência, adolescente ou maior de 60 (sessenta) anos;

III – se o crime é cometido mediante sequestro.

- **Majorantes:** o § 4º do artigo 1º da Lei 9.455/97 traz em seu bojo causas de aumento de pena (1/6 até 1/3): i) se o crime é cometido por agente público (como dito supra, o Brasil optou em punir a tortura perpetrada, inclusive, por particulares); ii) se o crime é cometido contra criança (pessoa com idade inferior a 12 anos no tempo do crime, na forma do artigo 2º do ECA[11]), gestante, portador de deficiência, adolescente (pessoa

11. Art. 2º Considera-se criança, para os efeitos desta Lei, a pessoa até doze anos de idade incompletos, e adolescente aquela entre doze e dezoito anos de idade.
Parágrafo único. Nos casos expressos em lei, aplica-se excepcionalmente este Estatuto às pessoas entre dezoito e vinte e um anos de idade.

com idade igual ou superior a 12 anos e inferior a 18 anos no tempo do crime) ou maior de 60 anos (apesar do conceito de idoso abarcar a pessoa com idade igual a 60 anos[12], se a vítima tiver exatamente essa idade não haverá incidência da majorante – é preciso que no tempo do crime o sujeito passivo da infração conte com mais de 60 anos); iii) se o crime é cometido mediante sequestro (privação da liberdade da vítima por tempo juridicamente relevante).

Art. 1º (...)

§ 5º A condenação acarretará a perda do cargo, função ou emprego público e a interdição para seu exercício pelo dobro do prazo da pena aplicada.

▪ **Perda do cargo, função ou emprego público:** a perda do cargo, função ou emprego público e a interdição para seu exercício pelo dobro do prazo da pena aplicada ocorrem *ex lege* (são efeitos automáticos da condenação, prescindindo de fundamentação no bojo da sentença condenatória – confira o grifo no *decisum* transcrito):

> AGRAVO REGIMENTAL NO AGRAVO EM RECURSO ESPECIAL. CRIME DE TORTURA. PLEITO DE ABSOLVIÇÃO. REEXAME DO CONJUNTO FÁTICO- PROBATÓRIO. IMPOSSIBILIDADE. INCIDÊNCIA DA SÚMULA N. 7/STJ. PERDA DO CARGO PÚBLICO. EFEITO DA CONDENAÇÃO. AUSÊNCIA DE INDICAÇÃO DO DISPOSITIVO LEGAL SUPOSTAMENTE VIOLADO. FUNDAMENTAÇÃO DEFICIENTE. SÚMULA N. 284/STF. 1. O pedido de absolvição, sob o argumento de ausência de provas da autoria e da materialidade delitivas, demandaria imprescindível reexame dos elementos fático-probatórios dos autos, o que é defeso no âmbito do recurso especial, em virtude do disposto na Súmula n. 7 desta Corte. **2. "A perda do cargo, função ou emprego público é efeito automático da condenação pela prática do crime de tortura, não sendo necessária fundamentação concreta para a sua aplicação"** (AgRg no Ag 1388953/SP, Rel. Ministra MARIA THEREZA DE ASSIS MOURA, SEXTA TURMA, julgado em 20/6/2013, DJe 28/6/2013, grifei) 3. Os recorrentes deixaram de apontar, de maneira clara e específica, os dispositivos legais que amparavam as suas teses, o que representa inafastável deficiência recursal a atrair o óbice da Súmula n. 284/STF. 4. Agravo regimental desprovido

12. Artigo 1º da Lei 10.741/03.

(AgRg no AgRg no AREsp 1079767/SE, Rel. Ministro Antonio Saldanha Palheiro, Sexta Turma, julgado em 17/10/2017, DJe 27/10/2017).

Penso que não há necessidade de que a tortura perpetrada pelo agente público tenha relação com suas funções para que sejam impostos os efeitos gravosos listados no § 5º do artigo 1º da Lei 9.455/97. Se assim não fosse, apenas agentes públicos dos órgãos de segurança pública e do sistema prisional perderiam o cargo em face da prática de tortura. O legislador impôs esse efeito automático para que não exista torturador nos seus quadros (por isso a desnecessidade da relação da tortura com as funções desempenhadas pelo funcionário público torturador para que exista perda automática do cargo).

Confira tabela que trata da perda do cargo público como efeito da condenação:

Perda do cargo público em face de condenação	
Lei 7.716/89 (Racismo)	A perda do cargo ou função pública **não é automática** e depende de fundamentação na sentença (artigo 18).
Lei 13.869/19 (Abuso de autoridade)	A perda do cargo, mandato ou função pública é condicionada à reincidência em crime de abuso de autoridade e **não é automática** (depende de fundamentação na sentença (parágrafo único do artigo 4º).
Lei 9.455/97 (Tortura)	A condenação por crime de tortura acarreta na perda do cargo, função ou emprego público e na interdição para seu exercício pelo dobro do prazo da pena aplicada (**efeitos automáticos** da condenação - § 5º do artigo 1º).
Lei 12.850/13 (Organizações Criminosas)	A condenação com trânsito em julgado acarretará ao funcionário público a perda do cargo, função, emprego ou mandato eletivo e a interdição para o exercício de função ou cargo público pelo prazo de 8 (oito) anos subsequentes ao cumprimento da pena (**efeitos automáticos** da condenação - § 6º do artigo 2º).

Art. 1° (...)

§ 6° O crime de tortura é inafiançável e insuscetível de graça ou anistia.

- **Crime inafiançável e insuscetível de graça ou anistia:** o crime de tortura é inafiançável, mas suscetível de concessão de liberdade provisória (que deve ser concedida independentemente de fiança, inclusive na audiência de custódia, se o cárcere provisório não se mostrar necessário).

O delito em testilha não admite graça, anistia ou indulto (trata-se de graça coletiva, também vedada).

Art. 1° (...)

§ 7° O condenado por crime previsto nesta Lei, salvo a hipótese do § 2°, iniciará o cumprimento da pena em regime fechado.

- **Cumprimento de pena em regime inicialmente fechado (inconstitucionalidade):** o Supremo Tribunal Federal entende ser inconstitucional a imposição abstrata de regime inicialmente fechado independentemente do quantitativo de pena (grifo meu):

> Habeas corpus. Penal. Tráfico de entorpecentes. Crime praticado durante a vigência da Lei n° 11.464/07. Pena inferior a 8 anos de reclusão. Obrigatoriedade de imposição do regime inicial fechado. Declaração incidental de inconstitucionalidade do § 1° do art. 2° da Lei n° 8.072/90. Ofensa à garantia constitucional da individualização da pena (inciso XLVI do art. 5° da CF/88). Fundamentação necessária (CP, art. 33, § 3°, c/c o art. 59). Possibilidade de fixação, no caso em exame, do regime semiaberto para o início de cumprimento da pena privativa de liberdade. Ordem concedida. 1. Verifica-se que o delito foi praticado em 10/10/09, já na vigência da Lei n° 11.464/07, a qual instituiu a obrigatoriedade da imposição do regime inicialmente fechado aos crimes hediondos e assemelhados. 2. Se a Constituição Federal menciona que a lei regulará a individualização da pena, é natural que ela exista. Do mesmo modo, os critérios para a fixação do regime prisional inicial devem-se harmonizar com as garantias constitucionais, sendo necessário exigir-se sempre a fundamentação do regime imposto, ainda que se trate de crime hediondo ou equiparado. 3. Na situação em análise, em que o paciente, condenado a cumprir pena de seis (6) anos de reclusão, ostenta circunstâncias subjetivas favoráveis, o regime prisional, à luz do art. 33, § 2°, alínea b, deve ser o semiaberto. 4. Tais circunstâncias não elidem a

> possibilidade de o magistrado, em eventual apreciação das condições subjetivas desfavoráveis, vir a estabelecer regime prisional mais severo, desde que o faça em razão de elementos concretos e individualizados, aptos a demonstrar a necessidade de maior rigor da medida privativa de liberdade do indivíduo, nos termos do § 3° do art. 33, c/c o art. 59, do Código Penal. 5. Ordem concedida tão somente para remover o óbice constante do § 1° do art. 2° da Lei n° 8.072/90, com a redação dada pela Lei n° 11.464/07, o qual determina que "[a] pena por crime previsto neste artigo será cumprida inicialmente em regime fechado". **Declaração incidental de inconstitucionalidade, com efeito ex nunc, da obrigatoriedade de fixação do regime fechado para início do cumprimento de pena decorrente da condenação por crime hediondo ou equiparado** (HC 111840, Relator(a): Dias Toffoli, Tribunal Pleno, julgado em 27/06/2012, PROCESSO ELETRÔNICO DJe-249 DIVULG 16-12-2013 PUBLIC 17-12-2013).

O Superior Tribunal de Justiça segue a mesma trilha (grifo meu):

> AGRAVO REGIMENTAL EM HABEAS CORPUS. TORTURA. FIXAÇÃO DA PENA-BASE. INDEVIDA CONSIDERAÇÃO NEGATIVA DA PERSONALIDADE DO AGENTE. REDIMENSIONAMENTO DA PENA-BASE. FIXAÇÃO DO REGIME INICIALMENTE FECHADO COM BASE NA HEDIONDEZ DO DELITO. IMPOSSIBILIDADE. ALTERAÇÃO PARA O REGIME SEMIABERTO. HABEAS CORPUS CONCEDIDO DE OFÍCIO. AGRAVO REGIMENTAL DESPROVIDO. I – Mostrou-se indevido no caso o aumento da pena-base em razão da valoração negativa da personalidade do ora agravado, ao fundamento de que o agente teria demonstrado comportamento violento, uma vez que se revela inviável ao julgador (que, de regra, não é psiquiatra e nem psicólogo, não sendo, portanto, expert) uma conclusão cientificamente sustentável neste sentido. Por conseguinte, não havendo dados suficientes para a aferição da personalidade do agente, mostra-se incorreta sua valoração negativa a fim de supedanear o aumento da pena-base, como na hipótese. **II – Ademais, deve-se ressaltar que hediondez do delito não constitui fundamentação idônea a justificar a fixação do regime mais gravoso, mormente quando a obrigatoriedade do regime inicialmente fechado prevista no §7° do art. 1° da Lei n. 9.455/1997 foi superada pelo col. Pretório Excelso.** III – Além disso, a Terceira Seção desta Corte, ao apreciar o tema, consignou que "(...) é possível – desde que com base em motivação concreta – estabelecer regime prisional mais gravoso do que aquele que corresponderia, como regra geral, à pena aplicada" (HC n. 362.535/MG, Terceira Seção, de minha relatoria, Relatora para o acórdão Ministra Maria Thereza de Assis Moura, DJe de 8/3/2017, grifei). No caso, inequivocamente, a fixação do regime mais gravoso com base na hediondez do delito não constitui

motivação idônea para a fixação do regime fechado, razão pela qual, nos termos dos artigos 33 e 59 do Código Penal, e fixada a pena em patamar inferior a 4 anos de reclusão, a estipulação do regime inicial semiaberto é apropriada, eis que existem duas circunstâncias judiciais desfavoráveis ao ora agravado, quais sejam, a culpabilidade e as circunstâncias do delito. Agravo regimental desprovido (AgRg no HC 355.911/BA, Rel. Ministro Felix Fischer, Quinta Turma, julgado em 02/05/2017, DJe 31/05/2017).

Assim, a imposição de regime inicialmente fechado sem a necessidade de fundamentação do magistrado na sentença só pode acontecer (qualquer que seja o crime perpetrado) se a pena aplicada for superior a 8 anos ou se o agente reincidente for condenado a pena de reclusão.

Art. 2° O disposto nesta Lei aplica-se ainda quando o crime não tenha sido cometido em território nacional, sendo a vítima brasileira ou encontrando-se o agente em local sob jurisdição brasileira.

- **Extraterritorialidade:** o artigo 2º da Lei 9.455/97 permite a punição da tortura cometida fora do território nacional: i) se a vítima for brasileira; ou ii) se o agente estiver em local sob a jurisdição brasileira (qualquer que seja a nacionalidade da vítima).

As duas hipóteses listadas no artigo se traduzem em casos de extraterritorialidade incondicionada.

- **Competência para processar e julgar o crime de tortura:** em regra, a prática do crime de tortura será da competência da Justiça Estadual (só haverá competência da Justiça Federal quando o crime for perpetrado por servidor público federal em serviço, contra funcionário público federal em razão das suas funções ou quando se verificar prática de crime à distância).

- **Federalização do caso criminal:** excepcionalmente, admite-se a federalização do caso criminal, observado o § 5º do artigo 109 da Constituição Federal (IDC – Incidente de Deslocamento de Competência):

Art. 109 (...)

§ 5° Nas hipóteses de grave violação de direitos humanos, o Procurador-Geral da República, com a finalidade de assegurar o cumprimento de obrigações decorrentes de tratados internacionais de direitos humanos dos quais o Brasil seja parte, poderá suscitar, perante o Superior Tribunal de Justiça, em qualquer fase do inquérito ou processo, incidente de deslocamento de competência para a Justiça Federal.

Questões de concurso público: veja como a lei estudada já foi cobrada em concursos públicos.

1. (Delegado de Polícia Civil/RN/2021) A Lei nº 9.455/1997 tipifica o crime de tortura e aponta as suas diversas espécies. Sobre o delito em questão, analise as afirmativas a seguir.

I. admite tentativa;

II. é insuscetível de graça ou anistia, mas permite o indulto;

III. pode ser praticado por conduta comissiva ou omissiva.

Está correto somente o que se afirma em:

A) I;

B) III;

C) I e II;

D) I e III;

E) II e III.

2. (Delegado de Polícia Federal/2018) Em cada item que se segue, é apresentada uma situação hipotética seguida de uma assertiva a ser julgada com relação a crime de tortura, crime hediondo, crime previdenciário e crime contra o idoso.

Cinco guardas municipais em serviço foram desacatados por dois menores. Após breve perseguição, um dos menores evadiu-se, mas o outro foi apreendido. Dois dos guardas conduziram o menor apreendido para um local isolado, imobilizaram-no, espancaram-no e ameaçaram-no, além de submetê-lo a choques elétricos. Os outros três guardas deram cobertura. Nessa situação, os cinco guardas municipais responderão pelo crime de tortura, incorrendo todos nas mesmas penas.

3. (Delegado de Polícia Civil/GO/2018) Na hipótese de um servidor público ser condenado pelo crime de tortura qualificada pelo resultado morte a uma pena de doze anos de reclusão, referida condenação acarretará a perda do cargo, função ou emprego público e a interdição para seu exercício por

A) Cinco anos

B) Dez anos

C) Doze anos

D) Vinte e quatro anos

E) Trinta e seis anos

4. (Delegado de Polícia Civil/PI/2018) Após a Segunda Guerra Mundial, adotada e proclamada a Declaração Universal dos Direitos Humanos, os direitos inerentes à pessoa humana passam a ser protegidos mundialmente. No Brasil, os atos de tortura e as tentativas de praticar atos dessa natureza são coibidos. Marque abaixo a alternativa CORRETA quanto ao crime de tortura.

A) O crime de tortura é inafiançável, embora suscetível de graça ou anistia.

B) Se o crime de tortura é cometido contra maior de 60 (sessenta) anos aumenta-se a pena em de 1/3 (um terço) até à metade.

C) Se o crime de tortura é cometido por agente público, a pena é aumentada de 1/3 (um terço) até à metade.

D) Não se constitui crime de tortura o constrangimento de alguém com o emprego de violência ou grave ameaça, causando-lhe sofrimento físico, em razão de discriminação racial ou religiosa.

E) Constitui crime de tortura: constranger alguém com emprego de violência ou grave ameaça, causando-lhe sofrimento físico ou mental com o objetivo de obter alguma informação, declaração ou confissão.

---

5. (Delegado de Polícia Civil/RO/2009) Caio, Delegado de Polícia, percebe que, na sala ao lado, Antônio, agente policial lotado em sua Delegacia, submete Tício, preso em flagrante, a sofrimento físico mediante violência, como forma de aplicar-lhe castigo pessoal. Caio nada fez para impedir tal conduta. Pode-se afirmar que Caio e Antônio cometeram as seguintes condutas, respectivamente:

A) Caio será punido por sua omissão na forma da Lei nº 9.455/1997 e Antônio não responderá por crime algum, por ser seu subordinado.

B) Caio não praticou crime algum e Antônio cometeu o crime de tortura.

C) Caio responderá pelo crime de constrangimento ilegal em concurso de agentes com Antônio.

D) Caio não praticou crime algum e Antônio responderá pelo crime de abuso de autoridade.

E) Caio será punido por sua omissão na forma da Lei nº 9.455/1997 e Antônio responderá pelo crime de tortura.

---

6. (Delegado de Polícia Civil/PB/2022) Assinale a opção correta em relação às disposições estabelecidas na Lei nº 9.455/1997.

A) Não se exige que o sujeito ativo da tortura seja agente público para a caracterização dessa infração penal.

B) A configuração do crime de tortura exige a prática de violência.

C) Para a caracterização do delito de tortura, é necessário que a conduta criminosa se destine a atingir um fim específico, como a obtenção de informação, declaração ou confissão sobre determinado fato.

D) O agente que se omite em face das condutas previstas nessa lei quando tinha o dever de apurá-las incorre nas mesmas penas previstas para os crimes nela descritos.

E) A perda do cargo público não é efeito automático da sentença que condena o servidor público pela prática do crime de tortura.

Gabarito comentado:

Questão	Reposta	Comentário
1	Letra D	O item II está errado, porquanto não é admissível indulto em relação ao crime de tortura.
2	CERTA	Todos são coparticipantes de crime de tortura por ação.
3	Letra D	Vide § 5° do artigo 1° da Lei 9.455/97.
4	Letra E	Vide alínea 'a' do inciso I do artigo 1° da Lei 9.455/97.
5	Letra E	Vide §§ 1° e 2° do artigo 1° da Lei 9.455/97.
6	Letra A	O crime de tortura, na Lei 9.455/97 não é próprio de funcionário público (pode ser praticado por particulares).

Quesitos criados pelo autor da obra: confira algumas questões por mim criadas para orientar seus estudos.

1. O indivíduo que constrange alguém, causando-lhe sofrimento físico, mediante violência, por motivo de discriminação em virtude da opção sexual pratica crime de tortura?

RESPOSTA: Caso se pense na literalidade da Lei 9.455/97 não, vez que a discriminação por opção sexual não consta na alínea 'c' do inciso I do artigo 1° do mandamento legal citado. Contudo, é preciso salientar que, depois do julgamento da ADO 26 e do MI 4733, pode-se falar na prática de tortura nessa situação (vez que o conceito de discriminação racial foi ampliado para incluir a homofobia e a transfobia).

2. O crime de tortura na modalidade omissiva é delito equiparado a hediondo? A condenação de servidor público pela prática de crime de tortura ocasiona quais consequências? A perda de cargo é automática? A tortura-castigo é crime próprio?

RESPOSTA: Não, a tortura por omissão não crime equiparado a hediondo. As consequências para o servidor público são imposição de pena, perda do cargo público (automática) e interdição para seu exercício pelo dobro da pena aplicada (§ 5° do artigo 1° da Lei 9.455/97): **§ 5° A condenação acarretará a perda do cargo, função ou emprego público e a interdição para seu exercício pelo dobro do prazo da pena aplicada**. Tortura-castigo é crime próprio no entender do STJ (informativo 617): **Tortura-castigo. Art. 1°, II, da Lei n. 9.455/1997. Crime próprio. Agente que ostente posição de garante. Necessidade.**

10

Lei 9.503/97 – Código de Trânsito Brasileiro

- **Disposições gerais:** a Lei 9.503/97 é o Código de Trânsito Brasileiro. Interessa-nos o estudo dos artigos 291 e seguintes, que tratam dos crimes de trânsito:

> **Art. 291. Aos crimes cometidos na direção de veículos automotores, previstos neste Código, aplicam-se as normas gerais do Código Penal e do Código de Processo Penal, se este Capítulo não dispuser de modo diverso, bem como a Lei nº 9.099, de 26 de setembro de 1995, no que couber.**
>
> **§ 1º Aplica-se aos crimes de trânsito de lesão corporal culposa o disposto nos arts. 74, 76 e 88 da Lei nº 9.099, de 26 de setembro de 1995, exceto se o agente estiver:**
>
> **I – sob a influência de álcool ou qualquer outra substância psicoativa que determine dependência;**
>
> **II – participando, em via pública, de corrida, disputa ou competição automobilística, de exibição ou demonstração de perícia em manobra de veículo automotor, não autorizada pela autoridade competente;**
>
> **III – transitando em velocidade superior à máxima permitida para a via em 50 km/h (cinquenta quilômetros por hora).**
>
> **§ 2º Nas hipóteses previstas no § 1º deste artigo, deverá ser instaurado inquérito policial para a investigação da infração penal.**
>
> **§ 3º (VETADO).**

§ 4º O juiz fixará a pena-base segundo as diretrizes previstas no art. 59 do Decreto-Lei nº 2.848, de 7 de dezembro de 1940 (Código Penal), dando especial atenção à culpabilidade do agente e às circunstâncias e consequências do crime.

O artigo 291 do Código de Trânsito Brasileiro determina a aplicação das normas gerais do Código Penal, do Código de Processo Penal e da Lei 9.099/95 aos crimes de trânsito cometidos na direção de veículo automotor, respeitadas as especificidades determinadas na lei.

Importante salientar, nessa toada, que o CTB determina que a lesão corporal culposa na direção de veículo automotor é crime de ação penal pública condicionada a representação, aplicando-se o disposto nos artigos 74 e 76 da Lei 9.099/95 (composição civil dos danos gerando extinção da punibilidade pela renúncia e possibilidade de transação penal), exceto se o agente estiver (§ 1º do artigo 291 do CTB): i) sob a influência do álcool ou qualquer outra substância psicoativa que determine dependência; ii) participando, em via pública, de corrida, disputa ou competição automobilística, de exibição ou demonstração de perícia em manobra de veículo automotor, não autorizada pela autoridade competente; iii) transitando em velocidade superior à máxima permitida para via em 50 km/h.

Nas situações descritas acima, o CTB determina a instauração de inquérito policial (§ 2º do artigo 291).

No mesmo artigo, o CTB manda que o juiz dê especial atenção, quando da análise das circunstâncias judiciais (fixação de pena-base, na primeira fase da dosimetria – artigo 59 do Código Penal), **à culpabilidade do agente e às circunstâncias e consequências do crime**.

Segundo Gabriel Habib[1], o bem jurídico tutelado pelos crimes previstos no CTB é a segurança viária e, secundariamente, a vida, a saúde, a paz social, dentre outros.

O autor faz uma interessante digressão, diferenciando os crimes quanto ao resultado jurídico, classificando-os em crimes de dano e de perigo (classificação tradicional) e estes em: i) crimes de perigo concreto

1. HABIB, Gabriel. **Leis Penais Especiais**, 10ª edição, editora Juspodivm, 2018, p. 84.

(classificação tradicional); ii) de perigo abstrato (classificação tradicional); e iii) de perigo abstrato-concreto (aqui está a novidade na classificação proposta).

Os crimes de dano não exigem maior esforço para conceituação: são os que demandam efetiva lesão ao bem jurídico tutelado para consumação. Nos crimes de perigo abstrato, basta que o bem jurídico seja exposto a perigo, sem necessidade de efetiva lesão para consumação.

Os crimes de perigo concreto demandam prova do efetivo perigo ao bem jurídico. Nos de perigo abstrato, o perigo é presumido de maneira absoluta. Nos de perigo abstrato-concreto, é necessário que o perigo seja possível ao bem jurídico. Saliento que a maioria dos crimes de trânsito é de perigo abstrato.

Art. 292. A suspensão ou a proibição de se obter a permissão ou a habilitação para dirigir veículo automotor pode ser imposta isolada ou cumulativamente com outras penalidades.

Art. 293. A penalidade de suspensão ou de proibição de se obter a permissão ou a habilitação, para dirigir veículo automotor, tem a duração de dois meses a cinco anos.

§ 1° Transitada em julgado a sentença condenatória, o réu será intimado a entregar à autoridade judiciária, em quarenta e oito horas, a Permissão para Dirigir ou a Carteira de Habilitação.

§ 2° A penalidade de suspensão ou de proibição de se obter a permissão ou a habilitação para dirigir veículo automotor não se inicia enquanto o sentenciado, por efeito de condenação penal, estiver recolhido a estabelecimento prisional.

- **Suspensão e proibição de se obter a permissão ou a habilitação:** os artigos 292 e 293 do CTB tratam das penalidades de suspensão ou proibição de obter permissão ou habilitação para dirigir veículo. Estas: i) podem ser impostas isoladamente ou cumulativamente com outras penalidades; ii) têm duração de 2 meses a 5 anos; e iii) não se iniciam se o sentenciado estiver recolhido em estabelecimento prisional em razão de condenação penal.

Transitada em julgada a sentença condenatória, o réu será intimado a entregar ao juiz a permissão para dirigir veículo ou a CNH no prazo de 48 horas.

Art. 294. Em qualquer fase da investigação ou da ação penal, havendo necessidade para a garantia da ordem pública, poderá o juiz, como medida cautelar, de ofício, ou a requerimento do Ministério Público ou ainda mediante representação da autoridade policial, decretar, em decisão motivada, a suspensão da permissão ou da habilitação para dirigir veículo automotor, ou a proibição de sua obtenção.

Parágrafo único. Da decisão que decretar a suspensão ou a medida cautelar, ou da que indeferir o requerimento do Ministério Público, caberá recurso em sentido estrito, sem efeito suspensivo.

- **Medidas cautelares:** o artigo 294 do CTB trata das medidas cautelares de suspensão da permissão ou da habilitação para dirigir veículo ou a proibição de sua obtenção, tanto na fase investigativa, quanto no curso do processo, havendo necessidade (para garantia da ordem pública).

Nos termos da lei, a cautelar será determinada pelo juiz de ofício[2] ou atendendo requerimento do Ministério Público ou representação do delegado de polícia. Da decisão que decretar a medida ou da que indeferir o requerimento do Ministério Público, caberá recurso em sentido estrito sem efeito suspensivo.

Art. 295. A suspensão para dirigir veículo automotor ou a proibição de se obter a permissão ou a habilitação será sempre comunicada pela autoridade judiciária ao Conselho Nacional de Trânsito – CONTRAN, e ao órgão de trânsito do Estado em que o indiciado ou réu for domiciliado ou residente.

- **Comunicação da decisão:** O artigo 295 do CTB determina que a suspensão para dirigir veículo ou a proibição para obtenção de permissão ou CNH sejam comunicadas ao CONTRAN e ao órgão de trânsito do Estado em que o indiciado ou réu for residente ou domiciliado.

Art. 296. Se o réu for reincidente na prática de crime previsto neste Código, o juiz aplicará a penalidade de suspensão da permissão ou habilitação para dirigir veículo automotor, sem prejuízo das demais sanções penais cabíveis.

---

2. Entendo equivocada qualquer autorização legal para determinação restritiva de ofício pelo magistrado (penso que deve ele se manter inerte, para resguardar sua imparcialidade).

▪ **Penalidade em caso de reincidência específica:** o comando constante no artigo 296 determina a suspensão da permissão ou habilitação para dirigir veículo quando o réu for reincidente na prática de crime previsto no CTB (reincidência específica).

> **Art. 297. A penalidade de multa reparatória consiste no pagamento, mediante depósito judicial em favor da vítima, ou seus sucessores, de quantia calculada com base no disposto no § 1° do art. 49 do Código Penal, sempre que houver prejuízo material resultante do crime.**
>
> **§ 1° A multa reparatória não poderá ser superior ao valor do prejuízo demonstrado no processo.**
>
> **§ 2° Aplica-se à multa reparatória o disposto nos arts. 50 a 52 do Código Penal.**
>
> **§ 3° Na indenização civil do dano, o valor da multa reparatória será descontado.**

▪ **Multa reparatória:** avista-se no artigo 297 do CTB a multa reparatória (para Gabriel Habib[3] tem natureza cível e pode ser cumulada com prestação pecuniária).

A multa reparatória tem como destinatários a vítima ou seus sucessores e é aplicada sempre que houver prejuízo material (eventual prejuízo moral deve ser calculado em ação cível). O teto da multa reparatória é o valor do prejuízo demonstrado no processo e seu valor deve ser descontado na indenização cível do dano. Quem aplica a multa reparatória é o juízo criminal (na sentença condenatória).

> **Art. 298. São circunstâncias que sempre agravam as penalidades dos crimes de trânsito ter o condutor do veículo cometido a infração:**
>
> **I – com dano potencial para duas ou mais pessoas ou com grande risco de grave dano patrimonial a terceiros;**
>
> **II – utilizando o veículo sem placas, com placas falsas ou adulteradas;**
>
> **III – sem possuir Permissão para Dirigir ou Carteira de Habilitação;**

3. HABIB, Gabriel. **Leis Penais Especiais**, 10ª edição, editora Juspodivm, 2018, p. 94.

IV – com Permissão para Dirigir ou Carteira de Habilitação de categoria diferente da do veículo;

V – quando a sua profissão ou atividade exigir cuidados especiais com o transporte de passageiros ou de carga;

VI – utilizando veículo em que tenham sido adulterados equipamentos ou características que afetem a sua segurança ou o seu funcionamento de acordo com os limites de velocidade prescritos nas especificações do fabricante;

VII – sobre faixa de trânsito temporária ou permanentemente destinada a pedestres.

- **Circunstâncias agravantes:** vale a pena a leitura do artigo 298 do CTB, que dispõe sobre as circunstâncias agravantes (analisadas na segunda fase da fixação de pena).

Cumpre deixar claro que tais circunstâncias não excluem as agravantes previstas no Código Penal.

- **Perdão judicial:** apesar do veto ao artigo 300 do CTB (que previa possibilidade de perdão judicial para os crimes de homicídio culposo e lesão corporal culposa na direção de veículo automotor), é entendimento pacífico que é possível aplicar a tais crimes o perdão judicial previsto no Código Penal (§ 5º do artigo 121 e § 8º do artigo 129) – a análise das razões do veto deixam isso claro.

Neste sentido, informativo 542/STJ (grifo meu):

> RECURSO ESPECIAL. HOMICÍDIO CULPOSO NO TRÂNSITO. ART. 302, CAPUT, DA LEI N. 9.503/1997. PERDÃO JUDICIAL. ART. 121, § 5º, DO CÓDIGO PENAL. VÍNCULO AFETIVO ENTRE RÉU E VÍTIMA. NECESSIDADE. RECURSO ESPECIAL NÃO PROVIDO. 1. O texto do § 5º do art. 121 do Código Penal não definiu o caráter das consequências, mas não deixa dúvidas quanto à forma grave com que essas devem atingir o agente, ao ponto de tornar desnecessária a sanção penal. **2. Não há empecilho a que se aplique o perdão judicial nos casos em que o agente do homicídio culposo – mais especificamente nas hipóteses de crime de trânsito – sofra sequelas físicas gravíssimas e permanentes, como, por exemplo, ficar tetraplégico, em estado vegetativo, ou incapacitado para o trabalho.** 3. A análise do grave sofrimento, apto a ensejar, também, a inutilidade da função retributiva da pena, deve ser aferido de acordo com o estado emocional de que é acometido o sujeito ativo do crime, em decorrência da sua

ação culposa. 4. A melhor doutrina, quando a avaliação está voltada para o sofrimento psicológico do agente, enxerga no § 5º a exigência de um vínculo, de um laço prévio de conhecimento entre os envolvidos, para que seja "tão grave" a consequência do crime ao agente. A interpretação dada, na maior parte das vezes, é no sentido de que só sofre intensamente o réu que, de forma culposa, matou alguém conhecido e com quem mantinha laços afetivos. 5. Entender pela desnecessidade do vínculo seria abrir uma fenda na lei, que se entende não haver desejado o legislador, pois, além de difícil aferição – o tão grave sofrimento –, serviria como argumento de defesa para todo e qualquer caso de delito de trânsito, com vítima fatal. 6. O que se pretende é conferir à lei interpretação mais razoável e humana, sem jamais perder de vista o desgaste emocional (talvez perene) que sofrerá o acusado dessa espécie de delito, que não conhecia a vítima. Solidarizar-se com o choque psicológico do agente não pode, por outro lado, conduzir a uma eventual banalização do instituto, o que seria, no atual cenário de violência no trânsito – que tanto se tenta combater –, no mínimo, temerário. 7. Recurso especial a que se nega provimento (REsp 1455178/DF, Rel. Ministro Rogerio Schietti Cruz, Sexta Turma, julgado em 05/06/2014, DJe 06/06/2014).

O informativo 606/STJ trouxe interessante situação concernente ao perdão judicial – se houver concurso de crimes (concurso formal) em homicídios culposos na direção de veículo automotor e uma das vítimas não tiver vínculo afetivo com o autor do fato, não será possível conceder perdão judicial em relação a esta (andou bem o Tribunal da Cidadania neste julgado):

RECURSO ESPECIAL. DUPLO HOMICÍDIO CULPOSO NO TRÂNSITO. CONCURSO FORMAL. ART. 302, CAPUT, DA LEI N. 9.503/1997, C/C ART. 70 DO CP. MORTE DE NAMORADO E DO AMIGO. PERDÃO JUDICIAL. ART. 121, § 5º, DO CÓDIGO PENAL. CONCESSÃO. VÍNCULO AFETIVO ENTRE RÉU E VÍTIMAS. NECESSIDADE DE COMPROVAÇÃO. SÚMULA N. 7 DO STJ. EXTENSÃO DOS EFEITOS PELO CONCURSO FORMAL. INVIABILIDADE. SISTEMA DE EXASPERAÇÃO DA PENA. EXTINÇÃO DA PUNIBILIDADE. CAUSA EXCEPCIONAL. PREENCHIMENTO DOS REQUISITOS. RECURSO ESPECIAL NÃO PROVIDO. 1. Conquanto o texto do § 5º do art. 121 do Código Penal não tenha definido o caráter e a extensão das consequências do crime imprescindíveis à concessão do perdão judicial, não deixa dúvidas quanto à forma grave com que elas devem ter atingido o agente, a ponto de tornar desnecessária e até mesmo exacerbada a aplicação de sanção penal. 2. A análise do grave sofrimento, apto a ensejar a inutilidade da função retributiva da pena, deve ser aferida de acordo com o estado emocional de que é acometido o sujeito ativo do crime, em decorrência da sua ação culposa, razão pela qual a doutrina, quando a avaliação está voltada para o sofrimento psicológico do agente, enxerga no § 5º a exigência da prévia existência de um vínculo, de um laço de conhecimento entre os envolvidos, para que seja "tão grave" a consequência do crime ao agente. Isso porque a interpretação dada é a de que, na maior parte das vezes, só sofre intensamente aquele réu que, de forma culposa, matou alguém conhecido e com quem mantinha laços afetivos. 3. Assim, havendo o Tribunal a quo entendido não estar demonstrado nos autos, de forma inconteste, que o acusado mantinha, embora de natureza diversa, fortes vínculos afetivos com ambas as vítimas, de modo a justificar o profundo sofrimento psíquico derivado da provocação de suas mortes, não há que se falar em malferimento à lei federal, pois inviável, consoante precedentes desta Corte Superior, a dupla aplicação do perdão judicial. 4. Entender pela desnecessidade do vínculo seria abrir uma fenda na lei, que se entende não haver desejado o legislador, pois, além de difícil aferição – o tão intenso sofrimento –, serviria como argumento de defesa para todo e qualquer caso de delito de trânsito com vítima fatal. 5. A revisão desse entendimento, tal qual perquirido pelo recorrente, que afirma existir farto acervo probatório a demonstrar os laços de amizade com a segunda vítima, demandaria imersão vertical sobre o conjunto fático-probatório delineado nos autos, procedimento vedado em recurso especial, a teor da Súmula n. 7 do STJ. 6. Malgrado a instituição do concurso formal de crimes tenha intensão de beneficiar o acusado, estabelecendo o legislador um sistema de exasperação da pena que fixa a punição com base em apenas um dos crimes, não se deixou de acrescentar a previsão de imposição de uma cota-parte, apta a representar a correção também pelos demais delitos. Ainda assim, não há referência à hipótese de extensão da absolvição, da extinção da punibilidade, ou mesmo, da redução da pena pela prática de nenhum dos delitos, tanto que dispõe, o art. 108 do Código Penal, in fine, que, "nos crimes conexos, a extinção da punibilidade de um deles não impede, quanto aos outros, a agravação da pena resultante da conexão". 7. Tratando-se o perdão judicial de uma causa de extinção da punibilidade de índole excepcional, somente pode ser concedido quando presentes os seus requisitos, devendo-se analisar cada delito de per si, e não de forma generalizada, como quando ocorre a pluralidade de delitos decorrentes do concurso formal de crimes. 8. Recurso especial não provido (REsp 1444699/RS, Rel. Ministro Rogerio Schietti Cruz, Sexta Turma, julgado em 01/06/2017, DJe 09/06/2017).

Art. 301. Ao condutor de veículo, nos casos de acidentes de trânsito de que resulte vítima, não se imporá a prisão em flagrante, nem se exigirá fiança, se prestar pronto e integral socorro àquela.

- **Impossibilidade de prisão em flagrante:** importante salientar que não se imporá prisão em flagrante, nem se exigirá fiança ao condutor do veículo nos casos de acidentes de trânsito de que resulte vítima, se aquele prestar pronto e integral socorro a esta, na forma do artigo 301 do CTB (nesse caso, o inquérito será instaurado por portaria e o delegado de polícia consignará que deixou de lavrar o auto de prisão em flagrante com escora neste dispositivo legal).

Art. 302. Praticar homicídio culposo na direção de veículo automotor:

Penas – detenção, de dois a quatro anos, e suspensão ou proibição de se obter a permissão ou a habilitação para dirigir veículo automotor.

§ 1º No homicídio culposo cometido na direção de veículo automotor, a pena é aumentada de 1/3 (um terço) à metade, se o agente:

I – não possuir Permissão para Dirigir ou Carteira de Habilitação;

II – praticá-lo em faixa de pedestres ou na calçada;

III – deixar de prestar socorro, quando possível fazê-lo sem risco pessoal, à vítima do acidente;

IV – no exercício de sua profissão ou atividade, estiver conduzindo veículo de transporte de passageiros.

V – (Revogado pela Lei nº 11.705, de 2008)

§ 2º (Revogado pela Lei nº 13.281, de 2016)

§ 3º Se o agente conduz veículo automotor sob a influência de álcool ou de qualquer outra substância psicoativa que determine dependência:

Penas – reclusão, de cinco a oito anos, e suspensão ou proibição do direito de se obter a permissão ou a habilitação para dirigir veículo automotor.

- **Homicídio culposo na direção de veículo automotor:** o artigo 302 do CTB pune o crime de homicídio culposo na direção de veículo automotor.

O delito (em sua forma simples) admite acordo de não persecução penal (artigo 28-A do CPP) e fiança arbitrada pela autoridade policial (artigo 322 do CPP). Não se admite suspensão condicional do processo (artigo 89 da Lei 9.099/95).

Embriaguez + direção de veículo automotor + resultado morte = homicídio doloso ou culposo? acidentes automobilísticos que envolvem motoristas embriagados e que resultam em morte têm grande atenção da mídia e causam grande comoção na sociedade.

A explosiva mistura de álcool e direção (quase sempre em altíssima velocidade) aumentam diuturnamente a quantidade de vítimas fatais no trânsito e dilaceram sonhos e histórias de vida que são abruptamente interrompidas em violentas colisões e atropelamentos.

Para o operador do direito que labuta na seara criminal, a situação acima retratada traz insistente dúvida: como tipificar o ato praticado por aquele que, embriagado, toma a direção de veículo automotor, excede o limite de velocidade, não observa as leis de trânsito e finda por tirar a vida de outrem? Trata-se de homicídio doloso (com incidência do dolo eventual) ou culposo (em regra com incidência de culpa consciente)?

O dolo eventual é definido pelo Código Penal. A parte final do inciso I do artigo 18 do referido diploma legal diz que o crime é doloso quando o agente assume o risco de produzir o resultado (assim também o é quando o agente quer o resultado – dolo direto, definido na primeira parte do mesmo dispositivo). Em exemplo aligeirado, é quando o agente prevê que com sua ação poderá advir resultado típico (definido como crime), mas continua a agir, assumindo o risco da ocorrência deste (obedecendo à fórmula – dê no que dê, aconteça o que acontecer, vou continuar agindo).

Genericamente, diz-se culposo o crime quando o "agente deu causa ao resultado por imprudência, negligência ou imperícia" (inciso II do artigo 18 do Código Penal). A culpa consciente (que não é definida legalmente) se dá quando o agente prevê que sua ação poderá redundar na ocorrência do resultado, mas imagina profanamente que este não ocorrerá (dirige em velocidade bastante superior à permitida, prevê que com isso poderá atropelar e matar alguém, mas imagina que tal resultado danoso não ocorrerá). Não há aqui a aceitação do resultado crime pelo agente.

Observados os dois conceitos (ainda que não estudados em sua completude e de forma profunda), percebe-se que dificilmente se observará na prática a ocorrência da primeira hipótese, partindo da premissa de que em ambos os casos deve-se investigar a fundo o que ia na cabeça do agente quando ele decidiu entrar no seu veículo depois da ingestão exagerada de álcool. Será que ele pensou: estou embriagado, posso vir a atropelar e matar alguém e assumo a ocorrência deste resultado se ele vier a acontecer (aconteça o que acontecer, mate ou não alguém, vou dirigir embriagado – dolo eventual). Ou imaginou: estou bêbado, posso vir a atropelar e ceifar a vida de outrem, mas confio cegamente que com minha perícia automobilística esse resultado não virá a acontecer (previsão e não aceitação do resultado – culpa consciente).

Ao que penso, no mais das vezes, o que acontece na prática é, efetivamente, a segunda situação. É difícil imaginar que passe pela cabeça de um indivíduo normal a previsão e aceitação do resultado morte de uma pessoa que ela sequer conheça.

Óbvio que há sim possibilidade de verificar na prática ocorrência do dolo eventual. Quando, por exemplo, o agente embriagado e em alta velocidade cruza sinal vermelho, finda colidindo com outro veículo e confiscando a vida do motorista deste, penso haver elementos para afirmar que houve dolo eventual (é muito difícil, embora possível, acreditar na versão de que o agente acreditava que poderia desviar de veículo que cruzasse o sinal, evitando o choque e suas consequências). Parece evidente que o agente assumiu o risco de produzir o resultado morte (dê no que dê, vou cruzar esse sinal vermelho).

Diferente é a pessoa que, embriagada, finda perdendo o controle do carro e atropelando transeunte. Aqui a culpa se mostra mais evidente (a previsibilidade da ocorrência do sinistro é bastante menor que no caso acima desenhado).

Note-se que há equívoco em analisar a situação de forma matemática ou puramente normativa (descurando do estudo do caso concreto apresentado – todas as circunstâncias que gravitaram ao seu redor). A meu ver, não há como criar a equação álcool + direção de veículo automotor + morte = homicídio doloso (dolo eventual). Principalmente porque dizer que o crime foi doloso significa ir à fundo na intenção do agente (dolo é elemento subjetivo do tipo e exige análise profícua da intenção do autor do fato).

Óbvio também que a tese da culpa consciente, por ser a mais favorável ao agente, sempre será levantada pela defesa. Daí porque delegados, agentes ministeriais, advogados/defensores públicos e juízes devem estudar o caso com amplitude, esmiuçando todas as provas possíveis (câmeras das ruas em que o carro do autor do fato passou, radares, prova testemunhal, exame de local de crime e outras perícias determinadas, nível de álcool no sangue do agente, eventual contribuição da vítima para o sinistro e interrogatório do sujeito ativo do crime apurado, caso ele opte por não exercer seu direito constitucional ao silêncio).

O fato é que estamos diante de resultado lesivo (qualquer que seja a imputação) que ocasiona grande comoção social e crimes com preceitos secundários bastante diferentes (o homicídio doloso, em sua forma simples, tem pena de 6 a 20 anos de reclusão e o culposo na direção de veículo automotor quando o motorista está embriagado tem preceito secundário orçado em 5 a 8 anos de reclusão). Isso gera considerável pressão incidente sobre os atores do processo penal (delegados, promotores, advogados/defensores públicos e juízes), que finda influenciando a decisão a ser tomada por estes (esta decisão tem diversos reflexos importantes – como a sujeição do autor do fato ao tribunal do júri, apenas para citar um exemplo).

Nesta senda, cumpre aos delegados de polícia (como autoridade da persecução penal que tem atribuição legal de proceder à primeira tipificação do fato noticiado), verificar caso a caso a ocorrência do crime capitulado no artigo 121 do Código Penal ou do artigo 302 do Código de Trânsito Brasileiro, de acordo com profícua análise técnico-jurídica dos elementos informativos e provas colhidas, evitando enquadramentos matemáticos em colisões e atropelamentos que envolvem motoristas embriagados, alta velocidade e mortes.

- **Homicídio doloso (tipificação do Código Penal):** como dito supra, se o homicídio for doloso (mesmo na direção de veículo automotor), tem-se prática do crime tipificado no artigo 121 do Código Penal.

- **Negligência, imprudência ou imperícia:** é preciso que se descreva na inicial acusatória a inobservância do dever de cuidado (negligência, imprudência ou imperícia).

▪ **Compensação de culpas (impossibilidade):** o Direito Penal não admite compensação de culpas, daí porque o agente será normalmente punido caso ele e a vítima tenham agido com culpa.

Por óbvio, se o condutor não atuar com culpa na direção do veículo automotor e a morte da vítima decorrer de culpa exclusiva desta, não há crime (porque atípico o fato).

▪ **Princípio da especialidade:** o tipo do 302 do CTB é especial em relação ao § 3º do artigo 121 do CP:

> (...) 4. Não há se falar em enquadramento do homicídio praticado na direção de veículo automotor ao crime de homicídio culposo definido pelo art. 121, §3°, do Código Penal, apenas porque o Código de Trânsito impõe sanções mais gravosas ao infrator. O maior desvalor da conduta levou o legislador ordinário a reprovar com mais intensidade o crime de trânsito. No caso, vigora o princípio da especialidade. (...) (AgRg no AREsp 591.446/SC, Rel. Ministro REYNALDO SOARES DA FONSECA, QUINTA TURMA, julgado em 23/02/2016, DJe 29/02/2016).

▪ **Perdão judicial (admissibilidade):** é possível, como visto supra, aplicar o perdão judicial.

▪ **Arrependimento posterior (inaplicabilidade):** não se aplica ao crime estudado o arrependimento posterior (artigo 16 do Código Penal), porque o delito não é patrimonial. Vide entendimento do Superior Tribunal de Justiça:

> AGRAVO REGIMENTAL NO HABEAS CORPUS. HOMICÍDIO CULPOSO NA DIREÇÃO DE VEÍCULO AUTOMOTOR. ARREPENDIMENTO POSTERIOR. INAPLICABILIDADE. DECISÃO MANTIDA. RECURSO IMPROVIDO. 1. Esta Corte possui firme entendimento de que, para que seja possível aplicar a causa de diminuição de pena prevista no art. 16 do Código Penal, faz-se necessário que o crime praticado seja patrimonial ou possua efeitos patrimoniais. Precedentes. 2. Inviável o reconhecimento do arrependimento posterior na hipótese de homicídio culposo na direção de veículo automotor, uma vez que o delito do art. 302 do Código de Trânsito Brasileiro não pode ser encarado como crime patrimonial ou de efeito patrimonial. Na espécie, a tutela penal abrange o bem jurídico mais importante do ordenamento jurídico, a vida, que, uma vez ceifada, jamais poderá ser restituída, reparada. Precedente. 3. Em sede de habeas corpus vigora a proibição da reformatio in pejus, princípio imanente ao processo penal (HC 126869/RS, Rel. Min. Dias Toffoli, 23.6.2015 – Informativo 791 do STF). 4. Agravo regimental

improvido (AgRg no HC 510.052/RJ, Rel. Ministro Nefi Cordeiro, Sexta Turma, julgado em 17/12/2019, DJe 04/02/2020).

- **Suspensão da habilitação de motorista profissional (constitucionalidade):** é possível impor a pena de suspensão da habilitação ao motorista profissional condenado pelo crime de homicídio culposo na direção de veículo automotor (tema 486 da Repercussão Geral do Supremo Tribunal Federal – grifei a tese fixada):

> RECURSO EXTRAORDINÁRIO. HOMICÍDIO CULPOSO NA DIREÇÃO DE VEÍCULO AUTOMOTOR. MOTORISTA PROFISSIONAL. SUSPENSÃO DE HABILITAÇÃO PARA DIRIGIR. CONSTITUCIONALIDADE. 1. O recorrido, motorista profissional, foi condenado, em razão da prática de homicídio culposo na direção de veículo automotor, à pena de alternativa de pagamento de prestação pecuniária de três salários mínimos, bem como à pena de suspensão da habilitação para dirigir, prevista no art. 302 do Código de Trânsito Brasileiro, pelo prazo de dois anos e oito meses. 2. A norma é perfeitamente compatível com a Constituição. É legítimo suspender a habilitação de qualquer motorista que tenha sido condenado por homicídio culposo na direção de veículo. Com maior razão, a suspensão deve ser aplicada ao motorista profissional, que maneja o veículo com habitualidade e, assim, produz risco ainda mais elevado para os demais motoristas e pedestres. 3. Em primeiro lugar, inexiste direito absoluto ao exercício de atividade profissionais (CF, art. 5º, XIII). É razoável e legítima a restrição imposta pelo legislador, visando proteger bens jurídicos relevantes de terceiros, como a vida e a integridade física. 4. Em segundo lugar, a medida é coerente com o princípio da individualização da pena (CF, art. 5º, XLVI). A suspensão do direito de dirigir do condenado por homicídio culposo na direção de veículo automotor é um dos melhores exemplos de pena adequada ao delito, já que, mais do que punir o autor da infração, previne eficazmente o cometimento de outros delitos da mesma espécie. 5. Em terceiro lugar, a medida respeita o princípio da proporcionalidade. A suspensão do direito de dirigir não impossibilita o motorista profissional de auferir recursos para sobreviver, já que ele pode extrair seu sustento de qualquer outra atividade econômica. 6. Mais grave é a sanção principal, a pena privativa de liberdade, que obsta completamente as atividades laborais do condenado. In casu, e com acerto, substituiu-se a pena corporal por prestação pecuniária. Porém, de todo modo, se a Constituição autoriza o legislador a privar o indivíduo de sua liberdade e, consequentemente, de sua atividade laboral, em razão do cometimento de crime, certamente

também autoriza a pena menos gravosa de suspensão da habilitação para dirigir. 7. Recurso extraordinário provido. **8. Fixação da seguinte tese: É constitucional a imposição da pena de suspensão de habilitação para dirigir veículo automotor ao motorista profissional condenado por homicídio culposo no trânsito** (RE 607107, Relator(a): ROBERTO BARROSO, Tribunal Pleno, julgado em 12/02/2020, PROCESSO ELETRÔNICO REPERCUSSÃO GERAL – MÉRITO DJe-088 DIVULG 13-04-2020 PUBLIC 14-04-2020).

- **CNH vencida (inaplicabilidade da majorante):** não é possível imposição da causa de aumento do inciso I do § 1º do artigo 302 do CTB se o condutor acusado do crime de homicídio culposo na direção de veículo automotor dirigia com a CNH vencida (proibição de analogia *in malam partem*). Vide precedente do Superior Tribunal de Justiça:

> (...) 12. Caso o legislador quisesse punir de forma mais gravosa também o fato de o agente dirigir com a carteira de habilitação vencida, teria feito expressa alusão, assim como fez – no parágrafo único do art. 302 – em relação àquele que comete homicídio culposo na direção de veículo automotor sem permissão para dirigir ou sem carteira de habilitação. 13. No Direito Penal, não se admite a analogia in malam partem, de modo que não se pode inserir no rol das circunstâncias que agravam a pena (art. 302, § 1º) também o fato de o agente cometer homicídio culposo na direção de veículo automotor com carteira de habilitação vencida (...) (HC 226.128/TO, Rel. Ministro Rogerio Schietti Cruz, Sexta Turma, julgado em 07/04/2016, DJe 20/04/2016).

- **Ausência de passageiros (incidência de majorante):** a causa de aumento relativa ao exercício de profissão ou atividade de condução de veículo de transporte de passageiros se aplica mesmo que o veículo esteja vazio. É necessário, entrementes, que o agente: i) esteja exercendo sua profissão; e ii) esteja dirigindo o veículo de transporte de passageiros no momento do sinistro. Vide precedente do Superior Tribunal de Justiça:

> (...) 4. "A majorante do art. 302, parágrafo único, inciso IV, do Código de Trânsito Brasileiro, exige que se trate de motorista profissional, que esteja no exercício de seu mister e conduzindo veículo de transporte de passageiros, mas não refere à necessidade de estar transportando clientes no momento da colisão e não distingue entre veículos de grande ou pequeno porte."(REsp 1358214/RS, Rel. Ministro CAMPOS MARQUES (DESEMBARGADOR

> CONVOCADO DO TJ/PR), QUINTA TURMA, julgado em 09/04/2013, DJe 15/04/2013) (...) (AgRg no REsp 1255562/RS, Rel. Ministra Maria Thereza de Assis Moura, Sexta Turma, julgado em 04/02/2014, DJe 17/03/2014).

- **Prisão preventiva (impossibilidade):** não é possível decretação da prisão preventiva em face da prática dos crimes tipificados nos artigos 302 e 303 do CTB (são delitos culposos e o artigo 313 do CPP não permite a decretação da medida extrema em face da prática de crime culposo – os requisitos listados no dispositivo se referem apenas a crimes dolosos).

Nesse sentido, precedente do Superior Tribunal de Justiça:

> HABEAS CORPUS. PROCESSUAL PENAL. CRIMES DE HOMICÍDIO E LESÃO CORPORAL CULPOSA NA DIREÇÃO DE VEÍCULO AUTOMOTOR. EMBRIAGUEZ AO VOLANTE. PRISÃO PREVENTIVA. CRIME CULPOSO. IMPOSSIBILIDADE. ORDEM DE HABEAS CORPUS CONCEDIDA. 1. Nos termos do art. 313 do Código de Processo Penal, não há previsão legal para a prisão preventiva nos delitos praticados na modalidade culposa. Precedentes desta Corte e do Supremo Tribunal Federal. 2. Ordem de habeas corpus concedida para, confirmando a liminar, determinar a revogação da prisão preventiva do Paciente, se por outro motivo não estiver preso, advertindo-o da necessidade de permanecer no distrito da culpa e atender aos chamamentos judiciais, sem prejuízo de nova decretação de prisão preventiva com os requisitos necessários ou a fixação de medidas cautelares alternativas (art. 319 do Código de Processo Penal), desde que de forma fundamentada. (HC 505.297/MG, Rel. Ministra Laurita Vaz, Sexta Turma, julgado em 11/02/2020, DJe 27/02/2020).

Art. 303. Praticar lesão corporal culposa na direção de veículo automotor:

Penas – detenção, de seis meses a dois anos e suspensão ou proibição de se obter a permissão ou a habilitação para dirigir veículo automotor.

§ 1º Aumenta-se a pena de 1/3 (um terço) à metade, se ocorrer qualquer das hipóteses do § 1º do art. 302.

§ 2º A pena privativa de liberdade é de reclusão de dois a cinco anos, sem prejuízo das outras penas previstas neste artigo, se o agente conduz o veículo com capacidade psicomotora alterada em razão da influência de álcool ou de outra substância psicoativa que determine dependência, e se do crime resultar lesão corporal de natureza grave ou gravíssima.

▪ **Lesão corporal culposa na direção de veículo automotor:** no artigo 303 do CTB tipifica o crime de lesão corporal culposa na direção de veículo automotor.

O delito tem pena maior que a do § 6º crime do artigo 129 do Código Penal e é especial em relação a este crime.

Em sua forma simples, o delito estudado é infração de menor potencial ofensivo.

▪ **Perdão judicial:** é possível aplicar ao delito em testilha o perdão judicial previsto no § 8º do artigo 129 do Código Penal.

▪ **Figura qualificada:** para que seja possível a imputação da qualificadora descrita no §2º do artigo 303 do CTB é preciso que o agente conduza o veículo com a capacidade psicomotora alterada pelo álcool ou substância psicoativa que determine dependência e que o crime resulte em lesão corporal de natureza grave ou gravíssima.

Art. 304. Deixar o condutor do veículo, na ocasião do acidente, de prestar imediato socorro à vítima, ou, não podendo fazê-lo diretamente, por justa causa, deixar de solicitar auxílio da autoridade pública:

Penas – detenção, de seis meses a um ano, ou multa, se o fato não constituir elemento de crime mais grave.

Parágrafo único. Incide nas penas previstas neste artigo o condutor do veículo, ainda que a sua omissão seja suprida por terceiros ou que se trate de vítima com morte instantânea ou com ferimentos leves.

▪ **Omissão de socorro:** o artigo 304 do CTB trata do crime praticado pelo condutor de veículo que deixa de prestar socorro à vítima, na ocasião do acidente.

▪ **Classificação:** trata-se de crime doloso, próprio (só pode ser cometido por ser cometido por condutor envolvido em acidente), omissivo próprio e expressamente subsidiário.

▪ **Princípio da especialidade:** o crime em testilha é especial em relação ao tipo do artigo 135 do Código Penal. Confira tabela:

Artigo 304 do CTB	Artigo 135 do CP
Art. 304. Deixar o condutor do veículo, na ocasião do acidente, de prestar imediato socorro à vítima, ou, não podendo fazê-lo diretamente, por justa causa, deixar de solicitar auxílio da autoridade pública. Penas – detenção, de seis meses a um ano, ou multa, se o fato não constituir elemento de crime mais grave. Parágrafo único. Incide nas penas previstas neste artigo o condutor do veículo, ainda que a sua omissão seja suprida por terceiros ou que se trate de vítima com morte instantânea ou com ferimentos leves.	Art. 135 – Deixar de prestar assistência, quando possível fazê-lo sem risco pessoal, à criança abandonada ou extraviada, ou à pessoa inválida ou ferida, ao desamparo ou em grave e iminente perigo; ou não pedir, nesses casos, o socorro da autoridade pública. Pena – detenção, de um a seis meses, ou multa. Parágrafo único – A pena é aumentada de metade, se da omissão resulta lesão corporal de natureza grave, e triplicada, se resulta a morte.

- **Condutor não envolvido no acidente:** o condutor não envolvido no acidente não pode ser sujeito ativo do crime do artigo 304 do Código de Trânsito Brasileiro, podendo ser autor do crime do artigo 135 do Código Penal, caso adimplidas as suas circunstâncias elementares.

Art. 305. Afastar-se o condutor do veículo do local do acidente, para fugir à responsabilidade penal ou civil que lhe possa ser atribuída:

Penas – detenção, de seis meses a um ano, ou multa.

- **Classificação:** trata-se de crime doloso, próprio (cometido pelo condutor envolvido em acidente) e formal (há consumação do delito, mesmo que não exista frustração da responsabilidade penal o civil do condutor).

Trata-se de infração de menor potencial ofensivo.

- **Constitucionalidade do delito:** o Supremo Tribunal Federal decidiu, nos autos da ADC 35, que o crime aqui estudado é constitucional (não há atropelo ao direito a não autoincriminação):

> AÇÃO DECLARATÓRIA DE CONSTITUCIONALIDADE. DIREITO CONSTITUCIONAL E PENAL. CRIME PREVISTO NO ART. 305 DO CÓDIGO DE TRÂNSITO NACIONAL. SOLUÇÃO DA CONTROVÉRSIA EM ÂMBITO NACIONAL QUANDO DO JULGAMENTO DO RECURSO EXTRAORDINÁRIO EM REPERCUSSÃO GERAL. MANUTENÇÃO DO ENTENDIMENTO. AÇÃO JULGADA PROCEDENTE. 1. A regra

que prevê o crime do art. 305 do Código de Trânsito Brasileiro (Lei nº 9.503/97) é constitucional, posto não infirmar o princípio da não incriminação, garantido o direito ao silêncio e ressalvadas as hipóteses de exclusão da tipicidade e da antijuridicidade. Precedente. 2. Ação direta julgada procedente (ADC 35, Relator(a): MARCO AURÉLIO, Relator(a) p/ Acórdão: EDSON FACHIN, Tribunal Pleno, julgado em 13/10/2020, PROCESSO ELETRÔNICO DJe-272 DIVULG 13-11-2020 PUBLIC 16-11-2020).

Art. 306. Conduzir veículo automotor com capacidade psicomotora alterada em razão da influência de álcool ou de outra substância psicoativa que determine dependência:

Penas – detenção, de seis meses a três anos, multa e suspensão ou proibição de se obter a permissão ou a habilitação para dirigir veículo automotor.

§ 1º As condutas previstas no caput serão constatadas por:

I – concentração igual ou superior a 6 decigramas de álcool por litro de sangue ou igual ou superior a 0,3 miligrama de álcool por litro de ar alveolar; ou

II -sinais que indiquem, na forma disciplinada pelo Contran, alteração da capacidade psicomotora.

§ 2º A verificação do disposto neste artigo poderá ser obtida mediante teste de alcoolemia ou toxicológico, exame clínico, perícia, vídeo, prova testemunhal ou outros meios de prova em direito admitidos, observado o direito à contraprova.

§ 3º O Contran disporá sobre a equivalência entre os distintos testes de alcoolemia ou toxicológicos para efeito de caracterização do crime tipificado neste artigo.

§ 4º Poderá ser empregado qualquer aparelho homologado pelo Instituto Nacional de Metrologia, Qualidade e Tecnologia – INMETRO – para se determinar o previsto no caput.

- **Conduzir veículo com a capacidade psicomotora alterada:** trata-se de crime doloso, comum (pode ser praticado por qualquer pessoa) e de perigo abstrato.

O delito admite acordo de não persecução penal (artigo 28-A do CPP), suspensão condicional do processo (artigo 89 da Lei 9.099/95) e fiança arbitrada pela autoridade policial (artigo 322 do CPP).

- **Constatação da alteração da capacidade psicomotora:** o legislador previu duas formas alternativas de constatar que a capacidade do condutor está alterada: i) concentração igual ou superior a 6 decigramas de álcool por litro de sangue ou igual ou superior a 0,3 miligrama de álcool por litro de ar alveolar; ou ii) sinais que indiquem, na forma disciplinada pelo Contran, alteração da capacidade psicomotora.

- **Meios de prova (lista exemplificativa):** o § 2º do artigo 306 do CTB lista os meios de prova admitidos para demonstrar a alteração da capacidade psicomotora.

- **Resolução 432/13 do CONTRAN:** o estudo do dispositivo demanda a análise dos artigos 3º e 5º da Resolução CONTRAN 432/13:

> Art. 3º A confirmação da alteração da capacidade psicomotora em razão da influência de álcool ou de outra substância psicoativa que determine dependência dar-se-á por meio de, pelo menos, um dos seguintes procedimentos a serem realizados no condutor de veículo automotor:
>
> I – exame de sangue;
>
> II – exames realizados por laboratórios especializados, indicados pelo órgão ou entidade de trânsito competente ou pela Polícia Judiciária, em caso de consumo de outras substâncias psicoativas que determinem dependência;
>
> III – teste em aparelho destinado à medição do teor alcoólico no ar alveolar (etilômetro);
>
> IV – verificação dos sinais que indiquem a alteração da capacidade psicomotora do condutor.
>
> § 1º Além do disposto nos incisos deste artigo, também poderão ser utilizados prova testemunhal, imagem, vídeo ou qualquer outro meio de prova em direito admitido.
>
> § 2º Nos procedimentos de fiscalização deve-se priorizar a utilização do teste com etilômetro.
>
> § 3º Se o condutor apresentar sinais de alteração da capacidade psicomotora na forma do art. 5º ou haja comprovação dessa situação por meio do teste de etilômetro e houver encaminhamento do condutor para a realização do exame de sangue ou exame clínico, não será necessário aguardar o resultado desses exames para fins de autuação administrativa.
>
> Art. 5º Os sinais de alteração da capacidade psicomotora poderão ser verificados por:
>
> I – exame clínico com laudo conclusivo e firmado por médico perito; ou
>
> II – constatação, pelo agente da Autoridade de Trânsito, dos sinais de alteração da capacidade psicomotora nos termos do Anexo II.

> § 1º Para confirmação da alteração da capacidade psicomotora pelo agente da Autoridade de Trânsito, deverá ser considerado não somente um sinal, mas um conjunto de sinais que comprovem a situação do condutor.
>
> § 2º Os sinais de alteração da capacidade psicomotora de que trata o inciso II deverão ser descritos no auto de infração ou em termo específico que contenha as informações mínimas indicadas no Anexo II, o qual deverá acompanhar o auto de infração.

- **Recusa ao teste exame clínico, perícia ou outro procedimento:** a recusa do condutor a se submeter a teste, exame clínico, perícia ou outro procedimento constitui infração administrativa, na forma do artigo 165-A do CTB:

> Art. 165-A. Recusar-se a ser submetido a teste, exame clínico, perícia ou outro procedimento que permita certificar influência de álcool ou outra substância psicoativa, na forma estabelecida pelo art. 277:
>
> Infração – gravíssima;
>
> Penalidade – multa (dez vezes) e suspensão do direito de dirigir por 12 (doze) meses;
>
> Medida administrativa – recolhimento do documento de habilitação e retenção do veículo, observado o disposto no § 4º do art. 270.
>
> Parágrafo único. Aplica-se em dobro a multa prevista no caput em caso de reincidência no período de até 12 (doze) meses

- **Concurso de crimes:** é possível imputar em concurso os crimes tipificados nos artigos 306 e 309 do CTB. Vide precedente do Superior Tribunal de Justiça nesse sentido:

> (...) 2. Não se aplica o princípio da consunção aos crimes previstos nos arts. 306 e 309 do Código de Trânsito Brasileiro, pois, sendo delitos autônomos, a condução de veículo automotor sem habilitação não é meio necessário nem fase de preparação ou execução do crime de embriaguez ao volante. (...) (AgRg no AREsp 1791009/MS, Rel. Ministro JOÃO OTÁVIO DE NORONHA, QUINTA TURMA, julgado em 16/03/2021, DJe 19/03/2021).

Art. 307. Violar a suspensão ou a proibição de se obter a permissão ou a habilitação para dirigir veículo automotor imposta com fundamento neste Código:

Penas – detenção, de seis meses a um ano e multa, com nova imposição adicional de idêntico prazo de suspensão ou de proibição.

Parágrafo único. Nas mesmas penas incorre o condenado que deixa de entregar, no prazo estabelecido no § 1° do art. 293, a Permissão para Dirigir ou a Carteira de Habilitação.

- **Violação de suspensão ou proibição de se obter permissão ou habilitação para dirigir veículo:** trata-se de crime doloso e próprio (só pode ser praticado por quem estiver com a habilitação suspensa ou proibida).

Trata-se de infração de menor potencial ofensivo.

- **Suspensão ou proibição determinada por ordem judicial:** só é possível imputação do crime tipificado no artigo 307 do CTB se a suspensão ou proibição for determinada por ordem judicial, de acordo com entendimento do Superior Tribunal de Justiça (grifo meu):

> HABEAS CORPUS. ART. 307 DO CÓDIGO DE TRÂNSITO BRASILEIRO. VIOLAR A SUSPENSÃO OU A PROIBIÇÃO DE SE OBTER A PERMISSÃO OU A HABILITAÇÃO PARA DIRIGIR VEÍCULO AUTOMOTOR. DESCUMPRIMENTO DE DECISÃO DE NATUREZA PENAL. 1. Com o desenvolvimento da legislação de trânsito, buscando resguardar a segurança viária, conter o crescimento no número de acidentes e retirar de circulação motoristas que punham e risco a vida integridade física das demais pessoais, a suspensão da habilitação para dirigir veículo automotor, antes restrita a mera penalidade de cunho administrativo, passou a ser disciplinada como sanção criminal autônoma, tanto pelo Código Penal – CP, ao defini-la como modalidade de pena restritiva de direitos, como pelo Código de Trânsito Brasileiro – CTB, ao definir penas para o denominados "crimes de trânsito". 2. Assim, nos termos do art. 292 do CTB, a suspensão da habilitação para dirigir veículo automotor pode ser imputada como espécie de sanção penal, aplicada isolada ou cumulativamente com outras penas. **3. Dada a natureza penal da sanção, somente a decisão lavrada por juízo penal pode ser objeto do descumprimento previsto no tipo do art. 307, caput, do CTB, não estando ali abrangida a hipótese de descumprimento de decisão administrativa, que, por natureza, não tem o efeito de coisa julgada e, por isso, está sujeita à revisão da via judicial. 4. In casu, a conduta de violar decisão administrativa que suspendeu a habilitação para dirigir veículo automotor não configura o crime do artigo 307, caput, do CTB, embora possa constituir outra espécie de infração administrativa, segundo as normas correlatas.** 5. Ordem concedida para anular a condenação do paciente e determinar o trancamento do procedimento penal que já se encontra em fase de execução (HC 427.472/SP, Rel. Ministra Maria Thereza de Assis Moura, Sexta Turma, julgado em 23/08/2018, DJe 12/12/2018).

▪ **Princípio da especialidade:** o delito aqui estudado é especial em relação ao crime tipificado no artigo 330 do Código Penal.

Art. 308. Participar, na direção de veículo automotor, em via pública, de corrida, disputa ou competição automobilística ou ainda de exibição ou demonstração de perícia em manobra de veículo automotor, não autorizada pela autoridade competente, gerando situação de risco à incolumidade pública ou privada:

Penas – detenção, de 6 (seis) meses a 3 (três) anos, multa e suspensão ou proibição de se obter a permissão ou a habilitação para dirigir veículo automotor.

§ 1º Se da prática do crime previsto no caput resultar lesão corporal de natureza grave, e as circunstâncias demonstrarem que o agente não quis o resultado nem assumiu o risco de produzi-lo, a pena privativa de liberdade é de reclusão, de 3 (três) a 6 (seis) anos, sem prejuízo das outras penas previstas neste artigo.

§ 2º Se da prática do crime previsto no caput resultar morte, e as circunstâncias demonstrarem que o agente não quis o resultado nem assumiu o risco de produzi-lo, a pena privativa de liberdade é de reclusão de 5 (cinco) a 10 (dez) anos, sem prejuízo das outras penas previstas neste artigo.

▪ **Classificação:** Trata-se de crime comum (pode ser praticado por qualquer pessoa), doloso e de perigo concreto.

O delito, em sua forma simples, admite acordo de não persecução penal (artigo 28-A do CPP), suspensão condicional do processo (artigo 89 da Lei 9.099/95) e fiança arbitrada pela autoridade policial (artigo 322 do CPP).

▪ **Crime praticado em via pública:** o estudo das circunstâncias elementares do artigo 308 do CTB revela que o crime tem que se praticado em **via pública.**

▪ **Princípio da especialidade:** o crime tipificado no artigo 308 do CTB é especial em relação à contravenção penal do artigo 34 do Decreto-Lei 3.688/41:

Art. 34. Dirigir veículos na via pública, ou embarcações em águas públicas, pondo em perigo a segurança alheia:

Pena – prisão simples, de quinze dias a três meses, ou multa, de trezentos mil réis a dois contos de réis.

- **Figuras preterdolosas:** os §§ 1º e 2º do artigo 308 do CTB descrevem figuras preterdolosas (dolo no antecedente e culpa no consequente) qualificadas, assim sintetizadas:

Hipótese	Pena
Se da prática do crime previsto no *caput* resultar lesão corporal de natureza grave, e as circunstâncias demonstrarem que o agente não quis o resultado nem assumiu o risco de produzi-lo.	Reclusão, de 3 (três) a 6 (seis) anos, sem prejuízo das outras penas previstas neste artigo.
Se da prática do crime previsto no *caput* resultar morte, e as circunstâncias demonstrarem que o agente não quis o resultado nem assumiu o risco de produzi-lo.	Reclusão de 5 (cinco) a 10 (dez) anos, sem prejuízo das outras penas previstas neste artigo.

Art. 309. Dirigir veículo automotor, em via pública, sem a devida Permissão para Dirigir ou Habilitação ou, ainda, se cassado o direito de dirigir, gerando perigo de dano:
Penas – detenção, de seis meses a um ano, ou multa.

- **Classificação:** trata-se de crime doloso, de perigo concreto e que só pode ser cometido se o condutor estiver em via pública.

Trata-se de infração de menor potencial ofensivo.

- **Entendimento sumulado:** é importante a leitura da Súmula 720/STF – **O art. 309 do Código de Trânsito Brasileiro, que reclama decorra do fato perigo de dano, derrogou o art. 32 da Lei das Contravenções Penais no tocante à direção sem habilitação em vias terrestres.**

Art. 310. Permitir, confiar ou entregar a direção de veículo automotor a pessoa não habilitada, com habilitação cassada ou com o direito de dirigir suspenso, ou, ainda, a quem, por seu estado de saúde, física ou mental, ou por embriaguez, não esteja em condições de conduzi-lo com segurança:
Penas – detenção, de seis meses a um ano, ou multa.

- **Classificação:** o crime é comum (pode ser praticado por qualquer pessoa), doloso e de perigo abstrato.

Trata-se de infração de menor potencial ofensivo.

▪ **Entendimento sumulado:** é importante a leitura da Súmula 575/ STJ – **Constitui crime a conduta de permitir, confiar ou entregar a direção de veículo automotor a pessoa que não seja habilitada, ou que se encontre em qualquer das situações previstas no art. 310 do CTB, independentemente da ocorrência de lesão ou de perigo de dano concreto na condução do veículo.**

▪ **Artigo 309 do CTB x artigo 310 do CTB:** é possível estabelecer interessante comparação entre os artigos 309 e 310 do CTB calcada na classificação destes delitos em relação ao resultado jurídico (já que o primeiro é de perigo concreto e o segundo é de perigo abstrato):

> **SITUAÇÃO HIPOTÉTICA:** 'A' entregou a direção do seu veículo automotor a 'B', mesmo sabendo que este não possui habilitação. 'B' dirigiu o veículo de 'A' em via pública com extrema cautela e atenção, não gerando qualquer perigo de dano, mas foi abordado em uma blitz.
>
> **SOLUÇÃO:** analisada a situação hipotética apresentada, conclui-se que apenas 'A' cometeu crime (o delito tipificado no artigo 310 do CTB – crime de perigo abstrato), por ter entregue a direção do seu veículo a pessoa não habilitada. Como 'B' não gerou perigo concreto de dano, não praticou o crime tipificado no artigo 309 do CTB (já que este é classificado como delito de perigo concreto).

> **Art. 311. Trafegar em velocidade incompatível com a segurança nas proximidades de escolas, hospitais, estações de embarque e desembarque de passageiros, logradouros estreitos, ou onde haja grande movimentação ou concentração de pessoas, gerando perigo de dano:**
>
> **Penas – detenção, de seis meses a um ano, ou multa.**

▪ **Classificação:** o crime é comum (pode ser cometido por qualquer pessoa), doloso e de perigo concreto.

Trata-se de infração de menor potencial ofensivo.

> **Art. 312. Inovar artificiosamente, em caso de acidente automobilístico com vítima, na pendência do respectivo procedimento policial preparatório, inquérito policial ou processo penal, o estado de lugar, de coisa ou de pessoa, a fim de induzir a erro o agente policial, o perito, ou juiz:**

Penas – detenção, de seis meses a um ano, ou multa.

Parágrafo único. Aplica-se o disposto neste artigo, ainda que não iniciados, quando da inovação, o procedimento preparatório, o inquérito ou o processo aos quais se refere.

- **Classificação:** o crime é comum (pode ser praticado por qualquer pessoa), doloso (exige-se especial fim de agir – induzir a erro agente policial, perito ou juiz) e formal (não é preciso que o agente policial, o perito ou o juiz sejam efetivamente ludibriados pela atuação criminosa do agente para que o delito se consume).

Trata-se de infração de menor potencial ofensivo.

- **Princípio da especialidade:** trata-se de crime especial em relação ao delito tipificado no artigo 347 do Código Penal (crime de fraude processual):

Artigo 312 do CTB	Artigo 347 do CP
Art. 312. Inovar artificiosamente, em caso de acidente automobilístico com vítima, na pendência do respectivo procedimento policial preparatório, inquérito policial ou processo penal, o estado de lugar, de coisa ou de pessoa, a fim de induzir a erro o agente policial, o perito, ou juiz: Penas – detenção, de seis meses a um ano, ou multa. Parágrafo único. Aplica-se o disposto neste artigo, ainda que não iniciados, quando da inovação, o procedimento preparatório, o inquérito ou o processo aos quais se refere.	Art. 347 – Inovar artificiosamente, na pendência de processo civil ou administrativo, o estado de lugar, de coisa ou de pessoa, com o fim de induzir a erro o juiz ou o perito: Pena – detenção, de três meses a dois anos, e multa. Parágrafo único – Se a inovação se destina a produzir efeito em processo penal, ainda que não iniciado, as penas aplicam-se em dobro.

Art. 312-A. Para os crimes relacionados nos arts. 302 a 312 deste Código, nas situações em que o juiz aplicar a substituição de pena privativa de liberdade por pena restritiva de direitos, esta deverá ser de prestação de serviço à comunidade ou a entidades públicas, em uma das seguintes atividades:

I – trabalho, aos fins de semana, em equipes de resgate dos corpos de bombeiros e em outras unidades móveis especializadas no atendimento a vítimas de trânsito;

II – trabalho em unidades de pronto-socorro de hospitais da rede pública que recebem vítimas de acidente de trânsito e politraumatizados;

III – trabalho em clínicas ou instituições especializadas na recuperação de acidentados de trânsito;

IV – outras atividades relacionadas ao resgate, atendimento e recuperação de vítimas de acidentes de trânsito.

- **Pena restritiva de direitos:** o artigo 312-A limita a substituição de pena privativa de liberdade por restritiva de direitos em caso de prática de crime tipificado no CTB.

A única pena restritiva de direitos admitida pelo CTB é a prestação de serviço à comunidade ou a entidades públicas, em uma das atividades descritas nos incisos do dispositivo estudado.

Art. 312-B. Aos crimes previstos no § 3° do art. 302 e no § 2° do art. 303 deste Código não se aplica o disposto no inciso I do caput do art. 44 do Decreto-Lei n° 2.848, de 7 de dezembro de 1940 (Código Penal).

- **Proibição de substituição de pena:** a Lei 14.071/20 enxertou o artigo 312-B do Código de Trânsito Brasileiro e proibiu a substituição de pena privativa de liberdade por restritiva de direitos em relação aos crimes tipificados no § 3º do artigo 302 e no § 2º do artigo 303 do CTB (o dispositivo é de constitucionalidade duvidosa, por parecer afetar o princípio da individualização da pena):

> Art. 302. Praticar homicídio culposo na direção de veículo automotor:
>
> (...)
>
> § 3º Se o agente conduz veículo automotor sob a influência de álcool ou de qualquer outra substância psicoativa que determine dependência
>
> Art. 303. Praticar lesão corporal culposa na direção de veículo automotor:
>
> (...)
>
> § 2º A pena privativa de liberdade é de reclusão de dois a cinco anos, sem prejuízo das outras penas previstas neste artigo, se o agente conduz o veículo com capacidade psicomotora alterada em razão da influência de álcool ou de outra substância psicoativa que determine dependência, e se do crime resultar lesão corporal de natureza grave ou gravíssima.

- **Tabela sobre pontos importantes do CTB:** confira tabela sobre pontos muito cobrados em concursos públicos sobre a Lei 9.503/97:

Código de Trânsito Brasileiro	
Há crime especial de omissão de socorro no CTB?	**Sim**, no artigo 304. O crime é próprio, só podendo ser cometido pelo condutor do veículo que se envolve no acidente que deixa vítima.
O crime de permitir, confiar ou entregar a direção de veículo automotor a pessoa não habilitada (artigo 310 do CTB) é de perigo concreto ou abstrato?	Crime de perigo abstrato, na forma da **Súmula 575/STJ - Constitui crime a conduta de permitir, confiar ou entregar a direção de veículo automotor a pessoa que não seja habilitada, ou que se encontre em qualquer das situações previstas no art. 310 do CTB, independentemente da ocorrência de lesão ou de perigo de dano concreto na condução do veículo.**
O crime de dirigir veículo automotor, em via pública, sem a devida permissão para dirigir ou habilitação ou, ainda, se cassado o direito de dirigir (artigo 309 do CTB) é de perigo concreto ou abstrato?	**Crime de perigo concreto**, tal qual descrito no próprio tipo.
É possível concessão de perdão judicial em relação aos crimes de homicídio culposo e lesão corporal culposa na direção de veículo automotor são passíveis de perdão judicial?	**Sim** (são usadas as hipóteses de perdão judicial descritas no Código Penal em relação a tais crimes).
É possível composição civil dos danos e transação penal em relação ao crime de lesão corporal culposa na direção de veículo automotor?	**Sim**, exceto se o agente estiver : i) sob a influência de álcool ou qualquer outra substância psicoativa que determine dependência; ii) participando, em via pública, de corrida, disputa ou competição automobilística, de exibição ou demonstração de perícia em manobra de veículo automotor, não autorizada pela autoridade competente; iii) transitando em velocidade superior à máxima permitida para a via em 50 km/h (cinquenta quilômetros por hora). Nesses casos, deverá ser instaurado inquérito policial para apuração dos fatos.

É possível prender em flagrante o condutor de veículo, nos casos de acidentes de trânsito de que resulte vítima que presta pronto e integral socorro a esta?	**Não** (nem prender em flagrante, nem exigência de fiança). Vide artigo 301 do CTB: **Art. 301. Ao condutor de veículo, nos casos de acidentes de trânsito de que resulte vítima, não se imporá a prisão em flagrante, nem se exigirá fiança, se prestar pronto e integral socorro àquela.**

Questões de concurso público: veja como a lei estudada já foi cobrada em concursos públicos.

1. (Delegado de Polícia Civil/RN/2021) Durante almoço comemorativo, José emprestou seu carro a Matheus, para que ele fosse buscar sua namorada, ciente de que este não possuía carteira de habilitação. Quando trafegava normalmente pela via pública, Matheus foi parado em blitz rotineira, sendo constatado que não possuía a devida autorização legal para dirigir. Diante desse quadro fático, de acordo com as previsões legais e jurisprudência do Superior Tribunal de Justiça:

A) José responderá pelo crime de entregar veículo automotor a pessoa não habilitada, enquanto Matheus deverá ser absolvido em razão da atipicidade comportamental;

B) José e Matheus não responderão por qualquer infração penal, pois suas condutas não geraram qualquer perigo de dano ao bem jurídico protegido;

C) A conduta de José é atípica, devendo Matheus responder pelo crime de dirigir veículo em via pública sem a devida permissão ou habilitação;

D) Caso viesse a causar lesão culposa em terceiro, Matheus responderia pelos crimes de lesão culposa na direção de veículo automotor e de dirigir em via pública sem a devida permissão ou habilitação, em concurso material;

E) José responderá pelo crime de entregar veículo automotor a pessoa não habilitada, enquanto Matheus responderá pelo crime de dirigir veículo em via pública sem a devida permissão ou habilitação.

2. (Delegado de Polícia Civil/ES/2019) Em relação às infrações penais relacionadas ao trânsito, assinale a opção correta.

A) O fato de dirigir perigosamente automóvel sem ser habilitado, vindo a causar lesão corporal em transeunte, implica o delito de lesão corporal culposa (art. 303 do CTB – Lei 9.503/97), o qual, em regra, é de ação penal pública condicionada a representação do ofendido. Contudo, caso a vítima não ofereça a representação para a deflagração da ação penal por tal delito, poderá o ministério público deflagrar a ação penal em desfavor do agente pelo delito previsto no artigo 309 do CTB – Lei 9.503/97, consoante entendimento do STJ.

B) O crime de conduzir automóvel sem possuir permissão para dirigir ou habilitação é classificado como sendo de perigo concreto, cuja tipificação exige a prova de geração do perigo de dano, sendo desnecessário que a condução do veículo ocorra em via pública.

C) A contravenção de falta de habilitação para dirigir veículo ainda se encontra em vigor em relação às embarcações a motor, sendo que sua caracterização também exige a prova da geração de perigo de dano.

D) A embriaguez ao volante é crime de perigo concreto, sendo necessário ainda para a sua configuração, que tal delito seja perpetrado em via pública.

E) O fato de o agente descumprir, deliberadamente, a decisão proferida por autoridade administrativa de trânsito, determinando a suspensão para dirigir veículo automotor, não caracteriza, segundo o STJ, o delito previsto no art. 307 do CTB.

---

3. (Delegado de Polícia Civil/ES/2019) João, muito feliz com seu noivado com Isabel, marcou um churrasco comemorativo com os familiares de ambos. A comemoração foi marcada para o dia 21/07/2017 e ocorreu na casa de Isabel. O festejo teve início às 12 horas, perdurando até às 22 horas. Por volta das 23 horas, João se despediu da noiva e partiu para casa em seu carro. No caminho de regresso, João – que estava com sua capacidade psicomotora visivelmente alterada, em decorrência de bebida alcoólica que ingeriu durante a comemoração – subiu com seu carro em uma calçada e atropelou Marcos, causando-lhe lesões leves, em diversas partes do corpo. João pediu socorro, ligando para o corpo de bombeiros e a polícia. Com a chegada dos policiais João foi submetido ao teste de dosagem alcoólica no ar expirado (exame de bafômetro), que fez voluntariamente. Constatou-se que a concentração de álcool por litro de seu sangue era superior à quantidade permitida na lei. Marcos, por sua vez, foi atendido e encaminhado para um hospital.

Tendo em vista a situação narrada e as regras sobre os crimes de trânsito constantes no Código de Trânsito Brasileiro (CTB – Lei nº 9.503/97), é INCORRETO afirmar que, no presente caso, incide

A) Uma causa especial de aumento de pena conforme determina o § 1º do art. 303 combinado com o art. 302, § 1º, II todos do CTB.

B) O § 2º do art. 291 do CTB e deverá ser lavrado um termo circunstanciado sobre a ocorrência.

C) O § 2º do art. 291 do CTB e deverá ser aberto inquérito policial para investigar a infração.

D) O rol de crimes previstos nos art. 303, *caput*, (lesão corporal culposa na direção de veículo automotor) bem como o previsto no art. 306, *caput*, (condução de veículo automotor com capacidade psicomotora alterada em razão da influência de álcool) ambos do CTB, todos fundamentados pelo art. 69 do Código Penal (CP).

E) A circunstância prevista no art. 291, § 1º, I do CTB, em razão da lesão corporal culposa decorrente da condução de veículo automotor sob a influência de álcool e se afasta, portanto, a possibilidade da aplicação de benefícios presente na Lei 9.099/95.

---

4. (Delegado de Polícia Civil/SE/2018) Julgue o item seguinte, referente a crimes de trânsito e a posse e porte de armas de fogo, de acordo com a jurisprudência e legislação pertinentes.

Situação hipotética: Após grave colisão de veículos, pessoas que transitavam pelo local – condutores de outros veículos e pedestres alheios ao evento – deixaram, sem justificativa, de prestar imediato socorro às vítimas. Assertiva: Nessa situação, os terceiros não envolvidos no acidente não responderão pelo crime de omissão de socorro previsto no Código de Trânsito Brasileiro.

---

5. (Delegado de Polícia Civil/GO/2018) Nos termos da Lei n. 9.503/1997, a conduta de conduzir veículo automotor com capacidade psicomotora alterada em razão da influência de álcool ou de outra substância psicoativa que determine dependência, será constatada por sinais que indiquem, na forma disciplinada pelo Contran, alteração da capacidade psicomotora, ou por concentração igual ou superior a:

A) 2 decigramas de álcool por litro de sangue ou igual ou superior a 0,1 miligrama de álcool por litro de ar alveolar.

B) 6 decigramas de álcool por litro de sangue ou igual ou superior a 0,3 miligrama de álcool por litro de ar alveolar.

C) 4 decigramas de álcool por litro de sangue ou igual ou superior a 0,4 miligrama de álcool por litro de ar alveolar.

D) 5 decigramas de álcool por litro de sangue ou igual ou superior a 0,9 miligrama de álcool por litro de ar alveolar.

E) 7 decigramas de álcool por litro de sangue ou igual ou superior a 0,8 miligrama de álcool por litro de ar alveolar.

---

6. (Delegado de Polícia Civil/SP/2018) Com relação aos crimes de trânsito, é correto afirmar que

A) Em qualquer hipótese de lesão corporal culposa, a ação penal será pública condicionada.

B) No crime de homicídio culposo a ação penal poderá ser pública condicionada.

C) O crime de embriaguez ao volante não admite transação penal, mas nada impede a incidência de suspensão condicional do processo.

D) O crime de violação da suspensão ou a proibição de se obter a permissão ou habilitação para dirigir veículo é incompatível com a suspensão condicional de processo.

E) O crime de fuga do local do acidente não é considerado uma infração penal de menor potencial ofensivo.

---

7. (Delegado de Polícia Civil/BA/2018) Considere o seguinte caso hipotético.

A velocidade máxima permitida na Rua A é de 50 Km/h. "Y", conduzindo seu veículo a 120 Km/h pela Rua A, atropela "Z", provocando-lhe lesões corporais. Diante do exposto e considerando que "Y" cometeu um crime culposo de trânsito nos termos da Lei nº 9.503/1997, é correto afirmar que a conduta de "Y" tipifica o crime de

A) Lesão corporal culposa na direção de veículo automotor, de ação penal pública condicionada e com possibilidade de aplicação da composição dos danos civis prevista na Lei nº 9.099/95.

B) Lesão corporal culposa na direção de veículo automotor, de ação penal pública condicionada e com possibilidade de aplicação da transação penal prevista na Lei nº 9.099/95.

C) Lesão corporal culposa na direção de veículo automotor, de ação penal pública incondicionada, não sendo possível a aplicação da transação penal prevista na Lei nº 9.099/95.

D) Lesão corporal culposa na direção de veículo automotor, de ação penal pública incondicionada e com possibilidade de aplicação da composição dos danos civis prevista na Lei nº 9.099/95.

E) Tentativa de homicídio na direção de veículo automotor, de ação penal pública incondicionada, não sendo possível a aplicação da transação penal prevista na Lei nº 9.099/95.

---

8. **(Delegado de Polícia Civil/MA/2018)** Assinale a opção correta a respeito dos crimes de trânsito.

A) A condução de veículo automotor em via pública por motorista com a habilitação suspensa configurará crime apenas se a situação gerar perigo de dano.

B) Para a constatação do crime de embriaguez ao volante, é imprescindível a realização de prova por teste de bafômetro ou etilômetro.

C) A lesão corporal culposa cometida na direção de veículo automotor por condutor sob a influência de álcool dispensa a representação do ofendido.

D) A suspensão da habilitação, aplicada cumulativamente na sentença condenatória por homicídio culposo na direção de veículo automotor, deve ter o mesmo prazo da pena de prisão.

E) É causa de aumento de pena a utilização de veículo em que tenham sido adulterados equipamentos ou características que afetem a sua segurança ou o seu funcionamento.

---

9. **(Delegado de Polícia Civil/PA/2016)** Bentinho, que é médico, vinha conduzindo seu veículo falando ao celular e não percebeu a retenção do trânsito e atingiu a traseira da motocicleta conduzida por Capitu. Prontamente parou o veículo, chamou o socorro e prestou os primeiros atendimentos à vítima que ficou gravemente ferida. Com a chegada da ambulância, Capitu foi removida para a emergência hospitalar, porém, veio a falecer no caminho. A polícia militar preservou o local do acidente, conduziu e apresentou Bentinho à autoridade policial. A autoridade policial, após advertir do direito ao silêncio, verificou que o conduzido portava CNH regular e em seguida ouviu Bentinho que confessou conduzir o veículo e falar ao celular, bem como ouviu as demais testemunhas que confirmaram a narrativa. Como deve proceder a Autoridade Policial?

A) Deverá lavrar o auto de prisão em flagrante e representar pela suspensão da habilitação de dirigir veículo.

B) Por se tratar de pena máxima de 04 anos, o delegado deverá arbitrar fiança.

C) O Delegado de Polícia deverá lavra:" o auto de prisão em flagrante.

D) O delegado deverá registrar a ocorrência, instaurar inquérito por portaria, não impor ao indiciado a prisão em flagrante e nem exigir fiança.

E) Deverá lavrar o termo circunstanciado e encaminhar ao Juizado Especial Criminal.

10. (Delegado de Polícia Civil/RO/2014) Fabiano entregou a direção de seu veículo a Maria, penalmente imputável, mesmo sabendo que ela não possui Carteira Nacional de Habilitação. Já Maria, ao conduzir o veículo em via pública, gerou perigo de dano. Nessa situação hipotética, os dois cometeram crime de trânsito com detenção de:

A) 1 ano a 2 anos e multa.

B) 6 meses a 1 ano e multa.

C) 6 meses a 1 ano ou multa.

D) 6 meses a 2 anos e multa.

E) 6 meses a 2 anos ou multa.

Gabarito comentado:

Questão	Reposta	Comentário
1	Letra A	JOSÉ praticou o crime previsto no artigo 310 do CTB (trata-se de crime de perigo abstrato), mas MATHEUS não cometeu o crime tipificado no artigo 309 do CTB, porquanto não houve perigo concreto relacionado a sua conduta.
2	Letra E	Vide trecho de julgado do STJ nesse sentido: "**3. Dada a natureza penal da sanção, somente a decisão lavrada por juízo penal pode ser objeto do descumprimento previsto no tipo do art. 307, caput, do CTB, não estando ali abrangida a hipótese de descumprimento de decisão administrativa, que, por natureza, não tem o efeito de coisa julgada e, por isso, está sujeita à revisão da via judicial. 4. In casu, a conduta de violar decisão administrativa que suspendeu a habilitação para dirigir veículo automotor não configura o crime do artigo 307, caput, do CTB, embora possa constituir outra espécie de infração administrativa, segundo as normas correlatas**" (HC 427.472/SP, Rel. Ministra Maria Thereza de Assis Moura, Sexta Turma, julgado em 23/08/2018, DJe 12/12/2018).
3	Letra B	Vide § 2° do art. 291 do CTB.
4	CERTA	Vide artigo 304 do CTB.
5	Letra B	Vide § 1° do artigo 306 do CTB.
6	Letra C	Vide preceito secundário do artigo 306 do CTB.
7	Letra C	Vide inciso III do § 1° do artigo 291 do CTB.
8	Letra C	Vide inciso I do § 1° do artigo 291 do CTB.

9	Letra D	Vide artigo 301 do CTB.
10	Letra C	Vide preceitos secundários dos artigos 309 e 310 do CTB.

Quesitos criados pelo autor da obra: confira questões por mim criadas para orientar seus estudos.

1. É possível reconhecimento de perdão judicial em relação ao homicídio culposo na direção de veículo automotor?

RESPOSTA: Sim, aplica-se ao caso concreto o perdão judicial previsto no § 5° do artigo 121 do Código Penal. Lembre que o perdão judicial do Código de Trânsito foi vetado exatamente porque existe perdão judicial no Código Penal nos crimes de homicídio culposo e lesão corporal culposa.

2. João se envolveu em acidente automobilístico com vítima e deixou de prestar socorro ao outro condutor ferido. O socorro foi prestado por terceiro. João pode ser responsabilizado criminalmente em face dessa conduta?

RESPOSTA: Sim, pelo artigo 304 do CTB. Veja as diferenças do crime de omissão de socorro do CTB e do delito similar do CP:

Artigo 304 do CTB	Artigo 135 do CP
Art. 304. Deixar o condutor do veículo, na ocasião do acidente, de prestar imediato socorro à vítima, ou, não podendo fazê-lo diretamente, por justa causa, deixar de solicitar auxílio da autoridade pública.	Art. 135 – Deixar de prestar assistência, quando possível fazê-lo sem risco pessoal, à criança abandonada ou extraviada, ou à pessoa inválida ou ferida, ao desamparo ou em grave e iminente perigo; ou não pedir, nesses casos, o socorro da autoridade pública.

3. Pedro participou de "racha" em via pública e acabou atropelando Maria, que veio a óbito. Quais serão as tipificações possíveis diante do ocorrido?

RESPOSTA: A depender da análise do dolo/culpa, a tipificação pode estar no artigo 121 do Código Penal (dolo direto ou eventual) ou no artigo 308, § 2°, do CTB:

> Art. 308. Participar, na direção de veículo automotor, em via pública, de corrida, disputa ou competição automobilística ou ainda de exibição ou demonstração de perícia em manobra de veículo automotor, não autorizada pela autoridade competente, gerando situação de risco à incolumidade pública ou privada:
>
> Penas – detenção, de 6 (seis) meses a 3 (três) anos, multa e suspensão ou proibição de se obter a permissão ou a habilitação para dirigir veículo automotor.
>
> § 1º Se da prática do crime previsto no caput resultar lesão corporal de natureza grave, e as circunstâncias demonstrarem que o agente não quis o resultado nem assumiu o risco

de produzi-lo, a pena privativa de liberdade é de reclusão, de 3 (três) a 6 (seis) anos, sem prejuízo das outras penas previstas neste artigo.

§ 2º Se da prática do crime previsto no caput resultar morte, e as circunstâncias demonstrarem que o agente não quis o resultado nem assumiu o risco de produzi-lo, a pena privativa de liberdade é de reclusão de 5 (cinco) a 10 (dez) anos, sem prejuízo das outras penas previstas neste artigo.

4. Qual a classificação do crime tipificado no artigo 310 do CTB (Art. 310. Permitir, confiar ou entregar a direção de veículo automotor a pessoa não habilitada, com habilitação cassada ou com o direito de dirigir suspenso, ou, ainda, a quem, por seu estado de saúde, física ou mental, ou por embriaguez, não esteja em condições de conduzi-lo com segurança) em relação ao resultado jurídico?

RESPOSTA: Leia a Súmula 575/STJ – **Constitui crime a conduta de permitir, confiar ou entregar a direção de veículo automotor a pessoa que não seja habilitada, ou que se encontre em qualquer das situações previstas no art. 310 do CTB, independentemente da ocorrência de lesão ou de perigo de dano concreto na condução do veículo.**

11

Lei 9.605/98 – Crimes Ambientais

▪ **Considerações iniciais:** a Lei 9.605/98 dispõe sobre as sanções penais e administrativas derivadas de condutas e atividades lesivas ao meio ambiente, e dá outras providências.

Já de partida, é importante salientar que as instâncias administrativa e penal são independentes (informativo 625/STJ):

> As Turmas especializadas em matéria penal do STJ adotam a orientação de que, em razão da independência das instâncias penal e administrativa, a celebração de termo de ajustamento de conduta é incapaz de impedir a persecução penal, repercutindo apenas, em hipótese de condenação, na dosimetria da pena. Nesse sentido: AgRg no AREsp 984.920-BA, Rel. Min. Sebastião Reis Júnior, Sexta Turma, DJe 31/08/2017 e HC 160.525-RJ, Rel. Min. Jorge Mussi, Quinta Turma, DJe 14/03/2013. Assim, "mostra-se irrelevante o fato de o recorrente haver celebrado termo de ajustamento de conduta, [...] razão pela qual o *Parquet*, dispondo de elementos mínimos para oferecer a denúncia, pode fazê-lo, ainda que as condutas tenham sido objeto de acordo extrajudicial " (RHC 41.003-PI, Rel. Min. Jorge Mussi, Quinta Turma, DJe 03/02/2014). Desse modo, a assinatura do termo de ajustamento de conduta, firmado entre denunciado e o Estado, representado pela Secretaria de Estado do Meio Ambiente, não impede a instauração da ação penal, pois não elide a tipicidade formal das condutas imputadas ao acusado.

- **Teoria monista:** o artigo 2º da Lei 9.605/98 trata da adoção da teoria monista (adotada pelo artigo 29 do Código Penal):

> **Art. 2º Quem, de qualquer forma, concorre para a prática dos crimes previstos nesta Lei, incide nas penas a estes cominadas, na medida da sua culpabilidade, bem como o diretor, o administrador, o membro de conselho e de órgão técnico, o auditor, o gerente, o preposto ou mandatário de pessoa jurídica, que, sabendo da conduta criminosa de outrem, deixar de impedir a sua prática, quando podia agir para evitá-la.**

- **Responsabilização penal da pessoa jurídica:** a Constituição Federal dispõe, no § 5º do artigo 225, acerca da possibilidade de responsabilização criminal da pessoa jurídica.

Por óbvio, as pessoas jurídicas só podem ser alvo das penas restritivas de direito e multa:

> Art. 225. Todos têm direito ao meio ambiente ecologicamente equilibrado, bem de uso comum do povo e essencial à sadia qualidade de vida, impondo-se ao Poder Público e à coletividade o dever de defendê-lo e preservá-lo para as presentes e futuras gerações.
>
> (...)
>
> § 3º As condutas e atividades consideradas lesivas ao meio ambiente sujeitarão os infratores, pessoas físicas ou jurídicas, a sanções penais e administrativas, independentemente da obrigação de reparar os danos causados.

É importante a leitura dos artigos 3º e 4º da Lei 9.605/98 (que tratam da desconsideração da pessoa jurídica, caso a personalidade seja obstáculo ao ressarcimento de prejuízos causados à qualidade do meio ambiente):

> **Art. 3º As pessoas jurídicas serão responsabilizadas administrativa, civil e penalmente conforme o disposto nesta Lei, nos casos em que a infração seja cometida por decisão de seu representante legal ou contratual, ou de seu órgão colegiado, no interesse ou benefício da sua entidade.**
>
> **Parágrafo único. A responsabilidade das pessoas jurídicas não exclui a das pessoas físicas, autoras, co-autoras ou partícipes do mesmo fato.**

Art. 4º Poderá ser desconsiderada a pessoa jurídica sempre que sua personalidade for obstáculo ao ressarcimento de prejuízos causados à qualidade do meio ambiente.

- **Dupla imputação (desnecessidade):** é importante salientar a desnecessidade da chamada dupla imputação (imputação simultânea de delito ambiental à pessoa física e à pessoa jurídica).

Nesse sentido, informativo 566/STJ:

> É possível a responsabilização penal da pessoa jurídica por delitos ambientais independentemente da responsabilização concomitante da pessoa física que agia em seu nome. Conforme orientação da Primeira Turma do STF, "O art. 225, § 3º, da Constituição Federal não condiciona a responsabilização penal da pessoa jurídica por crimes ambientais à simultânea persecução penal da pessoa física em tese responsável no âmbito da empresa. A norma constitucional não impõe a necessária dupla imputação" (RE 548.181, Primeira Turma, DJe 29/10/2014). Diante dessa interpretação, o STJ modificou sua anterior orientação, de modo a entender que é possível a responsabilização penal da pessoa jurídica por delitos ambientais independentemente da responsabilização concomitante da pessoa física que agia em seu nome. Precedentes citados: RHC 53.208-SP, Sexta Turma, DJe 1º/6/2015; HC 248.073-MT, Quinta Turma, DJe 10/4/2014; e RHC 40.317-SP, Quinta Turma, DJe 29/10/2013. RMS 39.173-BA, Rel. Min. Reynaldo Soares da Fonseca, julgado em 6/8/2015, DJe 13/8/2015.

- **Aplicação de pena:** os artigos 6º a 24 tratam da aplicação de pena.

O artigo 6º da Lei 9.605/98 trata da gradação da penalidade, que deverá observar: i) a gravidade do fato (tendo em vista os motivos da infração e suas consequências para saúde e para o meio ambiente); ii) os antecedentes do infrator quanto ao cumprimento da legislação de interesse ambiental; iii) a situação econômica do infrator, no caso de imposição de multa:

Art. 6º Para imposição e gradação da penalidade, a autoridade competente observará:

I – a gravidade do fato, tendo em vista os motivos da infração e suas consequências para a saúde pública e para o meio ambiente;

II – os antecedentes do infrator quanto ao cumprimento da legislação de interesse ambiental;

III – a situação econômica do infrator, no caso de multa.

- **Penas restritivas de direitos:** o artigo 7º do mandamento legal analisado trata das penas restritivas de direito, que são **autônomas** e **substituem** as penas privativas de liberdade, quando o crime praticado for culposo (qualquer que seja a pena aplicada) ou doloso (se a pena for **interior a quatro anos** – importante notar que o artigo 44 do Código Penal permite a substituição da pena privativa de liberdade por restritiva de direitos quando a pena aplicada **não ultrapassar quatro anos**) e se a culpabilidade, os antecedentes, a conduta social e a personalidade do condenado, bem como os motivos as circunstâncias do crime indicarem que a substituição seja suficiente para efeitos da reprovação e prevenção do delito:

Substituição de pena privativa de liberdade por restritiva de direitos (Lei 9.605/98)	
Crime doloso	Pena aplicada inferior a quatro anos
	A culpabilidade, os antecedentes, a conduta social e a personalidade do condenado, bem como os motivos e as circunstâncias do crime indicarem que a substituição seja suficiente para efeitos de reprovação e prevenção do crime.
Crime culposo	Qualquer montante de pena
	A culpabilidade, os antecedentes, a conduta social e a personalidade do condenado, bem como os motivos e as circunstâncias do crime indicarem que a substituição seja suficiente para efeitos de reprovação e prevenção do crime.

A pena restritiva de direitos terá a mesma duração da pena privativa de liberdade substituída:

Art. 7º As penas restritivas de direitos são autônomas e substituem as privativas de liberdade quando:

I – tratar-se de crime culposo ou for aplicada a pena privativa de liberdade inferior a quatro anos;

II – a culpabilidade, os antecedentes, a conduta social e a personalidade do condenado, bem como os motivos e as circunstâncias do crime indicarem que a substituição seja suficiente para efeitos de reprovação e prevenção do crime.

Parágrafo único. As penas restritivas de direitos a que se refere este artigo terão a mesma duração da pena privativa de liberdade substituída.

- **Espécies de penas restritivas de direitos:** o artigo 8º da Lei 9.605/98 revela quais são as penas restritivas de direitos:

Lei 9.605/98

Pena restritiva de direitos (artigo 8º)	Definição
Prestação de serviços à comunidade	Atribuição ao condenado de tarefas gratuitas junto a parques e jardins públicos e unidades de conservação, e, no caso de dano da coisa particular, pública ou tombada, na restauração desta, se possível (artigo 9º)
Interdição temporária de direitos	Proibição de o condenado contratar com o Poder Público, de receber incentivos fiscais ou quaisquer outros benefícios, bem como de participar de licitações, pelo prazo de cinco anos, no caso de crimes dolosos, e de três anos, no de crimes culposos (artigo 10)
Suspensão parcial ou total de atividades	Aplicada quando as atividades não estiverem obedecendo às prescrições legais (artigo 11)
Prestação pecuniária	Consiste no pagamento em dinheiro à vítima ou à entidade pública ou privada com fim social, de importância, fixada pelo juiz, não inferior a um salário mínimo nem superior a trezentos e sessenta salários mínimos. O valor pago será deduzido do montante de eventual reparação civil a que for condenado o infrator (artigo 12)
Recolhimento domiciliar	Baseia-se na autodisciplina e senso de responsabilidade do condenado, que deverá, sem vigilância, trabalhar, frequentar curso ou exercer atividade autorizada, permanecendo recolhido nos dias e horários de folga em residência ou em qualquer local destinado a sua moradia habitual, conforme estabelecido na sentença condenatória (artigo 14)

- **Circunstâncias atenuantes:** o artigo 14 traz em bojo as circunstâncias atenuantes:

Atenuantes	Comentários
Baixo grau de instrução ou escolaridade do agente	O desconhecimento da lei é inescusável (artigo 21 do Código Penal). No Código Penal, o desconhecimento da lei importa em circunstância atenuante (inciso II do artigo 65 do Caderno Repressivo). Na Lei 9.605/98, o legislador preferiu atenuar a pena em face do baixo grau de instrução ou escolaridade do agente, sem definir exatamente o que isso significa (não há definição objetiva do que significa "baixo grau de instrução/escolaridade).
Arrependimento do infrator, manifestado pela espontânea reparação do dano, ou limitação significativa da degradação ambiental causada	O dispositivo reclama **espontaneidade** (e não mera voluntariedade) e não limita o momento da reparação do dano ou da limitação significativa da degradação ambiental.
Comunicação prévia pelo agente do perigo iminente de degradação ambiental	O dispositivo não deixa claro quanto tempo antes da efetiva degradação a comunicação deve ser feita, para que seja reconhecida a atenuante.
Colaboração com agentes encarregados da vigilância e do controle ambiental	O legislador não reclamou que a colaboração do agente seja eficaz para que a atenuante em questão seja reconhecida.

- **Circunstâncias agravantes:** o artigo 15 da Lei 9.605/98 revela as circunstâncias agravantes.

A primeira circunstância agravante (inciso I do artigo 15 do mandamento estudado) é a **reincidência específica** (em crimes de natureza ambiental). Assim, é preciso que o agente pratique novo crime ambiental, depois do trânsito em julgado de sentença condenatória que o tenha condenado por crime ambiental (em atenção ao princípio da especialidade, não é possível impor a agravante da reincidência em crimes ambientais, quando a reincidência não for específica).

As outras circunstâncias demandam mera leitura e memorização:

Art. 15. São circunstâncias que agravam a pena, quando não constituem ou qualificam o crime:

I – reincidência nos crimes de natureza ambiental;

II – ter o agente cometido a infração:

a) para obter vantagem pecuniária;

b) coagindo outrem para a execução material da infração;

c) afetando ou expondo a perigo, de maneira grave, a saúde pública ou o meio ambiente;

d) concorrendo para danos à propriedade alheia;

e) atingindo áreas de unidades de conservação ou áreas sujeitas, por ato do Poder Público, a regime especial de uso;

f) atingindo áreas urbanas ou quaisquer assentamentos humanos;

g) em período de defeso à fauna;

h) em domingos ou feriados;

i) à noite;

j) em épocas de seca ou inundações;

l) no interior do espaço territorial especialmente protegido;

m) com o emprego de métodos cruéis para abate ou captura de animais;

n) mediante fraude ou abuso de confiança;

o) mediante abuso do direito de licença, permissão ou autorização ambiental;

p) no interesse de pessoa jurídica mantida, total ou parcialmente, por verbas públicas ou beneficiada por incentivos fiscais;

q) atingindo espécies ameaçadas, listadas em relatórios oficiais das autoridades competentes;

r) facilitada por funcionário público no exercício de suas funções.

- **Suspensão condicional da pena:** o artigo 16 da Lei 9.605/98 prevê possibilidade de *sursis* (suspensão condicional da pena), caso **a pena aplicada não ultrapasse três anos** (o artigo 77 do Código Penal preceitua ser possível a suspensão condicional da pena em condenações a penas não superiores a dois anos). Nos termos determinados pelo Código Penal, primeiro deve ser tentada a substituição da pena privativa de liberdade. Caso essa não seja possível, deve ser tentada a suspensão condicional da pena (o restante do regramento atinente à suspensão condicional da pena deve ser extraído do Código Penal):

Art. 16. Nos crimes previstos nesta Lei, a suspensão condicional da pena pode ser aplicada nos casos de condenação a pena privativa de liberdade não superior a três anos.

- ***Sursis* especial:** o artigo 17 da Lei 9.605/98 faz referência ao ***sursis* especial**[1], que demanda a reparação do dano, salvo impossibilidade de fazê-lo, e sujeita o condenado às seguintes condições cumulativas: i) proibição de frequentar determinados lugares; ii) proibição de ausentar-se da comarca onde reside, sem autorização do juiz; iii) comparecimento pessoal e obrigatório a juízo, mensalmente, para informar e justificar suas atividades.

Nos termos do citado artigo, a reparação será demonstrada mediante laudo de reparação de dano ambiental. As condições impostas pelo juiz devem se relacionar à proteção ao meio ambiente:

Art. 17. A verificação da reparação a que se refere o § 2° do art. 78 do Código Penal será feita mediante laudo de reparação do dano ambiental, e as condições a serem impostas pelo juiz deverão relacionar-se com a proteção ao meio ambiente.

- **Aplicação da pena de multa:** o artigo 18 da Lei 9.605/98 dispõe acerca da aplicação da pena de multa, que deve ser calculada nos termos do Código Penal: i) fixação da quantidade de dias-multa (de 10 a 360); ii) fixação do valor de cada dia-multa (de 1/30 do salário mínimo a 5 vezes o valor do salário mínimo), na forma do artigo 49 do Código Penal.

O valor pode ser aumentado até três vezes, tendo em vista o valor da vantagem econômica auferida com a prática delitiva praticada:

---

1. Art. 78 – (...)
§ 2º Se o condenado houver reparado o dano, salvo impossibilidade de fazê-lo, e se as circunstâncias do art. 59 deste Código lhe forem inteiramente favoráveis, o juiz poderá substituir a exigência do parágrafo anterior pelas seguintes condições, aplicadas cumulativamente:
a) proibição de freqüentar determinados lugares;
b) proibição de ausentar-se da comarca onde reside, sem autorização do juiz;
c) comparecimento pessoal e obrigatório a juízo, mensalmente, para informar e justificar suas atividades.

Art. 18. A multa será calculada segundo os critérios do Código Penal; se revelar-se ineficaz, ainda que aplicada no valor máximo, poderá ser aumentada até três vezes, tendo em vista o valor da vantagem econômica auferida.

- **Perícia de constatação de dano ambiental:** a perícia de constatação do dano ambiental, sempre que possível, deve fixar o montante do prejuízo causado para efeito de prestação de fiança e cálculo de multa.

A perícia produzida em inquérito civil ou juízo cível pode ser aproveitada no processo penal:

Art. 19. A perícia de constatação do dano ambiental, sempre que possível, fixará o montante do prejuízo causado para efeitos de prestação de fiança e cálculo de multa.

Parágrafo único. A perícia produzida no inquérito civil ou no juízo cível poderá ser aproveitada no processo penal, instaurando-se o contraditório.

- **Reparação dos danos causados em sentença:** a sentença condenatória, sempre que possível, fixará o valor mínimo da reparação dos danos causados pela infração (considerando os prejuízos sofridos pela vítima ou pelo meio ambiente), na forma do artigo 20 da Lei 9.605/98:

Art. 20. A sentença penal condenatória, sempre que possível, fixará o valor mínimo para reparação dos danos causados pela infração, considerando os prejuízos sofridos pelo ofendido ou pelo meio ambiente.

Parágrafo único. Transitada em julgado a sentença condenatória, a execução poderá efetuar-se pelo valor fixado nos termos do *caput*, sem prejuízo da liquidação para apuração do dano efetivamente sofrido.

- **Penas aplicadas à pessoa jurídica:** leia os artigos 21 (penas aplicáveis às pessoas jurídicas, isolada ou cumulativamente), 22 (penas restritivas de direito) e 23 (prestação de serviços à comunidade), todos da Lei 9.605/98:

Art. 21. As penas aplicáveis isolada, cumulativa ou alternativamente às pessoas jurídicas, de acordo com o disposto no art. 3°, são:
I – multa;
II – restritivas de direitos;
III – prestação de serviços à comunidade.

Nota-se equívoco cometido pelo legislador na redação do artigo 21 da Lei 9.605/98, vez que a prestação de serviços à comunidade é, em verdade, uma espécie do gênero pena restritiva de direitos (vide artigo 43 do Código Penal).

Os artigos 22 e 23 da Lei 9.605/98 tratam das penas restritivas de direitos aplicáveis às pessoas jurídicas:

Art. 22. As penas restritivas de direitos da pessoa jurídica são:
I – suspensão parcial ou total de atividades;
II – interdição temporária de estabelecimento, obra ou atividade;
III – proibição de contratar com o Poder Público, bem como dele obter subsídios, subvenções ou doações.
§ 1° A suspensão de atividades será aplicada quando estas não estiverem obedecendo às disposições legais ou regulamentares, relativas à proteção do meio ambiente.
§ 2° A interdição será aplicada quando o estabelecimento, obra ou atividade estiver funcionando sem a devida autorização, ou em desacordo com a concedida, ou com violação de disposição legal ou regulamentar.
§ 3° A proibição de contratar com o Poder Público e dele obter subsídios, subvenções ou doações não poderá exceder o prazo de dez anos.
Art. 23. A prestação de serviços à comunidade pela pessoa jurídica consistirá em:
I – custeio de programas e de projetos ambientais;
II – execução de obras de recuperação de áreas degradadas;
III – manutenção de espaços públicos;
IV – contribuições a entidades ambientais ou culturais públicas.

- **Liquidação forçada da pessoa jurídica:** o artigo 24 da Lei 9.605/98 traz em seu bojo a possibilidade da liquidação forçada da pessoa jurídica constituída ou utilizada, preponderantemente, com o fim de permitir, facilitar ou ocultar a prática de crime ambiental.

O patrimônio da pessoa jurídica será considerado instrumento do crime e será perdido em favor do Fundo Penitenciário Nacional:

> **Art. 24. A pessoa jurídica constituída ou utilizada, preponderantemente, com o fim de permitir, facilitar ou ocultar a prática de crime definido nesta Lei terá decretada sua liquidação forçada, seu patrimônio será considerado instrumento do crime e como tal perdido em favor do Fundo Penitenciário Nacional.**

- **Apreensão (e destinação) dos produtos/instrumentos do crime:** o artigo 25 da Lei 9.605/98 trata da apreensão (e destinação) do produto e do instrumento de infração administrativa ou do crime:

> **Art. 25. Verificada a infração, serão apreendidos seus produtos e instrumentos, lavrando-se os respectivos autos.**
> **§ 1º Os animais serão prioritariamente libertados em seu habitat ou, sendo tal medida inviável ou não recomendável por questões sanitárias, entregues a jardins zoológicos, fundações ou entidades assemelhadas, para guarda e cuidados sob a responsabilidade de técnicos habilitados.**
> **§ 2º Até que os animais sejam entregues às instituições mencionadas no § 1º deste artigo, o órgão autuante zelará para que eles sejam mantidos em condições adequadas de acondicionamento e transporte que garantam o seu bem-estar físico.**
> **§ 3º Tratando-se de produtos perecíveis ou madeiras, serão estes avaliados e doados a instituições científicas, hospitalares, penais e outras com fins beneficentes.**
> **§ 4º Os produtos e subprodutos da fauna não perecíveis serão destruídos ou doados a instituições científicas, culturais ou educacionais.**
> **§ 5º Os instrumentos utilizados na prática da infração serão vendidos, garantida a sua descaracterização por meio da reciclagem**

- **Ação penal:** o artigo 26 da Lei 9.605/98 afirma que ação penal relacionada aos crimes ambientais é **pública incondicionada.**

- **Transação penal ambiental:** o artigo 27 dispõe que nas infrações de menor potencial ofensivo[2], a transação penal só pode se proposta **de-**

---

2. Art. 61. Consideram-se infrações penais de menor potencial ofensivo, para os efeitos desta Lei, as contravenções penais e os crimes a que a lei comine pena máxima não superior a 2 (dois) anos, cumulada ou não com multa.

pois de firmada a composição do dano ambiental, salvo em caso de impossibilidade.

Tal disposição é específica da Lei 9.605/98, vez que a Lei 9.099/95 não condiciona o oferecimento de transação penal (artigo 76) à materialização da composição civil dos danos (artigo 74):

> **Art. 27. Nos crimes ambientais de menor potencial ofensivo, a proposta de aplicação imediata de pena restritiva de direitos ou multa, prevista no art. 76 da Lei nº 9.099, de 26 de setembro de 1995, somente poderá ser formulada desde que tenha havido a prévia composição do dano ambiental, de que trata o art. 74 da mesma lei, salvo em caso de comprovada impossibilidade.**

- **Suspensão condicional do processo:** a suspensão condicional do processo (preceituada pelo artigo 89 da Lei 9.099/95) é aplicável aos crimes ambientais, com as modificações informadas pelo artigo 28 da Lei 9.605/98 (a leitura atenta do *caput* do artigo 28 da Lei 9.605/98 demonstra evidente falha do legislador, que limitou, sem qualquer justificativa, o alcance da suspensão condicional do processo aos crimes ambientais que se traduzem em infrações de menor potencial ofensivo – defendo que o dispositivo sofra interpretação extensiva, dando-lhe o alcance do artigo 89 da Lei 9.099/95 – possibilidade de incidência do *sursis* processual aos crimes ambientais cujas penas mínimas não ultrapassem 1 ano):

> **Art. 28. As disposições do art. 89 da Lei nº 9.099, de 26 de setembro de 1995, aplicam-se aos crimes de menor potencial ofensivo definidos nesta Lei, com as seguintes modificações:**
>
> **I – a declaração de extinção de punibilidade, de que trata o § 5º do artigo referido no *caput*, dependerá de laudo de constatação de reparação do dano ambiental, ressalvada a impossibilidade prevista no inciso I do § 1º do mesmo artigo;**
>
> **II – na hipótese de o laudo de constatação comprovar não ter sido completa a reparação, o prazo de suspensão do processo será prorrogado, até o período máximo previsto no artigo referido no *caput*, acrescido de mais um ano, com suspensão do prazo da prescrição;**
>
> **III – no período de prorrogação, não se aplicarão as condições dos incisos II, III e IV do § 1º do artigo mencionado no *caput*;**

IV – findo o prazo de prorrogação, proceder-se-á à lavratura de novo laudo de constatação de reparação do dano ambiental, podendo, conforme seu resultado, ser novamente prorrogado o período de suspensão, até o máximo previsto no inciso II deste artigo, observado o disposto no inciso III;

V – esgotado o prazo máximo de prorrogação, a declaração de extinção de punibilidade dependerá de laudo de constatação que comprove ter o acusado tomado as providências necessárias à reparação integral do dano.

- **Crimes contra a fauna:** os artigos 29 a 37 da Lei 9.605/98 tratam dos crimes contra a fauna.

Art. 29. Matar, perseguir, caçar, apanhar, utilizar espécimes da fauna silvestre, nativos ou em rota migratória, sem a devida permissão, licença ou autorização da autoridade competente, ou em desacordo com a obtida:

Pena – detenção de seis meses a um ano, e multa.

§ 1° Incorre nas mesmas penas:

I – quem impede a procriação da fauna, sem licença, autorização ou em desacordo com a obtida;

II – quem modifica, danifica ou destrói ninho, abrigo ou criadouro natural;

III – quem vende, expõe à venda, exporta ou adquire, guarda, tem em cativeiro ou depósito, utiliza ou transporta ovos, larvas ou espécimes da fauna silvestre, nativa ou em rota migratória, bem como produtos e objetos dela oriundos, provenientes de criadouros não autorizados ou sem a devida permissão, licença ou autorização da autoridade competente.

§ 2° No caso de guarda doméstica de espécie silvestre não considerada ameaçada de extinção, pode o juiz, considerando as circunstâncias, deixar de aplicar a pena.

§ 3° São espécimes da fauna silvestre todos aqueles pertencentes às espécies nativas, migratórias e quaisquer outras, aquáticas ou terrestres, que tenham todo ou parte de seu ciclo de vida ocorrendo dentro dos limites do território brasileiro, ou águas jurisdicionais brasileiras.

§ 4° A pena é aumentada de metade, se o crime é praticado:

I – contra espécie rara ou considerada ameaçada de extinção, ainda que somente no local da infração;

II – em período proibido à caça;

III – durante a noite;

IV – com abuso de licença;

V – em unidade de conservação;

VI – com emprego de métodos ou instrumentos capazes de provocar destruição em massa.

§ 5º A pena é aumentada até o triplo, se o crime decorre do exercício de caça profissional.

§ 6º As disposições deste artigo não se aplicam aos atos de pesca.

- **Classificação:** crime comum, doloso (não se exige especial fim de agir), misto, alternativo ou de conteúdo variado (a prática de mais de uma conduta em um mesmo contexto fático se traduz em crime único).

O artigo 29 da Lei 9.605/98 é infração de menor potencial ofensivo.

- **Perdão judicial:** § 2º do artigo 29 da Lei 9.605/98 prevê espécie de perdão judicial, desde que: i) exista **guarda doméstica** de animal silvestre; e ii) o animal **não seja considerado ameaçado de extinção.**

- **Norma explicativa:** o § 3º do artigo estudado é norma explicativa (interpretação autêntica), acerca do conceito de **espécime da fauna silvestre**.

- **Causas de aumento de pena:** os §§ 4º e 5º do artigo 29 da Lei 9.605/98 listam as causas de aumento de pena:

Causas de aumento de pena (artigo 29 da Lei 9.605/98)	
Contra espécie rara ou considerada ameaçada de extinção, ainda que somente no local da infração	Aumento da metade
Em período proibido à caça	
Durante a noite	
Com abuso de licença	
Em unidade de conservação	
Com emprego de métodos ou instrumentos capazes de provocar destruição em massa	
Se o crime decorre do exercício de caça profissional	Aumento do triplo

▪ **Não aplicação do dispositivo a atos de pesca:** o § 6º do artigo 29 da Lei 9.605/98 determina que o dispositivo não se aplique aos atos de pesca (sobre crimes atrelados à pesca, leia os artigos 34, 35 e 36 da lei aqui estudada).

> **Art. 30. Exportar para o exterior peles e couros de anfíbios e répteis em bruto, sem a autorização da autoridade ambiental competente:**
>
> **Pena – reclusão, de um a três anos, e multa.**

▪ **Classificação:** crime doloso, material e comum.

Admite-se suspensão condicional do processo (artigo 28 da Lei 9.605/98), acordo de não persecução penal (artigo 28-A do CPP) e fiança arbitrada pela autoridade policial (artigo 322 do CPP).

Se a exportação for autorizada pela autoridade ambiental competente, o fato será atípico.

▪ **Princípio da especialidade:** o crime é especial em relação ao crime de contrabando, tipificado no artigo 334-A do Código Penal.

> **Art. 31. Introduzir espécime animal no País, sem parecer técnico oficial favorável e licença expedida por autoridade competente:**
>
> **Pena – detenção, de três meses a um ano, e multa.**

▪ **Classificação:** o crime é comum, doloso e material.

Trata-se de infração de menor potencial ofensivo.

▪ **Princípio da especialidade:** o delito em espeque é especial em relação ao crime de contrabando (artigo 334-A do Código Penal).

▪ **Parecer técnico oficial e licença expedida por autoridade competente:** para prática do crime em questão, é necessário que o agente não tenha parecer técnico oficial favorável à introdução do espécime animal no Brasil e (requisitos cumulativos) não exista licença expedida da autoridade competente.

Art. 32. Praticar ato de abuso, maus-tratos, ferir ou mutilar animais silvestres, domésticos ou domesticados, nativos ou exóticos:

Pena – detenção, de três meses a um ano, e multa.

§ 1° Incorre nas mesmas penas quem realiza experiência dolorosa ou cruel em animal vivo, ainda que para fins didáticos ou científicos, quando existirem recursos alternativos.

§ 1°-A Quando se tratar de cão ou gato, a pena para as condutas descritas no caput deste artigo será de reclusão, de 2 (dois) a 5 (cinco) anos, multa e proibição da guarda.

§ 2° A pena é aumentada de um sexto a um terço, se ocorre morte do animal.

- **Classificação:** o crime é doloso, comum e misto, alternativo ou de conteúdo variado.

Trata-se de infração de menor potencial ofensivo.

- **Figura equiparada:** há figura equiparada que pune quem realiza experiência dolorosa ou cruel em animal vivo, ainda que para fins didáticos ou científicos, quando existirem recursos alternativos.

- **Figura qualificada:** a Lei 14.064/20 inseriu no tipo figura qualificada (pena de 2 a 5 anos, multa e proibição de guarda) quando o animal sujeito às condutas do *caput* for cão ou gato (§ 1º-A do artigo 32).

- **Causa de aumento de pena:** há majorante caso o animal morra (aumento de pena de um sexto a um terço). O dispositivo encerra hipótese de **crime preterdoloso**.

- **Concurso de crimes:** caso o agente pratique abuso ou maus-tratos e, em novo desígnio, mate o animal, o correto é cumular, em concurso material, os crimes dos artigos 32 e 29 da Lei 9.605/98 (caso o animal seja espécime da fauna silvestre, nativos ou em rota migratória). Aqui parece haver uma falha da lei: caso o animal morto numa situação como a narrada não seja classificado como da fauna silvestre, nativos ou em rota migratória (um cachorro, por exemplo), haveria uma situação esdruxula, qual seja, não existir tipo penal que permita o perfeito encaixe da conduta daquele que mata intencionalmente um animal doméstico no mandamento legal aqui estudado.

▪ **Revogação tácita de contravenção penal:** o crime tipificado no artigo 32 da Lei 9.605/98 revogou tacitamente a contravenção penal do artigo 64 da Lei de Contravenções Penais:

> Art. 64. Tratar animal com crueldade ou submetê-lo a trabalho excessivo:
>
> Pena – prisão simples, de dez dias a um mês, ou multa, de cem a quinhentos mil réis.
>
> § 1º Na mesma pena incorre aquele que, embora para fins didáticos ou científicos, realiza em lugar público ou exposto ao público, experiência dolorosa ou cruel em animal vivo.
>
> § 2º Aplica-se a pena com aumento de metade, se o animal é submetido a trabalho excessivo ou tratado com crueldade, em exibição ou espetáculo público.

Art. 33. Provocar, pela emissão de efluentes ou carreamento de materiais, o perecimento de espécimes da fauna aquática existentes em rios, lagos, açudes, lagoas, baías ou águas jurisdicionais brasileiras:

Pena – detenção, de um a três anos, ou multa, ou ambas cumulativamente.

Parágrafo único. Incorre nas mesmas penas:

I – quem causa degradação em viveiros, açudes ou estações de aqüicultura de domínio público;

II – quem explora campos naturais de invertebrados aquáticos e algas, sem licença, permissão ou autorização da autoridade competente;

III – quem fundeia embarcações ou lança detritos de qualquer natureza sobre bancos de moluscos ou corais, devidamente demarcados em carta náutica.

▪ **Classificação:** crime comum, material e doloso.

Trata-se de infração de menor potencial ofensivo.

Art. 34. Pescar em período no qual a pesca seja proibida ou em lugares interditados por órgão competente:

Pena – detenção de um ano a três anos ou multa, ou ambas as penas cumulativamente.

Parágrafo único. Incorre nas mesmas penas quem:

I – pesca espécies que devam ser preservadas ou espécimes com tamanhos inferiores aos permitidos;

II – pesca quantidades superiores às permitidas, ou mediante a utilização de aparelhos, petrechos, técnicas e métodos não permitidos;

III – transporta, comercializa, beneficia ou industrializa espécimes provenientes da coleta, apanha e pesca proibidas.

Art. 35. Pescar mediante a utilização de:

I – explosivos ou substâncias que, em contato com a água, produzam efeito semelhante;

II – substâncias tóxicas, ou outro meio proibido pela autoridade competente:

Pena – reclusão de um ano a cinco anos.

- **Introdução:** os crimes dos artigos 34 e 35 da Lei 9.605/98 dizem respeito a crimes relacionados à pesca (cumpre deixar claro que o artigo 35 se refere à pesca com utilização de explosivos, substâncias tóxicas ou proibidas).

O artigo 36, fazendo uso de interpretação autêntica, conceitua pesca, como sendo: **"todo ato tendente a retirar, extrair, coletar, apanhar, apreender ou capturar espécimes dos grupos dos peixes, crustáceos, moluscos e vegetais hidróbios, suscetíveis ou não de aproveitamento econômico, ressalvadas as espécies ameaçadas de extinção, constantes nas listas oficiais da fauna e da flora".**

- **Princípio da insignificância:** o entendimento do Superior Tribunal de Justiça oscila quanto à possibilidade de reconhecimento do princípio da insignificância em relação crime tipificado no artigo 34 da Lei 9.605/98.

No informativo 602, o Superior Tribunal de Justiça enfrentou caso concreto de pescador que devolveu a espécime ao rio depois da captura (**admitindo aplicação do princípio da insignificância**):

> A controvérsia gira em torno da aplicação do princípio da insignificância à conduta de pescador que, ao retirar espécime do rio, não concretiza a pesca, pois realiza a devolução do peixe ainda vivo ao seu *habitat*. Sobre o tema, é cediço que a atipicidade material, no plano do princípio da insignificância, pressupõe a concomitância de mínima ofensividade da conduta, o reduzidíssimo grau de reprovabilidade do comportamento e inexpressividade da lesão jurídica provocada. Ademais, é entendimento desta Corte que somente haverá lesão ambiental irrelevante no sentido penal quando a avaliação dos índices de desvalor da ação e do resultado indicar que é ínfimo o grau da lesividade da conduta

> praticada contra o bem ambiental tutelado, isto porque não se deve considerar apenas questões jurídicas ou a dimensão econômica da conduta, mas deve-se levar em conta o equilíbrio ecológico que faz possíveis as condições de vida no planeta. Nesse sentido: HC 242.132-PR, Rel. Min. Maria Thereza De Assis Moura, Rel. para acórdão Min. Rogerio Schietti Cruz, Sexta Turma, DJe 4/8/2014. Desse modo, tem-se que a devolução do peixe vivo ao rio demonstra a mínima ofensividade ao meio ambiente, circunstância registrada no *"Relatório de Fiscalização firmado pelo ICMBio [em que] foi informado que a gravidade do dano foi leve, além do crime não ter sido cometido atingindo espécies ameaçadas"*. Outrossim, os instrumentos utilizados – vara de molinete com carretilha, linhas e isopor –, são de uso permitido e não configuram profissionalismo, contrariamente, demonstram o amadorismo do denunciado. Assim sendo, na ausência de lesividade ao bem jurídico protegido pela norma incriminadora (art. 34, *caput*, da Lei n. 9.605/1998), verifica-se a atipicidade da conduta.

No informativo 466, o Superior Tribunal de Justiça **não permitiu** aplicação do princípio da insignificância em relação à pesca predatória, ainda que a quantidade de pescado seja pequena:

> Trata-se de *habeas corpus* impetrado em favor de réu denunciado como incurso nas penas do art. 34, parágrafo único, II, da Lei n. 9.605/1998, uma vez que foi flagrado pela Polícia Militar de Proteção Ambiental praticando pesca predatória de camarão, com a utilização de petrechos proibidos em período defeso para a fauna aquática e sem autorização dos órgãos competentes. Postula o paciente a atipicidade da conduta com a aplicação do princípio da insignificância, visto que pescara aproximadamente quatro kg de camarão, que foram devolvidos ao *habitat* natural. A Turma denegou a ordem com o entendimento de que a quantidade de pescado apreendido não desnatura o delito descrito no art. 34 da Lei n. 9.605/1998, que pune a atividade durante o período em que a pesca seja proibida, exatamente como no caso, ou seja, em época da reprodução da espécie e com utilização de petrechos não permitidos (parágrafo único, II, do referido artigo). Há interesse estatal na repreensão da conduta em se tratando de delito contra o meio ambiente, dada sua relevância penal, tendo a CF destinado um capítulo inteiro à sua proteção. HC 192.696-SC, Rel Min. Gilson Dipp, julgado em 17/3/2011.

Entendimento oposto foi adotado no informativo 402/STJ, **com reconhecimento do princípio da insignificância**, diante da captura de pequena quantidade de pescado, mesmo com uso de apetrecho proibido:

Consta da denúncia que o paciente foi flagrado ao pescar em represa mediante a utilização de uma rede de *nylon*, apetrecho de uso proibido. Vem daí a imputação do crime previsto no art. 34, parágrafo único, II, da Lei n. 9.605/1998. Anote-se que foram encontrados com ele apenas dois quilos de peixes de variadas espécies. Quanto a isso, vê-se da norma incriminadora que se trata de crime formal (crime de perigo abstrato), delito que prescinde de resultado danoso específico (no caso, ao meio ambiente). Porém, apesar de não se desconhecer que o enquadramento da lei de crimes ambientais no ordenamento jurídico brasileiro ainda é tema tormentoso a causar inúmeras discussões jurídicas, sobretudo quanto à configuração dos delitos penais nela insculpidos, chegando alguns a entender até que os princípios nela edificados, tais como os da prevenção e da precaução, sobrepõem-se aos próprios princípios penais de garantia ao cidadão, destaca-se que a hipótese em apreço resolve-se mesmo pela pouca invasão naquilo que a sociedade, mediante o ordenamento jurídico, espera quanto à proteção de sua existência, visto que há um mínimo de probabilidade de a conduta do paciente atingir o bem jurídico tutelado na espécie, a fauna aquática. Daí não se hesitar em consignar a presença da insignificância a ponto de, ao reconhecer a atipicidade material da conduta, conceder a ordem para trancar a ação penal por falta de justa causa. HC 93.859-SP, Rel. Min. Maria Thereza de Assis Moura, julgado em 13/8/2009.

Mais recentemente, as decisões do Tribunal da Cidadania têm apontado **a inaplicabilidade do princípio da insignificância ao crime tipificado no artigo 34 da Lei 9.605/98**:

AGRAVO REGIMENTAL NO AGRAVO EM RECURSO ESPECIAL. PENAL. CRIME AMBIENTAL. ART. 34, PARÁGRAFO ÚNICO, II, DA LEI N. 9.605/1998. PESCA. UTILIZAÇÃO DE PETRECHOS PROIBIDOS. PRINCÍPIO DA INSIGNIFICÂNCIA. INAPLICABILIDADE. AGRAVO NÃO PROVIDO. 1. De acordo com a jurisprudência desta Corte, a conduta do réu, consistente em praticar a pesca de lagostas, mediante a utilização de petrechos proibidos por lei, não pode ser considerada insignificante. 2. Agravo regimental a que se nega provimento (AgRg no AREsp 1793949/RN, Rel. Ministro Ribeiro Dantas, Quinta Turma, julgado em 25/05/2021, DJe 28/05/2021).

AGRAVO REGIMENTAL NO RECURSO ESPECIAL. PENAL. ART. 34 DA LEI N. 9.605/1998. CRIME AMBIENTAL. PESCA IRREGULAR. LOCAL DE PROTEÇÃO AMBIENTAL. PETRECHOS PROIBIDOS. PRINCÍPIO DA INSIGNIFICÂNCIA. INAPLICABILIDADE. DESVALOR DA CONDUTA, RISCO AO ECOSSISTEMA. INOVAÇÃO DE TESE. INVIABILIDADE. PRECLUSÃO CONSUMATIVA. AGRAVO REGIMENTAL PARCIALMENTE CONHECIDO E, NESSA EXTENSÃO, DESPROVIDO. 1. Segundo a jurisprudência desta Corte Superior de Justiça, não é aplicável o princípio da insignificância à conduta de realizar pesca em local de proteção ambiental com a utilização de petrechos proibidos, no caso, o arrasto motorizado, tendo em vista o risco que esta conduta representa para todo o ecossistema aquático, independentemente da quantidade de espécimes efetivamente apreendidas ou não. 2. A tese de que deveria ser aplicado o princípio da insignificância em razão de o pescado, após ter sido apreendido, ter sido doado e o Agravante fazer da pesca o seu meio de vida, bem assim ser a fonte de seu rendimento, o que demonstraria um menor grau de reprovabilidade da conduta, não foi suscitada no recurso especial, constituindo inovação recursal, descabida no âmbito do recurso interno, pela preclusão consumativa. 3. Agravo regimental parcialmente conhecido e, nessa extensão, desprovido (AgRg no REsp 1825010/SC, Rel. Ministra Laurita Vaz, Sexta Turma, julgado em 02/06/2020, DJe 15/06/2020).

O Supremo Tribunal Federal, contudo, entende **ser possível a aplicação do princípio da insignificância ao crime tipificado no artigo 34 da Lei 9.605/98**:

AGRAVO REGIMENTAL NO RECURSO EXTRAORDINÁRIO CRIMINAL COM AGRAVO. CRIME CONTRA O MEIO AMBIENTE. PESCA EM LOCAL PROIBIDO. 1 KG DE PESCADO. APLICAÇÃO DO PRINCÍPIO DA INSIGNIFICÂNCIA. POSSIBILIDADE. PRECEDENTES. AGRAVO A QUE SE NEGA PROVIMENTO. I – Esta Suprema Corte passou a adotar critérios objetivos de análise para a aplicação do princípio da insignificância. Com efeito, devem estar presentes, concomitantemente, os seguintes vetores: (i) mínima ofensividade da conduta; (ii) nenhuma periculosidade social da ação; (iii) reduzido grau de reprovabilidade do comportamento; e (iv) inexpressividade da lesão jurídica provocada. II – Ante a irrelevância da conduta praticada pelos agravados e a ausência de resultado lesivo, a matéria não deve ser resolvida na esfera penal, mas nas instâncias administrativas. III – Agravo regimental a que se nega provimento (ARE 1060007 AgR, Relator(a): RICARDO LEWANDOWSKI, Segunda Turma, julgado em 03/10/2020, PROCESSO ELETRÔNICO DJe-260 DIVULG 28-10-2020 PUBLIC 29-10-2020).

Art. 37. Não é crime o abate de animal, quando realizado:

I – em estado de necessidade, para saciar a fome do agente ou de sua família;

II – para proteger lavouras, pomares e rebanhos da ação predatória ou destruidora de animais, desde que legal e expressamente autorizado pela autoridade competente;

III – (VETADO);

IV – por ser nocivo o animal, desde que assim caracterizado pelo órgão competente.

▪ **Exclusão da ilicitude:** o artigo 37 traz em seu bojo justificantes em relação ao abate de animais:

Justificante	Comentários
Em estado de necessidade, para saciar a fome do agente ou de sua família	Essa primeira hipótese é desnecessária, em face do quanto grafado no artigo 24 do Código Penal (bastava enquadrar a situação de quem abate animal para saciar o perigo atual representado pela fome no estado de necessidade previsto no Caderno Repressivo).
Para proteger lavouras, pomares e rebanhos da ação predatória ou destruidora de animais, desde que legal e expressamente autorizado pela autoridade competente	O inciso II do artigo 37 da Lei 9.605/98 reclama que o abate seja legal e expressamente autorizado pela autoridade competente para que a justificante seja aplicada.
Por ser nocivo o animal, desde que assim caracterizado pelo órgão competente	O inciso IV do artigo 37 da Lei 9.605/98 permite o abate quando o animal for nocivo (é necessário que ele seja assim reconhecido pelo órgão competente).

▪ **Crimes contra a flora:** os artigos 38 a 53 da Lei 9.605/98 tratam dos crimes contra a flora.

Art. 38. Destruir ou danificar floresta considerada de preservação permanente, mesmo que em formação, ou utilizá-la com infringência das normas de proteção:

Pena – detenção, de um a três anos, ou multa, ou ambas as penas cumulativamente.

Parágrafo único. Se o crime for culposo, a pena será reduzida à metade.

▪ **Classificação:** crime comum, material e misto, alternativo ou de conteúdo variado.

O delito admite suspensão condicional do processo (artigo 28 da Lei 9.605/98), acordo de não persecução penal (artigo 28-A do CPP) e fiança arbitrada pela autoridade policial (artigo 322 do CPP).

▪ **Elemento normativo do tipo:** o elemento normativo "floresta" é assim interpretado pelo Superior Tribunal de Justiça (transcrevo apenas parte da decisão):

O art. 38 da Lei n. 9.605/1998 dispõe que é crime "destruir ou danificar floresta considerada de preservação permanente, mesmo que em formação, ou utilizá-la com infringência das normas de proteção". O Superior Tribunal de Justiça, ao analisar referido tipo penal, assentou que "o elemento normativo 'floresta', constante do tipo de injusto do art. 38 da Lei nº 9.605/98, é a formação arbórea densa, de alto porte, que recobre área de terra mais ou menos extensa. O elemento central é o fato de ser constituída por árvores de grande porte" (RHC 63.909/CE, Rel. Ministro Reynaldo Soares da Fonseca, Quinta Turma, julgado em 26/03/2019, DJe 22/04/2019).

▪ **Modalidade culposa:** o tipo pune a modalidade culposa (incidência de causa de diminuição, com redução da pena à metade).

Art. 38-A. Destruir ou danificar vegetação primária ou secundária, em estágio avançado ou médio de regeneração, do Bioma Mata Atlântica, ou utilizá-la com infringência das normas de proteção:

Pena – detenção, de 1 (um) a 3 (três) anos, ou multa, ou ambas as penas cumulativamente.

Parágrafo único. Se o crime for culposo, a pena será reduzida à metade.

▪ **Classificação:** o crime é comum, material e misto, alternativo ou de conteúdo variado.

O delito admite suspensão condicional do processo (artigo 28 da Lei 9.605/98), acordo de não persecução penal (artigo 28-A do CPP) e fiança arbitrada pela autoridade policial (artigo 322 do CPP).

▪ **Modalidade culposa:** o tipo pune a modalidade culposa (incidência de causa de diminuição, com redução da pena à metade).

Art. 39. Cortar árvores em floresta considerada de preservação permanente, sem permissão da autoridade competente:

Pena – detenção, de um a três anos, ou multa, ou ambas as penas cumulativamente.

▪ **Classificação:** o crime é doloso (não se exige especial fim de agir), material e comum.

O delito admite suspensão condicional do processo (artigo 28 da Lei 9.605/98), acordo de não persecução penal (artigo 28-A do CPP) e fiança arbitrada pela autoridade policial (artigo 322 do CPP).

Art. 40. Causar dano direto ou indireto às Unidades de Conservação e às áreas de que trata o art. 27 do Decreto nº 99.274, de 6 de junho de 1990, independentemente de sua localização:

Pena – reclusão, de um a cinco anos.

§ 1º Entende-se por Unidades de Conservação de Proteção Integral as Estações Ecológicas, as Reservas Biológicas, os Parques Nacionais, os Monumentos Naturais e os Refúgios de Vida Silvestre.

§ 2º A ocorrência de dano afetando espécies ameaçadas de extinção no interior das Unidades de Conservação de Proteção Integral será considerada circunstância agravante para a fixação da pena.

§ 3º Se o crime for culposo, a pena será reduzida à metade.

- **Classificação:** crime comum, material e doloso (no *caput*).

O delito admite suspensão condicional do processo (artigo 28 da Lei 9.605/98) e acordo de não persecução penal (artigo 28-A do CPP).

- **Interpretação autêntica:** o § 1º traz em seu bojo interpretação autêntica, explicitando o que se entende por "Unidades de Conservação de Proteção Integral".

- **Circunstância agravante:** o § 2º do artigo 40 da Lei 9.605/98 traz em seu bojo circunstância agravante (ocorrência de dano afetando espécies ameaçadas de extinção no interior das Unidades de Conservação de Proteção Integral).

- **Modalidade culposa:** o tipo pune a modalidade culposa (incidência de causa de diminuição, com redução da pena à metade).

- **Crime instantâneo de efeitos permanentes:** o Superior Tribunal de Justiça confirmou a absolvição de réu em relação ao crime do artigo 40 da Lei 9.605/98 em face da invasão de área de preservação ambiental em data anterior à entrada em vigor do citado mandamento legal, com construção de casebre no local (ao considerar o delito aqui estudado crime instantâneo de efeitos permanentes – grifo meu):

PENAL. DANO AO MEIO AMBIENTE (ART. 40 DA LEI N. 9.605/98). CONSTRUÇÃO DE CASA DE ADOBE. DELITO INSTANTÂNEO DE EFEITOS PERMANENTES. CONDUTA ANTERIOR À LEI INCRIMINADORA. PRINCÍPIO DA LEGALIDADE. CRIME. INEXISTÊNCIA. DOLO DE DANO. AUSÊNCIA. MORADIA. DIREITO SOCIAL FUNDAMENTAL. ÁREA CONSTRUÍDA. 22 (VINTE E DOIS) METROS QUADRADOS. INSIGNIFICÂNCIA. PROCESSO PENAL. JUSTA CAUSA. AUSÊNCIA. **1. A construção de casa de adobe em área de preservação ambiental constitui dano direto instantâneo de efeitos permanentes. Precedentes.** 2. Não há crime sem lei anterior que o defina (art. 1° do Código Penal. 3. Conduta anterior à vigência da Lei n. 9.605/1998. 4. A construção de casa para servir de moradia ao acusado e sua família não configura dolo de dano ao meio ambiente, pois traduz necessidade e direito fundamental ao chão e ao teto (art. 6° da Constituição Federal. 5. O direito penal não é a prima ratio; o dano causado ao meio ambiente decorrente da edificação de casa com 22 (vinte e dois) metros quadrados não ultrapassa os limites do crime de bagatela e pode ser resolvido por meio de instrumentos previstos em outros ramos do Direito Civil. 6. Ordem concedida para cassar o acórdão e restaurar a sentença absolutória (HC 124.820/DF, Rel. Ministro Celso Limongi (Desembargador Convocado do TJ/SP), Sexta Turma, julgado em 05/05/2011, DJe 22/08/2011).

Art. 40-A. (VETADO)

§ 1º Entende-se por Unidades de Conservação de Uso Sustentável as Áreas de Proteção Ambiental, as Áreas de Relevante Interesse Ecológico, as Florestas Nacionais, as Reservas Extrativistas, as Reservas de Fauna, as Reservas de Desenvolvimento Sustentável e as Reservas Particulares do Patrimônio Natural.

§ 2º A ocorrência de dano afetando espécies ameaçadas de extinção no interior das Unidades de Conservação de Uso Sustentável será considerada circunstância agravante para a fixação da pena.

§ 3º Se o crime for culposo, a pena será reduzida à metade.

- **Tipo vetado:** o caput do artigo 40-A foi vetado (como não há como imputar a conduta criminosa em face do veto, o restante do dispositivo finda acéfalo).

Art. 41. Provocar incêndio em mata ou floresta:

Pena – reclusão, de dois a quatro anos, e multa.

Parágrafo único. Se o crime é culposo, a pena é de detenção de seis meses a um ano, e multa.

- **Classificação:** crime comum e material.

O tipo doloso admite apenas acordo de não persecução penal (artigo 28-A do CPP).

- **Modalidade culposa:** o tipo pune o crime culposo (trata-se de infração de menor potencial ofensivo).

Art. 42. Fabricar, vender, transportar ou soltar balões que possam provocar incêndios nas florestas e demais formas de vegetação, em áreas urbanas ou qualquer tipo de assentamento humano:

Pena – detenção de um a três anos ou multa, ou ambas as penas cumulativamente.

- **Classificação:** crime doloso (não se exige especial fim de agir), comum, misto, alternativo ou de conteúdo variado.

O delito admite suspensão condicional do processo (artigo 28 da Lei 9.605/98), acordo de não persecução penal (artigo 28-A do CPP) e fiança arbitrada pela autoridade policial (artigo 322 do CPP).

Art. 44. Extrair de florestas de domínio público ou consideradas de preservação permanente, sem prévia autorização, pedra, areia, cal ou qualquer espécie de minerais:
Pena – detenção, de seis meses a um ano, e multa.

- **Classificação:** crime doloso, material e comum (pode ser cometido por qualquer pessoa).

Trata-se de infração de menor potencial ofensivo.

Art. 45. Cortar ou transformar em carvão madeira de lei, assim classificada por ato do Poder Público, para fins industriais, energéticos ou para qualquer outra exploração, econômica ou não, em desacordo com as determinações legais:
Pena – reclusão, de um a dois anos, e multa.

- **Classificação:** crime comum e doloso.

Trata-se de infração de menor potencial ofensivo.

▪ **Norma penal em branco:** a definição de madeira de lei é complemento necessário à efetiva aplicação do tipo em questão.

Art. 46. Receber ou adquirir, para fins comerciais ou industriais, madeira, lenha, carvão e outros produtos de origem vegetal, sem exigir a exibição de licença do vendedor, outorgada pela autoridade competente, e sem munir-se da via que deverá acompanhar o produto até final beneficiamento:

Pena – detenção, de seis meses a um ano, e multa.

Parágrafo único. Incorre nas mesmas penas quem vende, expõe à venda, tem em depósito, transporta ou guarda madeira, lenha, carvão e outros produtos de origem vegetal, sem licença válida para todo o tempo da viagem ou do armazenamento, outorgada pela autoridade competente.

▪ **Classificação:** crime próprio (cometido pelo comerciante/industrial), doloso e misto, alternativo e de conteúdo variado.

Trata-se de infração de menor potencial ofensivo.

Art. 48. Impedir ou dificultar a regeneração natural de florestas e demais formas de vegetação:

Pena – detenção, de seis meses a um ano, e multa.

▪ **Classificação:** crime comum, permanente e doloso.

Trata-se de infração de menor potencial ofensivo.

▪ **Princípio da consunção:** o Superior Tribunal de Justiça considera o crime tipificado no artigo 48 da Lei 9.605/98 pós-fato impunível em relação ao artigo 64 da mesma lei (aplicação do princípio da consunção):

> RECURSO EM HABEAS CORPUS. TRANCAMENTO DA AÇÃO PENAL. CRIMES AMBIENTAIS. CONFLITO APARENTE DE NORMAS. ARTS. 48 E 64 DA LEI N. 9.605/98. CONSUNÇÃO. ABSORVIDO O CRIME-MEIO DE DESTRUIR FLORESTA E O PÓS-FATO IMPUNÍVEL DE IMPEDIR SUA REGENERAÇÃO. CRIME ÚNICO DE CONSTRUIR EM LOCAL NÃO EDIFICÁVEL. PRESCRIÇÃO DO CRIME-FIM. FULMINADA A PRETENSÃO PUNITIVA DO ESTADO QUANTO AO CRIME-MEIO. RECURSO EM HABEAS CORPUS PROVIDO. 1. Consoante já decidido por esta Corte, quando praticados no mesmo contexto fático, o delito de impedir a regeneração natural da flora (art. 48 da Lei 9.605/98) configura pós-fato impunível do delito

de construção em área não edificável sem a respectiva licença ambiental (art. 64 da Lei 9.605/98). Precedentes. 2. Declarada a prescrição do crime-fim (art. 64 da Lei 9.605/98) torna-se necessário o trancamento da ação penal deflagrada para a apuração do crime-meio (art. 48 da Lei 9.605/98), uma vez que a consunção põe fim à autonomia do crime-meio, não subsistindo a pretensão punitiva do Estado quanto a esse fato delituoso. 3. Desse modo, extinta a punibilidade do crime-fim pela prescrição, como no caso dos autos, não há previsão no ordenamento jurídico que autorize restaurar a pretensão punitiva quanto aos delitos absorvidos. 4. Recurso em habeas corpus provido para determinar o trancamento da Ação Penal n. 0056521-49.2007.8.07.0001, em trâmite na 2ª Vara Criminal da circunscrição especial judiciária de Brasília, o que não impede nova propositura de inicial acusatória atendendo aos rigores legais (RHC 130.332/DF, Rel. Ministro Nefi Cordeiro, Sexta Turma, julgado em 15/09/2020, DJe 23/09/2020).

- **Crime permanente:** como dito supra, o crime tipificado no artigo 48 da Lei 9.605/98, de acordo com o entendimento do Superior Tribunal de Justiça é permanente:

HABEAS CORPUS. PACIENTE CONDENADO A 1 ANO DE DETENÇÃO, POR INFRAÇÃO AO ART. 48 DA LEI 9.605/98. CRIME PERMANENTE. ATIVIDADE CRIMINOSA QUE SE PROLONGA NO TEMPO. PRESCRIÇÃO. NÃO OCORRÊNCIA. ORDEM DENEGADA. 1. A ocupação ou a degradação da área ocorreu, e continua ocorrendo ainda, impedindo e dificultando a sua regeneração natural, permanecendo o paciente em cometimento da infração penal, tal como entendeu o egrégio Tribunal a quo. Existência de crime permanente. 2. Ordem denegada (HC 125.959/DF, Rel. Ministro Arnaldo Esteves Lima, Rel. p/ Acórdão Ministro Napoleão Nunes Maia Filho, Quinta Turma, julgado em 28/09/2010, DJe 01/08/2011).

- **Área de preservação permanente (desnecessidade):** o Tribunal da Cidadania esclarece que a prática do crime tipificado no artigo 48 da Lei 9.605/98 prescinde que a área afetada seja de preservação permanente:

AGRAVO REGIMENTAL. RECURSO ESPECIAL. CRIME AMBIENTAL. ARTIGO 48 DA LEI N. 9.605/98. IMPEDIR OU DIFICULTAR A REGENERAÇÃO NATURAL DE FLORESTAS E DEMAIS FORMAS DE VEGETAÇÃO. DESNECESSIDADE DA ÁREA DEVASTADA SER DE PRESERVAÇÃO PERMANENTE. RECURSO IMPROVIDO. 1. A tipificação da conduta descrita no artigo 48 da Lei n. 9.605/98 prescinde de a área ser de preservação permanente. 2. Agravo regimental a que se nega provimento (AgRg no REsp 1498059/RS, Rel. Ministro Leopoldo de Arruda Raposo (Desembargador Convocado do TJ/PE), Quinta Turma, julgado em 17/09/2015, DJe 01/10/2015).

Art. 49. Destruir, danificar, lesar ou maltratar, por qualquer modo ou meio, plantas de ornamentação de logradouros públicos ou em propriedade privada alheia:

Pena – detenção, de três meses a um ano, ou multa, ou ambas as penas cumulativamente.

Parágrafo único. No crime culposo, a pena é de um a seis meses, ou multa.

▪ **Classificação:** crime comum, material, misto, alternativo ou de conteúdo variado.

Trata-se de infração de menor potencial ofensivo.

▪ **Princípio da especialidade:** o crime do artigo 49 da Lei 9.605/98 é especial em relação ao crime de dano (tipificado no artigo 163 do Código Penal).

▪ **Figura culposa:** o crime em testilha possui modalidade culposa (situação curiosa, já que não se admite prática de dano culposo no artigo 163 do Código Penal).

Art. 50. Destruir ou danificar florestas nativas ou plantadas ou vegetação fixadora de dunas, protetora de mangues, objeto de especial preservação:

Pena – detenção, de três meses a um ano, e multa.

▪ **Classificação:** crime doloso, comum, misto, alternativo ou de conteúdo variado.

Trata-se de infração de menor potencial ofensivo.

Art. 50-A. Desmatar, explorar economicamente ou degradar floresta, plantada ou nativa, em terras de domínio público ou devolutas, sem autorização do órgão competente:

Pena – reclusão de 2 (dois) a 4 (quatro) anos e multa.

§ 1º Não é crime a conduta praticada quando necessária à subsistência imediata pessoal do agente ou de sua família.

§ 2º Se a área explorada for superior a 1.000 ha (mil hectares), a pena será aumentada de 1 (um) ano por milhar de hectare.

- **Classificação:** crime doloso, comum, misto, alternativo ou de conteúdo variado.

O delito admite acordo de não persecução penal (artigo 28-A do CPP) e fiança arbitrada pela autoridade policial (artigo 322 do CPP).

- **Norma penal em branco:** trata-se de norma penal em branco, porque depende de complementação relacionada à conceituação de terras de domínio público ou devolutas.

- **Exclusão da ilicitude:** há justificante quando a conduta descrita no tipo for praticada para necessária subsistência do agente ou sua família (§ 1º do artigo 50-A da Lei 9.605/98).

- **Causa de aumento de pena:** o § 2º do artigo 50-A da Lei 9.605/98 se traduz em curiosa majorante (se a área explorada for superior a mil hectares, a pena é aumentada 1 ano a cada milhar de hectare).

Art. 51. Comercializar motosserra ou utilizá-la em florestas e nas demais formas de vegetação, sem licença ou registro da autoridade competente:

Pena – detenção, de três meses a um ano, e multa.

- **Classificação:** crime doloso e comum.

Trata-se de infração de menor potencial ofensivo.

Art. 52. Penetrar em Unidades de Conservação conduzindo substâncias ou instrumentos próprios para caça ou para exploração de produtos ou subprodutos florestais, sem licença da autoridade competente:

Pena – detenção, de seis meses a um ano, e multa.

- **Classificação:** crime comum, doloso, permanente e formal.

Trata-se de infração de menor potencial ofensivo.

- **Concurso de crimes:** por óbvio, se o agente portar arma de fogo sem autorização para tanto, haverá, também, prática do crime de porte ilegal de arma de fogo (tipificado no artigo 14 ou 16 da Lei 10.826/03, conforme o caso – há proteção de bens jurídicos diferentes).

Art. 53. Nos crimes previstos nesta Seção, a pena é aumentada de um sexto a um terço se:

I – do fato resulta a diminuição de águas naturais, a erosão do solo ou a modificação do regime climático;

II – o crime é cometido:

a) no período de queda das sementes;

b) no período de formação de vegetações;

c) contra espécies raras ou ameaçadas de extinção, ainda que a ameaça ocorra somente no local da infração;

d) em época de seca ou inundação;

e) durante a noite, em domingo ou feriado.

- **Causas de aumento de pena:** o artigo 53 da Lei 9.605/98 traz em seu bojo majorantes (aumento de pena de um sexto a um terço) relacionadas aos crimes contra a flora (Seção II da Lei 9.606/98).

Art. 54. Causar poluição de qualquer natureza em níveis tais que resultem ou possam resultar em danos à saúde humana, ou que provoquem a mortandade de animais ou a destruição significativa da flora:

Pena – reclusão, de um a quatro anos, e multa.

§ 1° Se o crime é culposo:

Pena – detenção, de seis meses a um ano, e multa.

§ 2° Se o crime:

I – tornar uma área, urbana ou rural, imprópria para a ocupação humana;

II – causar poluição atmosférica que provoque a retirada, ainda que momentânea, dos habitantes das áreas afetadas, ou que cause danos diretos à saúde da população;

III – causar poluição hídrica que torne necessária a interrupção do abastecimento público de água de uma comunidade;

IV – dificultar ou impedir o uso público das praias;

V – ocorrer por lançamento de resíduos sólidos, líquidos ou gasosos, ou detritos, óleos ou substâncias oleosas, em desacordo com as exigências estabelecidas em leis ou regulamentos:

Pena – reclusão, de um a cinco anos.

§ 3° Incorre nas mesmas penas previstas no parágrafo anterior quem deixar de adotar, quando assim o exigir a autoridade competente, medidas de precaução em caso de risco de dano ambiental grave ou irreversível.

- **Introdução:** a Seção III da Lei 9.606/98 trata da poluição e outros crimes ambientais.

- **Classificação:** o crime é doloso, (admite-se, contudo, modalidade culposa), formal e comum.

O delito admite suspensão condicional do processo (artigo 28 da Lei 9.605/98), acordo de não persecução penal (artigo 28-A do CPP) e fiança arbitrada pela autoridade policial (artigo 322 do CPP).

- **Modalidade culposa:** como dito, o crime pune a modalidade culposa (infração de menor potencial ofensivo).

- **Figura qualificada:** o § 2º do artigo 54 da Lei 9.605/98 traz lista de figuras qualificadas (pena de 1 a 5 anos de reclusão). O § 3º se traduz em figura equiparada às qualificadoras.

- **Perícia (desnecessidade):** o Superior Tribunal de Justiça entende que a primeira parte do crime tipificado no *caput* do artigo 54 da Lei 9.605/98 é formal e, por isso, não há necessidade de materialização de perícia para demonstração da materialidade delitiva (transcrevo apenas parte do *decisum*):

> 4. "O delito previsto na primeira parte do art. 54 da Lei n. 9.605/1998 possui natureza formal, sendo suficiente a potencialidade de dano à saúde humana para configuração da conduta delitiva, não se exigindo, portanto, a realização de perícia (EREsp 1.417.279/SC, Rel. Ministro JOEL ILAN PACIORNIK, TERCEIRA SEÇÃO, DJe 20/4/2018) (AgRg no RMS 65.281/PA, Rel. Ministro Ribeiro Dantas, Quinta Turma, julgado em 18/05/2021, DJe 21/05/2021).

- **Poluição sonora (desnecessidade de perícia):** o mesmo entendimento foi adotado pelo Tribunal da Cidadania no que toca à poluição sonora (desnecessidade de perícia):

> PROCESSO PENAL. AGRAVO REGIMENTAL NO RECURSO EM MANDADO DE SEGURANÇA. ART. 54 DA LEI Nº 9.605/98. POLUIÇÃO SONORA. TRANCAMENTO DA AÇÃO PENAL. PRESCINDIBILIDADE DE EXAME PERICIAL. ILEGALIDADE NÃO VERIFICADA. AGRAVO IMPROVIDO. 1. De acordo com o entendimento desta Corte Superior, "a Lei de Crimes Ambientais deve ser interpretada à luz dos princípios do desenvolvimento sustentável e da prevenção, indicando o acerto da análise que a doutrina e a jurisprudência têm conferido à parte inicial do art. 54 da Lei n. 9.605/1998, de que a mera possibilidade de causar dano à saúde humana é idônea a

configurar o crime de poluição, evidenciada sua natureza formal ou, ainda, de perigo abstrato." (RHC 62.119/SP, Rel. Ministro GURGEL DE FARIA, QUINTA TURMA, DJe 5/2/2016, grifou-se). 2. Nesse sentido, "o delito previsto na primeira parte do artigo 54 da Lei n. 9.605/1998 possui natureza formal, sendo suficiente a potencialidade de dano à saúde humana para configuração da conduta delitiva, não se exigindo, portanto, a realização de perícia (EREsp 1.417.279/SC, Rel. Ministro JOEL ILAN PACIORNIK, TERCEIRA SEÇÃO, DJe 20/4/2018, grifou-se). 3. Considerando que a denúncia detalhou todas as circunstâncias da ocorrência, bem como indicou que o ruído, medido pelas autoridades policial, ultrapassou os limites legais estabelecidos, não há como acolher a pretensão defensiva acerca da imprescindibilidade da realização de exame pericial, estando a materialidade do delito atrelada a diversos documentos, como o auto de infração ambiental. 4. Agravo regimental não provido (AgRg no RMS 61.894/MS, Rel. Ministro Ribeiro Dantas, Quinta Turma, julgado em 05/12/2019, DJe 13/12/2019).

▪ **Lançamento de resíduos (desnecessidade de perícia):** mais um precedente do Superior Tribunal de Justiça que destaca a desnecessidade de perícia em relação ao crime tipificado no inciso V do § 2º do artigo 54 da Lei 9.605/98:

PROCESSO PENAL. RECURSO EM HABEAS CORPUS. CRIME DO ART. 54 DA LEI N. 9.605/98. POLUIÇÃO DE RIO. TRANCAMENTO DA AÇÃO PENAL. INÉPCIA DA INICIAL E AUSÊNCIA DE JUSTA CAUSA. NÃO OCORRÊNCIA. SÓCIO COM DOMÍNIO DO FATO. DESNECESSIDADE DE PERÍCIA. RECURSO DESPROVIDO. 1. Nos termos do entendimento consolidado desta Corte, o trancamento da ação penal ou inquérito policial por meio do habeas corpus é medida excepcional, que somente deve ser adotada quando houver inequívoca comprovação da atipicidade da conduta, da incidência de causa de extinção da punibilidade ou da ausência de indícios de autoria ou de prova sobre a materialidade do delito. 2. A alegação de inépcia da denúncia deve ser analisada de acordo com os requisitos exigidos pelos arts. 41 do CPP e 5º, LV, da CF/1988. Portanto, a peça acusatória deve conter a exposição do fato delituoso em toda a sua essência e com todas as suas circunstâncias de maneira a individualizar o quanto possível a conduta imputada, bem como sua tipificação, a fim de viabilizar a persecução penal e o contraditório pelo réu. 3. No caso em apreço, tem-se que o recorrente foi denunciado como incurso no art. 54, § 2º, inc. V, da Lei n. 9.605/1998, por ter praticado, em conjunto com a empresa Frigorífico Costa Andrade Ltda., da qual é sócio, poluição cujo nível poderia causar danos à saúde humana ou à mortandade de animais, através do lançamento de resíduos líquidos em desacordo com as exigências legais. 4."Não sendo o caso de grande pessoa jurídica, onde variados agentes poderiam praticar a conduta criminosa em favor da empresa, mas sim de pessoa jurídica de pequeno porte, onde as decisões são unificadas no gestor e vem o crime da pessoa jurídica em seu favor, pode então admitir-se o nexo causal entre o resultado da conduta constatado pela atividade da empresa e a responsabilidade pessoal, por culpa subjetiva, de seu gestor" (RHC n. 71.019/PA, Rel. Ministro NEFI CORDEITO, SEXTA TURMA, DJe 26/8/2016). 5. Cuidou o Ministério Público Estadual de salientar que "os atos ilícitos cuja responsabilidade ora se atribui à Primeira Denunciada (Frigorífico Costa Andrade LTDA) foram cometidos com inteira aquiescência e autorização do Segundo Denunciado (Fortunato Andrade), que propiciou todos os meios empresariais disponíveis para a sua prática." 6. Hipótese em que o acusado era o responsável pelo funcionamento e estrutura da empresa, apontando que os atos supostamente criminosos eram cometidos sob suas ordens, inclusive porque ele é o responsável por 99% das cotas sociais do frigorífico, tratando-se empresa de pequeno porte, centralizadas as decisões em sua figura, bem caracterizados, assim, os indícios de autoria. 7. De acordo com o entendimento desta Corte Superior, "a Lei de Crimes Ambientais deve ser interpretada à luz dos princípios do desenvolvimento sustentável e da prevenção, indicando o acerto da análise que a doutrina e a jurisprudência têm conferido à parte inicial do art. 54 da Lei n. 9.605/1998, de que a mera possibilidade de causar dano à saúde humana é idônea a configurar o crime de poluição, evidenciada sua natureza formal ou, ainda, de perigo abstrato" (RHC 62.119/SP, Rel. Ministro GURGEL DE FARIA, QUINTA TURMA, DJe 5/2/2016). 8. Em relação à ausência de perícia a lastrear a denúncia, "O delito previsto na primeira parte do artigo 54 da Lei n. 9.605/1998 possui natureza formal, sendo suficiente a potencialidade de dano à saúde humana para configuração da conduta delitiva, não se exigindo, portanto, a realização de perícia (EREsp 1.417.279/SC, Rel. Ministro JOEL ILAN PACIORNIK, TERCEIRA SEÇÃO, DJe 20/04/2018). 9. Como destacado pelo Colegiado Estadual, "é de se constatar, em linhas de princípio, que a inicial acusatória encontra-se lastreada em Inquérito Civil com documentação acerca da situação fática envolvendo a conduta supostamente perpetrada pelo Paciente e a empresa codenunciada, havendo representação subscrita por populares da cidade de Inhambupe/BA; fotos do local e da poluição, em tese, do rio; Relatório de Fiscalização Ambiental do Instituto do Meio Ambiente; extrato da multa aplicada ao Frigorífico de propriedade do paciente, bem como outros documentos". 10. Recurso em habeas corpus não provido (RHC 111.023/BA, Rel. Ministro Ribeiro Dantas, Quinta Turma, julgado em 20/08/2019, DJe 23/08/2019).

▪ **Precedente em sentido contrário (entendimento superado):** o Superior Tribunal de Justiça tem precedente (superado, como se viu supra), entendendo ser imprescindível materialização de perícia para demonstração da materialidade delitiva do crime tipificado no artigo 54 da Lei 9.605/98:

> RECURSO ESPECIAL. PENAL. CRIME AMBIENTAL. POLUIÇÃO ART. 54, § 2º, V, DA LEI N. 9.605/1998. POTENCIALIDADE LESIVA DE CAUSAR DANOS À SAÚDE HUMANA. IMPRESCINDÍVEL PROVA DO RISCO DE DANO. CRIME NÃO CONFIGURADO. 1. O delito previsto na primeira parte do art. 54 da Lei n. 9.605/1998 exige prova do risco de dano, sendo insuficiente para configurar a conduta delitiva a mera potencialidade de dano à saúde humana. 2. Em razão da necessidade de demonstração efetiva do dano mediante a realização de perícia oficial, merece reforma o acórdão recorrido. 3. Recurso especial provido (REsp 1417279/SC, Rel. Ministro Sebastião Reis Júnior, Sexta Turma, julgado em 22/09/2015, DJe 15/10/2015).

Art. 55. Executar pesquisa, lavra ou extração de recursos minerais sem a competente autorização, permissão, concessão ou licença, ou em desacordo com a obtida:

Pena – detenção, de seis meses a um ano, e multa.

Parágrafo único. Nas mesmas penas incorre quem deixa de recuperar a área pesquisada ou explorada, nos termos da autorização, permissão, licença, concessão ou determinação do órgão competente.

▪ **Classificação:** crime comum, doloso e formal.

Trata-se de infração de menor potencial ofensivo.

▪ **Competência:** para que se vislumbre competência da Justiça Federal para julgar o crime aqui estudado, é necessário que se demonstre lesão a interesse da União. Nesse sentido, julgado do Superior Tribunal de Justiça que reconhece a competência da Justiça Estadual para processar e julgar o crime do artigo 55 da Lei 9.605/98:

> AGRAVO REGIMENTAL NO CONFLITO NEGATIVO DE COMPETÊNCIA. JUSTIÇA FEDERAL X JUSTIÇA ESTADUAL. AÇÃO PENAL. CRIME AMBIENTAL. ART. 55 DA LEI N. 9.605/1998. EXTRAÇÃO RUDIMENTAR DE AREIA EM LEITO DE RIO. AUSÊNCIA DE DEMONSTRAÇÃO DE LESÃO A INTERESSE DA UNIÃO COMPETÊNCIA DA JUSTIÇA ESTADUAL. 1. Compete à Justiça estadual o julgamento do crime

do art. 55 da Lei n. 9.605/1998, consubstanciado em extração rudimentar de areia em leito de rio, quando não demonstrada excepcional lesão a interesse da União. 2. Agravo regimental improvido (AgRg no CC 151.896/RJ, Rel. Ministro Antonio Saldanha Palheiro, Terceira Seção, julgado em 12/12/2018, DJe 01/02/2019).

Art. 56. Produzir, processar, embalar, importar, exportar, comercializar, fornecer, transportar, armazenar, guardar, ter em depósito ou usar produto ou substância tóxica, perigosa ou nociva à saúde humana ou ao meio ambiente, em desacordo com as exigências estabelecidas em leis ou nos seus regulamentos:

Pena – reclusão, de um a quatro anos, e multa.

§ 1° Nas mesmas penas incorre quem:

I – abandona os produtos ou substâncias referidos no caput ou os utiliza em desacordo com as normas ambientais ou de segurança;

II – manipula, acondiciona, armazena, coleta, transporta, reutiliza, recicla ou dá destinação final a resíduos perigosos de forma diversa da estabelecida em lei ou regulamento.

§ 2° Se o produto ou a substância for nuclear ou radioativa, a pena é aumentada de um sexto a um terço.

§ 3° Se o crime é culposo:

Pena – detenção, de seis meses a um ano, e multa.

- **Classificação:** crime comum, doloso (admite-se, contudo, modalidade culposa § 3º), misto, alternativo ou de conteúdo variado.

O delito admite suspensão condicional do processo (artigo 28 da Lei 9.605/98), acordo de não persecução penal (artigo 28-A do CPP) e fiança arbitrada pela autoridade policial (artigo 322 do CPP).

- **Necessidade (ou não) de perícia para prova da materialidade:** há discussão sobre a necessidade (ou não) de perícia para comprovar a materialidade delitiva do crime aqui estudado. Eis julgados da 5ª Turma do STJ consignando a necessidade de perícia para comprovação da materialidade delitiva:

> 4. À luz do mesmo raciocínio, a denúncia também deve se fazer acompanhar de perícia no caso de imputação da prática do delito tipificado no art. 56, § 3°, da Lei 9.605/98. Precedentes. "Com efeito, nos termos do art. 158, do Código de Processo Penal, "Quando a infração deixar vestígios, será indispensável o exame de corpo de delito, direto ou indireto, não podendo supri-lo a confissão do

acusado". Tal situação é análoga a do crime de tráfico de drogas, no qual a Terceira Seção já firmou compreensão no sentido de que a falta de laudo toxicológico definitivo conduz à ausência de materialidade da conduta, impondo-se a absolvição" (RHC 71.304/RS, Rel. Ministro FELIX FISCHER, QUINTA TURMA, DJe 2/12/2016). 5. Meras fotos não substituem o trabalho de perícia dos experts no caso de crimes transeuntes, como é o caso dos autos. Inexistindo qualquer justificativa para a não realização da perícia, as fotos não bastam para alicerçar a ação penal. Precedente. 6. Ausente laudo pericial apto a demonstrar a materialidade delitiva dos crimes cuja prática é imputada à agrava, identifica-se flagrante ilegalidade, porquanto a ação penal, ainda que suspensa, impôs o cumprimento de medidas restritivas à acusada, a carecer de justa causa. A injustificada inexistência do laudo pericial, que não se confunde com fotos, impede o prosseguimento da ação penal à míngua de prova da materialidade delitiva do delito que deixou vestígios (AgRg no RHC 117.540/SP, Rel. Ministro Joel Ilan Paciornik, Quinta Turma, julgado em 19/05/2020, DJe 27/05/2020).

PROCESSUAL PENAL. RECURSO ORDINÁRIO EM HABEAS CORPUS. CRIME AMBIENTAL. ART. 56, DA LEI N. 9.605/98. TRANCAMENTO. AUSÊNCIA DE MATERIALIDADE. OCORRÊNCIA. NÃO REALIZAÇÃO DA PERÍCIA TÉCNICA. IMPRESCINDIBILIDADE. RECURSO ORDINÁRIO PROVIDO. I – A jurisprudência do Excelso Supremo Tribunal Federal, bem como desta eg. Corte, há muito já se firmaram no sentido de que o trancamento da ação penal por meio do habeas corpus é medida excepcional, que somente deve ser adotada quando houver inequívoca comprovação da atipicidade da conduta, da incidência de causa de extinção da punibilidade ou da ausência de indícios de autoria ou de prova sobre a materialidade do delito. II – Ora, quanto a alegada ausência de materialidade, verifica-se que o fungicida apreendido foi destruído pela Receita Federal do Brasil, de modo que, no mínimo, é duvidosa a conclusão de que se trata do mesmo produto apreendido na ação penal anteriormente respondida pelo recorrente, não podendo suprir tal ausência a prova testemunhal, nos termos do art. 167, do Código de Processo Penal, eis que, dado o caráter técnico da elementar do tipo (toxicidade, periculosidade e nocividade), revela-se imprestável para tal fim. III – Com efeito, nos termos do art. 158, do Código de Processo Penal, "Quando a infração deixar vestígios, será indispensável o exame de corpo de delito, direto ou indireto, não podendo supri-lo a confissão do acusado". Tal situação é análoga a do crime de tráfico de drogas, no qual a Terceira Seção já firmou compreensão no sentido de que a falta de laudo toxicológico definitivo conduz à ausência de materialidade da conduta, impondo-se a absolvição. (Precedente). Recurso ordinário provido (RHC 71.304/RS, Rel. Ministro Felix Fischer, Quinta Turma, julgado em 17/11/2016, DJe 02/12/2016).

Há, contudo, precedente da 6ª Turma do Tribunal da Cidadania entendendo **ser prescindível** realização de perícia ao argumento de que se trata de crime de perigo abstrato:

> RECURSO ESPECIAL. CRIME AMBIENTAL. TRANSPORTE DE PRODUTOS TÓXICOS, NOCIVOS OU PERIGOSOS. ART. 56, CAPUT, DA LEI N. 9.605/1998. LEI PENAL EM BRANCO. RESOLUÇÃO DA ANTT N. 420/2004. NORMA DE INTEGRAÇÃO. BEM JURÍDICO TUTELADO. MEIO AMBIENTE E INCOLUMIDADE PÚBLICA. CRIME DE PERIGO ABSTRATO. PERÍCIA. PRESCINDIBILIDADE. RECURSO ESPECIAL CONHECIDO E PROVIDO. 1. A conduta ilícita prevista no art. 56, caput, da Lei n. 9.605/1998 é norma penal em branco, cuja complementação depende da edição de outras normas, que definam o que venha a ser o elemento normativo do tipo "produto ou substância tóxica, perigosa ou nociva à saúde pública ou ao meio ambiente". No caso específico de transporte de tais produtos ou substâncias, o Regulamento para o Transporte Rodoviário de Produtos Perigosos (Decreto n. 96.044/1988) e a Resolução n. 420/2004 da Agência Nacional de Transportes Terrestres – ANTT, constituem a referida norma integradora, por inequivocamente indicar os produtos e substâncias cujo transporte rodoviário é considerado perigoso. 2. Por outro lado, a conduta ilícita prevista no art. 56, caput, da Lei n. 9.605/1998 é de perigo abstrato. Não é exigível, pois, para o aperfeiçoamento do crime, a ocorrência de lesão ou de perigo de dano concreto na conduta de quem produz, processa, embala, importa, exporta, comercializa, fornece, transporta, armazena, guarda, tem em depósito ou usa produto ou substância tóxica, perigosa ou nociva à saúde humana ou ao meio ambiente, em desacordo com as exigências estabelecidas em leis ou nos seus regulamentos. 3. Embora seja legítimo aspirar a um Direito Penal de mínima intervenção, não pode a dogmática penal descurar de seu objetivo de proteger bens jurídicos de reconhecido relevo, assim entendidos, na dicção de Claus Roxin, como "interesses humanos necessitados de proteção penal", qual a proteção ao meio ambiente e à incolumidade pública. Não se pode, assim, esperar a concretização de danos, ou exigir a demonstração de riscos concretos para a punição de condutas que representam potencial produção de danos ao ecossistema e, por consequência, a pessoas indeterminadas. 4. O eventus periculi, advindo da prática de quem incorre em uma das condutas previstas no art. 56, caput, da Lei n. 9.605/1998, portanto, é presumido e, por conseguinte, prescinde da realização de perícia para comprovar a nocividade da substância ou produto, bastando, para tanto, que o "produto ou substância tóxica, perigosa ou nociva para a saúde humana ou o meio ambiente" esteja declinado ex lege, ou seja, no caso, que esteja elencado na Resolução n. 420/04 da ANTT. 5. Recurso especial conhecido e provido, para restabelecer

> a condenação dos recorridos e determinar ao Tribunal de origem que reexamine a apelação defensiva, partindo da premissa de que a mera ausência de prova pericial não constitui óbice à manutenção do édito condenatório (REsp 1439150/RS, Rel. Ministro Rogerio Schietti Cruz, Sexta Turma, julgado em 05/10/2017, DJe 16/10/2017).

- **Competência:** para que exista competência da Justiça Federal para julgamento do crime tipificado no artigo estudado, é preciso demonstrar interesse da União.

Vide julgado do Superior Tribunal de Justiça entendendo que a competência (no caso concreto analisado) é da Justiça Federal (transcrevo apenas parte do julgado):

> 3. No caso, quanto ao crime tipificado no art. 56 da Lei n. 9.605/1998, há interesse direito e específico da autarquia federal (DNPM) na conduta tipificada, pois a peça acusatória descreveu o absoluto descumprimento de diversas exigências da autarquia reguladora, atinentes à atividade de exploração mineral, inclusive a falta de apresentação do devido plano de fechamento da mina e da barragem, além de outras exigências previstas em normas do órgão federal, a fim de impedir a contaminação da água subterrânea por óleos, combustíveis e outros produtos tóxicos, evitar o lançamento de efluentes e corrigir a instabilidade de taludes de barragens de depósito de rejeitos. 4. Convicção robustecida, considerando o teor da ação civil pública ajuizada pelo Ministério Público Federal (Processo n. 5001646-68.2016.4.04.7204/SC), que acompanha a peça acusatória, em que figura, entre outras partes, no polo passivo da demanda, a autarquia federal. 5. Considerando a existência de interesse do ente federal no crime tipificado no art. 56 da Lei n. 9.605/1998 e a conexão probatória verificada entre a referida conduta e aquela tipificada no art. 54 da Lei n. 9.605/1998, é competente o Juízo federal para o julgamento de ambos os crimes, nos termos da Súmula 122/STJ. 6. Conflito conhecido para declarar a competência do Juízo Federal da 1ª Vara de Criciúma – SJ/SC, o suscitado (CC 178.198/SC, Rel. Ministro Sebastião Reis Júnior, Terceira Seção, julgado em 12/05/2021, DJe 14/05/2021).

Doutra banda, eis precedente que afirma a competência da Justiça Estadual para julgar o crime tipificado no artigo 56 da Lei 9.605/98 (informativo 499/STJ):

> Apenas o fato de ser de propriedade da Marinha do Brasil, o produto tóxico transportado, sem observância das normas de segurança (art. 56 da Lei n. 9.605/1998), não tem o condão de

deslocar a competência da ação penal para a Justiça Federal, já que o bem jurídico tutelado é o meio ambiente. No caso dos autos, laudo emitido pela ABACC (Agência Brasileiro-Argentina de Contabilidade e Controle de Materiais Nucleares) informando que o material poderia ser transportado por qualquer meio de transporte, exceto por via postal, não requerendo cuidados adicionais. O Min. Relator reiterou o entendimento consolidado na Terceira Seção de que a Justiça estadual é competente para julgar as ações penais relativas a crime ambiental (Lei n. 9.605/1998), salvo se evidenciado interesse jurídico direto e específico da União, suas autarquias e fundações (art. 109, IV, da CF). Precedentes citados: CC 39.891-PR, DJ 15/12/2003, e REsp 437.959-TO, DJ 6/10/2003. AgRg no CC 115.159-SP, Rel. Min. Og Fernandes, julgado em 13/6/2012.

- **Não revogação do crime tipificado no artigo 15 da Lei 7.802/98:** a meu ver o artigo 56 da Lei 9.605/98 não revogou o artigo 15 da Lei 7.802/89:

> Art. 15. Aquele que produzir, comercializar, transportar, aplicar, prestar serviço, der destinação a resíduos e embalagens vazias de agrotóxicos, seus componentes e afins, em descumprimento às exigências estabelecidas na legislação pertinente estará sujeito à pena de reclusão, de dois a quatro anos, além de multa.

O artigo transcrito é especial em relação ao artigo 56 da Lei 9.605/98 (que só será utilizado em relação a agrotóxicos em relação à importação/exportação ilícitas, vez que o artigo 15 da Lei 7.802/89 não comporta os verbos importar e exportar).

Nesse sentido, julgado do Superior Tribunal de Justiça (grifo meu):

> AGRAVO REGIMENTAL EM EMBARGOS DE DECLARAÇÃO EM AGRAVO EM RECURSO ESPECIAL. VENDA DE AGROTÓXICO EM DESACORDO COM A NORMA REGULAMENTAR. VIOLAÇÃO DO ART. 15 DA LEI N. 7.802/1989. SUPOSTA ATIPICIDADE. TESE DE QUE O PRODUTO APREENDIDO NÃO É AGROTÓXICO. INADMISSIBILIDADE. QUESTÃO QUE TANGENCIA A ANÁLISE DE MATÉRIA DE FATO. SÚMULA 7/STJ. TESE LASTREADA NO EXAME DE RESOLUÇÃO. INADMISSIBILIDADE. ATO NORMATIVO QUE NÃO SE ENQUADRA NO CONCEITO DE LEI FEDERAL (ART. 105, III, DA CF). REVOGAÇÃO DO TIPO PENAL ANTE O ADVENTO DA LEI N. 9.605/1998. MANIFESTA IMPROCEDÊNCIA. NORMA ESPECIAL, MODIFICADA EXPRESSAMENTE PELA LEI N. 9.974/2000, SUBSEQUENTE ÀQUELA TIDA COMO REVOGADORA. TESE DE QUE A CONDUTA IMPUTADA NÃO ESTÁ TIPIFICADA NA NORMA. MANIFESTA IMPROCEDÊNCIA. VIOLAÇÃO DO ART. 158 DO CPP. FALTA DE MATERIALIDADE POR AUSÊNCIA DE PERÍCIA. INADMISSIBILIDADE. RECURSO QUE NÃO INFIRMOU TODOS OS

FUNDAMENTOS DO ACÓRDÃO HOSTILIZADO. SÚMULA 283/STF. 1. A tese de atipicidade, calcada no argumento de que o produto apreendido não é agrotóxico, é inadmissível, pois demanda o reexame de elementos fático-probatórios, além da análise do conteúdo de ato normativo infralegal. **2. O crime tipificado no art. 15 da Lei n. 7.802/1989 não foi revogado pelo advento da Lei n. 9.605/1998; pois o referido dispositivo, além de ostentar o caráter de norma especial com relação às disposições da Lei n. 9.605/1998, foi objeto de modificação expressa advinda da Lei n. 9.974/2000 – subsequente àquela tida como revogadora – que modificou a redação do tipo penal para incluir como criminosa a conduta daquele que dá destinação a embalagens vazias de agrotóxicos, seus componentes e afins, em descumprimento às exigências estabelecidas em leis e nos seus regulamentos, circunstância que firma a vigência do tipo em comento.** 3. No que se refere à suposta violação do art. 158 do Código de Processo Penal, não há dúvida de que o reclamo é manifestamente inadmissível, pois não infirmou todos os fundamentos do acórdão hostilizado. Incidência da Súmula 283/STJ. 4. Agravo regimental improvido (AgRg nos EDcl no AREsp 1111588/MG, Rel. Ministro Sebastião Reis Júnior, Sexta Turma, julgado em 12/09/2017, DJe 22/09/2017).

Art. 58. Nos crimes dolosos previstos nesta Seção, as penas serão aumentadas:

I – de um sexto a um terço, se resulta dano irreversível à flora ou ao meio ambiente em geral;

II – de um terço até a metade, se resulta lesão corporal de natureza grave em outrem;

III – até o dobro, se resultar a morte de outrem.

Parágrafo único. As penalidades previstas neste artigo somente serão aplicadas se do fato não resultar crime mais grave.

- **Causas de aumento de pena:** o artigo 58 traz causas de aumento exclusivas dos crimes dolosos da Seção (são hipóteses preterdolosas):

Hipótese	Aumento de pena
Se resulta dano irreversível à flora ou ao meio ambiente em geral	De um sexto a um terço
Se resulta lesão corporal de natureza grave em outrem	De um terço até a metade
Se resultar a morte de outrem	Até o dobro

Art. 60. Construir, reformar, ampliar, instalar ou fazer funcionar, em qualquer parte do território nacional, estabelecimentos, obras ou serviços potencialmente poluidores, sem licença ou autorização dos órgãos ambientais competentes, ou contrariando as normas legais e regulamentares pertinentes:

Pena – detenção, de um a seis meses, ou multa, ou ambas as penas cumulativamente.

- **Classificação:** crime doloso, formal, comum, permanente e misto, alternativo ou de conteúdo variado.

Trata-se de infração de menor potencial ofensivo.

- **Atividade potencialmente poluidora:** o tipo demanda que o estabelecimento, obra ou serviço sejam potencialmente poluidores (e que as condutas alternativas sejam perpetradas sem licença ou autorização dos órgãos ambientais competentes ou contrariando as normas legais e regulamentares pertinentes). Nesse sentido, entendimento do Superior Tribunal de Justiça (transcrevo apenas parte do julgado):

> 2. A configuração do delito previsto no art. 60, da Lei n° 9.605/98, exige o desenvolvimento de atividade potencialmente poluidora sem a correspondente licença ambiental. O fato de ser exigida a licença ambiental não pode gerar a presunção de que a atividade desenvolvida pelo acusado seja potencialmente poluidora (ut, AgRg no REsp 1411354/RS, Rel. Ministro MOURA RIBEIRO, Quinta Turma, DJe 26/08/2014). (...) (AgRg no REsp 1840129/RN, Rel. Ministro Reynaldo Soares da Fonseca, Quinta Turma, julgado em 04/08/2020, DJe 13/08/2020).

- **Crime permanente:** o crime em testilha, como dito, é permanente (grifos meus):

> PROCESSUAL PENAL. CRIME AMBIENTAL. **ART. 60 DA LEI N° 9.605/1998.** EXTINÇÃO DA PUNIBILIDADE NA ORIGEM. PERDA DO OBJETO. IMPETRAÇÃO PREJUDICADA. 1 – Extinta a punibilidade dos pacientes na origem, em face do cumprimento de transação penal, a impetração apresenta-se prejudicada, por falta de objeto, pois visa justamente o reconhecimento da prescrição. 2 – Ainda que assim não fosse, o acórdão atacado está em consonância com o entendimento desta Corte, **no sentido de que o delito em comento é crime permanente, cuja cessação somente ocorre com a concessão da licença ambiental**, o que afasta, na espécie, a incidência da prescrição. 3 – Agravo regimental não provido (AgRg no HC 256.199/MG, Rel.

Ministra MARIA THEREZA DE ASSIS MOURA, SEXTA TURMA, julgado em 27/05/2014, DJe 09/06/2014).

Art. 61. Disseminar doença ou praga ou espécies que possam causar dano à agricultura, à pecuária, à fauna, à flora ou aos ecossistemas:

Pena – reclusão, de um a quatro anos, e multa.

▪ **Classificação:** crime doloso, comum, instantâneo (de efeitos permanentes) e formal.

O delito admite suspensão condicional do processo (artigo 28 da Lei 9.605/98), acordo de não persecução penal (artigo 28-A do CPP) e fiança arbitrada pela autoridade policial (artigo 322 do CPP).

Art. 62. Destruir, inutilizar ou deteriorar:

I – bem especialmente protegido por lei, ato administrativo ou decisão judicial;

II – arquivo, registro, museu, biblioteca, pinacoteca, instalação científica ou similar protegido por lei, ato administrativo ou decisão judicial:

Pena – reclusão, de um a três anos, e multa.

Parágrafo único. Se o crime for culposo, a pena é de seis meses a um ano de detenção, sem prejuízo da multa.

▪ **Introdução:** a Seção IV da Lei 9.605/98 trata dos crimes contra o ordenamento urbano e o patrimônio cultural.

▪ **Classificação:** crime comum e doloso (admite-se modalidade culposa no parágrafo único).

O delito admite suspensão condicional do processo (artigo 28 da Lei 9.605/98), acordo de não persecução penal (artigo 28-A do CPP) e fiança arbitrada pela autoridade policial (artigo 322 do CPP).

▪ **Princípio da especialidade:** o artigo 62 da Lei 9.605/98 é especial em relação ao crime de dano (artigo 163 do Código Penal). O tipo, diferente do crime do Código Penal, admite modalidade culposa.

- **Informativo 481/STJ:** sobre o crime em testilha, leia decisão publicada no informativo 481/STJ (atipicidade relacionada ao crime tipificado no artigo 62 da Lei 9.605/98 em face da venda de imóvel com omissão de que no terreno havia sítio arqueológico):

> HABEAS CORPUS. CRIME AMBIENTAL (ARTIGO 62, INCISO I, DA LEI 9.605/1998). TRANCAMENTO DE AÇÃO PENAL. CONDUTA ATRIBUÍDA AO PACIENTE QUE NÃO SE SUBSUME AOS NÚCLEOS DO TIPO PENAL. ATIPICIDADE MANIFESTA. CONCESSÃO DA ORDEM. 1. No caso dos autos, se imputa ao paciente o crime disposto no artigo 62, inciso I, da Lei 9.605/1998, consistente em "destruir, inutilizar ou deteriorar bem especialmente protegido por lei, ato administrativo ou decisão judicial". 2. De acordo com a exordial acusatória, o paciente teria omitido o fato de que havia sítio arqueológico em terrenos de sua propriedade que foram vendidos para terceiros, além de ter fornecido aos adquirentes projeto de empreendimento imobiliário que, depois de implementado, resultou na destruição da área ambientalmente protegida. 3. Não havendo indicação de qual ou quais núcleos do tipo do artigo 62, inciso I, da Lei 9.605/1998 teriam sido praticados pelo paciente, constata-se a absoluta atipicidade da conduta que lhe foi imputada, já que não restaram narradas na inicial sequer as elementares objetivas do ilícito em questão. 4. O aludido delito é comissivo, ou seja, demanda a prática de ações para que reste consumado, sendo insuficiente para a sua caracterização a simples omissão do agente, de modo que a conduta do paciente de não informar aos adquirentes a existência de sítio arqueológico nos terrenos alienados não se subsume ao tipo em análise. 5. Mesmo que se pudesse considerar o comportamento omissivo do paciente como a caracterizar o delito ambiental em comento, há que se ter presente que a sua conduta foi irrelevante para a consecução do resultado, já que ele não tinha o dever de informar os compradores, no ato da venda dos terrenos, acerca da existência de sítio arqueológico que deveria ser preservado, motivo pelo qual eventual aplicação da alínea "c" do § 2º do artigo 13 do Estatuto Repressivo se daria em exacerbada elasticidade, pois a partir do momento em que houve a alienação das propriedades, ele já não tinha mais como evitar o resultado, um dos requisitos para que se tenha presente a condição de garante. 6. O simples fornecimento aos novos proprietários de projeto de empreendimento imobiliário não pode ser tido como suficiente a caracterizar o crime em análise, uma vez que o paciente não teria como prever ou antever a efetiva utilização das plantas pelos adquirentes dos terrenos e, consequentemente, a destruição, inutilização ou deterioração do sítio arqueológico. 7. Ordem concedida para trancar a ação penal deflagrada contra o paciente (HC 134.409/SP, Rel. Ministro Jorge Mussi, Quinta Turma, julgado em 16/08/2011, DJe 01/09/2011).

Art. 63. Alterar o aspecto ou estrutura de edificação ou local especialmente protegido por lei, ato administrativo ou decisão judicial, em razão de seu valor paisagístico, ecológico, turístico, artístico, histórico, cultural, religioso, arqueológico, etnográfico ou monumental, sem autorização da autoridade competente ou em desacordo com a concedida:

Pena – reclusão, de um a três anos, e multa.

- **Classificação:** crime doloso, comum e material.

O delito admite suspensão condicional do processo (artigo 28 da Lei 9.605/98), acordo de não persecução penal (artigo 28-A do CPP) e fiança arbitrada pela autoridade policial (artigo 322 do CPP).

- **Crime não transeunte:** o delito em testilha é não transeunte e demanda, por isso, materialização de perícia para constatação de materialidade delitiva. Nesse sentido, decisão do Superior Tribunal de Justiça (grifo meu):

> PROCESSUAL PENAL. AGRAVO REGIMENTAL NO AGRAVO EM RECURSO ESPECIAL. CRIME AMBIENTAL. ARTIGOS 40 E **63 DA LEI 9.605/98. DELITOS QUE DEIXAM VESTÍGIOS. FALTA DE REALIZAÇÃO DA PERÍCIA TÉCNICA. IMPRESCINDIBILIDADE.** AGRAVO REGIMENTAL NÃO PROVIDO. 1. O acórdão recorrido foi proferido em sintonia com o entendimento desta Corte, fundamentado no art. 158 do Código de Processo Penal, segundo o qual, o exame de corpo de delito é imprescindível para comprovar a materialidade das infrações que deixam vestígios, sendo que a sua realização de forma indireta somente é possível quando esses tiverem desaparecido ou o lugar tenha se tornado inapropriado para a sua realização, situações que não se apresentam no caso ora examinado. 2. Agravo regimental a que se nega provimento (AgRg no AREsp 1265705/RJ, Rel. Ministro Ribeiro Dantas, Quinta Turma, julgado em 26/06/2018, DJe 01/08/2018).

Art. 64. Promover construção em solo não edificável, ou no seu entorno, assim considerado em razão de seu valor paisagístico, ecológico, artístico, turístico, histórico, cultural, religioso, arqueológico, etnográfico ou monumental, sem autorização da autoridade competente ou em desacordo com a concedida:

Pena – detenção, de seis meses a um ano, e multa.

- **Classificação:** crime comum (pode ser cometido por qualquer pessoa), doloso (não exige especial fim de agir) e formal.

Trata-se de infração de menor potencial ofensivo.

- **Princípio da consunção:** como já salientado supra, o crime tipificado no artigo 64 da Lei 9.605/98 absorve os delitos dos artigos 40 e 48 do mesmo mandamento legal. Nesse sentido, decisão ilustrativa do Superior Tribunal de Justiça:

> PENAL E PROCESSO PENAL. RECURSO ESPECIAL. CRIMES AMBIENTAIS. DANO EM UNIDADE DE CONSERVAÇÃO, IMPEDIMENTO À REGENERAÇÃO DA FLORA E CONSTRUÇÃO IRREGULAR (ARTS. 40, 48 E 64 DA LEI 9.605/1998). ABSORÇÃO DOS DOIS PRIMEIROS DELITOS PELO ÚLTIMO. APLICAÇÃO DO PRINCÍPIO DA CONSUNÇÃO. PRECEDENTES. RECURSO ESPECIAL DESPROVIDO. 1. O MPF ofereceu denúncia (e-STJ, fls. 3-7) contra o ora recorrido, imputando-lhe a conduta de construir, dentro da área da Estação Ecológica de Carijós, em Florianópolis/SC, uma edícula de alvenaria de 261m^2, sem autorização da Administração Pública. Por isso, pleiteou sua condenação nas iras dos arts. 40 e 48 da Lei 9.605/1998, em concurso material. 2. Para a Corte de origem, o ato de edificar na área de estação ecológica, unidade de conservação do tipo de proteção integral, corresponderia ao crime único do art. 64 da Lei 9.605/1998. 3. Consoante o entendimento das duas Turmas que compõem a Terceira Seção deste STJ, a conduta do art. 48 da Lei 9.605/1998 é mero pós-fato impunível do ato de construir em local não edificável. Afinal, com a própria existência da construção desejada e executada pelo agente – e à qual, portanto, se dirigia seu dolo –, é inevitável que fique impedida a regeneração da flora antes existente no mesmo lugar. 4. Para analisar a possibilidade de absorção do crime do art. 40 da Lei 9.605/1998 pelo do art. 64, não é relevante a diversidade de bens jurídicos protegidos por cada tipo incriminador; tampouco impede a consunção o fato de que o crime absorvido tenha pena maior do que a do crime continente, como se vê na própria Súmula 17/STJ. 5. O dano causado pela construção do recorrido à estação ecológica se encontra, efetivamente, absorvido pela edificação irregular. Este dano pode, em tese, ser considerado concomitante à construção, enquanto ato integrante da fase de execução do iter do art. 64, caso em que se aplicaria o princípio da consunção em sua formulação genérica; ou, então, como consequência naturalística inafastável e necessária da construção, de maneira que seu tratamento jurídico seria o de pós-fato impunível. De todo modo, o dano à unidade de conservação se situa na escala causal da construção irregular (seja como ato executório

ou como exaurimento), nela exaurindo toda sua potencialidade lesiva. 6. Recurso Especial desprovido (REsp 1925717/SC, Rel. Ministro Ribeiro Dantas, Quinta Turma, julgado em 25/05/2021, DJe 28/05/2021).

Art. 65. Pichar ou por outro meio conspurcar edificação ou monumento urbano:

Pena – detenção, de 3 (três) meses a 1 (um) ano, e multa.

§ 1º Se o ato for realizado em monumento ou coisa tombada em virtude do seu valor artístico, arqueológico ou histórico, a pena é de 6 (seis) meses a 1 (um) ano de detenção e multa.

§ 2º Não constitui crime a prática de grafite realizada com o objetivo de valorizar o patrimônio público ou privado mediante manifestação artística, desde que consentida pelo proprietário e, quando couber, pelo locatário ou arrendatário do bem privado e, no caso de bem público, com a autorização do órgão competente e a observância das posturas municipais e das normas editadas pelos órgãos governamentais responsáveis pela preservação e conservação do patrimônio histórico e artístico nacional.

▪ **Classificação:** crime comum (pode ser cometido por qualquer pessoa) e doloso.

Trata-se de infração de menor potencial ofensivo.

▪ **Edificação ou monumento urbano:** interessante notar que o tipo não pune a conduta de pichar edificação ou monumento em zona rural (fato formalmente atípico).

▪ **Figura qualificada:** há incidência de qualificadora (que só altera a pena mínima do tipo simples) se o ato for realizado em monumento ou coisa tombada em virtude do seu valor artístico, arqueológico ou histórico (§ 1º).

▪ **Exclusão da ilicitude:** há justificante relacionada à arte do grafite no § 2º do artigo 65 da Lei 9.605/98.

Art. 66. Fazer o funcionário público afirmação falsa ou enganosa, omitir a verdade, sonegar informações ou dados técnico-científicos em procedimentos de autorização ou de licenciamento ambiental:

Pena – reclusão, de um a três anos, e multa.

- **Introdução:** a Seção V da Lei 9.605/98 trata dos crimes contra a administração ambiental.

- **Classificação:** crime próprio (o sujeito ativo é o funcionário público), doloso, formal e misto, alternativo ou de conteúdo variado.

O delito admite suspensão condicional do processo (artigo 28 da Lei 9.605/98), acordo de não persecução penal (artigo 28-A do CPP) e fiança arbitrada pela autoridade policial (artigo 322 do CPP).

- **Princípio da especialidade:** o crime aqui estudado é especial em relação ao crime de falsidade ideológica (artigo 299 do Código Penal) e é praticado pelo funcionário público que atua em procedimentos de autorização ou licenciamento ambiental.

Art. 67. Conceder o funcionário público licença, autorização ou permissão em desacordo com as normas ambientais, para as atividades, obras ou serviços cuja realização depende de ato autorizativo do Poder Público:

Pena – detenção, de um a três anos, e multa.

Parágrafo único. Se o crime é culposo, a pena é de três meses a um ano de detenção, sem prejuízo da multa.

- **Classificação:** crime próprio (cometido por funcionário público), doloso (admite-se, contudo, modalidade culposa no parágrafo único) e formal.

O delito admite suspensão condicional do processo (artigo 28 da Lei 9.605/98), acordo de não persecução penal (artigo 28-A do CPP) e fiança arbitrada pela autoridade policial (artigo 322 do CPP).

- **Percepção de vantagem indevida (desnecessidade):** o crime aqui estudado não envolve percepção de vantagem indevida pelo servidor público (se houver exigência, solicitação, recebimento ou aceitação de promessa de vantagem para a concessão da licença/autorização/permissão, haverá, conforme o caso, prática de crime de concussão ou corrupção passiva – artigos 316 ou 317 do Código Penal).

- **Modalidade culposa:** como dito, o tipo admite modalidade culposa (pena de três meses a um ano de detenção).

Art. 68. Deixar, aquele que tiver o dever legal ou contratual de fazê-lo, de cumprir obrigação de relevante interesse ambiental:

Pena – detenção, de um a três anos, e multa.

Parágrafo único. Se o crime é culposo, a pena é de três meses a um ano, sem prejuízo da multa.

- **Classificação:** crime doloso (admite-se, contudo, modalidade culposa no parágrafo único), próprio (cometido por quem tem o dever legal ou contratual de cumprir obrigação de relevante interesse ambiental) e omissivo próprio.

O delito admite suspensão condicional do processo (artigo 28 da Lei 9.605/98), acordo de não persecução penal (artigo 28-A do CPP) e fiança arbitrada pela autoridade policial (artigo 322 do CPP).

- **Modalidade culposa:** no parágrafo único do artigo 68 da Lei 9.605/98 há curiosa possibilidade de crime omissivo próprio culposo.

Art. 69. Obstar ou dificultar a ação fiscalizadora do Poder Público no trato de questões ambientais:

Pena – detenção, de um a três anos, e multa.

- **Classificação:** crime doloso, comum, material e misto, alternativo ou de conteúdo variado.

O delito admite suspensão condicional do processo (artigo 28 da Lei 9.605/98), acordo de não persecução penal (artigo 28-A do CPP) e fiança arbitrada pela autoridade policial (artigo 322 do CPP).

Art. 69-A. Elaborar ou apresentar, no licenciamento, concessão florestal ou qualquer outro procedimento administrativo, estudo, laudo ou relatório ambiental total ou parcialmente falso ou enganoso, inclusive por omissão:

Pena – reclusão, de 3 (três) a 6 (seis) anos, e multa.

§ 1° Se o crime é culposo:

Pena – detenção, de 1 (um) a 3 (três) anos.

§ 2º A pena é aumentada de 1/3 (um terço) a 2/3 (dois terços), se há dano significativo ao meio ambiente, em decorrência do uso da informação falsa, incompleta ou enganosa.

- **Classificação:** crime doloso (admite-se, conduto, modalidade culposa), formal (se as condutas resultarem em dano efetivo, haverá incidência de majorante) e comum.

Trata-se de infração de menor potencial ofensivo.

- **Princípio da especialidade:** o tipo é especial em relação aos crimes de falsidade ideológica e de uso de documento falso.

- **Modalidade culposa:** há modalidade culposa no **§ 1º do artigo 69-A da Lei 9.605/98.**

- **Causa de aumento de pena:** o § 2º encerra majorante e causa de aumento de pena (de 1/3 a 2/3), se há dano significativo ao meio ambiente, em decorrência do uso da informação falsa, incompleta ou enganosa.

Questões de concurso público: veja como a lei estudada já foi cobrada em concursos públicos.

1. (Delegado de Polícia Civil/RN/2021) João, conhecido latifundiário do interior do Estado Alfa, com vontade livre e consciente, transformou em carvão madeira de lei, assim classificada por ato do poder público, para fins industriais, em desacordo com as determinações legais. Assim agindo, de acordo com a Lei nº 9.605/1998, João:

A) Praticou crime, cuja pena é de reclusão, de um a dois anos, e multa;

B) Praticou crime, cuja pena é de detenção, de um a três anos, e multa;

C) Não praticou crime, porque incide excludente de ilicitude, mas responde civil e administrativamente;

D) Não praticou crime, por falta de tipicidade de sua conduta, mas responde por infração administrativa com sanção pecuniária de multa;

E) Não praticou crime, porque a finalidade do ato foi para produção industrial, mas responde por infração administrativa com sanção pecuniária de multa.

2. (Delegado de Polícia Civil/PA/2021) De acordo com a Lei nº 9.605/1998 (crimes contra o meio ambiente), a pena mínima de reclusão prevista àquele que, dolosamente, provoca incêndio em mata ou floresta é de

A) Um ano.

B) Dois anos.

C) Três anos.

D) Quatro anos.

E) Cinco anos.

3. **(Delegado de Polícia Federal/2021)** Com relação aos crimes contra a fé pública, julgue o item que se segue.

( ) O funcionário público que faz afirmação falsa em procedimentos de autorização ou de licenciamento ambiental não responde por falsidade ideológica, crime previsto no Código Penal, mas por crime específico previsto na lei de crimes ambientais (Lei n.º 9.605/1998).

4. **(Delegado de Polícia Civil/ES/2019)** O meio ambiente é protegido pela legislação brasileira através das diferentes responsabilidades atribuídas a cada agente ou instituição voltada para tal fim. Dentre as garantias do cumprimento da Lei estão as sanções penais e administrativas dispostas na Lei 9.605/98. Seguindo a sistemática legal, que encontra na Constituição Federal/CF 88 seu norteador hermenêutico e nos outros diplomas legais ferramentas para a garantia de Direitos, determinadas infrações ambientais, observada suas cominações legais, permitem a aplicação imediata da pena restritiva de direitos ou multa.

Segundo a Lei 9.605/98, a aplicação imediata da pena restritiva de direitos ou multa:

A) É possível com a prévia composição do dano.

B) Não é possível.

C) Não é aplicável porque não existe transação penal ambiental.

D) É possível com a prévia recomposição do dano.

E) É possível com a prévia reparação do dano.

5. **(Delegado de Polícia Civil/SE/2018)** Renato e Gabriel fundaram, em 2015, a empresa Camarões do Mangue Ltda., que visava a exploração da carcinicultura – criação de crustáceos – exclusivamente em área rural de manguezais de um estado federado. No referido ano, eles instalaram viveiros de grande porte e passaram a exercer atividade econômica muito lucrativa. Após três anos de atividade, os sócios perceberam que não detinham licença ambiental para o exercício da atividade.

Tendo como referência essa situação hipotética, julgue o item que se segue.

( ) Os sócios Renato e Gabriel responderão na esfera penal pelo crime de funcionamento sem licença ambiental, podendo ser condenados a até seis meses de detenção.

6. **(Delegado de Polícia Civil/PB/2022)** Assinale a opção correta a respeito da disciplina legal dos crimes contra o meio ambiente.

A) O recolhimento domiciliar é espécie de pena restritiva de direitos prevista na Lei de Crimes Ambientais.

B) O desmatamento é considerado crime se praticado em terras de domínio público ou devolutas e desde que a floresta seja nativa, salvo se o delito for praticado por necessidade de subsistência imediata pessoal do agente ou de sua família.

C) Se o abate de animal for praticado para proteger lavouras de ação predatória, será cabível a redução da pena de um a dois terços, desde que a circunstância seja atestada pela autoridade competente.

D) Verificada a ocorrência de infração penal ambiental que envolva animais, estes deverão ser obrigatoriamente libertados em seu habitat.

E) Não é cabível a suspensão condicional do processo ou o acordo de não persecução aos crimes ambientais, por expressa vedação legal.

Gabarito comentado:

Questão	Reposta	Comentário
1	Letra A	Vide artigo 45 da Lei 9.605/98.
2	Letra B	Vide artigo 41 da Lei 9.605/98.
3	CERTA	Vide artigo 66 da Lei 9.605/98 (princípio da especialidade).
4	Letra A	Vide artigo 27 da Lei 9.605/98.
5	CERTA	Vide artigo 60 da Lei 9.605/98
6	Letra	Vide inciso V do artigo 8º da Lei 9.605/98.

Quesitos criados pelo autor da obra: confira algumas questões por mim criadas para orientar seus estudos.

1. É possível substituição de pena privativa de liberdade por restritiva de direitos em face da prática de crime ambiental se a condenação imposta na sentença imputar ao réu crime doloso e a pena for orçada em 4 anos?

RESPOSTA: Não (é preciso que a pena aplicada seja inferior a 4 anos, na forma do artigo 7º da Lei 9.605/98):

Substituição de pena privativa de liberdade por restritiva de direitos (Lei 9.605/98)	
Crime doloso	Pena aplicada inferior a quatro anos
	A culpabilidade, os antecedentes, a conduta social e a personalidade do condenado, bem como os motivos e as circunstâncias do crime indicarem que a substituição seja suficiente para efeitos de reprovação e prevenção do crime.
Crime culposo	Qualquer montante de pena
	A culpabilidade, os antecedentes, a conduta social e a personalidade do condenado, bem como os motivos e as circunstâncias do crime indicarem que a substituição seja suficiente para efeitos de reprovação e prevenção do crime.

2. PEDRO, de baixa escolaridade, foi condenado pela prática de crime ambiental. Nessa situação hipotética, pergunta-se: a baixa escolaridade do réu impactará a pena a ele imposta?

RESPOSTA: Sim. Trata-se de circunstância atenuante prevista no artigo 14 da Lei 9.605/98:

Atenuantes	Comentários
Baixo grau de instrução ou escolaridade do agente	O desconhecimento da lei é inescusável (artigo 21 do Código Penal). No Código Penal, o desconhecimento da lei importa em circunstância atenuante (inciso II do artigo 65 do Caderno Repressivo). Na Lei 9.605/98, o legislador preferiu atenuar a pena em face do baixo grau de instrução ou escolaridade do agente, sem definir exatamente o que isso significa (não há definição objetiva do que significa "baixo grau de instrução/escolaridade).
Arrependimento do infrator, manifestado pela espontânea reparação do dano, ou limitação significativa da degradação ambiental causada	O dispositivo reclama **espontaneidade** (e não mera voluntariedade) e não limita o momento da reparação do dano ou da limitação significativa da degradação ambiental.
Comunicação prévia pelo agente do perigo iminente de degradação ambiental	O dispositivo não deixa claro quanto tempo antes da efetiva degradação a comunicação deve ser feita, para que seja reconhecida a atenuante.
Colaboração com agentes encarregados da vigilância e do controle ambiental	O legislador não reclamou que a colaboração do agente seja eficaz para que a atenuante em questão seja reconhecida.

3. PAULO foi condenado pela prática de crime ambiental a uma pena de 3 anos. Nessa situação hipotética, pergunta-se: o montante de pena aplicado permite suspensão condicional da pena?

RESPOSTA: Sim, na forma do artigo 16 da Lei 9.605/98:

> Art. 16. Nos crimes previstos nesta Lei, a suspensão condicional da pena pode ser aplicada nos casos de condenação a pena privativa de liberdade não superior a três anos.

4. MARCOS abateu animal nocivo, assim reconhecido pelo órgão competente. Ele será responsabilizado criminalmente?

RESPOSTA: Não haverá responsabilização criminal – vide artigo 37, que traz em seu bojo justificantes em relação ao abate de animais:

Justificante	Comentários
Em estado de necessidade, para saciar a fome do agente ou de sua família.	Essa primeira hipótese é desnecessária, em face do quanto grafado no artigo 24 do Código Penal (bastava enquadrar a situação de quem abate animal para saciar o perigo atual representado pela fome no estado de necessidade previsto no Caderno Repressivo).
Para proteger lavouras, pomares e rebanhos da ação predatória ou destruidora de animais, desde que legal e expressamente autorizado pela autoridade competente.	O inciso II do artigo 37 da Lei 9.605/98 reclama que o abate seja legal e expressamente autorizado pela autoridade competente para que a justificante seja aplicada.
Por ser nocivo o animal, desde que assim caracterizado pelo órgão competente.	O inciso IV do artigo 37 da Lei 9.605/98 permite o abate quando o animal for nocivo (é necessário que ele seja assim reconhecido pelo órgão competente).

12

Lei 9.613/98 – Lavagem de Dinheiro

- **Gerações da lei de lavagem de capitais:** inicialmente cumpre deixar claro que a Lei 9.613/98 é um mandamento legal de **terceira geração.**

Eis as gerações das leis de lavagem de capitais:

Gerações das leis de lavagem de dinheiro	
1ª geração	O crime antecedente para lavagem de dinheiro é apenas o tráfico de drogas.
2ª geração	Há lista fechada de crimes antecedentes (inicialmente a Lei 9.613/98 era uma lei de 2ª geração).
3ª geração	O crime de lavagem de dinheiro admite qualquer infração penal como antecedente.

- **Crime parasitário:** o crime de lavagem de dinheiro é considerado **crime parasitário**, porque depende da existência de infração penal antecedente para existir.

- **Imputação do crime de lavagem de dinheiro apontando como infração antecedente o crime de organização criminosa em relação a condutas perpetradas antes da entrada em vigor da Lei 12.850/13:** não é possível imputar crime de lavagem de dinheiro indicando como infração antecedente o crime de participação em organização criminosa antes da entrada em vigor da Lei 12.850/13.

Quando a Lei 9.613/98 era uma lei de segunda geração (lista fechada de crimes antecedentes), havia previsão do crime praticado por organização criminosa como infração antecedente (no revogado inciso VII do artigo 1º da Lei 9.613/98). Ocorre que o Brasil só passou a contar com efetiva criminalização da conduta de integrar organização criminosa a partir da entrada em vigor da Lei 12.850/13 (artigo 2º deste mandamento legal).

Assim, não é possível indicar o crime de organização criminosa antes da Lei 12.850/13 (usando como parâmetro para definição de organização criminosa a Convenção de Palermo, internalizada pelo Decreto 5.015/04).

Nesse sentido, julgados do Supremo Tribunal Federal e do Superior Tribunal de Justiça:

> RECURSO ORDINÁRIO EM "HABEAS CORPUS" – LAVAGEM DE DINHEIRO – ORGANIZAÇÃO CRIMINOSA – INFRAÇÃO PENAL ANTECEDENTE – QUADRILHA (ATUALMENTE DESIGNADA "ASSOCIAÇÃO CRIMINOSA") – CONDUTAS PRATICADAS ENTRE 1998 E 1999, MOMENTO QUE PRECEDEU A EDIÇÃO DA LEI Nº 12.683/2012 E DA LEI Nº 12.850/2013 – IMPOSSIBILIDADE CONSTITUCIONAL DE SUPRIR-SE A AUSÊNCIA DE TIPIFICAÇÃO DO DELITO DE ORGANIZAÇÃO CRIMINOSA, COMO INFRAÇÃO PENAL ANTECEDENTE, PELA INVOCAÇÃO DA CONVENÇÃO DE PALERMO – INCIDÊNCIA, NO CASO, DO POSTULADO DA RESERVA CONSTITUCIONAL ABSOLUTA DE LEI EM SENTIDO FORMAL (CF, art. 5º, inciso XXXIX) – DOUTRINA – PRECEDENTES – INADMISSIBILIDADE, DE OUTRO LADO, DE CONSIDERAR-SE O CRIME DE FORMAÇÃO DE QUADRILHA COMO EQUIPARÁVEL AO DELITO DE ORGANIZAÇÃO CRIMINOSA PARA EFEITO DE REPRESSÃO ESTATAL AO CRIME DE LAVAGEM DE DINHEIRO COMETIDO ANTES DO ADVENTO DA LEI Nº 12.683/2012 E DA LEI Nº 12.850/2013 – RECURSO DE AGRAVO IMPROVIDO. – Em matéria penal, prevalece o dogma da reserva constitucional de lei em sentido formal, pois a Constituição da República somente admite a lei interna como única fonte formal e direta de regras de direito penal, a significar, portanto, que as cláusulas de tipificação e de cominação penais, para efeito de repressão estatal, subsumem-se ao âmbito das normas domésticas de direito penal incriminador, regendo-se, em consequência, pelo postulado da reserva de Parlamento. Doutrina. Precedentes (STF). – As convenções internacionais, como a Convenção de Palermo, não se qualificam, constitucionalmente, como fonte formal direta legitimadora da regulação normativa concernente à tipificação de crimes e à cominação de sanções penais (RHC 121835

AgR, Relator(a): CELSO DE MELLO, Segunda Turma, julgado em 13/10/2015, PROCESSO ELETRÔNICO DJe-235 DIVULG 20-11-2015 PUBLIC 23-11-2015 RTJ VOL-00238-01 PP-00110).

PENAL E PROCESSUAL PENAL. AGRAVO REGIMENTAL NO AGRAVO EM RECURSO ESPECIAL. LAVAGEM DE DINHEIRO. ROL EXAUSTIVO ANTERIOR À ENTRADA EM VIGOR DA LEI 12.683/2012. INEXISTÊNCIA DE DEFINIÇÃO DE ORGANIZAÇÃO CRIMINOSA À ÉPOCA DOS FATOS. ATIPICIDADE. CRIMES ANTECEDENTES. SONEGAÇÃO FISCAL E DELITOS CORRELATOS. INÉPCIA DA DENÚNCIA. ART. 41 DO CPP. NÃO OCORRÊNCIA. COMPROVAÇÃO DOS FATOS. INCIDÊNCIA DA SÚMULA 7/STJ. 1. O tipo penal do artigo 1° da Lei 9.613/1998, na redação anterior à Lei 12.683/2012, vinculava a conduta de ocultação ou dissimulação de bens, valores ou direitos aos delitos mencionados nos incisos I a VIII, sendo certo que, caso a lavagem de dinheiro decorresse da prática de outras infrações penais nele não listadas, a conduta não configurava crime, pois se tratava de rol taxativo (AgRg no HC 473.442/RJ, Rel. Ministro JORGE MUSSI, QUINTA TURMA, julgado em 06/11/2018, DJe 14/11/2018). Nessa linha, a teor do art. 1° do CP, é incabível a criminalização da conduta constante no art. 1°, VII, da Lei n. 9.613/98, antes do advento da Lei n. 12.683/2012, época em que não havia no ordenamento pátrio lei que incriminasse a organização criminosa, lacuna que, consoante moderna jurisprudência do Supremo Tribunal Federal e da Sexta Turma, não pode ser suprida pela Convenção de Palermo.(REsp 1252770/RS, Rel. Ministro ROGERIO SCHIETTI CRUZ, SEXTA TURMA, julgado em 24/03/2015, DJe 26/03/2015). Salienta-se, também que, consoante decisão do Supremo Tribunal Federal, nos autos do RHC 130738/DF, não se pode admitir invocar a substituição do crime de organização criminosa por associação criminosa (art. 288 do CP), porquanto este não se achava incluído no rol taxativo da redação original da Lei 9.613/1990 (RHC 74.751/DF, Rel. Ministro NEFI CORDEIRO, SEXTA TURMA, julgado em 18/10/2016, DJe 27/10/2016). Dessa forma, a denúncia deve ser rejeitada, por atipicidade, em relação aos crimes de lavagem de dinheiro supostamente ocorridos até 09/07/2012. 2. Conforme se observa da denúncia e do acórdão recorrido, houve a narrativa das condutas criminosas imputadas aos recorrentes acerca da prática dos crimes em questão, com todas as circunstâncias relevantes, de maneira suficiente ao exercício do direito de defesa. A inicial aponta a suposta existência de sofisticado esquema delitivo voltado essencialmente à sonegação fiscal, com utilização de empresas de fachada, laranjas e práticas diversas de falsidades, com o objetivo de beneficiar aqueles que se denominam integrantes da Família Tolardo, responsáveis por grande rede de autopeças, sediada em Maringá, mas com ramificação e atuação em diversos estados do território brasileiro. O Ministério Público, após esmiuçar o histórico do grupo econômico, identificando as pessoas físicas e jurídicas envolvidas e esclarecendo o modus operandi criado para ludibriar o Fisco Federal, passou a delinear as condutas delitivas praticadas por cada denunciado. 3. Nos termos da jurisprudência desta Corte Superior de Justiça, não há como reconhecer a inépcia da denúncia se a descrição da pretensa conduta delituosa foi feita de forma suficiente ao exercício do direito de defesa, com a narrativa de todas as circunstâncias relevantes, permitindo a leitura da peça acusatória a compreensão da acusação, com base no artigo 41 do Código de Processo Penal (RHC 46.570/SP, Rel. Ministra MARIA THEREZA DE ASSIS MOURA, Sexta Turma, julgado em 20/11/2014, DJe 12/12/2014). Ademais, a propositura da ação penal exige tão somente a presença de indícios mínimos e suficientes de autoria. A certeza será comprovada ou afastada durante a instrução probatória, prevalecendo, na fase de oferecimento da denúncia o princípio do in dubio pro societate (HC 433.299/TO, Rel. Ministro FELIX FISCHER, QUINTA TURMA, julgado em 19/04/2018, DJe 26/04/2018). Nessa linha, o STF, no julgamento do Inq 2.471/SP (Pleno, Rel. Min. Ricardo Lewandowski, DJe de 1°/3/2012), considerou que não é inepta a denúncia por crime de lavagem de dinheiro e formação de quadrilha ou bando que, em vista de diversos agentes supostamente envolvidos, descreve os fatos de maneira genérica e sistematizada, mas com clareza suficiente que permitia compreender a conjuntura tida por delituosa e possibilite o exercício da ampla defesa. 4. No presente caso, trata-se, em tese, de complexo esquema criminoso, envolvendo a criação de diversas empresas em nome de laranjas, que exerciam atividade econômica irregular até atuação repressiva pelo Fisco, quando então encerravam abruptamente suas atividades, impossibilitando a recuperação de valores, momento em que seus bens e mercadorias eram transferidos para novas empresas, recomeçando assim o ciclo delitivo, particularidades que devem ser sopesadas e possibilitam o recebimento da denúncia, uma vez que demonstram a existência de elementos indiciários de que o capital lavado é proveniente de infração penal, bem como a associação criminosa, razão pela qual não há que se falar em defeito na inicial acusatória. 5. Ademais, a pretensão de reverter as conclusões da Corte de origem, acerca da verificação da inexistência de comprovação das imputações penais, implica o revolvimento de matéria fático-probatória, o que encontra óbice na Súmula 7/STJ. 6. Agravo regimental parcialmente provido para rejeitar a denúncia, por atipicidade, em relação aos crimes de lavagem de dinheiro supostamente ocorridos até 09/07/2012 (AgRg no AREsp 1198334/RS, Rel. Ministro REYNALDO SOARES DA FONSECA, QUINTA TURMA, julgado em 27/11/2018, DJe 10/12/2018).

▪ **Crime autônomo:** apesar de **acessório**, o crime de lavagem é autônomo em relação ao crime anterior – eventual extinção da punibilidade ou absolvição em relação ao crime antecedente, em regra, não afeta o crime de lavagem de dinheiro. Nesse sentido, informativo 494/STJ:

> A extinção da punibilidade pela prescrição quanto aos crimes antecedentes não implica o reconhecimento da atipicidade do delito de lavagem de dinheiro (art. 1º da Lei n. 9.613/1998) imputado ao paciente. Nos termos do art. 2º, II, § 1º da lei mencionada, para a configuração do delito de lavagem de dinheiro não há necessidade de prova cabal do crime anterior, mas apenas a demonstração de indícios suficientes de sua existência. Assim sendo, o crime de lavagem de dinheiro é delito autônomo, independente de condenação ou da existência de processo por crime antecedente. Precedentes citados do STF: HC 93.368-PR, DJe 25/8/2011; HC 94.958-SP, DJe 6/2/2009; do STJ: HC 137.628-RJ, DJe 17/12/2010; REsp 1.133.944-PR, DJe 17/5/2010; HC 87.843-MS, DJe 19/12/2008; APn 458-SP, DJe 18/12/2009, e HC 88.791-SP, DJe 10/11/2008. HC 207.936-MG, Rel. Min. Jorge Mussi, julgado em 27/3/2012.

▪ **Justa causa duplicada:** o § 1º do artigo 2º da Lei 9.613/98 trata da exigência de **justa causa duplicada** – demonstração, na exordial acusatória, de justa causa relacionada à infração penal antecedente e ao crime de lavagem de dinheiro[1]:

> **Art. 2º (...)**
>
> **§ 1º A denúncia será instruída com indícios suficientes da existência da infração penal antecedente, sendo puníveis os fatos previstos nesta Lei, ainda que desconhecido ou isento de pena o autor, ou extinta a punibilidade da infração penal antecedente.**

▪ **Dupla tipicidade:** caso o crime antecedente seja praticado no exterior, será preciso observar o princípio da **dupla tipicidade** (que o fato seja considerado crime tanto no Brasil, quanto no exterior).

▪ **Teoria da cegueira deliberada:** é importante conhecer a **teoria da cegueira deliberada** (ou do **avestruz**) – é possível processar o indivíduo que participa da lavagem de dinheiro alegando dela não conhecer (a

1. Se a infração antecedente for parasitária (crime de receptação, por exemplo), tem-se a **justa causa triplicada**.

pessoa fecha os olhos diante da aparente ilicitude do numerário ou produto). Conclui-se, nesta toada, que o autor do fato agiu com **dolo eventual** em relação ao crime de lavagem de dinheiro.

É preciso, contudo, extrair da inicial acusatória "a narrativa dos fatos imputados, indicação mínima de indícios do conhecimento da ilicitude dos bens ou valores oriundos de atividade criminosa e a consequente demonstração cabal da ocultação e dissimulação do capital" (inteiro teor do informativo 730 - RHC 154.162-DF, Rel. Min. Sebastião Reis Júnior, Sexta Turma, por unanimidade, julgado em 22/03/2022).

- **Autolavagem:** é a prática, pelo mesmo agente, da infração penal antecedente e do crime posterior de lavagem de dinheiro (pune-se o autor do fato em concurso material de crimes).

O Brasil permite punição da autolavagem. Nesse sentido, vide decisão do Superior Tribunal de Justiça (informativo 726 – transcrevo apenas parte do julgado):

> "(...) Embora a tipificação da lavagem de capitais dependa da existência de um crime antecedente, é possível a autolavagem, isto é, a imputação simultânea, ao mesmo réu, do delito antecedente e do crime de lavagem, desde que sejam demonstrados atos diversos e autônomos daquele que compõe a realização do primeiro crime, circunstância em que não ocorrerá o fenômeno da consunção (...)" (APn 989/DF, Rel. Ministra NANCY ANDRIGHI, CORTE ESPECIAL, julgado em 16/02/2022, DJe 22/02/2022).

- ***Smurfing* ou pitufeo:** significa o fracionamento do dinheiro ilícito em várias operações menores com o fito de dificultar a detecção da prática delitógena (é possível, nesse cenário, a aplicação do artigo 71 do Código Penal – crime continuado).

- **Fases do crime de lavagem:** eis as fases para prática do crime de lavagem de dinheiro (saliento que não é necessário a prática de todas as fases abaixo descritas para configuração do crime de lavagem de capitais – uma delas já é suficiente para a imputação do delito estudado):

Fases do crime de lavagem de dinheiro		
Ordem	**Fase**	**Comentário**
1ª	**Introdução** (*placement*)	Segundo Gabriel Habib, "consiste na separação física entre o agente e o produto auferido pelo crime, dificultando a identificação da procedência delituosa do dinheiro" (*in* Leis Penais Especiais, editora Juspodivm, p. 580).
2ª	**Dissimulação** (*layering*)	Ainda segundo o ex-Defensor Público da União Habib, "é a lavagem propriamente dita. Nessa fase pretende-se construir uma nova origem lícita, legítima do dinheiro, por meio da prática de condutas que buscam impedir a descoberta da procedência ilícita dos valores".
3ª	**Integração** (*integration*)	O dinheiro, já com aparência lícita, é formalmente incorporado ao sistema econômico.

▪ **Apreensão de vultosa quantidade de dinheiro em veículo:** o Superior Tribunal de Justiça entendeu ser lícita a apreensão, em veículo, de vultosa quantidade de numerário em espécie com o fito de apuração de possível crime de lavagem de dinheiro (informativo 711/STJ, grifo meu):

> PROCESSUAL PENAL. RECURSO EM HABEAS CORPUS. LAVAGEM DE DINHEIRO. RECORRENTE ENCONTRADO COM MAIS DE UM MILHÃO DE REAIS EM ESPÉCIE. PRETENSÃO DE TRANCAMENTO DAS INVESTIGAÇÕES. AUSÊNCIA DE JUSTA CAUSA QUE NÃO SE MOSTRA FLAGRANTE. FISCALIZAÇÃO DE ROTINA REALIZADA PELA POLÍCIA RODOVIÁRIA FEDERAL. APREENSÃO DE AUTOMÓVEL, DINHEIRO E CELULAR QUE DECORRE DA EXISTÊNCIA DE INDÍCIO DA PRÁTICA CRIMINOSA. AFASTAMENTO. REEXAME DE PROVAS. INVIABILIDADE NA VIA ESTREITA. 1. O trancamento de inquérito policial ou ação penal pela via eleita é medida excepcional, cabível apenas quando demonstrada, de plano, a atipicidade da conduta, a extinção da punibilidade ou a manifesta ausência de provas da existência do crime e indícios de autoria. 2. **Hipótese em que o próprio recorrente informou aos policiais que dispunha de uma quantia em dinheiro no interior do veículo, tendo os agentes rodoviários federais agido dentro do dever de fiscalização regular, inerente às funções legais. 3. Em se tratando do flagrante de transporte de vultosa quantia em dinheiro e não tendo o recorrente logrado justificar o motivo de tal conduta, não há que se falar em ausência de justa causa para as investigações. Ademais, conforme informado pelo Juízo de primeiro grau, as diligências necessárias encontram-se em pleno andamento, faltando**

a perícia no celular apreendido, e pendem as informações solicitadas à Receita Federal, circunstâncias que demonstram ser prematuro o trancamento do inquérito policial. 4. A apreensão dos bens (automóvel, celular e valores em espécie) decorre da própria investigação, não havendo possibilidade de restituição enquanto não afastada a ocorrência de crime. 5. Afastar a possibilidade da prática do crime de lavagem de dinheiro, para fins de trancamento das investigações, demandaria reexame de provas, inviável na via eleita. 6. Recurso em habeas corpus improvido (RHC 142.250/RS, Rel. Ministro SEBASTIÃO REIS JÚNIOR, SEXTA TURMA, julgado em 28/09/2021, DJe 30/09/2021).

- **Crime de lavagem de dinheiro:** eis o crime de lavagem de capitais – artigo 1º da Lei 9.613/98:

> **Art. 1º Ocultar ou dissimular a natureza, origem, localização, disposição, movimentação ou propriedade de bens, direitos ou valores provenientes, direta ou indiretamente, de infração penal.**
>
> **Pena: reclusão, de 3 (três) a 10 (dez) anos, e multa.**

- **Classificação:** trata-se de crime comum (que não precisa necessariamente ser praticado pelo autor do crime antecedente), doloso, formal e permanente.

- **Figuras equiparadas, tentativa e causa de aumento de pena:** os §§ 1º e 2º do artigo 1º da Lei 9.613/98 encerram figuras equiparadas:

> **Art. 1º (...)**
>
> **§ 1º Incorre na mesma pena quem, para ocultar ou dissimular a utilização de bens, direitos ou valores provenientes de infração penal:**
>
> **I – os converte em ativos lícitos;**
>
> **II – os adquire, recebe, troca, negocia, dá ou recebe em garantia, guarda, tem em depósito, movimenta ou transfere;**
>
> **III – importa ou exporta bens com valores não correspondentes aos verdadeiros.**
>
> **§ 2º Incorre, ainda, na mesma pena quem:**
>
> **I – utiliza, na atividade econômica ou financeira, bens, direitos ou valores provenientes de infração penal;**
>
> **II – participa de grupo, associação ou escritório tendo conhecimento de que sua atividade principal ou secundária é dirigida à prática de crimes previstos nesta Lei.**

O § 3º do mesmo dispositivo é dispensável (afirma que a tentativa é punida na forma do parágrafo único do artigo 14 do Código Penal – aplicação da pena do crime consumado, diminuída de 1/3 a 2/3):

> **Art. 1° (...)**
> **§ 3° A tentativa é punida nos termos do parágrafo único do art. 14 do Código Penal.**

O § 4º do artigo 1º da Lei 9.613/98 é causa de aumento de pena (majoração de 1/3 a 2/3 se os crimes definidos nesta Lei forem cometidos de forma reiterada ou por intermédio de organização criminosa):

> **Art. 1° (...)**
> **§ 4º A pena será aumentada de um a dois terços, se os crimes definidos nesta Lei forem cometidos de forma reiterada ou por intermédio de organização criminosa.**

- **Possibilidade negocial:** o § 5º do artigo 1º da Lei 9.613/98 traz em seu bojo uma espécie de delação premiada (possibilidade negocial).

Se o autor, coautor ou partícipe colaborar espontaneamente com as autoridades, prestando esclarecimentos que conduzam à apuração das infrações penais, à identificação dos autores, coautores e partícipes, ou à localização dos bens, direitos ou valores objeto do crime, será possível a outorga das seguintes benesses: i) diminuição de pena (de 1/3 a 2/3); ii) perdão judicial; iii) substituição de pena privativa de liberdade por restritiva de direitos.

Eis o dispositivo estudado:

> **Art. 1° (...)**
> **§ 5º A pena poderá ser reduzida de um a dois terços e ser cumprida em regime aberto ou semiaberto, facultando-se ao juiz deixar de aplicá-la ou substituí-la, a qualquer tempo, por pena restritiva de direitos, se o autor, coautor ou partícipe colaborar espontaneamente com as autoridades, prestando esclarecimentos que conduzam à apuração das infrações penais, à identificação dos**

autores, coautores e partícipes, ou à localização dos bens, direitos ou valores objeto do crime.

- **Ação controlada e infiltração policial:** o Pacote Anticrime enxertou no art. 1º da Lei 9.613/98 a possibilidade de utilização das técnicas de ação controlada e de infiltração policial na investigação do crime de lavagem de dinheiro:

Art. 1º (...)

§ 6º Para a apuração do crime de que trata este artigo, admite-se a utilização da ação controlada e da infiltração de agentes.

Como o legislador não especificou os requisitos legais para materialização dos meios de obtenção de prova citados, penso que a Lei 12.850/13 deve ser usada, por analogia para suprir a lacuna (nesta toada, penso que a técnica de ação controlada na Lei 9.613/98 demanda prévia comunicação ao juízo competente).

- **Competência:** a competência para julgar o crime de lavagem de dinheiro depende da competência para julgar o crime antecedente.

Se o crime antecedente for de competência da Justiça Estadual, a lavagem deve ser julgada pela Justiça Estadual. Se o crime antecedente for de competência da Justiça Federal, o crime de lavagem será de competência da Justiça Federal. Nesta toada, importante a leitura do artigo 2º da Lei 9.613/98:

Art. 2º O processo e julgamento dos crimes previstos nesta Lei:

I – obedecem às disposições relativas ao procedimento comum dos crimes punidos com reclusão, da competência do juiz singular;

II – independem do processo e julgamento das infrações penais antecedentes, ainda que praticados em outro país, cabendo ao juiz competente para os crimes previstos nesta Lei a decisão sobre a unidade de processo e julgamento;

III – são da competência da Justiça Federal:

a) quando praticados contra o sistema financeiro e a ordem econômico-financeira, ou em detrimento de bens, serviços ou

interesses da União, ou de suas entidades autárquicas ou empresas públicas;

b) quando a infração penal antecedente for de competência da Justiça Federal.

▪ **Impossibilidade de aplicação do artigo 366 do CPP:** acerca do processo relacionado ao crime de lavagem de dinheiro, cumpre ler o § 2º do artigo 2º da Lei 9.613/98 (impossibilidade de aplicação do artigo 366 do CPP[2] – que determina suspensão do processo e do prazo prescricional quando o réu citado por edital não comparece e não constitui advogado):

Art. 2º (...)

§ 2º No processo por crime previsto nesta Lei, não se aplica o disposto no art. 366 do Decreto-Lei nº 3.689, de 3 de outubro de 1941 (Código de Processo Penal), devendo o acusado que não comparecer nem constituir advogado ser citado por edital, prosseguindo o feito até o julgamento, com a nomeação de defensor dativo.

▪ **Inafiançabilidade de impossibilidade de liberdade provisória (dispositivo revogado):** o artigo 3º da Lei 9.613/98, que proibia arbitramento de fiança e liberdade provisória em relação ao crime de lavagem de dinheiro, foi revogado pela Lei 12.683/12.

▪ **Medidas assecuratórias e alienação de bens:** os artigos 4º e 4º-A da Lei 9.613/98 tratam de medidas assecuratórias (medidas cautelares reais) e da possibilidade de alienação antecipada de bens, valores e direitos.

O Superior Tribunal de Justiça consignou que a medida de indisponibilidade de bens prevista no § 4º do artigo 4º da Lei 9.613/98 pode recair sob quaisquer bens (inclusive os de origem lícita). Eis o julgado (informativo 710/STJ – grifo meu):

PENAL. PROCESSO PENAL. AGRAVO REGIMENTAL DA DECISÃO QUE MANTEVE INDISPONIBILIDADE DE BENS. RECURSO TEMPESTIVO. INTERESSE DE AGIR CONFIGURADO. PRELIMINAR DE

2. Art. 366. Se o acusado, citado por edital, não comparecer, nem constituir advogado, ficarão suspensos o processo e o curso do prazo prescricional, podendo o juiz determinar a produção antecipada das provas consideradas urgentes e, se for o caso, decretar prisão preventiva, nos termos do disposto no art. 312.

NULIDADE. AUSÊNCIA DE FUNDAMENTAÇÃO. INOCORRÊNCIA. ALEGAÇÃO DE QUE O PATRIMÔNIO CONSTRITO FOI ADQUIRIDO LICITAMENTE. IRRELEVÂNCIA. ALEGADA BOA-FÉ DE TERCEIROS. CONFUSÃO PATRIMONIAL DE BENS DE FAMÍLIA E DA PESSOA JURÍDICA. CASAMENTO SOB REGIME DE COMUNHÃO UNIVERSAL. COMUNICABILIDADE. PRESSUPOSTOS DA MEDIDA CAUTELAR. ART. 4°, § 4° DA LEI N. 9.613/98. AGRAVANTES SEM FORO POR PRERROGATIVA DE FUNÇÃO. SUPERVENIENTE CISÃO DA AÇÃO PENAL. CONEXÃO E CONTINÊNCIA. TEORIA JUÍZO APARENTE. 1. As medidas cautelares patrimoniais, previstas nos arts. 125 a 144 do Código de Processo Penal, bem como no art. 4°, § 4°, da Lei n. 9.613/98, destinam-se a garantir, em caso de condenação, tanto a perda do proveito ou produto do crime, como o ressarcimento dos danos causados (danos ex delicto) e o pagamento de pena de multa, custas processuais e demais obrigações pecuniárias impostas. 2. A medida assecuratória de indisponibilidade de bens prevista no art. 4°, § 4°, da Lei n. 9.613/98 permite a constrição de quaisquer bens, direitos ou valores para reparação do dano decorrente do crime ou para pagamento de prestação pecuniária, pena de multa e custas processuais. Desnecessidade de verificar se os bens atingidos têm origem lícita ou ilícita ou se foram adquiridos antes ou depois da infração penal. Interpretação do art. 91, inciso II, alínea b, § 2°, do Código Penal. 3. Hipótese em que a constrição atinge o patrimônio de pessoa jurídica e familiares não denunciados, inclusive o cônjuge casado sob o regime de comunhão universal de bens, o que se mostra necessário, adequado e proporcional às circunstâncias relatadas nos autos, de incorporação de bens ao patrimônio da empresa familiar e transferência de outros bens aos citados familiares, a indicar confusão patrimonial. 4. Investigações iniciadas e denúncia oferecida, perante o STJ, por alcançar Governador de Estado. O posterior desmembramento do processo, com a remessa da ação penal em face dos denunciados sem prerrogativa de foro para outro juízo, não acarreta a nulidade das medidas constritivas determinadas em relação aos agentes não detentores de foro por prerrogativa de função. Caberá ao juiz ao qual distribuída a ação penal desmembrada reexaminar a conveniência ou não de manutenção das medidas cautelares. 5. Agravo regimental a que se nega provimento (AgRg no Inq 1.190/DF, Rel. Ministra MARIA ISABEL GALLOTTI, CORTE ESPECIAL, julgado em 15/09/2021, DJe 24/09/2021).

Eis os dispositivos legais:

Art. 4º O juiz, de ofício, a requerimento do Ministério Público ou mediante representação do delegado de polícia, ouvido o Ministério Público em 24 (vinte e quatro) horas, havendo indícios suficientes de infração penal, poderá decretar medidas assecuratórias de bens, direitos ou valores do investigado ou acusado, ou existentes em nome de interpostas pessoas, que sejam instrumento, produto ou proveito dos crimes previstos nesta Lei ou das infrações penais antecedentes.

§ 1º Proceder-se-á à alienação antecipada para preservação do valor dos bens sempre que estiverem sujeitos a qualquer grau de deterioração ou depreciação, ou quando houver dificuldade para sua manutenção.

§ 2º O juiz determinará a liberação total ou parcial dos bens, direitos e valores quando comprovada a licitude de sua origem, mantendo-se a constrição dos bens, direitos e valores necessários e suficientes à reparação dos danos e ao pagamento de prestações pecuniárias, multas e custas decorrentes da infração penal.

§ 3º Nenhum pedido de liberação será conhecido sem o comparecimento pessoal do acusado ou de interposta pessoa a que se refere o caput deste artigo, podendo o juiz determinar a prática de atos necessários à conservação de bens, direitos ou valores, sem prejuízo do disposto no § 1º.

§ 4º Poderão ser decretadas medidas assecuratórias sobre bens, direitos ou valores para reparação do dano decorrente da infração penal antecedente ou da prevista nesta Lei ou para pagamento de prestação pecuniária, multa e custas.

Art. 4º-A. A alienação antecipada para preservação de valor de bens sob constrição será decretada pelo juiz, de ofício, a requerimento do Ministério Público ou por solicitação da parte interessada, mediante petição autônoma, que será autuada em apartado e cujos autos terão tramitação em separado em relação ao processo principal.

§ 1º O requerimento de alienação deverá conter a relação de todos os demais bens, com a descrição e a especificação de cada um deles, e informações sobre quem os detém e local onde se encontram.

§ 2º O juiz determinará a avaliação dos bens, nos autos apartados, e intimará o Ministério Público.

§ 3º Feita a avaliação e dirimidas eventuais divergências sobre o respectivo laudo, o juiz, por sentença, homologará o valor atribuído aos bens e determinará sejam alienados em leilão ou pregão, preferencialmente eletrônico, por valor não inferior a 75% (setenta e cinco por cento) da avaliação.

§ 4º Realizado o leilão, a quantia apurada será depositada em conta judicial remunerada, adotando-se a seguinte disciplina:

I – nos processos de competência da Justiça Federal e da Justiça do Distrito Federal:

a) os depósitos serão efetuados na Caixa Econômica Federal ou em instituição financeira pública, mediante documento adequado para essa finalidade;

b) os depósitos serão repassados pela Caixa Econômica Federal ou por outra instituição financeira pública para a Conta Única do Tesouro Nacional, independentemente de qualquer formalidade, no prazo de 24 (vinte e quatro) horas; e

c) os valores devolvidos pela Caixa Econômica Federal ou por instituição financeira pública serão debitados à Conta Única do Tesouro Nacional, em subconta de restituição;

II – nos processos de competência da Justiça dos Estados:

a) os depósitos serão efetuados em instituição financeira designada em lei, preferencialmente pública, de cada Estado ou, na sua ausência, em instituição financeira pública da União;

b) os depósitos serão repassados para a conta única de cada Estado, na forma da respectiva legislação.

§ 5º Mediante ordem da autoridade judicial, o valor do depósito, após o trânsito em julgado da sentença proferida na ação penal, será:

I – em caso de sentença condenatória, nos processos de competência da Justiça Federal e da Justiça do Distrito Federal, incorporado definitivamente ao patrimônio da União, e, nos processos de competência da Justiça Estadual, incorporado ao patrimônio do Estado respectivo;

II – em caso de sentença absolutória extintiva de punibilidade, colocado à disposição do réu pela instituição financeira, acrescido da remuneração da conta judicial.

§ 6º A instituição financeira depositária manterá controle dos valores depositados ou devolvidos.

§ 7º Serão deduzidos da quantia apurada no leilão todos os tributos e multas incidentes sobre o bem alienado, sem prejuízo de iniciativas que, no âmbito da competência de cada ente da Federação, venham a desonerar bens sob constrição judicial daqueles ônus.

§ 8º Feito o depósito a que se refere o § 4º deste artigo, os autos da alienação serão apensados aos do processo principal.

§ 9º Terão apenas efeito devolutivo os recursos interpostos contra as decisões proferidas no curso do procedimento previsto neste artigo.

§ 10. Sobrevindo o trânsito em julgado de sentença penal condenatória, o juiz decretará, em favor, conforme o caso, da União ou do Estado:

I – a perda dos valores depositados na conta remunerada e da fiança;

II – a perda dos bens não alienados antecipadamente e daqueles aos quais não foi dada destinação prévia; e

III – a perda dos bens não reclamados no prazo de 90 (noventa) dias após o trânsito em julgado da sentença condenatória, ressalvado o direito de lesado ou terceiro de boa-fé.

§ 11. Os bens a que se referem os incisos II e III do § 10 deste artigo serão adjudicados ou levados a leilão, depositando-se o saldo na conta única do respectivo ente.

§ 12. O juiz determinará ao registro público competente que emita documento de habilitação à circulação e utilização dos bens colocados sob o uso e custódia das entidades a que se refere o caput deste artigo.

§ 13. Os recursos decorrentes da alienação antecipada de bens, direitos e valores oriundos do crime de tráfico ilícito de drogas e que tenham sido objeto de dissimulação e ocultação nos termos desta Lei permanecem submetidos à disciplina definida em lei específica.

- **Suspensão de ordens judiciais:** o artigo 4º-B da Lei 9.613/98 trata de possibilidade de suspensão de ordens de prisão ou medidas assecuratórias já deferidas (tal suspensão depende de prévia ordem judicial).

A doutrina afirmava que o dispositivo era expressão da técnica de ação controlada na Lei 9.613/98. Com o Pacote Anticrime, entretanto, a ação controlada foi expressamente inserida no mandamento legal, como visto:

Art. 4º-B. A ordem de prisão de pessoas ou as medidas assecuratórias de bens, direitos ou valores poderão ser suspensas pelo juiz, ouvido o Ministério Público, quando a sua execução imediata puder comprometer as investigações.

- **Efeitos da condenação:** o artigo 7º da Lei 9.613/98 traz efeitos da condenação pela prática do crime de lavagem de dinheiro (é importante salientar que o efeito indicado no inciso II não é automático e depende de fundamentação expressa em sentença):

Art. 7º São efeitos da condenação, além dos previstos no Código Penal:

I – a perda, em favor da União – e dos Estados, nos casos de competência da Justiça Estadual –, de todos os bens, direitos e valores relacionados, direta ou indiretamente, à prática dos crimes previstos nesta Lei, inclusive aqueles utilizados para prestar a fiança, ressalvado o direito do lesado ou de terceiro de boa-fé;

II – a interdição do exercício de cargo ou função pública de qualquer natureza e de diretor, de membro de conselho de administração ou de gerência das pessoas jurídicas referidas no art. 9°, pelo dobro do tempo da pena privativa de liberdade aplicada.

§ 1º A União e os Estados, no âmbito de suas competências, regulamentarão a forma de destinação dos bens, direitos e valores cuja perda houver sido declarada, assegurada, quanto aos processos de competência da Justiça Federal, a sua utilização pelos órgãos federais encarregados da prevenção, do combate, da ação penal e do julgamento dos crimes previstos nesta Lei, e, quanto aos processos de competência da Justiça Estadual, a preferência dos órgãos locais com idêntica função.[3]

§ 2º Os instrumentos do crime sem valor econômico cuja perda em favor da União ou do Estado for decretada serão inutilizados ou doados a museu criminal ou a entidade pública, se houver interesse na sua conservação.

- **Pessoas sujeitas a controle:** o artigo 9º da Lei 9.613/98 traz as pessoas sujeitas ao controle da legislação de lavagem de capitais.

- **COAF:** o artigo 14 da Lei 9.613/98 trata do COAF – Conselho de Controle de Atividades Financeiras (criado com a finalidade de disciplinar, aplicar penas administrativas, receber, examinar e identificar as ocorrências suspeitas de atividades ilícitas previstas na Lei de Lavagem de Capitais).

Nos termos da Lei 13.974/20, o COAF dispõe de autonomia técnica e operacional, atua em todo território nacional e se vincula administrativamente ao Banco Central do Brasil:

> Art. 2° O Coaf dispõe de autonomia técnica e operacional, atua em todo o território nacional e vincula-se administrativamente ao Banco Central do Brasil.

3. Vide Decreto 11.008/22, que regulamenta o § 1º do art. 7º da Lei 9.613/98.

A atribuição para indicação do presidente do COAF é do presidente do Banco Central do Brasil (na forma do § 5º do artigo 4º da Lei 13.974/20).

▪ **Compartilhamento de relatórios do COAF:** o Supremo Tribunal Federal, no bojo do RE 1.055.941, relatado pelo Ministro Dias Toffoli, validou o compartilhamento de dados financeiros obtidos pelo COAF e pela Receita Federal com o Ministério Público e a autoridade policial sem prévia ordem judicial.

Eis as teses fixadas pelo Pretório Excelso:

> 1 – É constitucional o compartilhamento dos relatórios de inteligência financeira da UIF e da íntegra do procedimento fiscalizatório da Receita Federal do Brasil, que define o lançamento do tributo, com os órgãos de persecução penal, para fins criminais, sem a obrigatoriedade de prévia autorização judicial, devendo ser resguardado o sigilo das informações em procedimentos formalmente instaurados e sujeitos a posterior controle jurisdicional.
>
> 2 – O compartilhamento pela UIF e pela Receita Federal do Brasil, referente ao item anterior, deve ser feito unicamente por meio de comunicações formais, com garantia de sigilo, certificação do destinatário e estabelecimento de instrumentos efetivos de apuração e correção de eventuais desvios.

▪ **Poder requisitório da autoridade policial e do Ministério Público:** o artigo 17-B da Lei 9.613/98 traz em seu bojo expressão do poder requisitório do delegado de polícia ou do Ministério Público, em relação a dados cadastrais de investigados, independente de ordem judicial prévia.

Trata-se de dispositivo muito semelhante (que encerra o mesmo poder requisitório) ao artigo 15 da Lei 12.850/13 e ao artigo 13-A do Código de Processo Penal.

Penso que o artigo 17-B da Lei 9.613/98 pode ser utilizado para obtenção de dados cadastrais qualquer que seja o crime investigado (ou seja, mesmo que o inquérito policial não gravite em torno do crime de lavagem de dinheiro – isso porque a lei não fez limitação ao uso da ferramenta):

> **Art. 17-B. A autoridade policial e o Ministério Público terão acesso, exclusivamente, aos dados cadastrais do investigado que informam qualificação pessoal, filiação e endereço, independentemente de autorização judicial, mantidos pela Justiça Eleitoral,**

pelas empresas telefônicas, pelas instituições financeiras, pelos provedores de internet e pelas administradoras de cartão de crédito.

- **Inconstitucionalidade do artigo 17-D da Lei 9.613/98:** o artigo 17-D da Lei 9.613/98 trazia em seu bojo o afastamento de servidor público sem prejuízo da sua remuneração, em face de indiciamento nos autos do inquérito policial (ao fim e ao cabo, tratava-se de afastamento determinado pelo delegado de polícia, como possível decorrência da formalização do indiciamento):

Art. 17-D. Em caso de indiciamento de servidor público, este será afastado, sem prejuízo de remuneração e demais direitos previstos em lei, até que o juiz competente autorize, em decisão fundamentada, o seu retorno.

O dispositivo, entrementes, foi reputado inconstitucional pelo Supremo Tribunal Federal, nos autos da ADI 4911:

> AÇÃO DIRETA DE INCONSTITUCIONALIDADE. DIREITO PROCESSUAL PENAL. LEI 9.613/1998. ART. 17-D. AFASTAMENTO AUTOMÁTICO DE SERVIDOR PÚBLICO INDICIADO EM INQUÉRITO QUE APURA CRIMES DE LAVAGEM OU OCULTAÇÃO DE BENS, DIREITOS E VALORES. VIOLAÇÃO AO PRINCÍPIO DA PROPORCIONALIDADE. AUSÊNCIA DE NECESSIDADE DA MEDIDA CAUTELAR. PRESUNÇÃO DE INOCÊNCIA. MEDIDAS COERCITIVAS OU CONSTRITIVAS DE DIREITOS A EXIGIR DECISÃO FUNDAMENTADA NO CASO CONCRETO. PRINCÍPIO DA IGUALDADE. TRATAMENTO DESIGUAL A INVESTIGADOS EM SITUAÇÕES SIMILARES POR FORÇA DE IMPUTAÇÃO FACULTATIVA À AUTORIDADE POLICIAL. AÇÃO DIRETA PROCEDENTE PARA DECLARAR A INCONSTITUCIONALIDADE DO DISPOSITIVO. 1. Inconstitucionalidade do afastamento automático do servidor público investigado por crimes de lavagem ou ocultação de bens, direitos e valores em decorrência de atividade discricionária da autoridade policial, nos termos do art. 17-D da Lei 9.613/1998, consistente em indiciamento e independentemente de início da ação penal e análise dos requisitos necessários para a efetivação dessa grave medida restritiva de direitos. 2. A determinação do afastamento automático do servidor investigado, por consequência única e direta do indiciamento pela autoridade policial, não se coaduna com o texto constitucional, uma vez que o afastamento do servidor, em caso de necessidade

para a investigação ou instrução processual, somente se justifica quando demonstrado nos autos o risco da continuidade do desempenho de suas funções e a medida ser eficaz e proporcional à tutela da investigação e da própria administração pública, circunstâncias a serem apreciadas pelo Poder Judiciário. 3. Reputa-se violado o princípio da proporcionalidade quando não se observar a necessidade concreta da norma para tutelar o bem jurídico a que se destina, já que o afastamento do servidor pode ocorrer a partir de representação da autoridade policial ou do Ministério Público, na forma de medida cautelar diversa da prisão, conforme os arts. 282, § 2°, e 319, VI, ambos do CPP. 4. A presunção de inocência exige que a imposição de medidas coercitivas ou constritivas aos direitos dos acusados, no decorrer de inquérito ou processo penal, seja amparada em requisitos concretos que sustentam a fundamentação da decisão judicial impositiva, não se admitindo efeitos cautelares automáticos ou desprovidos de fundamentação idônea. 5. Sendo o indiciamento ato dispensável para o ajuizamento de ação penal, a norma que determina o afastamento automático de servidores públicos, por força da opinio delicti da autoridade policial, quebra a isonomia entre acusados indiciados e não indiciados, ainda que denunciados nas mesmas circunstâncias. Ressalte-se, ainda, a possibilidade de promoção de arquivamento do inquérito policial mesmo nas hipóteses de indiciamento do investigado. 6. Ação Direta julgada procedente.

▪ **Tabela para fixação:** confira tabela para fixação de alguns temas importantes em relação à Lei 9.613/98:

Lei 9.613/98	
Qual a geração da lei brasileira de lavagem de dinheiro?	A Lei 9.613/98, atualmente, é lei de terceira geração (é possível imputar crime de lavagem de dinheiro qualquer que seja a infração penal antecedente).
O que é crime parasitário?	O crime de lavagem de dinheiro é parasitário porque depende da prática de uma infração penal antecedente (crime ou contravenção penal). Apesar de parasitário, trata-se de crime autônomo (é possível punir a lavagem, mesmo que a punibilidade da infração antecedente tenha se extinguido).
A autolavagem é punida no Brasil	Sim. Se o próprio autor da infração antecedente perpetrar lavagem de dinheiro, é possível puni-lo.

O artigo 366 do CPP (que determina suspensão do processo e do prazo prescricional em relação ao réu citado por edital que não comparece nem constitui advogado) é aplicável ao processo por crime de lavagem de dinheiro?	Não, na forma do § 2° do artigo 2° da Lei 9.613/98: Art. 2° (...) § 2º No processo por crime previsto nesta Lei, não se aplica o disposto no art. 366 do Decreto-Lei n° 3.689, de 3 de outubro de 1941 (Código de Processo Penal), devendo o acusado que não comparecer nem constituir advogado ser citado por edital, prosseguindo o feito até o julgamento, com a nomeação de defensor dativo.

Jurisprudência em teses do Superior Tribunal de Justiça: eis edições da jurisprudência em teses do STJ importantes sobre o tema lavagem de dinheiro:

EDIÇÃO 166 DA JURISPRUDÊNCIA EM TESES – DO CRIME DE LAVAGEM I

1) É desnecessário que o autor do crime de lavagem de dinheiro tenha sido autor ou partícipe da infração penal antecedente, basta que tenha ciência da origem ilícita dos bens, direitos e valores e concorra para sua ocultação ou dissimulação.

2) Nos crimes de lavagem de dinheiro, a denúncia é apta quando apresentar justa causa duplicada, indicando lastro probatório mínimo em relação ao crime de lavagem de dinheiro e à infração penal antecedente.

3) A aptidão da denúncia relativa ao crime de lavagem de dinheiro não exige uma descrição exaustiva e pormenorizada do suposto crime prévio, bastando, com relação às condutas praticadas antes da Lei n. 12.683/2012, a presença de indícios suficientes de que o objeto material da lavagem seja proveniente, direta ou indiretamente, de um daqueles crimes mencionados nos incisos do art. 1° da Lei n. 9.613/1998.

4) O crime de lavagem de dinheiro, antes das alterações promovidas pela Lei n. 12.683/2012, estava adstrito aos crimes descritos no rol taxativo do art. 1° da Lei n. 9.613/1998.

5) O tipo penal do art. 1° da Lei n. 9.613/1998 é de ação múltipla ou plurinuclear, consumando-se com a prática de qualquer dos verbos mencionados na descrição típica e relacionando-se com qualquer das fases do branqueamento de capitais (ocultação, dissimulação, reintrodução), não exigindo a demonstração da ocorrência de todos os três passos do processo de branqueamento.

6) O crime de lavagem ou ocultação de bens, direitos e valores, tipificado no art. 1º da Lei n. 9.613/1998, constitui crime autônomo em relação às infrações penais antecedentes.

7) Embora a tipificação da lavagem de dinheiro dependa da existência de uma infração penal antecedente, é possível a autolavagem – isto é, a imputação simultânea, ao mesmo réu, da infração antecedente e do crime de lavagem –, desde que sejam demonstrados atos diversos e autônomos daquele que compõe a realização da primeira infração penal, circunstância na qual não ocorrerá o fenômeno da consunção.

8) O crime de lavagem de bens, direitos ou valores, quando praticado na modalidade típica de ocultar, é permanente, protraindo-se sua execução até que os objetos materiais do branqueamento se tornem conhecidos.

9) A aquisição de bens em nome de pessoa interposta caracteriza-se como conduta, em tese, de ocultação ou dissimulação, prevista no tipo penal do art. 1º da Lei n. 9.613/1998, sendo suficiente, portanto, para o oferecimento da denúncia.

10) A realização, por período prolongado, de sucessivos contratos de empréstimo pessoal para justificar ingressos patrimoniais como se renda fossem – sem que se esclareça a forma e a fonte de pagamento das parcelas, acrescidas de juros, e sem que isso represente, em nenhum momento, uma correspondente redução do padrão de vida do devedor – é apta a configurar, em tese, ato de dissimulação da origem ilícita de valores, elemento constituinte do delito de lavagem de dinheiro, que extrapole o mero recebimento de vantagens indevidas.

EDIÇÃO 167 DA JURISPRUDÊNCIA EM TESES – DO CRIME DE LAVAGEM II

1) No crime de lavagem de dinheiro que envolve grande quantidade de agentes residentes em diversas unidades da federação, a regra de competência do local onde se realizaram as operações irregulares será afastada para, em homenagem aos princípios da razoável duração do processo e da celeridade de sua tramitação, dar lugar ao foro do domicílio do investigado.

2) A autoridade judiciária brasileira é competente para julgar os crimes de lavagem ou ocultação de dinheiro cometidos, mesmo que parcialmente, no território nacional, bem como na hipótese em que os crimes antecedentes tenham sido praticados em prejuízo da administração pública, ainda que os atos tenham ocorrido exclusivamente no exterior.

3) Compete ao juízo processante do crime de lavagem de dinheiro apreciar e decidir a respeito da união dos processos (art. 2º, II, da Lei n. 9.613/1998), examinando caso a caso, com objetivo de otimizar a entrega da prestação jurisdicional.

4) O reconhecimento da extinção da punibilidade pela prescrição da infração penal antecedente não implica atipicidade do delito de lavagem (art. 1º da Lei n. 9.613/1998).

5) O delito de evasão de divisas é autônomo e antecedente ao crime de lavagem de capitais, não constituindo este mero exaurimento impunível daquele, nem havendo consunção entre eles.

6) A prática de organização criminosa (art. 1°, VII, da Lei n. 9.613/1998) como crime antecedente da lavagem de dinheiro é atípica antes do advento da Lei n. 12.850/2013, por ausência de descrição normativa.

7) Por ser atípico, não se pode invocar a substituição do crime de organização criminosa por associação criminosa (art. 288 do Código Penal – CP), pois este não estava incluído no rol taxativo da redação original da Lei n. 9.613/1998.

8) Nos crimes de lavagem ou ocultação de bens, direitos e valores, é legítima a exasperação da pena-base pela valoração negativa das consequências do crime em decorrência da movimentação de expressiva quantia de recursos, que extrapole o elemento natural do tipo.

9) A incidência simultânea do reconhecimento da continuidade delitiva (art. 70 do CP) e da majorante prevista no § 4° do art. 1° da Lei n. 9.613/1998, nos crimes de lavagem de dinheiro, acarreta *bis in idem*.

10) Os familiares e parentes próximos de pessoas que ocupem cargos ou funções públicas relevantes – consideradas pessoas politicamente expostas (PPE), nos termos do art. 2°, da Resolução n. 29, de 19/12/2017, do COAF – sujeitam-se ao controle estabelecido nos arts. 10 e 11 da Lei n. 9.613/1998 a fim de ser apurada a possível prática de lavagem de dinheiro.

11) O art. 1°, § 5°, da Lei n. 9.613/1998 trata da delação premiada, ato unilateral, praticado pelo agente que, espontaneamente, opta por prestar auxílio tanto à atividade de investigação, quanto à instrução procedimental, independente de prévio acordo entre as partes interessadas, cujos benefícios não podem ultrapassar a fronteira objetiva e subjetiva da demanda, dada sua natureza endoprocessual.

12) A atuação de promotores auxiliares ou de grupos especializados, como o Grupo de Atuação Especial de Combate ao Crime Organizado (GAECO), na investigação de infrações penais, a exemplo do crime de lavagem de dinheiro, não ofende o princípio do promotor natural, não havendo que se falar em designação casuística.

13) Nos crimes de lavagem ou ocultação de bens, direitos e valores, a autoridade policial e o Ministério Público têm acesso, independentemente de autorização judicial, aos dados meramente cadastrais de investigados que não são protegidos pelo sigilo constitucional (art. 17-B da Lei n. 9.613/1998).

14) É possível o deferimento de medida assecuratória em desfavor de pessoa jurídica que se beneficia de produtos decorrentes do crime de lavagem, ainda que não integre o polo passivo de investigação ou ação penal.

15) Não há óbice à aplicação imediata das medidas assecuratórias previstas no art. 4° da Lei n. 9.613/1998 e implementadas pela Lei n. 12.683/2012, por se tratarem de institutos de direito processual a luz do princípio *tempus regit actum*.

Questões de concurso público: veja como a lei estudada já foi cobrada em concursos públicos.

1. (Delegado de Polícia Federal/2021) Em relação ao disposto na Lei n.º 9.613/1998, que se refere à lavagem de dinheiro, julgue o item a seguir.

( ) O crime de lavagem de dinheiro está, consoante a lei, equiparado ao crime hediondo.

2. (Delegado de Polícia Federal/2021) Em relação ao disposto na Lei n.º 9.613/1998, que se refere à lavagem de dinheiro, julgue o item a seguir.

( ) Ouvido o Ministério Público, ordens de prisão ou medidas assecuratórias de bens poderão ser suspensas pelo juiz quando a execução imediata dessas ações puder comprometer as investigações.

3. (Delegado de Polícia Federal/2021) Em relação ao disposto na Lei n.º 9.613/1998, que se refere à lavagem de dinheiro, julgue o item a seguir.

( ) No que se refere ao investigado, a autoridade policial terá acesso a dados cadastrais relativos à qualificação pessoal, à filiação e ao endereço mantidos nos bancos de dados da justiça eleitoral, de empresas telefônicas, de instituições financeiras, de provedores de Internet e de administradoras de cartão de crédito, independentemente de autorização judicial.

4. (Delegado de Polícia Federal/2021) Em relação ao disposto na Lei n.º 9.613/1998, que se refere à lavagem de dinheiro, julgue o item a seguir.

( ) É requisito específico da denúncia a existência de indícios suficientes da ocorrência do crime antecedente cuja punibilidade não esteja extinta.

5. (Delegado de Polícia Federal/2021) Em relação ao disposto na Lei n.º 9.613/1998, que se refere à lavagem de dinheiro, julgue o item a seguir.

( ) Ficarão suspensos o processo e o curso do prazo prescricional do acusado citado por edital que não comparecer nem constituir advogado.

6. (Delegado de Polícia Civil/ES/2019) Hans Staden é um famoso colecionador e vendedor de artigos raros de antiguidade, em especial obras de arte da região Bávara da Alemanha. Para comemorar suas recentes aquisições, fez uma exposição na cidade de seus avós, uns dos primeiros colonos alemães no Brasil, Sontag Martins, na serra capixaba. Lá pode vender algumas dessas obras, todavia, em especial pelo clima de festividades, não deu seguimento ao seu procedimento de venda com o devido cadastramento dos compradores e demais detalhes próprios das obrigações e responsabilidades dispostas no art. 10 da Lei 9.613/98.

Ao passar dos dias, ainda com sua consciência pesada por não cumprir o procedimento padrão, pensa em viajar pela Europa e evitar o desdobramento de qualquer Ação Penal que se inicie, pois crê que "se não for achado, qualquer processo ficará suspenso aguardando minha volta".

Nessa situação hipotética, sobre a disciplina imposta pela Lei 9.613/98 e as garantias processuais, está correto afirmar que caso Hans Staden não comparecesse ou não constituísse advogado:

A) Seria citado por edital e o feito seria continuado até o julgamento, sendo um defensor dativo nomeado para a defesa técnica.

B) Tal motivo, de acordo com a Lei 9.613/98, seria o suficiente para a sua condução coercitiva.

C) Seria citado por edital e o feito seria suspenso assim como o curso do prazo prescricional.

D) Tal motivo, de acordo com a Lei 9.613/98, seria o suficiente para a decretação de sua prisão preventiva.

E) Tal motivo, de acordo com a Lei 9.613/98, seria o suficiente para a decretação de sua prisão temporária.

---

7. (Delegado de Polícia Federal/2018) Com referência à interceptação de comunicação telefônica, ao crime de tráfico ilícito de entorpecentes, ao crime de lavagem de capitais e a crimes cibernéticos, julgue o seguinte item.

Situação hipotética: Álvaro, servidor público federal, foi, por cinco anos, presidente da comissão de licitações de determinado órgão público federal. Em diversas ocasiões, Álvaro recebeu valores e bens para favorecer empresas nos certames licitatórios, e os transferiu para o patrimônio de Flávio, seu irmão, que os utilizava nos negócios da empresa da família, com vistas a ocultar o ingresso desses recursos e a sua origem ilícita.

( ) Assertiva: Nessa situação, Álvaro e Flávio responderão pelo crime de lavagem de capitais, e será da justiça federal a competência para processar e julgar a ação penal.

---

8. (Delegado de Polícia Civil/MG/2018) Em relação aos aspectos processuais da lei de lavagem de dinheiro (Lei 9.613/98), pode-se afirmar:

A) A alienação de bens objeto de medidas assecuratórias depende da existência de trânsito em julgado de sentença condenatória.

B) A competência para o julgamento do delito de lavagem de dinheiro será da justiça federal.

C) A denúncia deverá ser instruída com indícios suficientes da existência de infração penal antecedente.

D) A persecução penal em juízo depende da comprovação, mediante sentença condenatória, de infrações penais antecedentes.

Gabarito comentado:

Questão	Reposta	Comentário
1	ERRADA	Os crimes equiparados a hediondos são o tráfico de drogas, a tortura e o terrorismo, na forma do inciso do artigo 5° da CF/88: **"Art. 5° (...) XLIII – a lei considerará crimes inafiançáveis e insuscetíveis de graça ou anistia a prática da tortura, o tráfico ilícito de entorpecentes e drogas afins, o terrorismo e os definidos como crimes hediondos, por eles respondendo os mandantes, os executores e os que, podendo evitá-los, se omitirem".**
2	CERTA	Vide artigo 4°-B da Lei 9.613/98.
3	CERTA	Vide artigo 17-B da Lei 9.613/98.
4	ERRADA	Efetivamente se exige a chamada justa causa duplicada na denúncia do crime de lavagem (consiste na indicação de indícios de autoria e da prova da existência do crime antecedente, já que o delito de lavagem é parasitário). Contudo, é possível punir o crime de lavagem mesmo que já tenha havido extinção da punibilidade do delito antecedente. Vide § 1° do artigo 2° da Lei 9.613/98.
5	ERRADA	Vide § 2° do artigo 2° da Lei 9.613/98.
6	Letra A	Vide § 2° do artigo 2° da Lei 9.613/98.
7	CERTA	Vide inciso III do artigo 2° da Lei 9.613/98.
8	Letra C	Vide § 1° do artigo 2° da Lei 9.613/98.

Quesitos criados pelo autor da obra: confira algumas questões por mim criadas para orientar seus estudos.

1. O que é justa causa duplicada? E justa causa triplicada? O que é autolavagem? Ela é punida no Brasil? O que é smurfing?

RESPOSTA: O crime de lavagem de dinheiro é considerado parasitário, porque depende da existência de infração penal anterior. A denúncia do crime de lavagem precisa indicar justa causa deste e da infração antecedente (e isso se chama justa causa duplicada):

> Art. 2° (...)
> § 1º A denúncia será instruída com indícios suficientes da existência da infração penal antecedente, sendo puníveis os fatos previstos nesta Lei, ainda que desconhecido ou isento de pena o autor, ou extinta a punibilidade da infração penal antecedente.

Justa causa triplicada ocorre quando a infração penal antecedente da lavagem é um crime parasitário (será preciso demonstrar justa causa da existência de 3 crimes). **Autolavagem** é a prática, pelo mesmo agente, da infração penal antecedente e do crime posterior de lavagem de dinheiro (pune-se o autor do fato em concurso material de crimes). Smurfing (ou pitufeo) significa o fracionamento do dinheiro ilícito em várias operações menores com o fito de dificultar a detecção da prática delitógena (seria possível a aplicação do artigo 71 do Código Penal – crime continuado).

13

Lei 10.446/02 – Atribuição Investigativa da Polícia Federal

▪ **Regulamentação de dispositivo constitucional:** a Lei 10.446/02 regulamentou o inciso I do § 1º do artigo 144 da Constituição Federal (grifos meus):

> Art. 144. A segurança pública, dever do Estado, direito e responsabilidade de todos, é exercida para a preservação da ordem pública e da incolumidade das pessoas e do patrimônio, através dos seguintes órgãos:
>
> (...)
>
> § 1º A polícia federal, instituída por lei como órgão permanente, organizado e mantido pela União e estruturado em carreira, destina-se a:
>
> I – apurar infrações penais contra a ordem política e social ou em detrimento de bens, serviços e interesses da União ou de suas entidades autárquicas e empresas públicas, assim como **outras infrações cuja prática tenha repercussão interestadual ou internacional e exija repressão uniforme, segundo se dispuser em lei;**

▪ **Atribuição investigativa da Polícia Federal:** os crimes listados no artigo 1º da Lei 10.446/02 são, em regra, de atribuição investigativa da Polícia Civil e de competência da Justiça Estadual.

O mandamento legal amplia a atribuição investigativa da Polícia Federal. A lei possibilita que caso criminal da competência da Justiça Estadual seja investigado pela Polícia Federal.

É preciso muita parcimônia na ampliação da lista pelo legislador, para que a atuação da Polícia Federal não seja inviabilizada pelo excesso de atribuições (sem o consequente aumento de estrutura e de pessoal).

- **Prazo da conclusão do inquérito policial:** se o crime é de competência da Justiça Estadual, ainda que seja investigado pela Polícia Federal, o prazo para conclusão do inquérito policial em caso de indiciado preso em flagrante ou em face de prisão preventiva é de 10 dias (improrrogável), na forma do artigo 10 do Código de Processo Penal (se pensarmos numa realidade anterior ao Pacote Anticrime).

Se imaginarmos uma realidade posterior à Lei 13.869/19, o prazo de conclusão do inquérito policial que tramita perante a Justiça Estadual será de 15 dias, prorrogáveis até 15 dias (caso o indiciado esteja preso em flagrante ou em face de prisão preventiva, na forma do § 2º do artigo 3º-B do Código de Processo Penal[1]):

> Art. 3º-B (...)
>
> § 2º Se o investigado estiver preso, o juiz das garantias poderá, mediante representação da autoridade policial e ouvido o Ministério Público, prorrogar, uma única vez, a duração do inquérito por até 15 (quinze) dias, após o que, se ainda assim a investigação não for concluída, a prisão será imediatamente relaxada.

Art. 1º Na forma do inciso I do § 1º do art. 144 da Constituição, quando houver repercussão interestadual ou internacional que exija repressão uniforme, poderá o Departamento de Polícia Federal do Ministério da Justiça, sem prejuízo da responsabilidade dos órgãos de segurança pública arrolados no art. 144 da Constituição Federal, em especial das Polícias Militares e Civis dos Estados, proceder à investigação, dentre outras, das seguintes infrações penais:

1. O dispositivo está suspenso em face de decisão do Ministro Luiz Fux, nos autos de ADI propostas contra o Pacote Anticrime.

▪ **Rol exemplificativo:** a lista de crimes prevista no artigo 1º da Lei 10.446/02 não é taxativa, vez que é possível atuação da Polícia Federal na investigação de outros delitos caso exista autorização ou determinação do Ministro de Estado da Justiça e Segurança Pública.

▪ **Repercussão interestadual ou internacional:** a atuação da Polícia Federal reclama que a infração penal tenha repercussão interestadual ou internacional[2] que exija repressão uniforme. Não há exclusão da atribuição de outros órgãos de segurança pública (Polícia Civil, por exemplo) – a lei outorgou à Polícia Federal atribuição investigativa concorrente, destarte.

> **Art. 1º (...)**
>
> **I – sequestro, cárcere privado e extorsão mediante sequestro (arts. 148 e 159 do Código Penal), se o agente foi impelido por motivação política ou quando praticado em razão da função pública exercida pela vítima;**

▪ **Sequestro, cárcere privado e extorsão mediante sequestro:** no inciso I do artigo 1º da Lei 10.446/02, só haverá competência da Justiça Federal se a vítima for servidor público federal e o crime guardar relação com o cargo/função por ela exercido (Súmula 147 do Superior Tribunal de Justiça[3]). Caso contrário, trata-se de crime da competência da Justiça Estadual. Exemplifico:

> **SITUAÇÃO HIPOTÉTICA:** PEDRO, Secretário de Administração Penitenciária de Pernambuco, teve sua liberdade privada e, além do pedido de numerário em espécie, os criminosos envolvidos no delito exigiram que o Estado de Pernambuco se abstenha de transferir líderes de facções criminosas locais para penitenciárias de outras unidades federativas.
>
> **SOLUÇÃO:** será possível atuação da Polícia Federal na investigação do caso criminal desenhado e a competência para processar e julgar o crime de extorsão mediante sequestro será da Justiça Estadual.

2. Repercussão internacional do delito não tem o mesmo significado de internacionalidade da prática delitiva. Significa apenas que o crime está tendo repercussão (midiática, por exemplo, no exterior).
3. Súmula 147/STJ – Compete à Justiça Federal processar e julgar os crimes praticados contra funcionário público federal, quando relacionados com o exercício da função.

Art. 1° (...)
II – formação de cartel;

- **Formação de cartel:** no inciso II do artigo 1º da Lei 10.446/02, a competência também é, em regra, da Justiça Estadual. Nesse sentido, julgado do Superior Tribunal de Justiça (transcrevo apenas parte do *decisum*):

> A jurisprudência desta Corte Superior possui entendimento no sentido de que os crimes contra a ordem econômica, previstos na Lei n.° 8.137/90, são, em regra, de competência da Justiça Estadual, salvo se comprovada a efetiva lesão a bens, interesses ou serviços da União, a teor do artigo 109, inciso IV, da Constituição Federal, não demonstrada na espécie, à luz do que se destacou na denúncia (AgRg no HC 269.029/DF, Rel. Ministro Marco Aurélio Bellizze, Quinta Turma, julgado em 26/11/2013, DJe 04/12/2013).

Art. 1° (...)
III – relativas à violação a direitos humanos, que a República Federativa do Brasil se comprometeu a reprimir em decorrência de tratados internacionais de que seja parte;

- **Violação de direitos humanos:** a competência também é, em regra, da Justiça Estadual (prática de crime de tortura, por exemplo).

O caso pode, contudo, demandar IDC – Incidente de Deslocamento de Competência, mediante provocação do Procurador-Geral da República ao Superior Tribunal de Justiça, na forma do § 5º do artigo 109 da Constituição Federal (o que significaria efetiva federalização de toda persecução penal):

> Art. 109. Aos juízes federais compete processar e julgar:
>
> (...)
>
> § 5° Nas hipóteses de grave violação de direitos humanos, o Procurador-Geral da República, com a finalidade de assegurar o cumprimento de obrigações decorrentes de tratados internacionais de direitos humanos dos quais o Brasil seja parte, poderá suscitar, perante o Superior Tribunal de Justiça, em qualquer fase do inquérito ou processo, incidente de deslocamento de competência para a Justiça Federal.

A federalização do caso criminal é medida excepcional, que só deve ser materializada caso se demonstre a total incapacidade (ou ineficácia) das instâncias e autoridades locais para fazer frente ao delito (que não deve ser confundida ineficiência, que não autoriza o deslocamento do caso para o âmbito federal – grifos meus):

> (...) A Terceira Seção deste Superior Tribunal de Justiça, ao apreciar o mérito de casos distintos – IDCs n. 1/PA; 2/DF; 5/PE –, fixou como principal característica do incidente constitucional a excepcionalidade. À sua procedência não só é exigível a existência de grave violação a direitos humanos, mas também a necessidade de assegurar o cumprimento de obrigações internacionais avençadas, em decorrência de omissão ou incapacidade das autoridades responsáveis pela apuração dos ilícitos. A expressão grave violação a direitos humanos coaduna-se com o cenário da prática dos crimes de tortura e homicídio, ainda mais quando levados a efeito por agentes estatais da segurança pública (...) **Para o acolhimento do Incidente de Deslocamento de Competência é obrigatória a demonstração inequívoca da total incapacidade das instâncias e autoridades locais em oferecer respostas às ocorrências de grave violação aos direitos humanos.** No momento do exame dessa condição devem incidir os princípios da proporcionalidade e razoabilidade, estes que, embora não estejam expressamente positivados, já foram sacramentados na jurisprudência pátria. **Não se pode confundir incapacidade ou ineficácia das instâncias e autoridades locais com ineficiência. Enquanto a incapacidade ou ineficácia derivam de completa ignorância no exercício das atividades estatais tendentes à responsabilização dos autores dos delitos apontados, a ineficiência constitui a ausência de obtenção de resultados úteis e capazes de gerar consequências jurídicas, não obstante o conjunto de providências adotadas. Ainda que seja evidente que a ineficiência dos órgãos encarregados de investigação, persecução e julgamento de crimes contra os direitos humanos, é situação grave e deve desencadear no seio dos Conselhos Nacionais e dos órgãos correicionais a tomada de providências aptas à sua resolução, não é ela, substancialmente, o propulsor da necessidade de deslocamento da competência. Ao contrário, é a ineficácia do Estado, revelada pela total ausência de capacidade de mover-se e, assim, de cumprir papel estruturante de sua própria existência organizacional, o fator desencadeante da federalização** (IDC 3/GO, Rel. Ministro Jorge Mussi, Terceira Seção, julgado em 10/12/2014, DJe 02/02/2015).

Art. 1° (...)
IV – furto, roubo ou receptação de cargas, inclusive bens e valores, transportadas em operação interestadual ou internacional, quando houver indícios da atuação de quadrilha ou bando em mais de um Estado da Federação.

- **Furto, roubo ou receptação de cargas, bens e valores:** a Polícia Federal pode atuar na investigação do caso criminal, caso ele se enquadre nos artigos 155 (furto), 157 (roubo) e 180 (receptação).

É preciso, ainda, que os objetos materiais dos delitos sejam cargas ou bens/valores, transportadas em operação interestadual ou internacional e que exista indício de atuação de associação criminosa (nomenclatura determinada pela Lei 12.850/13) em mais de um Estado da Federação:

Inciso IV do artigo 1° da Lei 10.446/02

Crimes	Objetos materiais	Operação de transporte	Presença de indícios
Furto, roubo e receptação	Cargas, bens ou valores	Interestadual ou internacional	De atuação de associação criminosa em mais de um Estado da Federação.

Exemplifico:

SITUAÇÃO HIPOTÉTICA: associação criminosa com atuação nos Estados de São Paulo e Rio de Janeiro roubou carro forte de empresa privada que transportava numerário de instituição bancária privada. A rapina ocorreu na cidade de São Paulo.

SOLUÇÃO: o caso criminal pode ser investigado pela Polícia Federal (inciso IV do artigo 1° da Lei 10.446/02) e é da competência da Justiça Estadual da Comarca de São Paulo.

Art. 1° (...)
V – falsificação, corrupção, adulteração ou alteração de produto destinado a fins terapêuticos ou medicinais e venda, inclusive pela internet, depósito ou distribuição do produto falsificado, corrompido, adulterado ou alterado.

- **Artigo 273 do Código Penal:** o inciso se refere ao crime do artigo 273 do Código Penal[4]:

> Art. 273 – Falsificar, corromper, adulterar ou alterar produto destinado a fins terapêuticos ou medicinais:
>
> Pena – reclusão, de 10 (dez) a 15 (quinze) anos, e multa.
>
> § 1° – Nas mesmas penas incorre quem importa, vende, expõe à venda, tem em depósito para vender ou, de qualquer forma, distribui ou entrega a consumo o produto falsificado, corrompido, adulterado ou alterado.
>
> § 1°-A – Incluem-se entre os produtos a que se refere este artigo os medicamentos, as matérias-primas, os insumos farmacêuticos, os cosméticos, os saneantes e os de uso em diagnóstico.
>
> § 1°-B – Está sujeito às penas deste artigo quem pratica as ações previstas no § 1° em relação a produtos em qualquer das seguintes condições:
>
> I – sem registro, quando exigível, no órgão de vigilância sanitária competente;
>
> II – em desacordo com a fórmula constante do registro previsto no inciso anterior;
>
> III – sem as características de identidade e qualidade admitidas para a sua comercialização;
>
> IV – com redução de seu valor terapêutico ou de sua atividade;
>
> V – de procedência ignorada;
>
> VI – adquiridos de estabelecimento sem licença da autoridade sanitária competente.
>
> Modalidade culposa
>
> § 2° – Se o crime é culposo:
>
> Pena – detenção, de 1 (um) a 3 (três) anos, e multa.

4. Saliento que o Supremo Tribunal Federal, nos autos do RE 979962 (tema 1003 da repercussão geral), reconheceu a inconstitucionalidade do preceito secundário do inciso I do § 1º-B do artigo 273. Eis a tese fixada:
"É inconstitucional a aplicação do preceito secundário do art. 273 do Código Penal, com redação dada pela Lei nº 9.677/98 (reclusão, de 10 a 15 anos, e multa), à hipótese prevista no seu § 1º-B, I, que versa sobre a importação de medicamento sem registro no órgão de vigilância sanitária. Para esta situação específica, fica repristinado o preceito secundário do art. 273, na redação originária (reclusão, de 1 a 3 anos, e multa)".

> **Art. 1° (...)**
> **VI – furto, roubo ou dano contra instituições financeiras, incluindo agências bancárias ou caixas eletrônicos, quando houver indícios da atuação de associação criminosa em mais de um Estado da Federação.**

- **Furto, roubo ou dano contra instituições financeiras:** a Polícia Federal poderá, ainda, atuar na investigação dos crimes de furto (artigo 155 do Código Penal), roubo (artigo 157 do Código Penal) ou dano (artigo 163 do Código Penal) contra instituições financeiras (inclusive agências bancárias ou caixas eletrônicos), quando houver indícios da atuação de associação criminosa (artigo 288 do Código Penal) em mais de um Estado da Federal. Exemplifico:

> **SITUAÇÃO HIPOTÉTICA:** associação criminosa com atuação nos Estados de Pernambuco e Bahia perpetrou furto com uso de explosivos contra agência bancária do Banco do Brasil situada na cidade de Juazeiro/BA.
>
> **SOLUÇÃO:** o caso pode ser investigado pela Polícia Federal (inciso VI do artigo 1° da Lei 10.446/02) e é da competência da Justiça Estadual na Comarca de Juazeiro/BA.

> **Art. 1° (...)**
> **VII – quaisquer crimes praticados por meio da rede mundial de computadores que difundam conteúdo misógino, definidos como aqueles que propagam o ódio ou a aversão às mulheres.**

- **Crimes que difundam conteúdo misógino:** o dispositivo exige que o crime seja perpetrado por meio da rede mundial de computadores e que signifique difusão de conteúdo misógino (propagação de ódio ou aversão às mulheres).

Os crimes perpetrados pela internet não são, apenas por isso, da competência da Justiça Federal. Nesse sentido tese do Superior Tribunal de Justiça (edição 72 da jurisprudência em teses):

> 3) O fato de o delito ser praticado pela internet não atrai, automaticamente, a competência da Justiça Federal, sendo necessário demonstrar a internacionalidade da conduta ou de seus resultados.

Art. 1° (...)

Parágrafo único. Atendidos os pressupostos do caput, o Departamento de Polícia Federal procederá à apuração de outros casos, desde que tal providência seja autorizada ou determinada pelo Ministro de Estado da Justiça.

- **Crimes não listados nos incisos do artigo 1º da Lei 10.446/02:** se o crime estiver no rol de incisos do artigo 1º da Lei 10.446/02, a investigação pela Polícia Federal não dependerá de autorização ou determinação do Ministro de Estado da Justiça e Segurança Pública (vale dizer, a Polícia Federal pode exercer sua atribuição investigativa de ofício, sem necessidade de provocação do Ministro de Estado da Justiça e Segurança Pública).

Caso o crime não esteja nessa lista (exemplificativa), a investigação depende de autorização ou determinação prévia do Ministro da Justiça e Segurança Pública.

Questões de concurso público: veja como a lei estudada já foi cobrada em concursos públicos.

1. **(Delegado de Polícia Civil/MT/2017)** Se o titular de secretaria de determinado estado da Federação for sequestrado e o caso tiver repercussão interestadual ou internacional que exija repressão uniforme, então a investigação a ser feita pelo DPF

A) Dependerá de autorização do ministro de Estado da Justiça, se o crime tiver motivação política.

B) Dependerá de mandado do ministro de Estado da Justiça, se o crime acontecer por motivação política.

C) Independerá de autorização, se o crime for cometido em razão da função pública exercida ou por motivação política.

D) Dependerá de autorização do ministro de Estado da Justiça, se o crime ocorrer em razão da função pública exercida.

E) Dependerá de mandado do ministro de Estado da Justiça, se o crime se der em razão da função pública exercida.

Gabarito comentado:

Questão	Reposta	Comentário
1	Letra C	Vide inciso I do artigo 1° da Lei 10.446/02.

14

Lei 10.741/03 – Estatuto do Idoso

- **Proteção constitucional:** a Lei 10.741/03 atende à determinação de proteção ao idoso presente nos artigos 229 e 230, ambos da Constituição Federal:

> Art. 229. Os pais têm o dever de assistir, criar e educar os filhos menores, e os filhos maiores têm o dever de ajudar e amparar os pais na velhice, carência ou enfermidade.
>
> Art. 230. A família, a sociedade e o Estado têm o dever de amparar as pessoas idosas, assegurando sua participação na comunidade, defendendo sua dignidade e bem-estar e garantindo-lhes o direito à vida.
>
> § 1° Os programas de amparo aos idosos serão executados preferencialmente em seus lares.
>
> § 2° Aos maiores de sessenta e cinco anos é garantida a gratuidade dos transportes coletivos urbanos.

- **Conceito de idoso (critério etário):** nos termos do artigo 1º da Lei 10.741/03, idoso é a pessoa com idade igual ou superior a 60 anos (interessante notar que o artigo 2º da lei 8.842/94 – que dispõe sobre a política nacional do idoso – conceitua idoso como a pessoa maior de 60 anos de idade):

> **Art. 1º É instituído o Estatuto do Idoso, destinado a regular os direitos assegurados às pessoas com idade igual ou superior a 60 (sessenta) anos.**

- **Não derrogação do artigo 115 do Código Penal:** o Estatuto do Idoso não operou modificação no artigo 115 do Código Penal. Explico. Há precedentes do Superior Tribunal de Justiça e do Supremo Tribunal Federal no sentido de que a redução do prazo prescricional pela metade, mesmo depois da entrada em vigor da Lei 10.741/03, continua só sendo possível a quem é menor de 21 anos no tempo do crime ou maior de 70 anos na data da sentença:

> Art. 115 – São reduzidos de metade os prazos de prescrição quando o criminoso era, ao tempo do crime, menor de 21 (vinte e um) anos, ou, na data da sentença, maior de 70 (setenta) anos.

Eis decisão do Tribunal da Cidadania que sintetiza a discussão (grifo meu):

> AGRAVO REGIMENTAL NO HABEAS CORPUS SUBSTITUTIVO DE RECURSO PRÓPRIO. PRESCRIÇÃO. RÉU QUE COMPLETOU 70 ANOS APÓS A PRIMEIRA CONDENAÇÃO. REDUÇÃO DO PRAZO À METADE QUE NÃO SE APLICA À HIPÓTESE. MUDANÇA DO PRAZO PRESCRICIONAL EM RAZÃO DA ALTERAÇÃO ETÁRIA PROMOVIDA COM O ADVENTO DO ESTATUTO DO IDOSO. NOVATIO LEGIS IN MELIUS. INAPLICABILIDADE. PRESCRIÇÃO INTERCORRENTE. NÃO OCORRÊNCIA. PRISÃO DOMICILIAR. ANÁLISE PELO JUÍZO DA EXECUÇÃO. AGRAVO REGIMENTAL DESPROVIDO. I – No que tange à prescrição, a Terceira Seção desta Corte, no julgamento dos Embargos de Divergência em Recurso Especial n# 749.912/PR, pacificou o entendimento de que o benefício previsto no artigo 115 do Código Penal não se aplica ao réu que completou 70 anos de idade após a data da primeira decisão condenatória. II – Na hipótese, o acusado, nascido em 31/12/1942 possuía, na data da sentença condenatória (02/05/2003), menos de 70 anos, ou seja, 61 anos de idade, sendo inaplicável a regra da redução do prazo prescricional prevista no art. 115 do Código Penal. Não há como reduzir o prazo prescricional pela metade, já que o recorrente contava com menos de 70 (setenta) anos na data de prolação da sentença condenatória, não podendo ser reconhecida a extinção da punibilidade. **III – Este Sodalício já se manifestou no sentido da inaplicabilidade da idade prevista no Estatuto do Idoso com a finalidade de alterar o prazo exigido para o reconhecimento da prescrição previsto no art. 115 do Código Penal.** IV – O reconhecimento da prescrição intercorrente – que tem por marco inicial para o cômputo do lapso prescricional a data da publicação da sentença condenatória e por termo final o trânsito em julgado da condenação – não se consumou na hipótese. Isto porque, reitero, que entre a data publicação da r. sentença condenatória, em 19/05/2003, e a data do trânsito em julgado para a condenação, ou seja, 10/02/2015, processada no julgamento

do Resp n. 1.133.948/RJ, de Relatoria do Ministro Marco Aurélio Bellizze, não havia transcorrido o lapso temporal de 12 (doze) anos, conforme art. 109, inciso III, do Código Penal, razão pela qual não há como reconhecer, sob tal prisma, a extinção da punibilidade do delito pela prescrição da pretensão punitiva ora pleiteada. V – Acerca da possibilidade de seu cumprimento em prisão domiciliar, não houve qualquer análise pela Corte de origem, não podendo o Superior Tribunal de Justiça decidir acerca do tema, sob pena de indevida supressão de instância. Ademais, tais pedidos devem ser apresentados perante o juízo da execução. Agravo regimental desprovido (AgRg no RHC 116.082/RJ, Rel. Ministro Leopoldo de Arruda Raposo (Desembargador Convocado do TJ/PE), Quinta Turma, julgado em 10/10/2019, DJe 16/10/2019).

- **Inaplicabilidade de circunstância agravante:** Gabriel Habib[1] entende que não é possível aplicar a agravante da alínea "h" do inciso II do artigo 61 do Código Penal aos crimes tipificados no Estatuto do Idoso, porque a idade da vítima já faz parte dos elementos constitutivos dos crimes neste tipificados:

> Art. 61 – São circunstâncias que sempre agravam a pena, quando não constituem ou qualificam o crime:
> II – ter o agente cometido o crime:
> (...)
> h) **contra criança, maior de 60 (sessenta) anos**, enfermo ou mulher grávida;

- **Adoção do procedimento sumaríssimo:** antes da análise dos crimes tipificados no Estatuto do Idoso, cumpre avaliar o seu artigo 94:

> **Art. 94. Aos crimes previstos nesta Lei, cuja pena máxima privativa de liberdade não ultrapasse 4 (quatro) anos, aplica-se o procedimento previsto na Lei nº 9.099, de 26 de setembro de 1995, e, subsidiariamente, no que couber, as disposições do Código Penal e do Código de Processo Penal.**

O dispositivo trouxe dúvida inicial acerca de eventual ampliação do conceito de infração de menor potencial ofensivo (artigo 61 da Lei 9.099/95):

1. HABIB, Gabriel. **Leis Penais Especiais**, 10ª edição, 2018, editora Juspodivm, p. 364.

> Art. 61. Consideram-se infrações penais de menor potencial ofensivo, para os efeitos desta Lei, as contravenções penais e os crimes a que a lei comine pena máxima não superior a 2 (dois) anos, cumulada ou não com multa.

Contudo, a leitura acurada do citado artigo 94 da Lei 10.741/03 demonstra que **não houve alteração do conceito de infração de menor potencial ofensivo**. O que o legislador desejou foi, tão somente, que o autor de crime contra idoso punido com pena máxima não superior a 4 anos fosse punido mais rapidamente (e para isso determinou que o procedimento usado para processar tal acusado fosse o sumaríssimo).

Não se deve aplicar, destarte, nenhuma medida despenalizadora da Lei 9.099/95 ao autor de crime contra idoso previsto na Lei 10.741/03 quando a pena máxima for superior a dois anos. Nesse sentido, decisão do Pretório Excelso nos autos da ADI 3096:

> AÇÃO DIRETA DE INCONSTITUCIONALIDADE. ARTIGOS 39 E 94 DA LEI 10.741/2003 (ESTATUTO DO IDOSO). RESTRIÇÃO À GRATUIDADE DO TRANSPORTE COLETIVO. SERVIÇOS DE TRANSPORTE SELETIVOS E ESPECIAIS. APLICABILIDADE DOS PROCEDIMENTOS PREVISTOS NA LEI 9.099/1995 AOS CRIMES COMETIDOS CONTRA IDOSOS. 1. No julgamento da Ação Direta de Inconstitucionalidade 3.768/DF, o Supremo Tribunal Federal julgou constitucional o art. 39 da Lei 10.741/2003. Não conhecimento da ação direta de inconstitucionalidade nessa parte. 2. Art. 94 da Lei n. 10.741/2003: interpretação conforme à Constituição do Brasil, com redução de texto, para suprimir a expressão "do Código Penal e". Aplicação apenas do procedimento sumaríssimo previsto na Lei n. 9.099/95: benefício do idoso com a celeridade processual. Impossibilidade de aplicação de quaisquer medidas despenalizadoras e de interpretação benéfica ao autor do crime. 3. Ação direta de inconstitucionalidade julgada parcialmente procedente para dar interpretação conforme à Constituição do Brasil, com redução de texto, ao art. 94 da Lei n. 10.741/2003 (ADI 3096, Relator(a): CÁRMEN LÚCIA, Tribunal Pleno, julgado em 16/06/2010, DJe-164 DIVULG 02-09-2010 PUBLIC 03-09-2010 EMENT VOL-02413-02 PP-00358 RTJ VOL-00216-01 PP-00204).

- **Ação penal e vedação de aplicação de escusas absolutórias:** o artigo 95 da Lei 10.741/03 determina que a ação penal relativa aos crimes previstos na lei seja pública incondicionada:

Art. 95. Os crimes definidos nesta Lei são de ação penal pública incondicionada, não se lhes aplicando os arts. 181 e 182 do Código Penal.

O dispositivo transcrito veda a aplicação das escusas absolutórias dos artigos 181 e 182 do Código Penal aos crimes tipificados no Estatuto do Idoso. Anote-se que o legislador foi além, já que a Lei 10.741/03 alterou o artigo 183 do Código Penal, nele incluindo o inciso III (estendendo a inaplicabilidade dos artigos 181 e 182 do Código Penal aos crimes patrimoniais previstos neste – grifo meu):

> Art. 181 – É isento de pena quem comete qualquer dos crimes previstos neste título, em prejuízo:
>
> I – do cônjuge, na constância da sociedade conjugal;
>
> II – de ascendente ou descendente, seja o parentesco legítimo ou ilegítimo, seja civil ou natural.
>
> Art. 182 – Somente se procede mediante representação, se o crime previsto neste título é cometido em prejuízo:
>
> I – do cônjuge desquitado ou judicialmente separado;
>
> II – de irmão, legítimo ou ilegítimo;
>
> III – de tio ou sobrinho, com quem o agente coabita.
>
> Art. 183 – Não se aplica o disposto nos dois artigos anteriores:
>
> I – se o crime é de roubo ou de extorsão, ou, em geral, quando haja emprego de grave ameaça ou violência à pessoa;
>
> II – ao estranho que participa do crime.
>
> **III – se o crime é praticado contra pessoa com idade igual ou superior a 60 (sessenta) anos.**

Analisemos os tipos penais previstos no Estatuto do Idoso.

Art. 96. Discriminar pessoa idosa, impedindo ou dificultando seu acesso a operações bancárias, aos meios de transporte, ao direito de contratar ou por qualquer outro meio ou instrumento necessário ao exercício da cidadania, por motivo de idade:

Pena – reclusão de 6 (seis) meses a 1 (um) ano e multa.

§ 1º Na mesma pena incorre quem desdenhar, humilhar, menosprezar ou discriminar pessoa idosa, por qualquer motivo.

§ 2º A pena será aumentada de 1/3 (um terço) se a vítima se encontrar sob os cuidados ou responsabilidade do agente.

§ 3º Não constitui crime a negativa de crédito motivada por superendividamento do idoso.

- **Classificação:** trata-se de crime comum, doloso (o tipo exige especial fim de agir – "por motivo de idade") e formal.

O artigo 96 do Estatuto do Idoso é infração de menor potencial ofensivo.

- **Condutas equiparadas (§ 1º):** Gabriel Habib[2] entende que se houver uso de palavras injuriosas em razão da idade, como "velho surdo" ou "velho ranzinza", o crime será o do § 3º do artigo 140 do Código Penal (vez que a qualificadora "condição de pessoa idosa" foi incluída pela Lei 10.741/03):

> Art. 140 – (...)
>
> § 3º Se a injúria consiste na utilização de elementos referentes a raça, cor, etnia, religião, origem ou a condição de pessoa idosa ou portadora de deficiência:
>
> Pena – reclusão de um a três anos e multa.

- **Causa de aumento de pena:** o § 2º do artigo 96 do Estatuto do Idoso se traduz em majorante (aumento de pena de 1/3 se a vítima se encontrar sob os cuidados ou responsabilidade do agente).

- **Superendividamento do idoso:** a Lei 14.181/2021 inseriu no artigo 96 do Estatuto do Idoso novo parágrafo afirmando que "não constitui crime a negativa de crédito motivada por superendevidamento do idoso". O objetivo do dispositivo é proteger o idoso (já superendividado) para que ele não contraia novos compromissos que degradem ainda mais sua já combalida situação financeira.

Art. 97. Deixar de prestar assistência ao idoso, quando possível fazê-lo sem risco pessoal, em situação de iminente perigo, ou recusar, retardar ou dificultar sua assistência à saúde, sem justa causa, ou não pedir, nesses casos, o socorro de autoridade pública:

Pena – detenção de 6 (seis) meses a 1 (um) ano e multa.

2. HABIB, Gabriel. **Leis Penais Especiais**, 10ª edição, 2018, editora Juspodivm, p. 373.

Parágrafo único. A pena é aumentada de metade, se da omissão resulta lesão corporal de natureza grave, e triplicada, se resulta a morte.

▪ **Classificação:** trata-se de crime comum (pode ser praticado por qualquer pessoa), doloso e, em regra, omisso próprio.

O delito do artigo 97 do Estatuto do Idoso é infração de menor potencial ofensivo.

▪ **Princípio da especialidade:** o crime tipificado no artigo 97 da Lei 10.741/03 deve ser lido junto com o crime de omissão de socorro, tipificado no artigo 135 do Código Penal (trata-se de crime especial em relação ao crime geral do Código Penal):

Estatuto do Idoso	Código Penal
Art. 97. Deixar de prestar assistência ao idoso, quando possível fazê-lo sem risco pessoal, em situação de iminente perigo, ou recusar, retardar ou dificultar sua assistência à saúde, sem justa causa, ou não pedir, nesses casos, o socorro de autoridade pública: Pena – detenção de 6 (seis) meses a 1 (um) ano e multa. Parágrafo único. A pena é aumentada de metade, se da omissão resulta lesão corporal de natureza grave, e triplicada, se resulta a morte.	Art. 135 – Deixar de prestar assistência, quando possível fazê-lo sem risco pessoal, à criança abandonada ou extraviada, ou à pessoa inválida ou ferida, ao desamparo ou em grave e iminente perigo; ou não pedir, nesses casos, o socorro da autoridade pública: Pena – detenção, de um a seis meses, ou multa. Parágrafo único – A pena é aumentada de metade, se da omissão resulta lesão corporal de natureza grave, e triplicada, se resulta a morte.

▪ **Causas de aumento de pena:** o parágrafo único do artigo 97 do Estatuto do Idoso se traduz em causa de aumento de pena (de metade, se da omissão resulta lesão corporal de natureza grave, e do triplo, se resulta a morte).

Art. 98. Abandonar o idoso em hospitais, casas de saúde, entidades de longa permanência, ou congêneres, ou não prover suas necessidades básicas, quando obrigado por lei ou mandado:
Pena – detenção de 6 (seis) meses a 3 (três) anos e multa.

▪ **Classificação:** crime doloso, próprio (praticado por quem tem a obrigação legal ou por mandado de amparar o idoso) e formal.

O delito admite acordo de não persecução penal (artigo 28-A do CPP), suspensão condicional do processo (artigo 89 da Lei 9.099/95) e fiança arbitrada pela autoridade policial (artigo 322 do CPP).

- **Princípio da especialidade:** o crime do artigo 98 da Lei 10.741/03 deve ser lido junto com o delito tipificado no artigo 244 do Código Penal (aquele é especial em relação a este):

Estatuto do Idoso	Código Penal
Art. 98. Abandonar o idoso em hospitais, casas de saúde, entidades de longa permanência, ou congêneres, ou não prover suas necessidades básicas, quando obrigado por lei ou mandado: Pena – detenção de 6 (seis) meses a 3 (três) anos e multa.	Art. 244. Deixar, sem justa causa, de prover a subsistência do cônjuge, ou de filho menor de 18 (dezoito) anos ou inapto para o trabalho, ou de ascendente inválido ou maior de 60 (sessenta) anos, não lhes proporcionando os recursos necessários ou faltando ao pagamento de pensão alimentícia judicialmente acordada, fixada ou majorada; deixar, sem justa causa, de socorrer descendente ou ascendente, gravemente enfermo: Pena – detenção, de 1 (um) a 4 (quatro) anos e multa, de uma a dez vezes o maior salário mínimo vigente no País. Parágrafo único – Nas mesmas penas incide quem, sendo solvente, frustra ou ilide, de qualquer modo, inclusive por abandono injustificado de emprego ou função, o pagamento de pensão alimentícia judicialmente acordada, fixada ou majorada.

Art. 99. Expor a perigo a integridade e a saúde, física ou psíquica, do idoso, submetendo-o a condições desumanas ou degradantes ou privando-o de alimentos e cuidados indispensáveis, quando obrigado a fazê-lo, ou sujeitando-o a trabalho excessivo ou inadequado:

Pena – detenção de 2 (dois) meses a 1 (um) ano e multa.

§ 1º Se do fato resulta lesão corporal de natureza grave:

Pena – reclusão de 1 (um) a 4 (quatro) anos.

§ 2º Se resulta a morte:

Pena – reclusão de 4 (quatro) a 12 (doze) anos.

▪ **Classificação:** trata-se de crime doloso e próprio (praticado por quem tem obrigação de cuidado/proteção para com o idoso).

Trata-se de infração de menor potencial ofensivo (na forma simples).

▪ **Princípio da especialidade:** o crime tipificado no artigo 99 da Lei 10.741/03 é especial em relação aos previstos nos artigos 132 e 136 do Código Penal:

Estatuto do Idoso	Artigo 132 do Código Penal	Artigo 133 do Código Penal
Art. 99. Expor a perigo a integridade e a saúde, física ou psíquica, do idoso, submetendo-o a condições desumanas ou degradantes ou privando-o de alimentos e cuidados indispensáveis, quando obrigado a fazê-lo, ou sujeitando-o a trabalho excessivo ou inadequado: Pena – detenção de 2 (dois) meses a 1 (um) ano e multa. § 1º Se do fato resulta lesão corporal de natureza grave: Pena – reclusão de 1 (um) a 4 (quatro) anos. § 2º Se resulta a morte: Pena – reclusão de 4 (quatro) a 12 (doze) anos.	Art. 132 – Expor a vida ou a saúde de outrem a perigo direto e iminente: Pena – detenção, de três meses a um ano, se o fato não constitui crime mais grave. Parágrafo único. A pena é aumentada de um sexto a um terço se a exposição da vida ou da saúde de outrem a perigo decorre do transporte de pessoas para a prestação de serviços em estabelecimentos de qualquer natureza, em desacordo com as normas legais.	Art. 136 – Expor a perigo a vida ou a saúde de pessoa sob sua autoridade, guarda ou vigilância, para fim de educação, ensino, tratamento ou custódia, quer privando-a de alimentação ou cuidados indispensáveis, quer sujeitando-a a trabalho excessivo ou inadequado, quer abusando de meios de correção ou disciplina: Pena – detenção, de dois meses a um ano, ou multa. § 1º – Se do fato resulta lesão corporal de natureza grave: Pena – reclusão, de um a quatro anos. § 2º – Se resulta a morte: Pena – reclusão, de quatro a doze anos. § 3º – Aumenta-se a pena de um terço, se o crime é praticado contra pessoa menor de 14 (catorze) anos.

▪ **Figuras preterdolosas:** os §§ 1º e 2º tratam de figuras qualificadas preterdolosas (resultado lesão grave no § 1º e morte no § 2º).

Art. 100. Constitui crime punível com reclusão de 6 (seis) meses a 1 (um) ano e multa:

I – obstar o acesso de alguém a qualquer cargo público por motivo de idade;

II – negar a alguém, por motivo de idade, emprego ou trabalho;

III – recusar, retardar ou dificultar atendimento ou deixar de prestar assistência à saúde, sem justa causa, a pessoa idosa;

IV – deixar de cumprir, retardar ou frustrar, sem justo motivo, a execução de ordem judicial expedida na ação civil a que alude esta Lei;

V – recusar, retardar ou omitir dados técnicos indispensáveis à propositura da ação civil objeto desta Lei, quando requisitados pelo Ministério Público.

- **Segregação relacionada à idade:** a Lei de Racismo (Lei 7.716/89) não relaciona a discriminação etária como apta a configurar delito nela previsto (apenas discriminação de raça, cor, etnia, religião ou procedência nacional). A segregação relativa à idade (praticada contra idoso) está tipificada no artigo 100 da Lei 10.741/03.

O delito é infração de menor potencial ofensivo.

Art. 101. Deixar de cumprir, retardar ou frustrar, sem justo motivo, a execução de ordem judicial expedida nas ações em que for parte ou interveniente o idoso:

Pena – detenção de 6 (seis) meses a 1 (um) ano e multa.

- **Classificação:** crime doloso, próprio (cometido pela pessoa a quem foi destinada a ordem judicial), formal e omissivo próprio.

Trata-se de infração de menor potencial ofensivo.

- **Inciso IV do artigo 100 x artigo 101:** o tipo do artigo 101 da Lei 10.741/03 se parece muito com o inciso IV do artigo 100 da mesma lei (acima transcrito). A diferença é que o inciso IV do artigo 100 é limitado ao descumprimento de decisão relacionada a ordem judicial de natureza cível (limitação não avistável no artigo 101 do Estatuto do Idoso).

Art. 102. Apropriar-se de ou desviar bens, proventos, pensão ou qualquer outro rendimento do idoso, dando-lhes aplicação diversa da de sua finalidade:

Pena – reclusão de 1 (um) a 4 (quatro) anos e multa.

- **Classificação:** crime doloso, comum (pode ser cometido por qualquer pessoa) e material.

O crime admite acordo de não persecução penal (artigo 28-A do CPP), suspensão condicional do processo (artigo 89 da Lei 9.099/95) e fiança arbitrada pela autoridade policial (artigo 322 do CPP).

- **Princípio da especialidade:** o crime do artigo 102 da Lei 10.741/03 é especial em relação ao delito de apropriação indébita (artigo 168 do Código Penal):

Estatuto do Idoso	Código Penal (apropriação indébita)
Art. 102. Apropriar-se de ou desviar bens, proventos, pensão ou qualquer outro rendimento do idoso, dando-lhes aplicação diversa da de sua finalidade: Pena – reclusão de 1 (um) a 4 (quatro) anos e multa.	Art. 168 – Apropriar-se de coisa alheia móvel, de que tem a posse ou a detenção: Pena – reclusão, de um a quatro anos, e multa. Aumento de pena § 1° – A pena é aumentada de um terço, quando o agente recebeu a coisa: I – em depósito necessário; II – na qualidade de tutor, curador, síndico, liquidatário, inventariante, testamenteiro ou depositário judicial; III – em razão de ofício, emprego ou profissão.

- **Desvio de valores de conta de idoso:** no informativo 547, o Superior Tribunal de Justiça assentou que estagiário de instituição financeira que se utiliza de cartão magnético e senha de idoso para transferir valores para sua conta pessoal comete o delito aqui estudado (artigo 102 da Lei 10.741/03) – vez que o agente desviou bens da vítima (e essa conduta foi proibida pelo crime tipificado no Estatuto do Idoso, que deve ser considerado especial em relação ao Código Penal). Eis o julgado:

> DIREITO PENAL. CARACTERIZAÇÃO DO TIPO PENAL DO ART. 102 DO ESTATUTO DO IDOSO. Incorre no tipo penal previsto no art. 102 da Lei 10.741/2003 (Estatuto do Idoso) – e não no tipo penal de furto (art. 155 do CP) – o estagiário de instituição financeira que se utiliza do cartão magnético e da senha de acesso à conta de depósitos de pessoa idosa para realizar transferências de valores para sua conta pessoal. O tipo penal previsto no art. 102 da Lei 10.741/2003 tem a seguinte redação: "Apropriar-se de ou desviar

bens, proventos, pensão ou qualquer outro rendimento do idoso, dando-lhes aplicação diversa da de sua finalidade". Na hipótese, o autor do delito desviou bens da vítima. Para essa conduta, não há necessidade de prévia posse por parte do agente, restrita à hipótese de apropriação. Da mesma forma, é evidente que a transferência dos valores da conta bancária da vítima para conta pessoal do autor desviou os bens de sua finalidade. Não importa perquirir qual seria a real destinação desses valores (finalidade), pois, independente de qual fosse, foram eles dela desviados, ao serem, por meio de fraude, transferidos para a conta do autor. REsp 1.358.865-RS, Rel. Min. Sebastião Reis Júnior, julgado em 4/9/2014.

Art. 103. Negar o acolhimento ou a permanência do idoso, como abrigado, por recusa deste em outorgar procuração à entidade de atendimento:

Pena – detenção de 6 (seis) meses a 1 (um) ano e multa.

- **Classificação:** crime doloso, próprio (só pode ser cometido por administrador de estabelecimento destinado a acolhimento de idoso) e formal.

Trata-se de infração de menor potencial ofensivo.

- **Conduta proibida:** a conduta proibida no tipo é **negar** o acolhimento ou permanência do idoso, como abrigado, por recusa deste em outorgar procuração à entidade de atendimento.

Por se tratar de delito formal (como dito), não é preciso que sobrevenha qualquer resultado lesivo para que o delito reste consumado.

Art. 104. Reter o cartão magnético de conta bancária relativa a benefícios, proventos ou pensão do idoso, bem como qualquer outro documento com objetivo de assegurar recebimento ou ressarcimento de dívida:

Pena – detenção de 6 (seis) meses a 2 (dois) anos e multa.

- **Classificação:** crime doloso (exige especial fim de agir consistente no objetivo de assegurar recebimento ou ressarcimento de dúvida), próprio (o sujeito ativo é o credor do idoso) e formal.

Trata-se de infração de menor potencial ofensivo.

- **Princípio da especialidade:** o crime tipificado no artigo104 do Estatuto do Idoso é especial em relação ao crime de exercício arbitrário das próprias razões (artigo 345 do Código Penal):

Estatuto do Idoso	Artigo 345 do Código Penal
Art. 104. Reter o cartão magnético de conta bancária relativa a benefícios, proventos ou pensão do idoso, bem como qualquer outro documento com objetivo de assegurar recebimento ou ressarcimento de dívida: Pena – detenção de 6 (seis) meses a 2 (dois) anos e multa.	Art. 345 – Fazer justiça pelas próprias mãos, para satisfazer pretensão, embora legítima, salvo quando a lei o permite: Pena – detenção, de quinze dias a um mês, ou multa, além da pena correspondente à violência. Parágrafo único – Se não há emprego de violência, somente se procede mediante queixa.

Art. 105. Exibir ou veicular, por qualquer meio de comunicação, informações ou imagens depreciativas ou injuriosas à pessoa do idoso:

Pena – detenção de 1 (um) a 3 (três) anos e multa.

- **Classificação:** crime doloso, comum e formal (consuma-se mesmo que o idoso não se sinta violado em sua honra – e especial em relação aos crimes de calúnia, difamação e injúria).

O crime admite acordo de não persecução penal (artigo 28-A do CPP), suspensão condicional do processo (artigo 89 da Lei 9.099/95) e fiança arbitrada pela autoridade policial (artigo 322 do CPP).

Art. 106. Induzir pessoa idosa sem discernimento de seus atos a outorgar procuração para fins de administração de bens ou deles dispor livremente:

Pena – reclusão de 2 (dois) a 4 (quatro) anos.

- **Classificação:** trata-se de crime comum (pode ser cometido por qualquer pessoa), formal e doloso.

- **Princípio da especialidade:** o crime do artigo 106 da Lei 10.741/03 é especial em relação ao crime do artigo 173 do Código Penal:

Estatuto do Idoso	Artigo 173 do Código Penal
Art. 106. Induzir pessoa idosa sem discernimento de seus atos a outorgar procuração para fins de administração de bens ou deles dispor livremente: Pena – reclusão de 2 (dois) a 4 (quatro) anos.	Art. 173 – Abusar, em proveito próprio ou alheio, de necessidade, paixão ou inexperiência de menor, ou da alienação ou debilidade mental de outrem, induzindo qualquer deles à prática de ato suscetível de produzir efeito jurídico, em prejuízo próprio ou de terceiro: Pena – reclusão, de dois a seis anos, e multa.

Art. 107. Coagir, de qualquer modo, o idoso a doar, contratar, testar ou outorgar procuração:

Pena – reclusão de 2 (dois) a 5 (cinco) anos.

- **Classificação:** crime doloso, comum e formal.
- **Princípio da especialidade:** o crime do artigo 107 do Estatuto do Idoso permite qualquer forma de coação (física ou moral).

Trata-se de crime especial em reação ao crime de constrangimento ilegal (artigo 146 do Código Penal):

Estatuto do Idoso	Código Penal (constrangimento ilegal)
Art. 107. Coagir, de qualquer modo, o idoso a doar, contratar, testar ou outorgar procuração: Pena – reclusão de 2 (dois) a 5 (cinco) anos.	Art. 146 – Constranger alguém, mediante violência ou grave ameaça, ou depois de lhe haver reduzido, por qualquer outro meio, a capacidade de resistência, a não fazer o que a lei permite, ou a fazer o que ela não manda: Pena – detenção, de três meses a um ano, ou multa.

Art. 108. Lavrar ato notarial que envolva pessoa idosa sem discernimento de seus atos, sem a devida representação legal:

Pena – reclusão de 2 (dois) a 4 (quatro) anos.

▪ **Classificação:** trata-se de crime doloso, próprio (só pode ser cometido pelo responsável pela lavratura do ato notarial) e material.

O delito admite acordo de não persecução penal (artigo 28-A do CPP) e fiança arbitrada pela autoridade policial (artigo 322 do CPP).

Art. 109. Impedir ou embaraçar ato do representante do Ministério Público ou de qualquer outro agente fiscalizador:

Pena – reclusão de 6 (seis) meses a 1 (um) ano e multa.

▪ **Classificação:** crime comum, doloso, material (na conduta proibida impedir) e formal (na conduta proibida embaraçar).

Trata-se de infração de menor potencial ofensivo.

Questões de concurso público: veja como a lei estudada já foi cobrada em concursos públicos.

1. **(Delegado de Polícia Civil/SE/2018)** Considerando o disposto no Estatuto do Idoso acerca de crimes, julgue o item a seguir.

( ) Aos crimes previstos no Estatuto do Idoso, mesmo que sujeitos a penas privativas de liberdade superiores a dois anos e inferiores a quatro anos, aplicam-se os institutos despenalizadores previstos na Lei n.º 9.099/1995 (juizados especiais criminais).

2. **(Delegado de Polícia Civil/SE/2018)** Considerando o disposto no Estatuto do Idoso acerca de crimes, julgue o item a seguir.

( ) Situação hipotética: Um empregado de uma instituição financeira, aproveitando-se do acesso aos dados bancários e à senha de acesso à conta de depósitos de uma pessoa idosa, desviou vultosos valores da correntista, aplicando-lhes, em proveito próprio, destinação diversa da sua finalidade. Assertiva: Nessa situação, o empregado incorreu no tipo penal de furto mediante fraude previsto no Código Penal, afastando-se a aplicação de tipo incriminador do Estatuto do Idoso, porquanto o agente não detinha a prévia posse da res furtiva.

3. **(Delegado de Polícia Federal/2018)** Em cada item que se segue, é apresentada uma situação hipotética seguida de uma assertiva a ser julgada com relação a crime de tortura, crime hediondo, crime previdenciário e crime contra o idoso.

( ) Atuando como procurador de sua tia Bernardete — senhora aposentada de sessenta e três anos de idade, que se encontrava em pleno gozo de suas faculdades mentais —, Arquimedes, para satisfazer suas necessidades pessoais, passou a se apropriar dos valores da aposentadoria da tia. Nessa situação, o ato praticado por Arquimedes não caracteriza crime de apropriação indébita previdenciária, tipificado pelo Código Penal, mas sim crime contra o idoso, tipificado pelo Estatuto do Idoso.

4. **(Delegado de Polícia Civil/PI/2018)** Recentemente foi sancionada a Lei nº 13.466/2017, que concede preferência especial, nos atendimentos de saúde, aos maiores de 80 (oitenta) anos. A referida lei veio alterar o Estatuto do Idoso, pois o Estado tem a obrigação de garantir políticas públicas e proteção ao idoso. Segundo o Estatuto do Idoso, marque a alternativa que constitui crime punível com reclusão.

A) Exibir ou veicular, por qualquer meio de comunicação, informações ou imagens depreciativas ou injuriosas à pessoa idosa.

B) Reter o cartão magnético de conta bancária relativa a benefícios, proventos ou pensão do idoso, bem como qualquer outro documento com objetivo de assegurar recebimento ou ressarcimento de dívida.

C) Negar o acolhimento ou a permanência do idoso, como abrigado, por recusa deste em outorgar procuração à entidade de atendimento.

D) Abandonar o idoso em hospitais, casas de saúde, entidades de longa permanência, ou congêneres, ou não prover suas necessidades básicas, quando obrigado por lei ou mandado.

E) Negar a alguém, por motivo de idade, emprego ou trabalho.

5. **(Delegado de Polícia Civil/PA/2016)** A pessoa que se apropria de pensão de idoso, dando-lhe destinação diversa daquela definida como sua finalidade:

A) Comete crime previsto na Lei nº 10.741, que respeitará o procedimento comum ordinário, embora com a possibilidade de aplicação de transação penal.

B) Comete crime previsto na Lei nº 10.741, que respeitará o procedimento comum ordinário, sendo vedada a transação penal.

C) Comete crime previsto na Lei nº 10.741, que respeitará o procedimento previsto na Lei nº 9.099, de 1995, inclusive quanto à transação penal.

D) Comete crime previsto no Código Penal, que respeitará o procedimento comum ordinário.

E) Comete crime previsto na Lei nº 10.741, que respeitará o procedimento previsto na Lei nº 9.099, de 1995, sendo vedada a transação penal.

6. **(Delegado de Polícia Civil/SP/2014)** Aos crimes previstos na Lei n.º 10.741, de 2003 – Estatuto do Idoso –, aplica-se o procedimento previsto na Lei n.º 9.099, de 26 de setembro de 1995, desde que a pena máxima privativa de liberdade não ultrapasse

A) 6 (seis) anos.

B) 8 (oito) anos.

C) 4 (quatro) anos.

D) 1 (um) ano.

E) 2 (dois) anos

7. **(Delegado de Polícia/SC/2008)** "Crácio" encontrou o ancião "Mévio", 80 anos de idade e inválido, ferido em consequência de um desabamento, sem condições de socorrer-se por suas próprias forças. Dolosamente, deixou de prestar-lhe assistência, embora fosse possível fazê-lo sem risco pessoal, na expectativa de que outrem o socorresse. Da omissão resultou a morte de "Mévio". "Crácio" responderá por:

A) Modalidade especial de omissão de socorro prevista no Estatuto do Idoso (Lei n. 10.741/03), qualificada pelo resultado morte (preterdolo).

B) Crime de omissão de socorro, qualificado pelo resultado morte (preterdolo), previsto no Código Penal.

C) Crime de abandono de incapaz, qualificado pelo resultado morte (preterdolo), previsto no Código Penal.

D) Crime de homicídio culposo, com aumento de pena, pois a vítima era maior de 60 (sessenta) anos.

Gabarito comentado:

Questão	Reposta	Comentário
1	ERRADA	O artigo 94 do Estatuto do Idoso determina, apenas e tão somente, aplicação do procedimento sumaríssimo à situação descrita no quesito.
2	ERRADA	Vide decisão do STJ nesse sentido: **"DIREITO PENAL. CARACTERIZAÇÃO DO TIPO PENAL DO ART. 102 DO ESTATUTO DO IDOSO. Incorre no tipo penal previsto no art. 102 da Lei 10.741/2003 (Estatuto do Idoso) – e não no tipo penal de furto (art. 155 do CP) – o estagiário de instituição financeira que se utiliza do cartão magnético e da senha de acesso à conta de depósitos de pessoa idosa para realizar transferências de valores para sua conta pessoal. O tipo penal previsto no art. 102 da Lei 10.741/2003 tem a seguinte redação: "Apropriar-se de ou desviar bens, proventos, pensão ou qualquer outro rendimento do idoso, dando-lhes aplicação diversa da de sua finalidade". Na hipótese, o autor do delito desviou bens da vítima. Para essa conduta, não há necessidade de prévia posse por parte do agente, restrita à hipótese de apropriação. Da mesma forma, é evidente que a transferência dos valores da conta bancária da vítima para conta pessoal do autor desviou os bens de sua finalidade. Não importa perquirir qual seria a real destinação desses valores (finalidade), pois, independente de qual fosse, foram eles dela desviados, ao serem, por meio de fraude, transferidos para a conta do autor. REsp 1.358.865-RS, Rel. Min. Sebastião Reis Júnior, julgado em 4/9/2014"**.
3	CERTA	Vide artigo 102 do Estatuto do Idoso.
4	Letra E	Vide artigo 100 do Estatuto do Idoso.
5	Letra E	Vide artigos 102 e 94 do Estatuto do Idoso.

6	Letra C	Vide artigo 94 do Estatuto do Idoso.
7	Letra A	Vide artigo 97 do Estatuto do Idoso.

Quesito criado pelo autor da obra: confira questão por mim criada para orientar seus estudos.

1. É permitido aplicar medidas benéficas previstas na Lei 9.099/95 aos crimes cometidos contra idosos que não se traduzam em infração de menor potencial ofensivo e cuja pena máxima não ultrapasse 4 anos?

RESPOSTA: Não. Aplica-se o procedimento sumaríssimo previsto na Lei 9.099/95, mas não é possível aplicação das medidas benéficas deste mandamento legal a quem cometeu o crime contra o idoso (vide artigo 94 do Estatuto do Idoso e decisão do STF sobre o tema):

> Art. 94. Aos crimes previstos nesta Lei, cuja pena máxima privativa de liberdade não ultrapasse 4 (quatro) anos, aplica-se o procedimento previsto na Lei no 9.099, de 26 de setembro de 1995, e, subsidiariamente, no que couber, as disposições do Código Penal e do Código de Processo Penal.
>
> AÇÃO DIRETA DE INCONSTITUCIONALIDADE. ARTIGOS 39 E 94 DA LEI 10.741/2003 (ESTATUTO DO IDOSO). RESTRIÇÃO À GRATUIDADE DO TRANSPORTE COLETIVO. SERVIÇOS DE TRANSPORTE SELETIVOS E ESPECIAIS. APLICABILIDADE DOS PROCEDIMENTOS PREVISTOS NA LEI 9.099/1995 AOS CRIMES COMETIDOS CONTRA IDOSOS. 1. No julgamento da Ação Direta de Inconstitucionalidade 3.768/DF, o Supremo Tribunal Federal julgou constitucional o art. 39 da Lei 10.741/2003. Não conhecimento da ação direta de inconstitucionalidade nessa parte. 2. Art. 94 da Lei n. 10.741/2003: interpretação conforme à Constituição do Brasil, com redução de texto, para suprimir a expressão "do Código Penal e". Aplicação apenas do procedimento sumaríssimo previsto na Lei n. 9.099/95: benefício do idoso com a celeridade processual. Impossibilidade de aplicação de quaisquer medidas despenalizadoras e de interpretação benéfica ao autor do crime. 3. Ação direta de inconstitucionalidade julgada parcialmente procedente para dar interpretação conforme à Constituição do Brasil, com redução de texto, ao art. 94 da Lei n. 10.741/2003 (ADI 3096, Relator(a): CÁRMEN LÚCIA, Tribunal Pleno, julgado em 16/06/2010, DJe-164 DIVULG 02-092010 PUBLIC 03-09-2010 EMENT VOL-02413-02 PP-00358 RTJ VOL-00216-01 PP-00204).

15

Lei 10.826/03 – Estatuto do Desarmamento

▪ **Introdução:** antes de adentrar no estudo dos tipos, é importante citar a ADI 5948 (relator Ministro Alexandre de Moraes), que atacou os incisos III e IV do artigo 6ª da Lei 10.826/03 (a ADI 5538 também confrontou os mesmos dispositivos). Nas ações o Supremo Tribunal Federal considerou inconstitucionais as restrições do Estatuto do Desarmamento ao porte de arma de fogo dos integrantes das guardas municipais:

> CONSTITUCIONAL E SEGURANÇA PÚBLICA. INCONSTITUCIONALIDADE DE NORMAS RESTRITIVAS AO PORTE DE ARMA À INTEGRANTES DE GUARDAS MUNICIPAIS. AUSÊNCIA DE RAZOABILIDADE E ISONOMIA EM CRITÉRIO MERAMENTE DEMOGRÁFICO QUE IGNORA A OCORRÊNCIA DE CRIMES GRAVES NOS DIVERSOS E DIFERENTES MUNICIPIOS. PROCEDÊNCIA DA AÇÃO. 1. É evidente a necessidade de união de esforços para o combate à criminalidade organizada e violenta, não se justificando, nos dias atuais da realidade brasileira, a atuação separada e estanque de cada uma das Polícias Federal, Civis e Militares e das Guardas Municipais; pois todas fazem parte do Sistema Único de Segurança Pública. 2. Dentro dessa nova perspectiva de atuação na área de segurança pública, o Plenário desta SUPREMA CORTE, no julgamento do RE 846.854/SP, reconheceu que as Guardas Municipais executam atividade de segurança pública (art. 144, § 8°, da CF), essencial ao atendimento de necessidades inadiáveis da comunidade (art. 9°, § 1°, da CF). 3. O reconhecimento dessa posição institucional das Guardas Municipais possibilitou ao Parlamento, com base no § 7° do artigo 144 da Constituição Federal, editar a Lei n° 13.675, de 11/6/2018, na qual as Guardas Municipais são colocadas como

integrantes operacionais do Sistema Único de Segurança Pública (art. 9º, § 1º, inciso VII). 4. Se cabe restringir o porte de arma de fogo a integrantes de instituição que faz parte do sistema geral de segurança pública – e esse ponto, em si mesmo, já é bastante questionável –, a restrição teria de guardar relação com o efetivo exercício das atividades de segurança pública, e não com a população do município. 5. As variações demográficas não levam automaticamente ao aumento ou à diminuição do número de ocorrências policiais ou dos índices de violência, estes sim relevantes para aferir a necessidade de emprego de armas ou outros equipamentos de combate à criminalidade (art. 12, inciso III, da Lei n. 13.675/2018). 6. Seja pelos critérios técnico-racional em relação com o efetivo exercício das atividades de segurança pública, número e gravidade de ocorrências policiais, seja pelo critério aleatório adotado pelo Estatuto do Desarmamento número de habitantes do Município, a restrição proposta não guarda qualquer razoabilidade. 7. Ausência de razoabilidade e isonomia em normas impugnadas que restringem o porte de arma de fogo somente aos integrantes de guardas municipais das capitais dos Estados e dos Municípios com mais de 500.000 (quinhentos mil) habitantes e de guardas municipais dos Municípios com mais de 50.000 (cinquenta mil) e menos de 500.000 (quinhentos mil) habitantes, quando em serviço. 8. Ação Direta julgada parcialmente procedente para declarar a inconstitucionalidade do inciso III do art. 6º da Lei 10.826/2003, a fim de invalidar as expressões "das capitais dos Estados" e "com mais de 500.000 (quinhentos mil) habitantes", e declarar a inconstitucionalidade do inciso IV do art. 6º da Lei 10.826/2003, por desrespeito aos princípios constitucionais da igualdade e da eficiência (ADI 5538, Relator(a): Alexandre de Moraes, Tribunal Pleno, julgado em 01/03/2021, PROCESSO ELETRÔNICO DJe-094 DIVULG 17-05-2021 PUBLIC 18-05-2021).

- **Decretos regulamentadores:** é preciso, ainda, salientar a importância da leitura do parágrafo único do artigo 3º do Anexo I do Decreto 10.030/19, com redação determinada pelo Decreto 10.627/21 (conceito de arma de fogo de uso permitido, restrito e proibido). **Isso porque os crimes tipificados no Estatuto do Desarmamento são normas penais em branco**:

> Art. 3º As definições dos termos empregados neste Regulamento são aquelas constantes deste artigo e do Anexo III.
>
> Parágrafo único. Para fins do disposto neste Regulamento, considera-se:
>
> I – arma de fogo de uso permitido – as armas de fogo semiautomáticas ou de repetição que sejam:

a) de porte, cujo calibre nominal, com a utilização de munição comum, não atinja, na saída do cano de prova, energia cinética superior a mil e duzentas libras-pé ou mil seiscentos e vinte joules;
b) portáteis de alma lisa; ou
c) portáteis de alma raiada, cujo calibre nominal, com a utilização de munição comum, não atinja, na saída do cano de prova, energia cinética superior a mil e duzentas libras-pé ou mil seiscentos e vinte joules;

II – arma de fogo de uso restrito – as armas de fogo automáticas, de qualquer tipo ou calibre, semiautomáticas ou de repetição que sejam:

a) não portáteis;

b) de porte, cujo calibre nominal, com a utilização de munição comum, atinja, na saída do cano de prova, energia cinética superior a mil e duzentas libras-pé ou mil seiscentos e vinte joules; ou

c) portáteis de alma raiada, cujo calibre nominal, com a utilização de munição comum, atinja, na saída do cano de prova, energia cinética superior a mil e duzentas libras-pé ou mil seiscentos e vinte joules;

III – arma de fogo de uso proibido:

a) as armas de fogo classificadas como de uso proibido em acordos ou tratados internacionais dos quais a República Federativa do Brasil seja signatária; e

b) as armas de fogo dissimuladas, com aparência de objetos inofensivos;

IV – munição de uso restrito – as munições que:

a) atinjam, na saída do cano de prova de armas de fogo de porte ou de armas de fogo portáteis de alma raiada, energia cinética superior a mil e duzentas libras-pé ou mil seiscentos e vinte joules;

b) sejam traçantes, perfurantes ou fumígenas;

c) sejam granadas de obuseiro, de canhão, de morteiro, de mão ou de bocal; ou

d) sejam rojões, foguetes, mísseis ou bombas de qualquer natureza;

V – munição de uso proibido – as munições:

a) assim classificadas em acordos ou tratados internacionais dos quais a República Federativa do Brasil seja signatária; ou

b) incendiárias ou químicas;

▪ **Crimes:** os crimes tipificados no Estatuto do Desarmamento estão listados nos artigos 12 a 18. Passemos ao estudo dos delitos em espécie.

Posse irregular de arma de fogo de uso permitido

Art. 12. Possuir ou manter sob sua guarda arma de fogo, acessório ou munição, de uso permitido, em desacordo com determinação legal ou regulamentar, no interior de sua residência ou dependência desta, ou, ainda no seu local de trabalho, desde que seja o titular ou o responsável legal do estabelecimento ou empresa:

Pena – detenção, de 1 (um) a 3 (três) anos, e multa.

- **Posse irregular de arma de fogo de uso permitido:** o tipo trata da posse ilegal de arma de fogo, acessório ou munição de uso permitido.

Caso o requerente atenda a todos os requisitos para aquisição da arma de fogo de uso permitido, a compra é deferida e o certificado de registro é expedido pela Polícia Federal.

O crime consiste em possuir e manter arma, acessório ou munição em residência ou local de trabalho, em situação irregular.

- **Classificação:** trata-se de crime comum (pode ser cometido por qualquer pessoa), doloso, de perigo abstrato, de mera conduta, misto, alternativo ou de conteúdo variado e permanente (com incidência da Súmula 711/STF[1] e do artigo 303 do Código de Processo Penal[2]).

Admite-se acordo de não persecução penal (artigo 28-A do Código de Processo Penal), suspensão condicional do processo (artigo 89 da Lei 9.099/95) e fiança arbitrada pelo delegado de polícia (artigo 322 do Código de Processo Penal).

- **Bem jurídico tutelado e sujeito passivo:** o tipo defende a incolumidade pública.

A sociedade é o sujeito passivo (trata-se de crime vago).

1. Súmula 711/STF – A lei penal mais grave aplica-se ao crime continuado ou ao crime permanente, se a sua vigência é anterior à cessação da continuidade ou da permanência.
2. Art. 303. Nas infrações permanentes, entende-se o agente em flagrante delito enquanto não cessar a permanência.

- ***Abolitio criminis* temporária:** quando da entrada em vigor do Estatuto do Desarmamento, foi possível a regularização de armas em situação irregular durante certo lapso temporal.

Nesse período, entendeu-se não ser possível imputação da conduta criminosa desenhada no artigo 12 da Lei 10.826/03, já que o cidadão podia regularizar a situação do armamento. Não fazia sentido imputar crime a quem estava dentro do prazo para regularização ofertado pela própria lei.

Eis julgado elucidativo do Superior Tribunal de Justiça sobre o tema (separando, inclusive, os períodos de *abolitio criminis* temporária relativos aos crimes tipificados nos artigos 12 e 16 da Lei 10.826/03):

> PENAL E PROCESSO PENAL. AGRAVO REGIMENTAL NOS EMBARGOS DE DECLARAÇÃO NO AGRAVO EM RECURSO ESPECIAL. POSSE ILEGAL DE ARMA DE FOGO DE USO RESTRITO. ABOLITIO CRIMINIS. I – "É atípica a posse de arma de fogo, acessórios e munição, seja de uso permitido ou de uso restrito, incidindo a chamada abolitio criminis temporária nas duas hipóteses, se praticada no período compreendido entre 23 de dezembro de 2003 a 23 de outubro de 2005. Este termo final foi prorrogado até 31 de dezembro de 2008 somente para os possuidores de armamentos de uso permitido (artigo 12), nos termos da Medida Provisória 417 de 31 de janeiro de 2008, que estabeleceu nova redação aos artigos 30 a 32 da Lei 10.826/2003, não mais albergando o delito previsto no artigo 16 do Estatuto – posse de arma de fogo, acessórios e munição de uso proibido ou restrito. Com a publicação da Lei 11.922, de 13 de abril de 2009, o prazo previsto no artigo 30 do Estatuto do Desarmamento foi prorrogado para 31 de dezembro de 2009 no que se refere exclusivamente à posse de arma de uso permitido" (HC n. 346.077/SP, Quinta Turma, Rel. Min. Jorge Mussi, DJe de 25/5/2016 – grifei). II – In casu, no conjunto de artefatos apreendidos, havia pelo menos uma arma de fogo de uso restrito que não foi alcançada pela prorrogação dos prazos contidos nos arts. 30 e 32 da Lei n. 10.826/2003 dada pela medida provisória n. 419/2008. Desse modo, o termo final da abolitio criminis para armas de fogo de uso restrito continuou sendo 23/10/2005. Agravo regimental não provido. (AgRg nos EDcl no AREsp 995.154/SC, Rel. Ministro Felix Fischer, Quinta Turma, julgado em 22/08/2017, DJe 28/08/2017).

Nos termos da jurisprudência firmada pelo Tribunal da Cidadania, destarte, o prazo final da *abolitio criminis* temporária foi o dia 31 de dezembro de 2009, no que toca ao **crime de posse ilegal de arma de fogo de uso permitido**.

Em relação ao **crime de posse ilegal de arma de fogo de uso permitido com numeração, marca ou qualquer outro sinal de identificação raspado (ou às armas de fogo de uso restrito)**, a *abolitio criminis* temporária durou até 23 de outubro de 2005 (vez que a prorrogação do período de regularização foi feita apenas em relação às armas de fogo de uso permitido). Nesse sentido, Súmula 513 do Superior Tribunal de Justiça:

> Súmula 513/STJ – A *abolitio criminis* temporária prevista na Lei n. 10.826/2003 aplica-se ao crime de posse de arma de fogo de uso permitido com numeração, marca ou qualquer outro sinal de identificação raspado, suprimido ou adulterado, praticado somente até 23/10/2005.

- **Princípio da insignificância:** não é possível, via de regra, reconhecimento do princípio da insignificância em relação ao crime tipificado no artigo 12 da Lei 10.826/03 (vez que se trata de crime de perigo abstrato). Eis julgado do Tribunal da Cidadania nesse sentido:

> PROCESSO PENAL E PENAL. AGRAVO REGIMENTAL NO AGRAVO EM RECURSO ESPECIAL. PORTE ILEGAL DE MUNIÇÃO DE ARMA DE FOGO DE USO RESTRITO. ATIPICIDADE DA CONDUTA. PRINCÍPIO DA INSIGNIFICÂNCIA. INAPLICABILIDADE. CRIME DE PERIGO ABSTRATO. ACÓRDÃO RECORRIDO DE ACORDO COM O ENTENDIMENTO DOMINANTE DO STJ. SÚMULA 568/STJ. AGRAVO REGIMENTAL A QUE SE NEGA PROVIMENTO. 1. É pacífico nesta Corte Superior o entendimento no sentido de que é inaplicável o princípio da insignificância aos crimes de posse e de porte de arma de fogo e ou munição, ante a natureza de crimes de perigo abstrato, independentemente da quantidade de munição ou armas apreendidas. Súmula 568/STJ. 2. Agravo regimental a que se nega provimento. (AgRg no AREsp 1098040/ES, Rel. Ministra Maria Thereza de Assis Moura, Sexta Turma, julgado em 15/08/2017, DJe 24/08/2017).

Entretanto, o Supremo Tribunal Federal entendeu ser possível a aplicação do princípio da insignificância em face da apreensão de uma munição (desacompanhada de arma de fogo):

> Não é possível vislumbrar, nas circunstâncias, situação que exponha o corpo social a perigo, uma vez que a única munição apreendida, guardada na residência do acusado e desacompanhada de arma de fogo, por si só, é incapaz de provocar qualquer lesão à incolumidade pública (RHC 143.449/MS, j. 26/09/2017).

De igual sorte, o Pretório Excelso entendeu ser atípica a conduta de portar munição como pingente (o caso se refere, em verdade, à prática do crime tipificado no artigo 16 do Estatuto do Desarmamento):

> HABEAS CORPUS. DELITO DO ART. 16, CAPUT, DA LEI N. 10.826/2003. PACIENTE PORTANDO MUNIÇÃO. ATIPICIDADE MATERIAL DA CONDUTA. INCIDÊNCIA DO PRINCÍPIO DA INSIGNIFICÂNCIA. ORDEM CONCEDIDA. 1. A análise dos documentos pelos quais se instrui pedido e dos demais argumentos articulados na inicial demonstra a presença dos requisitos essenciais à incidência do princípio da insignificância e a excepcionalidade do caso a justificar a flexibilização da jurisprudência deste Supremo Tribunal segundo a qual o delito de porte de munição de uso restrito, tipificado no art. 16 da Lei n. 10.826/2003, é crime de mera conduta. 2. A conduta do Paciente não resultou em dano ou perigo concreto relevante para a sociedade, de modo a lesionar ou colocar em perigo bem jurídico na intensidade reclamada pelo princípio da ofensividade. Não se há subestimar a natureza subsidiária, fragmentária do direito penal, que somente deve ser acionado quando os outros ramos do direito não forem suficientes para a proteção dos bens jurídicos envolvidos. 3. Ordem concedida (HC 133984, Relator(a): Min. Cármen Lúcia, Segunda Turma, julgado em 17/05/2016, PROCESSO ELETRÔNICO DJe-112 DIVULG 01-06-2016 PUBLIC 02-06-2016)

Em outro precedente importante, o Superior Tribunal de Justiça entendeu ser possível reconhecer o princípio da insignificância na apreensão de 8 munições (**posse desarmada de munições**):

> PENAL. RECURSO ESPECIAL. CRIME DE POSSE ILEGAL DE MUNIÇÃO DE USO RESTRITO. CRIME DE PERIGO ABSTRATO. PRINCÍPIO DA INSIGNIFICÂNCIA. 8 MUNIÇÕES. AUSÊNCIA DE ARMAS APTAS PARA DISPARAR. POSSIBILIDADE. RECURSO PROVIDO. 1. O princípio da insignificância é parâmetro utilizado para interpretação da norma penal incriminadora, buscando evitar que o instrumento repressivo estatal persiga condutas que gerem lesões inexpressivas ao bem jurídico tutelado ou, ainda, sequer lhe causem ameaça. 2. A Sexta Turma do Superior Tribunal de Justiça, alinhando-se ao Supremo Tribunal Federal, tem entendido pela possibilidade da aplicação do princípio da insignificância aos crimes previstos na Lei 10.826/03, a despeito de serem delitos de mera conduta, afastando, assim, a tipicidade material da conduta, quando evidenciada flagrante desproporcionalidade da resposta penal. 3. Ainda que formalmente típica, a apreensão de 8 munições na gaveta do quarto da ré não é capaz de lesionar ou mesmo ameaçar o bem jurídico tutelado, mormente porque ausente qualquer tipo de armamento capaz de deflagrar os projéteis encontrados em

> seu poder. 4. Recurso especial provido. (REsp 1735871/AM, Rel. Ministro Nefi Cordeiro, Sexta Turma, julgado em 12/06/2018, DJe 22/06/2018).

Em arremate, cumpre analisar tese do Superior Tribunal de Justiça sobre o tema (tese 2 da edição 108 da jurisprudência em teses), que resume esse tópico (admissão excepcional do princípio da insignificância em relação à apreensão de ínfima quantidade de munição desacompanhada de arma de fogo):

> 2) A apreensão de ínfima quantidade de munição desacompanhada de arma de fogo, excepcionalmente, a depender da análise do caso concreto, pode levar ao reconhecimento de atipicidade da conduta, diante da ausência de exposição de risco ao bem jurídico tutelado pela norma.

No informativo 710, o Superior Tribunal de Justiça reconheceu a excepcionalidade do reconhecimento do princípio da insignificância em relação à posse de munição desarmada (no caso concreto analisado, o réu estava na posse de uma munição de uso restrito e o princípio da insignificância não foi reconhecido). Vide julgado (grifo meu):

> DIREITO PENAL E PROCESSUAL PENAL. EMBARGOS DE DIVERGÊNCIA EM RECURSO ESPECIAL. DISSÍDIO CONFIGURADO. CRIME DO ART. 16, CAPUT, DA LEI N. 10.826/2003. POSSE DE UMA MUNIÇÃO DE USO RESTRITO. APLICAÇÃO DO PRINCÍPIO DA INSIGNIFICÂNCIA NO CASO CONCRETO. IMPOSSIBILIDADE. CONDENAÇÃO CONCOMITANTE POR CRIMES DE TRÁFICO DE DROGAS E ASSOCIAÇÃO PARA O TRÁFICO. EMBARGOS DE DIVERGÊNCIA PROVIDOS. AGRAVO REGIMENTAL PROVIDO. RECURSO ESPECIAL DESPROVIDO. 1. A Quinta Turma e a Sexta Turma dessa Corte Superior, a última, em algumas oportunidades, tem entendido que o simples fato de os cartuchos apreendidos estarem desacompanhados da respectiva arma de fogo não implica, por si só, a atipicidade da conduta, de maneira que as peculiaridades do caso concreto devem ser analisadas a fim de se aferir: a) a mínima ofensividade da conduta do agente; b) a ausência de periculosidade social da ação; c) o reduzido grau de reprovabilidade do comportamento; e d) a inexpressividade da lesão jurídica provocada. 2. Na hipótese dos autos, embora com o embargado tenha sido apreendida apenas uma munição de uso restrito, desacompanhada de arma de fogo, ele foi também condenado pela prática dos crimes descritos nos arts. 33, caput, e 35, da Lei n. 11.343/06 (tráfico de drogas e associação para o tráfico), o que afasta o reconhecimento da atipicidade da conduta, por não estarem demonstradas a mínima ofensividade da ação e a

> ausência de periculosidade social exigidas para tal finalidade. 3. Embargos de Divergência providos, agravo regimental provido e recurso especial desprovido (EREsp 1856980/SC, Rel. Ministro JOEL ILAN PACIORNIK, TERCEIRA SEÇÃO, julgado em 22/09/2021, DJe 30/09/2021).

- **Arma de fogo com o registro vencido (atipicidade):** o fato é atípico (no entendimento do Superior Tribunal de Justiça) quando o registro da arma de fogo está vencido (trata-se de mera infração administrativa):

> PROCESSUAL PENAL. RECURSO ORDINÁRIO EM HABEAS CORPUS. POSSE ILEGAL DE ARMA DE FOGO E MUNIÇÕES. TRANCAMENTO. ATIPICIDADE DA CONDUTA. REGISTRO VENCIDO. INFRAÇÃO ADMINISTRATIVA. POSSIBILIDADE. CRIME. NÃO OCORRÊNCIA. CONSTRANGIMENTO ILEGAL. EXISTÊNCIA. RECURSO PROVIDO. 1. O trancamento da ação penal em sede de recurso ordinário em habeas corpus é medida excepcional, somente se justificando se demonstrada, inequivocamente, a ausência de autoria ou materialidade, a atipicidade da conduta, a absoluta falta de provas, a ocorrência de causa extintiva da punibilidade ou a violação dos requisitos legais exigidos para a exordial acusatória. 2. Na espécie, o órgão governamental atestou, mediante a entrega do registro, que o material bélico encontrava-se com o recorrente, ou seja, o Estado exerceu o seu controle ao registrar a arma e a munição, embora o acusado estivesse com o documento vencido à época do fato. 3. Não obstante a reprovabilidade comportamental, a omissão restringe-se à esfera administrativa, não logrando repercussão penal a não revalidação periódica do certificado de registro. Precedentes. 4. Recurso provido a fim de reconhecer a atipicidade da conduta irrogada ao recorrente e determinar o trancamento do processo criminal. (RHC 80.365/SP, Rel. Ministra Maria Thereza de Assis Moura, Sexta Turma, julgado em 14/03/2017, DJe 22/03/2017).

Importante salientar que há crime de posse ilegal de arma de fogo na conduta de delegado de polícia que possui arma de fogo sem registro. Policiais, assim como os particulares, têm o dever de observar as prescrições legais a respeito do registro do seu armamento (vide julgado do Superior Tribunal de Justiça):

> RECURSO ORDINÁRIO EM HABEAS CORPUS. POSSE E PORTE ILEGAL DE ARMAS DE FOGO E MUNIÇÕES DE USO PERMITIDO. AUSÊNCIA DE CERTIFICADO FEDERAL. DELEGADO DE POLÍCIA CIVIL. IRRELEVÂNCIA. CONDUTA TÍPICA. TRANCAMENTO DO PROCESSO IMPOSSIBILIDADE. RECURSO NÃO PROVIDO. 1. O trancamento do processo em habeas corpus somente é cabível quando ficarem demonstradas, de plano, a atipicidade da conduta, a absoluta

> falta de provas da materialidade do crime e de indícios de autoria ou a existência de causa extintiva da punibilidade. 2. É típica e antijurídica a conduta de policial civil que, mesmo autorizado a portar ou possuir arma de fogo, não observa as imposições legais previstas no estatuto do Desarmamento, que impõem registro das armas no órgão competente. 3. É incabível a aplicação do princípio da adequação social, segundo o qual, dada a natureza subsidiária e fragmentária do direito penal, não se pode reputar como criminosa uma ação ou uma omissão aceita e tolerada pela sociedade, ainda que formalmente subsumida a um tipo legal incriminador. Possuir armas de fogo e munições, de uso permitido, sem certificados federais e que só vieram a ser apreendidas pelo Estado após cumprimento de mandado de busca e apreensão, não é uma conduta adequada no plano normativo. 4. Por fim, sob a ótica do princípio da lesividade, o recorrente não preenche os vetores já assinalados pelo Supremo Tribunal Federal para o reconhecimento do princípio da insignificância, tais como a mínima ofensividade da conduta, nenhuma periculosidade social da ação, reduzidíssimo grau de reprovabilidade do comportamento e inexpressividade da lesão jurídica provocada, ante os armamentos apreendidos (dois revólveres calibre 38 e 48 munições). 5. Recurso não provido. (RHC 70.141/RJ, Rel. Ministro Rogerio Schietti Cruz, Sexta Turma, julgado em 07/02/2017, DJe 16/02/2017).

Atualmente quem decidir entregar sua arma de fogo pode fazê-lo, com base no artigo 32 da Lei 10.826/03. Entretanto, se a pessoa for flagrada na posse de arma de fogo em situação irregular, será responsabilizada criminalmente (nas penas do artigo 12 da mesma lei).

- **Crime único:** a apreensão de mais de uma arma de uso permitido no mesmo contexto configura crime único. Nesse sentido tese 5 da edição 23 da jurisprudência em teses do Superior Tribunal de Justiça:

> 5) A apreensão de mais de uma arma de fogo, acessório ou munição, em um mesmo contexto fático, não caracteriza concurso formal ou material de crimes, mas delito único.

- **Concurso de crimes:** se há apreensão de armas de fogo de uso permitido e de uso restrito em um mesmo contexto, há prática dos crimes tipificados nos artigos 12 e 16 do Estatuto do Desarmamento (posto que há violação a tipos penais distintos da Lei 10.826/03, sendo inviável o reconhecimento de consunção).

Há, contudo, divergência no Superior Tribunal de Justiça. Há julgados que consideram ter havido concurso material de crimes e julgados considerando ocorrência de concurso formal (grifos meus):

> AGRAVO REGIMENTAL EM RECURSO ESPECIAL. LEGISLAÇÃO EXTRAVAGANTE. ÓBICE DA SÚMULA 7/STJ. INAPLICABILIDADE. JULGADO QUE NÃO REVOLVEU MATÉRIA FÁTICO-PROBATÓRIA. ESTATUTO DO DESARMAMENTO. VIOLAÇÃO DOS ARTS. 70 DO CP; 14 E 16, PARÁGRAFO ÚNICO, IV, AMBOS DA LEI N. 10.826/2003. PORTE ILEGAL DE ARMAS DE FOGO, DE MUNIÇÃO DE USO PERMITIDO E DE ACESSÓRIO DE USO RESTRITO. PRINCÍPIO DA CONSUNÇÃO. MANUTENÇÃO DO AFASTAMENTO QUE SE IMPÕE. BENS JURÍDICOS DISTINTOS. CONCURSO FORMAL. APLICABILIDADE. 1. A questão veiculada no recurso especial não envolve a análise de conteúdo desta natureza, mas, sim, a possibilidade de aplicação, no caso concreto, da regra do concurso formal entre os delitos dos arts. 14 e 16, parágrafo único, IV, ambos da Lei n. 10.826/2003, em harmonia com a jurisprudência desta Corte Superior. Dessa forma, não se configura a hipótese de aplicação do óbice constante da Súmula 7/STJ, haja vista a análise eminentemente jurídica do caso. 2. Há precedentes desta Corte no sentido de que a apreensão de mais de uma arma, de munição, de acessório ou de explosivo, com o mesmo agente, não caracteriza concurso de crimes, mas delito único, pois há apenas uma lesão ao bem jurídico tutelado. 3. Na presente hipótese, não pode ser aplicado tal raciocínio, pois, no caso, a conduta praticada pelo agravante se amolda a tipos penais diversos, atingindo distintos bens jurídicos, o que inviabiliza o reconhecimento de crime único e o afastamento do concurso. 4. Tem-se reconhecido a existência de crime único quando são apreendidos, no mesmo contexto fático, mais de uma arma ou munição, tendo em vista a ocorrência de uma única lesão ao bem jurídico protegido. Sucede que referido entendimento não pode ser aplicado no caso dos autos, porquanto a conduta praticada pelo réu se amolda a tipos penais diversos, sendo que um deles, o do artigo 16, além da paz e segurança públicas também protege a seriedade dos cadastros do Sistema Nacional de Armas, razão pela qual é inviável o reconhecimento de crime único e o afastamento do concurso material (HC n. 211.834/SP, Ministro Jorge Mussi, Quinta Turma, DJe 18/9/2013). **5. As condutas de possuir arma de fogo e munições de uso permitido e de uso restrito, apreendidas em um mesmo contexto fático, configuram concurso formal de delitos. [...] O art. 16, do Estatuto do Desarmamento, além da paz e segurança públicas, também protege a seriedade dos cadastros do Sistema Nacional de Armas, sendo inviável o reconhecimento de crime único, pois há lesão a bens jurídicos diversos. Também não é adequada a aplicação da**

regra do concurso material ou do concurso formal impróprio, não havendo a demonstração da existência de desígnios autônomos. (HC n. 467.756/RJ, Ministro Reynaldo Soares da Fonseca, Quinta Turma, DJe 6/5/2019). 6. Agravo regimental improvido (AgRg no REsp 1825695/MG, Rel. Ministro Sebastião Reis Júnior, Sexta Turma, julgado em 10/03/2020, DJe 16/03/2020).

PENAL. AGRAVO REGIMENTAL NO RECURSO ESPECIAL. TRÁFICO DE DROGAS. CAUSA ESPECIAL DE DIMINUIÇÃO DA PENA. AFASTAMENTO. GRANDE QUANTIDADE DE ENTORPECENTES. INDICATIVO DA DEDICAÇÃO DO AGENTE À ATIVIDADE CRIMINOSA. ARTS. 12 E 16 DA LEI N. 10.826/2003. CONCURSO MATERIAL. OCORRÊNCIA. AGRAVO DESPROVIDO. 1. A apreensão de grande quantidade de drogas – 3 kg de cocaína, 58 g de "crack" e 15 g de maconha –, fato reconhecido na origem, deve ser valorado como indicativo da dedicação do agente à atividade criminosa, sem que isso implique em reexame de provas, mas tão somente em revaloração delas, o que pode ser feito no âmbito do recurso especial sem ofensa ao disposto na Súmula n. 7 desta Corte Superior. **2. A posse de munições de uso permitido e de uso restrito caracteriza os delitos previstos nos arts. 12 e 16 da Lei n. 10.8.26/2003, em concurso material, ainda que apreendidas no mesmo contexto. Ressalta-se que o afastamento da consunção entre esses crimes também partiu apenas da valoração dos fatos reputados como provados na origem, pois restou assentado que os agentes tinham a posse de munições de uso permitido, bem como de uso restrito.** 3. Agravo regimental improvido (AgRg no REsp 1724649/MG, Rel. Ministro Joel Ilan Paciornik, Quinta Turma, julgado em 24/04/2018, DJe 11/05/2018).

Omissão de cautela

Art. 13. Deixar de observar as cautelas necessárias para impedir que menor de 18 (dezoito) anos ou pessoa portadora de deficiência mental se apodere de arma de fogo que esteja sob sua posse ou que seja de sua propriedade:

Pena – detenção, de 1 (um) a 2 (dois) anos, e multa.

Parágrafo único. Nas mesmas penas incorrem o proprietário ou diretor responsável de empresa de segurança e transporte de valores que deixarem de registrar ocorrência policial e de comunicar à Polícia Federal perda, furto, roubo ou outras formas de extravio de arma de fogo, acessório ou munição que estejam sob sua guarda, nas primeiras 24 (vinte quatro) horas depois de ocorrido o fato.

- **Classificação:** o crime tipificado no caput do artigo 13 da Lei 10.826/03 é comum (pode ser cometido por qualquer pessoa), culposo (o tipo descreve conduta negligente do agente) e de perigo abstrato.

Trata-se de infração de menor potencial ofensivo.

▪ **Bem jurídico tutelado e sujeito passivo:** o tipo defende a incolumidade pública.

A sociedade é o sujeito passivo (trata-se de crime vago).

▪ **Consumação:** o crime do caput do artigo 13 do Estatuto do Desarmamento se consuma quando o menor de 18 anos ou pessoa portadora de deficiência mental se apodera da arma de fogo, em face da omissão de cautela do agente que a possui ou que seja seu proprietário.

Não é preciso que o menor de 18 anos ou a pessoa portadora de deficiência mental dispare ou pratique alguma conduta que traga perigo a terceiro (trata-se, como dito, de crime de perigo abstrato ou presumido).

▪ **Figura equiparada:** o parágrafo único do artigo 13 traz em seu bojo figura equiparada (também uma infração de menor potencial ofensivo).

Trata-se de crime próprio (só pode ser cometido por proprietário ou diretor responsável por empresa de segurança e de transporte de valores), doloso (se a omissão for culposa, não há crime), omissivo próprio e a prazo (só é possível observar prática do crime estudado passadas 24 horas da ocorrência do fato – o prazo deve ser contado, em verdade, a partir da descoberta da perda/furto/roubo/extravio da arma).

Porte ilegal de arma de fogo de uso permitido

Art. 14. Portar, deter, adquirir, fornecer, receber, ter em depósito, transportar, ceder, ainda que gratuitamente, emprestar, remeter, empregar, manter sob guarda ou ocultar arma de fogo, acessório ou munição, de uso permitido, sem autorização e em desacordo com determinação legal ou regulamentar:

Pena – reclusão, de 2 (dois) a 4 (quatro) anos, e multa.

Parágrafo único. O crime previsto neste artigo é inafiançável, salvo quando a arma de fogo estiver registrada em nome do agente.

▪ **Classificação:** trata-se de crime comum (pode ser cometido por qualquer pessoa), doloso, de perigo abstrato, de mera conduta, misto, alternativo ou de conteúdo variado, instantâneo (nas condutas adquirir, fornecer, receber, ceder, ainda que gratuitamente, emprestar, remeter e empregar) ou permanente (nas condutas portar, deter, ter em depósito, transportar, manter sob guarda e ocultar), com incidência, nessa última hipótese (crime permanente), da Súmula 711/STF e do artigo 303 do Código de Processo Penal.

O delito admite acordo de não persecução penal (artigo 28-A do Código de Processo Penal) e fiança arbitrada pelo delegado de polícia (artigo 322 do Código de Processo Penal), apesar do quanto desenhado no parágrafo único do dispositivo (em face do quanto decidido pelo Supremo Tribunal Federal nos autos da ADI 3112 – grifos meus):

> AÇÃO DIRETA DE INCONSTITUCIONALIDADE. LEI 10.826/2003. ESTATUTO DO DESARMAMENTO. INCONSTITUCIONALIDADE FORMAL AFASTADA. INVASÃO DA COMPETÊNCIA RESIDUAL DOS ESTADOS. INOCORRÊNCIA. DIREITO DE PROPRIEDADE. INTROMISSÃO DO ESTADO NA ESFERA PRIVADA DESCARACTERIZADA. PREDOMINÂNCIA DO INTERESSE PÚBLICO RECONHECIDA. OBRIGAÇÃO DE RENOVAÇÃO PERIÓDICA DO REGISTRO DAS ARMAS DE FOGO. DIREITO DE PROPRIEDADE, ATO JURÍDICO PERFEITO E DIREITO ADQUIRIDO ALEGADAMENTE VIOLADOS. ASSERTIVA IMPROCEDENTE. LESÃO AOS PRINCÍPIOS CONSTITUCIONAIS DA PRESUNÇÃO DE INOCÊNCIA E DO DEVIDO PROCESSO LEGAL. AFRONTA TAMBÉM AO PRINCÍPIO DA RAZOABILIDADE. ARGUMENTOS NÃO ACOLHIDOS. FIXAÇÃO DE IDADE MÍNIMA PARA A AQUISIÇÃO DE ARMA DE FOGO. POSSIBILIDADE. REALIZAÇÃO DE REFERENDO. INCOMPETÊNCIA DO CONGRESSO NACIONAL. PREJUDICIALIDADE. AÇÃO JULGADA PARCIALMENTE PROCEDENTE QUANTO À PROIBIÇÃO DO ESTABELECIMENTO DE FIANÇA E LIBERDADE PROVISÓRIA. I – Dispositivos impugnados que constituem mera reprodução de normas constantes da Lei 9.437/1997, de iniciativa do Executivo, revogada pela Lei 10.826/2003, ou são consentâneos com o que nela se dispunha, ou, ainda, consubstanciam preceitos que guardam afinidade lógica, em uma relação de pertinência, com a Lei 9.437/1997 ou com o PL 1.073/1999, ambos encaminhados ao Congresso Nacional pela Presidência da República, razão pela qual não se caracteriza a alegada inconstitucionalidade formal. II – Invasão de competência residual dos Estados para legislar sobre segurança pública inocorrente, pois cabe à União legislar sobre matérias de predominante interesse geral. III – O direito do proprietário à percepção de justa e adequada indenização, reconhecida no diploma legal impugnado, afasta a alegada violação ao art. 5º, XXII, da Constituição Federal, bem como ao ato jurídico perfeito e ao direito adquirido. **IV – A proibição de estabelecimento de fiança para os delitos de "porte ilegal de arma de fogo de uso permitido" e de "disparo**

de arma de fogo", mostra-se desarrazoada, porquanto são crimes de mera conduta, que não se equiparam aos crimes que acarretam lesão ou ameaça de lesão à vida ou à propriedade. V – Insusceptibilidade de liberdade provisória quanto aos delitos elencados nos arts. 16, 17 e 18. Inconstitucionalidade reconhecida, visto que o texto magno não autoriza a prisão ex lege, em face dos princípios da presunção de inocência e da obrigatoriedade de fundamentação dos mandados de prisão pela autoridade judiciária competente. VI – Identificação das armas e munições, de modo a permitir o rastreamento dos respectivos fabricantes e adquirentes, medida que não se mostra irrazoável. VII – A idade mínima para aquisição de arma de fogo pode ser estabelecida por meio de lei ordinária, como se tem admitido em outras hipóteses. VIII – Prejudicado o exame da inconstitucionalidade formal e material do art. 35, tendo em conta a realização de referendo. **IX – Ação julgada procedente, em parte, para declarar a inconstitucionalidade dos parágrafos únicos dos artigos 14 e 15 e do artigo 21 da Lei 10.826, de 22 de dezembro de 2003** (ADI 3112, Relator(a): RICARDO LEWANDOWSKI, Tribunal Pleno, julgado em 02/05/2007, DJe-131 DIVULG 25-10-2007 PUBLIC 26-10-2007 DJ 26-10-2007 PP-00028 EMENT VOL-02295-03 PP-00386 RTJ VOL-00206-02 PP-00538).

- **Bem jurídico tutelado e sujeito passivo:** o tipo defende a incolumidade pública.

A sociedade é o sujeito passivo (trata-se de crime vago).

- **Porte de arma desmuniciada (há crime):** o porte de arma desmuniciada é crime (já que o simples porte de munição ou acessório o é). Vide julgados do Supremo Tribunal Federal e do Superior Tribunal de Justiça nesse sentido:

DIREITO PENAL. HABEAS CORPUS. PORTE ILEGAL DE ARMA. ALEGAÇÃO DE ATIPICIDADE. ARMA DESMUNICIADA. CRIME DE MERA CONDUTA. DENEGAÇÃO DA ORDEM. 1. A tese apresentada no habeas corpus consiste na alegada atipicidade da conduta de o paciente portar arma de fogo, sem autorização e em desacordo com determinação legal e regulamentar, quando se tratar de arma desmuniciada. 2. O tipo penal do art. 14, da Lei nº 10.826/03, ao prever as condutas de portar, deter, adquirir, fornecer, receber, ter em depósito, transportar, ceder, ainda que gratuitamente, emprestar, remeter, empregar, manter sob guarda ou ocultar arma de fogo, acessório ou munição, de uso permitido, sem autorização e em desacordo com determinação legal e regulamentar, contempla crime de mera conduta, sendo suficiente a ação de

> portar ilegalmente a arma de fogo, ainda que desmuniciada. 3. O fato de estar desmuniciado o revólver não o desqualifica como arma, tendo em vista que a ofensividade de uma arma de fogo não está apenas na sua capacidade de disparar projéteis, causando ferimentos graves ou morte, mas também, na grande maioria dos casos, no seu potencial de intimidação. 4. Vê-se, assim, que o objetivo do legislador foi antecipar a punição de fatos que apresentam potencial lesivo à população – como o porte de arma de fogo em desacordo com as balizas legais –, prevenindo a prática de crimes como homicídios, lesões corporais, roubos etc. E não se pode negar que uma arma de fogo, transportada pelo agente na cintura, ainda que desmuniciada, é propícia, por exemplo, à prática do crime de roubo, diante do seu poder de ameaça e de intimidação da vítima. 5. Habeas corpus denegado (HC 95073, Relator(a): ELLEN GRACIE, Relator(a) p/ Acórdão: TEORI ZAVASCKI, Segunda Turma, julgado em 19/03/2013, DJe-066 DIVULG 10-04-2013 PUBLIC 11-04-2013 EMENT VOL-02687-01 PP-00001).

> AGRAVO REGIMENTAL NOS EMBARGOS DE DECLARAÇÃO NO RECURSO ESPECIAL. PORTE ILEGAL DE ARMA DE FOGO DESMUNICIADA. CRIME DE PERIGO ABSTRATO. TIPICIDADE DA CONDUTA. SENTENCIADO REINCIDENTE. REGIME PRISIONAL SEMIABERTO. LEGALIDADE. INSURGÊNCIA DESPROVIDA. 1. Esta Corte Superior de Justiça firmou a compreensão de que a previsão do delito descrito no art. 14 da Lei nº 10.826/03 busca tutelar a segurança pública, colocada em risco com a posse ou porte de arma, acessório ou munição de uso permitido à revelia do controle estatal, não impondo à sua configuração, pois, resultado naturalístico ou efetivo perigo de lesão. 2. Na hipótese dos autos, a inexistência de comprovação do potencial lesivo do artefato, em razão de a arma apreendida estar desmuniciada, não descaracteriza a natureza criminosa da conduta. 3. Apesar da favorabilidade das circunstâncias judiciais e a fixação da sanção final em patamar inferior a 04 (quatro) anos, inexiste ilegalidade no resgate inicial da reprimenda em regime semiaberto, porquanto o sentenciado é reincidente na prática delitiva, circunstância que obsta o abrandamento do modo prisional para o aberto, em consonância com o art. 33 do CP e a Súmula n. 269/STJ. 4. Agravo regimental desprovido (AgRg nos EDcl no REsp 1595187/RN, Rel. Ministro Jorge Mussi, Quinta Turma, julgado em 16/05/2017, DJe 24/05/2017).

- **Porte de arma desmontada (há crime):** há, de igual sorte, crime de porte ilegal de arma de fogo mesmo que ela esteja desmontada. Nesse sentido julgado do Superior Tribunal de Justiça:

> CONSTITUCIONAL E PENAL. HABEAS CORPUS SUBSTITUTIVO DE RECURSO. ART. 14 DA LEI N. 10.826/2003. ABSOLVIÇÃO. IMPROPRIEDADE DA VIA ELEITA. CRIME DE PERIGO ABSTRATO. ARMA

DESMUNICIADA E DESMONTADA. TIPICIDADE DA CONDUTA. WRIT NÃO CONHECIDO. 1. Esta Corte e o Supremo Tribunal Federal pacificaram orientação no sentido de que não cabe habeas corpus substitutivo do recurso legalmente previsto para a hipótese, impondo-se o não conhecimento da impetração, salvo quando constatada a existência de flagrante ilegalidade no ato judicial impugnado. 2. O habeas corpus não se presta para a apreciação de alegações que buscam a absolvição do paciente, em virtude da necessidade de revolvimento do conjunto fático-probatório, o que é inviável na via eleita. Precedente. 3. A conclusão do Colegiado a quo se coaduna com a jurisprudência deste Superior Tribunal de Justiça, pacificada nos autos do AgRg nos EAREsp n. 260.556/SC, no sentido de que o crime previsto no art. 14 da Lei n. 10.826/2003 é de perigo abstrato, sendo irrelevante o fato de a arma estar desmuniciada ou, até mesmo, desmontada, porquanto o objeto jurídico tutelado não é a incolumidade física, e sim a segurança pública e a paz social, colocados em risco com o porte de arma de fogo sem autorização ou em desacordo com determinação legal, revelando-se despicienda a comprovação do potencial ofensivo do artefato através de laudo pericial. Precedentes. 4. Habeas corpus não conhecido (HC 333.284/RS, Rel. Ministro Ribeiro Dantas, Quinta Turma, julgado em 10/03/2016, DJe 17/03/2016).

- **Arma apreendida dentro de caminhão (crime de porte ilegal de arma de fogo):** há crime de porte ilegal de arma de fogo (e não posse ilegal de arma de fogo) quando a arma é apreendida no interior de caminhão (a arma está sendo deslocada). Vide julgado do Superior Tribunal de Justiça nesse sentido:

RECURSO ORDINÁRIO EM HABEAS CORPUS. PORTE ILEGAL DE ARMA DE FOGO. ARMA ENCONTRADA NO INTERIOR DE CAMINHÃO. PLEITO DE DESCLASSIFICAÇÃO PARA O DELITO DE POSSE ILEGAL DE ARMA. IMPOSSIBILIDADE. ABOLITIO CRIMINIS. INAPLICABILIDADE. PLEITO SUPERADO. RECURSO DESPROVIDO. 1. Caracteriza-se o delito de posse irregular de arma de fogo quando ela estiver guardada no interior da residência (ou dependência desta) ou no trabalho do acusado, evidenciado o porte ilegal se a apreensão ocorrer em local diverso. 2. O caminhão, ainda que seja instrumento de trabalho do motorista, não pode ser considerado extensão de sua residência, nem local de seu trabalho, mas apenas instrumento de trabalho. 3. No caso concreto, o recorrente foi surpreendido com a arma na cabine do caminhão, no interior de uma bolsa de viagem. Assim sendo, fica evidente que ele portava, efetivamente, a arma de fogo, que estava ao seu alcance, possibilitando a utilização imediata. 4. Ante a impossibilidade de desclassificação do crime de porte de arma para o delito de posse, está superada a irresignação no tocante à incidência da

> abolitio criminis temporária. 5. Recurso ordinário a que se nega provimento. (RHC 31.492/SP, Rel. Ministro Campos Marques (Desembargador Convocado do TJ/PR), Quinta Turma, julgado em 13/08/2013, DJe 19/08/2013).

- **Desnecessidade de confecção de perícia:** o Superior Tribunal de Justiça entende ser desnecessária realização de perícia para atestar a materialidade do crime de porte ilegal de arma de fogo (tese 02 da edição 102 da jurisprudência em teses):

> 2) O crime de porte ilegal de arma de fogo, acessório ou munição de uso permitido (art. 14 da Lei n. 10.826/2003) é de perigo abstrato e de mera conduta, bastando para sua caracterização a prática de um dos núcleos do tipo penal, sendo desnecessária a realização de perícia.

Mesmo diante do entendimento do Tribunal da Cidadania, penso ser relevante determinar realização de perícia, com fito de atestar que a arma de fogo é apta a disparar, posto que a detecção de que esta é absolutamente inoperante faz com que o crime seja impossível (na forma do artigo 17 do Código Penal). Nesse sentido, tese 03 da edição 108 da jurisprudência em teses do Superior Tribunal de Justiça:

> 3) Demonstrada por laudo pericial a inaptidão da arma de fogo para o disparo, é atípica a conduta de portar ou de possuir arma de fogo, diante da ausência de afetação do bem jurídico incolumidade pública, tratando-se de crime impossível pela ineficácia absoluta do meio.

- **Prática de roubo com emprego de arma de fogo:** a depender do contexto fático, é possível reconhecimento de consunção (imputando ao agente apenas o crime de roubo majorado pelo emprego de arma de fogo de uso permitido, restrito ou proibido, conforme o caso – inciso I do § 2º-A ou § 2º-B do artigo 157 do Código Penal) ou imputação dos crimes em concurso (caso se reconheça que os contextos são distintos).

Eis dois julgados do Superior Tribunal de Justiça contemplando as duas possibilidades interpretativas (grifos meus):

> AGRAVO REGIMENTAL NO RECURSO ESPECIAL. CRIME DE ROUBO MAJORADO E LATROCÍNIO TENTADO. CRIME PRATICADO CONTRA DIVERSAS VÍTIMAS MEDIANTE UMA SÓ AÇÃO. CONCURSO FORMAL DE CRIMES. CRIME DE RECURSO PROVIDO. PRINCÍPIO DA CONSUNÇÃO. DELITO DE PORTE DE ARMA DE FOGO DE USO PERMITIDO. POSSIBILIDADE. GARRUCHA.22. APREENSÃO

LOGO APÓS A PRÁTICA DOS CRIMES CONTRA O PATRIMÔNIO. DEPENDÊNCIA CONFIGURADA. DELITO PRATICADO NO MESMO CONTEXTO FÁTICO. AGRAVO PROVIDO. 1. Não obstante configurado concurso formal impróprio, e não concurso material, quando praticado os crimes de roubo e latrocínio tentado em um mesmo contexto fático, mediante uma só ação, contra vítimas diferentes, inexiste reflexo na dosimetria da pena, por ser idêntica à regra do concurso material, nos termos do art. 70, segunda parte, do CP. **2. Aplica-se o princípio da consunção ao crime de porte ilegal de arma de fogo e aos delitos contra o patrimônio ocorridos no mesmo contexto fático, quando presente nexo de dependência entre as condutas, considerando-se o porte crime-meio para a execução do roubo e do latrocínio tentado.** 3. Não incide a Súmula 7/STJ quando os fatos se encontram delimitados pelo acórdão recorrido, sendo necessária nova valoração jurídica da prova, e não reexame fático-probatório, uma vez que a conduta do réu se apresenta incontroversa. 4. Agravo regimental provido para redimensionar a pena (AgRg no AREsp 1395908/MG, Rel. Ministro Nefi Cordeiro, Sexta Turma, julgado em 05/09/2019, DJe 12/09/2019).

PENAL. HABEAS CORPUS SUBSTITUTIVO DE RECURSO PRÓPRIO. ROUBO CIRCUNSTANCIADO MAJORADO PELO EMPREGO DE ARMA DE FOGO. PORTE ILEGAL DE ARMAR DE FOGO E USO DE ACESSÓRIO RESTRITO (COLETE BALÍSTICO). ASSOCIAÇÃO CRIMINOSA (ART. 288, CAPUT, DO CÓDIGO PENAL). ALEGAÇÃO DE ABSORÇÃO DOS DELITOS PREVISTOS NO ESTATUTO DO DESARMAMENTO PELO CRIME DE ROUBO CIRCUNSTANCIADO. CONTEXTOS FÁTICOS DISTINTOS. PREMISSA ASSENTADA PELA CORTE ORIGINÁRIA. REEXAME DE PROVAS. IMPOSSIBILIDADE NA VIA ELEITA. HABEAS CORPUS NÃO CONHECIDO. I – A Terceira Seção desta Corte, seguindo entendimento firmado pela Primeira Turma do col. Pretório Excelso, firmou orientação no sentido de não admitir a impetração de habeas corpus em substituição ao recurso adequado, situação que implica o não conhecimento da impetração, ressalvados casos excepcionais em que, configurada flagrante ilegalidade apta a gerar constrangimento ilegal, seja possível a concessão da ordem de ofício. II – Segundo o Tribunal de origem, as ações de portar ilegalmente armas de fogo e de usar acessório restrito (coletes balísticos) e a subtração patrimonial foram perpetradas em momentos distintos, não obstante a prisão em flagrante dos autores do delito. Nessa senda, a Corte originária destacou a própria condenação por associação criminosa, a qual até poderia ter sido na forma qualificada, o que, a toda evidência, demonstra a ausência de nexo de dependência ou de subordinação entre as condutas em análise. **III – Não há se falar em bis in idem, ante a imputação concomitante da majorante do emprego de arma no roubo (art. 157, § 2º, inciso I, do Código Penal) e o delito de porte ilegal de arma de fogo**

> **(art. 16, parágrafo único, inciso IV, da Lei n. 10.826/2003), pois o acórdão recorrido assentou que os crimes foram autônomos, cometidos em momentos distintos, sem nexo de dependência ou subordinação. IV – Além disso, na hipótese em análise, não se aplica o princípio da consunção, de forma que a conduta de portar ilegalmente arma de fogo não pode ser absorvida pelo crime de roubo, na medida em que se tratam de crimes autônomos e independentes, cujos objetos jurídicos são distintos – quanto ao crime de roubo: o patrimônio, a integridade jurídica e a liberdade do indivíduo e, em relação ao crime de porte ilegal de arma de fogo: a segurança pública e a paz social –, com diferenças quanto à natureza jurídica de cada um, sendo o primeiro material, de perigo concreto, e o segundo formal, de perigo abstrato.** V – Ademais, o acolhimento da pretensão posta no writ demanda rever as premissas fáticas delineadas pelo aresto impugnado, circunstância vedada no âmbito do habeas corpus, tendo em vista a necessidade de revolvimento do acervo-fático probatório dos autos. Habeas corpus não conhecido. (HC 494.860/SP, Rel. Ministro Felix Fischer, Quinta Turma, julgado em 14/05/2019, DJe 20/05/2019).

Eis julgado do Supremo Tribunal Federal acerca da possibilidade de imputação dos crimes em concurso (contextos distintos que inviabilizam reconhecimento de consunção):

> RECURSO ORDINÁRIO EM HABEAS CORPUS. PENAL. PORTE ILEGAL DE ARMA DE FOGO E ROUBO QUALIFICADO PELO EMPREGO DE ARMA. PRINCÍPIO DA CONSUNÇÃO. INAPLICABILIDADE. AUTONOMIA DE CONDUTAS. VIOLAÇÃO DE BENS JURÍDICOS DIVERSOS. PRECEDENTES. 1. Caso no qual o acusado foi preso portando ilegalmente arma de fogo, usada também em crime de roubo três dias antes. Condutas autônomas, com violação de diferentes bens jurídicos em cada uma delas. 2. Inocorrente o esgotamento do dano social no crime de roubo, ante a violação posterior da incolumidade pública pelo porte ilegal de arma de fogo, não há falar em aplicação do princípio da consunção. 3. Recurso desprovido (RHC 106067, Relator(a): Min. ROSA WEBER, Primeira Turma, julgado em 26/06/2012, ACÓRDÃO ELETRÔNICO DJe-160 DIVULG 14-08-2012 PUBLIC 15-08-2012).

Penso que a aplicação do princípio da consunção demanda investigação profícua. Se restar detectado que a arma fogo preexistia à prática criminosa ou continuou existindo depois do delito, não é possível reconhecimento da consunção (haverá imputação, em concurso material, do crime perpetrado e de delito tipificado no Estatuto do Desarmamento). Exemplificarei meu entendimento:

SITUAÇÃO HIPOTÉTICA 1: 'A' possuía arma de fogo de uso restrito em situação irregular. Em dado momento, ele decide subtrair bens móveis da vítima 'B', mediante grave ameaça exercida com sua arma de fogo.

SITUAÇÃO HIPOTÉTICA 2: 'C' roubou 'D' exercendo grave ameaça com uso de arma de fogo de uso restrito. A polícia iniciou as investigações e, dias depois do crime patrimonial, cumpriu mandado de busca expedido pelo juízo competente. No curso da diligência, restaram apreendidos os bens surrupiados da vítima e a arma de fogo usada no crime patrimonial.

SITUAÇÃO HIPOTÉTICA 3: 'E' utilizou arma de fogo de uso restrito de terceiro para perpetrar crime de homicídio. Depois de ter praticado o crime doloso contra a vida, o autor do fato descartou a arma de fogo.

SOLUÇÕES: na **SITUAÇÃO HIPOTÉTICA 1**, 'A' deve ser responsabilizado, em concurso de crimes (material) pelos delitos de roubo majorado pelo emprego de arma de fogo de uso restrito (§ 2°-B do artigo 157 do Código Penal) e pelo crime tipificado no artigo 16 da Lei 10.826/03 (considero que há contextos distintos, afastando o princípio da consunção, porque a arma preexistia ao crime patrimonial). Na **SITUAÇÃO HIPOTÉTICA 2**, 'C' deve ser responsabilizado pelos crimes de roubo majorado pelo emprego de arma de fogo de uso restrito (§ 2°-B do artigo 157 do Código Penal) e pelo crime tipificado no artigo 16 da Lei 10.826/03 (há contextos distintos, afastando o princípio da consunção, porque a arma continuou na propriedade do autor do fato, mesmo depois da prática do crime patrimonial). Por fim, na **SITUAÇÃO HIPOTÉTICA 3**, o crime imputado 'E' deve ser apenas o crime de homicídio qualificado pelo uso de arma de fogo de uso restrito (inciso VIII do § 2° do artigo 121 do Código Penal), vez que a arma só foi usada para a prática do crime doloso contra a vida (em relação ao seu autor, a arma nem preexistia, nem continuou a existir depois do delito perpetrado).

- **Porte de arma de brinquedo (atipicidade):** o porte de arma de brinquedo não é crime. Outrossim, cumpre anotar que o artigo 26 da Lei 10.826/03 proíbe a fabricação, a venda, a comercialização e a importação de brinquedos, réplicas e simulacros de armas de fogo:

Art. 26. São vedadas a fabricação, a venda, a comercialização e a importação de brinquedos, réplicas e simulacros de armas de fogo, que com estas se possam confundir.

Parágrafo único. Excetuam-se da proibição as réplicas e os simulacros destinados à instrução, ao adestramento, ou à coleção de

usuário autorizado, nas condições fixadas pelo Comando do Exército.

- **Importação de arma de brinquedo sem autorização:** como a importação de armas de brinquedo, réplicas e simulacros é vedada pelo artigo acima transcrito, a internalização inautorizada de arma de pressão por ação de gás comprimido ou por ação de mola configura crime de contrabando (tipificado no artigo 334-A do Código Penal). Nesse sentido, tese 02 da edição 81 da jurisprudência em teses do Superior Tribunal de Justiça:

> 2) Configura crime de contrabando (art. 334-A, CP) a importação não autorizada de arma de pressão por ação de gás comprimido ou por ação de mola, independentemente do calibre.

O Supremo Tribunal Federal, nos autos do HC 131.943, seguiu, por maioria de votos, o entendimento do Tribunal da Cidadania (a importação sem autorização de arma de pressão configura crime de contrabando – trata-se de proibição relativa):

> HABEAS CORPUS. DIREITO PENAL. IMPORTAÇÃO DE ARMA DE PRESSÃO DE USO PERMITIDO. CALIBRE IGUAL OU INFERIOR A 6 MILÍMETROS. PRODUTO CONTROLADO PELO EXÉRCITO. CRIME DE CONTRABANDO. PROIBIÇÃO RELATIVA. INAPLICABILIDADE DO PRINCÍPIO DA INSIGNIFICÂNCIA. PRECEDENTES. ORDEM DENEGADA. 1. A importação de arma de pressão por ação de gás comprimido, de calibre igual ou inferior a 6mm, de uso permitido, submete-se a uma proibição relativa, por se tratar de produto controlado pelo Exército. 2. A importação, sem autorização prévia do Exército, de arma de pressão por ação de gás comprimido, de calibre igual ou inferior a 6mm, de uso permitido, tipifica o crime de contrabando. 3. O princípio da insignificância não se aplica ao crime de contrabando. Precedentes. 4. Ordem denegada (HC 131943, Relator(a): GILMAR MENDES, Relator(a) p/ Acórdão: EDSON FACHIN, Segunda Turma, julgado em 07/05/2019, PROCESSO ELETRÔNICO DJe-051 DIVULG 09-03-2020 PUBLIC 10-03-2020).

- **Tráfico armado:** o Superior Tribunal de Justiça entende ser possível aplicar o princípio da consunção (absorção do crime de porte ilegal de arma de fogo pelo delito de tráfico de drogas, quando a arma é usada para assegurar o sucesso da mercancia ilícita). Temos aí o tráfico armado – incidência da majorante do inciso IV do artigo 40 da Lei 11.343/06 ao crime do artigo 33 do mesmo mandamento legal (grifo meu):

PENAL. HABEAS CORPUS SUBSTITUTIVO DE RECURSO PRÓPRIO. NÃO CABIMENTO. ASSOCIAÇÃO PARA O TRÁFICO DE DROGAS E PORTE ILEGAL DE ACESSÓRIO DE ARMA DE FOGO. PRETENSÃO DE ALTERAR A CONDENAÇÃO DO CRIME DE PORTE ILEGAL DE ACESSÓRIO DE ARMA DE FOGO PELA CAUSA DE AUMENTO PREVISTA NO ART. 40, INCISO IV, DA LEI N.° 11.343/06. CONCURSO MATERIAL. RECLASSIFICAÇÃO. ARMAS UTILIZADAS COMO GARANTIA DO SUCESSO DA MERCANCIA ILÍCITA. ABSORÇÃO. INCIDÊNCIA DA CAUSA DE AUMENTO DE PENA PREVISTA NO INCISO IV DO ART. 40 DA LEI N. 11.343/2006. HABEAS CORPUS NÃO CONHECIDO. ORDEM CONCEDIDA DE OFÍCIO. I – A Terceira Seção desta Corte, seguindo entendimento firmado pela Primeira Turma do col. Pretório Excelso, firmou orientação no sentido de não admitir a impetração de habeas corpus em substituição ao recurso adequado, situação que implica o não conhecimento da impetração, ressalvados casos excepcionais em que, configurada flagrante ilegalidade apta a gerar constrangimento ilegal, seja possível a concessão da ordem de ofício. II – In casu, da análise perfunctória dos elementos, é possível aplicar a causa especial capitulada no inciso IV do artigo 40 da Lei n. 11.343/2006, em substituição à condenação pelo crime do artigo 16, caput, da Lei n. 10.826/2003, visto que os objetos apreendidos, no contexto descrito na denúncia, demonstram que foram utilizados para viabilizar a prática do narcotráfico, existindo, portanto, flagrante ilegalidade a justificar a concessão da ordem de ofício. **III – Segundo o entendimento do Superior Tribunal de Justiça, a absorção do crime de porte ou posse ilegal de arma pelo delito de tráfico de drogas, em detrimento do concurso material, deve ocorrer quando o uso da arma está ligado diretamente ao comércio ilícito de entorpecentes, ou seja, para assegurar o sucesso da mercancia ilícita. Nesse caso, trata-se de crime meio para se atingir o crime fim que é o tráfico de drogas, exige-se o nexo finalístico entre as condutas de portar ou possuir arma de fogo e aquelas relativas ao tráfico** (HC n. 181.400/RJ, Quinta Turma, Ministro Marco Aurélio Bellizze, DJe 29/6/2012). IV – Na hipótese, entendo ser adequado o acréscimo da pena em 2/3 (dois terços), em razão da apreensão de 03 (três) carregadores de pistola na posse do paciente, bem como nas circunstâncias da apreensão, quais sejam, logo após efetuar disparos de arma de fogo e em seguida empreender fuga. Precedentes. Habeas corpus não conhecido. Ordem concedida de ofício, para absorver o delito previsto na Lei do Desarmamento, e reclassificar a conduta do paciente, condenando-o pela prática do delito tipificado no art. 35, caput, c/c o art. 40, IV, todos da Lei n. 11.343/2006, à pena de 05 (cinco) anos de reclusão, mais ao pagamento de 1166 (um mil cento e sessenta e seis) dias-multa, mantidos os demais termos do acórdão impugnado (HC 395.762/RJ, Rel. Ministro Felix Fischer, Quinta Turma, julgado em 14/11/2017, DJe 21/11/2017).

Doutra banda, se restar detectado que a arma de fogo serve para outros fins (prática de outros delitos, além do tráfico de drogas), penso ser possível afastar a consunção e imputar, em concurso material, os delitos de tráfico de drogas e de porte/posse de arma de fogo.

- **Porte de arma de fogo com registro vencido (há crime):** é crime portar arma de fogo com registro vencido (como visto supra, não é possível imputar apenas o crime de posse ilegal de arma de fogo quando o registro está vencido – nesse caso, trata-se de mera infração administrativa). Neste sentido, precedente do Superior Tribunal de Justiça:

> PENAL. AGRAVO REGIMENTAL NO AGRAVO EM RECURSO ESPECIAL. CRIME DE PORTE ILEGAL DE ARMA DE FOGO. POLICIAL MILITAR. REGISTRO VENCIDO. ATIPICIDADE DA CONDUTA. TESE INAPLICÁVEL. AGRAVO REGIMENTAL IMPROVIDO. 1. "O entendimento firmado pelo Superior Tribunal de Justiça no julgamento da APn n. 686/AP (Rel. Ministro JOÃO OTÁVIO DE NORONHA, Corte Especial, DJe 29/10/2015) é restrito ao delito de posse ilegal de arma de fogo de uso permitido (art. 12 da Lei 10.826/2003), não se aplicando ao crime de porte ilegal de arma de fogo (art. 14 da Lei 10.826/2003), muito menos ao delito de porte ilegal de arma de fogo de uso restrito (art. 16 da Lei 10.826/2003), cujas elementares são diversas e a reprovabilidade mais intensa (RHC n. 63.686/DF, relator Ministro REYNALDO SOARES DA FONSECA, QUINTA TURMA, DJe 22/2/2017). 2. Agravo regimental a que se nega provimento" (AgRg no AREsp 885.281/ES, Rel. Ministro Antonio Saldanha Palheiro, Sexta Turma, julgado em 28/04/2020, DJe 08/05/2020).

- **Crime de porte ilegal de arma de fogo na modalidade 'transportar' (admissão de participação):** o Superior Tribunal de Justiça admite participação em relação ao crime de porte ilegal de arma de fogo (seja a arma de fogo ou munição de uso permitido ou restrito) na modalidade 'transportar' (informativo 721/STJ). Eis o julgado (grifo meu):

RECURSO ESPECIAL. PENAL E PROCESSUAL PENAL. PORTE DE ARMA DE FOGO. TRANSPORTE DE MUNIÇÃO. PARTICIPAÇÃO NO DELITO. POSSIBILIDADE. ART. 29 DO CÓDIGO PENAL. OFENSA AO PRINCÍPIO DA CORRELAÇÃO. NÃO OCORRÊNCIA. FATO DESCRITO NA DENÚNCIA. QUESTÕES DE FATO E DE DIREITO PENDENTES. PROSSEGUIMENTO DO JULGAMENTO DA APELAÇÃO. RECURSO ESPECIAL PARCIALMENTE PROVIDO. **1. O crime de porte de arma de fogo, seja de uso permitido ou restrito, na modalidade transportar, admite participação, de modo que praticam os referidos delitos não apenas aqueles que realizam diretamente o núcleo penal transportar, mas todos aqueles que concorreram material ou intelectualmente para esse transporte, nos termos do art. 29 do Código Penal.** 2. A denúncia descreveu que o Recorrido, embora não estivesse transportando diretamente o material bélico, agiu em unidade de desígnios e esforços com o Corréu para a prática desse delito, salientando-se que a munição estava sendo transportada em benefício do Recorrido, que seria o destinatário do transporte. 3. A descrição acusatória de participação dolosa do Recorrido no transporte das munições é clara e suficiente, não havendo falar em violação ao princípio da correlação. 4. Afastados os argumentos invocados pelo Tribunal de origem para afastar a responsabilização penal do Recorrido, é necessário o retorno dos autos à instância ordinária para que se prossiga no julgamento da apelação acusatória, examinando-se a existência de provas de que o Recorrido teria participado dolosamente do transporte do material bélico. 5. Recurso especial parcialmente provido para determinar que o Tribunal de origem prossiga no julgamento da apelação acusatória, examinando se há provas da participação do Recorrido, de qualquer modo, no transporte das munições descritas na denúncia, decidindo conforme entender de direito, inclusive quanto às demais questões de fato e de direito pendentes (REsp 1887992/PR, Rel. Ministra LAURITA VAZ, SEXTA TURMA, julgado em 07/12/2021, DJe 16/12/2021).

Disparo de arma de fogo

Art. 15. Disparar arma de fogo ou acionar munição em lugar habitado ou em suas adjacências, em via pública ou em direção a ela, desde que essa conduta não tenha como finalidade a prática de outro crime:

Pena – reclusão, de 2 (dois) a 4 (quatro) anos, e multa.

Parágrafo único. O crime previsto neste artigo é inafiançável.

▪ **Classificação:** trata-se de crime comum (pode ser cometido por qualquer pessoa), doloso, de perigo abstrato e de mera conduta. Anoto, de logo, que vários disparos em um só contexto se traduzem em crime único.

O delito admite acordo de não persecução penal (artigo 28-A do Código de Processo Penal) e fiança arbitrada pelo delegado de polícia (artigo 322 do Código de Processo Penal), apesar do quanto desenhado no parágrafo único do dispositivo, em face do quanto decidido pelo Supremo Tribunal Federal nos autos da ADI 3112 (grifos meus):

> AÇÃO DIRETA DE INCONSTITUCIONALIDADE. LEI 10.826/2003. ESTATUTO DO DESARMAMENTO. INCONSTITUCIONALIDADE FORMAL AFASTADA. INVASÃO DA COMPETÊNCIA RESIDUAL DOS ESTADOS. INOCORRÊNCIA. DIREITO DE PROPRIEDADE. INTROMISSÃO DO ESTADO NA ESFERA PRIVADA DESCARACTERIZADA. PREDOMINÂNCIA DO INTERESSE PÚBLICO RECONHECIDA. OBRIGAÇÃO DE RENOVAÇÃO PERIÓDICA DO REGISTRO DAS ARMAS DE FOGO. DIREITO DE PROPRIEDADE, ATO JURÍDICO PERFEITO E DIREITO ADQUIRIDO ALEGADAMENTE VIOLADOS. ASSERTIVA IMPROCEDENTE. LESÃO AOS PRINCÍPIOS CONSTITUCIONAIS DA PRESUNÇÃO DE INOCÊNCIA E DO DEVIDO PROCESSO LEGAL. AFRONTA TAMBÉM AO PRINCÍPIO DA RAZOABILIDADE. ARGUMENTOS NÃO ACOLHIDOS. FIXAÇÃO DE IDADE MÍNIMA PARA A AQUISIÇÃO DE ARMA DE FOGO. POSSIBILIDADE. REALIZAÇÃO DE REFERENDO. INCOMPETÊNCIA DO CONGRESSO NACIONAL. PREJUDICIALIDADE. AÇÃO JULGADA PARCIALMENTE PROCEDENTE QUANTO À PROIBIÇÃO DO ESTABELECIMENTO DE FIANÇA E LIBERDADE PROVISÓRIA. I – Dispositivos impugnados que constituem mera reprodução de normas constantes da Lei 9.437/1997, de iniciativa do Executivo, revogada pela Lei 10.826/2003, ou são consentâneos com o que nela se dispunha, ou, ainda, consubstanciam preceitos que guardam afinidade lógica, em uma relação de pertinência, com a Lei 9.437/1997 ou com o PL 1.073/1999, ambos encaminhados ao Congresso Nacional pela Presidência da República, razão pela qual não se caracteriza a alegada inconstitucionalidade formal. II – Invasão de competência residual dos Estados para legislar sobre segurança pública inocorrente, pois cabe à União legislar sobre matérias de predominante interesse geral. III – O direito do proprietário à percepção de justa e adequada indenização, reconhecida no diploma legal impugnado, afasta a alegada violação ao art. 5º, XXII, da Constituição Federal, bem como ao ato jurídico perfeito e ao direito adquirido. **IV – A proibição de estabelecimento de fiança para os delitos de "porte ilegal de arma de fogo de uso permitido" e de "disparo de arma de fogo", mostra-se desarrazoada, porquanto são crimes de mera conduta, que não se equiparam aos crimes que acarretam lesão ou ameaça de lesão à vida ou à propriedade. V – Insusceptibilidade de liberdade provisória quanto aos delitos elencados nos arts. 16, 17 e 18. Inconstitucionalidade**

reconhecida, visto que o texto magno não autoriza a prisão ex lege, em face dos princípios da presunção de inocência e da obrigatoriedade de fundamentação dos mandados de prisão pela autoridade judiciária competente. VI – Identificação das armas e munições, de modo a permitir o rastreamento dos respectivos fabricantes e adquirentes, medida que não se mostra irrazoável. VII – A idade mínima para aquisição de arma de fogo pode ser estabelecida por meio de lei ordinária, como se tem admitido em outras hipóteses. VIII – Prejudicado o exame da inconstitucionalidade formal e material do art. 35, tendo em conta a realização de referendo. **IX – Ação julgada procedente, em parte, para declarar a inconstitucionalidade dos parágrafos únicos dos artigos 14 e 15 e do artigo 21 da Lei 10.826, de 22 de dezembro de 2003** (ADI 3112, Relator(a): RICARDO LEWANDOWSKI, Tribunal Pleno, julgado em 02/05/2007, DJe-131 DIVULG 25-10-2007 PUBLIC 26-10-2007 DJ 26-10-2007 PP-00028 EMENT VOL-02295-03 PP-00386 RTJ VOL-00206-02 PP-00538).

▪ **Bem jurídico tutelado e sujeito passivo:** o tipo defende a incolumidade pública.

A sociedade é o sujeito passivo (trata-se de crime vago).

▪ **Concurso de crimes (porte ilegal e disparo de arma de fogo):** existem duas correntes acerca da existência ou não de concurso de crimes envolvendo os delitos de disparo de arma de fogo e de porte ilegal de arma de fogo. Sintetizo os entendimentos na tabela abaixo:

Entendimento	Conclusão
O crime de porte ilegal de arma de fogo é sempre meio para prática do delito de disparo.	Aplicação do princípio da consunção e punição do agente apenas pelo crime de disparo de arma de fogo (crime-fim).
Só há absorção quando ficar provado que o agente só portava a arma para fazer o disparo (penso ser esse o entendimento correto).	Há possibilidade de consunção (se restar provado que a arma foi portada ocasionalmente apenas para efetuar o disparo), com imputação apenas do crime de disparo de arma de fogo. Há, também, possibilidade de concurso de crimes (material) se houver demonstração da preexistência da arma em situação irregular em relação ao disparo (o agente não portava a arma apenas para os disparos ilícitos – ela existia antes disso).

Eis julgado do Superior Tribunal de Justiça (seguindo o segundo entendimento acima desenhado – grifo meu):

> PENAL. AGRAVO REGIMENTAL NO RECURSO ESPECIAL. PORTE ILEGAL E DISPARO DE ARMA DE FOGO. ARTIGOS 14 E 15 DA LEI 10.826/03. CONDUTAS PRATICADAS NO MESMO CONTEXTO FÁTICO. ANÁLISE DO CONJUNTO FÁTICO-PROBATÓRIO DOS AUTOS. IMPOSSIBILIDADE. INCIDÊNCIA DA SÚMULA 7/STJ. **A jurisprudência desta Corte possui entendimento firmado no sentido de que não é automática a aplicação do princípio da consunção para absorção do delito de porte de arma de fogo pelo de disparo, dependendo das circunstâncias em que ocorreram as condutas.** Na hipótese dos autos, as instâncias ordinárias reconheceram que os crimes foram praticados no mesmo contexto fático, devendo ser aplicado o referido postulado para que a conduta menos grave (porte ilegal de arma de fogo) seja absorvida pela conduta mais grave (disparo de arma de fogo). A inversão das conclusões a que chegaram as instâncias ordinárias, no sentido de que houve o porte de arma em outro contexto fático, encontra óbice no enunciado n. 7 da Súmula do STJ. Agravo regimental desprovido (AgRg no REsp 1331199/PR, Rel. Ministro Ericson Maranho (desembargador convocado do TJ/SP), Sexta Turma, julgado em 23/10/2014, DJe 10/11/2014).

- **Condutas proibidas:** é importante atentar para as condutas proibidas listadas no tipo:

Artigo 15 da Lei 10.826/03		
Disparar arma de fogo	em lugar habitado ou em suas adjacências	desde que essa conduta não tenha como finalidade a prática de outro crime.
Acionar munição	em via pública ou em direção a ela	

Nota-se, destarte, que se o agente disparar arma de fogo em lugar desabitado, não é possível imputação do crime aqui estudado (fato formalmente atípico).

Outrossim, se o disparo é materializado com o objetivo de praticar outro crime, não há imputação do delito tipificado no artigo 15 da Lei 10.826/03 (subsidiariedade expressa).

Posse ou porte ilegal de arma de fogo de uso restrito

Art. 16. Possuir, deter, portar, adquirir, fornecer, receber, ter em depósito, transportar, ceder, ainda que gratuitamente, emprestar, remeter, empregar, manter sob sua guarda ou ocultar arma de fogo, acessório ou munição de uso restrito, sem autorização e em desacordo com determinação legal ou regulamentar:

Pena – reclusão, de 3 (três) a 6 (seis) anos, e multa.

§ 1° Nas mesmas penas incorre quem:

I – suprimir ou alterar marca, numeração ou qualquer sinal de identificação de arma de fogo ou artefato;

II – modificar as características de arma de fogo, de forma a torná-la equivalente a arma de fogo de uso proibido ou restrito ou para fins de dificultar ou de qualquer modo induzir a erro autoridade policial, perito ou juiz;

III – possuir, detiver, fabricar ou empregar artefato explosivo ou incendiário, sem autorização ou em desacordo com determinação legal ou regulamentar;

IV – portar, possuir, adquirir, transportar ou fornecer arma de fogo com numeração, marca ou qualquer outro sinal de identificação raspado, suprimido ou adulterado;

V – vender, entregar ou fornecer, ainda que gratuitamente, arma de fogo, acessório, munição ou explosivo a criança ou adolescente; e

VI – produzir, recarregar ou reciclar, sem autorização legal, ou adulterar, de qualquer forma, munição ou explosivo.

§ 2° Se as condutas descritas no caput e no § 1° deste artigo envolverem arma de fogo de uso proibido, a pena é de reclusão, de 4 (quatro) a 12 (doze) anos.

▪ **Classificação:** trata-se de crime comum (pode ser cometido por qualquer pessoa), doloso, de perigo abstrato, misto, alternativo ou de conteúdo variado e de mera conduta.

O delito admite acordo de não persecução penal (artigo 28-A do Código de Processo Penal).

▪ **Bem jurídico tutelado e sujeito passivo:** o tipo defende a incolumidade pública.

A sociedade é o sujeito passivo (trata-se de crime vago).

- **Princípio da insignificância (munição desarmada):** o Superior Tribunal de Justiça entendeu ser excepcionalmente possível aplicar princípio da insignificância ao crime de porte ilegal de munições de uso restrito:

> PENAL. HABEAS CORPUS. ART. 16 DA LEI 10.826/03. ATIPICIDADE DA CONDUTA. CRIME DE MERA CONDUTA E DE PERIGO ABSTRATO. PRINCÍPIO DA INSIGNIFICÂNCIA. APLICABILIDADE EXCEPCIONAL. PEQUENA QUANTIDADE DE MUNIÇÃO. MÍNIMA OFENSIVIDADE DA CONDUTA. ATIPICIDADE MATERIAL. ORDEM CONCEDIDA. 1. A jurisprudência desta Corte é remansosa no sentido de que o delito previsto no art. 16 da Lei nº 10.826/2003 tem como bem jurídico tutelado a incolumidade pública, sendo de mera conduta e de perigo abstrato, bastando a posse/porte de arma ou munição, sem autorização devida, para tipificar a conduta. Dessa forma, também se mostra irrelevante especular sobre a aplicação do princípio da insignificância. 2. Recentemente, no entanto, a Sexta Turma desta Corte, seguindo a linha jurisprudencial traçada pelo Supremo Tribunal Federal no julgamento do RHC 143.449/MS, vem reconhecendo, excepcionalmente, a atipicidade material da posse/porte de pequenas quantidades de munições, desacompanhadas de arma de fogo, quando inexistente a potencialidade lesiva ao bem jurídico tutelado. Ressalva do entendimento pessoal desta Relatora. 3. Na espécie, foram encontradas no porta luvas do carro de propriedade do paciente apenas 04 (quatro) munições, sendo 03 (três) de calibre.40 e 01 (uma) de calibre 9mm, desacompanhadas de artefato belicoso a indicar o possível emprego imediato dos cartuchos. Deve-se, portanto, reconhecer a atipicidade material, em razão da mínima ofensividade da conduta do agente. 4. Ordem concedida para absolver o paciente da prática do delito tipificado no art. 16 da Lei n. 10.826/2003, com fundamento no art. 386, III, do Código de Processo Penal. (HC 442.036/SP, Rel. Ministra Maria Thereza de Assis Moura, Sexta Turma, julgado em 12/06/2018, DJe 19/06/2018).

- **Figuras equiparadas:** o § 1º do artigo 16 da Lei 10.826/03 traz figuras equiparadas ao *caput*.

- **Porte de granada de gás lacrimogêneo ou gás de pimenta:** a conduta de portar uma granada de gás lacrimogêneo e outra de gás de pimenta não se enquadra, segundo entendimento do Superior Tribunal de Justiça, no delito previsto no inciso III do § 1º do artigo 16 da Lei 10.826/03 (informativo 599/STJ):

> RECURSO ESPECIAL. PENAL. ESTATUTO DO DESARMAMENTO. DELITO TIPIFICADO NO ARTIGO 16, PARÁGRAFO ÚNICO, III, DA LEI N. 10.826/2003. PORTE DE ARTEFATO EXPLOSIVO. GRANADA DE GÁS LACRIMOGÊNEO/PIMENTA. INADEQUAÇÃO TÍPICA.

> RECURSO IMPROVIDO. 1. Explosivo é, em sentido amplo, um material extremamente instável, que pode se decompor rapidamente, formando produtos estáveis. Esse processo é denominado de explosão e é acompanhado por uma intensa liberação de energia, que pode ser feita sob diversas formas e gera uma considerável destruição decorrente da liberação dessa energia. 2. Não será considerado explosivo o artefato que, embora ativado por explosivo, não projete e nem disperse fragmentos perigosos como metal, vidro ou plástico quebradiço, não possuindo, portanto, considerável potencial de destruição. 3. Para a adequação típica do delito em questão, exige-se que o objeto material do delito, qual seja, o artefato explosivo, seja capaz de gerar alguma destruição, não podendo ser tipificado neste crime a posse de granada de gás lacrimogêneo/pimenta, porém, não impedindo eventual tipificação em outro crime. 4. Recurso especial improvido (REsp 1627028/SP, Rel. Ministra Maria Thereza de Assis Moura, Sexta Turma, julgado em 21/02/2017, DJe 03/03/2017).

- **Figura qualificada:** o Pacote Anticrime (Lei 13.964/19) fez do crime de posse/porte de arma de fogo de uso proibido uma figura qualificada (com pena de 4 a 12 anos) – a alteração, porquanto gravosa, não pode retroagir.

O conceito de arma de fogo de uso proibido pode ser encontrado no inciso III do parágrafo único do artigo 3º do Anexo I do Decreto 10.030/19, com redação determinada pelo Decreto 10.627/21 (conceito de arma de fogo de uso permitido, restrito e proibido):

> Art. 3º As definições dos termos empregados neste Regulamento são aquelas constantes deste artigo e do Anexo III.
> Parágrafo único. Para fins do disposto neste Regulamento, considera-se:
>
> (...)
>
> III – arma de fogo de uso proibido:
>
> a) as armas de fogo classificadas como de uso proibido em acordos ou tratados internacionais dos quais a República Federativa do Brasil seja signatária; e
>
> b) as armas de fogo dissimuladas, com aparência de objetos inofensivos;

- **Crime hediondo:** a Lei 13.497/17 transmudou o delito tipificado no artigo 16 da Lei 10.826/03 em crime hediondo (que passou a ser o único crime efetivamente inafiançável do Estatuto do Desarmamento, à época). Quando referida lei entrou em vigor (ela alterou o parágrafo único do artigo 1º da Lei 8.072/90), surgiram duas interpretações: i) apenas o caput do artigo 16 da Lei 10.826/03 havia sido alçado à condição de crime hediondo; ii) todo artigo 16 da Lei 10.826/03 (*caput* e, à época, parágrafo único) passou a ser crime hediondo.

O Superior Tribunal de Justiça[3], diante desse impasse, decidiu que todo artigo 16 do Estatuto do Desarmamento havia sido alçado à condição de crime hediondo pela Lei 13.497/17 (inclusive as figuras equiparadas):

> HABEAS CORPUS. EXECUÇÃO PENAL. PORTE DE ARMA DE FOGO COM NUMERAÇÃO SUPRIMIDA (ART. 16, PARÁGRAFO ÚNICO, IV, LEI N. 10.826/2003). DELITO CONSIDERADO HEDIONDO. ALTERAÇÃO DA LEI N. 8.072/90 PELA LEI 13.497/2017. ALTERAÇÃO LEGISLATIVA QUE ABRANGE O CAPUT E OS PARÁGRAFOS. ORDEM DENEGADA. 1. O art. 16 da Lei n. 10.826/2003 prevê gravosas condutas de contato com "arma de fogo, acessório ou munição de uso proibido ou restrito", vindo seu parágrafo único a acrescer figuras equiparadas – em gravidade e resposta criminal. 2. Ainda que possam algumas das condutas equiparadas ser praticadas com armas de uso permitido, o legislador as considerou graves ao ponto de lhes fixar reprovação criminal equivalente às condutas do caput. 3. Equiparação é tratamento igual para todos os fins, considerando equivalente o dano social e equivalente também a necessária resposta penal, salvo ressalva expressa. 4. Ao ser qualificado como hediondo o art. 16 da Lei n. 10.826/2003, também as condutas equiparadas, e assim previstas no mesmo artigo, devem receber igual tratamento. 5. Praticado o crime equiparado do parágrafo único do art. 16 da Lei n. 10.826/2003 após a publicação da Lei n. 13.497/2017, que inseriu a qualificação de hediondez, incide esse tratamento mais gravoso ao fato do processo. 6. Habeas corpus denegado (HC 526.916/SP, Rel. Ministro Nefi Cordeiro, Sexta Turma, julgado em 01/10/2019, DJe 08/10/2019).

3. O precedente transcrito foi reafirmado no AgRg no HC 460.910/PR (rel. Ministro Jorge Mussi, Quinta Turma, julgado em 21/11/2019, DJe 28/11/2019), no HC 554.485/SP (rel. Ministro Ribeiro Dantas, Quinta Turma, julgado em 11/02/2020, DJe 14/02/2020) e no AgRg no REsp 1806651/RO (rel. Ministro Joel Ilan Paciornik, Quinta Turma, julgado em 13/04/2020, DJe 16/04/2020). Em sentido contrário, considerando que as figuras equiparadas não eram crimes hediondos mesmo antes do Pacote Anticrime – HC 525.249/RS, Rel. Ministra Laurita Vaz, Sexta Turma, julgado em 15/12/2020, DJe 18/12/2020 e HC 575.933/SP, Rel. Ministra Laurita Vaz, Sexta Turma, julgado em 15/12/2020, DJe 18/12/2020.

Há, contudo, decisões mais recentes (da Sexta Turma do Superior Tribunal de Justiça) que consideram que as figuras equiparadas não eram crimes hediondos mesmo antes da Lei 13.964/19:

> HABEAS CORPUS. EXECUÇÃO PENAL. ART. 16, PARÁGRAFO ÚNICO, INCISO IV, DA LEI N.° 10.826/2003. CONDUTA PRATICADA APÓS A VIGÊNCIA DA LEI N.° 13.497/2017 E ANTES DA VIGÊNCIA DA LEI N.° 13.964/2019. PORTE DE ARMA DE FOGO DE USO PERMITIDO COM NUMERAÇÃO SUPRIMIDA. NATUREZA HEDIONDA AFASTADA. ORDEM CONCEDIDA. 1. Os Legisladores, ao elaborarem a Lei n. 13.497/2017 – que alterou a Lei de Crimes Hediondos – quiseram conferir tratamento mais gravoso apenas ao crime de posse ou porte de arma de fogo, de acessório ou de munição de uso proibido ou restrito, não abrangendo o crime de posse ou porte de arma de fogo, de acessório ou de munição de uso permitido. 2. Ao pleitear a exclusão do projeto de lei dos crimes de comércio ilegal e de tráfico internacional de armas de fogo, o Relator na Comissão de Constituição, Justiça e Cidadania do Senado Federal, então Senador Edison Lobão, propôs "que apenas os crimes que envolvam a utilização de armas de fogo de uso restrito, ou seja, aquelas de uso reservado pelos agentes de segurança pública e Forças Armadas, sejam incluídos no rol dos crimes hediondos". O Relator na Câmara dos Deputados, Deputado Lincoln Portela, destacou que "aquele que adquire ou possui, clandestinamente, um fuzil, que pode chegar a custar R$ 50.000, (cinquenta mil reais), o equivalente a uns dez quilos de cocaína, tem perfil diferenciado daquele que, nas mesmas condições, tem arma de comércio permitido". 3. É certo que a Lei n. 13.964/2019 alterou a redação da Lei de Crimes Hediondos, de modo que, atualmente, se considera equiparado a hediondo o crime de posse ou porte ilegal de arma de fogo de uso proibido, previsto no art. 16 da Lei n.° 10.826/2003. 4. Embora o crime ora em análise tenha sido praticado antes da vigência da Lei n.° 13.964/2019, cabe destacar que a alteração na redação da Lei de Crimes Hediondos apenas reforça o entendimento ora afirmado, no sentido da natureza não hedionda do porte ou posse de arma de fogo de uso permitido com numeração, marca ou qualquer outro sinal de identificação raspado, suprimido ou adulterado. 5. No Relatório apresentado pelo Grupo de Trabalho destinado a analisar e debater as mudanças promovidas na Legislação Penal e Processual Penal pelos Projetos de Lei n.° 10.372/2018, n.° 10.373/2018, e n.° 882/2019 – GTPENAL, da Câmara dos Deputados, coordenado pela Deputada Federal Margarete Coelho, foi afirmada a especial gravidade da conduta de posse ou porte de arma de fogo de uso restrito ou proibido, de modo que se deve "coibir mais severamente os criminosos que adquirem ou "alugam" armamento pesado [...], ampliando consideravelmente o mercado do tráfico de armas". Outrossim,

ao alterar a redação do art. 16 da Lei n.° 10.826/2003, com a imposição de penas diferenciadas para o posse ou porte de arma de fogo de uso restrito e de uso proibido, a Lei n. 13.964/2019 atribuiu reprovação criminal diversa a depender da classificação do armamento. 6. Esta Corte Superior, até o momento, afirmava que os Legisladores atribuíram reprovação criminal equivalente às condutas descritas no caput do art. 16 da Lei n.° 10.826/2003 e ao porte ou posse de arma de fogo de uso permitido com numeração suprimida, equiparando a gravidade da ação e do resultado. Todavia, diante dos fundamentos ora apresentados, tal entendimento deve ser superado (overruling). 7. Corrobora a necessidade de superação a constatação de que, diante de texto legal obscuro – como é o parágrafo único do art. 1.° da Lei de Crimes Hediondos, na parte em que dispõe sobre a hediondez do crime de posse ou porte ilegal de arma de fogo – e de temas com repercussões relevantes, na execução penal, cabe ao Julgador adotar postura redutora de danos, em consonância com o princípio da humanidade. 8. Ordem de habeas corpus concedida para afastar a natureza hedionda do crime de porte ou posse de arma de fogo de uso permitido com numeração, marca ou qualquer outro sinal de identificação raspado, suprimido ou adulterado (HC 525.249/RS, Rel. Ministra Laurita Vaz, Sexta Turma, julgado em 15/12/2020, DJe 18/12/2020).

HABEAS CORPUS. EXECUÇÃO PENAL. ART. 16, PARÁGRAFO ÚNICO, INCISO IV, DA LEI N.° 10.826/2003. CONDUTA PRATICADA APÓS A VIGÊNCIA DA LEI N.° 13.497/2017 E ANTES DA VIGÊNCIA DA LEI N.° 13.964/2019. PORTE DE ARMA DE FOGO DE USO PERMITIDO COM NUMERAÇÃO SUPRIMIDA. NATUREZA HEDIONDA AFASTADA. ORDEM CONCEDIDA. 1. Os Legisladores, ao elaborarem a Lei n. 13.497/2017 – que alterou a Lei de Crimes Hediondos – quiseram conferir tratamento mais gravoso apenas ao crime de posse ou porte de arma de fogo, de acessório ou de munição de uso proibido ou restrito, não abrangendo o crime de posse ou porte de arma de fogo, de acessório ou de munição de uso permitido. 2. Ao pleitear a exclusão do projeto de lei dos crimes de comércio ilegal e de tráfico internacional de armas de fogo, o Relator na Comissão de Constituição, Justiça e Cidadania do Senado Federal, então Senador Edison Lobão, propôs "que apenas os crimes que envolvam a utilização de armas de fogo de uso restrito, ou seja, aquelas de uso reservado pelos agentes de segurança pública e Forças Armadas, sejam incluídos no rol dos crimes hediondos". O Relator na Câmara dos Deputados, Deputado Lincoln Portela, destacou que "aquele que adquire ou possui, clandestinamente, um fuzil, que pode chegar a custar R$ 50.000, (cinquenta mil reais), o equivalente a uns dez quilos de cocaína, tem perfil diferenciado daquele que, nas mesmas condições, tem arma de comércio permitido". 3. É certo que a Lei n. 13.964/2019 alterou a redação da Lei de Crimes Hediondos, de modo que, atualmente, se considera equiparado a hediondo o crime de posse ou porte ilegal de arma de fogo de uso proibido, previsto no art. 16 da Lei n.º 10.826/2003. 4. Embora o crime ora em análise tenha sido praticado antes da vigência da Lei n.º 13.964/2019, cabe destacar que a alteração na redação da Lei de Crimes Hediondos apenas reforça o entendimento ora afirmado, no sentido da natureza não hedionda do porte ou posse de arma de fogo de uso permitido com numeração, marca ou qualquer outro sinal de identificação raspado, suprimido ou adulterado. 5. No Relatório apresentado pelo Grupo de Trabalho destinado a analisar e debater as mudanças promovidas na Legislação Penal e Processual Penal pelos Projetos de Lei n.º 10.372/2018, n.º 10.373/2018, e n.º 882/2019 – GTPENAL, da Câmara dos Deputados, coordenado pela Deputada Federal Margarete Coelho, foi afirmada a especial gravidade da conduta de posse ou porte de arma de fogo de uso restrito ou proibido, de modo que se deve "coibir mais severamente os criminosos que adquirem ou "alugam" armamento pesado [...], ampliando consideravelmente o mercado do tráfico de armas". Outrossim, ao alterar a redação do art. 16 da Lei n.º 10.826/2003, com a imposição de penas diferenciadas para o posse ou porte de arma de fogo de uso restrito e de uso proibido, a Lei n. 13.964/2019 atribuiu reprovação criminal diversa a depender da classificação do armamento. 6. Esta Corte Superior, até o momento atual, afirmou que os Legisladores atribuíram reprovação criminal equivalente às condutas descritas no caput do art. 16 da Lei n.º 10.826/2003 e ao porte ou posse de arma de fogo de uso permitido com numeração suprimida, equiparando a gravidade da ação e do resultado. Todavia, diante dos fundamentos ora apresentados, tal entendimento deve ser superado (overruling). 7. Corrobora a necessidade de superação a constatação de que, diante de texto legal obscuro – como é o parágrafo único do art. 1.º da Lei de Crimes Hediondos, na parte em que dispõe sobre a hediondez do crime de posse ou porte ilegal de arma de fogo – e de temas com repercussões relevantes, na execução penal, cabe ao Julgador adotar postura redutora de danos, em consonância com o princípio da humanidade. 8. Ordem de habeas corpus concedida para afastar a natureza hedionda do crime de porte ou posse de arma de fogo de uso permitido com numeração, marca ou qualquer outro sinal de identificação raspado, suprimido ou adulterado (HC 575.933/SP, Rel. Ministra Laurita Vaz, Sexta Turma, julgado em 15/12/2020, DJe 18/12/2020).

Ocorre que, com a entrada em vigor do Pacote Anticrime, o crime de posse/porte de arma de fogo de uso restrito deixou, a meu ver, de ser hediondo (porque a Lei 13.964/19 afirmou apenas a hediondez do crime de posse/porte de arma de fogo de uso proibido no inciso II do parágrafo único do artigo 1º da Lei 8.072/90):

> Art. 1º (...)
> Parágrafo único. Consideram-se também hediondos, tentados ou consumados:
> (...)
> II – o crime de posse ou porte ilegal de arma de fogo de uso proibido, previsto no art. 16 da Lei nº 10.826, de 22 de dezembro de 2003;
> (...)

Considerando: i) que arma de fogo de uso restrito e arma de fogo de uso proibido são **conceitos diferentes**; e ii) que a posse/porte de arma de fogo de uso proibido passou a ser crime qualificado, tipificado no § 2º do artigo 16 da Lei 10.826/03, concluo que, com a alteração da redação do inciso II do parágrafo do artigo 1º da Lei 8.072/90, o crime de posse/porte ilegal de arma de fogo de uso restrito (tipificado no caput e no § 1º do artigo 16 da Lei 10.826/03) deixou de ser considerado hediondo (*novatio legis in mellius*, com óbvia aplicação retroativa).

Comércio ilegal de arma de fogo

Art. 17. Adquirir, alugar, receber, transportar, conduzir, ocultar, ter em depósito, desmontar, montar, remontar, adulterar, vender, expor à venda, ou de qualquer forma utilizar, em proveito próprio ou alheio, no exercício de atividade comercial ou industrial, arma de fogo, acessório ou munição, sem autorização ou em desacordo com determinação legal ou regulamentar:

Pena – reclusão, de 6 (seis) a 12 (doze) anos, e multa.

§ 1º Equipara-se à atividade comercial ou industrial, para efeito deste artigo, qualquer forma de prestação de serviços, fabricação ou comércio irregular ou clandestino, inclusive o exercido em residência.

§ 2º Incorre na mesma pena quem vende ou entrega arma de fogo, acessório ou munição, sem autorização ou em desacordo com a determinação legal ou regulamentar, a agente policial disfarçado, quando presentes elementos probatórios razoáveis de conduta criminal preexistente.

- **Classificação:** trata-se de crime comum (pode ser cometido por qualquer pessoa), doloso, de perigo abstrato, misto, alternativo ou de conteúdo variado.

Gabriel Habib[4] entende que o delito em questão é habitual (em face da expressão "no exercício de atividade comercial ou industrial", presente no caput do artigo 17 da Lei 10.826/03).

▪ **Bem jurídico tutelado e sujeito passivo:** o tipo defende a incolumidade pública.

A sociedade é o sujeito passivo (trata-se de crime vago).

▪ **Pena aumentada (pelo Pacote Anticrime) e hediondez:** a pena do crime de comércio ilegal de armas de fogo foi aumentada pelo Pacote Anticrime (passou a ser de 6 a 12 anos de reclusão e multa) – por se tratar de modificação gravosa, não é possível aplicação retroativa.

O delito foi alçado à categoria de crime hediondo (vide inciso III do parágrafo único do artigo 1º da Lei 8.072/90).

▪ **Agente policial disfarçado:** o Pacote Anticrime criou a figura do agente policial disfarçado no § 2º do artigo 17 da Lei 10.826/03. Observe que este não se confunde com agente policial infiltrado (artigos 10 e seguintes da Lei 12.850/13, § 6º do artigo 1º da Lei 9.613/98 e inciso I do artigo 53 da Lei 11.343/06).

O agente policial disfarçado é aquele que, por exemplo, se passa por pessoa interessada em comprar objeto ou substância ilícita (droga ilícita ou arma de fogo, por exemplo) oferecida pelo autor do fato e enceta negociação com vistas a adquirir tal produto proscrito (no caso do Estatuto do Desarmamento, arma de fogo, acessório ou munição[5]).

Trata-se de evidente mitigação da aplicação da Súmula 145 do Supremo Tribunal Federal[6]. Vale dizer, cumpridos os requisitos do § 2º do artigo 17 da Lei 10.826/03, o flagrante será lícito (afasta-se o crime impossível por obra do agente provocador previsto no verbete citado).

4. HABIB, Gabriel. **Leis Penais Especiais**, editora Juspodivm, 2018, p. 344.

5. A figura do agente policial disfarçado também foi criada no âmbito da Lei 11.343/06 (inciso IV do § 1º do artigo 33 deste mandamento legal).

6. Súmula 145/STF – Não há crime, quando a preparação do flagrante pela polícia torna impossível a sua consumação.

Eis algumas diferenças (do agente infiltrado e do agente disfarçado):

Características	Agente infiltrado	Agente disfarçado
Necessidade de prévia autorização judicial	Sim	Não
Requisitos	Indícios de infração penal praticada por organização criminosa, tráfico de drogas ou lavagem de dinheiro e que a prova não possa ser produzida por outros meios disponíveis. A autoridade policial ou o Ministério Público deverá, ainda, demonstrar a necessidade da medida, o alcance das tarefas dos agentes e, quando possível, os nomes ou apelidos das pessoas investigadas e o local da infiltração.	Elementos probatórios razoáveis de conduta criminal preexistente relacionada a comercio ilegal de arma de fogo, tráfico internacional de arma de fogo ou tráfico de drogas.
Prazo	6 meses	Não há

Tráfico internacional de arma de fogo

Art. 18. Importar, exportar, favorecer a entrada ou saída do território nacional, a qualquer título, de arma de fogo, acessório ou munição, sem autorização da autoridade competente:

Pena – reclusão, de 8 (oito) a 16 (dezesseis) anos, e multa.

Parágrafo único. Incorre na mesma pena quem vende ou entrega arma de fogo, acessório ou munição, em operação de importação, sem autorização da autoridade competente, a agente policial disfarçado, quando presentes elementos probatórios razoáveis de conduta criminal preexistente.

- **Classificação:** trata-se de crime comum (pode ser cometido por qualquer pessoa), doloso, de mera conduta[7], de perigo abstrato, misto, alternativo ou de conteúdo variado.

---

7. O delito estudado se consuma com a prática de uma das condutas proibidas. Neste sentido, tese do Superior Tribunal de Justiça (edição 108): "8) O crime de tráfico internacional de arma de fogo, acessório ou munição, tipificado no art. 18 da Lei n. 10.826/03, é de perigo abstrato ou de mera conduta e visa a proteger a segurança pública e a paz social".

▪ **Bem jurídico tutelado e sujeito passivo:** o tipo defende a incolumidade pública.

A sociedade é o sujeito passivo (trata-se de crime vago).

▪ **Condutas proibidas:** Trata-se de crime misto, alternativo ou de conteúdo variado. As condutas proibidas são:

Artigo 18 da Lei 10.826/03		
Importar	de arma de fogo	sem autorização da autoridade competente
Exportar	de acessório	
Favorecer a entrada ou saída do território nacional, a qualquer título	de munição	

Importar significa internalizar produto procedente do estrangeiro. **Exportar** quer dizer vender um produto para um país estrangeiro. A terceira conduta proibida é autoexplicativa.

Por óbvio, se a importação da arma de fogo, acessório ou munição é feita seguindo os tramites legalmente estabelecidos, não há crime (atipicidade formal).

Há prática do crime aqui estudado mesmo que o agente tenha arma regulamente registrada ou mesmo porte lícito e efetue a importação irregular, por exemplo, de munição ou acessórios. Nesse sentido tese do Superior Tribunal de Justiça (edição 108):

> 10) É típica a conduta de importar arma de fogo, acessório ou munição sem autorização da autoridade competente, nos termos do art. 18 da Lei n. 10.826/2003, mesmo que o réu detenha o porte legal da arma, em razão do alto grau de reprovabilidade da conduta.

▪ **Pena aumentada (pelo Pacote Anticrime) e hediondez:** a pena do crime de tráfico internacional de armas de fogo foi aumentada pela Lei 13.964/19 (passou a ser de 8 a 16 anos de reclusão e multa) – por ser modificação gravosa, não é possível aplicação retroativa.

O delito foi alçado à categoria de crime hediondo (vide inciso IV do parágrafo único do artigo 1º da Lei 8.072/90).

- **Agente policial disfarçado:** o Pacote Anticrime também enxertou a figura do agente policial disfarçado no parágrafo único do artigo 18 da Lei 10.826/03:

> Art. 18 (...)
>
> Parágrafo único. Incorre na mesma pena quem vende ou entrega arma de fogo, acessório ou munição, em operação de importação, sem autorização da autoridade competente, a agente policial disfarçado, quando presentes elementos probatórios razoáveis de conduta criminal preexistente.

Como já pontuado supra (na análise do artigo 17 do Estatuto do Desarmamento), a técnica de agente policial disfarçado deve ser levada a cabo nos estritos termos da lei. Observando os ditames legais ao utilizar a técnica, não há que se falar em flagrante provocado ou preparado (não há, portanto, incidência da já citada Súmula 145 do Supremo Tribunal Federal e a privação de liberdade flagrancial será lícita). Destaquei a necessidade de efetiva observância do texto legal, porque é preciso que existam elementos probatórios razoáveis de conduta criminal preexistente para que seja possível o emprego da técnica. Caso estes inexistam, certamente haverá crime impossível por obra do agente provocador. Sintetizo a lição com a seguinte tabela:

Hipótese	Elementos probatórios razoáveis de conduta criminal preexistente	Flagrante	Crime
Agente policial disfarçado	Há	Lícito	§ 2º do artigo 17 da lei 10.826/03, **parágrafo único do artigo 18 da Lei 10.826/03** ou inciso IV do § 1º do artigo 33 da Lei 11.343/06
Súmula 145	Não há	Provocado/preparado (ilícito)	Impossível (por obra do agente provocador)

- **Competência:** a competência é da Justiça Federal e a atribuição investigativa é da Polícia Federal. Nesse sentido, tese do Superior Tribunal de Justiça (edição 108 da jurisprudência em teses):

> 7) Compete à Justiça Federal o julgamento do crime de tráfico internacional de arma de fogo, acessório ou munição, em razão do que dispõe o art. 109, inciso V, da Constituição Federal, haja vista

que este crime está inserido em tratado internacional de que o Brasil é signatário.

Não é suficiente que se demonstre a procedência estrangeira da arma de fogo para imputação do crime tipificado no artigo 18 da Lei 10.826/03. É preciso demonstrar a internacionalidade da conduta (caso não seja ela demonstrada, imputar-se-á o crime de comércio ilegal de arma de fogo ou de porte/posse ilegal de arma de fogo, a depender da situação concreta analisada). Nesse sentido tese do Superior Tribunal de Justiça (edição 108 da jurisprudência em teses):

> 9) Para a configuração do tráfico internacional de arma de fogo, acessório ou munição não basta apenas a procedência estrangeira do artefato, sendo necessário que se comprove a internacionalidade da ação.

▪ **Conflito aparente de normas:** o crime de tráfico internacional de arma de fogo é especial em relação ao crime de contrabando. Nesta toada, não é possível desclassificar a importação ilegal de arma de fogo, acessórios ou munição (ainda que em pequena quantidade) para o crime de contrabando (tipificado no artigo 334-A do Código Penal) em face do princípio da especialidade. Vide tese do Superior Tribunal de Justiça (edição 102):

> 12) Independentemente da quantidade de arma de fogo, de acessórios ou de munição, não é possível a desclassificação do crime de tráfico internacional de arma de fogo (art. 18 da Lei de Armas) para o delito de contrabando (art. 334-A do Código Penal), em respeito ao princípio da especialidade.

Art. 19. Nos crimes previstos nos arts. 17 e 18, a pena é aumentada da metade se a arma de fogo, acessório ou munição forem de uso proibido ou restrito.

▪ **Causa de aumento de pena:** o artigo 19 da Lei 10.826/03 encerra majorante relacionada aos crimes tipificados nos artigos 17 e 18 do mesmo mandamento legal (aumento da metade se a arma de fogo, acessório ou munição forem de uso proibido ou restrito).

Art. 20. Nos crimes previstos nos arts. 14, 15, 16, 17 e 18, a pena é aumentada da metade se:

I – forem praticados por integrante dos órgãos e empresas referidas nos arts. 6°, 7° e 8° desta Lei; ou

II – o agente for reincidente específico em crimes dessa natureza.

- **Causa de aumento de pena:** o artigo 20 do Estatuto do Desarmamento traz em seu bojo majorantes relacionadas aos crimes tipificados nos artigos 14, 15, 16, 17 e 18 (aumento de pena até a metade): i) se o crime for praticado por integrante dos órgãos e empresas referidas nos artigos 6º, 7º e 8º da Lei 10.826/03; ii) se o agente for reincidente específico nos crimes listados no caput do artigo 20 do Estatuto do Desarmamento (inserção feita pela Lei 13.964/19).

A aplicação do inciso II do artigo 20 do Estatuto do Desarmamento traz, a meu ver, problemas. Explico. Imagine indivíduo que foi condenado com trânsito em julgado pela prática do crime de porte ilegal de arma de fogo (artigo 14 da Lei 10.826/03). Suponhamos que depois do trânsito em julgado dessa condenação, ele venha a praticar novo crime idêntico (sendo, assim, reincidente específico). Ora, essa circunstância (reincidência) deve ser sopesada na segunda fase da fixação da pena privativa de liberdade (por ter natureza jurídica de circunstância agravante), tal qual determinado pelo artigo 68 do Código Penal (critério trifásico de fixação de pena). Não me parece possível impor ao personagem do exemplo, em face da mesma circunstância (reincidência específica), um duplo incremento de pena, representado pela cominação da agravante da reincidência e da causa de aumento prescrita pelo inciso II do artigo 20 da Lei 10.826/03 na terceira fase da fixação da pena. Seria evidente *bis in idem*.

Penso que, a depender do caso concreto analisado, há como "salvar" a majorante de duas formas: i) se o julgador considerar que a reincidência específica, nesse caso (inciso II do artigo 20 do Estatuto do Desarmamento), perdeu a natureza jurídica de circunstância agravante e passar a considerá-la apenas na terceira fase da fixação de pena, como causa de aumento; ii) em situações pontuais nas quais o agente ostente mais de uma condenação com trânsito em julgado pela prática dos crimes tipificados nos artigos 14, 15, 16, 17 e 18 e cometa novo crime presente nessa lista (nessa linha de intelecção, a primeira condenação com trânsito em julgado servirá para incidência da agravante e a segunda para imposição da causa de aumento, quando do julgamento de terceiro delito de igual natureza).

Art. 21. Os crimes previstos nos arts. 16, 17 e 18 são insuscetíveis de liberdade provisória.

- **Inconstitucionalidade do dispositivo:** o artigo 21 do Estatuto do Desarmamento é inconstitucional, tal qual já explicado supra, nos termos decididos no bojo da ADI 3112.

Art. 34-A. Os dados relacionados à coleta de registros balísticos serão armazenados no Banco Nacional de Perfis Balísticos.

§ 1° O Banco Nacional de Perfis Balísticos tem como objetivo cadastrar armas de fogo e armazenar características de classe e individualizadoras de projéteis e de estojos de munição deflagrados por arma de fogo.

§ 2° O Banco Nacional de Perfis Balísticos será constituído pelos registros de elementos de munição deflagrados por armas de fogo relacionados a crimes, para subsidiar ações destinadas às apurações criminais federais, estaduais e distritais.

§ 3° O Banco Nacional de Perfis Balísticos será gerido pela unidade oficial de perícia criminal.

§ 4° Os dados constantes do Banco Nacional de Perfis Balísticos terão caráter sigiloso, e aquele que permitir ou promover sua utilização para fins diversos dos previstos nesta Lei ou em decisão judicial responderá civil, penal e administrativamente.

§ 5° É vedada a comercialização, total ou parcial, da base de dados do Banco Nacional de Perfis Balísticos.

§ 6° A formação, a gestão e o acesso ao Banco Nacional de Perfis Balísticos serão regulamentados em ato do Poder Executivo federal.

- **Banco Nacional de Perfis Balísticos:** o Pacote Anticrime enxertou no Estatuto do Desarmamento o artigo 34-A, criando o Banco Nacional de Perfis Balísticos, destinado a cadastrar armas de fogo e armazenar características de classe e individualizadoras de projéteis e de estojos de munição deflagrados por arma de fogo.

A medida é extremamente interessante, na medida em que cria um banco de dados que possibilitará identificar, por exemplo, que um determinado lote de munições subtraídas da Polícia Civil do Estado do Rio de Janeiro foi utilizado em um homicídio no Ceará e em um roubo a banco no Maranhão.

Teses do Superior Tribunal de Justiça: por fim, cumpre transcrever as teses do Tribunal da Cidadania acerca do mandamento legal ora estudado (edições 102 e 108), muitas delas já estudadas supra:

EDIÇÃO 102

1) O crime de posse irregular de arma de fogo, acessório ou munição de uso permitido (art. 12 da Lei n. 10.826/2003) é de perigo abstrato, prescindindo de demonstração de efetiva situação de perigo, porquanto o objeto jurídico tutelado não é a incolumidade física e sim a segurança pública e a paz social.

2) O crime de porte ilegal de arma de fogo, acessório ou munição de uso permitido (art. 14 da Lei n. 10.826/2003) é de perigo abstrato e de mera conduta, bastando para sua caracterização a prática de um dos núcleos do tipo penal, sendo desnecessária a realização de perícia.

3) O art. 14 da Lei n. 10.826/2003 é norma penal em branco, que exige complementação por meio de ato regulador, com vistas a fornecer parâmetros e critérios legais para a penalização das condutas ali descritas.

4) O crime de disparo de arma de fogo (art. 15 da Lei n. 10.826/2003) é crime de perigo abstrato, que presume a ocorrência de dano à segurança pública e prescinde, para sua caracterização, de comprovação da lesividade ao bem jurídico tutelado.

5) O crime de posse ou porte ilegal de arma de fogo, acessório ou munição de uso restrito (art. 16, *caput*, da Lei n. 10.826/2003) é crime de perigo abstrato, que presume a ocorrência de dano à segurança pública e prescinde, para sua caracterização, de resultado naturalístico à incolumidade física de outrem.

6) A *abolitio criminis* temporária prevista na Lei n. 10.826/2003 aplica-se ao crime de posse de arma de fogo de uso permitido com numeração, marca ou qualquer outro sinal de identificação raspado, suprimido ou adulterado, praticado somente até 23/10/2005. (Súmula n. 513/STJ) (Tese julgada sob o rito do art. 543-C do CPC/1973 TEMA 596)

7) São atípicas as condutas descritas nos arts. 12 e 16 da Lei n. 10.826/2003, praticadas entre 23/12/2003 e 23/10/2005, mas, a partir desta data, até 31/12/2009, somente é atípica a conduta do art. 12, desde que a arma de fogo seja apta a ser registrada (numeração íntegra).

8) A regra dos arts. 30 e 32 da Lei n. 10.826/2003 alcança, também, os crimes de posse ilegal de arma de fogo praticados sob a vigência da Lei n. 9.437/1997, em respeito ao princípio da retroatividade da lei penal mais benéfica.

9) A forma qualificada do art. 10, § 3º, IV, da Lei n. 9.437/1997, que foi suprimida do ordenamento jurídico com o advento da Lei n. 10.826/03, não tem o condão de tornar atípica a conduta, mas apenas de desclassificar o delito para a forma simples, prevista no *caput* do dispositivo legal mencionado.

10) Não se aplica o princípio da consunção quando os delitos de posse ilegal de arma de fogo e disparo de arma em via pública são praticados em momentos diversos e em contextos distintos.

11) A simples conduta de possuir ou de portar arma, acessório ou munição é suficiente para a configuração dos delitos previstos nos arts. 12, 14 e 16 da Lei n. 10.826/2003, sendo inaplicável o princípio da insignificância.

12) Independentemente da quantidade de arma de fogo, de acessórios ou de munição, não é possível a desclassificação do crime de tráfico internacional de arma de fogo (art. 18 da Lei de Armas) para o delito de contrabando (art. 334-A do Código Penal), em respeito ao princípio da especialidade.

EDIÇÃO 108

1) O simples fato de possuir ou portar munição caracteriza os delitos previstos nos arts. 12, 14 e 16 da Lei n. 10.826/2003, por se tratar de crime de perigo abstrato e de mera conduta, sendo prescindível a demonstração de lesão ou de perigo concreto ao bem jurídico tutelado, que é a incolumidade pública.

2) A apreensão de ínfima quantidade de munição desacompanhada de arma de fogo, excepcionalmente, a depender da análise do caso concreto, pode levar ao reconhecimento de atipicidade da conduta, diante da ausência de exposição de risco ao bem jurídico tutelado pela norma.

3) Demonstrada por laudo pericial a inaptidão da arma de fogo para o disparo, é atípica a conduta de portar ou de possuir arma de fogo, diante da ausência de afetação do bem jurídico incolumidade pública, tratando-se de crime impossível pela ineficácia absoluta do meio.

4) A conduta de possuir, portar, adquirir, transportar ou fornecer arma de fogo, seja de uso permitido, restrito ou proibido, com numeração, marca ou qualquer outro sinal de identificação raspado, suprimido ou adulterado, implica a condenação pelo crime estabelecido no art. 16, parágrafo único, IV, do Estatuto do Desarmamento.

5) O crime de comércio ilegal de arma de fogo, acessório ou munição (art. 17 da Lei n. 10.826/2003) é delito de tipo misto alternativo e de perigo abstrato, bastando para sua caracterização a prática de um dos núcleos do tipo penal, sendo prescindível a demonstração de lesão ou de perigo concreto ao bem jurídico tutelado, que é a incolumidade pública.

6) O delito de comércio ilegal de arma de fogo, acessório ou munição, tipificado no art. 17, *caput* e parágrafo único, da Lei de Armas, nunca foi abrangido pela *abolitio criminis* temporária prevista nos arts. 5°, § 3°, e 30 da Lei de Armas ou nos diplomas legais que prorrogaram os prazos previstos nos referidos dispositivos.

7) Compete à Justiça Federal o julgamento do crime de tráfico internacional de arma de fogo, acessório ou munição, em razão do que dispõe o art. 109, inciso V, da Constituição Federal, haja vista que este crime está inserido em tratado internacional de que o Brasil é signatário.

8) O crime de tráfico internacional de arma de fogo, acessório ou munição, tipificado no art. 18 da Lei n. 10.826/03, é de perigo abstrato ou de mera conduta e visa a proteger a segurança pública e a paz social.

9) Para a configuração do tráfico internacional de arma de fogo, acessório ou munição não basta apenas a procedência estrangeira do artefato, sendo necessário que se comprove a internacionalidade da ação.

10) É típica a conduta de importar arma de fogo, acessório ou munição sem autorização da autoridade competente, nos termos do art. 18 da Lei n. 10.826/2003, mesmo que o réu detenha o porte legal da arma, em razão do alto grau de reprovabilidade da conduta.

- **Revisão de pontos importantes da lei em tabela:** confira tabela com pontos importantes da Lei 10.826/03 para revisão:

Estatuto do Desarmamento	
É crime portar arma desmuniciada?	Sim
É possível reconhecimento do princípio da insignificância em relação a crime tipificado no Estatuto do Desarmamento?	Em regra, não (crimes de perigo abstrato). Contudo, há tese do STJ (edição 108 da jurisprudência em teses) admitindo excepcionalmente o reconhecimento do princípio da insignificância em relação a munições desarmadas: 2) A apreensão de ínfima quantidade de munição desacompanhada de arma de fogo, excepcionalmente, a depender da análise do caso concreto, pode levar ao reconhecimento de atipicidade da conduta, diante da ausência de exposição de risco ao bem jurídico tutelado pela norma.
Há crime de posse ilegal de arma de fogo se o registro da arma está vencido?	Não (mera infração administrativa)
Há crime de porte ilegal de arma de fogo se o registro da arma está vencido?	Sim
Há crime culposo no Estatuto do Desarmamento?	Sim. Crime de omissão de cautela no caput do artigo 13 da Lei 10.826/03.
É possível usar a técnica de agente policial disfarçado em relação a crimes tipificados no Estatuto do Desarmamento?	Sim (em relação aos crimes de comércio ilegal de arma de fogo e tráfico internacional de arma de fogo).

Questões de concurso público: veja como a lei estudada já foi cobrada em concursos públicos.

1. (Delegado de Polícia Civil/RN/2021) Após discutir com alguns vizinhos, Lúcio efetuou disparos de arma de fogo para o alto na via pública, atingindo o telhado de uma das casas, o que fez com que os moradores da localidade, dois dias depois, registrassem o fato na delegacia de polícia. A autoridade policial representou pela busca e apreensão de eventual prova de crime na residência de Lúcio, o que foi deferido pelo juízo competente. No cumprimento do mandado, foi apreendida na residência uma arma de fogo sem registro, sendo certo que Lúcio não tinha autorização legal para portar ou possuir qualquer tipo de arma. Restando comprovados os fatos por prova oral e pericial, Lúcio:

A) Responderá pelos crimes de posse de arma de fogo e de disparo de arma de fogo, na forma continuada;

B) Responderá apenas pelo crime de disparo de arma de fogo, ficando o crime de posse absorvido pela consunção;

C) Responderá pelos crimes de posse de arma de fogo e de disparo de arma de fogo, em concurso material;

D) Responderá apenas pelo crime de posse de arma de fogo, configurando o disparo pós-fato impunível;

E) Não responderá por qualquer delito, pois os crimes de posse e disparo de arma de fogo exigem perigo concreto.

2. (Delegado de Polícia Civil/RN/2021) Vanda, funcionária de uma empresa de segurança particular, recebe de seu chefe, Eric, ordem para levar uma arma de fogo a um dos seguranças que estava em serviço e havia esquecido o seu equipamento na empresa. Temendo ser demitida, apesar da inexistência de ameaça neste sentido, Vanda cumpre a ordem recebida, ciente da conduta criminosa que estaria perpetrando, mas no caminho é parada por policiais militares. Considerando os fatos acima narrados, as condutas de ambos podem ser assim classificadas:

A) Vanda e Eric praticaram crime de transporte ilegal de arma de fogo, em concurso de pessoas;

B) Eric praticou crime de transporte ilegal de arma de fogo, enquanto Vanda ficará isenta de pena, por tratar-se de ordem não manifestamente ilegal;

C) Vanda responderá por transporte ilegal de arma de fogo, enquanto Eric ficará isento de pena, pois não praticou qualquer conduta;

D) Eric responderá por transporte ilegal de arma de fogo, enquanto Vanda terá a ilicitude de sua conduta afastada, por inexigibilidade de conduta diversa;

E) Eric responderá por transporte ilegal de arma de fogo, enquanto Vanda terá sua culpabilidade afastada, pois agiu em estrita obediência hierárquica.

3. (Delegado de Polícia Civil/PA/2021) Sobre o Estatuto do Desarmamento (Lei nº 10.826/2003), assinale a alternativa INCORRETA.

A) O Sinarm expedirá autorização de compra de arma de fogo após atendidos os requisitos estabelecidos, em nome do requerente e para a arma indicada, sendo intransferível essa autorização.

B) O certificado de registro de arma de fogo será expedido pela Polícia Federal e será precedido de autorização do Sinarm.

C) Aos integrantes das guardas municipais dos Municípios que integram regiões metropolitanas será autorizado porte de arma de fogo, quando em serviço.

D) A expedição da autorização de compra de arma de fogo será concedida, ou recusada com a devida fundamentação, no prazo de sessenta dias úteis, a contar da data do requerimento do interessado.

E) As armas de fogo apreendidas, após a elaboração do laudo pericial e sua juntada aos autos, quando não mais interessarem à persecução penal, serão encaminhadas pelo juiz competente ao Comando do Exército, no prazo de até quarenta e oito horas, para destruição ou doação aos órgãos de segurança pública ou às Forças Armadas, na forma do regulamento dessa Lei.

4. (Delegado de Polícia Federal/2021) Com relação aos crimes previstos em legislação especial, julgue o item a seguir.

( ) É conduta atípica o porte ilegal de arma de fogo de uso permitido com registro de cautela vencido.

5. (Delegado de Polícia Civil/SE/2018) Julgue o item seguinte, referente a crimes de trânsito e a posse e porte de armas de fogo, de acordo com a jurisprudência e legislação pertinentes.

( ) Situação hipotética: Um policial militar reformado foi preso em flagrante delito por portar arma de fogo de uso permitido, sem autorização legal e sem o devido registro do armamento. Assertiva: Nessa situação, a autoridade policial não poderá conceder fiança, porquanto o Estatuto do Desarmamento prevê que o fato de a arma não estar registrada no nome do agente torna inafiançável o delito.

6. (Delegado de Polícia Civil/SE/2018) Julgue o item seguinte, referente a crimes de trânsito e a posse e porte de armas de fogo, de acordo com a jurisprudência e legislação pertinentes.

( ) O porte de arma de fogo de uso permitido sem autorização, mas desmuniciada, não configura o delito de porte ilegal previsto no Estatuto do Desarmamento, tendo em vista ser um crime de perigo concreto cujo objeto jurídico tutelado é a incolumidade física.

7. (Delegado de Polícia Federal/2018) Julgue o item que se segue, relativos a execução penal, desarmamento, abuso de autoridade e evasão de dívidas.

( ) O registro de arma de fogo na PF, mesmo após prévia autorização do SINARM, não assegura ao seu proprietário o direito de portá-la.

---

8. (Delegado de Polícia Civil/SP/2018) É correto afirmar a respeito do crime de disparo de arma de fogo, previsto na Lei nº 10.826/2003 (Estatuto do Desarmamento), que

A) É inafiançável, de perigo abstrato e que não admite a suspensão condicional do processo.

B) Se trata de crime comum, de perigo abstrato e que não admite a suspensão condicional do processo.

C) Se trata de crime próprio, afiançável e que admite a suspensão condicional do processo.

D) Não admite a suspensão condicional do processo, é afiançável e trata-se de crime de mão-própria.

E) É inafiançável, de perigo concreto e que admite a suspensão condicional do processo.

---

9. (Delegado de Polícia Civil/PA/2016) Durante uma operação policial de rotina, policiais rodoviários federais abordam o caminhão conduzido por Teotônio. Revistado o veículo, encontram um revólver calibre 38, contendo munições intactas em seu tambor, escondido no porta-luvas. Os policiais constatam, ainda, que a numeração de série do revólver não está visível, sendo certo que perícia posterior concluiria que o desaparecimento se deu por oxidação natural, decorrente da ação do tempo. Questionado, Teotônio revela não possuir porte de arma e sequer tem o instrumento registrado em seu nome. Afirma, também, que a arma fora adquirida para que pudesse se proteger, pois um desafeto o ameaçara, prometendo-lhe agressão física futura. Nesse contexto, é correto afirmar que Teotônio:

A) Cometeu crime de porte de arma de fogo de uso permitido.

B) Cometeu crime de porte ou posse de arma de fogo com numeração suprimida.

C) Cometeu crime de posse de arma de fogo de uso permitido.

D) Não cometeu crime.

E) Cometeu crime de porte ou posse de arma fogo de uso restrito.

---

10. (Delegado de Polícia Civil/PE/2016) Lucas, delegado de polícia de determinado estado da Federação, em dia de folga, colidiu seu veículo contra outro veículo que estava parado em um sinal de trânsito. Sem motivo justo, o delegado sacou sua arma de fogo e executou um disparo para o alto. Imediatamente, Lucas foi abordado por autoridade policial que estava próxima ao local onde ocorrera o fato.

Nessa situação hipotética, a conduta de Lucas poderá ser enquadrada como

A) Crime inafiançável.

B) Contravenção penal.

C) Crime, com possibilidade de aumento de pena, devido ao fato de ele ser delegado de polícia.

D) Crime insuscetível de liberdade provisória.

E) Atípica, devido ao fato de ele ser delegado de polícia.

---

11. (Delegado de Polícia Civil/PB/2022) Tendo como base as disposições estabelecidas na Lei n.º 10.826/2003 e a jurisprudência do STJ e do STF acerca da matéria, assinale a opção correta.

A) Não afasta a tipicidade da conduta criminosa o fato de a arma de fogo apreendida ter sido declarada absolutamente ineficaz por meio de perícia realizada no curso da ação penal.

B) Não se admite a incidência do princípio da insignificância aos crimes previstos na referida lei, ainda que seja apreensão de pouca munição desacompanhada de arma de fogo, por se tratar de infrações penais de perigo abstrato.

C) A pena referente ao delito de posse de arma de fogo de uso permitido, prevista no art. 12 da referida lei, é aumentada de metade se a conduta criminosa for praticada por integrante de empresas de segurança privada e de transporte de valores.

D) Configura o delito de porte de arma, e não de posse de arma de fogo, a conduta do caminhoneiro que seja surpreendido transportando em seu caminhão revólver de uso permitido, sem autorização e em desacordo com determinação legal ou regulamentar.

E) O indivíduo que carrega consigo silenciador, desacompanhado de qualquer arma de fogo ou munição, não pratica crime, pois a essa lei não prevê punição para a posse ou porte de acessórios.

Gabarito comentado:

Questão	Reposta	Comentário
1	Letra C	Os crimes devem ser imputados em concurso material, porquanto a arma de fogo em situação irregular preexistia ao disparo e continuou a existir depois dele (em situação irregular).
2	Letra A	Não é possível a incidência da excludente de culpabilidade de obediência hierárquica (artigo 22 do Código Penal) quando a ordem é materializada em uma relação privada.
3	Letra D	Vide § 6º do artigo 4º da Lei 10.826/03: **"Art. 4º (...) § 6º A expedição da autorização a que se refere o § 1º será concedida, ou recusada com a devida fundamentação, no prazo de 30 (trinta) dias úteis, a contar da data do requerimento do interessado".** Não gostei, contudo, da elaboração do quesito, já que os integrantes das Guardas Municipais podem portar arma em serviço ou não, de acordo com decisão do STF em ADIs.

4	ERRADA	Vide julgado do STJ: **"PENAL. AGRAVO REGIMENTAL NO AGRAVO EM RECURSO ESPECIAL. CRIME DE PORTE ILEGAL DE ARMA DE FOGO. POLICIAL MILITAR. REGISTRO VENCIDO. ATIPICIDADE DA CONDUTA. TESE INAPLICÁVEL. AGRAVO REGIMENTAL IMPROVIDO. 1. "O entendimento firmado pelo Superior Tribunal de Justiça no julgamento da APn n. 686/AP (Rel. Ministro JOÃO OTÁVIO DE NORONHA, Corte Especial, DJe 29/10/2015) é restrito ao delito de posse ilegal de arma de fogo de uso permitido (art. 12 da Lei 10.826/2003), não se aplicando ao crime de porte ilegal de arma de fogo (art. 14 da Lei 10.826/2003), muito menos ao delito de porte ilegal de arma de fogo de uso restrito (art. 16 da Lei 10.826/2003), cujas elementares são diversas e a reprovabilidade mais intensa"** (RHC n. 63.686/DF, relator Ministro REYNALDO SOARES DA FONSECA, QUINTA TURMA, DJe 22/2/2017). 2. Agravo regimental a que se nega provimento" (AgRg no AREsp 885.281/ES, Rel. Ministro ANTONIO SALDANHA PALHEIRO, SEXTA TURMA, julgado em 28/04/2020, DJe 08/05/2020).
5	ERRADA	O parágrafo único do artigo 14 da Lei 10.826/03 foi declarado inconstitucional nos autos da ADI 3112.
6	ERRADA	O porte de arma desmuniciada é sim considerado crime no Estatuto do Desarmamento (trata-se de crime de perigo abstrato).
7	CERTA	Para que seja possível portar a arma de fogo devidamente registrada, é preciso que o interessado possua porte de arma – vide artigo 5º da Lei 1.826/03.
8	Letra B	O crime tipificado no artigo 15 da Lei 10.826/03 é comum, de perigo abstrato e não admite suspensão condicional do processo, vez que sua pena mínima é de 2 anos.
9	Letra A	Na forma do artigo 14 da Lei 10.826/03.
10	Letra C	Vide artigo 15 e inciso I do artigo 20 da Lei 10.826/03.
11	Letra D	Vide decisão do STJ nesse sentido: RECURSO ORDINÁRIO EM HABEAS CORPUS. PORTE ILEGAL DE ARMA DE FOGO. ARMA ENCONTRADA NO INTERIOR DE CAMINHÃO. PLEITO DE DESCLASSIFICAÇÃO PARA O DELITO DE POSSE ILEGAL DE ARMA. IMPOSSIBILIDADE. ABOLITIO CRIMINIS. INAPLICABILIDADE. PLEITO SUPERADO. RECURSO DESPROVIDO. 1. Caracteriza-se o delito de posse irregular de arma de fogo quando ela estiver guardada no interior da residência (ou dependência desta) ou no trabalho do acusado, evidenciado o porte ilegal se a apreensão ocorrer em local diverso. 2. O caminhão, ainda que seja instrumento de trabalho do motorista, não pode ser considerado extensão de sua residência, nem local de seu trabalho, mas apenas instrumento de trabalho. 3. No caso concreto, o recorrente foi surpreendido com a arma na cabine do caminhão, no interior de uma bolsa de viagem. Assim sendo, fica evidente que ele portava, efetivamente, a arma de fogo, que estava ao seu alcance, possibilitando a utilização imediata. 4. Ante a impossibilidade de desclassificação do crime de porte de arma para o delito de posse, está superada a irresignação no tocante à incidência da abolitio criminis temporária. 5. Recurso ordinário a que se nega provimento. (RHC 31.492/SP, Rel. Ministro Campos Marques (Desembargador Convocado do TJ/PR), Quinta Turma, julgado em 13/08/2013, DJe 19/08/2013).

Quesitos criados pelo autor da obra: confira algumas questões por mim criadas para orientar seus estudos.

1. É crime portar arma desmuniciada? E munição desacompanhada de arma? É possível aplicar o princípio da insignificância aos crimes do Estatuto do Desarmamento? O STF e o STJ já aplicaram, excepcionalmente. o princípio da insignificância a crimes do Estatuto do Desarmamento?

RESPOSTA: Sim, há crime tanto no porte de arma desmuniciada, quanto no porte de munições desacompanhadas de arma (crime de perigo abstrato). Não, em regra a doutrina e a jurisprudência refutam a aplicação do princípio da insignificância aos crimes tipificados no Estatuto do Desarmamento. Sim, o STF e o STJ já aplicaram o princípio da insignificância no porte de munição em pingente e na posse/porte de munições desacompanhadas de arma de fogo. Vide tese 2, da edição 108, da jurisprudência em teses do STJ: **2) A apreensão de ínfima quantidade de munição desacompanhada de arma de fogo, excepcionalmente, a depender da análise do caso concreto, pode levar ao reconhecimento de atipicidade da conduta, diante da ausência de exposição de risco ao bem jurídico tutelado pela norma.**

2. Se, no curso de busca domiciliar, for encontrada arma de fogo com registro vencido, há crime de posse ilegal de arma de fogo? Se, no curso de busca domiciliar em desfavor de Delegado de Polícia este for surpreendido com arma de fogo sem registro, haverá crime de posse ilegal de arma de fogo? Existe crime inafiançável no Estatuto do Desarmamento? E crime insuscetível de liberdade provisória? A conduta de portar granada de gás lacrimogêneo ou de pimenta se enquadra no tipo do inciso III do parágrafo único do artigo 16 do Estatuto do Desarmamento?

RESPOSTA: Não, o STJ entende que há mera infração administrativa quando o registro da arma de fogo está vencido (RHC 80.365/SP, Rel. Ministra Maria Thereza de Assis Moura, Sexta Turma, julgado em 14/03/2017, DJe 22/03/2017). Há crime de posse ilegal de arma de fogo praticado pelo Delegado de Polícia, nos termos de decisão do STJ (RHC 70.141/RJ, Rel. Ministro Rogerio Schietti Cruz, Sexta Turma, julgado em 07/02/2017, DJe 16/02/2017). O Pacote Anticrime ampliou o rol de crimes hediondos (portanto inafiançáveis) do Estatuto do Desarmamento – posse/porte ilegal de arma de fogo de uso proibido, comércio ilegal de arma de fogo e tráfico internacional de armas de fogo. O STF julgou que a hipóteses de impossibilidade de concessão de liberdade provisória previstas no Estatuto do Desarmamento são inconstitucionais (ADI 3.112). Contudo, é preciso lembrar que o Pacote Anticrime proibiu a concessão de liberdade provisória em sede de audiência de custódia, dentre outras hipóteses, quando o agente porta arma de fogo de uso restrito (§ 2° do artigo 310 do Código de Processo Penal). Não há prática do crime tipificado no artigo 16 do Estatuto do Desarmamento – vide informativo 599/STJ.

16

Lei 11.340/06 – Lei Maria da Penha

▪ **Fundamento constitucional:** a Lei 11.340/06 foi criada com o fito de atender ao comando constitucional do § 8º do artigo 226 da Constituição Federal:

> Artigo 226 (...)
>
> § 8º O Estado assegurará a assistência à família na pessoa de cada um dos que a integram, criando mecanismos para coibir a violência no âmbito de suas relações.

▪ **Convenção de Belém do Pará:** a Lei 11.340/06 atende, ainda, à Convenção sobre a Eliminação de Todas as Formas de Discriminação contra as Mulheres e da Convenção Interamericana para Prevenir, Punir e Erradicar a Violência contra a Mulher (conhecida como Convenção de Belém do Pará), promulgada pelo Decreto 1.973/96.

▪ **Objeto da Lei Maria da Penha:** veja o artigo 1º da Lei 11.340/06:

> **Art. 1º Esta Lei cria mecanismos para coibir e prevenir a violência doméstica e familiar contra a mulher, nos termos do § 8º do art. 226 da Constituição Federal, da Convenção sobre a Eliminação de Todas as Formas de Violência contra a Mulher, da Convenção Interamericana para Prevenir, Punir e Erradicar a Violência contra a Mulher e de outros tratados internacionais ratificados pela República Federativa do Brasil; dispõe sobre a criação dos Juizados de Violência Doméstica e Familiar contra a Mulher; e estabelece medidas de assistência e proteção às mulheres em situação de violência doméstica e familiar.**

Indubitavelmente, a Lei 11.340/06 protege a mulher (não é possível incidência das medidas protetivas previstas no mandamento legal quando a infração penal é perpetrada contra homem). É preciso, nesta senda, discutir qual o significado da palavra "mulher". É possível construir pelo menos 3 acepções para alcançar o significado do vocábulo: a) **biológica** (mulher é o ser humano do sexo feminino); b) **subjetiva** (mulher é o ser humano que se entende do gênero feminino); c) **jurídica** (mulher é o ser humano que possui gênero feminino em seu registro civil). Por óbvio, a interpretação terá impacto na aplicação ou não da Lei Maria da Penha enquanto estatuto protetivo. A primeira interpretação (biológica) é mais restritiva em relação à expressão, ao passo que as outras duas trilhas permitem maior amplitude à palavra "mulher".

Saliento que o delegado de polícia, no exercício da sua atividade técnico-jurídica, é responsável por essa tarefa exegética (a depender da escolha fundamentada da autoridade policial, haverá maior ou menor amplitude na aplicação da Lei Maria da Penha e a incidência ou não, por exemplo, da qualificadora do feminicídio, da qualificadora do § 13 do artigo 129 do Código Penal, dentre outros dispositivos penais específicos, criados para a proteção da mulher).

Acerca do tema, cumpre anotar que o Superior Tribunal de Justiça decidiu pela aplicação da Lei Maria da Penha às mulheres trans em situação de violência doméstica (informativo 732/STJ). O processo está sob segredo judicial, mas alguns pontos extremamente importantes foram decididos pelo Tribunal da Cidadania, senão vejamos.

A Corte reafirmou que a incidência da Lei 11.340/06 não demanda análise da motivação do agente:

> A aplicação da Lei Maria da Penha não reclama considerações sobre a motivação da conduta do agressor, mas tão somente que a vítima seja mulher e que a violência seja cometida em ambiente doméstico, familiar ou em relação de intimidade ou afeto entre agressor e agredida (inteiro teor do informativo 732/STJ).

Que a Lei Maria da Penha protege mulheres, crianças, jovens, adultas e idosas:

> Importa enfatizar que o conceito de gênero não pode ser empregado sem que se saiba exatamente o seu significado e de tal modo que acabe por desproteger justamente quem a Lei Maria

> da Penha deve proteger: mulheres, crianças, jovens, adultas ou idosas e, no caso, também as trans (inteiro teor do informativo 732/STJ).

Por fim, o Superior Tribunal de Justiça concluiu pela aplicação da Lei 11.340/06 à mulher trans. Pela importância do tema, transcrevo o quanto publicado no citado informativo 732/STJ (inteiro teor):

> A balizada doutrina sobre o tema leva à conclusão de que as relações de gênero podem ser estudadas com base nas identidades feminina e masculina. Gênero é questão cultural, social, e significa interações entre homens e mulheres. Uma análise de gênero pode se limitar a descrever essas dinâmicas. O feminismo vai além, ao mostrar que essas relações são de poder e que produzem injustiça no contexto do patriarcado. Por outro lado, sexo refere-se às características biológicas dos aparelhos reprodutores feminino e masculino, bem como ao seu funcionamento, de modo que, o conceito de sexo, como visto, não define a identidade de gênero. Em uma perspectiva não meramente biológica, portanto, mulher trans mulher é.
>
> Estabelecido entendimento de mulher trans como mulher, para fins de aplicação da Lei n. 11.340/2006, vale lembrar que a violência de gênero é resultante da organização social de gênero, a qual atribui posição de superioridade ao homem. A violência contra a mulher nasce da relação de dominação/subordinação, de modo que ela sofre as agressões pelo fato de ser mulher.
>
> Com efeito, a vulnerabilidade de uma categoria de seres humanos não pode ser resumida à objetividade de uma ciência exata. As existências e as relações humanas são complexas e o Direito não se deve alicerçar em argumentos simplistas e reducionistas.
>
> Assim, é descabida a preponderância de um fator meramente biológico sobre o que realmente importa para a incidência da Lei Maria da Penha, com todo o seu arcabouço protetivo, inclusive a competência jurisdicional para julgar ações penais decorrentes de crimes perpetrados em situação de violência doméstica, familiar ou afetiva contra mulheres (inteiro teor do informativo 732/STJ).

- **Incidência da Lei Maria da Penha:** o artigo 5º da Lei 11.340/06 traduz as hipóteses de incidência da Lei Maria da Penha:

> **Art. 5º Para os efeitos desta Lei, configura violência doméstica e familiar contra a mulher qualquer ação ou omissão baseada no gênero que lhe cause morte, lesão, sofrimento físico, sexual ou psicológico e dano moral ou patrimonial:**

I – no âmbito da unidade doméstica, compreendida como o espaço de convívio permanente de pessoas, com ou sem vínculo familiar, inclusive as esporadicamente agregadas;

II – no âmbito da família, compreendida como a comunidade formada por indivíduos que são ou se consideram aparentados, unidos por laços naturais, por afinidade ou por vontade expressa;

III – em qualquer relação íntima de afeto, na qual o agressor conviva ou tenha convivido com a ofendida, independentemente de coabitação.

Parágrafo único. As relações pessoais enunciadas neste artigo independem de orientação sexual.

No inciso I do artigo 5º da Lei 11.340/06, é importante salientar que a unidade doméstica é o espaço de convívio permanente de pessoas, com ou sem vínculo familiar (prática de violência contra empregada doméstica, por exemplo).

O inciso II do artigo 5º da Lei 11.340/06 trata do âmbito familiar (comunidade de pessoas que são ou se consideram aparentados – unidos por laços naturais, por afinidade ou por vontade). Assim é que é possível incidência da Lei Maria da Penha entre irmãos, pai/mãe e filha, padrasto/madrasta e filha, dentre outras situações.

À guisa de exemplo, no informativo 499, o Tribunal da Cidadania tratou da incidência da Lei 11.340/06 em briga de irmãos:

> A hipótese de briga entre irmãos – que ameaçaram a vítima de morte – amolda-se àqueles objetos de proteção da Lei n. 11.340/2006 (Lei Maria da Penha). In casu, caracterizada a relação íntima de afeto familiar entre os agressores e a vítima, inexiste a exigência de coabitação ao tempo do crime, para a configuração da violência doméstica contra a mulher. Com essas e outras ponderações, a Turma, por maioria, denegou a ordem de habeas corpus. Precedentes citados do STF: HC 106.212-MS, DJe 13/6/2011; do STJ: HC 115.857-MG, DJe 2/2/2009; REsp 1.239.850-DF, DJe 5/3/2012, e CC 103.813- MG, DJe 3/8/2009. HC 184.990-RS, Rel. Min. Og Fernandes, julgado em 12/6/2012.

Já no informativo 551, o Superior Tribunal de Justiça deixou claro a incidência da Lei Maria da Penha em caso de violência de mãe contra filha:

> É possível a incidência da Lei 11.340/2006 (Lei Maria da Penha) nas relações entre mãe e filha. Isso porque, de acordo com o art. 5º, III, da Lei 11.340/2006, configura violência doméstica e

> familiar contra a mulher qualquer ação ou omissão baseada no gênero que lhe cause morte, lesão, sofrimento físico, sexual ou psicológico e dano moral ou patrimonial em qualquer relação íntima de afeto, na qual o agressor conviva ou tenha convivido com a ofendida, independentemente de coabitação. Da análise do dispositivo citado, infere-se que o objeto de tutela da Lei é a mulher em situação de vulnerabilidade, não só em relação ao cônjuge ou companheiro, mas também qualquer outro familiar ou pessoa que conviva com a vítima, independentemente do gênero do agressor. Nessa mesma linha, entende a jurisprudência do STJ que o sujeito ativo do crime pode ser tanto o homem como a mulher, desde que esteja presente o estado de vulnerabilidade caracterizado por uma relação de poder e submissão. Precedentes citados: HC 175.816-RS, Quinta Turma, DJe 28/6/2013; e HC 250.435-RJ, Quinta Turma, DJe 27/9/2013. HC 277.561-AL, Rel. Min. Jorge Mussi, julgado em 6/11/2014.

Mais um exemplo – o mandamento legal estudado é aplicado em face de agressão perpetrada por padrasto contra enteada:

> PENAL E PROCESSO PENAL. HABEAS CORPUS SUBSTITUTO DE RECURSO ORDINÁRIO. ESTUPRO DE VULNERÁVEL. CRIME PRATICADO POR PADRASTO CONTRA ENTEADA. APLICABILIDADE DA LEI MARIA DA PENHA. CARACTERIZAÇÃO DA AÇÃO BASEADA NO GÊNERO. WRIT NÃO CONHECIDO. 1. Esta Corte e o Supremo Tribunal Federal pacificaram orientação no sentido de que não cabe habeas corpus substitutivo de revisão criminal e de recurso legalmente previsto para a hipótese, impondo-se o não conhecimento da impetração, salvo quando constatada a existência de flagrante ilegalidade no ato judicial impugnado a justificar a concessão da ordem, de ofício. 2. Para incidência da Lei Maria da Penha, é necessário que a violência doméstica e familiar contra a mulher decorra de: (a) ação ou omissão baseada no gênero; (b) no âmbito da unidade doméstica, familiar ou relação de afeto; decorrendo daí (c) morte, lesão, sofrimento físico, sexual ou psicológico e dano moral ou patrimonial. 3. A definição do gênero sobre o qual baseada a conduta comissiva ou omissiva decorre do equivocado entendimento/motivação do sujeito ativo de possuir "direitos" sobre a mulher ou de que ela lhe pertence, evidenciando vulnerabilidade pela redução ou nulidade da autodeterminação, caracterizando-se, assim, conduta baseada no gênero para efeitos da Lei n. 11.340/2006. 4. No caso em comento, segundo as circunstâncias fáticas apuradas até então e analisadas pela Corte de origem, verifica-se o preenchimento dos pressupostos elementares da violência doméstica e familiar contra a mulher, restando caracterizada a ação baseada no gênero. 5. Ordem não conhecida. (HC 349.851/SP, Rel. Ministro

RIBEIRO DANTAS, QUINTA TURMA, julgado em 28/11/2017, DJe 04/12/2017)

O inciso III do artigo 5º da Lei 11.340/06 trata das relações íntimas de afeto, em que o agressor conviveu ou tenha convivido com a vítima, independente de coabitação (agressões praticadas por namorados, noivos, companheiros e maridos contra namoradas, noivas, companheiras e esposas, por exemplo). Nesse sentido Súmula 600/STJ (na verdade, o verbete se aplica a todos os incisos do artigo 5º da Lei Maria da Penha):

> Súmula 600/STJ – Para a configuração da violência doméstica e familiar prevista no artigo 5° da Lei n. 11.340/2006 (Lei Maria da Penha) não se exige a coabitação entre autor e vítima.

Nos termos do parágrafo único do artigo 5º da Lei Maria da Penha, o mandamento pode ser aplicado qualquer que seja a orientação sexual da vítima (se há relação homoafetiva feminina e uma companheira agredir a outra, por exemplo, haverá incidência da Lei 11.340/06).

Assim, é que é possível concluir que para incidência da Lei Maria da Penha, o sujeito ativo do crime praticado contra mulher pode ser homem ou mulher.

Eis síntese do artigo 5º da Lei 11.340/06:

Artigo 5° da Lei 11.340/06	
Para os efeitos de aplicação da Lei 11.340/06, configura violência doméstica e familiar contra a mulher qualquer ação ou omissão baseada no gênero que lhe cause morte, lesão, sofrimento físico, sexual ou psicológico e dano moral ou patrimonial nas seguintes hipóteses de incidência:	
Unidade doméstica	Compreendida como o espaço de convívio permanente de pessoas, com ou sem vínculo familiar, inclusive as esporadicamente agregadas.
Família	Compreendida como a comunidade formada por indivíduos que são ou se consideram aparentados, unidos por laços naturais, por afinidade ou por vontade expressa.
Qualquer relação íntima de afeto	Na qual o agressor conviva ou tenha convivido com a ofendida, independentemente de coabitação.
As relações pessoais acima enunciadas independem de orientação sexual.	

- **Violação dos direitos humanos:** o artigo 6º prescreve que a violência doméstica ou familiar contra mulher constitui violação dos direitos humanos:

> **Art. 6º A violência doméstica e familiar contra a mulher constitui uma das formas de violação dos direitos humanos.**

- **Formas de violência contra mulher:** sobre as formas de violência contra mulher, é importante a leitura do artigo 7º da Lei 11.340/06 (o inciso II foi alterado pela Lei 13.772/18):

> **Art. 7º São formas de violência doméstica e familiar contra a mulher, entre outras:**
>
> **I – a violência física, entendida como qualquer conduta que ofenda sua integridade ou saúde corporal;**
>
> **II – a violência psicológica, entendida como qualquer conduta que lhe cause dano emocional e diminuição da autoestima ou que lhe prejudique e perturbe o pleno desenvolvimento ou que vise degradar ou controlar suas ações, comportamentos, crenças e decisões, mediante ameaça, constrangimento, humilhação, manipulação, isolamento, vigilância constante, perseguição contumaz, insulto, chantagem, violação de sua intimidade, ridicularização, exploração e limitação do direito de ir e vir ou qualquer outro meio que lhe cause prejuízo à saúde psicológica e à autodeterminação;**
>
> **III – a violência sexual, entendida como qualquer conduta que a constranja a presenciar, a manter ou a participar de relação sexual não desejada, mediante intimidação, ameaça, coação ou uso da força; que a induza a comercializar ou a utilizar, de qualquer modo, a sua sexualidade, que a impeça de usar qualquer método contraceptivo ou que a force ao matrimônio, à gravidez, ao aborto ou à prostituição, mediante coação, chantagem, suborno ou manipulação; ou que limite ou anule o exercício de seus direitos sexuais e reprodutivos;**
>
> **IV – a violência patrimonial, entendida como qualquer conduta que configure retenção, subtração, destruição parcial ou total de seus objetos, instrumentos de trabalho, documentos pessoais, bens, valores e direitos ou recursos econômicos, incluindo os destinados a satisfazer suas necessidades;**
>
> **V – a violência moral, entendida como qualquer conduta que configure calúnia, difamação ou injúria.**

O estudo do dispositivo demonstra que o legislador apontou, exemplificativamente, cinco tipos de violência contra a mulher no artigo 7º da Lei 11.340/06: i) física; ii) psicológica; iii) sexual; iv) patrimonial; e v) moral.

Na verdade, o único crime tipificado no bojo da Lei Maria da Penha é o desenhado no seu artigo 24-A. Os crimes perpetrados contra mulher estão no Código Penal ou em qualquer lei extravagante (feminicídio, estupro, lesão corporal, ameaça, calúnia, roubo, dentre outros).

Eis síntese do artigo 7º da Lei 11.340/06:

Artigo 7° da Lei 11.340/06		
São formas de violência doméstica e familiar contra a mulher, entre outras (a lista é exemplificativa):		
Violência física	Entendida como qualquer conduta que ofenda sua integridade ou saúde corporal.	Crime de lesão corporal leve qualificada (§ 13° do artigo 129 do Código Penal), por exemplo.
Violência psicológica	Entendida como qualquer conduta que lhe cause dano emocional e diminuição da autoestima ou que lhe prejudique e perturbe o pleno desenvolvimento ou que vise degradar ou controlar suas ações, comportamentos, crenças e decisões, mediante ameaça, constrangimento, humilhação, manipulação, isolamento, vigilância constante, perseguição contumaz, insulto, chantagem, violação de sua intimidade, ridicularização, exploração e limitação do direito de ir e vir ou qualquer outro meio que lhe cause prejuízo à saúde psicológica e à autodeterminação.	Crime de violência psicológica contra mulher (artigo 147-B do Código Penal), por exemplo.

Violência sexual	Entendida como qualquer conduta que a constranja a presenciar, a manter ou a participar de relação sexual não desejada, mediante intimidação, ameaça, coação ou uso da força; que a induza a comercializar ou a utilizar, de qualquer modo, a sua sexualidade, que a impeça de usar qualquer método contraceptivo ou que a force ao matrimônio, à gravidez, ao aborto ou à prostituição, mediante coação, chantagem, suborno ou manipulação; ou que limite ou anule o exercício de seus direitos sexuais e reprodutivos.	Estupro (artigo 213 do Código Penal), por exemplo.
Violência patrimonial	Entendida como qualquer conduta que configure retenção, subtração, destruição parcial ou total de seus objetos, instrumentos de trabalho, documentos pessoais, bens, valores e direitos ou recursos econômicos, incluindo os destinados a satisfazer suas necessidades.	Roubo (artigo 157 do Código Penal), por exemplo.
Violência moral	Entendida como qualquer conduta que configure calúnia, difamação ou injúria.	Calúnia (artigo 138 do Código Penal), por exemplo.

- **Inaplicabilidade do princípio da insignificância:** não é possível aplicação do princípio da insignificância nos crimes ou contravenções penais em relação aos quais há incidência da Lei Maria da Penha, nos termos da Súmula 589 do Superior Tribunal de Justiça:

> Súmula 589/STJ – É inaplicável o princípio da insignificância nos crimes ou contravenções penais praticados contra a mulher no âmbito das relações domésticas.

O Supremo Tribunal Federal segue a mesma linha do verbete do Tribunal da Cidadania (transcrevo abaixo o informativo 825/STF):

Inadmissível a aplicação do princípio da insignificância aos delitos praticados em situação de violência doméstica. Com base nessa orientação, a Segunda Turma negou provimento a recurso ordinário em "habeas corpus" no qual se pleiteava a incidência de tal princípio ao crime de lesão corporal cometido em âmbito de violência doméstica contra a mulher (Lei 11.340/2006, Lei Maria da Penha) RHC 133043/MT, rel. Min. Cármen Lúcia, 10.5.2016 (informativo 825/STF).

· **Políticas públicas para coibir a violência doméstica e familiar contra a mulher:** o artigo 8º da Lei 11.340/06 trata das políticas públicas para coibir a violência doméstica e familiar contra a mulher (saliento, no âmbito da investigação criminal que envolve aplicação da Lei Maria da Penha, a importância dos incisos IV e VII):

Art. 8º A política pública que visa coibir a violência doméstica e familiar contra a mulher far-se-á por meio de um conjunto articulado de ações da União, dos Estados, do Distrito Federal e dos Municípios e de ações não-governamentais, tendo por diretrizes:

I – a integração operacional do Poder Judiciário, do Ministério Público e da Defensoria Pública com as áreas de segurança pública, assistência social, saúde, educação, trabalho e habitação;

II – a promoção de estudos e pesquisas, estatísticas e outras informações relevantes, com a perspectiva de gênero e de raça ou etnia, concernentes às causas, às consequências e à frequência da violência doméstica e familiar contra a mulher, para a sistematização de dados, a serem unificados nacionalmente, e a avaliação periódica dos resultados das medidas adotadas;

III – o respeito, nos meios de comunicação social, dos valores éticos e sociais da pessoa e da família, de forma a coibir os papéis estereotipados que legitimem ou exacerbem a violência doméstica e familiar, de acordo com o estabelecido no inciso III do art. 1º, no inciso IV do art. 3º e no inciso IV do art. 221 da Constituição Federal;

IV – a implementação de atendimento policial especializado para as mulheres, em particular nas Delegacias de Atendimento à Mulher;

V – a promoção e a realização de campanhas educativas de prevenção da violência doméstica e familiar contra a mulher, voltadas ao público escolar e à sociedade em geral, e a difusão desta Lei e dos instrumentos de proteção aos direitos humanos das mulheres;

VI – a celebração de convênios, protocolos, ajustes, termos ou outros instrumentos de promoção de parceria entre órgãos

governamentais ou entre estes e entidades não-governamentais, tendo por objetivo a implementação de programas de erradicação da violência doméstica e familiar contra a mulher;

VII – a capacitação permanente das Polícias Civil e Militar, da Guarda Municipal, do Corpo de Bombeiros e dos profissionais pertencentes aos órgãos e às áreas enunciados no inciso I quanto às questões de gênero e de raça ou etnia;

VIII – a promoção de programas educacionais que disseminem valores éticos de irrestrito respeito à dignidade da pessoa humana com a perspectiva de gênero e de raça ou etnia;

IX – o destaque, nos currículos escolares de todos os níveis de ensino, para os conteúdos relativos aos direitos humanos, à equidade de gênero e de raça ou etnia e ao problema da violência doméstica e familiar contra a mulher.

▪ **Assistência à mulher vitimizada:** o artigo 9º da Lei 11.340/06 traz em seu bojo a assistência à mulher vitimizada. As Leis 13.894/19 (incluiu o inciso III no § 2º), 13.871/19 (incluiu os §§ 4º, 5º e 6º) e 13.882/19 (incluiu os §§ 7º e 8º) modificaram o dispositivo estudado:

Art. 9º A assistência à mulher em situação de violência doméstica e familiar será prestada de forma articulada e conforme os princípios e as diretrizes previstos na Lei Orgânica da Assistência Social, no Sistema Único de Saúde, no Sistema Único de Segurança Pública, entre outras normas e políticas públicas de proteção, e emergencialmente quando for o caso.

§ 1º O juiz determinará, por prazo certo, a inclusão da mulher em situação de violência doméstica e familiar no cadastro de programas assistenciais do governo federal, estadual e municipal.

§ 2º O juiz assegurará à mulher em situação de violência doméstica e familiar, para preservar sua integridade física e psicológica:

I – acesso prioritário à remoção quando servidora pública, integrante da administração direta ou indireta;

II – manutenção do vínculo trabalhista, quando necessário o afastamento do local de trabalho, por até seis meses.

III – encaminhamento à assistência judiciária, quando for o caso, inclusive para eventual ajuizamento da ação de separação judicial, de divórcio, de anulação de casamento ou de dissolução de união estável perante o juízo competente.

§ 3º A assistência à mulher em situação de violência doméstica e familiar compreenderá o acesso aos benefícios decorrentes do desenvolvimento científico e tecnológico, incluindo os serviços de contracepção de emergência, a profilaxia das Doenças

Sexualmente Transmissíveis (DST) e da Síndrome da Imunodeficiência Adquirida (AIDS) e outros procedimentos médicos necessários e cabíveis nos casos de violência sexual.

§ 4º Aquele que, por ação ou omissão, causar lesão, violência física, sexual ou psicológica e dano moral ou patrimonial a mulher fica obrigado a ressarcir todos os danos causados, inclusive ressarcir ao Sistema Único de Saúde (SUS), de acordo com a tabela SUS, os custos relativos aos serviços de saúde prestados para o total tratamento das vítimas em situação de violência doméstica e familiar, recolhidos os recursos assim arrecadados ao Fundo de Saúde do ente federado responsável pelas unidades de saúde que prestarem os serviços.

§ 5º Os dispositivos de segurança destinados ao uso em caso de perigo iminente e disponibilizados para o monitoramento das vítimas de violência doméstica ou familiar amparadas por medidas protetivas terão seus custos ressarcidos pelo agressor.

§ 6º O ressarcimento de que tratam os §§ 4º e 5º deste artigo não poderá importar ônus de qualquer natureza ao patrimônio da mulher e dos seus dependentes, nem configurar atenuante ou ensejar possibilidade de substituição da pena aplicada.

§ 7º A mulher em situação de violência doméstica e familiar tem prioridade para matricular seus dependentes em instituição de educação básica mais próxima de seu domicílio, ou transferi-los para essa instituição, mediante a apresentação dos documentos comprobatórios do registro da ocorrência policial ou do processo de violência doméstica e familiar em curso.

§ 8º Serão sigilosos os dados da ofendida e de seus dependentes matriculados ou transferidos conforme o disposto no § 7º deste artigo, e o acesso às informações será reservado ao juiz, ao Ministério Público e aos órgãos competentes do poder público.

- **Atendimento pela autoridade policial:** o artigo 10 da Lei 11.340/06 trata do atendimento materializado pelo delegado de polícia (adiante veremos a possibilidade de decretação de medida protetiva pela autoridade policial – artigo 12-C da Lei Maria da Penha):

Art. 10. Na hipótese da iminência ou da prática de violência doméstica e familiar contra a mulher, a autoridade policial que tomar conhecimento da ocorrência adotará, de imediato, as providências legais cabíveis.

Parágrafo único. Aplica-se o disposto no caput deste artigo ao descumprimento de medida protetiva de urgência deferida.

▪ **Atendimento policial e pericial especializado:** o artigo 10-A da Lei 11.340/06 (incluído pela Lei 13.505/17) trata do atendimento policial e pericial especializado, a ser feito por servidores preferencialmente capacitados e, preferencialmente, do sexo feminino (a opção do legislador foi feliz, já que a vítima se sentirá muito mais acolhida se for atendida, desde o primeiro momento, por uma policial capacitada).

A inquirição da mulher deve observar as diretrizes do § 1º e o procedimento do § 2º, tudo com o fito de minimizar os processos de vitimização (em especial a vitimização secundária, que é levada a cabo pelo aparelho de controle social formal, que finda vitimizando uma vez mais a ofendida, quando não materializa um bom atendimento diante da notícia de crime apresentada). Por óbvio, o cumprimento do mandamento legal demanda estrutura e treinamento do efetivo para que a violência contra a mulher seja coibida de forma eficiente:

Art. 10-A. É direito da mulher em situação de violência doméstica e familiar o atendimento policial e pericial especializado, ininterrupto e prestado por servidores – preferencialmente do sexo feminino – previamente capacitados.

§ 1º A inquirição de mulher em situação de violência doméstica e familiar ou de testemunha de violência doméstica, quando se tratar de crime contra a mulher, obedecerá às seguintes diretrizes:

I – salvaguarda da integridade física, psíquica e emocional da depoente, considerada a sua condição peculiar de pessoa em situação de violência doméstica e familiar;

II – garantia de que, em nenhuma hipótese, a mulher em situação de violência doméstica e familiar, familiares e testemunhas terão contato direto com investigados ou suspeitos e pessoas a eles relacionadas;

III – não revitimização da depoente, evitando sucessivas inquirições sobre o mesmo fato nos âmbitos criminal, cível e administrativo, bem como questionamentos sobre a vida privada.

§ 2º Na inquirição de mulher em situação de violência doméstica e familiar ou de testemunha de delitos de que trata esta Lei, adotar-se-á, preferencialmente, o seguinte procedimento:

I – a inquirição será feita em recinto especialmente projetado para esse fim, o qual conterá os equipamentos próprios e adequados à idade da mulher em situação de violência doméstica e familiar ou testemunha e ao tipo e à gravidade da violência sofrida;

II – quando for o caso, a inquirição será intermediada por profissional especializado em violência doméstica e familiar designado pela autoridade judiciária ou policial;

III – o depoimento será registrado em meio eletrônico ou magnético, devendo a degravação e a mídia integrar o inquérito.

- **Providências determinadas pela autoridade policial:** ainda acerca do atendimento da mulher pela autoridade policial, veja o artigo 11 da Lei 11.340/06 (note que se trata de rol exemplificativo e que as providências listadas não são de cunho investigativo):

Art. 11. No atendimento à mulher em situação de violência doméstica e familiar, a autoridade policial deverá, entre outras providências:

I – garantir proteção policial, quando necessário, comunicando de imediato ao Ministério Público e ao Poder Judiciário;

II – encaminhar a ofendida ao hospital ou posto de saúde e ao Instituto Médico Legal;

III – fornecer transporte para a ofendida e seus dependentes para abrigo ou local seguro, quando houver risco de vida;

IV – se necessário, acompanhar a ofendida para assegurar a retirada de seus pertences do local da ocorrência ou do domicílio familiar;

V – informar à ofendida os direitos a ela conferidos nesta Lei e os serviços disponíveis, inclusive os de assistência judiciária para o eventual ajuizamento perante o juízo competente da ação de separação judicial, de divórcio, de anulação de casamento ou de dissolução de união estável.

- **Providências investigativas:** o artigo 12 da Lei 11.340/06 trata de lista de providências a serem materializadas pela autoridade policial na condução da investigação.

Trata-se de rol exemplificativo e a lista não é sequência a ser obrigatoriamente seguida pelo delegado (já que o inquérito policial é procedimento que não conta com sequência concatenada de atos determinada pela legislação).

O delegado pode representar ao juízo competente pela decretação de medidas protetivas (inciso III do artigo 12 da Lei 11.340/06). O pleito deve conter os requisitos do § 1º do artigo 12 da Lei Maria da Penha.

O § 3º do artigo 12 da Lei 11.340/06 finda por relativizar a necessidade de materialização de exame de corpo de delito no crime que deixa vestígios (imposição do artigo 158 do Código de Processo Penal[1]):

> **Art. 12. Em todos os casos de violência doméstica e familiar contra a mulher, feito o registro da ocorrência, deverá a autoridade policial adotar, de imediato, os seguintes procedimentos, sem prejuízo daqueles previstos no Código de Processo Penal:**
>
> **I – ouvir a ofendida, lavrar o boletim de ocorrência e tomar a representação a termo, se apresentada;**
>
> **II – colher todas as provas que servirem para o esclarecimento do fato e de suas circunstâncias;**
>
> **III – remeter, no prazo de 48 (quarenta e oito) horas, expediente apartado ao juiz com o pedido da ofendida, para a concessão de medidas protetivas de urgência;**
>
> **IV – determinar que se proceda ao exame de corpo de delito da ofendida e requisitar outros exames periciais necessários;**
>
> **V – ouvir o agressor e as testemunhas;**
>
> **VI – ordenar a identificação do agressor e fazer juntar aos autos sua folha de antecedentes criminais, indicando a existência de mandado de prisão ou registro de outras ocorrências policiais contra ele;**
>
> **VI-A – verificar se o agressor possui registro de porte ou posse de arma de fogo e, na hipótese de existência, juntar aos autos essa informação, bem como notificar a ocorrência à instituição responsável pela concessão do registro ou da emissão do porte, nos termos da Lei nº 10.826, de 22 de dezembro de 2003 (Estatuto do Desarmamento);**
>
> **VII – remeter, no prazo legal, os autos do inquérito policial ao juiz e ao Ministério Público.**

---

1. Art. 158. Quando a infração deixar vestígios, será indispensável o exame de corpo de delito, direto ou indireto, não podendo supri-lo a confissão do acusado.
Parágrafo único. Dar-se-á prioridade à realização do exame de corpo de delito quando se tratar de crime que envolva:
I – violência doméstica e familiar contra mulher;
II – violência contra criança, adolescente, idoso ou pessoa com deficiência.

§ 1º O pedido da ofendida será tomado a termo pela autoridade policial e deverá conter:

I – qualificação da ofendida e do agressor;

II – nome e idade dos dependentes;

III – descrição sucinta do fato e das medidas protetivas solicitadas pela ofendida.

IV – informação sobre a condição de a ofendida ser pessoa com deficiência e se da violência sofrida resultou deficiência ou agravamento de deficiência preexistente.

§ 2º A autoridade policial deverá anexar ao documento referido no § 1º o boletim de ocorrência e cópia de todos os documentos disponíveis em posse da ofendida.

§ 3º Serão admitidos como meios de prova os laudos ou prontuários médicos fornecidos por hospitais e postos de saúde.

As medidas protetivas de urgência estão listadas no artigo 22 da Lei 11.340/06 (como dito supra, o delegado de polícia pode decretar uma delas – o afastamento do agressor do lar, na forma do artigo 12-C).

- **Criação de Delegacias Especializadas de Atendimento à Mulher:** o artigo 12-A foi inserido pela Lei 13.505/17 e prevê a criação de DEAMS, Núcleos Investigativos de Feminicídio e equipes especializadas para o atendimento e a investigação das violências graves contra a mulher.

O artigo 12-B previa a possibilidade de decretação de medidas protetivas pelo delegado de polícia, mas foi vetado. Restou íntegro apenas o § 3º, que é expressão do poder requisitório da autoridade policial:

Art. 12-A. Os Estados e o Distrito Federal, na formulação de suas políticas e planos de atendimento à mulher em situação de violência doméstica e familiar, darão prioridade, no âmbito da Polícia Civil, à criação de Delegacias Especializadas de Atendimento à Mulher (Deams), de Núcleos Investigativos de Feminicídio e de equipes especializadas para o atendimento e a investigação das violências graves contra a mulher.

Art. 12-B. (VETADO).

§ 1° (VETADO).

§ 2º (VETADO.

§ 3º A autoridade policial poderá requisitar os serviços públicos necessários à defesa da mulher em situação de violência doméstica e familiar e de seus dependentes.

- **Medida protetiva decretada pelo delegado de polícia ou por policial:** a Lei 13.827/19 incluiu o artigo 12-C na Lei 11.340/06, permitindo decretação de medida protetiva por delegado de polícia ou por policial (o *caput* do dispositivo foi alterado pela Lei 14.188/21):

Art. 12-C. Verificada a existência de risco atual ou iminente à vida ou à integridade física ou psicológica da mulher em situação de violência doméstica e familiar, ou de seus dependentes, o agressor será imediatamente afastado do lar, domicílio ou local de convivência com a ofendida:

I – pela autoridade judicial;

II – pelo delegado de polícia, quando o Município não for sede de comarca; ou

III – pelo policial, quando o Município não for sede de comarca e não houver delegado disponível no momento da denúncia.

§ 1º Nas hipóteses dos incisos II e III do caput deste artigo, o juiz será comunicado no prazo máximo de 24 (vinte e quatro) horas e decidirá, em igual prazo, sobre a manutenção ou a revogação da medida aplicada, devendo dar ciência ao Ministério Público concomitantemente.

§ 2º Nos casos de risco à integridade física da ofendida ou à efetividade da medida protetiva de urgência, não será concedida liberdade provisória ao preso.

É importante notar que:

1) A medida protetiva indicada pelo dispositivo é o afastamento do agressor do lar, domicílio ou local de convivência com a ofendida;

2) Para decretação da medida protetiva de afastamento do lar, é preciso verificar existência de risco atual ou iminente à vida ou à integridade física ou psicológica da mulher em situação de violência doméstica e familiar, ou de seus dependentes;

3) A medida só pode ser decretada pelo delegado de polícia quando o Município não for sede de comarca – a lei merece crítica, posto que houve grande limitação à atuação do delegado na defesa

da mulher vítima de violência doméstica (evidente proteção deficiente das mulheres que residem em Municípios que são sedes de comarca);

4) A medida só pode ser decretada por policial quando o Município não for sede de comarca e não houver delegado disponível no momento da notícia do fato – nesse ponto a lei merece mais uma crítica, vez que a decretação de medida protetiva reclama conhecimentos jurídicos para identificar que se trata de uma situação abarcada pela Lei Maria da Penha;

5) Quando a medida for decretada por delegado de polícia ou policial, ela será comunicada ao magistrado no prazo de até 24 horas e o juiz decidirá em igual prazo pela manutenção ou revogação da medida aplicada, devendo cientificar o Ministério Público;

6) Caso a medida seja decretada pelo delegado de polícia ou pelo policial e seja descumprida antes da manutenção pelo juízo (homologação), não me parece possível imputar a prática do crime tipificado no artigo 24-A da Lei Maria da Penha, vez que o tipo fala no descumprimento de **"decisão judicial que defere medidas protetivas"**;

7) Depois da manutenção da medida protetiva pelo magistrado, é possível prática do citado delito (artigo 24-A da Lei 11.340/06);

8) O § 2º do artigo 12-C da Lei 11.340/06 hipótese de vedação da concessão de liberdade provisória em face do indivíduo preso pela prática de crime contra mulher em situação de violência doméstica e familiar (parece ser dispositivo inconstitucional, de entendimento consolidado do Supremo Tribunal Federal).

A tabela abaixo resume o artigo 12-C da Lei Maria da Penha:

Medida protetiva de afastamento do agressor do lar, domicílio ou local de convivência com a ofendida	
Quem decreta a medida protetiva	**Requisitos para decretação da medida**
Autoridade judicial	Risco atual ou iminente à vida ou à integridade física ou psicológica da mulher em situação de violência doméstica e familiar, ou de seus dependentes.

Delegado de polícia	Risco atual ou iminente à vida ou à integridade física ou psicológica da mulher em situação de violência doméstica e familiar, ou de seus dependentes, o agressor será imediatamente afastado do lar, domicílio ou local de convivência com a ofendida.
	O Município não pode ser sede de comarca
Policial	Risco atual ou iminente à vida ou à integridade física ou psicológica da mulher em situação de violência doméstica e familiar, ou de seus dependentes, o agressor será imediatamente afastado do lar, domicílio ou local de convivência com a ofendida.
	O Município não pode ser sede de comarca
	Não deve existir delegado disponível no momento da "denúncia".
Caso a medida seja decretada por delegado de polícia ou policial, deve ser comunicada ao juízo em até 24 horas e o juiz decidirá pela manutenção ou revogação da mesma em igual prazo, cientificando o Ministério Público.	

- **Procedimento judicial:** a partir do artigo 13 da Lei 11.340/06, temos o procedimento para julgamento de crimes relacionados à violência doméstica contra a mulher.

O artigo 14 trata da criação de Juizados de Violência Doméstica e Familiar contra a Mulher (a nomenclatura usada pelo legislador não foi a melhor, posto que a palavra "juizado" pode induzir à ideia equivocada de que a infração penal cometida contra mulher se traduz em uma violação simples/branda, já que os juizados especiais criminais julgam infrações de menor potencial ofensivo):

> **Art. 13. Ao processo, ao julgamento e à execução das causas cíveis e criminais decorrentes da prática de violência doméstica e familiar contra a mulher aplicar-se-ão as normas dos Códigos de Processo Penal e Processo Civil e da legislação específica relativa à criança, ao adolescente e ao idoso que não conflitarem com o estabelecido nesta Lei.**
>
> **Art. 14. Os Juizados de Violência Doméstica e Familiar contra a Mulher, órgãos da Justiça Ordinária com competência cível e criminal, poderão ser criados pela União, no Distrito Federal e nos Territórios, e pelos Estados, para o processo, o julgamento e a execução das causas decorrentes da prática de violência doméstica e familiar contra a mulher.**

Parágrafo único. Os atos processuais poderão realizar-se em horário noturno, conforme dispuserem as normas de organização judiciária.

Note, pela leitura do artigo 14 acima transcrito, que o Juizado de Violência Doméstica e Familiar tem competência cível e criminal.

Por óbvio, se houver prática de feminicídio[2] (crime doloso contra a vida), a competência será do tribunal do júri. Nesse sentido, informativo 465 do Superior Tribunal de Justiça:

> Trata-se de *habeas corpus* em que se discute a competência para o processamento e julgamento de crimes dolosos contra a vida em se tratando de violência doméstica. No caso, cuida-se de homicídio qualificado tentado. Alega a impetração sofrer o paciente constrangimento ilegal em decorrência da decisão do tribunal *a quo* que entendeu competente o juizado especial criminal para processar e julgar, até a fase de pronúncia, os crimes dolosos contra a vida praticados no âmbito familiar. A Turma concedeu a ordem ao entendimento de que, consoante o disposto na própria lei de organização judiciária local (art. 19 da Lei n. 11.697/2008), é do tribunal do júri a competência para o processamento e julgamento dos crimes dolosos contra a vida, ainda que se trate de delito cometido no contexto de violência doméstica. Precedentes citados: HC 163.309-DF, DJe 1°/2/2011, e HC 121.214-DF, DJe 8/6/2009. HC 145.184-DF, Rel. Min. Laurita Vaz, julgado em 3/3/2011.

Há, contudo, decisão do Superior Tribunal de Justiça (precedente) autorizando que, até a pronúncia, o processo bifásico do júri tramite no Juizado de Violência Doméstica e Familiar (grifo meu):

> HABEAS CORPUS. CRIME DOLOSO CONTRA A VIDA PROCESSADO PELO JUIZADO DE VIOLÊNCIA DOMÉSTICA E FAMILIAR CONTRA A MULHER. NULIDADE. NÃO OCORRÊNCIA. LIBERDADE PROVISÓRIA. CRIME HEDIONDO. IMPOSSIBILIDADE. ORDEM DENEGADA. **Ressalvada a competência do Júri para julgamento do crime doloso contra a vida, seu processamento, até a fase de pronúncia, poderá ser pelo Juizado de Violência Doméstica e Familiar contra a Mulher, em atenção à Lei 11.340/06.** Não há possibilidade de concessão da liberdade provisória, em crimes

2. Homicídio qualificado praticado contra mulher, por razão da condição do sexo feminino.

hediondos, apesar da modificação da Lei 8.072/90, pois a proibição deriva da inafiançabilidade dos delitos desta natureza, trazida pelo artigo 5°, XLIII, da Constituição Federal. Tratando-se de paciente preso em flagrante, pela prática, em tese, de crime hediondo, mostra-se despicienda a fundamentação do decisum que manteve a medida constritiva de liberdade nos termos exigidos para a prisão preventiva propriamente dita, não havendo que ser considerada a presença de circunstâncias pessoais supostamente favoráveis ao paciente, ou analisada a adequação da hipótese à inteligência do art. 312 do CPP. Denegaram a ordem, ressalvado o posicionamento da Relatora (HC 73.161/SC, Rel. Ministra JANE SILVA (DESEMBARGADORA CONVOCADA DO TJ/MG), QUINTA TURMA, julgado em 29/08/2007, DJ 17/09/2007, p. 317).

- **Ação de divórcio ou dissolução de união estável:** o artigo 14-A da Lei 11.340/06 (incluído pela Lei 13.894/19) permite proposição de ação de divórcio ou de dissolução de união estável no Juizados de Violência Doméstica e Familiar contra a Mulher (excluída a competência para decidir acerca da partilha de bens):

Art. 14-A. A ofendida tem a opção de propor ação de divórcio ou de dissolução de união estável no Juizado de Violência Doméstica e Familiar contra a Mulher.

§ 1° Exclui-se da competência dos Juizados de Violência Doméstica e Familiar contra a Mulher a pretensão relacionada à partilha de bens.

§ 2° Iniciada a situação de violência doméstica e familiar após o ajuizamento da ação de divórcio ou de dissolução de união estável, a ação terá preferência no juízo onde estiver.

- **Competência cível:** sobre a competência cível (critérios para fixação de competência em razão do lugar), leia o artigo 15 da Lei 11.340/06:

Art. 15. É competente, por opção da ofendida, para os processos cíveis regidos por esta Lei, o Juizado:

I – do seu domicílio ou de sua residência;

II – do lugar do fato em que se baseou a demanda;

III – do domicílio do agressor.

- **Retratação da representação:** sobre a retratação da representação (em crimes de ação penal pública condicionada à representação da vítima), cumpre ler o artigo 16 da Lei 11.340/06.

Importante notar que o dispositivo em questão excepciona o artigo 25 do Código de Processo Penal (que prevê que a retratação da representação pode ocorrer até o oferecimento da denúncia) em duas vertentes: i) a retratação da representação só pode ocorrer em audiência especialmente designada pelo juízo, com a presença do Ministério Público; ii) a retratação pode ocorrer até o **recebimento** da denúncia:

> **Art. 16. Nas ações penais públicas condicionadas à representação da ofendida de que trata esta Lei, só será admitida a renúncia à representação perante o juiz, em audiência especialmente designada com tal finalidade, antes do recebimento da denúncia e ouvido o Ministério Público.**

O Superior Tribunal de Justiça entendeu não ser possível reconhecer a validade da retratação da representação feita pela vítima em cartório, sem designação de audiência perante o juiz com a presença do Ministério Público (inobservância do quanto determinado pelo artigo 16 da Lei 11.340/06) – grifo meu:

> PROCESSO PENAL. HABEAS CORPUS SUBSTITUTIVO. INADEQUAÇÃO. LESÃO CORPORAL NO CONTEXTO DE VIOLÊNCIA DOMÉSTICA E ESTUPRO. REJEIÇÃO DA DENÚNCIA PELA RETRATAÇÃO DA VÍTIMA. RESE DO MINISTÉRIO PÚBLICO PROVIDO NA ORIGEM. INOBSERVÂNCIA DO DISPOSTO NO ART. 16 DA LEI N° 11.340/06 E NOS ARTS. 25 DO CPP E 102 DO CP. IRRETOCÁVEL O ENTENDIMENTO. HABEAS CORPUS NÃO CONHECIDO. 1. Esta Corte e o Supremo Tribunal Federal pacificaram orientação no sentido de que não cabe habeas corpus substitutivo do recurso legalmente previsto para a hipótese, impondo-se o não conhecimento da impetração, salvo quando constatada a existência de flagrante ilegalidade no ato judicial impugnado. **2. A Lei Maria da Penha disciplina procedimento próprio para que a vítima possa eventualmente se retratar de representação já apresentada. Dessarte, dispõe o art. 16 da Lei n. 11.340/2006 que, "só será admitida a renúncia à representação perante o juiz, em audiência especialmente designada com tal finalidade" (HC 371.470/RS, Rel. Ministro REYNALDO SOARES DA FONSECA, QUINTA TURMA, julgado em 17/11/2016, DJe 25/11/2016). 3. Considerando que,**

no caso em apreço, a retratação da suposta ofendida ocorreu somente em cartório, sem a designação de audiência específica necessária para a confirmação do ato, correto posicionamento da Corte de origem ao elucidar tal ilegalidade e cassar a decisão que rejeitou a denúncia com base unicamente na retratação. 4. É uníssona a jurisprudência desta Corte Superior no sentido de que, depois de oferecida a denúncia, a representação do ofendido será irretratável, consoante o disposto nos arts. 102 do Código Penal e 25 do Código de Processo Penal. Assim, imperiosa a manutenção do julgado também nesse ponto, acerca do crime previsto no art. 213 c/c art. 224, ambos vigentes à época no Código Penal. 5. Considerando que o Tribunal Estadual não teceu qualquer consideração sobre a ausência de justa causa quanto ao crime de estupro, em virtude da relação amorosa entre o paciente e a vítima, inviável a apreciação direta por esta Corte Superior, sob pena de indevida supressão de instâncias. 6. Habeas corpus não conhecido (HC 138.143/MG, Rel. Ministro RIBEIRO DANTAS, QUINTA TURMA, julgado em 03/09/2019, DJe 10/09/2019).

▪ **Vedação de penas de cesta básica ou outras de prestação pecuniária:** o artigo 17 da Lei 11.340/06 veda aplicação de penas de cesta básica ou outras de prestação pecuniária, bem como a substituição de pena que implique o pagamento isolado de multa.

Art. 17. É vedada a aplicação, nos casos de violência doméstica e familiar contra a mulher, de penas de cesta básica ou outras de prestação pecuniária, bem como a substituição de pena que implique o pagamento isolado de multa.

Em verdade, não existe pena de "cesta básica". As penas podem ser: i) privativas de liberdade; ii) restritivas de direito; iii) multa. Eventual condenação a pagamento de cestas básicas a entidades ou prestação pecuniária se traduz, por óbvio, em pena restritiva de direito.

Ao estudar o artigo em testilha, é preciso revisar a Súmula 588 do Superior Tribunal de Justiça:

Súmula 588/STJ – A prática de crime ou contravenção penal contra a mulher com violência ou grave ameaça no ambiente doméstico impossibilita a substituição da pena privativa de liberdade por restritiva de direitos.

- **Decretação de medidas protetivas:** acerca da decretação de medidas protetivas de urgência, é importante a leitura dos artigos 18 a 21 da Lei 11.340/06:

> **Art. 18. Recebido o expediente com o pedido da ofendida, caberá ao juiz, no prazo de 48 (quarenta e oito) horas:**
>
> **I – conhecer do expediente e do pedido e decidir sobre as medidas protetivas de urgência;**
>
> **II – determinar o encaminhamento da ofendida ao órgão de assistência judiciária, quando for o caso, inclusive para o ajuizamento da ação de separação judicial, de divórcio, de anulação de casamento ou de dissolução de união estável perante o juízo competente;**
>
> **III – comunicar ao Ministério Público para que adote as providências cabíveis.**
>
> **IV – determinar a apreensão imediata de arma de fogo sob a posse do agressor.**
>
> **Art. 19. As medidas protetivas de urgência poderão ser concedidas pelo juiz, a requerimento do Ministério Público ou a pedido da ofendida.**
>
> **§ 1º As medidas protetivas de urgência poderão ser concedidas de imediato, independentemente de audiência das partes e de manifestação do Ministério Público, devendo este ser prontamente comunicado.**
>
> **§ 2º As medidas protetivas de urgência serão aplicadas isolada ou cumulativamente, e poderão ser substituídas a qualquer tempo por outras de maior eficácia, sempre que os direitos reconhecidos nesta Lei forem ameaçados ou violados.**
>
> **§ 3º Poderá o juiz, a requerimento do Ministério Público ou a pedido da ofendida, conceder novas medidas protetivas de urgência ou rever aquelas já concedidas, se entender necessário à proteção da ofendida, de seus familiares e de seu patrimônio, ouvido o Ministério Público.**

A medida protetiva de urgência é deferida pelo juízo a pedido da ofendida (podendo este ser materializado por meio de representação elaborada pelo delegado de polícia, na forma do inciso III do artigo 12 da Lei 11.340/06) ou do Ministério Público.

▪ **Decretação da prisão preventiva:** o artigo 20 da Lei Maria da Penha trata da decretação de prisão preventiva do agressor (acerca do tema leia, também, o inciso III do artigo 313 do Código de Processo Penal[3]).

Penso que com a entrada em vigor do Pacote Anticrime (lei 13.964/19), não é mais possível falar em decretação de prisão preventiva de ofício pelo juiz[4] (mesmo não tendo sido alterado o artigo 20 abaixo transcrito):

> **Art. 20. Em qualquer fase do inquérito policial ou da instrução criminal, caberá a prisão preventiva do agressor, decretada pelo juiz, de ofício, a requerimento do Ministério Público ou mediante representação da autoridade policial.**
>
> **Parágrafo único. O juiz poderá revogar a prisão preventiva se, no curso do processo, verificar a falta de motivo para que subsista, bem como de novo decretá-la, se sobrevierem razões que a justifiquem.**

O Superior Tribunal de Justiça referendou esse entendimento (impossibilidade de decretação da prisão preventiva de ofício com base no artigo 20 da Lei 11.340/06) no informativo 725. O Tribunal da Cidadania fixou, ainda, que se o Ministério Público (ou a autoridade policial) pugna pela decretação de medidas cautelares diversas da prisão, o juiz pode, discordando do pleito, determinar a medida extrema (e que isso não significa atuação de ofício do magistrado). Eis o julgado (grifos meus):

> RECURSO EM HABEAS CORPUS. PRISÃO EM FLAGRANTE. VIOLÊNCIA DOMÉSTICA E FAMILIAR CONTRA A MULHER. MINISTÉRIO PÚBLICO PUGNA PELA CONVERSÃO DO FLAGRANTE EM CAUTELARES DIVERSAS. MAGISTRADO DETERMINOU CAUTELAR MÁXIMA. PRISÃO PREVENTIVA DE OFÍCIO. NÃO OCORRÊNCIA. PRÉVIA E ANTERIOR PROVOCAÇÃO DO MINISTÉRIO PÚBLICO. PRISÃO PREVENTIVA FUNDAMENTADA. PERICULOSIDADE DO AGENTE. REITERAÇÃO EM DELITOS DE VIOLÊNCIA NO ÂMBITO

---

3. Art. 313. Nos termos do art. 312 deste Código, será admitida a decretação da prisão preventiva: (...)
III – se o crime envolver violência doméstica e familiar contra a mulher, criança, adolescente, idoso, enfermo ou pessoa com deficiência, para garantir a execução das medidas protetivas de urgência.
4. Art. 311. Em qualquer fase da investigação policial ou do processo penal, caberá a prisão preventiva decretada pelo juiz, a requerimento do Ministério Público, do querelante ou do assistente, ou por representação da autoridade policial.

DOMÉSTICO. AGRESSÕES CONTRA FILHA MENOR DE IDADE E COMPANHEIRA GRÁVIDA. MANUTENÇÃO DA PRISÃO PREVENTIVA. 1. Infere-se dos autos que o MP requereu, durante a audiência de custódia, a conversão da prisão em flagrante em cautelares diversas, no entanto, o Magistrado decretou a cautelar máxima. 2. Diversamente do alegado pelo Tribunal de origem, não se justificaria uma atuação ex officio do Magistrado por se tratar de crime de violência doméstica e familiar contra a mulher, com fundamento no princípio da especialidade. **Não obstante o art. 20 da Lei n. 11.340/2006 ainda autorize a decretação da prisão preventiva de ofício pelo Juiz de direito, tal disposição destoa do atual regime jurídico. A atuação do juiz de ofício é vedada independentemente do delito praticado ou de sua gravidade, ainda que seja de natureza hedionda, e deve repercutir no âmbito da violência doméstica e familiar.** 3. A decisão que decretou a prisão preventiva do paciente foi precedida da necessária e prévia provocação do Ministério Público, formalmente dirigida ao Poder Judiciário. No entanto, este decidiu pela cautelar pessoal máxima, por entender que apenas medidas alternativas seriam insuficientes para garantia da ordem pública. **4. A determinação do Magistrado, em sentido diverso do requerido pelo Ministério Público, pela autoridade policial ou pelo ofendido, não pode ser considerada como atuação ex officio, uma vez que lhe é permitido atuar conforme os ditames legais, desde que previamente provocado, no exercício de sua jurisdição.** 5. Impor ou não cautelas pessoais, de fato, depende de prévia e indispensável provocação; contudo, a escolha de qual delas melhor se ajusta ao caso concreto há de ser feita pelo juiz da causa. Entender de forma diversa seria vincular a decisão do Poder Judiciário ao pedido formulado pelo Ministério Público, de modo a transformar o julgador em mero chancelador de suas manifestações, ou de lhe transferir a escolha do teor de uma decisão judicial. 6. Em situação que, mutatis mutandis, implica similar raciocínio, decidiu o STF que "Agravo regimental no habeas corpus. 2. Agravo que não impugna todos os fundamentos da decisão agravada. Princípio da dialeticidade violado. 3. Prisão preventiva decretada a pedido do Ministério Público, que, posteriormente requer a sua revogação. Alegação de que o magistrado está obrigado a revogar a prisão a pedido do Ministério Público. 4. Muito embora o juiz não possa decretar a prisão de ofício, o julgador não está vinculado a pedido formulado pelo Ministério Público. 5. Após decretar a prisão a pedido do Ministério Público, o magistrado não é obrigado a revogá-la, quando novamente requerido pelo Parquet. 6. Agravo improvido (HC n. 203.208 AgR, Rel. Ministro Gilmar Mendes, 2ª T., DJe 30/8/2021). 7. Na dicção da melhor doutrina, "o direito penal serve simultaneamente para limitar o poder de intervenção do Estado e para combater o crime. Protege, portanto, o indivíduo de uma repressão desmesurada do Estado, mas protege igualmente a sociedade e os seus membros

> dos abusos do indivíduo" (Claus ROXIN. Problemas fundamentais de direito penal. 2ª ed. Lisboa: Vega, 1993, p. 76), visto que, em um Estado de Direito, "la regulación de esa situación de conflito no es determinada a través de la antítesis Estado-ciudadano; el Estado mismo está obligado por ambos fines - aseguramiento del orden a través de la persecución penal y protección de la esfera de libertad del ciudadano" (Claus ROXIN. Derecho procesal penal. Buenos Aires: Editores dei Puerto, 2000, p. 258). 8. Há motivação suficiente e concreta a justificar a segregação preventiva, sobretudo diante do modus operandi da conduta e da periculosidade do agente, que ameaçou de morte e agrediu sua filha menor de 11 anos de idade e sua companheira - grávida de 10 semanas à época dos fatos -, de modo a causar-lhe lesões que acarretaram sua internação. 9. Por iguais fundamentos, as medidas cautelares alternativas à prisão não se mostram adequadas e suficientes para evitar a prática de novas infrações penais. 10. "Não cabe a esta Corte proceder com juízo intuitivo e de probabilidade para aferir eventual pena a ser aplicada, tampouco para concluir pela possibilidade de fixação de regime diverso do fechado e de substituição da reprimenda corporal, tarefas essas próprias do Juízo de primeiro grau por ocasião do julgamento de mérito da ação penal" (HC n. 438.765/RJ, Rel. Ministro Antonio Saldanha Palheiro, 6ª T., DJe 1/6/2018). 11. Recurso não provido (RHC 145.225/RO, Rel. Ministro ROGERIO SCHIETTI CRUZ, SEXTA TURMA, julgado em 15/02/2022, DJe 22/03/2022).

Cumpre sublinhar que o Superior Tribunal de Justiça entendeu não ser possível decretação de prisão preventiva em face da prática da contravenção penal de vias de fato cometida contra mulher (ainda que exista incidência da Lei Maria da Penha), em face da redação do artigo 313 do Código de Processo Penal (que traz em seu bojo os requisitos para decretação da prisão preventiva e que só permite decretação da medida extrema em face da prática de crime – nesse particular, o Tribunal da Cidadania conferiu interpretação restritiva à expressão). Vide informativo 632/STJ:

> Inicialmente cumpre destacar que a prática de vias de fato é hipótese de contravenção penal (art. 21 do Decreto-Lei n. 3.688/1941), e não crime, o que contraria o disposto no art. 313, II, do Código de Processo Penal. Deste modo, em se tratando de aplicação da cautela extrema, não há campo para interpretação diversa da literal, uma vez que não há previsão legal que autorize a prisão preventiva contra autor de uma contravenção, mesmo na hipótese específica de transgressão das cautelas de urgência já aplicadas (HC 437.535-SP, Rel. Min. Maria Thereza de Assis Moura, Rel. Acd. Min.

Rogerio Schietti Cruz, por maioria, julgado em 26/06/2018, DJe 02/08/2018).

- **Notificação da ofendida:** a vítima deve ser notificada dos atos processuais relativos ao agressor. Doutra banda, não é permitido que a ofendida entregue intimações ou notificações ao agressor (isso poderia significar móvel para novas práticas delitivas perpetradas contra a mulher vitimizada):

> **Art. 21. A ofendida deverá ser notificada dos atos processuais relativos ao agressor, especialmente dos pertinentes ao ingresso e à saída da prisão, sem prejuízo da intimação do advogado constituído ou do defensor público.**
>
> **Parágrafo único. A ofendida não poderá entregar intimação ou notificação ao agressor.**

- **Lista de medidas protetivas que obrigam o agressor:** o artigo 22 da Lei 11.340/06 traz o rol de medidas protetivas que obrigam o agressor (os incisos VI e VII foram incluídos pela Lei 13.984/20):

> **Art. 22. Constatada a prática de violência doméstica e familiar contra a mulher, nos termos desta Lei, o juiz poderá aplicar, de imediato, ao agressor, em conjunto ou separadamente, as seguintes medidas protetivas de urgência, entre outras:**
>
> **I – suspensão da posse ou restrição do porte de armas, com comunicação ao órgão competente, nos termos da Lei nº 10.826, de 22 de dezembro de 2003;**
>
> **II – afastamento do lar, domicílio ou local de convivência com a ofendida;**
>
> **III – proibição de determinadas condutas, entre as quais:**
>
> **a) aproximação da ofendida, de seus familiares e das testemunhas, fixando o limite mínimo de distância entre estes e o agressor;**
>
> **b) contato com a ofendida, seus familiares e testemunhas por qualquer meio de comunicação;**
>
> **c) frequentação de determinados lugares a fim de preservar a integridade física e psicológica da ofendida;**
>
> **IV – restrição ou suspensão de visitas aos dependentes menores, ouvida a equipe de atendimento multidisciplinar ou serviço similar;**
>
> **V – prestação de alimentos provisionais ou provisórios.**

VI – comparecimento do agressor a programas de recuperação e reeducação; e

VII – acompanhamento psicossocial do agressor, por meio de atendimento individual e/ou em grupo de apoio.

§ 1º As medidas referidas neste artigo não impedem a aplicação de outras previstas na legislação em vigor, sempre que a segurança da ofendida ou as circunstâncias o exigirem, devendo a providência ser comunicada ao Ministério Público.

§ 2º Na hipótese de aplicação do inciso I, encontrando-se o agressor nas condições mencionadas no caput e incisos do art. 6º da Lei nº 10.826, de 22 de dezembro de 2003, o juiz comunicará ao respectivo órgão, corporação ou instituição as medidas protetivas de urgência concedidas e determinará a restrição do porte de armas, ficando o superior imediato do agressor responsável pelo cumprimento da determinação judicial, sob pena de incorrer nos crimes de prevaricação ou de desobediência, conforme o caso.

§ 3º Para garantir a efetividade das medidas protetivas de urgência, poderá o juiz requisitar, a qualquer momento, auxílio da força policial.

§ 4º Aplica-se às hipóteses previstas neste artigo, no que couber, o disposto no caput e nos §§ 5º e 6° do art. 461 da Lei no 5.869, de 11 de janeiro de 1973 (Código de Processo Civil).

As medidas protetivas não têm natureza de sanção penal (quando qualquer delas é decretada no âmbito da persecução penal, a natureza jurídica é de medida cautelar diversa da prisão) e o rol é exemplificativo.

Se o agressor estiver listado no inciso I do artigo 6º da Lei 10.826/03 (porte funcional de arma de fogo), a instituição será comunicada da restrição do uso da arma e o superior será responsável pelo cumprimento da medida, sob pena da prática de crimes de prevaricação ou desobediência, conforme o caso.

- **Medidas protetivas de urgência à ofendida:** os artigos 23 e 24 da Lei Maria da Penha trazem em seu bojo medidas protetivas de urgência decretadas em benefício da ofendida.

As medidas têm natureza cível e o rol é exemplificativo:

Art. 23. Poderá o juiz, quando necessário, sem prejuízo de outras medidas:

I – encaminhar a ofendida e seus dependentes a programa oficial ou comunitário de proteção ou de atendimento;

II – determinar a recondução da ofendida e a de seus dependentes ao respectivo domicílio, após afastamento do agressor;

III – determinar o afastamento da ofendida do lar, sem prejuízo dos direitos relativos a bens, guarda dos filhos e alimentos;

IV – determinar a separação de corpos.

V – determinar a matrícula dos dependentes da ofendida em instituição de educação básica mais próxima do seu domicílio, ou a transferência deles para essa instituição, independentemente da existência de vaga.

O artigo 24 da Lei 11.340/06 se refere a medidas de proteção patrimonial:

Art. 24. Para a proteção patrimonial dos bens da sociedade conjugal ou daqueles de propriedade particular da mulher, o juiz poderá determinar, liminarmente, as seguintes medidas, entre outras:

I – restituição de bens indevidamente subtraídos pelo agressor à ofendida;

II – proibição temporária para a celebração de atos e contratos de compra, venda e locação de propriedade em comum, salvo expressa autorização judicial;

III – suspensão das procurações conferidas pela ofendida ao agressor;

IV – prestação de caução provisória, mediante depósito judicial, por perdas e danos materiais decorrentes da prática de violência doméstica e familiar contra a ofendida.

Parágrafo único. Deverá o juiz oficiar ao cartório competente para os fins previstos nos incisos II e III deste artigo.

- **Crime de descumprimento de medida protetiva:** a doutrina e a jurisprudência entendiam que o descumprimento de medida protetiva de urgência não configurava crime de desobediência (por existirem medidas alternativas aplicáveis a quem as descumprisse). Nesse sentido, informativo 544 do Superior Tribunal de Justiça:

O descumprimento de medida protetiva de urgência prevista na Lei Maria da Penha (art. 22 da Lei 11.340/2006) não configura crime de desobediência (art. 330 do CP). De fato, a jurisprudência do STJ firmou o entendimento de que, para a configuração do crime de desobediência, não basta apenas o não cumprimento de uma ordem judicial, sendo indispensável que inexista a previsão de sanção específica em caso de descumprimento (HC 115.504-SP, Sexta Turma, Dje 9/2/2009). Desse modo, está evidenciada a atipicidade da conduta, porque a legislação previu alternativas para que ocorra o efetivo cumprimento das medidas protetivas de urgência, previstas na Lei Maria da Penha, prevendo sanções de natureza civil, processual civil, administrativa e processual penal. Precedentes citados: REsp 1.374.653-MG, Sexta Turma, DJe 2/4/2014; e AgRg no Resp 1.445.446-MS, Quinta Turma, DJe 6/6/2014. RHC 41.970-MG, Rel. Min. Laurita Vaz, julgado em 7/8/2014 (Vide Informativo n. 538).

Tal situação foi solucionada com a entrada em vigor da Lei 13.641/18. Há, desde então, crime específico relacionado ao descumprimento de medida protetiva de urgência:

Art. 24-A. Descumprir decisão judicial que defere medidas protetivas de urgência previstas nesta Lei:

Pena – detenção, de 3 (três) meses a 2 (dois) anos.

§ 1º A configuração do crime independe da competência civil ou criminal do juiz que deferiu as medidas.

§ 2º Na hipótese de prisão em flagrante, apenas a autoridade judicial poderá conceder fiança.

§ 3º O disposto neste artigo não exclui a aplicação de outras sanções cabíveis.

- **Impossibilidade de arbitramento de fiança pelo delegado de polícia:** o delegado de polícia pode arbitrar fiança caso a pena privativa de liberdade em abstrato do crime não ultrapasse 4 anos, na forma do artigo 322 do Código de Processo Penal.

Ocorre que o § 2º do artigo 24-A da Lei 11.340/06 afirmou expressamente que, em caso de prisão em flagrante delito pela prática do crime acima transcrito, apenas o juiz poderá arbitrar fiança.

- **Resumo do artigo 24-A da Lei 11.340/06:** confira tabela que sintetiza o estudo do artigo 24-A da Lei Maria da Penha:

Artigo 24-A da Lei 11.340/06	
Tipo	Descumprir decisão judicial que defere medidas protetivas de urgência previstas nesta Lei.
Preceito secundário	Detenção, de 3 (três) meses a 2 (dois) anos.
Ação penal	Pública incondicionada
É possível transação penal, acordo de não persecução penal ou suspensão condicional do processo?	Não
Na hipótese de prisão em flagrante, pode o delegado arbitrar fiança?	Não
Trata-se de crime afiançável?	Sim, mas só o juiz pode arbitrar fiança

- **Banco de dados de medidas protetivas de urgência:** a Lei 13.827/19 enxertou na Lei 11.340/06 o artigo 38-A, que determina ao Conselho Nacional de Justiça a regulamentação e manutenção de banco de dados para registro de medidas protetivas de urgência decretadas com amparo na Lei Maria da Penha, com acesso garantido ao Ministério Público, Defensoria Pública e órgãos de segurança pública e de assistência social.

O objetivo é permitir a fiscalização e a efetividade das medidas protetivas. A meu ver esse é um dos pontos mais relevantes da Lei 11.340/06 – ela precisa ser efetiva (o autor de infração penal perpetrada contra mulher precisa sentir que o Estado possui uma máquina eficiente para coibir esse tipo de prática deletéria).

Eis o dispositivo citado:

> **Art. 38-A. O juiz competente providenciará o registro da medida protetiva de urgência.**
>
> **Parágrafo único. As medidas protetivas de urgência serão, após sua concessão, imediatamente registradas em banco de dados mantido e regulamentado pelo Conselho Nacional de Justiça, garantido o acesso instantâneo do Ministério Público, da Defensoria Pública e dos órgãos de segurança pública e de assistência social, com vistas à fiscalização e à efetividade das medidas protetivas.**

▪ **Não aplicação da Lei 9.099/95:** o artigo 41 da Lei 11.340/06 veda aplicação da Lei 9.099/95 aos crimes praticados com violência ou familiar contra a mulher, independentemente da pena prevista:

> **Art. 41. Aos crimes praticados com violência doméstica e familiar contra a mulher, independentemente da pena prevista, não se aplica a Lei nº 9.099, de 26 de setembro de 1995.**

É importante salientar que a jurisprudência interpreta que a vedação da aplicação da Lei 9.099/95 se refere também à prática de contravenções penais contra mulher, quando há incidência da Lei Maria da Penha, apesar do artigo 41 falar apenas em "crimes". Vide entendimento do Supremo Tribunal Federal:

> VIOLÊNCIA DOMÉSTICA – ARTIGO 41 DA LEI Nº 11.340/06 – ALCANCE. O preceito do artigo 41 da Lei nº 11.340/06 alcança toda e qualquer prática delituosa contra a mulher, até mesmo quando consubstancia contravenção penal, como é a relativa a vias de fato. VIOLÊNCIA DOMÉSTICA – ARTIGO 41 DA LEI Nº 11.340/06 – AFASTAMENTO DA LEI Nº 9.099/95 – CONSTITUCIONALIDADE. Ante a opção político-normativa prevista no artigo 98, inciso I, e a proteção versada no artigo 226, § 8º, ambos da Constituição Federal, surge harmônico com esta última o afastamento peremptório da Lei nº 9.099/95 – mediante o artigo 41 da Lei nº 11.340/06 – no processo-crime a revelar violência contra a mulher (HC 106212, Relator(a): MARCO AURÉLIO, Tribunal Pleno, julgado em 24/03/2011, PROCESSO ELETRÔNICO DJe-112 DIVULG 10-06-2011 PUBLIC 13-06-2011 RTJ VOL-00219-01 PP-00521 RT v. 100, n. 910, 2011, p. 307-327).

Sobre o tema, cumpre observar, ainda, a Súmula 536 do Superior Tribunal de Justiça:

> Súmula 536/STJ – A suspensão condicional do processo e a transação penal não se aplicam na hipótese de delitos sujeitos ao rito da Lei Maria da Penha.

▪ **Ação penal no crime de lesão corporal leve resultante de violência doméstica contra mulher:** o crime de lesão corporal de natureza leve perpetrado contra mulher por razões da condição do sexo feminino é tipificado no § 13 artigo 129 do Código Penal (qualificadora inserida pela Lei 14.188/21).

Nos termos do § 2º-A do artigo 121 do Código Penal, há razões da condição do sexo feminino quando o crime envolve: i) violência doméstica e familiar; ii) menosprezo ou discriminação à condição de mulher.

Nesta toada, se o crime de lesão corporal leve for perpetrado contra mulher no contexto de violência doméstica/familiar, penso que a ação penal é pública incondicionada, nos termos da Súmula 542 do Superior Tribunal de Justiça:

> Súmula 542/STJ – A ação penal relativa ao crime de lesão corporal resultante de violência doméstica contra mulher é pública incondicionada.

Nesse sentido, ADI 4424, julgada pelo Supremo Tribunal Federal:

> AÇÃO PENAL – VIOLÊNCIA DOMÉSTICA CONTRA A MULHER – LESÃO CORPORAL – NATUREZA. A ação penal relativa a lesão corporal resultante de violência doméstica contra a mulher é pública incondicionada – considerações (ADI 4424, Relator(a): MARCO AURÉLIO, Tribunal Pleno, julgado em 09/02/2012, PROCESSO ELETRÔNICO DJe-148 DIVULG 31-07-2014 PUBLIC 01-08-2014).

Contudo, se o crime envolver menosprezo ou discriminação à condição de mulher, a ação, a meu ver, será pública condicionada à representação da vítima (vez que a lesão punida no § 13 artigo 129 do Código Penal é natureza leve).

- **Formulário Nacional de Avaliação de Risco:** a Lei 14.149/21 instituiu o Formulário Nacional de Avaliação de Risco, a ser aplicado à mulher vítima de violência doméstica e familiar, conforme modelo aprovado por ato normativo conjunto do Conselho Nacional de Justiça e do Conselho Nacional do Ministério Público.

O objetivo do formulário é identificar os fatores que indicam o risco de a mulher vir a sofrer qualquer forma de violência no âmbito das relações domésticas, para subsidiar a atuação dos órgãos de segurança pública, do Ministério Público, do Poder Judiciário e dos órgãos e das entidades da rede de proteção na gestão do risco identificado, devendo ser preservado, em qualquer hipótese, o sigilo das informações (§ 1º do artigo 2º da Lei 14.149/21).

O formulário deve ser preferencialmente aplicado pela Polícia Civil no momento de registro da ocorrência ou, em sua impossibilidade, pelo Ministério Público ou pelo Poder Judiciário, por ocasião do primeiro atendimento à mulher vítima de violência doméstica e familiar (§ 2º do artigo 2º da Lei 14.149/21).

É facultada a utilização do modelo de Formulário Nacional de Avaliação de Risco por outros órgãos e entidades públicas ou privadas que atuem na área de prevenção e de enfrentamento da violência doméstica e familiar contra a mulher (§ 3º do artigo 2º da Lei 14.149/21).

- **Política Nacional de Dados e Informações relacionadas à Violência contra as Mulheres (PNAINFO):** a Lei 14.232/21 criou a Política Nacional de Dados e Informações relacionadas à Violência contra as Mulheres "com a finalidade de reunir, organizar, sistematizar e disponibilizar dados e informações atinentes a todos os tipos de violência contra as mulheres".

Eis as diretrizes do PNAINFO (artigo 2º da Lei 14.232/21):

Diretrizes da PNAINFO
A integração das bases de dados dos órgãos de atendimento à mulher em situação de violência no âmbito dos Poderes Executivo, Legislativo e Judiciário;
A produção e gestão transparente das informações sobre a situação de violência contra as mulheres no País;
O incentivo à participação social por meio da oferta de dados consistentes, atualizados e periódicos que possibilitem a avaliação crítica das políticas públicas de enfrentamento à violência contra as mulheres.

Os objetivos do PNAINFO (artigo 3º da Lei 14.232/21) são:

Objetivos do PNAINFO
I - subsidiar a formulação, o planejamento, a implementação, o monitoramento e a avaliação das políticas de enfrentamento à violência contra as mulheres;
II - produzir informações com disponibilidade, autenticidade, integridade e comparabilidade sobre todos os tipos de violência contra as mulheres;
III - manter as informações disponíveis em sistema eletrônico para acesso rápido e pleno, ressalvados os dados cuja restrição de publicidade esteja disciplinada pela legislação;

IV - integrar e subsidiar a implementação e avaliação da Política Nacional de Enfrentamento à Violência contra as Mulheres e do Pacto Nacional pelo Enfrentamento à Violência contra as Mulheres;
V - atender ao disposto no inciso II do *caput* do art. 8° e no art. 38 da Lei n° 11.340, de 7 de agosto de 2006 (Lei Maria da Penha);
VI - padronizar, integrar e disponibilizar os indicadores das bases de dados dos organismos de políticas para as mulheres, dos órgãos da saúde, da assistência social, da segurança pública e do sistema de justiça, entre outros, envolvidos no atendimento às mulheres em situação de violência;
VII - padronizar, integrar e disponibilizar informações sobre políticas públicas de enfrentamento à violência contra as mulheres;
VIII - atender ao disposto nos acordos internacionais dos quais o Brasil é signatário, no que tange à produção de dados e estatísticas sobre a violência contra as mulheres.

O mandamento legal, objetivando alcançar os objetivos da PNAINFO, determina que o poder público institua, em meio eletrônico e na forma do regulamento, o Registro Unificado de Dados e Informações sobre Violência contra as Mulheres, que deverá conter informações e dados sobre os registros administrativos referentes ao tema, sobre os serviços especializados de atendimento às mulheres em situação de violência e sobre as políticas públicas de enfrentamento à violência contra as mulheres.

O cadastro no registro conterá, no mínimo, os seguintes dados:

Dados mínimos do Registro Unificado de Dados e Informações sobre Violência contra as Mulheres
Local, data, hora da violência, meio utilizado, descrição da agressão e tipo de violência;
Perfil da mulher agredida, incluídas informações sobre idade, raça/etnia, deficiência, renda, profissão, escolaridade, procedência de área rural ou urbana e relação com o agressor;
Características do agressor, incluídas informações sobre idade, raça/etnia, deficiência, renda, profissão, escolaridade, procedência de área rural ou urbana e relação com a mulher agredida;
Histórico de ocorrências envolvendo violência tanto da agredida quanto do agressor;
Ocorrências registradas pelos órgãos policiais;

Inquéritos abertos e encaminhamentos;
Quantidade de medidas protetivas requeridas pelo Ministério Público e pela mulher agredida, bem como das concedidas pelo juiz;
Quantidade de processos julgados, prazos de julgamento e sentenças proferidas;
Medidas de reeducação e de ressocialização do agressor;
Atendimentos prestados à mulher pelos órgãos de saúde, de assistência social e de segurança pública, pelo sistema de justiça e por outros serviços especializados de atendimento às mulheres em situação de violência; e
Quantitativo de mortes violentas de mulheres.

Por fim, o mandamento legal deixa claro que os Estados, o Distrito Federal e os Municípios poderão aderir à PNAINFO mediante instrumento de cooperação federativa, conforme dispuser o regulamento.

- **Síntese das Súmulas do STJ sobre a Lei 11.340/06:** em arremate, confira tabela que sintetiza o estudo dos verbetes do Superior Tribunal de Justiça sobre a Lei Maria da Penha:

Súmulas do STJ sobre a Lei Maria da Penha	
É possível suspensão condicional do processo e transação penal em relação a crime/contravenção praticado contra mulher em situação de violência doméstica?	**Não.** Vide Súmula 536/STJ – A suspensão condicional do processo e a transação penal não se aplicam na hipótese de delitos sujeitos ao rito da Lei Maria da Penha.
Qual a modalidade de ação penal quando há prática de crime de lesão corporal leve contra mulher em um contexto de violência doméstica?	**Pública incondicionada.** Vide Súmula 542/STJ – A ação penal relativa ao crime de lesão corporal resultante de violência doméstica contra a mulher é pública incondicionada.
É possível substituição de penal privativa de liberdade por restritiva de direitos em relação a crime/contravenção contra mulher que envolva violência/grave amaça no ambiente doméstico?	**Não.** Vide Súmula 588/STJ – A prática de crime ou contravenção penal contra a mulher com violência ou grave ameaça no ambiente doméstico impossibilita a substituição da pena privativa de liberdade por restritiva de direitos.
É possível aplicação do princípio da insignificância em relação a crimes/contravenções praticados contra mulher no âmbito das relações domésticas?	**Não.** Vide Súmula 589/STJ – É inaplicável o princípio da insignificância nos crimes ou contravenções penais praticados contra a mulher no âmbito das relações domésticas.

Para aplicação da Lei Maria da Penha é preciso coabitação entre autor do fato e vítima?	**Não.** Vide Súmula 600/STJ – Para a configuração da violência doméstica e familiar prevista no artigo 5° da Lei n. 11.340/2006 (Lei Maria da Penha) não se exige a coabitação entre autor e vítima.
É possível suspensão condicional da pena (sursis) em processo que apure crime praticado contra mulher em contexto de violência doméstica?	**Sim.** Não há óbice legal.

Questões de concurso público: veja como a lei estudada já foi cobrada em concursos públicos.

1. (Delegado de Polícia Civil/RN/2021) Noeli compareceu à delegacia de polícia para registrar boletim de ocorrência contra seu companheiro Erson pelo crime de ameaça. Após chegar em casa, Noeli ouve pedido de desculpa de seu companheiro e apelos para que desista da representação. Considerando o disposto na legislação aplicável, quanto à possibilidade de retratação da representação apresentada, Noeli:

A) Não poderá desistir da representação, por tratar-se de ação pública;

B) Poderá se retratar perante a autoridade policial até o oferecimento da denúncia;

C) Poderá se retratar perante o juiz, em audiência especial, até o recebimento da denúncia;

D) Poderá se retratar perante o juiz ou a autoridade policial até a sentença;

E) Não poderá se retratar após o oferecimento da denúncia, ainda que na presença do juiz e acompanhada de advogado.

2. (Delegado de Polícia Civil/SE/Curso de Instrução/2020) No que se refere ao atendimento policial a grupos vulneráveis, julgue o item a seguir.

( ) A violência doméstica e familiar pode ser caracterizada tanto por ação quanto por omissão.

3. (Delegado de Polícia Civil/GO/2016) Júlio, durante discussão familiar com sua mulher no local onde ambos residem, sem justo motivo, agrediu-a, causando-lhe lesão corporal leve. Nessa situação hipotética, conforme a Lei n.° 11.340/2006 e o entendimento do STJ,

A) A ofendida poderá renunciar à representação, desde que o faça perante o juiz.

B) A ação penal proposta pelo Ministério Público será pública incondicionada.

C) A autoridade policial, independentemente de haver necessidade, deverá acompanhar a vítima para assegurar a retirada de seus pertences do domicílio familiar.

D) Júlio poderá ser beneficiado com a suspensão condicional do processo, se presentes todos os requisitos que autorizam o referido ato.

E) Júlio poderá receber proposta de transação penal do Ministério Público, se houver anuência da vítima.

---

4. (Delegado de Polícia Civil/GO/2016) Preenchidos os requisitos legais para concessão da benesse, é possível aplicar ao crime de lesão corporal de natureza leve praticado em situação de violência doméstica e familiar contra a mulher a

A) Transação penal.

B) Suspensão condicional da pena.

C) Suspensão condicional do processo.

D) Absolvição, com base no princípio da insignificância.

E) Substituição da pena privativa de liberdade por restritiva de direitos.

---

5. (Delegado de Polícia Civil/SP/2018) Nos termos da Lei nº 11.340/2006 (Lei Maria da Penha):

A) A mulher vítima será inquirida sempre com intermediação de profissional do sexo feminino especializado em violência doméstica e familiar designado pela autoridade judiciária ou policial.

B) É direito da mulher em situação de violência doméstica e familiar o atendimento pericial especializado, ininterrupto e prestado por servidores exclusivamente do sexo feminino.

C) É direito da mulher em situação de violência doméstica e familiar o atendimento policial e pericial especializado, ininterrupto e prestado por servidores, preferencialmente do sexo feminino e previamente capacitados.

D) É direito da mulher em situação de violência doméstica e familiar o atendimento policial especializado, ininterrupto e prestado por servidores exclusivamente do sexo feminino.

E) A mulher vítima será inquirida sempre com intermediação de profissional especializado em violência doméstica e familiar designado pela autoridade judiciária ou policial.

---

6. (Delegado de Polícia Civil/PI/2018) A Lei nº 11.340/2006 cria mecanismos para coibir e prevenir a violência doméstica e familiar contra a mulher. São consideradas violência contra a mulher não só a física, mas também, psicológica, moral e sexual. E em todos os casos de violência doméstica e familiar contra a mulher, feito o registro da ocorrência, deverá a autoridade policial adotar, de imediato, os seguintes procedimentos, sem prejuízo daqueles previstos no Código de Processo Penal, EXCETO:

A) Colher nome e idade dos dependentes e encaminhá-los a uma Casa de Abrigo;

B) Ouvir a ofendida, lavrar o boletim de ocorrência e tomar a representação a termo, se apresentada;

C) Colher todas as provas que servirem para o esclarecimento do fato e de suas circunstâncias;

D) Remeter, no prazo de 48 (quarenta e oito) horas, expediente apartado ao juiz com o pedido da ofendida, para a concessão de medidas protetivas de urgência;

E) Determinar que se proceda ao exame de corpo de delito da ofendida e requisitar outros exames periciais necessários, ouvir o agressor e as testemunhas.

---

7. (Delegado de Polícia Civil/RS/2018) Em relação à Lei nº 11.340/2006, assinale a alternativa INCORRETA.

A) É direito da mulher em situação de violência doméstica e familiar o atendimento policial e pericial especializado, ininterrupto e prestado por servidores – preferencialmente do sexo feminino – previamente capacitados.

B) Deverá a autoridade policial remeter, no prazo de 48 (quarenta e oito) horas, expediente apartado ao juiz com o pedido da ofendida, para a concessão de medidas protetivas de urgência.

C) Será adotado, preferencialmente, o procedimento de coleta de depoimento registrado em meio eletrônico ou magnético, devendo a degravação e a mídia integrar o inquérito.

D) Será observada, como diretriz, a realização de sucessivas inquirições sobre o mesmo fato nos âmbitos criminal, cível e administrativo, bem como questionamentos sobre a vida privada, desde que em recinto especialmente projetado para esse fim, o qual conterá os equipamentos próprios e adequados à idade da mulher em situação de violência doméstica e familiar ou testemunha e ao tipo e à gravidade da violência sofrida.

E) Serão admitidos como meios de prova, os laudos ou prontuários médicos fornecidos por hospitais e postos de saúde.

---

8. (Delegado de Polícia Civil/RS/2018) De acordo com a Lei Maria da Penha e o entendimento sobre o tema pelos Tribunais Superiores, analise as assertivas que seguem e assinale V, se verdadeiras, ou F, se falsas.

( ) Maria foi agredida com socos por seu namorado, sem que tenham ocorrido lesões corporais, caracterizando vias de fato. Nesse caso, deverá representar contra o agressor para a instauração de inquérito policial.

( ) Mesmo que se trate de namoro duradouro, Maria não poderá receber medidas protetivas previstas na Lei nº 11.340/2013 em decorrência das agressões sofridas, ainda que medidas cautelares diversas da prisão constantes no Art. 319, do CPP, possam ser deferidas em seu favor.

( ) Quando um irmão agride uma irmã, na morada comum, tendo se valido de sua autoridade para subjugar a vítima, é possível o deferimento de medidas protetivas em favor da agredida.

( ) O delito de estupro contra mulher maior de 18 anos é processado mediante ação penal privada.

( ) O delito de injúria (Art. 140, *caput*, CP) praticado contra mulher no contexto de violência de gênero é processado mediante ação pública incondicionada.

A ordem correta de preenchimento dos parênteses, de cima para baixo, é:

A) V – F – V – F – V.

B) V – V – F – F – V.

C) F – F – V – V – F.

D) F – V – F – V – F.

E) F – F – V – F – F.

9. **(Delegado de Polícia Civil/RS/2018)** Assinale a alternativa correta a partir do texto da Lei nº 11.340/2006, além dos entendimentos que prevalecem na doutrina e na jurisprudência dos Tribunais Superiores.

A) Mari Orrana, 35 anos, chegou em casa e ficou chocada ao perceber que o seu cônjuge, Crakeison, 32 anos, havia subtraído os eletrodomésticos pertencentes a ela, provavelmente, para entregar a algum traficante. No caso, é possível aplicar-se a regra de imunidade absoluta, prevista no artigo 181, inciso I, do Código Penal.

B) Maríndia foi vítima da contravenção penal de vias de fato, praticada pelo namorado Lacaio. Nessa hipótese, é possível aplicar penas restritivas de direito ao caso, porque o artigo 44, inciso I, do Código Penal, ao tratar das penas restritivas de direito, disse não serem cabíveis tais penas aos crimes praticados com violência ou grave ameaça à pessoa. Portanto, a proibição não deve ser estendida às contravenções penais, sob pena de analogia *in malam partem*.

C) O Supremo Tribunal Federal afastou a aplicação do princípio da insignificância às infrações penais praticadas contra a mulher, no âmbito das relações domésticas, limitando-se a fazê-lo sob o aspecto da insignificância própria, mantendo a possibilidade de aplicação da insignificância imprópria a tais casos.

D) A Lei Maria da Penha elevou à condição de infração penal toda e qualquer forma de violência contra a mulher, no âmbito doméstico ou da família, independentemente de coabitação.

E) A regra de imunidade absoluta, prevista no artigo 181, inciso I, do Código Penal, não é passível de ser estendida ao companheiro ou a relações homoafetivas.

10. **(Delegado de Polícia Civil/BA/2018)** A retratação da representação, de acordo com o art. 25 do CPP e do art. 16 da Lei nº 11.340/06 (Lei Maria da Penha), respectivamente,

A) É admitida até o recebimento da denúncia; não é admitida.

B) É admitida até o recebimento da denúncia; só será admitida perante o juiz, antes do recebimento da denúncia.

C) É inadmitida; só será admitida perante o juiz, antes do recebimento da denúncia.

D) É inadmitida depois de oferecida a denúncia; não é admitida.

E) É inadmitida depois de oferecida a denúncia; só será admitida perante o juiz, antes do recebimento da denúncia.

11. **(Delegado de Polícia Civil/PB/2022)** No que se refere à posição dos tribunais superiores em relação à Lei n.º 11.340/2006 (Lei Maria da Penha), assinale a opção correta.

A) Não atrai a incidência dessa lei a hipótese em que um filho pratique violência física contra seu pai idoso.

B) A posterior reconciliação entre vítima e agressor é fundamento suficiente para afastar a necessidade de fixação do valor mínimo previsto no art. 387, inciso IV, do Código de Processo Penal, pois não se pode exigir da vítima que tome a iniciativa de cobrar tal valor após o restabelecimento da relação afetiva.

C) Se preenchidos os requisitos da Lei n.° 9.099/1995, cabe transação penal aos crimes submetidos ao rito da Lei Maria da Penha.

D) Não se admite a substituição da pena privativa de liberdade por restritiva de direitos no caso de condenação pela contravenção de perturbação de tranquilidade.

E) Aplicam-se as disposições da Lei n.° 11.340/2003 às situações em que o agressor seja do sexo feminino, desde que comprovada a coabitação entre autor e vítima.

Gabarito comentado:

Questão	Reposta	Comentário
1	Letra C	Vide artigo 16 da Lei 11.340/06.
2	CERTA	Vide caput do artigo 5° da Lei 11.340/06.
3	Letra B	Vide Súmula 542/STJ.
4	Letra B	O único benefício possível ao autor de crime/contravenção perpetrado contra mulher em situação de violência doméstica, analisadas as Súmulas do STJ é a suspensão condicional da pena (*sursis*), na forma dos artigos 77 e seguintes do Código Penal.
5	Letra C	Vide artigo 10-A da Lei 11.340/06.
6	Letra A	Todas as outras alternativas estão corretas, porquanto listadas no artigo 12 da Lei 11.340/06.
7	Letra D	Vide inciso III do § 1° do artigo 10-A da Lei 11.340/06.
8	Letra E	O primeiro item é errado, porque todas as contravenções penais são de ação penal pública incondicionada; o segundo item está errado porque há sim incidência, no caso narrado, da Lei 11.340/06; o terceiro item está certo, porque no caso narrado incide a Lei Maria da Penha; o quarto item está errado porque a ação penal no crime de estupro é pública incondicionada; o item cinco está errado porque a ação penal no crime de injúria é privada.

Questão	Reposta	Comentário
9	Letra A	Vide julgado do STJ (no sentido de que o artigo 181 do Código Penal pode ser aplicado, ainda que exista incidência da Lei Maria da Penha) – grifo meu: "RECURSO ORDINÁRIO EM HABEAS CORPUS. TENTATIVA DE ESTELIONATO (ARTIGO 171, COMBINADO COM O ARTIGO 14, INCISO II, AMBOS DO CÓDIGO PENAL). CRIME PRATICADO POR UM DOS CÔNJUGES CONTRA O OUTRO. SEPARAÇÃO DE CORPOS. EXTINÇÃO DO VÍNCULO MATRIMONIAL. INOCORRÊNCIA. INCIDÊNCIA DA ESCUSA ABSOLUTÓRIA PREVISTA NO ARTIGO 181, INCISO I, DO CÓDIGO PENAL. IMUNIDADE NÃO REVOGADA PELA LEI MARIA DA PENHA. DERROGAÇÃO QUE IMPLICARIA VIOLAÇÃO AO PRINCÍPIO DA IGUALDADE. PREVISÃO EXPRESSA DE MEDIDAS CAUTELARES PARA A PROTEÇÃO DO PATRIMÔNIO DA MULHER EM SITUAÇÃO DE VIOLÊNCIA DOMÉSTICA E FAMILIAR. INVIABILIDADE DE SE ADOTAR ANALOGIA EM PREJUÍZO DO RÉU. PROVIMENTO DO RECLAMO. 1. O artigo 181, inciso I, do Código Penal estabelece imunidade penal absoluta ao cônjuge que pratica crime patrimonial na constância do casamento. 2. De acordo com o artigo 1.571 do Código Civil, a sociedade conjugal termina pela morte de um dos cônjuges, pela nulidade ou anulação do casamento, pela separação judicial e pelo divórcio, motivo pelo qual a separação de corpos, assim como a separação de fato, que não têm condão de extinguir o vínculo matrimonial, não são capazes de afastar a imunidade prevista no inciso I do artigo 181 do Estatuto Repressivo. **3. O advento da Lei 11.340/2006 não é capaz de alterar tal entendimento, pois embora tenha previsto a violência patrimonial como uma das que pode ser cometida no âmbito doméstico e familiar contra a mulher, não revogou quer expressa, quer tacitamente, o artigo 181 do Código Penal.** 4. A se admitir que a Lei Maria da Penha derrogou a referida imunidade, se estaria diante de flagrante hipótese de violação ao princípio da isonomia, já que os crimes patrimoniais praticados pelo marido contra a mulher no âmbito doméstico e familiar poderiam ser processados e julgados, ao passo que a mulher que venha cometer o mesmo tipo de delito contra o marido estaria isenta de pena. 5. Não há falar em ineficácia ou inutilidade da Lei 11.340/2006 ante a persistência da imunidade prevista no artigo 181, inciso I, do Código Penal quando se tratar de violência praticada contra a mulher no âmbito doméstico e familiar, uma vez que na própria legislação vigente existe a previsão de medidas cautelares específicas para a proteção do patrimônio da ofendida. 6. No direito penal não se admite a analogia em prejuízo do réu, razão pela qual a separação de corpos ou mesmo a separação de fato, que não extinguem a sociedade conjugal, não podem ser equiparadas à separação judicial ou o divórcio, que põem fim ao vínculo matrimonial, para fins de afastamento da imunidade disposta no inciso I do artigo 181 do Estatuto Repressivo. 7. Recurso provido para determinar o trancamento da ação penal apenas com relação ao recorrente" (RHC 42.918/RS, Rel. Ministro Jorge Mussi, Quinta Turma, julgado em 05/08/2014, DJe 14/08/2014).
10	Letra E	Vide artigos 25 do CPP e 16 da Lei 11.340/06.
11	Letra A	A Lei 11.340/06 se destina a proteger mulheres, na forma do seu artigo 1°.

Quesitos criados pelo autor da obra: confira algumas questões por mim criadas para orientar seus estudos.

1. É preciso coabitação entre autor do fato e vítima para aplicação da Lei Maria da Penha? As medidas protetivas da Lei Maria da Penha podem ser impostas contra mulher?

RESPOSTA: Não é preciso coabitação, na forma da Súmula 600/STJ – **Para configuração da violência doméstica e familiar prevista no artigo 5° da Lei 11.340/06 (Lei Maria da Penha) não se exige coabitação entre autor e vítima.** Sim, caso a mulher seja vítima de violência doméstica praticada por outra mulher, é possível aplicação das medidas protetivas previstas na Lei Maria Penha.

2. É possível aplicar o instituto da transação penal aos delitos sujeitos ao rito da Lei Maria da Penha?

RESPOSTA: As medidas despenalizadoras previstas na Lei 9.099/95 não são aplicáveis aos crimes praticados com violência doméstica e familiar contra a mulher, na forma do artigo 41 da Lei 11.340/06: **"Art. 41. Aos crimes praticados com violência doméstica e familiar contra a mulher, independentemente da pena prevista, não se aplica a Lei no 9.099, de 26 de setembro de 1995".** Leia ainda, Súmula 536/STJ – **A suspensão condicional do processo e a transação penal não se aplicam na hipótese de delitos sujeitos ao rito da Lei Maria da Penha.**

17

Lei 11.343/06 – Drogas

▪ **Introito:** tráfico de drogas é crime equiparado a hediondo, regulado pela Lei 11.343/06.

A nomenclatura "equiparado a hediondo" se justifica porque o inciso XLIII do artigo 5º da Constituição Federal (mandado de criminalização[1]) determinou tratamento mais severo (inafiançabilidade e insuscetibilidade de graça ou anistia) para a "tortura, o tráfico ilícito de entorpecentes e drogas afins, o terrorismo e os definidos como crimes hediondos". Da leitura do dispositivo se nota que o tratamento gravoso deve ser dado aos crimes definidos em lei como hediondos[2] e a outros três delitos especificados no inciso (dentre os quais o tráfico ilícito de drogas). Esses três crimes que merecem tratamento idêntico ao conferido aos crimes hediondos são chamados, por isso, de equiparados a hediondos.

Eis o mandado de criminalização estudado:

> Art. 5º. (...)
>
> (...)
>
> XLIII – a lei considerará crimes inafiançáveis e insuscetíveis de graça ou anistia a prática da tortura, o tráfico ilícito de entorpecentes

---

1. A Constituição Federal não possui figuras típicas (normas incriminadoras dotadas de preceito primário e secundário). Há mandados de criminalização, que consistem em determinações dirigidas ao legislador infraconstitucional, conferindo tratamento especial para determinados delitos.
2. O legislador infraconstitucional se desincumbiu da tarefa determinada pela Constituição Federal de listar os crimes hediondos com a edição da Lei 8.072/90.

> e drogas afins, o terrorismo e os definidos como crimes hediondos, por eles respondendo os mandantes, os executores e os que, podendo evitá-los, se omitirem;

- **Combinação de leis (vedação):** sobre a aplicação da lei no tempo (a revogada Lei 6.368/76 ou a vigente Lei 11.343/06), é importante a leitura da Súmula 501 do Superior Tribunal de Justiça (vedação da combinação de leis):

> Súmula 501/STJ – É cabível a aplicação retroativa da Lei n. 11.343/2006, desde que o resultado da incidência das suas disposições, na íntegra, seja mais favorável ao réu do que o advindo da aplicação da Lei n. 6.368/1976, sendo vedada a combinação de leis.

A combinação de leis é vedada, porque isso criaria uma *lex tertia* (terceira lei não imaginada pelo legislador). Assim é que o intérprete precisa decidir a lei mais favorável, na íntegra, ao autor de crime praticado antes da entrada em vigor da Lei 11.343/06 (se o melhor é conferir ultratividade à Lei 6.368/76 ou aplicar a Lei 11.343/06 retroativamente, tudo nos termos do inciso XL do artigo 5º da Constituição Federal[3]).

- **Norma penal em branco:** os crimes previstos na Lei 11.343/06 são normas penais em branco (pois dependem de complemento – analisando apenas o mandamento legal não é possível descobrir o que é droga ilícita). O complemento é dado pela portaria 344/98 da ANVISA.

Se a droga for retirada da lista de substâncias proibidas, o fato passará a ser atípico (gerando *abolitio criminis*, na forma do artigo 2º do Código Penal), vez que o complemento integra a estrutura típica do delito.

Interessante analisar, nessa esteira, caso concreto. O cloreto de etila (conhecido como "lança-perfume") foi retirado da lista de produtos proibidos da portaria e reintroduzido 8 dias depois. Diante do ocorrido, o Supremo Tribunal Federal (em precedente) entendeu ter ocorrido *abolitio criminis*:

---

3. Art. 5º (...)
XL – a lei penal não retroagirá, salvo para beneficiar o réu.

> Ação penal. Tráfico de entorpecentes. Comercialização de "lança-perfume". Edição válida da Resolução ANVISA nº 104/2000. Retirada do cloreto de etila da lista de substâncias psicotrópicas de uso proscrito. Abolitio criminis. Republicação da Resolução. Irrelevância. Retroatividade da lei penal mais benéfica. HC concedido. A edição, por autoridade competente e de acordo com as disposições regimentais, da Resolução ANVISA nº 104, de 7/12/2000, retirou o cloreto de etila da lista de substâncias psicotrópicas de uso proscrito durante a sua vigência, tornando atípicos o uso e tráfico da substância até a nova edição da Resolução, e extinguindo a punibilidade dos fatos ocorridos antes da primeira portaria, nos termos do art. 5º, XL, da Constituição Federal (HC 94397, Relator(a): Min. Cezar Peluso, Segunda Turma, julgado em 09/03/2010, DJe-071 DIVULG 22-04-2010 PUBLIC 23-04-2010 EMENT VOL-02398-02 PP-00237)

Analisando a mesma situação, o Superior Tribunal de Justiça não reconheceu *abolitio criminis*:

> AGRAVO REGIMENTAL EM HABEAS CORPUS. TRÁFICO ILÍCITO DE DROGAS. RESOLUÇÃO DA ANVISA. INVÁLIDA. ABOLITIO CRIMINIS. NÃO OCORRÊNCIA. 1. É pacífico nesta Corte Superior o entendimento de que a Resolução n. 104, de 6/12/2000, do Diretor-Presidente da ANVISA, que excluiu o cloreto de etila da lista de substâncias psicotrópicas proibidas, porquanto não referendada pela Diretoria colegiada, é inválida, não surtindo, pois, efeitos no mundo jurídico, de modo que não há que se falar em abolitio criminis. 2. Agravo regimental improvido (AgRg no HC 254.574/PE, Rel. Ministro Nefi Cordeiro, Sexta Turma, julgado em 05/03/2015, DJe 17/03/2015).

- **Expropriação de propriedades rurais ou urbanas:** o artigo 243 da Constituição Federal determina expropriação de propriedades rurais ou urbanas de qualquer região do País onde forem localizadas culturas ilegais de plantas psicotrópicas.

É preciso muita cautela da autoridade policial nas investigações relacionadas a plantios ilícitos, vez que muitas vezes há utilização não autorizada de parte da propriedade (mormente a rural) para plantio de plantas psicotrópicas. O dono de propriedade rural ou urbana não pode ser penalizado pela utilização, a sua revelia, do seu imóvel para plantio ilegal.

Eis o dispositivo constitucional:

> Art. 243. As propriedades rurais e urbanas de qualquer região do País onde forem localizadas culturas ilegais de plantas psicotrópicas ou a exploração de trabalho escravo na forma da lei serão

expropriadas e destinadas à reforma agrária e a programas de habitação popular, sem qualquer indenização ao proprietário e sem prejuízo de outras sanções previstas em lei, observado, no que couber, o disposto no art. 5º.

Parágrafo único. Todo e qualquer bem de valor econômico apreendido em decorrência do tráfico ilícito de entorpecentes e drogas afins e da exploração de trabalho escravo será confiscado e reverterá a fundo especial com destinação específica, na forma da lei.

Para decretação do confisco de bens, não há necessidade de prova da habitualidade ou reiteração do uso do bem para a prática de tráfico de drogas, na forma da tese fixada no tema 647 da Repercussão Geral do Supremo Tribunal Federal:

> É possível o confisco de todo e qualquer bem de valor econômico apreendido em decorrência do tráfico de drogas, sem a necessidade de se perquirir a habitualidade, reiteração do uso do bem para tal finalidade, a sua modificação para dificultar a descoberta do local do acondicionamento da droga ou qualquer outro requisito além daqueles previstos expressamente no artigo 243, parágrafo único, da Constituição Federal.

- **Crimes previstos na Lei de Drogas:** cumpre-nos analisar os crimes previstos na Lei 11.343/06. O primeiro delito a ser estudado é o artigo 28 do mandamento legal:

Art. 28. Quem adquirir, guardar, tiver em depósito, transportar ou trouxer consigo, para consumo pessoal, drogas sem autorização ou em desacordo com determinação legal ou regulamentar será submetido às seguintes penas:

I – advertência sobre os efeitos das drogas;

II – prestação de serviços à comunidade;

III – medida educativa de comparecimento a programa ou curso educativo.

§ 1º Às mesmas medidas submete-se quem, para seu consumo pessoal, semeia, cultiva ou colhe plantas destinadas à preparação de pequena quantidade de substância ou produto capaz de causar dependência física ou psíquica.

§ 2º Para determinar se a droga destinava-se a consumo pessoal, o juiz atenderá à natureza e à quantidade da substância apreendida, ao local e às condições em que se desenvolveu a ação, às circunstâncias sociais e pessoais, bem como à conduta e aos antecedentes do agente.

§ 3º As penas previstas nos incisos II e III do caput deste artigo serão aplicadas pelo prazo máximo de 5 (cinco) meses.

§ 4º Em caso de reincidência, as penas previstas nos incisos II e III do caput deste artigo serão aplicadas pelo prazo máximo de 10 (dez) meses.

§ 5º A prestação de serviços à comunidade será cumprida em programas comunitários, entidades educacionais ou assistenciais, hospitais, estabelecimentos congêneres, públicos ou privados sem fins lucrativos, que se ocupem, preferencialmente, da prevenção do consumo ou da recuperação de usuários e dependentes de drogas.

§ 6º Para garantia do cumprimento das medidas educativas a que se refere o caput, nos incisos I, II e III, a que injustificadamente se recuse o agente, poderá o juiz submetê-lo, sucessivamente a:

I – admoestação verbal;

II – multa.

§ 7º O juiz determinará ao Poder Público que coloque à disposição do infrator, gratuitamente, estabelecimento de saúde, preferencialmente ambulatorial, para tratamento especializado.

- **A conduta descrita no artigo 28 da Lei 11.343/06 se traduz em crime:** com a entrada em vigor da Lei 11.343/06, surgiu a seguinte dúvida: o usuário que porta droga para consumo próprio comete crime? É que o artigo 28 da Lei 11.343/06 não prevê, sequer em abstrato, pena privativa de liberdade para este (apenas advertência, prestação de serviço à comunidade e medida educativa de comparecimento a programa ou curso educativo) e o artigo 1º da Lei de Introdução ao Código Penal (Decreto-Lei 3.914/41) afirma que crime é a infração penal à qual é cominada pena de reclusão ou detenção:

> Art. 1º Considera-se crime a infração penal que a lei comina pena de reclusão ou de detenção, quer isoladamente, quer alternativa ou cumulativamente com a pena de multa; contravenção, a infração penal a que a lei comina, isoladamente, pena de prisão simples ou de multa, ou ambas, alternativa ou cumulativamente.

O posicionamento tópico do artigo na lei (no capítulo III do título III - que trata dos crimes e das penas), a análise do procedimento prescrito no mandamento legal para quem pratica a conduta descrita o artigo 28 (que tramita no juizado especial criminal - § 1º do artigo 48 da Lei 11.343/06) e o disposto no artigo 30 da Lei 11.343/06 (prescrição em dois anos para o crime do artigo 28), deixam claro que a posse de drogas para consumo é crime (houve apenas **despenalização** – não há previsão, sequer em abstrato, de pena privativa de liberdade).

O Supremo Tribunal Federal seguiu essa linha:

> Posse de droga para consumo pessoal: (art. 28 da L. 11.343/06 – nova lei de drogas): natureza jurídica de crime. 1. O art. 1° da LICP – que se limita a estabelecer um critério que permite distinguir quando se está diante de um crime ou de uma contravenção – não obsta a que lei ordinária superveniente adote outros critérios gerais de distinção, ou estabeleça para determinado crime – como o fez o art. 28 da L. 11.343/06 – pena diversa da privação ou restrição da liberdade, a qual constitui somente uma das opções constitucionais passíveis de adoção pela lei incriminadora (CF/88, art. 5°, XLVI e XLVII). 2. Não se pode, na interpretação da L. 11.343/06, partir de um pressuposto desapreço do legislador pelo "rigor técnico", que o teria levado inadvertidamente a incluir as infrações relativas ao usuário de drogas em um capítulo denominado "Dos Crimes e das Penas", só a ele referentes. (L. 11.343/06, Título III, Capítulo III, arts. 27/30). 3. Ao uso da expressão "reincidência", também não se pode emprestar um sentido "popular", especialmente porque, em linha de princípio, somente disposição expressa em contrário na L. 11.343/06 afastaria a regra geral do C. Penal (C.Penal, art. 12). 4. Soma-se a tudo a previsão, como regra geral, ao processo de infrações atribuídas ao usuário de drogas, do rito estabelecido para os crimes de menor potencial ofensivo, possibilitando até mesmo a proposta de aplicação imediata da pena de que trata o art. 76 da L. 9.099/95 (art. 48, §§ 1° e 5°), bem como a disciplina da prescrição segundo as regras do art. 107 e seguintes do C. Penal (L. 11.343, art. 30). 6. Ocorrência, pois, de "despenalização", entendida como exclusão, para o tipo, das penas privativas de liberdade. 7. Questão de ordem resolvida no sentido de que a L. 11.343/06 não implicou abolitio criminis (C.Penal, art. 107). II. Prescrição: consumação, à vista do art. 30 da L. 11.343/06, pelo decurso de mais de 2 anos dos fatos, sem qualquer causa interruptiva. III. Recurso extraordinário julgado prejudicado (STF, **RE 430105 QO/RJ, rel. Min. Sepúlveda Pertence, j. 13/02/2007).**

No mesmo sentido, tese do Superior Tribunal de Justiça (edição 131 da jurisprudência em teses):

> 6) A conduta de porte de substância entorpecente para consumo próprio, prevista no art. 28 da Lei n. 11.343/2006, foi apenas despenalizada pela nova Lei de Drogas, mas não descriminalizada, não havendo, portanto, *abolitio criminis*.

Trata-se, destarte, de crime, de competência do juizado especial criminal.

▪ **Classificação:** crime comum, de perigo abstrato e de ação múltipla ou conteúdo variado (a prática de mais de um dos verbos no mesmo contexto fático se traduz em crime único). Trata-se de norma penal em branco heterogênea (porque complementada pela portaria 344/98 da ANVISA).

▪ **O uso pretérito de droga não é crime:** interessante notar que não foi abrangido pelo tipo em estudo o uso pretérito da droga (que é fato formalmente atípico). Assim, se a polícia faz abordagem e não encontra com o usuário a substância proscrita porque ele acabou de usá-la, não há como imputar a prática do crime do artigo 28 da Lei 11.343/06 (não haverá materialidade delitiva para demonstrar que o material consumido era droga ilícita).

Se, conduto, for possível provar, pela prova testemunhal, por exemplo, que o suspeito adquiriu droga ilícita para consumo próprio, é possível a imputação (o verbo adquirir está grafado no artigo 28 da Lei 11.343/06 e a prova testemunhal pode suprir a ausência de exame de corpo de delito se os vestígios desapareceram, na forma do artigo 167 do Código de Processo Penal[4]).

▪ **Bem jurídico protegido:** protege-se, com o tipo, a saúde pública (não se trata de punir quem quer causar danos à própria saúde[5]).

O sujeito passivo é a sociedade (trata-se de crime vago).

▪ **Condutas proibidas:** a modalidade **adquirir** é instantânea (penso que esta modalidade se consuma com o fechamento do "negócio", independente da efetiva entrega da droga). **Trazer consigo**, **guardar**, **ter em depósito** e **transportar** são modalidades permanentes.

4. Art. 167. Não sendo possível o exame de corpo de delito, por haverem desaparecido os vestígios, a prova testemunhal poderá suprir-lhe a falta.

5. Não há, destarte, ofensa ao princípio da alteridade.

No § 1º do artigo 28 da Lei 11.343/06 há figura equiparada ao *caput* (conduta de quem **semeia**, **cultiva** ou **colhe,** para consumo pessoal, plantas destinadas a preparar pequena quantidade de substância capaz de causar dependência física ou psíquica). Por óbvio, se o objetivo do plantio é a venda da droga, tem-se tráfico (nos termos do inciso II do § 1º do artigo 33 da Lei 11.343/06).

- **Princípio da insignificância (inadmissibilidade):** não é possível aplicar o princípio da insignificância em relação ao crime tipificado no artigo 28 da Lei 11.343/06.

O mais comum é que o usuário porte pequena quantidade de substância entorpecente, razão pela qual não teria o menor sentido admitir reconhecimento do princípio da insignificância (conduzindo à atipicidade material da conduta). Ademais, trata-se de crime de perigo abstrato ou presumido.

Nesse sentido, tese do Superior Tribunal de Justiça (edição 131 da jurisprudência em teses):

> 5) O princípio da insignificância não se aplica aos delitos do art. 33, *caput*, e do art. 28 da Lei de Drogas, pois tratam-se de crimes de perigo abstrato ou presumido.

O Supremo Tribunal Federal também não admite reconhecimento do princípio da insignificância em relação ao crime tipificado no artigo 28 da Lei 11.343/06 (decisão do Plenário):

> Recurso. Extraordinário. Inadmissibilidade. Princípio da insignificância. Atipicidade da conduta. Ofensa ao art. 5°, incs. XXXV, LV e LIV, da Constituição Federal. Inocorrência. Matéria infraconstitucional. Ausência de repercussão geral. Agravo de instrumento não conhecido. Não apresenta repercussão geral o recurso extraordinário que verse sobre a questão do reconhecimento de aplicação do princípio da insignificância, porque se trata de matéria infraconstitucional (AI 747522 RG, Relator(a): CEZAR PELUSO, Tribunal Pleno, julgado em 27/08/2009, DJe-181 DIVULG 24-09-2009 PUBLIC 25-09-2009 EMENT VOL-02375-09 PP-02343).

Há, contudo, precedente da 1ª Turma do Supremo Tribunal Federal admitindo reconhecimento do princípio da insignificância no crime de porte de droga para consumo próprio:

PENAL. HABEAS CORPUS. ARTIGO 28 DA LEI 11.343/2006. PORTE ILEGAL DE SUBSTÂNCIA ENTORPECENTE. ÍNFIMA QUANTIDADE. PRINCÍPIO DA INSIGNIFICÂNCIA. APLICABILIDADE. WRIT CONCEDIDO. 1. A aplicação do princípio da insignificância, de modo a tornar a conduta atípica, exige sejam preenchidos, de forma concomitante, os seguintes requisitos: (i) mínima ofensividade da conduta do agente; (ii) nenhuma periculosidade social da ação; (iii) reduzido grau de reprovabilidade do comportamento; e (iv) relativa inexpressividade da lesão jurídica. 2. O sistema jurídico há de considerar a relevantíssima circunstância de que a privação da liberdade e a restrição de direitos do indivíduo somente se justificam quando estritamente necessárias à própria proteção das pessoas, da sociedade e de outros bens jurídicos que lhes sejam essenciais, notadamente naqueles casos em que os valores penalmente tutelados se exponham a dano, efetivo ou potencial, impregnado de significativa lesividade. O direito penal não se deve ocupar de condutas que produzam resultado cujo desvalor – por não importar em lesão significativa a bens jurídicos relevantes – não represente, por isso mesmo, prejuízo importante, seja ao titular do bem jurídico tutelado, seja à integridade da própria ordem social. 3. Ordem concedida (HC 110475, Relator(a): Dias Toffoli, Primeira Turma, julgado em 14/02/2012, PROCESSO ELETRÔNICO DJe-054 DIVULG 14-03-2012 PUBLIC 15-03-2012 RB v. 24, n. 580, 2012, p. 53-58).

Como tipificar - artigo 28 ou 33 da Lei 11.343/06? não é tarefa fácil tipificar o crime perpetrado pelo agente, posto que, na maioria esmagadora das situações, o suspeito tende a afirmar que a droga ilícita encontrada em seu poder seria para consumo próprio (tentando induzir a autoridade policial a lavrar termo circunstanciado - tipificação da notícia de crime coercitiva no artigo 28 da Lei 11.343/06).

O abismo observado entre as duas tipificações é profundo. O crime do artigo 28 da Lei 11.343/06 não conta sequer com pena privativa de liberdade prevista em abstrato, é investigado via termo circunstanciado (com imediata liberação do autor do fato), é julgado pelo juizado especial criminal e a condenação com trânsito em julgado não induz reincidência. Já no artigo 33 da mesma lei, temos delito com pena de reclusão orçada entre 5 e 15 anos e equiparado a hediondo (e por isso inafiançável e insuscetível de anistia, graça ou indulto[6]).

6. Artigo 44 da Lei 11.343/06.

Eis o mandamento legal que orienta a tipificação da prática delitiva:

> Art. 28 (...)
>
> § 2º Para determinar se a droga destinava-se a consumo pessoal, o juiz atenderá à natureza e à quantidade da substância apreendida, ao local e às condições em que se desenvolveu a ação, às circunstâncias sociais e pessoais, bem como à conduta e aos antecedentes do agente.

É importante que o delegado analise todas as circunstâncias que gravitam em torno do caso apresentado para decidir se há prática do crime do artigo 28 ou do delito do artigo 33 da Lei 11.343/06. A presença de caderno de anotações (com indicação de "clientes"), balança de precisão, dentre outros elementos podem auxiliar a autoridade policial a firmar sua convicção (em relação ao reconhecimento da prática de tráfico).

- **Materialidade delitiva:** para atestar a materialidade, deve-se fazer exame pericial com o fito de constatar quimicamente que a substância apreendida é droga proscrita (laudos preliminar e definitivo). Eis tese do Superior Tribunal de Justiça sobre o tema (edição 131):

> 12) A comprovação da materialidade do delito de posse de drogas para uso próprio (art. 28 da Lei n. 11.343/2006) exige a elaboração de laudo de constatação da substância entorpecente que evidencie a natureza e a quantidade da substância apreendida.

- **Competência:** a competência para julgar o crime tipificado no artigo 28 da Lei 11.343/06, como dito supra, é do juizado especial criminal da Justiça Estadual. Nesse sentido tese do Superior Tribunal de Justiça (edição 131 da sua jurisprudência em teses):

> 8) O crime de uso de entorpecente para consumo próprio, previsto no art. 28 da Lei n. 11.343/2006, é de menor potencial ofensivo, o que determina a competência do Juizado Especial estadual, já que ele não está previsto em tratado internacional e o art. 70 da Lei n. 11.343/2006 não o inclui dentre os que devem ser julgados pela justiça federal.

- **Transação penal e suspensão condicional do processo:** admite-se transação penal (artigo 76 da Lei 9.099/95) e suspensão condicional do processo (artigo 89 da Lei 9.099/95) em relação ao crime tipificado no artigo 28 da Lei 11.343/06.

Nesse sentido tese do Superior Tribunal de Justiça (edição 131):

> 9) A conduta prevista no art. 28 da Lei n. 11.343/2006 admite tanto a transação penal quanto a suspensão condicional do processo.

▪ **Aplicação de penas:** as penas de prestação de serviços à comunidade e medida educativa de comparecimento a programa ou curso educativo são aplicadas pelo prazo máximo de 5 meses (primário) ou 10 meses (reincidente), nos termos dos §§ 3º e 4º do artigo 28 da Lei 11.343/06:

> **Art. 28 (...)**
>
> **§ 3º As penas previstas nos incisos II e III do caput deste artigo serão aplicadas pelo prazo máximo de 5 (cinco) meses.**
>
> **§ 4º Em caso de reincidência, as penas previstas nos incisos II e III do caput deste artigo serão aplicadas pelo prazo máximo de 10 (dez) meses.**

A fixação de um teto para aplicação de penas não privativas de liberdade atende a uma lógica. Nos termos do Código Penal, as penas restritivas de direito substituem as penas privativas de liberdade, respeitados os parâmetros do artigo 44 do Caderno Repressivo Pátrio (o juiz aplica a pena privativa de liberdade, seguindo o critério trifásico determinado pelo artigo 68 do Código Penal e, a seguir, caso seja possível, substitui a privação de liberdade por restrição de direito). Como o artigo 28 da Lei 11.343/06 não prevê pena privativa de liberdade em abstrato, o mandamento legal precisou indicar parâmetro temporal para a imposição das medidas educativas.

O § 5º do artigo 28 da Lei 11.343/06 determina onde será cumprida a pena de prestação de serviços à comunidade:

> **Art. 28 (...)**
>
> **§ 5º A prestação de serviços à comunidade será cumprida em programas comunitários, entidades educacionais ou assistenciais, hospitais, estabelecimentos congêneres, públicos ou privados sem fins lucrativos, que se ocupem, preferencialmente, da prevenção do consumo ou da recuperação de usuários e dependentes de drogas.**

Para garantia do cumprimento das medidas educativas, o juiz pode admoestar verbalmente o usuário ou aplicar-lhe multa:

> **Art. 28 (...)**
>
> **§ 6° Para garantia do cumprimento das medidas educativas a que se refere o caput, nos incisos I, II e III, a que injustificadamente se recuse o agente, poderá o juiz submetê-lo, sucessivamente a:**
>
> **I – admoestação verbal;**
>
> **II – multa.**

A multa será aplicada em critério bifásico: i) com fixação da quantidade de dias-multa (de 40 a 100); ii) fixação do valor de cada dia-multa (de 1/30 a 3 vezes do salário mínimo).

A primeira etapa da fixação de multa atenderá à reprovabilidade da conduta. Na segunda etapa, o juiz deve observar a capacidade econômica do agente.

Os valores decorrentes da multa aplicada serão revertidos em favor do Fundo Nacional Antidrogas:

> **Art. 29. Na imposição da medida educativa a que se refere o inciso II do § 6° do art. 28, o juiz, atendendo à reprovabilidade da conduta, fixará o número de dias-multa, em quantidade nunca inferior a 40 (quarenta) nem superior a 100 (cem), atribuindo depois a cada um, segundo a capacidade econômica do agente, o valor de um trinta avos até 3 (três) vezes o valor do maior salário mínimo.**
>
> **Parágrafo único. Os valores decorrentes da imposição da multa a que se refere o § 6° do art. 28 serão creditados à conta do Fundo Nacional Antidrogas.**

- **Prescrição:** as penas prescrevem em 2 anos (imposição e execução):

  Art. 30. Prescrevem em 2 (dois) anos a imposição e a execução das penas, observado, no tocante à interrupção do prazo, o disposto nos arts. 107 e seguintes do Código Penal.

- **Prescrição da medida socioeducativa em relação ao ato infracional equiparado ao crime do artigo 28 da Lei 11.343/06:** para espancar qualquer dúvida sobre a prescrição de medidas socioeducativas (inclusive no que toca ao ato infracional equiparado ao crime do artigo 28 da Lei 11.343/06), vide tabela abaixo:

Prescrição de medida socioeducativa

Questão	Resposta	Justificativa
Aplica-se a prescrição penal às medidas socioeducativas (ECA)?	Sim.	Vide Súmula 338/STJ - **A prescrição penal é aplicável nas medidas sócio--educativas.**
Qual é o prazo prescricional quando o ato infracional é equiparado a crime com pena máxima igual ou superior a 3 anos?	4 anos	Como o teto da medida socioeducativa mais gravosa (internação) é 3 anos (§ 3° do artigo 121 do ECA), é preciso usar esse parâmetro para aferição da prescrição, com base no artigo 109 do Código Penal. Analisado este dispositivo, nota-se que o prazo prescricional é 8 anos quando se pensa em ato infracional equiparado a crime com pena máxima igual ou superior a 3 anos (inciso IV do artigo 109 do Código Penal). Feita a redução do prazo prescricional determinada pelo artigo 115 do Código Penal (idade do agente inferior a 21 anos no tempo do crime), chega-se ao patamar de 4 anos para prescrição da medida socioeducativa decorrente da prática de ato infracional equiparado a crime cuja pena máxima é igual ou superior a 3 anos.
Qual prazo prescricional quando o ato infracional é equiparado a crime com pena máxima igual a 1 ano ou até 2 anos?	2 anos	Mesmo raciocínio da linha acima, usando como paradigma o inciso V do artigo 109 cumulado com o artigo 115, ambos do Código Penal.
Qual prazo prescricional quando o ato infracional é equiparado a crime com pena máxima inferior a 1 ano?	18 meses	Mesmo raciocínio da linha acima, usando como paradigma o inciso VI do artigo 109 cumulado com o artigo 115, ambos do Código Penal.

Qual o prazo prescricional quando o ato infracional é equiparado ao crime do artigo 28 da Lei 11.343/06?	1 ano	Nesse caso, usa-se como dispositivo paradigma o artigo 30 da Lei 11.343/06, que determina prescrição de 2 anos em relação ao crime do artigo 28 da mesma lei. Aplicado o artigo 115 do Código Penal, chega-se à prescrição de 1 ano em relação à medida socioeducativa.

- **Tratamento especializado:** o juiz determinará ao Poder Público que coloque à disposição do infrator, gratuitamente, estabelecimento de saúde, preferencialmente ambulatorial, para tratamento especializado:

> **Art. 28 (...)**
> **§ 7º O juiz determinará ao Poder Público que coloque à disposição do infrator, gratuitamente, estabelecimento de saúde, preferencialmente ambulatorial, para tratamento especializado.**

Definitivamente o legislador não quer o cárcere para o usuário de drogas ilícitas (não criminalizou o uso e não impôs pena privativa de liberdade ao autor do crime tipificado no artigo 28 da Lei 11.343/06) – optou-se pelo tratamento, sem a estigmatização que nosso deletério sistema prisional traz para o infrator.

- **Reincidência:** o Superior Tribunal de Justiça entendia que a condenação com trânsito em julgado pela prática do crime do artigo 28 da Lei 11.343/06 gerava reincidência, contudo, tal entendimento foi modificado.

Eis julgado que retrata o entendimento **superado**:

> A condenação por porte de drogas para consumo próprio (art. 28 da Lei 11.343/2006) transitada em julgado gera reincidência. Isso porque a referida conduta foi apenas despenalizada pela nova Lei de Drogas, mas não descriminalizada (abolitio criminis). Precedentes citados: HC 292.292-SP, Sexta Turma, DJe 25/6/2014; HC 266.827-SP, Sexta Turma, DJe 11/4/2014; e HC 194.921-SP, Quinta Turma, DJe 23/8/2013 (HC 275.126-SP, Rel. Min. Nefi Cordeiro, julgado em 18/9/2014).

O **entendimento mais recente** do Tribunal da Cidadania (de que a condenação com trânsito em julgado pela prática do crime tipificado no artigo 11.343/06 não gera reincidência) foi verberado tanto pela 5ª Turma (informativo 636/STJ) quanto pela 6ª Turma (informativo 632/STJ):

> Inicialmente cumpre salientar que consoante o posicionamento firmado pela Suprema Corte, na questão de ordem no RE 430.105/RJ, sabe-se que a conduta de porte de substância entorpecente para consumo próprio, prevista no art. 28 da Lei n. 11.343/2006, foi apenas despenalizada mas não descriminalizada, em outras palavras, não houve *abolitio criminis*. Contudo, ainda que a conduta tipificada no art. 28 da Lei n. 11.343/2006 tenha sido despenalizada e não descriminalizada, essa conduta é punida apenas com "advertência sobre os efeitos das drogas, prestação de serviços à comunidade e medida educativa de comparecimento a programa ou curso educativo". Além disso, não existe a possibilidade de converter essas penas em privativas de liberdade em caso de descumprimento. Cabe ressaltar que as condenações anteriores por contravenções penais não são aptas a gerar reincidência, tendo em vista o que dispõe o art. 63 do Código Penal, que apenas se refere a crimes anteriores. E, se as contravenções penais, puníveis com pena de prisão simples, não geram reincidência, mostra-se desproporcional o delito do art. 28 da Lei n. 11.343/2006 configurar reincidência, tendo em vista que nem é punível com pena privativa de liberdade. Ademais, a Sexta Turma deste Superior Tribunal de Justiça, no julgamento do REsp n. 1.672.654/SP, da relatoria da Ministra Maria Thereza de Assis Moura, julgado em 21/8/2018, proferiu julgado nesse mesmo sentido (STJ, 5ª Turma, HC 453.437-SP, Rel. Min. Reynaldo Soares da Fonseca, por unanimidade, julgado em 04/10/2018, DJe 15/10/2018).
>
> A questão em comento consiste em verificar se a condenação com trânsito em julgado por crime anterior de posse de droga para uso próprio gera reincidência para o crime de tráfico de drogas. Este Superior Tribunal de Justiça vem decidindo que a condenação anterior pelo crime de porte de droga para uso próprio (conduta que caracteriza ilícito penal) configura reincidência, o que impõe a aplicação da agravante genérica do artigo 61, inciso I, do Código Penal e o afastamento da aplicação da causa especial de diminuição de pena do parágrafo 4° do artigo 33 da Lei n. 11.343/2006, à falta de preenchimento do requisito legal relativo à primariedade. Ocorre, contudo, que a consideração de condenação anterior com fundamento no artigo 28 da Lei n. 11.343/2006 para fins de caracterização da reincidência viola o princípio constitucional da proporcionalidade. É que, como é cediço, a condenação anterior por contravenção penal não gera reincidência pois o artigo 63 do Código Penal é expresso ao se referir à pratica de novo crime. Assim, se a contravenção penal, punível com pena de prisão simples, não configura reincidência, resta inequivocamente desproporcional a consideração, para fins de reincidência, da posse de droga para consumo próprio, que conquanto seja crime, é punida

> apenas com "advertência sobre os efeitos das drogas", "prestação de serviços à comunidade" e "medida educativa de comparecimento a programa ou curso educativo", mormente se se considerar que em casos tais não há qualquer possibilidade de conversão em pena privativa de liberdade pelo descumprimento, como no caso das penas substitutivas. Há de se considerar, ainda, que a própria constitucionalidade do artigo 28 da Lei de Drogas está em discussão perante o Supremo Tribunal Federal, que admitiu Repercussão Geral no Recurso Extraordinário n. 635.659 para decidir sobre a tipicidade do porte de droga para consumo pessoal. Assim, em face dos questionamentos acerca da proporcionalidade do direito penal para o controle do consumo de drogas em prejuízo de outras medidas de natureza extrapenal relacionadas às políticas de redução de danos, eventualmente até mais severas para a contenção do consumo do que as medidas previstas atualmente, que reconhecidamente não têm apresentado qualquer resultado prático em vista do crescente aumento do tráfico de drogas, tenho que o prévio apenamento por porte de droga para consumo próprio, nos termos do artigo 28 da Lei de Drogas, não deve constituir causa geradora de reincidência (STJ, 6ª Turma, REsp 1.672.654-SP, Rel. Min. Maria Thereza de Assis Moura, por unanimidade, julgado em 21/08/2018, DJe 30/08/2018).

O entendimento do Superior Tribunal de Justiça pode ser sintetizado na tese 7 da edição 131 da jurisprudência em teses:

> 7) As contravenções penais, puníveis com pena de prisão simples, não geram reincidência, mostrando-se, portanto, desproporcional que condenações anteriores pelo delito do art. 28 da Lei n. 11.343/2006 configurem reincidência, uma vez que não são puníveis com pena privativa de liberdade.

- **Falta grave:** o crime tipificado no artigo 28 da Lei 11.343/06 é doloso e, portanto, constitui prática de falta grave, quando cometido no interior do estabelecimento prisional (artigo 52 da LEP[7]). Eis tese do Tribunal da Cidadania sobre o tema (edição 131):

---

7. Art. 52. **A prática de fato previsto como crime doloso constitui falta grave** e, quando ocasionar subversão da ordem ou disciplina internas, sujeitará o preso provisório, ou condenado, nacional ou estrangeiro, sem prejuízo da sanção penal, ao regime disciplinar diferenciado, com as seguintes características:
I – duração máxima de até 2 (dois) anos, sem prejuízo de repetição da sanção por nova falta grave de mesma espécie;
II – recolhimento em cela individual;

10) A posse de substância entorpecente para uso próprio configura crime doloso e quando cometido no interior do estabelecimento prisional constitui falta grave, nos termos do art. 52 da Lei de Execução Penal – LEP (Lei n. 7.210/1984).

III – visitas quinzenais, de 2 (duas) pessoas por vez, a serem realizadas em instalações equipadas para impedir o contato físico e a passagem de objetos, por pessoa da família ou, no caso de terceiro, autorizado judicialmente, com duração de 2 (duas) horas;
IV – direito do preso à saída da cela por 2 (duas) horas diárias para banho de sol, em grupos de até 4 (quatro) presos, desde que não haja contato com presos do mesmo grupo criminoso;
V – entrevistas sempre monitoradas, exceto aquelas com seu defensor, em instalações equipadas para impedir o contato físico e a passagem de objetos, salvo expressa autorização judicial em contrário;
VI – fiscalização do conteúdo da correspondência;
VII – participação em audiências judiciais preferencialmente por videoconferência, garantindo-se a participação do defensor no mesmo ambiente do preso.
§ 1º O regime disciplinar diferenciado também será aplicado aos presos provisórios ou condenados, nacionais ou estrangeiros:
I – que apresentem alto risco para a ordem e a segurança do estabelecimento penal ou da sociedade;
II – sob os quais recaiam fundadas suspeitas de envolvimento ou participação, a qualquer título, em organização criminosa, associação criminosa ou milícia privada, independentemente da prática de falta grave.
§ 2º (Revogado).
§ 3º Existindo indícios de que o preso exerce liderança em organização criminosa, associação criminosa ou milícia privada, ou que tenha atuação criminosa em 2 (dois) ou mais Estados da Federação, o regime disciplinar diferenciado será obrigatoriamente cumprido em estabelecimento prisional federal.
§ 4º Na hipótese dos parágrafos anteriores, o regime disciplinar diferenciado poderá ser prorrogado sucessivamente, por períodos de 1 (um) ano, existindo indícios de que o preso:
I – continua apresentando alto risco para a ordem e a segurança do estabelecimento penal de origem ou da sociedade;
II – mantém os vínculos com organização criminosa, associação criminosa ou milícia privada, considerados também o perfil criminal e a função desempenhada por ele no grupo criminoso, a operação duradoura do grupo, a superveniência de novos processos criminais e os resultados do tratamento penitenciário.
§ 5º Na hipótese prevista no § 3º deste artigo, o regime disciplinar diferenciado deverá contar com alta segurança interna e externa, principalmente no que diz respeito à necessidade de se evitar contato do preso com membros de sua organização criminosa, associação criminosa ou milícia privada, ou de grupos rivais.
§ 6º A visita de que trata o inciso III do caput deste artigo será gravada em sistema de áudio ou de áudio e vídeo e, com autorização judicial, fiscalizada por agente penitenciário.
§ 7º Após os primeiros 6 (seis) meses de regime disciplinar diferenciado, o preso que não receber a visita de que trata o inciso III do caput deste artigo poderá, após prévio agendamento, ter contato telefônico, que será gravado, com uma pessoa da família, 2 (duas) vezes por mês e por 10 (dez) minutos.

É preciso, para imputação da falta grave, materialização de laudo pericial (edição 131 da jurisprudência em teses do Superior Tribunal de Justiça):

> 11) É imprescindível a confecção do laudo toxicológico para comprovar a materialidade da infração disciplinar e a natureza da substância encontrada com o apenado no interior de estabelecimento prisional.

- **Licença prévia da autoridade:** o artigo 31 da Lei 11.343/06 revela ser indispensável licença prévia da autoridade competente para produzir, extrair, fabricar, transformar, preparar, possuir, manter em depósito, importar, exportar, reexportar, remeter, transportar, expor, oferecer, vender, comprar, trocar, ceder ou adquirir, para qualquer fim, drogas ou matéria-prima destinada à sua preparação, observadas as demais exigências legais:

> **Art. 31. É indispensável a licença prévia da autoridade competente para produzir, extrair, fabricar, transformar, preparar, possuir, manter em depósito, importar, exportar, reexportar, remeter, transportar, expor, oferecer, vender, comprar, trocar, ceder ou adquirir, para qualquer fim, drogas ou matéria-prima destinada à sua preparação, observadas as demais exigências legais.**

O Superior Tribunal Justiça entende não ser possível concessão de salvo-conduto para o cultivo da *cannabis sativa lineu* visando a extração do óleo medicinal, ainda que na quantidade necessária para o controle da epilepsia, posto que a autorização fica a cargo da análise do caso concreto pela ANVISA:

> RECURSO ORDINÁRIO EM HABEAS CORPUS. PEDIDO DE SALVO-CONDUTO PARA PLANTIO, CULTIVO, USO E POSSE DE CANNABIS SATIVA L. PARA TRATAMENTO INDIVIDUAL. INDICAÇÃO MÉDICA PARA O USO DA SUBSTÂNCIA. AUTORIZAÇÃO PARA IMPORTAÇÃO DO PRODUTO POR PARTE DA AGÊNCIA NACIONAL DE VIGILÂNCIA SANITÁRIA (ANVISA). HIPOSSUFICIÊNCIA FINANCEIRA. IMPORTAÇÃO DE SEMENTES AUTORIZADA PELA CORTE A QUO. AUTORIZAÇÃO PARA O CULTIVO E EXTRAÇÃO DE ÓLEO MEDICINAL. ANÁLISE TÉCNICA A CARGO DA AGÊNCIA DE VIGILÂNCIA SANITÁRIA. RECURSO NÃO PROVIDO. RECOMENDAÇÃO PARA QUE A ANVISA ANALISE A POSSIBILIDADE DE AUTORIZAÇÃO DO CULTIVO E MANEJO PARA FINS MEDICINAIS. 1. A recorrente busca salvo-conduto para viabilizar o plantio de maconha para fins medicinais, após ter obtido, perante o Tribunal

Regional Federal da 4ª Região, permissão para importar pequenas quantidades de semente de Cannabis sativa L. 2. Os Tribunais Superiores já possuem jurisprudência firmada no sentido de considerar que a conduta de importar pequenas quantidades de sementes de maconha não se adequa à forma prevista no art. 33 da Lei de Drogas, subsumindo-se, formalmente, ao tipo penal descrito no art. 334-A do Código Penal, mas cuja tipicidade material é afastada pela aplicação do princípio da insignificância. 3. O controle do cultivo e da manipulação da maconha deve ser limitado aos conhecidos efeitos deletérios atribuídos a algumas substâncias contidas na planta, sendo certo que a própria Lei n. 11.343/2006 permite o manejo de vegetais dos quais possam ser extraídas ou produzidas drogas para fins medicinais ou científicos, desde que autorizado pela União. 3. No atual estágio do debate acerca da regulamentação dos produtos baseados na Cannabis e de desenvolvimento das pesquisas a respeito da eficácia dos medicamentos obtidos a partir da planta, não parece razoável desautorizar a produção artesanal do óleo à base de maconha apenas sob o pretexto da falta de regulamentação. De mais a mais, a própria agência de vigilância sanitária federal já permite a importação de medicamentos à base de maconha, produzidos industrial ou artesanalmente no exterior, como, aliás, comprovam os documentos juntados a estes autos. 4. Entretanto, a autorização buscada pela recorrente depende de análise de critérios técnicos que não cabem ao juízo criminal, especialmente em sede de habeas corpus. Essa incumbência está a cargo da própria Agência Nacional de Vigilância Sanitária que, diante das peculiaridades do caso concreto, poderá autorizar ou não o cultivo e colheita de plantas das quais se possam extrair as substâncias necessárias para a produção artesanal dos medicamentos. 5. Recurso ordinário em habeas corpus não provido, recomendando à Agência Nacional de Vigilância Sanitária que analise o caso e decida se é viável autorizar a recorrente a cultivar e ter a posse de plantas de Cannabis sativa L. para fins medicinais, suprindo a exigência contida no art. 33 da Lei n. 11.343/2006 (RHC 123.402/RS, Rel. Ministro Reynaldo Soares Da Fonseca, Quinta Turma, julgado em 23/03/2021, DJe 29/03/2021).

- **Tabela que sintetiza o artigo 28 da Lei 11.343/06:** confira tabela que resume o crime do artigo 28 da Lei de Drogas:

Artigo 28 da Lei 11.343/06	
O uso pretérito de drogas é crime	Não (atipicidade formal)

As condutas descritas no artigo 28 da Lei 11.343/06 constituem crimes?	**Sim** (houve despenalização, vez que não imputação, sequer em abstrato, de pena privativa de liberdade).
É possível reconhecimento do princípio da insignificância?	Em regra, não (trata-se de crime de perigo abstrato). Há corrente que defende o reconhecimento, com base nos princípios da alteridade e da ofensividade.
É preciso comprovar materialidade delitiva por meio de laudo de constatação?	Sim
Qual a competência para julgamento?	Juizado especial criminal
Admite transação penal e suspensão condicional do processo?	Sim
As penas são aplicadas por quanto tempo?	5 meses (primário) e 10 meses (reincidente)
Qual o prazo prescricional?	2 anos
A condenação com trânsito em julgado pelo crime tipificado no artigo 28 da Lei 11.343/06 induz reincidência?	Não

CAPÍTULO II
DOS CRIMES

Art. 33. Importar, exportar, remeter, preparar, produzir, fabricar, adquirir, vender, expor à venda, oferecer, ter em depósito, transportar, trazer consigo, guardar, prescrever, ministrar, entregar a consumo ou fornecer drogas, ainda que gratuitamente, sem autorização ou em desacordo com determinação legal ou regulamentar:

Pena – reclusão de 5 (cinco) a 15 (quinze) anos e pagamento de 500 (quinhentos) a 1.500 (mil e quinhentos) dias-multa.

§ 1° Nas mesmas penas incorre quem:

I – importa, exporta, remete, produz, fabrica, adquire, vende, expõe à venda, oferece, fornece, tem em depósito, transporta, traz consigo ou guarda, ainda que gratuitamente, sem autorização ou em desacordo com determinação legal ou regulamentar, matéria-prima, insumo ou produto químico destinado à preparação de drogas;

II – semeia, cultiva ou faz a colheita, sem autorização ou em desacordo com determinação legal ou regulamentar, de plantas que se constituam em matéria-prima para a preparação de drogas;

III – utiliza local ou bem de qualquer natureza de que tem a propriedade, posse, administração, guarda ou vigilância, ou consente

que outrem dele se utilize, ainda que gratuitamente, sem autorização ou em desacordo com determinação legal ou regulamentar, para o tráfico ilícito de drogas.

IV – vende ou entrega drogas ou matéria-prima, insumo ou produto químico destinado à preparação de drogas, sem autorização ou em desacordo com a determinação legal ou regulamentar, a agente policial disfarçado, quando presentes elementos probatórios razoáveis de conduta criminal preexistente.

§ 2º Induzir, instigar ou auxiliar alguém ao uso indevido de droga: (Vide ADI nº 4.274)

Pena – detenção, de 1 (um) a 3 (três) anos, e multa de 100 (cem) a 300 (trezentos) dias-multa.

§ 3º Oferecer droga, eventualmente e sem objetivo de lucro, a pessoa de seu relacionamento, para juntos a consumirem:

Pena – detenção, de 6 (seis) meses a 1 (um) ano, e pagamento de 700 (setecentos) a 1.500 (mil e quinhentos) dias-multa, sem prejuízo das penas previstas no art. 28.

§ 4º Nos delitos definidos no caput e no § 1º deste artigo, as penas poderão ser reduzidas de um sexto a dois terços, ~~vedada a conversão em penas restritivas de direitos~~, desde que o agente seja primário, de bons antecedentes, não se dedique às atividades criminosas nem integre organização criminosa.

- **Classificação:** o crime pode ser cometido por qualquer pessoa (crime comum), é de perigo abstrato e equiparado a hediondo.

Trata-se de tipo alternativo[8] (misto ou de conteúdo variado) e o sujeito passivo é a sociedade (crime vago). É norma penal em branco heterogênea (complementada pela portaria 344/98 da ANVISA).

- **Bem jurídico protegido:** o bem jurídico protegido é a saúde pública.

- **Materialidade delitiva:** para atestar a materialidade, deve-se fazer exame pericial com o fito de constatar quimicamente que a substância apreendida é droga proscrita.

---

8. Nesse sentido tese do Superior Tribunal de Justiça (edição 131): "13) O tráfico de drogas é crime de ação múltipla e a prática de um dos verbos contidos no art. 33, *caput*, da Lei n. 11.343/2006 é suficiente para a consumação do delito".

Para materialização do flagrante e oferecimento/recebimento da denúncia, é suficiente laudo de constatação preliminar (§ 1º do artigo 50 da Lei 11.343/06), que pode ser subscrito por qualquer pessoa idônea (na falta de perito oficial). Eis tese do Superior Tribunal de Justiça sobre o tema (edição 131):

> 14) O laudo de constatação preliminar de substância entorpecente constitui condição de procedibilidade para apuração do crime de tráfico de drogas.

Para a condenação, contudo, exige-se laudo definitivo. O tema será aprofundado adiante.

Por hora, saliento que, no entendimento do Superior Tribunal de Justiça, não é necessário aferir a pureza da droga para imputação do crime de tráfico de drogas, tipificado no artigo 33 da Lei 11.343/06 (edição 131 da jurisprudência em teses):

> 5) Para a configuração do delito de tráfico de drogas previsto no *caput* do art. 33 da Lei n. 11.343/2006, é desnecessária a aferição do grau de pureza da substância apreendida.

- **Condutas proibidas:** há tipos instantâneos e permanentes no caput do artigo 33 da Lei 11.343/06 (são 18 núcleos). As figuras equiparadas estão no § 1º do artigo 33 da lei citada.

- **Agente policial disfarçado:** o Pacote Anticrime enxertou no inciso IV do § 1º do artigo 33 da Lei 11.343/06 a figura do agente policial disfarçado[9].

Diante de prática criminosa preexistente (devidamente comprovada por elementos provatórios razoáveis) relacionada ao tráfico de drogas, é possível ao delegado de polícia determinar que policial disfarçado entabule negociação simulada com o investigado.

Nesse diapasão, caso o traficante venda ou entregue droga ilícita ao policial disfarçado, será possível materialização da sua prisão em flagrante,

9. Houve inserção da técnica, ainda, no Estatuto do Desarmamento (artigos 17 e 18 da Lei 10.826/03).

sem que se cogite incidência da Súmula 145 do Supremo Tribunal Federal[10] (penso que a inserção legal findou mitigando a aplicação deste verbete).

Saliento que a figura do agente policial disfarçado não pode ser confundida com o agente policial infiltrado. Eis tabela elucidativa:

Características	Agente infiltrado	Agente disfarçado
Necessidade de prévia autorização judicial	Sim	Não
Requisitos	Indícios de infração penal praticada por organização criminosa, tráfico de drogas ou lavagem de dinheiro e se a prova não puder ser produzida por outros meios disponíveis. A autoridade policial ou o Ministério Público deverá, ainda, demonstrar a necessidade da medida, o alcance das tarefas dos agentes e, quando possível, os nomes ou apelidos das pessoas investigadas e o local da infiltração.	Elementos probatórios razoáveis de conduta criminal preexistente relacionada a comercio ilegal de arma de fogo, tráfico internacional de arma de fogo ou tráfico de drogas.
Prazo	6 meses	Não há

- **Súmula 630 do Superior Tribunal de Justiça:** é importante salientar que o Tribunal da Cidadania sumulou o entendimento de que a incidência da atenuante da confissão espontânea no crime de tráfico de drogas só pode ocorrer se o réu confessar a traficância. Não basta, no entendimento do Sodalício, admitir a posse ou propriedade da droga para uso próprio.

Correto, a meu ver, o entendimento do Pariato. A admissão da posse/propriedade da droga para uso próprio feita pelo traficante tem o objetivo de atrapalhar/prejudicar as investigações, levando o aparelho persecutório estatal à falsa impressão de que a tipificação correta para

10. Súmula 145/STF – Não há crime, quando a preparação do flagrante pela polícia torna impossível a sua consumação.

o caso criminal seria o artigo 28 da Lei 11.343/06 (quando em verdade se está enfrentando prática de tráfico, tipificado no artigo 33 do mesmo mandamento legal).

O investigado/réu que assim age não o faz de boa-fé e por isso não merece ser beneficiado com a atenuante da confissão espontânea (alínea "d" do inciso III do artigo 65 do Código Penal).

Eis o verbete:

> Súmula 630/STJ – A incidência da atenuante da confissão espontânea no crime de tráfico ilícito de entorpecentes exige o reconhecimento da traficância pelo acusado, não bastando a mera admissão da posse ou propriedade para uso próprio.

- **Importação de sementes de maconha:** a importação de pequena quantidade de sementes de maconha **para consumo pessoal** é fato atípico.

O entendimento se justifica pela análise do artigo 28 da Lei 11.343/06 (que não criminaliza importação de matéria prima ou insumo destinado à preparação de droga para consumo pessoal).

Nesse sentido, julgados do Supremo Tribunal Federal (Segunda Turma, relatoria do Ministro Gilmar Mendes, ambos de setembro de 2018):

> Habeas corpus. 2. Importação de sementes de maconha. 3. Sementes não possuem a substância psicoativa (THC). 4. 26 (vinte e seis) sementes: reduzida quantidade de substâncias apreendidas. 5. Ausência de justa causa para autorizar a persecução penal. 6. Denúncia rejeitada. 7. Ordem concedida para determinar a manutenção da decisão do Juízo de primeiro grau (HC 144161, Relator: Gilmar Mendes, Segunda Turma, julgado em 11/09/2018, PROCESSO ELETRÔNICO DJe-268 DIVULG 13-12-2018 PUBLIC 14-12-2018).
>
> Habeas corpus. 2. Importação de sementes de maconha. 3. Sementes não possuem a substância psicoativa (THC). 4. 15 (quinze) sementes: reduzida quantidade de substâncias apreendidas. 5. Ausência de justa causa para autorizar a persecução penal. 6. Denúncia rejeitada. 7. Ordem concedida para determinar a manutenção da sentença e do acórdão do Tribunal Regional Federal da 3° Região (HC 142987, Relator(a): GILMAR MENDES, Segunda Turma, julgado em 11/09/2018, PROCESSO ELETRÔNICO DJe-256 DIVULG 29-11-2018 PUBLIC 30-11-2018).

Eis o julgado mencionado pelo Ministro Gilmar Mendes no HC 142.987, transcritos supra, oriundo do Tribunal Regional Federal da 3ª

Região (entendendo não ser possível imputar nenhum crime[11] diante da importação de sementes de maconha, ainda que a intenção seja prática de tráfico) – grifos meus:

> PENAL. PROCESSUAL PENAL. IMPORTAÇÃO DE SEMENTES DE MACONHA. ATIPICIDADE DELITIVA. ABSOLVIÇÃO MANTIDA. ARTIGO 386, III, DO CÓDIGO DE PROCESSO PENAL. RECURSO DESPROVIDO. **1. Os frutos aquênios da planta Cannabis sativa Linneu não apresentam, em sua composição, a substância tetrahidrocannabinol (THC), princípio ativo da maconha, razão pela qual, não podem ser classificados como substância entorpecente. 2. A despeito de a Cannabis sativa estar relacionada em lista de plantas que podem originar substâncias entorpecentes e/ou psicotrópicas – Lista E, da Portaria nº 344/98 da Secretaria da Vigilância Sanitária do Ministério da Saúde, a mera possibilidade de obtenção da planta Cannabis sativa L. a partir da semente não autoriza a subsunção do fato ao crime de tráfico internacional de drogas por equiparação (artigo 33, §1º, inciso I, da Lei nº 11.343/06). 3. Na mesma linha, ainda que das sementes germinadas possa florescer plantas que contenham o princípio da substância entorpecente, não se pode também tipificar a conduta no art. 334 do Código Penal, já que não se caracterizam como "mercadorias proibidas".** 4. Recurso ministerial desprovido (TRF 3ª Região, Quinta Turma, Ap. – Apelação Criminal – 77080 – 0013585-64.2012.4.03.6181, Rel. Desembargador Federal André Nekatschalow, julgado em 21/01/2019, e-DJF3 Judicial 1 DATA:07/02/2019).

Após publicação dos julgados do Pretório Excelso, o Superior Tribunal de Justiça passou a seguir a mesma linha (pelo menos no que toca à importação de pequena quantidade de sementes de maconha para uso próprio):

> HABEAS CORPUS. IMPORTAÇÃO DE 21 SEMENTES DE MACONHA. ATIPICIDADE. RECONHECIMENTO. HABEAS CORPUS CONCEDIDO. **1. Tratando-se de pequena quantidade de sementes e inexistindo expressa previsão normativa que criminaliza, entre as condutas do artigo 28 da Lei de Drogas, a importação de pequena quantidade de matéria prima ou insumo destinado à preparação de droga para consumo pessoal, forçoso reconhecer a atipicidade do fato.** (AgRg no REsp 1658928/SP, Rel. Ministra MARIA THEREZA

11. O julgado afirma a atipicidade da conduta (não sendo possível imputar sequer crime de contrabando).

> DE ASSIS MOURA, SEXTA TURMA, julgado em 05/12/2017, DJe 12/12/2017). 2. Verificada a apreensão de 21 sementes de maconha, é possível visualizar hipótese de atipicidade da conduta, segundo a orientação jurisprudencial desta Corte Superior. 3. Habeas corpus concedido para afastar a tipicidade material do fato e, assim, absolver o paciente dos fatos imputados nos autos da Ação Penal 0004049-92.2013.4.03.6181 (HC 473.250/SP, Rel. Ministro Nefi Cordeiro, Sexta Turma, julgado em 12/03/2019, DJe 18/03/2019).

A jurisprudência do Tribunal da Cidadania (anterior aos julgados proferidos pela Segunda Turma do Supremo Tribunal Federal acima transcritos) afirmava ser possível tipificar a importação de sementes de maconha com o objetivo de prática de tráfico no inciso I do § 1º do artigo 33 da Lei 11.343/06:

> RECURSO ESPECIAL. TRÁFICO INTERNACIONAL DE DROGAS. IMPORTAÇÃO DE SEMENTES DE MACONHA. TIPICIDADE DA CONDUTA. PRINCÍPIO DA INSIGNIFICÂNCIA. INAPLICABILIDADE. 1. Esta Corte Superior de Justiça firmou entendimento no sentido de que "A importação clandestina de sementes de *cannabis sativa linneu* (maconha) configura o tipo penal descrito no art. 33, § 1°, I, da Lei n. 11.343/2006" (EDcl no AgRg no REsp 1442224/SP, Rel. Ministro SEBASTIÃO REIS JÚNIOR, SEXTA TURMA, julgado em 13/09/2016, DJe 22/09/2016) 2. Não é cabível a aplicação do princípio da insignificância na hipótese de importação clandestina de produtos lesivos à saúde pública, em especial a semente de maconha. 3. Recurso Especial provido. (REsp 1723739/SP, Rel. Ministro Jorge Mussi, Quinta Turma, julgado em 23/10/2018, DJe 29/10/2018).

- **Importação de folhas de coca:** no que toca à importação de folhas de coca, contudo, o Superior Tribunal de Justiça entende ser possível imputação do crime de tráfico de drogas (inciso I do § 1º do artigo 33 da Lei 11.343/06) – trata-se de matéria prima para produção de cocaína:

> CONFLITO NEGATIVO DE COMPETÊNCIA. INQUÉRITO POLICIAL. JUSTIÇA FEDERAL X JUIZADO ESPECIAL DA JUSTIÇA COMUM ESTADUAL. TRANSPORTE DE FOLHAS DE COCA ADQUIRIDAS NA BOLÍVIA. CLASSIFICAÇÃO PELA PORTARIA/SVS 344, DE 12/5/1988, COMO PLANTA PROSCRITA QUE PODE ORIGINAR SUBSTÂNCIAS ENTORPECENTES E/OU PSICOTRÓPICAS, E NÃO COMO DROGA. ENQUADRAMENTO NO TIPO DESCRITO NO § 1°, I, DO ART. 33 DA LEI 11.343/2006. COMPETÊNCIA DA JUSTIÇA FEDERAL. 1. Situação em que o investigado foi flagrado transportando, em seu veículo, 4,4 Kg de folhas de coca (erytroxylum coca) adquiridas na Bolívia,

que afirmou seriam destinadas ao consumo em rituais religiosos indígenas de mascar, fazer infusão de chá e até mesmo bolo para comer, em instituto espiritualista e xamânico por ele frequentado. 2. Inviável o enquadramento do transporte de folhas de coca no tipo previsto no art. 28 da Lei 11.343/2006, que descreve o transporte de droga para consumo pessoal. Isso porque, a folha de coca ("erythroxylum coca lam") é classificada no Anexo I – Lista E – da Portaria/SVS n. 344, de 12/5/1988 – que aprova o Regulamento Técnico sobre substâncias e medicamentos sujeitos a controle especial – como uma das plantas proscritas que podem originar substâncias entorpecentes e/ou psicotrópicas. Seja dizer, ela não é, em si, considerada droga. 3. A conduta de transportar folhas de coca melhor se amolda, em tese e para o fim de definir a competência, ao tipo descrito no § 1°, I, do art. 33 da Lei 11.343/2006, que criminaliza o transporte de matéria-prima destinada à preparação de drogas. No caso concreto, caberá ao juízo de 1° grau, que tem a visão completa de todo o conjunto de evidências colhido no autos, averiguar se, efetivamente, o intuito final do investigado era o de preparar drogas com as folhas de coca, tendo em conta, entre outros aspectos, o laudo pericial produzido pela Polícia Federal que assevera que a quantidade de folhas com ele apreendida teria o potencial de produzir, aproximadamente, de 4,4 g (quatro gramas e quatro decigramas) a 23,53 g (vinte e três gramas e cinquenta e três centigramas) de cocaína, a depender da técnica de refino utilizada. 4. Conflito conhecido, para declarar competente o Juízo Federal da 1ª Vara de Corumbá – SJ/MS, o suscitado, para conduzir o inquérito policial (CC 172.464/MS, Rel. Ministro Reynaldo Soares da Fonseca, Terceira Seção, julgado em 10/06/2020, DJe 16/06/2020).

▪ **Indução, a instigação ou o auxílio para uso de droga:** o § 2º do artigo 33 pune a indução, a instigação ou o auxílio para uso de droga (a pena é bem menor que a do tráfico e não se trata de crime equiparado a hediondo):

> **Art. 33 (...)**
> **§ 2° Induzir, instigar ou auxiliar alguém ao uso indevido de droga:**
> **Pena – detenção, de 1 (um) a 3 (três) anos, e multa de 100 (cem) a 300 (trezentos) dias-multa.**

▪ **Marcha da maconha:** o Supremo Tribunal Federal resolveu conferir, no bojo da ADI 4.274/DF, interpretação conforme à Constituição ao dispositivo acima transcrito e "dele excluir qualquer significado que enseje a proibição de manifestações e debates públicos acerca da descriminalização ou legalização do uso de drogas ou de qualquer substância que leve o ser humano ao entorpecimento episódico, ou então viciado, das suas faculdades psicofísicas". Assim, em eventos como a "marcha da maconha" os participantes não praticam o crime aqui estudado:

> AÇÃO DIRETA DE INCONSTITUCIONALIDADE. PEDIDO DE "INTERPRETAÇÃO CONFORME À CONSTITUIÇÃO" DO § 2° DO ART. 33 DA LEI N° 11.343/2006, CRIMINALIZADOR DAS CONDUTAS DE "INDUZIR, INSTIGAR OU AUXILIAR ALGUÉM AO USO INDEVIDO DE DROGA". 1. Cabível o pedido de "interpretação conforme à Constituição" de preceito legal portador de mais de um sentido, dando-se que ao menos um deles é contrário à Constituição Federal. 2. A utilização do § 3° do art. 33 da Lei 11.343/2006 como fundamento para a proibição judicial de eventos públicos de defesa da legalização ou da descriminalização do uso de entorpecentes ofende o direito fundamental de reunião, expressamente outorgado pelo inciso XVI do art. 5° da Carta Magna. Regular exercício das liberdades constitucionais de manifestação de pensamento e expressão, em sentido lato, além do direito de acesso à informação (incisos IV, IX e XIV do art. 5° da Constituição Republicana, respectivamente). 3. Nenhuma lei, seja ela civil ou penal, pode blindar-se contra a discussão do seu próprio conteúdo. Nem mesmo a Constituição está a salvo da ampla, livre e aberta discussão dos seus defeitos e das suas virtudes, desde que sejam obedecidas as condicionantes ao direito constitucional de reunião, tal como a prévia comunicação às autoridades competentes. 4. Impossibilidade de restrição ao direito fundamental de reunião que não se contenha nas duas situações excepcionais que a própria Constituição prevê: o estado de defesa e o estado de sítio (art. 136, § 1°, inciso I, alínea "a", e art. 139, inciso IV). 5. Ação direta julgada procedente para dar ao § 2° do art. 33 da Lei 11.343/2006 "interpretação conforme à Constituição" e dele excluir qualquer significado que enseje a proibição de manifestações e debates públicos acerca da descriminalização ou legalização do uso de drogas ou de qualquer substância que leve o ser humano ao entorpecimento episódico, ou então viciado, das suas faculdades psicofísicas (ADI 4274, Relator(a): Min. AYRES BRITTO, Tribunal Pleno, julgado em 23/11/2011, ACÓRDÃO ELETRÔNICO DJe-084 DIVULG 30-04-2012 PUBLIC 02-05-2012 RTJ VOL-00222-01 PP-00146).

- **Oferecimento eventual de droga:** o § 3º do artigo 33 da Lei 11.343/06 tipifica o crime de oferecimento **eventual** de droga, que reclama, **cumulativamente**: i) que a droga seja oferecida **gratuitamente**; ii) de forma **eventual;** iii) a pessoa de seu **relacionamento**; iv) que o consumo seja **conjunto.**

Trata-se de infração de menor potencial ofensivo (investigada via confecção de termo circunstanciado e da competência do juizado especial criminal). Eis o tipo:

> **Art. 33 (...)**
>
> **§ 3° Oferecer droga, eventualmente e sem objetivo de lucro, a pessoa de seu relacionamento, para juntos a consumirem:**
>
> **Pena – detenção, de 6 (seis) meses a 1 (um) ano, e pagamento de 700 (setecentos) a 1.500 (mil e quinhentos) dias-multa, sem prejuízo das penas previstas no art. 28.**

Eis tese do Superior Tribunal de Justiça (edição 131) sobre o tipo estudado:

> 20) O § 3° do art. 33 da Lei n. 11.343/2006 traz tipo específico para aquele que fornece gratuitamente substância entorpecente a pessoa de seu relacionamento para juntos a consumirem e, por se tratar de norma penal mais benéfica, deve ser aplicado retroativamente.

▪ **Tráfico privilegiado:** o tráfico privilegiado (natureza jurídica de causa de diminuição de pena), previsto no § 4º do artigo 33 da Lei 11.343/06, reclama, **cumulativamente**: i) primariedade do agente; ii) boa antecedência; iii) que o agente não de dedique às atividades criminosas; iv) que o agente não integre organização criminosa:

> **Art. 33 (...)**
>
> **§ 4° Nos delitos definidos no caput e no § 1° deste artigo, as penas poderão ser reduzidas de um sexto a dois terços, ~~vedada a conversão em penas restritivas de direitos~~, desde que o agente seja primário, de bons antecedentes, não se dedique às atividades criminosas nem integre organização criminosa.**

Eis tese do Superior Tribunal de Justiça sobre o tema (edição 131):

> 22) A causa de diminuição de pena prevista no § 4° do art. 33 da Lei de Drogas só pode ser aplicada se todos os requisitos, cumulativamente, estiverem presentes.

▪ **Substituição de pena em crime de tráfico:** condenado pela prática do crime de tráfico de drogas pode ter sua pena privativa de liberdade substituída por pena restritiva de direitos (caso adimplidos os requisitos avistáveis no artigo 44 do Código Penal).

Isso é possível porque a incidência de causa de diminuição de pena (na terceira fase da dosimetria) pode conduzir a pena definitiva a patamar menor que o mínimo orçado em abstrato pelo tipo (com o fito de alcançar um dos requisitos objetivos da substituição - pena não superior a quatro anos).

Acrescento que a substituição finda sendo admitida porque o Supremo Tribunal Federal, nos autos do HC 97.256/RS (Tribunal Pleno, relator Ministro Ayres Britto), julgou inconstitucional a vedação da conversão da pena privativa de liberdade em pena restritiva de direitos presente na redação original da Lei 11.343/06. Eis o julgado:

> HABEAS CORPUS. TRÁFICO DE DROGAS. ART. 44 DA LEI 11.343/2006: IMPOSSIBILIDADE DE CONVERSÃO DA PENA PRIVATIVA DE LIBERDADE EM PENA RESTRITIVA DE DIREITOS. DECLARAÇÃO INCIDENTAL DE INCONSTITUCIONALIDADE. OFENSA À GARANTIA CONSTITUCIONAL DA INDIVIDUALIZAÇÃO DA PENA (INCISO XLVI DO ART. 5° DA CF/88). ORDEM PARCIALMENTE CONCEDIDA. 1. O processo de individualização da pena é um caminhar no rumo da personalização da resposta punitiva do Estado, desenvolvendo-se em três momentos individuados e complementares: o legislativo, o judicial e o executivo. Logo, a lei comum não tem a força de subtrair do juiz sentenciante o poder-dever de impor ao delinqüente a sanção criminal que a ele, juiz, afigurar-se como expressão de um concreto balanceamento ou de uma empírica ponderação de circunstâncias objetivas com protagonizações subjetivas do fato-tipo. Implicando essa ponderação em concreto a opção jurídico-positiva pela prevalência do razoável sobre o racional; ditada pelo permanente esforço do julgador para conciliar segurança jurídica e justiça material. 2. No momento sentencial da dosimetria da pena, o juiz sentenciante se movimenta com ineliminável discricionariedade entre aplicar a pena de privação ou de restrição da liberdade do condenado e uma outra que já não tenha por objeto esse bem jurídico maior da liberdade física do sentenciado. Pelo que é vedado subtrair da instância julgadora a possibilidade de se movimentar com certa discricionariedade nos quadrantes da alternatividade sancionatória. 3. As penas restritivas de direitos são, em essência, uma alternativa aos efeitos certamente traumáticos, estigmatizantes e onerosos do cárcere. Não é à toa que todas elas são comumente chamadas de penas alternativas, pois essa é mesmo a sua natureza: constituir-se num substitutivo ao encarceramento e suas seqüelas. E o fato é que a pena privativa de liberdade corporal

não é a única a cumprir a função retributivo-ressocializadora ou restritivo-preventiva da sanção penal. As demais penas também são vocacionadas para esse geminado papel da retribuição-prevenção-ressocialização, e ninguém melhor do que o juiz natural da causa para saber, no caso concreto, qual o tipo alternativo de reprimenda é suficiente para castigar e, ao mesmo tempo, recuperar socialmente o apenado, prevenindo comportamentos do gênero. 4. No plano dos tratados e convenções internacionais, aprovados e promulgados pelo Estado brasileiro, é conferido tratamento diferenciado ao tráfico ilícito de entorpecentes que se caracterize pelo seu menor potencial ofensivo. Tratamento diferenciado, esse, para possibilitar alternativas ao encarceramento. É o caso da Convenção Contra o Tráfico Ilícito de Entorpecentes e de Substâncias Psicotrópicas, incorporada ao direito interno pelo Decreto 154, de 26 de junho de 1991. Norma supralegal de hierarquia intermediária, portanto, que autoriza cada Estado soberano a adotar norma comum interna que viabilize a aplicação da pena substitutiva (a restritiva de direitos) no aludido crime de tráfico ilícito de entorpecentes. 5. Ordem parcialmente concedida tão-somente para remover o óbice da parte final do art. 44 da Lei 11.343/2006, assim como da expressão análoga "vedada a conversão em penas restritivas de direitos", constante do § 4° do art. 33 do mesmo diploma legal. Declaração incidental de inconstitucionalidade, com efeito ex nunc, da proibição de substituição da pena privativa de liberdade pela pena restritiva de direitos; determinando-se ao Juízo da execução penal que faça a avaliação das condições objetivas e subjetivas da convolação em causa, na concreta situação do paciente (HC 97256, Relator(a): AYRES BRITTO, Tribunal Pleno, julgado em 01/09/2010, DJe-247 DIVULG 15-12-2010 PUBLIC 16-12-2010 EMENT VOL-02452-01 PP-00113 RTJ VOL-00220-01 PP-00402 RT v. 100, n. 909, 2011, p. 279-333).

O trecho do § 4º do artigo 33 da Lei 11.343/06 que vedava a substituição findou suspenso, nos termos da Resolução 5/2012 do Senado Federal.

▪ **Utilização da natureza e da quantidade da droga para afastamento do tráfico privilegiado (impossibilidade):** a natureza e a quantidade da droga, segundo expressa disposição legal (artigo 42 da Lei 11.343/06[12]) devem ser sopesadas na primeira fase da fixação de pena (análise das circunstâncias judiciais). Importante salientar que o mandamento legal

12. Art. 42. O juiz, na fixação das penas, considerará, com preponderância sobre o previsto no art. 59 do Código Penal, a natureza e a quantidade da substância ou do produto, a personalidade e a conduta social do agente.

citado determina que estas e personalidade e a conduta social do agente são circunstâncias que devem preponderar sobre o previsto no artigo 59 do Código Penal.

Nessa toada, o Superior Tribunal de Justiça entende não ser possível a utilização desses parâmetros (natureza e quantidade de droga) para afastar a minorante do § 4º do artigo 33 da Lei 11.343/06 (presumindo que o réu se dedica a atividades criminosas) – informativo 731/STJ:

> AGRAVO REGIMENTAL NO RECURSO ESPECIAL. INTERPOSIÇÃO DE DOIS RECURSOS. PRINCÍPIO DA UNIRRECORRIBILIDADE E DA PRECLUSÃO CONSUMATIVA. INVIABILIDADE DE ANÁLISE DO ÚLTIMO. TRÁFICO ILÍCITO DE ENTORPECENTES. DOSIMETRIA DA PENA. NATUREZA E QUANTIDADE DA DROGA APREENDIDA. CIRCUNSTÂNCIA PREPONDERANTE A SER NECESSARIAMENTE OBSERVADA NA PRIMEIRA FASE DA DOSIMETRIA. UTILIZAÇÃO PARA AFASTAMENTO DO TRÁFICO PRIVILEGIADO OU MODULAÇÃO DA FRAÇÃO DE DIMINUIÇÃO DE PENA DO § 4° DO ART. 33 DA LEI N. 11.343/2006. IMPOSSIBILIDADE. CARACTERIZAÇÃO DE BIS IN IDEM. NÃO TOLERÂNCIA NA ORDEM CONSTITUCIONAL. INDEVIDA PRESUNÇÃO DE DEDICAÇÃO A ATIVIDADES CRIMINOSAS. AGRAVO REGIMENTAL DESPROVIDO. 1. A interposição de dois recursos pela mesma parte contra o mesmo ato judicial inviabiliza a análise do protocolizado por último, por força do princípio da unirrecorribilidade e da preclusão consumativa. 2. A dosimetria da reprimenda penal, atividade jurisdicional caracterizada pelo exercício de discricionariedade vinculada, realiza-se dentro das balizas fixadas pelo legislador. 3. O tratamento legal conferido ao crime de tráfico de drogas traz peculiaridades a serem observadas nas condenações respectivas; a natureza desse crime de perigo abstrato, que tutela o bem jurídico saúde pública, fez com que o legislador elegesse dois elementos específicos - necessariamente presentes no quadro jurídico-probatório que cerca aquela prática delituosa, a saber, a natureza e a quantidade das drogas - para utilização obrigatória na primeira fase da dosimetria. 4. O tráfico privilegiado é instituto criado para beneficiar aquele que ainda não se encontra mergulhado nessa atividade ilícita, independentemente do tipo ou do volume de drogas apreendidas, para implementação de política criminal que favoreça o traficante eventual. 5. No julgamento do RE n. 666.334/AM, submetido ao regime de repercussão geral (Tese n. 712), o STF fixou o entendimento de que a natureza e a quantidade de entorpecentes não podem ser utilizadas em duas fases da dosimetria da pena. 6. A Terceira Seção do STJ, no julgamento do REsp n. n. 1.887.511/SP (DJe de 1°/7/2021), partindo da premissa fixada na Tese n. 712 do STF, uniformizou o entendimento de que a natureza e a quantidade de entorpecentes devem ser necessariamente valoradas na

primeira etapa da dosimetria, para modulação da pena-base. 7. Não há margem, na redação do art. 42 da Lei n. 11.343/2006, para utilização de suposta discricionariedade judicial que redunde na transferência da análise dos vetores "natureza e quantidade de drogas apreendidas" para etapas posteriores, já que erigidos ao status de circunstâncias judiciais preponderantes, sem natureza residual. 8. Apenas circunstâncias judiciais não preponderantes, previstas no art. 59 do Código Penal, podem ser utilizadas para modulação da fração de diminuição de pena do tráfico privilegiado, desde que não utilizadas para fixação da pena-base. 9. Configura constrangimento ilegal o afastamento do tráfico privilegiado por presunção de que o agente se dedica a atividades criminosas, derivada unicamente da análise da natureza ou da quantidade de drogas apreendidas; da mesma maneira, configura constrangimento ilegal a redução da fração de diminuição de pena por esse mesmo e único motivo. 10. Agravo regimental de fls. 321-326 não conhecido e agravo regimental de fls. 313-319 desprovido (AgRg no REsp 1985297/SP, Rel. Ministro João Otávio de Noronha, Quinta Turma, julgado em 29/03/2022, DJe 06/04/2022).

Eis julgado anterior da Terceira Seção do Superior Tribunal de Justiça no mesmo sentido:

PENAL, PROCESSO PENAL E CONSTITUCIONAL. DOSIMETRIA DE PENA. PECULIARIDADES DO TRÁFICO ILÍCITO DE ENTORPECENTES. ART. 42 DA LEI N. 11.343/2006. NATUREZA E QUANTIDADE DA DROGA APREENDIDA. CIRCUNSTÂNCIA PREPONDERANTE A SER OBSERVADA NA PRIMEIRA FASE DA DOSIMETRIA. UTILIZAÇÃO PARA AFASTAMENTO DO TRÁFICO PRIVILEGIADO OU MODULAÇÃO DA FRAÇÃO DE DIMINUIÇÃO DE PENA DO § 4º DO ART. 33 DA LEI N. 11.343/2006. IMPOSSIBILIDADE. CARACTERIZAÇÃO DE BIS IN IDEM. NÃO TOLERÂNCIA NA ORDEM CONSTITUCIONAL. RECURSO PROVIDO PARA RESTAURAÇÃO DA SENTENÇA DE PRIMEIRA INSTÂNCIA. 1. A dosimetria da reprimenda penal, atividade jurisdicional caracterizada pelo exercício de discricionariedade vinculada, realiza-se dentro das balizas fixadas pelo legislador. 2. Em regra, abre-se espaço, em sua primeira fase, à atuação da discricionariedade ampla do julgador para identificação dos mais variados aspectos que cercam a prática delituosa; os elementos negativos devem ser identificados e calibrados, provocando a elevação da pena mínima dentro do intervalo legal, com motivação a ser necessariamente guiada pelos princípios da razoabilidade e da proporcionalidade. 3. Na estrutura delineada pelo legislador, somente são utilizados para a fixação da pena-base elementos pertencentes a seus vetores genéricos que não tenham sido previstos, de maneira específica, para utilização nas etapas posteriores. Trata-se da aplicação do princípio da especialidade, que impede a ocorrência de bis in idem, intolerável na ordem constitucional brasileira. 4. O tratamento legal conferido ao tráfico de drogas traz, no entanto, peculiaridades a serem observadas nas condenações respectivas; a natureza desse crime de perigo abstrato, que tutela o bem jurídico saúde pública, fez com que o legislador elegesse dois elementos específicos - necessariamente presentes no quadro jurídico-probatório que cerca aquela prática delituosa, a saber, a natureza e a quantidade das drogas - para utilização obrigatória na primeira fase da dosimetria. 5. Não há margem, na redação do art. 42 da Lei n. 11.343/2006, para utilização de suposta discricionariedade judicial que redunde na transferência da análise desses elementos para etapas posteriores, já que erigidos ao status de circunstâncias judiciais preponderantes, sem natureza residual. 6. O tráfico privilegiado é instituto criado par a beneficiar aquele que ainda não se encontra mergulhado nessa atividade ilícita, independentemente do tipo ou do volume de drogas apreendidas, para implementação de política criminal que favoreça o traficante eventual. 7. A utilização concomitante da natureza e da quantidade da droga apreendida na primeira e na terceira fases da dosimetria, nesta última para descaracterizar o tráfico privilegiado ou modular a fração de diminuição de pena, configura bis in idem, expressamente rechaçado no julgamento do Recurso Extraordinário n. 666.334/AM, submetido ao regime de repercussão geral pelo Supremo Tribunal Federal (Tese de Repercussão Geral n. 712). 8. A utilização supletiva desses elementos para afastamento do tráfico privilegiado somente pode ocorrer quando esse vetor seja conjugado com outras circunstâncias do caso concreto que, unidas, caracterizem a dedicação do agente à atividade criminosa ou à integração a organização criminosa. 9. Na modulação da causa de diminuição de pena prevista no § 4° do art. 33 da Lei n. 11.343/2006, podem ser utilizadas circunstâncias judiciais não preponderantes, previstas no art. 59 do Código Penal, desde que não utilizadas de maneira expressa na fixação da pena-base. 10. Recurso provido para restabelecimento da sentença (REsp 1887511/SP, Rel. Ministro João Otávio de Noronha, Terceira Seção, julgado em 09/06/2021, DJe 01/07/2021).

Como o próprio julgado acima transcrito deixa claro, a Terceira Seção do Superior Tribunal de Justiça se apoiou no quanto decidido pelo Supremo Tribunal Federal no tema 712 da sua repercussão geral. Eis a tese fixada pelo Pretório Excelso: **"As circunstâncias da natureza e da quantidade da droga apreendida devem ser levadas em consideração apenas em uma das fases do cálculo da pena"**.

- **Inquéritos policiais e processos em andamento x tráfico privilegiado:** inquéritos policiais e ações penais em curso não podem ser utilizados para reconhecimento de má antecedência, nos termos do verbete 444 do Superior Tribunal de Justiça[13].

Contudo, o próprio Tribunal da Cidadania reconhece ser possível negar a diminuição de pena prevista no § 4º do artigo 33 da Lei 11.343/06 caso se detecte que o acusado é investigado nos autos de inquéritos policiais ou é réu em outras ações penais (grifo meu):

> AGRAVO REGIMENTAL NO HABEAS CORPUS. TRÁFICO DE ENTORPECENTES. DOSIMETRIA. AÇÕES PENAIS EM CURSO. AFASTAMENTO DO TRÁFICO PRIVILEGIADO. NEGATIVA DE SUBSTITUIÇÃO DA PENA CORPORAL POR RESTRITIVAS DE DIREITOS. AUSÊNCIA DE REQUISITO OBJETIVO. CONSTRANGIMENTO ILEGAL NÃO EVIDENCIADO. DECISÃO MANTIDA. AGRAVO IMPROVIDO. **1. É possível a utilização de inquéritos policiais e/ou ações penais em curso para a formação da convicção de que o Réu se dedica às atividades criminosas, de modo a afastar o benefício legal previsto no artigo 33, § 4º, da Lei n. 11.343/2006**. 2. Mantido o quantum da pena no patamar de 5 anos de reclusão, não se mostra cabível a substituição da pena privativa de liberdade por restritivas de direitos, pelo não preenchimento do requisito objetivo previsto no art. 44, I, do CP. 3. Agravo regimental improvido (AgRg no HC 539.666/RS, Rel. Ministro Nefi Cordeiro, Sexta Turma, julgado em 05/03/2020, DJe 09/03/2020).

O tema foi pacificado (havia divergência entre a 5ª e 6ª Turmas) na Terceira Seção do Tribunal da Cidadania (informativo 596/STJ[14]).

O Supremo Tribunal Federal, entretanto, possui precedente no sentido de que não é possível utilizar inquéritos e ações penais em andamento para afastar a minorante (grifo meu):

> PENA – FIXAÇÃO – ANTECEDENTES – INQUÉRITOS E PROCESSOS EM CURSO – DESINFLUÊNCIA. O Pleno do Supremo, por ocasião do julgamento do recurso extraordinário nº 591.054, de minha relatoria, assentou a neutralidade, na definição dos antecedentes, de inquéritos ou processos em tramitação, considerado o princípio constitucional da não culpabilidade. PENA – CAUSA DE DIMINUIÇÃO – ARTIGO 33, § 4º, DA LEI Nº 11.343/2006 – CONDENAÇÕES NÃO DEFINITIVAS. **Não cabe afastar a causa de diminuição**

---

13. Súmula 444/STJ – É vedada a utilização de inquéritos policiais e ações penais em curso para agravar a pena-base.
14. STJ, Terceira Seção, EREsp 1.431.091-SP, Rel. Min. Felix Fischer, por maioria, julgado em 14/12/2016, DJe 1/2/2017.

prevista no artigo 33, § 4º, da Lei de Drogas com base em condenações não alcançadas pela preclusão maior (HC 166385, Relator: Marco Aurélio, Primeira Turma, julgado em 14/04/2020, PROCESSO ELETRÔNICO DJe-118 DIVULG 12-05-2020 PUBLIC 13-05-2020).

- **Afastamento do tráfico privilegiado em face da prática pretérita de atos infracionais (possibilidade): o Superior Tribunal de Justiça entende que é possível afastar a causa de diminuição de pena do** § 4º do artigo 33 da Lei 11.343/06 em face da prática pretérita de atos infracionais (informativo 712/STJ). Penso que agiu corretamente o Tribunal da Cidadania. Eis o julgado:

> EMBARGOS DE DIVERGÊNCIA EM RECURSO ESPECIAL. TRÁFICO DE DROGAS. RECONHECIMENTO DA MINORANTE PREVISTA NO ART. 33, § 4.º, DA LEI N. 11.343/2006. PLEITO DE AFASTAMENTO COM BASE EM ATOS INFRACIONAIS. PREVALECIMENTO DE ENTENDIMENTO INTERMEDIÁRIO. POSSIBILIDADE EM CIRCUNSTÂNCIAS EXCEPCIONAIS, DEVIDAMENTE FUNDAMENTADAS. RESSALVA DO ENTENDIMENTO DA RELATORA DESIGNADA PARA REDIGIR O ACÓRDÃO. TESE NÃO APLICADA AO CASO CONCRETO. AUSÊNCIA DE CONTEMPORANEIDADE DOS ATOS INFRACIONAIS PRETÉRITOS. CIRCUNSTÂNCIAS FÁTICAS HÁBEIS A RECOMENDAR A INCIDÊNCIA DA CAUSA DE DIMINUIÇÃO DE PENA RECONHECIDA PELA CORTE DE ORIGEM, NO CASO. EMBARGOS DE DIVERGÊNCIA CONHECIDOS E DESPROVIDOS. 1. Consoante o § 4.º do art. 33 da Lei n. 11.343/2006, os condenados pelo crime de tráfico de drogas terão a pena diminuída, de 1/6 (um sexto) a 2/3 (dois terços), quando forem reconhecidamente primários, possuírem bons antecedentes e não se dedicarem a atividades criminosas ou integrarem organização criminosa. Para que o agente possa ser beneficiado, é preciso preencher cumulativamente os requisitos. 2. Na esfera da Lei n. 8.069/1990, as medidas socioeducativas aplicadas em resposta a ato infracional cometido por adolescente possuem o objetivo de responsabilização quanto às consequências lesivas do ato, a integração social e garantia de seus direitos individuais e sociais, bem como a desaprovação da conduta infracional (art. 1.º, § 2.º, incisos I, II e III, da Lei n. 12.594/2012 - SINASE). 3. No entanto, apesar de a medida socioeducativa, impositiva e preponderantemente pedagógica, possuir certa carga punitiva, certo é que não configura pena e, portanto, não induz reincidência nem maus antecedentes. Nessa medida, é incompatível considerar o registro de anterior ato infracional, na terceira fase da dosimetria da pena do crime de tráfico de drogas, como elemento caracterizador da dedicação do agente a atividades delituosas, obstando a minorante, equiparando a conduta a

crime hediondo e recrudescendo a execução penal. 4. Vale dizer, o registro da prática de fato típico e antijurídico por adolescente (inimputável), que não comete crime nem recebe pena, atingida a maioridade penal, não pode ser utilizado como fundamento para se deduzir a dedicação a atividades criminosas, e produzir amplos efeitos desfavoráveis na dosimetria e execução da pena. 5. No caso concreto, foi tida por inidônea a fundamentação que fez alusão genérica ao histórico infracional para concluir pela comprovação da dedicação às atividades criminosas, sobretudo porque nenhum outro dado foi extraído do conjunto probatório para respaldar a conclusão de que os agentes vinham se dedicando à atividade criminosa, o que tampouco foi possível identificar a partir da quantidade não expressiva de entorpecente. 6. No entanto, prevaleceu, no âmbito da Terceira Seção, para fins de consolidação jurisprudencial e ressalvado o entendimento desta Relatora para o acórdão, entendimento intermediário no sentido de que o histórico infracional pode ser considerado para afastar a minorante prevista no art. 33, § 4.°, da Lei n. 11.343/2006, por meio de fundamentação idônea que aponte a existência de circunstâncias excepcionais, nas quais se verifique a gravidade de atos pretéritos, devidamente documentados nos autos, bem como a razoável proximidade temporal de tais atos com o crime em apuração. 7. Embargos de divergência conhecidos e desprovidos (EREsp 1916596/SP, Rel. Ministro JOEL ILAN PACIORNIK, Rel. p/ Acórdão Ministra LAURITA VAZ, TERCEIRA SEÇÃO, julgado em 08/09/2021, DJe 04/10/2021).

- **Tráfico privilegiado não é crime equiparado a hediondo:** a incidência da minorante prevista no § 4º do artigo 33 da Lei 11.343/06 afasta a hediondez (equiparação) do tráfico de drogas.

É preciso, contudo, estabelecer linha do tempo. O Tribunal da Cidadania chegou a sumular a matéria, entendendo que o crime de tráfico privilegiado é delito equiparado a hediondo (Súmula 512/STJ[15]).

Após, o Plenário Supremo Tribunal Federal entendeu que o privilégio afasta a hediondez do crime de tráfico:

HABEAS CORPUS. CONSTITUCIONAL, PENAL E PROCESSUAL PENAL. TRÁFICO DE ENTORPECENTES. APLICAÇÃO DA LEI N. 8.072/90 AO TRÁFICO DE ENTORPECENTES PRIVILEGIADO: INVIABILIDADE. HEDIONDEZ NÃO CARACTERIZADA. ORDEM

15. Súmula 512/STJ – A aplicação da causa de diminuição de pena prevista no art. 33, § 4º, da Lei 11.343/2006 não afasta a hediondez do crime de tráfico de drogas.

> CONCEDIDA. 1. O tráfico de entorpecentes privilegiado (art. 33, § 4º, da Lei n. 11.313/2006) não se harmoniza com a hediondez do tráfico de entorpecentes definido no caput e § 1º do art. 33 da Lei de Tóxicos. 2. O tratamento penal dirigido ao delito cometido sob o manto do privilégio apresenta contornos mais benignos, menos gravosos, notadamente porque são relevados o envolvimento ocasional do agente com o delito, a não reincidência, a ausência de maus antecedentes e a inexistência de vínculo com organização criminosa. 3. Há evidente constrangimento ilegal ao se estipular ao tráfico de entorpecentes privilegiado os rigores da Lei n. 8.072/90. 4. Ordem concedida (HC 118533, Relatora: Cármen Lúcia, Tribunal Pleno, julgado em 23/06/2016, PROCESSO ELETRÔNICO DJe-199 DIVULG 16-09-2016 PUBLIC 19-09-2016).

Isso fez com que o Superior Tribunal de Justiça cancelasse o verbete 512 (grifo meu):

> PENAL E PROCESSUAL PENAL. TRÁFICO ILÍCITO DE DROGAS NA SUA FORMA PRIVILEGIADA. ART. 33, § 4º, DA LEI Nº 11.343/2006. CRIME NÃO EQUIPARADO A HEDIONDO. ENTENDIMENTO RECENTE DO PLENO DO SUPREMO TRIBUNAL FEDERAL, NO JULGAMENTO DO HC 118.533/MS. REVISÃO DO TEMA ANALISADO PELA TERCEIRA SEÇÃO SOB O RITO DOS REPETITIVOS. RECURSO ESPECIAL REPRESENTATIVO DA CONTROVÉRSIA Nº 1.329.088/RS. CANCELAMENTO DO ENUNCIADO Nº 512 DA SÚMULA DO STJ. 1. O Supremo Tribunal Federal, no recente julgamento do HC 118.533/MS, firmou entendimento de que apenas as modalidades de tráfico ilícito de drogas definidas no art. 33, caput e § 1º, da Lei nº 11.343/2006 seriam equiparadas aos crimes hediondos, enquanto referido delito na modalidade privilegiada apresentaria "contornos mais benignos, menos gravosos, notadamente porque são relevados o envolvimento ocasional do agente com o delito, a não reincidência, a ausência de maus antecedentes e a inexistência de vínculo com organização criminosa." (Rel. Min. Cármen Lúcia, Tribunal Pleno, julgado em 23/06/2016). 2. É sabido que os julgamentos proferidos pelo Excelso Pretório em Habeas Corpus, ainda que por seu Órgão Pleno, não têm efeito vinculante nem eficácia erga omnes. No entanto, a fim de observar os princípios da segurança jurídica, da proteção da confiança e da isonomia, bem como de evitar a prolação de decisões contraditórias nas instâncias ordinárias e também no âmbito deste Tribunal Superior de Justiça, é necessária a revisão do tema analisado por este Sodalício sob o rito dos recursos repetitivos (Recurso Especial Representativo da Controvérsia nº 1.329.088/RS – Tema 600). **3. Acolhimento da tese segundo a qual o tráfico ilícito de drogas na sua forma privilegiada (art. 33, § 4º, da Lei n. 11.343/2006) não é crime equiparado a hediondo, com o consequente cancelamento do enunciado 512 da Súmula deste Superior Tribunal de Justiça**

(Pet 11.796/DF, Rel. Ministra Maria Thereza de Assis Moura, Terceira Seção, julgado em 23/11/2016, DJe 29/11/2016).

O Pacote Anticrime (Lei 13.964/19) acabou enxertando o entendimento dos Sodalícios no texto legal (inserção operada na Lei de Execução Penal):

> Art. 112 (...)
>
> § 5° Não se considera hediondo ou equiparado, para os fins deste artigo, o crime de tráfico de drogas previsto no § 4° do art. 33 da Lei n° 11.343, de 23 de agosto de 2006.

Outras teses do Superior Tribunal de Justiça sobre o tráfico privilegiado: eis outras teses do Tribunal da Cidadania sobre o tráfico privilegiado:

> 23) É inviável a aplicação da causa especial de diminuição de pena prevista no § 4° do art. 33 da Lei n. 11.343/2006 quando há condenação simultânea do agente nos crimes de tráfico de drogas e de associação para o tráfico, por evidenciar a sua dedicação a atividades criminosas ou a sua participação em organização criminosa.
>
> 24) A condição de "mula" do tráfico, por si só, não afasta a possibilidade de aplicação da minorante do § 4° do art. 33 da Lei n. 11.343/2006, uma vez que a figura de transportador da droga não induz, automaticamente, à conclusão de que o agente integre, de forma estável e permanente, organização criminosa.
>
> 25) Diante da ausência de parâmetros legais, é possível que a fração de redução da causa de diminuição de pena estabelecida no art. 33, § 4°, da Lei n. 11.343/2006 seja modulada em razão da qualidade e da quantidade de droga apreendida, além das demais circunstâncias do delito.

- **Tabela que sintetiza o tráfico privilegiado:** confira tabela que sintetiza a minorante do § 4º do artigo 33 da Lei 11.343/06:

Tráfico privilegiado (§ 4° do artigo 33 da Lei 11.343/06)	
Qual a sua natureza jurídica	Causa de diminuição de pena (1/6 a 2/3)
É crime equiparado a hediondo?	Não (cancelamento da Súmula 512/STJ e § 5° do artigo 112 da LEP).

É possível substituição de pena privativa de liberdade por restritiva de direitos?	Sim (desde que preenchidos os requisitos legais). A Resolução 5/2012 do Senado Federal suspendeu o trecho do dispositivo que impossibilitava a substituição de pena em face do reconhecimento de sua inconstitucionalidade pelo STF no Habeas Corpus 97.256/RS.
Quais são os requisitos para reconhecimento da minorante?	Agente primário
	Portador de bons antecedentes
	Que não se dedique a atividades criminosas
	Que não integre organização criminosa

- **Competência:** quanto à competência para julgamento do crime de tráfico de drogas, é importante a leitura da Súmula 522 do Supremo Tribunal Federal:

> Súmula 522/STF – Salvo ocorrência de tráfico para o exterior, quando, então, a competência será da justiça federal, compete à justiça dos estados o processo e julgamento dos crimes relativos a entorpecentes.

Em síntese, se o tráfico de drogas é internacional, há competência da Justiça Federal. Caso o tráfico seja interno, a competência será da Justiça Estadual.

A Polícia Federal tem atribuição para investigar tanto o tráfico internacional quanto o tráfico interno (inciso II do § 1º do artigo 144 da Constituição Federal):

> Art. 144 (...)
>
> § 1º A polícia federal, instituída por lei como órgão permanente, organizado e mantido pela União e estruturado em carreira, destina-se a:
>
> (...)
>
> II – prevenir e reprimir o tráfico ilícito de entorpecentes e drogas afins, o contrabando e o descaminho, sem prejuízo da ação fazendária e de outros órgãos públicos nas respectivas áreas de competência;

- **Cancelamento da Súmula 528/STJ:** o verbete 528 do Tribunal da Cidadania, que afirmava a competência do juiz federal do local da apreensão da droga remetida do exterior pela via postal para processar e julgar o crime de tráfico internacional foi cancelada.

Na linha do tempo, é possível perceber que o Superior Tribunal de Justiça começou a relativizar o verbete a partir do julgamento do CC 177.882 (relator Ministro Joel Ilan Paciornik). Neste julgado, restou fixada a competência para processo e julgamento do crime de tráfico internacional de entorpecentes no local do domicílio do destinatário (importador), em virtude da peculiaridade do caso concreto (a droga ilícita havia sido apreendida em centro de triagem dos Correios em local muito distante do domicílio do importador e seguir o entendimento outrora sumulado dificultaria sobremaneira a investigação). Ocorre que a relativização do verbete passou a ser lugar comum no Tribunal da Cidadania e este resolveu cancelar a Súmula.

▪ **Artigo 34 da Lei 11.343/06:** o artigo 34 da Lei 11.343/06 pune crimes ligados ao maquinário destinado ao tráfico:

> **Art. 34. Fabricar, adquirir, utilizar, transportar, oferecer, vender, distribuir, entregar a qualquer título, possuir, guardar ou fornecer, ainda que gratuitamente, maquinário, aparelho, instrumento ou qualquer objeto destinado à fabricação, preparação, produção ou transformação de drogas, sem autorização ou em desacordo com determinação legal ou regulamentar:**
>
> **Pena – reclusão, de 3 (três) a 10 (dez) anos, e pagamento de 1.200 (mil e duzentos) a 2.000 (dois mil) dias-multa.**

▪ **Classificação:** trata-se de crime comum, de perigo abstrato, misto, alternativo ou de conteúdo variado.

▪ **Consunção:** em regra, o crime do artigo 33 da Lei 11.343/06 absorve o delito tipificado no artigo 34 da mesma lei. Vide tese do Superior Tribunal de Justiça (edição 131):

> 18) É possível a aplicação do princípio da consunção entre os crimes previstos no § 1º do art. 33 e/ou no art. 34 pelo tipificado no *caput* do art. 33 da Lei n. 11.343/2006, desde que não caracterizada a existência de contextos autônomos e coexistentes, aptos a vulnerar o bem jurídico tutelado de forma distinta.

Contudo, se os contextos forem distintos, é possível imputar os crimes em concurso (apreensão de droga que não foi fabricada como maquinário apreendido, por exemplo). Eis julgado do Tribunal da Cidadania que retrata o quanto afirmado:

> HABEAS CORPUS. PACIENTE CONDENADO PELOS CRIMES TIPIFICADOS NOS ARTS. 33, CAPUT, E 34 DA LEI N. 11.343/2006, EM CONCURSO MATERIAL. PEDIDO DE ABSOLVIÇÃO DO SEGUNDO DELITO PELA INCIDÊNCIA DO PRINCÍPIO DA CONSUNÇÃO. INVIABILIDADE. CRIMES AUTÔNOMOS. PRECEDENTES. 1. O princípio da consunção resolve o conflito aparente de normas penais quando um delito menos grave é meio necessário ou normal fase de preparação ou execução de outro mais danoso. Nessas situações, o agente apenas será responsabilizado pelo último crime. Para tanto, porém, imprescindível a constatação do nexo de dependência entre as condutas a fim de que ocorra a absorção da menos lesiva pela mais nociva. Doutrina. 2. O crime descrito no 34 da Lei n. 11.343/2006 busca coibir a produção de entorpecentes, enquanto a norma incriminadora do tráfico de estupefacientes possui como objetivo obstar a disseminação dos materiais tóxicos. Sendo assim, nos termos da orientação jurisprudencial desta Casa, necessário avaliar, para fins de incidência do princípio da consunção, a concreta lesividade dos instrumentos destinados à fabricação, preparação ou transformação dos entorpecentes. Precedentes. 3. Na espécie, os condenados, além de terem em depósito certa quantidade de entorpecentes para fins de mercancia, armazenavam, em significativa escala, maquinários e utensílios – balanças, tachos e substâncias para mistura, com peso total, conforme auto de apreensão, de dezenove quilogramas – que não se destinavam somente à preparação dos estupefaciente encontrados no momento da prisão dos réus, compondo, para além disso, laboratório que funcionava de forma autônoma, proporcionando a preparação de número muito maior de substâncias estupefacientes. Desse modo, inviável a incidência do princípio da consunção, porquanto evidenciada a independência entre as condutas, ou seja, a fabricação ou transformação dos materiais tóxicos não operou como meio necessário para o crime de tráfico de entorpecentes. 4. Habeas corpus denegado (HC 349.524/SP, Rel. Ministro Antonio Saldanha Palheiro, Sexta Turma, julgado em 18/05/2017, DJe 30/05/2017).

- **Artigo 35 da Lei 11.343/06:** o crime de associação para o tráfico de drogas é comum e de concurso necessário (plurissubjetivo):

> **Art. 35. Associarem-se duas ou mais pessoas para o fim de praticar, reiteradamente ou não, qualquer dos crimes previstos nos arts. 33, caput e § 1°, e 34 desta Lei:**
>
> **Pena – reclusão, de 3 (três) a 10 (dez) anos, e pagamento de 700 (setecentos) a 1.200 (mil e duzentos) dias-multa.**

Parágrafo único. Nas mesmas penas do caput deste artigo incorre quem se associa para a prática reiterada do crime definido no art. 36 desta Lei.

- **Concurso de crimes:** é possível imputar o crime tipificado no artigo 33 ou 34 da Lei 11.343/06 em concurso com o crime do artigo 35 (o concurso é material).

- **Estabilidade e permanência:** o crime de associação para o tráfico reclama, no entendimento do Superior Tribunal de Justiça, estabilidade e permanência (edição 131 da jurisprudência em teses):

> 26) Para a caracterização do crime de associação para o tráfico de drogas (art. 35 da Lei n. 11.343/2006) é imprescindível o dolo de se associar com estabilidade e permanência.

Caso não exista estabilidade e permanência, fala-se em mero concurso de pessoas para prática do tráfico de drogas.

- **Associação para o tráfico de drogas não é crime equiparado a hediondo:** o crime tipificado no artigo 35 da Lei 11.343/06 não é crime equiparado a hediondo (edição 131 da jurisprudência em teses do Superior Tribunal de Justiça):

> 28) O crime de associação para o tráfico de entorpecentes (art. 35 da Lei n. 11. 343/2006) não figura no rol taxativo de crimes hediondos ou de delitos a eles equiparados.

- **Apreensão de drogas na posse direta do associado (desnecessidade):** não é preciso efetiva apreensão de drogas na posse direta do agente para imputação do crime de associação para o tráfico de drogas (é possível demonstrar que o autor do fato é um associado ao consórcio criminoso por meio de interceptação telefônica, prova testemunhal, apreensão de drogas na casa de outros associados, dentre outras possibilidades).

Eis tese do Superior Tribunal de Justiça sobre o tema (edição 131):

> 27) Para a configuração do crime de associação para o tráfico de drogas, previsto no art. 35 da Lei n. 11.343/2006, é irrelevante apreensão de drogas na posse direta do agente.

- **Artigo 36 da Lei 11.343/06:** trata-se do crime de financiamento do tráfico (que tem pena mais severa que o próprio tráfico) – crime comum, doloso, misto, alternativo ou de conteúdo variado:

> **Art. 36. Financiar ou custear a prática de qualquer dos crimes previstos nos arts. 33, caput e § 1°, e 34 desta Lei:**
>
> **Pena – reclusão, de 8 (oito) a 20 (vinte) anos, e pagamento de 1.500 (mil e quinhentos) a 4.000 (quatro mil) dias-multa.**

- **Crime de financiamento do tráfico x causa de aumento do financiamento do tráfico:** não é possível imputar ao agente a prática dos crimes previstos nos artigos 33 e 36 da Lei 11.343/06 em concurso.

O financiador não participa diretamente da traficância – em relação a este, a imputação correta é o artigo 36 da Lei 11.343/06.

Caso o agente financie e também trafique drogas (**autofinanciamento**), a tipificação adequada é imputação do artigo 33 cumulado com a causa de aumento do inciso VII do artigo 40 da Lei 11.343/06. Vide julgado (grifo meu):

> RECURSO ESPECIAL. PENAL. TRÁFICO ILÍCITO DE DROGAS. ART. 33, CAPUT, DA LEI N° 11.343/2006. FINANCIAMENTO PARA O TRÁFICO. INCIDÊNCIA DA CAUSA DE AUMENTO DO ART. 40, INCISO VII, DA MESMA LEI. IMPOSSIBILIDADE DE CONDENAÇÃO, EM CONCURSO MATERIAL, PELA PRÁTICA DOS CRIMES DO ART. 33, CAPUT, E DO ART. 36 DA LEI DE DROGAS. 1. O financiamento ou custeio ao tráfico ilícito de drogas (art. 36 da Lei n° 11.343/2006) é delito autônomo aplicável ao agente que não tem participação direta na execução do tráfico, limitando-se a fornecer os recursos necessários para subsidiar a mercancia. **2. Na hipótese de autofinanciamento para o tráfico ilícito de drogas não há falar em concurso material entre os crimes de tráfico e de financiamento ao tráfico, devendo ser o agente condenado pela pena do artigo 33, caput, com a causa de aumento de pena do artigo 40, inciso VII, da Lei de Drogas.** 3. Recurso especial improvido (REsp 1290296/PR, Rel. Ministra Maria Thereza De Assis Moura, Sexta Turma, julgado em 17/12/2013, DJe 03/02/2014).

Eis mais um julgado do Superior Tribunal de Justiça que explica detalhadamente o quanto asseverado supra:

> HABEAS CORPUS. FINANCIAMENTO OU CUSTEIO AO TRÁFICO DE DROGAS. CONDUTA AUTÔNOMA. IMPOSSIBILIDADE DE

CONDENAÇÃO, EM CONCURSO MATERIAL, PELA PRÁTICA DOS CRIMES PREVISTOS NO ART. 33, CAPUT, E NO ART. 36 DA LEI DE DROGAS. CONSTRANGIMENTO ILEGAL EVIDENCIADO. ORDEM CONCEDIDA DE OFÍCIO. 1. O art. 36 da Lei n. 11.343/2006 diz respeito a crime praticado por agente que não se envolve nas condutas de traficância, ou seja, que financia ou custeia os crimes a que se referem os arts. 33, caput e § 1°, e 34 da Lei n. 11.343/2006, sem, contudo, ser autor ou partícipe (art. 29 do Código Penal) das condutas ali descritas. 2. Em relação aos casos de tráfico de drogas cumulado com o financiamento ou custeio da prática do crime, o legislador previu, de maneira expressa, a causa especial de aumento de pena prevista no inciso VII do art. 40 da Lei n. 11.343/2006. 3. O agente que atua diretamente na traficância – executando, pessoalmente, as condutas tipificadas no art. 33 da legislação de regência – e que também financia ou custeia a aquisição das drogas, deve responder pelo crime previsto no art. 33 com a incidência causa de aumento prevista no art. 40, VII, da Lei n. 11.343/2006 (por financiar ou custear a prática do crime), afastando-se, por conseguinte, a conduta autônoma prevista no art. 36 da referida legislação. 4. Ordem não conhecida. Habeas corpus concedido, de ofício, para absolver o paciente em relação ao crime previsto no art. 36 da Lei n. 11.343/2006, com fulcro no art. 386, III, do Código de Processo Penal (HC 306.136/MG, Rel. Ministro Rogerio Schietti Cruz, Sexta Turma, julgado em 03/11/2015, DJe 19/11/2015).

Eis tese do Tribunal da Cidadania sobre o tema (edição 131):

30) O crime de financiar ou custear o tráfico ilícito de drogas (art. 36 da Lei n. 11.343/2006) é delito autônomo aplicável ao agente que não tem participação direta na execução do tráfico, limitando-se a fornecer os recursos necessários para subsidiar as infrações a que se referem os art. 33, *caput* e § 1°, e art. 34 da Lei de Drogas.

▪ **Artigo 37 da Lei 11.343/06:** é o crime perpetrado pelo colaborador (informante) de grupo, organização ou associação para o tráfico de drogas:

> **Art. 37. Colaborar, como informante, com grupo, organização ou associação destinados à prática de qualquer dos crimes previstos nos arts. 33, caput e § 1°, e 34 desta Lei:**
>
> **Pena – reclusão, de 2 (dois) a 6 (seis) anos, e pagamento de 300 (trezentos) a 700 (setecentos) dias-multa.**

▪ **Tipo subsidiário:** para imputação do tipo, o agente não pode participar efetivamente do tráfico. Ele deve ser apenas um informante eventual (avisar esporadicamente ao grupo, organização ou associação a chegada da polícia, por exemplo), figurando o crime do artigo 37 da Lei 11.343/06 como tipo subsidiário em relação aos artigos 33 ou 35 do mesmo mandamento legal.

Eis tese do Superior Tribunal de Justiça sobre o tema (edição 131):

> 31) O crime de colaboração com o tráfico, art. 37 da Lei n. 11.343/2006, é um tipo penal subsidiário em relação aos delitos dos arts. 33 e 35 da referida lei e tem como destinatário o agente que colabora como informante, de forma esporádica, eventual, sem vínculo efetivo, para o êxito da atividade de grupo, de associação ou de organização criminosa destinados à prática de qualquer dos delitos previstos nos arts. 33, *caput* e § 1°, e 34 da Lei de Drogas.

- **Exceção à teoria monista:** penso ser possível afirmar que o crime em testilha é exceção dualista à teoria monista (o agente colabora com grupo, organização ou associação destinados à prática de tráfico de drogas e reponde por crime autônomo, com pena menos grave) – vale dizer, há imputação de um delito para os coautores (artigos 33 e 35 da Lei 11.343/06) e outro, distinto e mais brando, para o partícipe (artigo 37 da Lei 11.343/06).

- **Colaborador de traficante individual:** interessante notar que o tipo imputa crime ao agente que colabora como informante de grupo, organização ou associação para o tráfico de drogas, mas nada fala sobre o colaborador de traficante individual.

Penso ser possível aplicação de analogia (*in bonam partem*) para beneficiar o colaborador de traficante individual (imputando-lhe o crime tipificado no artigo 37 da Lei 11.343/06). Caso essa não seja a solução adotada, a imputação será participação no crime de tráfico de drogas (artigo 33 da Lei 11.343/06), trilha indubitavelmente mais gravosa.

- **Artigo 38 da Lei 11.343/06:** o crime é próprio (só pode ser cometido por quem pode ministrar drogas) e culposo.

Trata-se de infração de menor potencial ofensivo (competência do juizado especial criminal):

Art. 38. Prescrever ou ministrar, culposamente, drogas, sem que delas necessite o paciente, ou fazê-lo em doses excessivas ou em desacordo com determinação legal ou regulamentar:

Pena – detenção, de 6 (seis) meses a 2 (dois) anos, e pagamento de 50 (cinquenta) a 200 (duzentos) dias-multa.

Parágrafo único. O juiz comunicará a condenação ao Conselho Federal da categoria profissional a que pertença o agente.

- **Artigo 39 da Lei 11.343/06:** o tipo trata da condução de embarcação ou aeronave após consumo de drogas, expondo a dano a incolumidade de outrem:

Art. 39. Conduzir embarcação ou aeronave após o consumo de drogas, expondo a dano potencial a incolumidade de outrem:

Pena – detenção, de 6 (seis) meses a 3 (três) anos, além da apreensão do veículo, cassação da habilitação respectiva ou proibição de obtê-la, pelo mesmo prazo da pena privativa de liberdade aplicada, e pagamento de 200 (duzentos) a 400 (quatrocentos) dias-multa.

Parágrafo único. As penas de prisão e multa, aplicadas cumulativamente com as demais, serão de 4 (quatro) a 6 (seis) anos e de 400 (quatrocentos) a 600 (seiscentos) dias-multa, se o veículo referido no caput deste artigo for de transporte coletivo de passageiros.

- **Transporte coletivo de passageiros:** o tipo prevê figura qualificada (pena de 4 a 6 anos) se o veículo (embarcação ou aeronave) for de transporte coletivo de passageiros.

- **Princípio da especialidade:** se o agente conduz **veículo automotor** com capacidade psicomotora alterada em razão da influência de álcool ou de outra substância psicoativa que determine dependência, o crime perpetrado será o tipificado no artigo 306 do Código de Trânsito Brasileiro[16] (Lei 9.503/97) – em face do princípio da especialidade.

---

16. Art. 306. Conduzir veículo automotor com capacidade psicomotora alterada em razão da influência de álcool ou de outra substância psicoativa que determine dependência:

    Penas – detenção, de seis meses a três anos, multa e suspensão ou proibição de se obter a permissão ou a habilitação para dirigir veículo automotor.

    § 1º As condutas previstas no caput serão constatadas por:

- **Causas de aumento de pena:** o artigo 40 da Lei 11.343/06 traz em seu bojo causas de aumento de pena:

> **Art. 40. As penas previstas nos arts. 33 a 37 desta Lei são aumentadas de um sexto a dois terços, se:**
>
> **I – a natureza, a procedência da substância ou do produto apreendido e as circunstâncias do fato evidenciarem a transnacionalidade do delito;**
>
> **II – o agente praticar o crime prevalecendo-se de função pública ou no desempenho de missão de educação, poder familiar, guarda ou vigilância;**
>
> **III – a infração tiver sido cometida nas dependências ou imediações de estabelecimentos prisionais, de ensino ou hospitalares, de sedes de entidades estudantis, sociais, culturais, recreativas, esportivas, ou beneficentes, de locais de trabalho coletivo, de recintos onde se realizem espetáculos ou diversões de qualquer natureza, de serviços de tratamento de dependentes de drogas ou de reinserção social, de unidades militares ou policiais ou em transportes públicos;**
>
> **IV – o crime tiver sido praticado com violência, grave ameaça, emprego de arma de fogo, ou qualquer processo de intimidação difusa ou coletiva;**
>
> **V – caracterizado o tráfico entre Estados da Federação ou entre estes e o Distrito Federal;**
>
> **VI – sua prática envolver ou visar a atingir criança ou adolescente ou a quem tenha, por qualquer motivo, diminuída ou suprimida a capacidade de entendimento e determinação;**
>
> **VII – o agente financiar ou custear a prática do crime.**

Anote-se que não há *bis in idem*, segundo entende o Superior Tribunal de Justiça, na imputação da mesma majorante aos crimes de tráfico

---

I – concentração igual ou superior a 6 decigramas de álcool por litro de sangue ou igual ou superior a 0,3 miligrama de álcool por litro de ar alveolar; ou

II – sinais que indiquem, na forma disciplinada pelo Contran, alteração da capacidade psicomotora.

§ 2º A verificação do disposto neste artigo poderá ser obtida mediante teste de alcoolemia ou toxicológico, exame clínico, perícia, vídeo, prova testemunhal ou outros meios de prova em direito admitidos, observado o direito à contraprova.

§ 3º O Contran disporá sobre a equivalência entre os distintos testes de alcoolemia ou toxicológicos para efeito de caracterização do crime tipificado neste artigo.

§ 4º Poderá ser empregado qualquer aparelho homologado pelo Instituto Nacional de Metrologia, Qualidade e Tecnologia – INMETRO – para se determinar o previsto no caput.

e associação para o tráfico (edição 131 da jurisprudência do Tribunal da Cidadania):

> 36) Não acarreta *bis in idem* a incidência simultânea das majorantes previstas no art. 40 da Lei n. 11.343/2006 aos crimes de tráfico de drogas e de associação para fins de tráfico, porquanto são delitos autônomos, cujas penas devem ser calculadas e fixadas separadamente.

Interessante notar que as causas de aumento listadas no artigo 40 não se aplicam aos crimes tipificados nos artigos 38 e 39 da Lei 11.343/06.

Segundo entendimento do Superior Tribunal de Justiça (edição 131 da jurisprudência em teses), a aplicação das majorantes em patamar acima da fração mínima exige fundamentação concreta, não sendo suficiente mera indicação do número de causas de aumento:

> 43) A aplicação das majorantes previstas no art. 40 da Lei de Drogas exige motivação concreta, quando estabelecida acima da fração mínima, não sendo suficiente a mera indicação do número de causas de aumento.

▪ **Tráfico internacional:** o tráfico internacional de drogas é figura majorada (inciso I do artigo 40 da Lei 11.343/06).

A competência, como já salientado supra, será da Justiça Federal.

Não é necessário que a droga efetivamente chegue ao exterior para a imputação da causa de aumento (basta que se prove a intenção do agente em transpor fronteiras com a substância entorpecente). O Superior Tribunal de Justiça sumulou esse entendimento:

> **Súmula 607/STJ** – A majorante do tráfico transnacional de drogas (artigo 40, inciso I, da Lei 11.343/06) configura-se com a prova da destinação internacional das drogas, ainda que não consumada a transposição de fronteiras.

▪ **Cumulação das majorantes do tráfico internacional e interestadual:** é possível imputar cumulativamente as majorantes dos incisos I (tráfico internacional) e V (tráfico interestadual) do artigo 40 da Lei 11.343/06. Basta que a droga tenha vindo do exterior e que exista distribuição desta para outro Estado distinto daquele que seria o destino final do entorpecente. Nesse sentido tese do Superior Tribunal de Justiça (edição 131):

38) É cabível a aplicação cumulativa das causas de aumento relativas à transnacionalidade e à interestadualidade do delito, previstas nos incisos I e V do art. 40 da Lei de Drogas, quando evidenciado que a droga proveniente do exterior se destina a mais de um estado da Federação, sendo o intuito dos agentes distribuir o entorpecente estrangeiro por mais de uma localidade do país.

- **Majorante relacionada a função pública ou no desempenho de missão de educação, poder familiar, guarda ou vigilância:** o inciso II do artigo 40 trata da majorante em questão:

Art. 40. As penas previstas nos arts. 33 a 37 desta Lei são aumentadas de um sexto a dois terços, se:

(...)

II – o agente praticar o crime prevalecendo-se de função pública ou no desempenho de missão de educação, poder familiar, guarda ou vigilância;

- **Inciso III do artigo 40 da Lei 11.343/06:** em primeiro lugar, cumpre asseverar que o rol do inciso estudado não é taxativo (edição 131 da jurisprudência em teses do Superior Tribunal de Justiça):

39) O rol previsto no inciso III do art. 40 da Lei de Drogas não deve ser encarado como taxativo, pois o objetivo da referida lei é proteger espaços que promovam a aglomeração de pessoas, circunstância que facilita a ação criminosa.

Ainda nos termos verberados pelo Tribunal da Cidadania, a causa de aumento aqui analisada é objetiva (edição 131):

40) A causa de aumento de pena prevista no inciso III do art. 40 da Lei de Drogas possui natureza objetiva e se aplica em função do lugar do cometimento do delito, sendo despicienda a comprovação efetiva do tráfico nos locais e nas imediações mencionados no inciso ou que o crime visava a atingir seus frequentadores.

A tese acima transcrita é afastada pelo próprio Superior Tribunal de Justiça em duas situações: i) quando não existir nenhuma indicação de que o traficante se aproveitou da aglomeração de pessoas ou da exposição dos frequentadores do local para disseminar drogas ilícitas; ii) se o transporte coletivo é usado apenas para locomoção do traficante, restando comprovado que o objetivo agente não era traficar entre os passageiros do automotor. Nesse sentido, teses 41 e 42 da edição 131 da jurisprudência em teses:

> 41) A incidência da majorante prevista no art. 40, inciso III, da Lei n. 11.343/2006 deve ser excepcionalmente afastada na hipótese de não existir nenhuma indicação de que houve o aproveitamento da aglomeração de pessoas ou a exposição dos frequentadores do local para a disseminação de drogas, verificando-se, caso a caso, as condições de dia, local e horário da prática do delito.
> 42) Para a caracterização da causa de aumento de pena do art. 40, III, da Lei n. 11. 343/2006, é necessária a efetiva oferta ou a comercialização da droga no interior de veículo público, não bastando, para a sua incidência, o fato de o agente ter se utilizado dele como meio de locomoção e de transporte da substância ilícita.

- **Inciso IV do artigo 40 da Lei 11.343/06:** quando a arma de fogo é utilizada apenas para assegurar a mercancia ilícita de droga, não é possível imputação, em concurso de crimes, de delito tipificado no Estatuto do Desarmamento.

Trata-se do **tráfico armado** (imputação da majorante do inciso IV do artigo 40 ao crime do artigo 33 da Lei 11.343/06). Nesse sentido, julgado do Superior Tribunal de Justiça:

> PENAL. HABEAS CORPUS SUBSTITUTIVO DE RECURSO PRÓPRIO. NÃO CABIMENTO. ASSOCIAÇÃO PARA O TRÁFICO DE DROGAS E PORTE ILEGAL DE ACESSÓRIO DE ARMA DE FOGO. PRETENSÃO DE ALTERAR A CONDENAÇÃO DO CRIME DE PORTE ILEGAL DE ACESSÓRIO DE ARMA DE FOGO PELA CAUSA DE AUMENTO PREVISTA NO ART. 40, INCISO IV, DA LEI N.º 11.343/06. CONCURSO MATERIAL. RECLASSIFICAÇÃO. ARMAS UTILIZADAS COMO GARANTIA DO SUCESSO DA MERCANCIA ILÍCITA. ABSORÇÃO. INCIDÊNCIA DA CAUSA DE AUMENTO DE PENA PREVISTA NO INCISO IV DO ART. 40 DA LEI N. 11.343/2006. HABEAS CORPUS NÃO CONHECIDO. ORDEM CONCEDIDA DE OFÍCIO. I – A Terceira Seção desta Corte, seguindo entendimento firmado pela Primeira Turma do col. Pretório Excelso, firmou orientação no sentido de não admitir a impetração de habeas corpus em substituição ao recurso adequado, situação que implica o não conhecimento da impetração, ressalvados casos excepcionais em que, configurada flagrante ilegalidade apta a gerar constrangimento ilegal, seja possível a concessão da ordem de ofício. II – In casu, da análise perfunctória dos elementos, é possível aplicar a causa especial capitulada no inciso IV do artigo 40 da Lei n. 11.343/2006, em substituição à

condenação pelo crime do artigo 16, caput, da Lei n. 10.826/2003, visto que os objetos apreendidos, no contexto descrito na denúncia, demonstram que foram utilizados para viabilizar a prática do narcotráfico, existindo, portanto, flagrante ilegalidade a justificar a concessão da ordem de ofício. III – Segundo o entendimento do Superior Tribunal de Justiça, a absorção do crime de porte ou posse ilegal de arma pelo delito de tráfico de drogas, em detrimento do concurso material, deve ocorrer quando o uso da arma está ligado diretamente ao comércio ilícito de entorpecentes, ou seja, para assegurar o sucesso da mercancia ilícita. Nesse caso, trata-se de crime meio para se atingir o crime fim que é o tráfico de drogas, exige-se o nexo finalístico entre as condutas de portar ou possuir arma de fogo e aquelas relativas ao tráfico (HC n. 181.400/RJ, Quinta Turma, Ministro Marco Aurélio Bellizze, DJe 29/6/2012). IV – Na hipótese, entendo ser adequado o acréscimo da pena em 2/3 (dois terços), em razão da apreensão de 03 (três) carregadores de pistola na posse do paciente, bem como nas circunstâncias da apreensão, quais sejam, logo após efetuar disparos de arma de fogo e em seguida empreender fuga. Precedentes. Habeas corpus não conhecido. Ordem concedida de ofício, para absorver o delito previsto na Lei do Desarmamento, e reclassificar a conduta do paciente, condenando-o pela prática do delito tipificado no art. 35, caput, c/c o art. 40, IV, todos da Lei n. 11.343/2006, à pena de 05 (cinco) anos de reclusão, mais ao pagamento de 1166 (um mil cento e sessenta e seis) dias-multa, mantidos os demais termos do acórdão impugnado (HC 395.762/RJ, Rel. Ministro Felix Fischer, Quinta Turma, julgado em 14/11/2017, DJe 21/11/2017).

Caso se detecte que a arma de fogo é utilizada para outras práticas delitivas (e não só para o tráfico de drogas), é possível imputação de crime tipificado no Estatuto do Desarmamento em concurso material.

- **Tráfico interestadual:** em relação à majorante do inciso V do artigo 40 da Lei 11.343/06, cumpre observar o verbete 587 do Superior Tribunal de Justiça:

Súmula 587/STJ – Para a incidência da majorante prevista no artigo 40, inciso V, da lei 11.343/06 é desnecessária a efetiva transposição de fronteiras entre Estados da Federação, sendo suficiente a demonstração inequívoca da intenção de realizar o tráfico interestadual.

Assim, não é preciso efetiva transposição da divisa entre Estados da Federação para imputação da causa de aumento relacionada ao tráfico interestadual (desde que inequívoca a intenção de cruzar os limites estaduais com droga ilícita).

▪ **Inciso VI do artigo 40 da Lei 11.343/06:** o ponto mais interessante desta majorante é saber se é possível imputação de crime de tráfico majorado em concurso com crime de corrupção de menores (artigo 244-B do ECA). No entendimento do Tribunal da Cidadania (correto, a meu ver), tal imputação cumulativa configuraria *bis in idem* (grifos meus):

> RECURSO ESPECIAL. PENAL. TRÁFICO DE DROGAS E CORRUPÇÃO DE MENORES. CAUSA DE AUMENTO DO ART. 40, VI, DA LEI DE DROGAS E CORRUPÇÃO DE MENORES. BIS IN IDEM. OCORRÊNCIA. DUPLA PUNIÇÃO EM RAZÃO DA MESMA CIRCUNSTÂNCIA. PRINCÍPIO DA ESPECIALIDADE. 1. A controvérsia cinge-se em saber se constitui ou não bis in idem a condenação simultânea pelo crime de corrupção de menores e pelo crime de tráfico de drogas com a aplicação da majorante prevista no art. 40, VI, da Lei de Drogas. **2. Não é cabível a condenação por tráfico com aumento de pena e a condenação por corrupção de menores, uma vez que o agente estaria sendo punido duplamente por conta de uma mesma circunstância, qual seja, a corrupção de menores (bis in idem).** 3. Caso o delito praticado pelo agente e pelo menor de 18 anos não esteja previsto nos arts. 33 a 37 da Lei de Drogas, o réu poderá ser condenado pelo crime de corrupção de menores, porém, se a conduta estiver tipificada em um desses artigos (33 a 37), pelo princípio da especialidade, não será possível a condenação por aquele delito, mas apenas a majoração da sua pena com base no art. 40, VI, da Lei n. 11.343/2006. 4. In casu, verifica-se que o réu se associou com um adolescente para a prática do crime de tráfico de drogas. Sendo assim, uma vez que o delito em questão está tipificado entre os delitos dos arts. 33 a 37, da Lei de Drogas, correta a aplicação da causa de aumento prevista no inciso VI do art. 40 da mesma Lei. 5. Recurso especial improvido (REsp 1622781/MT, Rel. Ministro Sebastião Reis Júnior, Sexta Turma, julgado em 22/11/2016, DJe 12/12/2016).
>
> PENAL. AGRAVO REGIMENTAL NO RECURSO ESPECIAL. TRÁFICO DE DROGAS MAJORADO PELA PARTICIPAÇÃO DE MENOR. PLEITO DE CONDENAÇÃO CONCOMITANTE COM O DELITO DE CORRUPÇÃO DE MENORES. IMPOSSIBILIDADE. AGRAVO REGIMENTAL DESPROVIDO. **1. Configura bis in idem a condenação conjunta do tráfico de drogas majorado pela participação de menor com o crime de corrupção de menores previsto no art. 244-B da Lei n. 8.069/90. Agravo regimental desprovido** (AgRg nos EDcl no REsp 1716826/PR, Rel. Ministro Joel Ilan Paciornik, Quinta Turma, julgado em 10/04/2018, DJe 23/04/2018).

Nos termos propostos pelos julgados transcritos, quando há envolvimento de menor no tráfico, a imputação correta é apenas incidência de majorante do inciso VI do artigo 40 da Lei 11.343/06 a um dos crimes tipificados nos artigos 33 a 37 do mesmo mandamento legal.

- **Inciso VII do artigo 40 da Lei 11.343/06:** quando da explicação do crime de financiamento do tráfico, deixei claro que a imputação da causa de aumento aqui estudada deve se cingir à prática do crime de tráfico de drogas (autofinanciamento).

Lei 11.343/06

– Procedimento criminal

- **Fase policial:** no caso de cometimento do crime capitulado no artigo 28 da Lei 11.343/06, aplica-se o procedimento sumaríssimo, previsto na Lei 9.099/95, conforme preceitua o § 1º do artigo 48 do mandamento legal:

> **Art. 48. O procedimento relativo aos processos por crimes definidos neste Título rege-se pelo disposto neste Capítulo, aplicando-se, subsidiariamente, as disposições do Código de Processo Penal e da Lei de Execução Penal.**
>
> **§ 1º O agente de qualquer das condutas previstas no art. 28 desta Lei, salvo se houver concurso com os crimes previstos nos arts. 33 a 37 desta Lei, será processado e julgado na forma dos arts. 60 e seguintes da Lei nº 9.099, de 26 de setembro de 1995, que dispõe sobre os Juizados Especiais Criminais.**
>
> **§ 2º Tratando-se da conduta prevista no art. 28 desta Lei, não se imporá prisão em flagrante, devendo o autor do fato ser imediatamente encaminhado ao juízo competente ou, na falta deste, assumir o compromisso de a ele comparecer, lavrando-se termo circunstanciado e providenciando-se as requisições dos exames e perícias necessários.**
>
> **§ 3º Se ausente a autoridade judicial, as providências previstas no § 2º deste artigo serão tomadas de imediato pela autoridade policial, no local em que se encontrar, vedada a detenção do agente.**
>
> **§ 4º Concluídos os procedimentos de que trata o § 2º deste artigo, o agente será submetido a exame de corpo de delito, se o requerer ou se a autoridade de polícia judiciária entender conveniente, e em seguida liberado.**

§ 5º Para os fins do disposto no art. 76 da Lei nº 9.099, de 1995, que dispõe sobre os Juizados Especiais Criminais, o Ministério Público poderá propor a aplicação imediata de pena prevista no art. 28 desta Lei, a ser especificada na proposta.

O § 2º do mesmo artigo informa que não se imporá prisão em flagrante ao agente surpreendido praticando o crime tipificado no artigo 28 da Lei 11.343/06 (ele será encaminhado ao juízo competente ou será lavrado termo circunstanciado, providenciando-se as requisições de exames e perícias necessários).

O § 3º do artigo 48 da Lei 11.343/06 afirma que, se ausente a autoridade judicial, o termo circunstanciado será lavrado pela autoridade policial. O dispositivo é dúbio, dando a entender que o juiz tem competência para lavratura de termo circunstanciado e que, apenas se a autoridade judiciária não proceder à lavratura do termo circunstanciado, é que será acionada a autoridade policial. Essa interpretação parece-me teratológica. Penso que o termo circunstanciado tem evidente natureza jurídica de procedimento investigativo (vez que substitutivo do inquérito policial). A análise, *a priori*, do enquadramento típico da conduta supostamente flagrancial (comunicação coercitiva de crime) deve ser materializada pelo delegado de polícia, para que seja decidido o procedimento adequado à apuração dos fatos (inquérito policial ou termo circunstanciado). Note que na Lei 11.343/06 essa decisão é muito impactante (se a solução for enquadrar a conduta do investigado no tipo do artigo 28, haverá lavratura de termo circunstanciado em relação a crime que não conta, sequer, com pena privativa de liberdade em abstrato; se a decisão for tipificar a conduta no artigo 33, haverá lavratura de auto de prisão em flagrante, deflagrando-se inquérito policial, com a imputação inicial de crime equiparado a hediondo e inafiançável).

Apesar da interpretação desenhada supra parecer cristalina, o Pretório Excelso não seguiu essa linha. Nos autos da ADI 3807, por maioria de votos, o Supremo Tribunal Federal afirmou que o termo circunstanciado não tem natureza jurídica de procedimento investigatório, podendo ser lavrado pelo juiz (com todas as vênias, discordo do entendimento da Corte Suprema):

AÇÃO DIRETA DE INCONSTITUCIONALIDADE. § 3º DO ART. 48 DA LEI N. 11.343/2006. PROCESSAMENTO DO CRIME PREVISTO NO ART. 28

DA LEI N. 11.343/2006. ATRIBUIÇÃO À AUTORIDADE JUDICIAL DE LAVRATURA DE TERMO CIRCUNSTANCIADO E REQUISIÇÃO DOS EXAMES E PERÍCIAS NECESSÁRIOS. CONSTITUCIONALIDADE. INEXISTÊNCIA DE ATO DE INVESTIGAÇÃO. INOCORRÊNCIA DE ATRIBUIÇÃO DE FUNÇÃO DE POLÍCIA JUDICIÁRIA AO PODER JUDICIÁRIO. AÇÃO DIRETA JULGADA IMPROCEDENTE (ADI 3807, Relator(a): Cármen Lúcia, Tribunal Pleno, julgado em 29/06/2020, PROCESSO ELETRÔNICO DJe-201 DIVULG 12-08-2020 PUBLIC 13-08-2020).

- **Aplicação da Lei de Proteção às Testemunhas:** o artigo 49 da Lei 11.343/06 possibilita utilização da Lei 9.807/99 (medidas protetivas a testemunhas e colaboradores):

Art. 49. Tratando-se de condutas tipificadas nos arts. 33, caput e § 1°, e 34 a 37 desta Lei, o juiz, sempre que as circunstâncias o recomendem, empregará os instrumentos protetivos de colaboradores e testemunhas previstos na Lei n° 9.807, de 13 de julho de 1999.

- **Lavratura de auto de prisão em flagrante:** nos demais crimes, quando da lavratura de auto de prisão em flagrante, o delegado de polícia fará imediata comunicação ao juízo competente, remetendo-lhe cópia do auto lavrado.

A lei se conforma, nessa situação, com confecção de laudo de constatação preliminar para atestar a materialidade delitiva (§ 1º do artigo 50 da Lei 11.343/06). Vide tese da edição 120 da jurisprudência em teses do Superior Tribunal de Justiça neste sentido:

5) Para a lavratura do auto de prisão em flagrante é despicienda a elaboração do laudo toxicológico definitivo, o que se depreende da leitura do art. 50, §1°, da Lei n. 11.343/2006, segundo o qual é suficiente para tanto a confecção do laudo de constatação da natureza e da quantidade da droga.

Anote-se que o perito que subscrever o laudo preliminar não ficará impedido de participar do laudo definitivo (§ 2º do artigo 50):

Art. 50. Ocorrendo prisão em flagrante, a autoridade de polícia judiciária fará, imediatamente, comunicação ao juiz competente, remetendo-lhe cópia do auto lavrado, do qual será dada vista ao órgão do Ministério Público, em 24 (vinte e quatro) horas.

§ 1° Para efeito da lavratura do auto de prisão em flagrante e estabelecimento da materialidade do delito, é suficiente o laudo de constatação da natureza e quantidade da droga, firmado por perito oficial ou, na falta deste, por pessoa idônea.

§ 2° O perito que subscrever o laudo a que se refere o § 1° deste artigo não ficará impedido de participar da elaboração do laudo definitivo.

- **Destruição de drogas ilícitas:** sobre a destruição de drogas, vide artigos 32, 50, §§ 3º a 5º e 50-A:

Art. 32. As plantações ilícitas serão imediatamente destruídas pelo delegado de polícia na forma do art. 50-A, que recolherá quantidade suficiente para exame pericial, de tudo lavrando auto de levantamento das condições encontradas, com a delimitação do local, asseguradas as medidas necessárias para a preservação da prova.

§ 1° (Revogado).

§ 2° (Revogado).

§ 3º Em caso de ser utilizada a queimada para destruir a plantação, observar-se-á, além das cautelas necessárias à proteção ao meio ambiente, o disposto no Decreto nº 2.661, de 8 de julho de 1998, no que couber, dispensada a autorização prévia do órgão próprio do Sistema Nacional do Meio Ambiente – Sisnama.

§ 4º As glebas cultivadas com plantações ilícitas serão expropriadas, conforme o disposto no art. 243 da Constituição Federal, de acordo com a legislação em vigor.

Art. 50. Ocorrendo prisão em flagrante, a autoridade de polícia judiciária fará, imediatamente, comunicação ao juiz competente, remetendo-lhe cópia do auto lavrado, do qual será dada vista ao órgão do Ministério Público, em 24 (vinte e quatro) horas.

(...)

§ 3º Recebida cópia do auto de prisão em flagrante, o juiz, no prazo de 10 (dez) dias, certificará a regularidade formal do laudo de constatação e determinará a destruição das drogas apreendidas, guardando-se amostra necessária à realização do laudo definitivo.

§ 4º A destruição das drogas será executada pelo delegado de polícia competente no prazo de 15 (quinze) dias na presença do Ministério Público e da autoridade sanitária.

§ 5º O local será vistoriado antes e depois de efetivada a destruição das drogas referida no § 3º, sendo lavrado auto circunstanciado pelo delegado de polícia, certificando-se neste a destruição total delas.

Art. 50-A. A destruição das drogas apreendidas sem a ocorrência de prisão em flagrante será feita por incineração, no prazo máximo de 30 (trinta) dias contados da data da apreensão, guardando-se amostra necessária à realização do laudo definitivo.

Eis tabela explicativa:

Hipótese	Necessidade de autorização judicial	Prazo	Artigo (Lei 11.343/06)
Plantio de drogas	Não	Destruição imediata	32
Apreensão sem prisão em flagrante	Não	30 dias a partir da apreensão	50-A
Apreensão com prisão em flagrante	Sim	10 dias para o juiz determinar a destruição e 15 dias para o delegado incinerar a droga	50

- **Prazo de conclusão do inquérito policial:** o inquérito policial tem prazo de 30 dias se o indiciado estiver preso e 90 dias se o indiciado estiver solto (os prazos podem ser duplicados pelo juiz, mediante pedido justificado da autoridade policial), na forma do artigo 51 da Lei 11.343/06:

Art. 51. O inquérito policial será concluído no prazo de 30 (trinta) dias, se o indiciado estiver preso, e de 90 (noventa) dias, quando solto.

Parágrafo único. Os prazos a que se refere este artigo podem ser duplicados pelo juiz, ouvido o Ministério Público, mediante pedido justificado da autoridade de polícia judiciária.

O inciso I do artigo 52 da Lei 11.343/06, determina que a autoridade policial relate o inquérito de forma circunstanciada (indicando a quantidade e a natureza da substância/produto apreendido, o local e as condições em que se desenvolveu a ação criminosa, as circunstâncias da prisão, a conduta, a qualificação e os antecedentes do agente).

O delegado de polícia deverá fazer profícua análise do caso criminal, justificando o porquê do indiciamento do investigado nas penas do crime imputado (especialmente para que fiquem evidenciadas as razões que levaram o delegado de polícia a imputar, por exemplo, o crime tipificado no artigo 33 da Lei 11.343/06 e não o delito avistável no artigo 28 da mesma lei).

Caso restem pendentes diligências imprescindíveis ao término do apuratório, o delegado de polícia pode solicitar ao juízo a devolução do feito para finalização daquelas (inciso II do artigo 52 da Lei 11.343/06).

É possível envio do apuratório ao juízo com materialização de diligências complementares sem devolução do feito, na forma do parágrafo único do artigo 51 (o resultado deve ser enviado ao juízo até 3 dias antes da audiência de instrução e julgamento):

> **Art. 52. Findos os prazos a que se refere o art. 51 desta Lei, a autoridade de polícia judiciária, remetendo os autos do inquérito ao juízo:**
>
> **I – relatará sumariamente as circunstâncias do fato, justificando as razões que a levaram à classificação do delito, indicando a quantidade e natureza da substância ou do produto apreendido, o local e as condições em que se desenvolveu a ação criminosa, as circunstâncias da prisão, a conduta, a qualificação e os antecedentes do agente; ou**
>
> **II – requererá sua devolução para a realização de diligências necessárias.**
>
> **Parágrafo único. A remessa dos autos far-se-á sem prejuízo de diligências complementares:**
>
> **I – necessárias ou úteis à plena elucidação do fato, cujo resultado deverá ser encaminhado ao juízo competente até 3 (três) dias antes da audiência de instrução e julgamento;**
>
> **II – necessárias ou úteis à indicação dos bens, direitos e valores de que seja titular o agente, ou que figurem em seu nome, cujo resultado deverá ser encaminhado ao juízo competente até 3 (três) dias antes da audiência de instrução e julgamento.**

- **Infiltração policial e ação controlada:** o artigo 53 da Lei 11.343/06 trata das técnicas investigativas de infiltração policial[1] e da possibilidade de se retardar a captura flagrancial de suspeitos (técnica de ação controlada[2],

1. A infiltração policial também é prevista nas Leis 9.613/98 (infiltração real), 12.850/13 (infiltração real e virtual) e 8.069/90 (infiltração virtual).
2. A ação controlada também é prevista na Lei 12.850/13 (organizações criminosas). O § 1º do artigo 8º da Lei 12.850/13 reclama comunicação judicial prévia para uso da técnica (o juiz poderá

que demanda autorização judicial prévia, e que pode redundar no chamado flagrante retardado ou postergado):

Art. 53. Em qualquer fase da persecução criminal relativa aos crimes previstos nesta Lei, são permitidos, além dos previstos em lei, mediante autorização judicial e ouvido o Ministério Público, os seguintes procedimentos investigatórios:

I – a infiltração por agentes de polícia, em tarefas de investigação, constituída pelos órgãos especializados pertinentes;

II – a não-atuação policial sobre os portadores de drogas, seus precursores químicos ou outros produtos utilizados em sua produção, que se encontrem no território brasileiro, com a finalidade de identificar e responsabilizar maior número de integrantes de operações de tráfico e distribuição, sem prejuízo da ação penal cabível.

Parágrafo único. Na hipótese do inciso II deste artigo, a autorização será concedida desde que sejam conhecidos o itinerário provável e a identificação dos agentes do delito ou de colaboradores.

À falta de balizas mais claras para implementação da técnica investigativa de infiltração policial, penso ser possível utilização dos parâmetros indicados pela Lei 12.850/13 (artigos 10 a 14).

Não andou bem o legislador ao demandar autorização judicial prévia para uso da técnica de ação controlada (retardamento da atuação policial, possibilitando mitigação do flagrante obrigatório e materialização da abordagem no melhor momento, a juízo da autoridade policial). Nessa esteira, o Superior Tribunal de Justiça entende que a falta de autorização judicial prévia não anula a captura flagrancial (edição 120 da jurisprudência em teses do Tribunal da Cidadania):

> 4) No tocante ao flagrante retardado ou à ação controlada, a ausência de autorização judicial não tem o condão de tornar ilegal a prisão em flagrante postergado, vez que o instituto visa a proteger o trabalho investigativo, afastando a eventual responsabilidade criminal ou administrava por parte do agente policial.

---

estabelecer limites e comunicará o Ministério Público).

- **Instrução criminal:** recebido o inquérito policial com vista, o Ministério Público tem o prazo de 10 dias para requerer seu arquivamento, requisitar novas diligências ou oferecer denúncia (arrolando até 5 testemunhas), na forma do artigo 54 da Lei 11.343/06:

> **Art. 54. Recebidos em juízo os autos do inquérito policial, de Comissão Parlamentar de Inquérito ou peças de informação, dar-se-á vista ao Ministério Público para, no prazo de 10 (dez) dias, adotar uma das seguintes providências:**
>
> **I – requerer o arquivamento;**
>
> **II – requisitar as diligências que entender necessárias;**
>
> **III – oferecer denúncia, arrolar até 5 (cinco) testemunhas e requerer as demais provas que entender pertinentes.**

Caso a exordial acusatória seja oferecida, de acordo com o artigo 55 do mesmo mandamento legal, o juiz notificará o denunciado para apresentar defesa escrita no prazo de 10 dias. Trata-se de defesa preliminar, antes do recebimento da denúncia (a apresentação é obrigatória, tanto assim que o § 3º do artigo 55 determina que, caso ela não seja protocolada, o juiz nomeie defensor dativo para oferecê-la no prazo de 10 dias):

> **Art. 55. Oferecida a denúncia, o juiz ordenará a notificação do acusado para oferecer defesa prévia, por escrito, no prazo de 10 (dez) dias.**
>
> **§ 1° Na resposta, consistente em defesa preliminar e exceções, o acusado poderá argüir preliminares e invocar todas as razões de defesa, oferecer documentos e justificações, especificar as provas que pretende produzir e, até o número de 5 (cinco), arrolar testemunhas.**
>
> **§ 2° As exceções serão processadas em apartado, nos termos dos arts. 95 a 113 do Decreto-Lei n° 3.689, de 3 de outubro de 1941 – Código de Processo Penal.**
>
> **§ 3° Se a resposta não for apresentada no prazo, o juiz nomeará defensor para oferecê-la em 10 (dez) dias, concedendo-lhe vista dos autos no ato de nomeação.**
>
> **§ 4° Apresentada a defesa, o juiz decidirá em 5 (cinco) dias.**
>
> **§ 5° Se entender imprescindível, o juiz, no prazo máximo de 10 (dez) dias, determinará a apresentação do preso, realização de diligências, exames e perícias.**

Se o juiz receber a denúncia, designará audiência de instrução e julgamento, para tanto citando o acusado e intimado o Ministério Público. A audiência será realizada em 30 ou 90 dias (se for determinada realização de avaliação para atestar dependência de drogas – o artigo 45 da Lei 11.343/06[3] prescreve que é isento de pena o agente que, em razão da dependência, ou sob o efeito, proveniente de caso fortuito ou força maior, de droga, era, ao tempo da ação ou da omissão, qualquer que tenha sido a infração penal praticada, inteiramente incapaz de entender o caráter ilícito do fato ou de determinar-se de acordo com esse entendimento[4]):

Art. 56. Recebida a denúncia, o juiz designará dia e hora para a audiência de instrução e julgamento, ordenará a citação pessoal do acusado, a intimação do Ministério Público, do assistente, se for o caso, e requisitará os laudos periciais.

§ 1° Tratando-se de condutas tipificadas como infração do disposto nos arts. 33, caput e § 1°, e 34 a 37 desta Lei, o juiz, ao receber a denúncia, poderá decretar o afastamento cautelar do denunciado de suas atividades, se for funcionário público, comunicando ao órgão respectivo.

§ 2° A audiência a que se refere o caput deste artigo será realizada dentro dos 30 (trinta) dias seguintes ao recebimento da denúncia, salvo se determinada a realização de avaliação para atestar dependência de drogas, quando se realizará em 90 (noventa) dias.

Na audiência, o juiz interrogará o acusado, ouvirá as testemunhas, ocorrerão os debates orais (20 minutos por parte) – artigo 57 da Lei 11.343/06 – e, ao fim, sentenciará (caso não o faça em audiência, terá o prazo de 10 dias para tanto – artigo 58 do mesmo mandamento):

---

3. Art. 45. É isento de pena o agente que, em razão da dependência, ou sob o efeito, proveniente de caso fortuito ou força maior, de droga, era, ao tempo da ação ou da omissão, qualquer que tenha sido a infração penal praticada, inteiramente incapaz de entender o caráter ilícito do fato ou de determinar-se de acordo com esse entendimento.
   Parágrafo único. Quando absolver o agente, reconhecendo, por força pericial, que este apresentava, à época do fato previsto neste artigo, as condições referidas no caput deste artigo, poderá determinar o juiz, na sentença, o seu encaminhamento para tratamento médico adequado.
4. Note que é preciso cumulação da dependência de droga (ou efeito proveniente de caso fortuito ou força maior desta) e da perda integral da capacidade de compreensão (ou de determinação de acordo com esse entendimento) do caráter ilícito do fato.

Art. 57. Na audiência de instrução e julgamento, após o interrogatório do acusado e a inquirição das testemunhas, será dada a palavra, sucessivamente, ao representante do Ministério Público e ao defensor do acusado, para sustentação oral, pelo prazo de 20 (vinte) minutos para cada um, prorrogável por mais 10 (dez), a critério do juiz.

Parágrafo único. Após proceder ao interrogatório, o juiz indagará das partes se restou algum fato para ser esclarecido, formulando as perguntas correspondentes se o entender pertinente e relevante.

Art. 58. Encerrados os debates, proferirá o juiz sentença de imediato, ou o fará em 10 (dez) dias, ordenando que os autos para isso lhe sejam conclusos.

A despeito da ordem determinada em lei, o Supremo Tribunal Federal decidiu que o interrogatório deve ser o último ato de instrução (mesmo que a legislação extravagante tenha previsão diversa – veja grifo) – correto o entendimento do Pretório Excelso, porquanto o acusado tem o direito de assistir à produção probante para, só então, decidir acerca do exercício do seu direito ao silêncio e não autoincriminação:

> Habeas corpus. Penal e processual penal militar. Posse de substância entorpecente em local sujeito à administração militar (CPM, art. 290). Crime praticado por militares em situação de atividade em lugar sujeito à administração militar. Competência da Justiça Castrense configurada (CF, art. 124 c/c CPM, art. 9º, I, b). Pacientes que não integram mais as fileiras das Forças Armadas. Irrelevância para fins de fixação da competência. Interrogatório. Realização ao final da instrução (art. 400, CPP). Obrigatoriedade. Aplicação às ações penais em trâmite na Justiça Militar dessa alteração introduzida pela Lei nº 11.719/08, em detrimento do art. 302 do Decreto-Lei nº 1.002/69. Precedentes. Adequação do sistema acusatório democrático aos preceitos constitucionais da Carta de República de 1988. Máxima efetividade dos princípios do contraditório e da ampla defesa (art. 5º, inciso LV). Incidência da norma inscrita no art. 400 do Código de Processo Penal comum aos processos penais militares cuja instrução não se tenha encerrado, o que não é o caso. Ordem denegada. Fixada orientação quanto a incidência da norma inscrita no art. 400 do Código de Processo Penal comum a partir da publicação da ata do presente julgamento, aos processos penais militares, aos processos penais eleitorais e a todos os procedimentos penais regidos por legislação especial, incidindo somente naquelas ações penais cuja instrução não se tenha encerrado. 1. Os pacientes, quando soldados da ativa, foram surpreendidos na posse de substância entorpecente (CPM,

art. 290) no interior do 1° Batalhão de Infantaria da Selva em Manaus/AM. Cuida-se, portanto, de crime praticado por militares em situação de atividade em lugar sujeito à administração militar, o que atrai a competência da Justiça Castrense para processá-los e julgá-los (CF, art. 124 c/c CPM, art. 9°, I, b). 2. O fato de os pacientes não mais integrarem as fileiras das Forças Armadas em nada repercute na esfera de competência da Justiça especializada, já que, no tempo do crime, eles eram soldados da ativa. 3. Nulidade do interrogatório dos pacientes como primeiro ato da instrução processual (CPPM, art. 302). 4. A Lei n° 11.719/08 adequou o sistema acusatório democrático, integrando-o de forma mais harmoniosa aos preceitos constitucionais da Carta de República de 1988, assegurando-se maior efetividade a seus princípios, notadamente, os do contraditório e da ampla defesa (art. 5°, inciso LV). 5. Por ser mais benéfica (lex mitior) e harmoniosa com a Constituição Federal, há de preponderar, no processo penal militar (Decreto-Lei n° 1.002/69), a regra do art. 400 do Código de Processo Penal. 6. De modo a não comprometer o princípio da segurança jurídica (CF, art. 5°, XXXVI) nos feitos já sentenciados, essa orientação deve ser aplicada somente aos processos penais militares cuja instrução não se tenha encerrado, o que não é o caso dos autos, já que há sentença condenatória proferida em desfavor dos pacientes desde 29/7/14. **7. Ordem denegada, com a fixação da seguinte orientação: a norma inscrita no art. 400 do Código de Processo Penal comum aplica-se, a partir da publicação da ata do presente julgamento, aos processos penais militares, aos processos penais eleitorais e a todos os procedimentos penais regidos por legislação especial incidindo somente naquelas ações penais cuja instrução não se tenha encerrado.** (HC 127900, Relator(a): Min. Dias Toffoli, Tribunal Pleno, julgado em 03/03/2016, PROCESSO ELETRÔNICO DJe-161 DIVULG 02-08-2016 PUBLIC 03-08-2016)

O Superior Tribunal de Justiça vem adotando tal entendimento, a partir da publicação do acórdão acima transcrito:

PENAL. PROCESSUAL PENAL. HABEAS CORPUS. TRÁFICO DE ENTORPECENTES. MOMENTO DO INTERROGATÓRIO. ÚLTIMO ATO DA INSTRUÇÃO. NOVO ENTENDIMENTO FIRMADO PELO PRETÓRIO EXCELSO NO BOJO DO HC 127.900/AM. MODULAÇÃO DE EFEITOS. PUBLICAÇÃO DA ATA DE JULGAMENTO. ACUSADO INTERROGADO NO INÍCIO DA INSTRUÇÃO. SENTENÇA PRETÉRITA. NULIDADE. INEXISTÊNCIA. DOSIMETRIA. SEGUNDA FASE. COMPENSAÇÃO. REINCIDÊNCIA E CONFISSÃO ESPONTÂNEA. INVIABILIDADE. REINCIDÊNCIA ESPECÍFICA. TERCEIRA FASE. CAUSA ESPECIAL DE AUMENTO DE PENA PREVISTA NO ART. 40, INCISO VI, DA LEI N.° 11.343/06. AFASTAMENTO. IMPOSSIBILIDADE. ASPECTOS OBJETIVOS. DISPONIBILIZAÇÃO DE DROGAS A ADOLESCENTES. MENS LEGIS. PROTEÇÃO DE VULNERÁVEIS. CONSIDERAÇÕES

OUTRAS. INCURSÃO NA SEARA FÁTICO-PROBATÓRIA. IMPOSSIBILIDADE. PROVA DA MENORIDADE. COMPROVAÇÃO POR DOCUMENTO DOTADO DE FÉ PÚBLICA. BOLETIM DE OCORRÊNCIA. POSSIBILIDADE. ORDEM DENEGADA. 1. O Supremo Tribunal Federal, no julgamento do HC n. 127.900/AM, deu nova conformidade à norma contida no art. 400 do CPP (com redação dada pela Lei n. 11.719/08), à luz do sistema constitucional acusatório e dos princípios do contraditório e da ampla defesa. O interrogatório passa a ser sempre o último ato da instrução, mesmo nos procedimentos regidos por lei especial, caindo por terra a solução de antinomias com arrimo no princípio da especialidade. Ressalvou-se, contudo, a incidência da nova compreensão aos processos nos quais a instrução não tenha se encerrado até a publicação da ata daquele julgamento (10.03.2016). In casu, o paciente foi sentenciado em 12.01.2016, afastando-se qualquer pretensão anulatória. 2. Esta Corte sedimentou o entendimento no sentido de serem igualmente preponderantes a agravante da reincidência e a atenuante da confissão espontânea. Todavia, não é viável a compensação integral das mencionadas agravante e atenuante, quando se tratar de reincidência específica. Precedentes. 3. Aplica-se a majorante prevista no art. 40, VI, da Lei 11.343/06 sempre que criança, adolescente, ou quem tenha, por qualquer motivo, diminuída ou suprimida a capacidade de entendimento e determinação figurar como vítima do delito ou como coautor ou partícipe. Justifica-se o recrudescimento pela maior vulnerabilidade desses indivíduos, suscetíveis ao consumo de entorpecentes ou à cooptação para o exercício do comércio malsão, tendo em vista a reduzida capacidade de discernimento, a inimputabilidade e a particular condição biológica, psíquica, moral e de caráter, ainda em fase prefacial de formação. 4. Na hipótese, o paciente foi flagrado disponibilizando maconha e cocaína a dois adolescentes, não havendo se falar em exclusão da causa especial de aumento de pena. 5. No mais, a Corte local concluiu, com base nas provas e fatos constantes dos autos, que a hipótese de incidência da majorante do art. 40, inciso VI, da Lei Antidrogas restou plenamente caracterizada, porquanto a empreitada criminosa teria envolvido adolescente. Entendimento diverso constitui matéria de fato, não de direito, demandando exame amplo e profundo do elemento probatório, acarretando incursão na seara fático-probatória, inviável em sede de habeas corpus, via angusta por excelência. 6. Esta Corte Superior de Justiça firmou entendimento no sentido de que o documento hábil para fins de comprovação da menoridade não se restringe à certidão de nascimento, sendo apto a demonstrar a menoridade o documento firmado por agente público atestando a idade do adolescente. 7. In casu, constou no Boletim de Ocorrência lavrado pela autoridade policial a qualificação completa dos adolescentes envolvidos. Dotado de fé pública, não restam dúvidas no sentido de que o referido documento é apto a evidenciar o envolvimento de adolescentes na prática criminosa, subsumindo-se, assim, ao comando normativo do art. 40, VI, da Lei n. 11.343/2006. 8. Ordem denegada. (HC 385.190/SP, Rel. Ministra Maria Thereza de Assis Moura, Sexta Turma, julgado em 09/05/2017, DJe 15/05/2017).

▪ **Recolhimento à prisão para apelar:** o artigo 59 da Lei 11.343/06 determina recolhimento à prisão para que o condenado possa apelar (salvo se o réu for primário e de bons antecedentes, assim reconhecido na sentença). O dispositivo não me parece constitucional. A decretação da prisão preventiva demanda demonstração de necessidade concreta do cárcere (em decisão devidamente fundamentada, na forma do artigo 315 do Código de Processo Penal[5]). Não me parece possível determinação legal abstrata para decretação automática da privação da liberdade (como condicionante ao manejo de recurso de apelação):

> **Art. 59. Nos crimes previstos nos arts. 33, caput e § 1°, e 34 a 37 desta Lei, o réu não poderá apelar sem recolher-se à prisão, salvo se for primário e de bons antecedentes, assim reconhecido na sentença condenatória.**

▪ **Apreensão, arrecadação e destinação dos bens do acusado:** os artigos 60 a 64 da Lei 11.343/06 tratam da apreensão (em verdade, trata-se

---

5. Art. 315. A decisão que decretar, substituir ou denegar a prisão preventiva será sempre motivada e fundamentada.

§ 1º Na motivação da decretação da prisão preventiva ou de qualquer outra cautelar, o juiz deverá indicar concretamente a existência de fatos novos ou contemporâneos que justifiquem a aplicação da medida adotada.

§ 2º Não se considera fundamentada qualquer decisão judicial, seja ela interlocutória, sentença ou acórdão, que:

I – limitar-se à indicação, à reprodução ou à paráfrase de ato normativo, sem explicar sua relação com a causa ou a questão decidida;

II – empregar conceitos jurídicos indeterminados, sem explicar o motivo concreto de sua incidência no caso;

III – invocar motivos que se prestariam a justificar qualquer outra decisão;

IV – não enfrentar todos os argumentos deduzidos no processo capazes de, em tese, infirmar a conclusão adotada pelo julgador;

V – limitar-se a invocar precedente ou enunciado de súmula, sem identificar seus fundamentos determinantes nem demonstrar que o caso sob julgamento se ajusta àqueles fundamentos;

VI – deixar de seguir enunciado de súmula, jurisprudência ou precedente invocado pela parte, sem demonstrar a existência de distinção no caso em julgamento ou a superação do entendimento.

da medida assecuratória de sequestro – cautelar de natureza real), arrecadação e destinação dos bens do acusado.

É extremamente importante a descapitalização dos criminosos que se dedicam a perpetrar ilícitos danosos ao tecido social. Destarte, no curso da investigação relacionada à prática de crimes tipificados na Lei 11.343/06, a autoridade policial deve atentar para a existência de bens (móveis e imóveis) adquiridos com o proveito das práticas ilícitas, representando pela decretação judicial do sequestro (na forma dos artigos 125 e seguintes do Código de Processo Penal).

Importante salientar que, comprovado o interesse público na utilização de veículos, embarcações, aeronaves e quaisquer outros meios de transporte, os órgãos de polícia judiciária, militar e rodoviária poderão deles fazer uso, sob sua responsabilidade e com o objetivo de sua conservação, mediante autorização judicial, ouvido o Ministério Público e garantida a prévia avaliação dos respectivos bens (trata-se de ferramenta importante, no sentido de diversificar a frota à disposição dos órgãos de segurança pública, utilizando, por exemplo, o veículo que outrora servia à criminalidade para seu enfrentamento). Anoto que a Lei 13.964/19 acrescentou no Código Processo Penal dispositivo semelhante (artigo 133-A[6]).

Eis os artigos 60 a 64 da Lei 11.343/06:

---

6. Art. 133-A. O juiz poderá autorizar, constatado o interesse público, a utilização de bem sequestrado, apreendido ou sujeito a qualquer medida assecuratória pelos órgãos de segurança pública previstos no art. 144 da Constituição Federal, do sistema prisional, do sistema socioeducativo, da Força Nacional de Segurança Pública e do Instituto Geral de Perícia, para o desempenho de suas atividades.
§ 1º O órgão de segurança pública participante das ações de investigação ou repressão da infração penal que ensejou a constrição do bem terá prioridade na sua utilização.
§ 2º Fora das hipóteses anteriores, demonstrado o interesse público, o juiz poderá autorizar o uso do bem pelos demais órgãos públicos.
§ 3º Se o bem a que se refere o caput deste artigo for veículo, embarcação ou aeronave, o juiz ordenará à autoridade de trânsito ou ao órgão de registro e controle a expedição de certificado provisório de registro e licenciamento em favor do órgão público beneficiário, o qual estará isento do pagamento de multas, encargos e tributos anteriores à disponibilização do bem para a sua utilização, que deverão ser cobrados de seu responsável.
§ 4º Transitada em julgado a sentença penal condenatória com a decretação de perdimento dos bens, ressalvado o direito do lesado ou terceiro de boa-fé, o juiz poderá determinar a transferência definitiva da propriedade ao órgão público beneficiário ao qual foi custodiado o bem.

Art. 60. O juiz, a requerimento do Ministério Público ou do assistente de acusação, ou mediante representação da autoridade de polícia judiciária, poderá decretar, no curso do inquérito ou da ação penal, a apreensão e outras medidas assecuratórias nos casos em que haja suspeita de que os bens, direitos ou valores sejam produto do crime ou constituam proveito dos crimes previstos nesta Lei, procedendo-se na forma dos arts. 125 e seguintes do Decreto-Lei nº 3.689, de 3 de outubro de 1941 – Código de Processo Penal.

§ 1º (Revogado).

§ 2º (Revogado).

§ 3º Na hipótese do art. 366 do Decreto-Lei nº 3.689, de 3 de outubro de 1941 – Código de Processo Penal, o juiz poderá determinar a prática de atos necessários à conservação dos bens, direitos ou valores.

§ 4º A ordem de apreensão ou sequestro de bens, direitos ou valores poderá ser suspensa pelo juiz, ouvido o Ministério Público, quando a sua execução imediata puder comprometer as investigações.

§ 5º Decretadas quaisquer das medidas previstas no *caput* deste artigo, o juiz facultará ao acusado que, no prazo de 5 (cinco) dias, apresente provas, ou requeira a produção delas, acerca da origem lícita do bem ou do valor objeto da decisão, exceto no caso de veículo apreendido em transporte de droga ilícita.

§ 6º Provada a origem lícita do bem ou do valor, o juiz decidirá por sua liberação, exceto no caso de veículo apreendido em transporte de droga ilícita, cuja destinação observará o disposto nos arts. 61 e 62 desta Lei, ressalvado o direito de terceiro de boa-fé.

Art. 60-A. Se as medidas assecuratórias de que trata o art. 60 desta Lei recaírem sobre moeda estrangeira, títulos, valores mobiliários ou cheques emitidos como ordem de pagamento, será determinada, imediatamente, a sua conversão em moeda nacional.

§ 1º A moeda estrangeira apreendida em espécie deve ser encaminhada a instituição financeira, ou equiparada, para alienação na forma prevista pelo Conselho Monetário Nacional.

§ 2º Na hipótese de impossibilidade da alienação a que se refere o § 1º deste artigo, a moeda estrangeira será custodiada pela instituição financeira até decisão sobre o seu destino.

§ 3º Após a decisão sobre o destino da moeda estrangeira a que se refere o § 2º deste artigo, caso seja verificada a inexistência de valor de mercado, seus espécimes poderão ser destruídos ou doados à representação diplomática do país de origem.

§ 4º Os valores relativos às apreensões feitas antes da data de entrada em vigor da Medida Provisória nº 885, de 17 de junho de

2019, e que estejam custodiados nas dependências do Banco Central do Brasil devem ser transferidos à Caixa Econômica Federal, no prazo de 360 (trezentos e sessenta) dias, para que se proceda à alienação ou custódia, de acordo com o previsto nesta Lei.

Art. 61. A apreensão de veículos, embarcações, aeronaves e quaisquer outros meios de transporte e dos maquinários, utensílios, instrumentos e objetos de qualquer natureza utilizados para a prática, habitual ou não, dos crimes definidos nesta Lei será imediatamente comunicada pela autoridade de polícia judiciária responsável pela investigação ao juízo competente.

§ 1° O juiz, no prazo de 30 (trinta) dias contado da comunicação de que trata o caput, determinará a alienação dos bens apreendidos, excetuadas as armas, que serão recolhidas na forma da legislação específica.

§ 2° A alienação será realizada em autos apartados, dos quais constará a exposição sucinta do nexo de instrumentalidade entre o delito e os bens apreendidos, a descrição e especificação dos objetos, as informações sobre quem os tiver sob custódia e o local em que se encontrem.

§ 3° O juiz determinará a avaliação dos bens apreendidos, que será realizada por oficial de justiça, no prazo de 5 (cinco) dias a contar da autuação, ou, caso sejam necessários conhecimentos especializados, por avaliador nomeado pelo juiz, em prazo não superior a 10 (dez) dias.

§ 4° Feita a avaliação, o juiz intimará o órgão gestor do Funad, o Ministério Público e o interessado para se manifestarem no prazo de 5 (cinco) dias e, dirimidas eventuais divergências, homologará o valor atribuído aos bens.

§ 5° (VETADO).

§ 6° (Revogado).

§ 7° (Revogado).

§ 8° (Revogado).

§ 9° O Ministério Público deve fiscalizar o cumprimento da regra estipulada no § 1° deste artigo.

§ 10. Aplica-se a todos os tipos de bens confiscados a regra estabelecida no § 1° deste artigo.

§ 11. Os bens móveis e imóveis devem ser vendidos por meio de hasta pública, preferencialmente por meio eletrônico, assegurada a venda pelo maior lance, por preço não inferior a 50% (cinquenta por cento) do valor da avaliação judicial.

§ 12. O juiz ordenará às secretarias de fazenda e aos órgãos de registro e controle que efetuem as averbações necessárias, tão logo tenha conhecimento da apreensão.

§ 13. Na alienação de veículos, embarcações ou aeronaves, a autoridade de trânsito ou o órgão congênere competente para o registro, bem como as secretarias de fazenda, devem proceder à regularização dos bens no prazo de 30 (trinta) dias, ficando o arrematante isento do pagamento de multas, encargos e tributos anteriores, sem prejuízo de execução fiscal em relação ao antigo proprietário.

§ 14. Eventuais multas, encargos ou tributos pendentes de pagamento não podem ser cobrados do arrematante ou do órgão público alienante como condição para regularização dos bens.

§ 15. Na hipótese de que trata o § 13 deste artigo, a autoridade de trânsito ou o órgão congênere competente para o registro poderá emitir novos identificadores dos bens.

Art. 62. Comprovado o interesse público na utilização de quaisquer dos bens de que trata o art. 61, os órgãos de polícia judiciária, militar e rodoviária poderão deles fazer uso, sob sua responsabilidade e com o objetivo de sua conservação, mediante autorização judicial, ouvido o Ministério Público e garantida a prévia avaliação dos respectivos bens.

§ 1° (Revogado).

§ 1°-A. O juízo deve cientificar o órgão gestor do Funad para que, em 10 (dez) dias, avalie a existência do interesse público mencionado no caput deste artigo e indique o órgão que deve receber o bem.

§ 1°-B. Têm prioridade, para os fins do § 1°-A deste artigo, os órgãos de segurança pública que participaram das ações de investigação ou repressão ao crime que deu causa à medida.

§ 2° A autorização judicial de uso de bens deverá conter a descrição do bem e a respectiva avaliação e indicar o órgão responsável por sua utilização.

§ 3° O órgão responsável pela utilização do bem deverá enviar ao juiz periodicamente, ou a qualquer momento quando por este solicitado, informações sobre seu estado de conservação.

§ 4° Quando a autorização judicial recair sobre veículos, embarcações ou aeronaves, o juiz ordenará à autoridade ou ao órgão de registro e controle a expedição de certificado provisório de registro e licenciamento em favor do órgão ao qual tenha deferido o uso ou custódia, ficando este livre do pagamento de multas, encargos e tributos anteriores à decisão de utilização do bem até o trânsito em julgado da decisão que decretar o seu perdimento em favor da União.

§ 5° Na hipótese de levantamento, se houver indicação de que os bens utilizados na forma deste artigo sofreram depreciação

superior àquela esperada em razão do transcurso do tempo e do uso, poderá o interessado requerer nova avaliação judicial.

§ 6° Constatada a depreciação de que trata o § 5°, o ente federado ou a entidade que utilizou o bem indenizará o detentor ou proprietário dos bens.

§ 7° (Revogado).

§ 8° (Revogado).

§ 9° (Revogado).

§ 10. (Revogado).

§ 11. (Revogado).

Art. 62-A. O depósito, em dinheiro, de valores referentes ao produto da alienação ou a numerários apreendidos ou que tenham sido convertidos deve ser efetuado na Caixa Econômica Federal, por meio de documento de arrecadação destinado a essa finalidade.

§ 1° Os depósitos a que se refere o caput deste artigo devem ser transferidos, pela Caixa Econômica Federal, para a conta única do Tesouro Nacional, independentemente de qualquer formalidade, no prazo de 24 (vinte e quatro) horas, contado do momento da realização do depósito, onde ficarão à disposição do Funad.

§ 2° Na hipótese de absolvição do acusado em decisão judicial, o valor do depósito será devolvido a ele pela Caixa Econômica Federal no prazo de até 3 (três) dias úteis, acrescido de juros, na forma estabelecida pelo § 4° do art. 39 da Lei n° 9.250, de 26 de dezembro de 1995.

§ 3° Na hipótese de decretação do seu perdimento em favor da União, o valor do depósito será transformado em pagamento definitivo, respeitados os direitos de eventuais lesados e de terceiros de boa-fé.

§ 4° Os valores devolvidos pela Caixa Econômica Federal, por decisão judicial, devem ser efetuados como anulação de receita do Funad no exercício em que ocorrer a devolução.

§ 5° A Caixa Econômica Federal deve manter o controle dos valores depositados ou devolvidos.

Art. 63. Ao proferir a sentença, o juiz decidirá sobre:

I – o perdimento do produto, bem, direito ou valor apreendido ou objeto de medidas assecuratórias; e

II – o levantamento dos valores depositados em conta remunerada e a liberação dos bens utilizados nos termos do art. 62.

§ 1° Os bens, direitos ou valores apreendidos em decorrência dos crimes tipificados nesta Lei ou objeto de medidas assecuratórias, após decretado seu perdimento em favor da União, serão revertidos diretamente ao Funad.

§ 2º O juiz remeterá ao órgão gestor do Funad relação dos bens, direitos e valores declarados perdidos, indicando o local em que se encontram e a entidade ou o órgão em cujo poder estejam, para os fins de sua destinação nos termos da legislação vigente.

§ 3º (Revogado).

§ 4º Transitada em julgado a sentença condenatória, o juiz do processo, de ofício ou a requerimento do Ministério Público, remeterá à Senad relação dos bens, direitos e valores declarados perdidos em favor da União, indicando, quanto aos bens, o local em que se encontram e a entidade ou o órgão em cujo poder estejam, para os fins de sua destinação nos termos da legislação vigente.

§ 4º-A. Antes de encaminhar os bens ao órgão gestor do Funad, o juiz deve:

I – ordenar às secretarias de fazenda e aos órgãos de registro e controle que efetuem as averbações necessárias, caso não tenham sido realizadas quando da apreensão; e

II – determinar, no caso de imóveis, o registro de propriedade em favor da União no cartório de registro de imóveis competente, nos termos do caput e do parágrafo único do art. 243 da Constituição Federal, afastada a responsabilidade de terceiros prevista no inciso VI do caput do art. 134 da Lei nº 5.172, de 25 de outubro de 1966 (Código Tributário Nacional), bem como determinar à Secretaria de Coordenação e Governança do Patrimônio da União a incorporação e entrega do imóvel, tornando-o livre e desembaraçado de quaisquer ônus para sua destinação.

§ 5º (VETADO).

§ 6º Na hipótese do inciso II do caput, decorridos 360 (trezentos e sessenta) dias do trânsito em julgado e do conhecimento da sentença pelo interessado, os bens apreendidos, os que tenham sido objeto de medidas assecuratórias ou os valores depositados que não forem reclamados serão revertidos ao Funad.

Art. 63-A. Nenhum pedido de restituição será conhecido sem o comparecimento pessoal do acusado, podendo o juiz determinar a prática de atos necessários à conservação de bens, direitos ou valores.

Art. 63-B. O juiz determinará a liberação total ou parcial dos bens, direitos e objeto de medidas assecuratórias quando comprovada a licitude de sua origem, mantendo-se a constrição dos bens, direitos e valores necessários e suficientes à reparação dos danos e ao pagamento de prestações pecuniárias, multas e custas decorrentes da infração penal.

Art. 63-C. Compete à Senad, do Ministério da Justiça e Segurança Pública, proceder à destinação dos bens apreendidos e não

leiloados em caráter cautelar, cujo perdimento seja decretado em favor da União, por meio das seguintes modalidades:

I – alienação, mediante:

a) licitação;

b) doação com encargo a entidades ou órgãos públicos, bem como a comunidades terapêuticas acolhedoras que contribuam para o alcance das finalidades do Funad; ou

c) venda direta, observado o disposto no inciso II do caput do art. 24 da Lei n° 8.666, de 21 de junho de 1993;

II – incorporação ao patrimônio de órgão da administração pública, observadas as finalidades do Funad;

III – destruição; ou

IV – inutilização.

§ 1° A alienação por meio de licitação deve ser realizada na modalidade leilão, para bens móveis e imóveis, independentemente do valor de avaliação, isolado ou global, de bem ou de lotes, assegurada a venda pelo maior lance, por preço não inferior a 50% (cinquenta por cento) do valor da avaliação.

§ 2° O edital do leilão a que se refere o § 1° deste artigo será amplamente divulgado em jornais de grande circulação e em sítios eletrônicos oficiais, principalmente no Município em que será realizado, dispensada a publicação em diário oficial.

§ 3° Nas alienações realizadas por meio de sistema eletrônico da administração pública, a publicidade dada pelo sistema substituirá a publicação em diário oficial e em jornais de grande circulação.

§ 4° Na alienação de imóveis, o arrematante fica livre do pagamento de encargos e tributos anteriores, sem prejuízo de execução fiscal em relação ao antigo proprietário.

§ 5° Na alienação de veículos, embarcações ou aeronaves deverão ser observadas as disposições dos §§ 13 e 15 do art. 61 desta Lei.

§ 6° Aplica-se às alienações de que trata este artigo a proibição relativa à cobrança de multas, encargos ou tributos prevista no § 14 do art. 61 desta Lei.

§ 7° A Senad, do Ministério da Justiça e Segurança Pública, pode celebrar convênios ou instrumentos congêneres com órgãos e entidades da União, dos Estados, do Distrito Federal ou dos Municípios, bem como com comunidades terapêuticas acolhedoras, a fim de dar imediato cumprimento ao estabelecido neste artigo.

§ 8° Observados os procedimentos licitatórios previstos em lei, fica autorizada a contratação da iniciativa privada para a execução das ações de avaliação, de administração e de alienação dos bens a que se refere esta Lei.

Art. 63-D. Compete ao Ministério da Justiça e Segurança Pública regulamentar os procedimentos relativos à administração, à preservação e à destinação dos recursos provenientes de delitos e atos ilícitos e estabelecer os valores abaixo dos quais se deve proceder à sua destruição ou inutilização.

Art. 63-E. O produto da alienação dos bens apreendidos ou confiscados será revertido integralmente ao Funad, nos termos do parágrafo único do art. 243 da Constituição Federal, vedada a sub-rogação sobre o valor da arrematação para saldar eventuais multas, encargos ou tributos pendentes de pagamento.

Parágrafo único. O disposto no caput deste artigo não prejudica o ajuizamento de execução fiscal em relação aos antigos devedores.

Art. 63-F. Na hipótese de condenação por infrações às quais esta Lei comine pena máxima superior a 6 (seis) anos de reclusão, poderá ser decretada a perda, como produto ou proveito do crime, dos bens correspondentes à diferença entre o valor do patrimônio do condenado e aquele compatível com o seu rendimento lícito.

§ 1° A decretação da perda prevista no caput deste artigo fica condicionada à existência de elementos probatórios que indiquem conduta criminosa habitual, reiterada ou profissional do condenado ou sua vinculação a organização criminosa.

§ 2° Para efeito da perda prevista no caput deste artigo, entende-se por patrimônio do condenado todos os bens:

I – de sua titularidade, ou sobre os quais tenha domínio e benefício direto ou indireto, na data da infração penal, ou recebidos posteriormente; e

II – transferidos a terceiros a título gratuito ou mediante contraprestação irrisória, a partir do início da atividade criminal.

§ 3° O condenado poderá demonstrar a inexistência da incompatibilidade ou a procedência lícita do patrimônio.

Art. 64. A União, por intermédio da Senad, poderá firmar convênio com os Estados, com o Distrito Federal e com organismos orientados para a prevenção do uso indevido de drogas, a atenção e a reinserção social de usuários ou dependentes e a atuação na repressão à produção não autorizada e ao tráfico ilícito de drogas, com vistas na liberação de equipamentos e de recursos por ela arrecadados, para a implantação e execução de programas relacionados à questão das drogas.

- **Revisão de pontos importantes da lei em tabela:** confira tabela com pontos importantes da Lei 11.343/06 para revisão:

Lei 11.343/06	
É possível combinação das Leis 6.368/76 e 11.343/06 para beneficiar o acusado?	Não. Vide Súmula do STJ: Súmula 501/STJ - É cabível a aplicação retroativa da Lei n. 11.343/2006, desde que o resultado da incidência das suas disposições, na íntegra, seja mais favorável ao réu do que o advindo da aplicação da Lei n. 6.368/1976, sendo vedada a combinação de leis.
Os crimes tipificados na Lei 11.343/06 são normas penais em branco?	Sim. Normas penais em branco heterogêneas (complementadas por portaria da ANVISA). A exclusão da substância da lista da portaria gera *abolitio criminis*.
Para decretação do confisco de bens, há a necessidade de prova da habitualidade ou reiteração do uso do bem para a prática de tráfico de drogas (artigo 243 da CF/88)?	Não. Vide tese fixada pelo STF sobre o tema: É possível o confisco de todo e qualquer bem de valor econômico apreendido em decorrência do tráfico de drogas, sem a necessidade de se perquirir a habitualidade, reiteração do uso do bem para tal finalidade, a sua modificação para dificultar a descoberta do local do acondicionamento da droga ou qualquer outro requisito além daqueles previstos expressamente no artigo 243, parágrafo único, da Constituição Federal.
Qual *standard* probatório necessário para lavratura de auto de prisão em flagrante e oferecimento/recebimento da denúncia no crime de tráfico de drogas (no que toca à comprovação da materialidade delitiva)?	Laudo de constatação preliminar
Qual *standard* probatório necessário para a condenação no crime de tráfico de drogas (no que toca à comprovação da materialidade delitiva)?	Laudo de constatação definitivo
O perito que subscreveu o laudo de constatação preliminar pode elaborar o laudo definitivo?	Sim, não há impedimento
Qual a competência para processar e julgar o crime de tráfico de drogas?	Se o tráfico é internacional, a competência é da Justiça Federal (Súmula 522/STJ); se o tráfico de drogas é interno, a competência será da Justiça Estadual.

Cancelamento da Súmula 528/STJ	O Superior Tribunal de Justiça resolveu cancelar a Súmula 528, que afirmava a competência do juízo federal do local da apreensão da droga ilícita em caso de remessa de entorpecente a partir do exterior em virtude da quantidade de relativizações do verbete
É possível aplicar o princípio da consunção entre os crimes dos artigos 33 e 34 da Lei 11.343/06?	Sim. Contudo, se os contextos forem distintos, é possível imputar ao agente ambos os crimes.

Questões de concursos públicos: veja como a lei estudada já foi cobrada em concursos públicos.

1. (Delegado de Polícia Civil/RN/2021) Após receber informação de que uma grande quantidade de droga estaria chegando a certa comunidade, a polícia civil planejou uma operação objetivando a apreensão do material entorpecente e a prisão de vários traficantes. Joaquim, policial civil lotado na delegacia em que a operação era planejada, no momento de sua execução, ciente de que o líder do tráfico do local era um antigo colega de infância, acende, escondido, fogos de artifício que ficavam na comunidade para acionamento em diligências policiais. Em razão do aviso, a diligência tem resultado negativo, ninguém sendo preso e não sendo apreendida qualquer droga. O comportamento de Joaquim foi descoberto, devendo ele responder pelo(s) seguinte(s) crime(s) previsto(s) na Lei nº 11.343/2006:

A) Associação para o tráfico, apenas;

B) Tráfico de drogas, apenas;

C) Colaboração ou informante do tráfico, apenas;

D) Associação para o tráfico e colaboração ou informante do tráfico, em concurso material;

E) Tráfico de drogas e associação para o tráfico, em concurso material.

2. (Delegado de Polícia Civil/RN/2021) Maria, 61 anos, primária e de bons antecedentes, é responsável pela criação de três netos com idades entre 10 e 16 anos. Em dificuldade financeira, aceita proposta de um vizinho para levar 1 kg de maconha da cidade de Natal, onde reside, para Mossoró, no mesmo Estado, recebendo um salário mínimo pelo serviço. Maria, porém, foi flagrada por policiais militares em abordagem de rotina quando transportava a droga em uma bolsa que estava no maleiro do ônibus intermunicipal por ela utilizado, admitindo a empreitada criminosa. Diante desse quadro fático, o comportamento de Maria configura, de acordo com a jurisprudência dos Tribunais Superiores, crime de:

A) Tráfico majorado pela infração ter sido praticada no interior de transporte público, não fazendo jus à forma privilegiada;

B) Tráfico majorado pela infração ter sido praticada no interior de transporte público, reconhecida a forma privilegiada;

C) Tráfico privilegiado sem causa de aumento, admitindo a substituição da pena privativa de liberdade por restritiva de direitos;

D) Tráfico privilegiado sem causa de aumento, não podendo a pena privativa de liberdade ser substituída por restritiva de direitos por ter natureza assemelhada aos crimes hediondos;

E) Tráfico majorado em razão da intermunicipalidade do transporte, não sendo aplicável a causa de diminuição de pena decorrente do tráfico privilegiado.

---

3. (Delegado de Polícia Federal/2021) Após ligação anônima, a polícia realizou busca em determinada casa, onde encontrou pessoas preparando pequenos pacotes de determinada substância – aparentemente entorpecente –, os quais foram apreendidos, além de armas de fogo de alto calibre. Durante a diligência, o delegado, informalmente, realizou entrevistas com as pessoas que estavam no domicílio. Durante essas entrevistas, um dos indivíduos confessou a prática do delito e, posteriormente, colaborou com a identificação dos demais membros da organização criminosa. A partir das informações do colaborador, foi realizada uma ação controlada. A partir dessa situação hipotética, julgue os próximos itens.

( ) A substância apreendida deve ser submetida à perícia para a elaboração do laudo de constatação provisório da natureza e da quantidade da droga, análise que deve ser realizada por perito, o qual, por sua vez, ficará impedido de elaborar o laudo definitivo.

---

4. (Delegado de Polícia Federal/2021) Com relação aos crimes previstos em legislação especial, julgue o item a seguir.

( ) A importação de sementes de maconha em pequena quantidade é considerada conduta atípica.

---

5. (Delegado de Polícia Civil/ES/2019) João Pedro foi abordado por policiais militares que faziam ronda próximo a uma Universidade particular. Ao perceberem a atitude suspeita de João, os policiais resolveram proceder a revista pessoal e identificaram que João portava um cigarro de maconha para consumo pessoal. Nessa situação hipotética, a expressão "não se imporá prisão em flagrante", descrita no art. 48 da lei 11.343/06, significa que é vedado a autoridade policial:

A) Efetuar a condução coercitiva até a delegacia de polícia.

B) Efetuar a lavratura do auto de prisão em flagrante.

C) Lavrar o termo circunstanciado.

D) Apreender o objeto de crime.

E) Realizar a captura do agente.

6. **(Delegado de Polícia Civil/SE/2018)** Acerca do tráfico ilícito de entorpecentes, de ações de prevenção e repressão a delitos praticados por organizações criminosas, de abuso de autoridade e de delitos previstos na Lei de Tortura, julgue o item que se segue.

Situação hipotética: Em um mesmo contexto fático, um cidadão foi preso em flagrante por manter em depósito grande variedade de drogas, entre elas, cocaína, maconha, haxixe e crack, todas para fins de mercancia. Foram apreendidos também maquinários para o preparo de drogas, entre eles, uma balança digital e uma serra portátil.

( ) Assertiva: Nessa situação, afastada a existência de contextos autônomos entre as condutas delitivas, o crime será único.

7. **(Delegado de Polícia Federal/2018)** Em diligência com o objetivo de combater o tráfico internacional de entorpecentes, policiais federais localizaram uma plantação de maconha, onde encontraram equipamentos utilizados para embalar a droga. No local, foram apreendidos dinheiro e veículos e foram presas cinco pessoas que se encontravam na posse dos bens e cuidavam da plantação.

Nessa situação hipotética,

( ) havendo indícios suficientes da existência de outros bens adquiridos pelos indivíduos presos com os proventos decorrentes da comercialização da maconha, a autoridade policial deverá imediatamente apreender esses bens, ainda que eles estejam na posse de terceiros, devendo, ainda, determinar às autoridades supervisoras do Banco Central do Brasil o bloqueio de valores existentes em movimentações bancárias em nome desses indivíduos presos.

8. **(Delegado de Polícia Federal/2018)** Em diligência com o objetivo de combater o tráfico internacional de entorpecentes, policiais federais localizaram uma plantação de maconha, onde encontraram equipamentos utilizados para embalar a droga. No local, foram apreendidos dinheiro e veículos e foram presas cinco pessoas que se encontravam na posse dos bens e cuidavam da plantação.

Nessa situação hipotética,

( ) Independentemente de autorização judicial, a autoridade policial deverá proceder de forma a garantir a imediata destruição da plantação – que poderá ser queimada –, devendo preservar apenas quantidade suficiente da droga para a realização de perícia.

9. **(Delegado de Polícia Federal/2018)** Em cada item seguinte, é apresentada uma situação hipotética seguida de uma assertiva a ser julgada, a respeito de crime de tráfico ilícito de entorpecentes, crime contra a criança e adolescente e crimes licitatórios.

( ) Em viagem pela Europa, Ronaldo, primário, de bons antecedentes e não integrante de organização criminosa, adquiriu quinze cápsulas do entorpecente LSD com o objetivo de obter lucro capaz de custear as despesas com a viagem. De volta ao Brasil, Ronaldo foi preso em flagrante quando tentava vender a droga. Nessa situação, caso seja condenado pelo crime tráfico de entorpecentes, Ronaldo poderá obter a redução da pena de um sexto a dois terços.

10. (Delegado de Polícia Federal/2018) Acerca de tráfico ilícito de entorpecentes, crimes contra o meio ambiente, crime de discriminação e preconceito e crime contra o consumidor, julgue o próximo item.

( ) Aquele que adquirir, transportar e guardar cocaína para consumo próprio ficará sujeito às mesmas penas imputadas àquele que adquirir, transportar e guardar cocaína para fornecer a parentes e amigos, ainda que gratuitamente.

11. (Delegado de Polícia Civil/GO/2018) O juiz, na fixação das penas previstas na Lei n. 11.343/2006, considerará, com preponderância sobre o previsto no art. 59 do Código Penal, a natureza e a quantidade da substância ou do produto, a personalidade e

A) Os motivos do agente.

B) A culpabilidade do agente.

C) Os antecedentes do agente.

D) A conduta social do agente.

E) A condição financeira do agente.

12. (Delegado de Polícia Civil/GO/2018) Dispõe a Lei n. 11.343/2006, em seu art. 28, que quem adquirir, guardar, tiver em depósito, transportar ou trouxer consigo, para consumo pessoal, drogas sem autorização ou em desacordo com determinação legal ou regulamentar, será submetido às seguintes penas:

I – advertência sobre os efeitos das drogas

II – prestação de serviços à comunidade

III – medida educativa de comparecimento a programa ou curso educativo. Referida lei dispõe ainda que as penas previstas nos incisos II e III do caput do referido artigo serão aplicadas pelo prazo máximo de

A) Quatro meses e, em caso de reincidência, serão aplicadas pelo prazo máximo de oito meses.

B) Cinco meses e, em caso de reincidência, serão aplicadas pelo prazo máximo de dez meses.

C) Três meses e, em caso de reincidência, serão aplicadas pelo prazo máximo de seis meses.

D) Dois meses e, em caso de reincidência, serão aplicadas pelo prazo máximo de quatro meses.

E) Um mês e, em caso de reincidência, serão aplicadas pelo prazo máximo de dois meses.

13. (Delegado de Polícia Civil/MG/2018) Considerando exclusivamente o disposto na Lei nº 11.343/06 acerca do procedimento de destruição de drogas apreendidas no curso de investigações, é CORRETO afirmar:

A) Nos termos da Lei nº 11.343/06, a destruição de drogas apreendidas sem a ocorrência de prisão em flagrante será feita por incineração, no prazo máximo de 30 (trinta) dias contados da data da determinação judicial.

B) Na hipótese de ocorrência de prisão em flagrante, a Lei nº 11.343/06 estabelece que a destruição das drogas apreendidas será executada pelo delegado de polícia competente, no prazo de 15 (quinze) dias, na presença do Ministério Público e da autoridade sanitária, levando em consideração a necessária determinação judicial para a destruição.

C) Na hipótese de ocorrência de prisão em flagrante, a Lei nº 11.343/06 estabelece que a destruição das drogas será executada pelo delegado de polícia competente, no prazo de 15 (quinze) dias, sem necessidade de presença do Ministério Público e da autoridade sanitária, guardando-se amostra necessária à realização do laudo definitivo.

D) A destruição de drogas apreendidas sem a ocorrência de prisão em flagrante será feita por incineração, no prazo máximo de 15 (quinze) dias, contados da data da apreensão, guardando-se amostra necessária à realização do laudo definitivo.

---

14. (Delegado de Polícia Civil/RS/2018) Analise as assertivas a seguir, de acordo com o disposto na Lei nº 11.343/2006, Lei de Drogas, e em cotejo com o entendimento dos Tribunais Superiores:

I. Para a incidência da majorante de pena, prevista no artigo 40, inciso V da referida Lei, ao crime de tráfico de drogas interestadual, de acordo com entendimento do Superior Tribunal de Justiça, basta que esteja demonstrado, de forma inequívoca, que o traficante tinha intenção de extrapolar as fronteiras de um Estado, mesmo que assim não consiga.

II. A partir de entendimento recente do Supremo Tribunal Federal, pode-se dizer que nem todo o crime de tráfico de drogas pode ser considerado crime equiparado a hediondo.

III. Aquele que oferece droga, eventualmente e sem objetivo de lucro, à pessoa de seu relacionamento, para juntos a consumirem, pratica crime de menor potencial ofensivo.

IV. Aquele que pratica conduta de tráfico de drogas, descrita no caput do artigo 33 da referida Lei, pode ter sua pena reduzida nos mesmos patamares propostos no Código Penal para a minorante da tentativa, desde que seja primário, de bons antecedentes, não se dedique às atividades criminosas nem integre organização criminosa.

Quais estão corretas?

A) Apenas I.

B) Apenas II.

C) Apenas III e IV.

D) Apenas I, II e III.

E) I, II, III e IV.

---

15. (Delegado de Polícia Civil/MT/2017) Com referência aos parâmetros legais da dosimetria da pena para os crimes elencados na Lei n.º11.343/2006 — Lei Antidrogas — e ao entendimento dos tribunais superiores sobre essa matéria, assinale a opção correta.

A) A personalidade e a conduta social do agente não preponderam sobre outras circunstâncias judiciais da parte geral do CP quando da dosimetria da pena.

B) A natureza e a quantidade da droga são circunstâncias judiciais previstas na parte geral do CP.

C) A natureza e a quantidade da droga não preponderam sobre outras circunstâncias judiciais da parte geral do CP quando da dosimetria da pena.

D) A natureza e a quantidade da droga apreendida não podem ser utilizadas, concomitantemente, na primeira e na terceira fase da dosimetria da pena, sob pena de *bis in idem*.

E) As circunstâncias judiciais previstas na parte geral do CP podem ser utilizadas para aumentar a pena base, mas a natureza e a quantidade da droga não podem ser utilizadas na primeira fase da dosimetria da pena.

---

16. (Delegado de Polícia Civil/PB/2022) Assinale a opção correta acerca do entendimento dos tribunais superiores em relação ao crime de tráfico ilícito de substâncias entorpecentes.

A) O crime de tráfico de drogas é equiparado a hediondo, ainda que em sua forma privilegiada.

B) A incidência da atenuante da confissão espontânea no crime de tráfico ilícito de entorpecentes não exige o reconhecimento da traficância pelo acusado, bastando a mera admissão da posse ou propriedade para uso próprio.

C) A importação de pequena quantidade de sementes da planta conhecida como maconha é atípica.

D) Não se admite a substituição das penas privativas de liberdade por restritivas de direitos nas condenações por tráfico de drogas.

E) A existência de ações penais em curso e registros de atos infracionais serve para impedir o reconhecimento do tráfico privilegiado.

Gabarito comentado:

Questão	Reposta	Comentário
1	Letra C	Vide artigo 37 da Lei 11.343/06.
2	Letra C	Vide § 4° do artigo 33 da Lei 11.343/06 (não há incidência da majorante do inciso III do artigo 40 do mandamento legal, porque o tráfico não foi materializado no transporte público (este foi utilizado apenas para a viagem de MARIA).
3	ERRADA	De acordo com os §§ 1° e 2° do artigo 50 da Lei 11.343/06, o laudo de constatação preliminar pode ser subscrito por pessoa idônea e, se for elaborado por perito oficial, este não ficará impedido de atuar no laudo definitivo.

Questão	Reposta	Comentário
4	CERTA	Vide entendimento da 2ª Turma do STF: **"Habeas corpus. 2. Importação de sementes de maconha. 3. Sementes não possuem a substância psicoativa (THC). 4. 26 (vinte e seis) sementes: reduzida quantidade de substâncias apreendidas. 5. Ausência de justa causa para autorizar a persecução penal. 6. Denúncia rejeitada. 7. Ordem concedida para determinar a manutenção da decisão do Juízo de primeiro grau"** (HC 144161, Relator: Gilmar Mendes, Segunda Turma, julgado em 11/09/2018, PROCESSO ELETRÔNICO DJe-268 DIVULG 13-12-2018 PUBLIC 14-12-2018).
5	Letra B	Vide § 2° do artigo 48 da Lei 11.343/06.
6	CERTA	Se foi afastada a existência de contextos autônomos, o agente responde por crime único.
7	ERRADA	A determinação de bloqueio de valores deve ser determinada pelo juízo competente, atendendo a representação do delegado de polícia, na forma do artigo 60 da Lei 11.343/06.
8	CERTA	Vide artigo 32 da Lei 11.343/06.
9	CERTA	Vide § 4° do artigo 33 da Lei 11.343/06.
10	ERRADA	Vide artigos 28 e 33 da Lei 11.343/06.
11	Letra D	Vide artigo 42 da Lei 11.343/06.
12	Letra B	Vide §§ 3° e 4° do artigo 28 da Lei 11.343/06.
13	Letra B	Vide artigo 50 da Lei 11.343/06.
14	Letra D	Vide: i) Súmula 587/STJ; ii) § 5° do artigo 112 da Lei de Execução Penal; e iii) § 3° do artigo 33 da Lei 11.343/06.
15	Letra D	Vide julgado do Superior Tribunal de Justiça sobre o tema (grifo meu): "AGRAVO REGIMENTAL NO RECURSO ESPECIAL. PENAL. TRÁFICO DE DROGAS. MAJORAÇÃO DA PENA-BASE. AFASTAMENTO DA CAUSA DE DIMINUIÇÃO DO ART. 33, § 4°, DA LEI N. 11.343/2006. ÚNICO FUNDAMENTO VÁLIDO EMPREGADO. BIS IN IDEM. RECONHECIMENTO. AGRAVO IMPROVIDO. **1. Sopesada a quantidade/natureza da droga na primeira etapa da dosimetria, inviável sua utilização na terceira etapa para afastar ou mesmo modular a causa de diminuição da pena pelo privilégio do tráfico de drogas, sob pena de indevido bis in idem. Precedentes.** 2. No caso, a quantidade de drogas apreendidas – aproximadamente 29kg (vinte e nove quilos) de maconha e 1kg (um quilo) de cocaína – foi valorada tanto para exasperar a pena-base quanto para afastar a aplicação da minorante do tráfico dito privilegiado, sendo o único fundamento válido apontado em ambas as etapas da dosimetria, o que não se admite por implicar o indevido bis in idem, conforme remansosa jurisprudência. 3. Agravo regimental improvido (AgRg no REsp 1927545/SC, Rel. Ministro Antonio Saldanha Palheiro, Sexta Turma, julgado em 22/06/2021, DJe 30/06/2021).

Questão	Reposta	Comentário
16	Letra C	Esse é o entendimento do STF. Confira julgado: Habeas corpus. 2. Importação de sementes de maconha. 3. Sementes não possuem a substância psicoativa (THC). 4. 26 (vinte e seis) sementes: reduzida quantidade de substâncias apreendidas. 5. Ausência de justa causa para autorizar a persecução penal. 6. Denúncia rejeitada. 7. Ordem concedida para determinar a manutenção da decisão do Juízo de primeiro grau (HC 144161, Relator: Gilmar Mendes, Segunda Turma, julgado em 11/09/2018, PROCESSO ELETRÔNICO DJe-268 DIVULG 13-12-2018 PUBLIC 14-12-2018).

Quesitos criados pelo autor da obra: confira algumas questões por mim criadas para orientar seus estudos.

1. O crime de tráfico privilegiado (§ 4° do artigo 33 da Lei 11.343/06) tem natureza de crime hediondo? O que é cláusula salvatória? É possível afirmar que há cláusula salvatória em relação ao tráfico privilegiado? É possível substituição de pena privativa de liberdade por restritiva de direitos para o traficante?

RESPOSTA: Não, hoje o entendimento do STF coincide com o do STJ, o que resultou no cancelamento da Súmula 512/STJ. Cláusula salvatória é a possibilidade do juiz, no caso concreto, não considerar o crime como sendo hediondo, apesar deste constar na lista taxativa da lei (em face da adoção do sistema legal, não há possibilidade de manejo de cláusula salvatória no Brasil). Não há cláusula salvatória no tráfico privilegiado porque o § 5° do artigo 112 da Lei de Execuções Penais afirma textualmente que este não é crime equiparado a hediondo. É possível substituição de pena para o traficante, vez que a parte do dispositivo legal que proibia a substituição foi suspensa por Resolução 05/2012, do Senado Federal, depois de decisão do STF.

2. É possível a combinação das Leis 6.368/76 com a Lei 11.343/06, em benefício do réu? Suponha que um traficante porte arma de fogo apenas com o objetivo de garantir a mercancia ilícita é correto prendê-lo pelos crimes de tráfico de drogas em concurso material com porte ilegal de arma de fogo, segundo entendimento do STJ?

RESPOSTA: Não, nos termos da Súmula 501/STJ – **É cabível a aplicação retroativa da Lei n. 11.343/2006, desde que o resultado da incidência das suas disposições, na íntegra, seja mais favorável ao réu do que o advindo da aplicação da Lei n. 6.368/1976, sendo vedada a combinação de leis.** Não, o STJ tem entendido ser aplicável a consunção com responsabilização apenas pelo crime de tráfico de drogas (trata-se de tráfico armado – incidência da majorante do artigo 40, IV, da Lei 11.343/06).

3. Para incidência da majorante do inciso V do artigo 40 da Lei 11.343/06, é preciso efetiva transposição da divisa entre Estados (aumento de pena se caracterizado o tráfico entre Estados da Federação ou entre estes e o Distrito Federal)? E para o tráfico internacional, é preciso transposição de fronteiras para incidência da majorante? É possível que o tráfico seja, a um só tempo, interestadual e transnacional, com a incidência das duas

majorantes? O transporte de droga dentro de ônibus configura, em qualquer situação, tráfico majorado de drogas?

RESPOSTA: Não, nos termos da Súmula 587/STJ – **Para a incidência da majorante prevista no artigo 40, inciso V, da lei 11.343/06 é desnecessária a efetiva transposição de fronteiras entre Estados da Federação, sendo suficiente a demonstração inequívoca da intenção de realizar o tráfico interestadual.** Não – vide Súmula 607/STJ – *A majorante do tráfico transnacional de drogas (art. 40, I, da Lei 11.343/06) se configura com a prova da destinação internacional das drogas, ainda que não consumada a transposição de fronteiras. Sim, desde que se demonstre que a droga veio de fora do país e se destinava à distribuição por Estados da Federação. Não – vide informativo 547/STJ:*

> DIREITO PENAL. CAUSA DE AUMENTO DA PENA DO CRIME DE TRÁFICO DE DROGAS EM TRANSPORTE PÚBLICO. A utilização de transporte público com a única finalidade de levar a droga ao destino, de forma oculta, sem o intuito de disseminá-la entre os passageiros ou frequentadores do local, não implica a incidência da causa de aumento de pena do inciso III do artigo 40 da Lei 11.343/2006. Precedente citado do STJ: REsp 1.345.827-AC, Quinta Turma, DJe 27/3/2014. Precedentes citados do STF: HC 119.782-MS, Primeira Turma, DJe 3/2/2014; e HC 119.811-MS, Segunda Turma, DJe 1°/7/2014. REsp 1.443.214-MS, Rel. Min. Sebastião Reis Júnior, julgado em 4/9/2014 (Vide Informativo n. 543).

4. Caso o delegado de polícia se depare com plantação de drogas ilícitas, ele precisa de autorização judicial para proceder à destruição desta?

RESPOSTA: Leia o artigo 32 da Lei 11.343/06:

> Art. 32. As plantações ilícitas serão imediatamente destruídas pelo delegado de polícia na forma do art. 50-A, que recolherá quantidade suficiente para exame pericial, de tudo lavrando auto de levantamento das condições encontradas, com a delimitação do local, asseguradas as medidas necessárias para a preservação da prova.

5. Como se dá a destruição de drogas sem prisão em flagrante?

RESPOSTA: Leia o artigo 50-A da Lei 11.343/06:

> Art. 50-A. A destruição das drogas apreendidas sem a ocorrência de prisão em flagrante será feita por incineração, no prazo máximo de 30 (trinta) dias contados da data da apreensão, guardando-se amostra necessária à realização do laudo definitivo.

6. Como se dá a destruição de drogas em caso de prisão em flagrante?

RESPOSTA: Vide artigo 50, §§ 3°, 4° e 5° da Lei 11.343/06:

> Art. 50. Ocorrendo prisão em flagrante, a autoridade de polícia judiciária fará, imediatamente, comunicação ao juiz competente, remetendo-lhe cópia do auto lavrado, do qual será dada vista ao órgão do Ministério Público, em 24 (vinte e quatro) horas.
>
> (...)
>
> § 3º Recebida cópia do auto de prisão em flagrante, o juiz, no prazo de 10 (dez) dias, certificará a regularidade formal do laudo de constatação e determinará a destruição das drogas apreendidas, guardando-se amostra necessária à realização do laudo definitivo.
>
> § 4º A destruição das drogas será executada pelo delegado de polícia competente no prazo de 15 (quinze) dias na presença do Ministério Público e da autoridade sanitária. §

5º O local será vistoriado antes e depois de efetivada a destruição das drogas referida no § 3º, sendo lavrado auto circunstanciado pelo delegado de polícia, certificando-se neste a destruição total delas.

7. O laudo preliminar de constatação é considerado prova da materialidade delitiva apta a fundamentar condenação em caso de tráfico de drogas? O laudo definitivo afasta a irregularidade do laudo preliminar? O perito que subscreve laudo de constatação preliminar fica impedido de participar do laudo definitivo?

RESPOSTA: O laudo de constatação preliminar serve para lavratura do flagrante, oferecimento e recebimento da denúncia. Para condenação é preciso laudo de definitivo. Leia teses do STJ sobre o tema (edição 111 da jurisprudência em teses do Tribunal da Cidadania):

> 10) O laudo toxicológico definitivo é imprescindível para a configuração do crime de tráfico ilícito de entorpecentes, sob pena de se ter por incerta a materialidade do delito e, por conseguinte, ensejar a absolvição do acusado.
>
> 11) É possível, em situações excepcionais, a comprovação da materialidade do crime de tráfico de drogas pelo laudo de constatação provisório, desde que esteja dotado de certeza idêntica à do laudo definitivo e que tenha sido elaborado por perito oficial, em procedimento e com conclusões equivalentes.

Sim – tese 19 da edição 111 da jurisprudência em teses do STJ – **19) O laudo pericial definitivo atestando a ilicitude da droga afasta eventuais irregularidades do laudo preliminar realizado na fase de investigação.** Não – § 2° do artigo 50 da Lei 11.343/06:

> Art. 50 (...)
>
> § 2º O perito que subscrever o laudo a que se refere o § 1º deste artigo não ficará impedido de participar da elaboração do laudo definitivo.

8. JOÃO foi condenado em definitivo pela prática tipificada no artigo 28 da Lei 11.343/06. Depois do trânsito em julgado da sentença condenatória, JOÃO praticou novo crime. Pergunta-se: ele deve ser considerado reincidente?

RESPOSTA: Não. O Superior Tribunal de Justiça entende que o crime do artigo 28 da Lei 11.343/06 não induz reincidência:

> 7) As contravenções penais, puníveis com pena de prisão simples, não geram reincidência, mostrando-se, portanto, desproporcional que condenações anteriores pelo delito do art. 28 da Lei n. 11.343/2006 configurem reincidência, uma vez que não são puníveis com pena privativa de liberdade (tese 7 da edição 131 da jurisprudência em teses).

9. MARCOS ofereceu droga, eventualmente e sem objetivo de lucro, a seu amigo PAULO, para juntos a consumirem. MARCOS cometeu crime equiparado a hediondo?

RESPOSTA: Não. MARCOS não cometeu o crime equiparado a hediondo. Eis o tipo:

> Art. 33 (...)
>
> § 3° Oferecer droga, eventualmente e sem objetivo de lucro, a pessoa de seu relacionamento, para juntos a consumirem:

> Pena – detenção, de 6 (seis) meses a 1 (um) ano, e pagamento de 700 (setecentos) a 1.500 (mil e quinhentos) dias-multa, sem prejuízo das penas previstas no art. 28.

10. Diferencie o crime de financiamento do tráfico da majorante do autofinanciamento.

RESPOSTA: Sobre o financiamento do tráfico (artigo 36 da Lei 11.343/06), leia a tese 30 da edição 131 do STJ:

> 30) O crime de financiar ou custear o tráfico ilícito de drogas (art. 36 da Lei n. 11.343/2006) é delito autônomo aplicável ao agente que não tem participação direta na execução do tráfico, limitando-se a fornecer os recursos necessários para subsidiar as infrações a que se referem os art. 33, *caput* e § 1°, e art. 34 da Lei de Drogas.

Sobre a majorante do autofinanciamento, leia decisão do STJ:

> RECURSO ESPECIAL. PENAL. TRÁFICO ILÍCITO DE DROGAS. ART. 33, CAPUT, DA LEI N° 11.343/2006. FINANCIAMENTO PARA O TRÁFICO. INCIDÊNCIA DA CAUSA DE AUMENTO DO ART. 40, INCISO VII, DA MESMA LEI. IMPOSSIBILIDADE DE CONDENAÇÃO, EM CONCURSO MATERIAL, PELA PRÁTICA DOS CRIMES DO ART. 33, CAPUT, E DO ART. 36 DA LEI DE DROGAS. 1. O financiamento ou custeio ao tráfico ilícito de drogas (art. 36 da Lei n° 11.343/2006) é delito autônomo aplicável ao agente que não tem participação direta na execução do tráfico, limitando-se a fornecer os recursos necessários para subsidiar a mercancia. **2. Na hipótese de autofinanciamento para o tráfico ilícito de drogas não há falar em concurso material entre os crimes de tráfico e de financiamento ao tráfico, devendo ser o agente condenado pela pena do artigo 33, caput, com a causa de aumento de pena do artigo 40, inciso VII, da Lei de Drogas.** 3. Recurso especial improvido (REsp 1290296/PR, Rel. Ministra MARIA THEREZA DE ASSIS MOURA, SEXTA TURMA, julgado em 17/12/2013, DJe 03/02/2014).

18

Lei 12.037/09 – Identificação Criminal

▪ **Direito fundamental:** em primeiro lugar, é importante destacar que é direito do cidadão brasileiro civilmente identificado não ser submetido à identificação criminal, salvo quando a lei assim determinar. Vide inciso LVIII do artigo 5º da Constituição Federal:

> Art. 5º (...)
>
> LVIII – o civilmente identificado não será criminalmente identificado, apenas nos casos em que a lei permitir;

O mandamento legal que regulamenta o dispositivo transcrito é a Lei 12.037/09 (ela revogou expressamente a Lei 10.054/00).

O artigo 1º da Lei 12.037/09 repete o quanto explicitado pela Carta da República:

> **Art. 1º O civilmente identificado não será submetido a identificação criminal, salvo nos casos previstos nesta Lei.**

▪ **Identificação civil:** o artigo 2º da Lei 12.037/09 esclarece quais são os documentos aptos a demonstrar a identidade civil:

> **Art. 2º A identificação civil é atestada por qualquer dos seguintes documentos:**

I – carteira de identidade;

II – carteira de trabalho;

III – carteira profissional;

IV – passaporte;

V – carteira de identificação funcional;

VI – outro documento público que permita a identificação do indiciado.

Parágrafo único. Para as finalidades desta Lei, equiparam-se aos documentos de identificação civis os documentos de identificação militares.

▪ **Identificação criminal:** cumpre lembrar que a identificação criminal é a conjugação do registro fotográfico e da identificação pelo processo datiloscópico (colheita das impressões digitais de todos os dedos das mãos) – artigo 5º da Lei 12.037/09 (o parágrafo único do dispositivo informa que a identificação criminal pode incluir coleta de material biológico para obtenção de perfil genético):

Art. 5º A identificação criminal incluirá o processo datiloscópico e o fotográfico, que serão juntados aos autos da comunicação da prisão em flagrante, ou do inquérito policial ou outra forma de investigação.

Parágrafo único. Na hipótese do inciso IV do art. 3º, a identificação criminal poderá incluir a coleta de material biológico para a obtenção do perfil genético.

Sempre que se mostrar necessário materializar a identificação criminal, esta deve ser levada a cabo sem que o identificado seja constrangido, na forma do artigo 4º da Lei 12.037/09:

Art. 4º Quando houver necessidade de identificação criminal, a autoridade encarregada tomará as providências necessárias para evitar o constrangimento do identificado.

▪ **Situações que autorizam identificação criminal:** salutar a transcrição do artigo 3º da lei em estudo, que lista os casos em que será manejada identificação criminal, ainda que seja apresentado documento de identificação:

Art. 3º Embora apresentado documento de identificação, poderá ocorrer identificação criminal quando:

I – o documento apresentar rasura ou tiver indício de falsificação;

II – o documento apresentado for insuficiente para identificar cabalmente o indiciado;

III – o indiciado portar documentos de identidade distintos, com informações conflitantes entre si;

IV – a identificação criminal for essencial às investigações policiais, segundo despacho da autoridade judiciária competente, que decidirá de ofício ou mediante representação da autoridade policial, do Ministério Público ou da defesa;

V – constar de registros policiais o uso de outros nomes ou diferentes qualificações;

VI – o estado de conservação ou a distância temporal ou da localidade da expedição do documento apresentado impossibilite a completa identificação dos caracteres essenciais.

Parágrafo único. As cópias dos documentos apresentados deverão ser juntadas aos autos do inquérito, ou outra forma de investigação, ainda que consideradas insuficientes para identificar o indiciado.

- **Identificação pelo perfil genético:** como dito supra, a identificação criminal pode incluir coleta de material biológico para obtenção de perfil genético (parágrafo único do artigo 5º, incluído pela Lei 12.654/12). Neste diapasão, importante a transcrição do artigo 5º-A da Lei 12.037/09:

Art. 5º-A. Os dados relacionados à coleta do perfil genético deverão ser armazenados em banco de dados de perfis genéticos, gerenciado por unidade oficial de perícia criminal.

§ 1º As informações genéticas contidas nos bancos de dados de perfis genéticos não poderão revelar traços somáticos ou comportamentais das pessoas, exceto determinação genética de gênero, consoante as normas constitucionais e internacionais sobre direitos humanos, genoma humano e dados genéticos.

§ 2º Os dados constantes dos bancos de dados de perfis genéticos terão caráter sigiloso, respondendo civil, penal e administrativamente aquele que permitir ou promover sua utilização para fins diversos dos previstos nesta Lei ou em decisão judicial.

§ 3º As informações obtidas a partir da coincidência de perfis genéticos deverão ser consignadas em laudo pericial firmado por perito oficial devidamente habilitado.

É importantíssimo salientar que estamos diante de identificação criminal pelo perfil genético e não de produção probante em desfavor do identificado. Vale dizer, o Estado não pode compelir o investigado/indiciado/réu a fornecer material genético objetivando produção de prova em seu desfavor (esse fornecimento, caso necessário à instrução do inquérito policial ou do processo penal deve ser sempre voluntário, em face do direito de não autoincriminação).

Para fins de produção probante no curso da persecução penal, o Estado, caso o investigado/indiciado/réu se negue a fornecer material biológico para, por exemplo, materialização de perícia genética, deve se valer de material por ele descartado (cabelos, sangue ou saliva que já tenham se desprendido do corpo do investigado/indiciado/réu).

- **Menção à identificação criminal do indiciado em atestados de antecedentes (vedação):** o artigo 6º da Lei 12.037/09 veda que a identificação criminal conste em atestados de antecedentes ou em informações não destinadas ao juízo criminal antes do trânsito em julgado da sentença condenatória:

> **Art. 6º É vedado mencionar a identificação criminal do indiciado em atestados de antecedentes ou em informações não destinadas ao juízo criminal, antes do trânsito em julgado da sentença condenatória.**

- **Retirada da identificação fotográfica do inquérito/processo:** se a denúncia não for oferecida, se a exordial acusatória for oferecida, mas rejeitada, se o réu for absolvido, se o inquérito for definitivamente arquivado ou no caso de trânsito em julgado da sentença, é facultado ao indiciado/réu requerer a retirada da identificação fotográfica do inquérito/processo (artigo 7º da Lei 12.037/09):

> **Art. 7º No caso de não oferecimento da denúncia, ou sua rejeição, ou absolvição, é facultado ao indiciado ou ao réu, após o arquivamento definitivo do inquérito, ou trânsito em julgado da sentença, requerer a retirada da identificação fotográfica do inquérito ou processo, desde que apresente provas de sua identificação civil.**

▪ **Exclusão dos perfis genéticos dos bancos de dados:** o artigo 7º-A da Lei 12.037/09 (alterado pelo Pacote Anticrime) dispõe acerca da exclusão do perfil genético do banco de dados (em caso de absolvição do acusado ou, mediante requerimento, após decorridos 20 anos do cumprimento da pena).

Assim, no caso de absolvição do acusado, o próprio juízo, de ofício, deve determinar a exclusão do perfil genético do réu do banco de dados. A segunda hipótese de exclusão depende de requerimento do interessado (no caso de condenação, a exclusão ocorrerá a pedido, 20 anos depois do cumprimento da pena):

> **Art. 7º-A. A exclusão dos perfis genéticos dos bancos de dados ocorrerá:**
>
> **I – no caso de absolvição do acusado; ou**
>
> **II – no caso de condenação do acusado, mediante requerimento, após decorridos 20 (vinte) anos do cumprimento da pena.**

▪ **Banco de dados sigiloso:** a identificação do perfil genético será armazenada em banco de dados sigiloso, na forma do artigo 7º-B da Lei 12.037/09:

> **Art. 7º-B. A identificação do perfil genético será armazenada em banco de dados sigiloso, conforme regulamento a ser expedido pelo Poder Executivo.**

▪ **Banco Nacional Multibiométrico e de Impressões Digitais:** O artigo 7º-C, incluído da na Lei 12.037/09 pelo Pacote Anticrime, autoriza a criação, no âmbito do Ministério da Justiça e Segurança Pública, do Banco Nacional Multibiométrico e de Impressões digitais, a ser regulamentado via ato do Poder Executivo federal.

O objetivo do banco de dados é armazenar dados de registros biométricos, de impressões digitais e, quando possível, de íris, face e voz, para subsidiar investigações criminais federais, estaduais ou distritais. A coleta desses dados será feita por meio de identificações criminais e durante investigações criminais. Será possível a alimentação do Banco Nacional Multibiométrico e de Impressões Digitais com dados oriundos da identificação civil, administrativa ou eleitoral (limitado o compartilhamento às impressões digitais e os dados necessários à identificação do seu titular).

O legislador, a meu ver, criou cláusula de reserva de jurisdição desnecessária: o acesso ao Banco Nacional Multibiométrico e de Impressões Digitais só poderá ser realizado por meio de autorização judicial prévia, concedida pelo juízo competente (no caso de investigações criminais, o juízo das garantias[1] será o competente para outorgar dito acesso) – § 11 do artigo 7º-C da Lei 12.037/09.

Caso reste constatada coincidência de dados biométricos no curso de investigação criminal, caberá a perito oficial a confecção de laudo pericial, na forma do § 9º do artigo 7º-C da lei 12.037/09.

As informações constantes no Banco Nacional Multibiométrico e de Impressões Digitais são sigilosas e não poderão ser comercializadas.

Eis o artigo 7º-C da Lei 12.037/09:

Art. 7°-C. Fica autorizada a criação, no Ministério da Justiça e Segurança Pública, do Banco Nacional Multibiométrico e de Impressões Digitais.

§ 1° A formação, a gestão e o acesso ao Banco Nacional Multibiométrico e de Impressões Digitais serão regulamentados em ato do Poder Executivo federal.

§ 2° O Banco Nacional Multibiométrico e de Impressões Digitais tem como objetivo armazenar dados de registros biométricos, de impressões digitais e, quando possível, de íris, face e voz, para subsidiar investigações criminais federais, estaduais ou distritais.

§ 3° O Banco Nacional Multibiométrico e de Impressões Digitais será integrado pelos registros biométricos, de impressões digitais, de íris, face e voz colhidos em investigações criminais ou por ocasião da identificação criminal.

§ 4° Poderão ser colhidos os registros biométricos, de impressões digitais, de íris, face e voz dos presos provisórios ou definitivos quando não tiverem sido extraídos por ocasião da identificação criminal.

1. Saliento que o Supremo Tribunal Federal suspendeu a implementação do juiz das garantias determinada pela Lei 13.964/19.

§ 5º Poderão integrar o Banco Nacional Multibiométrico e de Impressões Digitais, ou com ele interoperar, os dados de registros constantes em quaisquer bancos de dados geridos por órgãos dos Poderes Executivo, Legislativo e Judiciário das esferas federal, estadual e distrital, inclusive pelo Tribunal Superior Eleitoral e pelos Institutos de Identificação Civil.

§ 6º No caso de bancos de dados de identificação de natureza civil, administrativa ou eleitoral, a integração ou o compartilhamento dos registros do Banco Nacional Multibiométrico e de Impressões Digitais será limitado às impressões digitais e às informações necessárias para identificação do seu titular.

§ 7º A integração ou a interoperação dos dados de registros multibiométricos constantes de outros bancos de dados com o Banco Nacional Multibiométrico e de Impressões Digitais ocorrerá por meio de acordo ou convênio com a unidade gestora.

§ 8º Os dados constantes do Banco Nacional Multibiométrico e de Impressões Digitais terão caráter sigiloso, e aquele que permitir ou promover sua utilização para fins diversos dos previstos nesta Lei ou em decisão judicial responderá civil, penal e administrativamente.

§ 9º As informações obtidas a partir da coincidência de registros biométricos relacionados a crimes deverão ser consignadas em laudo pericial firmado por perito oficial habilitado.

§ 10. É vedada a comercialização, total ou parcial, da base de dados do Banco Nacional Multibiométrico e de Impressões Digitais.

§ 11. A autoridade policial e o Ministério Público poderão requerer ao juiz competente, no caso de inquérito ou ação penal instaurados, o acesso ao Banco Nacional Multibiométrico e de Impressões Digitais.

▪ **Identificação genética de condenados:** vale a pena, ainda, ler o artigo 9º-A da Lei de Execução Penal (alterado pelo Pacote Anticrime – algumas alterações haviam sido vetadas, mas os vetos foram derrubados pelo Congresso Nacional).

Trata-se de determinação legal de identificação criminal (pelo perfil genético) compulsória dirigida a condenados: i) por crime doloso praticado com violência grave contra pessoa; ii) por crime contra a vida; iii) por crime contra a liberdade sexual; ou iv) por crime sexual perpetrado contra vulnerável.

Caso o condenado se recuse a fornecer o material genético para identificação, incorrerá em falta grave (§ 8º do artigo 9º-A da LEP).

O banco de dados de perfis genéticos de condenados pode ser acessado, mediante autorização do juízo competente, mediante representação do delegado de polícia, com o fito de instruir inquérito policial (o § 2º do artigo 9º-A da LEP reclama que procedimento investigativo esteja formalmente instaurado).

Eis o artigo 9º-A da LEP:

Art. 9º-A. O condenado por crime doloso praticado com violência grave contra a pessoa, bem como por crime contra a vida, contra a liberdade sexual ou por crime sexual contra vulnerável, será submetido, obrigatoriamente, à identificação do perfil genético, mediante extração de DNA (ácido desoxirribonucleico), por técnica adequada e indolor, por ocasião do ingresso no estabelecimento prisional.

§ 1º A identificação do perfil genético será armazenada em banco de dados sigiloso, conforme regulamento a ser expedido pelo Poder Executivo.

§ 1º-A. A regulamentação deverá fazer constar garantias mínimas de proteção de dados genéticos, observando as melhores práticas da genética forense.

§ 2º A autoridade policial, federal ou estadual, poderá requerer ao juiz competente, no caso de inquérito instaurado, o acesso ao banco de dados de identificação de perfil genético.

§ 3º Deve ser viabilizado ao titular de dados genéticos o acesso aos seus dados constantes nos bancos de perfis genéticos, bem como a todos os documentos da cadeia de custódia que gerou esse dado, de maneira que possa ser contraditado pela defesa.

§ 4º O condenado pelos crimes previstos no caput deste artigo que não tiver sido submetido à identificação do perfil genético por ocasião do ingresso no estabelecimento prisional deverá ser submetido ao procedimento durante o cumprimento da pena.

§ 5º A amostra biológica coletada só poderá ser utilizada para o único e exclusivo fim de permitir a identificação pelo perfil genético, não estando autorizadas as práticas de fenotipagem genética ou de busca familiar.

§ 6º Uma vez identificado o perfil genético, a amostra biológica recolhida nos termos do caput deste artigo deverá ser correta e imediatamente descartada, de maneira a impedir a sua utilização para qualquer outro fim.

§ 7º A coleta da amostra biológica e a elaboração do respectivo laudo serão realizadas por perito oficial.

§ 8º Constitui falta grave a recusa do condenado em submeter-se ao procedimento de identificação do perfil genético.

Cumpre deixar claro que tramita no Supremo Tribunal Federal o RE 973837, sob relatoria do Ministro Gilmar Mendes, cuja repercussão geral foi reconhecida pelo plenário, no qual se discute a constitucionalidade a coleta de perfis genéticos determinada pelo artigo 9ª-A da Lei de Execução Penal:

> Repercussão geral. Recurso extraordinário. Direitos fundamentais. Penal. Processo Penal. 2. A Lei 12.654/12 introduziu a coleta de material biológico para obtenção do perfil genético na execução penal por crimes violentos ou por crimes hediondos (Lei 7.210/84, art. 9-A). Os limites dos poderes do Estado de colher material biológico de suspeitos ou condenados por crimes, de traçar o respectivo perfil genético, de armazenar os perfis em bancos de dados e de fazer uso dessas informações são objeto de discussão nos diversos sistemas jurídicos. Possível violação a direitos da personalidade e da prerrogativa de não se incriminar – art. 1°, III, art. 5°, X, LIV e LXIII, da CF. 3. Tem repercussão geral a alegação de inconstitucionalidade do art. 9-A da Lei 7.210/84, introduzido pela Lei 12.654/12, que prevê a identificação e o armazenamento de perfis genéticos de condenados por crimes violentos ou hediondos. 4. Repercussão geral em recurso extraordinário reconhecida.

Eis trecho da decisão do relator (Ministro Gilmar Mendes):

> O Tribunal Europeu dos Direitos Humanos já se debruçou sobre a questão em algumas oportunidades.
>
> Em Van der Velden contra Holanda, 29514/05, decisão de 7.12.2006, o Tribunal considerou que o método de colheita do material – esfregação de cotonete na parte interna da bochecha – é invasivo à privacidade. Também avaliou como uma intromissão relevante na privacidade a manutenção do material celular e do perfil de DNA. Quanto a esse aspecto, remarcou-se não se tratar de métodos neutros de identificação, na medida em que podem revelar características pessoais do indivíduo. No entanto, a Corte avaliou que a adoção da medida em relação a condenados era uma intromissão proporcional, tendo em vista o objetivo de prevenir e investigar crimes.
>
> No caso S. e MARPER contra Reino Unido (decisão de 4.12.2008), o Tribunal afirmou que a manutenção, por prazo indeterminado, dos perfis genéticos de pessoas não condenadas, viola o direito à privacidade, previsto no art. 8° da Convenção Europeia de Direitos Humanos.
>
> Por outro lado, no caso Peruzzo e Martens contra Alemanha (30562/04 e 30566/04, decisão de 4 de dezembro de 2008), considerou-se manifestamente infundada a alegação de que a manutenção, em bancos de dados estatais, de perfis genéticos de condenados por crimes graves violaria o direito à privacidade.

De tudo se extrai o reconhecimento de que as informações genéticas encontram proteção jurídica na inviolabilidade da vida privada – privacidade genética.

A discussão se cinge a dois pontos: i) a inconstitucionalidade do dispositivo é defendida ao argumento de que o artigo atenta contra o direito a não autoincriminação (vez que o condenado está sendo compelido a fornecer material genético que alimentará banco de dados que poderá ser acessado alhures por delegados de polícia com o objetivo de elucidar outros delitos); ii) a constitucionalidade do dispositivo é defendida ao argumento de que se trata de imposição legal de identificação criminal de pessoa já condenada (e a Constituição Federal permite a identificação criminal do civilmente identificado, desde que exista determinação legal).

Defendo a plena constitucionalidade do dispositivo. O Estado pode compelir o cidadão a se submeter a identificação criminal (inclusive mediante extração de perfil genético) ainda que exista identificação civil. No artigo 9º-A da Lei de Execução Penal não se está obrigando o investigado ou réu a fornecer material genético para elucidar crime específico. O cidadão já foi condenado. A utilização eventual do perfil genético coletado (e armazenado no banco de dados) por delegados de polícia (mediante autorização judicial) em outras investigações alhures não macula o dispositivo analisado.

- **Revisão da lei por tabelas:** confira a revisão da Lei 12.037/09 e do artigo 9º-A da LEP por meio de tabelas:

Lei 12.037/09 – Identificação criminal

Tópico	Comentário
Premissa constitucional	Art. 5° (...) LVIII - o civilmente identificado não será submetido a identificação criminal, salvo nas hipóteses previstas em lei;
Documentos de identificação civil (artigo 2° da Lei 12.037/09)	Art. 2º A identificação civil é atestada por qualquer dos seguintes documentos: I – carteira de identidade; II – carteira de trabalho;

Documentos de identificação civil (artigo 2º da Lei 12.037/09)	III – carteira profissional; IV – passaporte; V – carteira de identificação funcional; VI – outro documento público que permita a identificação do indiciado. Parágrafo único. Para as finalidades desta Lei, equiparam-se aos documentos de identificação civis os documentos de identificação militares.
Os documentos de identificação militares são equiparados aos documentos de identificação civis?	Sim (vide parágrafo único do artigo 2º da Lei 12.037/09 transcrito supra).
Quais são as situações que autorizam a identificação criminal mesmo quando apresentado documento de identificação civil (artigo 3º da Lei 12.037/09)?	Art. 3º Embora apresentado documento de identificação, poderá ocorrer identificação criminal quando: I – o documento apresentar rasura ou tiver indício de falsificação; II – o documento apresentado for insuficiente para identificar cabalmente o indiciado; III – o indiciado portar documentos de identidade distintos, com informações conflitantes entre si; IV – a identificação criminal for essencial às investigações policiais, segundo despacho da autoridade judiciária competente, que decidirá de ofício ou mediante representação da autoridade policial, do Ministério Público ou da defesa; V – constar de registros policiais o uso de outros nomes ou diferentes qualificações; VI – o estado de conservação ou a distância temporal ou da localidade da expedição do documento apresentado impossibilite a completa identificação dos caracteres essenciais. Parágrafo único. As cópias dos documentos apresentados deverão ser juntadas aos autos do inquérito, ou outra forma de investigação, ainda que consideradas insuficientes para identificar o indiciado.

Em que se traduz a identificação criminal (artigo 5° da Lei 12.037/09)?	Art. 5º A identificação criminal incluirá o processo datiloscópico e o fotográfico, que serão juntados aos autos da comunicação da prisão em flagrante, ou do inquérito policial ou outra forma de investigação. Parágrafo único. Na hipótese do inciso IV do art. 3º, a identificação criminal poderá incluir a coleta de material biológico para a obtenção do perfil genético.
Qual destino dos dados relacionados ao perfil genético (artigo 5°-A da Lei 12.037/09)?	Art. 5º-A Os dados relacionados à coleta do perfil genético deverão ser armazenados em banco de dados de perfis genéticos, gerenciado por unidade oficial de perícia criminal. § 1º As informações genéticas contidas nos bancos de dados de perfis genéticos não poderão revelar traços somáticos ou comportamentais das pessoas, exceto determinação genética de gênero, consoante as normas constitucionais e internacionais sobre direitos humanos, genoma humano e dados genéticos. § 2º Os dados constantes dos bancos de dados de perfis genéticos terão caráter sigiloso, respondendo civil, penal e administrativamente aquele que permitir ou promover sua utilização para fins diversos dos previstos nesta Lei ou em decisão judicial. § 3º As informações obtidas a partir da coincidência de perfis genéticos deverão ser consignadas em laudo pericial firmado por perito oficial devidamente habilitado.
É possível mencionar a identificação criminal em atestado de antecedentes?	Não, na forma do artigo 6° da Lei 12.037/09: Art. 6º É vedado mencionar a identificação criminal do indiciado em atestados de antecedentes ou em informações não destinadas ao juízo criminal, antes do trânsito em julgado da sentença condenatória.

A identificação criminal será retirada automaticamente dos autos do inquérito ou do processo em caso de não oferecimento de denúncia, da sua rejeição ou absolvição?	Não. É possível, contudo, retirada da identificação criminal atendendo a requerimento do indiciado/réu, desde que apresente provas de sua identificação civil (artigo 7° da Lei 12.037/09): Art. 7º No caso de não oferecimento da denúncia, ou sua rejeição, ou absolvição, é facultado ao indiciado ou ao réu, após o arquivamento definitivo do inquérito, ou trânsito em julgado da sentença, requerer a retirada da identificação fotográfica do inquérito ou processo, desde que apresente provas de sua identificação civil.

Artigo 7°-A da Lei 12.037/09	
Exclusão dos perfis genéticos dos bancos de dados:	No caso de absolvição do acusado
	No caso de condenação do acusado, mediante requerimento, após decorridos 20 (vinte) anos do cumprimento da pena.

Artigo 9°-A da LEP	
Obrigatoriedade de identificação do perfil genético do condenado:	por crime doloso praticado com violência grave contra a pessoa
	por crime contra a vida
	por crime contra a liberdade sexual
	por crime sexual contra vulnerável
Armazenamento do perfil genético	Em banco de dados sigiloso, conforme regulamento a ser expedido pelo Poder Executivo
Acesso ao banco de dados de perfil genético pela autoridade policial (estadual ou federal)	Mediante autorização do juiz competente
Condenados pelos crimes listados no artigo que não tiverem sido identificados pelo perfil genético	Deverão ser submetidos ao procedimento durante o cumprimento da pena.
É possível prática de fenotipagem genética ou de busca familiar?	Não – apenas com o único e exclusivo fim de permitir a identificação pelo perfil genético.

Coleta da amostra biológica e elaboração do laudo	Por perito oficial
Recusa do condenado em se submeter à identificação pelo perfil genético	Falta grave

Questões de concurso público: veja como a lei estudada já foi cobrada em concursos públicos.

1. (Delegado de Polícia Civil/ES/2019) A Constituição Federal de 1988 estabeleceu, no art. 5°, inciso LVIII, que o civilmente identificado não será submetido a identificação criminal, salvo nas hipóteses previstas em lei.

Fazem-se a seguir cinco afirmações relativas à Lei 12.037/09, que dispõe sobre a identificação criminal do civilmente identificado.

I – As informações genéticas contidas nos bancos de dados de perfis genéticos poderão revelar traços somáticos ou comportamentais das pessoas, sendo vedada a determinação genética de gênero, consoante as normas constitucionais e internacionais sobre direitos humanos, genoma humano e dados genéticos;

II – Os documentos de identificação militares são equiparados aos documentos de identificação civis, no que concerne às finalidades da Lei 12.037/09;

III – Embora apresentado documento de identificação, poderá ocorrer identificação criminal quando esta for essencial às investigações policiais, segundo despacho da autoridade judiciária competente, que decidirá de ofício ou mediante representação da autoridade policial, do Ministério Público ou da defesa;

IV – Na hipótese de a identificação criminal ser essencial às investigações policiais, a identificação criminal poderá incluir a coleta de material biológico para a obtenção do perfil genético;

V – O rol de documentos que atestam a identificação civil, apresentado no art. 2° do referido diploma normativo, é exemplificativo, sendo possível, portanto, atestá-la por meio de outro documento público que permita a identificação, ainda que não esteja expressamente elencado na lei;

Quantas dessas afirmações estão corretas?

A) Todas estão corretas.

B) Todas estão erradas.

C) Todas, exceto a última.

D) Todas, exceto a primeira.

E) Todas, exceto a segunda.

2. (Delegado de Polícia Civil/RS/2018) Na madrugada de 25 de outubro de 2017, determinado suspeito, conduzido até a delegacia de polícia para a lavratura do auto de prisão em flagrante pelo cometimento de feminicídio, apresentou carteira de identidade contendo rasura. Diante disso, o delegado de polícia:

A) Deve conferir credibilidade à qualificação pessoal fornecida pelo autor do crime durante o interrogatório, em complemento aos dados existentes no documento rasurado, considerando que eventual informação inverídica acarretará a imputação pelo crime de falsa identidade.

B) Determinará a coleta de amostra de sangue do autuado para remessa à perícia e averiguação da identidade, independente de consentimento, resguardada a privacidade na realização do ato.

C) Dispensará a identificação criminal do suspeito em razão de que a carteira de identidade, ainda que contenha rasuras, é documento idôneo à identificação civil, conforme expressa disposição legal.

D) Determinará identificação criminal do suspeito, que incluirá o processo datiloscópico e o fotográfico a ser juntado aos autos da comunicação da prisão em flagrante.

E) Deverá aguardar o prazo de até 24h para que defensor ou familiar do autuado apresente outro documento idôneo de identificação civil, tendo em vista que é assegurada ao preso a assistência da família e de advogado pela Constituição Federal.

---

3. (Delegado de Polícia Civil/PA/2012) Pautando-se na Lei nº 12.037, de 1º de outubro de 2009, que dispõe sobre a identificação criminal do civilmente identificado, assinale a alternativa incorreta:

A) É permitido mencionar a identificação criminal do indiciado em atestados de antecedentes ou em informações não destinadas ao juízo criminal, antes do trânsito em julgado da sentença condenatória.

B) A identificação civil é atestada, dentre outros documentos, pela carteira de identificação funcional.

C) Embora apresentado documento de identificação, poderá ocorrer identificação criminal quando o indiciado portar documentos de identidade distintos, com informações conflitantes entre si.

D) No caso de não oferecimento da denúncia, ou sua rejeição, ou absolvição, é facultado ao indiciado ou ao réu, após o arquivamento definitivo do inquérito, ou trânsito em julgado da sentença, requerer a retirada da identificação fotográfica do inquérito ou processo, desde que apresente provas de sua identificação civil.

E) Quando houver necessidade de identificação criminal, a autoridade encarregada tomará as providências necessárias para evitar o constrangimento do identificado.

---

4. (Delegado de Polícia Civil/BA/2013) João, preso em flagrante pela prática do crime de roubo, foi encaminhado à delegacia de polícia, onde apresentou a carteira nacional de habilitação para identificar-se, visto que não portava sua carteira de identidade. Ainda assim, o delegado determinou que João fosse submetido à perícia dactiloscópica.

Com base nessa situação hipotética, julgue o item que se segue à luz do disposto na Lei n.º 12.037/2009.

( ) Nos termos da Lei n.° 12.037/2009, a identificação criminal de João se justifica pelo fato de ele estar sendo indiciado pela prática de crime de roubo.

5. (Delegado de Polícia Civil/PB/2022) Assinale a opção correta em relação ao que dispõe a Lei n.° 12.037/2009.

A) A apresentação de documento de identificação militar não é suficiente para atestar a identidade civil, devendo, nessa situação, ser realizada a identificação criminal.

B) Admite-se a coleta de material biológico do indiciado para a obtenção de perfil genético, o qual revelará informações importantes para futuras apurações, tais como traços somáticos e comportamentais.

C) A distância temporal entre a data de expedição do documento de identidade civil e a sua apresentação pode ser fundamento válido para que se proceda à identificação criminal.

D) Arquivado o inquérito, pode o indiciado requerer a retirada de sua identificação fotográfica dos autos, não sendo necessária a apresentação de provas de sua identificação civil, visto já se ter esgotado o objetivo do ato.

E) Deve ser deferido o pedido de exclusão de um perfil genético do banco de dados caso o requerimento seja realizado pelo condenado quando completados 20 anos da inserção do referido perfil no banco de dados.

Gabarito comentado:

Questão	Reposta	Comentário
1	Letra D	Vide § 1° do artigo 5°-A da Lei 12.037/09.
2	Letra D	Vide inciso I do artigo 3° da Lei 12.037/09.
3	Letra A	Vide artigo 6° da Lei 12.037/09.
4	ERRADA	A Lei 12.037/09 não possui em seu bojo lista de crimes em relação aos quais é obrigatória a materialização de identificação criminal (o artigo 9°-A da LEP indica uma listagem, mas o dispositivo se refere a pessoa condenada).
5	Letra C	Vide inciso VI do artigo 3° da Lei 12.037/09.

Quesitos criados pelo autor da obra: confira algumas questões por mim criadas para orientar seus estudos.

1. 'B' foi preso em flagrante pela prática de crime de crime de roubo. Na sua qualificação, ele apresentou documento de identificação civil rasurado. O que deve fazer a autoridade policial nessa situação hipotética? Imagine que 'C' foi identificado criminalmente

pelo perfil genético no curso da persecução penal (com inclusão dos seus dados no banco de dados) e, no fim do processo, foi absolvido no processo penal. Considerando a situação hipotética apresentada, qual destino do seu perfil genético?

RESPOSTA: deve o delegado de polícia determinar a identificação criminal de 'B', na forma do inciso I do artigo 3° da Lei 12.037/09:

> **Art. 3º Embora apresentado documento de identificação, poderá ocorrer identificação criminal quando:**
>
> **I – o documento apresentar rasura ou tiver indício de falsificação;**
>
> II – o documento apresentado for insuficiente para identificar cabalmente o indiciado;
>
> III – o indiciado portar documentos de identidade distintos, com informações conflitantes entre si;
>
> IV – a identificação criminal for essencial às investigações policiais, segundo despacho da autoridade judiciária competente, que decidirá de ofício ou mediante representação da autoridade policial, do Ministério Público ou da defesa;
>
> V – constar de registros policiais o uso de outros nomes ou diferentes qualificações;
>
> VI – o estado de conservação ou a distância temporal ou da localidade da expedição do documento apresentado impossibilite a completa identificação dos caracteres essenciais.
>
> Parágrafo único. As cópias dos documentos apresentados deverão ser juntadas aos autos do inquérito, ou outra forma de investigação, ainda que consideradas insuficientes para identificar o indiciado.

O perfil deve ser excluído do banco de dados, na forma do inciso I do artigo 7°-A da Lei 12.037/09:

> **Art. 7°-A. A exclusão dos perfis genéticos dos bancos de dados ocorrerá:**
>
> **I – no caso de absolvição do acusado; ou**
>
> II – no caso de condenação do acusado, mediante requerimento, após decorridos 20 (vinte) anos do cumprimento da pena.

19

Lei 12.830/13 – Investigação Conduzida por Delegado de Polícia

▪ **Funções do delegado de polícia:** o *caput* do artigo 2º da Lei 12.830/13 deixa claro o que já se podia extrair da análise da legislação processual penal pátria: a natureza jurídica e policial do cargo de delegado de polícia (natureza dúplice).

Se estudarmos o Código de Processo Penal e as leis processuais penais extravagantes, perceberemos, sem maior esforço, que o exercício do cargo de delegado de polícia demanda formação jurídica. Só uma autoridade pública dotada de conhecimento jurídico terá capacidade técnica para bem coligir elementos informativos e de prova compatíveis com a legislação processual penal e com a Lei Maior, no curso de procedimento investigativo.

Desde a instauração do procedimento investigatório, a autoridade policial precisa decidir acerca de várias questões jurídicas, tais quais tipificar a infração supostamente praticada (decidindo pela lavratura de termo circunstanciado ou pela deflagração de inquérito policial por meio da lavratura de auto de prisão em flagrante delito, por exemplo), representar pela decretação de medidas cautelares ao Judiciário (interceptação telefônica, quebra de sigilo bancário/fiscal, infiltração policial, por exemplo), proceder ao indiciamento do investigado (ato de imputação que reclama fundamentação jurídica), confeccionar o relatório final (com evidente necessidade de aprofundada análise do suposto delito investigado, descendo a minúcias no estudo do conceito analítico de crime), só para citar alguns exemplos.

Além disso, as funções exercidas pelo delegado de polícia são essenciais e exclusivas de Estado. Eis o dispositivo:

Art. 2º As funções de polícia judiciária e a apuração de infrações penais exercidas pelo delegado de polícia são de natureza jurídica, essenciais e exclusivas de Estado.

Destaco, nesta toada, que a Lei 13.432/17 regulamentou a atividade de detetive particular e permitiu a colaboração deste com a investigação criminal, desde que expressamente autorizada pelo contratante e com o necessário aceite do delegado de polícia (para determinar a juntada dos elementos trazidos pelo profissional em questão). É o que determina o artigo 5º do mandamento legal:

> Art. 5º O detetive particular pode colaborar com investigação policial em curso, desde que expressamente autorizado pelo contratante.
>
> Parágrafo único. O aceite da colaboração ficará a critério do delegado de polícia, que poderá admiti-la ou rejeitá-la a qualquer tempo.

Alerto que a atividade do detetive particular é limitada pela lei (ele não faz parte, em nenhuma medida, do aparelho de investigação estatal e não detém poderes para intimar pessoas, requisitar documentos, dentre outras diligências próprias da polícia judiciária – isso sob pena de prática de crimes) e se volta à coleta de elementos extrapenais de interesse do seu cliente (mediante consulta em fontes abertas, registros fotográficos ou filmagens em locais públicos, dentre outras possibilidades). A colaboração acima descrita se dá quando, no curso da sua atividade (para demonstração de infidelidade conjugal ou na busca de pessoa desaparecida, por exemplo) surgir elemento de convicção que interesse a investigação criminal em curso (que poderá ser fornecido à autoridade policial caso haja autorização expressa do cliente do detetive, ficando a sua juntada condicionada à discricionariedade do delegado de polícia).

- **Conceito legal de autoridade policial:** o § 1º do artigo 2º da Lei 12.830/13 deixa claro que a expressão "autoridade policial" sempre foi e sempre será sinônimo de delegado de polícia na legislação pátria:

> **Art. 2º (...)**
>
> **§ 1º Ao delegado de polícia, na qualidade de autoridade policial, cabe a condução da investigação criminal por meio de inquérito policial ou outro procedimento previsto em lei, que tem como objetivo a apuração das circunstâncias, da materialidade e da autoria das infrações penais.**

A Lei 13.047/14 alterou a Lei 9.266/96 e assim dispôs acerca do cargo de delegado de Polícia Federal:

> Art. 2º-A. A Polícia Federal, órgão permanente de Estado, organizado e mantido pela União, para o exercício de suas competências previstas no § 1º do art. 144 da Constituição Federal, fundada na hierarquia e disciplina, é integrante da estrutura básica do Ministério da Justiça.
>
> Parágrafo único. Os ocupantes do cargo de Delegado de Polícia Federal, autoridades policiais no âmbito da polícia judiciária da União, são responsáveis pela direção das atividades do órgão e exercem função de natureza jurídica e policial, essencial e exclusiva de Estado.
>
> Art. 2º-B. O ingresso no cargo de Delegado de Polícia Federal, realizado mediante concurso público de provas e títulos, com a participação da Ordem dos Advogados do Brasil, é privativo de bacharel em Direito e exige 3 (três) anos de atividade jurídica ou policial, comprovados no ato de posse.
>
> Art. 2º-C. O cargo de Diretor-Geral, nomeado pelo Presidente da República, é privativo de delegado de Polícia Federal integrante da classe especial.

Os mandamentos legais (Lei 12.830/13 e Lei 13.047/14) apenas realçaram algo que já era ululante. Toda vez que a legislação pátria se utiliza da expressão "autoridade policial" quer se referir ao delegado de polícia. Afirmar o oposto significaria dizer que qualquer policial pode instaurar inquérito policial, representar interceptação telefônica, representar prisão temporária/preventiva, o que evidentemente é trilha teratológica.

Reforçando os ditames legais, restou consignado em lei a necessidade de comprovação, no ato da posse no cargo de delegado de Polícia Federal,

3 anos de atividade jurídica (ou policial) – destacando a natureza dúplice do cargo.

- **Poder requisitório do delegado de polícia:** o § 2º do artigo 2º da Lei 12.830/13 dá à autoridade policial amplo poder requisitório. Vejamos o dispositivo:

> **Art. 2º (...)**
> **§ 2º Durante a investigação criminal, cabe ao delegado de polícia a requisição de perícia, informações, documentos e dados que interessem à apuração dos fatos.**

O poder requisitório direto do delegado de polícia é reafirmado em várias outras passagens do nosso ordenamento jurídico. Confira tabela:

Poder requisitório	Dispositivo legal
Poder de requisitar dados cadastrais (artigo 13-A do CPP)	Art. 13-A. Nos crimes previstos nos arts. 148, 149 e 149-A, no § 3º do art. 158 e no art. 159 do Decreto-Lei no 2.848, de 7 de dezembro de 1940 (Código Penal), e no art. 239 da Lei nº 8.069, de 13 de julho de 1990 (Estatuto da Criança e do Adolescente), o membro do Ministério Público ou o delegado de polícia poderá requisitar, de quaisquer órgãos do poder público ou de empresas da iniciativa privada, dados e informações cadastrais da vítima ou de suspeitos. Parágrafo único. A requisição, que será atendida no prazo de 24 (vinte e quatro) horas, conterá: I – o nome da autoridade requisitante; II – o número do inquérito policial; e III – a identificação da unidade de polícia judiciária responsável pela investigação.
Poder de requisitar dados cadastrais (artigo 17-B da Lei 9.613/98)	Art. 17-B. A autoridade policial e o Ministério Público terão acesso, exclusivamente, aos dados cadastrais do investigado que informam qualificação pessoal, filiação e endereço, independentemente de autorização judicial, mantidos pela Justiça Eleitoral, pelas empresas telefônicas, pelas instituições financeiras, pelos provedores de internet e pelas administradoras de cartão de crédito.

Poder requisitório	Dispositivo legal
Poder de requisitar dados cadastrais (artigo 15 da Lei 12.850/13)	Art. 15. O delegado de polícia e o Ministério Público terão acesso, independentemente de autorização judicial, apenas aos dados cadastrais do investigado que informem exclusivamente a qualificação pessoal, a filiação e o endereço mantidos pela Justiça Eleitoral, empresas telefônicas, instituições financeiras, provedores de internet e administradoras de cartão de crédito.
Poder de requisitar dados de passageiros de empresas de transporte terrestre, ferroviário, fluvial/marítimo e aéreo (artigo 16 da Lei 12.850/13)	Art. 16. As empresas de transporte possibilitarão, pelo prazo de 5 (cinco) anos, acesso direto e permanente do juiz, do Ministério Público ou do delegado de polícia aos bancos de dados de reservas e registro de viagens.
Poder de requisitar lista de chamadas efetuadas/recebidas de empresas de telefonia (artigo 17 da Lei 12.850/13)	Art. 17. As concessionárias de telefonia fixa ou móvel manterão, pelo prazo de 5 (cinco) anos, à disposição das autoridades mencionadas no art. 15, registros de identificação dos números dos terminais de origem e de destino das ligações telefônicas internacionais, interurbanas e locais.
Poder de requisitar serviços públicos necessários à defesa da mulher em situação de violência doméstica e familiar e de seus dependentes (artigo 12-B da Lei 11.340/06)	Art. 12-B (...) § 3° A autoridade policial poderá requisitar os serviços públicos necessários à defesa da mulher em situação de violência doméstica e familiar e de seus dependentes.

- **Princípio do delegado natural:** o § 4º do artigo 2º da Lei 12.830/13 é importante garantia de que investigações não serão avocadas/redistribuídas ao bel prazer de superiores hierárquicos da autoridade policial. Ao revés, a autoridade superior só poderá avocar/redistribuir o feito nas hipóteses previstas no dispositivo a seguir transcrito (se o fizer fora das hipóteses legais, o ato pode tranquilamente ser corrigido pelo Judiciário, via mandado de segurança) Trata-se do princípio do delegado natural:

> **Art. 2° (...)**
>
> **§ 4º O inquérito policial ou outro procedimento previsto em lei em curso somente poderá ser avocado ou redistribuído por superior hierárquico, mediante despacho fundamentado, por motivo de interesse público ou nas hipóteses de inobservância dos**

procedimentos previstos em regulamento da corporação que prejudique a eficácia da investigação.

O dispositivo protege, em última análise, o cidadão investigado em face da redistribuição/avocação abrupta do apuratório da presidência da autoridade policial que regularmente o conduz, evitando odiosa indicação de delegado específico para tratar de um determinado caso criminal (autoridade policial de exceção).

Saliento, contudo, que o princípio em testilha não pode ser invocado para fundamentar anulação de provas e elementos informativos coligidos por autoridade policial reconhecida, alhures, sem atribuição para presidência do feito. O Supremo Tribunal Federal, nessa esteira, reconheceu que não há nulidade na coleta de elementos informativos/probantes presidida por delegado de Polícia Federal se o caso criminal for, ao fim e ao cabo, remetido à Justiça Estadual. O Pretório Excelso findou afirmando a não extensão do inciso LIII do artigo 5º da Constituição Federal[1] à fase pré-processual (o que, à primeira vista, infirmaria o princípio do delegado natural acima defendido). Pela sua importância, transcrevo, à completude, o informativo 964/STF[2]:

> A Primeira Turma indeferiu habeas corpus em que se buscava, dentre outras providências, o reconhecimento da nulidade de todos os atos judiciais decorrentes de investigações conduzidas pela Polícia Federal relativas a supostas infrações atribuídas ao paciente.
>
> A defesa afirmava não configurada hipótese de atribuição da autoridade da Polícia Federal que conduziu os inquéritos. Para tanto, reportou-se à Lei 10.446/2002, que versa sobre a atuação desse órgão na repressão de crimes com repercussão interestadual

1. Art. 5º (...)
LIII – ninguém será processado nem sentenciado senão pela autoridade competente.

2. HABEAS CORPUS – RECURSO EXTRAORDINÁRIO – ÓBICE – INEXISTÊNCIA. Impróprio é ter a possibilidade de o ato ser atacado mediante recurso extraordinário como a revelar inadequada a impetração. INQUÉRITO POLICIAL – IRREGULARIDADES – PROCESSO-CRIME – NULIDADE – AUSÊNCIA. O inquérito policial constitui procedimento administrativo, de caráter informativo, cuja finalidade consiste em subsidiar eventual denúncia a ser apresentada pelo Ministério Público, razão pela qual irregularidades ocorridas não implicam, de regra, nulidade de processo-crime (HC 169348, Relator(a): MARCO AURÉLIO, Primeira Turma, julgado em 17/12/2019, PROCESSO ELETRÔNICO DJe-178 DIVULG 15-07-2020 PUBLIC 16-07-2020).

> ou internacional. Diziam configurado abuso na atuação da referida autoridade e aludiam ao posterior afastamento do delegado federal responsável pelas investigações.
>
> O colegiado observou que o procedimento foi inicialmente instaurado pela Polícia Federal e decorreu de requisição do Parquet correspondente, sendo destinado a investigar suposta prática de crimes, em tese, afetos à competência da Justiça Federal. O declínio da competência para a Justiça estadual, ante indícios da prática de delitos a ela sujeitos, a resultar na definição do juízo criminal de determinada comarca, revela ter-se observado o figurino legal.
>
> O inquérito policial constitui procedimento administrativo, de caráter meramente informativo e não obrigatório à regular instauração do processo-crime. Visa subsidiar eventual denúncia a ser apresentada, razão pela qual irregularidades ocorridas não implicam, de regra, nulidade de processo-crime.
>
> Uma vez supervisionados pelo juízo competente e por membro do Ministério Público revestido de atribuição, pouco importa que os procedimentos investigatórios atinentes à operação desencadeada tenham sido presididos por autoridade de Polícia Federal.
>
> O art. 5°, LIII, da Constituição da República, ao dispor que ninguém será processado nem sentenciado senão pela autoridade competente, contempla o princípio do juiz natural, não se estende às autoridades policiais, porquanto não investidas de competência para julgar. Surge inadequado pretender-se a anulação de provas ou de processos em tramitação com base na ausência de atribuição da Polícia Federal para conduzir os inquéritos.
>
> A desconformidade da atuação da Polícia Federal com as disposições da Lei 10.446/2002 e eventuais abusos cometidos por autoridade policial podem implicar responsabilidade no âmbito administrativo ou criminal dos agentes. No caso, por não apresentarem qualquer repercussão no tocante à validade jurídica das provas obtidas, não se mostram passíveis de caracterizar nulidade.

Penso, com todas as vênias, que o julgado devia ser fundamentado no que chamo de teoria da autoridade policial aparente (se o delegado de polícia tinha, aparentemente, atribuição para presidir a investigação no momento da instauração do procedimento investigativo e durante a coleta probante, o reconhecimento ulterior de efetiva falta de atribuição não retira a força dos elementos informativos/provas juntados aos autos).

Remoção do delegado de polícia (somente por ato fundamentado): em que pese não ostentar a prerrogativa da inamovibilidade (juízes, membros do Ministério Público e da Defensoria Pública a detém), o delegado de polícia só pode ser removido (nos termos do § 5º do artigo 2º da Lei 12.830/13), por meio de ato fundamentado (se a fundamentação for mendaz ou insuficiente para justificar a remoção, o ato pode ser corrigido pelo Poder Judiciário, via mandado de segurança):

> **Art. 2º (...)**
>
> **§ 5º A remoção do delegado de polícia dar-se-á somente por ato fundamentado.**

Saliento que o desrespeito ao comando constante no dispositivo acima transcrito, pode ser atalho para atropelo ao princípio do delegado natural (ao invés de avocar/redistribuir o feito que interessa ao superior da autoridade policial, aquele remove esta em ato despido de motivação idônea, repassando o inquérito policial a outro delegado de polícia a seu alvedrio). Por óbvio, caso isso ocorra, será possível correção de rumos a ser determinada pelo Poder Judiciário (por meio de mandado de segurança).

- **Indiciamento:** o § 6º do artigo 2º trata do indiciamento (ato de imputação, fundamentado, privativo de delegado de polícia, que aponta formalmente que o investigado cometeu o crime investigado no bojo do feito, no entender da autoridade policial):

> **Art. 2º (...)**
>
> **§ 6º O indiciamento, privativo do delegado de polícia, dar-se-á por ato fundamentado, mediante análise técnico-jurídica do fato, que deverá indicar a autoria, materialidade e suas circunstâncias.**

No indiciamento, o delegado de polícia deve fazer profunda análise técnico-jurídica de todos os elementos do conceito analítico de crime (fato típico, antijuridicidade e culpabilidade). Por óbvio, aquele que praticou fato materialmente atípico, que atuou acobertado por excludente de ilicitude ou de culpabilidade não merece ser indiciado.

A autoridade policial deve ir além, avaliando a punibilidade. Detectada, por exemplo, escusa absolutória prevista no artigo 181 do Código Penal ou causa excludente da punibilidade prevista no artigo 107 do mesmo diploma, não deve o investigado ser indiciado (e esse juízo negativo precisa ser expressamente consignado no bojo do inquérito policial – no relatório final, por exemplo).

Caso o inquérito seja iniciado por meio da confecção de auto de prisão em flagrante, o indiciamento deve ser levado a cabo nesta peça exordial (ao enfrentar juridicamente a notícia de crime coercitiva, o delegado de polícia deve justificar a lavratura do auto e indiciar o detido nas penas do crime supostamente perpetrado).

Nas investigações iniciadas por meio de portaria, o indiciamento pode ser materializado a qualquer momento (na portaria, no meio do procedimento por meio de despacho fundamento ou no relatório final).

- **Requisição de indiciamento (impossibilidade):** não pode haver requisição judicial ou do Ministério Público determinando ao delegado o indiciamento (vez que se trata de ato privativo da autoridade policial, com base em sua análise técnico-jurídica).

O indiciamento não condiciona a *opinio delicti* do membro do Ministério Público (é possível que o delegado de polícia promova indiciamento e o agente ministerial resolva não ofertar denúncia, promovendo o arquivamento do inquérito policial) e a recíproca é verdadeira (pode ser que o delegado de polícia entenda que o investigado não praticou o crime investigado, abstendo-se de promover seu indiciamento e que o promotor de justiça, recebendo o inquérito finalizado com vista, oferte a denúncia).

O que não se admite é que o ato de imputação aqui estudado seja imposto, à fórceps, pelo membro do Ministério Público ou pelo juiz (aqui a inconstitucionalidade/ilegalidade é ainda mais gritante, posto que ao magistrado cabe ser inerte, com o fito de garantir sua imparcialidade[3]) ao delegado de polícia.

---

3. Nesse sentido, artigo 3º-A do Código de Processo Penal, enxertado pelo Pacote Anticrime (o dispositivo foi suspenso por decisão do Ministro Luiz Fux, nos autos das ADI 6.298, 6.299, 6.300 e 6.305): "Art. 3º-A. O processo penal terá estrutura acusatória, vedadas a iniciativa do juiz na fase de investigação e a substituição da atuação probatória do órgão de acusação".

- **Desindiciamento:** afigura-se possível o desindiciamento (o delegado, via despacho fundamentado, pode rever seu ato de imputação, diante de novos elementos probantes).

- **Habeas corpus contra indiciamento:** o Superior Tribunal de Justiça decidiu que o habeas corpus não é meio hábil para desconstituir indiciamento em inquérito já arquivado (só é possível desconstituir indiciamento quando ele for manifestamente abusivo ou materializado depois do recebimento da denúncia, no entendimento do Tribunal da Cidadania):

> AGRAVO REGIMENTAL. RECURSO EM HABEAS CORPUS. ARQUIVAMENTO DO INQUÉRITO POLICIAL. PRETENSÃO DE CANCELAMENTO DO INDICIAMENTO PRONTO E ACABADO. INEVIDÊNCIA DE AMEAÇA À LIBERDADE DE LOCOMOÇÃO DA AGRAVANTE. INEXISTÊNCIA DE CONSTRANGIMENTO ILEGAL. PRECEDENTES. PARECER ACOLHIDO. 1. O mero indiciamento em inquérito não caracteriza constrangimento ilegal reparável via habeas corpus, uma vez que tal ato é insuscetível de ameaçar, de modo atual ou iminente, seu direito de locomoção. 2. É cediço que o indiciamento só configura constrangimento ilegal passível de intervenção do Poder Judiciário se reputado abusivo ou realizado após o recebimento da denúncia. 3. Inexiste direito líquido e certo no pedido de cancelamento de indiciamento unicamente por ter sido arquivado o inquérito policial em virtude de falta de provas acerca da materialidade do ilícito (RMS n. 9.684/SP, Ministro Felix Fischer, Quinta Turma, DJ 5/10/1998). 4. No caso, o Ministério Público, após receber os autos do inquérito policial, concluiu pela carência de substratos mínimos exigidos para o prosseguimento da persecução penal, o Juízo Federal homologou a promoção do Parquet e, por via de consequência, determinou o arquivamento do procedimento administrativo (instaurado para apurar o crime previsto no art. 334, § 1º, c, do Código Penal), sem prejuízo do disposto no art. 18 do Código de Processo Penal. 5. Na hipótese de eventual reabertura das investigações, deverá a defesa questionar o ato já concreto por intermédio da via de impugnação hábil, cujo cabimento deve ser oportunamente avaliado por competente órgão jurisdicional. 6. Agravo regimental improvido (AgRg no RHC 93.548/ES, Rel. Ministro Sebastião Reis Júnior, Sexta Turma, julgado em 05/06/2018, DJe 22/06/2018).

Caso o indiciado tencione desconstituir judicialmente o ato de indiciamento, o habeas corpus deve ser impetrado perante o juízo de primeiro grau (posto que o delegado de polícia deve ser indicado como autoridade coatora).

▪ **Desnecessidade de autorização para indiciamento de autoridade com prerrogativa de foro:** não há necessidade de autorização prévia do Judiciário para materialização de indiciamento, ainda que o investigado detenha prerrogativa de foro.

Eis decisão do Tribunal da Cidadania confirmando a lição:

> AGRAVO REGIMENTAL NO HABEAS CORPUS. INQUÉRITO POLICIAL PARA APURAR A SUPOSTA PRÁTICA DE CRIMES AMBIENTAIS E DE ESTELIONATO. INVESTIGADOS COM FORO POR PRERROGATIVA DE FUNÇÃO. PRÉVIA AUTORIZAÇÃO DO PODER JUDICIÁRIO. DESNECESSIDADE. AUSÊNCIA DE PREVISÃO LEGAL. VIOLAÇÃO AO SISTEMA ACUSATÓRIO. DESPROVIMENTO DO RECLAMO. 1. No julgamento do REsp 1.563.962/RN, esta colenda Quinta Turma firmou o entendimento de que, embora as autoridades com prerrogativa de foro devam ser processadas perante o tribunal competente, a lei não excepciona a forma como devem ser investigadas, devendo ser aplicada, assim, a regra geral prevista no artigo 5° do Código de Processo Penal. 2. A jurisprudência tanto do Pretório Excelso quanto deste Sodalício é assente no sentido da desnecessidade de prévia autorização do Judiciário para a instauração de inquérito ou procedimento investigatório criminal contra agente com foro por prerrogativa de função, dada a inexistência de norma constitucional ou infraconstitucional nesse sentido, conclusão que revela a observância ao sistema acusatório adotado pelo Brasil, que prima pela distribuição das funções de acusar, defender e julgar a órgãos distintos. 3. O Superior Tribunal de Justiça assentou o entendimento de que o mero indiciamento em inquérito policial, desde que não seja abusivo e ocorra antes do recebimento da exordial acusatória, não constitui manifesto constrangimento ilegal a ser sanável na via estreita do writ. 4. Agravo regimental a que se nega provimento (AgRg no HC 404.228/RJ, Rel. Ministro Jorge Mussi, Quinta Turma, julgado em 01/03/2018, DJe 07/03/2018).

O Supremo Tribunal Federal, em decisão monocrática do Ministro Luís Roberto Barroso, nos autos do INQ 4.621/DF, deixou claro que o delegado de polícia pode indiciar autoridade que detém prerrogativa de foro no Pretório Excelso, desde que a investigação tenha sido autorizada pela Corte Suprema e conte com a supervisão de Ministro relator, não sendo necessária prévia autorização da corte para o ato gravoso:

> DIREITO CONSTITUCIONAL E PROCESSUAL PENAL. INDICIAMENTO. ATO PRIVATIVO DA AUTORIDADE POLICIAL. 1. De acordo com o Plenário desta Corte, é nulo o indiciamento de detentor de prerrogativa de foro, realizado por Delegado de Polícia, sem que a investigação tenha sido

> previamente autorizada por Ministro-Relator do STF (Pet 3.825-QO, Red. p/o Acórdão Min. Gilmar Mendes). 2. Diversa é a hipótese em que o inquérito foi instaurado com autorização e tramitou, desde o início, sob supervisão de Ministro desta Corte, tendo o indiciamento ocorrido somente no relatório final do inquérito. Nesses casos, o indiciamento é legítimo e independe de autorização judicial prévia. 3. Em *primeiro lugar*, porque não existe risco algum à preservação da competência do Supremo Tribunal Federal relacionada às autoridades com prerrogativa de foro, já que o inquérito foi autorizado e supervisionado pelo Relator. 4. Em *segundo lugar*, porque o indiciamento é ato privativo da autoridade policial (Lei nº 12.830/2013, art. 2º, § 6º) e inerente à sua atuação, sendo vedada a interferência do Poder Judiciário sobre essa atribuição, sob pena de subversão do modelo constitucional acusatório, baseado na separação entre as funções de investigar, acusar e julgar. 5. Em *terceiro lugar*, porque conferir o privilégio de não poder ser indiciado apenas a determinadas autoridades, sem razoável fundamento constitucional ou legal, configuraria uma violação aos princípios da igualdade e da república. 6. Em suma: a autoridade policial tem o dever de, ao final da investigação, apresentar sua conclusão. E, quando for o caso, indicar a autoria, materialidade e circunstâncias dos fatos que apurou, procedendo ao indiciamento. 7. Pedido de anulação indeferido.

Havia precedente (citado pelo Ministro Barroso na sua decisão) de anulação de ato de indiciamento de autoridade com foro no Supremo Tribunal Federal porque o inquérito havia sido iniciado sem autorização prévia da Corte Suprema:

> Questão de ordem em Petição. 1. Trata-se de questão de ordem para verificar se, a partir do momento em que não se constatam, nos autos, indícios de autoria e materialidade com relação à única autoridade dotada de prerrogativa de foro, caberia, ou não, ao STF analisar o tema da nulidade do indiciamento do parlamentar, em tese, envolvido, independentemente do reconhecimento da incompetência superveniente do STF. Inquérito Policial remetido ao Supremo Tribunal Federal (STF) em que se apuram supostas condutas ilícitas relacionadas, ao menos em tese, a Senador da República. 2. Ocorrência de indiciamento de Senador da República por ato de Delegado da Polícia Federal pela suposta prática do crime do art. 350 da Lei nº 4.737/1965 (Falsidade ideológica para fins eleitorais). 3. O Ministério público Federal (MPF) suscitou a absoluta ilegalidade do ato da autoridade policial que, por ocasião da abertura das investigações policiais, instaurou o inquérito e, sem a prévia manifestação do Parquet, procedeu ao indiciamento do Senador, sob as seguintes alegações: i) o ato do Delegado de Polícia Federal que indiciou o Senador violou a

prerrogativa de foro de que é titular a referida autoridade, além de incorrer em invasão injustificada da atribuição que é exclusiva desta Corte de proceder a eventual indiciamento do investigado; e ii) a iniciativa do procedimento investigatório que envolva autoridade detentora de foro por prerrogativa de função perante o STF deve ser confiada exclusivamente ao Procurador-Geral da República, contando, sempre que necessário, com a supervisão do Ministro-Relator deste Tribunal. 4. Ao final, o MPF requereu: a) a anulação do indiciamento e o arquivamento do inquérito em relação ao Senador, devido a ausência de qualquer elemento probatório que aponte a sua participação nos fatos; e b) a restituição dos autos ao juízo de origem para o exame da conduta dos demais envolvidos. 5. Segundo o Ministro Relator Originário, Sepúlveda Pertence, o pedido de arquivamento do inquérito, solicitado pelo Procurador-Geral da República, com relação ao Senador, seria irrecusável pelo Tribunal, porque, na linha da jurisprudência consolidada do STF, o juízo do Parquet estaria fundado na inexistência de elementos informativos que pudessem alicerçar a denúncia. Voto do relator pelo arquivamento do inquérito com relação ao Senador indiciado e proposta de concessão de habeas corpus, de ofício, em favor do também indiciado JOSÉ GIÁCOMO BACCARIN, de modo a estender-lhe os efeitos do arquivamento do inquérito. 6. Com relação ao pedido de anulação do indiciamento do Senador por alegada ausência de competência da autoridade policial para determiná-lo, o Min. Sepúlveda asseverou: i) a instauração de inquérito policial para a apuração de fato em que se vislumbre a possibilidade de envolvimento de titular de prerrogativa de foro do STF não depende de iniciativa do Procurador-Geral da República, nem o mero indiciamento formal reclama prévia decisão de um Ministro do STF; ii) tanto a abertura das investigações de qualquer fato delituoso, quanto, no curso delas, o indiciamento formal, são atos da autoridade que preside o inquérito; e iii) a prerrogativa de foro do autor do fato delituoso é critério atinente, de modo exclusivo, à determinação da competência jurisdicional originária do Tribunal respectivo, quando do oferecimento da denúncia ou, eventualmente, antes dela, se se fizer necessária diligência sujeita à prévia autorização judicial. Voto pelo indeferimento do pedido de anulação do indiciamento do Senador investigado por entender como válida a portaria policial que instaurou o procedimento persecutório. 7. Ademais, segundo o Min. Pertence, o inquérito deveria ser arquivado com relação ao Senador e a ordem de habeas corpus ser concedida, de ofício, com relação a JOSÉ GIÁCOMO BACCARIN. Quanto à concessão da ordem de ofício, o Min. Pertence entendeu que JOSÉ GIÁCOMO BACCARIN encontrava-se em idêntica situação objetiva à do Senador, pois, em tese, também teria cometido o crime de falsidade ideológica para fins eleitorais. Desse modo, inexistindo elementos informativos que pudessem alicerçar a denúncia com relação ao Senador, ao co-autor JOSÉ GIÁCOMO também deveria ser conferido idêntico tratamento. 8. Após o voto do relator indeferindo o pedido de anulação formal do indiciamento do Senador, o Ministro Marco Aurélio suscitou questão de ordem no sentido da prejudicialidade da ação. Ante a conclusão de que não se teriam indícios de autoria e materialidade da participação do Senador, o tema do indiciamento estaria prejudicado. Questão de Ordem rejeitada por maioria pelo Tribunal. 9. Segunda Questão de Ordem suscitada pelo Ministro Cezar Peluso. A partir do momento em que não se verificam, nos autos, indícios de autoria e materialidade com relação à única autoridade dotada de prerrogativa de foro, caberia, ou não, ao STF analisar o tema da nulidade do indiciamento do parlamentar, em tese, envolvido, independentemente do reconhecimento da incompetência superveniente do STF. O voto do Ministro Gilmar Mendes, por sua vez, abriu divergência do Relator para apreciar se caberia, ou não, à autoridade policial investigar e indiciar autoridade dotada de predicamento de foro perante o STF. Considerações doutrinárias e jurisprudenciais acerca do tema da instauração de inquéritos em geral e dos inquéritos originários de competência do STF: i) a jurisprudência do STF é pacífica no sentido de que, nos inquéritos policiais em geral, não cabe a juiz ou a Tribunal investigar, de ofício, o titular de prerrogativa de foro; ii) qualquer pessoa que, na condição exclusiva de cidadão, apresente "notitia criminis", diretamente a este Tribunal é parte manifestamente ilegítima para a formulação de pedido de recebimento de denúncia para a apuração de crimes de ação penal pública incondicionada. Precedentes: INQ nº 149/DF, Rel. Min. Rafael Mayer, Pleno, DJ 27.10.1983; INQ (AgR) nº 1.793/DF, Rel. Min. Ellen Gracie, Pleno, maioria, DJ 14.6.2002; PET – AgR – ED nº 1.104/DF, Rel. Min. Sydney Sanches, Pleno, DJ 23.5.2003; PET nº 1.954/DF, Rel. Min. Maurício Corrêa, Pleno, maioria, DJ 1º.8.2003; PET (AgR) nº 2.805/DF, Rel. Min. Nelson Jobim, Pleno, maioria, DJ 27.2.2004; PET nº 3.248/DF, Rel. Min. Ellen Gracie, decisão monocrática, DJ 23.11.2004; INQ nº 2.285/DF, Rel. Min. Gilmar Mendes, decisão monocrática, DJ 13.3.2006 e PET (AgR) nº 2.998/MG, 2ª Turma, unânime, DJ 6.11.2006; iii) diferenças entre a regra geral, o inquérito policial disciplinado no Código de Processo Penal e o inquérito originário de competência do STF regido pelo art. 102, I, b, da CF e pelo RI/STF. A prerrogativa de foro é uma garantia voltada não exatamente para os interesses do titulares de cargos relevantes, mas, sobretudo, para a própria regularidade das instituições em razão das atividades funcionais por eles desempenhadas. Se a Constituição estabelece que os agentes políticos respondem, por crime comum, perante o STF (CF, art. 102, I, b), não há razão constitucional plausível para que as atividades diretamente relacionadas à supervisão judicial (abertura de procedimento investigatório) sejam retiradas do controle judicial do STF. A iniciativa do procedimento investigatório deve ser confiada ao MPF contando com a supervisão do Ministro-Relator do STF. 10. A Polícia Federal não está autorizada a abrir de ofício inquérito policial para apurar a conduta de parlamentares federais ou do próprio Presidente da República (no caso do STF). No exercício de competência penal originária do STF (CF, art. 102, I, "b" c/c Lei nº 8.038/1990, art. 2º e RI/STF, arts. 230 a 234), a atividade de supervisão judicial deve ser constitucionalmente desempenhada durante toda a tramitação das investigações desde a abertura dos procedimentos investigatórios até o eventual oferecimento, ou não, de denúncia pelo dominus litis. 11. Segunda Questão de Ordem resolvida no sentido de anular o ato formal de indiciamento promovido pela autoridade policial em face do parlamentar investigado. 12. Remessa ao Juízo da 2ª Vara da Seção Judiciária do Estado do Mato Grosso para a regular tramitação do feito (Pet 3825 QO, Relator(a): Sepúlveda Pertence, Relator(a) p/ Acórdão: Gilmar Mendes, Tribunal Pleno, julgado em 10/10/2007, DJe-060 DIVULG 03-04-2008 PUBLIC 04-04-2008 EMENT VOL-02313-02 PP-00332 RTJ VOL-00204-01 PP-00200).

Em síntese conclusiva: o único tribunal que reclama autorização prévia para que autoridade com prerrogativa de foro seja investigada é o Supremo Tribunal Federal. Uma vez determinada a investigação pelo Pretório Excelso, não é preciso autorização prévia do relator para que o delegado de polícia indicie o investigado.

Tabela sobre o indiciamento: confira tabela para revisar o indiciamento:

Indiciamento	
Características	**Comentários**
Ato de imputação privativo do delegado de polícia	Por meio do indiciamento, o delegado de polícia imputa ao indiciado a prática do crime investigado no bojo do inquérito policial.
Ato fundamentado	O delegado de polícia deve fazer análise técnico-jurídica da autoria, da materialidade e das circunstâncias do fato apurado.
Impossibilidade de requisição	Nem o Ministério Público nem o Judiciário podem requisitar do delegado de polícia o indiciamento do investigado (exatamente por se tratar de ato privativo da autoridade policial).

Indiciamento depois do início da ação penal	Não é possível.
Autorização para indiciamento de autoridade com prerrogativa de foro	Não é necessário autorização prévia.
Previsão legal (§ 6° do artigo 2° da Lei 12.830/13)	Art. 2° (...) § 6° O indiciamento, privativo do delegado de polícia, dar-se-á por ato fundamentado, mediante análise técnico-jurídica do fato, que deverá indicar a autoria, materialidade e suas circunstâncias.

- **Tratamento protocolar:** o artigo 3º da lei estudada deixa claro que o cargo de delegado de polícia é privativo de bacharel em Direito (consequência ululante da natureza jurídica das suas funções) e que o tratamento protocolar dispensado à autoridade policial é o mesmo recebido por juízes, promotores, defensores públicos e advogados (uso do pronome de tratamento "Vossa Excelência", por exemplo):

> **Art. 3º O cargo de delegado de polícia é privativo de bacharel em Direito, devendo-lhe ser dispensado o mesmo tratamento protocolar que recebem os magistrados, os membros da Defensoria Pública e do Ministério Público e os advogados.**

- **Tabela com resumo:** eis o resumo do quanto estudado:

Dispositivo	Comentários
Art. 2° (...) § 1° Ao delegado de polícia, na qualidade de autoridade policial, cabe a condução da investigação criminal por meio de inquérito policial ou outro procedimento previsto em lei, que tem como objetivo a apuração das circunstâncias, da materialidade e da autoria das infrações penais.	O dispositivo traz em seu bojo o conceito de autoridade policial.

Art. 2º (...) § 2º Durante a investigação criminal, cabe ao delegado de polícia a requisição de perícia, informações, documentos e dados que interessem à apuração dos fatos.	O dispositivo trata, genericamente, do poder requisitório do delegado de polícia. Para complementar esse estudo, leia também o artigo 13-A do CPP, o artigo 17-B da Lei 9.613/98, os artigos 15, 16 e 17 da Lei 12.850/13 e o § 3º do artigo 12-B da Lei 11.340/06.
Art. 2º (...) § 4º O inquérito policial ou outro procedimento previsto em lei em curso somente poderá ser avocado ou redistribuído por superior hierárquico, mediante despacho fundamentado, por motivo de interesse público ou nas hipóteses de inobservância dos procedimentos previstos em regulamento da corporação que prejudique a eficácia da investigação.	Para doutrina mais moderna, esse dispositivo representa o **princípio do delegado natural** (ou seja, a redistribuição ou a avocação do inquérito policial serão sempre excepcionais e deverão ser materializadas por meio de despacho fundamentado, calcado nas hipóteses legais).
Art. 2º (...) § 5º A remoção do delegado de polícia dar-se-á somente por ato fundamentado.	O delegado não ostenta a prerrogativa da inamovibilidade, mas sua remoção só pode ser determinada por ato devidamente fundamentado.
Art. 2º (...) § 6º O indiciamento, privativo do delegado de polícia, dar-se-á por ato fundamentado, mediante análise técnico-jurídica do fato, que deverá indicar a autoria, materialidade e suas circunstâncias.	Indiciamento é o ato de imputação, fundamentado, privativo de delegado de polícia (não pode ser requisitado pelo juízo nem pelo agente ministerial), que aponta formalmente que o investigado cometeu o crime investigado no bojo do feito, no entender da autoridade policial. Não é preciso autorização judicial para indiciamento de autoridade que goza de prerrogativa de foro (STF, INQ 4.621, rel. Min. Roberto Barroso). Não se materializa indiciamento depois do início da ação penal, nem quando a investigação diz respeito a infração de menor potencial ofensivo.
Art. 3º O cargo de delegado de polícia é privativo de bacharel em Direito, devendo-lhe ser dispensado o mesmo tratamento protocolar que recebem os magistrados, os membros da Defensoria Pública e do Ministério Público e os advogados.	O dispositivo trata do tratamento protocolar do delegado de polícia.

Questões de concurso público: veja como a lei estudada já foi cobrada em concursos públicos.

1. (Delegado de Polícia Civil/SP/2018) Nos termos da Lei nº 12.830/2013 (Investigação Criminal Conduzida pelo Delegado), assinale a alternativa correta.

A) Durante a investigação criminal, cabe ao Escrivão de Polícia a requisição de documentos e dados que interessem à apuração dos fatos.

B) O cargo de delegado de polícia é privativo de bacharel em direito com inscrição da OAB.

C) As funções de polícia judiciária e a apuração de infrações penais exercidas pelo Delegado de Polícia são consideradas de natureza jurídica, essenciais e exclusivas de Estado.

D) A remoção do Delegado de Polícia dar-se-á somente por ato fundamentado do Governador do Estado.

E) A remoção do Delegado de Polícia dar-se-á somente por ato fundamentado do Secretário de Segurança Pública.

2. (Delegado de Polícia Civil/PI/2018) No que dispõe a legislação sobre a investigação criminal, conduzida pelo delegado de polícia é CORRETO afirmar que:

A) O indiciamento, privativo do delegado de polícia, dar-se-á por ato fundamentado, mediante análise técnico-jurídica do fato, devendo indicar a autoria e a materialidade apenas.

B) O cargo de delegado é privativo de Bacharel em Direito, mas não deve lhe ser dispensado o mesmo tratamento protocolar que recebem os magistrados.

C) Cabe ao delegado de polícia e aos investigadores de polícia a condução da investigação criminal, por meio do inquérito policial.

D) A remoção do delegado de polícia dar-se-á somente por ato fundamentado.

E) Na qualidade de autoridade policial, o delegado não poderá permitir que o inquérito policial seja avocado por superior hierárquico, nos termos da legislação e da Constituição Federal.

3. (Delegado de Polícia Civil/RS/2018) Considerando a Lei nº 12.830/2013 e sua interpretação jurisprudencial, assinale a alternativa correta.

A) As funções de polícia judiciária e a apuração de infrações penais exercidas pelo delegado de polícia são de natureza técnica, essenciais e exclusivas de Estado.

B) O indiciamento dar-se-á por ato fundamentado do delegado de polícia, ao final do inquérito policial, com posterior remessa dos autos ao juiz competente.

C) Conforme jurisprudência do Superior Tribunal de Justiça, o magistrado poderá requisitar o indiciamento do suspeito ao delegado de polícia, desde que presentes indícios de autoria e prova da materialidade delitiva.

D) O indiciamento, privativo do delegado de polícia, dar-se-á por ato fundamentado, mediante análise técnico-jurídica do fato, que deverá indicar a autoria, materialidade e suas circunstâncias.

E) O Ministério Público não poderá requerer a devolução do inquérito à autoridade policial, senão para novas diligências e indiciamento, imprescindíveis ao oferecimento da denúncia.

4. **(Delegado de Polícia Civil/MA/2018)** No caso de um delegado de polícia instaurar inquérito policial para apurar a conduta delitiva supostamente praticada por determinado cidadão, o delegado-geral de polícia

A) Poderá promover a remoção do delegado com o objetivo de frustrar a sua atuação no inquérito, independentemente de justificativa, em razão de sua posição hierárquica.

B) Poderá determinar a redistribuição do inquérito por motivo de interesse público devidamente demonstrado.

C) Não poderá, em regra, determinar a redistribuição do inquérito policial, ressalvado apenas o caso de morte do delegado que determinar a sua instauração.

D) Poderá proceder à redistribuição do inquérito, independentemente de justificativa, em razão de sua posição hierárquica.

E) Não poderá avocar o inquérito policial, salvo em caso de inobservância dos procedimentos previstos em regulamento da corporação policial que prejudique a eficácia da investigação.

5. **(Delegado de Polícia Civil/MT/2017)** O inquérito policial instaurado por delegado de polícia para investigar determinado crime

A) Não poderá ser avocado, nem mesmo por superior hierárquico.

B) Poderá ser avocado por superior hierárquico somente no caso de não cumprimento de algum procedimento regulamentar da corporação.

C) Poderá ser redistribuído por superior hierárquico, devido a motivo de interesse público.

D) Poderá ser avocado por superior hierárquico, independentemente de fundamentação em despacho.

E) Não poderá ser redistribuído, nem mesmo por superior hierárquico.

6. **(Delegado de Polícia Civil/MS/2017)** Acerca da investigação criminal,

[...] a autoridade policial não é parte no processo penal, não tem interesse que possa deduzir em juízo e a investigação criminal não guarda autonomia, ela existe orientada ao exercício futuro da ação. A constatação de comportamentos do indiciado prejudiciais à investigação deve ser compartilhada entre a autoridade policial e o Ministério Público (ou o querelante, conforme o caso), para que o autor da ação penal ajuíze seu real interesse em ver a prisão decretada.

PRADO, Geraldo. Medidas cautelares no processo penal: prisões e suas alternativas. São Paulo: Revista dos Tribunais, 2011, p. 67.

As funções de polícia judiciária e a apuração de infrações penais exercidas pelo delegado de polícia são de natureza jurídica, essenciais e exclusivas de Estado.

BRASIL. Lei n- 12.830. Dispõe sobre a investigação criminal conduzida pelo delegado de polícia. Art. 2$. 2013.

Isso considerado, assinale a alternativa correta.

A) O indiciamento, privativo do delegado de polícia, dar-se-á por ato discricionário, mediante análise fática da ocorrência do fato, e deverá indicar a autoria, materialidade e suas circunstâncias.

B) O inquérito policial em curso poderá ser avocado ou redistribuído por superior hierárquico, independentemente de despacho fundamentado.

C) A participação de membro do Ministério Público na fase investigatória criminal acarreta o seu impedimento ou suspeição para o oferecimento da denúncia.

D) Da decisão do delegado de polícia que nega o pedido de abertura de inquérito policial formulado pelo ofendido ou seu representante legal, caberá mandado de segurança.

E) Durante a investigação criminal, cabe ao delegado de polícia a requisição de perícia, informações, documentos e dados que interessem à apuração dos fatos.

---

7. (Delegado de Polícia Civil/AC/2017) No que tange à investigação criminal conduzida pelo Delegado de Polícia (Lei n° 12.830/2013), assinale a alternativa correta.

A) As funções de polícia judiciária bem como a administrativa e a apuração de infrações penais exercidas pelo delegado de polícia são de natureza jurídica, essenciais e exclusivas de Estado.

B) O cargo de delegado de polícia é privativo de bacharel em Direito, devendo-lhe ser dispensado o mesmo tratamento protocolar que recebem os magistrados, os membros da Defensoria Pública e do Ministério Público e os advogados.

C) Durante a investigação criminal, cabe ao delegado de polícia a requisição de perícia, desde que autorizada pela autoridade judiciária.

D) A remoção do delegado de polícia dar-se-á somente por ato fundamentado, exceto nos casos previstos em lei.

E) O inquérito policial ou outro procedimento previsto em lei em curso poderá ser avocado ou redistribuído por superior hierárquico, independentemente de despacho fundamentado.

---

8. (Delegado de Polícia Civil/PA/2016) A Lei n° 12.830, de 2013, dispõe sobre a investigação criminal conduzida pelo delegado de polícia. Sobre o tema, é correto afirmar que:

A) O indiciamento é ato privativo de delegado, que deve fundamentá-lo através de análise técnico-jurídica do fato, indicando autoria e materialidade, bem como suas circunstâncias.

B) Apenas bacharéis em direito podem ocupar o cargo de delegado de polícia, ao qual deverá ser dispensado o mesmo tratamento protocolar dispensado a advogados, defensores públicos e promotores de Justiça, ressalvado o tratamento reservado a magistrados.

C) A lei especifica que a perícia criminal deve ser independente, não se sujeitando a requisições formuladas pelo delegado de polícia.

D) O inquérito policial somente poderá ser avocado e redistribuído pelas corregedorias de polícia, por motivo de interesse público.

E) O delegado goza de inamovibilidade limitada, podendo sua remoção se dar apenas a pedido ou por decisão judicial transitada em julgado.

---

9. (Delegado de Polícia Civil/PE/2016) Com base nos dispositivos da Lei n.º 12.830/2013, que dispõe sobre a investigação criminal conduzida por delegado de polícia, assinale a opção correta.

A) São de natureza jurídica, essenciais e exclusivas de Estado as funções de polícia judiciária e a apuração de infrações penais pelo delegado de polícia.

B) A redistribuição ou a avocação de procedimento de investigação criminal poderá ocorrer de forma casuística, desde que determinada por superior hierárquico.

C) A remoção de delegado de polícia de determinada unidade policial somente será motivada se ocorrer de uma circunscrição para outra, não incidindo a exigência de motivação nas remoções de delegados de uma delegacia para outra no âmbito da mesma localidade.

D) A decisão final sobre a realização ou não de diligencias no âmbito do inquérito policial pertence exclusivamente ao delegado de polícia que preside os autos.

E) A investigação de crimes é atividade exclusiva das polícias civil e federal.

---

10. (Delegado de Polícia Civil/SC/2014) De acordo com a Lei n. 12.830, de 20 de junho de 2013, analise as afirmações a seguir e assinale a alternativa correta.

I. O cargo de delegado de polícia é privativo de bacharel em Direito, devendo-lhe ser dispensado o mesmo tratamento protocolar que recebem os magistrados, os membros da Defensoria Pública e do Ministério Público e os advogados.

II. O indiciamento, privativo do delegado de polícia, dar-se-á por ato fundamentado, mediante análise técnico-jurídica do fato, que deverá indicar a autoria, materialidade e suas circunstâncias.

III. O inquérito policial ou outro procedimento previsto em lei em curso somente poderá ser avocado ou redistribuído por superior hierárquico, mediante despacho fundamentado, por motivo de interesse público ou nas hipóteses de inobservância dos procedimentos previstos em regulamento da corporação que prejudique a eficácia da investigação.

IV. Durante a investigação criminal, cabe ao delegado de polícia a requisição de perícia, informações, documentos e dados que interessem à apuração dos fatos.

V. Ao delegado de polícia, na qualidade de autoridade policial, cabe a condução da investigação criminal por meio de inquérito policial ou outro procedimento previsto em lei, que tem como objetivo a apuração das circunstâncias, da materialidade e da autoria das infrações penais.

A) Apenas IV e V estão corretas.

B) Apenas I, II, III e V estão corretas.

C) Apenas I, II e III estão corretas.

D) Apenas II e III estão corretas.

E) Todas as afirmações estão corretas.

Gabarito comentado:

Questão	Reposta	Comentário
1	Letra C	Vide caput do artigo 2° da Lei 12.830/13.
2	Letra D	Vide § 5° do artigo 2° da Lei 12.830/13.
3	Letra D	Vide § 6° do artigo 2° da Lei 12.830/13.
4	Letra B	Vide § 4° do artigo 2° da Lei 12.830/13.
5	Letra C	Vide § 4° do artigo 2° da Lei 12.830/13.
6	Letra E	Vide § 2° do artigo 2° da Lei 12.830/13.
7	Letra B	Vide artigo 3° da Lei 12.830/13.
8	Letra A	Vide § 6° do artigo 2° da Lei 12.830/13.
9	Letra A	Vide caput do artigo 2° da Lei 12.830/13.
10	Letra E	Vide artigo 3°, § 6° do artigo 2°, § 4° do artigo 2°, § 2° do artigo 2° e § 1° do artigo 2°, todos da Lei 12.830/13.

Quesitos criados pelo autor da obra: confira algumas questões por mim criadas para orientar seus estudos.

1. É possível requisição de indiciamento pelo Ministério Público? É possível afastamento de servidor público em face de seu indiciamento?

RESPOSTA: O indiciamento é ato de imputação, fundamentado, por meio do qual o delegado imputa a prática do delito investigado ao indiciado, analisando autoria, materialidade e circunstâncias (previsão legal no artigo § 6° do artigo 2° da Lei 12.830/13). Como o indiciamento é ato privativo do delegado, não há espaço para requisição de indiciamento.

O artigo 17-D da Lei 9.613/98, que permitia o afastamento remunerado do servidor público indiciado pela prática de lavagem de dinheiro foi declarado inconstitucional pelo Supremo Tribunal Federal nos autos da ADI 4911.

20

Lei 12.850/13 – Organizações Criminosas

▪ **Introdução:** nosso primeiro mandamento legal elaborado com o fito de enfrentar organizações criminosas foi a Lei 9.034/95 (mas ela sequer definia, em seu bojo, "organização criminosa").

Seguindo a linha do tempo, temos a Convenção das Nações Unidas contra o Crime Organizado Transnacional (Convenção de Palermo), que foi inserida formalmente em nosso ordenamento jurídico por meio do Decreto 5.015/2004, de 12 de março de 2004 (que a promulgou).

A letra 'a' do artigo 2º da Convenção de Palermo definiu grupo criminoso organizado como:

> Grupo estruturado de três ou mais pessoas, existente há algum tempo e atuando concertadamente com o propósito de cometer uma ou mais infrações graves ou enunciadas na presente Convenção, com a intenção de obter, direta ou indiretamente, um benefício econômico ou outro benefício material.

Infrações graves são as punidas com pena privativa de liberdade igual ou superior a quatro anos, nos termos da Convenção.

O conceito de **organização criminosa** elaborado pelo legislador brasileiro apareceu pela primeira vez no artigo 2º da Lei 12.694/12:

> Art. 2º Para os efeitos desta Lei, considera-se organização criminosa a associação, de 3 (três) ou mais pessoas, estruturalmente ordenada e caracterizada pela divisão de tarefas, ainda que

> informalmente, com objetivo de obter, direta ou indiretamente, vantagem de qualquer natureza, mediante a prática de crimes cuja pena máxima seja igual ou superior a 4 (quatro) anos ou que sejam de caráter transnacional.

Surgiu, um ano depois, a Lei 12.850/13, que definiu uma vez mais (e de forma distinta da Lei 12.694/12) organização criminosa e dispôs sobre a investigação criminal, os meios de obtenção da prova, infrações penais correlatas e o procedimento criminal; alterou o Decreto-Lei nº 2.848, de 7 de dezembro de 1940 (Código Penal); revogou a Lei 9.034/95 e deu outras providências.

O mandamento legal em comento trouxe em seu bojo tanto matéria penal quanto processual penal.

- **Conceito atual de organização criminosa:** o § 1º do artigo 1º define organização criminosa e o § 2º estende o alcance da Lei 12.850/13. Eis os dispositivos:

> **Art. 1º (...).**
>
> **§ 1º Considera-se organização criminosa a associação de 4 (quatro) ou mais pessoas estruturalmente ordenada e caracterizada pela divisão de tarefas, ainda que informalmente, com objetivo de obter, direta ou indiretamente, vantagem de qualquer natureza, mediante a prática de infrações penais cujas penas máximas sejam superiores a 4 (quatro) anos, ou que sejam de caráter transnacional.**
>
> **§ 2º Esta Lei se aplica também:**
>
> **I – às infrações penais previstas em tratado ou convenção internacional quando, iniciada a execução no País, o resultado tenha ou devesse ter ocorrido no estrangeiro, ou reciprocamente;**
>
> **II – às organizações terroristas, entendidas como aquelas voltadas para a prática dos atos de terrorismo legalmente definidos.**

O conceito de terrorismo (a Lei 12.850/13 também se aplica à persecução penal relacionada à elucidação de ataques terroristas) é fornecido pelo artigo 2º da Lei 13.260/13:

> Art. 2º O terrorismo consiste na prática por um ou mais indivíduos dos atos previstos neste artigo, por razões de xenofobia, discriminação ou preconceito de raça, cor, etnia e religião, quando cometidos com a finalidade de provocar terror social ou generalizado,

expondo a perigo pessoa, patrimônio, a paz pública ou a incolumidade pública.

§ 1° São atos de terrorismo:

I – usar ou ameaçar usar, transportar, guardar, portar ou trazer consigo explosivos, gases tóxicos, venenos, conteúdos biológicos, químicos, nucleares ou outros meios capazes de causar danos ou promover destruição em massa;

II – (VETADO);

III – (VETADO);

IV – sabotar o funcionamento ou apoderar-se, com violência, grave ameaça a pessoa ou servindo-se de mecanismos cibernéticos, do controle total ou parcial, ainda que de modo temporário, de meio de comunicação ou de transporte, de portos, aeroportos, estações ferroviárias ou rodoviárias, hospitais, casas de saúde, escolas, estádios esportivos, instalações públicas ou locais onde funcionem serviços públicos essenciais, instalações de geração ou transmissão de energia, instalações militares, instalações de exploração, refino e processamento de petróleo e gás e instituições bancárias e sua rede de atendimento;

V – atentar contra a vida ou a integridade física de pessoa:

Pena – reclusão, de doze a trinta anos, além das sanções correspondentes à ameaça ou à violência.

§ 2° O disposto neste artigo não se aplica à conduta individual ou coletiva de pessoas em manifestações políticas, movimentos sociais, sindicais, religiosos, de classe ou de categoria profissional, direcionados por propósitos sociais ou reivindicatórios, visando a contestar, criticar, protestar ou apoiar, com o objetivo de defender direitos, garantias e liberdades constitucionais, sem prejuízo da tipificação penal contida em lei.

▪ **Revogação tácita do artigo 2º da Lei 12.694/12:** importante salientar que a lei em estudo revogou tacitamente o artigo 2º da Lei 12.694/12 (que também define organização criminosa). O novo mandamento aumentou o número mínimo de integrantes da organização criminosa (o artigo revogado falava em três ou mais pessoas e a nova lei reclama quatro ou mais integrantes, para caracterização de organização criminosa) e alterou o teto de pena máxima dos crimes cometidos pelas organizações criminosas (a Convenção de Palermo e a Lei 12.694/12 se referem a crimes cuja pena máxima seja igual ou superior a quatro anos e a Lei 12.850/13 reclama crimes cuja pena máxima seja superior a quatro anos).

▪ **Crime de promoção, constituição, financiamento ou participação em organização criminosa:** o *caput* artigo 2º da Lei 12.850/13 tipifica a conduta de quem promove, constitui, financia ou participa de organização criminosa. O artigo em comento ressalva que os crimes praticados pelo integrante da organização criminosa são a ele imputados sem prejuízo das sanções previstas no seu preceito secundário (em concurso material). Eis a norma penal incriminadora:

> **Art. 2º Promover, constituir, financiar ou integrar, pessoalmente ou por interposta pessoa, organização criminosa:**
>
> **Pena – reclusão, de 3 (três) a 8 (oito) anos, e multa, sem prejuízo das penas correspondentes às demais infrações penais praticadas.**

- **Classificação:** acerca do crime acima transcrito e bebendo nas lições de Rogério Sanches e Ronaldo Batista Pinto[1]:

> O crime, quanto ao sujeito ativo, é comum (dispensando qualidade ou condição especial do agente), plurissubjetivo (de concurso necessário) de condutas paralelas (umas auxiliando as outras), estabelecendo o tipo incriminador a presença de, no mínimo, quatro associados, computando-se eventuais inimputáveis ou pessoas não identificadas, bastando prova no sentido de que tomaram parte da divisão de tarefas estruturadas dentro da organização.

- **Figura equiparada:** o artigo 2º traz ainda figura equiparada à principal (§ 1º – trata-se do crime de "obstrução de Justiça"):

> **Art. 2º (...)**
>
> **§ 1º Nas mesmas penas incorre quem impede ou, de qualquer forma, embaraça a investigação de infração penal que envolva organização criminosa.**

- **Expressão "investigação de infração penal":** o Superior Tribunal de Justiça, interpretando o alcance da expressão "investigação de infração penal" contida na figura equiparada acima transcrita, concluiu que é possível prática do crime de obstrução de justiça durante toda a persecução

1. SANCHES CUNHA, Rogério e PINTO, Ronaldo Batista. **Crime Organizado**, Editora Juspodivm, 2013, página 17.

penal (e não apenas no curso do inquérito policial). Eis o *decisum* (transcrevo apenas parte do julgado):

> 3. A tese de que a investigação criminal descrita no art. 2°, § 1°, da Lei n. 12.850/13 cinge-se à fase do inquérito, não deve prosperar, eis que as investigações se prolongam durante toda a persecução criminal, que abarca tanto o inquérito policial quanto a ação penal deflagrada pelo recebimento da denúncia. Com efeito, não havendo o legislador inserido no tipo a expressão estrita "inquérito policial", compreende-se ter conferido à investigação de infração penal o sentido de persecução penal, até porque carece de razoabilidade punir mais severamente a obstrução das investigações do inquérito do que a obstrução da ação penal. Ademais, sabe-se que muitas diligências realizadas no âmbito policial possuem o contraditório diferido, de tal sorte que não é possível tratar inquérito e ação penal como dois momentos absolutamente independentes da persecução penal (HC 487.962/SC, Rel. Ministro Joel Ilan Paciornik, Quinta Turma, julgado em 28/05/2019, DJe 07/06/2019).

▪ **Crime material:** o Tribunal da Cidadania entende que o crime de obstrução de justiça é material, mesmo na modalidade "embaraçar". É preciso, destarte, para consumação do delito estudado, que se perceba resultado da conduta do agente, ainda que momentâneo e reversível, no bojo da persecução penal (transcrevo apenas parte do julgado):

> 3.1. O delito do art. 2°, § 1°, da lei n. 12850/13 é crime material, inclusive na modalidade embaraçar. O referido verbo atrai um resultado, ou seja, uma alteração do seu objeto. Na hipótese normativa, o objeto é a investigação que, como já dito, pode se dar na fase de inquérito ou na ação penal. Ou seja, haverá a consumação pelo embaraço à investigação se algum resultado, ainda que momentâneo e reversível, for constatado (REsp 1817416/SC, Rel. Ministro Joel Ilan Paciornik, Quinta Turma, julgado em 03/08/2021, DJe 16/08/2021).

▪ **Organização criminosa armada (majorante):** no § 2º há causa de aumento relativa à organização criminosa armada:

> **Art. 2° (...)**
>
> **§ 2º As penas aumentam-se até a metade se na atuação da organização criminosa houver emprego de arma de fogo.**

Importante, nessa esteira, a leitura do § 2º do artigo 310 do Código de Processo Penal, inserido pelo Pacote Anticrime (impossibilidade, na audiência de custódia, da concessão de liberdade provisória para o reincidente, o integrante de milícia, o **integrante de organização criminosa armada** ou para quem porta arma de fogo de uso restrito – parece-me modificação inconstitucional, visto que o Supremo Tribunal Federal já se manifestou algumas vezes no sentido de que a vedação da concessão de liberdade provisória abstratamente determinada pela lei não é compatível com o texto da Carta da República):

> Art. 310. (...):
>
> § 2º Se o juiz verificar que o agente é reincidente ou que integra organização criminosa armada ou milícia, ou que porta arma de fogo de uso restrito, deverá denegar a liberdade provisória, com ou sem medidas cautelares.

- **Circunstância agravante:** no § 3º do artigo 2º da Lei 12.850/13 há agravante para quem exerce o comando (individual ou coletivo – é possível que o organismo criminoso seja liderado por mais de uma pessoa) da organização criminosa:

> **Art. 2º (...)**
>
> **§ 3º A pena é agravada para quem exerce o comando, individual ou coletivo, da organização criminosa, ainda que não pratique pessoalmente atos de execução.**

- **Causas de aumento de pena:** no § 4º do artigo 2º da Lei 12.850/13 há outras causas de aumento (a pena será majorada de 1/6 a 2/3 na terceira fase da fixação de pena):

> **Art. 2º (...)**
>
> **§ 4º A pena é aumentada de 1/6 (um sexto) a 2/3 (dois terços):**
>
> **I – se há participação de criança ou adolescente;**
>
> **II – se há concurso de funcionário público, valendo-se a organização criminosa dessa condição para a prática de infração penal;**
>
> **III – se o produto ou proveito da infração penal destinar-se, no todo ou em parte, ao exterior;**
>
> **IV – se a organização criminosa mantém conexão com outras organizações criminosas independentes;**
>
> **V – se as circunstâncias do fato evidenciarem a transnacionalidade da organização.**

▪ **Afastamento cautelar de servidor público:** uma das características principais das organizações criminosas é a capacidade de corromper funcionários públicos (com o objetivo de facilitar sua atuação e maximizar seus lucros). Nesta senda, o § 5º do artigo 2º da Lei 12.850/13 possibilita o afastamento cautelar e remunerado do servidor público que faz parte de organização criminosa (por determinação do juiz, atendendo a representação do delegado de polícia ou requerimento do Ministério Público – natureza jurídica de medida cautelar pessoal diversa da prisão):

> Art. 2º (...)
>
> **§ 5º Se houver indícios suficientes de que o funcionário público integra organização criminosa, poderá o juiz determinar seu afastamento cautelar do cargo, emprego ou função, sem prejuízo da remuneração, quando a medida se fizer necessária à investigação ou instrução processual.**

▪ **Perda do cargo, função, emprego ou mandato eletivo e interdição para exercício de função ou cargo público:** o § 6º do artigo 2º da Lei 12.850/13 traz em seu bojo a perda de cargo, função, emprego ou mandato eletivo e a interdição para o exercício de função ou cargo público pelo prazo de 8 (oito) anos subsequentes ao cumprimento da pena – os efeitos são automáticos, decorrentes da lei (*ex lege*) e que sequer precisam constar em sentença[2]:

> Art. 2º (...)
>
> **§ 6º A condenação com trânsito em julgado acarretará ao funcionário público a perda do cargo, função, emprego ou mandato eletivo e a interdição para o exercício de função ou cargo público pelo prazo de 8 (oito) anos subsequentes ao cumprimento da pena.**

▪ **Envolvimento de policial:** no § 7º do artigo 2º da Lei 12.850/13 há comando determinando instauração de inquérito pela Corregedoria, em caso de suspeita de envolvimento de policial em organização criminosa, com comunicação do Ministério Público, que designará membro para

2. Nesse sentido CUNHA, Rogério Sanches e PINTO, Ronaldo Batista. Op. cit., página 23.

acompanhar o feito (o dispositivo tem o objetivo de colher, com maior isenção, elementos informativos e provas da eventual participação do policial na organização criminosa investigada, com o fito de proteger o aparelho policial da deletéria presença de agentes estatais corrompidos):

> **Art. 2º (...)**
>
> **§ 7º Se houver indícios de participação de policial nos crimes de que trata esta Lei, a Corregedoria de Polícia instaurará inquérito policial e comunicará ao Ministério Público, que designará membro para acompanhar o feito até a sua conclusão.**

- **Estabelecimento penal de segurança máxima:** o Pacote Anticrime enxertou os §§ 8º e 9º no artigo 2º da Lei 12.850/13. O primeiro dispositivo determina que as lideranças de organizações criminosas armadas ou que tenham armas à disposição iniciem o cumprimento da pena em estabelecimento penal de segurança máxima. Isso parece indicar imposição de regime inicial de cumprimento de pena fechado, já que as penitenciárias são estabelecimentos penais de segurança máxima – saliento que o Supremo Tribunal Federal considera inconstitucional a imposição legal (em abstrato) de regime inicialmente fechado, independentemente da pena aplicada (vale dizer, o regime inicial fechado é imposto: i) ao primário condenado a pena de reclusão superior a oito anos; ii) ao reincidente condenado a pena de reclusão; iii) ao condenado primário a pena de reclusão igual ou inferior a oito anos, desde que exista fundamentação concreta):

> **Art. 2º (...)**
>
> **§ 8º As lideranças de organizações criminosas armadas ou que tenham armas à disposição deverão iniciar o cumprimento da pena em estabelecimentos penais de segurança máxima.**

- **Vedação da progressão de regime ou da obtenção de livramento condicional:** o § 9º do artigo 2º da Lei 12.850/13 veda progressão de regime de cumprimento de pena ou obtenção de livramento condicional se houver elementos probatórios que indiquem a manutenção do vínculo associativo com a organização criminosa (penso que não há inconstitucionalidade nesta vedação, posto que o condenado finda praticando condutas que demonstram o interesse em manter os laços com o grupo criminoso organizado – não se trata de uma vedação em abstrato de benefícios, mas de decisão fundamentada do juízo da execução penal calcada em atos concretos do condenado, que insiste em se manter agregado ao consórcio criminoso):

> **Art. 2º (...)**
>
> **§ 9º O condenado expressamente em sentença por integrar organização criminosa ou por crime praticado por meio de organização criminosa não poderá progredir de regime de cumprimento de pena ou obter livramento condicional ou outros benefícios prisionais se houver elementos probatórios que indiquem a manutenção do vínculo associativo.**

- **Tabela que sintetiza o tipo:** confira tabela que sintetiza o estudo do crime tipificado no artigo 2º da Lei 12.850/13:

Dispositivo	Comentário
Art. 2º Promover, constituir, financiar ou integrar, pessoalmente ou por interposta pessoa, organização criminosa: Pena - reclusão, de 3 (três) a 8 (oito) anos, e multa, sem prejuízo das penas correspondentes às demais infrações penais praticadas.	Trata-se de crime comum, plurissubjetivo e doloso.
Art. 2º (...) § 1º Nas mesmas penas incorre quem impede ou, de qualquer forma, embaraça a investigação de infração penal que envolva organização criminosa.	Vide dois importantes julgados sobre a figura equiparada: 3. A tese de que a investigação criminal descrita no art. 2º, § 1º, da Lei n. 12.850/13 cinge-se à fase do inquérito, não deve prosperar, eis que as investigações se prolongam durante toda a persecução criminal, que abarca tanto o inquérito policial quanto a ação penal deflagrada pelo recebimento da denúncia. Com efeito, não havendo o legislador inserido no tipo a expressão estrita "inquérito policial", compreende-se ter conferido à investigação de infração penal o sentido de persecução penal, até porque carece de razoabilidade punir mais severamente a obstrução das investigações do

	inquérito do que a obstrução da ação penal. Ademais, sabe-se que muitas diligências realizadas no âmbito policial possuem o contraditório diferido, de tal sorte que não é possível tratar inquérito e ação penal como dois momentos absolutamente independentes da persecução penal (HC 487.962/SC, Rel. Ministro Joel Ilan Paciornik, Quinta Turma, julgado em 28/05/2019, DJe 07/06/2019). 3.1. O delito do art. 2°, § 1°, da lei n. 12850/13 é crime material, inclusive na modalidade embaraçar. O referido verbo atrai um resultado, ou seja, uma alteração do seu objeto. Na hipótese normativa, o objeto é a investigação que, como já dito, pode se dar na fase de inquérito ou na ação penal. Ou seja, haverá a consumação pelo embaraço à investigação se algum resultado, ainda que momentâneo e reversível, for constatado (REsp 1817416/SC, Rel. Ministro Joel Ilan Paciornik, Quinta Turma, julgado em 03/08/2021, DJe 16/08/2021).
Art. 2° (...) § 2° As penas aumentam-se até a metade se na atuação da organização criminosa houver emprego de arma de fogo.	Trata-se de causa de aumento de pena (majorante).
Art. 2° (...) § 3° A pena é agravada para quem exerce o comando, individual ou coletivo, da organização criminosa, ainda que não pratique pessoalmente atos de execução.	Trata-se de **agravante** relacionada ao comando da organização criminosa.

Art. 2º (...) § 4º A pena é aumentada de 1/6 (um sexto) a 2/3 (dois terços): I - se há participação de criança ou adolescente; II - se há concurso de funcionário público, valendo-se a organização criminosa dessa condição para a prática de infração penal; III - se o produto ou proveito da infração penal destinar-se, no todo ou em parte, ao exterior; IV - se a organização criminosa mantém conexão com outras organizações criminosas independentes; V - se as circunstâncias do fato evidenciarem a transnacionalidade da organização.	O dispositivo encerra causas de aumento de pena.
Art. 2º (...) § 5º Se houver indícios suficientes de que o funcionário público integra organização criminosa, poderá o juiz determinar seu afastamento cautelar do cargo, emprego ou função, sem prejuízo da remuneração, quando a medida se fizer necessária à investigação ou instrução processual.	O dispositivo trata do afastamento cautelar do funcionário público que integra organização criminosa (depende de decisão judicial e é remunerado).
Art. 2º (...) § 6º A condenação com trânsito em julgado acarretará ao funcionário público a perda do cargo, função, emprego ou mandato eletivo e a interdição para o exercício de função ou cargo público pelo prazo de 8 (oito) anos subsequentes ao cumprimento da pena.	O dispositivo trata da perda do cargo (*ex lege* – automática) enquanto efeito da condenação (além da interdição para exercício de cargo ou função pública pelo prazo de 8 anos subsequentes ao cumprimento da pena).

Art. 2º (...) § 7º Se houver indícios de participação de policial nos crimes de que trata esta Lei, a Corregedoria de Polícia instaurará inquérito policial e comunicará ao Ministério Público, que designará membro para acompanhar o feito até a sua conclusão.	O dispositivo trata da instauração de inquérito pela Corregedoria de Polícia, quando houver indício da participação de policial na organização criminosa.
Art. 2º (...) § 8º As lideranças de organizações criminosas armadas ou que tenham armas à disposição deverão iniciar o cumprimento da pena em estabelecimentos penais de segurança máxima.	O dispositivo trata do cumprimento de pena das lideranças da organização criminosa (em estabelecimentos penais de segurança máxima).
Art. 2º (...) § 9º O condenado expressamente em sentença por integrar organização criminosa ou por crime praticado por meio de organização criminosa não poderá progredir de regime de cumprimento de pena ou obter livramento condicional ou outros benefícios prisionais se houver elementos probatórios que indiquem a manutenção do vínculo associativo.	O dispositivo veda progressão de regime, livramento condicional ou outros benefícios enquanto o condenado mantiver vínculos associativos com a organização criminosa.

- **Meios de obtenção de prova:** o artigo 3º da Lei 12.850/13 trata de meios de obtenção de prova (trata-se de lista exemplificativa). Vejamos o dispositivo:

> **Art. 3º Em qualquer fase da persecução penal, serão permitidos, sem prejuízo de outros já previstos em lei, os seguintes meios de obtenção da prova:**
>
> **I – colaboração premiada;**
>
> **II – captação ambiental de sinais eletromagnéticos, ópticos ou acústicos;**
>
> **III – ação controlada;**
>
> **IV – acesso a registros de ligações telefônicas e telemáticas, a dados cadastrais constantes de bancos de dados públicos ou privados e a informações eleitorais ou comerciais;**

V – interceptação de comunicações telefônicas e telemáticas, nos termos da legislação específica;

VI – afastamento dos sigilos financeiro, bancário e fiscal, nos termos da legislação específica;

VII – infiltração, por policiais, em atividade de investigação, na forma do art. 11;

VIII – cooperação entre instituições e órgãos federais, distritais, estaduais e municipais na busca de provas e informações de interesse da investigação ou da instrução criminal.

§ 1° Havendo necessidade justificada de manter sigilo sobre a capacidade investigatória, poderá ser dispensada licitação para contratação de serviços técnicos especializados, aquisição ou locação de equipamentos destinados à polícia judiciária para o rastreamento e obtenção de provas previstas nos incisos II e V.

§ 2° No caso do § 1°, fica dispensada a publicação de que trata o parágrafo único do art. 61 da Lei n° 8.666, de 21 de junho de 1993, devendo ser comunicado o órgão de controle interno da realização da contratação.

- **Colaboração premiada:** passemos a estudar os mecanismos de investigação mais importantes destinados à desarticulação de organizações criminosas.

O artigo 4º inseriu em nosso ordenamento a **colaboração premiada**, que pode ser assim definida:

> Em síntese bastante apertada, colaboração premiada é o acordo firmado entre o membro de organização criminosa e o estado (representado pelo delegado de polícia ou pelo Ministério Público), por meio do qual é possível o perdão judicial, a redução da pena (até 2/3) ou a substituição da pena privativa de liberdade por restritiva de direitos do colaborador voluntário (se o acordo foi firmado antes da sentença) ou diminuição de pena (até a metade) ou progressão de regime, ainda que ausentes os requisitos objetivos (se o acordo foi firmado depois da sentença), desde que alcançado ao menos um dos resultados descritos nos incisos do artigo 4° da Lei 12.850/13[3].

- **Natureza jurídica do acordo de colaboração premiada:** o Pacote Anticrime inseriu na Lei 12.850/13 o artigo 3º-A, deixando claro a natureza

3. SILVA, Márcio Alberto Gomes. **Processo Penal para Carreiras Policiais**, 6ª edição, editora Juspodivm, 2021, p. 439.

dúplice do acordo de colaboração premiada (negócio jurídico processual e meio de obtenção de prova):

> **Art. 3°-A. O acordo de colaboração premiada é negócio jurídico processual e meio de obtenção de prova, que pressupõe utilidade e interesse públicos.**

A natureza jurídica de negócio jurídico processual em nada impactou a legitimidade do delegado de polícia em relação à formalização de acordo de colaboração premiada. Dizer que o negócio jurídico é processual não significa que ele só pode ser firmado no curso do processo, mas, tão somente, que as benesses propostas no bojo do acordo serão avaliadas e aplicadas pelo juiz na sentença.

- **Início das negociações:** o artigo 3º-B também foi enxertado na Lei 12.850/13 e regulamenta o momento inicial das negociações travadas entre o Estado (representado pelo delegado de polícia ou pelo Ministério Público) e o membro de organização criminosa assistido por seu advogado.

A proposta para formalização do acordo constitui marco de confidencialidade, configurando violação de sigilo e quebra da confiança e da boa-fé a divulgação das tratativas iniciais ou de documento que as formalize, até o levantamento de sigilo por decisão judicial.

O Supremo Tribunal Federal decidiu, no bojo do MS 35693 (relatoria do Ministro Edson Fachin), que o membro de organização criminosa não tem direito líquido e certo à materialização de acordo de colaboração premiada e isso foi confirmado pelo legislador no § 1º do novo artigo 3º-B da Lei 12.850/13.

Se não houver indeferimento sumário da proposta de acordo, as partes firmarão Termo de Confidencialidade (delegado de polícia ou Ministério Público, membro da organização criminosa e seu advogado ou defensor público) para prosseguimento das tratativas e esse termo vinculará os órgãos envolvidos na negociação, impedindo indeferimento posterior sem justa causa (em respeito ao princípio da boa-fé).

A colaboração, para ser efetiva, precisa de corroboração e isso pode demandar instrução, na forma do § 4º do artigo 3º-B da Lei 12.850/13.

Se não for celebrado o acordo por iniciativa do delegado de polícia ou Ministério Público, esse não poderá se valer de nenhuma das informações ou provas apresentadas pelo colaborador, de boa-fé, para qualquer outra finalidade. A contrário senso, parece-me que se o pretenso colaborador tiver dado causa a não finalização da avença, será possível a utilização das informações ou provas apresentadas (ressalvadas as informações e provas autoincriminatórias). Eis o artigo 3º-B:

> **Art. 3º-B. O recebimento da proposta para formalização de acordo de colaboração demarca o início das negociações e constitui também marco de confidencialidade, configurando violação de sigilo e quebra da confiança e da boa-fé a divulgação de tais tratativas iniciais ou de documento que as formalize, até o levantamento de sigilo por decisão judicial.**
>
> **§ 1º A proposta de acordo de colaboração premiada poderá ser sumariamente indeferida, com a devida justificativa, cientificando-se o interessado.**
>
> **§ 2º Caso não haja indeferimento sumário, as partes deverão firmar Termo de Confidencialidade para prosseguimento das tratativas, o que vinculará os órgãos envolvidos na negociação e impedirá o indeferimento posterior sem justa causa.**
>
> **§ 3º O recebimento de proposta de colaboração para análise ou o Termo de Confidencialidade não implica, por si só, a suspensão da investigação, ressalvado acordo em contrário quanto à propositura de medidas processuais penais cautelares e assecuratórias, bem como medidas processuais cíveis admitidas pela legislação processual civil em vigor.**
>
> **§ 4º O acordo de colaboração premiada poderá ser precedido de instrução, quando houver necessidade de identificação ou complementação de seu objeto, dos fatos narrados, sua definição jurídica, relevância, utilidade e interesse público.**
>
> **§ 5º Os termos de recebimento de proposta de colaboração e de confidencialidade serão elaborados pelo celebrante e assinados por ele, pelo colaborador e pelo advogado ou defensor público com poderes específicos.**
>
> **§ 6º Na hipótese de não ser celebrado o acordo por iniciativa do celebrante, esse não poderá se valer de nenhuma das informações ou provas apresentadas pelo colaborador, de boa-fé, para qualquer outra finalidade.**

Nos termos do artigo 3º-C da Lei 12.850/13, a proposta de colaboração premiada reclama outorga, pelo suposto membro de organização criminosa, de procuração com poderes específicos (tanto para o advogado, quanto para o defensor público). Todas as negociações, aliás, precisam ser realizadas com a presença da defesa técnica do futuro colaborador.

Se for detectado conflito de interesses entre o advogado e o colaborador (caso aquele defenda os interesses de mais de um investigado ou réu, por exemplo) ou de hipossuficiência, o delegado de polícia ou membro do Ministério Público deverá solicitar a presença de outro advogado ou participação da Defensoria Pública.

O primeiro passo para início das negociações é o pretenso colaborador admitir ser membro da organização criminosa investigada. Daí porque há a necessidade dele narrar todos os fatos ilícitos para os quais concorreu e que tenham relação direita com os fatos investigados (não será obrigatório/necessário a confissão de infrações penais absolutamente alheias às investigadas no bojo do feito, contudo, caso o investigado não admita, de logo, fatos criminosos já conhecidos e apurados ou crimes conexos, isso pode ser interpretado como quebra da boa-fé necessária ao prosseguimento das negociações, justificando indeferimento da avença ou mesmo retratação da colaboração).

O colaborador deve instruir a proposta de colaboração com todos os elementos probantes necessários à corroboração de suas alegações (isso é extremamente importante, considerando que não é possível deferimento de medidas cautelares reais/pessoais, recebimento da denúncia/queixa ou prolação de sentença condenatória com base, exclusivamente, nas declarações do colaborador).

Eis o artigo 3º-C:

Art. 3º-C. A proposta de colaboração premiada deve estar instruída com procuração do interessado com poderes específicos para iniciar o procedimento de colaboração e suas tratativas, ou firmada pessoalmente pela parte que pretende a colaboração e seu advogado ou defensor público.

§ 1º Nenhuma tratativa sobre colaboração premiada deve ser realizada sem a presença de advogado constituído ou defensor público.

> **§ 2º Em caso de eventual conflito de interesses, ou de colaborador hipossuficiente, o celebrante deverá solicitar a presença de outro advogado ou a participação de defensor público.**
>
> **§ 3º No acordo de colaboração premiada, o colaborador deve narrar todos os fatos ilícitos para os quais concorreu e que tenham relação direta com os fatos investigados.**
>
> **§ 4º Incumbe à defesa instruir a proposta de colaboração e os anexos com os fatos adequadamente descritos, com todas as suas circunstâncias, indicando as provas e os elementos de corroboração.**

- **Artigo 4º da Lei 12.850/13:** o artigo 4º da Lei 12.850/13 traz em seu bojo as benesses possíveis quando a avença é firmada antes da sentença (perdão judicial, diminuição de pena até 2/3 e substituição de pena privativa de liberdade por restritiva de direitos) e os objetivos (alternativos) que devem ser buscados no bojo de um acordo de colaboração premiada:

> **Art. 4º O juiz poderá, a requerimento das partes, conceder o perdão judicial, reduzir em até 2/3 (dois terços) a pena privativa de liberdade ou substituí-la por restritiva de direitos daquele que tenha colaborado efetiva e voluntariamente com a investigação e com o processo criminal, desde que dessa colaboração advenha um ou mais dos seguintes resultados:**
>
> **I – a identificação dos demais coautores e partícipes da organização criminosa e das infrações penais por eles praticadas;**
>
> **II – a revelação da estrutura hierárquica e da divisão de tarefas da organização criminosa;**
>
> **III – a prevenção de infrações penais decorrentes das atividades da organização criminosa;**
>
> **IV – a recuperação total ou parcial do produto ou do proveito das infrações penais praticadas pela organização criminosa;**
>
> **V – a localização de eventual vítima com a sua integridade física preservada.**

A eventual concessão do benefício deverá observar as circunstâncias previstas no § 1º do artigo 4º da Lei 12.850/13 (personalidade do colaborador, a natureza, as circunstâncias, a gravidade e a repercussão social do fato criminoso e a eficácia da colaboração):

> **Art. 4º (...)**

§ 1º Em qualquer caso, a concessão do benefício levará em conta a personalidade do colaborador, a natureza, as circunstâncias, a gravidade e a repercussão social do fato criminoso e a eficácia da colaboração.

A depender da relevância da colaboração, o perdão judicial pode ser representado ou requerido pelo delegado de polícia ou pelo Ministério Público ao juiz (ainda que tal benesse não esteja consignada na avença):

Art. 4º (...)
§ 2º Considerando a relevância da colaboração prestada, o Ministério Público, a qualquer tempo, e o delegado de polícia, nos autos do inquérito policial, com a manifestação do Ministério Público, poderão requerer ou representar ao juiz pela concessão de perdão judicial ao colaborador, ainda que esse benefício não tenha sido previsto na proposta inicial, aplicando-se, no que couber, o art. 28 do Decreto-Lei nº 3.689, de 3 de outubro de 1941 (Código de Processo Penal).

- **Suspensão do prazo para oferecimento da denúncia:** o § 3º do artigo 4º da Lei 12.850/13 trata da suspensão do prazo para oferecimento da denúncia ou do processo, caso ainda estejam pendentes de cumprimento medidas previstas no acordo de colaboração premiada:

Art. 4º (...)
§ 3º O prazo para oferecimento de denúncia ou o processo, relativos ao colaborador, poderá ser suspenso por até 6 (seis) meses, prorrogáveis por igual período, até que sejam cumpridas as medidas de colaboração, suspendendo-se o respectivo prazo prescricional.

- **Não oferecimento da denúncia em face do colaborador:** o § 4º do artigo 4º da Lei 12.850/13 traz possibilidade de não oferecimento da denúncia pelo Ministério Público em face do colaborador desde que cumulados os dois requisitos descritos em seus incisos I e II (e que a infração penal informada pelo colaborador não seja previamente conhecida pelo Estado – esse novo requisito foi enxertado pela Lei 13.964/19 e significa evidente limitador da benesse). Trata-se de evidente mitigação do princípio da obrigatoriedade da ação penal pública (orientada pelo princípio da discricionariedade regrada):

> **Art. 4° (...)**
>
> **§ 4° Nas mesmas hipóteses do caput deste artigo, o Ministério Público poderá deixar de oferecer denúncia se a proposta de acordo de colaboração referir-se a infração de cuja existência não tenha prévio conhecimento e o colaborador:**
>
> **I – não for o líder da organização criminosa;**
>
> **II – for o primeiro a prestar efetiva colaboração nos termos deste artigo.**

O § 4º-A do artigo 4º da Lei 12.850/13 (enxertado pelo Pacote Anticrime) explicita o que significa conhecimento prévio da infração (interpretação autêntica):

> **Art. 4° (...)**
>
> **§ 4°-A. Considera-se existente o conhecimento prévio da infração quando o Ministério Público ou a autoridade policial competente tenha instaurado inquérito ou procedimento investigatório para apuração dos fatos apresentados pelo colaborador.**

Entendo que o benefício (não propositura de ação penal) só resta obstado nos termos do dispositivo transcrito quando há inquérito policial ou procedimento investigatório formalmente instaurado para apurar os fatos apresentados pelo colaborador (se o apuratório ainda não tiver sido efetivamente deflagrado, será possível ao Ministério Público não propor inicial acusatória).

- **Colaboração premiada firmada depois da sentença:** o § 5º do artigo 4º da Lei 12.850/13 trata da colaboração havida depois da sentença[4] (que ocasionará redução de pena ou progressão de regime, mesmo que ausentes os requisitos objetivos). Isso demonstra que **a avença pode ser firmada a qualquer tempo:**

4. Recorrível (quando o legislador quer que alguma benesse seja ofertada mesmo quando a sentença já transitou em julgado há menção expressa na lei – vide, por exemplo, § 3º do artigo 312 do Código Penal).

Art. 4º (...)

§ 5º Se a colaboração for posterior à sentença, a pena poderá ser reduzida até a metade ou será admitida a progressão de regime ainda que ausentes os requisitos objetivos.

A tabela abaixo sintetiza os benefícios que podem ser outorgados a depender do momento da formalização do acordo de colaboração premiada:

Momento da colaboração premiada	Benefícios
Antes da sentença recorrível[5]	Perdão judicial
	Diminuição de pena (até 2/3)
	Substituição de pena (privativa de liberdade por restritiva de direitos)
Depois da sentença recorrível	Diminuição de pena (até 1/2)
	Progressão de regime (ainda que ausentes os requisitos objetivos)

- **Formalização do acordo de colaboração premiada:** os parágrafos seguintes gravitam em torno da formalização do acordo de colaboração.

5. O trânsito em julgado da sentença condenatória constitui limitador ao acordo de colaboração premiada. Há, contudo, outro entendimento defensável: o de que o acordo de colaboração premiada pode ser firmado mesmo depois do trânsito em julgado da sentença penal condenatória (essa interpretação é mais favorável ao acusado e permite que este aguarde o desenrolar de todo o processo, inclusive da sorte dos recursos interpostos por seu advogado para, só então, decidir, enquanto cumpre pena, sobre fazer ou não proposta de colaboração ao Estado). Como

Trata-se de avença formal (escrita) entre o delegado de polícia[6] ou membro do Ministério Público e o investigado/acusado e seu defensor:

> **Art. 4º (...)**
>
> **§ 6º O juiz não participará das negociações realizadas entre as partes para a formalização do acordo de colaboração, que ocorrerá entre o delegado de polícia, o investigado e o defensor, com a manifestação do Ministério Público, ou, conforme o caso, entre o Ministério Público e o investigado ou acusado e seu defensor.**

O acordo deverá delimitar os termos da colaboração, os objetivos a serem alcançados (vide incisos I a V do artigo 4º) e fazer menção a eventuais medidas protetivas do colaborador (vide artigo 6º). Uma vez firmado, deve ser enviado ao juízo com cópia da investigação para homologação (o juiz, que não participará das negociações, fará a análise determinada pelo § 7º do artigo 4º).

Nos termos de alteração operada pelo Pacote Anticrime, não será possível oferta de benesse que viole o regime inicial de cumprimento de pena determinado segundo os parâmetros delimitados pelo artigo 33 do Código Penal (uma cláusula que proponha que o colaborador inicie o cumprimento de pena no regime semiaberto, mesmo se a pena aplicada pelo magistrado for superior a 8 anos, por exemplo). Não é possível, de igual sorte, cláusula que viole as regras de cada um dos regimes de cumprimento

---

dito, prefiro interpretar que o acordo deve ser firmado até o trânsito em julgado da sentença condenatória (o colaborador, nos acordos firmados pós-sentença, deve ser arrolado como testemunha nos processos que forem gerados a partir das informações por ele prestadas ao Estado).

6. A Procuradoria-Geral da República ingressou com a ADI 5508 com o fito de que fosse declarada inconstitucional a legitimidade do delegado de polícia para firmar acordo de colaboração premiada, mas o Supremo Tribunal Federal julgou o pleito improcedente, deixando claro que o delegado pode firmar acordo de colaboração e que o parecer do Ministério Público é meramente opinativo – as outras duas correntes que surgiram à época foram: i) o delegado de polícia não tem legitimidade para firmar acordo, sendo o Ministério Público o único legitimado, por ser titular da ação penal pública (tese defendida pela Procuradoria-Geral da República na ADI 5508); ii) o delegado tem legitimidade para firmar acordo, mas o parecer do Ministério Público é vinculante. Saliento que o julgamento da PET 8.482 (anulação da colaboração premiada do ex-governador Sérgio Cabral pelo Supremo Tribunal Federal) não modificou o quanto decidido pelo Pretório Excelso nos autos da ADI 5508, mas significou precedente calcado no entendimento de que o acordo firmado pelo delegado de polícia dependeria de parecer favorável do agente ministerial. Com todas as vênias, a relativização do entendimento esposado pela Corte nos autos da ADI 5508 não tem razão de ser (e demonstra a oscilação/instabilidade da nossa jurisprudência).

de pena previstos no Código Penal e na LEP ou os requisitos de progressão de regime não abrangidos pelo § 5º do artigo 4º da Lei 12.850/13 (o mandamento legal só autoriza alteração nos requisitos objetivos da progressão, em avença firmada depois da sentença):

> **Art. 4º (...)**
>
> **§ 7º Realizado o acordo na forma do § 6º deste artigo, serão remetidos ao juiz, para análise, o respectivo termo, as declarações do colaborador e cópia da investigação, devendo o juiz ouvir sigilosamente o colaborador, acompanhado de seu defensor, oportunidade em que analisará os seguintes aspectos na homologação:**
>
> **I – regularidade e legalidade;**
>
> **II – adequação dos benefícios pactuados àqueles previstos no caput e nos §§ 4º e 5º deste artigo, sendo nulas as cláusulas que violem o critério de definição do regime inicial de cumprimento de pena do art. 33 do Decreto-Lei nº 2.848, de 7 de dezembro de 1940 (Código Penal), as regras de cada um dos regimes previstos no Código Penal e na Lei nº 7.210, de 11 de julho de 1984 (Lei de Execução Penal) e os requisitos de progressão de regime não abrangidos pelo § 5º deste artigo;**
>
> **III – adequação dos resultados da colaboração aos resultados mínimos exigidos nos incisos I, II, III, IV e V do caput deste artigo;**
>
> **IV – voluntariedade da manifestação de vontade, especialmente nos casos em que o colaborador está ou esteve sob efeito de medidas cautelares.**

Os §§ 7º-A e 7º-B do artigo 4º foram enxertados na Lei 12.850/13 pelo Pacote Anticrime:

> **Art. 4º (...)**
>
> **§ 7º-A O juiz ou o tribunal deve proceder à análise fundamentada do mérito da denúncia, do perdão judicial e das primeiras etapas de aplicação da pena, nos termos do Decreto-Lei nº 2.848, de 7 de dezembro de 1940 (Código Penal) e do Decreto-Lei nº 3.689, de 3 de outubro de 1941 (Código de Processo Penal), antes de conceder os benefícios pactuados, exceto quando o acordo prever o não oferecimento da denúncia na forma dos §§ 4º e 4º-A deste artigo ou já tiver sido proferida sentença.**
>
> **§ 7º-B. São nulas de pleno direito as previsões de renúncia ao direito de impugnar a decisão homologatória.**

É possível ao juiz recusar a homologação do acordo caso este não atenda aos requisitos legais, devolvendo a proposta para materialização das adequações necessárias (alteração operada pelo Pacote Anticrime, vez que antes da Lei 13.964/19 o juiz podia fazer, de ofício, a adequação do acordo ao caso concreto – o juiz deve se manter inerte, não podendo modificar as cláusulas da avença).

> **Art. 4º (...)**
> **§ 8º O juiz poderá recusar a homologação da proposta que não atender aos requisitos legais, devolvendo-a às partes para as adequações necessárias.**

- **Competência para homologação do acordo de colaboração premiada:** a competência para homologação do acordo de colaboração premiada é o juiz das garantias, quando a organização criminosa a ser desarticulada não conta com integrante com prerrogativa de foro (na forma inciso XVII do artigo 3º-B do Código de Processo Penal, com redação determinada pelo Pacote Anticrime[7]):

> **Art. 3º-B. O juiz das garantias é responsável pelo controle da legalidade da investigação criminal e pela salvaguarda dos direitos individuais cuja franquia tenha sido reservada à autorização prévia do Poder Judiciário, competindo-lhe especialmente:**
> **(...)**
> **XVII – decidir sobre a homologação de acordo de não persecução penal ou os de colaboração premiada, quando formalizados durante a investigação;**

Enquanto o dispositivo continuar suspenso por ordem do Supremo Tribunal Federal, a homologação do acordo de colaboração premiada que busca desarticular organização criminosa que não conte com participante com prerrogativa de foro será do juízo de piso competente segundo as regras de fixação de competência em razão da matéria e do lugar.

7. Esse dispositivo foi suspenso por decisão liminar do Ministro Luiz Fux, nos autos das ADIN 6.298, 6.299, 6.300 e 6.305.

Cumpre analisar, ainda, a quem compete a homologação do acordo de colaboração premiada quando a organização criminosa possui integrante que ostenta foro por prerrogativa de função. Inicialmente, saliento que o Superior Tribunal de Justiça entendeu, analisando caso concreto, que o juízo de primeiro grau pode proceder à homologação do acordo de colaboração premiada nesse cenário:

> A homologação de acordo de colaboração premiada por juiz de 1° grau de jurisdição, que mencione autoridade com prerrogativa de foro no STJ, não traduz em usurpação de competência deste Tribunal Superior. – STJ. Corte Especial. Rcl 31.629-PR, Rel. Min. Nancy Andrighi, julgado em 20/09/2017 (Info 612).

Analisando o mesmo caso concreto, o Supremo Tribunal Federal entendeu, contudo, que a competência para homologação da colaboração premiada quando há autoridade com prerrogativa de foro é do tribunal competente para, futuramente, julgar aquela (nesse sentido, informativo 895/STF):

> No caso, o investigado celebrou acordo de colaboração com o Ministério Público estadual, o qual foi homologado pelo juiz. O acordo foi rescindido e outro foi firmado e homologado, com os mesmos sujeitos. O colaborador imputou delitos ao governador. Sustentou que um grupo de auditores da Receita estadual cobrava de empresários vantagem indevida para deixar de apurar ou reduzir tributos. Durante o período eleitoral de 2014, parte dos recursos teria sido repassada à campanha do paciente para o cargo de governador. Como corroboração, o colaborador apresentou nota de compra de compensados, com endereço de entrega na sede do comitê eleitoral da campanha do paciente. A despeito de terem sido imputados delitos ao governador, a colaboração não foi realizada pela Procuradoria-Geral da República, tampouco foi submetida à homologação pelo STJ.
>
> Posteriormente, o STJ analisou a validade do acordo, em sede de reclamação. Reconheceu a usurpação da própria competência, mas apenas após a homologação do acordo. Conforme a decisão, até os depoimentos do colaborador, não havia elementos contra autoridades com prerrogativa de foro. Como os elementos que atraíram a competência do STJ teriam surgido com o acordo, teria sido correto homologar o acordo e, em seguida, remeter os autos ao STJ.
>
> Essa interpretação, contudo, está em descompasso com o entendimento do STF, segundo o qual a delação de autoridade com prerrogativa de foro atrai a competência do tribunal competente para a respectiva homologação e, em consequência, do órgão do Ministério Público respectivo – STF. 2ª Turma. HC 151605/PR, Rel. Min. Gilmar Mendes, julgado em 20/3/2018 (Info 895).

· **Oitiva do colaborador:** é possível ouvir novamente o colaborador (sempre na presença de seu advogado/defensor) depois da homologação do acordo, caso a nova oitiva se mostre necessária (§ 9º do artigo 4º da Lei 12.850/13):

> **Art. 4º (...)**
> **§ 9º Depois de homologado o acordo, o colaborador poderá, sempre acompanhado pelo seu defensor, ser ouvido pelo membro do Ministério Público ou pelo delegado de polícia responsável pelas investigações.**

· **Retratação:** é possível que as partes se retratem da proposta. Nessa situação, as provas autoincriminatórias produzidas pelo colaborador não podem ser usadas contra ele.

Contudo, as provas trazidas pelo colaborador contra os outros integrantes da organização criminosa podem ser utilizadas no curso do processo:

> **Art. 4º (...)**
> **§ 10. As partes podem retratar-se da proposta, caso em que as provas autoincriminatórias produzidas pelo colaborador não poderão ser utilizadas exclusivamente em seu desfavor.**

· **Oitiva do réu deletado no curso do processo:** o § 10-A do artigo 4º da Lei 12.850/13 (introduzido pelo Pacote Anticrime) traduz adequação da legislação ao quanto decido pelo Supremo Tribunal Federal nos autos do HC 157.627 (julgado pela 2ª Turma) e do HC 166.373 (julgado pelo Plenário), ambos relatados pelo Ministro Edson Fachin (que restou vencido nas duas oportunidades).

Em síntese, o Pretório Excelso decidiu que os réus delatados têm o direito de apresentar memoriais escritos (alegações finais) depois dos seus delatores (colaboradores premiados). Considero tais decisões verdadeiro superdimensionamento de direitos individuais (na época em que foram prolatadas não havia determinação legal para que tal providência fosse adotada[8]).

O dispositivo citado garantiu ao réu deletado a oportunidade de se manifestar após o decurso do prazo concedido ao réu que o deletou em todas as fases do processo:

> **Art. 4° (...)**
> **§ 10-A Em todas as fases do processo, deve-se garantir ao réu delatado a oportunidade de manifestar-se após o decurso do prazo concedido ao réu que o delatou.**

- **Artigo 4º, §§ 11 e 12 da Lei 12.850/13:** os §§ 11 e 12 do artigo 4º demandam mera leitura (o primeiro dispositivo demonstra o momento em que o acordo de colaboração será efetivamente avaliado – a sentença; o segundo revela que o colaborador pode ser ouvido no curso do processo ainda que seja beneficiado pelo perdão judicial ou pelo não oferecimento de denúncia):

> **Art. 4° (...)**
> **§ 11. A sentença apreciará os termos do acordo homologado e sua eficácia.**
> **§ 12. Ainda que beneficiado por perdão judicial ou não denunciado, o colaborador poderá ser ouvido em juízo a requerimento das partes ou por iniciativa da autoridade judicial.**

- **Registro das tratativas e dos atos de colaboração:** o § 13 do artigo 4º da Lei 12.850/13 tem nova redação (determinada pelo Pacote Anticrime). O registro das tratativas e dos atos de colaboração agora deve ser **obrigatoriamente** feito pelos meios ou recursos de gravação magnética, estenotipia, digital ou técnica similar, inclusive audiovisual, destinados a obter maior fidelidade das informações, garantindo-se disponibilização de cópia do material ao colaborador (antes a Lei 12.850/13 afirmava que a gravação das tratativas e da colaboração por sistema audiovisual devia ser

---

8. Sobre o tema, sugestiono leitura da minha obra **Processo Penal para Carreiras Policiais**, 6ª edição, editora Juspodivm, 2021, p. 320-322.

materializada "sempre que possível" e não era outorgada cópia das gravações ao colaborador). Em boa hora a alteração (o registro permite que se avalie exatamente o que disse o colaborador, seu estado de ânimo, sua voluntariedade, dentre outros pontos importantes não alcançados apenas com a leitura de sua oitiva):

> **Art. 4º (...)**
>
> **§ 13. O registro das tratativas e dos atos de colaboração deverá ser feito pelos meios ou recursos de gravação magnética, estenotipia, digital ou técnica similar, inclusive audiovisual, destinados a obter maior fidelidade das informações, garantindo-se a disponibilização de cópia do material ao colaborador.**

- **Direito ao silêncio:** um dos parágrafos mais importantes do artigo 4º é o 14. Nele, o colaborador abre mão do seu direito ao silêncio e a não autoincriminação. Penso que o dispositivo é perfeitamente constitucional. É que a colaboração premiada é ato voluntário, firmado com a presença da defesa técnica (que deverá orientar seu cliente/assistido acerca das consequências da avença) e que possibilita grandes benesses para o investigado/acusado (por óbvio, o Estado precisa de uma garantia acerca da verossimilhança das alegações do colaborador e de uma consequência gravosa, caso ele traia a confiança estatal – tal consequência é, a depender da situação concreta, o cometimento do crime do artigo 19 da lei em estudo).

Anote-se da compatibilidade entre o dispositivo em estudo (§ 14 do artigo 4º da Lei 12.850/13) e o inciso LXIII do artigo 5º da Constituição Federal. É que o que a Carta Magna proíbe é que o investigado/indiciado/réu seja compelido a falar (a Carta da República, em nenhuma passagem, garantiu o direito à mentira, apenas ao silêncio). Se o colaborador quer falar (e a colaboração, repito, é ato voluntário), terá que ser a verdade, sob pena de cometer o crime citado (artigo 19 da Lei 12.850/13):

> **Art. 4º (...)**
>
> **§ 14. Nos depoimentos que prestar, o colaborador renunciará, na presença de seu defensor, ao direito ao silêncio e estará sujeito ao compromisso legal de dizer a verdade.**

- **Necessidade de assistência por defensor:** ainda que a colaboração premiada seja firmada no curso do inquérito policial, o membro de organização criminosa colaborador deve estar necessariamente assistido por advogado ou defensor público (é sempre importante que o investigado/indiciado conheça todos os seus direitos e as consequências jurídicas dos seus atos e a assistência de advogado/defensor é garantia importante nesse sentido):

> **Art. 4º (...)**
>
> **§ 15. Em todos os atos de negociação, confirmação e execução da colaboração, o colaborador deverá estar assistido por defensor.**

- **Proibição de decretação de medidas ou prolação de decisões com base apenas nas declarações do colaborador:** o § 16 do artigo 4º da Lei 12.850/13 proibia prolação de sentença condenatória com base exclusivamente nas declarações do colaborador (reclamava-se, e ainda se reclama, provas efetivas do quanto alegado, a chamada **corroboração**).

O Pacote Anticrime (Lei 13.964/19) ampliou o dispositivo. Agora não é possível: i) decretar medidas cautelares reais ou pessoais (**as medidas cautelares probatórias podem ser decretadas**, com o fito de trazer ao feito os elementos probantes necessários à efetiva corroboração das declarações do colaborador – por isso não há óbice na lei à decretação deste tipo de cautelar com base nas declarações do colaborador); ii) receber denúncia/queixa; ou iii) proferir sentença condenatória com base exclusivamente nas declarações do colaborador:

> **Art. 4º (...)**
>
> **§ 16. Nenhuma das seguintes medidas será decretada ou proferida com fundamento apenas nas declarações do colaborador:**
>
> **I – medidas cautelares reais ou pessoais;**
>
> **II – recebimento de denúncia ou queixa-crime;**
>
> **III – sentença condenatória.**

- **Parágrafos incluídos pelo Pacote Anticrime:** o § 17 do artigo 4º da Lei 12.850/13 permite a rescisão do acordo de colaboração caso o colaborador omita dolosamente fatos objeto da colaboração. Isso pode ser entendido como quebra da boa-fé (reclamada para formalização de negócio jurídico processual).

Frise-se que, em caso de rescisão, as provas autoincriminatórias produzidas pelo colaborador não poderão ser utilizadas exclusivamente em seu desfavor (na forma determinada pelo § 10 do artigo 4º da Lei 12.850/13). Por óbvio, será possível usar as provas e elementos trazidos pelo colaborador contra os outros membros da organização criminosa que se tenciona desarticular.

O § 18 do artigo 4º da Lei 12.850/13, também incluído pelo Pacote Anticrime traz outra hipótese de rescisão do acordo – caso o colaborador não cesse o envolvimento em conduta ilícita relacionada ao objeto da colaboração (isso também significa evidente quebra da boa-fé por parte do colaborador e permite que as provas por ele trazidas sejam usadas contra os outros membros da organização que se tenciona desarticular):

> **Art. 4º (...)**
>
> **§ 17. O acordo homologado poderá ser rescindido em caso de omissão dolosa sobre os fatos objeto da colaboração.**
>
> **§ 18. O acordo de colaboração premiada pressupõe que o colaborador cesse o envolvimento em conduta ilícita relacionada ao objeto da colaboração, sob pena de rescisão.**

- **Direitos do colaborador:** o artigo 5º traz em seu bojo os direitos do colaborador. Saliento que o inciso VI do dispositivo estudado foi alterado pelo Pacote Anticrime. Além do direito de cumprir pena em estabelecimento penal distinto dos demais corréus ou condenados, o colaborador agora ostenta o direito de ficar preso cautelarmente no mesmo estabelecimento dos seus outrora comparsas (direito importante para evitar represálias por parte dos outros integrantes do consórcio criminoso):

> **Art. 5º São direitos do colaborador:**
>
> **I – usufruir das medidas de proteção previstas na legislação específica;**
>
> **II – ter nome, qualificação, imagem e demais informações pessoais preservados;**
>
> **III – ser conduzido, em juízo, separadamente dos demais coautores e partícipes;**
>
> **IV – participar das audiências sem contato visual com os outros acusados;**

> **V – não ter sua identidade revelada pelos meios de comunicação, nem ser fotografado ou filmado, sem sua prévia autorização por escrito;**
>
> **VI – cumprir pena ou prisão cautelar em estabelecimento penal diverso dos demais corréus ou condenados.**

- **Requisitos formais do acordo de colaboração premiada:** o artigo 6º da Lei 12.850/13 deixa claro o que deve conter o acordo de colaboração: i) a colaboração precisa ser esmiuçada e os resultados buscados precisam ser indicados (inciso I); ii) as condições da proposta impostas pelo Estado (agente ministerial ou delegado de polícia) – inciso II; iii) declaração de aceitação do colaborador e de seu defensor (o acordo de colaboração premiada pressupõe voluntariedade) – inciso III; iv) as assinaturas dos envolvidos (inciso IV); e v) a especificação de medidas de proteção, quando necessário (inciso V):

> **Art. 6º O termo de acordo da colaboração premiada deverá ser feito por escrito e conter:**
>
> **I – o relato da colaboração e seus possíveis resultados;**
>
> **II – as condições da proposta do Ministério Público ou do delegado de polícia;**
>
> **III – a declaração de aceitação do colaborador e de seu defensor;**
>
> **IV – as assinaturas do representante do Ministério Público ou do delegado de polícia, do colaborador e de seu defensor;**
>
> **V – a especificação das medidas de proteção ao colaborador e à sua família, quando necessário.**

- **Distribuição do acordo de colaboração premiada:** o artigo 7º da Lei 12.850/13 trata da distribuição (sigilosa) do acordo para homologação judicial e do acesso do advogado do colaborador aos autos do procedimento investigativo (o legislador seguiu as prescrições do inciso XIV do artigo 7º da Lei 8.906/94 e da Súmula Vinculante 14, neste particular).

O acordo de colaboração premiada deve ser mantido em sigilo até o recebimento da denúncia (§ 3º do artigo 7º da Lei 12.850/13). Contudo, o Pretório Excelso findava levantando o sigilo das avenças logo depois da homologação (por exemplo, decisão da lavra do Ministro Edson Fachin na PET 7003). Com o fito de evitar decisões como a citada, o legislador decidiu vedar expressamente o levantamento do sigilo do acordo em momento anterior qualquer que seja a hipótese fática:

> **Art. 7º O pedido de homologação do acordo será sigilosamente distribuído, contendo apenas informações que não possam identificar o colaborador e o seu objeto.**
>
> **§ 1º As informações pormenorizadas da colaboração serão dirigidas diretamente ao juiz a que recair a distribuição, que decidirá no prazo de 48 (quarenta e oito) horas.**
>
> **§ 2º O acesso aos autos será restrito ao juiz, ao Ministério Público e ao delegado de polícia, como forma de garantir o êxito das investigações, assegurando-se ao defensor, no interesse do representado, amplo acesso aos elementos de prova que digam respeito ao exercício do direito de defesa, devidamente precedido de autorização judicial, ressalvados os referentes às diligências em andamento.**
>
> **§ 3º O acordo de colaboração premiada e os depoimentos do colaborador serão mantidos em sigilo até o recebimento da denúncia ou da queixa-crime, sendo vedado ao magistrado decidir por sua publicidade em qualquer hipótese.**

▪ **Recurso em face da não homologação do acordo de colaboração premiada:** a lei não informa qual o recurso adequado para desafiar a decisão judicial que não homologa o acordo de colaboração premiada.

Em face do silêncio da lei, há três trilhas interpretativas possíveis:

Recurso cabível contra a não homologação de acordo de colaboração premiada (há omissão legislativa)		
Corte Superior	**Entendimento**	**Recurso/ação constitucional**
Superior Tribunal de Justiça	RECURSO ESPECIAL. DECISÃO QUE RECUSA A HOMOLOGAÇÃO DE ACORDO DE COLABORAÇÃO PREMIADA. RECURSO CABÍVEL. AUSÊNCIA DE PREVISÃO LEGISLATIVA EXPRESSA. DÚVIDA OBJETIVA.	Apelação (sendo possível utilização da teoria do recurso indiferente ou da fungibilidade).

	APLICAÇÃO DO PRINCÍPIO DA FUNGIBIBILIDADE. RECURSO ESPECIAL CONHECIDO E PROVIDO. 1. A teor das disposições contidas na Lei n. 12.850/2013, realizado o acordo de colaboração premiada, serão remetidos ao juiz, para verificação de sua regularidade, legalidade, adequação e voluntariedade, os termos do ajuste, as declarações do colaborador e cópia da investigação. Tem-se, nessa fase, a fiscalização dos aspectos previstos no art. 4°, § 7°, do mesmo regramento legal, com redação incluída pela Lei n. 13.964/2019. 2. O magistrado poderá recusar a homologação da proposta que não atender aos requisitos legais e esse ato judicial tem conteúdo decisório, pois impede o meio de obtenção da prova. Entretanto, não existe previsão normativa sobre o recurso cabível para a sua impugnação. 3. Nesse contexto, ante a lacuna na lei, o operador do direito tem de identificar, entre os instrumentos recursais existentes no direito processual penal, aquele mais adequado para a revisão da decisão proferida em primeira instância. 4. Analisadas as espécies de recursos elencados no Código de Processo Penal, tem-se que a apelação criminal é apropriada para confrontar a decisão que recusar a homologação da proposta de acordo de	

	colaboração premiada. 5. O ato judicial: a) não ocasiona uma situação de inversão tumultuária do processo, a atrair o uso da correição parcial e b) tem força definitiva, uma vez que impede o negócio jurídico processual, com prejuízo às partes interessadas. Ademais, o cabimento do recurso em sentido estrito está taxativamente previsto no art. 581 do CPP e seus incisos não tratam de hipótese concreta que se assemelha àquela prevista no art. 4°, § 8°, da Lei n. 12.850/2013. 6. De toda forma, ante a existência de dúvida objetiva quanto ao instrumento adequado para combater o provimento jurisdicional, não constitui erro grosseiro o manejo de correição parcial, principalmente quando esse instrumento foi aceito em situações outras pelo Tribunal. Interposta a insurgência no interstício de cinco dias, sem que se possa falar em sua intempestividade, era perfeitamente aplicável o princípio da fungibilidade recursal. Foi violado o art. 579 do CPP, uma vez que: "salvo a hipótese de má-fé, a parte não será prejudicada pela interposição de um recurso por outro". 7. Recurso especial conhecido e provido, para determinar o recebimento da correição parcial interposta pelo Ministério Público como apelação criminal (REsp 1834215/RS, Rel. Ministro ROGERIO SCHIETTI CRUZ, SEXTA TURMA, julgado em 27/10/2020, DJe 12/11/2020).	

Supremo Tribunal Federal	Penal e processual penal. Habeas corpus. Cabimento para questionar decisão que não homologou colaboração premiada. Competência para homologação do acordo. Benefício de não oferecimento da denúncia (art. 4º, §4º, Lei 12.850/2013) em relação a três fatos. Processos distintos. Sentença já proferida contra corréus. Competência do Juízo de primeiro grau para análise quanto à homologação em relação a todos os fatos conexos. Ordem parcialmente concedida (HC 192063, Relator(a): GILMAR MENDES, Segunda Turma, julgado em 02/02/2021, PROCESSO ELETRÔNICO DJe-063 DIVULG 06-04-2021 PUBLIC 07-04-2021).	*Habeas corpus*
Doutrina	–	Há entendimento doutrinário admitindo tanto recurso em sentido estrito quanto apelação (divergência).

▪ **Tabelas que sintetizam o tema:** confira tabelas que sintetizam a temática acordo de colaboração premiada:

Acordo de colaboração premiada	
Natureza jurídica	Negócio jurídico processual
	Meio de obtenção de prova
Resultados a serem alcançados (alternativos)	A identificação dos demais coautores e partícipes da organização criminosa e das infrações penais por eles praticadas;
	A revelação da estrutura hierárquica e da divisão de tarefas da organização criminosa;

	A prevenção de infrações penais decorrentes das atividades da organização criminosa;
	A recuperação total ou parcial do produto ou do proveito das infrações penais praticadas pela organização criminosa;
	A localização de eventual vítima com a sua integridade física preservada.
Legitimidade	Delegado de polícia (inquérito)
	Ministério Público (inquérito e processo)
Correntes sobre a legitimidade do delegado de polícia como legitimado para firmar acordo de colaboração premiada	O delegado de polícia não tem legitimidade para firmar acordo, sendo o Ministério Público o único legitimado, por ser titular da ação penal pública (tese defendida pela Procuradoria-Geral da República na ADI 5508).
	O delegado tem legitimidade para firmar acordo, mas o parecer do Ministério Público é vinculante (tese acolhida pelo STF na PET 8.482 – que tornou sem efeito a homologação da colaboração premiada do ex-governador Sérgio Cabral).
	O delegado tem legitimidade para firmar o acordo e o parecer do Ministério Público é meramente opinativo (tese acolhida no julgamento da ADI 5508).
Homologação judicial	Regularidade e legalidade;
	Adequação dos benefícios pactuados àqueles previstos no *caput* e nos §§ 4° e 5° deste artigo, sendo nulas as cláusulas que violem o critério de definição do regime inicial de cumprimento de pena do art. 33 do Decreto-Lei n° 2.848, de 7 de dezembro de 1940 (Código Penal), as regras de cada um dos regimes previstos no Código Penal e na Lei n° 7.210, de 11 de julho de 1984 (Lei de Execução Penal) e os requisitos de progressão de regime não abrangidos pelo § 5° deste artigo;

	Adequação dos resultados da colaboração aos resultados mínimos exigidos nos incisos I, II, III, IV e V do caput deste artigo;
	Voluntariedade da manifestação de vontade, especialmente nos casos em que o colaborador está ou esteve sob efeito de medidas cautelares.

Requisitos do acordo de colaboração premiada	Inciso do artigo 6° da Lei 12.850/13
A colaboração precisa ser esmiuçada e os resultados buscados precisam ser indicados	Inciso I
As condições da proposta impostas pelo Estado (agente ministerial ou delegado de polícia)	Inciso II
A declaração de aceitação do colaborador e de seu defensor (o acordo de colaboração premiada pressupõe voluntariedade)	Inciso III
As assinaturas dos envolvidos	Inciso IV
A especificação de medidas de proteção, quando necessário	Inciso V

Momento da colaboração premiada	Benefícios
Antes da sentença	Perdão judicial
	Diminuição de pena (até 2/3)
	Substituição de pena (privativa de liberdade por restritiva de direitos)
Depois da sentença	Diminuição de pena (até 1/2)
	Progressão de regime (ainda que ausentes os requisitos objetivos)

Não oferecimento de denúncia em face de colaborador premiado (mitigação do princípio da obrigatoriedade)
O colaborador não pode ser o líder da organização criminosa
O colaborador deve ser o primeiro a prestar efetiva colaboração

A infração não pode ser previamente conhecida pelo Estado (quando não há inquérito ou procedimento investigatório para apuração dos fatos apresentados pelo colaborador)

- **Ação controlada:** os artigos 8º e 9º da Lei 12.850/13 tratam da ação controlada (técnica investigativa que consiste em retardar a intervenção policial ou administrativa, mantendo a prática delitiva em observação, para que a ação se concretize no momento mais eficaz à formação de provas e obtenção de informações – o uso da técnica pode resultar na materialização do flagrante retardado ou postergado[9]).

A técnica não exige autorização judicial, mas reclama comunicação prévia ao juízo competente, que pode estabelecer limites para sua utilização. Saliento, outrossim, que na ação controlada avistável no inciso II do artigo 53 da Lei 11.343/06[10], há exigência de autorização judicial prévia para materialização da técnica em investigações relacionadas ao tráfico de drogas[11]:

> **Art. 8º Consiste a ação controlada em retardar a intervenção policial ou administrativa relativa à ação praticada por organização criminosa ou a ela vinculada, desde que mantida sob observação e acompanhamento para que a medida legal se concretize no momento mais eficaz à formação de provas e obtenção de informações.**

---

9. O flagrante retardado/postergado é possível consequência do uso da técnica de ação controlada. É preciso que se diga que ação controlada não é sinônimo de flagrante retardado. Ação controlada é meio especial de obtenção de prova que pode resultar em prisão em flagrante (é possível que a técnica seja usada, mas que ninguém seja preso em face da fuga dos suspeitos, por exemplo).

10. Art. 53. Em qualquer fase da persecução criminal relativa aos crimes previstos nesta Lei, são permitidos, além dos previstos em lei, mediante autorização judicial e ouvido o Ministério Público, os seguintes procedimentos investigatórios:
(...)
II – a não-atuação policial sobre os portadores de drogas, seus precursores químicos ou outros produtos utilizados em sua produção, que se encontrem no território brasileiro, com a finalidade de identificar e responsabilizar maior número de integrantes de operações de tráfico e distribuição, sem prejuízo da ação penal cabível.
Parágrafo único. Na hipótese do inciso II deste artigo, a autorização será concedida desde que sejam conhecidos o itinerário provável e a identificação dos agentes do delito ou de colaboradores.

11. Cumpre lembrar que o Pacote Anticrime enxertou na Lei 9.613/98 a possibilidade de utilização da técnica de ação controlada (entendo que ação controlada na Lei de Lavagem de Dinheiro demanda comunicação prévia ao juízo, com utilização, por analogia, da Lei 12.850/13).

§ 1º O retardamento da intervenção policial ou administrativa será previamente comunicado ao juiz competente que, se for o caso, estabelecerá os seus limites e comunicará ao Ministério Público.

§ 2º A comunicação será sigilosamente distribuída de forma a não conter informações que possam indicar a operação a ser efetuada.

§ 3º Até o encerramento da diligência, o acesso aos autos será restrito ao juiz, ao Ministério Público e ao delegado de polícia, como forma de garantir o êxito das investigações.

§ 4º Ao término da diligência, elaborar-se-á auto circunstanciado acerca da ação controlada.

Art. 9º Se a ação controlada envolver transposição de fronteiras, o retardamento da intervenção policial ou administrativa somente poderá ocorrer com a cooperação das autoridades dos países que figurem como provável itinerário ou destino do investigado, de modo a reduzir os riscos de fuga e extravio do produto, objeto, instrumento ou proveito do crime.

É possível construir tabela comparativa para diferenciar a ação controlada nas diferentes leis que a permitem (incluo aqui a análise do artigo 4º-B da Lei 9.613/98):

Ação controlada	Comunicação prévia ou autorização prévia do juízo
Lei 12.850/13 (organizações criminosas)	**Comunicação prévia ao juízo** (que poderá estabelecer limites e comunicará ao Ministério Público).
Lei 11.343/06 (drogas)	**Autorização judicial prévia** (a lei demanda que sejam conhecidos o itinerário provável e a identificação dos agentes do delito ou de colaboradores).
Lei 9.613/98 (lavagem de dinheiro)	**Comunicação prévia ao juízo** (que poderá estabelecer limites e comunicará ao Ministério Público) – a lei é lacunosa[12], por isso entendo que a Lei 12.850/13 deve ser aplicada por analogia.

12. Art. 1º (...)
§ 6º Para a apuração do crime de que trata este artigo, admite-se a utilização da ação controlada e da infiltração de agentes.

Lei 9.613/98 (lavagem de dinheiro)	**Autorização judicial prévia, ouvido o Ministério Público,** para suspensão do cumprimento de mandados de prisão e de medidas assecuratórias já deferidas pela autoridade judiciária (artigo 4°-B da Lei 9.613/98[13]).

- **Infiltração policial:** a infiltração policial não é novidade em nosso ordenamento jurídico (as Leis 9.034/95 e 11.343/06[14] já previam esse meio de obtenção de provas). Importante frisar que só policiais podem ser infiltrados (não se admite infiltração de agentes de inteligência, por exemplo) e que a técnica depende de autorização judicial prévia.

O Superior Tribunal de Justiça, avaliando caso concreto, entendeu inexistir infiltração policial na conduta de agente da Subsecretaria de Inteligência do Estado do Rio de Janeiro que, sob identidade falsa, representou a vítima em negociações travadas durante prática de crime de extorsão, com o fito de angariar a confiança dos membros da organização criminosa e obter provas relacionadas à estrutura do consórcio delituoso. O Tribunal da Cidadania validou as provas colhidas no apuratório levado a efeito pelo Ministério Público.

O mesmo julgado tratou de outro tema interessante: a ausência de comunicação prévia ao juízo competente do uso da técnica de ação controlada (calcada na Lei 12850/13). O Ministro relator ressaltou que o meio de obtenção de prova "visa a proteger o trabalho investigativo, de forma a afastar eventual crime de prevaricação ou infração administrativa por parte do agente público, o qual responderá por eventuais abusos que venha a cometer" e entendeu não ter existido nulidade. Eis a ementa do julgado (os grifos são meus):

> HABEAS CORPUS. ORGANIZAÇÃO CRIMINOSA. EXTORSÃO, CONCUSSÃO E EXTORSÃO MEDIANTE SEQUESTRO POR POLICIAIS

13. Art. 4º-B. A ordem de prisão de pessoas ou as medidas assecuratórias de bens, direitos ou valores poderão ser suspensas pelo juiz, ouvido o Ministério Público, quando a sua execução imediata puder comprometer as investigações.
14. Art. 53. Em qualquer fase da persecução criminal relativa aos crimes previstos nesta Lei, são permitidos, além dos previstos em lei, mediante autorização judicial e ouvido o Ministério Público, os seguintes procedimentos investigatórios:
I – a infiltração por agentes de polícia, em tarefas de investigação, constituída pelos órgãos especializados pertinentes.

CIVIS. POSSIBILIDADE DE APOIO DE AGÊNCIA DE INTELIGÊNCIA À INVESTIGAÇÃO DO MINISTÉRIO PÚBLICO. NÃO OCORRÊNCIA DE INFILTRAÇÃO POLICIAL. DESNECESSIDADE DE AUTORIZAÇÃO JUDICIAL PRÉVIA PARA A AÇÃO CONTROLADA. COMUNICAÇÃO POSTERIOR QUE VISA A PROTEGER O TRABALHO INVESTIGATIVO. HABEAS CORPUS DENEGADO. 1. A atividade de inteligência desempenhada por agências dos estados, que integram o Subsistema de Inteligência criado pelo Decreto n. 3.695, de 21/12/2012, consiste no exercício de ações especializadas para identificar, avaliar e acompanhar ameaças reais ou potenciais na esfera de segurança pública. Alcança diversos campos de atuação – um deles a inteligência policial judiciária – e entre suas finalidades está não só subsidiar o planejamento estratégico de políticas públicas, mas também assessorar com informações as ações de prevenção e repressão de atos criminosos. 2. Apesar de não se confundir com a investigação, nem se esgotar com o objetivo desta, uma vez que a inteligência de segurança pública opera na busca incessante de dados, o resultado de suas operações pode, ocasionalmente, ser aproveitado no processo penal para subsidiar a produção de provas, desde que materializado em relatório técnico. 3. No passado, no Estado do Rio de Janeiro, ante a necessidade de aperfeiçoar o combate a crimes cometidos por policiais, foi atribuída à Subsecretaria de Inteligência (SSINTE/SESEG) a missão de prestar apoio a determinados órgãos em suas investigações criminais. 4. Nesse contexto, não é ilegal o auxílio da agência de inteligência ao Ministério Público do Estado do Rio de Janeiro durante procedimento criminal instaurado para apurar graves crimes atribuídos a servidores de Delegacia do Meio Ambiente, em contexto de organização criminosa. Precedente. 5. O Parquet optou por não utilizar a estrutura da própria Polícia Civil para auxiliá-lo no procedimento apuratório criminal, e é incabível criar limitação, alheia ao texto constitucional, para o exercício conjunto da atividade investigativa pelos órgãos estatais. 6. Esta Corte possui o entendimento de que a atribuição de polícia judiciária às polícias civil e federal não torna nula a colheita de elementos informativos por outras fontes. Ademais, o art. 3°, VIII, da Lei n. 12.850/2013 permite a cooperação entre as instituições públicas na busca de dados de interesse da investigação. **7. Se agente lotada em agência de inteligência, sob identidade falsa, apenas representou o ofendido nas negociações da extorsão, sem se introduzir ou se infiltrar na organização criminosa com o propósito de identificar e angariar a confiança de seus membros ou obter provas sobre a estrutura e o funcionamento do bando, não há falar em infiltração policial.** 8. O acórdão recorrido está em conformidade com a jurisprudência desta Corte, de que a gravação ambiental realizada por colaborador premiado, um dos interlocutores da conversa, sem o consentimento dos outros, é lícita, ainda que obtida sem autorização judicial, e pode ser validamente utilizada como meio de prova no processo penal. No caso, advogado decidiu colaborar com a Justiça e, munido com equipamentos estatais, registrou a conversa que entabulou com policiais no momento da entrega do dinheiro após a extorsão mediante sequestro. **9. A ação controlada prevista no § 1° do art. 8° da Lei n. 12.850/2013 não necessita de autorização judicial. A comunicação prévia ao Poder Judiciário, a seu turno, visa a proteger o trabalho investigativo, de forma a afastar eventual crime de prevaricação ou infração administrativa por parte do agente público, o qual responderá por eventuais abusos que venha a cometer.** 10. As autoridades acompanharam o recebimento de dinheiro por servidores suspeitos de extorsão mediante sequestro, na fase do exaurimento do crime, e não há ilegalidade a ser reconhecida em habeas corpus se ausentes circunstâncias preparadas de forma insidiosa, de forma a induzir os réus à prática delitiva. 11. O habeas corpus não se presta à análise de teses que demandam exame ou realização de provas. 12. Habeas corpus denegado (HC 512.290/RJ, Rel. Ministro ROGERIO SCHIETTI CRUZ, SEXTA TURMA, julgado em 18/08/2020, DJe 25/08/2020).

▪ **Legitimidade:** a técnica pode ser representada pelo delegado de polícia (o Ministério Público deverá ser ouvido antes da decisão judicial) ou requerida pelo Ministério Público (o delegado fará manifestação técnica antes da decisão do magistrado):

Art. 10. A infiltração de agentes de polícia em tarefas de investigação, representada pelo delegado de polícia ou requerida pelo Ministério Público, após manifestação técnica do delegado de polícia quando solicitada no curso de inquérito policial, será precedida de circunstanciada, motivada e sigilosa autorização judicial, que estabelecerá seus limites.

§ 1º Na hipótese de representação do delegado de polícia, o juiz competente, antes de decidir, ouvirá o Ministério Público.

▪ **Requisitos e prazo:** a infiltração policial só pode ser decretada pelo juízo quando a apuração disser respeito a crimes praticados por organizações criminosas[15] (será preciso demonstrar a existência de indícios suficientes que apontem a existência de uma organização criminosa) e desde que a prova não possa ser feita por outros meios (o meio de obtenção de provas é técnica de *ultima ratio*) – § 2º do artigo 10 da Lei 12.850/13. Ela é

15. O Pacote Anticrime modificou a Lei 9.613/98 para admitir infiltração policial também na investigação que verse sobre crime de lavagem de dinheiro. É possível, ainda, falar em infiltração policial calcada na Lei 11.343/06 – inciso I do artigo 53.

decretada por 6 meses, admitidas sucessivas prorrogações (na forma do § 3º do artigo 10 da Lei 12.850/13):

> **Art. 10 (...)**
>
> **§ 2º Será admitida a infiltração se houver indícios de infração penal de que trata o art. 1º e se a prova não puder ser produzida por outros meios disponíveis.**
>
> **§ 3º A infiltração será autorizada pelo prazo de até 6 (seis) meses, sem prejuízo de eventuais renovações, desde que comprovada sua necessidade.**
>
> **§ 4º Findo o prazo previsto no § 3º, o relatório circunstanciado será apresentado ao juiz competente, que imediatamente cientificará o Ministério Público.**
>
> **§ 5º No curso do inquérito policial, o delegado de polícia poderá determinar aos seus agentes, e o Ministério Público poderá requisitar, a qualquer tempo, relatório da atividade de infiltração.**

A representação (do delegado) ou o requerimento (do Ministério Público) deve conter a demonstração da necessidade da medida, o alcance das tarefas dos agentes e, quando possível, os nomes ou apelidos das pessoas investigadas e o local da infiltração:

> **Art. 11. O requerimento do Ministério Público ou a representação do delegado de polícia para a infiltração de agentes conterão a demonstração da necessidade da medida, o alcance das tarefas dos agentes e, quando possível, os nomes ou apelidos das pessoas investigadas e o local da infiltração.**

O Pacote Anticrime enxertou parágrafo único no artigo 11 da Lei 12.850/13 (inclusão nos bancos de dados de órgãos de registro e cadastro público as informações relativas à identidade fictícia criada no caso de infiltração de agentes na internet[16] – penso que tal providência também deve ser determinada na infiltração "real" de agentes, porquanto essencial à salvaguarda do agente infiltrado):

16. Adiante veremos que o Pacote Anticrime enxertou a infiltração virtual de agentes na Lei 12.850/13.

Art. 11. (...)

Parágrafo único. Os órgãos de registro e cadastro público poderão incluir nos bancos de dados próprios, mediante procedimento sigiloso e requisição da autoridade judicial, as informações necessárias à efetividade da identidade fictícia criada, nos casos de infiltração de agentes na internet.

- **Distribuição sigilosa:** o pleito de infiltração deve ser sigilosamente distribuído, na forma do artigo 12 da Lei 12.850/13. Caso o agente infiltrado corra risco, a operação deve ser sustada (por requisição do Ministério Público ou determinação do delegado de polícia, cientificando-se imediatamente o *Parquet* e o juízo competente):

Art. 12. O pedido de infiltração será sigilosamente distribuído, de forma a não conter informações que possam indicar a operação a ser efetivada ou identificar o agente que será infiltrado.

§ 1º As informações quanto à necessidade da operação de infiltração serão dirigidas diretamente ao juiz competente, que decidirá no prazo de 24 (vinte e quatro) horas, após manifestação do Ministério Público na hipótese de representação do delegado de polícia, devendo-se adotar as medidas necessárias para o êxito das investigações e a segurança do agente infiltrado.

§ 2º Os autos contendo as informações da operação de infiltração acompanharão a denúncia do Ministério Público, quando serão disponibilizados à defesa, assegurando-se a preservação da identidade do agente.

§ 3º Havendo indícios seguros de que o agente infiltrado sofre risco iminente, a operação será sustada mediante requisição do Ministério Público ou pelo delegado de polícia, dando-se imediata ciência ao Ministério Público e à autoridade judicial.

- **Crime perpetrado por agente infiltrado:** caso o agente infiltrado pratique crime no decorrer da infiltração, exclui-se a culpabilidade[17] (inexigibilidade de conduta diversa). Caso exista excesso, o policial infiltrado pode ser responsabilizado criminalmente:

17. A nossa legislação não listou os crimes que o agente infiltrado pode cometer com o fito de manter sua identidade sob sigilo. Por isso, a análise da existência de eventual excesso deve ser feita caso a caso.

Art. 13. O agente que não guardar, em sua atuação, a devida proporcionalidade com a finalidade da investigação, responderá pelos excessos praticados.

Parágrafo único. Não é punível, no âmbito da infiltração, a prática de crime pelo agente infiltrado no curso da investigação, quando inexigível conduta diversa.

- **Direitos do agente infiltrado:** o artigo 14 da Lei 12.850/13 lista os direitos do agente infiltrado. A leitura do dispositivo deixa claro que a infiltração é técnica que não pode ser compelida ao policial.

Doutrinariamente, o agente infiltrado é chamado de testemunha da coroa, quando é ouvido no curso da persecução penal acerca da técnica e das provas obtidas:

Art. 14. São direitos do agente:

I – recusar ou fazer cessar a atuação infiltrada;

II – ter sua identidade alterada, aplicando-se, no que couber, o disposto no art. 9º da Lei nº 9.807, de 13 de julho de 1999, bem como usufruir das medidas de proteção a testemunhas;

III – ter seu nome, sua qualificação, sua imagem, sua voz e demais informações pessoais preservadas durante a investigação e o processo criminal, salvo se houver decisão judicial em contrário;

IV – não ter sua identidade revelada, nem ser fotografado ou filmado pelos meios de comunicação, sem sua prévia autorização por escrito.

- **Infiltração policial virtual:** a Lei 13.964/19 acrescentou na Lei 12.850/13 a técnica de infiltração policial virtual (antes prevista apenas na Lei 8.069/90, para apurar os crimes listados no artigo 190-A do mandamento legal[18]):

---

18. Art. 190-A. A infiltração de agentes de polícia na internet com o fim de investigar os crimes previstos nos arts. 240, 241, 241-A, 241-B, 241-C e 241-D desta Lei e nos arts. 154-A, 217-A, 218, 218-A e 218-B do Decreto-Lei nº 2.848, de 7 de dezembro de 1940 (Código Penal), obedecerá às seguintes regras:
I – será precedida de autorização judicial devidamente circunstanciada e fundamentada, que estabelecerá os limites da infiltração para obtenção de prova, ouvido o Ministério Público;
II – dar-se-á mediante requerimento do Ministério Público ou representação de delegado de polícia e conterá a demonstração de sua necessidade, o alcance das tarefas dos policiais, os nomes ou apelidos

Art. 10-A. Será admitida a ação de agentes de polícia infiltrados virtuais, obedecidos os requisitos do caput do art. 10, na internet, com o fim de investigar os crimes previstos nesta Lei e a eles conexos, praticados por organizações criminosas, desde que demonstrada sua necessidade e indicados o alcance das tarefas dos policiais, os nomes ou apelidos das pessoas investigadas e, quando possível, os dados de conexão ou cadastrais que permitam a identificação dessas pessoas.

§ 1° Para efeitos do disposto nesta Lei, consideram-se:

I – dados de conexão: informações referentes a hora, data, início, término, duração, endereço de Protocolo de Internet (IP) utilizado e terminal de origem da conexão;

II – dados cadastrais: informações referentes a nome e endereço de assinante ou de usuário registrado ou autenticado para a conexão a quem endereço de IP, identificação de usuário ou código de acesso tenha sido atribuído no momento da conexão.

- **Legitimidade:** a infiltração depende de decisão judicial atendendo a representação do delegado de polícia (será preciso parecer prévio do *Parquet* - meramente opinativo) ou requerimento do membro do Ministério Público (não é possível decretação da medida de ofício, pelo magistrado):

Art. 10-A. (...)

§ 2° Na hipótese de representação do delegado de polícia, o juiz competente, antes de decidir, ouvirá o Ministério Público.

---

das pessoas investigadas e, quando possível, os dados de conexão ou cadastrais que permitam a identificação dessas pessoas;

III – não poderá exceder o prazo de 90 (noventa) dias, sem prejuízo de eventuais renovações, desde que o total não exceda a 720 (setecentos e vinte) dias e seja demonstrada sua efetiva necessidade, a critério da autoridade judicial.

§ 1 º A autoridade judicial e o Ministério Público poderão requisitar relatórios parciais da operação de infiltração antes do término do prazo de que trata o inciso II do § 1 º deste artigo.

§ 2 º Para efeitos do disposto no inciso I do § 1 º deste artigo, consideram-se:

I – dados de conexão: informações referentes a hora, data, início, término, duração, endereço de Protocolo de Internet (IP) utilizado e terminal de origem da conexão;

II – dados cadastrais: informações referentes a nome e endereço de assinante ou de usuário registrado ou autenticado para a conexão a quem endereço de IP, identificação de usuário ou código de acesso tenha sido atribuído no momento da conexão.

§ 3 º A infiltração de agentes de polícia na internet não será admitida se a prova puder ser obtida por outros meios.

- **Requisitos:** os requisitos legalmente reclamados são: a) indícios de infração penal praticada por organização criminosa; b) que as provas não possam ser produzidas por outros meios disponíveis (trata-se de técnica de *ultima ratio*):

> **Art. 10-A. (...)**
> **§ 3° Será admitida a infiltração se houver indícios de infração penal de que trata o art. 1° desta Lei e se as provas não puderem ser produzidas por outros meios disponíveis.**

- **Prazo:** o prazo é de até 6 meses (o prazo da infiltração virtual prevista no ECA é de 90 dias), admitidas sucessivas prorrogações, desde que não se ultrapasse o total de 720 dias:

> **Art. 10-A. (...)**
> **§ 4° A infiltração será autorizada pelo prazo de até 6 (seis) meses, sem prejuízo de eventuais renovações, mediante ordem judicial fundamentada e desde que o total não exceda a 720 (setecentos e vinte) dias e seja comprovada sua necessidade.**
> **§ 5° Findo o prazo previsto no § 4° deste artigo, o relatório circunstanciado, juntamente com todos os atos eletrônicos praticados durante a operação, deverão ser registrados, gravados, armazenados e apresentados ao juiz competente, que imediatamente cientificará o Ministério Público.**
> **§ 6° No curso do inquérito policial, o delegado de polícia poderá determinar aos seus agentes, e o Ministério Público e o juiz competente poderão requisitar, a qualquer tempo, relatório da atividade de infiltração.**

- **Prova ilegítima (caso seja desobedecida a Lei 12.850/13):** caso não seja obedecido os ditames do artigo 10-A da Lei 12.850/13, a prova obtida será nula (hipótese de prova ilegítima):

> **Art. 10-A. (...)**
> **§ 7° É nula a prova obtida sem a observância do disposto neste artigo.**

- **Informações da operação de infiltração virtual:** as informações da operação de infiltração serão encaminhadas diretamente ao juiz responsável pela autorização da medida (caso decretada no curso da investigação, o juiz das garantias; caso decretada no curso do processo, o juiz da instrução e julgamento[19]):

Art. 10-B. As informações da operação de infiltração serão encaminhadas diretamente ao juiz responsável pela autorização da medida, que zelará por seu sigilo.

Parágrafo único. Antes da conclusão da operação, o acesso aos autos será reservado ao juiz, ao Ministério Público e ao delegado de polícia responsável pela operação, com o objetivo de garantir o sigilo das investigações.

- **Excludente de ilicitude:** não comete crime (estrito cumprimento do dever legal – natureza jurídica de causa de exclusão da ilicitude) o policial que oculta sua identidade (ou crie nova identidade) para colher indícios de autoria e materialidade dos crimes praticados pela organização criminosa. O excesso é punível (prática de conduta que extrapola dos limites da infiltração virtual):

Art. 10-C. Não comete crime o policial que oculta a sua identidade para, por meio da internet, colher indícios de autoria e materialidade dos crimes previstos no art. 1° desta Lei.

Parágrafo único. O agente policial infiltrado que deixar de observar a estrita finalidade da investigação responderá pelos excessos praticados.

- **Conclusão da investigação:** concluída a investigação, os atos eletrônicos deverão ser registrados, gravados, armazenados e encaminhados ao juiz e ao Ministério Público, junto com o relatório circunstanciado. Esses atos serão apensados ao futuro processo criminal juntamente com o inquérito policial (o artigo 10-D excepciona o quanto determinado pelo § 3º do artigo 3º-C do Código de Processo Penal[20], com redação também determinada pelo Pacote Anticrime, que afirma que o inquérito deva

19. Lembro, outrossim, que os dispositivos que gravitam em torno do juiz das garantias foram suspensos por decisão do Supremo Tribunal Federal e ainda não estão sendo aplicados.
20. Saliento que o dispositivo também está suspenso, por decisão do Supremo Tribunal Federal, nos autos das ADI propostas contra a Lei 13.964/19.

permanecer acautelado na secretaria do juízo das garantias, porque a infiltração policial virtual pode significar coleta de prova irrepetível):

> **Art. 10-D. Concluída a investigação, todos os atos eletrônicos praticados durante a operação deverão ser registrados, gravados, armazenados e encaminhados ao juiz e ao Ministério Público, juntamente com relatório circunstanciado.**
>
> **Parágrafo único. Os atos eletrônicos registrados citados no caput deste artigo serão reunidos em autos apartados e apensados ao processo criminal juntamente com o inquérito policial, assegurando-se a preservação da identidade do agente policial infiltrado e a intimidade dos envolvidos.**

- **Tabela que sintetiza prazos das diferentes formas de infiltração policial:** confira tabela que explora os prazos das diferentes formas de infiltração:

Infiltração policial	Prazo
Na Lei 12.850/13	6 meses (admite-se prorrogação)
Virtual (na Lei 12.850/13)	6 meses (admite-se prorrogação até o limite de 720 dias)
Virtual (no ECA)	90 dias (admite-se prorrogação até o limite de 720 dias)

- **Acesso a registros de ligações telefônicas e telemáticas, a dados cadastrais constantes de bancos de dados públicos ou privados e a informações eleitorais ou comerciais:** a Lei 12.850/13 reforçou ainda mais o acesso direto pelo delegado de polícia e pelo Ministério Público (independente de ordem judicial) a registros, dados cadastrais, documentos e informações. Vide, nesta toada, o artigo 15 do mandamento legal estudado:

> **Art. 15. O delegado de polícia e o Ministério Público terão acesso, independentemente de autorização judicial, apenas aos dados cadastrais do investigado que informem exclusivamente a qualificação pessoal, a filiação e o endereço mantidos pela Justiça Eleitoral, empresas telefônicas, instituições financeiras, provedores de internet e administradoras de cartão de crédito.**

Tal acesso (a dados cadastrais) já existia em nosso ordenamento desde a edição da Lei 12.683/12, que enxertou o artigo 17-B na Lei 9.613/98. São, ainda, expressões do poder requisitório do delegado o artigo 13-A do Código de Processo Penal (também relacionado ao acesso a dados cadastrais, mas em uma lista de crimes descritos no artigo) e o § 2º do artigo 2º da Lei 12.830/13 (poder requisitório genérico, levado a cabo para instruir o inquérito policial).

O artigo 16 da Lei 12.850/13 trata do poder requisitório do delegado de polícia (ou do agente ministerial) a dados relacionados a reservas e registros de viagem (seja o transporte rodoviário, aéreo, ferroviário ou marítimo/fluvial). O dispositivo permite que, independentemente de ordem judicial, as empresas forneçam à autoridade policial ou ao Ministério Público, por exemplo, dia, horário e itinerário percorrido pelo investigado em uma determinada viagem aérea:

Art. 16. As empresas de transporte possibilitarão, pelo prazo de 5 (cinco) anos, acesso direto e permanente do juiz, do Ministério Público ou do delegado de polícia aos bancos de dados de reservas e registro de viagens.

Doutra banda, o artigo 17 da Lei 12.850/13 permite ao delegado de polícia ou ao agente ministerial, independentemente de ordem judicial prévia, o acesso às ligações efetuadas e recebidas pelo investigado (dia, hora, duração e número para o qual o telefone do investigado/réu ligou ou de quem recebeu ligação). O acesso a tais dados não demanda autorização do juízo, porquanto não se trata de interceptação de comunicações (o acesso aos dados da ligação não permite conhecer o que foi falado – caso se tencione conhecer o conteúdo das comunicações telefônicas, por óbvio, o pleito deverá ter amparo na Lei 9.296/96 e dependerá de prévia ordem judicial, por se tratar de cláusula de reserva de jurisdição):

Art. 17. As concessionárias de telefonia fixa ou móvel manterão, pelo prazo de 5 (cinco) anos, à disposição das autoridades mencionadas no art. 15, registros de identificação dos números dos terminais de origem e de destino das ligações telefônicas internacionais, interurbanas e locais.

Reforça meu entendimento a constatação de que o inciso IV do artigo 3º da Lei 12.850/13 aloca no mesmo dispositivo o acesso a registros de ligações telefônicas e telemáticas e o acesso a dados cadastrais, o que denota que nenhuma das informações tratadas no inciso precisa de ordem judicial prévia para aportar aos autos. Vejamos o dispositivo:

> Art. 3º Em qualquer fase da persecução penal, serão permitidos, sem prejuízo de outros já previstos em lei, os seguintes meios de obtenção da prova:
>
> (...)
>
> IV - acesso a registros de ligações telefônicas e telemáticas, a dados cadastrais constantes de bancos de dados públicos ou privados e a informações eleitorais ou comerciais;

É de bom tom afirmar a plena constitucionalidade dos artigos 15, 16 e 17 da Lei 12.850/13. Exige-se prévia autorização judicial apenas para interceptação (seja ela telefônica ou telemática). Conhecer dados (cadastrais, registros de viagens ou bilhetagem de telefones investigados) independentemente de ordem judicial não afronta em nenhuma medida a Constituição Federal (repito que o acesso a tais dados não permite saber o conteúdo das conversas telefônicas travadas pelo investigado/indiciado e, portanto, esse poder requisitório direto não atropela o direito inserido no inciso XII do artigo 5º da Constituição Federal). Nesse sentido Rogério Sanches e Ronaldo Pinto[21]:

> Com efeito, o acesso direto que se admite, a prescindir de ordem judicial, do membro do Ministério Público e do delegado de polícia (mencionados no art. 15 da lei), se restringe aos registros dos números dos terminais e do destino das ligações. A lei permite, assim, que se saiba que, em determinado dia, às tantas horas, ocorreu uma ligação entre beltrano e sicrano. E só. Significa dizer que o acesso ao teor da conversa, por importar afronta à norma constitucional que assegura o sigilo telefônico, somente pode ser quebrado mediante ordem judicial (art. 5°, inc. XII da Constituição e art. 1° da Lei 9296/96).

No sentido defendido nessa obra (desnecessidade de prévia autorização judicial para acesso a ligações efetuadas e recebidas e à agenda

21. SANCHES CUNHA, Rogério e PINTO, Ronaldo Batista. Op. cit., p. 126.

telefônica do terminal do investigado), confira precedente do Supremo Tribunal Federal[22]:

> HABEAS CORPUS. NULIDADES: (1) INÉPCIA DA DENÚNCIA; (2) ILICITUDE DA PROVA PRODUZIDA DURANTE O INQUÉRITO POLICIAL; VIOLAÇÃO DE REGISTROS TELEFÔNICOS DO CORRÉU, EXECUTOR DO CRIME, SEM AUTORIZAÇÃO JUDICIAL; (3) ILICITUDE DA PROVA DAS INTERCEPTAÇÕES TELEFÔNICAS DE CONVERSAS DOS ACUSADOS COM ADVOGADOS, PORQUANTO ESSAS GRAVAÇÕES OFENDERIAM O DISPOSTO NO ART. 7°, II, DA LEI 8.906/96, QUE GARANTE O SIGILO DESSAS CONVERSAS. VÍCIOS NÃO CARACTERIZADOS. ORDEM DENEGADA. 1. Inépcia da denúncia. Improcedência. Preenchimento dos requisitos do art. 41 do CPP. A denúncia narra, de forma pormenorizada, os fatos e as circunstâncias. Pretensas omissões – nomes completos de outras vítimas, relacionadas a fatos que não constituem objeto da imputação –- não importam em prejuízo à defesa. 2. Ilicitude da prova produzida durante o inquérito policial - violação de registros telefônicos de corréu, executor do crime, sem autorização judicial. 2.1 Suposta ilegalidade decorrente do fato de os policiais, após a prisão em flagrante do corréu, terem realizado a análise dos últimos registros telefônicos dos dois aparelhos celulares apreendidos. Não ocorrência. 2.2 Não se confundem comunicação telefônica e registros telefônicos, que recebem, inclusive, proteção jurídica distinta. Não se pode interpretar a cláusula do artigo 5°, XII, da CF, no sentido de proteção aos dados enquanto registro, depósito registral. A proteção constitucional é da comunicação de dados e não dos dados. 2.3 Art. 6° do CPP: dever da autoridade policial de proceder à coleta do material comprobatório da prática da infração penal. Ao proceder à pesquisa na agenda eletrônica dos aparelhos devidamente apreendidos, meio material indireto de

22. Ressalto, contudo, que a controvérsia só será definitivamente solucionada quando o Supremo Tribunal Federal finalizar o julgamento do ARE 1.042.075/RJ, relatado pelo Ministro Dias Toffoli. Até o fechamento dessa edição, o julgamento contava com os votos do Ministro relator e dos Ministros Gilmar Mendes e Edson Fachin. O relator propôs a seguinte tese (tema 977 da repercussão geral): "É lícita a prova obtida pela autoridade policial, sem autorização judicial, mediante acesso a registro telefônico ou agenda de contatos de celular apreendido ato contínuo no local do crime atribuído ao acusado, não configurando esse acesso ofensa ao sigilo das comunicações, à intimidade ou à privacidade do indivíduo (CF, art. 5º, incisos X e XII)". Os Ministros Gilmar Mendes e Edson Fachin, divergiram do relator e propuseram a seguinte tese: "O acesso a registro telefônico, agenda de contatos e demais dados contidos em aparelhos celulares apreendidos no local do crime atribuído ao acusado depende de prévia decisão judicial que justifique, com base em elementos concretos, a necessidade e a adequação da medida e delimite a sua abrangência à luz dos direitos fundamentais à intimidade, à privacidade e ao sigilo das comunicações e dados dos indivíduos (CF, art. 5º, X e XX)". Após, o Ministro Alexandre de Moraes pediu vista.

prova, a autoridade policial, cumprindo o seu mister, buscou, unicamente, colher elementos de informação hábeis a esclarecer a autoria e a materialidade do delito (dessa análise logrou encontrar ligações entre o executor do homicídio e o ora paciente). Verificação que permitiu a orientação inicial da linha investigatória a ser adotada, bem como possibilitou concluir que os aparelhos seriam relevantes para a investigação. 2.4 À guisa de mera argumentação, mesmo que se pudesse reputar a prova produzida como ilícita e as demais, ilícitas por derivação, nos termos da teoria dos frutos da árvore venenosa (fruit of the poisonous tree), é certo que, ainda assim, melhor sorte não assistiria à defesa. É que, na hipótese, não há que se falar em prova ilícita por derivação. Nos termos da teoria da descoberta inevitável, construída pela Suprema Corte norte-americana no caso Nix x Williams (1984), o curso normal das investigações conduziria a elementos informativos que vinculariam os pacientes ao fato investigado. Bases desse entendimento que parecem ter encontrado guarida no ordenamento jurídico pátrio com o advento da Lei 11.690/2008, que deu nova redação ao art. 157 do CPP, em especial o seu § 2°. 3. Ilicitude da prova das interceptações telefônicas de conversas dos acusados com advogados, ao argumento de que essas gravações ofenderiam o disposto no art. 7°, II, da Lei n. 8.906/96, que garante o sigilo dessas conversas. 3.1 Nos termos do art. 7°, II, da Lei 8.906/94, o Estatuto da Advocacia garante ao advogado a inviolabilidade de seu escritório ou local de trabalho, bem como de seus instrumentos de trabalho, de sua correspondência escrita, eletrônica, telefônica e telemática, desde que relativas ao exercício da advocacia. 3.2 Na hipótese, o magistrado de primeiro grau, por reputar necessária a realização da prova, determinou, de forma fundamentada, a interceptação telefônica direcionada às pessoas investigadas, não tendo, em momento algum, ordenado a devassa das linhas telefônicas dos advogados dos pacientes. Mitigação que pode, eventualmente, burlar a proteção jurídica. 3.3 Sucede que, no curso da execução da medida, os diálogos travados entre o paciente e o advogado do corréu acabaram, de maneira automática, interceptados, aliás, como qualquer outra conversa direcionada ao ramal do paciente. Inexistência, no caso, de relação jurídica cliente-advogado. 3.4 Não cabe aos policiais executores da medida proceder a uma espécie de filtragem das escutas interceptadas. A impossibilidade desse filtro atua, inclusive, como verdadeira garantia ao cidadão, porquanto retira da esfera de arbítrio da polícia escolher o que é ou não conveniente ser interceptado e gravado. Valoração, e eventual exclusão, que cabe ao magistrado a quem a prova é dirigida. 4. Ordem denegada (HC 91867, Relator(a): GILMAR MENDES, Segunda Turma, julgado em 24/04/2012, ACÓRDÃO ELETRÔNICO DJe-185 DIVULG 19-09-2012 PUBLIC 20-09-2012).

Esse também é o pensar do Superior Tribunal de Justiça sobre a matéria (desnecessidade de autorização judicial prévia para acesso à agenda telefônica e às ligações efetuadas e recebidas):

> RECURSO ESPECIAL. TRÁFICO DE DROGAS. USO DE DADOS CONTIDOS NA AGENDA TELEFÔNCIA SEM AUTORIZAÇÃO JUDICIAL. VALIDADE. SITUAÇÃO NÃO ALBERGADA PELO SIGILO TELEFÔNICO OU TELEMÁTICO. RECURSO ESPECIAL PROVIDO. 1. A Corte de origem reconheceu a nulidade da prova obtida, haja vista que os policiais militares acessaram a agenda de contatos telefônicos existentes no celular de um dos réus. 2. "O aparelho celular configura-se, concomitantemente, como um objeto capaz de assegurar a portabilidade de registros e informações de conteúdo pessoal e receptáculo de tecnologias de informação (especialmente aplicativos), que faz o papel de concector entre o usuário e múltiplos veículos de informação e facilitadores" (Revista Brasileira de Ciências Criminais 2019 RBCrim nº 156, de autoria do Doutor Ricardo Jacobsen Gloeckner e da Mestre Daniela Dora Eilberg, pág. 359). 3. O inciso XII do art. 5º da Constituição veda o acesso a dados decorrentes de interceptação telefônica ou telemática, ainda que armazenados no aparelho celular, sem a correspondente autorização judicial. 4. No caso, como autorizado pelo Código de Processo Penal CPP foi apreendido o telefone celular de um acusado e analisados os dados constantes da sua agenda telefônica, a qual não tem a garantia de proteção do sigilo telefônico ou de dados telemáticos, pois a agenda é uma das facilidades oferecidas pelos modernos aparelhos de smartphones a seus usuários. 5. Assim, deve ser reconhecida como válida a prova produzida com o acesso à agenda telefônica do recorrido, com o restabelecimento da sentença condenatória, determinando-se que a Corte a quo continue a apreciar a apelação. 6. Recurso especial provido (REsp 1782386/RJ, Rel. Ministro Joel Ilan Paciornik, Quinta Turma, julgado em 15/12/2020, DJe 18/12/2020).
>
> 1. Esta Corte Superior entende que a devassa nos dados constantes no aparelho celular, como mensagens de texto e conversas por meio de aplicativos, diretamente pela polícia, sem autorização judicial, constitui meio de prova ilícito e, consequentemente, os dados obtidos não podem constituir prova, devendo ser excluídos dos autos. No entanto, no presente caso, a Corte local informou ter havido acesso aos registros telefônicos e à agenda do aparelho celular apreendido com um dos envolvidos, dados esses não abarcados pela reserva de jurisdição prevista no art. 5º, XII, da Constituição Federal, não podendo se falar em ilegalidade da referida prova - Precedentes: AgRg no REsp n. 1.760.815/PR, Ministra Laurita Vaz, Sexta Turma, DJe 13/11/2018 e HC n. 91.867/PA, Ministro Gilmar Mendes, Segunda Turma, DJe 20/9/2012 (AgRg

no REsp 1853702/RS, Rel. Ministro Reynaldo Soares Da Fonseca, Quinta Turma, julgado em 23/06/2020, DJe 30/06/2020[23]).

É importante salientar que o desatendimento às requisições do delegado de polícia ou do membro do Ministério Público pode configurar, em tese, prática do crime previsto no artigo 21 da Lei 12.850/13 (a seguir analisado).

Por fim, anoto que os artigos 15, 16 e 17 da Lei 12.850/13 podem ser utilizados mesmo em inquéritos que não objetivem a desarticulação de organizações criminosas (a leitura atenta dos dispositivos demonstra que a lei não restringiu a utilização do poder requisitório outorgado).

- **Tabela que sintetiza o poder requisitório do delegado de polícia e do agente ministerial na Lei 12.850/13:** confira tabela que sintetiza o poder requisitório da autoridade policial e do Ministério Público no bojo da Lei 12.850/13:

Poder requisitório do delegado de polícia e do agente ministerial	
Dados cadastrais (esse poder requisitório é repetido nos artigos 13-A do CPP e 17-B da Lei 9.613/98)	Art. 15. O delegado de polícia e o Ministério Público terão acesso, independentemente de autorização judicial, apenas aos dados cadastrais do investigado que informem exclusivamente a qualificação pessoal, a filiação e o endereço mantidos pela Justiça Eleitoral, empresas telefônicas, instituições financeiras, provedores de internet e administradoras de cartão de crédito.
Dados de viagens	Art. 16. As empresas de transporte possibilitarão, pelo prazo de 5 (cinco) anos, acesso direto e permanente do juiz, do Ministério Público ou do delegado de polícia aos bancos de dados de reservas e registro de viagens.
Ligações efetuadas/recebidas (há divergência doutrinária acerca da exigência ou não de prévia autorização judicial)	Art. 17. As concessionárias de telefonia fixa ou móvel manterão, pelo prazo de 5 (cinco) anos, à disposição das autoridades mencionadas no art. 15, registros de identificação dos números dos terminais de origem e de destino das ligações telefônicas internacionais, interurbanas e locais.

23. Transcrevi apenas parte do julgado.

▪ **Crimes ocorridos na investigação e na obtenção de provas:** vejamos os tipos penais que podem ocorrer no curso da investigação e na obtenção da prova:

> **Art. 18. Revelar a identidade, fotografar ou filmar o colaborador, sem sua prévia autorização por escrito:**
> **Pena – reclusão, de 1 (um) a 3 (três) anos, e multa.**

Trata-se de crime comum (pode ser cometido por qualquer pessoa), de ação múltipla (ou conteúdo variado[24]), instantâneo, em que figuram como sujeitos passivos o Estado e o colaborador revelado (que tem o direito de ter seu nome, qualificação imagem e demais informações pessoais preservados e de não ter sua identidade revelada pelos meios de comunicação, nem ser fotografado e filmado, sem prévia autorização por escrito – incisos II e V do artigo 5º da Lei 12.850/13).

A proteção da identidade do colaborador é peça importantíssima no acordo de colaboração. A garantia da não revelação da imagem e dos dados qualificativos é um grande atrativo e representa interessante proteção, certamente almejada por quem pretenda ser beneficiado por acordo de colaboração.

> **Art. 19. Imputar falsamente, sob pretexto de colaboração com a Justiça, a prática de infração penal a pessoa que sabe ser inocente, ou revelar informações sobre a estrutura de organização criminosa que sabe inverídicas:**
> **Pena – reclusão, de 1 (um) a 4 (quatro) anos, e multa.**

Trata-se de figura típica que só pode ser cometida pelo colaborador (crime próprio e de mão própria). A vítima é o Estado e, na primeira parte do tipo, a pessoa alvo da falsa imputação.

O crime em testilha pode ser cometido de duas formas: i) quando o colaborador imputa falsamente a prática de infração penal (crime ou

24. A prática de qualquer dos três núcleos é suficiente para consumação do delito e a prática de mais de um dos verbos, em um mesmo contexto fático, constitui crime único.

contravenção) a pessoa que sabe ser inocente (chamada por Rogério Sanches e Ronaldo Pinto[25] de "colaboração caluniosa"); ii) quando o colaborador revela informações sobre a estrutura da organização criminosa que sabe inverídicas ("colaboração fraudulenta"[26], segundo os mesmos autores).

O crime estudado se consuma quando a falsa imputação é prestada ou quando a informação passada pelo colaborador como verdadeira se mostra inidônea. Não há necessidade de que a investigação ou o processo no bojo do qual se materializou o acordo de colaboração seja ultimado para que o colaborador que falseia a verdade seja processado e punido (o crime já terá se consumado e a ação penal pode ser proposta). Nesse sentido Rogério Sanches e Ronaldo Batista[27]. Em sentido contrário Nucci[28], que entende que "é fundamental o término da investigação criminal ou do processo para que se possa julgar corretamente deste delito do art. 19".

Não custa lembrar que o colaborador renuncia, na presença de seu defensor, ao direito ao silêncio e está sujeito ao compromisso legal de dizer a verdade (na forma do § 14 do artigo 4º da Lei 12.850/13). Como dito supra, o integrante de organização criminosa não é obrigado a fechar com o Estado acordo de colaboração, mas, caso queira ser agraciado com as benesses deste, deve efetivamente falar o que sabe e não pode mentir. Andou bem o legislador ao criar a exigência e ao tipificar a conduta do colaborador mendaz.

Art. 20. Descumprir determinação de sigilo das investigações que envolvam a ação controlada e a infiltração de agentes:

Pena – reclusão, de 1 (um) a 4 (quatro) anos, e multa.

Trata-se de crime próprio (cometido por servidor público que, a qualquer título, tenha acesso às informações sigilosas que envolvam ação

25. SANCHES CUNHA, Rogério e PINTO, Ronaldo Batista. Op. cit., p. 130.
26. SANCHES CUNHA, Rogério e PINTO, Ronaldo Batista. Op. cit., p. 130.
27. SANCHES CUNHA, Rogério e PINTO, Ronaldo Batista. Op. cit., p. 131.
28. NUCCI, Guilherme de Souza. NUCCI, Guilherme de Souza. **Organização Criminosa**. Editora Revista dos Tribunais, 2013, p. 91.

controlada e infiltração de agentes), formal (basta que seja revelada informação de cunho sigiloso, sem exigência de qualquer resultado naturalístico ou de efetivo prejuízo às investigações ou ao processo). O sujeito passivo é o Estado.

Art. 21. Recusar ou omitir dados cadastrais, registros, documentos e informações requisitadas pelo juiz, Ministério Público ou delegado de polícia, no curso de investigação ou do processo:

Pena – reclusão, de 6 (seis) meses a 2 (dois) anos, e multa.

Parágrafo único. Na mesma pena incorre quem, de forma indevida, se apossa, propala, divulga ou faz uso dos dados cadastrais de que trata esta Lei.

O tipo transcrito é crime formal (não exige demonstração de efetivo prejuízo às investigações ou ao processo) e comum (pode ser cometido por qualquer pessoa). O sujeito passivo é o Estado.

Trata-se de delito usualmente cometido por funcionários de empresas de telefonia, transportes e telemática, quando recusam ou omitem dados cadastrais, registros, documentos e informações requisitadas pelo juiz, Ministério Público ou delegado de polícia (especialmente as requisições confeccionadas na forma dos artigos 15, 16 e 17 da Lei 12.850/13). Com o fito de individualizar o responsável pela recusa ou omissão, é importante que a autoridade requisitante, de logo, determine que o subscritor da resposta se identifique (é comum que funcionários de operadoras de telefonia simplesmente rubriquem expedientes em que há a recusa no fornecimento de dados requestados por delegados de polícia ou pelo MP, dificultando sua responsabilização em face do cometimento do crime em testilha). A autoridade requisitante não deve tolerar, de igual sorte, expedientes subscritos por escritórios de advocacia contratados pela empresa que sonega a informação (mais uma artimanha utilizada para dificultar a identificação do funcionário responsável pela recusa).

Caso a instituição creditícia, a empresa de telefonia, de transporte ou telemática recalcitre no fornecimento dos dados requestados pelo delegado de polícia ou pelo agente ministerial, sugestiono algumas providências: i) imediata instauração de novo apuratório para apurar o crime tipificado no artigo 21 da Lei 12.850/13; ii) confecção de representação/requerimento ao juízo competente solicitando que o mesmo determine o fornecimento das informações sonegadas, com fixação de pesada multa diária, a contar da intimação do representante da empresa (isso com o fito de não atrasar ainda mais a investigação).

Importante salientar que o crime em estudo (caput do artigo 21 da Lei 12.850/13) pode ser cometido no curso de inquérito policial ou processo penal de qualquer natureza (sua prática não se restringe a requisições materializadas no curso de feitos que apurem delitos praticados por membros de organização criminosa), caso haja recusa ou omissão de dados, registros, documentos e informações requestadas por juiz, Ministério Público ou delegado de polícia.

Por fim, cumpre mencionar que o parágrafo único do artigo estudado tipifica a conduta daquele que, de forma indevida, se apossa, propala, divulga ou faz uso dos dados cadastrais de que trata o mandamento legal em estudo (crime comum, formal, que tem como vítima o Estado).

- **Procedimento ordinário:** o artigo 22 da Lei 12.850/13 trata: i) do procedimento adotado para processar integrantes de organizações criminosas (comum ordinário) e os autores dos crimes tipificados nos artigos 18 a 21 do mesmo mandamento legal; e ii) do prazo máximo de duração da instrução criminal quando o réu estiver preso (avanço importante da lei ao fixar qual a duração razoável do processo relativo a crimes cometidos por integrantes de organizações criminosas – restou prestigiado o inciso LXXVIII do artigo 5º da Constituição Federal):

> **Art. 22. Os crimes previstos nesta Lei e as infrações penais conexas serão apurados mediante procedimento ordinário previsto no Decreto-Lei nº 3.689, de 3 de outubro de 1941 (Código de Processo Penal), observado o disposto no parágrafo único deste artigo.**
>
> **Parágrafo único. A instrução criminal deverá ser encerrada em prazo razoável, o qual não poderá exceder a 120 (cento e vinte) dias quando o réu estiver preso, prorrogáveis em até igual período, por decisão fundamentada, devidamente motivada pela complexidade da causa ou por fato procrastinatório atribuível ao réu.**

▪ **Sigilo da investigação:** o artigo 23 seguiu o quanto desenhado pelo inciso XIV do artigo 7º da Lei 8.906/94 e pela Súmula Vinculante 14, no que toca a acesso, pelo defensor do investigado, a dados colhidos no curso do inquérito policial.

Saliento, contudo, que se o sigilo for decretado por decisão judicial, o acesso aos autos só pode se dar por meio de autorização do juízo competente (o sigilo determinado pela autoridade judiciária é um degrau mais alto que o sigilo ordinário previsto no artigo 20 do Código de Processo Penal, já que em investigações "normais", o delegado de polícia pode franquear o acesso ao advogado do investigado sem necessidade de outorga judicial).

Importante salientar que o parágrafo único do mesmo artigo não determinou que os investigados integrantes de organizações criminosas sejam obrigatoriamente assistidos por defesa técnica na fase investigativa (o inquérito que apura crimes praticados por organização criminosa não é contraditório). O dispositivo apenas determinou que, caso os investigados tenham advogados, os causídicos terão acesso aos autos três dias antes da data agendada para materialização das oitivas:

> **Art. 23. O sigilo da investigação poderá ser decretado pela autoridade judicial competente, para garantia da celeridade e da eficácia das diligências investigatórias, assegurando-se ao defensor, no interesse do representado, amplo acesso aos elementos de prova que digam respeito ao exercício do direito de defesa, devidamente precedido de autorização judicial, ressalvados os referentes às diligências em andamento.**
>
> **Parágrafo único. Determinado o depoimento do investigado, seu defensor terá assegurada a prévia vista dos autos, ainda que classificados como sigilosos, no prazo mínimo de 3 (três) dias que antecedem ao ato, podendo ser ampliado, a critério da autoridade responsável pela investigação.**

▪ **Tabela que sintetiza os artigos 22 e 23 da Lei 12.850/13:** confira tabela que sintetiza os artigos 22 e 23 da lei estudada:

Disposições finais	
Procedimento	Comum ordinário
Duração da instrução em processo com réu preso	120 dias, prorrogáveis em até igual período, por decisão fundamentada, devidamente motivada pela complexidade da causa ou por fato procrastinatório atribuível ao réu.
Sigilo judicialmente decretado	Só o juiz pode deferir o acesso ao inquérito
Oitiva do investigado/indiciado em caso de sigilo judicialmente decretado	Seu defensor terá assegurada a prévia vista dos autos, ainda que classificados como sigilosos, no prazo mínimo de 3 (três) dias que antecedem ao ato, podendo ser ampliado, a critério da autoridade responsável pela investigação.

- **Alterações promovidas no artigo 288 do Código Penal:** o artigo 288 do Código Penal passou a ser chamado de crime de associação criminosa (e não mais quadrilha ou bando).

O número mínimo de integrantes da associação criminosa passou a ser três membros (na redação anterior à Lei 12.850/13, era de quatro).

Houve modificação, ainda, da causa de aumento do parágrafo único do mesmo artigo – ela foi ampliada (agora também há aumento de pena se a associação contar com participação de criança ou adolescente):

> **Art. 24. O art. 288 do Decreto-Lei nº 2.848, de 7 de dezembro de 1940 (Código Penal), passa a vigorar com a seguinte redação:**
>
> **"Associação Criminosa**
>
> **Art. 288. Associarem-se 3 (três) ou mais pessoas, para o fim específico de cometer crimes:**
>
> **Pena – reclusão, de 1 (um) a 3 (três) anos.**
>
> **Parágrafo único. A pena aumenta-se até a metade se a associação é armada ou se houver a participação de criança ou adolescente." (NR)**

- **Tabela comparativa de crimes de concurso necessário:** é importante estudar os seguintes crimes plurissubjetivos em conjunto:

Crime	Artigo/ Lei	Número de integrantes	Definição legal completa
Associação para o tráfico de drogas	Artigo 35 da Lei 11.343/06	2 ou mais	Associação de duas ou mais pessoas para o fim de praticar, reiteradamente ou não, qualquer dos crimes previstos nos arts. 33, *caput* e § 1º, e 34 desta Lei.
Associação criminosa	Artigo 288 do Código Penal	3 ou mais	Associação de 3 (três) ou mais pessoas, para o fim específico de cometer crimes.
Organização criminosa	§ 1° do artigo 1°da Lei 12.850/13	4 ou mais	Associação de 4 (quatro) ou mais pessoas estruturalmente ordenada e caracterizada pela divisão de tarefas, ainda que informalmente, com objetivo de obter, direta ou indiretamente, vantagem de qualquer natureza, mediante a prática de infrações penais cujas penas máximas sejam superiores a 4 (quatro) anos, ou que sejam de caráter transnacional.

▪ **Modificação da pena do crime de falso testemunho:** A Lei 12.850/13 aumentou a pena do crime de falso testemunho:

> **Art. 25. O art. 342 do Decreto-Lei nº 2.848, de 7 de dezembro de 1940 (Código Penal), passa a vigorar com a seguinte redação:**
>
> **"Art. 342. ....**
>
> **Pena – reclusão, de 2 (dois) a 4 (quatro) anos, e multa." (NR)**

▪ **Revogação da Lei 9.034/95:** por fim, cumpre salientar que a Lei 9.034/95 foi expressamente revogada pela Lei 12.850/13 (artigo 26):

> **Art. 26. Revoga-se a Lei nº 9.034, de 3 de maio de 1995.**

Questões de concurso público: veja como a lei estudada já foi cobrada em concursos públicos.

1. **(Delegado de Polícia Civil/RN/2021)** A fim de obter informações sobre o funcionamento e identificar os demais integrantes de organização estruturalmente ordenada, contendo ao menos cinco membros, que praticava crimes de roubo de carga dentro do Estado do Rio Grande do Norte, a autoridade policial decidiu infiltrar um agente na referida organização. Diante de indícios que comprovavam as infrações e inexistindo outros meios para produção da referida prova, a realização de tal técnica de investigação por representação do delegado de polícia, prevista na Lei de Crime Organizado:

A) será admitida, podendo ser realizada por prazo indeterminado;

B) não será admitida, pois o delegado de polícia não possui legitimidade para representação;

C) será admitida, respondendo o agente infiltrado por eventuais excessos praticados com desvio de finalidade da investigação;

D) será admitida, somente podendo o agente infiltrado abandonar a investigação mediante autorização judicial;

E) não será admitida, pois a ausência de caráter transnacional da infração afasta a aplicação da Lei de Crime Organizado.

2. **(Delegado de Polícia Civil/RN/2021)** A Lei nº 12.850/2013 define o crime de organização criminosa e dispõe sobre a investigação criminal e os meios de obtenção da prova. Tal diploma legal estabelece que:

A) a intervenção policial poderá ser retardada, mediante ação controlada, reclamando prévia autorização judicial;

B) a infiltração de agentes exige prévia autorização judicial, assim como oitiva do Ministério Público em caso de representação da autoridade policial;

C) poderá ser realizada colaboração premiada, participando das negociações do acordo o juiz, o Ministério Público e o acusado assistido por advogado;

D) o sigilo da investigação poderá ser determinado pela autoridade policial para garantia da celeridade e eficácia das diligências investigatórias, impedindo, nessa hipótese, acesso da defesa aos elementos produzidos;

E) o crime de organização criminosa se configura quando quatro ou mais pessoas se associam de forma estruturada e com divisão de tarefas para a prática de crimes que exijam pena mínima igual ou superior a quatro anos.

3. **(Delegado de Polícia Federal/2021)** Após ligação anônima, a polícia realizou busca em determinada casa, onde encontrou pessoas preparando pequenos pacotes de determinada substância — aparentemente entorpecente —, os quais foram apreendidos, além de armas de fogo de alto calibre. Durante a diligência, o delegado, informalmente, realizou entrevistas com as pessoas que estavam no domicílio. Durante essas entrevistas, um dos indivíduos confessou a prática do delito e, posteriormente, colaborou com a identificação dos demais membros da organização criminosa. A partir das informações do colaborador, foi realizada uma ação controlada.

A partir dessa situação hipotética, julgue o próximo item.

( ) A ação controlada na investigação da organização criminosa independe de prévia autorização judicial e parecer ministerial.

4. **(Delegado de Polícia Civil/ES/2019)** O Legislador brasileiro adotou, a partir de 2013, o termo "Organizações Criminosas" para tratar o tema, tão falado na mídia e na sociedade, das atividades reconhecidas como "Crime Organizado". Por ensejar, para alguns, uma maior complexidade de aplicação de recursos e pessoas, de uma logística própria, que passaria despercebida ou pelo menos dificultaria os meios cotidianos de investigação e apuração de responsabilidades, a Lei 12.850/13, para além de trazer a definição objetiva de "Organização Criminosa", traz também regras específicas para o procedimento. Uma delas, disposta no Capítulo III, se dá no âmbito da "Investigação e dos Meios de Obtenção de Prova".

Sobre estes, assinale a alternativa correta:

A) Em nenhuma fase da persecução penal será afastado os sigilos financeiro, bancário e fiscal.

B) Em qualquer fase da persecução penal, será permitido, sem prejuízo de outros, já previstos em lei, a colaboração premiada como meio de obtenção de prova.

C) Apenas após o recebimento da denúncia, será permitido, sem prejuízo de outros já previstos em lei, a colaboração premiada como meio de obtenção de prova.

D) Apenas após o recebimento da denúncia, será permitido, sem prejuízo de outros já previstos em lei, a prisão preventiva como meio de obtenção de prova.

E) Em qualquer fase da persecução penal, será permitido, sem prejuízo de outros já previstos em lei, a prisão preventiva como meio de obtenção de prova.

5. **(Delegado de Polícia Federal/2018)** Delegado da PF instaurou IP para apurar crime cometido contra órgão público federal. Diligências constataram sofisticado esquema de organização criminosa criada com a intenção de fraudar programa de responsabilidade desse ente público.

Com base nessas informações e com relação à prática de crime por organização criminosa, julgue o item seguinte.

( ) A fim de dar celeridade às investigações e em face da gravidade da situação investigada, é possível a infiltração de agentes de polícia em tarefas da investigação, independentemente de prévia autorização judicial.

6. **(Delegado de Polícia Federal/2018)** Delegado da PF instaurou IP para apurar crime cometido contra órgão público federal. Diligências constataram sofisticado esquema de organização criminosa criada com a intenção de fraudar programa de responsabilidade desse ente público.

Com base nessas informações e com relação à prática de crime por organização criminosa, julgue o item seguinte.

( ) Se algum dos indiciados no âmbito desse IP apresentar elementos que justifiquem a celebração de acordo de colaboração premiada, e se a situação permitir a concessão do benefício a esse indiciado, o próprio delegado que estiver à frente da investigação poderá celebrar diretamente o acordo, devendo submetê-lo à homologação judicial.

7. **(Delegado de Polícia Civil/GO/2018)** Nos termos da Lei n. 12.850/2013, a ação controlada consiste em retardar a intervenção policial ou administrativa relativa à ação praticada por organização criminosa ou a ela vinculada, desde que mantida sob observação e acompanhamento para que a medida legal se concretize no momento mais eficaz à formação de provas e obtenção de informações. Acerca desse instituto, verifica-se que

A) No início da diligência, elaborar-se-á auto circunstanciado acerca da ação controlada.

B) A comunicação será sigilosamente distribuída de forma a não conter informações que possam indicar a operação a ser efetuada.

C) Até o encerramento da diligência, o acesso aos autos será restrito ao juiz, ao Ministério Público e à defesa técnica, como forma de garantir o êxito das investigações.

D) O retardamento da intervenção policial ou administrativa será previamente comunicado ao Ministério Público que, se for o caso, estabelecerá os seus limites e comunicará ao juiz competente.

E) Se envolver transposição de fronteiras, o retardamento da intervenção policial ou administrativa poderá ocorrer sem a cooperação das autoridades dos países que figurem como provável itinerário ou destino do investigado, de modo a reduzir os riscos de fuga e extravio do produto, objeto, instrumento ou proveito do crime.

8. **(Delegado de Polícia Civil/SP/2018)** No que concerne às disposições da Lei nº 12.850/2013 (Lei de Combate às Organizações Criminosas), é correto afirmar que

A) Na hipótese de colaboração premiada, o prazo para oferecimento de denúncia, relativo ao colaborador, poderá ser suspenso por até 6 (seis) meses, improrrogáveis, até que sejam cumpridas as medidas de colaboração, suspendendo-se o respectivo prazo prescricional.

B) Na hipótese de colaboração premiada, o prazo para oferecimento de denúncia ou o processo, relativos ao colaborador, poderá ser suspenso por até 6 (seis) meses, prorrogáveis por igual período, até que sejam cumpridas as medidas de colaboração, não sendo suspenso o respectivo prazo prescricional.

C) O Delegado de Polícia terá acesso, independentemente de autorização judicial, apenas aos dados cadastrais do investigado que informem exclusivamente a qualificação pessoal, a filiação e o endereço mantidos pela Justiça Eleitoral, empresas telefônicas, instituições financeiras, provedores de internet e administradoras de cartão de crédito.

D) Nos crimes previstos na referida lei, observadas as disposições do Código de Processo Penal, a instrução criminal deverá ser encerrada no prazo de 120 (cento e vinte) dias quando o réu estiver preso, prorrogáveis em até igual período, por decisão fundamentada, somente na hipótese de fato procrastinatório atribuível ao réu.

E) A infiltração de agentes de polícia em tarefas de investigação dependerá de representação do Delegado de Polícia, descrevendo indícios seguros na necessidade de obter as informações por meio desta operação, ao juiz competente que poderá autorizar, de forma circunstanciada, motivada e sigilosa, cientificando, posteriormente, o Ministério Público para o devido acompanhamento.

---

9. (Delegado de Polícia Civil/MG/2018) Sobre a ação controlada prevista na Lei 12.850/13, é CORRETO afirmar:

A) A intervenção policial ou administrativa poderá ser postergada sem que exista prévia comunicação ao juízo competente.

B) Consiste na imediata intervenção policial ou administrativa relativa à ação praticada no âmbito de organização criminosa ou a esta vinculada.

C) Mesmo que envolva a transposição de fronteiras, não haverá necessidade de cooperação do país tido como provável destino do investigado.

D) Poderá ter seus limites definidos pelo juiz competente.

---

10. (Delegado de Polícia Civil/RS/2018) Assinale a alternativa correta, conforme disposto na Lei nº 12.850/2013.

A) Havendo indícios seguros de que o agente infiltrado sofre risco iminente, será imediatamente substituído e mantida a operação, mediante requisição do Ministério Público ou pelo delegado de polícia, dando-se imediata ciência ao Ministério Público e à autoridade judicial.

B) As partes podem retratar-se da proposta de colaboração premiada, caso em que as provas autoincriminatórias produzidas pelo colaborador não terão eficácia.

C) Depois de homologado o acordo, o colaborador poderá, sempre acompanhado pelo seu defensor, ser ouvido pelo membro do Ministério Público ou pelo delegado de polícia responsável pelas investigações.

D) Considerando a relevância da colaboração prestada, o Ministério Público, a qualquer tempo, e o delegado de polícia, nos autos do inquérito policial, com a manifestação do Ministério Público, poderão requerer ou representar ao juiz pela concessão de perdão judicial ao colaborador, desde que esse benefício tenha sido previsto na proposta inicial, aplicando-se, no que couber, o Art. 28 do Decreto-Lei nº 3.689/1941 (Código de Processo Penal).

E) O delegado de polícia e o Ministério Público terão acesso, mediante autorização judicial, apenas aos dados cadastrais do investigado que informem exclusivamente a qualificação pessoal, a filiação e o endereço mantidos pela Justiça Eleitoral, empresas telefônicas, instituições financeiras, provedores de internet e administradoras de cartão de crédito.

---

11. (Delegado de Polícia Civil/RS/2018) De acordo com o disposto na Lei nº 12.850/2013, assinale a alternativa correta.

A) Em todos os atos de negociação, confirmação e execução da colaboração premiada, o colaborador deverá estar assistido por defensor.

B) Ao colaborador, deverá ser garantida a assistência por defensor nos atos de negociação da colaboração premiada, sendo dispensada a defesa técnica quanto à confirmação e execução da colaboração.

C) Em todos os atos de negociação, confirmação e execução da colaboração premiada, o colaborador deverá estar assistido por defensor, assegurada a participação do Ministério Público.

D) O sigilo da investigação poderá ser decretado pela autoridade policial, para garantia da celeridade e da eficácia das diligências investigatórias, assegurando-se ao defensor, no interesse do representado, amplo acesso aos elementos de prova que digam respeito ao exercício do direito de defesa, devidamente precedido de autorização judicial, ressalvados os referentes às diligências em andamento.

E) Determinado o depoimento do investigado, seu defensor terá assegurada a prévia vista dos autos, exceto quando classificados como sigilosos, no prazo mínimo de 3 (três) dias que antecedem ao ato, podendo ser ampliado, a critério da autoridade responsável pela investigação.

---

12. (Delegado de Polícia Civil/BA/2018) Considere o seguinte caso hipotético.

O criminoso "X", integrante de uma determinada organização criminosa, após a sentença que o condenou pela prática do crime, decide voluntariamente e na presença de seu defensor, colaborar com as investigações. Nas suas declarações, "X" revela toda a estrutura hierárquica e a divisão de tarefas da organização. Alguns dias após, arrepende-se e decide retratar-se das declarações prestadas. Diante do exposto e nos termos da Lei nº 12.850/2013, é correto afirmar que

A) Na hipótese de retratação, as provas produzidas pelo colaborador não poderão ser utilizadas em seu desfavor, mas apenas em detrimento dos interesses dos coautores e partícipes.

B) A colaboração premiada é retratável a qualquer tempo, sendo necessário colher a retratação por escrito e desconsiderar integralmente as provas produzidas.

C) Após a prolação da sentença, é vedada a retratação, portanto, no presente caso, não há possibilidade de se reconhecer o pedido do criminoso.

D) A colaboração premiada implica em renúncia ao direito ao silêncio, ficando o criminoso sujeito ao compromisso de dizer a verdade; assim sendo, a retratação implicará o cometimento de outro crime.

E) A colaboração premiada, antes ou após a sentença, é irretratável, portanto as provas autoincriminatórias produzidas pelo colaborador poderão ser utilizadas em seu desfavor.

Gabarito comentado:

Questão	Reposta	Comentário
1	Letra C	Vide artigo 13 da Lei 12.850/13.
2	Letra B	Vide § 1° do artigo 10 da Lei 12.850/13.
3	CERTA	A ação controlada regulada pela Lei 12.850/13 não demanda autorização judicial prévia – vide § 1° do artigo 8° da Lei 12.850/13.
4	Letra B	Vide inciso I do artigo 3° da Lei 12.850/13.
5	ERRADA	A infiltração policial demanda autorização judicial prévia, na forma dos artigos 10 e seguintes da Lei 12.850/13.
6	CERTA	O delegado de polícia tem legitimidade para celebrar acordo de colaboração premiada, na forma da Lei 12.850/13.
7	Letra B	Vide § 2° do artigo 8° da Lei 12.850/13.
8	Letra C	Vide artigo 15 da Lei 12.850/13.
9	Letra D	Vide § 1° do artigo 8° da Lei 12.850/13.
10	Letra C	Vide § 9° do artigo 4° da Lei 12.850/13.
11	Letra A	Vide § 15 do artigo 4° da Lei 12.850/13
12	Letra A	Vide § 10 do artigo 4° da Lei 12.850/13.

Quesitos criados pelo autor da obra: confira algumas questões por mim criadas para orientar seus estudos.

1. Qual a natureza jurídica da colaboração premiada? O investigado/indiciado/réu tem direito líquido e certo à materialização de acordo de colaboração premiada?

RESPOSTA: O Pacote Anticrime inseriu na Lei 12.850/13 o artigo 3°-A, deixando claro a natureza dúplice do acordo de colaboração premiada (negócio jurídico processual e meio de obtenção de prova). O Supremo Tribunal Federal decidiu, no bojo do MS 35693, que o membro de organização criminosa não tem direito líquido e certo à materialização de acordo de colaboração premiada e isso foi confirmado pelo legislador no § 1° do novo artigo 3°-B da Lei 12.850/13.

2. Pode o delegado de polícia firmar acordo de colaboração premiada? É possível não propositura de ação penal em face do colaborador premiado?

RESPOSTA: Sim, o delegado de polícia é parte legítima para firmar acordo de colaboração premiada. A Procuradoria-Geral da República ingressou com a ADIN 5508 com o fito de que fosse declarada inconstitucional a legitimidade do delegado de polícia para firmar acordo de colaboração premiada, mas o Supremo Tribunal Federal julgou o pleito improcedente, deixando claro que o delegado pode firmar acordo de colaboração e que o parecer do Ministério Público é meramente opinativo – as outras duas correntes que surgiram à época foram: i) o delegado de polícia não tem legitimidade para firmar acordo, sendo o Ministério Público o único legitimado, por ser titular da ação penal pública (tese defendida pela Procuradoria-Geral da República na ADIN 5508); ii) o delegado tem legitimidade para firmar acordo, mas o parecer do Ministério Público é vinculante. Sim – o § 4º do artigo 4º da Lei 12.850/13 traz possibilidade de não oferecimento da denúncia pelo *Parquet* em face do colaborador desde que cumulados os dois requisitos descritos em seus incisos I e II – que o colaborador tenha sido o primeiro a efetivamente colaborar e que ele não seja o líder da organização criminosa (e, ainda, que a infração penal informada pelo colaborador não seja previamente conhecida pelo Estado – esse novo requisito foi enxertado pelo Pacote Anticrime).

3. É possível que o acordo de colaboração premiada preceitue regime inicial de cumprimento de pena aberto ainda que a sentença imponha pena superior a 8 anos?

RESPOSTA: Não, na forma do inciso II do § 7º do artigo 4º da Lei 12.850/13:

> Art. 4º (...)
>
> § 7º Realizado o acordo na forma do § 6º deste artigo, serão remetidos ao juiz, para análise, o respectivo termo, as declarações do colaborador e cópia da investigação, devendo o juiz ouvir sigilosamente o colaborador, acompanhado de seu defensor, oportunidade em que analisará os seguintes aspectos na homologação:
>
> (...)
>
> II – adequação dos benefícios pactuados àqueles previstos no caput e nos §§ 4º e 5º deste artigo, sendo nulas as cláusulas que violem o critério de definição do regime inicial de cumprimento de pena do art. 33 do Decreto-Lei nº 2.848, de 7 de dezembro de 1940 (Código Penal), as regras de cada um dos regimes previstos no Código Penal e na Lei nº 7.210, de 11 de julho de 1984 (Lei de Execução Penal) e os requisitos de progressão de regime não abrangidos pelo § 5º deste artigo;

4. É possível decretação da prisão preventiva de suposto membro de organização criminosa com base nas declarações do colaborador premiado?

RESPOSTA: Não, em face do inciso I do § 16 do artigo 4º da Lei 12.850/13.

5. Caso policial federal infiltrado no seio de organização criminosa se envolva na prática de fato definido como delito, será ele responsabilizado criminalmente?

RESPOSTA: Em regra não (afasta-se a culpabilidade por inexigibilidade de conduta diversa, na forma do parágrafo único do artigo 13 da Lei 12.850/13).

6. Qual o prazo da infiltração policial? E da infiltração policial virtual?

RESPOSTA: Eis os prazos da infiltração policial:

Infiltração policial	Prazo
Na Lei 12.850/13	6 meses (admite-se prorrogação)
Virtual (na Lei 12.850/13)	6 meses (admite-se prorrogação até o limite de 720 dias)
Virtual (no ECA)	90 dias (admite-se prorrogação até o limite de 720 dias)

21

Lei 13.869/19 – Abuso de Autoridade

Art. 1° Esta Lei define os crimes de abuso de autoridade, cometidos por agente público, servidor ou não, que, no exercício de suas funções ou a pretexto de exercê-las, abuse do poder que lhe tenha sido atribuído.

§ 1° As condutas descritas nesta Lei constituem crime de abuso de autoridade quando praticadas pelo agente com a finalidade específica de prejudicar outrem ou beneficiar a si mesmo ou a terceiro, ou, ainda, por mero capricho ou satisfação pessoal.

§ 2° A divergência na interpretação de lei ou na avaliação de fatos e provas não configura abuso de autoridade.

- **Especial fim de agir:** o § 1° do artigo 1° da Lei 13.869/19 reclama dolo específico para prática dos crimes tipificados no mandamento legal (finalidade específica de prejudicar outrem ou beneficiar a si mesmo ou a terceiro, ou, ainda, por mero capricho ou satisfação pessoal). Destarte, a peça ovo acusatória deve descrever claramente essa intenção ao imputar crime tipificado na Lei de Abuso de Autoridade (os crimes listados no mandamento legal são de tendência interna transcendente de resultado cortado).

O § 2° do artigo 1° do mandamento estudado, indica que a divergência na interpretação da lei ou na avaliação dos fatos e provas não configura crime de abuso de autoridade (o fato será atípico nesse caso, porquanto ausente o dolo desenhado no § 1º do mesmo artigo). Não se pune o chamado **crime de hermenêutica**.

Sugestiono, destarte, com o fito de afastar qualquer ilação acerca da finalidade para prática do ato, que a autoridade o fundamente efetivamente.

- **Enunciados do CNPG e do GNCCRIM:** eis os enunciados do Conselho Nacional de Procuradores-Gerais dos Ministérios Públicos dos Estados e da União (CNPG) e do Grupo Nacional de Coordenadores de Centro de Apoio Criminal (GNCCRIM) sobre o tema:

> Enunciado 1 – Os tipos incriminadores da Lei de Abuso de Autoridade exigem elemento subjetivo diverso do mero dolo, restringindo o alcance da norma.
>
> Enunciado 2 – A divergência na interpretação de lei ou na avaliação de fatos e provas, salvo quando teratológica, não configura abuso de autoridade, ficando excluído o dolo.

Art. 2º É sujeito ativo do crime de abuso de autoridade qualquer agente público, servidor ou não, da administração direta, indireta ou fundacional de qualquer dos Poderes da União, dos Estados, do Distrito Federal, dos Municípios e de Território, compreendendo, mas não se limitando a:

I – servidores públicos e militares ou pessoas a eles equiparadas;

II – membros do Poder Legislativo;

III – membros do Poder Executivo;

IV – membros do Poder Judiciário;

V – membros do Ministério Público;

VI – membros dos tribunais ou conselhos de contas.

Parágrafo único. Reputa-se agente público, para os efeitos desta Lei, todo aquele que exerce, ainda que transitoriamente ou sem remuneração, por eleição, nomeação, designação, contratação ou qualquer outra forma de investidura ou vínculo, mandato, cargo, emprego ou função em órgão ou entidade abrangidos pelo caput deste artigo.

- **Sujeito ativo:** o artigo 2º da Lei 13.869/19 identifica o sujeito ativo da prática do crime de abuso de autoridade (trata-se de interpretação autêntica).

Art. 3º Os crimes previstos nesta Lei são de ação penal pública incondicionada.

§ 1º Será admitida ação privada se a ação penal pública não for intentada no prazo legal, cabendo ao Ministério Público aditar a queixa, repudiá-la e oferecer denúncia substitutiva, intervir em todos os termos do processo, fornecer elementos de prova, interpor recurso e, a todo tempo, no caso de negligência do querelante, retomar a ação como parte principal.

§ 2º A ação privada subsidiária será exercida no prazo de 6 (seis) meses, contado da data em que se esgotar o prazo para oferecimento da denúncia.

▪ **Ação penal:** o artigo 3º havia sido vetado, mas o veto foi derrubado pelo Congresso Nacional.

O artigo é dispensável. Não é preciso afirmar textualmente que um crime é de ação penal pública incondicionada e que, se esta não for intentada no prazo legal pelo Ministério Público (é preciso que se verifique inércia total), abre-se a possibilidade de propositura de ação penal privada subsidiária da pública (decaindo a vítima do direito de oferecer queixa substitutiva no prazo de 6 meses), vez que quando a lei silencia acerca da natureza da ação penal é porque essa é pública incondicionada.

▪ **Enunciados do CNPG e do GNCCRIM:** eis os enunciados do Conselho Nacional de Procuradores-Gerais dos Ministérios Públicos dos Estados e da União (CNPG) e do Grupo Nacional de Coordenadores de Centro de Apoio Criminal (GNCCRIM) sobre o tema:

> Enunciado 3 – Os crimes da Lei de Abuso de Autoridade são perseguidos mediante ação penal pública incondicionada. A queixa subsidiária pressupõe comprovada inércia do Ministério Público, caracterizada pela inexistência de qualquer manifestação ministerial.

Art. 4º São efeitos da condenação:

I – tornar certa a obrigação de indenizar o dano causado pelo crime, devendo o juiz, a requerimento do ofendido, fixar na sentença o valor mínimo para reparação dos danos causados pela infração, considerando os prejuízos por ele sofridos;

II – a inabilitação para o exercício de cargo, mandato ou função pública, pelo período de 1 (um) a 5 (cinco) anos;

III – a perda do cargo, do mandato ou da função pública.

Parágrafo único. Os efeitos previstos nos incisos II e III do caput deste artigo são condicionados à ocorrência de reincidência em crime de abuso de autoridade e não são automáticos, devendo ser declarados motivadamente na sentença.

- **Efeitos da condenação:** o artigo 4º da Lei 13.869/19 trata dos efeitos da condenação.

Em primeiro lugar, saliento que a fixação, pelo juiz, do valor mínimo para reparação dos danos sofridos pelo ofendido demanda requerimento deste (que não ostenta rigor formal) - inciso I. O mesmo dispositivo reza que a condenação torna certo o dever de indenizar (natureza jurídica de efeito secundário extrapenal genérico da condenação – tal qual inciso I do artigo 91 do Código Penal).

Doutra banda, importante ressaltar que os efeitos previstos nos incisos II e III do artigo 4º da Lei 13.869/19 não são automáticos (devem ser declarados motivadamente em sentença) e só são aplicáveis ao reincidente específico na prática de crime de abuso de autoridade (não é necessário, por óbvio, que o autor repita prática do mesmo tipo, bastando que cometa qualquer crime de abuso de autoridade depois de ter sido condenado com sentença transitada em julgado por crime de abuso de autoridade anterior).

- **Enunciado do CNPG e do GNCCRIM:** eis enunciado do Conselho Nacional de Procuradores-Gerais dos Ministérios Públicos dos Estados e da União (CNPG) e do Grupo Nacional de Coordenadores de Centro de Apoio Criminal (GNCCRIM) sobre o tema:

> Enunciado 4 – O requerimento do ofendido para a reparação dos danos causados pela infração penal dispensa qualquer rigor formal.

Art. 5º As penas restritivas de direitos substitutivas das privativas de liberdade previstas nesta Lei são:

I – prestação de serviços à comunidade ou a entidades públicas;

II – suspensão do exercício do cargo, da função ou do mandato, pelo prazo de 1 (um) a 6 (seis) meses, com a perda dos vencimentos e das vantagens;

III – (VETADO).

Parágrafo único. As penas restritivas de direitos podem ser aplicadas autônoma ou cumulativamente.

- **Penas restritivas de direito:** o artigo 5º da Lei 13.869/19 descreve as penas restritivas de direito aplicáveis em substituição às privativas de liberdade, quando há prática de crime de abuso de autoridade.

Saliento a gravidade da pena restritiva de direitos descrita no inciso II do artigo 5º da Lei 13.869/19. A suspensão do exercício do cargo, da função ou do mandato pelo prazo de 1 a 6 meses com perda dos vencimentos e das vantagens é reprimenda muito severa (e que me parece desproporcional).

A redação do dispositivo parece inibir a aplicação das penas restritivas de direito listadas no Código Penal (os requisitos para a substituição, conduto, em face do silêncio da lei, devem ser extraídos do 44 do Caderno Repressivo Pátrio[1]).

1. Art. 44. As penas restritivas de direitos são autônomas e substituem as privativas de liberdade, quando:
I – aplicada pena privativa de liberdade não superior a quatro anos e o crime não for cometido com violência ou grave ameaça à pessoa ou, qualquer que seja a pena aplicada, se o crime for culposo;
II – o réu não for reincidente em crime doloso;
III – a culpabilidade, os antecedentes, a conduta social e a personalidade do condenado, bem como os motivos e as circunstâncias indicarem que essa substituição seja suficiente.
§ 1º (VETADO)
§ 2º Na condenação igual ou inferior a um ano, a substituição pode ser feita por multa ou por uma pena restritiva de direitos; se superior a um ano, a pena privativa de liberdade pode ser substituída por uma pena restritiva de direitos e multa ou por duas restritivas de direitos.
§ 3º Se o condenado for reincidente, o juiz poderá aplicar a substituição, desde que, em face de condenação anterior, a medida seja socialmente recomendável e a reincidência não se tenha operado em virtude da prática do mesmo crime.
§ 4º A pena restritiva de direitos converte-se em privativa de liberdade quando ocorrer o descumprimento injustificado da restrição imposta. No cálculo da pena privativa de liberdade a executar será deduzido o tempo cumprido da pena restritiva de direitos, respeitado o saldo mínimo de trinta dias de detenção ou reclusão.
§ 5º Sobrevindo condenação a pena privativa de liberdade, por outro crime, o juiz da execução penal decidirá sobre a conversão, podendo deixar de aplicá-la se for possível ao condenado cumprir a pena substitutiva anterior.

Art. 6º As penas previstas nesta Lei serão aplicadas independentemente das sanções de natureza civil ou administrativa cabíveis.

Parágrafo único. As notícias de crimes previstos nesta Lei que descreverem falta funcional serão informadas à autoridade competente com vistas à apuração.

Art. 7º As responsabilidades civil e administrativa são independentes da criminal, não se podendo mais questionar sobre a existência ou a autoria do fato quando essas questões tenham sido decididas no juízo criminal.

Art. 8º Faz coisa julgada em âmbito cível, assim como no administrativo-disciplinar, a sentença penal que reconhecer ter sido o ato praticado em estado de necessidade, em legítima defesa, em estrito cumprimento de dever legal ou no exercício regular de direito.

- **Sanções de natureza civil e administrativa:** os artigos 6º, 7º e 8º da Lei 13.869/19 tratam das sanções de natureza cível e administrativa (os dispositivos reafirmam a independência das instâncias penal, cível e administrativa – se o caso foi decidido no juízo criminal, contudo, não se pode mais questionar sobre existência ou autoria do fato, tampouco se restar decidido no processo penal que o fato foi praticado sob o manto de excludente de antijuridicidade).

Art. 9º Decretar medida de privação da liberdade em manifesta desconformidade com as hipóteses legais:

Pena – detenção, de 1 (um) a 4 (quatro) anos, e multa.

Parágrafo único. Incorre na mesma pena a autoridade judiciária que, dentro de prazo razoável, deixar de:

I – relaxar a prisão manifestamente ilegal;

II – substituir a prisão preventiva por medida cautelar diversa ou de conceder liberdade provisória, quando manifestamente cabível;

III – deferir liminar ou ordem de habeas corpus, quando manifestamente cabível.

- **Veto derrubado:** o artigo 9º havia sido vetado, mas o veto foi derrubado pelo Congresso Nacional.

▪ **Crime próprio de membros do Poder Judiciário:** o crime acima transcrito só pode ser praticado por membro do Poder Judiciário (juiz, desembargador ou ministro).

Em tese, o delito resta perpetrado, por exemplo, quando o juiz decreta a prisão temporária em face da prática de crime que não está listado no inciso III do artigo 1º da Lei 7.960/89, que não é hediondo ou que não é equiparado a hediondo (com a presença do especial fim de agir reclamado no § 1º do artigo 1º da Lei 13.869/19).

Em sentido contrário (entendendo que o sujeito ativo do crime aqui estudado pode ser promotor de justiça ou delegado de polícia, por exemplo), Renato Brasileiro[2]. Explicarei abaixo, com mais vagar, meu pensar.

▪ **Consumação:** como se trata de crime formal, a consumação ocorre com a decretação da prisão preventiva ou temporária (não é necessário o cumprimento efetivo da ordem).

▪ **Benefícios:** o delito admite suspensão condicional do processo (artigo 89 da Lei 9.099/95), acordo de não persecução penal (artigo 28-A do CPP) e fiança arbitrada pela autoridade policial (artigo 322 do CPP).

▪ **Delegado de polícia como autor do delito (impossibilidade):** não é possível, a priori, imputar o delito descrito no caput do artigo 9º da Lei de Abuso de Autoridade ao delegado de polícia, porque o dispositivo que puniria criminalmente a lavratura de auto de prisão em flagrante delito em desconformidade com as hipóteses legais (artigo 11 da Lei 13.869/19) foi vetado e o veto não foi derrubado pelo Congresso Nacional. Eis o dispositivo vetado:

> Art. 11. Executar a captura, prisão ou busca e apreensão de pessoa que não esteja em situação de flagrante delito ou sem ordem escrita de autoridade judiciária, salvo nos casos de transgressão militar ou crime propriamente militar, definidos em lei, ou de condenado ou internado fugitivo:
>
> Pena – detenção, de 1 (um) a 4 (quatro) anos, e multa.

É possível, contudo, pensar na imputação do delito aqui estudado (artigo 9º da Lei 13.869/19) ao delegado de polícia, quando este é partícipe do

---

2. LIMA, Renato Brasileiro de. **Nova Lei de Abuso de Autoridade**, Juspodivm, 2020, p. 81.

magistrado que decreta cárcere em manifesta desconformidade com as hipóteses legais (pode-se imaginar, de igual sorte, participação do membro do Ministério Público no crime praticado pelo magistrado). Exemplifico:

> **SITUAÇÃO HIPOTÉTICA:** PEDRO, delegado de polícia, em conluio com JOSÉ, promotor de justiça, e MARCOS, juiz, representa prisão preventiva em manifesta desconformidade com as hipóteses legais, com o fito de prejudicar JONAS. JOSÉ opina favoravelmente à decretação do cárcere, mesmo sabendo do atropelo às normas de regência e MARCOS determina o encarceramento indevido.
>
> **SOLUÇÃO:** MARCOS praticou o crime tipificado no artigo 9º da Lei 13.869/19. JOSÉ e PEDRO são partícipes do delito perpetrado pelo juiz.

- **Figura equiparada:** há figura equiparada no parágrafo único. O legislador optou por termos muito abertos no tipo: "dentro de prazo razoável", "manifestamente ilegal" e "manifestamente cabível". Definitivamente andou mal o Congresso Nacional ao incluir expressões tão vagas em mandamento incriminador.

- **Enunciado do CNPG e do GNCCRIM:** eis enunciado do Conselho Nacional de Procuradores-Gerais dos Ministérios Públicos dos Estados e da União (CNPG) e do Grupo Nacional de Coordenadores de Centro de Apoio Criminal (GNCCRIM) sobre o artigo:

> Enunciado 5 – O sujeito ativo do art. 9º., "caput", da Lei de Abuso de Autoridade, diferentemente do parágrafo único, não alcança somente autoridade judiciária. O verbo nuclear "decretar" tem o sentido de determinar, decidir e ordenar medida de privação da liberdade em manifesta desconformidade com as hipóteses legais.

Nota-se que o CNPG e o GNCCRIM optaram por não limitar o alcance do artigo 9º da Lei 13.869/19 apenas a autoridades judiciárias (como fiz acima).

> **Art. 10. Decretar a condução coercitiva de testemunha ou investigado manifestamente descabida ou sem prévia intimação de comparecimento ao juízo:**
>
> **Pena – detenção, de 1 (um) a 4 (quatro) anos, e multa.**

▪ **Conduta proibida:** a conduta proibida é decretar a condução coercitiva de **testemunha** ou **investigado** manifestamente descabida ou sem prévia intimação de comparecimento ao juízo.

O tipo é confuso e a primeira leitura leva a crer que há duas possibilidades de prática do delito: i) decretação de condução coercitiva manifestamente descabida de testemunha ou investigado no curso do inquérito policial; ii) decretação de condução coercitiva de testemunha pelo juízo, no curso do processo, sem prévia intimação (concluo que o juiz não comete o delito estudado quando determina condução coercitiva do acusado, porquanto o tipo não faz menção à palavra "réu", apenas à expressão "investigado").

▪ **Consumação:** o crime é formal e se consuma com a decretação da condução coercitiva fora dos parâmetros legalmente estabelecidos (ainda que a testemunha ou investigado não seja efetivamente conduzido).

▪ **Benefícios:** o delito admite suspensão condicional do processo (artigo 89 da Lei 9.099/95), acordo de não persecução penal (artigo 28-A do CPP) e fiança arbitrada pela autoridade policial (artigo 322 do CPP).

▪ **Condução coercitiva permitida:** é possível decretação de condução coercitiva do investigado/réu (artigo 260 do Código de Processo Penal[3]), de testemunha (artigo 218 do Código de Processo Penal[4]), de perito[5] e mesmo da vítima (§ 1º do artigo 201 do Código de Processo Penal[6]).

---

3. Art. 260. Se o acusado não atender à intimação para o interrogatório, reconhecimento ou qualquer outro ato que, sem ele, não possa ser realizado, a autoridade poderá mandar conduzi-lo à sua presença.
Parágrafo único. O mandado conterá, além da ordem de condução, os requisitos mencionados no art. 352, no que lhe for aplicável.
4. Art. 218. Se, regularmente intimada, a testemunha deixar de comparecer sem motivo justificado, o juiz poderá requisitar à autoridade policial a sua apresentação ou determinar seja conduzida por oficial de justiça, que poderá solicitar o auxílio da força pública.
5. Art. 278. No caso de não-comparecimento do perito, sem justa causa, a autoridade poderá determinar a sua condução.
6. Art. 201. (...)
§ 1º Se, intimado para esse fim, deixar de comparecer sem motivo justo, o ofendido poderá ser conduzido à presença da autoridade.

Saliento que a condução coercitiva do investigado ainda é possível mesmo depois do julgamento das ADPF 395 e 444 pelo Supremo Tribunal Federal:

> 1. Arguição de Descumprimento de Preceito Fundamental. Constitucional. Processo Penal. Direito à não autoincriminação. Direito ao tempo necessário à preparação da defesa. Direito à liberdade de locomoção. Direito à presunção de não culpabilidade. 2. Agravo Regimental contra decisão liminar. Apresentação da decisão, de imediato, para referendo pelo Tribunal. Cognição completa da causa com a inclusão em pauta. Agravo prejudicado. 3. Cabimento da ADPF. Objeto: ato normativo pré-constitucional e conjunto de decisões judiciais. Princípio da subsidiariedade (art. 4°, §1°, da Lei n° 9.882/99): ausência de instrumento de controle objetivo de constitucionalidade apto a tutelar a situação. Alegação de falta de documento indispensável à propositura da ação, tendo em vista que a petição inicial não se fez acompanhar de cópia do dispositivo impugnado do Código de Processo Penal. Art. 3°, parágrafo único, da Lei 9.882/99. Precedentes desta Corte no sentido de dispensar a prova do direito, quando "transcrito literalmente o texto legal impugnado" e não houver dúvida relevante quanto ao seu teor ou vigência – ADI 1.991, Rel. Min. Eros Grau, julgada em 3.11.2004. A lei da ADPF deve ser lida em conjunto com o art. 376 do CPC, que confere ao alegante o ônus de provar o direito municipal, estadual, estrangeiro ou consuetudinário, se o juiz determinar. Contrario sensu, se impugnada lei federal, a prova do direito é desnecessária. Preliminar rejeitada. Ação conhecida. 4. Presunção de não culpabilidade. A condução coercitiva representa restrição temporária da liberdade de locomoção mediante condução sob custódia por forças policiais, em vias públicas, não sendo tratamento normalmente aplicado a pessoas inocentes. Violação. 5. Dignidade da pessoa humana (art. 1°, III, da CF/88). O indivíduo deve ser reconhecido como um membro da sociedade dotado de valor intrínseco, em condições de igualdade e com direitos iguais. Tornar o ser humano mero objeto no Estado, consequentemente, contraria a dignidade humana (NETO, João Costa. Dignidade Humana: São Paulo, Saraiva, 2014. p. 84). Na condução coercitiva, resta evidente que o investigado é conduzido para demonstrar sua submissão à força, o que desrespeita a dignidade da pessoa humana. 6. Liberdade de locomoção. A condução coercitiva representa uma supressão absoluta, ainda que temporária, da liberdade de locomoção. Há uma clara interferência na liberdade de locomoção, ainda que por período breve. 7. Potencial violação ao direito à não autoincriminação, na modalidade direito ao silêncio. Direito consistente na prerrogativa do implicado a recusar-se a depor em investigações ou ações penais contra si movimentadas, sem que o silêncio seja interpretado como admissão

> de responsabilidade. Art. 5°, LXIII, combinado com os arts. 1°, III; 5°, LIV, LV e LVII. O direito ao silêncio e o direito a ser advertido quanto ao seu exercício são previstos na legislação e aplicáveis à ação penal e ao interrogatório policial, tanto ao indivíduo preso quanto ao solto – art. 6°, V, e art. 186 do CPP. O conduzido é assistido pelo direito ao silêncio e pelo direito à respectiva advertência. Também é assistido pelo direito a fazer-se aconselhar por seu advogado. 8. Potencial violação à presunção de não culpabilidade. Aspecto relevante ao caso é a vedação de tratar pessoas não condenadas como culpadas – art. 5°, LVII. A restrição temporária da liberdade e a condução sob custódia por forças policiais em vias públicas não são tratamentos que normalmente possam ser aplicados a pessoas inocentes. O investigado é claramente tratado como culpado. 9. A legislação prevê o direito de ausência do investigado ou acusado ao interrogatório. O direito de ausência, por sua vez, afasta a possibilidade de condução coercitiva. 10. Arguição julgada procedente, para declarar a incompatibilidade com a Constituição Federal da condução coercitiva de investigados ou de réus para interrogatório, tendo em vista que o imputado não é legalmente obrigado a participar do ato, e pronunciar a não recepção da expressão "para o interrogatório", constante do art. 260 do CPP (ADPF 444, Relator(a): GILMAR MENDES, Tribunal Pleno, julgado em 14/06/2018, PROCESSO ELETRÔNICO DJe-107 DIVULG 21-05-2019 PUBLIC 22-05-2019).

É possível, por exemplo, decretação da condução coercitiva do investigado/réu para ato de reconhecimento de pessoa (artigo 226 do Código de Processo Penal). Isso porque quem produz a prova no reconhecimento pessoal não é o reconhecido e sim o reconhecedor (não há atropelo ao direito de não produzir prova contra si no ato). Outra possibilidade é a decretação de condução coercitiva do investigado/réu para que seja materializada sua qualificação (não há aqui direito ao silêncio).

Saliento, como dito supra, que a condução coercitiva, ainda que manifestamente descabida, de réu ou de vítima não tipificam o crime aqui estudado (fato formalmente atípico), em face da vedação do uso de analogia *in malam partem*.

- **Enunciados do CNPG e do GNCCRIM:** eis os enunciados do Conselho Nacional de Procuradores-Gerais dos Ministérios Públicos dos Estados e da União (CNPG) e do Grupo Nacional de Coordenadores de Centro de Apoio Criminal (GNCCRIM) sobre o tema:

> Enunciado 6 – Os investigados e réus não podem ser conduzidos coercitivamente à presença da autoridade policial ou judicial

para serem interrogados. Outras hipóteses de condução coercitiva, mesmo de investigados ou réus para atos diversos do interrogatório, são possíveis, observando-se as formalidades legais.

Enunciado 7 – A condução coercitiva pressupõe motivação e descumprimento de prévia notificação.

Art. 11. ~~Executar a captura, prisão ou busca e apreensão de pessoa que não esteja em situação de flagrante delito ou sem ordem escrita de autoridade judiciária, salvo nos casos de transgressão militar ou crime propriamente militar, definidos em lei, ou de condenado ou internado fugitivo:~~

~~Pena – detenção, de 1 (um) a 4 (quatro) anos, e multa.~~ (VETADO).

- **Artigo vetado:** o tipo do artigo 11 foi vetado (e o veto foi mantido).

Eis as razões do veto:

> A propositura legislativa, ao dispor sobre a criminalização de execução de captura, prisão ou busca e apreensão de pessoa que não esteja em situação de flagrante delito gera insegurança jurídica, notadamente aos agentes da segurança pública, tendo em vista que há situações que a flagrância pode se alongar no tempo e depende de análise do caso concreto. Ademais, a propositura viola o princípio da proporcionalidade entre o tipo penal descrito e a pena cominada.

O dispositivo vetado já foi comentado quando da análise do artigo 9º da Lei 13.869/19.

Art. 12. Deixar injustificadamente de comunicar prisão em flagrante à autoridade judiciária no prazo legal:

Pena – detenção, de 6 (seis) meses a 2 (dois) anos, e multa.

Parágrafo único. Incorre na mesma pena quem:

I – deixa de comunicar, imediatamente, a execução de prisão temporária ou preventiva à autoridade judiciária que a decretou;

II – deixa de comunicar, imediatamente, a prisão de qualquer pessoa e o local onde se encontra à sua família ou à pessoa por ela indicada;

III – deixa de entregar ao preso, no prazo de 24 (vinte e quatro) horas, a nota de culpa, assinada pela autoridade, com o motivo da prisão e os nomes do condutor e das testemunhas;

IV – prolonga a execução de pena privativa de liberdade, de prisão temporária, de prisão preventiva, de medida de segurança ou

de internação, deixando, sem motivo justo e excepcionalíssimo, de executar o alvará de soltura imediatamente após recebido ou de promover a soltura do preso quando esgotado o prazo judicial ou legal.

▪ **Introdução:** o dever de comunicação da prisão (ao juiz competente, a familiar ou pessoa indicada pelo preso) está estampado no inciso LXII do artigo 5º da Constituição Federal[7]. Tal obrigação é repetida no caput do artigo 306 do Código de Processo Penal[8].

O dever de entregar nota de culpa ao preso está grafado no § 2º do artigo 306 do Código de Processo Penal.

A prisão temporária, cárcere provisório/cautelar regulado pela Lei 7.960/89, é encarceramento determinado por tempo determinado (5 dias prorrogáveis por igual período ou 30 dias prorrogáveis por igual período, caso se trate de crime hediondo ou equiparado). O escoamento do prazo de prisão temporária demanda libertação do detido, sem a necessidade de alvará de soltura, se não existir outro motivo para continuidade da privação da liberdade (§ 7º do artigo 2º da Lei 7.960/89):

> Art. 2º (...)
>
> § 7º Decorrido o prazo contido no mandado de prisão, a autoridade responsável pela custódia deverá, independentemente de nova ordem da autoridade judicial, pôr imediatamente o preso em liberdade, salvo se já tiver sido comunicada da prorrogação da prisão temporária ou da decretação da prisão preventiva.

▪ **Sujeito ativo:** em relação aos crimes listados nos incisos II e III do artigo 12 da Lei 13.869/19, o sujeito ativo (pensando apenas na detenção de civis por crimes comuns) é o delegado de polícia (é quem tem atribuição

---

7. Art. 5º (...)
LXII – a prisão de qualquer pessoa e o local onde se encontre serão comunicados imediatamente ao juiz competente e à família do preso ou à pessoa por ele indicada.

8. Art. 306. A prisão de qualquer pessoa e o local onde se encontre serão comunicados imediatamente ao juiz competente, ao Ministério Público e à família do preso ou à pessoa por ele indicada.
§ 1º Em até 24 (vinte e quatro) horas após a realização da prisão, será encaminhado ao juiz competente o auto de prisão em flagrante e, caso o autuado não informe o nome de seu advogado, cópia integral para a Defensoria Pública.
§ 2º No mesmo prazo, será entregue ao preso, mediante recibo, a nota de culpa, assinada pela autoridade, com o motivo da prisão, o nome do condutor e os das testemunhas.

legal para lavratura do auto de prisão em flagrante e, consequentemente, para comunicação imediata da prisão ao juízo competente e a familiar ou pessoa indicada pelo peso e para entrega, em 24 horas, da nota de culpa ao detido).

Os crimes listados nos incisos I e IV admitem outros sujeitos ativos (diretor do estabelecimento prisional, por exemplo, no que concerne ao inciso IV).

- **Condutas proibidas:** o artigo 12 da Lei 13.869/19 criminalizou: i) a não comunicação injustificada da prisão em flagrante, temporária ou preventiva; ii) a não comunicação imediata da prisão e o local onde ele se encontra à família ou pessoa indicada pelo preso; iii) a não entrega de nota de culpa ao preso no prazo de 24 horas; iv) o prolongamento indevido da execução de pena privativa de liberdade, prisão temporária, prisão preventiva, medida de segurança ou internação.

O crime é omissivo próprio e formal (consuma-se com a omissão intencional do agente em relação às comunicações imediatas, à entrega de nota de culpa no prazo de 24 horas ou ao prolongamento indevido do encarceramento da vítima, independentemente de efetivo prejuízo resultante dessas inações). Por óbvio, trata-se de delito doloso e que exige demonstração, na denúncia, de uma das finalidades específicas mencionadas no § 1º do artigo 1º da lei (caso a autoridade policial tenha deixado de fazer as comunicações referidas no tipo por negligência, o fato será atípico).

Antes de executar alvará de soltura, anote-se, a autoridade responsável pela custódia do detido deve checar a existência de outros mandados de prisão ainda válidos, para não cometer o equívoco de soltar aquele que devia continuar encarcerado (é o "motivo justo e excepcionalíssimo" descrito no inciso IV do artigo 12 da Lei 13.869/19).

- **Não comunicação da prisão em flagrante ao Ministério Público e/ou à Defensoria Pública:** malgrado o Código de Processo Penal determine comunicação imediata da prisão flagrancial ao Ministério Público e encaminhamento do auto de prisão em flagrante em até 24 horas para Defensoria Pública caso o autuado não informe o nome de seu advogado, não há prática de crime de abuso de autoridade em face de omissão (mesmo que intencional), por ausência de previsão legal (fato formalmente atípico e vedação de analogia *in malam partem*).

▪ **Não comunicação da apreensão de adolescente ao juiz competente, a familiar ou pessoa indicada pelo apreendido:** caso a omissão intencional seja relacionada à apreensão de adolescente, o crime perpetrado será o tipificado no artigo 231 do Estatuto da Criança e do Adolescente (em face do princípio da especialidade):

> Art. 231. Deixar a autoridade policial responsável pela apreensão de criança ou adolescente de fazer imediata comunicação à autoridade judiciária competente e à família do apreendido ou à pessoa por ele indicada:
> Pena – detenção de seis meses a dois anos.

▪ **Enunciados do CNPG e do GNCCRIM:** eis os enunciados do Conselho Nacional de Procuradores-Gerais dos Ministérios Públicos dos Estados e da União (CNPG) e do Grupo Nacional de Coordenadores de Centro de Apoio Criminal (GNCCRIM) sobre o tema:

> Enunciado 8 – Com o fim de preservar a sua identidade, imagem e dados pessoais, é possível, nas exceções legais, que da nota de culpa não conste o nome do condutor, das testemunhas e das vítimas.
>
> Enunciado 9 – A execução imediata do alvará de soltura deve ocorrer após o cumprimento dos procedimentos de segurança necessários, incluindo a checagem sobre a existência de outras ordens de prisão e da autenticidade do próprio alvará.

Art. 13. Constranger o preso ou o detento, mediante violência, grave ameaça ou redução de sua capacidade de resistência, a:

I – exibir-se ou ter seu corpo ou parte dele exibido à curiosidade pública;

II – submeter-se a situação vexatória ou a constrangimento não autorizado em lei;

III – produzir prova contra si mesmo ou contra terceiro:

Pena – detenção, de 1 (um) a 4 (quatro) anos, e multa, sem prejuízo da pena cominada à violência.

▪ **Introdução:** o aparelho policial deve evitar a exposição desnecessária do investigado/indiciado. O cuidado agora deve ser redobrado, vez que tal exibição pode constituir prática delitiva (crime de abuso de autoridade).

▪ **Conduta proibida:** eis a síntese da conduta vedada pelo tipo:

Artigo 13 da Lei 13.869/19		
Constranger o preso ou detento	mediante violência	a exibir-se ou ter seu corpo ou parte dele exibido à curiosidade pública;
	mediante grave ameaça	a submeter-se a situação vexatória ou a constrangimento não autorizado em lei;
	mediante redução de sua capacidade de resistência	a produzir prova contra si mesmo ou contra terceiro.

O crime, como visto na tabela supra, pode ser perpetrado mediante: i) emprego de violência (própria); ii) grave ameaça; ou iii) redução da capacidade de resistência do preso ou detento (violência imprópria).

Penso que eventual exposição justificada da imagem do preso/detido para, por exemplo, oportunizar o reconhecimento deste por mais vítimas não constitui prática do delito em questão (o preso nem estará sendo exibido à curiosidade pública nem submetido a situação vexatória, vez que a exposição, nesse cenário, é necessária, proporcional e justificável). Para tanto, é conveniente que o delegado de polícia (ou policial) fundamente por escrito a decisão de expor a imagem do preso, para evitar ilações acerca dos motivos que o levaram a mostrar o rosto ou sinais característicos daquele.

- **Consumação:** o crime é formal e se consuma com a prática da conduta proibida, ainda que não ocorra o resultado pretendido pelo agente.

- **Benefício:** o delito admite suspensão condicional do processo (artigo 89 da Lei 9.099/95) e fiança arbitrada pela autoridade policial (artigo 322 do CPP).

- **Abuso de autoridade x tortura:** havia falha gritante no veto presidencial ao inciso III do dispositivo estudado: o preceito secundário havia sido também vetado. Ora, não se concebe crime sem sanção penal em abstrato. É teratológico. A falha foi corrigida pelo Congresso Nacional, que derrubou o veto do preceito secundário.

Ocorre que houve derrubada do veto também em relação ao inciso III do artigo 13. Há crime de abuso de autoridade, destarte, quando o agente constrange o preso ou detento, mediante violência, grave ameaça ou violência imprópria a produzir prova contra si mesmo ou contra terceiro. Nessa derrubada de veto o legislador passou perto de cometer grave equívoco. É que o dispositivo em comento pode ser entendido como *novatio legis in mellius* em relação ao crime de tortura-prova tipificado na alínea 'a' do inciso I do artigo 1º da Lei 9.455/97, quando esse tiver sido praticado contra preso ou detento com o fito de produzir prova contra si ou contra terceiro.

É preciso esforço interpretativo para manter hígido o crime de tortura-prova, quando praticado por autoridade contra preso ou detento. Deve ser construída gradação para que exista correto enquadramento típico, usando como baliza a existência ou não de sofrimento físico ou mental. Se a violência ou grave ameaça redunda em sofrimento físico ou mental para vítima e o objetivo da autoridade é a obtenção de confissão, declaração ou informação, tem-se crime de tortura. Caso a violência, a grave ameaça ou a violência imprópria perpetrada por autoridade não gere sofrimento físico ou mental, a vítima esteja presa ou detida e o objetivo seja obtenção de prova em desfavor desta ou de terceiro, tem-se crime de abuso de autoridade.

A tortura-prova é o único crime possível quando a prática ilícita for perpetrada contra vítima que não esteja presa ou detida ou quando as elementares forem materializadas por particular.

Eis quadro comparativo dos tipos:

Lei de abuso de autoridade	Lei de tortura
Art. 13. Constranger o preso ou o detento, mediante violência, grave ameaça ou redução de sua capacidade de resistência, a: (...) III – produzir prova contra si mesmo ou contra terceiro:	Art. 1º Constitui crime de tortura: I – constranger alguém com emprego de violência ou grave ameaça, causando-lhe sofrimento físico ou mental: a) com o fim de obter informação, declaração ou confissão da vítima ou de terceira pessoa;

O mesmo raciocínio acima desenhado pode ser empregado em relação ao crime de tortura tipificado no § 1º do artigo 1º da Lei 9.455/97 (se existir sofrimento físico ou mental, haverá tortura; caso contrário, tem-se abuso de autoridade). Eis quadro comparativo dos tipos:

Lei de abuso de autoridade	Lei de tortura
Art. 13. Constranger o preso ou o detento, mediante violência, grave ameaça ou redução de sua capacidade de resistência, a: (...) II – submeter-se a situação vexatória ou a constrangimento não autorizado em lei;	Art. 1º (...) (...) § 1º Na mesma pena incorre quem submete pessoa presa ou sujeita a medida de segurança a sofrimento físico ou mental, por intermédio da prática de ato não previsto em lei ou não resultante de medida legal.

- **Enunciado do CNPG e do GNCCRIM:** eis o enunciado do Conselho Nacional de Procuradores-Gerais dos Ministérios Públicos dos Estados e da União (CNPG) e do Grupo Nacional de Coordenadores de Centro de Apoio Criminal (GNCCRIM) sobre o tema:

> Enunciado 10 – Constranger o preso ou o detento, mediante violência ou grave ameaça, a produzir prova contra si mesmo ou contra terceiro pode configurar delito de abuso de autoridade (Lei 13.869/19) ou crime de tortura (Lei 9.455/97), a depender das circunstâncias do caso concreto.

Art. 14. ~~Fotografar ou filmar, permitir que fotografem ou filmem, divulgar ou publicar fotografia ou filmagem de preso, internado, investigado, indiciado ou vítima, sem seu consentimento ou com autorização obtida mediante constrangimento ilegal, com o intuito de expor a pessoa a vexame ou execração pública:~~

~~Pena – detenção, de 6 (seis) meses a 2 (dois) anos, e multa.~~

~~Parágrafo único. Não haverá crime se o intuito da fotografia ou filmagem for o de produzir prova em investigação criminal ou processo penal ou o de documentar as condições de estabelecimento penal.~~ (VETADO).

- **Artigo vetado:** o artigo 14 foi vetado (e o veto não foi derrubado pelo Congresso Nacional).

Eis as razões do veto:

> A propositura legislativa, ao prever como elemento do tipo 'com o intuito de expor a pessoa a vexame ou execração pública', gera insegurança jurídica por se tratar de tipo penal aberto e que comporta interpretação, notadamente aos agentes da segurança pública, tendo em vista que não se mostra possível o controle absoluto sobre a captação de imagens de indiciados, presos e detentos e sua divulgação ao público por parte de particulares ou mesma da imprensa, cuja responsabilidade criminal recairia sobre os agentes públicos. Por fim, o registro e a captação da imagem do preso, internado, investigado ou indiciado poderá servir no caso concreto ao interesse da própria persecução criminal, o que restaria prejudicado se subsistisse o dispositivo.

Art. 15. Constranger a depor, sob ameaça de prisão, pessoa que, em razão de função, ministério, ofício ou profissão, deva guardar segredo ou resguardar sigilo:

Pena – detenção, de 1 (um) a 4 (quatro) anos, e multa.

Parágrafo único. Incorre na mesma pena quem prossegue com o interrogatório:

I – de pessoa que tenha decidido exercer o direito ao silêncio; ou

II – de pessoa que tenha optado por ser assistida por advogado ou defensor público, sem a presença de seu patrono.

- **Pessoas proibidas de depor:** o artigo 207 do Código de Processo Penal[9] dispõe que a pessoa que, em razão de função, ministério, ofício ou profissão, deva guardar segredo ou resguardar sigilo, só pode depor se for desobrigada pela parte interessada e quiser dar seu testemunho (elas são, a princípio, proibidas de depor). Se a autoridade (juiz, delegado de polícia ou membro do Ministério Público, por exemplo) constranger tais pessoas a depor sob ameaça de prisão, haverá prática do crime transcrito.

Destarte, para evitar prática do delito, é importante que a autoridade que preside o ato deixe claro na coleta do depoimento: i) que a parte interessada desobrigou a pessoa a ser ouvida; ii) que o indivíduo, voluntariamente, deseja ser ouvido formalmente em prol da elucidação do fato investigado.

9. Art. 207. São proibidas de depor as pessoas que, em razão de função, ministério, ofício ou profissão, devam guardar segredo, salvo se, desobrigadas pela parte interessada, quiserem dar o seu testemunho.

- **Benefícios:** o delito admite suspensão condicional do processo (artigo 89 da Lei 9.099/95), acordo de não persecução penal (artigo 28-A do CPP) e fiança arbitrada pela autoridade policial (artigo 322 do CPP).

- **Veto derrubado (figuras equiparadas):** o parágrafo único do artigo 15 havia sido vetado, mas o veto foi derrubado. O dispositivo traz duas figuras típicas.

Na primeira (digna de sonora crítica), incrimina-se a conduta do delegado (no curso do inquérito policial) ou do juiz (no processo) que prossiga com o interrogatório da pessoa que tenha decido exercer o direito ao silêncio. Sempre orientei a materialização de todas as perguntas imaginadas pela autoridade que preside o interrogatório (seja ele policial ou judicial) ao indiciado ou réu, justamente para que ele possa exercitar à completude o seu direito ao silêncio (ele responderá os questionamentos que desejar). O mandamento legal aqui analisado parece indicar que o caminho, a partir da sua entrada em vigor, é finalizar o ato de interrogatório tão logo o indiciado ou réu faça sua opção pelo direito ao silêncio. Uma sugestão plausível (e que passa longe da prática delitiva aqui estudada) é questionar ao investigado/réu e a seu advogado se o direito ao silêncio será exercido em bloco (em relação a todas as perguntas que vierem a ser feitas) ou se o interrogado prefere que todas as perguntas sejam materializadas (para efetiva escolha dos questionamentos que serão respondidos).

O segundo crime só pode ser cometido na fase pré-processual (vez que nessa a participação de causídico é facultativa). O delegado de polícia comete o crime em testilha se prosseguir no interrogatório de investigado/indiciado que optou por ser ouvido na presença de advogado ou defensor público. Anote-se que o tipo não tornou obrigatória a participação de causídico no curso do inquérito policial (que continua a ter natureza investigativa). A presença de advogado continua sendo facultativa no bojo do apuratório. Contudo, se o indiciado deixar claro que quer ser ouvido apenas na presença de seu advogado ou de defensor público, a autoridade policial cometerá crime de abuso de autoridade se prosseguir no interrogatório.

O que deve então o delegado de polícia fazer diante das duas situações acima narradas? Penso que o termo de interrogatório deve ser confeccionado, ainda assim. Após a qualificação do interrogado (nesse momento não há que se falar em direito ao silêncio, sendo possível: i) prática de contravenção penal caso o investigado/indiciado se recuse a fornecer dados qualificativos[10]; ii) prática de crime caso o investigado/indiciado use documento falso[11]; iii) prática de crime caso o investigado/indiciado diga ser quem não é[12]; iv) prática de crime caso o investigado/indiciado forneça documento verdadeiro que não é seu[13]), caso ele decida permanecer em silêncio ou afirme que só quer ser ouvido na presença do seu advogado, o termo deve ser imediatamente encerrado, com a assinatura da autoridade e do investigado/indiciado (fazendo constar expressamente o motivo do encerramento do termo sem efetiva materialização do interrogatório).

Violência Institucional

Art. 15-A. Submeter a vítima de infração penal ou a testemunha de crimes violentos a procedimentos desnecessários, repetitivos ou invasivos, que a leve a reviver, sem estrita necessidade:

I - a situação de violência; ou

II - outras situações potencialmente geradoras de sofrimento ou estigmatização:

Pena - detenção, de 3 (três) meses a 1 (um) ano, e multa.

---

10. Art. 68. Recusar à autoridade, quando por esta, justificadamente solicitados ou exigidos, dados ou indicações concernentes à própria identidade, estado, profissão, domicílio e residência:
Pena – multa, de duzentos mil réis a dois contos de réis.
Parágrafo único. Incorre na pena de prisão simples, de um a seis meses, e multa, de duzentos mil réis a dois contos de réis, se o fato não constitue infração penal mais grave, quem, nas mesmas circunstâncias, f'az declarações inverídicas a respeito de sua identidade pessoal, estado, profissão, domicílio e residência.

11. Art. 304 – Fazer uso de qualquer dos papéis falsificados ou alterados, a que se referem os arts. 297 a 302:
Pena – a cominada à falsificação ou à alteração.

12. Art. 307 – Atribuir-se ou atribuir a terceiro falsa identidade para obter vantagem, em proveito próprio ou alheio, ou para causar dano a outrem:
Pena – detenção, de três meses a um ano, ou multa, se o fato não constitui elemento de crime mais grave.

13. Art. 308 – Usar, como próprio, passaporte, título de eleitor, caderneta de reservista ou qualquer documento de identidade alheia ou ceder a outrem, para que dele se utilize, documento dessa natureza, próprio ou de terceiro:
Pena – detenção, de quatro meses a dois anos, e multa, se o fato não constitui elemento de crime mais grave.

> **§ 1º Se o agente público permitir que terceiro intimide a vítima de crimes violentos, gerando indevida revitimização, aplica-se a pena aumentada de 2/3 (dois terços).**
>
> **§ 2º Se o agente público intimidar a vítima de crimes violentos, gerando indevida revitimização, aplica-se a pena em dobro.**

▪ **Introdução:** o artigo 15-A foi inserido na Lei 13.869/19 pela Lei 14.321/22.

O dispositivo foi editado na sequência do "caso Mariana Ferrer" (vítima em processo que apurava o crime de estupro e que foi humilhada em audiência judicial pela defesa do réu, sem que o juiz e Ministério público tomassem qualquer providência)[14].

O objetivo do tipo é frear a vitimização secundária ou sobrevitimização (é a vitimização decorrente da atuação dos órgãos de controle social formal).

▪ **Classificação:** trata-se de crime próprio (artigo 2º da Lei 13.869/19), doloso (exige-se o especial fim de agir descrito no § 1º do artigo 1º da Lei de Abuso de Autoridade) e habitual (a prática de um procedimento desnecessário, repetitivo ou invasivo isolado não constitui crime tipificado no artigo 15-A da Lei 13.869/19, já que o legislador fez uso, no caput, de plural – "procedimentos desnecessários, repetitivos ou invasivos").

Trata-se de infração de menor potencial ofensivo (ainda que exista incidência das causas de aumento de pena dos §§ 1º e 2º).

▪ **Conduta proibida:** a conduta proibida é **submeter** a vítima ou testemunha de crimes violentos (dolosos ou culposos) a procedimentos desnecessários, repetitivos ou invasivos, que a leve a reviver, sem estrita necessidade: i) a situação de violência; ou ii) outras situações potencialmente geradoras de sofrimento ou estigmatização.

Por óbvio, se os procedimentos se mostrarem necessários, não há prática delitiva (intimar a vítima/testemunha, sequencialmente, para materialização de exame de corpo de delito, oitiva e reconhecimento pessoal do investigado/indiciado na investigação de crime violento, por exemplo).

14. Disponível em https://www12.senado.leg.br/noticias/materias/2022/04/01/lei-que-pune-violencia-institucional-contra-vitima-de-crime-entra-em-vigor. Acesso em 05/2022.

Sugestiono que o delegado de polícia (um dos potenciais sujeitos ativos do crime estudado) fundamente os despachos que determinam eventuais diligências que possam ser entendidas como repetitivas ou invasivas, de forma a clarificar a real necessidade dessas para a elucidação dos fatos.

▪ **Causas de aumento de pena:** as causas de aumento de pena previstas nos §§ 1º e 2º são aplicáveis se houver intimidação da vítima de crime violento gerando revitimização: i) a majorante do § 1º (aumento de 2/3) é aplicável se o agente público permitir que terceiro intimide a vítima (omitindo-se, por exemplo); ii) a causa de aumento de pena do § 2º (aumento do dobro) é aplicável se é o próprio agente público que intimida a vítima de crime violento gerando revitimização.

Atente que se o agente empregar violência ou grave ameaça (e o fim for favorecer interesse próprio ou alheio), o crime a ser imputado é o de coação no curso do processo (tipificado no artigo 344 do Código Penal).

Art. 16. Deixar de identificar-se ou identificar-se falsamente ao preso por ocasião de sua captura ou quando deva fazê-lo durante sua detenção ou prisão:

Pena – detenção, de 6 (seis) meses a 2 (dois) anos, e multa.

Parágrafo único. Incorre na mesma pena quem, como responsável por interrogatório em sede de procedimento investigatório de infração penal, deixa de identificar-se ao preso ou atribui a si mesmo falsa identidade, cargo ou função.

▪ **Veto derrubado:** o artigo 16 havia sido vetado, mas o veto foi derrubado.

▪ **Condutas proibidas:** o tipo é misto, alternativo ou de conteúdo variado. Duas são as condutas vedadas no *caput*:

Artigo 16 da Lei 13.869/19		
Deixar de identificar-se	ao preso	por ocasião de sua captura
Identificar-se falsamente		quando deva fazê-lo durante sua detenção ou prisão

Em operações policiais voltadas à repressão de organizações criminosas violentas, é normal que policiais retirem suas identificações e atuem protegendo seus rostos (com máscaras chamadas de balaclavas), para evitar represálias por parte do consórcio criminoso desarticulado. Penso que nessa situação excepcional, é possível levantar, em favor do policial, excludente de culpabilidade (inexigibilidade de conduta diversa).

- **Consumação:** o crime é de mera conduta (omissivo próprio na conduta "deixar de identificar-se" e comisso na conduta "identificar-se falsamente"[15]) e se consuma no exato instante em que a autoridade pratica um dos comportamentos vedados.

Trata-se de infração de menor potencial ofensivo.

- **Figura equiparada:** o parágrafo único do artigo 16 é tipo que só pode ser perpetrado por quem preside interrogatório em sede de procedimento investigatório criminal (delegado de polícia, membro do Ministério Público, oficial da Polícia Militar, por exemplo).

Há aqui, também, tipo misto, alternativo ou de conteúdo variado. O crime é de mera conduta.

- **Infração de menor potencial ofensivo:** trata-se de infração de menor potencial ofensivo.

> **Art. 17.** ~~Submeter o preso, internado ou apreendido ao uso de algemas ou de qualquer outro objeto que lhe restrinja o movimento dos membros, quando manifestamente não houver resistência à prisão, internação ou apreensão, ameaça de fuga ou risco à integridade física do próprio preso, internado ou apreendido, da autoridade ou de terceiro:~~
>
> ~~Pena – detenção, de 6 (seis) meses a 2 (dois) anos, e multa.~~
>
> ~~Parágrafo único. A pena é aplicada em dobro se:~~
>
> ~~I – o internado tem menos de 18 (dezoito) anos de idade;~~
>
> ~~II – a presa, internada ou apreendida estiver grávida no momento da prisão, internação ou apreensão, com gravidez demonstrada por evidência ou informação;~~

15. Trata-se de crime especial em relação ao delito tipificado no artigo 307 do Código Penal.

~~III – o fato ocorrer em penitenciária.~~ (VETADO).

- **Tipo vetado:** o artigo 17 foi vetado e o veto não foi derrubado.

O tipo criminalizava o uso irregular de algemas, na esteira da Súmula Vinculante 11:

> Súmula Vinculante 11 – Só é lícito o uso de algemas em casos de resistência e de fundado receio de fuga ou de perigo à integridade física própria ou alheia, por parte do preso ou de terceiros, justificada a excepcionalidade por escrito, sob pena de responsabilidade disciplinar, civil e penal do agente ou da autoridade e de nulidade da prisão ou do ato processual a que se refere, sem prejuízo da responsabilidade civil do Estado.

A causa de aumento foi pensada na proteção ao adolescente e à presa grávida (aquele protegido pelo Estatuto da Criança e do Adolescente e esta protegida pelo artigo 292 do Código de Processo Penal[16]).

- **Constrangimento ilegal:** com o veto, penso que eventual uso indevido de algemas pode ser eventualmente (caso adimplidas as elementares) enquadrado no crime de constrangimento ilegal[17] (artigo 146 do Código Penal[18]).

---

16. Art. 292. Se houver, ainda que por parte de terceiros, resistência à prisão em flagrante ou à determinada por autoridade competente, o executor e as pessoas que o auxiliarem poderão usar dos meios necessários para defender-se ou para vencer a resistência, do que tudo se lavrará auto subscrito também por duas testemunhas.
Parágrafo único. É vedado o uso de algemas em mulheres grávidas durante os atos médico-hospitalares preparatórios para a realização do parto e durante o trabalho de parto, bem como em mulheres durante o período de puerpério imediato.
17. SILVA, Márcio Alberto Gomes. **Código Penal comentado para Carreiras Policiais**, editora Juspodivm, 2ª edição, 2021, p. 290.
18. Art. 146 – Constranger alguém, mediante violência ou grave ameaça, ou depois de lhe haver reduzido, por qualquer outro meio, a capacidade de resistência, a não fazer o que a lei permite, ou a fazer o que ela não manda:
Pena – detenção, de três meses a um ano, ou multa.
Aumento de pena
§ 1º – As penas aplicam-se cumulativamente e em dobro, quando, para a execução do crime, se reúnem mais de três pessoas, ou há emprego de armas.
§ 2º – Além das penas cominadas, aplicam-se as correspondentes à violência.
§ 3º – Não se compreendem na disposição deste artigo:

Art. 18. Submeter o preso a interrogatório policial durante o período de repouso noturno, salvo se capturado em flagrante delito ou se ele, devidamente assistido, consentir em prestar declarações:

Pena – detenção, de 6 (seis) meses a 2 (dois) anos, e multa.

- **Dia/noite e repouso noturno:** a doutrina sempre apontou duas acepções para a palavra "dia": i) o período compreendido entre as 06h e as 18h (conceito cronológico ou objetivo); ou ii) o período que vai da aurora ao crepúsculo (critério natural ou físico-astronômico). Noite, a contrário senso, seria: i) o período compreendido entre as 18:01 e as 05:59; ou ii) o período de crepúsculo (quando não há luz solar).

Acontece que, curiosamente, o inciso III do § 1º do artigo 22 da Lei 13.869/19 (estudaremos abaixo), afirma constituir crime de abuso de autoridade cumprir mandado de busca domiciliar após as 21h ou antes das 05h. O questionamento diante do dispositivo salta aos olhos: o conceito jurídico de dia teria sido ampliado pelo texto legal? Penso que não. Pelo menos em relação ao limite de 21h. Dizer que o dia começa às 05h é perfeitamente possível (aliás, em várias regiões do Brasil já há grande claridade nesse horário). Conduto, entender que o dia vai até as 20:59 não me parece razoável (a não ser que exista luz solar a essa hora).

A conclusão possível diante do texto legal é: há duas expressões diferentes – i) dia/noite; ii) repouso noturno. Penso que dia é o período compreendido entre 05h (alargo aqui meu entendimento, em face do mandamento estudado) e 18h. Noite, ao revés, é o período compreendido entre 18:01 e 04:59. Repouso noturno é o lapso compreendido entre as 21h e as 04:59. Continuo ressalvando o entendimento dos que pensam que há dia enquanto houver luz solar (é uma interpretação perfeitamente defensável e que pode ser usada pelo aparelho policial a depender da situação concreta):

I – a intervenção médica ou cirúrgica, sem o consentimento do paciente ou de seu representante legal, se justificada por iminente perigo de vida;
II – a coação exercida para impedir suicídio.

Conceitos de dia, noite e repouso noturno (Lei 13.869/19)	
Dia	05h às 18h (ou da aurora ao crepúsculo)
Noite	18:01 às 04:59 (ou no crepúsculo)
Repouso noturno	21h às 04:59

Nessa esteira, o crime do artigo 18 da Lei 13.869/19 é cometido quando a autoridade policial interroga o preso durante o repouso noturno (das 21:00 às 04:59), desde que presente o especial fim de agir reclamado pelo § 1º do artigo 1º do mesmo mandamento legal.

O delito não resta perpetrado se o interrogatório ocorrer no período noturno em duas situações: i) flagrante delito (prisão em flagrante materializada, por exemplo, na madrugada); ii) se o preso estiver assistido por advogado e concordar com a materialização do seu interrogatório (durante o repouso noturno).

- **Infração de menor potencial ofensivo:** trata-se de infração de menor potencial ofensivo.

- **Enunciado do CNPG e do GNCCRIM:** eis o enunciado do Conselho Nacional de Procuradores-Gerais dos Ministérios Públicos dos Estados e da União (CNPG) e do Grupo Nacional de Coordenadores de Centro de Apoio Criminal (GNCCRIM) sobre o tema:

> Enunciado 11 – Para efeitos do artigo 18 da Lei de Abuso de Autoridade, compreende-se por repouso noturno o período de 21h00 a 5h00, nos termos do artigo 22, § 1°, III, da mesma Lei.

Art. 19. Impedir ou retardar, injustificadamente, o envio de pleito de preso à autoridade judiciária competente para a apreciação da legalidade de sua prisão ou das circunstâncias de sua custódia:

Pena – detenção, de 1 (um) a 4 (quatro) anos, e multa.

Parágrafo único. Incorre na mesma pena o magistrado que, ciente do impedimento ou da demora, deixa de tomar as providências tendentes a saná-lo ou, não sendo competente para decidir sobre a prisão, deixa de enviar o pedido à autoridade judiciária que o seja.

- **Conduta proibida:** o crime do artigo 19 da Lei de Abuso de Autoridade pune quem impede ou retarda, injustificadamente, o envio de pleito de preso à autoridade judiciária competente para apreciação da legalidade da prisão ou das circunstâncias da custódia (tipo misto, alternativo ou de conteúdo variado).

O parágrafo único do artigo criminalizou, ainda, a conduta de magistrado que, ciente do impedimento ou demora, deixa de tomar providências tendentes a sanar a ilegalidade. O juiz também comete crime se, sendo incompetente para conhecer do pedido de liberdade, deixa de enviá-lo ao juízo que o seja.

Comete esse delito, por exemplo, o delegado de polícia que impede o envio, ao juízo competente, de *habeas corpus* elaborado por preso.

- **Benefícios:** o crime admite suspensão condicional do processo (artigo 89 da Lei 9.099/95), acordo de não persecução penal (artigo 28-A do CPP) e fiança arbitrada pela autoridade policial (artigo 322 do CPP).

- **Consumação:** trata-se de crime formal (consuma-se com a prática de uma das condutas proibidas, independentemente da ocorrência de prejuízo).

Art. 20. Impedir, sem justa causa, a entrevista pessoal e reservada do preso com seu advogado:

Pena – detenção, de 6 (seis) meses a 2 (dois) anos, e multa.

Parágrafo único. Incorre na mesma pena quem impede o preso, o réu solto ou o investigado de entrevistar-se pessoal e reservadamente com seu advogado ou defensor, por prazo razoável, antes de audiência judicial, e de sentar-se ao seu lado e com ele comunicar-se durante a audiência, salvo no curso de interrogatório ou no caso de audiência realizada por videoconferência.

- **Veto derrubado:** o artigo 20 foi vetado, mas o veto foi derrubado pelo Congresso Nacional.

- **Conduta proibida:** o investigado/indiciado/réu tem direito a entrevista reservada com seu advogado. Negar esse direito ao preso passa agora a ser crime (infração de menor potencial ofensivo).

Penso que não é possível imputar o crime do *caput* do artigo 20 ao policial que não permite entrevista do detido com seu advogado no meio da rua, depois de captura em situação flagrancial (ou em cumprimento de mandado de prisão expedido por magistrado). Permitir tal contato pode significar risco de fuga, exposição desnecessária (curiosos podem se amontoar, fazer fotos/vídeos, etc.), dentre outros inconvenientes. Penso que o melhor a fazer e comunicar ao advogado para qual unidade policial o detido está sendo conduzido e garantir o direito à entrevista pessoal e reservada na delegacia de polícia.

- **Figura equiparada:** no parágrafo único há figura equiparada que demonstra que não só o direito de entrevista precisa ser observado. É preciso que ele seja garantido "por prazo razoável". Mais uma expressão imprecisa da lei (e por isso incompatível com o Direito Penal).

O tipo em testilha garante o direito do preso, réu ou investigado de sentar ao lado do seu advogado e com ele se comunicar durante a audiência (exceto se essa objetivar materialização de interrogatório ou for realizada por videoconferência).

Art. 21. Manter presos de ambos os sexos na mesma cela ou espaço de confinamento:

Pena – detenção, de 1 (um) a 4 (quatro) anos, e multa.

Parágrafo único. Incorre na mesma pena quem mantém, na mesma cela, criança ou adolescente na companhia de maior de idade ou em ambiente inadequado, observado o disposto na Lei nº 8.069, de 13 de julho de 1990 (Estatuto da Criança e do Adolescente).

- **Introdução:** o artigo 21 pune a autoridade que mantiver presos de ambos os sexos na mesma cela ou espaço de confinamento. O tipo nasceu para rechaçar casos absurdos, como o da adolescente que foi mantida encarcerada com cerca de 30 homens na cela de uma delegacia na cidade de Abaetetuba/PA[19].

Caso exista detenção de pessoas de sexos diferentes, é conveniente que os presos sejam separados no momento da condução (se possível for, efetuar a condução do homem no compartimento fechado e da mulher na

19. Sobre o tema, confira MS 34490/DF, julgado pela Primeira Turma do STF (que analisou punição imposta pelo CNJ à magistrada que atuou no caso).

parte interna do veículo ou pedir reforço de outra viatura para condução dos presos em carros separados).

- **Conduta proibida:** a conduta vedada no tipo é manter presos de ambos os sexos na mesma cela ou espaço de confinamento.

O objetivo do tipo é evitar atentados contra a dignidade sexual de mulheres (ou pessoa transexual), quando mantidas confinadas no mesmo ambiente de homens (não é necessário nenhum resultado lesivo para a consumação do crime estudado, que se aperfeiçoa no momento da prática da conduta, presente o especial fim de agir descrito no § 1º do artigo 1º da Lei 13.869/19).

- **Figura equiparada:** incorre na mesma pena quem mantém, na mesma cela, criança ou adolescente na companhia de maior ou em ambiente inadequado.

- **Benefícios:** o tipo admite suspensão condicional do processo (artigo 89 da Lei 9.099/95), acordo de não persecução penal (artigo 28-A do CPP) e fiança arbitrada pela autoridade policial (artigo 322 do CPP).

- **Prática de tortura:** se a conduta gerar na vítima sofrimento físico ou mental, tem-se prática de tortura, nos exatos termos do § 1º do artigo 1º da Lei 9.455/97:

> Art. 1º (...)
>
> (...)
>
> § 1º Na mesma pena incorre quem submete pessoa presa ou sujeita a medida de segurança a sofrimento físico ou mental, por intermédio da prática de ato não previsto em lei ou não resultante de medida legal.

- **Prisão de travestis e transexuais:** a Resolução Conjunta 1, de 15 de abril de 2014, do Conselho Nacional de Política Criminal e Penitenciária e do Conselho Nacional de Combate à Discriminação dispõe que à pessoa travesti[20] (e ao gay[21]) privados da liberdade em unidades prisionais masculinas deve ser oferecido espaço de vivência específicos:

---

20. Pessoas que pertencem ao sexo masculino na dimensão fisiológica, mas que socialmente se apresentam no gênero feminino, sem rejeitar o sexo biológico.
21. Denominação específica para homens que se relacionam afetiva e sexualmente com outros homens.

> Art. 3° – Às travestis e aos gays privados de liberdade em unidades prisionais masculinas, considerando a sua segurança e especial vulnerabilidade, deverão ser oferecidos espaços de vivência específicos.
>
> § 1° – Os espaços para essa população não devem se destinar à aplicação de medida disciplinar ou de qualquer método coercitivo.
>
> § 2° – A transferência da pessoa presa para o espaço de vivência específico ficará condicionada à sua expressa manifestação de vontade.

No que toca à pessoa transexual[22] (seja masculina, seja feminina), a mesma Resolução determina seu encaminhamento a unidade prisional feminina:

> Art. 4° – As pessoas transexuais masculinas e femininas devem ser encaminhadas para as unidades prisionais femininas.
>
> Parágrafo único – Às mulheres transexuais deverá ser garantido tratamento isonômico ao das demais mulheres em privação de liberdade.

▪ **Enunciado do CNPG e do GNCCRIM:** eis o enunciado do Conselho Nacional de Procuradores-Gerais dos Ministérios Públicos dos Estados e da União (CNPG) e do Grupo Nacional de Coordenadores de Centro de Apoio Criminal (GNCCRIM) sobre o tema:

> Enunciado 13 – A violação à regra de separação de custodiados, acompanhada de sofrimento físico ou mental do preso, conforme as circunstâncias do caso, não tipifica o crime do art. 21 da Lei de Abuso de Autoridade, mas o delito de tortura (art. 1°, caput, inciso I, da Lei n° 9.455/97), infração penal equiparada a hediondo, sofrendo os consectários da Lei 8.072/1990.

Art. 22. Invadir ou adentrar, clandestina ou astuciosamente, ou à revelia da vontade do ocupante, imóvel alheio ou suas dependências, ou nele permanecer nas mesmas condições, sem determinação judicial ou fora das condições estabelecidas em lei:

Pena – detenção, de 1 (um) a 4 (quatro) anos, e multa.

§ 1° Incorre na mesma pena, na forma prevista no caput deste artigo, quem:

---

22. Pessoas que são psicologicamente de um sexo e anatomicamente de outro, rejeitando o próprio órgão sexual biológico.

I – coage alguém, mediante violência ou grave ameaça, a franquear-lhe o acesso a imóvel ou suas dependências;

II – (VETADO);

III – cumpre mandado de busca e apreensão domiciliar após as 21h (vinte e uma horas) ou antes das 5h (cinco horas).

§ 2° Não haverá crime se o ingresso for para prestar socorro, ou quando houver fundados indícios que indiquem a necessidade do ingresso em razão de situação de flagrante delito ou de desastre.

- **Princípio da especialidade:** o artigo 22 é especial em relação ao artigo 150 do Código Penal (o § 2º do artigo 150 do Caderno Repressivo pátrio foi revogado expressamente pela Lei 13.869/19).

- **Bem jurídico protegido:** o tipo gira em torno de vilipêndios ao direito à inviolabilidade de domicílio (inciso XI do artigo 5º da Constituição Federal[23]).

- **Condutas proibidas:** eis síntese das condutas vedadas:

<table>
<tr><th colspan="4">Artigo 22 da Lei 13.869/19</th></tr>
<tr><td>Invadir</td><td>clandestinamente</td><td rowspan="3">imóvel alheio ou suas dependências</td><td>sem determinação judicial</td></tr>
<tr><td>Adentrar</td><td>astuciosamente</td><td rowspan="2">fora das condições estabelecidas em lei</td></tr>
<tr><td>Permanecer</td><td>à revelia da vontade do ocupante</td></tr>
</table>

O crime é de mera conduta e a consumação ocorre com a prática das condutas proibidas.

- **Figuras equiparadas:** há crime, ainda: i) quando há coação, mediante violência ou grave ameaça, para seja franqueado acesso a imóvel ou suas dependências; ii) quando há cumprimento de mandado de busca e apreensão domiciliar após as 21h ou antes das 5h.

---

23. Art. 5º (...)
XI – a casa é asilo inviolável do indivíduo, ninguém nela podendo penetrar sem consentimento do morador, salvo em caso de flagrante delito ou desastre, ou para prestar socorro, ou, durante o dia, por determinação judicial.

▪ **Benefícios:** o tipo admite suspensão condicional do processo (artigo 89 da Lei 9.099/95), acordo de não persecução penal (artigo 28-A do CPP) e fiança arbitrada pela autoridade policial (artigo 322 do CPP).

▪ **Exclusão da ilicitude:** estudando o inciso XI do artigo 5º da Constituição Federal e o artigo 22 da Lei 13.869/19, é possível detectar que só é possível adentrar licitamente em casa alheia sem o consentimento do morador nas seguintes situações:

Entrada lícita em casa alheia (sem o consentimento do morador)
Desastre[24]
Para prestar socorro[25]
Em flagrante delito[26]
Em cumprimento a ordem judicial das 05h às 21h[27]

Com o fito de demonstrar a higidez da entrada em domicílio, o aparelho policial precisa documentar o ingresso (ainda que *a posteriori*).

O § 2º do artigo 22 deixa claro que só é possível entrar em casa alheia em face de situação flagrancial se o aparelho policial perceber indícios da prática delitiva antes do ingresso. O dispositivo legal segue entendimento do Supremo Tribunal Federal:

> Recurso extraordinário representativo da controvérsia. Repercussão geral. 2. Inviolabilidade de domicílio – art. 5°, XI, da CF. Busca e apreensão domiciliar sem mandado judicial em caso de crime permanente. Possibilidade. A Constituição dispensa o mandado judicial para ingresso forçado em residência em caso de flagrante delito. No crime permanente, a situação de flagrância se protrai no tempo. 3. Período noturno. A cláusula que limita o ingresso ao período do dia é aplicável apenas aos casos em que a busca é determinada por ordem judicial. Nos demais casos – flagrante delito, desastre ou para prestar socorro – a Constituição não faz exigência quanto ao período do dia. 4. Controle judicial a

24. Estado de necessidade.
25. Estado de necessidade.
26. Estrito cumprimento do dever legal (flagrante obrigatório) ou exercício regular de direito (flagrante facultativo).
27. Estrito cumprimento do dever legal.

posteriori. Necessidade de preservação da inviolabilidade domiciliar. Interpretação da Constituição. Proteção contra ingerências arbitrárias no domicílio. Muito embora o flagrante delito legitime o ingresso forçado em casa sem determinação judicial, a medida deve ser controlada judicialmente. A inexistência de controle judicial, ainda que posterior à execução da medida, esvaziaria o núcleo fundamental da garantia contra a inviolabilidade da casa (art. 5, XI, da CF) e deixaria de proteger contra ingerências arbitrárias no domicílio (Pacto de São José da Costa Rica, artigo 11, 2, e Pacto Internacional sobre Direitos Civis e Políticos, artigo 17, 1). O controle judicial a posteriori decorre tanto da interpretação da Constituição, quanto da aplicação da proteção consagrada em tratados internacionais sobre direitos humanos incorporados ao ordenamento jurídico. Normas internacionais de caráter judicial que se incorporam à cláusula do devido processo legal. 5. Justa causa. A entrada forçada em domicílio, sem uma justificativa prévia conforme o direito, é arbitrária. Não será a constatação de situação de flagrância, posterior ao ingresso, que justificará a medida. Os agentes estatais devem demonstrar que havia elementos mínimos a caracterizar fundadas razões (justa causa) para a medida. 6. Fixada a interpretação de que a entrada forçada em domicílio sem mandado judicial só é lícita, mesmo em período noturno, quando amparada em fundadas razões, devidamente justificadas a posteriori, que indiquem que dentro da casa ocorre situação de flagrante delito, sob pena de responsabilidade disciplinar, civil e penal do agente ou da autoridade e de nulidade dos atos praticados. 7. Caso concreto. Existência de fundadas razões para suspeitar de flagrante de tráfico de drogas. Negativa de provimento ao recurso (RE 603616, Relator(a): Gilmar Mendes, Tribunal Pleno, julgado em 05/11/2015, ACÓRDÃO ELETRÔNICO REPERCUSSÃO GERAL – MÉRITO DJe-093 DIVULG 09-05-2016 PUBLIC 10-05-2016).

- **Consentimento do morador:** se há consentimento do morador para entrada do aparelho policial, não é crime perpetrado pelas autoridades envolvidas (não há atropelo ao inciso XI do artigo 5º da Constituição Federal, nem prática do delito tipificado no artigo 22 da Lei 13.869/19).

Obviamente, o consentimento do morador precisa ser voluntário para que a prova obtida seja válida. Nesta esteira, o Superior Tribunal de Justiça (informativo 687) estabeleceu premissas para a prova obtida em face de detecção de situação flagrancial ou da entrada consentida em casa alheia (ambas as situações redundam em ingresso em casa sem mandado judicial) seja reconhecida como hígida pelo Poder Judiciário (ante a importância do julgado, farei a transcrição da ementa à completude):

HABEAS CORPUS. TRÁFICO DE DROGAS. FLAGRANTE. DOMICÍLIO COMO EXPRESSÃO DO DIREITO À INTIMIDADE. ASILO INVIOLÁVEL. EXCEÇÕES CONSTITUCIONAIS. INTERPRETAÇÃO RESTRITIVA. INGRESSO NO DOMICÍLIO. EXIGÊNCIA DE JUSTA CAUSA (FUNDADA SUSPEITA). CONSENTIMENTO DO MORADOR. REQUISITOS DE VALIDADE. ÔNUS ESTATAL DE COMPROVAR A VOLUNTARIEDADE DO CONSENTIMENTO. NECESSIDADE DE DOCUMENTAÇÃO E REGISTRO AUDIOVISUAL DA DILIGÊNCIA. NULIDADE DAS PROVAS OBTIDAS. TEORIA DOS FRUTOS DA ÁRVORE ENVENENADA. PROVA NULA. ABSOLVIÇÃO. ORDEM CONCEDIDA. 1. O art. 5°, XI, da Constituição Federal consagrou o direito fundamental à inviolabilidade do domicílio, ao dispor que "a casa é asilo inviolável do indivíduo, ninguém nela podendo penetrar sem consentimento do morador, salvo em caso de flagrante delito ou desastre, ou para prestar socorro, ou, durante o dia, por determinação judicial". 1.1 A inviolabilidade de sua morada é uma das expressões do direito à intimidade do indivíduo, o qual, sozinho ou na companhia de seu grupo familiar, espera ter o seu espaço íntimo preservado contra devassas indiscriminadas e arbitrárias, perpetradas sem os cuidados e os limites que a excepcionalidade da ressalva a tal franquia constitucional exige. 1.2. O direito à inviolabilidade de domicílio, dada a sua magnitude e seu relevo, é salvaguardado em diversos catálogos constitucionais de direitos e garantias fundamentais. Célebre, a propósito, a exortação de Conde Chatham, ao dizer que: "O homem mais pobre pode em sua cabana desafiar todas as forças da Coroa. Pode ser frágil, seu telhado pode tremer, o vento pode soprar por ele, a tempestade pode entrar, a chuva pode entrar, mas o Rei da Inglaterra não pode entrar!" ("The poorest man may in his cottage bid defiance to all the forces of the Crown. It may be frail, its roof may shake, the wind may blow through it, the storm may enter, the rain may enter, but the King of England cannot enter!" William Pitt, Earl of Chatham. Speech, March 1763, in Lord Brougham Historical Sketches of Statesmen in the Time of George III First Series (1845) v. 1). 2. O ingresso regular em domicílio alheio, na linha de inúmeros precedentes dos Tribunais Superiores, depende, para sua validade e regularidade, da existência de fundadas razões (justa causa) que sinalizem para a possibilidade de mitigação do direito fundamental em questão. É dizer, apenas quando o contexto fático anterior à invasão permitir a conclusão acerca da ocorrência de crime no interior da residência – cuja urgência em sua cessação demande ação imediata – é que se mostra possível sacrificar o direito à inviolabilidade do domicílio. 2.1. Somente o flagrante delito que traduza verdadeira urgência legitima o ingresso em domicílio alheio, como se infere da própria Lei de Drogas (L. 11.343/2006, art. 53, II) e da Lei 12.850/2013 (art. 8°), que autorizam o retardamento da atuação policial na investigação dos crimes de tráfico de entorpecentes, a denotar que nem sempre o caráter permanente do crime impõe sua interrupção imediata a fim de proteger bem jurídico e evitar danos; é dizer, mesmo diante de situação de flagrância delitiva, a maior segurança e a melhor instrumentalização da investigação – e, no que interessa a este caso, a proteção do direito à inviolabilidade do domicílio – justificam o retardo da cessação da prática delitiva. 2.2. A autorização judicial para a busca domiciliar, mediante mandado, é o caminho mais acertado a tomar, de sorte a se evitarem situações que possam, a depender das circunstâncias, comprometer a licitude da prova e, por sua vez, ensejar possível responsabilização administrativa, civil e penal do agente da segurança pública autor da ilegalidade, além, é claro, da anulação – amiúde irreversível – de todo o processo, em prejuízo da sociedade. 3. O Supremo Tribunal Federal definiu, em repercussão geral (Tema 280), a tese de que: "A entrada forçada em domicílio sem mandado judicial só é lícita, mesmo em período noturno, quando amparada em fundadas razões, devidamente justificadas a posteriori" (RE n. 603.616/RO, Rel. Ministro Gilmar Mendes, DJe 8/10/2010). Em conclusão a seu voto, o relator salientou que a interpretação jurisprudencial sobre o tema precisa evoluir, de sorte a trazer mais segurança tanto para os indivíduos sujeitos a tal medida invasiva quanto para os policiais, que deixariam de assumir o risco de cometer crime de invasão de domicílio ou de abuso de autoridade, principalmente quando a diligência não tiver alcançado o resultado esperado. 4. As circunstâncias que antecederem a violação do domicílio devem evidenciar, de modo satisfatório e objetivo, as fundadas razões que justifiquem tal diligência e a eventual prisão em flagrante do suspeito, as quais, portanto, não podem derivar de simples desconfiança policial, apoiada, v. g., em mera atitude "suspeita", ou na fuga do indivíduo em direção a sua casa diante de uma ronda ostensiva, comportamento que pode ser atribuído a vários motivos, não, necessariamente, o de estar o abordado portando ou comercializando substância entorpecente. 5. Se, por um lado, práticas ilícitas graves autorizam eventualmente o sacrifício de direitos fundamentais, por outro, a coletividade, sobretudo a integrada por segmentos das camadas sociais mais precárias economicamente, excluídas do usufruto pleno de sua cidadania, também precisa sentir-se segura e ver preservados seus mínimos direitos e garantias constitucionais, em especial o de não ter a residência invadida e devassada, a qualquer hora do dia ou da noite, por agentes do Estado, sem as cautelas devidas e sob a única justificativa, não amparada em elementos concretos de convicção, de que o local supostamente seria, por exemplo, um ponto de tráfico de drogas, ou de que o suspeito do tráfico ali se homiziou. 5.1. Em um país marcado por alta desigualdade social e racial, o policiamento ostensivo tende a se concentrar em grupos marginalizados e considerados potenciais criminosos ou usuais suspeitos, assim definidos por fatores subjetivos, como idade, cor da pele, gênero, classe social, local da residência, vestimentas etc. 5.2. Sob essa perspectiva, a ausência de justificativas e de elementos seguros a legitimar a ação dos agentes públicos – diante da discricionariedade policial na identificação de suspeitos de práticas criminosas – pode fragilizar e tornar írrito o direito à intimidade e à inviolabilidade domiciliar, a qual protege não apenas o suspeito, mas todos os moradores do local. 5.3. Tal compreensão não se traduz, obviamente, em cercear a necessária ação das forças de segurança pública no combate ao tráfico de entorpecentes, muito menos em transformar o domicílio em salvaguarda de criminosos ou em espaço de criminalidade. Há de se convir, no entanto, que só justifica o ingresso policial no domicílio alheio a situação de ocorrência de um crime cuja urgência na sua cessação desautorize o aguardo do momento adequado para, mediante mandado judicial – meio ordinário e seguro para o afastamento do direito à inviolabilidade da morada – legitimar a entrada em residência ou local de abrigo. 6. Já no que toca ao consentimento do morador para o ingresso em sua residência – uma das hipóteses autorizadas pela Constituição da República para o afastamento da inviolabilidade do domicílio – outros países trilharam caminho judicial mais assertivo, ainda que, como aqui, não haja normatização detalhada nas respectivas Constituições e leis, geralmente limitadas a anunciar o direito à inviolabilidade da intimidade domiciliar e as possíveis autorizações para o ingresso alheio. 6.1. Nos Estados Unidos, por exemplo, a par da necessidade do exame da causa provável para a entrada de policiais em domicílio de suspeitos de crimes, não pode haver dúvidas sobre a voluntariedade da autorização do morador (in dubio libertas). O consentimento "deve ser inequívoco, específico e conscientemente dado, não contaminado por qualquer truculência ou coerção ("consent, to be valid, 'must be unequivocal, specific and intelligently given, uncontaminated by any duress or coercion'"). (United States v McCaleb, 552 F2d 717, 721 (6th Cir 1977), citando Simmons v Bomar, 349 F2d 365, 366 (6th Cir 1965). Além disso, ao Estado cabe o ônus de provar que o consentimento foi, de fato, livre e voluntariamente dado, isento de qualquer forma, direta ou indireta, de coação, o que é aferível pelo teste da totalidade das circunstâncias (totality of circumstances). 6.2. No direito espanhol, por sua vez, o Tribunal Supremo destaca, entre outros, os seguintes requisitos para o consentimento do morador: a) deve ser prestado por pessoa capaz, maior de idade e no exercício de seus direitos; b) deve ser consciente e livre; c) deve ser documentado; d) deve ser expresso, não servindo o silêncio como consentimento tácito. 6.3. Outrossim, a documentação comprobatória do assentimento do morador é exigida, na França, de modo expresso e mediante declaração escrita à mão do morador, conforme norma positivada no art. 76 do Código de Processo Penal; nos EUA, também é usual a necessidade de assinatura de um formulário pela pessoa que consentiu com o ingresso em seu domicílio (North Carolina v. Butler (1979) 441 U.S. 369, 373; People v. Ramirez (1997) 59 Cal.App.4th 1548, 1558; U.S. v. Castillo (9a Cir. 1989) 866 F.2d 1071, 1082), declaração que, todavia, será desconsiderada se as circunstâncias indicarem ter sido obtida de forma coercitiva ou houver dúvidas sobre a voluntariedade do consentimento (Haley v. Ohio (1947) 332 U.S. 596, 601; People v. Andersen (1980) 101 Cal.App.3d 563, 579. 6.4. Se para simplesmente algemar uma pessoa, já presa – ostentando, portanto, alguma verossimilhança do fato delituoso que deu origem a sua detenção –, exige-se a indicação, por escrito, da justificativa para o uso de tal medida acautelatória, seria então, no tocante ao ingresso domiciliar, "necessário que nós estabeleçamos, desde logo, como fizemos na Súmula 11, alguma formalidade para que essa razão excepcional seja justificada por escrito, sob pena das sanções cabíveis" (voto do Min. Ricardo Lewandowski, no RE n. 603.616/TO). 6.5. Tal providência, aliás, já é determinada pelo art. 245, § 7º, do Código de Processo Penal – analogicamente aplicável para busca e apreensão também sem mandado judicial – ao dispor que, "[f]inda a diligência, os executores lavrarão auto circunstanciado, assinando-o com duas testemunhas presenciais, sem prejuízo do disposto no § 4º". 7. São frequentes e notórias as notícias de abusos cometidos em operações e diligências policiais, quer em abordagens individuais, quer em intervenções realizadas em comunidades dos grandes centros urbanos. É, portanto, ingenuidade, academicismo e desconexão com a realidade conferir, em tais situações, valor absoluto ao depoimento daqueles que são, precisamente, os apontados responsáveis pelos atos abusivos. E, em um país conhecido por suas práticas autoritárias – não apenas históricas, mas atuais –, a aceitação desse comportamento compromete a necessária aquisição de uma cultura democrática de respeito aos direitos fundamentais de todos, independentemente de posição social, condição financeira, profissão, local da moradia, cor da pele ou raça. 7.1. Ante a ausência de normatização que oriente e regule o ingresso em domicílio alheio, nas hipóteses excepcionais previstas no Texto Maior, há de se aceitar com muita reserva a usual afirmação – como ocorreu no caso ora em julgamento – de que o morador anuiu livremente ao ingresso dos policiais para a busca domiciliar, máxime quando a diligência não é acompanhada de documentação que a imunize contra suspeitas e dúvidas sobre sua legalidade. 7.2. Por isso, avulta de importância que, além da documentação escrita da diligência policial (relatório circunstanciado), seja ela totalmente registrada em vídeo e áudio, de maneira a não deixar dúvidas quanto à legalidade da ação estatal como um todo e, particularmente, quanto ao livre consentimento do morador para o ingresso domiciliar. Semelhante providência resultará na diminuição da criminalidade em geral – pela maior eficácia probatória, bem como pela intimidação a abusos, de um lado, e falsas acusações contra policiais, por outro – e permitirá avaliar se houve, efetivamente, justa causa para o ingresso e, quando indicado ter havido consentimento do morador, se foi ele livremente prestado. 8. Ao Poder Judiciário, ante a lacuna da lei para melhor regulamentação do tema, cabe responder, na moldura do Direito, às situações que, trazidas por provocação do interessado, se mostrem violadoras de direitos fundamentais do indivíduo. E, especialmente, ao Superior Tribunal de Justiça compete, na sua função judicante, buscar a melhor interpretação possível da lei federal, de sorte a não apenas responder ao pedido da parte, mas também formar precedentes que orientem o julgamento de casos futuros similares. 8.1. As decisões do Poder Judiciário – mormente dos Tribunais incumbidos de interpretar, em última instância, as leis federais e a Constituição – servem para dar resposta ao pedido no caso concreto e também para "enriquecer o estoque das regras jurídicas" (Melvin Eisenberg. The nature of the common law. Cambridge: Harvard University Press, 1998. p. 4) e assegurar, no plano concreto, a realização dos valores, princípios e objetivos definidos na Constituição de cada país. Para tanto, não podem, em nome da maior eficiência punitiva, tolerar práticas que se divorciam do modelo civilizatório que deve orientar a construção de uma sociedade mais igualitária, fraterna, pluralista e sem preconceitos. 8.2. Como assentado em conhecido debate na Suprema Corte dos EUA sobre a admissibilidade das provas ilícitas (Weeks v. United States, 232 U.S. 383,1914), se os tribunais permitem o uso de provas obtidas em buscas ilegais, tal procedimento representa uma afirmação judicial de manifesta negligência, se não um aberto desafio, às proibições da Constituição, direcionadas à proteção das pessoas contra esse tipo de ação não autorizada ("such proceeding would be to affirm by judicial decision a manifest neglect, if not an open defiance, of the prohibitions of the Constitution, intended for the protection of the people against such unauthorized action"). 8.3. A situação versada neste e em inúmeros outros processos que aportam a esta Corte Superior diz respeito à própria noção de civilidade e ao significado concreto do que se entende por Estado Democrático de Direito, que não pode coonestar, para sua legítima existência, práticas abusivas contra parcelas da população que, por sua topografia e status social e econômico, costumam ficar mais suscetíveis ao braço ostensivo e armado das forças de segurança. 9. Na espécie, não havia elementos objetivos, seguros e racionais que justificassem a invasão de domicílio do suspeito, porquanto a simples avaliação subjetiva dos policiais era

> insuficiente para conduzir a diligência de ingresso na residência, visto que não foi encontrado nenhum entorpecente na busca pessoa realizada em via pública. 10. A seu turno, as regras de experiência e o senso comum, somadas às peculiaridades do caso concreto, não conferem verossimilhança à afirmação dos agentes castrenses de que o paciente teria autorizado, livre e voluntariamente, o ingresso em seu próprio domicílio, franqueando àqueles a apreensão de drogas e, consequentemente, a formação de prova incriminatória em seu desfavor. 11. Assim, como decorrência da proibição das provas ilícitas por derivação (art. 5°, LVI, da Constituição da República), é nula a prova derivada de conduta ilícita – no caso, a apreensão, após invasão desautorizada da residência do paciente, de 109 g de maconha –, pois evidente o nexo causal entre uma e outra conduta, ou seja, entre a invasão de domicílio (permeada de ilicitude) e a apreensão de drogas. 12. Habeas Corpus concedido, com a anulação da prova decorrente do ingresso desautorizado no domicílio e consequente absolvição do paciente, dando-se ciência do inteiro teor do acórdão aos Presidentes dos Tribunais de Justiça dos Estados e aos Presidentes dos Tribunais Regionais Federais, bem como às Defensorias Públicas dos Estados e da União, ao Procurador-Geral da República e aos Procuradores-Gerais dos Estados, aos Conselhos Nacionais da Justiça e do Ministério Público, à Ordem dos Advogados do Brasil, ao Conselho Nacional de Direitos Humanos, ao Ministro da Justiça e Segurança Pública e aos Governadores dos Estados e do Distrito Federal, encarecendo a estes últimos que deem conhecimento do teor do julgado a todos os órgãos e agentes da segurança pública federal, estadual e distrital. 13. Estabelece-se o prazo de um ano para permitir o aparelhamento das polícias, treinamento e demais providências necessárias para a adaptação às diretrizes da presente decisão, de modo a, sem prejuízo do exame singular de casos futuros, evitar situações de ilicitude que possam, entre outros efeitos, implicar responsabilidade administrativa, civil e/ou penal do agente estatal (HC 598.051/SP, Rel. Ministro Rogerio Schietti Cruz, Sexta Turma, julgado em 02/03/2021, DJe 15/03/2021).

Eis a síntese das premissas fixadas pelo Tribunal da Cidadania sobre o tema:

Item	Premissas estabelecidas pelo STJ	Comentários
1	Na hipótese de suspeita de crime em flagrante, exige-se, em termos de standard probatório para ingresso no domicílio do suspeito sem mandado judicial, a existência de fundadas razões (justa causa), aferidas de modo objetivo e devidamente justificadas, de maneira a indicar que dentro da casa ocorre situação de flagrante delito.	Se a entrada for em decorrência de flagrante delito, é preciso que existam indícios anteriores ao ingresso de que há crime sendo praticado no interior do imóvel (a entrada sem a detecção de indícios prévios configuraria prospecção não admitida em nosso ordenamento jurídico – *fishing expedition*).
2	O tráfico ilícito de entorpecentes, em que pese ser classificado como crime de natureza permanente, nem sempre autoriza a entrada sem mandado no domicílio onde supostamente se encontra a droga. Apenas será permitido o ingresso em situações de urgência, quando se concluir que do atraso decorrente da obtenção de mandado judicial sepossa, objetiva e concretamente, inferir que a prova do crime (ou a própria droga) será destruída ou ocultada.	Ainda que o crime perpetrado seja permanente, a regra anterior deve ser observada. Uma entrada ilegal não resta convalidada porque houve apreensão de drogas ilícitas ou armas em situação irregular, por exemplo (isso seria aplicação da teoria da tinta diluída, não admitida expressamente em nosso ordenamento jurídico).
3	O consentimento do morador, para validar o ingresso de agentes estatais em sua casa e a busca e apreensão de objetos relacionados ao crime, precisa ser voluntário e livre de qualquer tipo de constrangimento ou coação.	O morador não pode ser intimidado a permitir a entrada do aparelho policial em sua morada. O consentimento, nesta senda, precisa ser voluntário.
4	A prova da legalidade e da voluntariedade do consentimento para o ingresso na residência do suspeito incumbe, em caso de dúvida, ao Estado, e deve ser feita com declaração assinada pela pessoa que autorizou o ingresso domiciliar, indicando-se, sempre que possível, testemunhas do ato. Em todo caso, a operação deve ser registrada em áudio-vídeo, e preservada tal prova enquanto durar o processo.	A prova de que a entrada foi legal (que o consentimento foi voluntário ou que havia situação flagrancial previamente detectada) é, obviamente, do Estado. A licitude da atuação policial deve ser provada por meio de declaração assinada por quem consentiu o ingresso, com indicação, sempre que possível, de testemunhas fedatárias/instrumentárias. O trecho da decisão acima transcrita que determinava a gravação em áudio-vídeo da operação de entrada em casa foi anulado pelo Ministro Alexandre de Moraes nos autos do RE 1.342.007/SP

Item	Premissas estabelecidas pelo STJ	Comentários
5	A violação a essas regras e condições legais e constitucionais para o ingresso no domicílio alheio resulta na ilicitude das provas obtidas em decorrência da medida, bem como das demais provas que dela decorrerem em relação de causalidade, sem prejuízo de eventual responsabilização penal dos agentes públicos que tenham realizado a diligência.	Se as regras constitucionais/legais não forem observadas, a prova resultante da operação será obviamente ilícita (a prova em si colhida e as dela derivadas – ilicitude da prova derivada da ilícita).

- **Prova ilícita x fato atípico:** analisando o artigo 22 da Lei de Abuso de Autoridade, surge o seguinte questionamento: quais as consequências jurídicas de mandado de busca domiciliar cumprido pela polícia às 19h sem autorização do morador?

Como o mandado de busca deve ser cumprido durante o dia (na forma do inciso XI do artigo 5º da Constituição Federal), conclui-se que as provas coligidas são ilícitas se não havia luz solar (atropelo ao direito à inviolabilidade de domicílio). Contudo, o fato não será criminoso, posto que o crime aqui analisado ocorre apenas quando o mandado é cumprido após as 21h ou antes das 5h.

- **Enunciados do CNPG e do GNCCRIM:** eis os enunciados do Conselho Nacional de Procuradores-Gerais dos Ministérios Públicos dos Estados e da União (CNPG) e do Grupo Nacional de Coordenadores de Centro de Apoio Criminal (GNCCRIM) sobre o artigo:

> Enunciado 14 – A elementar "imóvel" do artigo 22 da Lei de Abuso de Autoridade deve ser conceituada nos termos do artigo 79 do Código Civil.
>
> Enunciado 15 – O mandado de busca e apreensão deverá ser cumprido durante o dia (art. 5º., XI, CF/88). Mesmo havendo luz solar, veda-se seu cumprimento entre 21h00 e 5h00, sob pena de caracterizar abuso de autoridade (art. 22, §1º., inc. III).

Art. 23. Inovar artificiosamente, no curso de diligência, de investigação ou de processo, o estado de lugar, de coisa ou de pessoa, com o fim de eximir-se de responsabilidade ou de responsabilizar criminalmente alguém ou agravar-lhe a responsabilidade:

Pena – detenção, de 1 (um) a 4 (quatro) anos, e multa.

Parágrafo único. Incorre na mesma pena quem pratica a conduta com o intuito de:

I – eximir-se de responsabilidade civil ou administrativa por excesso praticado no curso de diligência;

II – omitir dados ou informações ou divulgar dados ou informações incompletos para desviar o curso da investigação, da diligência ou do processo.

- **Princípio da especialidade:** o artigo 23 da Lei de Abuso de Autoridade traz tipo especial de fraude processual (artigo 347 do Código Penal[28]).
- **Conduta proibida:** eis a conduta vedada:

Artigo 23 da Lei 13.869/19			
Inovar artificiosamente	no curso de diligência	o estado de lugar	com o fim de eximir-se de responsabilidade.
	de investigação	o estado de coisa	com o fim de responsabilizar criminalmente alguém.
	de processo	o estado de pessoa	com o fim de agravar a responsabilidade de alguém.

O tipo tem o objetivo de reprimir condutas que visem encobrir abusos (principalmente praticados por forças policiais), maquiando teatros de operações para simular, por exemplo, resistência da vítima. Exemplifico:

> **SITUAÇÃO HIPOTÉTICA:** PEDRO, policial civil, atirou com a intenção de matar JOSÉ. A vítima veio a óbito. Com o fim de eximir-se de responsabilidade criminal, PEDRO inovou a cena do crime, colocando uma arma de fogo nas mãos do cadáver (para simular um confronto que, em verdade, inexistiu).

28. Art. 347 – Inovar artificiosamente, na pendência de processo civil ou administrativo, o estado de lugar, de coisa ou de pessoa, com o fim de induzir a erro o juiz ou o perito:
Pena – detenção, de três meses a dois anos, e multa.
Parágrafo único – Se a inovação se destina a produzir efeito em processo penal, ainda que não iniciado, as penas aplicam-se em dobro.

SOLUÇÃO: PEDRO deve ser responsabilizado pelo homicídio por ele perpetrado e pelo crime de abuso de autoridade tipificado no artigo 23 da Lei 13.869/19 (em concurso material).

- **Figuras equiparadas:** o parágrafo único do artigo 23 da Lei 13.869/19 traz em seu bojo figuras equiparadas, criminalizando quem pratica a conduta descrita no *caput* para: i) eximir-se de responsabilidade civil ou administrativa por excesso praticado no curso de diligência; ii) omitir dados ou informações ou divulgar dados ou informações incompletos para desviar o curso da investigação, da diligência ou do processo.

- **Consumação:** o crime é formal e se consuma com a prática a conduta descrita no tipo, objetivando uma das finalidades especiais nele enumeradas.

- **Benefícios:** o tipo admite suspensão condicional do processo (artigo 89 da Lei 9.099/95), acordo de não persecução penal (artigo 28-A do CPP) e fiança arbitrada pela autoridade policial (artigo 322 do CPP).

Art. 24. Constranger, sob violência ou grave ameaça, funcionário ou empregado de instituição hospitalar pública ou privada a admitir para tratamento pessoa cujo óbito já tenha ocorrido, com o fim de alterar local ou momento de crime, prejudicando sua apuração:

Pena – detenção, de 1 (um) a 4 (quatro) anos, e multa, além da pena correspondente à violência.

- **Introdução:** o artigo 24 complementa o crime do artigo 23. É infelizmente comum que policiais simulem socorro a vítimas já mortas, para retirar o corpo da cena do suposto confronto (dificultando materialização de perícia que elucide se houve resistência ou execução extrajudicial).

- **Conduta proibida:** a conduta vedada no tipo é constranger, sob violência ou grave ameaça, funcionário ou empregado de instituição hospitalar pública ou privada a admitir para tratamento pessoa cujo óbito já tenha ocorrido, com o fim de alterar local ou momento de crime, prejudicando sua apuração.

O agente deve ser punido em concurso de crimes, caso empregue violência que ocasione lesão corporal à vítima (preceito secundário).

▪ **Consumação:** o tipo exige especial fim de agir (intenção de alterar local ou momento de crime, prejudicando sua apuração). Por ser delito formal, ocorrerá consumação mesmo que o objetivo do agente não se implemente (que a apuração não reste prejudicada efetivamente).

▪ **Benefício:** o crime admite suspensão condicional do processo (artigo 89 da Lei 9.099/95) e fiança arbitrada pela autoridade policial (artigo 322 do CPP).

Art. 25. Proceder à obtenção de prova, em procedimento de investigação ou fiscalização, por meio manifestamente ilícito:

Pena – detenção, de 1 (um) a 4 (quatro) anos, e multa.

Parágrafo único. Incorre na mesma pena quem faz uso de prova, em desfavor do investigado ou fiscalizado, com prévio conhecimento de sua ilicitude.

▪ **Conduta proibida:** a coleta da prova manifestamente ilícita foi criminalizada. O tipo deve ser lido em cotejo com o artigo 157 do Código de Processo Penal[29].

A conduta vedada é proceder à obtenção de prova, em procedimento de investigação ou fiscalização, por meio manifestamente ilícito.

O tipo é temerário, porque não há exata noção do que é meio "manifestamente ilícito" para coleta da prova. A análise da ilicitude da prova é materializada caso a caso e depende do entendimento doutrinário e jurisprudencial acerca do tema (é preciso interpretar o artigo estudado em cotejo com o § 2º do artigo 1º da lei aqui estudada – não se criminalizou a hermenêutica).

---

29. Art. 157. São inadmissíveis, devendo ser desentranhadas do processo, as provas ilícitas, assim entendidas as obtidas em violação a normas constitucionais ou legais.
§ 1º São também inadmissíveis as provas derivadas das ilícitas, salvo quando não evidenciado o nexo de causalidade entre umas e outras, ou quando as derivadas puderem ser obtidas por uma fonte independente das primeiras.
§ 2º Considera-se fonte independente aquela que por si só, seguindo os trâmites típicos e de praxe, próprios da investigação ou instrução criminal, seria capaz de conduzir ao fato objeto da prova.
§ 3º Preclusa a decisão de desentranhamento da prova declarada inadmissível, esta será inutilizada por decisão judicial, facultado às partes acompanhar o incidente.
§ 4º (Vetado)
§ 5º O juiz que conhecer do conteúdo da prova declarada inadmissível não poderá proferir a sentença ou acórdão.

- **Subsidiariedade implícita:** o tipo é subsidiário em relação à prática do crime de tortura (alínea "a" do inciso I do artigo 1º da Lei 9.455/97):

> Art. 1º Constitui crime de tortura:
>
> I – constranger alguém com emprego de violência ou grave ameaça, causando-lhe sofrimento físico ou mental:
>
> a) com o fim de obter informação, declaração ou confissão da vítima ou de terceira pessoa;

- **Figura equiparada:** houve, ainda, criminalização da conduta de quem usa a prova ilícita em desfavor do investigado ou fiscalizado (a expressão "fiscalizado" indica que o crime pode ser praticado no âmbito de atuação estatal administrativa – ação fiscal da Receita Federal, por exemplo) com conhecimento prévio da sua ilicitude.

- **Benefícios:** o crime admite suspensão condicional do processo (artigo 89 da Lei 9.099/95), acordo de não persecução penal (artigo 28-A do CPP) e fiança arbitrada pela autoridade policial (artigo 322 do CPP).

- **Enunciado do CNPG e do GNCCRIM:** eis enunciado do Conselho Nacional de Procuradores-Gerais dos Ministérios Públicos dos Estados e da União (CNPG) e do Grupo Nacional de Coordenadores de Centro de Apoio Criminal (GNCCRIM) sobre o artigo:

> Enunciado 16 – Ressalvadas situações excepcionais pacificadas, o uso da prova derivada da ilícita está abrangido pelo tipo penal incriminador do art. 25 da Lei de Abuso de Autoridade, devendo o agente ter conhecimento inequívoco da sua origem e do nexo de relação entre a prova ilícita e aquela dela derivada.

Art. 26. ~~Induzir ou instigar pessoa a praticar infração penal com o fim de capturá-la em flagrante delito, fora das hipóteses previstas em lei:~~

~~Pena – detenção, de 6 (seis) meses a 2 (anos) anos, e multa.~~

~~§ 1º Se a vítima é capturada em flagrante delito, a pena é de detenção, de 1 (um) a 4 (quatro) anos, e multa.~~

~~§ 2º Não configuram crime as situações de flagrante esperado, retardado, prorrogado ou diferido.~~ (VETADO)

- **Artigo vetado:** o artigo 26 foi vetado (e o veto não foi derrubado pelo Congresso Nacional). Ele criminalizaria o flagrante preparado ou provocado (crime impossível por obra do agente provocador, nos termos da Súmula 145 do Supremo Tribunal Federal[30]).

Eis as razões do veto:

> A propositura legislativa gera insegurança jurídica por indeterminação do tipo penal, e por ofensa ao princípio da intervenção mínima, para o qual o Direito Penal só deve ser aplicado quando estritamente necessário, tendo em vista que a criminalização da conduta pode afetar negatividade a atividade investigativa, ante a potencial incerteza de caracterização da conduta prevista no art. 26, pois não raras são as vezes que a constatação da espécie de flagrante, dada a natureza e circunstâncias do ilícito praticado, só é possível quando da análise do caso propriamente dito, conforme se pode inferir da jurisprudência do Supremo Tribunal Federal (v.g. HC 105.929, Rel. Min. Gilmar Mendes, 2ª T. j. 24/05/2011).

Art. 27. Requisitar instauração ou instaurar procedimento investigatório de infração penal ou administrativa, em desfavor de alguém, à falta de qualquer indício da prática de crime, de ilícito funcional ou de infração administrativa:

Pena – detenção, de 6 (seis) meses a 2 (dois) anos, e multa.

Parágrafo único. Não há crime quando se tratar de sindicância ou investigação preliminar sumária, devidamente justificada.

▪ **Conduta proibida:** o artigo 27 da Lei de Abuso de Autoridade pune a autoridade que requisita instauração de procedimento investigatório de infração penal ou administrativa sem indício da prática de crime, ilícito funcional ou infração administrativa.

O tipo é muito aberto. A interpretação acerca da existência ou não de indício suficiente para sustentar requisição ou instauração de procedimento apuratório obviamente varia caso a caso.

▪ **Não instauração de inquérito em face de requisição do Ministério Público:** o tipo estudado reforça o entendimento de que o delegado de polícia não deve materializar pronta instauração de inquérito policial

30. Súmula 145/STF – Não há crime, quando a preparação do flagrante pela polícia torna impossível a sua consumação.

quando a requisição oriunda do Ministério Público não é calcada em elementos indiciários mínimos que indiquem prática delitiva (caso se perceba existência do especial fim de agir previsto no § 1º do artigo 1º da Lei 13.869/19, a autoridade policial deve encaminhar a requisição temerária à chefia do Ministério Público, para tomada das providências cabíveis contra o promotor de justiça que subscreveu a missiva).

- **Infração de menor potencial ofensivo:** trata-se de infração de menor potencial ofensivo.

- **Sindicância ou investigação preliminar sumária:** o parágrafo único afirma que não há crime quando se tratar de sindicância ou investigação preliminar sumária, desde que a instauração seja justificada. A sindicância é procedimento afeto à seara disciplinar. A investigação preliminar é o levantamento de cunho criminal levado a efeito com fulcro no § 3º do artigo 5º do Código de Processo Penal (diante de uma notícia anônima de crime, por exemplo).

- **Enunciado do CNPG e do GNCCRIM:** eis enunciado do Conselho Nacional de Procuradores-Gerais dos Ministérios Públicos dos Estados e da União (CNPG) e do Grupo Nacional de Coordenadores de Centro de Apoio Criminal (GNCCRIM) sobre o artigo:

> Enunciado 17 – A configuração do abuso de autoridade pela deflagração de investigação criminal com base em matéria jornalística, necessariamente, há de ser avaliada a partir dos critérios interpretativos trazidos pela Lei (art. 1º, § 1º) e da flagrante ausência de standard probatório mínimo que a justifique.

Art. 28. Divulgar gravação ou trecho de gravação sem relação com a prova que se pretenda produzir, expondo a intimidade ou a vida privada ou ferindo a honra ou a imagem do investigado ou acusado:

Pena – detenção, de 1 (um) a 4 (quatro) anos, e multa.

- **Conduta proibida:** o tipo do artigo 28 proíbe a divulgação de gravação ou trecho de gravação sem relação com a prova que se pretenda produzir, expondo a intimidade ou vida privada ou ferindo a honra ou imagem do investigado ou acusado.

Penso que o tipo em testilha deve ser estudado ao lado dos crimes tipificados nos artigos 10[31] e 10-A[32] da Lei 9.296/96 (que tratam da interceptação telefônica ou captação ambiental realizadas em autorização judicial e da quebra de sigilo em interceptação telefônica e em captação ambiental de sinais). Parece-me que se o "vazamento" for de ligação captada no âmbito de interceptação ou captação ambiental judicialmente determinadas que não guarda relação com a prova que se pretende obter (expondo a intimidade ou a vida privada ou ferindo a honra ou a imagem do investigado ou acusado), o crime perpetrado será o do artigo 28 da Lei 13.869/19. Se a interceptação for ilícita ou se a conversa gravada constituir prova efetiva da infração, o crime deve ser um dos listados na Lei 9.296/96.

- **Benefícios:** o crime admite suspensão condicional do processo (artigo 89 da Lei 9.099/95), acordo de não persecução penal (artigo 28-A do CPP) e fiança arbitrada pela autoridade policial (artigo 322 do CPP).

- **Enunciado do CNPG e do GNCCRIM:** eis enunciado do Conselho Nacional de Procuradores-Gerais dos Ministérios Públicos dos Estados e da União (CNPG) e do Grupo Nacional de Coordenadores de Centro de Apoio Criminal (GNCCRIM) sobre o artigo:

> Enunciado 18 – O crime do art. 28 da Lei de Abuso de Autoridade (Divulgar gravação ou trecho de gravação sem relação com a prova que se pretenda produzir, expondo a intimidade ou a vida privada ou ferindo a honra ou a imagem do investigado ou acusado) pressupõe interceptação legal (legítima e lícita), ocorrendo abuso no manuseio do conteúdo obtido com a medida.

---

31. Art. 10. Constitui crime realizar interceptação de comunicações telefônicas, de informática ou telemática, promover escuta ambiental ou quebrar segredo da Justiça, sem autorização judicial ou com objetivos não autorizados em lei:
Pena – reclusão, de 2 (dois) a 4 (quatro) anos, e multa.
Parágrafo único. Incorre na mesma pena a autoridade judicial que determina a execução de conduta prevista no caput deste artigo com objetivo não autorizado em lei.

32. Art. 10-A. Realizar captação ambiental de sinais eletromagnéticos, ópticos ou acústicos para investigação ou instrução criminal sem autorização judicial, quando esta for exigida:
Pena – reclusão, de 2 (dois) a 4 (quatro) anos, e multa.
§ 1º Não há crime se a captação é realizada por um dos interlocutores.
§ 2º A pena será aplicada em dobro ao funcionário público que descumprir determinação de sigilo das investigações que envolvam a captação ambiental ou revelar o conteúdo das gravações enquanto mantido o sigilo judicial.

Art. 29. Prestar informação falsa sobre procedimento judicial, policial, fiscal ou administrativo com o fim de prejudicar interesse de investigado:

Pena – detenção, de 6 (seis) meses a 2 (dois) anos, e multa.

Parágrafo único. (VETADO).

- **Conduta proibida:** o crime em testilha pune a autoridade que presta informação falsa sobre procedimento judicial, policial, fiscal ou administrativo com o fito de prejudicar interesse do investigado.

Usualmente informações falsas são prestadas com o objetivo de preservar o sigilo da investigação e confundir o investigado (essa artimanha remonta o sistema processual penal inquisitivo e deve ser rechaçada[33]). Contudo, em nome da lealdade processual restou criminalizada essa prática (trata-se de infração de menor potencial ofensivo).

- **Enunciado do CNPG e do GNCCRIM:** eis enunciado do Conselho Nacional de Procuradores-Gerais dos Ministérios Públicos dos Estados e da União (CNPG) e do Grupo Nacional de Coordenadores de Centro de Apoio Criminal (GNCCRIM) sobre o artigo:

> Enunciado 19 – O legislador, na tipificação do crime do art. 29 da Lei de Abuso de Autoridade, optou por restringir o alcance do tipo, pressupondo por parte do agente a finalidade única de prejudicar interesse de investigado. Agindo com a finalidade de beneficiar, pode responder por outro delito, como prevaricação (art. 319 do CP), a depender das circunstâncias do caso concreto.

Art. 30. Dar início ou proceder à persecução penal, civil ou administrativa sem justa causa fundamentada ou contra quem sabe inocente:

Pena – detenção, de 1 (um) a 4 (quatro) anos, e multa.

- **Veto derrubado:** o artigo 30 foi vetado, mas o veto foi derrubado.
- **Conduta proibida:** com o fito de proteger o cidadão contra persecução penal, civil ou administrativa temerária, o tipo proíbe o início de qualquer dessas vias persecutórias sem justa causa (expressão bastante aberta) fundamentada ou contra quem a autoridade sabe inocente.

33. SARAIVA, António José. **Inquisição e Cristãos-Novos.** Gradiva, 1ª edição, 2019, Lisboa, p. 95.

Mover a pesada máquina de persecução estatal sem justa causa plausível ou para perseguir inocentes é absurdo e não pode ser tolerado.

Com o fito de deixar claro a existência de justa causa para início das investigações ou do processo (apenas para falar da persecução penal), o delegado de polícia ou membro do Ministério Público deve fundamentar suficientemente a peça ovo do procedimento (inquérito ou PIC) ou do processo.

- **Benefícios:** o crime admite suspensão condicional do processo (artigo 89 da Lei 9.099/95), acordo de não persecução penal (artigo 28-A do CPP) e fiança arbitrada pela autoridade policial (artigo 322 do CPP).
- **Enunciado do CNPG e do GNCCRIM:** eis enunciado do Conselho Nacional de Procuradores-Gerais dos Ministérios Públicos dos Estados e da União (CNPG) e do Grupo Nacional de Coordenadores de Centro de Apoio Criminal (GNCCRIM) sobre o artigo:

> Enunciado 20 – O crime do art. 30 da Lei de Abuso de Autoridade deve ser declarado, incidentalmente, inconstitucional. Não apenas em razão da elementar "justa causa" ser expressão vaga e indeterminada, como também porque gera retrocesso na tutela dos bens jurídicos envolvidos, já protegidos pelo art. 339 do CP, punido, inclusive, com pena em dobro.

Art. 31. Estender injustificadamente a investigação, procrastinando-a em prejuízo do investigado ou fiscalizado:

Pena – detenção, de 6 (seis) meses a 2 (dois) anos, e multa.

Parágrafo único. Incorre na mesma pena quem, inexistindo prazo para execução ou conclusão de procedimento, o estende de forma imotivada, procrastinando-o em prejuízo do investigado ou do fiscalizado.

- **Introdução:** mais um tipo extremamente aberto e que objetiva atacar operações policiais de grande porte (que costumam se estender por vários meses, às vezes anos).

O cidadão brasileiro tem direito à razoável duração do processo, tal qual explicitado no inciso LXXVIII do artigo 5º da Carta Magna[34]. A de-

34. Art. 5º (...)
LXXVIII – a todos, no âmbito judicial e administrativo, são assegurados a razoável duração do processo e os meios que garantam a celeridade de sua tramitação.

mora na duração da investigação pode conduzir, caso o investigado esteja preso, ao relaxamento do cárcere. Eventualmente pode ser pleiteada ordem de habeas corpus com o fito de trancar o apuratório, demonstrando que não há justa causa para continuidade do procedimento. Agora chegamos ao extremo: prática de crime pela autoridade que o preside.

Decerto autoridades policiais responsáveis por investigações de grande monta (mormente as que apuram grandes desvios de verbas públicas) ficarão com receio de que seu trabalho apuratório seja confundido com inquérito cuja conclusão se estendeu além do razoável. Mais uma espada apontada para o pescoço dos delegados de polícia.

- **Conduta proibida:** a conduta vedada no tipo é estender injustificadamente a investigação, procrastinando-a em prejuízo do investigado ou fiscalizado (a lei foi imprecisa e findou não estabelecendo por quanto tempo a investigação/fiscalização deve ser procrastinada para que se considere praticado o delito).

Isso demanda necessidade de constante fundamentação para as sucessivas prorrogações do prazo de conclusão do inquérito ou procedimento fiscal (as justificativas transmudarão eventual demora na conclusão do feito em fato atípico).

Se a demora na conclusão da investigação ocorre para beneficiar o investigado (para que ocorra, por exemplo, a prescrição) não é possível imputar o crime aqui estudado (pode-se pensar, por exemplo, na prática do crime de prevaricação – artigo 319 do Código Penal – desde que preenchidas as elementares do tipo).

- **Figura equiparada:** o parágrafo único do artigo 31 da Lei 13.869/18 se refere a procedimento sem prazo legalmente estabelecido.

Pune-se quem, inexistindo prazo para execução ou conclusão de procedimento, o estende de forma imotivada, procrastinando-o em prejuízo do investigado ou do fiscalizado.

- **Consumação:** o crime é formal (consuma-se mesmo que não exista efetivo prejuízo para o investigado/fiscalizado).

▪ **Infração de menor potencial ofensivo:** trata-se de infração de menor potencial ofensivo.

▪ **Enunciado do CNPG e do GNCCRIM:** eis enunciado do Conselho Nacional de Procuradores-Gerais dos Ministérios Públicos dos Estados e da União (CNPG) e do Grupo Nacional de Coordenadores de Centro de Apoio Criminal (GNCCRIM) sobre o artigo:

> Enunciado 21 – A elementar "injustificadamente" deve ser interpretada no sentido de que o excesso de prazo na instrução do procedimento investigatório não resultará de simples operação aritmética, impondo-se considerar a complexidade do feito, atos procrastinatórios não atribuíveis ao presidente da investigação e ao número de pessoas envolvidas na apuração. Todos fatores que, analisados em conjunto ou separadamente, indicam ser, ou não, razoável o prazo para o seu encerramento.

> **Art. 32. Negar ao interessado, seu defensor ou advogado acesso aos autos de investigação preliminar, ao termo circunstanciado, ao inquérito ou a qualquer outro procedimento investigatório de infração penal, civil ou administrativa, assim como impedir a obtenção de cópias, ressalvado o acesso a peças relativas a diligências em curso, ou que indiquem a realização de diligências futuras, cujo sigilo seja imprescindível:**
>
> **Pena – detenção, de 6 (seis) meses a 2 (dois) anos, e multa.**

▪ **Veto derrubado:** o artigo 32 foi vetado, mas o veto foi derrubado.

▪ **Afronta ao EOAB e à Súmula Vinculante 14:** o tipo transcrito criminaliza a afronta ao inciso XIV do artigo 7º do EOAB[35] (Lei 8.906/94) e à Súmula Vinculante 14[36].

Anote-se que é possível negar ao advogado do investigado/indiciado o acesso a todo inquérito policial (desde a portaria), caso exista referência,

35. Art. 7º São direitos do advogado:
(...)
XIV – examinar, em qualquer instituição responsável por conduzir investigação, mesmo sem procuração, autos de flagrante e de investigações de qualquer natureza, findos ou em andamento, ainda que conclusos à autoridade, podendo copiar peças e tomar apontamentos, em meio físico ou digital.

36. Súmula Vinculante 14 – É direito do defensor, no interesse do representado, ter acesso amplo aos elementos de prova que, já documentados em procedimento investigatório realizado por órgão com competência de polícia judiciária, digam respeito ao exercício do direito de defesa.

na peça ovo e nos documentos já juntados ao feito, a diligências ainda não materializadas ou a medidas cautelares em curso ou ainda não cumpridas. Por óbvio, para evitar discussão acerca da eventual prática do delito, o delegado de polícia deverá fundamentar o despacho que negou vista do feito[37].

- **Conduta proibida:** o tipo veda a conduta de negar ao interessado, seu defensor ou advogado acesso aos autos de investigação preliminar, ao termo circunstanciado, ao inquérito ou a qualquer outro procedimento investigatório de infração penal, civil ou administrativa, assim como impedir a obtenção de cópias, ressalvado o acesso a peças relativas a diligências em curso, ou que indiquem a realização de diligências futuras, cujo sigilo seja imprescindível.

- **Consumação:** o crime se consuma com a negativa, não sendo necessário advento de prejuízo (crime formal).

- **Infração de menor potencial ofensivo:** trata-se de infração de menor potencial ofensivo.

Art. 33. Exigir informação ou cumprimento de obrigação, inclusive o dever de fazer ou de não fazer, sem expresso amparo legal:

Pena – detenção, de 6 (seis) meses a 2 (dois) anos, e multa.

Parágrafo único. Incorre na mesma pena quem se utiliza de cargo ou função pública ou invoca a condição de agente público para se eximir de obrigação legal ou para obter vantagem ou privilégio indevido.

- **Conduta proibida:** no caput, veda-se a conduta de exigir informação ou cumprimento de obrigação, inclusive o dever de fazer ou de não fazer, sem expresso amparo legal. A atuação do servidor público deve ser sempre calcada na lei. Se o agente público age à revelia de lastro legal, exigindo da vítima conduta comissiva ou omissiva, há prática do crime aqui estudado.

37. SILVA, Márcio Alberto Gomes. **Processo Penal para Carreiras Policiais**, 6ª edição, editora Juspodivm, 2021.

▪ **Figura equiparada:** o parágrafo único do artigo 33 da Lei 13.869/19 pune criminalmente a autoridade que se utiliza de cargo ou função pública ou invoca a condição de agente público para se eximir de obrigação legal ou para obter vantagem ou privilégio indevido.

A figura equiparada criminalizou a "carteirada" (antes entendida como infração disciplinar).

▪ **Infração de menor potencial ofensivo:** trata-se de infração de menor potencial ofensivo.

▪ **Enunciado do CNPG e do GNCCRIM:** eis enunciado do Conselho Nacional de Procuradores-Gerais dos Ministérios Públicos dos Estados e da União (CNPG) e do Grupo Nacional de Coordenadores de Centro de Apoio Criminal (GNCCRIM) sobre o artigo:

> Enunciado 22 – Quem se utiliza de cargo ou função pública ou invoca a condição de agente público para se eximir de obrigação legal ou para obter vantagem ou privilégio indevido pratica abuso de autoridade (art. 33, parágrafo único) se o comportamento não estiver atrelado à finalidade de contraprestação do agente ou autoridade. Caso contrário, outro será o crime, como corrupção passiva (art. 317 do CP).

Art. 34. ~~Deixar de corrigir, de ofício ou mediante provocação, com competência para fazê-lo, erro relevante que sabe existir em processo ou procedimento:~~

~~Pena – detenção, de 3 (três) a 6 (seis) meses, e multa.~~ (VETADO).

▪ **Artigo vetado:** o artigo 34 foi vetado (e o veto não foi derrubado pelo Congresso Nacional).

Eis as razões do veto:

> A propositura legislativa, ao dispor que 'erro relevante' constitui requisito como condição da própria tipicidade, gera insegurança jurídica por encerrar tipo penal aberto e que comporta interpretação. Ademais, o dispositivo proposto contraria o interesse público ao disciplinar hipótese análoga ao crime de prevaricação, já previsto no art. 319 do Código Penal, ao qual é cominado pena de três meses a um ano, e multa, em ofensa ao inciso III do art. 7° da Lei Complementar n° 95 de 1998, que dispõe sobre a elaboração, a redação, a alteração e a consolidação das leis, em razão do

inadequado tratamento do mesmo assunto em mais de um diploma legislativo.

Art. 35. ~~Coibir, dificultar ou impedir, por qualquer meio, sem justa causa, a reunião, a associação ou o agrupamento pacífico de pessoas para fim legítimo:~~

~~Pena – detenção, de 3 (três) meses a 1 (um) ano, e multa.~~ (VETADO).

- **Artigo vetado:** o artigo 35 foi vetado (e o veto não foi derrubado pelo Congresso Nacional).

Eis as razões do veto:

> A propositura legislativa gera insegurança jurídica, tendo em vista a generalidade do dispositivo, que já encontra proteção no art. 5°, XVI, da Constituição da República, e que não se traduz em uma salvaguarda ilimitada do seu exercício, nos termos da jurisprudência do Supremo Tribunal Federal, cujo entendimento é no sentido de que o direito à liberdade de se reunir não se confunde com incitação à prática de delito nem se identifica com apologia de fato criminoso.

Art. 36. Decretar, em processo judicial, a indisponibilidade de ativos financeiros em quantia que extrapole exacerbadamente o valor estimado para a satisfação da dívida da parte e, ante a demonstração, pela parte, da excessividade da medida, deixar de corrigi-la:

Pena – detenção, de 1 (um) a 4 (quatro) anos, e multa.

- **Conduta proibida:** pune-se o membro do Poder Judiciário (juiz, desembargador ou ministro) que decreta, em processo judicial, a indisponibilidade de ativos financeiros em quantia que extrapole exacerbadamente o valor estimado para a satisfação da dívida da parte e, ante a demonstração, pela parte, da excessividade da medida, deixar de corrigi-la.

Nota-se que há conduta comissiva (decretação da indisponibilidade de ativos financeiros em quantia que extrapole exacerbadamente o valor estimado para a satisfação da dívida da parte) e conduta ulterior omissiva (deixar de corrigir a falha, ante a demonstração, pela parte, da excessividade da medida).

Penso que, pela sua redação, não é possível aplicar o delito em testilha em face da decretação de medida assecuratória pelo juízo competente no curso do inquérito policial (sequestro deferido pelo juiz atendendo a representação do delegado, por exemplo). É que o dispositivo se limitou a punir a decretação de indisponibilidade de ativos financeiros em "processo judicial". Outro ponto que reforça meu pensar: o artigo se referiu à satisfação de "dívida da parte" (definitivamente não é a realidade observada no curso da investigação criminal).

- **Benefícios:** o crime admite suspensão condicional do processo (artigo 89 da Lei 9.099/95), acordo de não persecução penal (artigo 28-A do CPP) e fiança arbitrada pela autoridade policial (artigo 322 do CPP).

- **Enunciado do CNPG e do GNCCRIM:** eis enunciado do Conselho Nacional de Procuradores-Gerais dos Ministérios Públicos dos Estados e da União (CNPG) e do Grupo Nacional de Coordenadores de Centro de Apoio Criminal (GNCCRIM) sobre o artigo:

> Enunciado 23 – O delito do art. 36 da Lei de Abuso de Autoridade (abusiva indisponibilidade de ativos financeiros) pressupõe, objetivamente, uma ação (decretar) seguida de uma omissão (deixar de corrigir).

> **Art. 37. Demorar demasiada e injustificadamente no exame de processo de que tenha requerido vista em órgão colegiado, com o intuito de procrastinar seu andamento ou retardar o julgamento:**
> **Pena – detenção, de 6 (seis) meses a 2 (dois) anos, e multa.**

- **Conduta proibida:** o artigo 37 da Lei 13.869/19 criminaliza a demora demasiada e injustificada na análise de processo de que tenha requerido vista em órgão colegiado.

O tipo exige especial fim de agir: intuito de procrastinar o andamento do feito ou retardar o julgamento.

O crime é próprio de integrantes de órgãos colegiados (juízes, desembargadores, ministros e integrantes do CNPM, por exemplo) e reafirma a importância do direito à razoável duração do processo (inciso LXXVIII do artigo 5º da Constituição Federal).

- **Infração de menor potencial ofensivo:** trata-se de infração de menor potencial ofensivo.

Art. 38. Antecipar o responsável pelas investigações, por meio de comunicação, inclusive rede social, atribuição de culpa, antes de concluídas as apurações e formalizada a acusação:

Pena – detenção, de 6 (seis) meses a 2 (dois) anos, e multa.

- **Veto derrubado:** o artigo 38 foi vetado, mas o veto foi derrubado.

- **Direito à intimidade/vida privada x direito à informação:** o crime em testilha precisa ser lido em consonância com o direito de informação da sociedade, que merece conhecer os atos ilícitos praticados por pessoas que cometem graves delitos (grandes desvios de verbas públicas, por exemplo). Nesta toada, devem ser refutadas interpretações que redundem na criminalização da exposição, sem paixões, dos trabalhos investigativos deflagrados, porque isso significaria mordaça injustificável.

Os delegados de polícia e membros do Ministério Público que estão à frente da grandes casos criminais devem tomar a cautela necessária, durante coletivas ou em notas à imprensa, de não antecipar atribuição de culpa. As autoridades devem expor o resultado do trabalho investigativo, caso seja detectado que o sigilo não é mais necessário ao bom andamento do apuratório, para que a população tenha garantido o seu direito à informação (mitigação do sigilo externo do procedimento).

- **Conduta proibida:** o tipo veda a conduta de antecipar o responsável pelas investigações, por meio de comunicação, inclusive rede social, atribuição de culpa, antes de concluídas as apurações e formalizada a acusação.

Analisando o artigo, nota-se que se a investigação já tiver sido concluída e já tiver sido formalizada a acusação, eventual publicização do caso criminal não constituirá prática do crime aqui estudado.

- **Infração de menor potencial ofensivo:** trata-se de infração de menor potencial ofensivo.

Art. 39. Aplicam-se ao processo e ao julgamento dos delitos previstos nesta Lei, no que couber, as disposições do Decreto-Lei nº 3.689, de 3 de outubro de 1941 (Código de Processo Penal), e da Lei nº 9.099, de 26 de setembro de 1995.

- **Aplicação de medidas despenalizadoras previstas na Lei 9.099/95:** O artigo 39 deixa claro ser possível aplicação das medidas despenalizadoras da Lei 9.099/95 em relação aos crimes tipificados na Lei de Abuso de Autoridade que se traduzam em infrações de menor potencial ofensivo (artigo 61 da Lei 9.099/95[38]) – artigos 12, 16, 18, 20, 27, 29, 31, 32, 33, 37 e 38.

É possível, em relação aos outros crimes que não se traduzam em infração de menor potencial ofensivo, suspensão condicional do processo (já que os demais delitos têm pena mínima de 1 ano).

- **Acordo de não persecução penal:** os crimes que não são praticados mediante violência ou grave ameaça, admitem, ainda, acordo de não persecução penal (na forma do artigo 28-A do CPP[39]).

---

38. Art. 61. Consideram-se infrações penais de menor potencial ofensivo, para os efeitos desta Lei, as contravenções penais e os crimes a que a lei comine pena máxima não superior a 2 (dois) anos, cumulada ou não com multa.

39. Art. 28-A. Não sendo caso de arquivamento e tendo o investigado confessado formal e circunstancialmente a prática de infração penal sem violência ou grave ameaça e com pena mínima inferior a 4 (quatro) anos, o Ministério Público poderá propor acordo de não persecução penal, desde que necessário e suficiente para reprovação e prevenção do crime, mediante as seguintes condições ajustadas cumulativa e alternativamente:

    I – reparar o dano ou restituir a coisa à vítima, exceto na impossibilidade de fazê-lo;

    II – renunciar voluntariamente a bens e direitos indicados pelo Ministério Público como instrumentos, produto ou proveito do crime;

    III – prestar serviço à comunidade ou a entidades públicas por período correspondente à pena mínima cominada ao delito diminuída de um a dois terços, em local a ser indicado pelo juízo da execução, na forma do art. 46 do Decreto-Lei nº 2.848, de 7 de dezembro de 1940 (Código Penal);

    IV – pagar prestação pecuniária, a ser estipulada nos termos do art. 45 do Decreto-Lei nº 2.848, de 7 de dezembro de 1940 (Código Penal), a entidade pública ou de interesse social, a ser indicada pelo juízo da execução, que tenha, preferencialmente, como função proteger bens jurídicos iguais ou semelhantes aos aparentemente lesados pelo delito; ou

    V – cumprir, por prazo determinado, outra condição indicada pelo Ministério Público, desde que proporcional e compatível com a infração penal imputada.

Nesse sentido, enunciado do CNPG e do GNCCRIM:

> Enunciado 28 – Crimes de abuso de autoridade, cometidos sem violência ou grave ameaça à pessoa, presentes os pressupostos do art. 18 da Res. 181/17 do CNMP, admitirão o acordo de não persecução penal, salvo se a sua celebração não atender ao que

---

§ 1º Para aferição da pena mínima cominada ao delito a que se refere o caput deste artigo, serão consideradas as causas de aumento e diminuição aplicáveis ao caso concreto.
§ 2º O disposto no caput deste artigo não se aplica nas seguintes hipóteses:
I – se for cabível transação penal de competência dos Juizados Especiais Criminais, nos termos da lei;
II – se o investigado for reincidente ou se houver elementos probatórios que indiquem conduta criminal habitual, reiterada ou profissional, exceto se insignificantes as infrações penais pretéritas;
III – ter sido o agente beneficiado nos 5 (cinco) anos anteriores ao cometimento da infração, em acordo de não persecução penal, transação penal ou suspensão condicional do processo; e
IV – nos crimes praticados no âmbito de violência doméstica ou familiar, ou praticados contra a mulher por razões da condição de sexo feminino, em favor do agressor.
§ 3º O acordo de não persecução penal será formalizado por escrito e será firmado pelo membro do Ministério Público, pelo investigado e por seu defensor.
§ 4º Para a homologação do acordo de não persecução penal, será realizada audiência na qual o juiz deverá verificar a sua voluntariedade, por meio da oitiva do investigado na presença do seu defensor, e sua legalidade.
§ 5º Se o juiz considerar inadequadas, insuficientes ou abusivas as condições dispostas no acordo de não persecução penal, devolverá os autos ao Ministério Público para que seja reformulada a proposta de acordo, com concordância do investigado e seu defensor.
§ 6º Homologado judicialmente o acordo de não persecução penal, o juiz devolverá os autos ao Ministério Público para que inicie sua execução perante o juízo de execução penal.
§ 7º O juiz poderá recusar homologação à proposta que não atender aos requisitos legais ou quando não for realizada a adequação a que se refere o § 5º deste artigo.
§ 8º Recusada a homologação, o juiz devolverá os autos ao Ministério Público para a análise da necessidade de complementação das investigações ou o oferecimento da denúncia.
§ 9º A vítima será intimada da homologação do acordo de não persecução penal e de seu descumprimento.
§ 10. Descumpridas quaisquer das condições estipuladas no acordo de não persecução penal, o Ministério Público deverá comunicar ao juízo, para fins de sua rescisão e posterior oferecimento de denúncia.
§ 11. O descumprimento do acordo de não persecução penal pelo investigado também poderá ser utilizado pelo Ministério Público como justificativa para o eventual não oferecimento de suspensão condicional do processo.
§ 12. A celebração e o cumprimento do acordo de não persecução penal não constarão de certidão de antecedentes criminais, exceto para os fins previstos no inciso III do § 2º deste artigo.
§ 13. Cumprido integralmente o acordo de não persecução penal, o juízo competente decretará a extinção de punibilidade.
§ 14. No caso de recusa, por parte do Ministério Público, em propor o acordo de não persecução penal, o investigado poderá requerer a remessa dos autos a órgão superior, na forma do art. 28 deste Código.

seja necessário e suficiente para a reprovação e prevenção do crime.

▪ **Lavratura de termo circunstanciado ou fiança arbitrada pela autoridade policial:** analisando os preceitos secundários dos delitos, nota-se que ou o crime de abuso de autoridade se traduz em infração de menor potencial ofensivo (lavra-se termo circunstanciado, observando-se o artigo 69 da Lei 9.099/95[40]) ou o delito é afiançável pelo delegado de polícia (já que nenhuma das penas máximas excede 4 anos – artigo 322 do Código de Processo Penal[41]).

Destarte, se o crime de abuso de autoridade se traduzir em infração de menor potencial ofensivo e for detectada situação flagrancial, lavra-se termo circunstanciado (na forma do artigo 69 da Lei 9.099/95[42]) – artigos 12, 16, 18, 20, 27, 29, 31, 32, 33, 37 e 38. Em relação aos delitos que não se traduzem em infração de menor potencial ofensivo, lavra-se auto de prisão em flagrante diante de comunicação coercitiva de crime (depois de análise técnico-jurídica do delegado de polícia), com arbitramento de fiança pela autoridade policial – artigos 9º, 10, 13, 15, 19, 21, 22, 23, 24, 25, 28, 30 e 36.

▪ **Procedimento dos crimes funcionais:** o funcionário público que pratica crime de abuso de autoridade que não se traduza em infração de menor potencial ofensivo deve ser processado observando-se o procedimento descrito nos artigos 513 e seguintes do Código de Processo Penal

40. Art. 69. A autoridade policial que tomar conhecimento da ocorrência lavrará termo circunstanciado e o encaminhará imediatamente ao Juizado, com o autor do fato e a vítima, providenciando-se as requisições dos exames periciais necessários.
Parágrafo único. Ao autor do fato que, após a lavratura do termo, for imediatamente encaminhado ao juizado ou assumir o compromisso de a ele comparecer, não se imporá prisão em flagrante, nem se exigirá fiança. Em caso de violência doméstica, o juiz poderá determinar, como medida de cautela, seu afastamento do lar, domicílio ou local de convivência com a vítima.

41. Art. 322. A autoridade policial somente poderá conceder fiança nos casos de infração cuja pena privativa de liberdade máxima não seja superior a 4 (quatro) anos.

42. Art. 69. A autoridade policial que tomar conhecimento da ocorrência lavrará termo circunstanciado e o encaminhará imediatamente ao Juizado, com o autor do fato e a vítima, providenciando-se as requisições dos exames periciais necessários.
Parágrafo único. Ao autor do fato que, após a lavratura do termo, for imediatamente encaminhado ao juizado ou assumir o compromisso de a ele comparecer, não se imporá prisão em flagrante, nem se exigirá fiança. Em caso de violência doméstica, o juiz poderá determinar, como medida de cautela, seu afastamento do lar, domicílio ou local de convivência com a vítima.

(processo e julgamento de crimes de responsabilidade de funcionários públicos).

Cumpre chamar atenção para a Súmula 330/STJ - **É desnecessária a resposta preliminar de que trata o art. 514 do Código de Processo Penal - CPP, na ação penal instruída por inquérito policial.**

Se o crime de abuso de autoridade for infração de menor potencial ofensivo, aplicar-se-á o procedimento sumaríssimo, previsto na Lei 9.099/95.

- **Enunciados do CNPG e do GNCCRIM:** eis enunciados do Conselho Nacional de Procuradores-Gerais dos Ministérios Públicos dos Estados e da União (CNPG) e do Grupo Nacional de Coordenadores de Centro de Apoio Criminal (GNCCRIM) sobre o artigo:

> Enunciado 24 – Os crimes de abuso de autoridade com pena máxima superior a dois anos, salvo no caso de foro por prerrogativa de função, são processados pelo rito dos crimes funcionais, observando-se a defesa preliminar do art. 514 do CPP.
>
> Enunciado 25 – Por ser privativa do servidor público, o particular concorrente no crime de abuso de autoridade não faz jus à preliminar contestação prevista no art. 514 do CPP.
>
> Enunciado 26 – A inobservância do disposto no artigo 514 do CPP é causa de nulidade relativa, devendo ser alegada no tempo oportuno, comprovando-se o prejuízo, sob pena de preclusão.
>
> Enunciado 27 – A formalidade do art. 514 do CPP é dispensável quando a denúncia envolver, além do crime funcional, delito de outra natureza, ambos em concurso.

Art. 40. O art. 2° da Lei n° 7.960, de 21 de dezembro de 1989, passa a vigorar com a seguinte redação:

Art.2° (...)

§ 4°-A O mandado de prisão conterá necessariamente o período de duração da prisão temporária estabelecido no caput deste artigo, bem como o dia em que o preso deverá ser libertado.

(...)

§ 7° Decorrido o prazo contido no mandado de prisão, a autoridade responsável pela custódia deverá, independentemente de nova ordem da autoridade judicial, pôr imediatamente o preso em liberdade, salvo se já tiver sido comunicada da prorrogação da prisão temporária ou da decretação da prisão preventiva.

> **§ 8º Inclui-se o dia do cumprimento do mandado de prisão no cômputo do prazo de prisão temporária.**

- **Mudanças na Lei 7.960/89:** o artigo 40 da Lei de Abuso de Autoridade promoveu mudanças na Lei 7.960/89 (prisão temporária).

O novel § 4º-A do artigo 2º da Lei 7.960/89 determina que conste no mandado o período de duração da prisão temporária (5 ou 30 dias, a depender do delito investigado). Entendo que é possível a decretação de cárcere temporário por período inferior ao prescrito pela lei (interpretação mais favorável ao investigado/indiciado).

O § 7º do artigo 2º da Lei 7.960/89 explicita algo que, a meu ver, já era suficientemente claro: finalizado o prazo de cárcere, caso não exista prorrogação da prisão temporária ou não tenha sido decretada a prisão preventiva, o investigado deve ser posto em liberdade independentemente da expedição de alvará de soltura (sob pena de eventual prática do crime de abuso de autoridade tipificado no inciso IV do parágrafo único do artigo 12 da Lei 13.869/19).

O § 8º do artigo 2º da Lei 7.960/89 também afirma algo que já era pacífico na prática: o prazo da prisão começa a contar do dia em que foi materializada a privação da liberdade.

> **Art. 41. O art. 10 da Lei nº 9.296, de 24 de julho de 1996, passa a vigorar com a seguinte redação:**
>
> **Art. 10. Constitui crime realizar interceptação de comunicações telefônicas, de informática ou telemática, promover escuta ambiental ou quebrar segredo da Justiça, sem autorização judicial ou com objetivos não autorizados em lei:**
>
> **Pena – reclusão, de 2 (dois) a 4 (quatro) anos, e multa.**
>
> **Parágrafo único. Incorre na mesma pena a autoridade judicial que determina a execução de conduta prevista no caput deste artigo com objetivo não autorizado em lei.**

- **Mudança na Lei 9.296/96:** o artigo 41 da Lei de Abuso de Autoridade modificou o artigo 10 da Lei 9.296/96, ampliando-o basicamente em dois aspectos: i) agora é punida a escuta ambiental executada sem autorização judicial (quando essa demandar ordem prévia de juiz) ou com objetivos não autorizados em lei; ii) pune-se o juiz que determina a execução das medidas descritas no caput com objetivo não autorizado em lei.

Art. 42. A Lei nº 8.069, de 13 de julho de 1990 (Estatuto da Criança e do Adolescente), passa a vigorar acrescida do seguinte art. 227-A:

Art. 227-A Os efeitos da condenação prevista no inciso I do caput do art. 92 do Decreto-Lei nº 2.848, de 7 de dezembro de 1940 (Código Penal), para os crimes previstos nesta Lei, praticados por servidores públicos com abuso de autoridade, são condicionados à ocorrência de reincidência.

Parágrafo único. A perda do cargo, do mandato ou da função, nesse caso, independerá da pena aplicada na reincidência.

- **Modificação no ECA:** o artigo 42 da Lei 13.869/19 modificou o ECA (Lei 8.069/19), enxertando nele o artigo 227-A.

Art. 43. A Lei nº 8.906, de 4 de julho de 1994, passa a vigorar acrescida do seguinte art. 7º-B:

Art. 7º-B Constitui crime violar direito ou prerrogativa de advogado previstos nos incisos II, III, IV e V do caput do art. 7º desta Lei:

Pena – detenção, de 3 (três) meses a 1 (um) ano, e multa.

- **Modificação no EOAB:** o artigo 43 havia sido vetado, mas o Congresso Nacional derrubou o veto. O dispositivo determinou modificação no EOAB (inclui o artigo 7º-B na Lei 8.906/94).

Ele trata do crime de violação de prerrogativas de advogados. Eis as prerrogativas cuja violação importa em prática de crime de abuso de autoridade (quando a conduta for perpetrada com o especial fim de agir indicado no § 1º do artigo 1º da Lei 13.869/19, por óbvio):

Art. 7º São direitos dos advogados:

(...)

II – a inviolabilidade de seu escritório ou local de trabalho, bem como de seus instrumentos de trabalho, de sua correspondência escrita, eletrônica, telefônica e telemática, desde que relativas ao exercício da advocacia;

III – comunicar-se com seus clientes, pessoal e reservadamente, mesmo sem procuração, quando estes se acharem presos, detidos ou recolhidos em estabelecimentos civis ou militares, ainda que considerados incomunicáveis;

IV – ter a presença de representante da OAB, quando preso em flagrante, por motivo ligado ao exercício da advocacia, para lavratura do auto respectivo, sob pena de nulidade e, nos demais casos, a comunicação expressa à seccional da OAB;

V – não ser recolhido preso, antes de sentença transitada em julgado, senão em sala de Estado Maior, com instalações e comodidades condignas, ~~assim reconhecidas pela OAB,~~ e, na sua falta, em prisão domiciliar;

Art. 44. Revogam-se a Lei n° 4.898, de 9 de dezembro de 1965, e o § 2° do art. 150 e o art. 350, ambos do Decreto-Lei n° 2.848, de 7 de dezembro de 1940 (Código Penal).

Art. 45. Esta Lei entra em vigor após decorridos 120 (cento e vinte) dias de sua publicação oficial.

▪ **Revogação do § 2º do artigo 150 e do artigo 350 do Código Penal e *vacatio legis*:** os artigos finais demandam mera leitura (revogação de dispositivos e *vacatio legis*).

▪ **Enunciados do CNPG e do GNCCRIM:** eis os últimos enunciados do Conselho Nacional de Procuradores-Gerais dos Ministérios Públicos dos estados e da União (CNPG) e do Grupo Nacional de Coordenadores de Centro de Apoio Criminal (GNCCRIM) sobre a Lei 13.869/19:

Enunciado 29 – Representações indevidas por abuso de autoridade podem, em tese, caracterizar crime de denunciação caluniosa (CP, art. 339), dano civil indenizável (CC, art. 953) e, caso o reclamante seja agente público, infração disciplinar ou político-administrativa.

Enunciado 30 – A representação indevida por abuso de autoridade contra juiz, promotor de Justiça, delegados ou agentes públicos em geral, não enseja, por si só, a suspeição ante a aplicação da regra de que ninguém pode se beneficiar da própria torpeza, nos termos do que disposto, inclusive, no art. 256 do CPP.

▪ **Súmulas da Academia de Polícia Civil do Estado de São Paulo:** eis súmulas da Academia de Polícia "Dr. Coriolano Nogueira Cobra", da Polícia Civil do Estado de São Paulo sobre a Lei 13.869/19:

Súmula nº 1: Ao Delegado de Polícia é garantida autonomia intelectual para interpretar o ordenamento e decidir, de modo imparcial e fundamentado, quanto ao rumo das diligências adotadas e quanto aos juízos de tipicidade, ilicitude, culpabilidade e demais avaliações de caráter jurídico imanentes à presidência da investigação criminal.

Súmula nº 2: A decretação da prisão em flagrante pelo Delegado de Polícia mediante lavratura de auto prisional, como espécie de decisão de indiciamento, demanda avaliação do requisito temporal, previsto nas hipóteses do artigo 302 do CPP, assim como do requisito probatório, consubstanciado na fundada suspeita do § 1º do artigo 304 do CPP, sem prejuízo da apuração dos fatos em sede de inquérito policial instaurado via portaria na ausência dos aludidos requisitos legais.

Súmula nº 3: O Delegado de Polícia decretará o sigilo externo de procedimento investigatório, fundamentadamente, para a tutela da intimidade ou do interesse social e, do mesmo modo, determinará o sigilo interno quando houver risco de comprometimento da eficiência, da eficácia ou da finalidade das diligências a serem realizadas.

Súmula nº 4: O vocábulo "preso", empregado no artigo 18 da Lei Federal 13.869/2019, abrange o custodiado temporário ou preventivo e não equivale ao mero investigado que, asseguradas as garantias fundamentais, sobretudo o direito de autodefesa e de acionar defesa técnica, poderá ser ouvido em declarações, sem prejuízo de pronta representação pela prisão provisória diante da suspeita de envolvimento em prática delitiva pretérita e do preenchimento dos requisitos legais.

Súmula nº 5: A expressão "repouso noturno", do artigo 18 da Lei Federal 13.869/2019, abrange período em que as pessoas ordinariamente descansam e dormem, consubstanciando parâmetros desse elemento normativo, segundo juízo motivado do Delegado de Polícia responsável, os costumes e convenções locais, a vedação temporal entre 21 horas de um dia e 5 horas do dia seguinte para a execução de busca domiciliar prevista no inciso III do § 1º do artigo 22 do mesmo diploma legal, assim como o interstício entre o pôr do sol e a aurora do dia subsequente.

Súmula nº 6: A obtenção e o uso de prova cuja licitude seja objeto de controvérsia jurisprudencial ou doutrinária estão albergados na ressalva de divergência na interpretação de lei ou na avaliação de fatos e provas do § 2º do artigo 1º da Lei Federal 13.869/2019.

Súmula nº 7: A exigência de informações ou obrigações com amparo nas prerrogativas ordinárias e de persecução atreladas ao poder-dever de presidência da investigação criminal dos Delegados de Polícia retrata medida legítima e eventual desatendimento injustificado pode ensejar responsabilização civil, administrativa e penal.

Súmula nº 8: A identificação formal de agente estatal quando as circunstâncias exigirem assim como a resposta cortês a ato voluntário e gratuito de particular motivado por respeito, educação ou gentileza não configura abuso de autoridade por ausência de dolo na conduta.

Súmula nº 9: A exposição dos fundamentos do juízo de probabilidade voltado a indicar autoria, materialidade e circunstâncias do fato apurado, inerente à decisão de indiciamento, ato privativo do Delegado de Polícia, não exprime prévia atribuição de culpa própria da acusação formal, porquanto decorrente de exigência legal e dos postulados da publicidade e da motivação dos atos estatais.

Súmula nº 10: Quando a notícia de fato não viabilizar instauração de procedimento investigatório, o Delegado de Polícia responsável determinará a verificação da procedência das informações a título de investigação preliminar sumária, em atenção ao artigo 5º, § 3º, do CPP, sem prejuízo de ulterior acautelamento fundamentado enquanto não obtidos elementos indiciários que denotem justa causa para deflagrar o procedimento legal cabível.

Questão de concurso público: veja como a lei estudada já foi cobrada em concurso público.

1. (Delegado de Polícia Federal/2021) Com relação aos crimes previstos em legislação especial, julgue o item a seguir.

( ) A antecipação, por delegado da Polícia Federal, por meio de rede social, da atribuição de culpa, antes de concluídas as apurações e formalizada a acusação, caracteriza crime previsto na Lei de Abuso de Autoridade.

2. (Delegado de Polícia Civil/PB/2022) Em relação à Lei n.º 13.869/2019 e a seus dispositivos, que se referem aos crimes abuso de autoridade, assinale a opção correta.

A) A prática de crime de abuso de autoridade pressupõe vínculo estatutário do agente ativo com a administração pública.

B) Alguns dos delitos previstos nessa lei processam-se mediante ação penal pública condicionada à representação.

C) A configuração dos crimes de abuso de autoridade exige elemento subjetivo específico ou, então, na modalidade culposa, negligência, imprudência ou imperícia no desempenho da função pública.

D) Um dos efeitos da condenação pela prática de abuso de autoridade é a perda do cargo público, que deverá ser fundamentada e pode ser aplicada em caso de reincidência, ainda que não específica.

E) Sem prejuízo das disposições do Código Penal, essa lei admite a substituição das penas privativas de liberdade por restritivas de direitos, entre as quais a suspensão do exercício do cargo, da função ou do mandato por prazo determinado.

Gabarito comentado:

Questão	Reposta	Comentário
1	CERTA	Vide artigo 38 da Lei 13.869/19.
2	Letra E	Vide artigo 5° da Lei 13.869/19.

Quesitos criados pelo autor da obra: confira algumas questões por mim criadas para orientar seus estudos.

1. A prática de qualquer conduta tipificada na Lei 13.869/19 é suficiente para tipificar crime de abuso de autoridade?

RESPOSTA: Não. É necessário que se observe o especial fim de agir descrito no § 1° do artigo 1° da Lei 13.869/19 (finalidade específica de prejudicar outrem ou beneficiar a si mesmo ou a terceiro, ou, ainda, por mero capricho ou satisfação pessoal).

2. Quais são os requisitos para perda do cargo público em face da condenação pela prática de crime de abuso de autoridade?

RESPOSTA: Reincidência em crime de abuso de autoridade e declaração motivada na sentença.

3. Se o delegado de polícia decretar condução coercitiva manifestamente abusiva da vítima, por mero capricho, é possível imputar crime de abuso de autoridade à autoridade policial?

RESPOSTA: Não, por atipicidade formal (leia o artigo 10 da Lei 13.869/19).

4. O delegado de Polícia Federal PAULO deixou de comunicar imediatamente a prisão em flagrante de PEDRO ao juízo competente por negligência. Houve prática de crime pela autoridade policial?

RESPOSTA: Não. O crime do artigo 12 da Lei 13.869/19 é doloso (e reclama especial fim de agir).

5. O delegado de Polícia Federal RICARDO interrogou MARCOS, preso em flagrante delito, durante o repouso noturno. RICARDO praticou conduta descrita como criminosa na Lei de Abuso de Autoridade?

RESPOSTA: Não, vide artigo 18 da Lei 13.869/19: "**Art. 18. Submeter o preso a interrogatório policial durante o período de repouso noturno, salvo se capturado em flagrante delito ou se ele, devidamente assistido, consentir em prestar declarações**".

EDITORA
*Jus*PODIVM
www.editorajuspodivm.com.br

Impressão e Acabamento
PlenaPrint
Indústria Gráfica